Israel und Palästina

Burghard Bock

Israel und Palästina

Burghard Bock

Ursprünglicher Text bis 2017: Wil Tondok und Burghard Bock
Neue Texte und Updates seit 2018: Burghard Bock

Israel und Palästina

erschienen im
REISE KNOW-HOW Verlag

ISBN 978-3-89662-670-7

© Helmut Hermann

Untere Mühle
D - 71706 Markgröningen
6. Auflage **2018**

Alle Rechte vorbehalten

– Printed in Germany –

eMail-Adresse des Verlags: verlag@rkh-reisefuehrer.de

Internet-Adresse des Verlags: www.rkh-reisefuehrer.de

Websites von Reise Know-How:
www.reise-know-how.de
www.suedafrikaperfekt.de

Gestaltung und Herstellung
Umschlagkonzept: Carsten Blind
Inhalt: Carsten Blind, Nadine Jung
Lektorat: Nadine Jung
Karten: Carsten Blind, Nadine Jung
Druck: mediaprint, Paderborn
Fotos: siehe Anhang S. 553

Dieses Buch ist erhältlich in jeder Buchhandlung in Deutschland,
Österreich, Schweiz, Niederlande und Belgien
Bitte informieren Sie Ihren Buchhändler über folgende Bezugsadressen:
D: PROLIT GmbH, Postfach 9, 35461 Fernwald
        www.prolit.de (sowie alle Barsortimente),
CH: AVA-buch 2000, Postfach 27, 8910 Affoltern, www.ava.ch
A: Mohr Morawa Buchvertrieb GmbH, Postfach 260, 1011 Wien
NL, B: Willems Adventure, www.willemsadventure.nl
Wer im Buchhandel trotzdem kein Glück hat, bekommt
unsere Bücher auch über unsere Büchershops im Internet (s.o.)

Vorwort

Die Sonne scheint, alle sind immer gut drauf, die Einheimischen stören keinen, Essen und Trinken wunderbar – so könnte man vielleicht einen All-inclusive-Urlaub bewerben. Das Reiseziel Israel und Palästina jedoch nicht: Die Kameras der Welt sind ständig in Großaufnahme auf diesen schmalen Landstrich gerichtet, fast täglich schaffen es Nachrichten von dort in die weltweiten Schlagzeilen. Alle, die hinfahren, haben bereits eine nähere Vorstellung und Meinung über ihr Reiseziel.

Das liegt auch daran, dass quasi jeder Quadratmeter des Landes geschichtsträchtig ist. In der Antike war hier die Durchgangsstrecke für die Kriegszüge von Ägyptern, Assyrern und Babyloniern, Griechen und Römern. Heute wirken über den ganzen Globus verteilte Interessen ins ohnehin schon komplizierte Tagesgeschäft vor Ort. Europa interessierte sich seit dem 19. Jh wieder für die südliche Levante. Die spätere britische Mandatszeit und besonders natürlich der in die Tat umgesetzte deutsche Wahn, ein Weltjudentum vernichten zu müssen, schufen denkbar schlechte Voraussetzungen für Staatswesen, die miteinander auskommen sollen.

Wer seine Vorstellungen flexibel hält, bekommt mehr mit, denn es gibt unzählige Graustufen zwischen dem in unseren Nachrichten oft gebotenen Schwarz/Weiß. Jede Reise bietet Begegnungen und Begebenheiten, die man sich vorher nicht mal hätte vorstellen können. In Israel gäbe es auch All-inclusive-Urlaub, aber der wäre exklusive der Menschen und ihrer Geschichte(n) beiderseits der Grünen Linie – der formalen Grenze zwischen dem besetzten Gebiet und Israel. Exklusive der Möglichkeit, zurück Zuhause die Nachrichten mit anderen Ohren zu hören, exklusive des Erlebnisses, nicht nur erholt, sondern anders aus dem Urlaub zurückzukommen, als man hingefahren ist. Israel und Palästina halten dafür jede Menge Anlässe bereit.

Gibt es denn einen Staat Palästina? Die Antwort lautet ähnlich wie beim Klimawandel: Die meisten gehen davon aus, auch UNO & UNESCO. Für Deutschland siehe die Karte S. 580/581. Wo die Politik schleicht, eilt die Wirtschaft voran, z.B. kennt die Mobiltelefonie nur zwei Staaten und kassiert fleißig Roaming-Gebühren auf der jeweils anderen Seite. Auch das Internet deutet auf eine Zwei-Staaten-Zukunft mit den Länderkennungen .ps und .il.

Alles, was normaler Sprachgebrauch ist, wird irgendwann in den Duden aufgenommen – möge entsprechend das inzwischen gut auf die staatlichen Funktionen vorbereitete Palästina bald in die UNO-Staatenliste eingetragen werden. Falls nicht, wird aktuell wieder vorgeschlagen, Israel solle Palästina annektieren. Dann kämen zwar die Palästinenser in den Genuss staatsbürgerlicher Rechte und Pflichten, doch ob das die Bevölkerung beider Seiten wirklich will, ist schwer vorstellbar. Am besten wäre Daniel Barenboim auf welche Lösung auch immer vorbereitet. Der große Musiker und Humanist lebt als vermutlich einzige Person der Welt mit einem israelischen und einem palästinensischen Pass. Man muss nicht gleich die Staatsbürgerschaft verlangen, aber vielleicht können auch Sie sich mit beiden Staaten beiderseits der Grünen Linie anfreunden.

Denn Politik beiseite: Israels und Palästinas überbordendes Angebot an Kultur und Historie wird Sie faszinieren, und sogar All-inclusive-Freunde fänden außerhalb ihrer Clubs problemlos Orte, wo die Sonne immer scheint (z.B. Elat), wo die Leute immer gut drauf sind (in Tel Aviv und Ramallah nachschauen), wo Sie überhaupt niemand stört (im Negev oder bei den Klöstern in der Wüste Juda) und wo Sie eindrucksvoll speisen und bestens übernachten können.

Burghard Bock

Zu diesem Buch

Sie halten einen Individual-Reiseführer zu den Sehenswürdigkeiten und zu den Menschen in Israel und Palästina in der Hand. Er will Sie mit detaillierten Beschreibungen gut informieren und mit möglichst präzisen Angaben sicher ans jeweilige Ziel bringen.

Schreibweisen: Hebräische und arabische Wörter und Namen auf Deutsch oder Englisch umzuschreiben ist kompliziert, weil die Alphabete unterschiedlich viele Konsonanten und Vokale haben, die noch dazu unterschiedlich ausgesprochen werden. Das Wort *Zion* findet sich auch in Versionen wie *Tsion, Ziyyon, Ziyon*. Auch das Schild *Qesarya* führt nach *Caesarea*, hinter *Sepphoris* verbirgt sich die Ausgrabungsstätte *Zippori*, und am Ortsschild *At Tayba* nicht umdrehen, wenn Sie nach *Taibeh* wollen.

Die **Ortsnamen** stellen einen Kompromiss dar aus sprachlicher Richtigkeit und der Wiedererkennbarkeit auf Plänen oder Verkehrsschildern (die leider auch nicht immer einheitlich sind). Schließlich sollen Sie als Deutsche/r die Namen auch möglichst erkennbar aussprechen können.

Alle **Informationen** entsprechen dem uns bei Redaktionsschluss im Mai 2018 bekannten Stand.

Sprachvielfalt: Nicht einfach ist es, wenn es um ein und dieselben Namen in verschiedenen Sprachen geht: Wenn wir hier nördlich der Jerusalemer Altstadt etwas in der *Nablus St* empfehlen, werden Sie auf dem Plan der Tourismus Information den *Derekh Shkhem* finden – was dasselbe meint: den Straßennamen zu dem Ort, der in der deutschen Bibel Sichem heißt. Ähnlich ist es in West-Jerusalem mit einer Straße aus der britischen Mandatszeit: Die *King David St* heißt auf dem Plan *David HaMelekh*. Straßen mit Personennamen sind manchmal nicht zu finden, weil sie nur mit bzw. nur ohne Vornamen aufgelistet sind, z.B. kommt die *Salomon St* vielleicht nur unter *Yoël Salomon* bzw. umgekehrt die *Yoël Salomon* nur unter *Salomon St* vor.

Bleiben Sie also flexibel – am besten mit der Vorstellung, wie bei einer Internet-Suche auf den Button „auch ähnliche Namen finden" zu klicken. Willkommen im Orient!

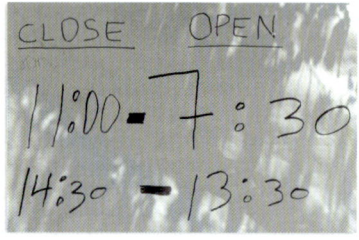

Offizielle Anzeigetafel: Die Öffnungszeiten des Tempelplatzes in Jerusalem – hebräisch/arabisch von rechts nach links gedacht

Der Autor

Burghard Bock aus Bremen hat Theologie und Archäologie studiert. Er verbrachte ein Studienjahr in Jerusalem, leitete eine Saison das Spätbronzezeit-Areal bei der Ausgrabung auf Tel Bet Shean und hat auch die umliegenden Länder bereist. Darüber hinaus kennt er sich auf Geige und Mandoline mit jiddischen Liedern und klassisch arabischer Musik gut aus. Mit der Überarbeitung von „Israel und Palästina" begann er 2008 als Ko-Autor für die 2. Auflage 2010.

Das vorliegende Reisehandbuch erschien erstmals 1999, verfasst vom Autoren und Verleger Wil Tondok und seiner Frau Sigrid unter dem Titel „Israel, palästinensische Gebiete, Ostsinai". Es erschien auch ein Band über Jordanien. 1996 in einem Vorläufer hatten Israel und Jordanien noch zwischen zwei Buchdeckel gepasst. Wil Tondok ist Mitbegründer der Reihe Reise Know-How und vor allem mit seinen Ägypten-Bänden eine Institution. Jordanien pflegt er weiterhin. Israel, Palästina und Ägypten erscheinen nun im REISE KNOW-HOW Verlag Helmut Hermann.

Infos und Abkürzungen

Öffnungszeiten sind in Klammern nach dem Namen der Sehenswürdigkeit angegeben. Der Einfachheit halber wurde das Wort *Uhr* fortgelassen: So-Do 9-12, 13-16 bedeutet, dass Sonntag bis Donnerstag von 9 bis 12 Uhr und von 13 bis 16 Uhr geöffnet ist; falls keine Tagesangabe vorkommt, ist täglich geöffnet. Sofern bekannt, folgt nach den Zeitangaben der **Eintrittspreis**, erkenntlich durch das vorangestellte Shekelzeichen ₪ bzw. NIS; bei keiner Angabe wird Eintritt verlangt, der Preis ist uns unbekannt.

Kilometerangaben zwischen den jeweils beschriebenen Orten bzw. Kreuzungen sollen lediglich ein Gefühl für die zurückzulegenden Entfernungen vermitteln; die Angaben entstammen dem *Atlas HaSahav 2016* von Mapa; www.mapa.co.il.

Als **Entscheidungshilfe** finden Sie vor jeder Route unter **Sehenswertes** eine bewertete Übersicht.

Die **Sehenswürdigkeiten wurden von uns klassifiziert** – subjektiv natürlich. Wir meinen, dass man an Orten mit der Markierung

**** auf keinen Fall vorbeigehen sollte, dass
*** wertvolle Bereicherungen darstellen und
** ebenfalls den Besuch lohnen. Aber auch die Sehenswürdigkeiten, die nur mit
* bewertet sind, sollte man beim Planen nicht außer Acht lassen.

Beachten Sie bitte, dass sich **Preisangaben** auf den Mai 2018 beziehen und sich entsprechend der aktuellen Wirtschaftslage schnell ändern können. Das gilt insbesondere für Übernachtungspreise.

Allgemeine Abkürzungen

CBS	Central Bus Station
G.H.	Guest House/Gästehaus
HI	Hostelling International/Internationale Jugendherberge
IDF	Israel Defence Forces
INT	Israel National Trail
JD	Jordanischer Dinar
Jh	Jahrhundert
LE	Ägyptisches Pfund
NIS, ₪	Neue israelische Shekel
PA	Palästinensische Autonomiebehörde
$	US-Dollar
SPNI	Society for the Protection of Nature in Israel, der israelische Umweltschutzverband
St	Straße, Street, Boulevard
vC	vor Christi Geburt
nC	nach Christi Geburt
₪ 14/7	Eintritt für Erwachsene/Kinder; hier Erwachsene 14, Kinder 7 Shekel
Y.H.	Youth Hostel/Jugendherberge

Abkürzungen bei Hotelangaben

AC	Aircondition
B&B	Bed & Breakfast, Übernachtung mit Frühstück
D	Doppelzimmer
DkB	Doppelzimmer ohne Bad
Dorm	Dormitory (Schlafsaal)
E	Einzelzimmer
EkB	Einzelzimmer ohne Bad
mF	mit Frühstück
pP	pro Person

Die Auflistungen beginnen mit dem jeweils teuersten Hotel, bezogen auf ein Einzelzimmer oder einen Übernachtungsplatz. Die Rangfolge wird sich vermutlich bald nach Erscheinen dieses Buches aufgrund von Preisanpassungen ändern.

Buch-Konzeption

Die nebenstehende Karte ermöglicht einen schnellen und einfachen Zugriff auf das Gebiet, über das man gerade etwas wissen will.

1 Kapitel 1 informiert über **Reisen in Israel und Palästina**, ab S. 18

2 **Praktische Ratschläge**, wie man in der Reiseregion am besten zurechtkommt, finden Sie in Kapitel 2, ab S. 41

3 **Hintergrundinformationen über Land und Leute, Geschichte und Gegenwart** erleichtern ein besseres Eindenken in die manchmal nicht unproblematische Situation Ihres Reisegebietes, Kapitel 3, ab S. 97

Die eigentlichen Orts- und Routenbeschreibungen beginnen nach den ersten drei Kapiteln:

4 **Jerusalem**, Kapitel 4, S. 148

5 **Tel Aviv** und Umgebung, Kapitel 5, ab S. 244

6 Die gesamte **Mittelmeerküste** mit verschiedenen Abstechern nach Osten, Kapitel 6, ab S. 291

7 **Galiläa** mit christlichen und jüdischen Stätten, **See Genezareth**, und **Golan-Höhen**, Kapitel 7, ab S. 358

8 Orte und Landschaften am **Toten Meer**, im Negev mit seinen ungewöhnlichen Wüstenformationen bis nach **Elat**, Kapitel 8, ab S. 427

9 **Palästinensische Gebiete** mit aktuellen und historischen Stätten wie Nablus, Jericho, Bethlehem, Hebron und Gaza, Kapitel 9, ab S. 491

Reiserouten in Israel & Palästina
- Jerusalem und Umgebung (Kap. 4)
- Tel Aviv (Kap. 5), Mittelmeerküste (Kap. 6)
- Galiläa und Golan (Kap. 7)
- Der Süden (Kap. 8)
- Palästina (Kap. 9)

N
50 km

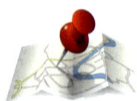

Bitte schreiben oder mailen Sie (verlag@rkh-reisefuehrer.de), wenn sich vor Ort Dinge verändert haben oder Sie Neues wissen. Besten Dank!

Inhaltsverzeichnis

5 Tel Aviv und Umgebung

6 Die Mittelmeerküste

7 **Galiläa
und der Golan**

8 Der Süden

9 Palästina – künftiger Staat der Palästinenser

10 Anhang

Bitte schreiben oder mailen Sie (verlag@rkh-reisefuehrer.de), wenn sich in Israel und Palästina Dinge verändert haben oder Sie Neues wissen. Wir beantworten jede Zuschrift. Danke!

Foto rechts: Ungewöhnliches Flair gewinnt Haifa, die schönste Stadt Israels, durch den Baha'i-Schrein und Garten

Reisen in Israel und Palästina

1 Reisen in Israel und Palästina

Verstehen und Verständnis

Ein ungewöhnliches Stück Orient

Reisen im Nahen Osten, mitten hinein ins **Pulverfass?** Der nächste Gazakrieg könnte bevorstehen, Spannungen Richtung Libanon und Syrien nehmen zu. Auf eine Zwei-Staaten-Lösung mag kaum noch jemand wetten, und die palästinensischen Attacken zählt mancher als Dritte Intifada. Und auf beiden Seiten wackelt die Regierung – harte Zeiten für Optimisten. Kann man eine solche Gegend guten Gewissens als Reiseland empfehlen? Man sollte sogar.

Statistisch betrachtet sind Touristen nicht oder kaum stärker gefährdet als zu Hause oder in anderen Gegenden der Welt. Wer fährt beispielsweise schon noch in die Türkei. Man muss dieses Risiko ganz nüchtern sehen, vielleicht auch die Tatsache, dass man im Heiligen Land eher aus purem Zufall in eine Gefahr für Leib und Leben verwickelt werden kann. Doch wer schützt Sie zu Hause gegen Raser auf der Autobahn oder einen brutalen Raubüberfall? Lesen Sie bitte mehr zum Thema Sicherheit auf S. 75. Außerdem hat es mit den Mechanismen des Nachrichtengeschäfts zu tun, dass wir vor allem über Hitzköpfe und Terroristen informiert werden statt über den friedliebenden Großteil der Bevölkerung.

Die überwiegende Mehrheit der Israelis und Palästinenser sind in der Tat freundliche und hilfsbereite Menschen, die Gäste schätzen und denen das **Gastrecht** etwas bedeutet. Der kulturelle Schmelztiegel, der Israel zweifelsohne ist, hat zu Weltoffenheit und zum Interesse am fremden Besucher geführt. Dies zeigt sich vergleichsweise weniger aufdringlich als in vielen orientalischen Ländern – eine manchmal vielleicht wachsende, manchmal aber auch spontan-herzliche Angelegenheit, die sich im Bus, auf der Straße oder bei zufälligen Begegnungen ergibt.

Die Schmelztiegelrolle ist vor allem **Israel** zugefallen, denn die Juden strömten aus aller Welt ins gelobte Land. So trifft man auf alle denkbaren Hautschattierungen von den schwarzen Äthiopern bis hin zu blonden, blauäugig-stupsnasigen Menschen, die aus Nordeuropa zuwanderten. Schon dieses **Menschengemisch** unterschiedlichster geografischer Herkunft auf kleinem Raum macht Israel so interessant.

In der zunehmend isolierten **Westbank** stellt sich die Situation natürlich anders dar – vom **Gazastreifen**, der Touristen derzeit nicht offen steht, ganz zu schweigen –, doch der Effekt ist ganz ähnlich. Wer sich in ein Gebiet begibt, in dem der Tourismus weitgehend zum Erliegen gekommen ist, obwohl man dort doch so sehr darauf angewiesen wäre, kann sich der sowieso schon sprichwörtlichen orientalischen Gastfreundschaft sicher sein!

Darüber hinaus ist **Deutschland** – für manchen vielleicht überraschend – auf beiden Seiten über die Maßen **beliebt**. Neben der bekannten **Berlin**-Faszination besonders junger Israelis hat sich der **Schwarzwald** als Urlaubsziel israelischer Familien festgesetzt. Auf palästinensischer Seite steht Deutschland ebenfalls hoch im Kurs, weil in nahezu jeder Ortschaft **Infrastrukturmaßnahmen** von deutschen Institutionen (kfw, GIZ, Karte siehe S. 580) durchgeführt werden, die den Alltag erleichtern. Viele Palästinenser waren außerdem schon in Deutschland, haben vielleicht Verwandte dort oder sind in der Westbank auf eine deutsche Schule gegangen.

Aber nicht nur die Menschen zwischen Mittelmeer und Jordan sind einen Besuch wert. Auf einer Fläche von der Größe Hessens drängen sich historische und kul-turelle, aber auch **landschaftliche Eindrücke** in einer Vielfalt zusammen, wie sie kaum ein anderes Stück Erde so kompakt aufzuweisen hat. **Jericho** im Jordan-graben gehört zu den ältesten bekannten Stadt- bzw. Gemeinschaftsansiedlungen der Menschheit. Vor etwa 10.000 Jahren taten sich dort Jäger und Sammler zu-sammen und bauten eine befestigte Siedlung, was 2010 gefeiert wurde.

Gehört Israel zu Europa?

Geografisch keinesfalls, da antwortet die Plattentektonik: **Asien**. Aber gerade des-wegen fragen sich manche, was Israel eigentlich bei den europäischen **Fußball-wettbewerben** oder dem **Eurovision Song Contest** – mit inzwischen viermaligem Sieg – zu suchen hat. Die Antworten darauf haben nicht nur mit Politik und nichts mit oft vermuteter jüdischer Lobbyarbeit oder Verschwörungstheorien zu tun.

Mit der Staatsgründung 1948 wurde die neu gegründete *Israel Football Association* Nachfolgerin des Mandatszeit-Verbandes in der FIFA. 1954-1974 war sie Mitglied des Asien-Fußballverbundes. Das krasseste Beispiel für Probleme, die andere Länder bereiteten, war die **WM-Qualifikation 1958**: Die Türkei, Ägypten und Sudan weigerten sich, gegen Israel anzutreten, Indonesien hätte nur auf neu-tralem Boden gespielt, was wiederum die FIFA verweigerte. Israel wäre somit kampf-los in die Finalrunde eingezogen, was die FIFA nur dem vormaligen Sieger und dem Gastgeberland zugestand. Die FIFA loste Israel als Gegner **Wales** zu. Letzteres siegte und wurde absurderweise **offizieller Vertreter Asien-Afrikas**. 1974 schob Kuwait eine Initiative an, die **Israel aus dem asiatischen Verband ausschloss**. Im Kalten Krieg war der offizielle Weg in den europäischen Fußballverband UEFA durch den Warschauer Pakt versperrt. Israel startete WM-Qualifikationen mal gegen europäi-sche, mal gegen ozeanische, mal südamerikanische Mannschaften. 1991 konnte Israel ohne die osteuropäische Gegnerschaft an Vereinswettbewerben teilnehmen und wurde **1994 volles Mitglied der UEFA** – weshalb der Europameister irgend-wann mal Israel heißen könnte. Wünschenswerter wäre aber die Asienmeisterschaft, wenn Israel auf seinem Kontinent nicht mehr boykottiert würde.

Eher **profan-technisch** ist der Hintergrund beim **Eurovision Song Contest**. Ein Land kann sich zur Teilnahme bewerben, wenn sein Staatsfernsehen zur **Europäischen Rundfunkunion** (EBU) gehört. „Europäisch" war 1950 zum Zeit-punkt der Gründung der EBU ein dehnbarer Begriff: Der Ostblock gehörte nicht dazu, der pflegte einen eigenen Programmaustausch-Verbund, Deutschland wurde wegen niederländischer Bedenken erst 1952 assoziiert. Wegen technischer Erwägungen der **Internationalen Fernmeldeunion** (ITU) von **1932** zieht sich die europäische Rundfunkzone – eine von drei Weltzonen – allerdings **von Island bis zum Irak**, von **Marokko bis östlich von Moskau**. In einer anderen Welt könn-ten von den Statuten her die besten drei Lieder z.B. aus **Syrien**, **Israel** und dem **Vatikan** stammen.

Doch Jericho ist nur der Anfang. Es gibt eine ganze Reihe Orte, deren Geschichte zwar nicht so weit zurückzuverfolgen ist, die aber auch schon ein paar Jahrtausende hinter sich haben. Besucherinnen und Besucher haben also mehr als genug Gelegenheit, sich alte und uralte **Steine oder Gemäuer** anzuschauen und dabei über die menschliche Vergänglichkeit nachzudenken.

Das so genannte Heilige Land ist der Ursprung dreier Religionen: **Judentum** und **Christentum** entstanden hier. Sie wurden in diesem kleinen Land ganz entscheidend geprägt – so entscheidend, dass der Prophet Mohammed aus ihnen schöpfte, als er den **Islam** formulierte. So stellt Jerusalem die drittheiligste Stadt der Muslime dar, und für **Juden** ist die Westmauer ihres ehemaligen Tempelbezirks (hebräisch *Kótel*, auch *Klagemauer* genannt) in der Jerusalemer Altstadt das wichtigste Ziel der ganzen Welt.

Der Hügel Golgatha und das Grab Christi, ebenfalls in der Altstadt Jerusalems gelegen, die Bethlehemer Geburtskirche und die Verkündigungskirche in Nazareth sind heilige bzw. historisch die bedeutsamsten Stätten des **Christentums**.

Während der letzten beiden Jahrtausende fand also – salopp formuliert – ein Wettbewerb zwischen den drei Religionen in diesem so genannten *Heiligen Land* statt. Zählt man jedoch die Toten, Verstümmelten, die Zerstörungen an Besitz und Natur aufgrund dieser Rivalitäten, dann kann man die Gegend eigentlich nur als unheiliges bzw. unheilvolles Land bezeichnen. Laut hebräischer Bibel schlugen bereits die alten Israeliten grausame Schlachten gegen die Vorbesitzer des Landes, wurden jedoch ihrerseits von neuen Eroberern furchtbar verprügelt, vertrieben und wieder zurückgelassen. Nicht minder schlugen die Christen auf die Juden ein, weil sie in letzteren „Gottesmörder" sahen. Die **Muslime** gingen bei und nach ihrer Schnelleroberung des Nahen Ostens kaum weniger zimperlich mit den ihnen doch nahe stehenden Anhängern der Buchreligionen um. Der Boden des Nahen Ostens ist wahrlich durch und durch mit Blut getränkt.

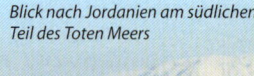

Blick nach Jordanien am südlichen Teil des Toten Meers

Schaut man aus der Luft auf diese so kleine und doch für die Entwicklung der modernen Menschheit so bedeutsame Fläche, dann sieht man ihr die vielen Schlachten gar nicht an, traut sie ihr eigentlich überhaupt nicht zu. Denn der **Norden Israels**, d.h. Galiläa, lässt den Betrachter ob seiner fast lieblichen Hügellandschaft wirklich staunen; eine Landschaft, die über weite Flächen saftiggrün bewaldet ist oder landwirtschaftlich genutzt wird. Auch **Judäa**, das bereits über halb wüstenhafte Gebiete verfügt, wirkt nicht abweisend. Die im Westen noch grünen und weiter südöstlich schon eher braunen Hügel machen von der Form her einen sanften Eindruck. Der **Negev**, die Wüste ganz im Süden, ist inzwischen so erschlossen, dass man ihn nicht mehr zu fürchten braucht.

Der **Jordangraben mit Totem Meer**, die tiefstgelegene Fläche der Erde, bietet die landschaftliche Sensation schlechthin. Die wüstenhaften Gebirge Jordaniens im Osten ragen steil, aber nicht unnahbar in den Himmel. Auch sie waren seit Menschengedenken dort besiedelt, wo sich landwirtschaftlicher Anbau betreiben lässt.

Andererseits führt die Reise in eine hoch industrialisierte Welt, die ihren **Preis** hat. In Israel werden Sie kaum weniger Geld ausgeben können als bei einem Urlaub in Mitteleuropa. Doch die Kosten lassen die Besucher offenbar kalt. Trotz fehlender Friedensperspektive und kaum ermutigender Nachrichtenlage verzeichnet Israel wohl bald wieder Besucherzahlen wie vor dem Gaza-krieg 2014. An der Spitze der besuchten Orte liegt Jerusalem, gefolgt von Elat am Roten Meer – zuerst die Pflichtübung, dann das Vergnügen.

Was man alles unternehmen kann

Israel und Palästina bieten den Besuchern eine unglaubliche Vielfalt an Unternehmungen, sportlichen Betätigungen und auch Erholungsmöglichkeiten:

• Besichtigungstouren nach den unterschiedlichsten Kriterien: religiös (jüdisch, christlich, islamisch), historisch und kulturhistorisch (u.a. jüdisch, griechisch, römisch, christlich, muslimisch-arabisch, israelisch), landschaftlich (fruchtbar, wüstenhaft, gebirgig)
• Teilnahme an nahezu ständig und überall stattfindenden kulturellen Veranstaltungen (Konzerte, Theateraufführungen, Festivals, Folklore-Veranstaltungen etc.)
• Der Kunst in Künstlerkolonien, Galerien, Ausstellungen und Museen nachspüren
• Märkte erkunden, Gewürze erduften und mit den Händlern feilschen
• Baden im Mittelmeer, im See Genezareth, im Toten und im Roten Meer
• Tauchen und Schnorcheln vor allem im Roten und im Mittelmeer
• Windsurfen, Wasserski oder Seekajak fahren, Rudern, Segeln
• Drachenfliegen von diversen hohen Bergen oder Hängen
• Wandern, Schlauchboot fahren auf dem oberen Jordan
• Geocaching beiderseits der Grünen Linie
• Fernwandern und Trekking in der Wüste
• Tennis, Golf, Radfahren oder Reiten
• Marathon um den See Genezareth, in Tel Aviv oder in Jerusalem
• See-Genezareth-Wettschwimmen und -Marathon, Jerusalem-Marsch
• Kuren am Toten Meer bzw. in seiner unmittelbaren Umgebung
• Zum Arzt gehen: Spezialisten in Israel, gute Preis-Leistung in Palästina
• Hobbyarchäologie betreiben
• Millionen Zugvögel auf der Durchreise beobachten
• Längere Zeit mit einem sinnvollen Volontariat verbringen – also nicht unbedingt im Kibbuz: Anregungen dazu bietet auch der Band *Palästina: Reisen zu den Menschen*

Einstimmen und Vorbereiten auf die Reise

Touristische Informationen

- **Staatliches Israelisches Verkehrsbüro** für Deutschland, Österreich, Schweiz, 14193 Berlin, Auguste-Viktoria-Str. 74-76, Tel. 030 2039970, Fax 030 20399730, urish@goisrael.gov.il, www.goisrael.de – wer Englisch kann, bekommt auf www.goisrael.com oft ausführlichere Informationen. Spezialisierte Reiseveranstalter bei Bedarf unter https://info.goisrael.com/de/reiseveranstalter-für-einreisende verschiedene Broschüren über Pilgern, barrierefreies Reisen oder das Fahrrad zur Fortbewegung.
- Die *Field Schools* der **SPNI**, der **Society for the Protection of Nature in Israel**, vermitteln Naturinteressierten detaillierte Einblicke durch Seminare, gut bestückte Bibliotheken, geführte Wanderungen bzw. Trecks in die Wildnis und sonstige Informationen. In den meisten *Field Schools* kann man auch übernachten. Das System an der zentralen Buchungs-Telefonnummer funktioniert nur auf Hebräisch, deshalb die Häuser besser direkt anrufen, eine englische Liste gibt es unter www.natureisrael.org/FieldSchools. **Büros** gibt es in Jerusalem, 46 Ben Maimon St (Rehavia), Tel. 02 6252375, und Tel Aviv, 85 Nakhalat Binyamin St, Tel. 03 5660960, sowie 2 HaNegev St, Tel. 03 6388653. Das Büro in Haifa, 90 Yafo St, Tel. 04 8553860, bevorratet nur Landkarten.
- **Deutsch-Israelische Gesellschaft**, Littenstr. 105, 10179 Berlin, Tel. 030 8090 7028, Fax 030 8090 7031, www.deutsch-israelische-gesellschaft.de
- **Deutsch-Palästinensische Gesellschaft,** Postfach 1148, 49171 Hilter am T.W., www.dpg-netz.de

Einige Fluglinien und Reisebüros

Arkia, El Al und Israir fliegen auch innerhalb Israels. Die Preise sind stark gefallen. Dank Ryanair & Co. erübrigen sich obskure Linien mit unangenehmer Umsteigerei.

- **Arkia**, www.arkia.com Polo Progress Reisen, Fallmerayerstr. 16, 80796 München, Tel. 089 2870080, http://poloprogress.ibk.me; fliegt von München
- **Austrian Airlines**, www.austrian.com, Wien, Tel. A 05 17661000, D 069 50600598, CH 04 42868088, fliegt direkt von Wien, Frankfurt, München und Zürich – ebenso nach Amman
- **easyJet Switzerland**, www.easyjet.com, Genf, Service-Tel. CH 0848 282828, D 01805 666000, A 0820 320950; fliegt direkt von Basel, Genf und Berlin
- **EL AL Israel Airlines**, www.elal.co.il Flughafen Schönefeld, Haus C 006, Zimmer 1.02, 12521 Berlin, Tel. 030 2017790; Eschersheimer Landstr. 162, 60322 Frankfurt/Main, Tel. 069 929040; Flughafen München, Terminal F, Ebene 4, Zimmer 25 + 26, 80333 München, Tel. 089 2106920; Manessestr. 170, 8045 Zürich, Tel. 044 2257171, auch Genf wird angeflogen; Flughafen Wien, Office Park 3, 1. Oberstock 172, 1300 Flughafen Wien, Tel. 01 700732400
- **Germania**, www.flygermania.com, Berlin, Service-Tel. D 030 610818000, fliegt direkt von Berlin-Tegel, Düsseldorf, Hamburg, Nürnberg
- **Lufthansa**, www.lufthansa.com Flughafen-Bereich West,

Flughafen Ben Gurion: neuer Tower

vermittelt direkte Flüge von Berlin, Düsseldorf, Hamburg, Hannover, München, Nürnberg, Stuttgart, Wien, Basel und etliche Zubringer

Teilorganisierte Reisen

Viele Reiseveranstalter beschäftigen sich mit Israel; von den israelischen Informationsstellen erhält man auf Wunsch für den deutschsprachigen Raum eine seitenlange Liste, in der man sich einen Überblick über das Angebot beschaffen kann: https://info.goisrael.com/de/reise veranstalter-für-einreisende

Für die Leser dieses Buches dürfte der Begriff **Fly & Drive** besonders interessant sein. Beispielsweise vermittelt El Al über die Seite www.superstar.de/html/fly-drive.php einen Flug aus Deutschland inklusive Mietwagen für fünf Tage ab € 375.

Generell empfiehlt es sich, einen Mietwagen im eigenen Land zu buchen: es kostet merklich weniger und spart Zeit, da man sich vor Ort Vorträge über unübersichtliche Zusatzversicherungen erspart. Einen erfreulichen Preis scheint man beim Buchen auf www.eldan.de, ein israelischer Anbieter, erzielen zu können. Aber auch mit Brokern wie www.mietwagen24.de oder www.cardelmar.de kann man gut fahren. Meist spart man jedoch kaum gegenüber einer Nachfrage im Reisebüro.

Wer plant, auch die Westbank zu erleben, sollte einen **palästinensischen Mietwagen** nehmen, siehe S. 57: Das kostet etwas mehr, aber man braucht nicht zu überlegen, wo man wann genau ist, weil diese Autos beiderseits der Grünen Linie versichert sind und das israelische gelbe Nummernschild besitzen.

Auch in Israel bieten sich eine ganze Reihe von Kombinationen an, die dem Reisenden einen Teil der Mühe des Selbstorganisierens abnehmen, ihm aber genug Freiheit lassen – von der SPNI war oben schon die Rede.

60546 Frankfurt/Main,
Service-Tel. D 01805 838426,
A 0810 10258080, CH 0900 900922
fliegt direkt von Frankfurt, München, Wien, Genf und Zürich, von Frankfurt und Wien auch Nonstop Amman
- **Polo Progress Reisen**, München, Tel. 089 28808000, www.poloprogress.de
- **Ryanair**, www.ryanair.com, fliegt nach Ovda, ab Oktober vermutlich Timna, von Berlin, Bremen, Düsseldorf-Weeze, Frankfurt-Hahn, Karlsruhe/Baden-Baden
- **Swiss International Air Lines**, www.swiss.com, Basel, Tel. CH 0848 700700, D 01803 000337, A 0810 810845, fliegt direkt von Genf und Zürich
- **TUIfly**, www.tuifly.com c/o Hapag-Lloyd Express GmbH, Langenhagen, Tel. D 01805 757510, CH 0848 000271, A 0820 820033,

- Omnibus-Gesellschaft **EGGED** bietet über ihre Tochtergesellschaft www.eggedtours.com touristische Ausflüge an, Tel. +972 3 9203992, in Israel 170 0707577. Von Tel Aviv, Jerusalem, Netanya und Herzliya gibt es durchweg interessante und preiswerte Touren in die nähere Umgebung von Elat auch Petra und Kairo, zum Teil mit deutschsprachiger Reiseleitung.
- Auch die Omnibusgesellschaft **UNITED TOURS** offeriert ein ähnliches Programm wie EGGED, günstiger, manchmal deutschsprachig, Tel. +972 3 6173333, nach 17 Uhr 6173315, www.unitedtours.co.il.
- Die **KIBBUTZ HOTELS CHAIN**, der Zusammenschluss der größeren Kibbuz-Hotels, bietet Fly & Drive mit verbilligten Übernachtungen in ihren Hotels, zum Teil inklusive Touren von bestimmten Hotels, Tel. +972 4 6904646 und www.booking-kibbutz.com
- Die **International Youth Hostels Association**, International Convention Center (*Binyane HaUma*), 1 Zalman Shazar St, Jerusalem, Tel. 02 6558400/6, www.iyha.org.il, bietet manchmal Rundreisen an und unterstützt bei der Planung. Der unabhängige Hostel-Verband **ILH** ermöglicht vor allem erschwingliche Ausflüge und Handy-Vermietung, wenn man von Hostel zu Hostel. bucht, gibt es 5% Rabatt: www.hostels-israel.com.

Viele Hotels/Hostels in Jerusalem bieten Touren ins Land an, z.B. nach Massada und ans Tote Meer ab $ 50 pP. Dies vereinfacht die Reise u.U. erheblich, ist aber wegen der kurzen Aufenthalte am Ausflugziel sehr stressig (siehe S. 231). Ein Anbieter, der quasi von überall nach überall mehrtägige Touren offeriert und auch

zum Portfolio mehrerer unabhängiger Hostels gehört:
- **Bein Harim**, Tel. 03 5422000, What'sApp +972 52 6588834, www.beinharimtours.com/de

Ausflüge nach Jordanien (meistens nach Petra) können mit diversen Veranstaltern, u.a. Arkia, der oben genannten Fluglinie, unternommen werden. Ein Tagestrip von Tel Aviv, Flughafen Sde Dov, nach Petra einschließlich Flug nach Elat und zurück kostet etwa $ 350.

Es geht jedoch auch umgekehrt: Wer von Jordanien aus einen mehrtägigen Ausflug nach Israel/Palästina plant, ist bei den **Mount of Olives Tours** richtig, 14 Nur EdDin St, 20091 Jerusalem, Tel. +972 262 71122, www.mountofolivestours.com, deren Angebot sich vor allem an größere christliche oder muslimische Pilgergruppen richtet, die eine Rundfahrt von der König-Hussein-Brücke aus starten möchten.

Schließlich seien hier noch ein paar Anbieter genannt, die auf beiden Seiten der Grünen Linie aktiv sind und Ausflüge und Kontakte für einzelne Tage oder eine ganze Reise vermitteln:
- **Alternative Tourism Group** (ATG), Bet Sahur (Tel. 02 2772151, www.atg.ps), bietet verschiedene Gesamtpakete an, die auch Israel einbeziehen können. Auf Wunsch werden Gespräche mit Personen des öffentlichen Lebens arrangiert, auf palästinensischer wie auf israelischer Seite. Infrastruktur auch für Gruppen kann ohne Probleme organisiert werden. Um eine Vorstellung zu haben: Eine Reise für 8 Tage kostet um $700 (Einzelzimmerzuschlag $30), Unterbringung in Familien, von Deutschland aus müsste dann lediglich der Flug gebucht werden.

- **Alternative Tours**, Jerusalem (im Jerusalem Hotel, Tel. 052 2864205, http://alternativetours-jerusalem.com), unterscheidet schon auf der Website zwischen eher touristischen und eher politischen Angeboten, eins der ersten Angebote dieser Art
- **Crown Tours**, Bethlehem (Tel. 02 2740911/2, Fax 02 2740910, www.crown-tours.com), ein Familienunternehmen mit besonderer Expertise für kirchlich ausgerichtete Gruppen
- **Daher Travel**, Jerusalem (Tel. 02 6283235 oder 050 5545179, www.dahertravel.com), führt vorwiegend verschiedene Tagestouren oder mehrtätige Heilig-Land-Fahrten für Christen und Muslime durch
- **Green Olive Tours** (Tel. 03 7219540, vormals Alternative Tours in English, www.toursinenglish.com), ist ein Abzweig der Alternative Tours und ähnlicher Allrounder – neuerdings auch mit Exkursion in eine jüdische Siedlung
- **Mount of Olives Tours**, Jerusalem (Tel. 02 6271122, www.mountofolives-tours.com), richtet sich vor allem an christliche oder muslimische Pilgergruppen, die eine Rundfahrt von der König-Hussein-Brücke aus starten – für Abstecher von Jordanien aus sehr praktisch
- **Near East Tourist Agency**, Jerusalem (NET, Tel. 02 5328720, www.netours.com), operiert international mit historisch orientierten Reisen und wäre empfehlenswert, wenn es auch nach Jordanien gehen soll
- **Reisemission Leipzig** stellt ebenfalls grenzüberschreitende Touren für unterschiedlichste Interessen zusammen (Tel. 0341 3085410, www.reisemission-leipzig.de).

- **Terra Sancta Tours** aus Bern (Tel. 031 9917689, www.terra-sancta-tours.ch) wendet sich vor allem an kirchliche Gruppen mit Wüsten-, Wander- und Begegnungstouren
- **Iteru** heißt ein Marburger Reiseveranstalter mit Schwerpunkt Ägypten und Nahost. Sebastian Plötzgen bietet unterschiedliche Themenreisen für verschiedene Zielgruppen an und arbeitet auch Individualreisen aus, Tel. 06421 9686603, www.iteru.de.
- Der Blog **www.alsharq.de** wendet sich eher an jüngere Leute. Es werden Reisen in den Orient angeboten, aber auch Touren nach Wunsch organisiert (Christoph Dinkelaker, Tel. 0157 783373 61, christoph.dinkelaker@gmail.com).

Papierkram – Pass, Visum

Israelische diplomatische Vertretungen

Deutschland: Botschaft des Staates Israel, Auguste-Viktoria-Str. 74-76, 14193 Berlin, Visaabteilung Tel. 030 89045523, Fax 030 89045519, consular1@berlin.mfa.gov.il

Österreich: Botschaft des Staates Israel, Anton-Frank-Gasse 20, 1180 Wien, Konsularabteilung Tel. 01 47646501, Fax 01 47646575, consular@vienna.mfa.gov.il

Schweiz: Botschaft des Staates Israel, Alpenstr. 32, 3000 Bern 6, Konsularabteilung Tel. 031 3563587 Fax 031 3563556, consular@bern.mfa.gov.il

Die **palästinensischen Auslandsvertretungen** haben zwar mit den Einreiseformalitäten in ihr Land nichts zu tun, aber vielleicht ändert sich das ja einmal:

Deutschland: Palästinensische Mission, Rheinbabenallee 8, 14199 Berlin, Tel. 030 2061770, Fax 030 20617710, info@palaestina.org

Österreich: Vertretung des Staates Palästina, Josefsgasse 5/1, 1080 Wien, Tel. 01 4088202, Fax 01 4088119, office@palestinemission.at
Schweiz: Palästinensische Generaldelegation, 96 Route de Vernier Chatelaine, 1211 Genf, Tel. 031 3521405, Fax 031 3521409, chemb@mofa-gov.ps

Visabestimmungen

Zur Einreise nach Israel benötigt man einen Pass, der mindestens noch 6 Monate gültig ist. Ältere deutsche Staatsbürger, die vor dem 1. Januar 1928 geboren sind, benötigen ein Visum, das kostenfrei bei der israelischen Botschaft in Berlin erhältlich ist.

Jüngere Deutsche brauchen kein Visum, d.h. sie bekommen es automatisch an der Grenze bei der Einreise. Dasselbe gilt für Österreicher und Schweizer, ältere Reisende dieser Länder benötigen kein vorheriges Visum. Kinder unter 16 brauchen einen Kinderreisepass, der ebenfalls 6 Monate über die Aufenthaltsdauer hinaus gültig sein muss. Bei Aufenthalten, die länger als drei Monate dauern sollen, ist generell ein vorheriges Visum erforderlich. In einer Reihe größerer israelischer Orte können Visa bei den Dienststellen des Innenministeriums für rund € 50 verlängert werden.

Verlässt man das Land für einen Kurzbesuch z.B. Jordaniens, erlischt das Visum und man erhält bei der Wiedereinreise an der Grenze nur ein Monatsvisum. Wer noch in arabische Länder ohne Friedensvertrag mit Israel weiterreisen möchte, derzeit also alle außer Jordanien und Ägypten, muss einen zweiten Pass dabeihaben oder bei der Botschaft beschaffen, wenn es im ersten noch frühere israelische Stempel geben sollte. Andersherum verhindern arabische Stempel im Reisepass die Einreise nach Israel keineswegs, nur das Einreise-Gespräch könnte lang ausfallen.

Autopapiere

Bei der Einreise mit dem eigenen Fahrzeug (oder beim Mietwagen) akzeptieren die Israelis den heimischen (Führerschein und auch die Kfz-Zulassung. Ein Internationaler Führerschein ist nicht nötig. Die heimische Versicherung muss auch für Israel gültig geschrieben sein (im Zweifel erkundigen Sie sich bei Ihrem Versicherer), sonst zahlt man in Israel erhebliche Beträge für eine lokale Haftpflichtversicherung. Die grüne Versicherungskarte deckt allerdings nur Personenschäden ab, für Sachschäden sollte man noch eine Kaskoversicherung abschließen.

Studentenausweis

Mit einer *International Student Idendity Card (ISIC)* erhält man bei Sehenswürdigkeiten bis zu 30 Prozent, z.B. auch in öffentlichen Verkehrsmitteln 10 Prozent Rabatt, auf Überlandstrecken eventuell noch mehr. Der Ausweis kostet in Deutschland € 15 und wird gegen Vorlage von Studienbescheinigung und Passfoto ausgestellt. Unter www.isic.de, .at oder .ch sowie www.issta.co.il erfährt man, wo man den Ausweis bekommt. Direkt ausgehandelte Discounts gibt es so gut wie nicht, aber jeweils angezeigte übliche Rabatte werden gewährt.

Schwerbehinderte

Israel erkennt den Schwerbehindertenausweis an. In vielen Fällen gibt es erhebliche Ermäßigungen. Auch Rentner können eventuell mit Vergünstigungen rechnen.

Einfuhrbestimmungen

Grundsätzlich gelten die Bestimmungen der Europäischen Union analog in Israel.

Bei Geschenken für israelische und palästinensische Freunde sollten Sie an die Obergrenze von $ 150 pro Person denken; alles darüber ist zu verzollen. Persönliche Dinge wie Kamera, Fahrrad, 2 Liter Wein *oder* 1 Liter Schnaps und 200 Zigaretten sind frei. Wenn Sie besonders wert-

volle Geräte wie Videokamera oder Laptop für den persönlichen Bedarf einführen wollen, müssen Sie eventuell eine Kaution hinterlegen (auch per Kreditkarte möglich), die bei der Ausfuhr erstattet wird. Diese Bestimmung wird allerdings sehr selten angewendet.

1

Reiseziele und -routen

Obwohl Israel als Reiseziel handlich und kompakt ist, bietet das kleine Land andererseits so viele faszinierende Ziele, dass man schon einige Zeit benötigt, um wenigstens die wichtigsten anzufahren. Zwei Wochen sollten das Minimum sein, mit einem Abstecher nach Jordanien sollten es drei Wochen als geringster Zeitbedarf sein. Andernfalls hetzt man mit heraushängender Zunge von einem Ort zum nächsten.

Die Top-Ten-Ziele der Region
1. Jerusalem

Diese Stadt ist mit Sicherheit der Höhepunkt einer jeden Reise nach Israel/Palästina. Für ein flüchtiges Kennenlernen sowohl der Altstadt (ein Tag) als auch der wichtigsten anderen Sehenswürdigkeiten wie des Israel Museums oder der Holocaust-Gedenkstätte Yad VaShem sind zwei Tage als absolutes Minimum einzuplanen.

2. Haifa, Akko und Obergaliläa

Zu den landschaftlich am schönsten gelegenen Städten der Region gehört Haifa auf dem Karmel-Gebirgsrücken mit seinem Wahrzeichen, der goldenen Kuppel des Bahai-

Mausoleums. Eine knappe Autostunde nördlich liegt Akko, die alte Hafenstadt und das letzte Refugium der Kreuzfahrer. Wegen seines pittoresken alten Stadtbildes ist Akko heute einer der Hauptanziehungspunkte im nördlichen Israel. Für beide Städte muss man mindestens einen Tag ansetzen.

3. Das Tote Meer

Israel und Jordanien teilen sich den tiefstgelegenen See der Erde, in dem eine hochkonzentrierte Salzbrühe fast jegliches Leben im Keim erstickt. Die Ufer bieten herrliche landschaftliche Reize, kleine Süßwasseroasen und Heilbäder. En Gedi und En Boqeq sind für Kurmöglichkeiten bekannt, zusätzlich wartet Massada, einst ein jüdischer Schicksalsberg, auf Besucher. Für eine Rundreise von Jerusalem vielleicht mit Abstecher nach Jericho ist ein Tag anzusetzen.

4. Elat

Elat ist vor allem wegen der Lage am Roten Meer mit seinen phantastischen Korallenbänken und seiner Unterwasserwelt einen Besuch wert. Elat, mit ca. 365 Sonnentagen pro Jahr das Touristenrefugium am nördlichen Roten Meer schlechthin, bietet jede Menge Attraktionen, z.B. den trockenen Einstieg in die Unterwasserwelt. Ein Tag geht mit Schwimmen/Schnorcheln/Tauchen und kurzen Ausflügen in die Wüstenberge schnell vorüber. Von hier liegen auch der Sinai und Petra in Jordanien um die Ecke, jeweils mindestens ein Tagesausflug.

5. Nazareth, See Genezareth

Der See Genezareth ist allen Christen vom Wirken Jesu her wohlbekannt.

Mitteleuropäische Besucher sind erstaunt ob der Fruchtbarkeit, des angenehmen Klimas und nicht zuletzt wegen der vielen Plätze, die sie sich aus den Beschreibungen des Neuen Testaments vermutlich anders vorstellten. Eine Rundreise um den See lässt sich an einem Tag bewältigen. Diese Tour ließe sich auch mit einem Golantrip verbinden. Wer sich auf die heiligen Stätten beschränkt, schafft an dem Tag vielleicht noch Nazareth, aber auch die größte arabische Stadt Israels samt Umgebung hat nicht bloß die Verkündigungskirche zu bieten.

6. Westjordanland

Die touristisch weniger erschlossene Westbank ist gerade deshalb ein reizvolles Reiseziel. Alles nicht allzu weit von Jerusalem entfernt: Jericho, die Oase im Jordangraben und eine der ältesten Städte der Welt, das quirlige Ramallah, wo am meisten „los" ist, Nablus und Hebron – vergleichsweise ursprünglich geblieben, aber auch gut, um von den Absurditäten des Nahostkonfliktes zu erfahren, und natürlich Bethlehem mit einer der ältesten Kirchen, in der der Geburt Jesu gedacht wird. Zwei bis drei Tage sind dabei schnell herum. Wer auf beiden Seiten der Sperranlage reist, versteht zuhause die Nachrichten besser.

7. Die Kraterlandschaft von Mizpe Ramon

Israel besteht zu zwei Dritteln aus der faszinierenden Negev-Wüste. Ziemlich mittendrin liegt der riesige Erosionskrater (Maktesh) Ramon, der wie ein Bilderbuch aus der Entstehungszeit der Erde anmutet. Für Trekkingtouren durch diese ungewöhnliche Landschaft wären der Standort Mizpe Ramon sowie zwei Tage Zeit das Richtige. Längere Touren wären auch toll.

8. Tel Aviv und Umgebung

Müsste das Wirtschaftszentrum Israels, noch dazu an einem hübschen Mittelmeerstrand gelegen, nicht auf einen der vorderen Plätze? In der Tat: Wer es mit dem Heiligen und dem Nahostkonflikt nicht so hat, könnte auch hier seinen gesamten Urlaub verbringen. Neben der Hektik der Großstadt bietet Tel Aviv jede Menge und jegliche Art von Unterhaltung, von Kunst bis Club Culture. Es gibt aber auch einiges zu sehen, allem voran das Eretz Israel Museum und die uralte, idyllische Hafenstadt Jaffa. Wer sich nicht am Strand aalen will, kommt jedoch mit ein bis zwei Tagen aus.

9. Die Mittelmeer-Badeküste

Von Ashkelon im Süden bis Rosh HaNikra im Norden ziehen sich – mit kurzen Unterbrechungen – herrliche Sandstrände an der Mittel-

1

meerküste entlang. Wer Trubel am Strand liebt, bleibt am Gordon Beach von Tel Aviv oder an einem der Strände von Haifa, aber man kann auch recht einsame Plätze abseits der angesagten Partystrände finden.

10. Beer Sheba und Umgebung

 Im nördlichen Teil des Negev liegt die „Wüstenhauptstadt" Beer Sheba mit ein paar Sehenswürdigkeiten, und auch die Umgebung hat historisch und landschaftlich einiges zu bieten. Für all das sollte man schon zwei Tage ansetzen.

Der Rest

Die Top-Ten der Region stellen nur die wirklich herausragenden Sehenswürdigkeiten dar. Auf dem Weg von einem zum anderen Platz liegen weitere zahlreiche historische oder landschaftliche Leckerbissen, an denen der Eilige meist vorbeifahren muss, die aber dem Genießer sehr viele tiefe und erlebnisreiche Einblicke in das Heilige Land bescheren – von Ausflügen nach Jordanien oder auf dem Sinai gar nicht zu reden. Daher haben wir im Folgenden zwei Routenvorschläge zusammengestellt:

Pilgerreisen

Israel ist das Pilgerziel für Christen schlechthin, täglich landen hier viele Pilgergruppen und machen sich auf den Weg zu den heiligen Stätten der Christenheit. Viele jüdische Stätten sind für die Pilger ebenso interessant wie die Plätze, die mit dem Leben und Sterben von Jesus verbunden sind. Die Spannweite reicht von der Geburtsstadt Bethlehem bis zum See Genezareth, an dessen Ufern Jesus aufwuchs, um schließlich seinen schweren Weg zum Hügel von Golgatha nach Jeru-

salem zu gehen. Das israelische Fremdenverkehrsbüro verteilt ein instruktives Heft mit detaillierten Angaben: „Biblische & historische Orte". Alle dort genannten Orte von Bedeutung sind auch in diesem Führer beschrieben, siehe auch unser Bibelstellenverzeichnis nach Orten S. 558.

14-Tage-Rundreise für Eilige

Die folgende Rundreise – bei der aus Zeitgründen auf einen Sinai-Besuch verzichtet wird – ist nur bei genauer Planung und eiserner Disziplin durchführbar.

1 Tag	Tel Aviv
1 Tag	Tel Aviv – Haifa mit Besuch von Caesarea, Megiddo und dem Karmel
1 Tag	Haifa mit Besuch von Akko
1 Tag	Haifa – Nazareth – Tiberias
1 Tag	Tiberias und See Genezareth
1 Tag	Tiberias – Bet Shean – Jerusalem
3 Tage	Jerusalem mit Bethlehem und Ramallah
1 Tag	Jerusalem – Jericho – Totes Meer – Massada – Beer Sheba
1 Tag	Beer Sheba – Mizpe Ramon – Elat
2 Tage	Elat
1 Tag	Elat – Ashkelon – Tel Aviv

Drei- bis Vier-Wochen-Rundreise für Genießer

Wer drei oder vier Wochen auf eigene Faust in der Region herumreisen will, kann an das obige Programm entweder Badetage hängen oder aber zusätzliche Besichtigungen einlegen:

1 Tag	Tel Aviv – Ashkelon – Tel Aviv
1 Tag	Nahariya und Nordwestgaliläa
1 Tag	Bethlehem und Hebron
1 Tag	Ramallah und Nablus

Zusätzlich werden für diverse Abstecher leicht noch ein oder zwei Tage hinzukommen.

Für Reisende, die gern alle Eintragungen auf der **UNESCO-Welterbe-Liste** nachvollziehen und in ihrer Planung berücksichtigen möchten, hier eine Liste der gewürdigten Orte und das Jahr der Aufnahme in die Liste (von Nord nach Süd geordnet):

Hazor: biblischer Tel (2005),
Akko: Altstadt (2001),
Haifa und **West-Galiläa**: Heilige Stätten der Baha'i (2008),
Bet Shearim: jüdische Nekropole (2015),
Karmel/Nakhal Mearot: steinzeitliche Höhlen (2012),
Megiddo: biblischer Tel (2005),
Tel Aviv: die *Weiße Stadt* in Bauhaus-Architektur (2003),
Jerusalem: Altstadt und Stadtmauer (1981, Vorschlag von Jordanien),
Battir: Kulturlandschaft Terrassen-Feldbau (2014),
Bethlehem: Geburtskirche und Pilgerweg (2012),
Maresha & Bet Guvrin: Glockenhöhlen (2014),
Hebron: Altstadt (2017),
Massada (2001),
Beer Sheba: biblischer Tel (2005),
Mamshit, Elusa (Haluza), **Shivta** und **Avdat:** nabatäische Wüstenstädte an der Weihrauchstraße (2005).

Weihrauchstraße: Nationalpark-, UNESCO- und israelische Flagge

Was man außerdem noch unternehmen kann
Vögel beobachten

30.000 Menschen kommen jährlich zur Vogelbeobachtung nach Israel: Jordangraben und Wadi Arava sind eine der wichtigsten Nord-Süd-Verbindungen für eine Milliarde Zugvögel. Das größte Beobachtungszentrum liegt in Elat mit seinem *International Birding and Research Center (IBRCE)* (östlich des Kibbuz Eilot, 3 km nördlich von Elat, Tel. +972 50 767 1290, www.birds.org.il/en/bird-center-page.aspx?centerId=70, vgl. auch http://eilatbirding.blogspot.de und www.eilatbirds.com/en), weiterhin kann man im Kibbuz Lotan im Wadi Arava (http://kibbutzlotan.com/bird-watching), in der Hula Nature Reserve, Gamla Nature Reserve, Abu Kabir bei Tel Aviv, an den Fischteichen neben Ma'agan Mikhael, in Jerusalem sowie an weiteren Stellen ist mit Unterstützung von Ornithologen Birdwatching möglich, vgl. auch www.birds.org.il und für eigene Beobachtungen nicht nur von Vögeln www.observation.org.

In Palästina scheint der Botanische Garten von Jericho samt der *Jericho Wildlife Monitoring Station* geschlossen zu sein; www.wildlife-pal.org. Nahebei in Awja AtTahta lassen sich die *Friends of the Earth – Middle East* (FoEME) nicht lang um Unterstützung bitten, www.aujaecocenter.org. Oder in Bet Jala auf dem Gelände der deutschen Schule Talitha Kumi das *Environmental Education Center* besichtigen und an dessen Exkursionen teilnehmen, www.eecp.org.

Mit Kindern unterwegs

Israel und Palästina eignen sich gut zur Reise mit Kindern, auch mit kleinen. Beiderseits der Grünen Linie werden

Kinder sehr geschätzt und sind immer ein prima Anknüpfungspunkt für Kontakte. Die Zeitverschiebung ist verkraftbar, die Strecken sind kurz. Im Fall des Falles ist die medizinische Versorgung prima.

Und es gibt viel zu sehen: Heilige Stätten lassen auch kleine Kinder nicht kalt, Strände sind immer anziehend (das Tote Meer gegebenenfalls weglassen, weil kein Salzwasser ins Gesicht gelangen darf), Mini-Israel bei Latrun gibt einen Überblick, S. 219, Tel Aviv kann mit dem Prenzlauer Berg mithalten und das dortige Bible Lands Museum könnte zu geschichtlichem Interesse führen, S. 210, auch der Safari Park macht etwas her, S. 262. Die Kinderprogramme in Museen sind sonst fast immer auf Englisch. In Jericho könnte man den neuen Planschpark im Süden oder das Banana Land im Norden erkunden.

In der Natur könnte man Obst pflücken in Galiläa oder auf dem Golan, die Tropfsteinhöhle bei Jerusalem besichtigen, S. 218, Tieren in En Gedi am Toten Meer nahekommen, S. 434. In Elat lässt sich die Unterwasserwelt beschnorcheln und nahebei in Timna uralte Kupferstollen erkunden. Langeweile ist nicht zu befürchten.

Reiturlaub

In Jericho gibt es etwas außerhalb im ruhig gelegenen Südosten einen Reitclub, den *Jericho Equestrian Club*, mit kleinem Hotel, Schwimmbecken, selbstgezogenen Küchenzutaten, nebenan ein Freizeitpark. Das sind nicht die ersten Assoziationen, die man in Europa zum Stichwort Palästina hat.

In Israel sind die Möglichkeiten ungezählt: Die besten Gegenden für Ausritte sind Galiläa, der Golan und natürlich die Wüste – das fanden auch die Anbieter bei www.ride-israel.com.

Tanzen

Israel ist für seine integrativen **Reigentänze** berühmt. Sie wurden auf Grundlage der arabischen *Dabke* (Palästinas Nationaltanz) und vor allem osteuropäischen Elementen zu etwas eigenem. Gern wird öffentlich am Shabbat getanzt, 11 bis 14 Uhr könnte eine gute Zeit sein, auch Paartänze, fragen Sie in der *Tourist Information*: In Tel Aviv z.B. am Gordon Beach, in Haifa am Dado Beach. Öffentliches Tanzen ist auch fester Bestandteil des Nationalfeiertags, etwa im Hof der Tel Aviver Oper – man stelle sich das in Deutschland vor.

Einfach zuschauen macht schon Spaß. Für's Mitmachen könnte man versuchen, die CD Tänze aus Israel (Fidula 4425) zu ergattern, deren Booklet die Tänze beschreibt. Wer sich umhört, wird auch relativ schnell Tanzkreise finden, bei denen man das Repertoire weniger trocken lernen kann.

Wer auch mitsingen möchte, über *Hava nagila* hinaus, findet außer geistlichem Liedgut auch gut erläuterte Stücke für solche Anlässe im hebräischen Liederbuch von D. Kempin, Schiru! Singt!, Gütersloh 2011.

Geocaching

Für alle modernen Schatz-Sucher: Wer Spaß am Geocaching hat, kann dieser spannenden Beschäftigung auch in Nahost nachgehen, www.geocaching.com listet für Israel knapp **1500 Suchmöglichkeiten**, Palästina bisher nur 1% davon – aber immerhin.

Hobby-Archäologie

In Israel ist für **Hobby-Archäologen** reichlich Gelegenheit, an einer Ausgrabung teilzunehmen. Am aktuellsten ist die Liste der *Biblical Archaeological Review* auf http://digs.bib-arch.org. Teilnehmer müssen über englische Sprachkenntnisse verfügen, mindestens 18 Jahre alt und bereit sein, für etwa zwei bis drei Wochen jeweils von 6 bis 12 Uhr aktiv mitzuarbeiten; meistens sind auch ein paar hundert Dollar Kosten zu übernehmen. Man kann sich darüber hinaus in Jerusalem für weitere Auskunft an die *Israel Antiquities Authority* wenden, Tel. 02 6204679, www.antiquities.org.il. Daneben gibt es das Angebot *Dig for a Day*, das die *Archaeological Seminars Ltd.* vermitteln: www.archesem.com/dig.asp. Zum Kennenlernen wäre vielleicht das *Tempel Mount Sifting Project* am einfachsten: läuft das ganze Jahr, man sagt eine Woche vorher für mindestens drei Tage Bescheid, keine Unterbringung, aber auch keine weitere Kosten. Muslimische Aktivitäten auf dem Tempelplatz haben Jahrtausende alte Kulturschichten einfach weggebaggert, die nun wenigstens sorgfältig gesiebt werden. Leider fehlt gerade Geld zum weiter Sieben, http://tmsifting.org, Spenden: www.half-shekel.org.

Gesund werden

Der hohe medizinische Standard in Israel ist bekannt. Ausländische Kundschaft wird jedoch vor allem in den USA und in Russland beworben. Aber auch von Mitteleuropa aus könnte es vorteilhaft sein, sich im Nahen Osten behandeln zu lassen – von den Kosten her vermutlich und beispielsweise wegen anderer ethischer Einschätzung der In-Vitro-Fertilisation (IVF). Einen Überblick verschafft das Heft *Israel: A Medical Tourism Manual*, das man bei der Firma *Israel Travel News* bestellen kann, www.itn.co.il/en/?path=9_1200.

Eine Reise mit medizinischer Versorgung zu kombinieren geht auch in Palästina: im *Golden Park Resort & Hotel* in Bet Sahur, das mit der *St. Joseph Dental Clinic* zusammenhängt, www.goldenparkresort.ps und www.st-josephdental-

clinic.com, Tel. 02 2765371. Bisher liegen keine Erfahrungsberichte vor, aber es kamen bereits deutsche Kunden. Während der Behandlung wohnt man gratis im Golden Park Hotel. Für eine Behandlungs-Expertise kann man Röntgenaufnahmen mailen. Die Preisliste: www.st-josephden-talclinic.com/index.php/price-list.

In Israel & Palästina arbeiten

Arbeiten im Kibbuz oder Moshav

Die idealistische Grundstimmung, von der die Kibbuz-Bewegung während der Pionierzeit getragen wurde, hat sich in den letzten Jahrzehnten den von außen aufdrängenden Realitäten angepasst. Dennoch finden sich hier Menschen zusammen, die Gemeinsinn, soziale Verantwortung und einfache Lebensart miteinander verbindet. Ein paar Wochen oder Monate in einer solchen Gemeinschaft zu leben und zu arbeiten, bereichert den eigenen Erfahrungsschatz und Horizont auf jeden Fall.

Nach wie vor zieht die Kibbuz-Bewegung Freiwillige aus aller Herren Länder an. Doch in das Gemeinschaftsleben der Kibbuzniks werden die Helfer in der Regel nur am Rande oder überhaupt nicht einbezogen, was einerseits bei der relativ kurzen Verweildauer verständlich ist. Andererseits wurden diese Leute sehr häufig von der Kibbuz-Ideologie angezogen, aber die Kibbuzniks bleiben auf unerwarteter Distanz, betrachten die Helfer bei der Arbeit als unterste Schicht, die man nicht unbedingt freundlich behandeln muss. In kleineren Kibbuzim sollen die Verhältnisse besser sein, weil man sich dort schon von den Umständen her näher kommt.

Diese Beurteilung legen verschiedene Leserbriefe nahe, sie muss nicht in jedem Fall zutreffen. Sie wird aber durch eigene Erfahrungen oder vielmehr Beobachtungen aus diversen Kibbuz-Übernachtungen durchaus verifiziert. Der bunte

Haufen der Freiwilligen bleibt mehr oder weniger unter sich, während die Kib-buzniks ihre eigenen Kreise pflegen. Vielleicht ist daher die Zusammenarbeit mit ähnlich Gesinnten aus den unterschiedlichsten Nationen eine der interessantesten Erfahrungen. Oder auch nicht so sehr unterschiedlich: 10% der VoluntärInnen sprechen Deutsch.

Diese im Ton eher negative Beurteilung der Situation lehnt Kibbuz-Pläne nicht rundherum ab, sondern soll vor allzu großen Illusionen warnen. Es ist besser, man schraubt die Erwartungen herunter und wird dann positiv überrascht als umgekehrt.

Wenn Sie zupacken und im Kibbuz mitarbeiten wollen, dann müssen Sie zwischen 18 und 35 Jahre alt sein, zuweilen einen HIV-Test absolvieren und bereit sein, zwischen zwei und sechs Monate lang 6 Tage in der Woche jeweils 8 Stunden (häufig ab 5 Uhr) durchaus anstrengend zu arbeiten und dafür – neben freier Unterkunft und Essen einer Mahlzeit – ca. ₪ 400 pro Monat zu verdienen. Wenn Sie jetzt immer noch das Kibbuzleben kennenlernen wollen, dann wenden Sie sich an:

Kibbutz Volunteers Program Center, 13 Leonardo da Vinci St, 6. Stock, Tel Aviv, So-Do 8.30-14.30, Tel. 03 5246154/6, Fax 03 5239966, www.kibutsprogramcenter.org und www.kibbutzvolunteers.org.il
Diese Organisation wird in Deutschland vertreten durch die
Vereinigte Kibbutzbewegung, c/o Eldad Stobezki, Berger Str. 158, 60385 Frankfurt, Tel. 069 4930673, Fax 03221 1132299, ausführliche Anleitung: www.stobezki-literatur.de/assets/files/Volont%C3%A4r_im_Kibbutz.pdf

Kosten belaufen sich (außer dem Flug und Transport in Israel) auf ein paar Hundert Euro für das Voluntärsvisum, Krankenversicherung, Unterkunft und Verpflegung (Zahlungen in Tel Aviv: ₪ in

cash). Man kann erst fliegen, wenn das Visum vorliegt, und wird nach einem Gespräch im Tel Aviver Büro einem Kibbuz zugeteilt. Man kann Wünsche äußern, aber den Ort erfährt man definitiv erst dort, und eventuell dauert es ein paar Tage, bis der Platz frei ist – unser Kapitel 5 wird Ihnen die Zeit verkürzen. Wer länger als ein Vierteljahr bleibt, zahlt weitere ₪ 500 für Visumverlängerung und Krankenversicherung.

Biologisch-dynamisch landwirtschaften

Man könnte sich auch einer direkter strukturierten Organisation anvertrauen, ohne Verdienst und vielleicht 30 Wochenstunden für Essen und Unterkunft: Die internationale Organisation *Willing Workers On Organic Farms* (WWOOF) vermittelt weltweit Aufgaben auf Bio-Höfen, deren Namen und Adressen man gegen eine Gebühr erhält. Die israelische Unterorganisation (www.wwoof.org.il) verlangt ₪ 160/Jahr und bietet außer der Information von über fünfzig Anbietern auch eine Versicherung. Bei den unabhängigen WWOOF-Mitgliedern (www.wwoofindependents.org) suchen vier Anbieter aus Palästina nach Freiwilligen. Vielleicht kann man dort auch:

Oliven ernten mit Palästinensern

Die Zeit für die Olivenernte im Oktober/November ist kurz. Manchmal kommen Palästinenser nicht zu ihren Hainen wegen der Westbank-Sperranlage, Ausgangssperre, oder weil jüdische Siedler das zu verhindern versuchen. Gemeinsam mit Gästen aus dem Ausland geht es einfacher oder ist dadurch manchmal überhaupt erst möglich. Der Ost-Jerusalemer YMCA und die Alternative Tourism Group aus Bet Sahur bieten einwöchige *Olive Picking Programs* inklusive Kultur, Vorträgen und ein paar Heiligen

Stätten an. Im Februar kann man zum Olivenbäume Einpflanzen kommen; www.jai-pal.org > Campaigns. Nichts gegen die Baumpflanzkampange in Israel (siehe S. 526), aber in der Westbank ist es nicht mehr weit bis zur ersten Million gerodeter oder verbrannter Olivenbäume: http://visualizingpalestine.org/visuals/olive-harvest durch z.B. Siedler.

Volontär werden

In Palästina und Israel gibt es jede Menge lohnender Initiativen und Institutionen, die Hilfe gebrauchen können. Informieren Sie sich im Reiseteil, was für Sie in Frage kommen könnte, wenn Sie Zeit übrig haben und sinnvoll verbringen möchten, ähnlich wie beim genannten Olivenpflücken. Im Reise Know-How Palästina-Band bieten die Abschnitte *Begegnungen mit Menschen* vielerlei Anregung.

Das Koordinierungszentrum für den offiziellen Jugendaustausch Deutschland-Israel stellt eine hilfreiche Broschüre zusammen:

ConAct, Markt 26, 06886 Lutherstadt Wittenberg, Tel. 03491 420260, www.conact-org.de/fileadmin/user_upload/pdf/Freiwilligendienste_DE-IL_2015_versand.pdf

Ein kirchlich-protestantischer Rahmen ergibt sich durch die Suche auf www.einjahr-freiwillig.de

Die größte Bandbreite an Diensten bietet derzeit vermutlich die Plattform www.workaway.info.

Viele NGOs und Hostel inserieren hier. Man wird für € 32 Mitglied für ein Jahr, kann sich informieren, austauschen, und sich weltweit – also auch in Israel & Palästina umtun.

Als Freiwilliger bei der Armee

Vielleicht eine Alternative zur Arbeit im Kibbuz: Auch die *Israel Defence Forces* (IDF) nehmen Freiwillige beiderlei Geschlechts ab 17 Jahren zur Arbeit Seite an Seite mit Soldaten an. Dieses Angebot ist sicherlich etwas ungewöhnlich, es bietet aber Einblick in eine besondere Organisation in besonderer Situation. Alles weitere unter www.sar-el.org.

Andere Arbeiten

In den Großstädten Israels können Besucher, denen das Bargeld ausging, Jobs wie den des berühmten Tellerwäschers finden. Allerdings darf man dann nicht vom Reichtum träumen. Die häufig in Hotels vermittelten Angebote gehören in die Abteilung **illegal**, sind miserabel bezahlt, nicht oder kaum versichert und der Willkür der jeweiligen Arbeitgeber ausgesetzt. Nicht wenige – offenbar häufig Baufirmen – nutzen die Situation illegal Jobsuchender schamlos aus und zahlen am Ende eines 12-Stunden-Tages nichts oder weit weniger als vereinbart.

Klima und Reisezeit

Klima

Unsere Reiseregion teilt sich eigentlich in drei deutlich unterschiedliche Klimazonen. Die israelische Küstenzone und der Norden mit Golan wird vom Mittelmeer geprägt: Hier regnen sich im Spätherbst, Winter und Frühjahrsbeginn von Westen anziehende Wolken ab, die Temperaturen bleiben auch im Winter mild. Im Sommer kann es ganz schön warm und auch feucht-schwül werden, doch fächelt die Mittelmeerbrise Abkühlung zu.

Die zweite Klimazone besteht aus den Mittelgebirgen diesseits des Jordans, in denen der Besucher leicht auf 1000 m Höhe kommt. Dort kann es im Winter sogar schneien.

Im tief liegenden Jordantal treffen wir auf die dritte Klimazone, die in etwa auch für den Negev gilt (dort allerdings mit krasseren Tag/Nacht-Unterschieden).

Im Winter hat man es mit milden, sehr angenehmen Temperaturen zu tun, im Sommer kann es richtig heiß werden. Doch für alle drei Gebiete sind Temperaturen bis knapp 40 Grad nichts Ungewöhnliches.

Reisezeit

Wann ist nun die beste Reisezeit? Der für das Auge schönste Zeitabschnitt beginnt Ende Februar, wenn vor allem in den vegetationsstarken Gebieten der Frühling ausbricht – dann kann man auch die Wüste blühen sehen. Besonders Galiläa mit seinen Bergwiesen schmückt sich dann mit einem Blütenteppich. Nachteil dieser Zeit ist die noch unsichere Wetterlage, die Regen und durchaus noch Kälteeinbrüche bescheren kann. Wir froren z.B. in Jerusalem noch in der zweiten

Entspannt im Toten Meer

Aprilhälfte zwar ausnahmsweise, aber doch bitter. Das andere Extrem in dieser Zeit ist der heiße Wüstenwind Khamsîn aus Ägypten, der Hitze, Sand und häufig Kopfbrummen mit sich bringt.

Das spätere Frühjahr, der Frühsommer wie auch der Frühherbst ab Oktober sind

Luft-Durchschnittstemperaturen in °C

		Jan	Feb	Mrz	Apr	Mai	Juni	Jul	Aug	Sep	Okt	Nov	Dez
Jerusalem	min	6	6	8	13	16	18	19	20	19	17	12	8
	max	12	13	15	22	25	28	29	29	28	25	19	14
Tel Aviv	min	10	10	12	14	17	21	23	24	23	19	15	11
	max	18	18	19	23	25	28	29	30	29	27	23	19
Hebron	min	4	4	6	9	12	15	17	17	16	14	9	6
	max	12	13	16	21	25	28	29	29	28	25	17	14
Tiberias	min	10	9	11	14	18	20	23	23	22	20	15	11
	max	18	19	23	28	33	36	38	38	36	32	26	20
Elat	min	10	11	14	18	22	24	26	26	25	21	16	11
	max	21	22	26	31	35	39	40	40	37	33	27	22
Totes Meer	min	13	14	17	21	25	28	30	30	28	25	19	14
	max	21	22	25	30	34	38	40	39	37	32	27	22

Wasser-Durchschnittstemperaturen in °C

	Jan	Feb	Mrz	Apr	Mai	Juni	Jul	Aug	Sep	Okt	Nov	Dez
Mittelmeer	18	17	17	18	21	25	28	29	28	27	23	19
See Genezareth	17	15	16	21	24	27	28	29	29	27	24	21
Totes Meer	21	19	21	22	25	28	30	30	31	30	28	23
Rotes Meer	22	20	21	21	24	25	26	27	27	26	25	24

vom Wetter her vorzuziehen. Dann herrscht allerdings auch schon Saison, die Preise steigen, je näher man den Sommer-Ferienmonaten kommt. In der Hochsaison ist Israel von Touristen überlaufen, Hotelzimmer sind rar und teuer, an den Sehenswürdigkeiten reiht man sich in Schlangen ein – bei Temperaturen, die zumindest schweißtreibend sind.

Am Toten Meer dagegen ist es in der sonstigen Hochsaison zu heiß. Hier ist im Winter Hochsaison.

Ausrüstung

Theoretisch erfordert Israel mit seinen westlichen Standards keine besonderen Vorkehrungen hinsichtlich Ausrüstung, zumal man Vergessenes dort nachkaufen kann. Trotzdem sollte man sich ein paar Gedanken machen:

Kleidung

Die Israelis sind europäisch gekleidet, aber sehr viel lässiger. Im Büro trägt man z.B. nur selten Krawatte und geht auch in wichtige Besprechungen ohne Jackett und mit offenem Hemdkragen – der Hitze sei's gedankt. Viele Männer laufen in kurzen Hosen herum, Frauen kleiden sich ähnlich offenherzig wie im sommerlichen Italien. Demgegenüber fallen die orthodoxen Juden in ihren pechschwarzen Anzügen mit Hut auf, nicht minder die manchmal verschleierten Palästinenserinnen.

Passen Sie sich – vor allem als Frau – in orthodoxen Gegenden in Ihrer Kleidung insoweit an; d.h. achten Sie auf bedeckte Schultern und Arme, mindestens knielange Röcke oder, besser, Hosen. Dies gilt insbesondere für Moscheen, Synagogen und viele Kirchen, in die auch Männer nicht in Shorts gehen dürfen. In den jüdischen Gotteshäusern müssen Männer eine Kopfbedeckung tragen, häufig kann man sich eine *Kippa* ausleihen.

Grundsätzlich gilt für den Sommer: Leichte luftige Kleidung, d.h. komfortable leichte Hosen und Shorts, Hemden bzw. Blusen und T-Shirts. Jeans trägt man überall, obwohl sie im Sommer zu warm werden können. Für bessere oder teurere Gelegenheiten – falls man sie denn sucht – sollte Frau mit entsprechender Ausstattung vorbereitet sein, Mann ein Jackett einpacken. Für den etwas kühleren Sommerabend (Berge, Wüste) kann man mit einem leichten Anorak oder ähnlichem vorbeugen. In der Übergangszeit kann es kühl, im Winter unangenehm kalt werden, vor allem in den Gebirgsregionen, in denen auch Jerusalem liegt. Für diese Gegenden benötigt man dann warme Kleidung wie Pullover, dicken Anorak oder einen entsprechenden Mantel.

Packen Sie Badesachen und unbedingt eine Kopfbedeckung gegen die unbarmherzige Sonne ein, natürlich auch Sonnenschutzcreme und Sonnenbrille.

Die Schuhe richten sich nach dem, was man unternimmt. Wer wandert, braucht Trekkingschuhe, wer badet, sollte eventuell Flossen und Schnorchelausrüstung einpacken, für die scharfen Kristalle im Toten Meer Badesandalen oder alte Turnschuhe, die man anschließend entsorgt. Für die täglich meist langen Besichtigungswege eignet sich leichtes, bequemes Schuhwerk, was immer man auch zu Hause im Hochsommer bei ähnlichen Wanderstrecken anziehen würde.

Taucherausrüstung

Es macht Sinn, über Schnorchel- oder gar Taucherausrüstung, eventuell auch Kamera-Unterwassergehäuse (ab € 50) bzw. Einwegunterwasserkamera für das Rote Meer nachzudenken. Wenn's der Transportplatz erlaubt, am besten das eigene Gerät mitnehmen. Wichtig für **Brillenträger** ist zu wissen, dass Gläser mit der passenden Dioptrie für Taucherbrillen nur schwer zu bekommen sind. In Deutschland bieten Tauchsportgeschäfte Maskenkörper und Gläser der Stärke 1 bis 6,5 der Firma Seemann Sub an (www.seemannsub.de).

In den meisten Orten kann man Schnorchelausrüstung für wenig Geld leihen. Zum Waten über das flache Riff eignen sich alte Turnschuhe o.ä.

Radio & TV

Wenn Sie sich vor Ort mit einem günstigen Datentarif ausstatten, kommen mehrere Smartphone-Apps z.B. für die Tagesschau in Frage oder Apps für einheimisches Radio.

Fotografieren

Bringen Sie am besten genügend Speicherkarten oder Filme mit, weil Sie in Israel tendenziell mehr bezahlen als zu Hause. Für eine Digital-Kamera wäre ein zusätzliches Speichermedium (z.B. Laptop) vorteilhaft; man kann sich aber auch in Internetcafés z.B. CDs brennen lassen. Bei der vermutlichen Fülle von Aufnahmen wird es sich wohl lohnen, sich unterwegs Notizen über die Motive zu machen, um sie später besser zuordnen zu können oder gleich Kameras mit Geotagging (GPS) zu verwenden.

Fotografieren darf man alles außer militärischen Anlagen, auch öffentliche Gebäude wie Flughäfen oder Busterminals können ausgenommen sein. In religiösen Institutionen sollte man unbedingt die Vorstellungen und Gefühle der Besitzer und anderen Besucher respektieren. Am Shabbat verbitten sich orthodoxe Juden das Ablichten, muslimische Frauen mit Kopftuch tun dies meist generell.

Ausrüstung für Camper

Israel verlangt aufgrund seiner äußerst günstigen klimatischen Bedingungen für das Schlafen im Freien nicht viel mehr Ausrüstung als einen guten Schlafsack für kühle Nächte (besonders im Negev) und eine auf die persönlichen Komfortwünsche abgestimmte Unterlage (Isoliermatte, Luftmatratze). Um sich vor unerwünschten Zuschauern, aber auch Wind, Schlangen, Skorpionen oder gar einem der hoffentlich seltenen Regenfälle zu schützen, ist ein leichtes Zelt zu empfehlen.

Ausrüstung für Wohnmobile

Wohnmobile sieht man nur selten auf Israels Straßen. Man findet nur ganz wenige Campingplätze mit entsprechender Infrastruktur, d.h. Elektroanschluss und Sanitärentsorgung. Daher sollte man zu Hause für genügend Unabhängigkeit sorgen, indem man z.B. eine Solaranlage installiert und ein Toilettensystem verwendet, das ohne Chemie auskommt, sodass man den Behälterinhalt auch in der freien Natur vergraben kann.

Israels Straßen setzen Wohnmobilen keine Schwierigkeiten entgegen. Man kommt mit jedem normalen Fahrzeug gut voran; es sei denn, Sie wollen z.B. quer durch den Negev fahren. Nur bei solchen Übungen wäre Allradantrieb von Vorteil. Dann sollten allerdings auch Sandbleche und Schaufel dabei sein, um sich notfalls aus Weichsandstellen befreien zu können. Wenn man in diesem Fall den Reifen-Luftdruck reduziert, entsteht eine breitere Auflagefläche. Zum späteren Aufpumpen ist ein 12-V-Kompressor nötig.

Hinweis: Z.Zt. gibt es keine Rollon/Rolloff Fähren nach Israel. Beim mit einem Frachter muss man mit saftigen Hafengebühren bei der Ankunft und bei der Ausreise rechnen.

Ausrüstung für Radfahrer

Normale Basis ist ein stabiles Tourenrad mit entsprechenden Gepäckträgern (ein

Fahrräder nicht zu nah am Toten Meer parken

Leser war per Rennrad unterwegs und hielt dies für die beste Lösung). Flickzeug, Knochen oder entsprechende Schlüssel, Schraubenzieher, Kombizange, Speichenspanner, Ersatzspeichen, Kettenschloss, ein paar Ersatzmuttern, eine solar ladbare Taschenlampe und zwei bis drei Flaschenhalter mit Jumboflaschen sollten mitgenommen werden, wenn man durch den Negev oder Sinai radeln will. Weiterhin sind eine Schirmmütze, eine Sonnen-/Gletscherbrille auch als Staubschutz, für die Nacht (im Gebirge) ein Leichtschlafsack und eventuell ein Leichtzelt empfehlenswert. Für die Ernährung ist Müsli bei vielen Radlern eine wichtige Basis.

Ein Fahrrad muss bei jeder Fluggesellschaft als Gepäckstück angemeldet werden. Am kostengünstigsten transportieren *Germania* (im Fahrradkoffer gratis) und *El Al* (bis 20 kg extra ebenfalls gratis). Für Palästina finden Sie Unterstützung und ganze Touren auf www.bikepalestine.com.

Anreise

Abflughäfen im deutschsprachigen Raum finden sich in der obigen Liste der **Fluggesellschaften**. Die Preise für die gut vier Stunden Flug schwanken zwischen € 30 und € 1200. Seien Sie mindestens zwei Stunden vor Abflug am Flughafen, bei El Al besser drei.

Wenn Sie mit El Al fliegen, erleben Sie gleich eine Einführung ins tägliche israelische Leben, denn mit dieser Linie erwartet den Israeli sozusagen ein Stück Heimat. Nicht nur, dass die Mitreisenden manchmal blitzartig alle Gepäckfächer vollstopfen, sondern man erlebt auch bald die Kommunikationsfreudigkeit lautstark und nahe am Ohr. Auf dem Gang herrscht reger Betrieb, man hat sich irgendwo beim Einchecken vielleicht flüchtig kennengelernt und muss nun die Kontakte vertiefen. Kinder spielen zwischen den Beinen der Essen austeilenden Stewardessen und diesen scheint es jedes Mal ein ganz neues

Ereignis zu sein, die vorhandene Nahrung gerecht zu verteilen, mal hier, mal dort, bis schließlich jeder etwas vor sich stehen hat. Bei der Landung auf dem Ben Gurion Airport wird nicht nur wie häufig bei Charterflügen geklatscht, sondern richtig gejubelt, vor allem von der jüngeren Generation.

Andererseits werden gerade bei El Al die Sicherheitsvorkehrungen besonders streng gehandhabt, sie gilt als sicherste Fluglinie der Welt. Mit der Fragerei der oft sehr jungen Sicherheitsmenschen wird es jedoch häufig zu viel des Guten: Da Individualreisende nicht immer in die Routine-Fragekataloge passen und sich der weitere Verlauf des Gesprächs schnell im Grotesken verlieren kann, ziehen wir den geringeren Sicherheitsstandard der Mitbewerber von El Al vor.

Auf dem **Landweg** kann man Israel/Palästina von Jordanien und Ägypten aus erreichen bzw. verlassen. Ein israelischer Mietwagen darf jedoch nicht außer Landes fahren, auch nicht in Palästina, ausgenommen spezielle Siedlerstraßen. Wer außerdem einen israelischen Stempel im Pass hat, kann nicht von Jordanien aus in arabische Länder reisen. Selbst wenn die Israelis keinen Stempel in den Pass drücken, geht dies meist aus den Ein- und Ausreisestempeln der Nachbarländer oder bei Autofahrern aus den Fahrzeugpapieren hervor. Ein Zweitpass kann helfen.

Wie man gesund bleibt

In Israel herrschen praktisch dieselben hygienischen Bedingungen wie in Mitteleuropa, d.h. man kann bedenkenlos alles essen, was das Land zu bieten hat. Das gilt ähnlich für Palästina. Wer absolut sicher gehen will, kauft nur Früchte, die man pellen kann.

Generell gilt, dass man sich unbedingt vor der Gluthitze durch Sonnenhut und leichte Kleidung bzw. Sonnenöl schützen muss; mit einem Sonnenstich ist nicht zu spaßen. Wer generell unter Hitze leidet, sollte mit seinem Arzt sprechen und sich medizinisch entsprechend ausrüsten. Auch Eis kann in einem empfindlichen Magen einen Temperatursturz auslösen, der die gesamte Verdauung durcheinander bringt, das gilt übrigens auch für eiskalte Getränke: Die ersten Schlucke im Mund anwärmen. Denken Sie besonders daran, viel zu trinken. Denn im trockenen Wüstenklima verdunstet der Körper durch fast unbemerktes Schwitzen sehr viel Feuchtigkeit, die ersetzt werden muss. Spätestens dann, wenn der Urin sehr gelb bzw. dunkel wird, sollte man dies als Alarmzeichen werten, dass der Körper unter Wassermangel leidet.

Diese Getränke vom Karmel kurierten vermutlich manch orientalische Unpässlichkeit

Man sollte eine den individuellen Bedürfnissen angepasste Reiseapotheke mitnehmen, in der zunächst alle Medikamente, die man zu Hause regelmäßig einnimmt, in ausreichender Menge vorhanden sein müssen. Packen Sie nur das ein, was aus Ihrer persönlichen Sicht während der Reisedauer notwendig sein könnte; im Zweifel sollten Sie mit Ihrem Hausarzt sprechen. Kopieren Sie für alle Fälle das Rezept Ihrer Medikamente, damit Sie einer Apotheke klarmachen können, was Sie brauchen, falls etwas verloren geht. In Israel und Palästina sind außerdem weniger Medikamente rezeptpflichtig, Antibiotika beispielsweise können Sie einfach so in der Apotheke kaufen.

Als pauschale Empfehlung:

Medikamente gegen Erkrankungen des Magen-Darm-Traktes, gegen Insektenstiche, Erkältungskrankheiten (relativ häufig wegen der Temperaturwechsel); Fieberthermometer, fiebersenkende Mittel, Schmerzmittel, Verbandszeug.

Empfehlenswert ist der Abschluss einer Auslandsreiseversicherung, denn unser Krankenversicherungssystem gilt nicht oder nur eingeschränkt (vor der Abreise erkundigen). Ärzte verlangen von Ausländern meist Vorauskasse.

In Notfällen leistet Erste Hilfe der

Magen David Adom (Roter Davidsstern), israelweit erreichbar unter **Tel. 101** oder der *Hilal AlAkhmar* (Roter Halbmond), **palästinaweit** erreichbar ebenfalls unter **Tel. 101**.

Impfungen

Der Nachweis spezieller Impfungen wird nicht verlangt. Allerdings empfiehlt sich der auch bei uns übliche Impfschutz wie Tetanus, Polio etc. bzw. dessen Auffrischung. Aktuelle Hinweise zu Israel und Palästina gibt es auf www.crm.de.

Behinderte

Die Situation für Behinderte dürfte in Israel offiziell kaum anders als in der Heimat sein. In der Praxis muss man sicher mit einigen zusätzlichen Schwierigkeiten rechnen, vor allem was die freie Beweglichkeit betrifft. Aber dies sollte kein Hinderungsgrund für eine Israelreise sein. Weit reichende Planungshilfe bietet die Non-Profit-Organisation *Access Israel*, www.aisrael.org/eng und *Access unlimited*, www.access-unlimited.co.il, für Outdoor-Unternehmungen Lotem: lotem@jnf.org, Tel 050 2634332.

Unter http://goisrael.at/Tourism_Ger/Tourist%20Information/Reiseplanung/Documents/publication.pdf gibt es eine englische Broschüre mit barrierefreien Tourenvorschlägen für Menschen mit *mobility challenges*. Die Jerusalemer Altstadt ist eher ein Sonderfall, Informationen zu besonderen Service finden Sie auf S. 223.

Darüber hinaus unterhält das Sheba Medical Center bei Tel Aviv ein gutes Beratungszentrum namens *Milbat* für Behinderte, Tel. 07 22230007, www.milbat.org.il. *Yad Sarah* ist eine landesweite Organisation mit Stützpunkten in allen Städten, die Rollstühle und andere medizinische Hilfsmittel kostenlos verleiht, Tel. 02 6444555, in Israel *6444, www.yadsarah.org.

Bei Fragen zur Mobilität in Palästina können Sie versuchen, die *Disabled Without Borders Organization* in Ramallah zu erreichen, Tel. 02 2954453 oder 059 7232009, Fax 02 2954454, barakatdw@gmail.com.

2 In Israel und Palästina zurechtkommen

Ankunft und Einreise

Derzeit gibt es zwei internationale Flughäfen im Reisegebiet, Ben Gurion bei Tel Aviv und Ovda, ab Herbst der Ramon-Airport in Timna, im Bereich von Elat. Wer noch mit Filmen fotografiert, sollte erst nach der Ankunft in Israel einen Film in die Kamera einlegen. Falls Sie das Gehäuse bei der Flughafenkontrolle öffnen müssen, wäre der Film ruiniert.

Wenn Sie noch in arabische Staaten außer Ägypten oder Jordanien reisen wollen, kann ein israelischer Einreisevermerk im Pass eine unüberwindliche Einreisehürde sein. Praktischerweise wird in aller Regel nicht mehr gestempelt: Sie erhalten als Visum ein blaues Zettelchen der State of Israel Border Control mit Passbild und Passnummer. Sie könnten eine Büroklammer dabeihaben, um es an Ihren Pass zu heften: Sie brauchen den Nachweis ihres Touristenvisums im Hotel und bei der Automiete, weil Sie sonst steuerpflichtig sind, sowie bei Kontrollen etwa an Checkpoints. Sollte trotz allem ein Stempel in ihren Pass geraten, bzw. sollten aus jordanischen oder ägyptischen Stempeln bestimmte Schlussfolgerungen möglich sein, können Sie sich von der Botschaft in Tel Aviv einen **zweiten Pass** ausstellen lassen, der zwar Geld kostet, aber Ärger erspart. Oder Sie bringen schon einen von zuhause mit.

Umgekehrt können Sie mit arabischen Stempeln im Pass nach Israel einreisen, sollten jedoch auf ein ausführliches **Interview** gefasst sein. Ein paar Stunden Verhör kann Ihnen außerdem einfach per Zufallsgenerator blühen oder wenn Sie ein arabischer Name oder entsprechendes Aussehen kennzeichnet, oder wenn Sie friedensaktivistisch daherkommen. Im letzten Fall können Sie eventuell gleich wieder zurückkreisen. Botschaftsadressen siehe S. 274.

Höchstwahrscheinlich werden Sie jedoch **problemlos einreisen** können. Am Schalter werden Sie auf Englisch gefragt, was Sie vorhaben, wen Sie treffen und wann Sie wieder weg wollen. Geben Sie zumindest irgendeine Hoteladresse an, z.B. Dan Panorama, Charles Clore Park in Tel Aviv. Das wird nicht überprüft, und Sie könnten sich auf dem Weg zum Hotel ja auch umentscheiden. Außerdem reicht *Sightseeing* als Reisegrund völlig. Sie erhalten dann den erwähnten **blauen Zettel**, den Sie am Ausgang zum Gepäck scannen und danach unbedingt behalten müssen.

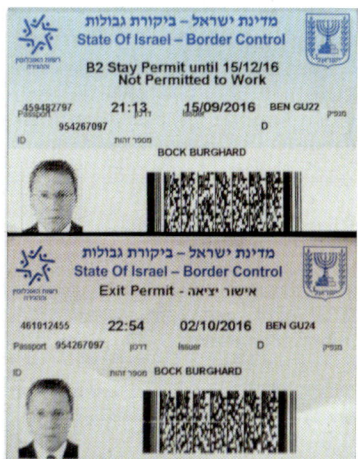

Israelisches Visum (oben) und Entlassungspapier

Bei der **Gepäckausgabe** könnte man noch vor der Zollabfertigung zu teurem Kurs **Geld tauschen**, um später nicht zahlungsunfähig vor dem Taxi zu stehen, oder des Taxis Dollar-/Eurokurs akzeptieren zu müssen. Den günstigsten Kurs im Flughafen hat der **Automat** auf der Rückseite der Wechselstube oder draußen in der Begrüßungshalle. Dort finden Sie bei der Touristeninformation auch ein Auskunft-Terminal, dass Ihnen den offiziellen Taxipreis für Ihr Ziel angibt, dann bezahlen Sie nicht ins Blaue hinein. Die Aufgabe der **Touristeninformation** wirkt unklar: wenig Betrieb und praktisch kein Material – komplizierte Fragen finden möglicherweise keine Antwort.

Bei Ankunft oder Abreise am **Shabbat** (Freitag Abend/Samstag) ist der öffentliche Verkehr auf ein Minimum reduziert, aber mit Sammeltaxis und teureren normalen Taxis kommen Sie weiter. Vielleicht sind die Sicherheitskontrollen kürzer, aber wer früh am Tag anreist, hat womöglich ein Hotel gebucht, dessen Zimmer erst nach Sonnenuntergang bezogen werden dürfen. Erkundigen Sie sich und behalten Sie den Sonnabend im Hinterkopf.

Eine Liste mit weiterführenden Informationen über alle auch kleineren Inland-**Airports** sowie die **Grenzübergänge** findet sich unter www.iaa.gov.il/en-US/airports.

Ben Gurion Airport

Üblich ist die Anreise über den größten Flughafen, in Israel meist mit dem hebräischen Akronym *Natbag* bezeichnet. Informationen wie z.B. Orientierungskarten bietet www.telaviv-airport.com, ganz nützlich ist auch die *TLV Airport* App, um sich zurechtzufinden.

Wer nach **Elat** weiterfliegt, muss – mit Glück – nur am Ben Gurion Flughafen mit dem Shuttlebus zum weniger frequentierten *Domestic-Terminal* fahren. Ungünstiger ist die Situation, wenn man vom Inlandsflughafen *Sde Dov* nach Elat fliegt. Er liegt am nördlichen Stadtrand von Tel Aviv. Während der Woche verkehren Busse, am Shabbat geht ein Taxi ganz schön ins Geld.

Ovda & Timna Airport

Ovda, der zweite internationale Flughafen Israels, gehört den Militärs, wird jedoch für Charterflüge nach Elat wegen des dort völlig überlasteten Innenstadt-Flughafens mitbenutzt. Er liegt etwa 60 km nördlich von Elat in der Wüste. Normalerweise werden Charter-Passagiere mit Bussen von und zum Flughafen transportiert. Es gibt aber auch Taxis für die Strecke. Von der Bürokratie her läuft alles so ab wie im Ben Gurion Airport auch. Angeblich ab Oktober 2018 soll der internationale Betrieb in Ovda und Elat-Innenstadt ersetzt werden durch den *Ilan & Assaf Ramon Airport* bei **Timna** an der Straße 90, nur noch 20 km entfernt. Natur- und Antikenschützer protestierten vergeblich. Eine einst geplante Zusammenarbeit mit Aqaba in Jordanien ist derzeit auch illusorisch. Timna soll vor allem von **Billigfliegern** angesteuert werden, und der gesamte, wirtschaftlich eher abgehängte Süden Israels wartet schon darauf, nicht nur Shuttleservice nach Jerusalem und Tel Aviv anzubieten, sondern den Besucherstrom mit Attraktivität vor Ort in der Gegend zu halten.

Vielleicht geht es noch munter weiter: Im **Norden bei Haifa** im Jesreel-Tal soll bei Ramat David/Megiddo wiederum ein Militärflughafen zivilisiert und internationalisiert werden, der Ort stand im Wettbewerb mit Timna, aber scheint noch im Spiel zu sein. Am abgefahrensten sind die Pläne für einen **Palästina-Flughafen**: Israels Sicherheitsbedürfnisse wären mit einer Gaza vorgelagerten künstlichen Insel mit Hafen und Flughafen, die jederzeit isoliert werden könnte, wohl befriedigt. Wird ernsthaft geplant.

Zoll

Zollfrei können **eingeführt** werden: von Leuten ab 17 Jahren bis zu 1 Liter Spirituosen und 2 Liter Wein (oder eine anteilige Mischung), bis zu 200 Zigaretten oder 250 g Tabak pro Person, ein Viertel Liter Parfüm, Medikamente nur zum persönlichen Gebrauch, persönliche Bekleidung, Foto- und/oder Filmkamera, Radio, Fernglas etc., Geschenke (außer Alkohol, Tabak und Fernseher) bis zu einem Wert von $ 200 pro Stück. Bargeld und Schecks über ₪ 100.000 müssen angemeldet werden. Ohne Genehmigung sind verboten: Pflanzen, rohes Fleisch, Schusswaffen und lange Messer.

Bei der **Ausfuhr** nach Europa gelten entsprechende Mengen. Eine **Warnung** sei ausgesprochen: Sollten Sie *Duty Free* eingekauft haben *und* der Mensch an der Kasse war zu nachlässig, Ihnen einen komplett verklebten *Duty Free* Beutel zu geben, den Sie nicht öffnen dürfen, und Sie haben nicht auf einem solchen Beutel bestanden, *und* Sie müssen **in der EU nochmal umsteigen**: Dann werden Ihre Einkäufe am Umsteige-Flughafen weggeschmissen. Kein Witz, da werden Millionen vernichtet. Müssen Sie nicht umsteigen, ist es kein Problem.
Sicherheitskontrollen

Die Probleme Israels lernt der Reisende schon vor dem Abflug auf dem Heimatflughafen kennen. Vor allem, wenn man mit der israelischen Linie EL AL unterwegs ist, wird man einer äußerst peniblen Gepäckkontrolle und zum Teil bis weit in die Privatsphäre reichenden Fragen ausgesetzt. Wenn das Durchleuchten des Koffers irgendwelche Zweifel erweckt, muss er total ausgeräumt werden, jedes einzelne Inhaltsstück wird überprüft und

eventuell erneut geröntgt. Man muss sich klarmachen, dass die Sicherheitsvorkehrungen letztlich auch dem Schutz der eignen Person gelten und daher geduldig ertragen werden sollten. Der hohe Zeitbedarf erfordert in der Regel, dass man bei EL AL-Flügen am besten drei Stunden vor Abflug erscheinen muss, denn Sie haben eine Kontrolle mehr durch die Israelis. Aber auch bei anderen Linien sind 2,5 Stunden Zeit von Vorteil.

Schlimmer noch kann es **Auto- oder Wohnmobilfahrern** bei der Ankunft ergehen. Im Ankunftshafen oder beim Grenzübergang aus den arabischen Nachbarländern kommen die Sicherheitsleute auf die seltsamsten Ideen. Als wir uns vor Jahren bei der Einreise von Ägypten her weigerten, die Innenverkleidungen abzuschrauben, rückte einer der forschen jungen Männer mit einer Bohrmaschine an...

Vom Flughafen weiterkommen

Wer günstig per **Bus** oder **Zug** reisen will, sollte je nach Ziel die praktischere Möglichkeit wählen. Zu Israels wichtigstem Bus- und Eisenbahnverteiler HaHagana in **Tel Aviv** braucht man mindestens 90 Minuten und muss zweimal umsteigen. Also nehmen Sie die **Eisenbahn** gleich unterhalb des Ankunftterminals, von wo Sie auch die beiden anderen Tel Aviver Bahnhöfe HaShalom und Savidor Merkas direkt erreichen können. Zum HaHagana-Bahnhof brauchen Sie nur 12 Minuten, ₪ 14, Fahrkartenautomaten an den Ausgängen 1 und 3, www.rail.co.il. Die Züge fahren täglich etwa halbstündig zwischen 5-23, Fr bis 14, Sa ab 19.30 Uhr. Hebräische Beschriftung? Egal, fragen Sie einfach jemanden.

Nach **Jerusalem** ist der Zug bislang unpraktisch: Man benötigt mindestens zwei Stunden und muss mindestens einmal umsteigen. Außerdem liegt der aktuelle Bahnhof weit draußen beim Teddy-Kollek-Stadium. Tagsüber wäre allerdings die Fahrt über 700 m Höhenunterschied durch das **judäische Gebirge** reizvoll; in Fahrtrichtung am besten links sitzen (So-Do ca. 6-19.30, meist halbstündig, Fr bis ca. 13, Sa ab ca. 19-0 Uhr, ₪ 20), www.rail.co.il. Per Bus 6, 14 oder 18 geht es bis zur CBS von Jerusalem, mit der 6 auch bis zum Damaskustor. Die künftige Schnellzugtrasse vielleicht ab Ende 2018 wird effizienter, aber mit Tunnelblick.

Kaum praktisch wäre der **Egged-Bus** 5 zunächst Richtung Airport City – an der El Al Junction aussteigen. (Busfahrer fragen; Von dort fährt Bus 947, 105 min bis Jerusalem zur CBS Binyanei HaUma, von dort weiter wie oben beschrieben (So-Do ca. 5-22 Uhr, Fr bis ca. 17, Sa ab ca. 18 Uhr, tagsüber alle 20-40 min, zusammen rund ₪ 27), www.egged.co.il. App-Auskunft besser mit Moovit und Bus.co.il.

Viel besser: Seit 2017 gibt es endlich einen direkten Bus zur Jerusalem CBS. Busfirma Afikim, Linie 485 fährt in 63 Minuten für ₪ 38 direkt vom Ankunftsterminal 3. Immer zur vollen Stunde außer Fr 14 bis Sa 19 Uhr, von Jerusalem CBS immer um 6 Minuten nach. **Kleinbusse** namens *Nesher* findet man aus dem Haupteingang heraus rechter Hand. Diese fahren nicht nach Tel Aviv, aber u.a. nach Haifa und natürlich Jerusalem: Dort wird man zum Preis von $ 16 direkt vor dem Hotel oder z.B. am Damaskustor abgesetzt – Ostjerusalem wird nicht bedient. Dann von dort weiter mit palästinensischen Bussen oder Taxi (S. 226); www.neshertours.co.il. Auch für **normale Taxis** gibt es vor der Halle bei Ausgang 3 einen Buchungsstand; nach Tel Aviv z.B. zahlt man tagsüber etwa $ 40, nach Jerusalem etwa $ 65. Noch in der Halle bei der Touristeninformation hängt ein Kasten, der Taxipreise nennt. Sinnvoll.

Falls Sie ein **Auto mieten** wollen, aber **nicht vorgebucht** haben (was leider teuer ist), sind Sie in der Lobby der Ankunftshalle richtig: Kurz vor dem Ausgang links die Treppe hoch bringt Sie zu den Verleihern. Wenn Sie ein Mietauto ab Flughafen möchten, sollten Sie noch zwei Dinge überlegen: Abgesehen davon, dass Sie hier einen Flughafenzuschlag entrichten müssen, sollten Sie unbedingt geklärt haben, ob Ihr Wagen auch in der **Westbank** versichert sein soll. Das ist direkt am Flughafen nicht möglich, daher empfiehlt es sich, erst in Jerusalem oder der Westbank bei entsprechenden Anbietern zu mieten, siehe S. 228. Diese palästinensischen Firmen unterhalten einen Shuttle-Service, der Sie am Flughafen mit Ihrem Mietwagen versorgen kann.

Wenn Sie **zu Hause** bereits einen israelischen Wagen **gebucht** haben, müssen Sie ebenfalls kurz vor dem Ausgang links die Treppe hochgehen. Dort wird Ihr Voucher unkompliziert in einen Wagen umgewandelt.

Bei der **Auto-Rückgabe** müssen Sie mit einem israelischen Fahrzeug den orangen Schildern folgen, nach der Übergabe bringt Sie ein Shuttle alle 10 Minuten zum Abflug-Terminal. *Eldan*-Autos können Sie auch direkt beim Kurzzeitparken am Terminal 3 wieder abgeben. Für palästinensische Mietwagen gibt es keine übliche Prozedur dafür: alles nach Absprache. – Auch bereits hier erwähnt: Ihr Auto brauchen Sie nicht mehr sonstwo **aufzutanken**, es gibt jetzt dankenswerterweise eine Tankstelle beim Terminal 1.

Aufenthaltsdauer

Automatisch erhält jeder Einreisende eine maximale Aufenthaltserlaubnis von drei Monaten. Eine Verlängerung ist im Allgemeinen problemlos möglich. Zuständig ist das Innenministerium (Misrad HaPnim); fragen Sie auf dem Land am besten bei der Polizei nach; in Tel Aviv lautet die Adresse

Tel Aviv Government Complex, Visa Department, Kaplan St, 3. Stock, Tel. 03 651941, in Jerusalem im Generali Building, 1 Shlomzion HaMalka, Tel. 02 228211.

Wer nach Ablauf des Vierteljahres aus- und wieder einreist, erhält erneut drei Monate.

Anders ist es bei Leuten, die von den israelischen Behörden – berechtigt oder nicht spielt keine Rolle – als **Aktivisten** eingestuft werden: Sie können am Flughafen direkt abgewiesen werden, sie können in der Westbank sogar innerhalb der eigentlich palästinensischen Hoheitszone A in Gewahrsam genommen werden, und einmal ausgewiesen, wird dem Vernehmen nach eine Einreisesperre für die nächsten zehn Jahre verhängt und natürlich eine Akte angelegt.

Ausreise

Abflug

Vergessen Sie nicht, Ihren **Rückflug** 72-24 Stunden zuvor von Ihrer Fluggesellschaft **bestätigen** („confirmen") zu lassen, der Zeitraum ist je nach Linie unterschiedlich. Angeblich soll das nicht mehr nötig sein, aber nicht nur theoretisch kann Ihr Platz **sonst storniert** werden: Bei Überbuchung passiert das ganz praktisch! Außerdem überlassen die Fluglinien inzwischen uns die Arbeit mit dem Boarding und dem Ausdrucken der *Boarding Cards*. Am praktischsten dafür ist das Portal (auch App) **www.checkmytrip.com**. Sie müssen dort außer Ihrem Nachnamen eine *Buchungsreferenz* eingeben. Letztere ist sechsstellig und könnte auf ihrem Ticket verwirrenderweise auch *Vorgangs-* oder *Reservierungsnummer* heißen. EL AL-Flüge lassen sich 24 Stunden lang unter den Telefonnummern 02 6246725-28 oder 03 9722333 bestätigen oder mit der App *Up*. Für El Al gibt es einen Advance Check In Service, durch den man tags zuvor sein Gepäck loswerden und am Flughafen direkt zur Pass-

kontrolle gehen kann. In Jerusalem liegt das entsprechende Büro jedoch so weit außerhalb, dass sich für die meisten Leute keine Zeitersparnis ergibt, in TLV an der CBS oder in Elat am Flughafen ist das Verhältnis wohl besser. Kosten: ₪ 15, Information: Tel. 03 9723388.

Die Abflug-Zeremonie kann interessanterweise von mehr Sicherheitschecks begleitet werden als die Abfertigung beim Flug nach Israel (siehe oben). Dies beansprucht Zeit, die man vor dem Abflug am besten mit drei Stunden einkalkulieren muss. Mit Chuzpe könnte man aber auch spekulieren, dass man kürzer warten muss, wenn man später kommt, und tatsächlich lassen die Sicherheitsleute ihre Kunden selten einen Flug verpassen, weil ihre Abteilung angeblich die Kosten für Umbuchung und Übernachtung tragen muss. **Aber**: Wir bekommen zwar immer wieder Zuschriften, dass man viel zu früh am Flughafen und die Ausreise ein Kinderspiel gewesen sei. Doch **auch** die **Israelis** bekommen als Maßgabe mitgeteilt, **drei Stunden vor Abflug** da zu sein.

Für den Sicherheitscheck empfiehlt es sich, Hotelrechnungen, Busfahrscheine oder Prospekte bereitzuhalten, falls unerbittliche Kontrolleure die Reiseroute nachvollziehen möchten, zumindest kann dies dem Kofferausräumen vorbeugen – wobei letzteres weniger stattfindet, seit bessere Scanner das Hauptgepäck im Bauch des Flughafens durchleuchten. Man wird sich vermutlich nach Ihren Kontaktpersonen in Israel erkundigen. Ob man die Westbank oder Kontakte zu Palästinensern von sich aus erwähnen sollte oder nicht, ist nicht ganz klar. Und unabhängig von der Fluglinie wird Ihr Handgepäck sehr genau auseinandergenommen werden, unsichere Kadetten wie Reisebuchautoren können auch in einer Art Umkleidekabine auf Sprengstoff untersucht werden. Anlass schien ein arabischer Stadtplan von Nablus gewesen zu sein.

Behalten Sie bei diesen Sicherheitsaktivitäten die Ruhe und wundern Sie sich höchstens über den Aufwand, der getrieben wird.

Damit Sie ahnen, was Sie erwartet: Der Aufkleber auf dem Pass spiegelt wohl die Höhe des Sicherheitsproblems einer Person, angeblich soll man das an der ersten Ziffer über dem Barcode erkennen können: Einsen seien demnach den Israelis vorbehalten, Rucksack-Hippies bekommen eher eine Fünf oder Sechs und damit vermutlich ein ausführliches Gespräch vor der Rucksack-Durchsuchung vielleicht inklusive Leibesvisitation. Bleiben Sie entspannt.

Beim Abflug ist eventuell eine sogenannte Ausreisesteuer in Höhe von $ 15 zu zahlen, die in den Flugtickets eigentlich immer enthalten ist.

Ausreise auf dem Landweg

Intensiver noch fallen die Checks aus, wenn Sie auf dem Landweg ausreisen. In diesem Fall scheinen alle Menschen jedweder Couleur unter Terrorverdacht zu stehen – cool bleiben. Der Abschied kostet in der Regel ₪ 101 pP!

Die Sicherheitsabteilung klebt zum Abschied einen Barcode auf den Pass

Auto-/Wohnmobiltransport auf dem Seeweg

Der Fährbetrieb nach Israel wurde eingestellt. Eventuell bietet die italienische Grimaldi Lines eine Kabine auf einem Frachtschiff an, dann kann man auch sein Auto oder Wohnmobil mitnehmen. Wer mit dem eigenen Auto einreist und seine grüne Versicherungskarte nicht für Israel gültig gekennzeichnet hat, muss eine relativ teure Haftpflichtversicherung abschließen.

Bei der Ein- und Ausreise findet eine penible Befragung durch die Security statt. Für all das muss man schließlich satte Gebühren von derzeit ₪ 88 pP bezahlen. Das ist allerdings noch nichts gegen die **Hafengebühren**: Sowohl bei der Ein- als auch bei der Ausreise zahlt man z.B. in Ashdod für ein Wohnmobil bis 7,1 m € 700, einen VW Bus € 400, und der Agent benötigt € 300.

Abstecher nach Jordanien oder Ägypten

Viele Besucher Israels legen gern einen Abstecher in eins der von hier aus zugänglichen Nachbarländer ein. Für den besseren Überblick finden Sie alle wichtigen Informationen zum Grenzübergang hier zusammengefasst. Aktuelles von der israelischen Seite erfahren Sie unter www.iaa.gov.il/en-US/borders:

Jordanien: Ein- und Ausreise

Drei Personen-Grenzübergänge gibt es derzeit nach Jordanien, die jedoch für Touristen mit ungleichen Bestimmungen und Kosten aufwarten. An den **Festtagen** Yom Kippur und Id AlAdha (das Opferfest) ist die Grenze **überall geschlossen** (Ausnahme: anstatt am Id AlAdha ist die *Jordan River Crossing* und *Yizkhak Rabin* am muslimischen Neujahrstag und an sonstigen jüdischen Feiertagen nicht passierbar). Außer der Reihe können auch mal zu Ostern oder Pessach sämtliche Terminals geschlossen sein – für möglichst sichere Planung vermeidet man am besten sämtliche Festtage für Grenzübergänge.

Wenn Sie sich vorher den *Jordan Pass* kaufen, ein Sammelticket für Petra und vierzig weitere Stätten (nur die Taufstelle am Jordan müsste man einzeln, aber auch mit Rabatt, dazubuchen), wäre darin die Visagebühr bereits enthalten. Dieser Pass ist nach einem ersten Eintritt zwei Wochen lang gültig. Sie können ihn online erwerben, angeblich reicht seine Präsenz auf dem Smartphone, aber für alle Fälle das PDF-Dokument auf Papier dabei zu haben, ist sicherlich kein Nachteil; www.jordanpass.jo.

Jordanien möchte den Tagestourismus Richtung Petra verlängern und erlässt Urlaubern, die mindestens drei Nächte bleiben, die Visumgebühr von JD 40, knapp $ 60. Man lässt sie sich bei der Ausreise nach Nachweis von Hotelübernachtungen etc. an der Grenze erstatten. An allen drei Übergängen können bzw. müssen Sie **Geld tauschen**, um z.B. die Grenzgebühren in Landeswährung zu bezahlen.

Die **neuen Regelungen** sind etwas **unübersichtlich**, weil z.B. die offizielle Tourismus-Seite nicht ganz widerspruchsfrei wirkt: http://international.visitjordan.com/generalinformation/entryintojordan.aspx. Auch der **Abgleich mit der Realität** verwirrt: Individualreisende im Süden bei Elat sollen eigentlich kein Visum mehr an der Grenze erhalten, müssten eins mitbringen. In der Praxis bekommt man eins, doch ein gereizter Grenzer könnte die eigentliche Vorschrift auch mal wieder anwenden. Ein prima, aktuell gehaltener Blog-Beitrag versucht Schneisen ins Dickicht zu schlagen: http://themadtraveler.com/travel-tips/howto-cross-from-israel-to-jordan-or-jordan-toisrael – schauen Sie für aktuelle Hinweise vorbei. Dass das Thema komplex ist, lassen die derzeit 600 Kommentare ahnen.

Allenby Bridge

(Jordanisch: *King Hussein Bridge*), Übergang südöstlich von Jericho (So-Do 8-24,

Fr/Sa 8-15, Gruppen Fr -12), Tel. 02 5482 600.

Da diese Grenzstelle im besetzten Gebiet liegt, erkennen die Jordanier den Übergang nicht als Grenzpassage an. Wer von Jordanien her ausreist, erhält keinen Ausreisestempel, sondern wird nach wie vor als im Land befindlich betrachtet. Man kann hier also mehrfach ein- und ausreisen, ohne ein neues Visum für Jordanien zu benötigen (es sei denn, man hätte inzwischen Israel verlassen). Andererseits kann man hier auch kein Visum erwerben, für die **Ersteinreise** an diesem Übergang muss man das **Visum mitbringen** (von zuhause oder von der jordanischen Botschaft in Tel Aviv, Tel. 03 7517722). Wer auf israelischer Seite nur ein *PA (bzw. Judea & Samaria) only*-**Visum** erhält, sollte sofort **protestieren**: Die Weiterreise nach Jerusalem oder Ausreise über Israel ist damit unmöglich!

Nach dem Zoll fährt man an der jeweiligen Grenzstation mit einem Shuttlebus (₪ 5) auf die andere Seite weiter. Gebühren: Ausreise Jordanien JD 10, Einreise wie Ausreise Israel ₪ 176.

Von Jerusalem per Bus 961 oder 943/6 (966 ist teurer), Central Bus Station bis Allenby Bridge ca. 30-45 min, ₪ 11, So-Do 8-20, Fr -15, Sa 19-22.

Per Taxi des Reiseveranstalters ABDO vom Damaskustor, Tel. 02 6283281 und auch jedem anderen Taxi kommt man zwischen 7 und 12.30 Uhr zum Grenzübergang und wieder zurück. Der Übergang ist **nicht** für **Autofahrer** zugelassen!

Yizkhak Rabin (früher: Arava)

(Jordanisch [*Wadi*] *Araba*), Übergang bei Elat (So-Do 6.30-20, Fr, Sa 8-20), Tel. 08 6300555.

Dieser Grenzübergang war mal unkompliziert, schon durch die nur wenigen Kilometer bis Elat – von der CBS per Taxi ₪ 25-35 – feilschen. Man kann per Auto (allerdings keine israelischen nur palästinensische Leihwagen) beliebig ein- und ausreisen, das jordanische Visum wird für zwei Wochen ausgestellt (siehe oben: offiziell müsste man schon eins dabeihaben, aus Europa kostengünstiger als aus Tel Aviv) und ließe sich auf drei Monate verlängern, JD 40, die im *Jordan Pass* enthalten wären, plus ein *Exit Fee* von $ 65. Es gibt auch teurere Visa für zwei und mehrfache Einreise. Busreisende müssen in einen jordanischen Bus umsteigen und ihr Gepäck ca. 200 m weit schleppen. Die Ausreise aus Israel kostet hier nur ₪ 101, die jordanischen Nummernschilder insgesamt rund JD 60 und eine KFZ-Versicherung JD 40-90 (für vier Wochen), die Carnetbearbeitung JD 7, den Terminal mit dem Fahrzeug verlassen JD 25. Wenn Sie aus Jordanien kommen, kostet das Taxi aus Aqaba zur Grenze JD 7-12, feilschen nicht vergessen, die Ausreise JD 10 und die Einreise nach Israel nichts.

Jordan River/Bet Shean Crossing

(Jordanisch *Sheikh Hussein Bridge*), bei Bet Shean (So-Do 7-20.30, Fr/Sa 8.30-18.30, Einlass bis 18), Tel. 04 6093400.

Ebenfalls ein „normaler" Grenzübergang mit Ausreisekosten von ₪ 101. Ohne Auto kommt man nur per Taxi hin, im Niemandsland verkehrt ein Shuttlebus (₪ 5-6). Lässt man das eigene Auto zurück, sind täglich ₪ 36 Parkgebühren fällig; nimmt man das Fahrzeug mit, wird für eine Woche Versicherung JD 45 erhoben, für vier Wochen JD 66. Das jordanische Visum kostet JD 40; wer umgekehrt von Jordanien aus einreist, zahlt JD 4. Auf jordanischer Seite kann man per Bus (1 km entfernt an der Hauptstraße) über Irbid nach Amman zu etwa JD 4 fahren oder direkt per Taxi zu ca. JD 25-35. Daneben existiert noch ein Übergang namens **Adam Bridge** am Ende der Straße 57, lediglich für Warenverkehr.

Ein- und Ausreise nach bzw. von Ägypten

Der Grenzübertritt in **Raffah** im Gazastreifen ist für Touristen derzeit nicht möglich; das 40 km weiter südlich gelegene **Nizzana** dient zwar nur dem Güterverkehr, aber zuweilen scheinen ihn auch Geschäftsleute zu benutzen.

Am einzigen Weg über **Elat/Tabah**, das die Israelis seit neuestem **Menakhem Begin Terminal** nennen (täglich 24 Stunden geöffnet außer Yom Kippur und Id AlAdha, Tel. 08 6360999), zahlt man ₪ 101 an die Israelis plus ₪ 5 Bearbeitungsgebühr, die Ägypter verlangen LE 75, falls Sie nicht in Tabah bleiben wollen. Von der israelischen Grenzstation zur ägyptischen Abfertigung verkehren Taxis (ca. LE 15), die Strecke kann man in ca. 15 Minuten auch zu Fuß zurücklegen. Die Abfertigungsprozedur ist verhältnismäßig unkompliziert, beachten Sie aber, dass links an der Straße im Büro „Bordertax" eine (relativ geringe) Gebühr zu zahlen ist. Ohne eine Quittung kommt man nicht aus Tabah heraus (was Rückmarsch erfordert). Bei umgekehrter Reise, von Tabah nach Elat, zahlt man in Tabah LE 2 und in Israel nichts.

Wenn Sie ein Visum für ganz Ägypten besitzen, machen Sie den Passbearbeiter auf dieses Visum aufmerksam; falls er Ihnen im Eifer des Gefechts nur das Sinai-Visum erteilt, verfällt das andere, und Ihre Reise endet in Sharm Ash-Sheikh. Falls Sie ein Ägyptenvisum benötigen, können Sie es bei den ägyptischen Konsulaten in Elat (₪ 65, So-Do 9.30-12, Fr/Sa Pass abholen möglich, Tel. 08 6376882) oder Tel Aviv (Tel. 03 5464151) erwerben; rechnen Sie mit gut einem Tag Bearbeitungsdauer. Verwechseln Sie es nicht mit dem Kurzzeitvisum, das nur für die Ostküste des Sinai einschließlich Katharinenkloster gilt.

Grenzübergang Tabah nach Ägypten

Per Bus von Tel Aviv nach Kairo

Derzeit wird der Service nicht angeboten, man verweist auf *Air Sinai* und deren Retourticket Tel Aviv-Kairo-Tel Aviv für $ 565. Sollten die Busse wieder fahren, läuft es vermutlich wieder folgendermaßen:

Von Jerusalem/Tel Aviv nach Kairo verkehrt **Mazada Tours**. Der Bus fuhr So+Do von deren Büro in Jerusalem ab, 6 Jannai St, Tel. 02 6235777. Zwischenstopp in Tel Aviv, 51 Basel St, Tel. 03 5444454, Zustieg in Elat jeweils fünf Stunden später; Die Reise dauert 12-13 Stunden. www.mazadatours.com/Home/mazada-bus-line.

Buchen Sie möglichst drei Tage im Voraus. Vergessen Sie das Ägyptenvisum nicht. Von **Kairo nach Tel Aviv/Jerusalem** fährt ebenfalls *Mazada Tours* So und Do vom Sheraton Hotel ab. Buchungen u.a. bei den Travel Agencies am Midan Tahrir in Kairo oder über die Website.

Sich in Israel und Palästina informieren

Touristen-Information

Grundsätzlich ist das *Israel Ministry of Tourism*, Tel. 02 6664331 für touristische Belange zuständig, informativ ist auch die landesweit zum Ortstarif nutzbare Servicenummer *3888. Dem eigenen Tempo kommen www.goisrael.com und .de entgegen, nicht zu vergessen: www.facebook.com/goisrael. In den meisten größeren Städten gibt es Touristen-Informationsbüros, die Adressen finden Sie bei den jeweiligen Stadtbeschreibungen. Manchmal gibt es auch Büros mit regionalem Bereich, etwa in Galiläa oder auf dem Golan. Für das gesamte Land soll Jerusalem am Jaffator zuständig sein, was jedoch nur sehr begrenzt der Fall ist. Bei der Ankunft auf dem Ben Gurion Airport können Sie noch vor dem Zoll mit dem *Tourist Information Office* Kontakt aufnehmen. Leider macht dieses

Büro ebenso wie manch andere – einen eher verschlafenen Eindruck. Der Besucher kommt sich zuweilen wie ein ungebetener Bittsteller vor, der die Tagesbeschäftigungen der Angestellten nur stört. Doch in Jerusalem, Haifa, Elat und Tel Aviv/Jaffa wird einem eigentlich immer freundlich und kompetent weitergeholfen.

Auf der anderen Seite der **Grünen Linie** ist das **Ministry of Tourism and Antiquities** der PA zuständig, Tel. 02 2741581, www.travelpalestine.ps und http://visit-palestine.ps. Das Budget ist knapp, das Material nicht üppig. Das aufmerksame und hilfsbereite Personal müsste noch geschult werden. Am besten aufgestellt sind die Touristen-Informationsbüros in Bethlehem und Ramallah, Jericho und Jenin haben nachgezogen, in Nablus ist die Lage unklar. Darüber hinaus gibt es jeweils vor Ort hilfreiche Organisationen, die in der *Network for Experiential Palestinian Tourism Organization* miteinander verknüpft sind: http://nepto.ps/partners.php. Auch wenn manches noch ausbaufähig wirkt – Unterstützung ist immer nah. Wie sagte uns jemand über Nablus: „In dieser Stadt ist jeder ein Fremdenführer – gratis!" Das lässt sich verallgemeinern.

Studentenservice

Um das Wohl der Studentenschaft kümmert sich die Israel Student Travel Association (ISSTA), Jerusalem, 31 HaNevi'im St, Tel. 6257257; Tel Aviv, 109 Ben-Yehuda St, Tel. 03 5210111 und im Dizengoff Centre; Haifa, 20 Herzl St, Tel. 04 8682227. Die Website www.issta.co.il ist auf Hebräisch, www.issta.com auf Englisch.

Es gibt Informationen über Touren, Ermäßigungen etc., und hier werden die **ISIC-Studentenausweise** ausgestellt, online nur auf Hebräisch: www.issta.co.il/isic. Also besser schon zuhause beim örtlichen AStA oder auf www.isic.de, .at oder

.ch besorgen, damit es mit den studentischen Ermäßigungen bei Eintrittsgeldern etc. klappt.

Nationalparks und Naturreservate

Israel Nature and National Parks Authority, 3 'Am VeOlamo St, Givat Sha'ul, Jerusalem, Tel. 02 5006261, Fax 02 5005471, www.parks.org.il; ein tolles Portal, auch wenn die englische Version immer mal Lücken aufweist.

Die Israelis unterscheiden zwischen **National Parks** (**blau** ausgeschildert) und **Nature Reserves** (**braun** ausgeschildert). Letztere sind Landschaften gewidmet, während die Nationalparks in der Regel die großen historischen Sehenswürdigkeiten umfassen. Beide Behörden wurden 1998 zusammengeschlossen.

Alle 58 Nationalparks und Nature Reserves könnte man mit der (inzwischen orangen) **Green Card** zu ₪ 150 pP besuchen, was wesentlich günstiger ist als mehrere Einzeleintritte – um nicht zu sagen, eins der besten Angebote in Israel überhaupt. Die Karte ist zwei Wochen gültig und in den größeren Parks und Reserves oder unter der obigen Adresse erhältlich. Einzeleintritte kosten ₪ 18-39, so dass sich die *Green Card* schnell auszahlt. Bei wenig Zeit könnte sich ein grünes Ticket zu ₪ 110 für 6 oder ein blaues zu ₪ 78 für 3 beliebige Eintritte wiederum innerhalb von zwei Wochen lohnen.

Die **Öffnungszeiten** liegen – in der Regel – im Sommer täglich 8-17, Fr 16 Uhr, im Winter -16, Fr -15 Uhr geschlossen. **Wichtig**: Einlass nur bis jeweils eine Stunde vor Toresschluss! Etwa 20% der Gesamtfläche Israels sind als Nationalparks und -reservate ausgewiesen.

Auch in der **Westbank** liegen israelische Nationalparks, immer mal Anlass zu Streit, alle in der von Israel kontrollierten Zone C (siehe S. 123), die rund 60 % des Landes umfasst: Qumran, Herodeion,

Quellen im Wadi Qelt und Samaria/Sebaste zählen dazu. Insbesondere das Ausweisen von großflächigen *Nature Reserves* im Süden scheint auch eine Funktion in der Besatzungspolitik zu haben.

Hebräisch im Land der Bibel lernen

Zum Einstieg findet man Online-Kurse oder auch Smartphone-Apps. Ins Geld geht es schon *online* z.B. bei www.ulpanet.com. Tiefergehend muss aber wohl Sprachunterricht her. Dazu sind die meisten Universitäten des Landes in der Lage, am besten mit Sommerkursen. Kibbuzim, die einen Ulpan, also einen Hebräisch-Lernkurs anbieten, listet www.kibbutzulpan.org oder www.kibbutzprogramcenter.org. All das ist vermutlich günstiger als die ansonsten zu empfehlende

Ulpan Israeli, 100 Akhusa St, Ra'anana (östlich von Herzliya, Tel. 09 7967499 oder 050 6582868, www.ulpanisraeli.com.

In Jerusalem/Talpiot kann man bei der **Aktion Sühnezeichen** Hebräisch oder Jiddisch lernen, Näheres unter www.beitben-yehuda.org. Auch Arabisch wird geboten.

Das Angebot für **Arabisch** ist ansonsten weniger breit. Die Universitäten in Birzeit, Nablus und Bethlehem bieten auch Ausländern Sommerschulen zu erschwinglichen Preisen (es gibt auch ganzjährige Kurse), und in Jerusalem und Ramallah gibt es sechs- bis achtwöchige Kurse des

Centre for Jerusalem Studies at AlQuds Uni-versity, Souk AlQattanin, Old City Jerusalem, Tel. 02 6287517, www.jerusalemstudies.alquds.edu.

Aber auch hier gilt sinngemäß das bei der Touristeninformation gesagte: Es gibt weniger Offizielles, aber wenn Sie anfangen zu fragen, wird sich wahrscheinlich prompt eine kompetente private Sprachlern-Lösung ergeben.

Sich fortbewegen – unterwegs in Israel und Palästina

Es gibt viele Möglichkeiten, sich fortzubewegen. Wir empfehlen Individualreisenden für Israel und Palästina **ganz klar** den **Mietwagen**, wenn Sie viel in kurzer Zeit sehen möchten. Selbst das zweitgrößte Busunternehmen der Welt, Egged, fährt in Galiläa, dem Golan oder im Negev die Haltestellen nicht halbstündlich an, und am Samstag tut sich gar nichts. Für abgelegenere Gebiete hilft also ein Auto, und wenn Sie zu mehreren mieten können, bleibt der Preis im Rahmen. Wenn Sie auch in die Westbank schauen wollen, sollten Sie bei einer palästinensischen Firma mieten (siehe S. 228), denn dann ist Ihr Wagen beiderseits der Grünen Linie versichert. In Israel haben Sie mit diesen Autos wegen des gelben Nummernschilds keine Probleme, und in Palästina werden sich die Leute freuen, dass Sie bei einem Landsmann gemietet haben.

Israelische Busse

Über ganz Israel ist ein sehr **enges Busnetz** gelegt; es gibt kaum Orte, die nicht per Omnibus erreichbar wären. Das Ganze ist auch vergleichsweise günstig. Die lokalen Busgesellschaften sind meist Kooperative, die in der Regel nur eine Stadt bedienen. Überregional ist vor allem die Gesellschaft **EGGED** unterwegs, aber auch **DAN** aus Tel Aviv fährt über längere Distanzen und breitet sich gerade nach Haifa und Beer Sheba aus. Das System der Fernverbindungen entspricht etwa dem unserer Eisenbahnnetze mit „ICE-Strecken" und lokalen Bummel-Bussen.

Grüner Egged-Bus am Busterminal in Jerusalem

Lokale Unternehmen

Hier eine Liste **lokaler Unternehmen** von Nord nach Süd (die Websites sind fast ausschließlich auf Hebräisch, was Sie sich von Google übersetzen lassen können; Egged-Adresse siehe unten):

▶ **Rama Golan**, www.golanbus.co.il, Tel. 04 6964025 oder *3254 (Qazrin & südlicher Golan)

▶ **Nativ Express**, www.nateevexpress.com, Tel. 159 9559559 oder *3553 (Nahariya-Haifa-Khadera, Safed, Nazareth)

▶ **Kavim**, www.kavim-t.co.il, Tel. 03 6066055 oder *2060 und *8787 (Tel Aviv, Nazareth, Bet Shean)

▶ **Superbus**, www.superbus.co.il, Tel. 1-700 700181 oder 08 9205005 (Jerusalem & Umgebung, Ramla/Lod, Tel Aviv)

▶ **Dan**, www.dan.co.il (auch Englisch), Tel. 03 6394444 (Tel Aviv & Umgebung)

▶ **Metropoline**, www.metropoline.com, Tel. *5900 (Herzliya-Tel Aviv-Ashkelon, Beer Sheba-Dimona-Mizpe Ramon)

Weitere regionale Betriebe siehe unter **www.bus.co.il**, Tel. 190 0721111, auch als englischsprachige App **bus.co.il** für iPhone und Android unbedingt empfehlenswert. Die beste App, die alle Busunternehmen zusammenführt, heißt **moovit**.

Unbedingt besorgen, auch für Mitfahrgelegenheiten.

Fast jede Stadt besitzt einen **Busbahnhof** oder, modern ausgedrückt, einen **Busterminal** (*Central Bus Station – CBS*), in dem die Fäden zusammenlaufen und der von vielen innerörtlichen Linien angefahren wird. Die Fernlinien starten und enden ausschließlich in den Busterminals. Man muss also meist einen städtischen Bus zum Terminal nehmen. Aber mit diesen zentralen Anlaufstellen fällt das Fortkommen recht leicht, selbst dann, wenn man z.B. auf dem Weg von Nahariya nach Elat mehrfach umsteigen muss. Bei längeren Reisen empfehlen sich Platzkarten. Als grobe Preiskalkulation rechnen Sie mit etwa ₪ 20-30 pro 100 km.

Israels Busse sind **häufig voll**, dann wird beim Einsteigen gedrängelt, und wer nicht mitdrängelt, kann leicht draußen bleiben. Die Fahrzeuge sind meistens klimatisiert, auch auf kurzen Strecken. Die Busse können sich leicht zu Kommunikationszentren entwickeln; man sitzt selten stumm nebeneinander, häufig kommen Gespräche mit den Nachbarn in Gang, dann verfliegt die Zeit selbst bei einer langen Fahrt.

In den Städten fahren die Busse meist im Fünf- oder Zehnminutentakt, der Fahrpreis beträgt etwa ₪ 6. Im innerstädtischen Verkehr halten die Busse nur auf Aufforderung per Knopfdruck. In der Regel fahren am **Shabbat** keine oder nur wenige Busse. Bedenken Sie also bei Ihren Busreisen, dass sie von Freitag- bis Samstagabend nicht mit diesem günstigen Transportmittel rechnen können!

Tickets

2016 gab es – wohl auch als Ergebnis der Sozial-Proteste der vergangenen Jahre – eine große **Tarif-Reform**. In den Genuss von gratis Umsteigen und Rabatten kommt jedoch nur, wer den öffentlichen Verkehr bargeldlos bezahlt und am besten personalisiert seine Daten überlässt. *In den Verkehrsmitteln kann man kein **Ticket** mehr lösen, das muss vorher passieren.* Einzelne Fahrscheine berechtigen bei den Bussen nicht mehr zum Umsteigen! Dazu benötigen Sie die Plastikkarte ***Rav Kav***: Sie ist nicht übertragbar und berechtigt nur personalisiert zu Studenten- oder Seniorenrabatten – 50% lohnen sich allerdings (Ausweis parat halten). 90 Minuten Umsteigen ginge auch mit der anonymen *Rav Kav*. Die Karte selbst kostet ₪ 5 und wird an Automaten mit Tickets aufgeladen.

Dazu muss man jedoch erstmal solch eine Karte haben: Jede CBS sollte weiterhelfen können, aber auch in den Städten gibt es Verkaufsorte, www.alhakav.mot.gov.il (hebr.). Die Karte können Sie landesweit für den öffentlichen Verkehr nutzen, auch für Bus & Bahn zusammen. Wochen- und Monatstickets sind bisher allerdings nur für regionale Zentren wie Jerusalem, Tel Aviv, Haifa und Beer Sheba zu haben. Vielleicht kommt ja noch ein praktisches Ticket für alle öffentlichen Verkehrsmittel im ganzen Land... Wenn Sie einsteigen, müssen Sie sofort ein Ticket entwerten. Eine englische Zusammenfassung der Tarifreform am Beispiel der Jerusalemer Straßenbahn: www.citypass.co.il/english/english_reform.pdf.

Informationen

Informationen und Übersichtsfahrpläne etc. erhält man in jedem Busterminal, das beste aber sind die Apps **moovit** & **bus.co.il** wegen der Auskünfte unterwegs und der Vernetzung der unterschiedlichen Firmen. Sie können aber gern testen, ob es mit der Freundlichkeit des ehemaligen Monopolisten schon besser geworden ist und bei Bedarf in der Zentrale anrufen:

EGGED Information Center, 142 Petah Tikva St, Tel Aviv, Tel. 03 6948888, landesweite Servicenummer *2800, www.egged.co.il oder Egged-App (hebr.).

Die Website ist etwas mühsam, weil man Orte bei der Fahrplansuche nur so wie Egged schreiben darf: Wer Beersheba statt Beer Sheva schreibt, wird von dem fehlerunfreundlichen System keine Auskunft erhalten. Die Vorschlagsliste bei der Eingabe hilft, aber es kostet Zeit.

Für Ihre Reiseplanung listen wir hier nur die Busse zwischen den größeren Orten (es ist klar, dass ein Bus von Tel Aviv nach Ashdod auch in umgekehrter Richtung fährt), die wir für die eggedsche Rechtschreib-Suchmaschine geeignet wiedergeben:

Von Tel Aviv nach:

Ashdod, Ashkelon, Beer Sheva, Ben Gurion Airport (besser nicht, siehe oben, ₪ 18), Beit She'an, Eilat (₪ 70), Haifa (₪ 22), Jerusalem (₪ 16), Kiryat Shmona, Tiberias

Vom Ben Gurion Airport nach:

Tel Aviv (besser nicht, siehe oben, ₪ 18), Jerusalem (₪ 27), Haifa (₪ 39)

Von Jerusalem nach:

Beer Sheva (₪ 27), Beit She'an (₪ 38), Ein Gedi (₪ 34), Haifa (₪ 38), Hebron (₪ 9), Masada (₪ 38), Eilat (₪ 70), Nazareth (₪ 38)

Von Haifa nach:

Acre (Akko), Eilat (₪ 70), Safed (₪ 43), Tiberias (₪ 22)

Von Tiberias nach:

Beit She'an (₪ 33), Nazareth (₪ 31)

Von Eilat nach:

Mitspe Ramon (₪ 40), Jerusalem (₪ 70).

Zumindest für lange Strecken und am Wochenende, insbesondere zu Feiertagen, sollten Tickets vorsichtshalber im Voraus beschafft werden – schließt Platzreservierung ein –, denn am Wochenende sind viele Busse überfüllt.

Palästinensische Busse – hier in Grün Richtung Ramallah

Palästinensische Busse

Der Hauptverkehrsknoten liegt natürlich in Jerusalem: Von der Nablus St aus fahren grün-weiße Busse Ziele in der nördlichen Westbank an, nordöstlich des Damaskustores beim Golden Walls Hotel starten blau-weiße Busse in die östlichen Vorstädte Jerusalems und nordwestlich des Damaskustores in der Nähe der Straßenbahnhaltestelle fährt man mit ebenfalls blau-weißen Fahrzeugen in die südliche Westbank. Vom ersten Busterminal startet z.B. die Linie 218 teils in großen, klimatisierten Fahrzeugen nach Ramallah für ₪ 8, günstiger geht es nur zu Fuß. Nach Ramallah und innerhalb Ostjerusalems sind Busse das Hauptverkehrsmittel. Die Busverbindungen sind allerdings langsamer und weniger flexibel als die Sammeltaxis, obwohl Sie Busse auch einfach heranwinken können, um ohne Haltestelle zuzusteigen.

Die verschiedenen Linien sind im Kapitel über Jerusalem gelistet, siehe S. 226. Noch wichtig zu wissen: 2015 gab es eine **Reform mit neuen Liniennummern**. An manchen Schildern und Fahrzeugen stehen jedoch noch die alten Bezifferungen. Meist müssen Sie einfach die 2 vorne weglassen, nach Ramallah mit der 218 oder 219 waren die früheren Linien 18 und 19. Das klappt jedoch nicht immer. Erkundigen Sie sich im Zweifel immer beim Fahrer. Oder fragen Sie die App **moovit**.

Eisenbahn

Die Zugstrecken werden immer weiter ausgebaut und sind in punkto Service und Pünktlichkeit sehr empfehlenswert. Fuhr vor nicht einmal zwanzig Jahren täglich ein Bähnle von Jerusalem nach Tel Aviv, sind es inzwischen zehn Verbindungen pro Tag, was durch eine Schnelltrasse ab Ende 2018 noch intensiviert werden soll. Dann wird auch die Busanbindung in Jerusalem nicht mehr so langwierig – der neue Bahnhof soll unterhalb der CBS eröffnet werden.

Auch für die Eisenbahn gibt es die Rav-Kav-Karte. Wenn sie auch für die Bahn gelten soll, muss man sie im Bahnhof erstehen, und es scheint nur die personalisierte Version möglich zu sein. Versierte Bahnfahrer können aber auch einfach Mehrtag-Tickets erstehen: 7 Tage für ₪150; 30 für ₪ 460. Der übrige Personenverkehr verbindet die Küste zwischen Nahariya im Norden über Tel Aviv nach Ashdod und bedient auch Beer Sheba. Man kommt schneller und stressfreier voran als per Auto. Zwischen Haifa/Nahariya und Tel Aviv verkehren wochentags mehr als 30 Züge, z.T. mit komfortablem

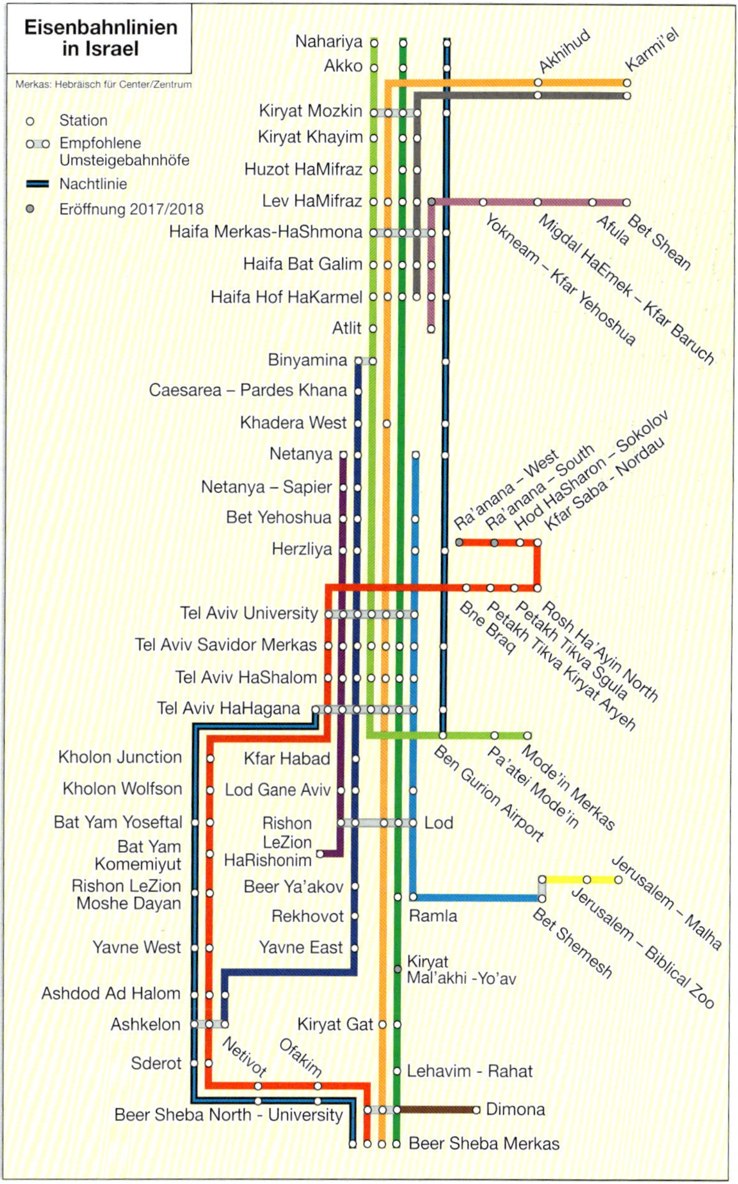
Eisenbahnlinien in Israel
Merkas: Hebräisch für Center/Zentrum
Station
Empfohlene Umsteigebahnhöfe
Nachtlinie
Eröffnung 2017/2018
Nahariya
Akko
Akhihud
Karmi'el
Kiryat Mozkin
Kiryat Khayim
Huzot HaMifraz
Lev HaMifraz
Haifa Merkas-HaShmona
Haifa Bat Galim
Haifa Hof HaKarmel
Atlit
Yokneam – Kfar Yehoshua
Migdal HaEmek – Kfar Baruch
Afula
Bet Shean
Binyamina
Caesarea – Pardes Khana
Khadera West
Netanya
Netanya – Sapier
Bet Yehoshua
Herzliya
Ra'anana – West
Ra'anana – South
Hod HaSharon – Sokolov
Kfar Saba - Nordau
Tel Aviv University
Tel Aviv Savidor Merkas
Tel Aviv HaShalom
Tel Aviv HaHagana
Bne Braq
Petakh Tikva Kiryat Aryeh
Petakh Tikva Sgula
Rosh Ha'Ayin North
Kholon Junction
Kholon Wolfson
Kfar Habad
Lod Gane Aviv
Ben Gurion Airport
Pa'atei Mode'in
Mode'in Merkas
Bat Yam Yoseftal
Rishon LeZion HaRishonim
Lod
Bat Yam Komemiyut
Rishon LeZion Moshe Dayan
Beer Ya'akov
Rekhovot
Ramla
Jerusalem – Malha
Jerusalem – Biblical Zoo
Bet Shemesh
Yavne West
Yavne East
Kiryat Mal'akhi -Yo'av
Ashdod Ad Halom
Ashkelon
Kiryat Gat
Netivot
Ofakim
Sderot
Lehavim - Rahat
Beer Sheba North - University
Dimona
Beer Sheba Merkas

2

Intercity-Service. Eine konsequentere englische Beschriftung würde touristischen Interessen sicherlich entgegenkommen; www.rail.co.il. Hilfreich ist auch die iPhone-App *Nexttrain* als Zugfahrplan.

Das Bahnnetz wird nach wie vor erweitert. Im Moment ist die Galiläa-Strecke Akko–Karmiel im Bau, die später weiter bis Kiryat Shmona führen soll. 2016 wurde die südlichere Strecke durch das Jesreel-Tal nach Bet Shean eröffnet – erfreulicherweise soll sie bald nach Jordanien weiterführen. Eine Bahn-Anbindung des neuen Flughafens in Timna bei Elat ist sicherlich auch in Planung.

Inland-Flugverbindungen

Die Fluggesellschaften ARKIA und ISRAIR verbinden die Städte Tel Aviv (Ben Gurion und Sde Dov), Elat und Haifa miteinander. Kleinere Flughäfen wie in Rosh Pina, Kiryat Shmona und am Toten Meer anzusteuern, scheint ARKIA aufgegeben zu haben. Die kleine Fluggesellschaft Ayit (http://fly.ayit.co.il, hebräisch) bedient die Linie Tel Aviv – Rosh Pina.

Für Inlandsflüge mindestens eine Stunde vor Abflug einchecken!

Taxi

Als Alternative zum Busreisen kann man auch mit **Sammeltaxen** – häufig Kleinbusse/Vans für sieben bis zwölf Fahrgäste, durchs Land reisen. Die Israelis nennen sie **Sherut**, bei den Arabern heißen sie **Service**, sprich: *ßerwieß*. Diese Taxis fahren von jeweils festgelegten Plätzen in den Städten zu festen Preisen und erst dann, wenn der Wagen voll ist, was manchmal dauern kann. Man kann mit etwa zehn Prozent geringeren Kosten als beim Bus rechnen und hat wie im Bus beste Chancen, nicht nur Touristen zu treffen. In der nördlichen Westbank ersetzen sie die Busse weitestgehend. Sie können diese Taxis außerdem

unterwegs ohne Haltestelle einfach heranwinken. Von Bethlehem nach Hebron beispielsweise kostet eine Fahrt im Service-Taxi ₪ 8.

Auch **normale Taxis** sind – verglichen mit Deutschland – relativ preiswert. Sie werden *Special Taxis* genannt. Jeder Fahrer ist gesetzlich verpflichtet, den Taxameter einzuschalten. Bestehen Sie darauf: Auch wenn angebliche Sonderangebote gemacht werden, ist der per Taxameter ermittelte Preis allemal günstiger. Die verschiedenen Tarifzonen sind

0 – Zuschlag für's Abholen
1 – Normaltarif
2 – Nachttarif mit 25% Zuschlag (21-5.30, auch an Shabbat und an Feiertagen)

Beschwerden über Taxis nimmt der regionale *Controller of Road Transport* entgegen; Tel Aviv Tel. 03 5657199 oder 5657214, Jerusalem Tel. 02 6228600, Haifa Tel. 04 8529986. Normalerweise erwarten Taxifahrer kein Trinkgeld.

Auf der **Westbank** sieht es allerdings anders aus: Viele Taxis besitzen so etwas 'Unnötiges' wie einen Taxameter überhaupt nicht. Hier hilft nur zähes Feilschen, tunlichst bevor die Fahrt beginnt. Fahrten im Ort sollten in der Westbank nicht mehr als ₪ 25 kosten, Fernfahrten pro Stunde nicht mehr als ₪ 80-100. Wenn Sie ein Taxi mit englischsprachigem Taxifahrer, der sich einigermaßen auskennt, länger mieten wollen, sollten Sie für einen halben Tag ₪ 250-300, für einen ganzen Tag ₪ 400-450 ansetzen.

Trinkgelder sind im Taxi nicht üblich. Sie sollten allerdings passendes Kleingeld dabei haben, denn häufig ergibt sich doch ein Trinkgeld, weil der Fahrer *leider* nicht wechseln kann.

Mietwagen

Mietwagen sind eigentlich recht preiswert, Sie haben hoffentlich noch den kleinen Visum-Zettel von der Einreise zum

Steuern vermeiden dabei. Kleinere Fahrzeuge bekommt man um € 20 pro Tag bei unlimitierter km-Leistung einschließlich aller Versicherungen, wenn man länger als drei Tage mietet. Mittelklassewagen einschließlich Aircondition (AC) kosten ab € 35 pro Tag, ein Mini-Van schlägt mit € 70-100 zu Buche. Bei diesen Preisen muss man bedenken, dass der israelische Staat auf jedes Fahrzeug eine Importsteuer legt, die dem Neupreis entspricht, also den Fahrzeugpreis praktisch verdoppelt.

In Israel sind alle bekannten **internationalen Vermieter** vertreten. Es gibt eine Reihe kleiner und meist preiswerter lokaler Anbieter, die allerdings kaum Servicestützpunkte unterhalten und bei denen man das Fahrzeug am Empfangsort wieder abliefern muss. Größere israelische Firmen wie **Eldan** unterbieten die Preise der Internationalen z.T. erheblich und lassen sich via Internet bereits von Europa aus buchen, wenn die Formularmaske es zulässt, www.eldan.co.il. Bei Eldan wirkt es sich nicht auf den Preis aus, wo Sie mieten und wo Sie das Fahrzeug wieder abgeben. **Buchen von Europa** aus ist meistens **günstiger**, schon der *Hold* auf der Kreditkarte, den die Vermieter anstelle einer **Kaution** einrichten, liegt viel höher, so dass Sie vielleicht auf Ihr Kreditkartenkonto überweisen müssen, um die Karte noch benutzen zu können. Die großen Vermieter bieten in der Regel den besseren Service, sind aber teurer. Bei kleineren Firmen wird es im Falle eines Unfalls oder einer Reparatur u.U. schwierig, ein Ersatzfahrzeug zügig zu bekommen. Angeblich ist Eldan der größte Vermieter in Israel, gut im Geschäft ist auch Shlomo/Sixt. Natürlich gibt es auch Vertretungen von Avis, Budget, Europcar und Hertz. Für Preisbeispiele können Sie einen Blick auf den Broker www.holiday-autos.de werfen.

Achtung: Einige Vermieter berechnen für das Bereitstellen am **Flughafen Son-**dergebühren. Sollten Sie an einem **Feiertag** den Wagen zurückgeben wollen, so erkundigen Sie sich zuvor, ob die betreffende Niederlassung geöffnet ist (auch wenn es im Prospekt steht). Bei einer Panne mit Shlomo/Sixt am Shabbat war es schon nicht möglich, die Niederlassung zu erreichen, die 24/7-Hotline hatte eine hebräische Maschine zu bieten, die nicht zu lebenden Personen weiterführte, und die Gebrauchsanweisung für das Auto war auch auf Hebräisch. Bei früherer Abgabe des Wagens interessierte sich niemand für diese Kleinigkeiten. Geholfen hatte die christlich-armenische Autowerkstatt gleich bei der Unterkunft.

Manchmal sind die Autos bei der Übergabe **nicht vollgetankt** oder sollen leer zurückgegeben werden (was natürlich nie ganz klappt). Wenn Sie nicht unbedingt dem Vermieter einen Zusatzverdienst verschaffen wollen, versuchen Sie Ihr Tanken so einzuteilen, dass Sie mit etwa entsprechendem Anzeigestand vorrollen.

Auf ein weiteres Zubrot der Verleiher sei hingewiesen: Wenn Sie die neue **Maut-Autobahn 6** (hebräisch *Kvesh Shesh*) befahren haben, wird Ihr Vermieter wegen der verwendeten Abrechnungstechnik zwei, drei Monate später die Gebühr bei Ihnen einziehen und darüber hinaus etwa ₪ 50 als Unkosten in Rechnung stellen. Überlegen Sie also gut, ob Sie die schnellere Verbindung wirklich benötigen, denn landschaftlich hat die Mautstrecke den parallelen Straßen nichts voraus. Von Jerusalem in den zahlen Sie ₪ 36.

Der Besuch **Jerusalems** oder **Palästinas** ist mit einem **israelischen Mietwagen** mangels Versicherung **verboten**.

Für Trips dorthin eignen sich **Autos palästinensischer Anbieter** aus Ostjerusalem (mit Shuttle-Service vom Ben Gurion-Flughafen oder von der Allenby-Bridge; Adressen siehe S. 228). Diese haben in der Regel gelbe Nummernschilder, können also auch in Israel fahren. Steinwurf-Attacken kommen deswegen weder von jüdischen Siedlern noch von Arabern (wegen der palästinensischen Firma) praktisch nicht vor. Besonders wichtig: Immer mehr dieser Firmen versichern Ihr Auto sowohl in Palästina als auch Israel. Das hat seinen Preis ($ 60-70 pro Tag), aber es lohnt sich.

Achten Sie beim **Preisvergleich** und bei der Anmietung darauf, dass die Versicherung in Höhe von $ 15-20 im Preis enthalten ist und nicht zusätzlich berechnet wird. Schließen Sie **keine Verträge auf Hebräisch oder Arabisch** ab, es sei denn, Sie verstehen es. Und: Je nach Saison lassen sich die Mietpreise kräftig herunterhandeln.

Bei Vertragsabschluss ist ein ganz kritischer Punkt zu beachten und möglichst zu verhandeln: Im Kleingedruckten steht irgendwo, dass man auch **für unverschuldete Unfälle** bis zur Haftungsgrenze von meist $ 400 in **Regress** genommen werden kann bzw. wird. Als mir eine 18-Jährige, ein Stoppschild großzügig übersehend, in die Seite meines Avis-Mietwagens fuhr, teilte mir der örtliche Vertreter freudestrahlend mit, dass die Kaution nun aufgebraucht sei, weil die Versicherer grundsätzlich Schwierigkeiten bei Ausländern machen würden. Zum Glück war dieses Malheur direkt vor einer Polizeistation passiert, so dass der Blechschaden sogar amtlich registriert war. Dennoch sollten die 400 Dollar in die Taschen von Avis fließen. Harte Verhandlungen und der Hinweis auf die Publicity in diesem Buch ließen den Herrn einlenken, der offensichtlich zu bequem war, den Schaden mit der Versicherung abzuwickeln. Wer derartigen Ärger vermeiden will, schließt eine Zusatzversicherung zu etwa $ 8 pro Tag ab, mit der dann alle Schäden abgedeckt sind.

Als Konsequenz: Lassen Sie sich **bei** einem **unverschuldeten Unfall** unbedingt

eine klare **Schuldanerkenntnis auf Englisch** ausstellen. Ein hebräisches Stück Papier hilft Ihnen nichts, wenn Ihnen nicht ein unparteiischer Zeuge den Wortlaut übersetzt und möglichst schriftlich bestätigt.

Schließlich eine gute Nachricht zur **Mietwagenrückgabe** am Flughafen: Die letzte Tankstelle lag bislang ziemlich abseits, aber seit neuestem fahren Sie am Ben Gurion einfach Richtung Terminal 1. Noch ein Hinweis: Sie sollten Ihr Auto gut abschließen und z.B. mit leerem, geöffneten Handschuhfach zeigen, dass es wenig Anlass gibt, einzubrechen.

Autofahren

Die meisten Straßen Israels sind gut asphaltiert und ausgebaut, spezielle Anforderung an Fahrer oder Fahrzeug werden nicht gestellt. Allerdings muss der Fahrer absolut abstinent sein, es gilt die **Nullpromille-Grenze**. Auch **Geschwindigkeitsbegrenzungen** gilt es zu beachten: Innerhalb geschlossener Ortschaften

Geschwindigkeitsbeschränkungen in Israel

50 km/h, außerhalb auf Landstraßen sind 80, manchmal auch 90 km/h erlaubt, für Motorräder 70 km/h und für Gespanne 60 km/h. Auf den Autobahnen darf man mit atemberaubenden 100 km/h dahinrasen, auf der neuen Maut-Autobahn 6 (hebräisch *Kvesh Shesh*) geht es sogar noch etwas flotter. Die meisten Autofahrer halten sich mit einem kleinen Zuschlag an die Regeln. Wer allerdings bei Übertretungen erwischt wird, zahlt bereits bei wenigen km/h über dem Soll beachtliche Strafen.

Im Winter sind ab 1. November auch bei Tag die Scheinwerfer einzuschalten. Umsichtig fahren sollte selbstverständlich sein, weil man auf der Fahrbahn immer mal Tieren oder anderen Hindernissen begegnen kann. Seien Sie auch vorsichtig bei bestimmten **Wetterlagen**: Wenn es schneit, wird nicht so unmittelbar geräumt wie in Mitteleuropa, und den anderen Fahrern ist Schnee ungewohnt. Außerdem kann der Frühjahrs-Sandsturm *Chamsin* im Nu die Sicht nehmen: Immer wieder gibt es Tote, weil der Saharastaub wie dichtester Nebel wirkt.

Verkehrszeichen

Die **Verkehrszeichen** ähneln weitgehend den europäischen, bis auf das Stoppschild, das als Handfläche dargestellt wird. Hinweisschilder und Straßennamen sind meist auf Hebräisch und Englisch verfasst, so dass man in der Regel problemlos zurechtkommt. In den palästinensischen Gebieten wird es etwas schwieriger, weil manchmal nur arabische Beschilderung den Weg weist und eine Straßenbenennung mancherorts erst entsteht, aber auch dort ist die Orientierung kein unlösbares Problem, siehe Ortsliste S.598/599.

Zwei Bemerkungen noch zu **Palästina**, die auch mit der geringeren Verkehrszeichendichte zusammenhängen: Es wird relativ viel, meistens leise, **gehupt** – in der Regel nicht aus Jux, sondern zum

Grenzübergänge zwischen der Westbank und Israel sowie Jordanien

Stadt Nähe Checkpoint	Checkpoint-Name	Besonderheiten
Jenin, nördlich	AlJalama	nur 8-18 Uhr
Jenin, nordwestlich	Salem DCL	Einreise manchmal schwierig
Tulkarm	Kafriat	
Nablus, westlich	Qalqiliya North	
Ramallah, westlich	Ni'lin	(unsichere Information)
Ramallah, südlich	Qalandiya	immer offen nach Jerusalem
Jerusalem, östlich	Zaitun	St. 1 nach Jericho, meist offen
Bethlehem/Bet Sahur	AnNuman	für Nachbarort Bet Sahur
Bethlehem	Rachelgrab/Gilo	offen, für Fußgänger und Fahrzeuge getrennt
Bethlehem /Bet Jala	AnNuman	für Nachbarort Bet Jala
Hebron, westlich	Tarqumiya	
Hebron, südwestlich	Meitar	St. 60 nach Beer Sheva
Totes Meer	Mizpe Shalem	fast immer offen
Jordantal, Mitte	Adam Bridge	ausschließlich Güterverkehr
Jordantal, bei Jericho	Allenby Bridge	Einreise manchmal schwierig

andere aufmerksam machen: beim Überholen, vor dem Ausparken etc. Brachiales Entrüstungs-Hupen wie in Deutschland kommt seltener vor. Und: Es gibt ziemlich viele **Verkehrsberuhigungen** auf den Straßen, deren **Markierung oft fehlt** – meist in Senken, auf Kuppen, langen Geraden, vor Kreuzungen. Diese „Huppel" sind nicht normiert und können sowohl Sie als auch Stoßdämpfer und Achsen Ihres Autos beeinträchtigen. Im Dunkeln sind die Dinger nahezu gefährlich.

GPS-Navigation

GPS-Navigation funktioniert in Israel gut, es gibt mehrere Systeme. In Palästina ist es schwieriger, weil viele Straßen keinen Namen und viele Häuser keine Nummern haben. Ein Postleitzahlensystem wurde erst 2012 etabliert. Aber ein Navi nützt auch nicht immer: Ob Checkpoints geschlossen sind oder Straßen frisch blockiert wurden, weiß auch die aktuellste Software nicht. Wenden Sie sich an Taxifahrer, die kennen sich meistens aus. Oder Sie lassen das Auto zuweilen stehen und nehmen ein Taxi. Von der Firma **Palmap** aus Bet Jala gibt es Navigationssoftware, inzwischen vielleicht auch als App für Smartphones. Ansonsten taugt auch in der Westbank die User-gestützte App **Waze**, ein israelisches Produkt, und Maps.me soll gut sein

Wichtig ist noch zu wissen, dass Sie **nicht überall langfahren** dürfen, wenn dem Navi vielleicht nicht klar ist. Am harmlosesten sind da die **Bus- und Taxispuren** in den Großstädten – setzen Sie auf Ihre Desorientierung als kenntnisloser Ausländer, wenn Sie jemand anhält. Das Problem, mit **israelischen Mietwagen** nicht in die A- und B-Zonen Palästinas zu fahren, wurde bereits erwähnt (die Straße 90 im Jordangraben z.B. oder Straße 1, 45 und 60 sind kein Problem, weil sie in der Zone C liegen), aber es geht auch umgekehrt: Sollten Sie ein von der

PA zugelassenes Auto fahren, sind Ihnen spezielle, nur jüdischen Siedlern vorbehaltene Straßen in der Westbank untersagt. Abhilfe schafft wie gesagt ein palästinensischer Mietwagen mit gelbem Nummernschild. Schließlich ist dringendst davon abzuraten, am **Shabbat oder einem sonstigen Feiertag** in einen Ort oder ein Stadtviertel mit **ultraorthodoxer Bevölkerung** zu fahren: Sie entheiligen mit dem Verbrennungsmotor den Feiertag und kämen glimpflich davon, wenn Ihr Wagen nur bespuckt würde.

Nummernschilder

An dieser Stelle passt eine kleine **Nummernschild-Kunde**:

- **Gelb:** in Israel oder einer Siedlung zugelassener Wagen
- **Grün auf Weiß:** Wagen von der PA zugelassen
- **Weiß auf Grün:** Palästinensisches Taxi, Bus
- **Blau** (selten): In den besetzten Gebieten zugelassen, bevor es die PA gab (vor 1994)
- **Rot auf Weiß:** Offizielles Fahrzeug der PA
- **Weiß auf Rot:** Israelische Polizei
- **Weiß auf Schwarz:** Israelische Armee [oder kürzer: IDF]
- **Schwarz auf Weiß:** UN oder Diplomatisches Corps

Parken

Beim **Parken** an Bürgersteigen sollte man unbedingt die Farbmarkierungen der Bordsteinkante beachten:

- **Rot-weiß**: Totales Halte- und Parkverbot
- **Blau-weiß**: Parken nur mit Parkschein, der an Kiosken oder Postschaltern erhältlich ist
- **Rot-gelb**: Nur für Busse oder Taxis.

Die israelischen Autofahrer benehmen sich **nicht übermäßig rücksichtsvoll**. Blinken hat sich als Kulturfähigkeit nicht durchgesetzt, dafür ist rechts Überholen häufig (was auf der Autobahn auch erlaubt ist). Als Fußgänger sollte man auch am Zebrastreifen am besten die Autofahrer richtig fixieren, damit sie anhalten. Apropos Anhalten: Selbst in stark frequentierten, schmalen Einbahnstraßen denkt sich ein Autofahrer nichts dabei, sich schnell von einem Shopkeeper etwas ans Auto bringen und eine lange Schlange hinter sich warten zu lassen. Das Hupkonzert, das dann ausbricht, stört niemanden. Achten Sie z.B. darauf, dass auch trotz roter Ampel zuweilen gefahren wird und man bei einem Kreisel lieber später fahren sollte als auf der eigenen Vorfahrt zu bestehen. Zur Reisevorbereitung könnte man sich mit Buddhismus, autogenem Training oder dem orthodoxen Herzensgebet befassen.

2006 kamen 514 Menschen in Israel bei **Verkehrsunfällen** ums Leben, weit mehr als bei allen Terroranschlägen. Die Israelis sehen ein großes Problem in dieser hohen Todesrate im Straßenverkehr. Ziemlich drakonische **Verkehrsstrafen** sollen die Disziplin verbessern. So kosten z.B. ein missachtetes Rotlicht ₪ 1000, 20 km/h Geschwindigkeitsüberschreitung ₪ 750 Strafe, bei 30 km/h zuviel wird zusätzlich der Führerschein für 30 Tage konfisziert.

Tanken

Tanken ist manchmal gar nicht so einfach. Sieht man an einer Tankstelle zwei Preise pro Kraftstoff, hat man keine Wahl: Der leicht höhere ist mit Service und für Touristen obligatorisch. Wird noch die Scheibe geputzt, können ₪ 5-10 Trinkgeld angebracht sein, sonst nicht. Wer an der Tanksäule mit ausländischer Kreditkarte zahlt, unterliegt möglicherweise einer Beschränkung von etwa ₪ 200 pro

Diesel heißt auf Arabisch und Hebräisch Solar

Zahlungsvorgang. Dann muss man einfach ein zweites Mal tanken und zahlen. Tankstellen ohne Service verlangen oft Vorkasse oder wollen wissen, für wie viel man tanken möchte. Am umständlichsten sind automatisierte Tankstellen, weil sie meist nur hebräisch beschriftet sind und ausländische Kreditkarten möglicherweise rundweg ablehnen. Falls Letzteres nicht der Fall ist oder vielleicht die girocard (zu welcher Gebühr auch immer) funktioniert, muss dem Automaten vor der PIN auch die Passnummer und das Autokennzeichen (und gegebenenfalls die Nummer der Zapfsäule) eingegeben werden. Manchmal klappt das, und obwohl die Systeme nicht einheitlich zu sein scheinen, ist die Wahrscheinlichkeit jedenfalls weit höher als ein Sechser im Lotto. In jedem Fall sollten Sie Vorsichtsmaßnahmen treffen, um den **Shabbat** nicht mit leerem Tank verbringen zu müssen.

Die **Kraftstoffpreise** liegen Anfang 2018 bei ₪ 6–7 für bleifreies Benzin/

Super (unleaded oder grün beschriftet, meist mit Oktanzahl 95/98 gekennzeichnet; 96 Oktan ist verbleit, kommt aber kaum noch vor), für **Diesel** (Solar: סולר – سولار) bei knapp ₪ 6–6,50 pro Liter.

Im Notfall

Der *Automobile and Touring Club of Israel* (**MEMSI**), der Mitgliedern ausländischer Clubs in Notfällen Unterstützung bietet, ist erreichbar unter:

20 HaRakevet St, Tel. 641122, Fax 03 5641167, www. mensi.co.il (hebr.), memsi@netvision.net.il

In Palästina gibt es den *Palestine Automobile Club*, Ramallah, Tel. 02 2987395 oder 2954403, Fax 02 2951901, rani.khalil@hotmail.com

Per Wohnmobil / im eigenen Auto unterwegs

Unseres Wissens bietet kein israelischer Autoverleiher Wohnmobile an. Wer auf seine rollende Wohnung nicht verzichten will, muss derzeit verschiffen, weil der Landweg über Syrien bzw. Libyen/Ägypten unmöglich bzw. nicht ratsam ist und alle Fährschiffverbindungen eingestellt wurden. Es geht zur Zeit nur per Frachtschiff auf dem Seeweg.

Eventuell bietet die italienische *Grimaldi Lines* eine Kabine auf einem Frachtschiff an, dann kann man auch sein Auto oder Wohnmobil mitnehmen. Wer mit dem eigenen Fahrzeug einreist und seine **grüne Versicherungskarte** nicht für Israel gültig gekennzeichnet hat, muss eine relativ teure Haftpflichtversicherung abschließen.

Bei der Ein- und Ausreise findet eine penible Befragung durch die Security statt. Für all das muss man schließlich satte Gebühren von derzeit ₪ 88 pP bezahlen, Hafengebühren siehe S. 46.

In Israel muss man auf Campingplätze weitgehend verzichten. Viele Plätze sind nur während der Haupt- und eventuell der Nebensaison geöffnet. Doch welcher Platz wann geschlossen ist, darüber sind Angaben nur schwer zu beschaffen, seit der Campingclub aufgelöst wurde. Bei geschlossenen Plätzen kann man häufig dort dennoch übernachten oder auf einem Plätzchen in der Nähe. Stellplätze in der freien Natur – bei Picknick-Plätzen, auf öffentlichen Parkplätzen, am Strand und bei einer Reihe Nationalparks etc. – finden sich genügend; wer sich ängstigt, sollte z.B. einen Kibbuz ansteuern und dort fragen.

Nachteilig ist immer, dass man keine Steckdose und keine Möglichkeit vorfindet, den Toilettenbehälter umweltgerecht zu entleeren. Daher sollte man selbst genügend **Solarstrom** erzeugen und eine **chemiefreie Toilette** verwenden, deren Inhalt man in der freien Natur notfalls vergraben kann.

Wasser bekommt man häufig auf Picknick-Plätzen, bei Tankstellen oder bei Privatleuten. Die Gasversorgung stellt ebenfalls kein ernstes Problem dar, in allen großen Städten gibt es Auffüllmöglichkeiten. Allerdings sollte man unterschiedlichste Adapter mitnehmen.

Wir selbst sind mehrmals per Wohnmobil in Israel herumgereist und kamen immer bestens zurecht.

Mit dem Fahrrad unterwegs

Die Straßen Israels gehören ganz eindeutig den Autofahrern, Radfahrer gelten eher als **Exoten**. Man darf selbst auf vierspurigen Schnellstraßen radeln, fühlt sich aber ziemlich deplaziert. Doch auf den Regionalstraßen kommt man gut voran. Zwar hupen Autofahrer meist kurz, wenn sie überholen wollen. Aber das dient der Sicherheit. Fahrradwege gibt es praktisch nicht. Die immer wieder empfohlene Umrundung des Sees Genezareth könnte reizvoller sein: Das Ufer bekommt man quasi nie zu sehen und falls doch, sollte man lieber auf den starken Verkehr achten.

Die Israelis fahren bevorzugt offroad auf Pisten, gern in der Wüste oder auf abenteuerlichen Strecken von z.B. Jerusalem zum Toten Meer, wo man sich dann abholen lässt. Für den Inlandtourismus – gerade auch für den organisierten – ist so das Radfahren zu eine der Hauptattraktionen geworden. Sich solch einer organisierten Tour anzuschließen, mag durchaus eins der Highlights einer Israelreise sein. Sein eigenes Rad kann man dann getrost zuhause lassen.

In **Tel Aviv** scheint die Verkehrslage zunächst unerbittlich zu sein, aber trotz des täglichen Kampfes um jeden Fleck Asphalt werden Radler toleriert und schweben nicht ständig in Lebensgefahr wie in ähnlichen Situationen in Deutschland, wo jeder auf sein Recht pocht. Im Zweifel wird Fahrradfahrern auf dem Bürgersteig Asyl gewährt. Immerhin ist die Stadt zum wohl größten Fahrradvermieter aufgestiegen (zum *Tel-O-Fun* siehe S. 272). Die flache Küstenebene nach Norden ist gut zu durchfahren.

Man kann natürlich auch das eigene, vertraute **Rad mitbringen**. Die Lufthansa verlangt dafür allerdings € 150 statt sonst € 70 pro Strecke, weil Israel für diesen Fall zu Asien zählt.

Für die Straßen **Galiläas** braucht man gut trainierte Muskeln, weil es ständig bergauf und bergab geht. Von Jerusalem Richtung Jericho/Totes Meer benötigt man eigentlich nur Bremsen, weil die Straße steil und ständig bergab führt; dafür ist der Rückweg eine Strapaze. Auch im Negev muss man mit vielen Steigungen und Gefällen rechnen.

Beim **Mieten** also außer den Bremsen auch prüfen, ob die Schaltung vernünftig funktioniert. Ein massives Schloss und Parken an belebten oder gar bewachten Plätzen schützt vor Diebstahl. Vor allem

im Sommer ist die Hitze zu berücksichtigen. Man sollte sehr früh aufbrechen, eine lange Mittagspause einlegen, um dann bis weit in den Abend radeln – was wegen der frühen Dämmerung jedoch auch seine Grenzen hat. Neben entsprechend sonnenschützender Kleidung sind ausreichende Mengen Trinkwasser in vielen Gegenden fast überlebenswichtig.

Der **Israel Cyclists Touring Club** (ICTC), Tel Aviv, Tel. 03 6856262 organisiert Fahrradtouren von ein bis zwei Wochen Dauer. Der Jerusalem Cyclist Club, Tel. 02 5619416, hilft bei Fahrradvermietung und mit Ratschlägen.

Ganz neu entsteht, parallel zum **Wanderweg Israel National Trail,** der **Israel Bike Trail,** www.ibt.org.il. Die Strecke ist dem Wanderweg ähnlich, von Elat bis Mizpe Ramon ist sie bereits erschlossen.

In **Palästina** ist Radfahren nicht so sehr verbreitet, sieht man von der ebenen Stadt **Jericho** ab. Aber zweimal jährlich veranstaltete das Siraj Center Bethlehem eine Wochen-Fahrradtour durch die Westbank unter dem Motto www.bike-palestine.com. Auch nach Rückzug des Hauptprotagonisten scheinen 2018 wieder Touren angeboten zu werden.

Hitchhiking, Trampen

Hitchhiking (oder Trampen) ist zumindest für Frauen ohne männliche Begleitung überhaupt **nicht empfehlenswert**, auch wenn wir Berichte über geglückte Versuche erhalten. Auch Leute mitzunehmen kann zu einem unerwünschten Verlauf der weiteren Reise führen. Obwohl man immer wieder Leute winkend am Straßenrand stehen sieht, sollte man auch als alleinreisender Mann diese Transportmethode aus Sicherheitsgründen möglichst nicht in Betracht ziehen. Darüber hinaus ist es in Israel Usus, zuerst immer trampende Soldaten mitzunehmen. Am Wochenende kann es also dauern, bis man drankommt.

Auf dem Golan scheint es jedoch eine eigene Tramp-Kultur zu geben, weil der ÖPNV schwach ausgebaut ist. Wenn schon trampen, dann am ehesten dort. Und nicht wie bei uns mit aufgestelltem Daumen: keine feine Geste in Israel. Man lässt den Arm hängen und winkt lässig nach unten.

Organisierte Touren

Diverse Reisebüros bieten Bustouren innerhalb Israels an. *EGGED*, das bekannteste Busunternehmen, offeriert über seine Filiale www.eggedtours.com Trips vom Tagesausflug bis zur Siebentagerundfahrt, die viele interessante Ziele Israels abdeckt. Von Tel Aviv und Jerusalem aus werden z.B. die folgenden Orte angefahren: Jerusalem, Massada und Totes Meer, Nazareth einschließlich Kapernaum und Safed, Golan-Höhen mit Banyas, Bet Shean, Caesarea, Karmel, Akko und Rosh HaNikra, Jordan-Tal mit Tiberias und Safed, Elat. Genaueres dazu und andere Touren auf der EGGED-Website.

In den Hostels und den *Field Schools* der SPNI werden vergleichbare Ausflüge angeboten. Unbedingt empfehlenswert sind dabei die *Nature Trails* der SPNI-Organisation. Diese größte Umweltschutzorganisation des Nahen Osten gibt eine Einführung in die Natur der Region durch sanften, angepassten Tourismus, siehe S. 22.

Ein Pendant in Palästina sind die *Friends of the Earth Middle East* (zu denen auch Israelis und Jordanier gehören) in Awja AtTahta nördlich von Jericho mit guten und interessanten Touren, auch auf Nachfrage: www.foeme.org. Das bei den Fahrrädern erwähnte http://sirajcenter.org tut ebenfalls gute Dienste.

Ein Platz für die Nacht

Hotel-Beschreibungen in diesem Buch

Israel ist ein Touristen-Land, zumindest, was die Hotelsituation betrifft. Bei den Ortsbeschreibungen in diesem Buch finden Sie die wichtigsten Angaben zum größeren Teil der jeweils vorhandenen Unterkünfte. Wir beschreiben **Luxushotels** nur kurz und nicht alle, denn wir gehen davon aus, dass sie sauber sind und auch sonst alles funktioniert. In Palästina muss man bei Vier- und Fünf-Sterne-Häusern vielleicht Abstriche machen. Mehr Wert legen wir auf Angaben zum Rest der Unterkünfte, weil Einzelreisende in der Regel in **Mittelklasse- oder Billighotels** absteigen. Daher wurden nahezu alle beschriebenen Unterkünfte von uns persönlich gecheckt, nur bei einigen wenigen verließen wir uns auf Leserangaben.

Die jeweiligen Hotellisten **sortierten** wir immer **nach** den **Preisangaben**, d.h. die teuerste aufgeführte Unterkunft steht am Anfang. Sortierkriterium ist der Preis für ein Einzelzimmer, es sei denn, diese werden nicht angeboten. Die meisten Preise sind auf $-Basis angegeben; wenn jedoch der Hotelier NIS-Angaben vorzog, haben wir diese übernommen. Versuchen Sie dennoch, wegen der **Mehrwertsteuerersparnis in ausländischer Währung** zu bezahlen.

Hier noch einmal die Bedeutung der **Abkürzungen** (siehe auch S. 9):

E	Einzelzimmer mit Bad
D	Doppelzimmer mit Bad
Dorm	Dormitory, in Israel üblicher Begriff für Schlafsaal
EkB	Einzelzimmer ohne Bad
DkB	Doppelzimmer ohne Bad
pP	pro Person

mF mit Frühstück

B&B für *Bed and Breakfast* ist in Israel ein verbreiteter Ausdruck, der in *Hotels* einfach Übernachtung mit Frühstück meint, in diesem Buch jedoch weitgehend das traditionelle Zimmer von Privatleuten mit etwas Familienanschluss und Frühstück bedeutet.

Saison-Zeiten israelischer Hotels

(jF: jüdische Feiertage)

	Hochsaison	Normal	Niedrig
Jerusalem	Weihnachten, jF.	01.03. 14.11	15.11.–28.02.
Kibbuz-Hotels	15.07. 31.08., jF.	01.03 14.07. 01.09. 14.11.	15.11 28.02.
Tel Aviv	01.03. 14.11.	15.11. 28.02.	
Tiberias	Juli/Aug. Weihnachten, jF.	01.03. 01.07. 01.09. 14.11.	15.11. 28.02.
Totes Meer	15.3.–31.5. 01.10.–14.11.	01.–14.03. 01.–14.06. 15.–30.09. 15.–30.11.	15.06.–14.09. 14.09. 01.12.–28.02

Übernachten

Wer den Luxus liebt, kann von einer Nobelunterkunft zur nächsten ziehen, alljährlich entstehen neue. Doch die Masse der Hotels bewegt sich in der mittleren Preislage, wirklich billige Herbergen wie in den Nachbarländern sind weniger häufig anzutreffen. Rechnen Sie etwa mit mitteleuropäischen Kosten.

Luxushotels sind mit allem ausgestattet, was der verwöhnte Reisende braucht oder zu brauchen glaubt: Da sie quasi standardisierten Luxus zu bieten haben, müssen wir nicht prüfen, ob z.B. die Toilettenspülung oder die Dusche funktioniert.

Mittelklassehotels sind natürlich nicht so großzügig ausgestattet. Man kann aber auch hier *Aircondition* und Heizung, Telefon, TV, Radio, Kühlschrank und einigermaßen brauchbare Zimmer mit Bad voraussetzen. Ein Restaurant und eine Bar gehören fast immer dazu wie auch ein Swimmingpool, Sportmöglichkeiten etc. Die Grenze zum Luxus ist fließend, genauso wie zur unteren Kategorie. Mit Glück kann man manchmal die Qualität eines Luxushotels bekommen. Zuweilen wird man bei der Ankunft mit Vorkasse als Bedingung überrascht – anscheinend eine aus der Erfahrung geborene Vorsichtsmaßnahme.

Hotels dieser beiden Kategorien sind in entsprechenden Verbänden zusammengeschlossen. Dort können Sie – nicht allzu aktuelle – Informationen abrufen:

- Israel Hotel Association, 29 HaMered St, Tel Aviv, Tel. 03 5170131, Fax 03 5100197, www.iha.org.il
- Arab Hotel Association, 10 Nur AdDin St, Jerusalem, Tel. 02 6283140, Fax 02 6283118, www.palestinehotels.ps

Die nächste Preiskategorie oder Alternative zu herkömmlichen Hotels sind die **Kibbuz-Hotels**. In der Regel etwas günstiger als normale Unterkünfte, bieten sie häufig Erkenntnisse über das Kibbuz-Leben und Kontaktmöglichkeiten zu den Kibbuz-Mitgliedern, vor allem dort, wo der Gast am gemeinsamen Essen teilnehmen kann. Immerhin bietet knapp die Hälfte der rund 250 Kibbuzim Unterkunft für Urlauber an, die meisten etwas schlicht als *Bed & Breakfast*. Etwa 50 Kibbuzim besitzen richtige Hotels, die den internationalen Standards entsprechen, die Hälfte ist in der *KIBBUTZ HOTELS CHAIN* zusammengeschlossen. Auskünfte erteilen die Tourist Information Offices oder eben die

• KIBBUTZ HOTELS CHAIN, 90 Ben
  Yehuda St, Tel Aviv, Tel. 03 5608118,
  www.kibbutz.co.il

Eine ähnlich besondere Einrichtung
Israels sind die **christlichen Hospize**, die
nicht nur den Pilgern der jeweiligen
christlichen Gruppe offen stehen. Wer
sich eine ärmliche Unterkunft darunter
vorstellt, wird meist komfortable Zimmer
mit Bad, AC und WLAN, immer mal ohne
TV, dafür mit Schließzeit (*Curfew*), zu entsprechendem Zimmerpreis vorfinden.
Gerade in Jerusalem, aber auch in anderen christlichen Zentren sind die Hospize
eine Ergänzung der Standardhotels, denen sie in Komfort und Service kaum
nachstehen. Auf der Website des Jerusalemer *Christian Information Center*,
www.cicts.org, sind diese Gästehäuser
für Israel und Palästina aufgelistet.

Auch die internationalen **Jugendherbergen** (HI – *Hostelling International*) stellen
eine gute, durchaus preiswerte Unterkunft mit gehobenem Niveau für Besucher aller Altersgruppen dar – aber für
die namengebenden Jugendlichen tendenziell zu teuer. Der Rabatt durch den
Mitgliedsausweis ist eher kläglich, und in
der Regel bekommt man den Schlafsaal-
Preis erst, wenn alle Räume einzeln vermietet sind. Nähere Informationen erhalten Sie beim

• Israel Youth Hostel Association,
  International Convention Center
  (Binyane HaUma), Jerusalem,
  Tel. 02 5495550, Fax 02 6558432,
  landesweit reservieren: Tel. 159
  9510511, www.iyha.org.il.

Munterer und jedenfalls näher dran an
Rucksack-Reisenden wirkt der Verband
der abwechslungsreicher-unabhängigen
Israel Hostels (ILH), POB 2606, Nazareth,
landesweit reservieren: Tel. 072 3339494,
www.hostels-israel.com

Die jeweiligen Hostel-Betreiber waren

selbst per Rucksack unterwegs und wissen, was benötigt wird. Die **Tipps** vor Ort
übertreffen oft die Hinweise der Tourist
Information. Die **Qualität** des Verbands
zeigt sich an der jährlichen Bewegung in
der Mitgliederliste. Hier kann die **Online-
Buchung** günstiger sein als vor Ort, lassen Sie sich eine **Discount-Karte** geben
für 5% Rabatt beim Buchen im nächsten
ILH-Hostel. Interessant wird gerade die
Dominanz der Abrahamhostel in Jerusalem und Tel Aviv, zu denen neuerdings
auch das Fauzi Azar Inn in Nazareth gehört. Die schiere Bettenanzahl und die
Vielzahl der angebotenen Touren erlauben den dreien Shuttle-Service vom
Flughafen bei genügend Übernachtungen und eine Art *Closed Shop*, da die drei
Hostel sich die Traveller bevorzugt gegenseitig weitervermitteln – verpassen
Sie nicht die übrigen *Locations*!

In den Herbergen beider Verbände
muss man zwar häufig Zimmer, Dusche
und Toilette mit anderen Gästen teilen,
dafür spart man Geld. Der Einzelreisende
kann in der Regel für höchstens ₪ 100
sein Haupt in einem Mehrbettzimmer
(*Dormitory*, *Dorm* abgekürzt) zur Ruhe legen. Die Hostels sind oft nur von 17-21
Uhr für Ankommende und von 7-12 Uhr
für Abreisende offen. www.goisrael.de
offeriert günstige Touren durch das Land
unter dem Titel *Israel Hostel Trails*.

Ähnlich strukturiert sind auch die über
das ganze Land verteilten **Unterkünfte
der SPNI Field Schools**. Sie entsprechen
dem Charakter der Hostels mit Gemein-
schaftsunterkünften, die aber auch in
den meisten Fällen als Einzel- oder Doppelzimmer recht günstig vermietet werden. Hier findet man außerdem beste
Auskünfte zur Umgebung übers Wandern etc.

• SPNI Unterkunft reservieren: Teleteva,
  So-Do 9-17, Fr -14, Tel. 03 6388688,
  www.natureisrael.org

2

Die günstigste Übernachtungskategorie in Elat

Der **palästinensische Jugendherbergs-verband** harrt noch seiner Gründung, aber es gibt vor allem in der Jerusalemer Altstadt, vereinzelt aber auch in Bethlehem, Jericho, Ramallah, Nablus Sebastiye und Jenin jugendherbergsartige Unterkünfte, meistens Hostels oder *Guest House* genannt. Diese Häuser werden meist privatwirtschaftlich betrieben. Empfehlenswert ist das Portal http://palestineguest house.com.

Eher am Ende der Skala stehen die „normalen" meist privatwirtschaftlichen **Hostels,** die relativ unkomfortable, aber billige Einrichtungen sind. Zwar lässt die Sauberkeit hin und wieder zu wünschen übrig, dennoch kann man nicht von schmuddelig oder gar schmutzig sprechen, zumal auch Mittelklassehotels in dieser Beziehung Defizite aufweisen. Die meisten Hostel stopfen ihre Schlafsäle *(Dormitories)* mit Doppelstockbetten voll, ebenso mit Gästen beiderlei Geschlechts – manchmal wäre es gut, wenn man fliegen könnte, so voll sind die Flure gestellt.

In den besseren Unterkünften gehört zu jedem *Dormitory* eine Toilette mit Dusche, aber bei der Mehrheit muss man die sanitären Anlagen für den ganzen Flur mitbenutzen. Diese sind dennoch erstaunlich sauber.

Wichtig sind auch abschließbare Schränke oder Schließfächer (*Lockers*, für manche braucht man ein Vorhängeschloss, also mitnehmen), die zwar meistens zur Verfügung stehen, aber in den ganz billigen Unterkünften selten oder nicht zu finden sind. Ein weiteres Ärgernis stellen die Öffnungszeiten *(Curfew)* dar. Damit es die Reinigungstrupps möglichst leicht haben, wird die Bude abgeschlossen, außerdem muss der Manager/Besitzer anschließend ein Schläfchen halten. Das führt dazu, dass einige Herbergen vom frühen Vormittag bis in den späten Nachmittag geschlossen sind. Und damit man den Nachtportier spart, wird auch ab 22 oder 23 Uhr abgeschlossen. Dass es auch anders geht, zeigen diverse preisgünstige

Hostel, die 24 Stunden lang geöffnet sind.

Gespart wird auch an Handtüchern und Bettwäsche, die bei den Hostelverbänden in der Regel inbegriffen sind. Wer also auf die billigsten Unterkünfte angewiesen ist, sollte sein eigenes Handtuch, Seife und zumindest einen Leinenschlafsack mitnehmen, will er nicht zusätzlich für diesen Service zahlen. In solchen Hostel ist Vorkasse üblich, Kreditkarten werden nicht überall akzeptiert.

Nahezu alle Hostel stellen recht gute Küchen oder Kochgelegenheiten zur Verfügung. Häufig tun sich Traveller zusammen und brutzeln gemeinsam etwas mehr oder weniger Schmackhaftes; einige Hostel erlauben, dass der Koch an hungrige Mitbewohner verkauft. Bei anderen muss man jede Tasse Tee bezahlen.

Da Klimaanlagen nicht immer zum Standard gehören, haben viele Hostel Schlafmöglichkeiten auf dem Dach geschaffen – wohl das Beste, was einem passieren kann. Denn über das Dach streicht nahezu immer ein kühler Nachtwind. Wer nicht schlafen kann, zählt die vielen Sterne am wolkenfreien Himmel.

Privatzimmer mit Frühstück werden häufig *Zimmerim* genannt (צימרים – Jiddisch mit hebräischer Plural-Endung), oder auch **B&B**. An diese einst meist preiswerten Unterkunftsmöglichkeiten, durch die man außerdem guten Kontakt zur Bevölkerung gewinnt, kam man einst über die örtlichen Touristen-Auskünfte oder kleine Schildchen mit Telefonnummern an den Häusern. Besonders in Galiläa erschlossen sich viele Familien ein Zusatzbrot, vgl. www.tzimer.com (hebr.). In den letzten Jahren ist der Markt geradezu explodiert, so dass nur noch Internet-Portale der Flut Herr werden können. **www.booking.com** und **www.airbnb.com** sind wohl die gängigsten, aber auch eine deutsche Seite wie www.fewo-direkt.de listet über 300 Möglichkeiten,

bisher nur an wenigen Orten. Manche Anbieter inserieren nicht einmal hier, sondern geben Ihre Unterkunft nur auf Google Maps der **Laufkundschaft** bekannt. Da gibt es zur Zeit keine Möglichkeit der Standardisierung, was geboten werden sollte, welche Preise gelten sollten, ob für den Typ leider kein Bett mehr frei ist, für die hübsche Rucksackdame aber schon. In der Regel teilt man sich aber nicht etwa Bett und Stuhl mit den Vermietern, sondern wohnt recht komfortabel im abgeschlossenen Apartment. Vielfach wird **Luxus** geboten, der laut der Bewertungen auf booking.com auch bestens ankommt, in einer Kleingruppe kann das auch schon wieder preiswert sein. – Einen interessanten Weg geht das Ende 2016 eröffnete palästinensische Portal **www.palstays.ps**, dessen Familien-Unterkünfte alle **zertifiziert** sind. Es lässt sich nach Orten, Ausstattung, Wanderwegen, aber auch thematisch zum Kennenlernen der Kultur durchsuchen. Buchen Sie die Westbank lieber bei obigem Portal – bei www.airbnb.com können Sie auch bei freundlichen israelischen Siedlern landen.

Luxus beiseite, schließlich sei noch auf die vielleicht modernste Form günstiger Unterkunfts-Vermittlung verwiesen: Der **Schlafsofa-Tausch**. Es handelt sich um Internet-Portale, in denen in der Mehrzahl 20- bis 40-jährige Personen gratis einen Schlafplatz zur Verfügung stellen, zum Teil auch für mehrere Reisende. Bedingung ist natürlich, sich freundlich auf die Gastgeber einzulassen und – wieder zuhause – ebenfalls Reisende aus der Couchgemeinschaft bei sich aufzunehmen.

Spezialportale wie www.warmshowers.org und www.campinmygarden.com vor allem für Fahrradtouristen, die ihr Zelt im Garten aufstellen, listen einzelne Anlaufstellen in Israel. Auf www.intervac.com – Haustausch weltweit – gibt es immerhin vier Anbieter. Weit mehr AnsprechpartnerInnen für einen Schlafplatz liefert www.couchsurfing.org, das prominenteste Portal, das jedoch die Daten der Benutzer verhökert. Also besser nachschauen auf www.hospitalityclub.org, dessen schrappiger Auftritt (mit leider veraltetem Nahen Osten) irgendwann zu www.bewelcome.org führte mit allerhand israelischen Teilnehmern, ähnlich wie beim Klassiker aus Dänemark www.servas.de bzw. www.israel.servas.org. Am meisten Betrieb ist jedoch auf www.globalfreeloaders.com – wie uns scheint, zu Recht.

Ein paar grundsätzliche Anmerkungen

Im Prinzip klafft eine Lücke zwischen den gehobenen Hotels und den billigen Unterkünften – je nach Betrachtungsweise entweder im Komfort und Service oder im Preis. Will man nicht im *Dormitory*, sondern halbwegs komfortabel unterkommen, rutscht man leicht in die Preisklasse um $ 50 und mehr für das Einzelzimmer. Häufig genug blättert bei dieser Kategorie die Farbe oder die Tapete von den Wänden, die Flecken in den Teppichen erzählen lange Geschichten über die Vor-Schläfer. Dreht man den Wasserhahn auf, fehlt öfter mal der Luftmischer, in wenigen Augenblicken ist man in der Bauchgegend nass gespritzt. Die Fliesen sind schlampig verlegt, die windigen Plastik-Toilettenbrillen fast immer verkratzt. Zwar funktioniert die Toilettenspülung in der Regel gut, aber häufig genug vermisst man eine simple Klobürste. Sehr oft liegt auch nur ein eher winziges Handtuch pro Person bereit, das bereits nach dem Händetrocknen seine Saugfähigkeit erschöpft hat. Ein nicht unwichtiges Detail: Wenn Sie zwischendurch Wäsche selbst auswaschen wollen, sollten Sie einen Universalstopfen für das Waschbecken besser selber dabeihaben.

Ein besonderes Kapitel sind die **Airconditioner**. Es kommt vor, dass alle Bedienungsknöpfe fehlen, d.h., man kann das Gerät nur ein- oder ausschalten. Wird es zu kalt, schaltet man also aus, wird es zu warm, schaltet man wieder ein. Das fördert nicht unbedingt die Nachtruhe. Was kann man tun? Gewiefte haben ein Sortiment Bedienungsknöpfe dabei, aber mit einem Multifunktionswerkzeug mit Kombi-Zange à la *Leatherman* kann man die nackten Achsen der Regler ebenfalls drehen.

Mit Freude sparen die Hoteliers auch an der **Beleuchtung**. Wer abends noch lesen oder schreiben will, ärgert sich zu oft über die Funzeln in den Lampen. Von Vorteil wäre bereits, wenn alle Lampen heile wären. Viele dieser kleinen, nervigen Probleme ließen sich lösen, wenn der Hotelbesitzer nicht ständig vor dem Fernseher in der Rezeption säße, sondern Zimmer und Reinigungsservice selbst kontrollieren würde.

Um dem nächsten Abschnitt vorzugreifen, ein paar Worte zum **israelischen Frühstück**, das für seine Vielfalt aus Obst, Säften, Salaten, Fisch, Gemüse, Eiern, Milchprodukten und natürlich Brot, Kuchen, Kaffee oder Tee angeblich weltweit als einzigartig bekannt ist. Sicherlich biegen sich in den Luxushotels die Tischplatten unter der Vielfalt des Gebotenen, doch je weiter man in der Kategorie absteigt, umso dürftiger wird das Angebot. Bereits in der Mittelklasse beschränkt sich die Auswahl deutlich, der Saft kommt aus dem Automaten, das Grünzeug wird vielleicht nach einer Verjüngungskur am nächsten Tag nochmals angeboten. Trotzdem ist man beim Frühstück meistens besser bedient als in entsprechenden Preiskategorien Mitteleuropas. Wer jedoch mit mehreren Fischsorten und säuerlich angemachten Salaten morgens nicht viel anfängt, hat zwar alles mitbezahlt, muss dann aber mangels etwas so

Praktischem wie Müsli mit maximal zwei Sorten Marmelade, Butter, knetweichem Brot und eventuell einem Stück Kuchen auskommen.

Wichtig für alle Kategorien:

Legen Sie beim Einchecken den **Zahlungsmodus** fest, zunehmend wird schon beim Einchecken Vorkasse verlangt: Begleichen Sie Ihre Rechnung entweder mit Kreditkarte oder in ausländischer Währung, denn dann sparen Sie die Mehrwertsteuer! Das gilt auch für Rechnungen aus dem Hotelrestaurant, die zusammen mit der Zimmerrechnung beglichen werden.

Versuchen Sie die **Hochsaison** bzw. **religiöse Feiertage** zu **vermeiden** (siehe S. 83) andernfalls können Zuschläge 50 % und mehr ausmachen, wenn Sie überhaupt noch ein Zimmer kriegen.

Behalten Sie den **Shabbat** und **Feiertage** auch wegen diverser Einschränkungen im Blick, siehe S. 84. Sie können nicht nur Zeit im religiös-langsamen *Shabbat Elevator* verlieren, sondern sollten sich über Art und Weise der Mahlzeiten informiert haben und an einem Feiertag damit rechnen, dass Sie das Zimmer erst nach Sonnenuntergang beziehen dürfen. All das ist in palästinensischen Hotels natürlich kein Thema.

Auch über **Hotelpreise** lässt sich beim Check-in **verhandeln**, versuchen Sie es zumindest immer dann, wenn aus saisonalen Gründen Betten leer stehen.

Das israelische **Frühstück** ist in der Luxus- und Mittelklasse im Preis inbegriffen.

Essen und Trinken

Wenn Sie **Essen gehen** wollen, wird das Freitag abends meist schwierig sein. Christliche Lokale könnten geöffnet haben, muslimische und jüdische – also die Mehrzahl – jedoch nicht. Arabische sind Samstag schon tagsüber, jüdische erst ab Samstagabend wieder geöffnet, christliche möglicherweise sonntags geschlossen. Von der Kleiderordnung her geht es – bis auf ganz wenige Ausnahmen – in israelischen Restaurants äußerst leger zu.

Wenn es ein gemeinsames Merkmal der israelischen Küche gibt, dann ist es ihre **Vielfalt**. Kein Wunder, denn dieses kleine Land ist ein Schmelztiegel so vieler nationaler Bräuche, die sich natürlich auch in den Essgewohnheiten manifestieren, sie umspannen fast die ganze Erde. Es lohnt sich sicherlich auch, auf ein hochpreisigeres Restaurant der kreativen **Fusion-Küche** zu sparen: Die kaum zu kategorisierenden Kombinationen, die dort geboten werden, finden in Mitteleuropa nur schwerlich Parallelen.

Das liegt natürlich am Grundakkord des Landes, in dem die moderne jüdische Heimstätte Wirklichkeit wurde: die **Küche des Orients**. Deren Produkte und Zubereitungsarten haben die Zuwanderer stark beeinflusst. Wundert es etwa jemand, warum das z.B. auf Postkarten gefeierte israelische Nationalgericht **Felafel** auch überall in Palästina gebruzzelt wird?

Ungewöhnliches Mitbringsel: Falafelpressen

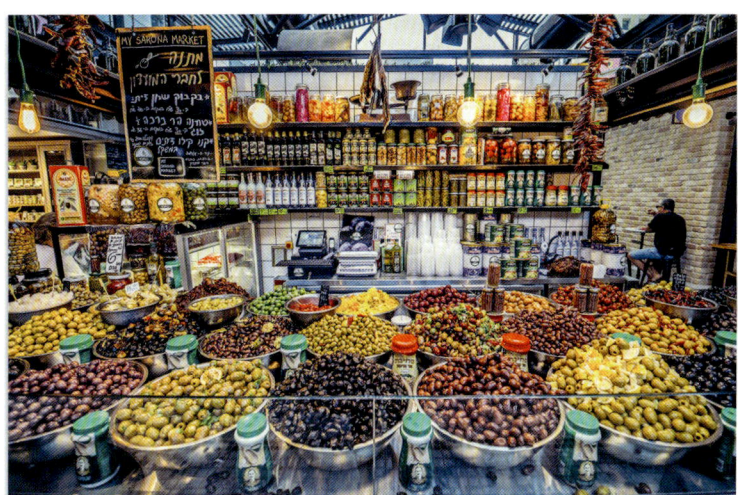

Sarona Market in Tel Aviv

Typische arabische Gerichte

Die folgende Liste ist für arabische Gegenden nützlich, aber wegen der vielfältigen Anleihen bzw. gemeinsamen Traditionen mit den sefardischen Juden großteils auch in israelischen Lokalen brauchbar:

Khubs: das typische, dünne Fladenbrot

Tabun-Brot: dickeres Fladenbrot aus dem traditionellen Tabun-Ofen

Felafel: Gemüsefrikadellen auf der Basis von Kichererbsen, mit Kräutern angereichert und scharf gewürzt; meist mit Tahina und Salat in Fladenbrot serviert

Shauwarma: Fleischstreifen (Lamm oder Geflügel) vom türkischen Drehspieß, zusammen mit Salat und Sauce in Fladenbrot gerollt

Kebab: Fast wie Shauwarma, jedoch aus Hackfleisch – sind es Fleischstücke, heißt der Spieß **Shukaf**

Hummus: Pikant gewürztes Kichererbsen-Püree mit Tahina, Knoblauch und Zitronensaft

Tahina: Dicksämige Sauce aus Sesamöl

und feingemahlenen Hülsenfrüchten; viel Knoblauch, Zitrone, Salz und Pfeffer geben die nötige Würze

Bagdunsiya: Dip aus Tahina, Knoblauch und Petersilie

Türkischer Salat: kein Salat, sondern ein Dip aus Zwiebeln, Tomate und Paprika

Tabule: zitroniger Salat aus glatter Petersilie, Tomaten, Gurke, Zwiebeln und Weizengrieß

Fattush: Romana-Salat mit Kräutern und geröstetem Fladenbrot

Foul: Getrocknete braune Bohnen werden viele Stunden gekocht (Foul hält sich trotz des heißen Klimas über mehrere Tage); gewürzt; endgültig zubereitet wird jedes Gericht erst kurz vor der Mahlzeit

Baba Ghannush: Mus von gebackenen Auberginen

Mtabbal: Mus von gebackenen Auberginen mit Tahina

Sfiha: kleiner Teigfladen mit orientalisch gewürztem Hack und Pinienkernen

Manakish: Teigfladen mit Satar

Sambusek: halbmondförmige Teigtasche mit Käse- oder Fleischfüllung, als Dreieck meist mit Spinat

Kibbe oder **Kubbe:** kleiner zitronenförmiger Mantel aus Weizengrieß mit Lammhack-Pinienkern-Füllung

Mussakhan: traditionelles Gericht aus Tabun-Brot, darauf viele Zwiebeln, das Gewürz Sumakh, und Hähnchen-Teile

Maqlube: Ein gestürztes Gericht in Schichten aus Reis, Lamm- oder Hühnerfleisch und Auberginen und Blumenkohl – in Gaza auch mit Fisch statt Fleisch

Kusa Mahshi: Zucchini mit Reis und Fleisch gefüllt

Maftoul: Couscous auf palästinisch, etwas größer. In Israel: *Ptitim.*

Mashwi: „Gegrilltes" unterschiedliches Fleisch, dazu Reis, Salate und Brot

Mansaf: beduinisches Gericht mit in Joghurt gekochtem Fleisch, das mit Pinienkernen auf Reis serviert wird

Sa'atar: Gewürzmischung aus Thymian, geröstetem Sesam und Salz

Die meisten der genannten Gerichte gehören zu den reizvollen Vorspeisen. Wollen Sie gleich mehrere bestellen, fragen Sie nach einer **Mezze** (sprich: **mä**se). Wenn Sie zu viel bestellen, bleibt eventuell kein Platz für ein Hauptgericht. Falls Fleisch zu einem Gericht gehört, ist es meist Lamm oder Huhn; es gibt auch viele vegetarische Möglichkeiten.

    Nachspeisen sind meistens ziemlich süß. Versuchen Sie die gehaltvolle Spezialität aus Nablus, **Knafeh**, Frischkäse in Fadenteig, warm gegessen und sehr lecker. **Baqlawa** sind unterschiedliche Gebäckteilchen mit Nüssen und Sirup gefüllt, **Qatayif** kleine gerollte Pfannkuchen mit verschiedenen Füllungen, gern im Ramadan verspeist. Eine Oster-Spezialität sind **Ma'amul**, Grießgebäck mit Füllungen aus Datteln, Walnüssen oder Pistazien – bei Muslimen gibt es diese Speziali-

tät als *Ka'ak AlEid* übrigens zum Opferfest, und Juden reichen sie zu Purim und Chanukka als *Menena*. Man kann sie auch das ganze Jahr über essen…

Eine nahezu poetisches arabisches Kochbuch durch die Jahreszeiten stammt

• von Viola Raheb und Marwan Abado, *Zeit der Feigen*. Die arabische Küche von Bethlehem bis Damaskus, Wien 2009.

Im selben Verlag ist ein äußerst lesenswertes Lebenswerk in deutscher Übersetzung erschienen:

• Claudia Roden, *Das Buch der Jüdischen Küche*. Eine Odyssee von Samarkand nach New York, Wien 2012.

Für Juden, die sich an die Speisegebote halten

Besonderheit der **jüdischen Küche** ist das **koshere Essen** (wobei manche Bestimmungen dem islamischen *halal* recht ähnlich sind). Die Kashrut-Vorschriften beginnen beim Schlachten, das nur nach biblisch-ritueller Vorgabe stattfinden darf, ferner sind Schweinefleisch, wild lebendes Geflügel, wirbellose Tiere (Krebse, Muscheln etc.) verboten. Milch- und Fleischprodukte dürfen nicht zur selben Mahlzeit eingenommen werden, zwischen Milch- und Fleischprodukten müssen fünf Stunden Esspause eingelegt werden. Werfen Sie einen Blick z.B. auf die **Koscherliste** der Israelitischen Religionsgesellschaft Zürich (www.irgz.ch), um zu ahnen, worauf für den richtigen Einkauf zu achten

Typisches Brot und Gebäck an einem Marktstand in der Altstadt von Jerusalem

ist. *Kosher* lässt sich übrigens noch steigern: *kosher lePessakh* genügt auch der besonderen Reinlichkeit zum Pessach-Fest, *glatt kosher* entspricht den strengeren Regeln der sefardischen Tradition, und *mehadrin* ist auch für Ultra-Orthodoxe geeignet.

Die koshere Küche hat zur Folge, dass sich in Israel eine sehr gute **vegetarische Küche** (*Dairy Restaurants*) herausbildete. Sehr bekannt sind die Restaurants des Kibbuz Yotvata, das sich auf Milchprodukte spezialisierte (siehe S. 471). Hier kann man köstliche Yoghurts kaufen, entweder natur oder mit der ganzen Palette an Früchten des Landes gemixt.

Die Regeln der kosheren Küche machen es Fischrestaurants etwas schwer, es sei denn, sie spezialisieren sich ausschließlich auf Fisch oder verzichten generell auf koshere Küche (und Kunden, die Wert darauf legen). Ähnlich geht es den (überall vorhandenen) Allerwelts-Imbissketten, die entweder Cheeseburger oder Hamburger verkaufen können, oder auf das Schild „Kosher" verzichten müssen.

Typische jüdische Gerichte

Einige typisch jüdische, meist mit einem Fest verbundene Gerichte, die nach einer Israelreise zum kulinarischen Allgemeinwissen gehören könnten:

Mazzen: ungesäuertes Brot zum Pessach-Fest, knäckebrotartig

Khalla: süßes Shabbatbrot als Zopf geflochten

Tsholent/Shalet: ein ab Freitag mittag köchelnder Eintopf aus Fleisch, Bohnen, Graupen und Kartoffeln für Shabbat-Mittag

Gefilte Fish: eine Art Fischbulette, kunstvoll in der Fischhaut gekocht

Shakshuka: scharfe Tomatensoße mit Spiegelei darauf, aus Nordafrika

Latkes: Kartoffelpuffer, vor allem zu Chanukka

Hamantaschn: dreieckiges, süßes Gebäck mit diversen Füllungen, vor allem zu Purim

Leqakh: Honigkuchen, vor allem zu Rosh HaShana

Frisch gepresste Säfte – Straßenverkäufer in Akko

Getränke

An **Getränken** gibt es meistens alles, was das Herz bzw. der Durst begehrt. Sehr beliebt sind die frisch gepressten **Fruchtsäfte**, die man an vielen Straßenecken erhält. Auch die Erfrischungen auf Grundlage von **Kharub** (Johannisbrotbaum), **Sus** (Lakritze) und **Tamarinde** sind einen Test wert. Wasserflaschen werden überall angeboten und als Softdrinks gibt es ebenfalls verschiedene Sorten. Die traditionellen und zu jeder Gelegenheit gereichten Getränke sind besonders in Palästina jedoch schwarzer **Tee** mit frischer Minze (arab. *shay*) sowie Mokka-**Kaffee** (arab. *qahwa* oder *'ahwa*) mit Kardamom – beides aus kleinen Gläsern oder Tassen mit viel Zucker, falls Sie nicht Einhalt gebieten.

Drei größere **Biermarken** werden im Land gebraut, Goldstar, Maccabee und Taybeh; alle sind süffig und eine gute Abwechslung zwischen den vielen notwendigen Softdrinks, die den Wasserhaushalt aufrechterhalten müssen. Neben den lokalen findet man fast überall auch internationale Biersorten. **Taybeh Bier**

(hell, dunkel oder bernsteinfarben – häufig gibt es nur das helle) wird in der Westbank in Taybeh gebraut, ist ab und an jedoch auch in Tel Aviv erhältlich. Wie im Moment weltweit explodiert auch in Israel der Markt für *Microbreweries*, auf dem Tel Aviver Bierfestival gab es gut 300 Sorten. Dem deutschen Geschmack leuchten viele nicht direkt ein, aber testen Sie mal. Ein erster Eindruck: http://israelbrewsand views.blogspot.de

Einheimische rote und weiße **Weine** stammen in Israel vor allem aus dem Golan, vom Karmel und sogar aus dem Negev. In Palästina gibt es zwei weinanbauende Klöster mit empfehlenswerten Produkten: Cremisan und Latrun, sowie die Taybeh Winery.

Typisch Hochprozentiges ist meistens Vodka oder **Arrak**, ein zwei- bis vierfach gebrannter Trester, dem Kräuter, vor allem Anis zugesetzt werden. Er wird kaum nach dem Essen getrunken, sondern davor und währenddessen mit Eiswasser vermischt, was den klaren Schnaps weiß eintrübt. Fragen Sie nach dem Arak Sabat aus Bethlehem, sehr gute Preis-Leistung, oder nach den kostspieligeren libanesischen Firmen Fakra und Kefraya.

Hoch im Kurs steht die **Wasserpfeife**, hier auch *Shisha*, *Huka* oder *Nargila* genannt. Nehmen Sie am besten *Classic* Tabak, denn der aromatisierte wird zum Feuchthalten häufig mit Glyzerin versetzt, das man der Lunge besser vorenthalten sollte.

Unter dem Motto „*Meet the Israeli at his Home*" werden Kontakte zu Einheimischen vermittelt, die häufig eine Einladung zum Essen beinhalten. Beliebt sind Shabbat-Abendessen am Freitagabend, weil der Gast dann israelische Bräuche miterleben kann. In Palästina funktioniert so etwas am einfachsten über die Familienunterkünfte vor allem in Bethlehem und Hebron.

Sicherheit

Wenngleich Israel und Palästina nicht in dem Maße von Gewaltverbrechen heimgesucht werden wie europäische Staaten, so stehen eigenartigerweise vor allem in Deutschland Terroranschläge ganz im Vordergrund der Sorge ums eigene Leben. Es wäre falsch, diese Gefahr zu verharmlosen. Das Problem dürfte auch noch lange akut bleiben. Zwar bemühen sich die Sicherheitsbehörden auf israelischer wie auf palästinensischer Seite, die Lage unter Kontrolle zu halten, dennoch passieren immer wieder schreckliche Dinge – Touristen sind allerdings so gut wie nicht betroffen. Wenn man sich gut informiert, ist eine Reise durch Israel und Palästina vermutlich weniger gefährlich als eine Fahrt auf deutschen Autobahnen.

Vorsichtige Leute sollten sich besonders in Palästina als Ausländer kenntlich machen. Kein gerade erstandenes Souvenir wie ein „Palästinensertuch" oder eine Kippa tragen, am besten wäre eigentlich eine Touristen-Verkleidung: Hawaii-Hemd mit Kamera vor dem Bauch. Man kann mögliche Gefahren noch weiter aus dem Weg gehen, wenn man volle Busse zur Hauptverkehrszeit, volle Innenstädte sowie Märkte meidet und sich hauptsächlich an der Mittelmeerküste oder in Elat aufhält. Aber ohne das Zentrum lernt man eine Stadt schwerlich kennen, und zu einem Besuch der Region gehört auch Jerusalem.

Wundern Sie sich nicht, wenn Sie überall in Israel Zivilisten und Militärs mit lässig an der Schulter baumelnder Waffe herumlaufen sehen; z.B. müssen bei Schulausflügen Eltern die Klasse sozusagen als Flankenschutz begleiten, was besonders an idyllischen Orten für unsereinen etwas befremdlich aussieht. Beim Kino-, Kaufhaus- oder Theaterbesuch werden Taschen kontrolliert; seien Sie in solchen Fällen kooperativ, dieser Akt dient auch

Entspannte israelische Polizisten (Tempelberg)

Ihrer Sicherheit. Besonderes Augenmerk wird auf die Fliegerei gelegt.

In diesem Zusammenhang muss auch auf einen gegenteiligen Effekt hingewiesen werden: Lassen Sie nirgends ein Gepäckstück unbeaufsichtigt stehen. In wenigen Augenblicken könnte ein Bombenentschärfungskommando anrücken und sich der Sache annehmen.

Wie schützt man sich gegen unliebsame Überraschungen?

Die wichtigste Regel besagt, akute **Unruhegebiete** tunlichst zu **meiden**. Für die Reiseplanung erfährt man die aktuelle Situation bei den eigenen **Botschaften** (siehe S. 274), auch bei israelischen und unbedingt bei palästinensischen Stellen, siehe weiter unten. Beachten Sie, dass diese Büros gewissen Einflüssen unterliegen, dass sich ihre Adressen geändert haben können oder sie nicht mehr existieren. Versuchen Sie, aus der Interpretation möglicherweise unterschiedlicher Aussagen über die aktuelle Lage konkrete Schlüsse für Ihre Reisepläne zu ziehen.

Vor Ort haben sich Gespräche mit **Taxifahrern** (z.B. am Taxistand schräg gegenüber dem Damaskustor) als Quelle aktueller Informationen sehr bewährt. Da sie ihre Fahrgäste und Wagen nicht unnötig gefährden wollen, sind sie zumeist sehr

Bombenmülleimer Nähe Grabeskirche – kein Witz

gewitzt, Gefahren durch z.B. Umwege zu vermeiden.

Bleiben Sie **als Tourist erkennbar**: Kamera vor dem Bauch, Frauen tragen am besten Hosen.

Unkompliziert und sicher bewegt man sich mit öffentlichen Verkehrsmitteln bzw. Taxis vorwärts. Die Busfahrt von Jerusalem z.B. nach Bethlehem/Hebron verläuft in der Regel äußerst gemütlich und relaxt, im Service-Taxi kann es hektischer zugehen.

Wenn Sie am Zielort selbstsicher und mit Ihrer umgehängten Kamera im Touristenlook auftreten, dann schwimmen Sie in der Masse mit, immer freundlich begrüßt. Eine Deutsche, die seit Jahren in Ramallah lebt, erzählte, dass sie einfach ins nächste Geschäft flüchtete, bevor der Besitzer bei einem Schusswechsel auf der Straße den Rolladen hinunterließ. Dort wurde sie sehr freundlich aufgenommen, bis sich die Lage wieder beruhigt hatte. Anlass zu solch einer Flucht weg von der Straße könnte auch ein Freudenfest sein, denn aus nicht nachvollziehbaren Gründen muss aus Freude dringend scharf geschossen werden – selbst, wenn das *friendly fire* nur in die Luft geht: Irgendwann fällt die Munition wieder herunter. Feiern Sie besser nicht mit.

Größere Vorsicht ist vor Dieben und Räubern geboten. Straßenkriminalität ist zwar in Israel nicht in dem Maße bekannt wie in vielen anderen westlichen Ländern. Aber auch im Heiligen Land leben Kriminelle und Drogenabhängige. Passen Sie daher vor allem im Menschengewühl auf Hand-, Umhänge- und Fototaschen auf; am besten ohne solche Taschen, sondern mit einem Bauchgurt oder einer am Gürtel befestigten Tasche in der Hose auf dem Bauch und dem Geld lose in einer Hosentasche, dann werden die meisten Taschendiebe abgehalten. Wenn Sie Ihr juwelenbesetztes Halsband unbedingt mitnehmen müssen, so legen Sie es im Hotel in den Safe des Hauses oder, falls vorhanden, den des Zimmers. Das gilt natürlich auch für alle anderen Wertsachen.

Ein wichtiger Tipp: Nehmen Sie **stets** Ihren **Pass samt Visum mit**, um sich bei irgendwelchen zufälligen Problemen ausweisen zu können oder beispielsweise den Tempelberg betreten zu dürfen. Dies gilt besonders bei Besuchen Palästinas; sollten während Ihrer Anwesenheit überraschend die Grenzen geschlossen werden, können Sie wenigstens wieder ausreisen. Und für den Fall, dass die Papiere doch einmal verloren gehen sollten, können Sie vorbeugen: Scannen Sie Ausweise und Reiseunterlagen. Die Dateien können Sie in einem Freemail-Account lagern, der auch Datenspeicherung zulässt (z.B. bei www.gmx.net), und haben dann weltweit Zugriff darauf. Noch einfacher funktioniert die Ablage, wenn Sie sich auf www.dropbox.com registrieren.

Sie sollten Kontakte mit israelischen Soldaten und Siedlern gut abwägen, denn auch diese Menschen haben Interessantes zu erzählen – aber palästinensische Beobachter könnten freundliche Kontakte missverstehen. Sie sollten in Palästina auch nicht als pro-israelische(r) Missionar(in) auftreten – andersherum ist auch nicht zu empfehlen.

Praktische Informationen

Beachten Sie bitte die (sehr vorsichtigen) Warnungen des **Auswärtigen Amts:**

www.auswaertiges-amt.de > Reise&Sicherheit > Reise- und Sicherheitshinweise: Länder A-Z

Israelische Infos in Jerusalem

Polizei, Tel. 100

Stadtverwaltung, Hotline Tel. 106, von außerhalb der Stadt Tel. 02 5314600

Tourist Information Office, Jaffator, Tel. 6271422

Christliches Informationszentrum, Jaffator, Tel. 6272692, kann speziell bei Reisen zu christlichen Stätten (z.B. Bethlehem) beraten

Humanitäres Call Center Tel. 02 9977733/318/ 312/747 Diese Nummer soll Probleme lösen helfen, wann und wo auch immer in der Westbank sie auftreten, z.B. an einem Checkpoint.

Palästinensische Infos in Jerusalem

Jerusalem Media and Communication Center, Khalil AsSakakini St (Nähe Mount Scopus Hotel), Tel. 5838266, www.jmcc.org

Palestine Monitor, Ramallah, eine Internet-Zeitung aus den besetzten Gebieten, www.palestinemonitor.org

This Week in Palestine, monatliches Veranstaltungsheft aus Ramallah mit Themenschwerpunkten und einer Vielzahl von Informationen, www.thisweekinpalestine.com

Tours in English betreibt einen Blog, der tagesaktuell sein kann: http://blog.toursinenglish.com

Alleinreisende Frauen

Wer in Israel und Palästina reist, sollte eher bedeckende als betonende Kleidung tragen, um weniger wünschenswerte Begegnungen zu vermeiden.

Eine Leserin schreibt, da besonders die Altstadt und Teile Ostjerusalems für alleinreisende Frauen schwierig seien, sollte frau sich lieber einer Gruppe anschließen. Zweckmäßig sei, nicht oder nur selten zu erzählen, dass sie allein unterwegs sei. In den Städten sollte man sich von seinem Weg nicht ablenken lassen. Anmache am besten völlig ignorieren, bei Handgreiflichkeiten sollte frau sich laut und energisch wehren und Hilfe eher bei älteren Männern als bei Frauen suchen (Verständigung siehe S. 575).

Als Hilfeschrei soll am besten hebräisch: *Hazilu!* – Hilfe! oder *Uf mipo!* – Hau ab! bzw. arabisch:
Ikhras! – Hau ab! oder *'Aib!!!* nützen.

Letzteres bedeutet so viel wie „Schande" und wird jeden ehrenhaften Menschen in der Nähe dazu bringen, sich für Sie einzusetzen.

Diese Hinweise sollten keine Frau davon abhalten, Israel und Palästina allein zu bereisen. Es geht hier nur darum, Sie auf mögliche Probleme aufmerksam zu machen.

Schwule und lesbische BesucherInnen

Gleichgeschlechtliche Liebe wird in Israel nicht so offen behandelt wie in Europa, bzw. anders offen: 2008 schimpfte Shlomo BenI-sri, Mitglied von Knesset und ultra-orthodoxer Shas-Partei, über die liberale Schwulen-Gesetzgebung der Regierung – das habe die jüngsten Erdbeben verursacht. Als Rabbi und ehemaliger Gesundheits-, Arbeits- und Sozialminister kennt er sich da bestimmt aus. Die Schwulenszene war jedoch überrascht, dass BenIsri ihnen direkten Einfluss auf die Plattentektonik zutraute.

In Tel Aviv und Elat ist alles einfach, doch vor allem in religiös geprägten und arabischen Gegenden kann das offene Zeigen einer gleichgeschlechtlichen Beziehung zu deutlichen Schwierigkeiten führen. In **Palästina** wird gleichgeschlechtliche Liebe praktisch nicht toleriert, im Prinzip ist sie sogar strafbar. Von ihren Familien verstoßene oder mit dem Tod bedrohte palästinensische Schwule fristen oft ein kümmerliches Dasein ohne Aufenthaltserlaubnis auf dem Straßenstrich beim Tel Aviver Busterminal.

Aber es gibt sie auch in Palästina, die LGBTs (*lesbian, gay, bi- & transsexuals):*

Erste Infos bei der www.aswatgroup.org, in der ernsthaften Facebook-Gruppe Gay Palestine auf www.facebook.com/group .php?gid=80437437769 (Arabisch-Kenntnisse helfen), oder hier: www.facebook.com/Gay-Middle-East-133301836703856.

Erste Anlaufstelle für diese Themen in Israel ist die Gay, Lesbian, Bisexual and Transgender Association (HaAguda), 28 Nakhmani St, Tel Aviv, Tel. 03 6205590/1, www.glbt.org.il.

Treffpunkte in einschlägigen Lokalen wechseln öfter (ein paar findet man im Magazin *Timeout Israel* und sind per Mundpropaganda wohl zuverlässiger zu erfahren, so dass auf den Strand bei Dor südlich von Haifa oder der am nördlichen Ende des Toten Meeres hier nicht hingewiesen werden müsste. Wenig Recherche braucht, wer an einschlägigen **Festivals** wie der Tel Aviv oder Elat **Pride** teilnimmt

– in Jerusalem gerät diese Veranstaltungsform nur halbwegs amüsant. Für Tel Aviv siehe www.gaytelaviv.net und www.gaytlvguide.com. Per Smartphone könnte man die Apps *Tel Aviv Gay Vibe* oder *atraf* versuchen, aber nach solch einem Einstieg sind natürlich mündliche Nachrichten am effizientesten. Zur Einstimmung: 12 Kurzfilme der DVD *Fucking Different – Tel Aviv* von 2008.

Geld und Währung

Das israelische Zahlungsmittel ist der **Neue Israelische Shekel** (₪ oder **NIS**), der sich in 100 **Agorot** unterteilt. Der Kurs des Shekel orientiert sich sehr stark am US-Dollar, demgemäß ist er heftigen Schwankungen gegenüber anderen Währungen unterlegen. Bei Redaktionsschluss im März 2018 kosteten 100 Schekel € 23,53. Umgekehrt betrachtet: für € 1 erhält man gut 4 ₪. Dividieren Sie also Shekel-Angaben durch vier, um eine grobe Euro-Vorstellung zu entwickeln. Für den US-Dollar – die „Zweitwährung" des Landes – sollte man knapp ₪ 4 (aktuell 3,46) ansetzen. Auf dem Smartphone hilft die App *XE Currency* für aktuelle Kurse inklusive Taschenrechner weiter.

Kaufen Sie Shekel am besten nicht schon zuhause, der Kurs ist um etwa 20 Prozent deutlich ungünstiger, vor allem beim Rücktausch. Offiziell ist es nur bis zu $ 1000 möglich, andernfalls müssen Sie per Umtauschquittungen nachweisen, dass Sie entsprechende Mengen Fremdwährung in Shekel eingetauscht hatten. Der ehemalige Schwarzmarkt ist ausgetrocknet. Wer Geld auf der Straße anbietet, will vermutlich Blüten unters Volk bringen.

Zum Start nach der Ankunft könnten Sie Dollar mitbringen oder erstmal per Kreditkarte zahlen oder Travellerschecks tauschen, die allerdings auszusterben scheinen. In touristischen Gebieten wie in der Jerusalemer Altstadt und auch sonst kann man meistens in Dollar oder Euro bar bezahlen – aber es lohnt sich, im Kopfrechnen so gut wie der Händler zu sein.

Geldwechsel

Dollar für den Anfang sind praktisch. Ansonsten gibt es in Israel und Palästina in jedem Stadtzentrum **Wechselstuben**, die Euros zu Shekeln tauschen. Die Wechsler arbeiten zuverlässig und man vermeidet Gebühren. Außerdem kann man sicher sein, Shekel zu erhalten – in der Westbank scheinen die ATM manchmal auch Jordanische Dinare auszugeben, die man dann erstmal wieder loswerden muss.

An weiteres Bargeld kommt man am einfachsten per **Geldautomat** (ATM). Mit einer Kreditkarte funktioniert das inzwischen ohne die einst horrenden Gebühren

Bankautomaten funktionieren wie bei uns – rot: Abbruch, gelb: Korrektur, grün: Bestätigung

(meist 1% Auslandseinsatz), mit einer girocard (früher: EC-Karte) kann man in der Regel bis ₪ 2500 ziehen und zahlt rund € 5-6 Gebühr dafür. Erkundigen Sie sich jedoch vorher, ob Ihre Karte außerhalb Europas taugt.

Wer unbedingt muss, kann auch direkt bei der Ankunft auf dem Flughafen Ben Gurion gleich nach der Passkontrolle,

Ein Museum im Portemonnaie: die antiken Vorbilder der aktuellen israelischen Münzen. Beschreibung jeweils Vor- und Rückseite:

10 Neue Schekel: *Palme mit sieben Wedeln, zwei Dattelkörben und dem Motto für die Befreiung Zions nach einer Münze aus der Zeit des ersten jüdischen Aufstands (69 nC)*

5 Neue Schekel: *proto-ionisches Kapitell, israelitische Zeit (10-7 Jh vC), Jerusalem, Israel-Museum*

2 Neue Schekel: *zwei Füllhörner und ein Granatapfel nach einer der ersten jüdischen Münzen unter Hyrkan I. (135/4-104 vC)*

1 Neuer Schekel: *Lilie mit dem Wort Jehud in althebräischer Schrift nach einer Münze aus persischer Zeit (4. Jh vC), Jerusalem, Israel-Museum*

½ Neuer Schekel: *Lyra eines Siegels der Königstochter Ma'adana (spätes 7. Jh vC), Haifa, Privatbesitz*

10 Agorot: *siebenarmiger Leuchter nach einer Münze des Matthias Antigonus (40-37 vC)*

noch während man auf das Gepäck wartet, Geld wechseln, allerdings mit extra hohen Flughafen-Gebühren. Nehmen Sie besser die ATM dort, der Kurs sollte günstiger sein als am Schalter. Ein englisches Display ist meist vorhanden. Die Banken verlangen Kommissionen von etwa ₪ 20 oder 0,15 Prozent; wenn Sie also kleine Mengen tauschen, könnte die Kommission den größten Teil auffressen. Auch für den Rücktausch von Shekel in andere Währungen sind Mindestgebühren von ₪ 15-20 zu zahlen, allerdings gibt es einen etwas besseren Kurs als zuhause.

Nach subjektiven Beobachtungen tauscht die israelische Postbank zu sehr günstigen Kursen; werfen Sie zumindest einen Blick in ein Postamt, bevor Sie größere Mengen wechseln. Travellerschecks werden dort gebührenfrei und ebenfalls zu günstigem Kurs eingelöst. Sollten Sie Ihre Kreditkarte oder Ihr **Geld verloren** haben, so können Sie sich von Ihren Angehörigen innerhalb weniger Minuten über den Banking Services der *Israel Postal Authority* Geld überweisen lassen. Verlorene Amex-Schecks melden: Tel. 180 9438694 (die Nummer scheint auch für Palästina zu gelten).

Die **Öffnungszeiten der Banken**: So-Do 8.30-12, So/Di/Do auch 16-18 Uhr. In Jerusalem sind die Wechselstuben in der Altstadt auch freitags und samstags geöffnet, doch der Kurs ist dann meist deutlich ungünstiger.

Kredit- und EC-Karten

Auch für Kreditkartenbesitzer ist gesorgt:

American Express Büros: Tel Aviv, 112 HaYarkon St, Tel. 03 5242211 und Jerusalem, 18 Shlomzion HaMalka St, Tel. 02 6240830. Verlorene Karte melden: 180 09403211.

Verlorene Kreditkarten anderer Institutionen meldet man bei

Diners, Tel. 03 5723666,
Mastercard, Tel. 180 09418873 (gebührenfrei),
Visa, Tel. 180 9411605 oder 180 09416384 (gebührenfrei).

Wichtig zu wissen: Die Maestro/giro-, einstmals EC-Karte macht beim Geld Abheben immer mal Probleme, von der Kostenstruktur soll sie eher innerhalb der EU verwendet werden. Per Mastercard lässt sich nur bei der HaPoalim und der Mizrahi Bank Geld beschaffen ($ 6 Komission), alle anderen Banken akzeptieren nur Visa. Mit der LeUmi Bank gibt es immer wieder Karten-Probleme (EC und Kreditkarte). Am unproblematischsten erschien die Bank *Yahav* (בנק יהב). Generell wird die Visa-Karte lieber gesehen, oder sogar nur diese akzeptiert. Doch zuweilen kommt man nicht mal mit der Visa-Karte klar. American Express wird meist gar nicht angeboten.

Trinkgelder

Die üblichen Hotelrechnungen enthalten 15% Service Charge, d.h. man hinterlässt in der Regel beim Auschecken kein zusätzliches Trinkgeld, es sei denn, das Personal war in einer besonderen Situation sehr hilfreich. Auch viele Restaurantrechnungen enthalten 15% Service Charge. Ist dies nicht der Fall, was auf der Rechnung meist freundlich handschriftlich vermerkt wird, sollte man den entsprechenden Betrag dem Bedienpersonal geben.

Gruppenreisende geben ihren Begleitern Trinkgelder, die sich an der Größenordnung von $ 5 pro Tag orientieren, wobei etwa ein Drittel der Omnibusfahrer erhält, den Rest der *Tour Guide*. Taxifahrer erhalten üblicherweise kein Trinkgeld.

Shopping, Öffnungszeiten

Shopping

Große **Supermärkte** für den täglichen Bedarf firmieren unter *Canyon* bzw. *Kanyon* oder ähnlichen phonetischen Umschreibungen dieses Wortes. Sehr praktisch sind kleinere Läden um die Ecke, besonders in Tel Aviv, die 24 Stunden sieben Tage die Woche geöffnet haben, z.B. die Kette *AM:PM*. Nachdem letztere jedoch nur noch koschere Produkte anbietet, wird der Boykott der Ultra-Orthodoxen wohl auch irgendwann geschlossene Läden am Shabbat durchdrücken. Orientalische Souvenirs erwirbt man am besten und bei größter Auswahl in der Altstadt von Jerusalem oder anderen arabischen Städten (mit geringerer Auswahl, aber günstigeren Preisen). Moderne Souvenirs wie Diamanten und andere Pretiosen, Kleidung, Badeanzüge oder Schuhe kauft man am besten in Tel Aviv, weil dort das Angebot am reichhaltigsten ist. Wer mit Devisen, z.B. Kredit-

karte, bezahlt, kann häufig Rabatte herausschlagen.

Wichtig zu wissen: **Elat** liegt in einer Freihandelszone, d.h. dort muss man grundsätzlich keine Mehrwertsteuer (V.A.T.) bezahlen. Man kauft also Reiseandenken, die man z.B. sonst in Tel Aviv erwerben würde, günstiger in der Sonnenstadt ein (und erspart sich die im nächsten Absatz geschilderte Prozedur). Die Preise kommen einem jedoch auch unbesteuert nicht immer niedriger als zuhause vor.

Als Tourist, der seine Souvenirs ausführt, kann man sich die **Mehrwertsteuer (V.A.T.** *Value Added Tax)* in Höhe von aktuell 17 Prozent bei der Ausreise **erstatten** lassen, wenn man sich in teilnehmenden Geschäften (TAX REFUND) als Tourist ausgewiesen und jeweils für mehr als ₪ 400 zum persönlichen Gebrauch eingekauft hat (keine Erstattung bei Lebensmitteln oder Dienstleistungen). Die Waren werden in einer durchsichtigen Einkaufstüte verpackt und versiegelt! (– inklusive gestempelter Quittung & gestempeltem

Souvenirs, Souvenirs – Shopping in der Altstadt von Jerusalem

Erstattungsformular). Nur bei unversehrtem Siegel kann man überall bei der Ausreise am **V.A.T. Refund**-Schalter der Firma Milgam die Steuer zurückerhalten. Waren im Hauptgepäck müssen Sie natürlich vor dem Einchecken vorzeigen – samt Rechnung(en), Formular und Reisepass samt Visum. Die Auszahlung erfolgt im Büro im Duty Free Bereich bar oder auf die Kreditkarte. Für Hotels, Mietwagen, organisierte Reisen etc., für die man V.A.T. zahlte, gilt diese Prozedur nicht, sie ist jedoch auch nicht nötig: Wenn Sie gleich mit Devisen oder per Kreditkarte zahlen, fällt die Steuer gar nicht erst an.

Grundsätzlich sollte man stets versuchen, um Preise zu **feilschen**. Besonders bei teureren Souvenirs lassen sich häufig Rabatte erzielen. Manchmal wird quasi auch umgekehrt gefeilscht: Sie bekommen an der Kasse noch etwas zusätzlich zu einem Super-Rabatt angeboten, weil man ja nun gerade das und das gekauft habe. Dieses *Cross-selling* ist lästig, aber vielleicht wird ja auch mal etwas angeboten, was Sie wirklich brauchen können.

Relativ günstig kann man Kleidung in Israel kaufen, da auch relativ viel im Land hergestellt wird. Die bekannte Kunstfaser „Goretex" z.B. stammt von hier, also kann entsprechende Kleidung günstiger sein. Auch Schuhe kauft man in der Regel günstiger in Israel als in Europa.

Einige typische Preisbeispiele für's tägliche Leben:

1,5 l Coca Cola	₪ 7
1/2 l Bier	₪ 7,50
3/4 l Rotwein	₪ 40
1,5 l Mineralwasser	₪ 4
Shauwarma	₪ 12-20
Felafel	₪ 8-15
1 Tee (Straße)	₪ 1,50-3
Fladenbrot	₪ 0,50-1
1 kg Äpfel ab	₪ 8-10
1 kg Tomaten	₪ 5-7

Öffnungszeiten

Üblicherweise sind **Geschäfte** So-Do 8.30/9-19/20 Uhr geöffnet, kaum jemand macht noch Siesta 13-16 Uhr. Freitags und vor Feiertagen geht es bis etwa 13, 14 Uhr, Samstag manchmal 19-22 Uhr. In arabischen Gegenden gibt es nur freitags vor allem mittags Einschränkungen. Supermärkte und Kaufhäuser öffnen So-Do meist 7-21, Fr -15 Uhr. Banken bieten ihre Dienste So-Do 8.30-12, So/Di/Do auch 16-18 Uhr. Die Post öffnet in der Regel So-Do 8-18, Fr -13 Uhr.

Leider gibt es kein durchgängiges System der Öffnungszeiten von **Sehenswürdigkeiten,** das noch dazu auf die Bedürfnisse der Touristen abgestimmt wäre. Eine der wenigen Regeln besagt, dass samstags die meisten öffentlichen Einrichtungen geschlossen sind, außer Nationalparks. Wenn Sommer- und Winteröffnungszeiten angegeben sind, kann man davon ausgehen, dass von April bis Ende Oktober bis 17 (Fr 16) Uhr, von November bis Ende März bis 16 (Fr 15) Uhr geöffnet ist mit letztem Einlass eine Stunde zuvor.

Ansonsten empfiehlt sich gerade in Jerusalem, Tel Aviv, Haifa oder am See Genezareth, aus den in diesem Buch angegebenen Öffnungszeiten ein Programm so zusammenzustellen, dass man nicht plötzlich vor verschlossenen Türen steht.

Ein Hinweis: Leider ändern sich diese Zeiten sehr häufig, wir können daher **keine Garantie** für die Gültigkeit der angegebenen Zeiten übernehmen. Der aktuelle Stand geht aus den lokalen Informationen der Tourismusbranche hervor, aber auch die können nicht über jede Änderung auf dem Laufenden sein. Mit ziemlicher Sicherheit wird es Veränderungen und bei verschiedenen Institutionen und Glaubensgruppen auch Ausnahmen geben.

Die Menora symbolisiert die israelitische/jüdische Religion und ist Teil des israelischen Staatswappens – diese hier von Salvador Dalí steht zur Begrüßung am Flughafen Ben Gurion

Feier- und Festtage

Feiertage sind für die arbeitende Bevölkerung eine Erholung, für den Reisenden sehr häufig ein Handicap. Daher sollte man wissen, wann auch außerhalb des Wochenendes Geschäfte, Banken oder Reisebüros geschlossen sind. Als Faustregel gilt, dass man freitags im muslimischen, freitags/samstags im jüdischen und sonntags im christlichen Bereich mit beispielsweise Besichtigungen oder Einkaufswünschen scheitern kann. Darüber hinaus sollte man wissen, wann auch außerhalb des Wochenendes Geschäfte, Banken oder Reisebüros geschlossen sind. Die jüdischen Feiertage sollte man für Ausflüge nach Israel, aber vor allem auch für die An- und Abreise im Blick haben: Wenn Sie beispielsweise von Amman zurückfliegen wollen, dazu über die

Allenby-Brücke ausreisen müssen, jedoch nicht an den Yom Kippur gedacht haben, werden Sie Zeit verlieren und umbuchen müssen.

Wohl in keinem Land kann man so viele Festtage feiern wie in Israel mit seinen drei zelebrierten Religionen; schon allein Neujahr findet gregorianisch, jüdisch und muslimisch an jeweils völlig anderen Tagen statt. Dominant sind natürlich die jüdischen und israelischen Feiertage, an denen sich Behörden und Industrie orientieren. Sie werden in einer solchen Anzahl gefeiert, dass selbst verwöhnte Feiertagsnutzer wie die Bayern neidisch werden können.

Jüdische und israelische Feiertage

Der jüdische Kalender beginnt mit der Schöpfung im Jahr 3760 vC, d.h., die Juden schreiben 2018 tatsächlich das Jahr 5778/79. Der Kalender basiert auf einem lunar-solaren System, das einigermaßen kompliziert ist und eine Jahresdauer von 354 Tagen hat. Zum Ausgleich der Verschiebungen zum Sonnenjahr gibt es innerhalb eines 19-jährigen Zyklus sieben Schaltjahre. Auch der Jahresanfang verschiebt sich damit gegenüber dem bei uns fixierten Neujahrstag ständig.

Ein jüdischer Tag – wie auch Woche, Monat und Jahr – beginnt bei Sonnenuntergang, wenn drei Sterne zu sehen sind, und endet beim nächsten Sonnenuntergang; auch alle Festtage wie der Shabbat oder die anderen Feste. Bei mehrtägigen Feiertagen ist jeweils der erste und letzte Tag der heilige Hauptfeiertag.

Der **Shabbat** ist der religiöse und staatlich geschützte Wochenfeiertag am Samstag. Deutlich strenger als beim hiesigen Sonntag darf nach den Regeln der Ultra-Orthodoxen von Sonnenuntergang am Freitag bis Sonnenuntergang am

Jüdische Feiertage bis zum Jahr 2021 (jüdisch 5780/5781) ohne Gewähr

Jahr	2018	2019	2020	2021
Purim	28.02.–01.03.	20.–21.03.	09.–10.03.	25.–26.02.
Pessach	30.03.–07.04.	19.–27.04.	08.–16.04.	27.03.–04.04.
Yom HaShoá	11.–12.04.	01.–02.05.	20.–21.04.	08.–09.04.
Yom HaSikharon/ HaAzma'ut	17.–19.04.	07.–09.04.	27.–29.04.	13.–15.04.
Lag BaOmer	02.–03.05.	22.–23.05.	11.–12.05.	29.–30.04.
Jerusalemtag	12.–13.05.	01.–02.06.	21.–22.05.	09.–10.05.
Shavuot	19.–21.05.	08.–10.06.	28.–30.05.	16.–18.05.
Tish'a BeAw	21.–22.07.	10.–11.08.	29.–30.07.	17.–18.07.
Rosh Ha-Shana	09.–11.09.	29.09.–01.10.	18.–20.09.	06.–08.09.
Yom Kippur	18.–19.09.	08.–09.10	27.–28.09.	15.–16.09.
Sukkot	23.–30.09.	13.–20.10.	02.–09.10.	20.–27.09.
Simkhat Tora	30.09.–01.10.	20.–21.10.	09.–10.10.	27.–28.09.
Chanukka	03.–10.12.	23.–30.12.	11.–18.12.	28.11.–06.12.

Samstag nicht gearbeitet und kein Feuer angezündet, z.B. auch keine elektrische Energie verbraucht werden. Das kann für Reisende unpraktisch sein, spielt in Palästina jedoch vor allem an den Checkpoints eine Rolle.

Der Beginn des Shabbat wird mit einem festlichen Mahl und dem Anzünden von zwei Kerzen zelebriert.

Für Reisende bedeutet der **Shabbat** ziemlich unpraktische **Einschränkungen**. Geschäfte, Restaurants und Cafés schließen z.B. ab 14/15 Uhr, die Innenstädte sterben aus, der Busverkehr wird weitgehend eingestellt. Ab Dunkelheit wird es schwierig, noch etwas zu essen zu bekommen, nur wenige Lokale bleiben geöffnet. In Hotels oder Hostels kann es ratsam sein, ein Essen für den Shabbat zeitig vorzubestellen – es wird dann automatisch erwärmt, ohne dass Gebote gebrochen werden müssten. Der *Shabbat-Fahrstuhl* sollte in Hotels ebenfalls vermieden werden: Weil religiös observante Juden am Shabbat keinen elektrischen Schalter betätigen dürfen, muss der Lift selbsttätig an jedem Stockwerk

halten, damit niemand sich versündigt. Die Lifte sind extra gekennzeichnet. Am Shabbat selbst dürfen die staatlichen Museen keine Eintrittskarten verkaufen; aber auch selbst verordnete Not macht erfinderisch: Flugs ist ein Kartenverkaufsstand vor der Tür eröffnet…

Zu allen religiösen Anlässen können Sie ein *fröhliches Fest* wünschen: *Khag ßaméakh!*

Das **Purim-Fest** (im Februar oder März) wirkt wie ein ausgelassener Karneval, bei dem sich die Menschen verkleiden und kostümiert durch die Straßen ziehen, sogar in der Synagoge feiern. Geschenke werden verteilt, hauptsächlich Süßigkeiten und spezielles Gebäck: *Hamantaschen*, und auch die sozial Schwachen werden mit Geschenken bedacht. Das Fest erinnert an die Errettung von Juden vor der Vernichtung durch den persischen Statthalter Haman unter Xerxes. Esther, die Gattin von Xerxes, erfuhr von den Mordplänen und ließ Haman hinrichten. Daher werden noch heute Haman-Puppen zum Schluss des Festes verbrannt

oder gehängt. Vielerorts gibt es straßen-
karnevalartige Zustände, und es gehört
zu den Geboten, aus Freude soviel Wein
zu trinken, dass man den üblen Haman
und den guten Mordekhai nicht mehr
auseinanderhalten kann.

Das **Pessach-Fest** (Passah), das einen
Monat nach Purim stattfindet, erinnert
an den Auszug der Kinder Israels aus
Ägypten. Das Fest wird mit der *Seder-
Feier* am Abend vor Beginn von Pessach
eröffnet. Die Familie sitzt mit Gesang und
Gebeten bei einer feierlichen Mahlzeit
zusammen und liest die Pessach-Hag-
gada über den Auszug aus Ägypten. In
den sieben Tagen der Pessachzeit isst
man nur ungesäuertes Brot (Mazzen). Es
ist das Familienfest, bei dem sich die
Angehörigen treffen – auf den Straßen
entstehen riesige Verkehrsstaus.

Yom HaShoá ist der im April seit 1951
stattfindende staatliche Holocaust-
Gedenktag. Die Flaggen stehen auf Halb-
mast, und es gibt Veranstaltungen und
Dokumentarfilme zum Gedenken an das
Leiden und Sterben der Nazi-Opfer. Um
10 Uhr vormittags heulen die Sirenen,
und das ganze betriebsame Land sowie
der gesamte Verkehr stehen still – auch
auf der Autobahn, Vorsicht beim Halten
und wieder Anfahren! Bars, Kino und
Konzerte sucht man vergeblich, ebenso
wie genau eine Woche später:

Am **Yom HaSikharon** wird der gefallenen Soldaten und ziviler Terroropfer gedacht. Am Vorabend nach dem jüdischen
Tagesbeginn um 20 Uhr heulen wie am
Yom HaShoá die Sirenen für eine Gedenkminute. Ungewöhnlich ist das große ge-
meinschaftliche Singen auf dem Rabin-
Platz vor dem Rathaus in Tel Aviv. Am
nächsten Vormittag um 11 Uhr gibt es
eine weitere landesweite Gedenkminute.

Abends geht der besinnliche Tag in die
fröhlichen Feierlichkeiten zum Unabhängigkeitstag, dem **Yom HaAzma'ut**,
über. An diesem Feiertag sind die Läden

*Keine Inventur: Zu Pessach muss alles besonders
koscher sein, deshalb wird in den Läden alles
Gesäuerte (Khamez) mit Planen zugehängt.*

geschlossen, aber alle Stätten öffentlicher Unterhaltung haben geöffnet. Sie
können auch die staatlichen Museen gratis besuchen. Die größte Party anlässlich
der Proklamation des Staates Israel steigt
wiederum am Vorabend auf dem Tel
Aviver Rabin-Platz. In Jerusalem ist man
auf der Hillel und natürlich auf der Ben
Yehuda Street nicht allein. Im ganzen
Land finden Feuerwerke statt. Außerdem
ermittelt man den Gewinner des Internationalen Bibelwettbewerbs für Schüler.
Verdienten Bürgern wird der Israel-Preis
verliehen, die höchste Ehre des Staates.

Kein hoher, jedoch reizvoller Feiertag
ist der **Lag BaOmer** am 33. Tag der
Trauerzeit zwischen Pessach und Shavuot. An diesem Tag braucht man nicht
trauern, was vor allem ultraorthodoxe
Juden ausgiebig tun. Das Fest erinnert
an die Zeit des Bar-Kochba-Aufstandes

(siehe S. 102) sowie an den wundertätigen *Rabbi Shimon Bar Yochai* (abgekürzt:
Rashbi) aus dem 2. Jh nC, dem das Hauptwerk der Kabbala, das Buch *Sohar*, zugeschrieben wird. Die Erleuchtung durch
Rashbi wird am Vorabend durch Fackel-
umzüge und Freudenfeuer symbolisiert,
an seinem Grab in Meron nahe Safed treffen sich angeblich bis zu 200.000 Wallfahrer. Es gibt Picknicks, die Kinder springen „bewaffnet" mit Pfeil-und-Bogen-
Spielzeug durch die Gegend. Nach den
Trauertagen werden traditionell viele
Hochzeiten gefeiert, man kann sich wieder rasieren und die Haare schneiden.

Ein weiterer, seit 1998 nationaler
Feiertag, den auch die Haredim mitfeiern,
ist der Jerusalemtag oder **Yom Yerushalayim**. Er erinnert an die Einnahme
der Altstadt im Sechs-Tage-Krieg 1967.
Anlässlich des seitdem freien Zugangs
zur Westmauer des Tempelplatzes versammeln sich vor allem Siedler und
Nationalreligiöse an diesem Ort. Das
Feuerwerk gegen 22 Uhr ist ganz schön,
aber die aggressive Grundstimmung lädt
nicht jedermann zum Mitfeiern ein.
Manche sprechen von der Wieder-
vereinigung Jerusalems, aber nach wie
vor gehen Leute aus dem Westen kaum
in den Osten und umgekehrt.

Zu **Shavuot** wird an die Gabe der Tora
am Sinai erinnert. Wie zu allen Wallfahrts-
festen wird an der Westmauer in Jerusalem der Priestersegen gebetet.

Tish'a BeAw ist ein Trauertag, denn
schreckliche Ereignisse der israelitischen
und jüdischen Geschichte wie die Zerstörung des ersten und des zweiten Tempels
geschahen oft um den neunten Tag des
Monats Aw herum. Es gibt nur wenige
kulturelle Veranstaltungen.

Das zweitägige Neujahrsfest **Rosh
HaShana** wird im Herbst begangen, erinnert auch an die Erschaffung der Welt.
Dann bläst man das Shofar (Widderhorn),
das den Sünder aufrütteln soll, seine Taten

zu bereuen. Nach dem Gottesdienst wird
beim Abendessen eine in Honig getauchte
Apfelscheibe gegessen und dabei Gott um
ein „gutes und süßes Jahr" gebeten. Am
Vorabend wird noch gearbeitet, der
nächste volle Tag ist dann frei, und am
zweiten Tag geht es in die Synagoge oder
schon wieder zur Arbeit. Für ein gutes Jahr
kann man auch vorher schon grüßen:
Shaná tová!

Zehn Tage nach Rosh HaShana findet
das Versöhnungsfest **Yom Kippur** statt.
Es ist das heiligste Fest, gläubige Juden
fasten 25 Stunden lang und trinken in
dieser Zeit nichts; die Zeit wird mit Gebeten ausgefüllt. Der öffentliche Verkehr sowie Rundfunk und Fernsehen werden
praktisch im ganzen Land eingestellt; lediglich in touristischen Orten wie Elat
scheinen die Sitten etwas lockerer zu
sein. Am Tag zuvor schließen um 14 Uhr
alle Geschäfte, danach gibt es nichts
mehr zu kaufen. Ab 17 Uhr fahren praktisch keine Autos mehr, wodurch sich
auch für Säkulare inzwischen fast obligatorisch eine Fahrradtour am nächsten Tag
eingebürgert hat; auch in den Restaurants stehen nur leere Tische. 25 Stunden
später erschallt das Schofarhorn, um das
Fastenende anzuzeigen, dann bricht auf
den Straßen und in den Restaurants die
Hölle aus, alles ist zum Bersten gefüllt –
erst am frühen Morgen enden die aus-
gelassenen Festlichkeiten.

Wenn Sie als Besucher nicht an den
Feiern teilnehmen möchten, organisieren
Sie Ihr Programm so, dass Sie sich in dieser
Zeit in Elat, Tel Aviv oder der Westbank
aufhalten. Denn die streng orthodoxen
Juden können unversöhnlich reagieren:
Fahrende Autos sind steinwurfgefährdet!
Wenn Sie dort zu Fuß unterwegs sind,
können Sie vormittags vielleicht das
Kapparot-Ritual mitbekommen: Statt ei-
nes Sündenbocks wird ein Huhn über
dem Kopf und den Köpfen von Kindern
geschwenkt.

Sukkot, das Laubhüttenfest, wird vier Tage nach Yom Kippur in Erinnerung an die Wüstenwanderung nach dem Auszug aus Ägypten sieben Tage lang gefeiert. In dieser Zeit wohnen gläubige Juden in Hütten (*Sukkot*), die sie in Gärten, Wohnungen oder auf Balkonen errichten und die symbolisieren sollen, dass alles auf Erden ein Provisorium (Hütte) sei. Wirklich koschere Hütten müssen nach strengen Regeln erbaut werden, wie mutmaßlich damals in der Wüste. Die Sukkot-Zeit endet mit **Simkhat Tora**, dem Fest der Freude an der Weisung Gottes. Auch Nicht-Juden können sich mitfreuen: Wenn in ultra-orthodoxen Stadtvierteln mit den Tora-Rollen auf der Straße getanzt wird, kann sich jeder gern einhaken – bei den Frauen auch jede.

Beim achttägigen Lichterfest **Chanukka** gedenkt man der Reinigung und Neu-Einweihung des Tempels von Jerusalem durch die Makkabäer 165 vC nach dessen Entweihung durch den syrisch-griechischen Herrscher Antiochos IV. Täglich wird eine weitere Kerze des achtarmigen Chanukka-Leuchters angezündet. Dazu singt man ein Chanukka-Lied und isst spezielle, ölgetränkte Speisen.

Islamische und palästinensische Feiertage

Muslimische Feste nehmen in der Öffentlichkeit wenig Raum ein. Prominent alltäglich sind die fünf **Tagesgebete**, die nach dem Gebetsruf vom Minarett in kleinen, schlichten Moscheen quasi zwischendurch verrichtet werden, die sich in muslimischen Wohnquartieren an vielen Stellen befinden. Am auffälligsten ist es in Jerusalem, wenn die Muslime freitagvormittags zum **Freitagsgebet** zur AlAqsa-Moschee strömen und um die Altstadt großer Verkehrsstau entsteht. Der Freitag ist zwar nicht von vornherein arbeitsfrei, aber muslimische Geschäfte und Institutionen können geschlossen sein. Auch der Straßenhandel kommt zur Mittagsgebetszeit ca. 11.30-13.30 Uhr zum erliegen.

Für Ungeübte sind die **Zeitpunkte der Gebete** nicht immer nachzuvollziehen. Morgens ruft der Muezzin zwischen Dämmerung und Sonnenaufgang, mittags betet man nach dem Sonnenhöchststand um 12 (Sommerzeit 13) Uhr, nachmittags am Spätnachmittag, abends zwischen Sonnenuntergang und der letzten Dämmerung und schließlich nachts irgendwann zwischen dem Ende der Dämmerung und der Morgendämmerung.

Die **jährlichen Feste** verschieben sich im Vergleich zum westlichen Kalender jedes Jahr um elf Tage nach vorn, weil der Koran einen reinen Mondkalender vorsieht (nur im Iran und in Afghanistan zählt man auch Sonnenjahre wie im Abendland). Auf 32 Sonnenjahre kommen ungefähr 33 Mondjahre. Insgesamt fallen die muslimischen Feste nicht so

Islamische Feiertage der nächsten Jahre

Jahr	2018	2019	2020	2021
Mohammeds Himmelfahrt	13.04.	02.04.	22.03.	11.03.
Ramadan-Beginn	16.05.	06.05.	24.04.	12.04.
Ramadan-Ende (*Beiram*, auch *Id AlFitr*)	15.–17.06.	05.–07.06.	24.–26.05.	13.–15.05.
Opferfest (*Großes Beiram*, auch *Id AlAdha*)	21.–24.10.	11.–14.08.	30.07.–02.08.	19.–22.07.
Neujahr (*Awil Sana*)	11.09.	31.08.	20.08.	10.08.
Mohammeds Geburtstag (*Maulid AnNabi*)	19.–20.11.	08.–09.11.	29.–30.10.	19.–20.10.

Süße Spezialität an Mohammeds Geburtstag

sehr ins Auge, weil sie vor allem in den Familien stattfinden und nicht durch bunte Umzüge, omnipräsentes Weihnachtsbaum-Aufstellen oder dergleichen Teil des öffentlichen Lebens sind.

Zum Geburtstag des Propheten Mohammed, **Mauwlid AnNabi**, wird – in der Öffentlichkeit kaum wahrnehmbar – vor allem in den Bäckereien ein bestimmtes Gebäck angeboten und möglicherweise werden Moscheen festlich beleuchtet.

Zwischen Prophetengeburtstag und Ramadan liegt die **Lailat AlMiraj**, die nächtliche Himmelfahrt Mohammeds von Medina nach Jerusalem und zurück auf dem Pferd *Buraq*. Festliche Aktivitäten sind nicht festzustellen. Doch durch diese

heilige Nacht wurde Jerusalem zur drittheiligsten Stadt des Islam, und Mohammed erhielt von Allah die Weisung für die fünf Tagesgebete.

Der **1. Ramadan** ist der Beginn des neunten islamischen Monats und damit der Fastenzeit, die zu den fünf Säulen des Islam gehört. Gedacht wird der Offenbarung des Korans an den Propheten Mohammed. Der Verzicht auf Nahrung, Trinken, Rauchen und Sex dauert den ganzen Monat von Tagesbeginn bis Tagesende (mit Ausnahmen u.a. für Schwangere, Kinder und Reisende) und wird nach Sonnenuntergang mit einem kleinen, aber dennoch verschwenderischen Fest gebrochen.

Der Ramadan endet mit dem **Id AlFitr**, dem dreitägigen Fest des Fastenbrechens, bei dem die köstlichsten Speisen serviert werden. Wegen der reichlichen Süßigkeiten wird es auch **Zuckerfest** genannt; mindestens der erste Festtag ist arbeits- und schulfrei. Man muss allerdings damit rechnen, dass die **Zuckerferien** noch zwei, drei weitere Tage dauern, das bedeutet: muslimische Händler öffnen nicht, Autovermieter vermieten nicht usw.

Id AlFitr gilt als zweithöchstes islamisches Fest, nur übertroffen vom Opferfest

Die AlAqsa ist eigentlich keine Moschee, sondern eine Djami'a, eine Versammlungsmoschee für das Freitagsgebet

Id AlAdha, das vier Tage lang dauert und den Höhepunkt des Pilgermonats, des zwölften islamischen Monats Dhu AlHidja, markiert. Der Name des Festes stammt von der Geschichte, in der Ibrahim auf Gottes Anordnung hin beinahe seinen Sohn Ismael geopfert hätte. Im Koran wird der Name des Sohns nicht genannt, und die Erzählung spielt dort bei Mekka.

Das islamische **Neujahr** wird zwar nicht gefeiert, aber gedenkt des Ereignisses, mit dem die islamische Jahreszählung beginnt: die **Hidjra**, Mohammeds Flucht aus Mekka nach Medina am 16. Juli 622 nC. Momentan schreiben wir das Jahr 1433/1434.

Die folgenden offiziellen **palästinensischen Feiertage** sind meist aus Aktionen Israels in der Vergangenheit hervorgegangen. Öffentlich äußern sie sich meist in Demonstrationen und führen dadurch häufig zu Zusammenstößen mit der israelischen Polizei oder Armee – Checkpoint Qalandiya ist besonders am Tag der Erde, am Nakba- und am Unabhängigkeitstag jeweils um die Mittagszeit kein guter Aufenthaltsort. Daher sind diese Feiertage touristisch nicht zu empfehlen. Aus Freude oder Wut könnte scharf in die Luft geschossen werden, gehen Sie aus dem Weg, vermeiden Sie Blindgänger. Auch die Festlegung der Termine ist nicht einfach – meist halten sich die Daten an den westlichen Kalender.

8. März: Die palästinensischen Frauen engagieren sich recht stark beim von der UNO geförderten **Internationalen Tag der Frauen**. 1994 wurde dieser Tag von den Palästinenserinnen gestaltet.

30. März: Der **Land Day** (*Yaum AlArd*) erinnert an die großflächige Enteignung palästinensischen Landes in Galiläa durch die israelische Regierung im Jahr 1976. Die Reaktion darauf war ein Generalstreik und ließ die Palästinenser erst-

mals deutlich als gemeinsam handelnde Zivilgesellschaft erkennen. Es gibt regelmäßig meist gewaltfreie Demonstrationen, die manchmal jedoch auch von Ausschreitungen begleitet werden.

17. April: Am **Tag der palästinensischen Häftlinge** wird der schätzungsweise 7000 Palästinenser gedacht, die in israelischen Gefängnissen aus unterschiedlichen oder nicht bekannten Gründen einsitzen.

1. Mai: Der internationale **Tag der Arbeit** wurde in früheren Jahrzehnten des Staates Israel als Anlass genutzt, von Seiten der kommunistischen Partei der Palästinenser Missfallen gegenüber der Regierung zu äußern.

15. Mai: 1948 erklärte sich Israel am 14. Mai für unabhängig. Die Palästinenser nennen den folgenden Tag **AnNakba**, die Katastrophe – Vertreibung und Flucht aus dem Land und Verlust bzw. Zerstörung ihres Eigentums (siehe S. 120). Er wird seit 1998 – auch von den Palästinensern im Ausland - durch öffentliche Ansprachen und Demonstrationen begangen, manchmal mit Ausschreitungen. Israel feiert diesen Tag jedoch nach dem jüdischen Kalender, so dass der Yom HaAzma'ut nur alle 19 Jahre auf den 15. Mai fällt. So erinnern sich Palästinenser *in Israel* an den Tag der Nakba vorwiegend am jeweiligen israelischen Unabhängigkeitstag (siehe unten) mit entsprechenden Gegenveranstaltungen. Ein wichtiges Symbol stellen die Schlüssel dar, die viele Palästinenser von ihren verlorenen Häusern nach wie vor aufbewahren.

15. November: An diesem Tag verlas Jassir Arafat als „König ohne Land" in Algier die einseitige **Unabhängigkeitserklärung** Palästinas. Mangels eines souveränen Staatsgebildes spielt der Palästinensische Unabhängigkeitstag jedoch keine größere Rolle.

Christlich-orthodoxe Feiertage

Von Ausnahmen wie bestimmten Heiligengedenken abgesehen, feiern Ost- und Westkirchen vor allem gleiche Feste. Allerdings trennt sie der Kalender, seit Papst Gregor XIII. 1582 den heutigen westlichen Kalender einführte, der in Israel *political correct* einfach *common era (CE)* genannt wird. Die Ostkirchen allerdings datieren nach wie vor nach Julius Caesar, dessen Kalenderjahr jedoch ein klein wenig länger dauert als das gregorianische. Daher hat er sich gegenüber dem astronomischen Sonnenjahr um mehrere Tage verschoben und wird das auch weiter tun. Somit wird **Weihnachten** gewissermaßen am selben Termin – der Wintersonnenwende gefeiert – aber wegen der zunehmenden julianischen Verschiebung zu unterschiedlicher Zeit: In der Orthodoxie „erst" am 6./7. Januar statt „schon" am 24./25. Dezember.

Die armenische Kirche feiert Weihnachten sogar erst am 19. Januar, sozusagen am Epiphaniasfest des julianischen Kalenders – in Bethlehem können Sie also dreimal Weihnachten mitfeiern. Die orientalischen Kirchen (Kopten, Syrer, Äthiopier) feiern dagegen am 18. Januar schon das Tauffest Jesu an der Taufstelle am Jordan östlich von Jericho (siehe S. 524), ein lohnender Termin dort, falls man gerade in der Gegend ist.

Da **Ostern** ein bewegliches Fest ist, ändert sich der Terminabstand zwischen Ost und West immer wieder. Praktisch dabei: ein Algorithmus zur Berechnung bis zum Jahr 3000 – man kann gut im Voraus planen. Laut www.soc-wus.org/ourchurch/calendar.html fallen die Osterfeste erst 2025 wieder zusammen (was aber schon ab 2699 nicht mehr vorkommt!). 2019/20/22 liegt Ostostern eine Woche nach dem westlichen Pendant, 2021 wird sogar erst vier Wochen später gefeiert.

Telefon, Internet, Post und Elektrizität

Telefon

Es scheint, als ob in keinem Land der Welt so häufig und so anhaltend telefoniert wird wie in Israel, zumindest mit Handys. Die Telefonitis der Israelis ist sogar statistisch belegt: Sie telefonieren 500 Minuten pro Monat, die Amerikaner 90 und die Deutschen 45 Minuten.

Um sich den Gepflogenheiten des Landes anzupassen, kann man ein Handy mieten.

- *Orange* (www.orange.co.il fast nur hebräisch). Oder versuchen Sie
- *IsraelPhones*, 12 Abba Hillel Silver St, Lod, Tel. +972 180 0721111, www.israelphones.com, mit Ladengeschäft in der Ankunftshalle *GlobalCellular*.

Die Vertragsmodelle wechseln häufig, weswegen die aktuellen Pakete hier nicht dargestellt werden.

Vermutlich benutzen Sie jedoch Ihr **eigenes Handy** (auf Englisch: *cell* oder *mobile [phone]*) Prüfen Sie, was Sie das Roaming in Israel und in Palästina kostet, ansonsten informiert Sie eine SMS darüber, wenn Sie das Gerät nach der Landung wieder einschalten. Das ist jedoch vermutlich viel teurer als eine **israelische** oder palästinensische **Prepaid-Karte** zu beschaffen, die Sie von den Firmen **Cellcom** (Talkman, Vorwahl 052) und **Orange** (Vorwahl 054) z.B. an autorisierten Kiosken oder auch gleich im Flughafen in der Buchhandlung Steimatsky's erwerben können. Ihr Handy darf dafür nicht per **SIM-Lock** ausschließlich an den heimatlichen Anbieter gebunden sein. Früher verfielen die SIM-Karten nach einem Jahr; bei **Pelephone** (Vorwahl 050) können Sie sieben Jahre lang weitertelefonieren, wenn Sie mal wieder im Land sind, und bei Orange angeblich lebenslang – wenn denn die Firma so lange durchhält. Übrigens gibt es auch koschere Handys: Die sind u.a. vom Datenverkehr ausgeschlossen.

Lassen Sie sich die SIM-Karte am besten gleich **einbauen** und das **Sprachmenü** von Hebräisch auf Englisch umstellen! Auch die wichtigsten Dinge wie das **Wiederaufladen** von Gesprächszeit sollte man sich gleich erklären lassen. Bei den meisten Anbietern kosten SIM-Karte und Freischaltung um ₪ 100, häufig müssen Gesprächsminuten dann noch dazugekauft werden. Der Minutenpreis (bzw. eine SMS) ins israelische Festnetz kostet je nach Tageszeit rund 1 Shekel, ins deutsche Festnetz beträgt er etwa ₪ 1,50. Bei Orange können Sie auch Pakete für Datendienste dazukaufen. Ist die Karte abtelefoniert, lässt sich ein Account auf drei Arten wieder mit Geld aufladen:

• Allein vom Handy aus funktioniert das angeblich aus Sicherheitsgründen nur für Besitzer einer israelischen Kreditkarte.

• In ziemlich jedem Geschäft gibt es Karten zum Nachladen, bei Orange zu rund ₪ 90, 110, 160 (wovon jeweils ₪ 7 Gebühr nicht vertelefoniert werden können, deshalb steht auf den Karten 83, 103 und 153). Man rubbelt auf der Karte einen Code frei und gibt ihn während der Aufladeprozedur am Handy ein.

• In manchem Kiosk kann man auch direkt bezahlen, der Mensch dort tippt an einem Kästchen herum, und man bekommt kurz darauf eine SMS, dass man endlich wieder für soundsoviele Schekel weiter telefonieren kann.

Auch der größte palästinensische Mobilfunanbieter **Jawwal** (Vorwahl 059) bietet Prepaid-Karten an, in Israel kann es damit wegen des Roamings mühsam sein, www.jawwal.ps. Jüngeren Datums ist die Firma **Wataniya** (Vorwahl 056) mit

eigenem Netz mit verschiedenen Verträgen für Privatleute, www.wataniya.ps. Die Vertragsmodelle wechseln immer mal wieder, die Preise nehmen sich nicht allzuviel. Beide Mobilfunker tragen wesentlich zur Wirtschaft in Palästina bei, gehören jedoch Firmen in Kuwait und Qatar. Viele Palästinenser haben auch ein Cellcom-Handy, weil es wohl die beste Netzabdeckung durch die Siedlungen in der Westbank hat.

Alle Gesellschaften führen natürlich auch Mikro- und Nano-SIM-Karten für **Smartphones**, sie können jedoch auch eine normale Karte kaufen und sich entweder eine Mikro-SIM herausstanzen lassen oder selbst die Schere in die Hand nehmen: http://sim-karte-gratis.de/sim-karte-zuschneiden. Ein Prepaid-Datentarif sollte reichen, aber Sie können sich natürlich auch immer ein WLAN (WiFi oder *wireless*, siehe unten zu Internet) suchen, um online zu gehen und What's App hochzufahren. Einige sinnvolle Apps siehe auf S. 579.

Wenn Sie **stundenlang** nach Hause telefonieren möchten oder müssen, empfiehlt sich eine *Calling Card*, die es auch im mobilen Zeitalter noch gibt und mit der man die Heimat unglaublich günstig erreicht. Wer länger im Land ist, könnte auch einen Postpaid-Vertrag abschließen – Firma der Wahl mit guter Mischung aus Daten- und Nachhause-Tarif ist **Golan** (Vorwahl 058), www.golantelecom.co.il.

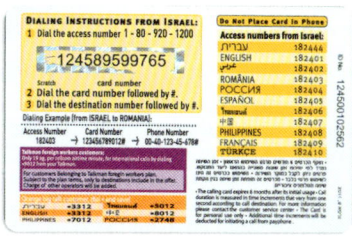

Calling Card: Viele Zahlen tippen, aber dafür 9 Stunden günstig ins deutsche Festnetz

Sie können drei Wochen vor der Abreise nach Israel auch eine SIM genau für ihre Reisezeit bestellen, ist aber vermutlich nicht die günstigste Lösung: http://dealsim.com.

Mit **Telefonzellen** kommt man auch auf jeden Fall günstiger als im Hotel davon. In Postämtern – dort geht es am billigsten – und einigen Zeitungs- und Papierwarengeschäften gibt es **Telefonkarten** ab ₪ 20 für öffentliche Fernsprecher zu kaufen, was schon für einige Minuten nach Deutschland ausreicht. Da man die meisten öffentlichen Apparate in Israel anrufen kann, könnte ein deutscher Gesprächspartner z.B. unter www.teltarif.de die gerade günstigste Call-by-Call-Vorwahl für Israel herausfinden und Sie für etwa 0,5 Cent pro Minute **zurückrufen**. An wenigen öffentlichen Telefonen kann man auch seine **Kreditkarte** verwenden, von der dann direkt abgebucht wird.

Gespräche über Kreditkarte lassen sich unter der Vorwahl 180 0800580 gebührenfrei anmelden. Per Festnetz nach Europa kostet nachts und am Shabbat z.T. erheblich weniger. Es gibt außerdem verschiedene Anbieter für Auslandsverbindungen, die sich in der Vorwahl unterscheiden. Derzeit sind *Golden Lines* mit der Vorwahl 012 und *Barak* mit 013 die preiswerteren nach Europa (man spart auch innerhalb Israels!). Wählen Sie also anstelle der bei uns für internationale Gespräche üblichen 00 die 012, 013, 014 (*Beseq*) oder 018 (*xfone*), d.h. beispielsweise nach Deutschland 01249, nach Österreich 01243, in die Schweiz 01241.

Die Vorwahl von Europa nach Israel beginnt mit **+972**. Mit dieser Nummer erreichen Sie auch die Nummern in den palästinensischen Gebieten (Call-by-Call Israel: Festnetz ca. 0,5 ¢, Mobil 1,5 ¢; Palästina: ca. 4-6 ¢); wenn Sie die offizielle Landesvorwahl **+970** für Palästina verwenden, ist die Vermittlung nicht immer zuverlässig.

Landesweite Notrufnummern

Polizei 100
Notfall, Krankentransport 101
Magen David Adom (*Roter Davidsstern*) bzw.
Hilal AlAkhmar (*Roter Halbmond*)
Feuerwehr 102
Stadtverwaltung & Tourismus 106 (nicht ganz landesweit)
Auskunft (auch Englisch) **144**
Humanitäres Call Center 02 9977733/318/312/747

Diese Nummer soll Probleme lösen helfen, wann und wo auch immer in der Westbank sie auftreten. Für Touristen könnten das Probleme an einem Checkpoint sein.

Überall gibt es in Israel Hinweise auf **Servicenummern** verschiedenster Institutionen. Sie sind leicht am Stern mit vier Ziffern zu erkennen. Die Kosten entsprechen meist einem Ortsgespräch. Beispiel: Touristische Hotline *3888

Vorwahlen der wichtigsten Städte

Zur Orientierung:
Jerusalem und Umgebung 02,
Tel Aviv und Umgebung 03,
Norden 04,
Süden und Gazastreifen 08,
Sharon-Ebene 09

Stadt	Vorwahl	Stadt	Vorwahl
Ashdod	08	Ashkelon	08
Beer Sheva	08	Bethlehem	02
Elat	08	Gaza	08
Haifa	04	Hebron	02
Herzliya	09	Jenin	04
Jericho	02	Jerusalem	02
Nablus	09	Nazareth	04
Netanya	09	Ramallah	02
Safed	04	Tel Aviv	03
Tiberias	04		

Festnetz-Telefonieren –
ein eher seltenes Bild in Israel

An der Vorwahl 05x oder 06x können Sie **Mobilfunknummern** erkennen; **Business-Nummern** können mit 07 beginnen, **gebührenfreie Nummern** mit 018.

Internet

Wie man unterwegs an das **Internet** und **Mail**-Postfach herankommt, wird immer unspektakulärer. Datendienste erledigt mittlerweile fast jedes Handy. Die Websites mit Listen der Internet-Cafés weltweit veralten vor sich hin, denn inzwischen können Hostels und Hotels sich kaum noch erlauben, *kein* kostenloses WLAN anzubieten. Café oder in der Bar reicht man einfach sein Gerät über die Theke, dass das Passwort eingetippt werden kann. Auch der öffentliche Raum soll vernetzt werden, in Tel Aviv-Jaffa, Netanya und Jerusalem geht das schon los. Mit dem Smartphone kann man per Skype und What'sApp am erschwinglichsten nach Hause **telefonieren**, auch mit Bild. Wer unterwegs mal schnell in einem Internetcafé seine **Emailbox** checkt oder seinen **Kontostand** zu Hause prüft, kann durch Spyware aller Art böse Überraschungen erleben – im schlimmsten Fall ein leeres Konto. Man sollte daher nur im größten Notfall von öffentlich zugänglichen PCs z.B. Flüge per Kreditkarte buchen, Rechnungen überweisen oder ein ebay-Account nutzen.

Muss es denn sein, dann löschen Sie so bald wie möglich alle temporären Dateien des benutzten Browsers; wenn man sich auf Internetseiten als User einloggte, unbedingt auch wieder ausloggen.

Post

Gute Chancen auf ein geöffnetes Postamt bestehen zwischen 8.30 und 14 Uhr. Vermutlich ist es sehr voll und Sie müssen eine Nummer ziehen. In Israel gibt es rote und gelbe Briefkästen, wobei die roten im Allgemeinen für Auslandspost und Post in andere Gebiete vorgesehen sind. Kleine wie größere Postkarten und Briefe bis 100 g nach Europa kosten 2018 ₪ 7,40, – Laufzeit 2-3 Wochen. Ohne Luftpost 3,20 Porto, www.israelpost.co.il. Die Gummierung auf israelischen Briefmarken ist koscher.

Die Palästina-Post darf ihre internationalen Sendungen seit Ende 2016 selbsttätig über die Allenby Bridge abwickeln. Schon vorher zeichnete sie Briefmarken in JD aus, rechnet beim Verkauf jedoch in NIS um. Die langen Postlaufzeiten von oft 3 Wochen und länger werden ohne vermutliche Untersuchung vermutlich verkürzt, auch das Porto könnte sich verändern. Ähnliche Kosten, aber eigene Motive bietet z.B. www.mypostcard.com.

Elektrizität

Die elektrische Versorgungsspannung beträgt 220 Volt bei 50 Hertz. In vielen Hotels finden Sie Steckdosen, in die deutsche Gerätestecker (wie z.B. an Rasierapparaten) passen. Euro-Stecker funktionieren eigentlich immer, die Kontakte von Schuko-Steckern können zu dick sein – also höchstens dafür einen Adapter mitnehmen.

Seit Ende 2016 sollen die Palästinenser volle Verantwortung für ihr Stromnetz übernehmen. Möge es zu einer Verringerung der immer mal vorkommenden Stromausfälle führen.

Die Medien

Presse

Die bekannteste englischsprachige Zeitung ist die *Jerusalem Post*, die freitags eine spezielle Jerusalembeilage mit Veranstaltungen etc. publiziert, www.jpost.com. Während die Jerusalem Post rechtskonservativ angesiedelt ist, wird die ziemlich ausgewogene *HaAretz* (erscheint auch auf Englisch als Beilage der *Herald Tribune*) eher von Intellektuellen gelesen, www.haaretz.com. Beide Zeitungen beschicken als **App** Ihr Smartphone mit Push-Nachrichten.

Sehr informativ ist das gratis ausliegende, monatlich erscheinende Veranstaltungsmagazin **This Week In Palestine**, www.thisweekinpalestine.com, das auch jeden Monat unterschiedlichsten Themen Gastbeiträge widmet. Die Hefte sind online inzwischen kostenpflichtig, aber lassen sich im Archiv für die letzten Jahre herunterladen. Im Serviceteil gibt es außer den Veranstaltungen lange Listen von Hotels und Restaurants, die aber nicht immer aktuell sind. Auch ein paar Stadtpläne sind meistens dabei.

Andere Medien

Funk & Fernsehen

Auch bei diesem Thema bieten **Smartphones** klare Vorteile, wenn man Apps wie die vom NDR Radio oder das TuneIn Radio geladen hat. Doch nicht immer steht das Telefonnetz oder ein WLAN zur Verfügung: ein **Weltempfänger**-Radio kann nach wie vor helfen.

Englischsprachige Radio-Nachrichten

Mittelwellen-Radio: Israel Radio (576 und 1458 kHz) um 7 und 17 Uhr; BBC (1323 kHz) immer zur vollen Stunde. Fernsehnachrichten von Israel TV Channel One: So-Do 18.15, Fr 16.30, Sa 17 Uhr; AlJazeera English zu fast jeder vollen Stunde, http://english.aljazeera.net.

Deutschsprachige Nachrichten

Wer in der Ferne über die Heimat auf dem Laufenden bleiben will, hat es heutzutage mit Smartphone leicht: mit der kostenlosen **Tagesschau-App** bleibt man über die ARD aktuell informiert. Althergebracht kann man im **Satellitenfernsehen** häufiger auf RTL und Sat 1 stoßen. Unabhängiger ist man mit einem kleinen Weltempfänger, auf dem man überall Nachrichten hören kann. Die Sendefrequenzen werden oft geändert, daher am besten den aktuellen Frequenzplan beschaffen, für die Deutsche Welle unter www.dw-world.de/empfang.

Deutsche Welle	6075, 9565, 13780, 15275, 17845 MHz
Österreich	11670 und 11715 kHz
Schweiz	9885 kHz

Fernsehprogramm

Viele Hotels bieten TV per Satellit an. Größtenteils liefern diese hebräische und/oder arabische Programme, ab und zu ist etwas auf Englisch dabei. Interessant und der Sprachkompetenz förderlich ist es zwar, bekannte Filme in Fremdsprachen zu schauen, aber in der Mehrzahl scheinen Helden- oder Monsterfilme zu laufen – da wird nicht so viel gesprochen. In Palästina werden vorwiegend Hollywood-Schinken mit arabischen Untertiteln gezeigt, in denen tendenziell auch Händchen halten herausgeschnitten wurde.

Israel/Palästina ist unserer Mitteleuropäischen Zeit (MEZ) eine Stunde voraus und stellt mit einigen Tagen Unterschied auch auf Sommerzeit um, so dass die zeitliche Differenz erhalten bleibt. Bei der Sommerzeit-Umstellung kommt es manchmal kurzzeitig zu unterschiedlichen Zeiten in Israel und Palästina.

Unterhaltung, Sport

Unterhaltung

Israel und Palästina bieten ein schier unerschöpfliches Potpourri an Veranstaltungen jeder Art, seien es Theater, Musik, Kino oder Nightlife in jeder Form. Bei den einzelnen Ortsbeschreibungen finden Sie grundsätzliche Angaben zu Veranstaltungen. Aktuelle Programme liegen in vielen Hotels aus oder sind bei den Touristeninformationen erhältlich. Aber bereits zu Hause lässt sich per Internet (Adressen siehe S. 575) einiges ermitteln oder sogar bereits buchen. Den besten Überblick bieten Ihnen www.timeout.com/israel für Israel und www.thisweekinpalestine.com oder http://ncm.birzeit.edu/en für Palästina.

Klassikliebhaber werden besonders gut im Internet bedient, müssen aber ja auch im Voraus planen. Man kann beispielsweise das Programm des **Israel Philharmonic Orchestra** verfolgen und auch gleich Karten bestellen, www.ipo.co.il. Es gibt auch ein Kibbuz-Orchester

The Israel Netanya Kibbutz Orchestra, Kibbuz Yakum, Doar Yakum; Informationen über Tel. 09 9604757 oder www.nko.co.il. Das von Daniel Barenboim und Edward Sa'id begründete **West-Östliche Diwan Orchester** mit jungen Musikern beiderseits der Grünen Linie ist leider selten vor Ort zu hören, www.west-eastern-divan.org.

Sport

Die Israelis lieben Sport, aber nicht nur vor dem Fernseher, sondern auch in der Praxis. Fußball und Basketball gehören zu den äußerst beliebten Sportarten, aber auch Schwimmen, Surfen, Tauchen oder Segeln. Selbst Skifahrer können im Winter an den Hängen des Mount Hermon auf ihre Kosten kommen. Tennisfreunde finden in fast jeder Stadt entsprechende Plätze. Grundsätzliche Informationen erteilt

• The Israel Sport-For-All-Association, 5 Warburger St, Tel Aviv, Tel. 03 5281968

Für eher ausgefallenere Sportarten sind zuständig:

• Aero Club of Israel, 67 HaYarkon St, Tel Aviv, Tel. 03 5175038, www.aeroclub.org.il, für Drachenflieger

• Sky Club Free Falling Parachuting, Tel Aviv, Tel. 06 6391068

• Israel Hang Gliding Assocation, Bat Yam, Tel. 064 601862, www.ihga.up.co.il

• Israel Diving Federation, Tel Aviv, Tel. 03 6954277, www.diving.org.il

Wandern und Trekking

Beliebt sind **Wandern** und **Trekking** in Israel und Palästina. In **Israel** wurde von Nord nach Süd ein knapp 1000 km langer Wanderweg markiert – *The Israel National Trail* (kurz: INT) –, der selbst vor der Wüste Negev nicht Halt macht. Das *National*

Geographic Magazine zählte die Strecke 2012 zu den zwanzig besten der Welt. Die Wegmarken sind Richtung Süden weiß–blau–rot, Richtung Norden rot–blau–weiß (weiß: Berg Hermon, blau: Mittelmeer, rot: Rotes Meer). Ein Forum bietet www.israel nationaltrail.com; weitere Information bei den Wanderführern S. 571. Außerdem hat die SPNI 2016 den INT auf Google Street View filmen lassen – weltweit einzigartig, schauen Sie mal rein!

Die SPNI hat noch weitere 9000 km Wanderwege markiert. Zum INT gehört auch der Jerusalem Trail in die Stadt hinein, in Galiläa wird erfolgreich der Jesus Trail von Nazareth nach Kapernaum angeboten (siehe ebenfalls S. 572). Folgen Sie ansonsten auch den Hinweisen auf www.trekkinginisrael.com.

Über die **Grüne Linie hinweg** führen Abraham Path (Türkei, Syrien, Jordanien, Palästina & Israel! – www.abrahampath .org) und der Nativity Trail (Nazareth–Bethlehem). Über letzteren siehe eine BBC-Reportage von 2008 auf http://news .bbc.co.uk/2/hi/middle_east/7784227.stm

In **Palästina** ist Wandern einfacher geworden durch das Buch *Walking Palestine* (S. 572), aber wegen fehlender oder zerstörter Markierungen ist Begleitung sehr zu empfehlen. Zu den dafür nützlichen hier nur gelisteten Webadressen vgl. den Reise Know-How Palästina-Band:

www.pace.ps, www.patg.org, www.riwaq.org, www.rozana.ps mit www.sufitrails.ps, www.sirajcenter.org mit www.walkpalestine.com und www.bikepalestine.com.

Schwimmen

Zum **Schwimmen** noch ein paar Worte. Die so harmlos aussehende Mittelmeerküste kann an einigen Stellen gefährliche Grundströmungen aufweisen, die selbst trainierten Schwimmern gefährlich werden. Man sollte daher vorsichtig sein und – als nicht so trainierter Schwimmer – möglichst nur an Stränden mit Lebensrettern baden. Auch an dieser Stelle sei daher auf die Bedeutung der Beflaggung aufmerksam gemacht:

☐ **Weiße Flagge** – Sicher

🟥 **Rote Flagge** – Gefährlich

⬛ **Schwarze Flagge** – Schwimmen absolut verboten

Übrigens: **Nacktbaden** ist in Israel und Palästina generell **verboten**. Ausnahmen bestätigen die Regel: einfach die Nudisten fragen, www.naturism.co.il.

Das ist kein brennender Tanklastzug – so kommt ein Sandsturm in der Negev-Wüste daher

3 Land und Leute

Geschichte Palästinas

Ein paar Vorbemerkungen

Im Folgenden wird mit *Palästina* eine Landschaft bezeichnet, die heute politisch nur bedingt so umschrieben ist. Dieser Begriff soll lediglich die geografische Fläche bestimmen, die von der Mittelmeerküste bis ans heutige Jordanien reicht, vom Sinai im Süden nach Syrien und Libanon im Norden. Es ist also nicht der kleine Restbereich gemeint, der – als *Westbank*, *Westjordanland* oder *Cisjordanien* benannt – dereinst hoffentlich den Kern eines Staates Palästina bilden wird, und auch nicht das „Groß-Palästina" der Briten und Extrem-Zionisten, das das heutige Jordanien noch mit einschloss.

Das geografische Palästina ist seit Menschengedenken stets eine Pufferzone zwischen Großmächten gewesen. Denn von der ersten Hochkultur und Großmacht der Welt in Mesopotamien führte der Landweg zur zweiten Großmacht, nämlich Ägypten, zwangsweise durch Palästina und den Sinai. Kein Wunder, dass beide Mächte danach trachteten, die Pufferzone entweder selbst zu besitzen oder zumindest halbwegs neutrale oder von ihr abhängige Lokalmächte dort zu wissen.

Seit grauer Vorzeit

Palästina zählt zu den ältesten Siedlungsräumen der Menschheit. In der Altsteinzeit (**100.000** bis **11.000** vC) durchstreifen Jäger und Sammler das Land, die primitive Steinwerkzeuge benutzen. In den Höhlen des Karmel hausen Vorfahren des

4000 Jahre Israel und Palästina im Überblick

Jh		Historische Stichworte	Bibl. Ereignisse
2000	Bronzezeit	Ägypten: Interregnum	
1900			
1800		ägyptische Vormacht	Abra(ha)m?
1700			
1600			
1500			Auszug nach Ägypten?
1400		1457 Ägypten siegt bei Megiddo	
1300			
1200	Eisenzeit	Seevölkersturm	Rückkehr aus Ägypten? „Landnahme"
1100			Richter, Philisterkämpfe
1000			David, Salomo, Tempel
900		922 Feldzug Pharao Sheshonk	Königreiche Israel & Juda
800			
700		722 Assyrer erobern Israel & Samaria / Assyrer	
600		586 Babylonier erobern Juda & Jerusalem	Babylonisches Exil
500	Perser	539 Kyros	Rückkehr aus Exil / Esra & Nehemia
400			
300	Griechen & Römer	332 Alexander d.Gr. / Ptolemäer (Ägypten)	
200		Seleukiden (Syrien)	Makkabäeraufstand
100vC		64 Pompeius	Hasmonäer-Dynastie / Herodes d.Gr.
100nC		66 jüd. Aufstand / 70 Jerusalem samt Tempel zerstört / 132 Bar Kochba-Aufstand	Jesus Paulus
200			
300	Christentum	Konstantin d.Gr.	
400			
500			
600	Islam	632 Islamische Eroberung / Omaijadische Kalifen / Abbassidische Kalifen	
700			
800			
900		Fatimidische Kalifen (Shiiten)	
1000			
1100	Kreuzzeit	1099 Jerusalem fällt an die Kreuzfahrer	
1200		1187 Jerusalem fällt an Saladin (Salah AdDin) / Ayyubidische, ad 1249 Mamlukische Sultane & Kalifen	
1300		1292 letzte Bastion Akko fällt an die Muslime	
1400	Islam		
1500		1517 Süleiman der Prächtige / Osmanische Sultane	
1600			
1700			
1800			
1900		1882 erste jüdische Einwanderungswelle / 1917 Britische Mandatszeit	
2000		1948 Ausrufung Israels/Nakba	**Briten und Staat Israel**

(Nabatäer)

modernen Menschen, aber auch „Neandertaler", die um 40.000 vC aussterben. In der mittleren Steinzeit ab **11.000** vC werden Pfeil und Bogen sowie Fallen zur Jagd benutzt. Wie die ersten Siedlungsschichten von Jericho (etwa **9000** vC), einer der ältesten bekannten menschlichen Steinbau-Siedlungen, beweisen, haben sich die Bewohner zu einer Sozialgemeinschaft zusammengeschlossen und betreiben Ackerbau und Viehzucht.

Aus der Jungsteinzeit (ab **7500** vC) gibt es bereits mehrere Zeugnisse, dass Dorfgemeinschaften systematisch Feldanbau betreiben. Der größere Wohlstand erlaubt die Beschäftigung mit künstlerischen Ausdrucksformen, besonders als um **6000** vC die Töpferei erfunden ist. In Jericho wird ein erster Tempel für eine aus Mann, Frau und Kind bestehende Gottheit gebaut. In der ab **4500** vC folgenden Kupfersteinzeit hat man gelernt, Kupfer zu gewinnen und es nutzbringend für Werkzeuge und Waffen einzusetzen. Auch aus dieser Zeit gibt es diverse Fundstellen. In Ägypten und Mesopotamien künden sich die ersten Hochkulturen an.

In der frühen Bronzezeit ab **3300** vC entstehen in Palästina neben Jericho weitere Städte wie Arad und Megiddo. In der mittleren Bronzezeit ab etwa **2000** vC bilden sich erste Stadtstaaten, von denen die wichtigsten Hazor und Jerusalem sind.

Den größten Teil des Landes besiedeln die **Kanaaniter**. Das Auftreten dieses Volks fällt ziemlich genau mit der Bronzezeit von **3000** bis **1200** vC zusammen. Die Bronzezeit heißt in Israel daher oft bereits interpretierend *Kanaanitische Zeit* und die Eisenzeit entsprechend *Israelitische Zeit*. Der ägyptische Pharao Amenhotep II. berichtet **1429** vC, dass Palästina von Hurritern im Landesinneren und Kanaanitern in den Küstenstädten bewohnt werde. 100 Jahre später sprechen Ägypter

auch von *(H)Abiru* – mit anderen Vokalen: *Hebräern* – und meinen damit wahrscheinlich alle aus den östlichen (Wüsten-) Gebieten eingewanderten Gruppen.

Um etwa **2000** vC ist eine Invasion von westsemitischen Nomaden nicht mehr aufzuhalten; dazu gehören z.B. die aus der syrischen Wüste kommenden Amoriter. Wie historisch zutreffend die Erzvätergeschichten der Bibel auch immer sind: Demnach wäre etwa im **18. Jh** vC ein Mann namens **Abraham** auf die Idee gekommen, ebenfalls nach Westen auszuwandern. Er stammte aus Ur in Mesopotamien und zog entlang des Euphrats flussaufwärts, schließlich über Aleppo südlich bis nach Hebron und siedelte dort. Er gilt als der Stammvater der Juden bzw. Israeliten. Ab etwa **1650** vC wandern semitische Völker (Hyksos) in Ägypten ein und besiegen dessen Norden. Vermutet wird, dass Abrahams Enkel Jakob und Urenkel Joseph diese Gelegenheit nutzten, um nach Ägypten zu ziehen.

Im Norden Kanaans sind die Hethiter so stark geworden, dass sie 1285 in der Schlacht von Kadesch von Ramses II. bekämpft, aber nicht besiegt werden. Mit der Patt-Situation arrangiert man sich. In die Regierungszeit dieses Pharaos oder seines Sohnes Merenptah fällt wahrscheinlich die Rückkehr der Israeliten unter Moses nach Ägypten über den Sinai nach Palästina. In einem langjährigen Prozess verdrängen die verschiedenen jüdischen Stämme die Kanaaniter, die zunächst noch Teile der Küstenebene und Jerusalem halten können. Aber nicht genug des Ungemachs, aus dem Osten und Südosten stoßen Ammoniter, Moabiter und Edomiter nach Palästina vor, von Westen her ab etwa **1200** vC die Philister, vermutlich indogermanische Seevölker aus der Ägäis. Damit beginnt die rund 400 Jahre dauernde Zeit des israelitisch-judäischen Königstums.

Nun haben die Israeliten bei ihrer sogenannten Landnahme mit den Philistern einen weiteren und technisch durch Eisenwaffen überlegenen Feind zu bekämpfen. Die Sache mit den Kanaanitern lässt sich im Laufe der Jahre durch Eroberung, Vertreibung, Assimilation oder Vernichtung regeln. Doch die Philister bleiben über viele Jahrhunderte Feinde, obwohl ihr Einflussgebiet auf die Gegend um Gaza und Ashkelon sowie auf Gath und Ekron im Landesinneren begrenzt ist. Ende des **11. Jhs** vC können die Philister in der Schlacht bei Eben-Ezer sogar die Bundeslade erobern (ein transportabler Holzschrein mit den Gesetzestafeln der Zehn Gebote).

Um **1015** vC wird Saul in Gilgal bei Jericho zum König der Israeliten gesalbt. Damit beginnt die gut 300 Jahre dauernde Zeit der israelitischen Herrscher. Saul besiegt zunächst die Philister, fällt aber **1006** vC im erneuten Kampf gegen sie. Nun setzt sich der Stamm Juda durch und krönt in Hebron David zum Nachfolger Sauls.

Um **1004** vC erobert David Jerusalem, erklärt die Stadt zu seiner Residenz und stellt die von ihm zurückeroberte Bundeslade auf dem Tempelberg auf. David geht auf weiteren Eroberungskurs: Er nimmt den Philistern die Jesreel-Ebene ab, besiegt die Moabiter und die Ammoniter und nimmt Damaskus, die Hauptstadt der Aramäer, ein. Nach Südosten konsolidiert er seinen Machtbereich mit dem Sieg über die Edomiter, damit fällt ihm der Zugang zum Roten Meer beim heutigen Elat/Aqaba in die Hand. Er führt eine straffe, nach ägyptischem Vorbild organisierte Verwaltung in dem nun entstandenen Vielvölkerstaat ein.

965 vC wird Davids Sohn Salomo König des israelitischen Großreichs. Er festigt die Eroberungen seines Vaters und sorgt umsichtig für sein Reich. Um **953** vC lässt er den ersten israelitischen Tempel in Jerusalem bauen. Nach seinem Tod **926** vC zerfällt das Staat in ein südliches Reich **Juda** mit zwei Stämmen sowie ein nördliches Reich **Israel** mit zehn Stämmen.

Soweit die biblische Darstellung. Viele Archäologen sind heute der Meinung, dass es das Großreich Davids und Salomos nie gegeben habe und ihre Herrschaft sich mehr oder weniger auf Jerusalem beschränkt hätte.

878 vC wird Omri König Israels, der die neue Hauptstadt Samaria gründet. **722** vC erobern Assyrer Israel mitsamt der Kapitale Samaria nahe dem heutigen Nablus und verschleppen die Bewohner. Assyrische Siedler füllen das Vakuum, vermischen sich mit den zurückgebliebenen Juden und werden fortan Samaritaner genannt. Damit erlischt das Königreich Israel.

Das südlich gelegene Königreich **Juda** muss sich **733** vC den Assyrern unterwerfen und geht auch auf deren religiösen Kult ein. Nachdem aber die Babylonier die Assyrer vernichtend schlagen, nutzen die Judäer die Chance des Machtvakuums und annektieren geschwind Samaria und Galiläa. Doch ab **608** vC geraten sie in Abhängigkeit der Babylonier. Nachdem die Judäer immer wieder den Aufstand proben, erobern **586** vC die Babylonier unter Nebukadnezar II. Jerusalem und treiben einen Großteil der Bewohner ins babylonische Exil. Nun existiert auch das Königreich Juda nicht mehr.

Als beide israelitischen Reiche zerschlagen sind und ihre Bewohner entweder von den Assyrern aufgerieben wurden oder im babylonischen Exil festsitzen, mischen sich die Karten in Nahost und Palästina neu. **539** vC zerschlägt der Perserkönig Kyros II. das Babylonische Reich und erlaubt **538** vC den Juden die Rückkehr nach Palästina, eine kleine autonome Provinz namens Jehud mit Zentrum Jerusalem. Die Stadt wird wieder befestigt, ein kleiner Tempel auf den Überresten des einst von König Salomo errichteten gebaut. Schließlich werden die Küstenstädte Akko und Gaza erobert und befestigt. In den folgenden beiden Jahrhunderten lassen sich immer mehr Griechen in Palästina nieder.

Die griechische Besiedlung wird sozusagen legalisiert, als Alexander der Große **333** vC bei Issos über die Perser unter Darius III. siegt. Doch 10 Jahre später stirbt Alexander, Palästina gerät in die Wirren um seine Nachfolge, die sogenannten Diadochen-Kämpfe. Die Ptolemäer aus Ägypten triumphieren und halten Palästina besetzt. Die Provinz Juda wird von einem Hohepriester verwaltet, viele Juden wandern in das Machtzentrum nach Ägypten aus. In Palästina leben nun im Landesinnern die verbliebenen Judäer und Samaritaner, in der nördlichen Küstenebene Phönizier, im Süden Nabatäer.

198 vC kommt es zwischen den Ptolemäern und den in Syrien herrschenden griechischen Seleukiden zur Schlacht beim heutigen Banias: Die Seleukiden unter Antiochos III. gewinnen, Palästina gerät unter ihre Herrschaft. Sein Nachfolger Antiochos IV. Epiphanes befiehlt eine konsequente Hellenisierung Palästinas, auch in religiöser Hinsicht. Da **169** vC selbst der Jerusalemer Tempel nicht verschont wird, wehren sich die Juden unter Führung der sogenannten Makkabäer in einem Aufstand mit der Folge, dass **165** vC Antiochos IV. wieder die Ausübung der jüdischen Religion erlaubt. 141 vC gelingt es schließlich den Hasmonäern, die Selbständigkeit des Staates Juda durchzusetzen.

Römer und Christen

Als **64/63** vC der Feldherr Pompejus den Nahen Osten überrennt und unter römische Hoheit bringt, fällt der Hasmonäerstaat ins Vasallentum zurück. **37** vC richten die Römer den letzten Hasmonäerkönig hin, Mattathias Antigonus. Stattdessen küren sie den aus Edom/Idumäa stammenden Herodes zum König. Dieser geht als Herodes der Große in die Geschichte ein. Er lässt zahlreiche Prachtbauten anlegen, erneuert und erweitert den Jerusalemer Tempel zum sogenannten Zweiten Tempel und dehnt seinen Herrschaftsbereich weit ins heutige Syrien und Jordanien hinein aus. Nach seinem Tod **4** vC wird sein Herrschaftsgebiet unter seinen drei Söhnen aufgeteilt, die teils ebenfalls *Herodes* heißen.

Es kommt zu Spannungen zwischen Juden und römischen Besatzern, 66 nC beginnt der Aufstand der Juden gegen die Römer. **69** wird Vespasian Kaiser in Rom, sein Sohn Titus zieht gegen Jerusalem, zerschlägt den jüdischen Aufstand

Römisches Aquädukt, Caesarea

Der Präsident und sein Land

Am 17. Januar 1996 hielt Israels Präsident Eser Weizmann eine viel beachtete und beachtenswerte Rede vor dem Deutschen Bundestag. Sie ist nicht nur wegen ihres literarischen Wortklangs schön zu lesen, sie sagt auch mit ganz anderen Worten sehr viel mehr als eine nüchterne landeskundliche Beschreibung über Israel und seine Vergangenheit. Daher wollen wir sie hier ungekürzt abdrucken:

Das Schicksal hat es gewollt, dass ich und die Angehörigen meiner Generation in einer Zeit geboren wurden, in der Juden in ihr Land zurückkehrten und es neu aufbauen konnten. Ich bin nun nicht mehr ein Jude, der in der Welt umherwandert, der von Staat zu Staat ziehende Emigrant, der von Exil zu Exil getriebene Flüchtling. Doch jeder einzelne Jude in jeder Generation muss sich selbst so verstehen, als ob er dort gewesen wäre – dort bei den Generationen, den Stätten und den Ereignissen, die lange vor seiner Zeit liegen. Daher bin ich noch immer auf Wanderschaft, aber nicht mehr auf den abgelegenen Wegen der Welt. Jetzt wandere ich durch die Weite der Zeiten, ziehe von Generation zu Generation, laufe auf den Pfaden der Erinnerungen.

Die Erinnerung verkürzt die Distanzen. Zweihundert Generationen sind seit den historischen Anfängen meines Volkes vergangen, und die erscheinen mir wie wenige Tage. Erst zweihundert Generationen sind vergangen, seit ein Mensch namens Abraham aufstand, um sein Land und seine Heimat zu verlassen und in ein Land zu ziehen, das heute mein Land ist. Erst zweihundert Generationen sind vergangen, seit Abraham die Machpela-Höhle in der Stadt Hebron kaufte, bis zu den schweren Konflikten, die sich dort in meiner Generation abspielen. Erst hundertundfünfzig Generationen sind vergangen von der Feuersäule des Auszugs aus Ägypten bis zu den Rauchsäulen der Shoá. Und ich – geboren aus den Nachkommen Abrahams im Lande Abrahams – war überall mit dabei.

Ich war ein Sklave in Ägypten und empfing die Tora am Berge Sinai, und zusammen mit Josua und Elia überschritt ich den Jordan. Mit König David zog ich in Jerusalem ein, und mit Zedekia wurde ich von dort ins Exil geführt. Ich habe Jerusalem an den Wassern zu Babel nicht vergessen, und als der Herr Zion heimführte, war ich unter den Träumenden, die Jerusalems Mauern errichteten. Ich habe gegen die Römer gekämpft und bin aus Spanien vertrieben worden, ich wurde auf den Scheiterhaufen in Magenza, in Mainz, geschleppt und habe Tora im Jemen studiert. Ich habe meine Familie in Kishinev verloren und bin in Treblinka verbrannt worden. Ich habe im Warschauer Aufstand gekämpft und bin nach Erez Israel gegangen, in mein Land, aus dem ich ins Exil geführt worden war, in dem ich geboren wurde, aus dem ich komme und in das ich zurückkehren werde. Unstet und flüchtig bin ich, wenn ich den Spuren meiner Väter folge.

Und wie ich sie dort und in jenen Tagen begleite, so begleiten mich meine Väter und stehen hier und heute neben mir. Die Scharfsichtigen unter Ihnen werden sie erkannt haben – eine Gefolgschaft von Propheten und Bauern, Königen und Rabbinern, Wissenschaftlern und Soldaten, Handwerkern und Schülern. Manche starben wohl lebenssatt in ihrem Bette, manche wurden vom Feuer verzehrt und manche fielen dem Schwert zum Opfer.

Und wie von uns verlangt wird, kraft der Erinnerung, an jedem Tag und jedem Ereignis unserer Vergangenheit teilzunehmen, so wird auch von uns verlangt, kraft der Hoffnung, uns auf jeden einzelnen Tag unserer Zukunft vorzubereiten. Doch erst im letzten Jahrhundert schwankten wir zwischen Tod und Leben, zwischen Verzweiflung und Hoffnung, zwischen Entwurzelung und Einpflanzung. Dies ist das furchtbare Jahrhundert des Todes, in dem die Nazis und ihre Gehilfen einen großen Teil von uns während der Shoá ermordeten, aber es ist auch das schwindelerregende Jahrhundert der Rückkehr zum Leben, der Wiedergeburt, der Unabhängigkeit und schließlich – der Chancen zum Frieden.

Zum ersten Mal spricht ein Präsident des Staates Israel in diesem Hohen Hause. Ich danke Ihnen für die Ehre, die Sie uns erwiesen haben, und ich freue mich, hier bekannte

und zerstört im August **70** den Tempel. 1000 jüdisch-extreme Zeloten können sich noch bis zum Mai **73** auf der Festung Massada am Toten Meer verschanzen – bis zum kollektiven Selbstmord wenige Stunden vor der Eroberung durch die Römer. Die jüdische Führungsschicht wird nach Rom geführt (verschleppt), was am Titusbogen in Rom noch heute zu sehen ist.

115 finden Judenaufstände in Kyrene, Ägypten und auf Zypern statt, die auch auf Judäa übergreifen. Als **130** der römische Kaiser Hadrian die Beschneidung der jüdischen Männer verbietet, ruft Simeon Ben Kosba zum Bar-Kochba-Aufstand auf, der **135** von den Römern niedergeschlagen wird und zum Religionsverbot der Juden führt, das allerdings **140** von Antoninus Pius wieder aufgehoben wird. Doch Juden dürfen sich nicht in Jerusalem und Umgebung niederlassen. Daraufhin wandert das Zentrum des palästinensischen Judentums nach Galiläa, wo es im 4. Jh. in Tiberias zu einer neuen Blüte kommt. Sie gipfelt im Abschluss des Palästinensischen Talmuds (trotz seiner Redaktion in Tiberias auch Jerusalemer Talmud genannt).

Langsam entwickeln sich auch christliche Gemeinden in Palästina, zunächst in Jerusalem, Akko, Jaffa, Lod und Pella (Jordanien). Unter Konstantin dem Großen steigt das Christentum Anfang des 4. Jhs zur staatstragenden Größe auf. Dies hat eine enorme Aufwertung Palästinas und vor allem der Stätten zur Folge, die unmittelbar mit dem Wirken von Jesus zusammenhängen bzw. in Zusammenhang gebracht werden. So entstehen die Grabeskirche auf dem Hügel Golgatha in Jerusalem und die Geburtskirche in Bethlehem als kaiserliche Projekte.

Kaiser Theodosius I. zerteilt **395** das Römische Imperium in das West- und das Oströmische Reich, das in der Folge Byzanz genannt wird. Daher bezeichnet man diese Epoche der Geschichte Palästinas als die byzantinische Zeit.

Damit bricht für Palästina die Byzantinische Epoche an, d.h. die christliche Herrschaft. Am Ende der Regierung von Theodosius II. (**408-450**) ist Palästina weitgehend christianisiert. Immer wieder flackern Aufstände der in Palästina verbliebenen Juden auf, die aber von den byzantinischen Herrschern niedergeschlagen werden.

614 erobern die Perser, die sich erneut (neben Byzanz) als Großmacht etabliert haben, unter Chosroes II. Palästina. Der christliche Patriarch von Jerusalem, Zacharias, wird mitsamt dem Heiligen Kreuz aus der Grabeskirche und 37.000 Christen nach Persien verschleppt. Zahlreiche Kirchen werden zerstört. **628** gelingt es Kaiser Heraklios, die Perser zu schlagen, die Gefangenen zu befreien und das Heilige Kreuz zurückzuholen.

Doch die erneute byzantinische Herrschaft wird rasch beendet: Arabische Heere dringen unter der Fahne des Propheten Mohammed in Palästina ein und verkünden den Islam. **636** wird in der Schlacht am Yarmuk das byzantinische Heer von den Arabern vernichtend geschlagen, **638** übergibt der Patriarch Sophronius die Stadt Jerusalem dem Kalifen Omar. Das Übergabeschreiben ist im Jerusalemer Museum des griechischen Patriarchats ausgestellt.

Arabisch-islamische Epoche

Die direkten Nachfolger Mohammeds fallen im Kampf um das sich schnell ausdehnende islamische Herrschaftsgebiet Morden zum Opfer. **661** kommen die Omaijaden in Mekka an die Macht und verlegen ihren Herrschaftssitz nach Damaskus. Sie regieren ein riesiges, in wenigen Jahren erobertes Gebiet, zu dem auch Palästina gehört. Kalif Abd

und befreundete Gesichter zu sehen. Herr Bundespräsident, Frau Bundestagspräsidentin, Herr Bundesratspräsident, Herr Bundeskanzler, Israel erinnert sich bewegt an Ihre Besuche bei uns und die Haltung, die Sie den Schrecken der Vergangenheit, aber auch den Hoffnungen der Zukunft gegenüber an den Tag gelegt haben. Sie waren auch in der schweren Stunde bei uns, als wir unseren Ministerpräsidenten Yitzhak Rabin, seligen Angedenkens, zur letzten Ruhe begleiteten, der auf dem Wege zum Frieden ermordet worden war. Und ich danke Ihnen herzlich für die Freundschaft und die Zusammenarbeit, die heute zwischen Israel und Deutschland bestehen und die in wirtschaftlichen, sicherheitspolitischen, kulturellen und vielen anderen Bereichen zum Ausdruck kommen. Und hier möchte ich einen Bereich aufgreifen, der mir ganz besonders am Herzen liegt – nämlich den Bereich der wissenschaftlichen Forschung. Deutsche und israelische Wissenschaftler teilen Wissen und Begabung, und die deutsche Förderung der wissenschaftlichen Forschung bei uns gehört zu den Dingen, die von den israelischen Bürgern besonders geschätzt werden.

Aber dennoch, meine Damen und Herren, ist dies kein leichter Besuch. Erst fünfzig Jahre, ein Augenblick in der langen Geschichte meines Volkes, sind seit dem Ende des schrecklichen Krieges bis auf den heutigen Tag vergangen. Nicht leicht fiel es mir, heute das Konzentrationslager Sachsenhausen zu besuchen. Nicht leicht ist es für mich, in diesem Lande zu sein, die Erinnerungen zu hören und die Stimmen, die zu mir von der Erde schreien. Nicht leicht ist es, hier zu stehen und zu Ihnen zu sprechen, meine Freunde in diesem Hause. Tausend Jahre und länger lebten Juden in Deutschland. Bis zur Zerstörung durch die Nationalsozialisten war dies die größte und älteste jüdische Gemeinde in Europa. Von den ersten Kaufleuten, die im Gefolge der Römer hierher kamen, bis zu den Wissenschaftlern des 20. Jahrhunderts. Von Kalonymus bis Mendelssohn, von der Fuldaer Ritualmordbeschuldigung bis zu den Schrecken der Reichspogromnacht. Vom Schandmal bis zum Gelben Fleck, von den antisemitischen Schriften Martin Luthers bis zu den Nürnberger Gesetzen, von der Schriftauslegung Raschis bis zur Lyrik Heinrich Heines, Rabbenu Gershom, die Leuchte des Exils, Walter Rathenau, Martin Buber, Franz Rosenzweig, Albert Einstein – dies sind nur einige Namen, die dieses Land gekannt hat.

Unter den Millionen Kindern meines Volkes, die die Nazis in den Tod geführt haben, waren weitere Namen, an die wir heute mit dem gleichen Maß an Ehrfurcht und Hochachtung erinnern könnten. Doch wir kennen diese Namen nicht. Wie viele Bücher, die niemals geschrieben wurden, sind mit ihnen gestorben? Wie viele Symphonien, die niemals komponiert wurden, sind in ihren Kehlen erstickt? Wie viele wissenschaftliche Entdeckungen konnten nicht in ihren Köpfen heranreifen? Jeder und jede einzelne von ihnen ist hier zweimal getötet worden. Einmal als Kind, das die Nazis in die Lager geschleppt haben und einmal als Erwachsener. der sie oder er nicht sein konnten.

Der Nationalsozialismus hat sie nicht nur ihren Familien und den Angehörigen ihres Volkes entrissen, sondern der gesamten Menschheit. Als Präsident des Staates Israel kann ich über sie trauern und ihrer gedenken, aber ich kann nicht in ihrem Namen vergeben. Ich kann nur fordern, meine Damen und Herren Abgeordnete des Bundestages und Bundesrates, dass Sie in Ihrem Wissen um die Vergangenheit Ihre Sinne auch auf die Zukunft richten. Dass Sie jede Regung des Rassismus wahrnehmen und jede Regung des Neo-Nazismus zerschlagen. Dass Sie diese Elemente mutig zu erkennen wissen und von der Wurzel her ausreißen, auf dass sie nicht wachsen und Zweige und Wipfel bekommen. Ich vermute, dass auch für Sie, meine Damen und Herren, der Besuch des israelischen Staatspräsidenten einige nicht leichte Momente mit sich bringt. Doch wir treffen uns hier nicht als Privatpersonen, sondern als Abgesandte souveräner Staaten. Wir müssen das Gemeinsame finden, um die von uns selbst gesteckten Ziele anzusteuern und zu erreichen.

AlMalik lässt auf dem Tempelberg von Jerusalem eins der bis heute schönsten islamischen Bauwerke errichten, den **Felsendom**.

750 lösen die Abbasiden die omaijadische Dynastie ab und verlegen die Residenz nach Bagdad. **878** erobert ein türkischer Söldner, Ibn Tulun, die Vormacht in Ägypten und Palästina. Kurz vor der Jahrtausendwende übernehmen die aus dem Maghreb kommenden schiitischen Fatimiden die Nachfolge der Tuluniden. Die tolerante Koexistenz mit Christen, Juden und Sunniten geht mit dem ägyptischen Kalifen AlHakim zu Bruch: Andersgläubige werden Bürger zweiter Klasse, **1009** zerstört er sogar die Grabeskirche. Die Drusen verehren ihn dagegen als Gottesinkarnation. **1055** erobern die Seldschuken Bagdad und Palästina. Sie überfallen christliche Pilger und geben damit den letzten Vorwand für die Kreuzzüge.

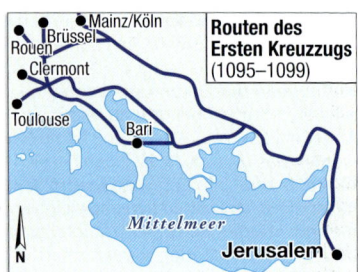

Kreuzfahrer

Als Papst Urban II. 1095 die Christen zur Befreiung des Heiligen Grabes aufruft, findet er genügend ambitionierte Adlige und religiöse Fanatiker, die zum Kreuzzug aufbrechen. Mit Unterstützung aus Pisa und Genua erobern sie 1099 Jerusalem und richten ein so schreckliches Blutbad sowohl unter Muslimen als auch Juden sowie orientalischen Christen an, welches das Bild vom Westen im kulturellen Gedächtnis der Muslime bis heute entscheidend prägt. Gottfried von Bouillon wird *Beschützer des Heiligen Grabes*. Nach dessen Tod 1100 lässt sich sein Bruder als Balduin I. zum König von Jerusalem ausrufen.

Die Kreuzfahrer sichern nun – besonders unter Fulko – ihre Eroberungen durch den Bau zahlreicher Festungen. König Amalrik will Ägypten annektieren, scheitert jedoch. Dafür rückt nun der erfolgreiche ägyptische Sultan Saladin (*Salah AdDin*) den Kreuzfahrern auf die Fersen. Saladin schlägt 1187 die Christen vernichtend bei den Hörnern von Hittin und nimmt drei Monate später Jerusalem ein. Beim Dritten Kreuzzug gelingt es den christlichen Heeren, Akko zurückzuerobern und diese Stadt zur Hauptstadt des nur noch sehr kleinen Kreuzfahrerstaates auszurufen. Der Vierte Kreuzzug erreicht 1204 unter Führung Venedigs lediglich Konstantinopel und zerrüttet mit der Eroberung dieser Stadt das Verhältnis zwischen Ost- und West-Kirche komplett. Beim Fünften Kreuzzug unter Kaiser Friedrich II. 1228/29 kommt man dagegen vertraglich (!) mit dem ägyptischen Sultan überein, Jerusalem, Bethlehem und Nazareth unter christliche Kontrolle zu stellen. Doch 1244 fällt Jerusalem zurück an die Ägypter, 1261-1272 erobert der Mamluke Baibars den Rest des Kreuzfahrerstaats, 1292 fällt schließlich auch Akko. Das christliche Abenteuer in Palästina ist zu Ende, es hat alle Beteiligten unsägliche Opfer gekostet. Immerhin hat jedoch der Kulturaustausch das rückständige Abendland vorangebracht.

Mamluken und Osmanen

In Ägypten hatten um **1250** freigelassene türkische und tscherkessische Sklaven die Macht an sich gerissen: Bis **1516** regieren die machthungrigen und

Unstet und flüchtig bin ich. Mit dem Rucksack der Erinnerungen auf meinen Schultern und dem Stab meiner Hoffnung in den Händen trete ich auf die große Kreuzung der Zeitläufe am Ende des 20. Jahrhunderts. Wohl weiß ich, woher ich komme, und voller Hoffnung und Besorgnis möchte ich wissen, wohin ich gehe. Der Staat Israel befindet sich gegenwärtig auf dem Höhepunkt einer ermutigenden und bewegenden Entwicklung, die doch zugleich auch besorgniserregend und beängstigend ist.

Schon hat sie das Leben führender Friedenspolitiker als Opfer verlangt, das Leben des israelischen Ministerpräsidenten Yitzhak Rabin, der kaltblütig von einem Feind des Friedens ermordet wurde, und zuvor das Leben des ägyptischen Staatspräsidenten Anwar Sadat. Doch der Friedensprozess ist der wichtigste Prozess seit der Gründung des Judenstaates. Und wir befinden uns im Augenblick auf dem Höhepunkt.

Herr Bundespräsident, meine Damen und Herren, länger als hundert Jahre der Verwirklichung des Zionismus haben wir auf diesen Frieden gehofft und uns bemüht, ihn zu erreichen. Nicht auf Schlachtschiffen sind wir in unsere Heimat zurückgekehrt, nicht mit erhobenen Lanzen nach Hause marschiert. In Karawanen träumender Menschen kamen wir zurück und in Booten ausgemergelter Flüchtlinge. Wir kehrten zurück, und wie unsere Vorväter – wie König David den Tempelberg, wie unser Vater Abraham die Höhle in Machpela kaufte – so kauften wir Boden, besäten Felder, pflanzten Weinberge, errichteten Häuser, und noch bevor wir einen Staat gegründet hatten, mussten wir zur Waffe greifen, um unser Leben zu schützen. Immer wieder haben wir die Hand zum Frieden ausgestreckt, immer wieder wurden wir zurückgewiesen. Immer wieder mussten wir in Kriege ziehen, immer wieder töten und getötet werden. Immer wieder mussten wir Haus und Büro, Universität und Plantage verlassen und auf das Schlachtfeld ziehen. Und immer wieder mussten wir entdecken, dass sich auch jenseits der größten Siege nur Krise und Verlust verstecken.

Wir sehnen uns nach diesem Frieden, wir träumen von ihm und beten um ihn; denn dieser Frieden begegnet uns in jedem einzelnen Abschnitt des jüdischen Denkens: in der Tora und in den Psalmengesängen, im Talmud und in den Schriftauslegungen, in den Gebeten und in den Midraschim. Doch gerade wegen dieser unendlichen Sehnsucht nach Frieden, gerade weil wir uns gut an die früheren Seiten unserer Geschichte erinnern, insbesondere an die Seiten, die schrecklicher als alles andere sind, die Seiten, die in diesem Lande geschrieben wurden, müssen wir vorsichtig und pragmatisch sein.

Wir pflegen diesen zerbrechlichen, empfindlichen Friedensprozess, weil wir voller Hoffnung sind. Und ich bin mir sicher, auch mit Rationalität und pragmatischer Umsicht. Die Terrororganisationen und extremen islamischen Staaten trachten ebenso wie radikale Elemente in unserer Mitte danach, den Friedensprozess zu sabotieren. Die Situation ist geladen und nicht leicht. Nicht nur wegen der mörderischen Radikalität, die es sich zum Ziel gesetzt hat, diesen Frieden zunichte zu machen, sondern auch, weil selbst in den Herzen der Friedensstifter sich Befürchtungen eingenistet haben, und die Wunden auf beiden Seiten noch offen, die Erinnerungen noch frisch sind. Noch schreit das Blut zu uns von der Erde.

Viele Friedensverträge wurden in der Geschichte unterzeichnet. Man sprach dort von wirtschaftlichen Beziehungen und Sicherheitsregelungen, über Entschädigungen und Grenzen. Als Verteidigungsminister der israelischen Regierung habe ich an den Friedensverhandlungen zwischen Israel und Ägypten teilgenommen, und ich kann Ihnen sagen, dass auch in den Friedensverträgen im Nahen Osten auf diese Aspekte genau geachtet wird, aber nicht nur auf sie. Bei uns spricht man auch über heiligen Boden, über heilige Gräber, über heilige Kriege, und Erinnerungen aus den Zeiten Josua Ben-Nuns, der Tempelritter, aus den Tagen eines Pontius Pilatus und eines Saladins schweben um den Verhandlungstisch.

häufig unberechenbaren Mamluken auch Palästina. So grausam sich ihre Machtablösung in vielen Fällen ereignet, so sehr üben sich einige Mamluken in schönen Sakralbauten oder im Ausbau von Straßen und Brücken. In Palästina hinterlassen sie, abgesehen vom Tempelplatz, nur wenige Spuren. **1492** erlauben sie aus Spanien vertriebenen Juden die Rückkehr.

Nachdem der osmanische Sultan Selim I. **1516** die Mamluken bei Aleppo geschlagen und Jerusalem sowie Ägypten eingenommen hat, etabliert sich eine neue Großmacht in Palästina, die von Konstantinopel (Istanbul) aus ihr Reich regiert. Unter seinem Sohn Suleiman II., dem Prächtigen, der immerhin 46 Jahre an der Macht bleibt, findet auch Palästina zu einer neuen Blütezeit. So wird die Stadtmauer Jerusalems erneuert und teils neu verlegt, immerhin so dauerhaft, dass sie heute noch den Ruhm Suleimans verkündet und zum UNESCO-Weltkulturerbe zählt. Nach dem Tod des Sultans bahnt sich langsam ein Machtverfall der Osmanen an. So können sich in Akko regionale Fürsten etablieren (u.a. Daher AlOmar und Ahmed AlJazzar). **1805** kommt der aus Mazedonien stammende Offizier Mohammed Ali in Ägypten an die Macht, sein Sohn Ibrahim erobert **1833** Palästina und Syrien, **1840** übernehmen die Türken auf Druck westlicher Staaten wieder die Verwaltung.

1841 gründen Protestanten das erste Bistum in Jerusalem, **1878** jüdische Siedler Petakh Tikva als erste landwirtschaftliche Siedlung. Ab **1882** kommen – unterstützt von Baron Edmond de Rothschild – in einer ersten Einwanderungswelle (Aliya) zwischen 20.000 und 30.000 russische und polnische Juden aufgrund von Pogromen in Russland nach Palästina. Die jüdischen Siedler kaufen Land in immer größerem Umfang auf. Verkäufer sind meist reiche Araber, die in den umliegenden Metropolen – Beirut, Damaskus, Kairo oder gar Paris – leben und sich um die sozialen Folgen ihrer Verkäufe nicht scheren.

1896 legt Theodor Herzl sein Buch *Der Judenstaat* vor und begründet damit den Zionismus, der die Juden nach Palästina zurückführen soll. Seine Ideen finden bald Anhänger, so dass sich aufgrund von Pogromen in Russland durch eine zweite Einwanderungswelle zwischen 1904 und 1914 die Anzahl der Juden auf rund 100.000 gegenüber rund 600.000 Arabern erhöht.

Wirtschaftlich betroffen von den Landkäufen sind die unteren sozialen Schichten der Einheimischen, die Fellachen, die ihre Arbeitsplätze verlieren. Denn die neuen Landeigentümer legen selbst Hand an, um sich zu ernähren. So kommt es **1908** zu ersten bewaffneten Angriffen auf jüdische Siedler und in der Folge immer wieder zu Unruhen, die sich gegen die neuen Landbesitzer richten.

Der **Erste Weltkrieg** verändert auch die politische Landkarte im Nahen Osten. Die Türkei tritt als Alliierte Deutschlands und Österreichs in den Krieg ein, Ägypten wird zum Britischen Protektorat erklärt. **1917** erobern die Engländer unter anderem Palästina, nach Ende des Ersten Weltkriegs **1918** zerfällt das Osmanische Reich.

Britisches Mandatsgebiet

Die Briten übernehmen als Besatzungsmacht die Verwaltung Palästinas, die **1920** durch ein Mandat der sog. San Remo Konferenz sanktioniert und 1922 als offizielles *Palästina-Mandat* vom Völkerbund bestätigt wird. Vermutlich hatten sich die Briten ihr Mandat über Palästina etwas gemütlicher vorgestellt, als es sich dann in der Realität zeigte. Zwischen Juden und Arabern kommt es zu immer heftigeren Auseinandersetzungen. Ab **1933** beginnt

In das letzte Abkommen mit den Palästinensern wurde auch ein Abschnitt eingefügt, der von der Erziehung beider Völker zu einem Miteinanderleben im Frieden spricht. Im Nahen Osten, wo jahrtausendealte antike Elemente der Rache und Abrechnung in wirrem Durcheinander bestehen, ist doppelte Vorsicht geboten. Der Kopf möchte praktisch und pragmatisch handeln und die Zukunft bauen. Doch die Füße treten in den Senken jener uralten Generationen auf der Stelle, und die Hände sind doch dieselben Hände, die einst zur Zeit der Rückkehr nach Zion die Mauern Jerusalems errichteten – nur die eine Hand verrichtet die Arbeit, denn die andere hält die Waffe.

Nehmen Sie die Dinge bitte nicht leicht. Wir versuchen, einen Frieden zu schaffen, der uns ins 21. Jahrhundert führt. Aber alte Kreuzfahrerkarten hängen an der Wand, und alte biblische Erinnerungen liegen in der Luft. Frühe Prophezeiungen wollen sich selbst ver- wirklicht sehen. Und zusammen mit uns am Verhandlungstisch sitzen die Gäste aus der Tiefe der Zeiten, Repräsentanten anderer Epochen: Josua Ben-Nun und David Hen-Isai, der Prophet Mohammed und Jesus von Nazareth. Und sie beobachten uns genau. Manchmal ist diese Last zum Tragen zu schwer, aber trotz Schwierigkeit und Schmerz soll sie doch auch die Quelle unserer Kraft und der Ursprung unserer Hoffnung sein.

Lassen Sie uns daran denken, dass es im Heiligen Land nicht nur heilige Stätten gibt, sondern auch Häuser und Felder, Fabriken, Lehrstätten und Werkstätten. Nicht nur Gräber und Totengebeine, sondern auch lebende Menschen, für deren Schicksal wir verantwort- lich sind.

1977 trafen sich der ägyptische Präsident Anwar Sadat und der verstorbene israelische Ministerpräsident Menachem Begin in Jerusalem. Der Friedensvertrag mit Ägypten wurde unterzeichnet, ein Vertrag, den ich persönlich gut kenne. Seit der Unterzeichnung des Friedensabkommens mit Jordanien haben wir nun die Oslo-Abkommen mit den Palästi- nensern unterzeichnet, Bande des Dialogs und der Wirtschaft mit weiteren arabischen Ländern geknüpft und erste, nicht einfache Friedenskontakte mit Syrien gehabt. Hoffnung liegt in der Luft, aber wir dürfen uns nicht durch Illusionen irreführen lassen. Noch immer besteht das Gefühl der Fremdheit zwischen beiden Völkern. Allmählich entsteht eine Brücke gegenseitigen Verständnisses, doch noch müssen wir viel in den Bau dieser Brücke investieren und sicher sein, dass ihre tragenden Schichten stabil sind.

Wir respektieren unsere Nachbarstaaten und die uns umgebenden Kulturen. Wir möch- ten unseren Platz in ihrer Mitte einnehmen, aber auf unsere Art und Weise, und in Treue zu un- seren Werten und unserer Kultur. Sie, meine Damen und Herren, die Sie einen entschei- denden Beitrag zur Stärke des Staates Israel und zum Friedensprozess geleistet haben, wissen, dass beide Elemente miteinander verknüpft sind. Denn nur dank der Stärke des Staates Israel konnten wir den Friedensprozess auf uns nehmen.

Ich spreche nicht nur von militärischer Stärke und nicht nur vom materiellen Besitzen. Während der letzten hundert Jahre, seit unserer Rückkehr nach Erez Israel, haben wir dort nicht nur Dörfer und Städte gegründet, nicht nur Fabriken, Viehställe, Geschäftsräume und Militärbasen errichtet, sondern auch ein demokratisches System aufgebaut und ein umfangreiches kulturelles und pädagogisches Netz geknüpft: Kindergärten und Schulen, Forschungsinstitute, Bibliotheken, Museen, Konservatorien und Universitäten. Doch über alle diese Dinge hinaus, die in jedem zivilisierten Staat existieren, haben wir ein besonderes Kulturwunder vollbracht – wir haben unsere Sprache – die hebräische Sprache – zu neuem Leben erweckt. Es ist die Sprache, in der ich jetzt zu Ihnen spreche, die mehr als alles andere Symbol und Zeugnis für unsere Wiedergeburt ist.

Wir und unsere Sprache leben. Wir, die wir uns aus der Asche erhoben haben, und unsere Sprache – die in den Leichentüchern der Torarollen und zwischen den Seiten der Gebetsbücher gewartet hat – leben. Die Sprache, die nur im Gebet geflüstert, nur in Synagogen gelesen und nur in religiösen Texten gesungen wurde, die Sprache, die in den Gaskammern – im Gebet „Shema' Yisrael" geschrieen wurde – sie ist zu neuem Leben

die Zahl der jüdischen Einwanderer wegen der deutschen Judenverfolgungen stark anzuschwellen, **1936** beginnt ein arabischer Aufstand gegen die britische Herrschaft und die jüdische Einwanderung, der im Laufe der nächsten drei Jahre von den Briten blutig unterdrückt wird. **1939** erschweren die Briten den Juden die Einwanderung, es kommt immer wieder zu Kämpfen zwischen illegalen jüdischen Einwanderern und den Briten. 1942 fordert eine zionistische Sonderkonferenz in den USA einen eigenen Staat und eine eigene Armee in Palästina.

Bereits 1920 war die jüdische Untergrundmiliz *Hagana,* wie der Name sagt, zur *Verteidigung* jüdischer Siedlungen gegründet worden. Sie ist die Keimzelle der nach der Staatsgründung aufgebauten israelischen Armee. 1931 spaltet sich davon der *Irgun* als noch militantere Untergrundorganisation gegen britische und arabische Ziele (identisch mit *Etzel*) ab. Nach Ende des Zweiten Weltkriegs gehen diese Organisationen mit Terroranschlägen gegen Araber, in verstärktem Maß auch gegen britische Einrichtungen vor. Die Engländer antworten mit harten Strafmaßnahmen, 4000 Juden werden verhaftet. Daraufhin führt die *Irgun* unter Menakhem Begin, einem späteren Ministerpräsidenten, im Juli **1946** einen Anschlag gegen Büros des britischen Hauptquartiers im Südflügel des King David Hotels in Jerusalem durch. 91 Menschen sterben, der Gebäudeteil fällt in Trümmer (siehe auch S. 207). Dieser Anschlag wird von Historikern als einer von mehreren Gründen angesehen, dass die Briten Anfang **1947** gegenüber den Vereinten Nationen ihren Rückzug aus Palästina ankündigen. Die UNO setzt eine Kommission ein, die eine Teilung Palästinas in einen jüdischen und einen arabischen Staat mit demokratischen Verfassungen, aber innerhalb einer wirtschaftlichen Union vorschlägt. Dieser Plan wird

am 29. November 1947 mehrheitlich von der UNO-Vollversammlung als **Resolution 181** gebilligt. Demnach steht den Arabern Palästinas 42 Prozent der Landesfläche zu, den Juden 56 Prozent, wobei die Bevölkerungsanteile umgekehrt liegen (die Zahlenangaben schwanken stark, vermutlich etwa 1 Millionen Araber zu 600.000 Juden).

Die zionistische Führung unter David Ben Gurion innerhalb der **Jewish Agency** und ihre Untergrundorganisationen wollen schon vor dem offiziellen Ende des britischen Mandats Fakten im Hinblick auf die arabische Bevölkerung schaffen. Mit der Verabschiedung der UNO-Resolution bricht in der Mandatszone praktisch ein Bürgerkrieg aus, bei dem die zionistischen Milizen ihre Stärke ausspielen und Palästinenser aus ihren Dörfern vertreiben. Palästinensische Untergrundkämpfer rächen sich durch Terrorakte. Unter Ben Gurion war ein Plan *D* (hebr. *Dalet*) vorbereitet worden, im Zuge dessen ab Anfang April 1948 radikal-zionistische Untergrundgruppen mit der ethnischen Säuberung palästinensischer Dörfer in großem Stil fortfahren.

In das kollektive Gedächtnis der Palästinenser geht die Zerstörung des nahe Jerusalem gelegenen Dorfes **Deir Yassin** ein, obwohl ein Nichtangriffspakt besteht: Soldaten von *Irgun* und *Lekhi*, letztere eine extremistische Abspaltung von ersterer, dringen am 8. April 1948 unter Maschinengewehr-Dauerfeuer in das Dorf ein und töten dabei viele Einwohner. Die Überlebenden werden zusammengetrieben, in einer Art Siegesparade durch Westjerusalem geführt und dann nach Ost-Jerusalem gebracht, das Dorf fast total zerstört – heute das Gelände der geschlossenen Psychiatrie Giv'at Sha'ul. Die Angaben über Opferzahlen schwanken zwischen 93 und 254, in jedem Fall genug, um bei den Arabern Angst und Schrecken auszulösen.

erwacht. Ich weiß, dass die deutsche Sprache auf vielen Feldern reicher ist als die hebräische. Doch mir fehlen keine Begriffe, um hier und jetzt meine Gefühle zum Ausdruck zu bringen, und gewiss fehlten uns niemals Wörter für Glauben, Liebe, Träume, Sehnsucht und Hoffnung.

Wir haben einen Wortschatz entwickelt, der unseren besonderen Bedürfnissen entspricht. Wir warten, wir hoffen. Wir sehnen, wir erwarten. Verlangen ergreift uns, Erwartung erfüllt uns, Hoffen und Harren sind unsere Begleiter. Wir sind voller Sehnsucht, wir bitten und beten… und hier muss ich wohl einhalten und die Dolmetscher um Verzeihung bitten, falls es ihnen schwerfallen sollte, die jeweils adäquaten Übertragungen zu finden.

Diese beiden Toten, die nach so vielen Jahren wieder zum Leben erwacht sind – der jüdische Staat und die hebräische Sprache – sind die Hauptelemente unseres Wesens in diesem Jahrhundert. Gerade in diesem Jahrhundert, das uns als Vernichtete und Tote gesehen hat, sind wir zum Leben auferstanden. Und diese Sprache, die wir im Exil nur mit Gott sprachen, sprechen wir heute in unserem Lande miteinander. Wir beten noch immer in Hebräisch, aber wir sprechen diese Sprache jetzt auch im Alltag, wir schreiben Hebräisch und arbeiten in Hebräisch, wir studieren in Hebräisch und streiten in Hebräisch, wir werben umeinander in Hebräisch und singen in Hebräisch. Kann es ein größeres Wunder geben? Denn wären der Prophet Jesaja, König Salomo und Jesus von Nazareth hier unter uns, dann verstünden sie meine Worte ebenso wie ich, meine Tochter und mein Enkel ihre uralten Worte verstehen, die vor Jahrtausenden gesprochen, geschrieben und über die Zeitläufe hinweg aufbewahrt worden sind.

Herr Bundespräsident, Frau Bundestagspräsidentin, Herr Bundesratspräsident, verehrte Herrschaften, ich darf Ihnen nochmals für Ihre Gastfreundschaft danken, die Sie meiner Frau und mir und unseren Begleitern erweisen. Mit Ihrer Erlaubnis möchte ich mit einem Bild der Hoffnung und des Friedens schließen. Meine Väter haben den Frieden mit einem hebräischen Sprichwort beschrieben, das jeder Landwirt und Feldarbeiter im Nahen Osten an seinem eigenen Leib erfahren kann: „Ein jeder wird unter seinem Weinstock und Feigenbaum wohnen." Es ist nicht genug, im Schatten des Weinstocks und unter den Zweigen des Feigenbaumes zu sitzen. Frieden muss ansporren und darf nicht einschläfern. Er muss uns in das fünfte Jahrtausend unserer Geschichte bringen, in das 21. Jahrhundert, in dem uns kulturelle, pädagogische, technologische, wissenschaftliche und landwirtschaftliche Herausforderungen erwarten.

Die Zukunft liegt vor uns. Das heutige Israel mit der umfangreichen Einwanderung, mit dem wirtschaftlichen Aufschwung und den Friedensabkommen muss und kann wieder das große kulturelle Zentrum des jüdischen Volkes werden. Zu lange haben wir unsere Mittel. und Ressourcen, unsere psychische Kraft und physische Stärke auf dem Schlachtfeld zum Einsatz gebracht. Jetzt haben wir eine Aufgabe in den Schulen und Forschungsinstituten, in der Werkstatt und im Labor. Dort, nicht auf dem Schlachtfeld, liegen unsere wahren Ambitionen.

Unser Wesen ist ganz und gar verankert in Bildung, Studium und Ausbildung. Das jüdische Ethos hat stets Pädagogen, Gelehrte und Forscher den Angehörigen der Armee vorgezogen. Und Sie dürfen mir glauben, dass es mir als ehemaligem Armeeangehörigen nicht leicht fällt, dies zu sagen.

Meine Damen und Herren, wir sind ein Volk der Erinnerung und des Gebets. Wir sind ein Volk der Worte und der Hoffnung. Wir haben keine Reiche geschaffen, keine Schlösser und Paläste gebaut. Nur Worte haben wir aneinander gefügt. Wir haben Schichten von Ideen aufeinander gelegt, Häuser der Erinnerungen errichtet und Türme der Sehnsucht geträumt – möge Jerusalem wieder erbaut werden, möge Frieden schnell zu unseren Zeiten gestiftet und bereitet werden.
Amen.

Die jüdischen Milizen stoßen bei den Säuberungen in der Folgezeit selten auf ernsten Widerstand. Sie greifen die Dörfer in der Regel von drei Seiten an, so dass die Bewohner aus der offenen, meist östlichen Seite überstürzt fliehen, gerade einmal mit den Habseligkeiten, die sie tragen können. Die Gebäude werden gesprengt oder verbrannt und vermint, damit niemand zurückkommt. Vom zurückgelassenen Eigentum fällt das, was nicht als Kriegsbeute abtransportiert wird, (später) an den israelischen Staat. Bis zur Staatsgründung sind 200 Ortschaften zerstört und weit über 300.000 Palästinenser geflohen.

Am **14. Mai 1948**, einen Tag vor Ende der britischen Mandatszeit, ruft David Ben Gurion den Staat Israel aus. Für die Palästinenser besiegelt dieser Akt ihre nationale Katastrophe, die **Nakba.**

Israel – Staat der Juden

Kurze, aber ereignisreiche Geschichte

Die arabischen Nachbarn des neuen Staats versuchen sofort nach seiner Gründung, ihn zu vernichten: Jordanien, Ägypten, Syrien, Libanon und der etwas entfernte Irak lassen am **15. Mai 1948** ihre Armeen einmarschieren. Die Israelis, die diesen Krieg *Unabhängigkeitskrieg* nennen, schlagen in harten Kämpfen zurück, so dass beim Waffenstillstandsabkommen am 15. Januar **1949** immerhin ein großer Teil Palästinas unter israelische Kontrolle kommt.

Aus der Sicht vieler Israelis fehlt jedoch der entscheidende Teil, nämlich die beiden Stammländer Samaria und Judäa, die

1950 von König Hussein von Jordanien annektiert werden. Sie nehmen fortan den Namen *Westbank* an, der aus der Sicht Ammans nur zu naheliegt.

1956 verstaatlicht der ägyptische Präsident Nasser den Suezkanal und sperrt die Straße von Tiran und damit den Zugang zum Hafen Elat. Israel greift am 29. Oktober Ägypten an und erobert den Gazastreifen wie auch den Sinai, zieht sich aber nach Vermittlung der UNO wieder zurück. **1964** gründen die Palästinenser die *Palestine Liberation Organisation*, kurz **PLO**, die, zunächst kaum wahrgenommen, in den folgenden Jahrzehnten zur wirklichen Vertretung dieses Volkes wird. **1967** sperrt Nasser erneut die Straße von Tiran. Ab 5. Juni schlägt Israel zurück und kann in sechs Tagen den Sinai bis zum Suezkanal, die sogenannte Westbank, Ostjerusalem und den Golan erobern *(Sechstagekrieg).*

Ab **1972** versucht Jassir Arafat, der Gründer der palästinensischen Partei *Fatah*, durch aufsehenerregende Terroranschläge – wie den auf die israelische Olympiamannschaft in München 1972 – das Interesse der Weltöffentlichkeit für die Probleme der Palästinenser zu wecken.

In aller Stille sammeln die Ägypter ihre Kräfte und stoßen völlig unerwartet am Versöhnungstag *Jom Kippur*, am 6. Oktober **1973**, über die als uneinnehmbar geltenden Befestigungen am Suezkanal auf den Sinai vor. Auf Vermittlung der UNO wird – nach starken Verlusten der Kriegsparteien – ein Waffenstillstandsabkommen geschlossen. Doch dieser Konflikt hat Einsichten auf beiden Seiten gefördert: Israel ist für die Araber zu stark geworden, um es, wie lange Zeit verkündet, von der Landkarte zu

Das wichtigste Ergebnis 1967 auf einer 10-Lirot-Münze: Der Weg zur Westmauer ist wieder frei

Politische Archäologie

Die Vergangenheit erschließt sich neben erhaltenen Texten vor allem durch **planvolle** und **gut dokumentierte Zerstörung menschlicher Überbleibsel**: archäologische Ausgrabungen.

Es ist zwar bei wissenschaftlichen Grabungen die absolute Ausnahme, dass zunächst die jüngeren arabischen **Schichten weggebaggert** werden, um schneller an jüdische oder israelitische Hinterlassenschaften zu gelangen, aber wenn nationalreligiöse Siedler in der Westbank nach Synagogen suchen, kommt es sicherlich vor. Für manche geht es sowohl auf israelischer als auch arabischer Seite bei Ausgrabungen um den **Nachweis**, dass „man" überhaupt oder eher da war als die anderen. Die **Palästinenser** neigen dazu, sich auf den Seevölkersturm aus der Ägäis im 13. Jh vC und die aus der Bibel bekannten Philister zurückzuführen (die Volksbezeichnungen haben denselben Buchstabenbestand plst), was zumindest fraglich ist. Die **Israelis** sprechen dagegen in Ausstellungen und Veröffentlichungen häufig nicht von der sonst weltweit eingebürgerten Bronze- und Eisenzeit, sondern bezeichnen erstere als kanaanäisch (*Canaanite*) und letztere als israelitisch (*Israelite*). *Bronze Age* und *Iron Age* wäre aber nicht nur üblicher, sondern auch genauer, wenn nicht gar seriöser.

Neutral lässt sich feststellen, dass Archäologie einen **sehr hohen Stellenwert** in Israel genießt: Für die Fachwelt Aufsehen erregende Funde schaffen es auch in die **Hauptnachrichten** für jedermann, und im Internet informiert offiziell das Außenministerium über Archäologie in Israel www.mfa.gov.il > About Israel > Culture > Archaeology. Darüber hinaus kann man sich ohne kostspielige Fachliteratur im Internet über aktuelle Entwicklungen informieren:

- www.wibilex.de – wissenschaftliches Bibellexikon der Deutschen Bibelgesellschaft
- www.weltundumweltderbibel.de – auch Laien gut verständliche Zeitschrift des Katholischen Bibelwerks, Vorbild ist die französische *Le Monde de la Bible*
- www.bib-arch.org – die *Biblical Archaeological Review* ist zwar an Breitenwirkung interessiert, aber deswegen auch ein wichtiges internationales Diskussionsforum
- www.etana.org – und die Bibliographie www.etana.org/abzu erschließen Quellen für den Alten Orient zwischen Ägypten und Zweistromland, ein Gemeinschaftsprojekt amerikanischer Universitäten
- www.perseus.tufts.edu – der griechisch-römischen Antike kann man im umfangreichen Perseus-Projekt der Tufts Universität aus Massachusetts nachgehen
- http://israelexplorationsociety.huji.ac.il – die Israel Exploration Society ediert Ausgrabungsberichte, Fachzeitschriften und die umfassende New Encyclopaedia of Archaeology in the Holy Land
- www.antiquities.org.il – die Israel Antiquities Authority ist von Staats wegen mit Aufbereitung und Bewahrung der Altertümer in Israel beauftragt
- http://alt-arch.org/en – israelische Archäologen, die Archäologie gern in Einvernehmen mit *allen* Beteiligten und Betroffenen betreiben würden, z.B. in der Jerusalemer Davidsstadt.

wischen, andererseits hat Israel die wachsende Stärke seiner Nachbarn realisiert. Diese Erkenntnisse sind die Basis für die letztlich erfolgreiche Pendeldiplomatie des US-Außenministers Henry Kissinger: Per Truppenentflechtungsabkommen verpflichten sich **1975** die Israelis zum Teilrückzug vom westlichen Sinai. Im November **1977** reist der ägyptische Präsident Anwar AsSadat nach Jerusalem, in der Knesset hält er eine weltweit beachtete Rede, die schließlich **1978** zu den Camp-David-Verhandlungen führt. In einem Rahmenabkommen verpflichten sich dabei Israel und Ägypten zum Abschluss eines Friedensvertrages, Sadat und Begin erhalten für ihre beispielhafte Leistung den Friedensnobelpreis.

Am 26. März **1979** wird der in der arabischen Welt auf heftigste Kritik stoßende Friedensvertrag geschlossen, entgegen allen Schwarzmalereien hat er bis heute gehalten. Demnach verpflichtet sich Israel zum vollständigen Rückzug vom Sinai in Teilschritten, die bis April **1982** abgeschlossen sein müssen. Israel und Ägypten nehmen diplomatische Beziehungen auf. Kurze Zeit später nimmt die Knesset ein Gesetz an, das Jerusalem zur ewigen Hauptstadt Israels erklärt – der weltweite Protest ist Israel sicher; wie auch bei der gesetzlichen Annexion der Golanhöhen. Im Oktober **1981** wird Sadat in Kairo von fundamentalistischen Terroristen wegen seines Friedensschlusses ermordet.

Im Sommer **1982** geht die israelische Armee gegen Stellungen der Palästinenser im Südlibanon mit allen militärischen Mitteln vor, die PLO soll endgültig vernichtet werden. Trotz Vormarsch bis Beirut gelingt dies nicht, die PLO verlegt ihr Hauptquartier lediglich in sichere Entfernung nach Tunesien. Erst **1985** zieht Israel seine Truppen endgültig aus dem Südlibanon ab.

Seit der Besetzung der Westbank und des Golan entstehen jüdische Siedlungen innerhalb dieser palästinensischen Gebiete. Die in der großen Mehrheit sehr religiösen oder politisch rechts stehenden Siedler lösen viele Konflikte aus. Die Siedlungen sind eine ständige Provokation der Palästinenser, vor allem die am Rand oder inmitten von Städten gelegenen wie z.B. in Hebron. Die Siedler vertreten durchaus militante Ansichten und zetteln ihrerseits häufig genug Terrormorde an Palästinensern an. Der jüdische Arzt Baruch Goldstein z.B., der 1994 in Hebron 29 betende Muslims erschoss und noch mehr verletzte, wird als heiliger Märtyrer von radikalen Siedlergruppen verehrt, sein Grab ist eine kleine Pilgerstätte. Trotz der Aufmerksamkeit sind in Israels Central Bureau for Statistics (www.cbs.gov.il) Zahlen schwierig zu erhalten, die andere zitieren: Mitte 2015 zählt die UNO insgesamt 556.000 Siedler in der Westbank (www.ochaopt.org). Für Ostjerusalem werden unterschiedliche Zahlen eher gehandelt als nachweisbar genannt, die um 200.000 pendeln.

1987 bricht im Gazastreifen die *Intifada* aus, der Kampf jugendlicher Steinewerfer gegen israelisches Militär. Massendemonstrationen der Palästinenser, zusätzliche Streiks und Boykottmaßnahmen verdeutlichen den Israelis, dass sich das palästinensische Problem nicht durch Verdrängen bzw. Vergessen der seit dem Ende der 1940er Jahren in Flüchtlingslagern hausenden Menschen lösen lässt. Besonders als der irakische Präsident Saddam Hussein nach der Annexion von Kuwait im Sommer **1990** den Rückzug davon abhängig macht, dass Israel alle besetzten Gebiete räumt, fühlen sich die Palästinenser bestärkt und werfen umso mehr Steine. Beim Anfang **1991** ausbrechenden zweiten Golfkrieg will Saddam Hussein Israel durch Raketenbeschuss in den Krieg zwingen, um eine breite arabische Front zu etablieren. Trotz Todesopfern halten die Israelis still, Saddam Hussein verliert sein Vabanque-Spiel; mit ihm der PLO-Chef Arafat, der Saddam Hussein unterstützt hatte.

1992 siegt die Arbeitspartei unter Yitzhak Rabin bei den Knessetwahlen. Nach Geheimverhandlungen mit der PLO in Oslo erfährt Ende 1993 die Weltöffentlichkeit, dass die beiden Seiten die gegenseitige Existenz anerkennen und Israel zu einer Teilautonomie für die Palästinenser bereit ist. Bereits **1994** kommen der Gazastreifen und Jericho unter palästinensische Verwaltung, **1994/95** folgen weitere Inseln. Im Juli **1994** wird mit Jordanien die *Washingtoner Erklärung* unterzeichnet und damit der 46-jährige Kriegszustand zwischen den beiden Ländern beendet. **1995** folgt die Unterzeichnung eines formalen Friedensabkommens.

Doch innerhalb Israels formiert sich ein bitterernster Widerstand gegen jegliche Autonomie der Palästinenser, der im Mord an Präsident Rabin im November **1995** eskaliert. Aber auch auf der Seite der Palästinenser bleiben die Hitz- und Wirrköpfe nicht untätig. Als Ende Februar **1996** bombende Selbstmörder verheerende Massaker in Jerusalem, Ashkelon und Tel Aviv anrichten, wehrt sich Israel, indem es die palästinensischen Gebiete sperrt und beschließt, sie mit einem möglichst undurchlässigen Grenzzaun völlig abzuriegeln. Mit der (ersten) Wahl von Benjamin Netanjahu zum Ministerpräsidenten wird der Friedensprozess weitgehend ausgebremst.

Im Herbst **1998** laden die Amerikaner die beteiligten Parteien zu weiteren Verhandlungen nach USA ein. Nach äußerst zähem Ringen wird das Abkommen von Wye unterzeichnet, das u.a. eine Ausweitung der palästinensischen Autonomie vorsieht, aber Netanjahu boykottiert es bis zur faktischen Bedeutungs-

losigkeit. Im Jahr **2000** zieht die israelische Armee aus dem Südlibanon ab, die von US-Präsident Clinton begleiteten Verhandlungen von Camp David II führen nicht weiter. Im Herbst besucht Ariel Sharon provokativ den Tempelberg und löst damit die zweite, viel blutigere Intifada *(AlAqsa-Intifada)* aus. Sharon wird trotzdem wenige Monate später **2001** zum Ministerpräsidenten gewählt.

2002 verläuft eine von Saudi-Arabien geführte Friedensinitiative im Sand, ein Jahr später wird die sogenannte *Road Map* des Nahost-Quartetts UNO, Russland, USA und EU für einen Nahost-Frieden verkündet und kommt bis heute nicht in Schwung. Israel beginnt dagegen den Bau der Barriere („Mauer") zur Westbank, meist kilometertief in palästinensisches Gebiet greifend.

Am 11. November **2004** stirbt Arafat, Mahmud Abbas wird Anfang **2005** sein Nachfolger als Präsident der Palästinenser. Im Februar erklären Sharon und Abbas die AlAqsa-Intifada offiziell für beendet. Später im Jahr räumt die israelische Armee überraschend die jüdischen Siedlungen im Gazastreifen, obwohl die Siedler sich gegen den Abzug heftig zur Wehr setzen.

Im Jahr **2006** werden Ismail Haniye (Hamas) und Ehud Olmert (Kadima) jeweils Ministerpräsident – ersterer durch die unbeanstandeten ersten Parlamentswahlen in den Autonomiegebieten. Olmert hatte vorher schon den seit Januar im Koma liegenden Sharon vertreten. Nach Entführungen von israelischen Soldaten marschiert die Armee für kurze Zeit wieder in den Gazastreifen ein und führt später vier Wochen lang einen ergebnislosen Krieg im Südlibanon, in Israel umstritten, aber er schwächt die dortige Hisbollah für mehrere Jahre. Zum Jahreswechsel sichert sich die Hamas in einem Bürgerkrieg ihren Wahlsieg im Gazastreifen gegen die Fatah. Palästina

3

ist von nun an nicht nur geografisch geteilt.

Im Sommer **2008** vereinbart Israel eine Waffenruhe mit der Hamas, mit dem Libanon und Syrien finden Friedensgespräche statt. Ende 2008 geht die israelische Armee gegen den Raketenbeschuss der Hamas mit einem gnadenlosen Krieg vor, der über 1400 Tote, tausende Verletzte fordert und Gaza in Trümmer legt. Dieser Krieg erleichtert Netanjahu (*Likud*) die Wahl **2009** zum Regierungschef, der eine Regierung mit dem (Rechts-)Außenminister Lieberman (*Yisrael Betenu*) bildet.

Im Mai **2010** lässt sich Israels Regierung von einem *Free Gaza*-Schiffskonvoi mit Hilfsgütern für den Gaza-Streifen provozieren und das türkische Schiff *Mavi Marmara* auf internationalen Gewässern durch die IDF angreifen, neun türkische Aktivisten werden getötet. Die Türkei und Israel frieren ihre Beziehungen bis 2016 ein.

2011 sieht Israel große Demonstrationen gegen soziale Ungleichheiten. Ende Oktober wird Palästina als Vollmitglied in die UNESCO aufgenommen, worauf Israel und die USA ihre Beitragszahlungen an die UNESCO einstellen. In zwei Tranchen entlässt Israel über tausend palästinensische Häftlinge gegen den über fünf Jahre entführten Soldaten Gilad Shalit.

Mitte November **2012** eskaliert wiederum der Konflikt zwischen Israel und der Hamas im Gazastreifen, nachdem wochenlang Raketen militanter Palästinenser auf den Südwesten Israels abgefeuert werden. Der Waffenstillstand nach einer Woche heftiger Bombardierung meldet 165 Tote und rund 1200 Verletzte im Gazastreifen sowie fünf tote Israelis. Kurz darauf ratifiziert die UNO-Vollversammlung Palästinas Mitgliedschaft im Beobachterstatus.

Nach der Wahl **2013** kann Netanjahu weiterregieren – erstmals ohne religiöse

Parteien. In einer Koalition wird versucht, Ultraorthodoxe verstärkt an Armeedienst und Arbeitsmarktpflichten anzubinden. Anfang **2014** stirbt Sharon nach Jahren im Koma. Im Sommer einigen sich Fatah und Hamas auf eine einheitliche Regierung. Im Juli/August führt Israel wiederum Krieg gegen die Hamas im Gazastreifen, nach einem zunächst unklaren Mord an drei israelischen Yeshiva-Schülern in der Westbank.

Vorgezogene Wahlen **2015** bringen Netanjahu zu einer Rechtsaußen-Koalition. Ab Oktober finden vermehrt individuelle Messer-, Schraubenzieher- und Auto-Attacken auf Israelis von palästinensischen Jugendlichen statt, manche nennen es Dritte Intifada. Netanjahu verwundert die Welt mit der Mitteilung, der Jerusalemer Großmufti sei für den Holocaust verantwortlich gewesen.

Noch **2016** ließ Obama die UN-Resolution 2334 passieren (Israel: keine Siedlungen mehr, Genfer Konventionen in besetzten Gebieten einhalten, Palästina: Terrorismus und Aufwiegelung unterbinden), vermachte Israel andererseits $ 38 Milliarden US-Militärhilfe auf 10 Jahre. Das wirkt lange her: Ein unbekümmerter Donald Trump fliegt mal eben von Riad nach Tel Aviv und verlegt im Mai **2018** die US-Botschaft von Tel Aviv nach Jerusalem – als einziges Land der Welt. Getrumpel statt Diplomatie – kann dabei etwas Gutes herauskommen? Die Hoffnung stirbt zuletzt..

Der heutige Staat Israel

Die Gesamtfläche Israels beträgt derzeit einschließlich Jerusalem und der Golan-Höhen 21.946 qkm, hinzu kommen die noch umstrittenen Gebiete des sog. Biblischen Kernlandes mit 5.879 qkm. Die Gesamtfläche von knapp 28.000 qkm entspricht knapp der des deutschen Bundeslandes Brandenburg.

Die parlamentarische Demokratie Israel besitzt zwar einige 1958 beschlossene Grundgesetze, aber **keine Verfassung**. Diese soll künftig aus den Grundgesetzen heraus formuliert werden. Oberhaupt des Staates ist der Staatspräsident, der ähnlich repräsentative Aufgaben wahrnimmt wie etwa der deutsche Bundespräsident, aber keine wirkliche Macht besitzt. Die gesetzgeberische Macht liegt beim Parlament, in Israel *Knesset* genannt. 120 Abgeordnete werden alle vier Jahre in die Knesset gewählt. Der Staatspräsident überträgt die Regierungsbildung demjenigen Parteichef, der die besten Chancen hat, eine Koalitionsregierung zusammenzustellen (nicht unbedingt die stärkste Partei). Eine 1996 eingeführte Direktwahl des Premierministers hat sich nicht bewährt und wurde wieder abgeschafft.

Sanfter politischer Protest in Tel Aviv, Sommer 2008: „ ... der kleine weitere Schritt bis zum Ende der Welt." Darin steckt das Wort „Vorwärts", der Name der Partei Kadima

In Israel bestanden und bestehen traditionell zwei große Parteien, die linksgerichtete **Arbeitspartei**, die bis 1977 ununterbrochen die Regierungen bildete, und der rechtsgerichtete **Likud**, der zum ersten Mal 1977 an die Macht kam. Seitdem haben sich beide Parteien abgewechselt bzw. sind auch gemeinsam als große Koalitionen aufgetreten. Politisch unterscheidet sich erstere hauptsächlich als **Tauben** mit vor allem ashkenasischer Wählerschaft, die für Frieden Land hergeben und einen Palästinenserstaat ermöglichen würden. Letztere werden als **Falken** mit eher sefardischer Wählerschaft bezeichnet; sie wollen Frieden nur gegen Frieden gewähren. Ansonsten braucht es etwas Zeit, die dynamische Parteienlandschaft und ihre Aufspaltungen und Vereinigungen nachzuvollziehen.

2015 verbündeten sich arabische Parteien und Kommunisten zur *Vereinigten Liste*, die Arbeitspartei und Teile der ehemaligen *Kadima* vereinigten sich zur *Zionistischen Union*, andere Teile der *Kadima*

und ein wenig *Likud* zur Mitte-Partei *Kulanu* usw. Wichtig sind noch die ultraorthodoxen Parteien, die gern das Zünglein an der Koalitionswaage spielen, um ihren traditionell überproportionalen Einfluss zu wahren, wie auch die nationalreligiöse Rechtsaußen-Partei *Jüdisches Haus (HaBajit HaYehudi)* und die Ganz-Rechtsaußen-Partei *Unser Haus Israel (Yisra'el Beitenu)*. Ein aufschlussreiches Flussdiagramm der israelischen Parteien seit der Staatsgründung finden Sie unter www.economist.com/blogs/economist-explains/2015/03/economist-explains-11.

Die Religiösen tragen die Verantwortung für die nicht vorhandene Verfassung; sie möchten ein theokratisches System installieren, in dem die Rechtsprechung ausschließlich in der Hand der Rabbiner liegt (wie jetzt schon bei Eheschließungen). Interessant dürfte in diesem Zusammenhang sein, dass über 50 Prozent der Kinder Jerusalems unter 10 Jahren aus ultraorthodoxen Familien stammen. In der nächsten Generation werden sie den Ton in den demokratischen Institutionen Jerusalems angeben und deutlich mehr Einfluss auf die Abstimmungsergebnisse der Knesset nehmen. Diese Zersplitterung wurde als Problem für eine Regierungsbildung erkannt und eine Prozenthürde für Sitze in der Knesset sukzessive erhöht, von 2% bei der Wahl 2013 auf 3,25% 2015. Sonstige Parteien erhielten dadurch 13,4% statt 18,9% 2013 – immer noch vergleichsweise viel.

Eine wichtige Rolle spielt der **Gewerkschaftsverband** *Histadrut*, der bereits 1920 gegründet wurde. Wenn man alle Unterorganisationen einbezieht, dann sind über ihn etwa 85 Prozent der Arbeitnehmer organisiert. An Arbeitskampf besteht kein allzu hoher Bedarf, weil die Löhne in Abhängigkeit von der Steigerung der Lebenshaltungskosten automatisch erhöht werden, so besagt eine Übereinkunft mit den Arbeitgeberverbänden. Die Histadrut ist denn auch in der Weiter- und Ausbildung, im sportlichen, sozialen und kulturellen Bereich tätig.

Die israelische **Armee** *(Israel Defence Forces IDF bzw. Zahal)* gehört sicherlich zu den anerkannt kampfstarken Armeen der Erde. Sie ging hauptsächlich aus der Selbstschutzorganisation *Hagana* der jüdischen Siedler hervor. Der ständigen verbalen und faktischen Bedrohung musste sich Israel zwangsläufig durch eine effiziente Truppe stellen, die innerhalb kürzester Zeit voll einsatzfähig zu sein hatte. Ein relativ kleiner Kern von Berufssoldaten sorgt durch Ausbildung von Rekruten und die Bereitstellung von

Shabbat-Andacht einer Soldateneinheit auf dem Ölberg– auch der Rabbi bewaffnet

Material für die ständige Bereitschaft von 176.000 Soldatinnen und Soldaten. Die eigentliche Armee bilden zusätzlich 445.000 Reservisten, die durch ständige Übungen – jährlich bis zu vier Wochen für Männer bis zum 49. Lebensjahr und für ledige Frauen bis zum 24. Lebensjahr – fit gehalten werden.

Es besteht Wehrpflicht für Juden, aber es werden nicht mehr alle gezogen. Christen, Drusen und Tscherkessen können sich freiwillig melden. Männer müssen 32, Frauen 21 Monate Wehrdienst ableisten. Neben aller Notwendigkeit für das Überleben des Staates erfüllt der Militärdienst eine zusätzliche Aufgabe: Er dient der Integration und fördert die Identifikation mit Land und Staat – Neueinwanderer erhalten nachträgliche Schulbildung, viele führende Politiker haben eine Offizierslaufbahn hinter sich. Der Militärdienst ist eins der ersten Gesprächsthemen unter jungen Leuten.

Die nach Israel einwandernden Juden sorgten wie schon in der Diaspora dafür, dass ihre Kinder möglichst optimal ausgebildet wurden. Das Schul- und **Bildungswesen** Israels ist denn auch hervorragend aufgebaut und organisiert. Für die akademische Bildung gibt es Universitäten in Jerusalem, Tel Aviv, Ramat Gan, Haifa und Beer Sheba, an denen etwa 130.000 Studenten eingeschrieben sind; weitere 20.000 besuchen die Talmudschulen, d.h. Religionsschulen (*Yeshivot*). Andererseits hatte der Staat mit dem Problem zu kämpfen, dass vor allem aus Afrika und Asien eine ganze Reihe Analphabeten einwanderten und der Anteil dieser Gruppe unter der arabischen Bevölkerung ebenfalls hoch war. Durch große Anstrengungen konnte die Rate auf 2,2 % gesenkt werden.

Israel hat in den vergangenen Jahren sehr viele Wissenschaftler als Einwanderer vor allem aus Russland aufgenommen. Es gibt kein anderes Land der Welt mit einer auch nur annähernd so hohen Rate an Akademikern pro Einwohner. So steht auch das kleine Land in vielen Forschungsdisziplinen mit an der Spitze der Weltrangliste, von der Medizintechnik über Molekularbiologie, Biotechnologie, Nanotechnologie bis hin zur Bewässerungs- und Solartechnologie.

Die Zukunft

Wenn man die blutgetränkte Historie Palästinas beschreibt, die großen geschichtlichen Zeiträume überfliegt und die Ereignisse der jüngsten Geschichte aneinanderreiht, so ergeben sich zwei widersprüchliche Bilder: Auf der einen Seite versuchen Menschen, deren Urahnen eine geschichtlich nicht unbedeutende Zeit in Palästina lebten, dorthin zurückzukehren, wo ihre Vorfahren vor 2000 Jahren die Flucht ins Ausland ergriffen. Auch nach dem Auszug der Juden riss in Palästina die Kette der Kämpfe nicht ab, wechselte ein Eroberer den nächsten ab. Die geschichtlich jüngsten (Rück-)Eroberer sind die Juden, die sich nach weltweit denkbar schlechtesten Erfahrungen in der Heimat ihrer Vorväter eine sichere Bleibe zu schaffen hoffen. Leidtragende dieses nachvollziehbaren Wunsches sind ganz objektiv die Palästinenser, deren Land annektiert wurde, die vertrieben wurden oder geflohen sind und seit bald 70 Jahren in ihren Lagern auf eine Rückkehr warten. Landnahme ist nichts Neues auf dieser Erde. Wenn auch die großen Raubzüge der Völker offenbar mit dem Zweiten Weltkrieg vorläufig beendet wurden, so finden die kleinen weiterhin statt. Der Staat Israel, durch Landkauf, beständige Infiltration, Verdrängung und schließlich Eroberungskrieg entstanden, ist ein nicht mehr von der Landkarte zu wischendes Faktum. Die Palästinenser, jedoch nur die Fatah, haben dies anerkannt.

Wie die israelische Geschichte sehr deutlich und eigentlich lehrreich zeigt, erzeugen große Reden und Gesten, Einzelmorde und Totschlag keine politisch positiven Fakten. Menakhem Begin rechtfertigte in seiner Autobiografie den von ihm angeführten Terroranschlag auf das britische Hauptquartier 1946 im Jerusalemer King David Hotel: „Wenn du dein Volk liebst, musst du diejenigen hassen, die es unterjochen. Wenn du dein Land liebst, musst du diejenigen hassen, die es besetzen. Und du musst kämpfen, mit allen Mitteln – denn nur wer kämpft, der lebt." Klingt zunächst beeindruckend, kann aber auch von den meisten Palästinensern genauso formuliert werden und hilft also kaum weiter. Begins Friedensschluss mit Sadat war seine weitaus größere Leistung. Vor allem die Erkenntnis der Araber, dass Israel militärisch nicht zu schlagen ist und politisch großen Einfluss besitzt, hat die Einsicht zur Annäherung gezeigt. Allein die sehr wesentlich durch die Intifada vermittelte Erkenntnis der Israelis, dass sich das palästinensische Problem nicht verdrängen lässt, führte zur Bereitschaft, das Abkommen von Oslo auszuhandeln.

So schmerzlich der langwierige Friedensprozess im Nahen Osten für all die bisherigen und noch zu erwartenden Opfer ist, er birgt aber für Friedensprozesse wichtige Schlüsse: Die Lösung muss ein wie auch immer geartetes Gleichgewicht der handelnden Kräfte sein, das zur gegenseitigen Anerkennung, vielleicht sogar Achtung zwingt. Es braucht die Beharrlichkeit besonnen führender Politiker und nicht zuletzt Zeit, in der die Unverbesserlichen und Uneinsichtigen entweder wegsterben oder die Lust verlieren. Kurz gefasst könnte man von einem Interessensausgleich reden, das ist real, pragmatisch und realistisch. Der Begriff Frieden hält nur so lange, wie er sich mit dem Interessenausgleich deckt.

3

Palästina – künftiger Staat der Palästinenser

Vorbemerkungen

In diesem Kapitel ergeben sich zwangsläufig Überschneidungen mit den vorangehenden Ausführungen, weil die Geschichte der Palästinenser seit der ersten zionistischen Einwanderungswelle eng mit der der Israelis verbunden ist. Es soll daher zunächst hauptsächlich auf die soziale Struktur eingegangen werden, die sich im Lauf der Jahrhunderte entwickelt hatte und schließlich mit der israelischen Staatsgründung weitgehend verändert wurde.

In Zusammenhang mit den palästinensischen Gebieten haben sich die Begriffe Westbank, Gazastreifen und besetzte Gebiete eingebürgert. Der Ausdruck *Westbank* beschreibt zunächst nur die westliche Schulter des Jordantals, bezieht sich aber allgemein auf die Gebiete, die nach dem Unabhängigkeitskrieg 1949 unter jordanischer Verwaltung blieben, also im palästinensischen Sinn auch nicht unabhängig waren. Dabei handelt es sich wiederum um die historisch-biblischen Kernlande Samaria und Judäa, um die es insbesondere den nationalreligiösen Juden bei der Rückkehr ins Gelobte Land eigentlich geht. Der Gazastreifen entstand ebenfalls eher als Zufallsprodukt; er war der Landstrich, den die ägyptische Armee während des israelischen Unabhängigkeitskrieges gehalten hatte. Als die besetzten Gebiete werden die gesamten Landflächen bezeichnet, die Israel 1967 eroberte, die zuvor entweder unter jordanischer, syrischer oder ägyptischer Verwaltung standen.

Historischer Abriss

Palästina, die Brücke zwischen den Kontinenten und den ganz frühen Staatsgebilden, stand, wie mehrfach erwähnt, stets unter der Herrschaft der mächtigeren Regenten aus der Nachbarschaft; seien es ägyptische Pharaonen, assyrische oder babylonische Herrscher, Perser, Griechen, Römer, arabische Kalifen oder schließlich das osmanische Reich gewesen. Als sich letzteres auflöste, kamen die Engländer, die schließlich nur einen Teil des Landes an die ursprünglichen Bewohner zurückgaben.

Die lokale, weitgehend arabische Bevölkerung lebte praktisch immer unter Herrschern, deren eigentliches Machtzentrum weit entfernt lag; ob es sich um Bagdad, Konstantinopel oder London handelte. Sie war es gewohnt, sich unter diesem Mantel einzurichten, die große Politik an sich vorüberziehen zu lassen und sich mit den lokalen Gegebenheiten abzufinden. Es war eine ländliche Gesellschaft, in deren Mittelpunkt die Familie stand, der größere Familienclan und das Dorf. Über den Tellerrand dieses Mikrokosmos schaute man nicht weit hinaus. Das tägliche Leben der weitgehend bäuerlichen Gesellschaft bestimmte die Landwirtschaft, für ein staatliches oder in diesem Sinne nationales Bewusstsein gab es keinen Bedarf. Man fühlte sich als Teil der arabischen Bevölkerung im nahöstlichen Großraum; der Begriff *Palästinenser* und die Identifikation mit einer palästinensischen Heimat kamen erst als Folge der Vertreibung durch die Juden auf.

Auch die soziale Struktur richtete sich im Wesentlichen nach der Landwirtschaft und dem daraus erzielbaren Einkommen. Häufig gehörten größere Ländereien einer Großfamilie und das Familienoberhaupt bestimmte, was damit geschah. Es gab aber auch viele Besitztümer, deren Eigner in Städten lebten. Sie ließen ihr Land von Fellachen (Landarbeiter, Kleinbauern) bewirtschaften, die auf diese Weise einen bescheidenen Lebensunterhalt verdienten. Angebaut wurde im

Wesentlichen nur dort, wo es sich von den natürlichen Bedingungen her lohnte, also in den fruchtbaren Tälern oder Ebenen. Große Flächen lagen brach. Diese Situation muss wohl zu dem bekannten zionistischen Spruch geführt haben: „Ein Volk ohne Land in ein Land ohne Volk."

Das traditionsreiche Leben wird nachhaltig gestört, als im Zuge der Zionistenbewegung mehr und mehr jüdische Einwanderer ins Land kommen. Diese Siedler kaufen seit den 1880er Jahren Grundstücke in größerem Umfang und ganz legal auf. Verkäufer sind meist reiche Araber, die in den umliegenden Metropolen – Beirut, Damaskus, Kairo etc. – leben und sich von den sozialen Folgen ihrer Verkäufe kaum tangiert fühlen.

Wirtschaftlich betroffen von den jüdischen Landkäufen sind die unteren sozialen Schichten, die ihre Arbeitsplätze verlieren. Denn die neuen Landeigentümer legen selbst Hand an, um sich zu ernähren. So kommt es 1908 zu den ersten bewaffneten Angriffen auf die Siedler und in der Folge immer wieder zu Unruhen, die sich gegen die neuen Landbesitzer richten und nicht gegen das ganz und gar feudale eigene System.

Doch langsam formt sich auch in den Köpfen der Araber Palästinas ein politisches Bewusstsein, das unter anderem 1913 in einen arabischen Kongress in Paris einmündet, bei dem mehr Rechte von den osmanischen Herrschern gefordert werden, aber (noch) nicht die Unabhängigkeit. Nach Ende des Ersten Weltkriegs und nach der Unabhängigkeit Syriens 1920 erwacht auch bei den Bewohnern Palästinas nationales Selbstverständnis. Als 1920 bei Unruhen 250 Menschen (meist Juden) umkommen, ist dies der letzte Anlass für den Völkerbund, Palästina zum Mandatsgebiet der Engländer zu erklären. Aber die Araber trauen den Engländern bald nicht mehr, weil immer mehr Juden einwandern. 1921

versuchen sie sich in einem landesweiten Aufstand zu wehren.

Die Engländer sehen andererseits, dass sich die soziale Lage der Fellachen immer mehr verschlechtert und beschränken die weitere jüdische Einwanderung. Die Araber stehen der sich entwickelnden Situation etwas hilflos gegenüber, denn übergeordneter Zusammenhalt war (und ist) nicht ihre Stärke. 1929 kommt es erneut zu großen Unruhen mit vielen arabischen wie jüdischen Todesopfern, die durch einen Streit über heilige Stätten in Jerusalem ausgelöst wurden, aber bald auf andere Städte wie Hebron übergreifen. Die Engländer schränken daraufhin die jüdische Einwanderung weiter ein.

Unter dem Druck der Nazis wandern dennoch mehr Juden ein. 1936 finden arabische Massendemonstrationen gegen diese Einwanderungswellen statt, die von den Engländern mit Gewalt unterdrückt werden. Die Araber treten daraufhin in einen sechsmonatigen, doch ergebnislosen Generalstreik. Dieser zwingt hingegen die Juden, sich unabhängig von den arabischen Nachbarn zu versorgen, so dass am Ende zwei nebeneinander operierende Versorgungssysteme im Land existieren.

1937 legt die Peel-Kommission einen Plan vor, der die Teilung des Landes in einen arabischen und einen jüdischen Staat vorsieht. Im Mai 1939 veröffentlichen die Engländer ein Weißbuch, das eine Teilung Palästinas zwischen Arabern und Juden vorschlägt, die jüdische Einwanderung auf 75.000 Menschen in den folgenden fünf Jahren begrenzt und dessen Verlängerung von der Zustimmung der Araber abhängig gemacht werden solle. Diese glauben, ein Ziel erreicht zu haben und verhalten sich während der folgenden Weltkriegsjahre mehr oder weniger ruhig.

1945 gründen Ägypten, Libanon, Syrien, Saudi-Arabien und der Irak die

Arabische Liga, die u.a. Palästina als Teil der arabischen Einflusssphäre deklariert. Anfang 1947 teilen die Engländer der UNO mit, sich aus Palästina zurückzuziehen. Die UNO lässt einen **Teilungsplan** zwischen Palästinensern und Israelis entwickeln, der am 29. November 1947 als (häufig zitierte) **UN-Resolution 181** mit Zweidrittelmehrheit beschlossen wird. Die arabischen Staaten lehnen diese Resolution strikt ab. Die Zionisten nutzen die Zeit bis zum endgültigen britischen Abzug, um ihre Stellungen auszubauen und möglichst viele Palästinenser zu vertreiben.

Am 15. Mai 1948 verlassen die Engländer Palästina, am Vorabend verkündet der erste israelische Ministerpräsident David Ben Gurion die Gründung eines unabhängigen Staates Israel. Dieser Tag symbolisiert für die Palästinenser die **AnNakba**, die **Katastrophe**, den Jahrestag am 15. Mai begehen sie in großer Trauer. Ihnen hatte die UN-Resolution ebenso einen eigenen Staat zugestanden, jetzt vertrauen sie auf die arabischen Anrainerstaaten, die am 15. Mai Israel den Krieg erklären und den Palästinensern die Rückkehr versprechen. Doch die arabischen Armeen werden unter hohen Verlusten zurückgedrängt. Am 15. Januar 1949 wird ein Waffenstillstand vereinbart. Zur traurigen Bilanz zählt neben den Kriegstoten, dass nun etwa 750.000 Palästinenser aus ihrer Heimat vertrieben wurden oder geflohen sind. Die Israelis beherrschen jetzt 77 Prozent des Landes anstelle der im Teilungsplan vorgesehenen 56 Prozent.

Die meisten palästinensischen Flüchtlinge landen im Gazastreifen und auf der Westbank, aber viele ziehen auch weiter nach Jordanien, in den Libanon und in andere arabische Staaten. In den Aufnahmeländern werden zwar Flüchtlingslager errichtet, aber Unterstützung finden die Menschen kaum. Sie werden auch nicht angesiedelt, weil das politisch ein Aufgeben des Rechts auf Rückkehr und Heimat bedeutet hätte. Erst die neu gegründete UN-Flüchtlingshilfe UNRWA (siehe S. 547) sorgt für das Notwendigste.

Diese Situation und Auffassung hat sich bis heute nicht oder nur unwesentlich geändert. Die Flüchtlingslager bestehen immer noch, wenn auch nicht mehr aus Zelten, so doch als eng gepackte Dörfer oder Stadtteile mit einfachen Häusern und dürftiger Infrastruktur. Viele Menschen wiegen sich immer noch im Glauben, in ihre einstigen Häuser in Jaffa, oder wo sonst sie lebten, zurückkehren zu können. Besuchern zeigen sie den alten Hausschlüssel, den sie ständig bei sich tragen.

Im April **1950** annektiert Jordanien das Westjordanland (Westbank) und Ostjerusalem, die dort lebenden Palästinenser erhalten die jordanische Staatsbürgerschaft. Der Gazastreifen steht unter der Kontrolle der ägyptischen Armee, wird aber nicht ägyptisch, die Bewohner sind praktisch staatenlos. Die ohnehin nur schwach ausgeprägte Führungsschicht der Palästinenser ist zerschlagen. Bald tritt der charismatische ägyptische Präsident Nasser als Leitfigur an deren Stelle. Als Nasser 1958 mit Syrien die Vereinigte Arabische Republik gründet, scheint der panarabische Traum auch die Lösung des Palästinaproblems zu ermöglichen. Doch drei Jahre später platzt mit der Auflösung der VAR der Traum.

1964 wird anlässlich der ersten arabischen Gipfelkonferenz in Kairo die *Palestine Liberation Organisation* (PLO) gegründet, mit Ahmed Shuqeiri an der Spitze. Von ihm stammt der häufig wiederholte Spruch: „Werft die Juden ins Meer!" In dem von Shuqeiri einberufenen ersten palästinensischen Nationalkongress wird ein *Palästinensisches Manifest* beschlossen, das die Befreiung ganz Palästinas fordert, also das Auslöschen des

Staates Israel. Neben der PLO bilden sich in dieser Zeit Guerillaorganisationen wie *Fatah* und *Assefa*, die Terroranschläge gegen Israel ausführen.

1967 löst Nasser den sogenannten **Sechstagekrieg** aus. Jetzt hoffen die Palästinenser, bald in ihre Heimat zurückkehren zu können. Doch das Gegenteil ist der Fall. Israel erobert die Westbank, die Golanhöhen, den Gazastreifen und den Sinai. Weitere 300.000 Palästinenser fliehen nach Jordanien, etwa eine Million Menschen (Westbank, Ostjerusalem und Gazastreifen) stehen von jetzt an unter israelischer Herrschaft. Dieses Ereignis wird als **AnNaksa** bezeichnet.

1969 wird **Jassir Arafat** zum Vorsitzenden des Exekutivausschusses der PLO gewählt. Dem charismatischen Arafat gelingt es, das zerstrittene Lager der unterschiedlichen Interessen zusammenzuschmieden.

Die Macht der PLO unter den Palästinensern wächst und wird auch nach außen demonstriert. Als dies dem jordanischen König Hussein zu viel und gefährlich wird, wirft er die Organisation **1971** mit brutaler Gewalt aus dem Land. Der **Yom Kippur Krieg 1973** führt den Palästinensern erneut die militärische Macht Israels vor Augen. **1974** erkennt die arabische Gipfelkonferenz die PLO als einzige legitime Vertretung der Palästinenser an, Jassir Arafat kann zum ersten Mal vor der UN-Vollversammlung sprechen.

1977 versucht der ägyptische Präsident Anwar Sadat Bewegung in die Fronten zu bringen. In den Camp-David-Verhandlungen von **1978** kommt es zum Friedensschluss zwischen Ägypten und Israel, der **1979** formal unterzeichnet wird.

Nach dem Debakel in Jordanien hatte sich die PLO Beirut als Hauptquartier auserkoren, wo sie förmlich aufblüht und nahezu uneingeschränkte Freiheiten genießt. Vom Südlibanon aus werden immer mehr Terroranschläge gegen Israel ausgeführt. Unter dem Vorwand, diesen Terror zu bekämpfen, marschieren israelische Truppen im Herbst **1982** im Libanon ein und versuchen nun ihrerseits, die PLO ins Meer zu werfen. Doch die sieggewohnten Israelis brauchen diesmal gut zwei Monate, um die Stützpunkte zu zerschlagen. Nachdem die letzten PLO-Kämpfer den Libanon verlassen haben, ermorden christliche Falange-Milizionäre mehr als 200 der zurückgebliebenen Frauen und Kinder im Flüchtlingslager Sabra und Shatila; die israelische Armee greift nicht ein.

Streitpunkt Siedlungen

Eine große Belastung und ein ständiger Streitpunkt stellen vor allem die jüdischen Siedlungen innerhalb der besetzten Gebiete dar. In der Regel handelt es sich um national-religiöse Juden, die quasi mit der Bibel in der Hand von dem Land Besitz nehmen, das Gott dem auserwählten Volk versprach. Die Radikalen unter ihnen sind voller Verachtung und Hass auf die Palästinenser, sie schrecken auch vor Morden nicht zurück.

Dass Siedler im nahezu rechtsfreien Raum agieren können, ihre Taten höchstens von der Nicht-Regierungsorganisation www.-btselem.org dokumentiert werden, verdanken sie staatlichem Schutz mit einem Aufwand von etwa hundert Soldaten pro Siedler. Die Siedlungen, die gegen UN-Beschlüsse wie zuletzt Ende 2016 (siehe S. 114), Weltmeinung und wider alle Vernunft aus dem Boden gestampft wurden, sind – harmlos ausgedrückt – eine ständige Belastung sowohl der Beziehungen zwischen den beiden Völkern als auch des Friedensprozesses.

Die aus Beirut vertriebene PLO muss in verschiedenen Staaten Zuflucht nehmen, das Hauptquartier landet in Tunis. Innerhalb der besetzten Gebiete ändert sich langsam die soziale Situation dadurch, dass immer mehr Palästinenser in Israel Arbeit finden, damit ihr Einkommen entscheidend verbessern, aber auch mit modernen Techniken und Ideen in Berührung kommen. Andererseits steigt das allgemeine Bildungsniveau ganz erheblich, nicht zuletzt durch die von der UNRWA und den arabischen Nachbarländern unterstützten Bildungseinrichtungen. Trotz all dieser Fortschritte gärt es innerhalb der Bevölkerung, die ungeliebte Besatzungsmacht verletzt schon allein durch ihre Anwesenheit, so moderat sie sich (nach eigener Meinung) auch verhalten mag. Die Israelis wiegen sich im trügerischen Glauben, alles unter Kontrolle zu haben.

Ein Verkehrsunfall im Gazastreifen, bei dem drei palästinensische Jugendliche getötet werden, bringt das Fass zum Überlaufen. Er löst im Dezember 1987 die Intifada, den Krieg der Steine, aus: Jugendliche bewerfen die Soldaten mit Steinen und fliehen, wenn die Soldaten schießen. Die Intifada greift schnell auf alle besetzten Gebiete über, die Palästinenser werfen sich buchstäblich den Frust von der Seele. Im Januar 1988 bildet sich eine nationale Führung der Intifada, die auch Generalstreiks der in Israel Beschäftigten organisiert. Diesmal ist die Revolte nicht von der Exilführung bestimmt, sondern sie demonstriert den Willen der Menschen in den besetzten Gebieten, ihre Situation nicht mehr hinzunehmen.

Die spontane Erhebung bleibt nicht ohne Eindruck. Die PLO schwenkt auf diese Linie ein, König Hussein von Jordanien verzichtet auf die Westbank und spricht sie

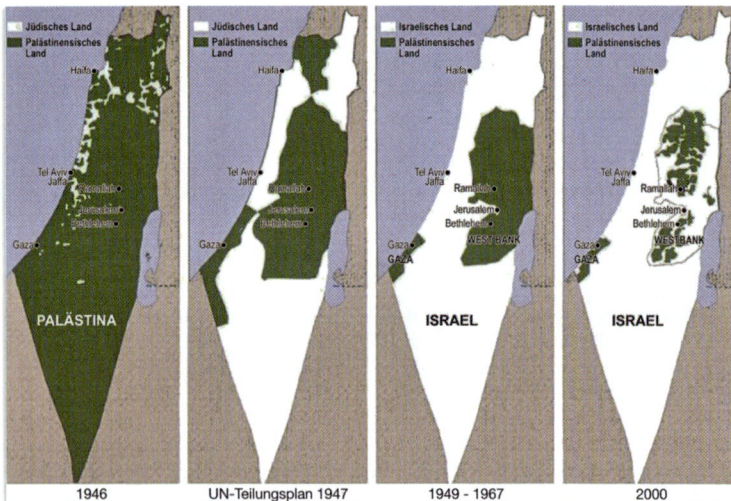

Dieser Ausschnitt ist aus einem Flyer der „Jüdischen Stimme für einen gerechten Frieden zwischen Israel und Palästina (Schweiz), www.humanrights-in-israel.ch/de/, stellt die chronologische Entwicklung der Gebietsaufteilung grob, aber übersichtlich dar. Aktuelle Aufteilung der Westbank siehe Karte nächste Seite.

den Palästinensern zu. Jassir Arafat gibt sich nun staatsmännisch gemäßigt und wird schließlich auch von den USA anerkannt. Am 5. November **1988** verkündet das *Palestinian National Council* (das Exilparlament) die Gründung eines palästinensischen Staates, der bald von vielen Regierungen diplomatisch anerkannt wird. Wichtiger aber ist die Tatsache, dass die Palästinenser zum ersten Mal zumindest indirekt eine Zweistaatenlösung in Palästina zugestehen, in der Praxis also einen palästinensischen neben einem jüdischen Staat.

Aus einer Privatinitiative entstehen in Oslo Geheimverhandlungen, die **1993** zum Abschluss der sogenannten **Oslo-Verträge** führen. Beide Vertragsparteien erkennen nun einander und das Existenzrecht des jeweils anderen an und beschließen, die Konfrontation zu beenden. Teile der besetzten Gebiete sollen an die neu zu gründende, interimistische *Palestinian Authority* (PA) übergeben werden, damit sich die Bewohner selbst nach demokratischen Prinzipien regieren können. Zunächst handelt es sich um den Gazastreifen und um Jericho, in der zweiten Phase (Oslo-2) werden die Israelis Nablus, Jenin, Ramallah, Bethlehem und Hebron (weitgehend) zurückgeben. In der letzten Phase wird Jerusalem zur Debatte stehen. Nach einer fünfjährigen Übergangsperiode hätten die legitimen Rechte des palästinensischen Volkes endgültig realisiert sein sollen.

Die besetzten Gebiete sind während der Zeit des Oslo-II-Abkommens – das noch heute berücksichtigt wird – in drei Zonen aufgeteilt. Die Zone A (aktuell ca. 18 % des Gesamtterritoriums) untersteht alleiniger palästinensischer Kontrolle, die Zone B (22 %) wird gemeinsam von Israelis und Palästinensern kontrolliert, die restlichen gut 60 % fallen in die Zone C und unterstehen ausschließlich israelischer Militärverwaltung. Die gemein-

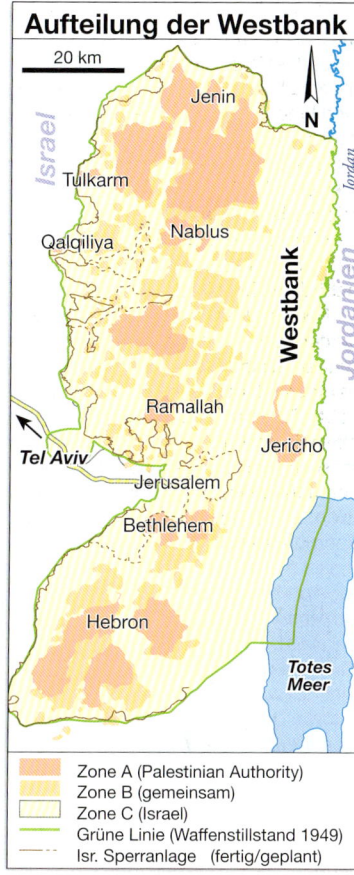

Aufteilung der Westbank

20 km

Israel · Jenin · Tulkarm · Nablus · Qalqiliya · Westbank · Jordanien · Jordan · N · Ramallah · Jericho · Tel Aviv · Jerusalem · Bethlehem · Hebron · Totes Meer

3

Zone A (Palestinian Authority)
Zone B (gemeinsam)
Zone C (Israel)
Grüne Linie (Waffenstillstand 1949)
Isr. Sperranlage (fertig/geplant)

Menschenrechte

Amnesty International beobachtet, wie die PA mit den Menschenrechten umgeht und kommt zu keinem anerkennenden Schluss: Polizei und Behörden gehen sehr rigide vor, viele Strafverfahren werden unfair und im Schnellverfahren abgehandelt, es kommt zu Folterungen oder gar Geiselnahme von Familienmitgliedern. Schwere Menschenrechtsverstöße wie willkürliche Festnahmen und Folter werden sowohl von Fatah als auch Hamas begangen.

same Kontrolle in Zone B wird so verstanden, dass die PA für den öffentlichen Bereich zuständig ist und die Israelis die übergeordnete Sicherheit, vor allem auch für die Siedler, garantieren. In den Zonen A und B leben etwa 70 Prozent der palästinensischen Bevölkerung. Die Frage, welchen Status Jerusalem endgültig einnehmen soll, ist immer noch ungeklärt und eins der größten wie auch belastendsten Probleme überhaupt.

Im Mai **1994** zieht sich die israelische Armee aus dem Gazastreifen und aus Jericho zurück, in den Folgejahren – zum Teil nach großen Verzögerungen – auch aus den meisten anderen vereinbarten Gebieten der Phase 2. Arafat kehrt Mitte 1994 aus dem Exil nach Gaza zurück, von wo aus er eine staatliche Organisation aufzubauen beginnt. Dies scheint viel leichter gesagt als getan zu werden, denn die Palästinenser sind immer nur regiert worden. Sie müssen viele Strukturen von Null an aufbauen. Dass dabei Fehlentwicklungen stattfinden, liegt auf der Hand. Aber die Euphorie für die neue Zukunft und der Wille, etwas neues Eigenes zu gestalten, schafft auch Korrektive. Dennoch kommt es zu Korruption großen Ausmaßes.

Ende **1995** wird der israelische Ministerpräsident Rabin von einem jüdischen Fanatiker ermordet, Anfang 1996 reißen palästinensische Selbstmordattentäter 60 Menschen mit in den Tod. Neuwahlen in Israel bringen den Hardliner Netanjahu an die Macht, der im Laufe seiner Regierungszeit den Friedensprozess massiv verlangsamt, wenn nicht zum Stillstand bringt.

1996 finden die ersten demokratischen Wahlen der Palästinenser statt, bei denen Jassir Arafat mit Mehrheit zum ersten Präsidenten gewählt wird. Arafat versucht, die widerstrebenden Gruppen seines Volkes unter einen Hut zu bringen, vor allem die militanten Terrororganisationen

einzudämmen. Doch immer wieder finden Attentate statt, die vor allem den erzkonservativen Kräften in der israelischen Regierung Argumente gegen die weitere Erfüllung der abgeschlossenen Verträge in die Hand spielen.

Als Strafe und aus Rache riegeln die Israelis die Grenzen der palästinensischen Gebiete immer wieder ab. In Osteuropa und Fernost angeheuerte Gastarbeiter nehmen mehr und mehr die Arbeitsplätze der Palästinenser ein. Arbeiteten 1991 noch 120.000 Palästinenser in Israel, so waren es 1996 nur noch 60.000. Das Durchschnittseinkommen der Palästinenser sinkt von 1988 bis 1997 um ein gutes Drittel, die Arbeitslosenquote liegt (als Durchschnitt aller Gebiete) bei über 30 Prozent.

Im Herbst **1998** verhandeln auf Druck der USA Netanjahu und Arafat in Wye, USA, um den Friedensprozess wieder in Gang zu bringen. Das sogenannte Wye-Abkommen wird am 23. Oktober unterzeichnet. Die Israelis machen Zugeständnisse bei der Zonenzuteilung der verschiedenen Gebiete, die Palästinenser verpflichten sich unter anderem, die Israel bedrohenden oder diskriminierenden Artikel aus ihrer Charta zu annullieren.

Betrachtet man die Karte auf S. 123, dann sieht die palästinensische Landschaft zerrissener aus als die der deutschen Kleinstaaterei vor 200 Jahren. Es ist kaum vorstellbar, wie aus einem derartigen Gebilde ein funktionierender Staat entstehen soll.

Das seit der ersten Intifada kaum bemerkte Erstarken der Hamas, die sich schwungvoller als die ziemlich verknöcherte Fatah für die Belange der Bevölkerung einsetzt, zeigt sich deutlich beim weit brutaleren Verlauf der **AlAqsa-Intifada**. Sie entstand als Reaktion auf die Provokotaion von General Ariel Sharon, der – sich seiner Wirkung bewusst – im September **2000** den Tempelplatz in Jerusalem besucht hatte. Außer mit Steinen wird gnadenlos mit Gewehren und Selbstmordattentaten gekämpft – das wird rund 4000 Palästinenser und über 1000 Israelis das Leben kosten.

Die zunehmenden Selbstmordanschläge und der Beschuss durch Qassam-Raketen aus dem Gazastreifen seit 2001 führen die israelische Armee **2002** zur *Operation Schutzschild*, durch die bestimmte Palästinenser gesucht und gezielt getötet werden – eine kontrovers beurteilte, aber weiterhin ausgeführte Praxis.

Im Frühjahr **2003** wird Mahmud Abbas unter Arafat vom Parlament als Ministerpräsident gewählt. Schon im Herbst tritt er zurück, worauf Arafat Ahmed Kurei als Nachfolger ernennt. In diesen Monaten beginnt Israel mit dem Bau der Sperranlagen zur Westbank, deren Mauer und Checkpoints ältere Deutsche unwillkürlich an die ehemalige deutsch-deutsche Grenze erinnern. Die israelische Mauer ist etwa viermal so lang und mehr als doppelt so hoch wie die DDR-Mauer damals in Berlin. Der vom obersten israelischen Gericht stellenweise korrigierte Verlauf trennt dennoch palästinensische Familien voneinander, behindert z.T. die Bewirtschaftung von Feldern und Ölbäumen.

Ende **2004** stirbt Arafat nach langer Krankheit, die Ikone der palästinensischen Befreiungsbewegung. Sicherlich hätte er als Präsident mehr für sein Volk tun können, als mutmaßlich Millionen ausländischer Hilfszahlungen unter Verwandten und Hofschranzen zu verteilen – ein funktionierender säkularer arabischer Staat hätte dem Nahen Osten sicherlich gut getan. Dass es nicht so kam, ist aber keinesfalls Arafat allein zuzuschreiben. Weder Arafats Nachfolger Abbas, noch Haniye, derzeit Oberhaupt im Gazastreifen, werden die Problematik

Traum aller Palästinenser: Befreiung von der israelischen Mauer

lösen können; der erste besitzt zu wenig Rückhalt in der Bevölkerung, der zweite zu wenig Anerkennung im Westen.

In den weiteren Jahren ist die immer tiefer gehende Spaltung unter den Palästinensern deutlich zu Tage getreten. Die Menschen im Gazastreifen sind durchschnittlich jünger und chancenloser als in der Westbank: Der Bevölkerungszuwachs ist weit stärker und die Bedrohung durch Arbeitslosigkeit enorm. Die Versorgung mit alltäglichem Bedarf wegen der langen Wirtschaftsblockade kann nur durch Tunnel erfolgen, die unter den Sperranlagen in der Gegend um Raffah in Richtung Sinai gegraben wurden; denn auch Ägypten hat eine Sperrwand zum Gazastreifen errichtet, was häufig vergessen wird. In dieser Situation hat es die Hamas leicht, sich mit sinnvollen sozialen Projekten, Geld und Waffen aus z.B. dem Iran Freunde zu machen, und seit der Wahl **2006** ist sie auch demokratisch legitimiert

Wasserrecht – Wassernot

Amnesty International (AI) gab im Oktober 2009 einen Bericht *„Troubled Waters – Palestinians Denied Fair Access To Water"* heraus, in dem der Zugang zu Wasser in Israel und in den besetzten palästinensischen Gebieten einschließlich Gaza untersucht wird. Israels Infrastruktur-Minister Uzi Landau reagierte mit der barschen Entgegnung, es handele sich um einen oberflächlichen und lügnerischen Bericht, der die Realität verzerrt darstelle.

Nun ist AI nicht gerade als Lügner bekannt. Auch wenn man unterstellt, dass diverse Zahlenangaben des Berichts diskutabel sind oder nur geschätzt werden konnten, dann ergibt sich dennoch ein trostloses Bild für die palästinensische Bevölkerung. Demnach stehen den Israelis täglich 300 Liter Wasser pro Kopf zur Verfügung, den Palästinensern nur 70. Diese Angabe lässt sich tendenziell insoweit nachvollziehen, als die grünen Rasenflächen und Swimmingpools in den (widerrechtlich errichteten) israelischen Siedlungen häufig schon von weitem auffallen und hinreichend bekannt sind. Die 450.000 Siedler im Westjordanland verbrauchen laut AI etwa so viel Wasser wie man den 2,5 Mio Palästinensern zugesteht, rein rechnerisch also 72 Liter pro palästinensischen Kopf. Israel hält dem entgegen, dass es den Palästinensern mehr Wasser liefere als vertraglich festgelegt und dass der tatsächliche Wasserverbrauch bei 400 Litern in Israel und 200 bei den Palästinensern liege.

Das vielschichtige Problem kann hier nur angerissen werden, anders als in dem 115 Seiten langen Report, www.amnesty.org > News > Reports > 27 October 2009. Kaum bekannt ist, dass die israelische Militärverwaltung bereits kurz nach der Okkupation 1967 alle Wasserrechte an sich zog und dass jeder neue Brunnen, jede Wasserleitung, ja sogar jede Zisterne genehmigt werden muss – ein oft jahrelanger Weg durch die Behörden mit meist ungewissem Ausgang. Alle „Schwarzbauten" werden sofort zerstört. Zwar wurde in den Oslo-Verträgen ein *Joint Water Committee* vereinbart, in dem die Palästinenser vertreten sind. Der AI-Report zitiert allerdings einen internationalen Experten, der die Verhandlungen als Unterwerfung und Demütigung der palästinensischen Seite beschreibt.

Eigentlich ist das Westjordanland von der Natur mit einer wasserführenden, von den winterlichen Regen jeweils neugefüllten Gesteinsschicht gesegnet, die seit Menschengedenken die Brunnen speist. Durch die Wasserentnahme Israels sank der Wasserspiegel jedoch um 10 m und mehr. Viele Brunnen fielen trocken, eine Genehmigung zum Nachbohren bis zum Grundwasser ist nur schwer oder gar nicht zu bekommen. In vielen Dörfern muss das Trinkwasser mit Tankwagen herangekarrt werden; schon allein durch die vielen Umwege wegen gesperrter Straßen ist es ein teures Luxusgut für die Verbraucher geworden.

Schlimmer noch sieht die Lage im Gazastreifen aus. Im Krieg um die Jahreswende 2008/9 wurde die Wasserversorgung dermaßen beschädigt, dass die Hälfte der Bevölkerung ohne Leitungswasser auskommen musste. Parallel dazu zerstörte die israelische Armee mehrere Abwasseranlagen, aus denen das auslaufende Abwasser Felder überflutete, unfruchtbar machte und ins Grundwasser eindrang. Die Gaza-Bevölkerung lebt allein vom Grundwasser unter ihrem Boden, das früher ausreichend aus der Bergregion gespeist wurde, aber jetzt wegen der Überbevölkerung über alle Grenzen ausgebeutet werden muss. Dadurch fließt Salzwasser von der Küste nach, zusätzlich entleeren die zerstörten, schlechten oder undichten Abwasseranlagen kontaminiertes Wasser in den Grund. Prognosen besagen, dass bereits 2010 bei 20 % des Grundwassers die Grenzwerte für die Chlorid-Konzentration überschritten werden. Über 90 % des Trinkwassers in Gaza sind eigentlich nicht trinkbar, dadurch ausgelöste Krankheiten weit verbreitet.

und hat ihren Machtanspruch im Gazastreifen blutig verteidigen können.

Im Sommer **2008** vereinbart Israel eine Waffenruhe mit der Hamas. Doch im November dringt die israelische Armee tief in den Gazastreifen ein, um einen Tunnel zu sprengen und liquidiert dabei angebliche Hamas-Leute. Das wiederum löst einen Raketenhagel der Hamas aus, bei dem außer entstandenem Sachschaden auch einzelne Israelis sterben. Die israelische Regierung nutzt Ende 2008 die Hamas-Raketen als Anlass, den Gazastreifen mit einem gnadenlosen Waffengang zu überziehen. Der pausenlose Bombenhagel und die Bodentruppen lassen nach vier Wochen brutalem Krieg eins der am dichtesten besiedelten Gebiete der Welt weitflächig als Trümmerhaufen mit über 1400 Toten und mehreren 1000 Verletzten zurück.

2010 scheitert die erste Gaza-Flotille. Am **31.10.2011** gelingt es Präsident Abbas erfolgreich, die UNESCO Vollversammlung mit Zweidrittelmehrheit für die Aufnahme Palästinas als Vollmitglied zu gewinnen. Die USA frieren daraufhin ihre Beitragszahlungen an die UNESCO ein. Einen ähnlichen Erfolg kann Abbas am **29.11.2012** verbuchen, als die UNO-Vollversammlung mit 138 von 193 Stimmen Palästina die Mitgliedschaft im Beobachterstatus zugesteht. Postwendend reagiert die israelische Regierung mit dem Bau von 3000 weiteren Wohnungen in Ostjerusalem und der Westbank. Kurz zuvor hatte Israel wiederum Gaza bombardiert nach wochenlangem Raketenbeschuss von dort. **2013** beginnen neue Friedensgespräche auf unklarer Grundlage. Mohammed Assaf aus Gaza gewinnt den Gesangswettbewerb *Arab Idol*.

2014 gelingt Fatah und Hamas die Annäherung zu einer Einheitsregierung, was jedoch den Friedensprozess nicht weiterbringt. Ein weiterer Gazakrieg findet im Juli/August statt, nachdem drei Yeshiva-Studenten in der Westbank entführt und getötet wurden und trotz unklarer Beweislage die Hamas in der Westbank durch Festnahmen in die Schranken gewiesen, im Gazastreifen bombardiert und in Bodenoffensive angegriffen wird. Nach sieben Wochen zählen die UN jeweils über 2100 tote, 11.000 verwundete und eine halbe Million obdachlose PalästinenserInnen und über 70 tote Israelis.

Was hätten wir in Deutschland getan, wenn…

„Die Araber sind zu allerletzt für das Problemfeld Israel verantwortlich zu machen. Sie haben das Problem nicht verursacht, müssen es aber jetzt bis zur bitteren Neige ausbaden und werden noch vor aller Welt dafür gebrandmarkt, dass sie sich wehren. Welches Land hätte sich denn nicht gewehrt, wenn es plötzlich ein ganzes zahlreiches und noch dazu kulturell fremdes Volk aufnehmen müsste? Was hätten wir gesagt, wenn etwa Russland auf die Idee gekommen wäre, die christlichen Armenier oder gar die moslemischen Tschetschenen im besetzten Teil Deutschlands anzusiedeln? Oder wenn die UdSSR überhaupt in den besetzten deutschen Gebieten eigene Siedlungen errichtet hätte, wo es doch völkerrechtlich verboten ist, in besetzten Gebieten zu siedeln? Israel aber „darf" das alles. Darf in den besetzten Gebieten des Westjordanlandes eine Siedlung nach der anderen errichten, das Wasser für die Plantagen der Palästinenser auf eigene Plantagen und Swimming-Pools umlenken und die Palästinenser dann noch dafür verachten, dass deren Landwirtschaft nicht genügend Ertrag bringt. Die westliche Welt sieht zu."

Vera Zinsgen in ihrem Buch „Sind die Weltreligionen friedensfähig?"

Zum April **2015** tritt Palästina dem Den Haager Internationalen Strafgerichtshof bei und plant, Israel wegen Kriegsverbrechen anzuklagen. Im Mai erkennt der Vatikan den Staat Palästina an, der Papst spricht zwei palästinensische Nonnen heilig. Im September findet in ArRam das erste FIFA-WM-Qualifikations-Heimspiel Palästinas statt. In New York wird erstmals die palästinensische Flagge gehisst. Ab Oktober häufen sich wohl unorganisierte, tödliche Angriffe auf vor allem israelische Soldaten und Polizisten, die ab 2016 auch als *Messer-Intifada* bezeichnet werden. Die EU will Produkte aus illegalen jüdischen Siedlungen anders behandeln als solche aus dem israelischen Staatsgebiet, was nichts mit einem Boykott zu tun habe.

Während in Israels rechter Regierung **2016** vermehrt von Annexion der Westbank die Rede ist und der Zaun um den Gazastreifen durch eine Mauer ersetzt werden wird, gibt es auch so unspektakulär-spektakuläre Nachrichten, dass Palästina Verantwortung für sein Stromnetz übernimmt sowie für internationale Post, die es über die Allenby-Brücke abwickeln darf. Längst überfällige Wahlen werden Anfang 2018 durch den Anschlag auf den Fatah-Premierminister in Gaza vermutlich nicht gefördert.

Menschen in Israel und Palästina

Israel ist in fast jeder Beziehung ein westlich geprägtes Land. Die Israelis gehen auf den Fremden zu, wie sich jeder Europäer Besuchern gegenüber verhalten würde. Freundlich zwar, aber distanzierter als es die arabischen Nachbarn z.B. in Ägypten tun. Wo immer man Hilfe braucht, sei es bei der Suche nach einer Straße oder beim Einkaufen hebräisch beschrifteter Waren, stets wird man auf Menschen treffen, die sich fast rührend um einen kümmern. Die Menschen Israels schlagen sich im Grunde im Alltag mit nahezu denselben Problemen herum wie wir auch – nur, dass noch einige aufgrund der Rahmenbedingungen des Nahen Ostens hinzukommen.

Juden

Das Judentum im heutigen Israel stellt einen Schmelztiegel unterschiedlichster Gruppierungen dar. Es bekennen sich zwar alle zum Judentum, aber sie stammen aus rund 100 zum Teil gegensätzlichen Kulturregionen, wie z.B. dem Jemen und den USA, Äthiopien und Europa. Viele Sprachen und Dialekte werden weiterhin gesprochen, viele unterschiedlichste Traditionen gepflegt und gelebt. Der Besucher kann schon anhand der vielen verschiedenen Restaurants ermessen, aus welchen Gegenden der Welt hier Menschen ein neues Zuhause gefunden haben.

Die Majorität der israelischen Bevölkerung stellen die Juden, 74,8 Prozent der rund 8,5 Millionen Einwohner (Statistik 2017) bekennen sich zum jüdischen Glauben, 17,6 Prozent sind Muslime, 2 Prozent Christen, 1,6 Prozent Drusen und knapp 4 Prozent Angehörige anderer Religionen (z.B. Baha'is). Mit etwa 18 Prozent machen

Neueinwanderer aus der ehemaligen Sowjetunion einen hohen Anteil an der Bevölkerung aus, was sich schon rein äußerlich durch viele kyrillische Beschriftungen an und in Geschäften zeigt.

Noch vor knapp 100 Jahren bestimmten die Araber die absolute Majorität. Infolge der Einwanderungswellen der Juden und andererseits der Flucht vieler Palästinenser hat sich das Verhältnis umgekehrt. Denn nach der Vertreibung im 1. und 2. Jh nC konnten sich nur wenige Juden in Palästina halten. Ab 1870 fanden Einwanderungswellen größeren Umfangs statt, die letzten in jüngster Zeit, in der vor allem russische Juden nach Israel strömen.

Die durchschnittliche Lebenserwartung liegt bei 82 (Männer knapp 81, Frauen 84,4) Jahren und das Bevölkerungswachstum bei 1,5 Prozent. Die jüdische Bevölkerung kommt oder kam aus 143 (!) unterschiedlichen Ländern, aber bereits jetzt wurden mehr als zwei Drittel der Israelis im Land geboren. Trotzdem zählen sich die meisten entweder zu den abendländischen Juden, den Ashkenasim, oder den orientalischen Juden, die Sefardim oder Misrakhim, neben der religiösen Ausrichtung die wichtigste Unterscheidung.

Während der Diaspora-Periode, also der Zeit, in der die Juden außerhalb Palästinas lebten, konzentrierte sich die jüdische Bevölkerung auf Europa, zunächst auf Spanien und Portugal, später dann, nach der Vertreibung von dort, vor allem auf Mittel- und Osteuropa. Mit dem Erschließen des amerikanischen Kontinents zog es auch viele auf die andere Seite des Atlantiks; besonders in den Jahren des Naziterrors fand eine große Anzahl Juden Zuflucht in den USA. Aber auch in Nordafrika (besonders Marokko), in Asien, vor allem in den Gebieten von der Türkei bis in den Iran, waren über die Jahrhunderte größere Ansiedlungen ent-

standen. Trotz vieler Pogrome und Repressalien blieben die Juden über zwei Jahrtausende ihrem Glauben treu, der ihnen stets auch das Bild des Gelobten Landes wach hielt.

Entsprechend der unterschiedlichen kulturellen Umgebung bildeten sich bei den europäischen Juden andere Traditionen heraus als z.B. bei den in südlichen Ländern lebenden. Jiddisch war die Sprache der mittel- und osteuropäischen Juden, viele ihrer Bräuche und natürlich ihr Wissen und Können brachten sie mit nach Israel. Man nennt sie *Ashkenasim* im Gegensatz zu den *Sefardim*, die aus Nordafrika und Asien zurückwanderten. Diese Bezeichnungen haben sich auch auf die Nachkommen der Einwanderer vererbt. Leider versteckt sich hinter den Begriffen auch eine soziale Differenzierung. Obwohl die Sefardim die Mehrheit der Bevölkerung stellen, sind sie in den Führungspositionen der Wirtschaft und des Staates unterrepräsentiert.

Trotz der immer noch hohen Einwanderung – jeder Jude weltweit besitzt per israelischem Gesetz Heimatrecht im Gelobten Land – ist bereits die Mehrheit der heutigen Bevölkerung in Israel geboren, diese "Eingeborenen" nennen sich *Sabras* – Kaktusfeigen: außen wehrhaft-stachlig, innen wohlschmeckend-angenehm. Es ist ganz erstaunlich, dass sich Menschen so unterschiedlicher Herkunft so schnell mit ihrer neuen Heimat identifizierten und auch miteinander auszukommen lernten. Der jüdische Glaube und die damit verbundene Hilfsbereitschaft innerhalb der Glaubensgemeinschaft haben sicher viel zur Gemeinsamkeit beigetragen. Ein ganz wesentlicher Integrationsfaktor war und ist jedoch die hebräische Sprache.

Doch in den letzten Jahren scheint mehr und mehr eine Polarisierung zwischen den unterschiedlichen religiösen Lagern stattzufinden, vor allem zwischen

3

den **ultraorthodoxen Juden** und den Säkularisierten. Etwa zehn Prozent der Juden stufen sich als ultraorthodox ein, zu erkennen sind die Männer an ihren oftmals pechschwarzen Anzügen und dem schwarzen Hut, unter dem die Stirnlocken hervorschauen. Mit geübterem Blick wird man unterschiedliche Trachten der diversen Gruppen unterscheiden lernen. Sie leben strikt nach den Geboten der Tora, lehnen – weil nicht der Heiligen Schrift entsprechend – Zionismus, Demokratie und moderne Kultur ab. Der Staat Israel hätte nach Ansicht der meisten nicht vor dem Kommen des Messias entstehen dürfen. Und sie können sich sogar vom Militärdienst befreien lassen. Der staatlichen Sozialfürsorge gegenüber zeigen sie sich jedoch meistens aufgeschlossen.

Nicht ganz so konservativ, aber zum Teil intoleranter und in der Regel schwer bewaffnet sind die **National-Religiösen**, die häufig in Siedlungen in der Westbank leben und ebenfalls etwa zehn Prozent der Bevölkerung stellen. Sie kleiden sich zwar modern und tragen lediglich eine oft weiße, gehäkelte Kippa, die kleine,

Die beiden Jungs in Hebron kennen alle 613 Ge- und Verbote der Tora

mit einer Klemme festgehaltene Kappe auf dem Kopf als Zeichen ihrer Gläubigkeit, aber sie fordern das in der Tora verheißene Land und sind gegen den Ausgleich mit den Palästinensern. Sie dienen in der Armee und nehmen am kulturellen Leben teil.

Die dritte Gruppe nennt sich *traditionell*, sie macht etwa ein Drittel der Bevölkerung aus. Äußerlich ist den *Traditionellen* ihre Anschauung nicht anzusehen, sie verhalten sich staats- und demokratieloyal, gehen aber häufig in die Synagoge und achten die Orthodoxen.

Der große Rest, also etwa die Hälfte der Israelis, gehört dem jüdischen Glauben an, achtet und respektiert ihn, lebt aber in einem Kompromiss, wie er auch im säkularisierten Europa üblich ist. Zu den Säkularen kann man auch das liberale **Reformjudentum** zählen, weltweit die größte Gruppe (vor allem in den USA), aber in Israel praktisch bedeutungslos. Z.B. sind von Reform-Rabbis in Israel geschlossene Ehen ungültig (werden in Israel aber anerkannt, wenn sie im Ausland geschlossen werden). Wer in Israel reformjüdische Spiritualität kennenlernen möchte, hat in Jerusalem in der Har-El-Synagoge oder in den Kibbuzim Yahel und Lotan im südlichen Negev Gelegenheit dazu.

Dass Spannungen zwischen den Religiösen und den Säkularen entstehen müssen, liegt auf der Hand. Aber die Einflussnahme der Ultraorthodoxen auf die Politik, die weit über ihre demografische Bedeutung hinausgeht, heizt diese Konflikte massiv an. Denn unglücklicherweise spielen die religiösen Gruppierungen das Zünglein an der politischen Waage, sie sind in der Vergangenheit fast durchgehend Mehrheitsbeschaffer der Regierungspartei gewesen. Die Verlangsamung des Friedensprozesses bis zum Stillstand geht zum guten Teil gerade auch auf ihr Konto.

Über das künftige Verhältnis zwischen den Gruppen wird denn auch heftig diskutiert, ja sogar massiv gestritten. Vorschläge, Israel noch einmal zu teilen und jeder Gruppierung ihr Territorium zuzuweisen, besitzen einen bitterernsten Hintergrund – so fern von dieser Welt sie auch sind.

Die streng orthodoxe Jüdin

Wie in nahezu allen Gesellschaften beschränkte sich in der Vergangenheit die Rolle der Frau auch im traditionellen Judentum auf wenige Funktionen: Führen des Haushalts sowie Gebären und Erziehen der durchschnittlich acht Kinder – vor allem der Töchter, denn um die Erziehung der Söhne kümmerte sich ab deren sechstem Lebensjahr der Vater. Auch Zugang zur Bildung war den Frauen weitestgehend verwehrt.

In den Pionierzeiten während der ersten Einwanderungswellen nach Israel mussten die Frauen ebenso hart arbeiten wie die Männer. Sie gewannen dadurch zwar etwas mehr Freiheit und Selbständigkeit, aber ihre soziale Stellung war von außen betrachtet immer noch demütigend. Spätestens mit der Ausrufung des unabhängigen Israel begann sich auch die Rolle der Frau in ultraorthodoxen Familien zu ändern.

Die Männer, die häufig jahrzehntelang religiöse Studien treiben, können in dieser Zeit nicht den Lebensunterhalt der Familie erwirtschaften. Daher springen die Frauen als Ernährerinnen der Familie ein, viele von ihnen als Lehrerinnen in strenggläubigen Schulen, aber auch in anderen Berufen. Zwangsläufig müssen die Männer sich an der Hausarbeit beteiligen und sich auch um die Kindererziehung kümmern. Die jetzt besser gebildeten Frauen suchen auch außerhalb der Familie kulturelle Interessen zu befriedigen, kommen sowohl durch Beruf als auch Hobbys mit Ideen der säkularen Geschlechtsgenossinnen in Kontakt.

Diese über mehrere Jahrtausende unvorstellbare Emanzipation der ultraorthodoxen Frau fand dennoch in relativ engen Grenzen statt. Denn die Berufstätigkeit erfolgt neben der Rolle als meist vielfache Mutter mit all ihren Pflichten, da Geburtenregelung bei den Ultraorthodoxen nicht akzeptiert wird. Hinzu kommt die Unterordnung unter den Mann als Familienoberhaupt mit all ihren Konsequenzen.

Manches pendelt im Leben der Israelis: Die Haredim setzten in den letzten Jahren mehr und mehr Mehadrin-Busse durch, in denen die Frauen abgetrennt hinten sitzen müssen, damit sich die Männer von den „blutflüssigen" Wesen nicht eingeschränkt zu fühlen brauchen. Die Regisseurin Anat Zuria hat darüber den Dokumentarfilm *Black Bus* gedreht. Strikte Geschlechtertrennung auch im Supermarkt und im Gesundheitswesen soll demnach eine die Reinheit hervorbringen, die dem Kommen des Messias den Weg ebnet. Inzwischen sind einige Buslinien jedoch wieder normalisiert.

Um Missverständnissen vorzubeugen: Es handelt sich hier um etwa sechs Prozent der israelischen Frauen. Und auch die Ultraorthodoxen sind kein einheitlicher Block, wie sich bei genauerem Hinsehen schon an der Kleidung zeigt – bei den Frauen z.B. an der Kopfbedeckung nach der Heirat: beispielsweise kahlgeschoren mit Kopftuch (häufig Frauen mit Bezug zur ungarisch-rumänischen Tradition), oder mit Perücke (auf Jiddisch: *sheitel)* über den Haaren, die nur der Ehemann sehen darf, oder mit Perücke und Kopftuch. Manche Rabbiner verbieten Frauen, einen Führerschein zu machen, andere nicht, manche ermutigen sie zu beruflicher Karriere, viele jedoch nicht. Die Familien der sogenannten Traditionellen dürften zwar eher zu diesem

Muster tendieren, aber bei weitem nicht so streng wie die Ultraorthodoxen. Die Stellung der Frau in den Familien der Säkularisierten entspricht etwa dem generellen westlichen Spektrum.

Hebräisch, die erneuerte alte Sprache

Neuhebräisch *(Ivrit)* und Arabisch – beide zum semitischen Sprachstamm zählend – sind die beiden offiziellen Sprachen Israels. Hebräisch, die Ursprungssprache der Juden, wurde gar nicht so lange gesprochen, wie man geschichtlich eigentlich annehmen könnte. Bereits im 6. Jh vC hatte sich das Aramäische, die Verkehrssprache des Nahen Ostens dieser Zeit, auch in Israel so durchgesetzt, dass die Juden es als Umgangssprache (und bis heute auch als Schrift) nutzten und nur im Religiösen auf die Sprache der Bibel zurückgriffen. Bei dieser Sprachteilung ist es bis zum Ende des 19. Jhs nC geblieben.

Die zionistische Bewegung entdeckte die Attraktivität des Hebräischen als Identifkationsmerkmal der neuen jüdischen Bewegung. Für die orthodoxen Gläubigen jedoch ist Hebräisch eine heilige Sprache, die erst der Messias bei seiner Ankunft zu neuem Leben erwecken wird. Trotzdem machte man sich daran, die seit zweieinhalb Jahrtausenden "eingefrorene" Sprache für den täglichen Gebrauch aufzutauen und zu modernisieren. Besondere Verdienste erwarb sich Elieser Ben Yehuda, der viele moderne Begriffe in der alten Sprache entwickelte. Das schier Unvorstellbare gelang: Aus einer uralten Riten vorbehaltenen Sprache entwickelte sich ein ganz modernes, heute selbstverständlich angewendetes Kommunikationsmittel, noch dazu mit eigener Schrift.

Die hebräische Schrift, von rechts nach links geschrieben, besteht aus 22 Buchstaben, die aber nur die Konsonanten und langen Vokale abbilden. Kurze Vokale werden durch Zeichen angedeutet, die unter oder über dem Buchstaben angebracht werden, dem ein Vokal folgt – im Alltag werden sie jedoch weggelassen. Die ursprünglich aramäischen Buchstaben würden jeweils in einen quadratischen Kasten passen, daher spricht man von Quadratschrift.

Für den Besucher bringen Sprache und Schrift ein paar Nachteile mit sich, weil man praktisch nichts lesen kann, das gilt natürlich genauso für arabische Länder. Viel bequemer für westliche Besucher wäre es gewesen, wenn zumindest die lateinische Schrift beibehalten worden wäre…

Palästinenser

Die Wurzeln der heute im Raum Israel lebenden Palästinenser gehen sowohl auf die vielen Besatzer des Landes als auch auf die arabische Eroberung bzw. die arabischen Nachbarn zurück. Gemeinsam ist ihnen in erster Linie der Islam als bestimmende Leitlinie ihres Handelns, aber auch die arabische Tradition. Sie verbindet ebenso die christlichen und drusischen Minderheiten mit der muslimischen Majorität der Palästinenser. Dabei bestimmen durchaus auch islamische Elemente Verhaltensweisen und Traditionen der Christen.

Wie kompliziert es ist, Palästinenser zu sein, lässt sich am unterschiedlichen politischen Status erläutern: Im Gazastreifen sind sie ihrer Freiheit weitestgehend beraubt, sie können ihr Gebiet kaum verlassen und auch nur äußerst umständlich Besuch empfangen. Leute aus der Westbank mit grüner PA-Identitätskarte oder mit jordanischem Pass dürfen nur auf Antrag nach Israel, Ostjerusalem eingeschlossen, und brauchen auch eine Erlaubnis, wenn sie ins Ausland reisen wollen. Leute aus Ostjerusalem mit ihrer blauen Jerusalem-Identitätskarte dürfen relativ problemlos in die Westbank und nach Israel hinein.

Die arabischen Israelis dürfen mit ihrem israelischen Pass wiederum nicht in die palästinensischen Autonomiegebiete, was mal lockerer, mal wieder strenger gehandhabt wird. Die Palästinenser in arabischen Ländern können sich frei bewegen, wenn sie keinen Flüchtlingsstatus haben wie z.B. der Großteil der Landsleute im Libanon, wo sie nicht einmal eine Arbeitserlaubnis erhalten, dürfen aber beispielsweise aus Kuwait oder den Arabischen Emiraten nicht nach Israel, in die Westbank also nur über Jordanien. Am einfachsten haben es die Auslandspalästinenser in Europa und Süd- wie auch Nordamerika. Mit anderer Staatsbürgerschaft können sie – nach sicherlich ausführlichem Grenz-Check aufgrund ihres Namens und Aussehens – sogar nach Israel. Alles klar?

Das tägliche Leben unterliegt – so modern sich die Palästinenser auch geben – den Regeln des Islam, angefangen bei den täglichen fünf Gebeten und endend im gemeinsamen Fasten während des Ramadan. Unter die religiösen Traditionen fällt auch der Umgang der Geschlechter miteinander; das Patriarchat dominiert das Familienleben. Zwar gilt die Frau als die Herrscherin im Haus, aber die wichtigen Entscheidungen und die "Außenpolitik" obliegen dem Mann.

Palästinensische Frauen bewegen sich deutlich freier als z.B. ihre Geschlechtsgenossinnen in Saudi-Arabien. Sie sind gut ausgebildet und spielen auch im Berufsleben eine wichtige Rolle. Dennoch orientiert sich ihre Kleidung an islamischen Moralvorstellungen, oder es werden noch die traditionellen Trachten getragen. Frauen zeigen sich selten allein in der Öffentlichkeit. Entweder sorgt ein männliches Familienmitglied für Begleitung und Schutz, oder die Frau geht mit Freundinnen oder Verwandten aus.

Das öffentliche Nachtleben unterscheidet sich grundlegend von dem des Westens. Man geht ins Kino oder bummelt durch die Basare, aber als Frau nie allein, sondern entweder mit Ehepartner und den Kindern oder, seltener, mit anderen Frauen. Die Männer hocken gern im Café, beschäftigen sich mit Brettspielen oder diskutieren mit den Nachbarn. Alkohol spielt aus religiösen Gründen keine oder eine untergeordnete Rolle.

Der Besucher trifft auf offene, kontaktfreudige und freundliche Menschen. Trotz aller wirtschaftlichen und politischen Nöte zeigt sich die Situation der Palästinenser nach außen nicht so drastisch wie in anderen armen Ländern dieser Erde. Selbst die Flüchtlingslager sehen ordentlicher und aufgeräumter aus als z.B. so manches ärmere Viertel in Kairo.

Tscherkessen

Das nordkaukasische Volk nennt sich selbst Adygen, Israelis sprechen meist englisch von *Circassians*. Die russischen Zaren hatten bis 1864 rund 100 blutige Jahre gebraucht, um den Kaukasus zu erobern und deportierten Hunderttausende aus den zwölf tscherkessischen Stämmen ins Osmanische Reich. Dem Sultan dort waren die guten Krieger zum Grenzschutz in Syrien und Palästina willkommen. Um 1880 fanden einige Unterschlupf in der südlichen Levante, also dem heutigen Israel. Als nach wie vor anerkannte Minderheit können sie ihre Sprache und Kultur pflegen, und als israelische Staatsbürger dienen sie oft in Armee und Polizei. Die bereits im 5. Jh christianisierten Tscherkessen erhielten ihre Stammesreligionen weitgehend bis zur islamischen Mission im 15. Jh. Heute sind fast alle Tscherkessen Sunniten. Es gibt keine eigene Schrift, Tscherkessisch wird meist mit kyrillischen Lettern notiert. Am einfachsten trifft man die israelischen Tscherkessen in ihren beiden Dörfern: rund dreitausend Schapsughen in Kfar Kama zwischen Berg Tabor und See Genezareth.

Direkt am Ortseingang im Restaurant *Laos* müssen Sie konkret nach tscherkessischer Küche fragen, sie bekommen dann weißen Käse in unterschiedlichster Zubereitung. Oder Sie fragen sich zum *Tscherkessia* durch. Bei der Moschee gibt es außerdem das www.circassianmuseum .co.il (hebr.). Den gut tausend Abadzechen begegnen Sie in Rikhanya nördlich von Safed (auch hier gibt es ein kleines Museum und das Restaurant *Sausruka*). Traditionell nehmen sie mit Gesang und Tanz zum Fest Lag BaOmer (siehe S. 85) am Umzug zum Berg Meron teil. Siehe auch das Portal www.circassiancenter.com·

Weitere Minderheiten

Es gibt noch weitere horizonterweiternde Minderheiten in Israel und Palästina. Siehe bei den Ortsbeschreibungen die Armenier S. 190 (zu deren Geschichte im 20. Jh siehe auch http://www.bpb.de/geschichte/zeitgeschichte/genozid-an-den-armeniern), Beduinen S. 453, Drusen S. 340, die schwarzen Hebrew Israelites S. 453, Samaritaner S. 504.

Drei monotheistische Religionen

Judentum

„Höre, Israel, der Herr, unser Gott, ist einzig!" ist das Gebet, das jeder fromme Jude täglich morgens und abends spricht. Ein nicht unähnliches Gebet schallt fünfmal täglich von den Minaretten der islamischen Moscheen (siehe S. 139).

Die Einzigartigkeit des Gottes Jahwe, und damit den strengen Monotheismus, führten die Israeliten in die Weltgeschichte ein. Für die damalige Welt mit ihren vielen Religionen und den zahllosen Göttern war die Einzigartigkeit dieses Gottes ein Novum, das erstaunlicherweise isoliert blieb, ja Gefahr lief, durch Nebengötter entweiht zu werden. Immer wieder mussten Propheten mit aller Macht für eine Reinigung der Lehre und des Tempels eintreten.

Da der Gott Israels einzigartig ist, hängt ausschließlich von ihm alles Leben, alles Fortbestehen ab. Er hat die Welt mit dem Ziel der Fortentwicklung zu einem Ende – nicht zu einem Kreislauf – geschaffen, an dem das Reich Gottes als große Verheißung steht, als Lohn für ein gottgemäßes Leben. Er begegnet den Menschen in Gerechtigkeit und Liebe, aber auch in Zorn. Der Mensch ist zwar ein Ebenbild Gottes, aber geschaffen aus einer Handvoll Staub.

Er hat die Freiheit, nach Gottes Willen zu leben oder zu sündigen. Die Unvollkommenheit des Menschen impliziert zwar auch einen Zwang zum Bösen, dem man sich aber willentlich entziehen kann. Wenn der Mensch Gott liebt, dann muss er auch seinen Mitmenschen, der ja ebenfalls Gottes Geschöpf ist, lieben.

Nach jüdisch-orthodoxem Glauben gibt es keine Trennung zwischen dem sakralen und dem profanen Bereich im

Leben eines Menschen. Alle Handlungen und Verrichtungen müssen geheiligt werden. Der fromme Jude geht segnend durch den Tag, Speise und Trank oder neue Kleidung, alles was von Gott kommt oder ihm dient, wird gesegnet.

In der Heiligen Schrift ist der Glaube der Juden festgehalten. Sie besteht aus der Tora (den Gesetzen), den Propheten und den Weisheitsschriften.

Als Jerusalem und der Tempel 70 nC zerstört worden waren, traten die Rabbiner an die Stelle der Tempelpriester. Die Tora (bei Luther die fünf Bücher Mose) stellt mit ihren Anweisungen für das soziale und Familienleben, den Vorschriften über die Einhaltung des Shabbat und der Feiertage und den Speise- und Reinigungsgesetzen den Kern des jüdischen Religionsgesetzes dar und wird in einem jährlichen Zyklus im Morgengottesdienst des Shabbat gelesen. Detailliertere und vertiefte Vorschriften, die zunächst mündlich überliefert wurden, wurden um 215 in Sepphoris/Zippori in der Mischna kodifiziert. Als Kommentar zur Mischna bildete sich im Laufe der nächsten Jahrhunderte der Talmud heraus, der neben Diskussionen über die exakte Auslegung der Gesetze und alle vorstellbaren Probleme, die sich aus ihnen ergeben können, auch geschichtliche und anekdotische Teile enthält.

Es gibt z.B. sehr detaillierte Regeln, wie geschlachtet werden muss (*Schächtung*, d.h. totale Ausblutung) und was gegessen werden darf, d.h. was koscher ist. Nicht koscher sind Schweinefleisch, Aal, Schalentiere wie Krabben, Muscheln etc. Verbindungen von Milch- und Fleischspeisen sind unkoscher, d.h. eine Bratensauce mit Sahne verwandelt augenblicklich den koschersten Rinderbraten in ein ungenießbares Stück. Nicht einmal die Zubereitungs- und Esswerkzeuge dürfen für beide Speisearten gemeinsam benutzt werden; orthodoxe Familien besitzen sowohl für Milch- als auch für Fleisch-

3

Fromme Juden beten an der Westmauer (Klagemauer),
den Ruinen der Umfassungsmauer des von Herodes errichteten Tempelbezirks

speisen eigenes Geschirr, Besteck und Spülmaschinen. Ein typischer jüdischer Witz erzählt: Als Herr Stern seine Schwiegermutter umbringen will und zum nächstbesten Messer greift, fällt ihm seine Frau in den Arm: „Nicht doch mit dem milchigen Messer!"

So bestimmen 613 Gebote und Verbote das tägliche Leben. Am heiligen Shabbat sind 39 Betätigungen untersagt. Zu den wichtigsten Regeln gehört, dass am Shabbat kein Feuer angezündet werden darf; wobei die Betonung auf *Anzünden* liegt, ein brennendes Feuer darf unterhalten werden. Daraus leitet sich wiederum ab, dass auch das Einschalten von Elektrizität verboten ist, z.B. auch das Betätigen eines Liftknopfes, der veranlasst, dass der Bewohner in seine Wohnung im 20. Stockwerk gebracht wird. Doch die moderne Technik macht manche dieser Einschränkungen weniger spürbar. Aufzüge werden z.B. vor Beginn des Feiertags auf eine Automatiksteuerung geschaltet, die den Fahrstuhl ohne Knopfbetätigung losfahren und an jedem Stockwerk halten lässt. Wundern Sie sich also nicht, wenn der Lift Ihres (streng religiös ausgerichteten) Hotels ab Freitagabend nur langsam vorankommt.

Überhaupt ist der Shabbat ein besonders wichtiger Tag, an dem der Synagoge große Bedeutung zukommt. Vater und Söhne suchen den bilderlosen Versammlungsraum bereits am Freitagabend zum Gebet auf. Samstagvormittag geht die ganze Familie zum Gottesdienst, die Frauen versammeln sich getrennt von den Männern. Während der Feierstunde tragen fromme Juden den Gebetsmantel (*Talit*), der auch über den Kopf gezogen wird, um sich noch inniger mit Gott verbinden zu können. Kein Mann betritt ohne das kleine Käppchen, *Kippa* genannt, die Synagoge. Viele tragen sie auch im täglichen Leben als ein Zeichen der Verehrung Gottes. (Kleidungssitten

der Ultraorthodoxen sind bei der Beschreibung des Jerusalemer Ultraorthodoxen-Viertels Mea Shearim erwähnt, siehe S. 200.

Christentum

Für die drei monotheistischen Religionen ist Israel von größter Bedeutung. Die Wurzeln des Judentums und die des Christentums führen in dieses Land zurück, für den Islam gewann Jerusalem als drittheiligste Stadt hohe Bedeutung, weil der Prophet Mohammed von hier aus zu seiner nächtlichen Himmelsreise aufbrach.

Wir gehen in diesem Abschnitt hauptsächlich auf das Judentum und den Islam ein, weil das Christentum den Lesern des deutschen Sprachraums am ehesten bekannt sein dürfte. Wir halten aber ein paar grundsätzliche Bemerkungen für wichtig.

Wer Israel besucht, wird an den christlichen Pilgerorten auf Schritt und Tritt an Aktivitäten Jesu erinnert. Man hat den Eindruck, dass viele Plätze, an denen der Verkünder des Gottesreiches gewirkt haben soll, heute nicht selten vordergründig frömmelnden Anlässen oder schlichter Geschäftemacherei dienen. Doch Jesus als Person ist ein großes Mysterium, im Grunde entzieht er sich weitgehend jeder Lokalisierung seines Tuns, was ihn vielleicht deshalb zusätzlich interessant macht. Denn seiner Lehre gemäß wäre ihm der heutige Rummel um die christlichen Stätten sicher zuwider gewesen; ihm ging es wohl um die Inhalte seiner Lehre und nicht um Anhimmelung.

Um die geschichtlichen Relationen zu beleuchten, folgen einige Gedanken und Thesen aus zwei Büchern: K. Berger: *Wer war Jesus wirklich?* Stuttgart 1995; H. Küng: *Christ sein*, München 1993.

Wann lebte Jesus wirklich?

Wie von anderen Persönlichkeiten der Bibel und Antike findet sich in ganz Palästina bisher kein archäologischer Beweis dafür, dass Jesus wirklich lebte. Im Gegensatz dazu konnten viele im Alten Testament erwähnte Orte und Stätten in Form von Inschriften, typischen Bauwerken etc. nachgewiesen werden. Nur wenige Worte im Neuen Testament sind eine authentische Wiedergabe der Worte von Christus, obwohl innerhalb der Niederschriften weitgehend wörtliche Zitate vorkommen mögen; doch es lässt sich kaum bestimmen, welche es sind. Die Evangelien, die über das Wirken von Jesus berichten, wurden frühestens etwa 40 Jahre nach der Kreuzigung (Markus) oder gar erst 70 Jahre später (Johannes) verfasst. Die Evangelisten waren keineswegs Historiker, sondern Prediger, Verkünder einer neuen Religion, die im heutigen Sinn eher Propagandaschriften für ihre Botschaft verfassen mussten, als sich akribisch getreu historischen Schilderungen widmen zu können. Selbst wenn sie sich als sorgfältige Chronisten gesehen hätten, so lagen doch die Ereignisse zu lange zurück, um sie überhaupt noch genau schildern zu können.

Zeitlich näher am Leben Jesu liegt der bekannte jüdisch-römische Geschichtsschreiber Flavius Josephus, der berichtet, dass „Jakobus, der Bruder des sogenannten Christus" vor das oberste jüdische Gericht zitiert wurde. 117 nC schreibt der römische Historiker Tacitus, dass Christus (als Namensgeber der Christen) unter Pontius Pilatus hingerichtet worden war.

Rückschlüsse auf die Existenz und das Leben von Jesus lassen sich im Wesentlichen nur aus dem Neuen Testament, d.h. den Evangelien ziehen, die im Übrigen im Kern ihrer Aussagen erstaunlich übereinstimmen. Verdichtet man diese Aussagen, so ergibt sich zumindest, dass Jesus unter Kaiser Oktavian "Augustus"

Äthiopischer Mönch
auf dem Dach der Grabeskirche

(27 vC bis 14 nC) geboren wurde, unter dessen Nachfolger Tiberius öffentlich auftrat und unter dem römischen Statthalter in Judäa, Pontius Pilatus, hingerichtet wurde. Sein historisch gesichertes öffentliches Wirken dauerte demzufolge zwischen wenigen Monaten bis wohl maximal drei Jahren.

Analysiert man die Evangelien, so wurde Jesus zwischen 27 und 33 nC am 14. oder 15. Nisan des jüdischen Kalenders gekreuzigt. Die Römer richteten ihn wohl kaum aus religiösen Gründen hin, für die sie sich wenig interessiert haben dürften, sondern vielmehr aus innenpolitischer Sorge, vermeintlich umstürzlerische Gedanken im Keim ersticken zu müssen. Auch die Jahreszahlen sind mit gewisser Vorsicht zu interpretieren, denn erst im 6. Jh nC legte der römische Mönch Dionysius Exiguus die christliche Zeitrechnung fest – so lange nach den Ereignissen konnte wohl kaum für ein korrektes

Zählen der seither verstrichenen Jahre garantiert werden.

Wenn auch die geschilderten Umstände oder Schlüsse aus historischer Sicht nicht oder nicht immer im Wortlaut oder auch Wortsinn mit den Evangelien korrespondieren, so sollte dies keinen gläubigen Christen beunruhigen. Denn die Grundaussagen des Christentums sind nicht an Orte oder Zeitangaben gebunden.

Islam

Im 7. Jh entwickelte ein Kaufmannssohn namens Mohammed in Mekka im heutigen Saudi-Arabien eine neue monotheistische Lehre, den Islam, der an jüdische und christliche Überlieferungen anknüpft. 622 zieht er wegen Zwistigkeiten mit den Kaufleuten Mekkas nach Medina um: Mit dieser *Hidjra* beginnt die muslimische Zeitrechnung. Als der Prophet Mohammed 10 Jahre später stirbt, hat er nicht nur eine neue starke Religion gestiftet, sondern auch die zerstrittenen arabischen Stämme soweit unter der Fahne des Islam geeint, dass diese die neue Religion und den ihr eigenen Gottesstaat blitzartig im Orient ausbreiten können.

Die von Mohammed verkündete streng monotheistische Religionslehre des Islam (deutsch *Hingabe*) ist im **Koran** festgehalten. Viele Elemente dieser Lehre basieren auf der Bibel, so betrachtet Mohammed auch Jesus, Moses und die anderen Propheten der Bibel als seine Vorgänger. Wie auch in anderen Religionen glauben die Muslime an das Leben nach dem Tod, werden die Taten des Menschen nach dem Tode bewertet (allerdings erst beim Jüngsten Gericht), landen die Bösen unter furchtbaren Qualen in der Hölle, die Guten im Paradies. Jedoch verhält sich der Mensch prinzipiell nach Allahs Willen, er kann sein irdisches Wandeln nur bedingt entgegen Allahs Wunsch modifizieren. Daraus resultiert ein gewisser Fatalismus, dem wir Europäer häufig erstaunt oder gar fassungslos gegenüberstehen.

Der Felsendom in Jerusalem gilt als eines der schönsten islamischen Bauwerke

„Es gibt keinen Gott außer Allah, und Mohammed ist sein Prophet" (auf Arabisch: "*La ilaha illa-lLah wa Muhammadun rassulu-lLah*"), dieses Glaubensbekenntnis und Grunddogma ist einer der fünf Grundpfeiler des Islam. Täglich hören Sie es von den Minaretten der Moscheen schallen. Wenn Sie es selbst aussprechen, sind Sie danach nach muslimischer Vorstellung ebenfalls Muslim – besser in dieser Beziehung nichts überstürzen, jedenfalls nicht aus Spaß.

Eine weitere Grundpflicht sind die täglichen fünf Gebete: Bei Sonnenuntergang (Beginn des neuen Tages) erfolgt das erste Gebet, zwei Stunden nach Sonnenuntergang das zweite, in der Morgenröte das dritte, mittags das vierte und gegen drei Uhr nachmittags das fünfte. Das Gebet muss rein, d.h. mit gewaschenen Füßen, Händen und Gesicht, barfuß und auf einer reinen Unterlage (Gebetsteppich) mit dem Kopf in Richtung Mekka erfolgen. Daher hat auch der Besucher einer Moschee entweder die Schuhe auszuziehen oder die manchmal angebotenen Stoffüberschuhe anzulegen.

Einmal im Jahr haben Muslime einen Fastenmonat einzuhalten, der im Mondmonat Ramadan liegt und 30 Tage dauert, ebenfalls einer der fünf Glaubensgrundpfeiler. Von der ersten Dämmerung bis zum Sonnenuntergang darf weder gegessen noch getrunken, geraucht oder sonstigen fleischlichen (sexuellen) Genüssen nachgegangen werden. Darüber hinaus sollen keine bösen Worte gesagt oder gedacht und Streit vermieden werden. Für den Besucher kann der Monat Ramadan ein paar praktische Probleme mit sich bringen, da viele Restaurants tagsüber geschlossen und nach Sonnenuntergang total überfüllt sind.

Als ein weiterer Glaubenspfeiler gilt die Almosenpflicht gegenüber Armen. Mit dieser Armensteuer reinigt sich der Besitzende vom Makel des Besitzes, für

Muslimischer „Rosenkranz"

Muslimische Männer sieht man häufig mit Gebetsketten aus verschiedensten Materialien. Mit Ursprung in Indien verbreiteten sie sich seit dem 9. Jh, rechtlich erlaubt waren sie erst im 15. Jh. Als christlicher Rosenkranz kamen sie mit den Kreuzzügen nach Europa. Im Islam hat die Subha (auch Misbaha oder Tisbah) 99 oder 33 Perlen: Man betet je 33 mal Formeln wie Allahu akbar – Gott ist größer, oder das Glaubensbekenntnis; oder die 99 schönen Namen Allahs (die Beduinen erzählen, den 100. kenne nur das Kamel, das ihn aber nicht verrate). Die Subha dient manchmal wohl auch nur dem Zeitvertreib und an Rückspiegeln sicher als Amulett.

den Habenichts ist sie eine Art von Rentenversicherung. Weiterhin soll – als letzte der fünf grundlegenden Vorschriften – jeder Muslim einmal im Leben eine Pilgerfahrt (Hadj) nach Mekka unternehmen. Sie zählt zu den Höhepunkten im muslimischen Leben; das gemeinsame Gebet mit vielen tausend anderen Pilgern vor der Kaaba in Mekka ist ein tief prägendes und die Glaubensgemeinschaft bindendes Erlebnis.

Zu den weiteren Vorschriften des Korans zählt die Beschneidung der Knaben.

Landschaften Israels

Das Grün am Turban weist wohl auf Verwandt-schaft zur Familie des Propheten Mohammed hin

Diese häufig mit einem großen Fest ver-bundene Zeremonie findet heute meist kurz nach der Geburt statt. Strenge, den klimatischen Verhältnissen angepasste Verbote herrschen auch bei Tisch: Es gibt keinen Alkohol oder andere berauschen-de Getränke; der Verzehr von Schweine-fleisch und das Fleisch aller Säugetiere, die sich von Fleisch ernähren, ist verboten.

Im Islam ist die bildliche Darstellung besonders von Menschen verpönt, weil sich Mohammed in dieser Richtung äu-ßerte (seine Äußerungen – keine aus-drücklichen Verbote – waren mehr gegen den Götzendienst als gegen figürliche Malerei gerichtet). Daher scheuen auch heute noch strenge Muslims vor Kameras zurück. Dieses „Verbot" hatte allerdings extreme Auswirkungen auf die Kunst: Es führte zu der reichen Flächenornamentik des Islam. Die antike Blattranke wurde zur Arabeske stilisiert, einem fortlaufen-den Rankenmuster aus Stengel, Blatt und Blüte. Darüber hinaus entstand die ara-bische Schriftmalkunst, die Kalligrafie, die in keiner anderen Kultur ihresgleichen hat – bestes Beispiel dafür ist der Felsen-dom in Jerusalem.

Schon der erste Blick auf die Karte macht deutlich, dass Israel aus unterschiedli-chen Landschaftstypen besteht: der westlichen Küstenebene am Mittelmeer, dem sich anschließenden Bergland von Judäa und Samaria sowie dem Graben-bruch mit dem Jordan und Toten Meer. Im Norden dehnt sich Galiläa von Grenze zu Grenze und im Süden breitet sich die Wüste Negev aus.

Die Küstenebene zieht sich am Mittel-meer 270 km von Nord nach Süd, 16 bis 40 km von West nach Ost, allerdings im nördlichen Drittel durch den vorspringen-den Block des Karmelgebirges mit dem Hafen von Haifa unterbrochen. Bemer-kenswert ist die sich zwischen dem Karmel und dem Yarkonfluss erstreckende Sha-ron-Ebene, die ursprünglich Sumpfland war, von den jüdischen Einwanderern tro-ckengelegt wurde und heute zu den fruchtbarsten Gebieten des Landes zählt.

Das Bergland östlich der Küstenebene besteht hauptsächlich aus Kalkstein und Dolomit, zwischen Bergen und Ebene verläuft noch das sanfte Hügelland der Shefela mit seinem rostroten Acker-boden. Im Norden ist es das bis zu 1208 m hohe Bergland von **Galiläa** (*HaGalil*), das landschaftlich zu den eher lieblichen Regionen des Landes zählt, aber den-noch reiche Abwechslung vom schnee-bedeckten Berg Hermon bis hinunter zum See Genezareth bietet. Ab dem Jesre'el Tal zieht sich das Bergland von **Samaria** (*Shomron*) mit Erhebungen von maximal 1018 m bis an die Flüsse Yarkon und Shilo, dann folgt nach Süden das ähnlich hohe Bergland von **Judäa** (Ye-huda), schließlich die Wüste Negev. Sind die Galiläischen Berge vor allem durch Aufforstung recht grün, so nimmt die Vegetation nach Süden immer mehr ab, bis sie von der Wüste nahezu völlig aus-gelöscht wird.

Das Jordantal, in einem Teil des syrisch-ostafrikanischen Grabenbruchs gelegen, fällt vom Berg Hermon im Norden stetig ab und hat bereits beim See Genezareth -210 m erreicht, um dann am Toten Meer mit derzeit -435 m den tiefsten Punkt der Erdoberfläche zu markieren. Im Norden schuf der Jordan die Hula-Ebene, eine Sumpflandschaft, die nach der Trockenlegung durch jüdische Siedler zu hervorragendem Ackerland wurde. Auch der weitere Flusslauf nach dem See Genezareth ist durch üppiges Grün gekennzeichnet, allerdings immer schma-ler werdend. Die westlichen Gebirge fallen meist sehr steil zum Grabenbruch hin ab. Besonders deutlich erlebt dies der Reisende auf dem Weg von Jerusalem zum Toten Meer. Die Fahrt dorthin führt durch die Judäische Wüste, eine äußerst karge, im Regenschatten liegende Landschaft, die zwar etwas mehr Regen als der Negev verbuchen kann, dessen Menge aber für eine Kultivierung nicht ausreicht. Sie zieht sich an der Ostseite der Judäischen Berge bis zum Negev.

Am Fuß der Judäischen Berge hat sich das Wasser des Jordans im abflusslosen Toten Meer gesammelt und durch Verdunstung im Laufe der Zeit so viele Minerale angesammelt, dass allein der Salzgehalt jegliches Leben auslöscht. Einzelheiten hierzu finden Sie auf S. 431.

Wie ein Keil verläuft der Negev nach Süden. Auf der Höhe von Beer Sheba beginnend weist er zunächst noch Lößschichten in einer Hügellandschaft auf, die mit dem geringen Niederschlag von bis zu 700 mm pro Jahr und künstlicher Bewässerung noch landwirtschaftlich genutzt werden können. Weiter südlich wird es dann schon gebirgiger, im Bereich Mizpe Ramon hat die Erosion die bekannten Krater geschaffen. Nach Süden hin wechseln Berg- und Talformationen mit großen Höhenunterschieden einander ab und verwandeln die Wüste in eine faszinierende Landschaft. Ganz im Süden bei Elat tritt die Urgewalt des Urgesteins, das sich vom Sinai hierher fortsetzt, zutage. Östlich wird der Negev durch das 170 km lange und 5 bis 30 km

Eine Schirmakazie in der gleißenden Mittagshitze des Negev

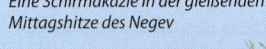

En Avdat Nationalpark

breite Wadi Arava begrenzt, das sich vom Roten zum Toten Meer absenkt. Auf der Ostseite des Wadi erheben sich die bis zu 1000 m hohen Edomiter Berge, die ihren Namen nach ihrer rötlichen Grundfarbe (*edom*) erhielten.

Die Küsten- und westlichen Gebirgszonen Israels werden klimatisch durch das Mittelmeerklima bestimmt, das trockenheiße Sommer und milde, regnerische Winter erzeugt. Die winterliche Regenzeit dauert von Mitte November bis April, dann folgt eine kurze Übergangszeit, ab Mai herrschen bereits sommerliche Temperaturen, die im Oktober ausklingen. In einem relativ schmalen Streifen von der Gegend um Ashkelon zum Toten Meer und dann am östlichen Gebirgsrand nach Norden herrscht Steppenklima mit wenig Niederschlag. Ungefähr auf der Linie Gaza – Beer Sheba beginnt das Wüstenklima der Negev-Wüste. Eine Temperaturtabelle für einige ausgewählte Orte finden Sie auf S. 35.

Flora und Fauna

Flora und Fauna werden in Israel sehr stark durch die unterschiedlichen Klimazonen, aber auch durch die Lage zwischen zwei Kontinenten geprägt. Vor der Zeitenwende waren die Ebenen und Gebirgszonen bewaldet, aber die Wälder wurden abgeholzt, grasende, d.h. Wurzeln ausreißende Ziegen taten ein Übriges, so dass die Erosion ein leichtes Spiel hatte und die fruchtbaren Böden davonwusch oder verwehte. In der Küstenebene überlebten nur wenige der typischen Tabor-Eichen diesen Kahlschlag. Anfang des 20. Jahrhunderts erkannten die jüdischen Siedler das Problem und begannen mit der Aufforstung, soweit es ihre bescheidenen Mittel zuließen. Später dann gab es große Kampagnen; heute noch können Besucher einen Baum spenden und selber einpflanzen.

Aufgeforstet wird mit schnell wachsenden, andererseits anspruchslosen Bäumen. Bei den Nadelbäumen erweisen sich Kiefern als sehr geeignet, bei Laubbäumen ist es der Eukalyptus. Daneben findet man Zypressen, Lorbeerbäume, Johannisbrotbäume, Dattelpalmen, Zypressen, Oliven-, Zitrus-, Apfel-, Birnen-, Pflaumenbäume und noch eine ganze Reihe weiterer Nutzbäume, die nahezu alle im nördlichen und mittleren Bereich gedeihen. Als Besonderheit sei auf wildwachsende Papyruspflanzen im Huletal hingewiesen, die heute nur noch am Rand der Kanäle und im Naturschutzgebiet zu finden sind. Um Beer Sheba wachsen nur mehr Zwergsträucher, am häufigsten kommt Wermut vor. Erstaunlich ist auch der Blumenreichtum des Landes, von Rosen, Nelken, Gladiolen, Narzissen bis hin zu Alpenveilchen – allerdings kann man ihn nur im Frühjahr, d.h. Februar/März, bewundern.

In der Übergangszone des Negev wächst an wenigen Stellen die Trauer-Schwertlilie, die zwischen März und Mai ihre fast schwarzen Blüten entblättert; ein ungewöhnliches Schauspiel. Weiter südlich geht die Vegetation auf wenige Pflanzen zurück. Die Steinwüste ist außer nach dem Frühjahrsregen praktisch tot, während in Wadis (besonders im Wadi Arava) oder auf sandigerem Boden vereinzelt Akazien und dornige Sträucher einen harten Lebenskampf durchfechten. Für den Pflanzenliebhaber interessanter sind die beiden Oasen En Gedi am Toten Meer und Jericho, die wegen des Wasserreichtums subtropische Vegetation mit mehr als 40 Pflanzenarten aufweisen.

Israel besitzt eine recht vielfältige Fauna, was natürlich wiederum mit den so unterschiedlichen Klima- und Landschaftszonen zusammenhängt. Vergleicht man allerdings die Anzahl der heute noch existierenden Arten mit den in der Bibel genannten, dann zeigt sich auch daran, dass unsere natürliche Umgebung ärmer geworden ist. Die starke Besiedlung des Landes drängt auch jetzt noch Arten im-

mer weiter ins Abseits; andererseits hat sich in Israel ein starkes Bewusstsein für die Probleme der Natur entwickelt, bestes Beispiel sind die SPNI Field Schools (siehe S. 22). In Palästina ist die *Palestine Wildlife Society* die entsprechende Anlaufstelle; www.wildlife-pal.org.

Von den Großkatzen wie Löwen, die zu biblischen Zeiten das Land durchstreiften, sind nur ein paar Wüstenleoparden bei En Gedi übrig geblieben, die sich von Feldhasen und ähnlichen Kleintieren ernähren. Hier und im Wadi Avdat lassen sich häufig Steinbock(Ibex)-Herden beobachten, die über steile Klippen zum Bach hinunterturnen. Mit Glück kann man im Negev Gazellen sehen, deren Bestand dank ihres Schutzes wieder wächst. Sogar ein paar Wölfe leben in der judäischen Wüste.

Reptilien gibt es im Wasser, meist aber auf dem Land: Schildkröten, Echsen wie Geckos oder den kräftigen ägyptischen Dornenschwanz. Mit Aufmerksamkeit kann man vielleicht ein Chamäleon entdecken, das seine Farbe der Umgebung anpasst. Auch Schlangen leben in dem heißen Klima, z.B. die Sandboa und die Schwarze Schlange als Vertreter der freundlichen, nicht giftigen Arten, dagegen sollte man sich vor der Sandviper tunlichst hüten.

Perfekt getarnter Sinai-Fächerfinger

Da Israel wie der Sinai den Zugvogelarten, die das offene Meer scheuen, als Landbrücke und Rastplatz während des Zuges dienen, landen im Frühjahr und Herbst viele von ihnen auf ihren traditionellen Rastplätzen. In Elat z.B. kann man sie, begleitet von Ornithologen, beobachten. Weiß- und Schwarzstörche, wie auch Bussarde, Schreiadler oder Sperber ziehen zu Tausenden über das Land. Aber es gibt auch sehr viele Vogelarten, die in Israel heimisch sind und höchstens kurze Wanderwege von Nord nach Süd zurücklegen.

Die Meeresfauna ist im Roten Meer vielfältig wie kaum sonst, weil im Golf von Aqaba die Wassertemperaturen auch im Winter recht hoch sind. Korallenbänke, in denen sich die farbenprächtigsten Fische tummeln, säumen die Ufer – ein Paradies für Taucher. Die Mittelmeerküste eignet sich mehr für Angler und Fischer, direkt vor der Küste leben, gefördert durch eine vom Nil herrührende Meeresströmung, unter anderem Tintenfische, Brasse, Rochen und Barsche. Manchmal folgt auch ein Hai dem Kielwasser eines Dampfers. Nicht unerwähnt bleiben soll der See Genezareth in dieser Aufzählung wegen seines Fischreichtums und des beliebten St.-Peter-Fisches, ein spezieller, maulbrütender Buntbarsch.

Kultur

Die Kulturgeschichte Palästinas geht, zumindest was die Architektur betrifft, bis auf die Anfänge in Jericho im 8. Jahrtausend vC zurück. Alle Eroberer, Besatzer und Bewohner ließen ihre Spuren in der Architektur zurück, seien es die israelitischen Baumeister, die Griechen, Römer, Araber oder Kreuzfahrer, die Osmanen, Engländer und natürlich die modernen Israelis und Palästinenser.

Israel besitzt nicht nur eine, sondern sehr viele Kulturen, die sich schließlich wie ein Mosaik zusammenfügen. Es gibt wohl kein Land, das in so kurzer Zeit so viele kulturelle Impulse aufnehmen konnte wie Israel; und das sie nicht nur begierig aufnahm, sondern sie auch intensiv nutzt und weiterentwickelt. Hinzu kommt, dass viele weltbekannte Künstler jüdischer Abstammung sind und dass die meisten, selbst wenn sie im Ausland leben, dennoch enge Verbindungen mit Israel unterhalten und sich kulturell aktiv im Land engagieren.

Musik

Die **Musik** gehört zu den allerwichtigsten Bestandteilen des kulturellen Lebens. Fast jede Stadt, die etwas auf sich hält, unterhält ein Orchester oder bietet zumindest Konzerte an und bemüht sich um die jungen Künstler. Im Sommer finden an zahlreichen Orten kostenlose Open Air Konzerte unterschiedlichster Prägung statt, von Folklore über Jazz, Rock, Reggae bis hin zur Klassik. Eine andere Art der Musikdarbietung betreibt eine ganze Reihe vor allem russischer Emigranten, die auf belebten Straßen oder Plätzen manchmal hervorragende klassische Konzerte geben und sich von den paar Shekel ernähren, die in ihrer umgedrehten Mütze landen.

Der Musik, die an Sprache nicht gebunden ist, kann sich jeder Besucher widmen. Für das kleine Land gibt es eine Riesenauswahl an Veranstaltungen. Musikliebhaber suchen sich entweder vor Ort Veranstaltungen heraus oder bereiten ihren Besuch bereits per Internet vor. Besonders attraktiv dürften Konzerte des *Israel Philharmonic Orchestra* sein, dessen Programm ebenfalls per Internet abrufbar ist.

Bei **Rock, Pop und Jazz** werden ebenfalls kaum Wünsche offen bleiben: Clubs in Tel Aviv, Haifa, Jerusalem und Elat, aber auch in kleinen Orten wir Rosh Pina und Kibbuz Dan halten eine ungeheure Bandbreite an Stilen bereit.

Theater

Neben der Musik spielt das **Theater** eine wichtige Rolle im Kulturleben. Naturgemäß findet der überwiegende Teil der Aufführungen auf Hebräisch statt, es gibt jedoch zumindest in Tel Aviv und Jerusalem auch englischsprachige oder simultan übersetzte Stücke. Interessenten sollten die lokalen Touristikinformationen befragen.

Malerei und Plastiken

Moderne **Malerei** und **Plastik** führen einerseits die westlichen Entwicklungen fort, setzen andererseits auch deutlich eigene Akzente. So beschäftigte sich z.B. die bekannte Malerin Anna Ticho (siehe auch S. 200) mit den typischen Erscheinungsformen der israelischen Landschaft. Jüngere Maler setzen sich vor allem in letzter Zeit mit der politischen und sozialen Situation Israels auseinander. Interessenten werden, abgesehen von den großen Kunstmuseen in Jerusalem, Tel Aviv und Haifa, viele engagierte Galerien oder Kunstabteilungen in kleineren lokalen Museen finden. Die Künstlerkolonien von z.B. Jaffa, En Hod oder Safed mit ihren Galerien bieten ebenfalls einen Überblick über das künstlerische Geschehen im Land.

Kinos und Nachtleben

In jeder größeren oder kleineren Stadt findet man **Kinos**. Zwar werden viele Filme auf Hebräisch gezeigt, aber häufig durch Untertitel auch Leuten verdeutlicht, die Hebräisch nicht verstehen. Englischsprachige Filme mit hebräischen Untertiteln gehören eher zur Ausnahme.

Zum Schluss dieses Abschnitts noch ein paar Worte zur **Subkultur**. Lebenslustig wie die meisten Israelis sind, gehört ein ziemlich ausgeprägtes Nachtleben zum

Land, zumindest in den größeren und großen Städten. Richtig los geht es meist erst gegen Mitternacht, das Ende dämmert irgendwann im Morgengrauen. Früher öffnen die Pubs, die meist ihre Gäste mit Happy Hours anlocken, in denen es zwei Drinks zum Preis von einem gibt oder was sich die Wirte einfallen lassen, um Kunden anzulocken. Geschlossen wird in aller Regel erst dann, wenn der letzte Gast das Lokal verlässt, in welchem Zustand auch immer. Diskos und Nightclubs verlangen fast ausnahmslos Eintritt, einige allerdings nur für Männer.

Wirtschaft

Wenn man bedenkt, dass bis zum Ende des Zweiten Weltkriegs kaum Industrie in Palästina existierte, so ist erstaunlich, was bisher geschaffen wurde, um Israel vom Tropf der USA und anderer Länder abzunabeln. Das rohstoff- und energiearme Land muss nahezu alles importieren, was es veredeln will und zum Veredeln benötigt – außer dem Know-How seiner Ingenieure, Wissenschaftler und Arbeiter. Eine der Industrien, bei der Im- und Export nicht sonderlich transportaufwendig sind, ist die Diamantenschleiferei. Sie war schon immer eine Domäne der Juden. Sie etablierte sich nach dem Zweiten Weltkrieg vor allem in Netanya. Israel ist heute mit Abstand der Weltmarktführer – die Diamantenbörse in Ramat Gan bei Tel Aviv ist, ebenfalls mit weitem Abstand, die größte ihrer Art weltweit, siehe S. 264.

Auch in der Elektronikindustrie besitzt Israel gute Karten, besonders im Computerbereich, bei Mess- und medizinischen Geräten. Ein wichtiger Faktor im Export ist auch die chemische Industrie. Im Binnenmarkt ist die Bauindustrie einer der Hauptarbeitgeber, weil durch die Einwanderer und den Bedarf der Industrie eine ständige Nachfrage nach

Bauleistungen herrscht. Dazu wurden leistungsfähige Betriebe für die Produktion von Fertigteilen errichtet, u.a. auch Zementwerke.

Wie jeder Schiffsreisende unschwer erkennen kann, liegen nördlich von Haifa Chemie- und Schwerindustriebetriebe, Ähnliches gilt für Ashdod. In Haifa beschäftigen sich Werften mit dem Schiffsbau, in Lod werden Flugzeuge produziert. Auch der Maschinenbau ist gut entwickelt.

Die Landwirtschaft besitzt einen hohen Stellenwert in Israel. Die Siedler der Anfangszeit konnten sich fast nur durch landwirtschaftliche Produktion ernähren. Auch heute sind nur 17 Prozent der Landfläche, trotz künstlicher Bewässerung, nutzbar. Der Ertrag reicht insgesamt nicht aus, um das Land zu ernähren. Dabei unternahmen die Israelis alle Anstrengungen, sowohl trockene Gebiete zu bewässern als auch den Wasserbedarf generell zu senken.

Gewaltige Bewässerungsprojekte wurden realisiert: Man pumpt das Wasser vom See Genezareth und dem Yarkon über die Höhenzüge hinweg bis in den Negev; die Abwässer im Raum Tel Aviv werden in der Anlage Shafdam bei Rishon LeTzion so wiederaufbereitet, dass sie als Nutzwasser zur Bewässerung im Negev verwendet werden können und immerhin zehn Prozent des Bedarfs decken. Die Israelis entwickelten die Tropfbewässerung, die das Wasser direkt zu den Wurzeln führt und den Wasserverbrauch von Pflanzen um die Hälfte reduziert. Plastikfolien über den Pflanzen sollen die Verdunstung verhindern.

Trotz aller Maßnahmen kann die Produktion nicht mit dem Bedarf Schritt halten; schlimmer noch, es wird etwa 20 Prozent mehr Wasser verbraucht als nachregnet. Viele Auguren sind heute der Meinung, dass die nächsten Kriege im Nahen Osten nicht um die Landverteilung, sondern um Wasser geführt werden.

Zitrusfrüchte und Obstkonserven gehen, wie jeder von den sonnenglänzenden Jaffa-Orangen weiß, in den Export, darüber hinaus – neben dem Exportschlager Diamanten – Flugzeuge, militärische Güter, Maschinen und Elektronik. Nicht zuletzt spielt auch der Tourismus eine wichtige Rolle für die (nach wie vor negative) Handelsbilanz.

Wenn auch Israel nicht am Ölboom partizipiert, der nur wenig entfernt die Araber beglückt, so gibt es doch einige Bodenschätze, deren Ausbeute sich lohnt. An erster Stelle ist das Tote Meer mit seinem hohen Gehalt an Mineralien zu nennen. Die *Dead Sea Works* bei En Bokek stellen Pottasche, Brom-, Kali- und Kochsalz her. Ein guter Teil geht in den Export. Gleich neben dem Park von Timna bei Elat wird Kupfer abgebaut, dessen Ertrag allerdings stark von den Weltmarktpreisen abhängt. Im Negev gibt es Eisenerz- und Phosphatvorkommen. Im Mittelmeer, etwa 275 km westlich von Haifa entfernt, wurden große Erdgasvorkommen entdeckt. In der Industrie werden sich die Stellenwerte der Branchen mit zunehmender Gasproduktion auf offener See vermutlich verschieben. Die Ausbeutung der seit 1999 entdeckten Felder im levantinischen Becken wird Israels Energiebedarf vermutlich für Jahrzehnte decken und das Land darüber hinaus wohl schon ab 2017 zu einem Gas-Exporteur machen. Die Zusammenarbeit mit Griechenland und Zypern wie auch die Handelsverbindung mit Abnehmerländern könnte darüber hinaus zur Befriedung der Region beitragen.

Die Arbeitslosenquote liegt bei 5,3% (2015). Im Prokopfeinkommen wird Israel auf Platz 56 der Weltrangliste gezählt (Deutschland Platz 28, Österreich 27, Schweiz 16).

Kibbuz und Moshav

Zehn Männer und zwei Frauen taten sich 1909 zusammen und gründeten den ersten Kibbuz (damals noch *Kvuza* genannt) in Deganya am See Genezareth als eine Lebens- und Arbeitsgemeinschaft. Der gesamte Besitz gehörte allen Mitgliedern, alle Entscheidungen wurden auf demokratischer Grundlage gefällt, die Kinder gemeinsam erzogen, auch die Mahlzeiten gemeinsam eingenommen. Diese sozialistische Grundidee hat sich in den vergangenen Jahrzehnten überlebt; sie hätte mit der Staatsgründung Israels ihr Ziel erreicht, meinen nicht wenige Stimmen auch aus den Reihen der Kibbuzniks. Denn vor allem die jüngeren Generationen können mit den sozialistischen Idealen und den daraus folgenden Lebensweisen nicht mehr viel anfangen, sie wandern in die Städte ab.

Privat- und Arbeitsbereich sind heute voneinander getrennt, die Kinder leben bei ihren Eltern. 1997 löste der letzte Kibbuz das Kinder-Gemeinschaftshaus auf, in dem die Kleinen auch nachts schliefen. Zwar gehört nicht mehr alles allen, aber das Gemeinschaftseigentum ist ein wesentlicher Bestandteil eines jeden Kibbuz. Wurden früher die Einkünfte gleichermaßen auf alle Mitglieder – vom Helfer bis zum Chef – verteilt, so differenziert man heute bei der Verteilung und akzeptiert Privateigentum. Die Privatisierung geht so weit, dass in vielen Kibbuzim auch die Gemeinschaftsküchen eingestellt wurden, die Mitglieder nach Können und Leistung bezahlt werden, sich dafür aber an den Kosten beteiligen müssen.

Die Kibbuz-Idee wird heute sehr kritisch thematisiert, z.B. vom Filmregisseur Dror Sha'ul, der 2006 im Film *Sweet Mud* (der hebräische Titel lautet wörtlich: Verrückter Ackerboden) in amüsanter Weise seine schreckliche Kindheit in einem Kibbuz Revue passieren lässt.

Für den Aufbau des Staates spielten die Kibbuzim eine sehr wichtige Rolle, auch als eine Art von Identifikation mit dem Boden des Gelobten Landes. Viele bekannte Persönlichkeiten und Politiker gingen aus der Kibbuzbewegung hervor, als Beispiel sei nur David Ben Gurion genannt. Heute ist die Bedeutung der 230 Kibbuzim (zwischen 60 und 2000 Mitglieder) zurückgegangen. Sie mussten sich den modernen wirtschaftlichen Bedingungen anpassen. So entstanden kibbuzeigene Industriebetriebe größeren Umfangs; viele investierten in den Tourismus und bauten (gern gebuchte) Hotels. Dennoch blieben wirtschaftliche Fehlentscheidungen nicht aus; die Kibbuzim zählen heute zu den höchstverschuldeten Industriebetrieben Israels. Nur 2,8 Prozent der Gesamtbevölkerung lebt heute noch in Kibbuzim.

1921 wurde der erste **Moshav** in Nakhalal in der Jesre'el-Ebene gegründet. Im Gegensatz zum Kibbuz schließen sich hier private Haus- und Grundbesitzer zusammen, die genossenschaftlich organisiert das Land gemeinsam bearbeiten. Größere Maschinen werden gemeinsam angeschafft, die Erzeugnisse vom Moshav vertrieben. Insgesamt existieren 420 Moshavim, deren Mitgliederzahl zwischen 100 und 1000 Personen liegt.

Als dritte Organisationsform ist noch das **Moshav-Shitufi** zu nennen, das wie ein Kibbuz allen Mitgliedern gehört und dessen Boden gemeinsam bewirtschaftet wird. Allerdings gehört jeder Familie der eigene Haushalt, der Verdienst richtet sich nach dem jeweiligen Engagement. Derzeit leben etwa 7000 Menschen in 45 Moshav-Shitufi. (Vgl. www.communa.org.il und www.kibbutz.org.il).

3

4 Jerusalem und Umgebung

Jedem seine Stadt

Die Juden nennen sie Yerushalayim, die Muslime AlQuds (die Heilige) und die arabischen Christen Urshalim. Diese ungewöhnliche Stadt ist den drei monotheistischen Religionen heilig, hier liegen die Ursprünge der miteinander verwandten Glaubensgemeinschaften: Vor vielleicht 4000 Jahren sollte Urvater Abraham auf dem Hügel Moria, den heute der Felsendom krönt, seinen Sohn opfern – der in der Bibel Isaak und im Koran wohl eher Ismael heißt. 2000 Jahre später wurde Christus unweit dieses Hügels gekreuzigt, gute 600 Jahre später hob der Prophet Mohammed vom Hügel Moria zu seiner himmlischen Reise ab. Seither gehört der Begriff Jerusalem bereits zum kindlichen Wortschatz der rund 4 Milliarden Glaubensnachfahren von Abraham, seien sie nun jüdisch, muslimisch oder christlich.

Die „systembedingten" Konflikte der drei Religionen untereinander prägen auch heute noch das Bild dieser Stadt. Ihr Boden ist getränkt mit dem Blut all derer, die glaubten, ihren Gottesbegriff den Andersgläubigen per Schwert oder Feuerwaffe aufoktroyieren zu müssen. Und immer ist das Vorbeben zu spüren, das, in Erwartung der auf unbestimmte Zeit aufgeschobenen Verhandlungen zwischen Israel und den Palästinensern

Meistfotografierter Einlass in die Altstadt: das Damaskustor

über den endgültigen Status der Stadt Jerusalems, Erde erzittern lässt. Was die Lage nicht vereinfacht: die historisch und religiös bedeutsamen Orte befinden sich allesamt in Ost-Jerusalem.

Doch unabhängig von allen künftigen Entwicklungen hat das Jerusalem der Gegenwart und Vergangenheit so viel zu bieten und ist schon vom Äußerlichen her eine so sympathische Stadt, dass man in seinen Mauern Wochen und Monate zubringen könnte – wenigstens aber einige Tage für ein erstes Kennenlernen einplanen sollte.

Als Tourist in Jerusalem

Jerusalem, die 850 m hoch gelegene Stadt mitten im schroffen Mittelgebirge – wie konnte man eine Stadt dort gründen, wo es kaum eine ebene Fläche gibt, wo es immer keuchend bergauf oder nahezu rutschend bergab geht! Sicher bietet eine solche Lage auch diverse Vorteile – sei es auch nur der Ausblick in fast alle Richtungen. Aber auch die ständige Verfügbarkeit von Wasser spricht für den Platz sowie die günstige Verteidigungsmöglichkeiten durch die umgebenden Täler und, nicht zuletzt, die angenehme kühle Brise im Sommer (die allerdings im Winter in beißende Kälte umschlagen kann).

Was aber macht dieses Fleckchen Erde so attraktiv, dass es seit 3000 Jahren von Aposteln, Herrschern, Religionsstiftern, Rittern und Knechten umkämpft, umworben oder brutal zerstört und immer wieder aufgebaut wurde? Mit großer Sicherheit gibt es viele ähnliche geografisch und versorgungstechnisch gleich günstige oder sogar viel besser gelegene Plätze im Nahen Osten, die sich für eine Stadtgründung eignen. Eine schlüssige Antwort, warum es nun unbedingt die geografischen Koordinaten Jerusalems sein mussten, gibt es nicht. Wir haben nur Indizien.

Wie auch immer es zur Auswahl dieser Lokation gekommen sein mag, heute ist die Ansammlung von gelbgrauen Steinhäusern (auch wenn sich dahinter meist Beton verbirgt) ein faszinierendes, liebenswertes, zur Nachdenklichkeit anregendes und ständig herausforderndes Gebilde. Jerusalem – bis vor etwa 160 Jahren zwischen den hohen Mauern der Altstadt eingefangen – ist aber heute auch eine Art Wildwuchs auf den Bergen ringsum und daher geografisch vielleicht etwas schwieriger zu verstehen als manch andere Stadt.

Man muss sich in Erinnerung rufen, dass es bis zur Eroberung der Westbank 1967 nur eine Ausdehnungsrichtung gab, und zwar nach Westen. Schon die ersten Siedlungen außerhalb der Altstadt entstanden westlich der Mauern. So ist heute ein deutliches Gefälle von Wohlstand und Architektur von West nach Ost auszumachen. Östlich der Altstadt liegen die alten arabischen Dörfer, eng an die Berghänge geklebt, ungepflegte Straßen, einfache Häuser, wenig Komfort. Auch die jüdischen Siedlungen nordöstlich der Altstadtmauer machen einen eher ärmlichen Eindruck, während die neuen jüdischen Siedlungen – die zum Ärger der Palästinenser die Stadt nahezu völlig einkreisen – besser ausgestattet sind. Doch die Viertel im Westen und Südwesten sind gepflegt, modern wie überall in der westlichen Welt.

Die Altstadt selbst ist ein einziges Abenteuer der Sinneseindrücke, eine Schaubühne der Völker und Religionen, eine Lebensgemeinschaft unterschiedlichster Menschen verschiedenster Herkunft auf engstem Raum. Diese Quadratmeile von alten und uralten Häusern, Palästen, Kirchen, Synagogen, Moscheen und Klöstern wird von einem unentwirrbaren Knäuel von Gassen und schmalen Sträßlein durchzogen. Überdachte Basare lassen kaum einen Blick zur Orientierung zu, man kann sich zu Beginn nur an bergauf oder bergab orientieren; denn das Terrain fällt von Westen und Norden her zum Tempelberg hin stetig ab. Geht man also bergauf, wird sich meistens irgendwann das Jaffa- oder das Damaskustor öffnen.

Und doch ist diese Altstadt nicht der große orientalische Basar, wie es der von Damaskus war oder der Khan AlKhalili von Kairo ist. Einerseits scheinen die Souks von Jerusalem zwar sauberer, aber gefühlt auch deutlich steriler und von der Stimmung her nüchterner zu sein. Die Händler handeln nicht mehr in dem Maß, wie es die Tradition des Orients will, schnelles Absahnen ohne großes Palaver ist angesagt. Das gilt vor allem für die Kitsch- und Souvenirabteilung. In den Suqs fürs tägliche Leben kommt viel eher ein Schwatz über die Kinder, Enkel und Urenkel des Basari zustande.

Morgens gegen 9 Uhr klappern die ersten Eisentüren, und einige Händler öffnen, eher missmutig, ihren kleinen Laden. Der eigentliche Betrieb beginnt frühestens um 9.30 Uhr. Abends gegen 18 Uhr klappern die Eisentüren erneut, und die Altstadt klappt zusätzlich die Bürgersteige hoch. Selbst die meisten der Restaurants versuchen noch schnell, die letzten halbwarmen Speisen an den Gast zu bringen und schließen wenig später. Zwar kann man auch um 20 Uhr vielleicht noch ein paar offene Shops finden (und dabei vielleicht sogar ein Schnäppchen machen), aber die Luft ist raus, die Atmosphäre zerfallen. Es beginnt die Zeit, in der die Altstadt etwas unheimlich wird und Frauen vielleicht nicht allein durch das Halbdunkel gehen sollten.

Aber die Altstadt ist nicht Souvenirmarkt allein. Sie ist genauso religiöser Kommerz. Da gibt es die Priester der unterschiedlichsten Konfessionen – von schwarzen äthiopischen Christen bis hin zu den blassen römisch-katholischen Profis –, die

sich um den Gottesdienst in der Grabeskirche so streiten, dass das Gebäude eher zusammenfällt, als dass dringendst notwendige Restaurationen vorankämen. Die 2017 beendeten Reparaturen direkt am Grab kamen einem Wunder gleich.

Da gibt es die Pilgerscharen, die, angeleitet von einem Mönch oder Priester, mit dem aufgeschulterten Kreuz die vierzehn Passionsstationen durcheilen. Da legt sich während der muslimischen Gebetszeiten die Geräuschkulisse der Ruf der Muezzine von den Minaretten der Stadt aufs hektische Treiben. Und da sind die arroganten Felsendom- und AlAqsa-Wärter, die Nicht-Muslimen ohne Sondergenehmigung des Waqf keine Chance lassen, ihre schönen Gebäude von innen zu bewundern.

Sicher und mit Recht fokussiert sich das touristische Interesse zunächst auf die Altstadt. Aber außerhalb dieses Kristallisationspunktes gibt es mindestens ebenso viel zu sehen und zu erleben. Eine der leichtesten Übungen – und der erfreulichsten – ist die Schatzgrube des Israel-Museums. Besonders aufwühlend stellt sich für Deutsche und Österreicher der Besuch der Holocaust-Gedenkstätte Yad VaShem dar. Die Reiseplanung sollte berücksichtigen, dass nach den Zeugnissen der Gräueltaten unserer Väter- und Großvätergeneration sicherlich keine leichte Muse angesagt ist.

Jerusalem löst eine so seltsame Mischung von Empfindungen, Gefühlen, Stimmungen, Herausforderungen aus. Man muss diese Stadt mit viel Zeit, am besten mehrmals erleben, auch zu unterschiedlichen Jahreszeiten, um das Spiel von Licht und Schatten, oder nur die vielen typischen und unterschiedlichen Gerüche wahrzunehmen.

Sehenswertes

Altstadt

**** **Tempelberg mit AlAqsa-Freitags- moschee und Felsendom**, das Bau- Ensemble auf dem Moria-Hügel besitzt große Ausstrahlung, der Felsendom zählt zu den schönsten islamischen Bauwerken weltweit, die Moschee ist ebenfalls sehr se- henswert, S. 170

**** **Grabeskirche**, schön und/oder er- haben kann man die Grabeskirche nicht nennen, dennoch vermittelt sie Rückbesinnung, regt wegen ih- rer historischen Bedeutung zum Nachdenken, aber auch zum Medi- tieren und Beten an, S. 180

*** **Westmauer (Klagemauer)**, wich- tigste religiöse Stätte der Juden, ge- waltiges Mauerwerk aus Herodes' Zeiten, S. 166

*** **Western Wall Tunnel,** ermöglicht Einblicke in mehrere Jahrtausende jüdischer und Jerusalemer Geschich- te, S. 168

*** **Jerusalem Archaeological Park/ Ofel Garden**, sehr interessante Aus- grabungsstätte, gute Einblicke in Tempel- und Stadtgeschichte, S. 168

*** **Souk/Basar**, zwischen all den alten Steinen orientalische Einkaufserleb- nisse und schmackhafte Gastlich- keit erfahren, S. 165

*** **Jüdisches Viertel**, durch Kriegsein- wirkungen stark zerstört, daher neu und stimmungsvoll aufgebaut, wo- bei interessante historische Relikte zutage kamen; ein Besuch lohnt sich (Burnt House, Tempel Modell, Wohl Museum, Cardo Maximus), S. 184

*** **Zitadelle, Tower of David**, mächti- ger Gebäudekomplex, gutes Dis- play, gute Informationen, S. 165

** **St. Anna-Kloster und -Kirche**, schöne, klangvolle Kreuzfahrerkir- che in erholsamem Garten, Teich Bethesda, S. 174

** **Via Dolorosa**, fast jeder alte Kreuz- gang vermittelt mehr vom Leiden Jesu als der vom geschäftigen All- tagsleben geprägte *Weg der Schmer- zen*, der zum Standardprogramm der christlichen Pilger gehört, S. 175

** **Stadtmauerspaziergang**, guter Überblick über die Altstadt, S. 163

* **Damaskustor**, das fotogene, weil mächtigste Tor der Altstadt mit bun- tem Treiben und Relikten der Rö- merzeit, S. 195

In direkter Umgebung der Altstadt

**** **Davidsstadt**, der über 2700 Jahre alte Hiskia-Tunnel mit Warren- Schacht ist die sehenswerteste At- traktion der Davidsstadt, S. 193

*** **Ölberg**, toller Blick auf die Altstadt, religionshistorisch interessanter Spa- ziergang nach Gethsemane, S. 156

** **Berg Zion**, für Christen dürfte der Abendmahlsaal von Bedeutung sein; vom baulichen Ensemble dane- ben beeindruckt besonders die deut- sche Benediktinerabtei Dormitio, S. 191

** **Rockefeller Archaeological Muse- um**, wichtige Funde aus vielen Epo- chen und unterschiedlichsten Orten der Region sind hier zu besichtigen, einige Exponate des Israel Museums (das deutlich mehr bietet) sind hier- her ausgelagert, S. 198

* **Garden Tomb (Gartengrab)**, die als „alternative" Kreuzigungsstätte be- kannte Anlage besticht vor allem durch den gepflegten Garten, S. 196

4

Sehenswertes

Westjerusalem

**** **Israel Museum** mit dem **Shrine of the Book** und dem **Jerusalem-Modell aus der Zeit des Zweiten Tempels**, eines der ganz großartigen und bedeutenden Museen Israels und des Nahen Ostens, mit Material für zwei Besichtigungstage, S. 209

**** **Yad VaShem**, die wichtigste und ergreifendste Holocaust-Gedenkstätte Israels mit Historischem Museum, Kunstmuseum, Memorial Hall, Kindergedenkstätte und Tal der Gemeinden, S. 211

*** **Bible Lands Museum**, von der Konzeption her interessant, da Zeitepochen über große geografische Gebiete dargestellt werden, S. 210

*** **Supreme Court**, das von der Architektur her ungewöhnlichste Gebäude der Stadt mit hoher Symbolkraft für die Rechtsprechung, S. 208

** **L.A. Mayer Museum For Islamic Art**, zeigt in unterschiedlichsten Kunstgegenständen die Blüte einer Zivilisation und ihre Beziehung zum Westen, S. 206

** **Bloomfield Science Museum**, das „Museum zum Anfassen", in dem Naturgesetze praktisch veranschaulicht werden, S. 209

* **Ticho Museum**, dieses hübsche kleine Museum der gleichnamigen Malerin sei hier auch wegen seines angeschlossenen Cafés erwähnt, S. 200

Praktische Informationen

Besuchszeiten von Sehenswürdigkeiten

Besonders am Wochenende, aber auch an anderen Tagen kann es in Jerusalem passieren, dass man vor geschlossenen Türen steht – eine gute Besuchsplanung hilft, dies zu vermeiden. Damit Sie einfacher Pläne schmieden können, finden Sie eine **übersichtliche Zusammenfassung der Öffnungszeiten** zu Beginn der Praktischen Informationen S. 221

Jerusalem kennenlernen

Eine prima **Einführung** in Jerusalems Geschichte für **Kinder** bietet das reich illustrierte Buch von D. Vieweger, *Abenteuer Jerusalem*. Die aufregende Geschichte einer Stadt dreier Weltreligionen, Gütersloh 2011, oder zunächst hier schauen: www.abenteuer-jerusalem.de.

Geschichte: *Bereits im 19. Jh vC erwähnten ägyptische **Ächtungstexte** (in denen die Ägypter ihre Feinde ächteten) Jerusalem. Auch im 14. Jh vC wird Jerusalem in der sog. **Tell AlAmarna-Korrespondenz** als wichtige Stadt des kanaanitischen Reiches beschrieben. Das Alte Testament berichtet, dass im Zuge der israelitischen*

Eroberungen der Stamm Juda im Verlauf einiger Jahrhunderte Jerusalem bekämpfte und schließlich eroberte. 1000 vC übernahm **David** die Stadt, holte die Bundeslade herbei und machte Jerusalem zum politischen und religiösen Zentrum des Volkes Israel. Sein Sohn **Salomo** dehnte den Ort nach Norden aus, baute den Ersten **Tempel** auf dem Tempelberg, angeblich auch Paläste und Prachtbauten. Als nach seinem Tod sein Reich zerfiel, blieb Jerusalem die Hauptstadt Judas.

König **Hiskia** baute im 8. Jh vC die Befestigung massiv gegen die vorrückenden Assyrer aus und legte einen **Tunnel** zur Wasserversorgung an (siehe S. 194). Doch **586** gelang es **Nebukadnezar**, Jerusalem zu erobern und die Einwohner nach Babylon zu verschleppen. Als sie etwa 50 Jahre später unter **persischer Herrschaft** zurückkehren durften, fanden sie eine Steinwüste vor, die unter Nehemia wieder bewohnbar gemacht wurde, aber nicht mehr die vormalige Ausdehnung erreichte. 333 vC verleibte sich **Alexander der Große** auch Palästina ein, unter seinen Nachfolgern drang griechischer Einfluss nach Jerusalem vor, sogar bis hin zum Tempeldienst. 168 vC brach der von **Judas Makkabäus** entfachte, erfolgreiche Aufstand der Hasmonäer gegen die Besatzer aus. Die politische Unabhängigkeit der Hasmonäer endete 63 vC, als **Pompejus** das Land für die Römer eroberte und Herodes zum König Judäas (von Roms Gnaden) machte.

Herodes der Große war der bauwütigste Herrscher Palästinas. Er ließ sich die Festung Antonia neben dem Tempelberg und die schon vorhandene heutige Zitadelle zu Prachtpalästen ausbauen, erneuerte den Tempel mitsamt dem Tempelberg. Unter ihm entstanden öffentliche Bauten, Paläste, ein Theater und ein Hippodrom. In den 30er Jahren des 1. Jh nC kam Jesus nach Jerusalem und wurde schließlich gekreuzigt. 66 nC rebellierten die Juden zum ersten Mal massiv gegen die Römer, die Jerusalem im Jahr 70 in Schutt und Asche legten.

Beim zweiten jüdischen Aufstand, 60 Jahre später, vernichteten die Römer das, was von der ersten Zerstörung übrig geblieben war und bauten eine völlig neue Stadt, **Aelia Capitolina**, nach neuen Plänen auf, die in den Grundzügen noch heute das Altstadtbild bestimmt. Die Römer verwehrten Juden den Zutritt zu dieser eher unbedeutenden Stadt. Erst als Kaiser **Konstantin** Anfang des 4. Jhs die Macht im Römischen Reich übernahm und sich das Christentum zur Hauptreligion entwickelte, gewann Jerusalem auch wieder offiziell religiöse Bedeutung. An christlichen Stätten wurden Kirchen gebaut, die Stadt wurde Sitz eines Patriarchen.

614 eroberten die **persischen Sassaniden** Jerusalem und zerstörten viele Sakralbauten. Als die Byzantiner 629 die Stadt zurückgewannen, sollte es nur für einen geschichtlichen Augenblick sein: 638 bereits übernahmen **arabisch-muslimische Heere** das Regiment. 691 errichtete der Omaijade Abd Al Malik den Felsendom, denn hier hatte nach muslimischem Glauben Mohammed zum nächtlichen Ritt in den Himmel angesetzt. 1099, 460 Jahre nach der muslimischen Übernahme, eroberten die **Kreuzfahrer** Jerusalem und machten es zur Hauptstadt ihres „Königreichs Jerusalem". Die christlichen Stätten wurden wiederhergestellt, der Felsendom und die Al Aqsa Moschee „umgewidmet". Doch **Saladin**, der geniale Muslim-Feldherr, machte bereits 1187 dem Gastspiel ein Ende und ließ die Kirchen zu Moscheen „zurückwidmen". Saladin forderte die Juden auf, in die Stadt zurückzukehren.

Die Kreuzfahrer konnten noch einmal von 1229-44 eine christliche Herrschaft etablieren. Unter der bald beginnenden mamlukischen Epoche behielt Jerusalem zwar die religiöse Bedeutung, verlor aber fast jeden politischen Einfluss. Unter den **Mamluken** – asiatische Sklaven, die in Ägypten zur Macht gekommen waren – entstand eine Reihe von bemerkenswerten

4

Bauwerken. 1517 stürzten die türkischen **Osmanen** die mamlukische Herrschaft. Sultan **Suleiman der Prächtige** ließ die seit 1219 zerstörte Stadtmauer wieder errichten und hauchte der Stadt neues Leben ein. Doch dies überdauerte ihn kaum, in den folgenden Jahrhunderten blieb Jerusalem eine Kleinstadt.

Ab 1831 machte sich der Einfluss des ägyptischen Reformers **Mohammed Ali** deutlich bemerkbar. Palästina öffnete sich dem Westen, immer mehr Konsulate und Handelsvertretungen wurden eingerichtet, Pilger und Touristen strömten in die Stadt. Nun wagten die Bewohner, auch außerhalb der Stadtmauern zu siedeln. Das erste jüdische Viertel wurde Mishkenot Sha'ananim (friedliche Wohnstatt) getauft. 1917 eroberte der britische **General Allenby** Jerusalem und beendete die osmanisch-türkische Herrschaft. Unter der britischen Mandatsverwaltung nahmen die Spannungen zwischen Juden und Arabern, aber auch zwischen Juden und Briten zu. Als im **Unabhängigkeitskrieg** 1948 die Engländer abzogen, gelang es den Israelis nicht, die gesamte Stadt zu erobern, der östliche Teil fiel an Jordanien. Bis zum Sechstagekrieg 1967 blieb Jerusalem eine **geteilte Stadt**, die zwar zur Hauptstadt Israels erklärt worden war, unter den gegebenen Bedingungen aber nur relativ langsam wachsen konnte.

Mit der israelischen Eroberung auch Ostjerusalems 1967 brach wiederum eine neue Epoche an. Die Grenzmauern zwischen den beiden Stadtteilen fielen, Minenfelder wurden beseitigt und das stark zerstörte Jüdische Viertel der Altstadt wiederaufgebaut. Seither ist Jerusalem stetig gewachsen, vor allem im Westen entstanden neue Wohnviertel – und alle, gemäß einer Verordnung aus osmanischer Zeit – in freundlich-hellem Jerusalemer Naturstein; arabisch-hebräisch heißt er „königlich."

Die Kreuzfahrer erobern Jerusalem

Am 27. November 1095 rief Papst Urban II. auf einem Konzil in Clermont-Ferrand zum Kreuzzug auf. Als Ziel nannte er, neben der Hilfe für die christliche Kirche des Ostens, die Befreiung Jerusalems und des Heiligen Landes von gottloser muslimischer Herrschaft. Er fand großes Echo und versprach allen Teilnehmern vollständigen Ablass ihrer Sünden. 1096 setzte sich von Frankreich aus ein Heer von 1500 Rittern und etwa 40.000 Mann Fußvolk nach Osten in Bewegung. Drei Jahre später erreichte es das Heilige Land. Am 17. Juni 1099 erblickten die Kreuzritter vom heutigen Berg Nabi Samwil zum ersten Mal Jerusalem und brachen vor Freude in Tränen aus.

Die Bewohner der umliegenden Dörfer waren hinter die dicken Mauern der Stadt geflohen, zuvor hatten sie alle Brunnen vergiftet und alle Bäume gefällt, um dem Heer kein Baumaterial für Mauerbruchwerkzeuge in die Hände fallen zu lassen. Neben 20.000 Jerusalemer Bewohnern drängten sich 20.000 Flüchtlinge in der geschlossenen Festung. Die Kreuzfahrer bliesen am 7. Juli zum Angriff. Sie besaßen nicht genug Werkzeuge und Baumaterial, um eine Bresche in die Stadtmauer zu schlagen. Unter großen menschlichen Verlusten versuchten sie erfolglos, Steinquader mit Primitivwerkzeugen herauszubrechen.

Eine Flotte aus Genua, die in Haifa landete, kam den Kreuzrittern zu Hilfe. Sie kauften die Schiffe auf, und die Schiffszimmerleute bauten aus deren Holz Belagerungstürme an der Stadtmauer. Am 15. Juli gelang es einigen Rittern, in die Stadt einzudringen und die Tore zu öffnen. Mit einem grauenvollen Abschlachten der Bevölkerung – von den 40.000 Eingeschlossenen sollen keine 100 überlebt haben – nahmen die West-Christen von der bis zu Fußknöchelhöhe blutüberschwemmten Stadt Besitz.

Symbolträchtig: der Felsendom auf dem Tempelberg

Heute leben rund 850.000 Menschen in Jerusalem, knapp ein Zehntel der Bevölkerung Israels wohnt in der größten Stadt. Davon sind 35 Prozent Palästinenser (gegenüber 25,8 Prozent 1967) und zwei Prozent Christen. Beim Anstieg der Bevölkerung haben die Palästinenser anteilsmäßig die Juden überholt. Prognosen besagen, dass dieser Anteil in den kommenden Jahren weiterhin steigen wird. Auch die Anzahl der ultraorthodoxen Juden unter der jüdischen Bevölkerung wird sich erhöhen. Etwa ein Drittel der Jerusalemer Juden zählt zu den Ultraorthodoxen, in Gesamtisrael nur sieben Prozent.

Rund 1200 Synagogen stehen in der Stadt, auf 400 Juden kommt also eine Synagoge. Die Christen verfügen über knapp 160 Kirchen, die Muslime über etwa 75 Moscheen.

Ausblicke auf die Stadt

Beginnen wir unsere Stadterkundung mit einem etwas distanzierten Blick auf das Häusermeer. Eine der schönsten Altstadtansichten offenbart der **Ölberg** (Beschreibung siehe S. 156). Der Blick von Jerusalems höchstem Punkt, dem Turm der deutsch-lutherischen **Himmelfahrtkirche** auf dem Ölberg, ist ganz wunderbar, weil man auch in die judäische Wüste bis zum Toten Meer und nach Jordanien schauen kann. Derzeit nur per Treppe zu besteigen, Mo-Sa 8-13, ₪ 5, siehe unten.

Den wohl besten und spektakulärsten Ausblick auf vor allem West- und Südjerusalem kann man von der **East Talpiot Promenade** (auch *Walter und Elise Haas Promenade*) im Südosten der Stadt nahe dem israelischen UN-Hauptquartier genießen. Der Blick schweift über den Berg Zion, die Altstadt bis hin zum Ölberg und dem Mount Scopus (erreichbar mit Bus 8 oder 12).

Näher zu allen Sehenswürdigkeiten in der Weststadt liegt der **City Tower** (Bus 4, 18, 32) an der Ecke King George V/Ben Yehuda St, vor dessen Dachrestaurant sich das Stadtzentrum ausbreitet.

Als Besichtigungsbeginn: Vom Ölberg** zum Zionstor

Um einen ersten optischen Eindruck speziell vom historischen Jerusalem zu gewinnen, sollte man den arabischen Bus 275 vom Busterminal nahe dem Damaskustor oder ein Taxi zum Ölberg (Mount of Olives) nehmen, zum arabischen Dorf AtTur. Von hier oben, genauer von der Aussichtsterrasse vor dem Hotel Seven Arches, bietet sich ein berauschender Aus- und Überblick über das Kidron-Tal hinweg auf die Altstadt und das Zentrum. Fahren Sie möglichst am frühen Vormittag, solange die Sonne von Osten her die Stadt anstrahlt und die goldene Felsendomkuppel zurückleuchtet.

Steigen Sie am besten im Dorf AtTur am südlichen Dorfausgang an der **Paternoster Kirche** (Mo-Sa 8-12, 14-17, ₪ 10) aus, die zum Kloster der Karmeliter-Nonnen gehört und auf dem Platz der 614 von den Persern zerstörten und von den Kreuzfahrern wiedererrichteten, dann erneut demolierten Eleona-Kapelle steht. Hier soll, nach Vorstellung der Kreuzfahrer, Jesus seine Jünger das Vaterunser gelehrt haben. An den Wänden des Innenhofs ist das Gebet in 80 Sprachen zu lesen – auch auf Plattdeutsch. Schräg gegenüber der Kirche steht in einem Moscheen-Bezirk die **Himmelfahrtkapelle**, auch *Imbomon* genannt, die eigentlich eine Moschee ist (8-17, ₪ 5, klingeln, falls nicht geöffnet ist). Sie wurde von den Kreuzfahrern an der Stelle errichtet, an der Jesus laut Lukas-Evangelium gen Himmel fuhr. Ursprünglich hatte sie keine Kuppel, was sich unter den Muslimen änderte. Die heutige, von einem tristen Hof umgebene, leere Kapelle ist den Besuch kaum wert. Jesu Fußabdruck ist,

Turm der deutsch-lutherischen Himmelfahrts-kirche auf dem Ölberg

45 m hohen Turm mit seiner bestechenden Aussicht kommt man zur Zeit nur zu Fuß (₪ 5). Das hier ansässige *Ev. Pilger- und Begegnungszentrum der Kaiserin Auguste Victoria-Stiftung* berät und hilft Besuchern bei der Reisevorbereitung, lädt zu Führungen, Vorträgen und Gottesdiensten ein (S. 223). Im zugehörigen großen Garten und Café (Di-Sa 10-17, Winter -16) kann man rasten (Arabischer Bus 275 vom Damaskustor). Unter www.evangelisch-in-jerusalem.de gelangt man außer zu den Veranstaltungen für Touristen auch z.B. zu Vorträgen im **Deutschen Evangelischen Institut für Altertumswissenschaften**, dessen Gebäude sich auf demselben Gelände befindet.

Ein kurzes Stück nördlich vom Hospital und nach einem kleinem Wald wurde rechts eine kleine Aussichtsplattform namens *Gerald Halbert Plaza* angelegt. Quasi gegenüber liegt am westlichen Hang des Berges die 1925 eröffnete **Hebräische Universität**, genauer deren östlicher Teil (Hauptsitz heute in Giv'at Ram, Nähe Israel Museum, siehe S. 209). Hier öffnet in Kürze ein Albert-Einstein-Museum, für $ 5 Millionen vermutlich sehenswert. Führungen nach Absprache oder mit Booklet, www.huji.ac.il. Quasi zu Füßen der Hebräischen Universität bauten die Mormonen an der Shmuel Ben Adaya St, die zum Ölberg und zum Mount Scopus hinaufführt, eine architektonisch auffallende Gebäudegruppe, die zwar **Mormon University** genannt wird, offiziell jedoch *Jerusalem Center for Near Eastern Studies* der *Brigham Young University* heißt, http://ce.byu.edu/jc. Zugehörig ist ein sehr schöner Garten mit biblischen Pflanzen. Ein angeblich 2000 Jahre alter Olivenbaum wurde aus Galiläa hierher verpflanzt. Das Anwesen ist nur per Führung zu besichtigen, Tel. 626 5666.

Doch zurück nach AtTur mit der Himmelfahrtkapelle. Gehen Sie von dort auf der südwestlichen Straße (also nicht der Ausschilderung *Carmeliter Monastery*

sagen wir mal, undeutlicher als auf mittelalterlichen Gemälden. Östlich davon liegt das russisch-orthodoxe **Himmelfahrtkloster** mit seinem 80 m hohen Turm, das aber kaum zugänglich ist (angeblich Di+Do geöffnet, Winter 9-12).

Wenn Sie von hier aus einen Abstecher einlegen und sich noch weiter oben umsehen wollen, sollten Sie sich auf der Kammstraße Raba AlAdawiye weiter nach Norden bis zum 850 m hohen **Mount Scopus**, der höchsten Erhebung Jerusalems, begeben. Dort steht das **Auguste Victoria Hospital**, das auf Namen und Besuch der deutschen Kaisergattin Ende des 19. Jh zurückgeht. Im Komplex des Krankenhauses ragen Turm und Gebäude der protestantischen **Himmelfahrtkirche** (Mo-Sa 8-13 und nach Vereinbarung) mit sehenswerten Mosaiken auf, die – nach nur drei Jahren Bauzeit 1910 fertiggestellt – ein typisches Beispiel preußisch-wilhelminischer Kirchenarchitektur ist. Auf den

folgen) bis zum Hotel *Seven Arches*. Von der dortigen Aussichtsterrasse an der Straße haben Sie den besten Ausblick. Zu Ihren Füßen zieht sich der **Jüdische Friedhof** den steilen Hang hinunter. Seit der Zeit des Ersten Tempels begraben Israeliten und Juden hier ihre Toten, die heutigen Grabsteine gehen jedoch nur bis ins 16. Jh zurück. Laut nachbiblischer Weissagung wird Gott zum Jüngsten Gericht im Kidrontal erscheinen. Die Juden möchten dann sofort zur Stelle sein. Daher entstanden hier seit alters her jüdische Gräber.

Viele dieser Gräber wurden bis zum Sechstagekrieg von den Jordaniern beschädigt, aber seit der Eroberung der Westbank restauriert. Die vielen darauf liegenden Steine sind ein Zeichen des Gedenkens und der Ehrerbietung der Nachfahren. Da auch die Muslime hier das Jüngste Gericht erwarten, haben sie Friedhöfe gegenüber, vor der Mauer des Tempelbergs angelegt.

Der Friedhof endet praktisch an der Talsohle des **Kidrontales**, eines sehr steil eingeschnittenen Grabens, der von Jerusalem her nie baulich überschritten wurde. Der Bach Kidron ist einer der drei nie versiegenden Wasserläufe, der schließlich ins Tote Meer mündet. Auf der anderen Talseite schließt der Steilhang oben mit der Altstadtmauer ab, die mit ihrer gewaltigen Baumasse schwindelerregend hoch hinauf steigt und nur von der schmalen grünen Baumkrone des Tempelbergs mit seinen Kuppeln noch überragt wird. Die dunkle Kuppel ganz links gehört zur **AlAqsa-Freitagsmoschee**, die goldene zum **Felsendom**. Unweit rechts vor der Felsendomkuppel ist das zugemauerte **Goldene Tor** der Altstadt mit dem davor liegenden muslimischen Friedhof zu erkennen, links der südlichen Altstadtmauer der massive Bau der Dormitio-Kirche auf dem Zionsberg. Weiter südlich und weiter nördlich der Altstadt liegen neuere bzw. ganz neue Stadtteile.

Wir wollen nun den Berg hinunter wandern. Kurz vor der Terrasse zweigt eine Gasse ab, an der ein Schild zu *The Tombs of the Prophets*, den **Prophetengräbern**, weist. Hier sollen zwar die alttestamentlichen Propheten Haggai und Maleachi beerdigt worden sein, doch die (kaum beachtenswerten) Grabhöhlen entstammen der byzantinischen Epoche (Mo-Do 9-15). Der Pfad führt den Berg hinunter, nach ca. 200 m sieht man rechts den Eingang zur Franziskanerkapelle **Dominus Flevit** (8-12, 14-18, Winter -17). Sie wurde 1955 über den Grundmauern einer Kirche aus dem 5. Jh erbaut und soll an die Stelle erinnern, an der Jesus über das künftige Schicksal Jerusalems weinte. Gehen Sie für ein paar Minuten in den von Gruppenreisenden eher verschonten Garten mit der Kapelle. Pinienduft, der Schatten hoher Zypressen, Olivenbäume und Blumenschmuck werden Sie erfreuen. Innerhalb der Kirche sind Bodenmosaike des Baus aus dem 5. Jh erhalten.

Noch weiter den Berg hinunter sieht man die russische **Maria Magdalena-Kirche** (Di, Do 10-12) mit ihren sieben Kuppeln durch den umgebenden Park. Zar Alexander III. ließ sie 1886 zum Gedächtnis an seine Mutter bauen. Sie gehört zum gleichnamigen Frauenkloster und liegt ebenfalls in einem blumen- und baumreichen Garten. Am Ende der Gasse steht die **Kirche der Nationen** (8-18, Winter -17) im Garten Gethsemane. Hier hatte Kaiser Theodosius I. im 4. Jh eine Basilika über dem Felsen errichten lassen, auf dem Jesus vor seiner Gefangennahme gebetet haben soll. 1924 wurde über den alten Grundmauern – der Grundriss ist noch im modernen Fußboden sichtbar – eine Kirche mit zwölf Kuppeln errichtet, für die einige Länder Bilder stifteten. Im **Garten Gethsemane** verbrachte Jesus die letzten Stunden vor seiner Gefangennahme, hier stehen noch acht steinalte Ölbäume.

Vielleicht standen sie schon zur Zeitwende hier: Ölbäume im Garten Gethsemane

Unten im Tal gibt es noch das **Mariengrab** (Church of the Tomb of the Virgin; 5-12, 14.30-17, im Winter erst ab 6) zu besichtigen, nur unweit vom Garten rechts der Straße. Im 4. Jh stand hier bereits eine kleinere Basilika, die Kreuzfahrer erweiterten die Anlage gewaltig und umbauten das Grab mit einer großen Basilika, die wiederum von den Muslimen zerstört wurde. Eine breite Marmortreppe – der letzte Rest der Kreuzfahrerbauten – führt in die Tiefe, unterwegs ist rechts eine Grabnische (angeblich für die Eltern von Maria, tatsächlich für die KreuzfahrerKönigin Melisanda) in die Wand gelassen. Links befindet sich eine Nische mit Altar über dem Grab von Joseph. In dem recht großen unterirdischen Raum ist (rechts) das Mariengrab aus dem Felsen gemeißelt, davor ein armenischer Altar, rechts eine islamische Gebetsnische in der Seitenwand. Von ihrem Grab aus soll Maria von Engeln in den Himmel getragen wor

den sein. Auf dem Vorplatz oben weist ein Schild auf die **Grotto of Gethsemane** hin, eine natürliche Höhle, die Jesus mit den Aposteln vor seinem letzten Gebet besucht haben soll (8-12, 14.30-18, Winter -17).

Südlich des Mariengrabs führte die Hauptstraße weiter Richtung Jericho, jetzt endet sie an der israelischen Mauer. Der erste schmale Abzweig führt rechts hinunter ins Kidrontal. Er wurde aus Anlass der christlichen **2000-Jahr-Feiern** als Fußweg ausgebaut; man kann auf der Ostseite des Tals hinunter- und auf der anderen wieder hinaufgehen, um dort auf die Umfahrungsstraße der Altstadt zu stoßen. Der jüdische Friedhof zieht sich bis zu diesem Weg hinunter. Direkt am Wegesrand stehen einige sehr alte, in den Fels getriebene **Grabbauten** aus hellenistischer Zeit, wie die Architektur zeigt.

Obwohl die Grabmäler mit Namen des Alten Testaments belegt sind, stammen sie tatsächlich aus viel späterer Zeit. Das erste Grabmonument – das am besten erhaltene überhaupt – mit ionischen Säulen und dorischem Fries wird fälschlich *Absalom*, dem Sohn König Davids, zugeschrieben. Es stammt jedoch aus dem 1. Jh vC. Verbunden mit dieser Anlage ist eine Folge von tiefer in den Fels gelegten Kammern, die mit dem Namen des Jakobus verbunden werden. Unweit entfernt liegt eine weitere ähnliche Doppelanlage, an deren Eingang der Name des Priesters Hezir (1. Jh vC) eingemeißelt ist. Die anschließenden Räume werden als *Grab des Zacharias* bezeichnet.

Wenn Sie jetzt noch Lust und Zeit haben, die Altstadt zu besuchen, könnten Sie auf der 1996 zur 3000-Jahrfeier angelegten Treppe zur Altstadt hinaufsteigen. Oder aber Sie gehen talwärts, um die Gihon-Quelle und die spärlichen Ruinen der Stadt Davids zu besuchen (insofern empfehlenswert, da Sie sich schon im Tal aufhalten, S. 193).

Die Altstadt

Die Altstadt – *Old City* – ist mit Abstand das Interessanteste und Reizvollste, was Jerusalem zu bieten hat. Sollten Sie wenig Zeit haben, dann konzentrieren Sie sich auf diesen Bereich.

Denken Sie bitte daran, religiöse Stätten, besonders muslimische und jüdische, nicht in Shorts zu besuchen. Frauen sollten keine körperbetonende, sondern -bedeckende Kleidung tragen.

Die Altstadt unterteilt sich entlang der alten römischen Nord-Süd- und Ost-West-Hauptstraßen in Quartiere vier religiöser Gruppen, deren durchlässige Grenzen heute vor allem von nationalreligiösen Siedlern genutzt werden: Im Nordosten liegt das muslimische Viertel, im Nordwesten das christliche, im Südwesten leben die Armenier und im Südosten, quasi im Blickkontakt mit der West(Klage)mauer, die Juden. Man kann sich bei der Erkundung der Altstadt an

Ein Himmel voller Krimskrams im Basar der Altstadt

Geführte Touren – ein erster Überblick

Die **staatliche Touristen-Information** innerhalb des Jaffators (dort, wo keine möchtegern-antik verkleideten Angestellten Sie hineinziehen wollen, wie links daneben) hatte mal Broschüren und mp3s, aber das war früher. Die *Jerusalem Development Authority* hält nun für iPhone und Android die App **Jerusalem Audio Tours** bereit, größtenteils überzeugend gemachte 16 Rundgänge, Dauer 1–5 Stunden – plus fünf für Rollstuhlfahrer. Bilder, Text oder Audio, Karten z.B. auch mit allen öffentlichen Toiletten: hilfreich.

Die Gratis-Touren der **Stadtverwaltung** sind ebenfalls Geschichte. Es gibt nur noch Führungen durch die Stadtverwaltung mit Stadtmodellen und einem Aussichtspunkt ₪ 10, Treffpunkt 24-26 Yafo St (Kikar Safra), www.jerusalem.muni.il > Visitor > Visitor Center > Guided Tours. Die offizielle Touristikseite www.itraveljerusalem.com bietet verschiedene Touren ab etwa 30 $.

Selbst geführte Touren für die **Altstadt und Ostjerusalem** bietet der *Jerusalem Tourism Cluster* unter dem Dach **Enjoy Jerusalem** mit www.enjoyjerusalem .com und vor allem der iPhone & Android App: Reizvolle Themen wie die Brunnen der Altstadt, Frauenarchitektur und Sufi-Stätten werden hier erschlossen, die Website zeigt mit *Meet the People* die Vielfalt der arabischen Zivilgesellschaft. Faltblätter kann man herunterladen und es gibt sogar ein Buch: Y.S. Al-Natsheh, Discovering Jerusalem's Secrets.

Außerhalb des Jaffators startet **Sandeman's New Europe** (mit Sitz in Berlin) seine zweistündigen Gratis-Touren, www.newjerusalemtours.com. Gratis heißt hier: Trinkgeld ₪ 50, tägl. 11 & 14 Uhr. Speziellere Rundgänge kosten € 20-30.

Zion Walking Tours startet vom eigenen Büro aus gegenüber dem Eingang zur Zitadelle ebenfalls beim Jaffator (Altstadt So-Do 10.30 und 14 auf Trinkgeldbasis, 8 andere Touren für mindestens 3 Personen à ₪ 120), Tel. 6277588, http://zionwt .zapages.co.il.

Die **Abraham Tours**, Tel. 5660045, www.abrahamtours.com, auch App; wenden sich an Rucksackreisende, sind oft günstiger. Jedpch keine Sonder-Trips wie etwa zu den Ultra-Orthodoxen. Im Abraham Hostel zahlt man 10% weniger.

Archaeological Seminars Ltd. hat viel im Programm, wendet sich vom Preis her eher an Gruppen, www.archesem.com/tours.htm. Für $ 30, Kinder 25, darf man außerdem unter dem Motto *Dig for a Day* für drei Stunden der Ausgrabung auf Tel Maresha weiterhelfen, exklusive Eintritt für den Nationalpark.

Abseits üblicher Pfade

Alle touristischen Standard-Sehenswürdigkeiten bieten die folgenden Institutionen ebenfalls an. Sie empfehlen sich jedoch besonders für Reisende, die über die aktuelle Situation in Ostjerusalem mehr erfahren wollen.

Emek Shaveh führt auf Englisch etwa alle vier Wochen um die Mittagszeit eine **alternative archäologische Tour** durch die Davidsstadt und das östlich davon liegende palästinensische Dorf Silwan, 2 Std., Spende von ₪ 50 erwünscht, Treffpunkt am Eingang zur Davidsstadt, www.alt-arch.org > Tours. Reiche Geldgeber wollen König Davids und Salomos Überbleibsel suchen und finden lassen, und die Archäologie braucht Erfolge, wofür manches palästinensische Haus abgebrochen wird. – Was der

Verein über Archäologie zu sagen hat, gibt es auch auf Deutsch zu lesen: Emek Shaveh, *Archäologie im Schatten des Konflikts*. Jerusalem von Siloah bis Silwan, Berlin 2010; und Jerusalems Geschichte in fünf Minuten ohne Politik sieht so aus: https://youtu.be/ljwo3fh46VM (engl., sehenswert).

Alternative Information Center (AIC), 24 Hillel St, Tel. 5798940, www.alternative-news.org; ein israelisch-palästinensisches Projekt, das besonders Menschen- und Flüchtlingsrechte im Blick hat. Vielfältiges Vortrags- und Kulturprogramm. Der Hauptsitz ist in Bet Sahur.

Alternative Tours & Transportation, Treffpunkt Jerusalem Hotel, Tel. 052 2864205, www.alternativetours.ps; unterscheidet auf der Website zwischen politischen und touristischen Angeboten. In kurzer Zeit viel sehen und begreifen – auch außerhalb Jerusalems.

Tamar Avraham, Tel. 054 5622532, tamar-av@013.net; führt auf Deutsch an politisch instrumentalisierte archäologische Stätten und Krisenherde mit Schwerpunkt Jerusalem, zeigt Reibungspunkte zwischen eingeschränkten Palästinensern und jüdischen Siedlern, die mit allen Mitteln ihre biblischen Wurzeln finden und verteidigen wollen.

Shaul Arieli, Re'ut, nur über Website: www.shaularieli.com; war Fallschirmspringer der IDF, kennt sich mit Grenzen und der Sperranlage bestens aus und begleitet beide Seiten des Nahostkonflikts kritisch.

Hisham Khatib, Tel. 054 4462597, khatibhisham@yahoo.com; sehr kenntnisreicher Tour Guide, der auf Deutsch zeigt, wo und wie sich der Nahostkonflikt konkret niederschlägt.

Ir Amim (Stadt der Völker), 27 King George St, Tel. 6222858, www.ir-amim.org.il; sehr informative Website „für ein gleichberechtigtes und beständiges Jerusalem mit einer von allen akzeptierten politischen Zukunft", deren Inhalt mit Eindrücken vor Ort ergänzt werden kann.

Israeli Committee Against House Demolitions (ICAHD), 7 Ben Yehuda St, 1. Stock, Tel. 6245560 oder 052 3993946, www.icahd.org (Audioguide zum Download), auch www.icahd.de; beobachtet die für die palästinensische Bevölkerung nachteilige Auslegung von Bebauungsplänen durch Israel. Vom Aktivisten Jeff Halper stammt das Buch *Ein Israeli in Palästina. Widerstand gegen Vertreibung und Enteignung – Israel vom Kolonialismus erlösen*, Berlin 2011.

Jerusalem Reality Tours, Tel. 052 3634370, jerusalemrealitytours@gmail.com, www.jerusalemrealitytours.com; der Aktivist Rotem Mor bietet unterschiedliche politische Touren in und um Jerusalem herum an. Gehört zu *Green Olive Tours*, www.toursinenglish.com.

Rabbis For Human Rights (RHR), 9 HaRekhavim St, Tel. 6482757, www.rhr.israel.net; die Auslegung der Tora mündet hier in Information über Judentum, Islam und Menschenrechte sowie in Aktionen gegen die Verletzung dieser Rechte in den besetzten Gebieten, insbesondere gegen Hausabrisse.

Sabeel – Ecumenical Liberation Theology Center, Tel. 5327136, www.sabeel.org, bietet palästinensische Befreiungstheologie und Touren: Kreuzwege in moderner Form.

diese Aufteilung halten, wir wollen jedoch in mehreren, **kombinierbaren Spaziergängen** in das Leben zwischen den Jahrtausende alten Steinen tauchen.

Die heutige ** **Stadtmauer** – imposantes Weltkulturerbe in Höhe und Erhaltungszustand – ließ der Ottomanen-Sultan Suleiman (1537-41) vor allem zum Schutz gegen Nomaden und andere Eindringlinge bauen. Sie ist gut 4 km lang, bis zu 12 m hoch und bis zu 3 m dick. Insgesamt führen sieben Tore in das

Häusergewirr, das achte, das Goldene Tor, wurde 1530 von Muslimen verschlossen. Die anschließend vor dem Tor angelegten Gräber sollen es für den dort erwarteten jüdischen Messias blockieren. Da die Altstadt von Osten und Westen durch tiefe Täler gut geschützt war, musste sie besonders von der relativ ebenen Nordseite stark befestigt werden. Daher baute Suleiman das nördliche Damaskustor sehr massiv und wuchtig aus – zur Freude heutiger Fotografen.

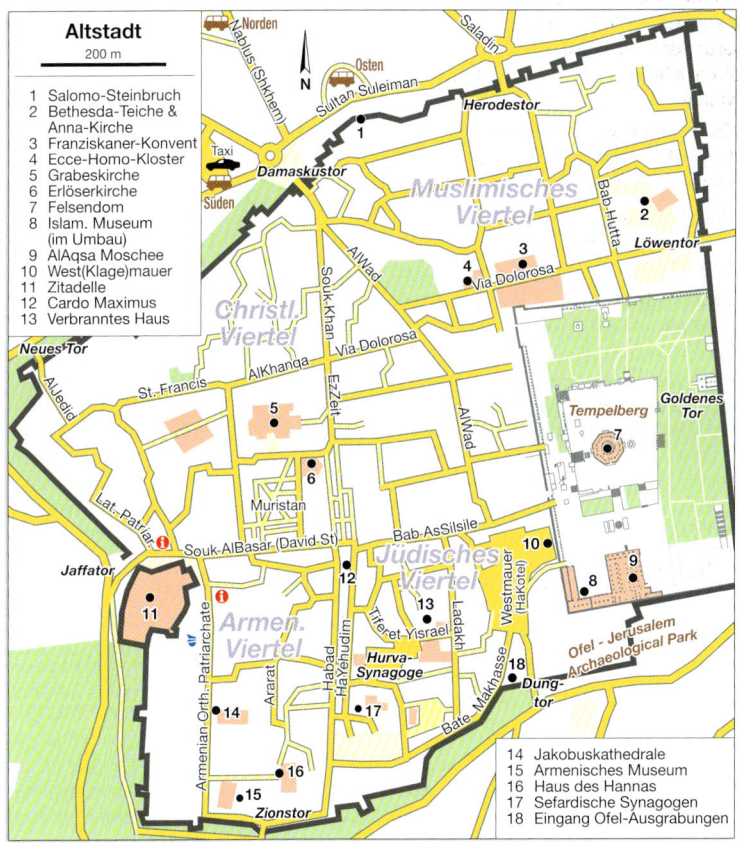

Altstadt
200 m

1 Salomo-Steinbruch
2 Bethesda-Teiche &
  Anna-Kirche
3 Franziskaner-Konvent
4 Ecce-Homo-Kloster
5 Grabeskirche
6 Erlöserkirche
7 Felsendom
8 Islam. Museum
  (im Umbau)
9 AlAqsa Moschee
10 West(Klage)mauer
11 Zitadelle
12 Cardo Maximus
13 Verbranntes Haus

14 Jakobuskathedrale
15 Armenisches Museum
16 Haus des Hannas
17 Sefardische Synagogen
18 Eingang Ofel-Ausgrabungen

Man kann die ✱✱ **Stadtmauer** begehen (*Ram-part's Walk*), (Sa-Do 9-17 im Winter - 16, Fr nach Süden -14, nach Norden geschlossen; ₪ 16/8, Tickets am Römischen Platz unterhalb des Damaskustors oder, besser, innen im Jaffator für beide Richtungen – nur einmal zahlen, wenn man beides am selben Tag läuft [Aufgang Richtung Süden außen an der Zitadelle, ca. 45 min; Aufgang Richtung Norden innen am Jaffator, ca. 75 min, freitags manchmal gesperrt]. Tickets für einen Samstag entweder vorher oder unter www.pami.co.il [heb] besorgen; Ausgänge an jedem Tor) und dabei die Altstadt aus einer etwas höheren Perspektive betrachten.

Vom Jaffator geht es zunächst nördlich zum Neuen Tor und über das Damaskus- und Herodestor bis zum Löwen- bzw. Stephanstor – danach ist Schluss wegen des Tempelplatzes, je nach Situation dort vielleicht auch schon am Damaskus- oder Herodestor. Wiederum vom Jaffator, nämlich von außen am südlichen Ende der Zitadelle, gelangt man am Armenischen Viertel entlang über das Zionstor zum Mist- oder Dungtor südlich des Platzes an der Westmauer. Man sollte keine spektakulären Ein- oder Überblicke erwarten, außerdem ist der Gehweg äußerst unbequem gepflastert, und an der Straßenseite lärmt der Verkehr. Am interessantesten ist die Strecke zwischen Jaffa- und Damaskustor. Am meisten haben **Fotofreunde** von dem Spaziergang: Von der Höhe des Damaskustors bietet sich ein schöner Blick auf den Felsendom, hier kommt seine elegante Silhouette besonders deutlich zur Geltung.

Die Souk-Straßen✱✱ der Altstadt

Jede der Souk-Straßen ist geprägt durch ihr Publikum. So werden Sie in den Hauptstraßen, die auf dem Weg zu den Sehenswürdigkeiten liegen, hauptsächlich Souvenirs finden, häufig genug Kitsch in jeder Form. Interessantere Einblicke gewinnt man in den Straßen, in denen die Bewohner ihren täglichen Bedarf einkaufen. Sehr typisch dafür ist die Gegend um das Damaskustor und den Souk Khan EzZeit, der sich bis kurz vor dem ausgegrabenen Cardo Maximus wenig an touristischem Bedarf orientiert. Wenn Sie Olivenseife, arabischen Kaffee mit Kardamom, Gewürze oder einen Haarschnitt benötigen, sind Sie hier richtig. Die Preise sind allerdings in der Regel vergleichsweise hoch. Feilschen nicht vergessen.

Ein Bummel durch diese enge, weithin überdachte Gasse ist besonders für den von Bedeutung, der den Orient möglichst original erleben will. Die vom Damaskustor etwas weiter östlich verlaufende AlWad St (HaGai) ist bei weitem nicht so stark frequentiert, aber auch nicht mit so vielen Shops gesegnet. Sie mündet auf den Platz vor der Tempel-Westmauer und wird daher im letzten Teil wieder touristischer.

Den Höhepunkt an Händler-Aufdringlichkeit bieten die sich quasi aneinanderreihenden Straßen Souk AlBasar (David St) und Bab AsSilsileh St, weil sich durch sie die Touristenmassen vom Jaffator zum Tempelberg und zur Westmauer wälzen. Eher teuer und vornehm kann man im Cardo Maximus einkaufen – exquisite Judaica und anderes.

Vom Jaffator zum Tempelberg

Das **Jaffator** öffnet den Eingang von Westen, also vom uralten Hafen Jaffa her. Es wird von den Juden *Sha'ar Yafo* und von den Palästinensern *Bab AlKhalil* genannt. Westlich vor dem Tor liegt die jüdische Neustadt von Jerusalem, dahinter nach Norden das Christliche und nach Süden das Armenische Viertel. Damit

Kaiser Wilhelm II. und sein Tross bei seinem Besuch 1898 standesgemäß in die Altstadt einreiten konnten, schlugen die Türken eine Öffnung rechts neben dem ursprünglichen Jaffator in die Mauer, über die sich die heutigen Bewohner insofern freuen, weil sie den Autozugang ermöglicht. Bus zum Jaffator: 8 oder 38.

Gleich neben der Mauerbresche erhebt sich die sehenswerte ∗∗∗ **Zitadelle**. Ihre Ursprünge legten die Hasmonäer im 2. Jh vC, große Teile gehen jedoch auf Herodes zurück, der die Anlage ca. 24 vC als Sicherung seines nebenan liegenden Palastes erbauen ließ. Als die Römer 70 nC die Stadt eroberten, zog eine Garnison in die Festung ein. Später verfiel die Anlage, sie wurde nacheinander von den Kreuzfahrern, Mamluken und Türken wieder aufgebaut. Im 14. Jh erhielt sie den Davidsturm anstelle des ehemaligen Phasaelturms.

Heute beherbergt die Zitadelle das interessante ∗∗∗ **Tower of David Museum** (Davidsturm-Museum, Sa-Do 9-16, Fr -14, englischsprachige Führung So-Do 11 Uhr, ₪ 40/18. Öffnungs- und Anfangszeiten wechseln manchmal: Tel. 6265333, www.tod.org.il/en). An manchen Abenden wird eine gute Sound and Light Show zur Geschichte Jerusalems geboten (für draußen warm genug anziehen, bei Regen fällt's aus, 45 Minuten, Mo/Mi/Do/Sa 19 & 20, Sommer später, ₪ 55/45, mit Tagesticket ₪ 70/55, Reservieren empfohlen: Tel. ∗2884). Das Museum schildert mit hervorragenden Displays sowohl die Geschichte der Zitadelle als auch die der Stadt. Im Garten kann man Ausgrabungen betrachten, vom Davidsturm und den Mauern bieten sich immer wieder neue Ausblicke auf Altstadt, Ölberg und Westjerusalem.

Gegenüber der Zitadelle erhebt sich die Christ Church, einst anglikanischer Bischofssitz und mit der anglikanischen Kirche die erste protestantische Kirche

des Nahen Ostens. Der neugotische Bau wurde 1849 eingeweiht. Die Gemeinde ist Anlaufstelle für messianische Juden; www.christchurchjerusalem.org, Museum 9.30-17.

Direkt um sie herum gibt es eine Reihe anderer protestantischer Einrichtungen wie Missionsstationen und das einstmals erste moderne Hospital Jerusalems. Das Gebäude rechts der Kirche war der Sitz des britischen Konsuls und ist heute ein von der Innenarchitektur her stimmungsvolles Hospiz. Schließlich gibt es hier die auf S. 220 genannte christliche Informationsstelle.

Obwohl das Armenische Viertel gleich nebenan liegt, wollen wir diese historischen Stätten zunächst rechts liegen lassen und der **David St** (Souk AlBasar) nach Osten folgen, die vom Tor aus praktisch geradewegs in das Herz der Altstadt führt. Hier geht es mitten hinein in das Basarleben, vordergründig findet hier Orient in seiner schillernden Vielfalt und seinen uralten Traditionen statt. Tatsächlich handelt es sich um brutalen Kommerz, dem Sie Ihren gesunden Verstand und viel Misstrauen sowohl in Preisfragen als auch in qualitative Aussagen oder Altersangaben entgegensetzen sollten. Bereits hier, am Beginn der vielen Souks, kann man sich unzählige Souvenirs andrehen lassen – wenn Sie Ihr Geld in der Altstadt ausgeben möchten, schauen Sie sich zunächst um und kaufen erst beim zweiten oder dritten Besuch.

Beiderseits der David St breitet sich der **Souk AlBasar** aus. Ungefähr in der Hälfte der Straße liegt links der Souk Aftimos, an der dritten Querstraße nach links ausgeschildert. Diese Straße (Muristan St) führt übrigens zur nahe gelegenen Grabeskirche (siehe S. 180). Gehen Sie die David St bis zu ihrem Ende, d.h. dort, wo man auf eine T-Kreuzung stößt. Die drittletzte Straße kurz vor dieser Kreuzung rechts ist praktisch die Verlängerung des von Nord nach Süd verlaufenden, sehr lebendigen Souk Khan EzZeit, die hier als *ElHussor St* ausgeschildert ist und ab der St. Mark's St dann *Habad St* heißt.

Die vorletzte Straße führt rechts zum **Cardo Maximus**, der aus römischer Zeit stammenden, wieder freigelegten Hauptstraße (siehe S. 188). Doch gehen Sie bis zur letzten Querstraße weiter, um dann an der T-Kreuzung rechts abzubiegen und gleich in die nächste, die Silsileh St (Kettenstraße, hebr. *HaShalshelet*), links hinunterzugehen; also die Richtung der David St etwas versetzt beibehalten. Nördlich dieser Gasse, die den Spuren einer mamlukischen Verbindungsstraße folgt, liegt das **Muslimische Viertel**, das am dichtesten besiedelte der Altstadt.

Gleich zu Beginn steht links die aus der Kreuzfahrerzeit stammende, gut erhaltene Karawanserei **Khan AsSultan** (auch *Wakala*), in der sich durchreisende Händler samt Reittieren einmieten und gleichzeitig ihre Waren verkaufen konnten. Nach der Abzweigung der Misgav Ladakh St kann man rechts einen Blick auf eine ehemalige Koranschule namens **Tashtamuriya** werfen oder aber ein paar Schritte in diese Gasse hineingehen und vom ersten Platz links bereits die West(Klage)mauer betrachten. Wenn Sie die Silsileh St immer weiter wandern, würden Sie am Ende der Straße vor einem der großen Tore zum Tempelberg stehen; Sie dürfen aber nicht hinaufgehen, denn Nichtmuslimen ist der Eintritt nur durch das Bab AlMughrabi gestattet. Dort würden Sie das Gebäude des Mamluken **Tankisiya** anschauen können, der sich 1312 vom Sklaven zum Gouverneur von Damaskus aufschwang, 1342 jedoch hingerichtet wurde. Doch wir wollen einen kurzen Umweg einlegen und ein Stück zuvor rechts in die Western Wall Road (so ausgeschildert > hebräisch *HaKóTel St*) abbiegen, um zur Westmauer zu gelangen.

Sie werden – nach der unvermeidbaren Sicherheitskontrolle – auf einem erstaunlich großen Platz in der Altstadt ankommen; ursprünglich reichte die Bebauung bis vier Meter an die Mauer heran. Die (arabischen) Häuser wurden 1967 nach der Eroberung Jerusalems durch die Israelis abgerissen, wohl nicht zuletzt aus Sicherheitsüberlegungen, aber auch einfach um Platz zu schaffen. Denn auf der anderen Seite erhebt sich eine der Stützmauern von Herodes' Tempelberg-Areal, hier heißt sie *** **Westmauer** (wörtlich hebräisch: *HaKóTel HaMa'aravi – Klagemauer* trifft die Aktivitäten dort nicht ganz, englisch jedoch auch *Wailing* oder *Western Wall*). Dieser Mauerteil ist wohl seit osmanischer Zeit zugänglich – sonst war sie durch angrenzende Gebäude nicht zu erreichen, bis auf die 8 m der Kleinen Westmauer (*HaKótel HaKatan*) nördlich des Eisentores.

Ohne Zugang zum Tempelplatz war man hier also dem **Allerheiligsten** des Zweiten Tempels am nächsten, seitdem beten Juden hier und vielleicht klagen manche über den Verlust des Tempels. Das heilige Mauerstück – das erst in der Nach-Kreuzfahrerzeit seine heutige Bedeutung erlangte – ist ca. 50 m lang und 19 m hoch, rechts beten die Frauen, links, durch ein Gitter getrennt, die Männer. Wer Gott direkt kontakten möchte, beschreibt einen Zettel und steckt ihn in die Mauerritzen. In der Praxis handelt es sich um eine große, offene **Synagoge**.

Die Zettel werden zweimal jährlich **auf dem Ölberg vergraben**. Juden von außerhalb können ihre Anliegen auch per Fax oder Mail oder über die App *iKoTel* an fromme Institutionen übermitteln, die sie dann in die Ritzen stopfen. Die Zettel sind tabu. 2008 gab es einen großen Aufsxhrei, als der Zettel des damaligen Präsidentschaftskandidaten Barack Obama von einem Studenten herausgefischt und einer Tageszeitung zum Abdruck verkauft wurde.

*Wünschen, Hoffen, Bitten, Danken –
Zettel an Gott in der Westmauer*

Rückweg nach dem Gebet an der Westmauer

Hier herrscht ständiges Kommen und Gehen, am Freitagabend ist Hochbetrieb: Vor allem streng orthodoxe Juden mit dem leicht ins Genick geschobenen schwarzen Hut „schütteln" sich im Gebet vor der Mauer, auch Soldaten mit der MP auf dem Rücken, Schüler oder Hausfrauen kommen für ein schnelles Gebet an diesem heiligen Platz vorbei. An Samstagen (weniger am Montag und Donnerstag) finden hier *Bar Mizwa*-Zeremonien statt. Auf den direkten, durch eine kleine Mauer abgegrenzten Bereich vor der Westmauer wird niemand ohne Kopfbedeckung – am Eingang auszuleihen – eingelassen, Frauen müssen schulterbedeckende Kleidung tragen. Geöffnet ist rund um die Uhr mit Sonderregeln zu jüdischen Festen – siehe S. 83 – dann sollte man nicht fotografieren. Zum Platz fahren die Busse 1, 3, 8 und 38, www.thekotel.org. Auf dieser Website gibt es eine Webcam für die Westmauer, über die Sie Ihren Lieben nach Hause winken können. Am Shabbat ist sie allerdings abgeschaltet.

Leicht unangenehm sind Leute, die gewissermaßen als **Kampf-Segner** an der Westmauer unterwegs sind. Jemand kommt direkt auf Sie zu, fragt nach Ihrem Namen, spricht eine etwa zwei Sekunden dauernde Beracha, einen Segen, auch für Ihre Kinder und Verwandten, falls Sie deren Namen auch verraten. Danach will er für diesen ungebetenen, eigentlich ja netten Service Geld von Ihnen, natürlich für ein ganz wichtiges soziales Projekt und an diesem heiligen Ort möglichst hoch. Überlegen Sie sich schon mal eine passende Antwort, falls Sie diese Form der Geldmacherei nicht schätzen.

Links der Mauer ist ein Brückenbogen des antiken Zufahrtsweges zum Tempelplatz erhalten, er ist nach seinem Wiederentdecker **Wilson's Arch** benannt, aber von den Häusern links am Platz überbaut. Seine Basis beherbergt jetzt eine Synagoge für die Betenden, in deren Eingang an der Westmauer sich die schwarzbefrackten orthodoxen Juden hinein- und herausdrängen wie Bienen am Schlupfloch zum Korb. Dort müssen Sie auch hinein, um den gewaltigen Bogen bewundern zu können (für Frauen ist dieser Eingang verboten, aber es gibt einen extra Frauenbalkon mit anderem Zugang).

Ganz in der Nähe (neben den Toiletten) liegt auch der Eingang zum *** **Western Wall Tunnel** (*Kótel Tunnel*; ausgeschildert *Western Wall Heritage*), dessen Besuch leider etwa acht Wochen im Voraus bei *The Western Wall Heritage Foundation* unter Tel. 6271333, 6276777 oder www.thekotel.org gebucht werden muss (nur geführte Besichtigungen, So-Do 7-abends, Fr -12, ₪ 35/9). Das Telefon ist häufig besetzt. Sie können jedoch auch einfach versuchen, sich ohne Anmeldung einer Führung anschließen zu dürfen – einzelne Leute haben gute Chancen. Die Tourist Information am Jaffa Gate schickt Interessenten ansonsten alternativ zu *Zion Walking Tours*, dort muss man sich einer Stadtführung anschließen, und es wird erheblich teurer.

Wir wollen unseren zuvor unterbrochenen Rundgang fortsetzen. Geht man von der Westmauer Richtung Dungtor, so zweigt am Tor links eine Treppe zu den Ausgrabungen des Tempelbergs ab, dem *** **Jerusalem Archaeological Park** (auch **Ofel Garden** genannt; So-Do 8-17, Fr -14, mit Führung, ₪ 45/31, www.archpark.org.il, Sammelticket mit Burnt House, Wohl Museum und Hurva-Synagoge ₪ 60/45, S. 185, www.rovayehudi.org.il; am Eingang ist eine für die Besichtigung notwendige detaillierte Beschreibung erhältlich, Führungen auf Englisch müsste man für ₪ 160 vorab buchen, auch die Besichtigung des Virtual Reconstruction Models im Davidson Center ist vorher anzumelden, www.archpark.org.il). Seit 1968 wird hier gebuddelt, 25 Siedlungsschichten sind aus einem

Niveau abgetragen worden, das ursprünglich auf der Höhe des Mugh-rabi-Tors lag. Neben unendlich viel Schutt kamen auch eine Reihe von Überraschungen zutage.

Gehen Sie die Treppe hinunter und zunächst zur Ecke der Tempelbergmauer. Nur der untere Teil mit den riesigen, sorgfältig geglätteten Steinen stammt vom Zweiten Tempel, der obere Teil wurde erst im vorigen Jahrhundert wieder aufgesetzt. Diese bis zu 200 Tonnen wiegenden Steinquader der herodianischen Stützmauern wurden ohne Zement passgenau aufeinander gestapelt. Ihre Größe hatte den Vorteil, dass keine Bindemittel für den Aufbau notwendig waren und dass sie dank ihres Gewichts auch Belastungen wie Erdbeben klaglos überstanden. Auf der Westseite ragen einige Stümpfe aus der sonst glatten Mauer heraus, die man mit viel Fantasie als das Ende eines Bogens interpretieren kann. Vom Amerikaner Robinson entdeckt und nach ihm als *Robinson's Arch* benannt, handelte es sich um einen gewaltigen Brückenbogen (den größten der Antike), der die mauerparallele Straße zur königlichen Basilika überspannte.

Ein Münzfund unterhalb dieses Bogens belegte kürzlich, dass Herodes' groß angelegte Tempel-Erneuerung wohl erst unter seinem Enkel Herodes Agrippa I. (regierte 37-44) fertiggestellt worden ist.

Auf der Südseite der Tempelbergmauer kamen – zum Erstaunen der Historiker – Reste eines Omaijaden-Palastes zum Vorschein. Die Rechtecke an der Außenmauer gehörten zu Gärten mit Bewässerungskanälen. Noch vor der Quermauer führt eine Eisentreppe zu einer Aussichtsplattform, die sowohl einen vortrefflichen Überblick über das Ausgrabungsgelände als auch einen neuen Blickwinkel auf das Jüdische Viertel gibt. Noch vor dem Tor in der Quermauer sind Reste byzantinischer Häuser zu sehen.

Durch den Tunnel

Der **Weg durch den Tunnel** gehört zu den durchaus eindrucksvollen Erlebnissen, die Jerusalem zu bieten hat. Allerdings eignet sich die etwa einstündige Tour durch zum Teil sehr feucht-warme, häufig sehr enge Gänge weniger für Menschen, die unter Klaustrophobie leiden.

Es handelt sich um einen Tunnel, der von hier bis zum Nordende der insgesamt knapp 500 m langen westlichen Stützmauer des Tempelberges entlang verläuft, man kann auch sagen, an der Grenzlinie zwischen Judentum und Islam. Denn die Muslime passen eifersüchtig auf, dass ihr Tempelberg nicht unterhöhlt wird – keine unbegründete Furcht angesichts extremer jüdischer Gruppierungen, die gern den Felsendom sprengen würden, um einen Dritten Tempel zu bauen. Bei dem Tunnel handelt es sich um einen trotz internationalem Protest auch im Muslimischen Viertel 1968-1985 vorangetriebenen, modernen Stollen des israelischen Religionsministeriums. Offiziell darf nur die *Israel Antiquities Authority* graben, und so brachte das Schuttausräumen durch das Religionsministerium archäologisch auch nichts, was nicht schon im 19. Jahrhundert vermessen und beschrieben worden war.

An einer Stelle sieht man denn auch den vergeblichen Versuch, weiter zum **Zentrum des Tempelplatzes** vorzudringen in der absurden Hoffnung, à la *Indiana Jones* die verschollene Bundeslade zu finden. Aber die muslimischen Tempelbergwächter hörten die verdächtigen Geräusche und erzwangen das Zuschütten der bereits gegrabenen Höhle. An anderen Stellen war man vorsichtiger und möglichst geräuschlos vorgegangen, denn den ersten Abschnitt legten die Arbeiter mehr oder weniger mit bloßen Händen frei und benötigten mehr als zwei Jahrzehnte. Als 1996 der Tunnel für das Publikum geöffnet werden sollte, protestierten die Muslime erzürnt: Falschinformationen hatten besagt, der Tunnel unterwandere die AlAqsa-Moschee bzw. den Tempelberg. Diese katastrophale Informationspolitik hat nach einer Woche 57 palästinensische Zivilisten und 11 israelische Soldaten das Leben gekostet. Sinnlos.

Der ursprüngliche, bereits von den Römern blockierte **Ausgang** führte in ein palästinensisches Geschäft in der Via Dolorosa. Er durfte aus muslimischer Sicht nicht geöffnet werden, daher schlugen die Israelis in der Nähe einen neuen Ausgang in den Fels direkt zur Via Dolorosa.

Zunächst geht man einen Gang entlang und dann über und ein paar Stufen hinunter in eine große Kammer, die unterschiedlich datiert wird, z.T. bis auf die Hasmonäer zurückgehend. Man wendet sich jetzt nach Norden und kommt in die sog. **Große Halle**, ein Stützbauwerk aus dem 13. oder 14. Jh für die Madrasa oberhalb; hier wird auch ein interessantes Modell des Zweiten Tempels und seiner Konstruktionsdetails gezeigt. Schließlich erreicht man die westliche Stützmauer des Tempels und kann den **größten Baustein Israels** bewundern, der vermutlich 500 Tonnen wiegt und mit Primitivwerkzeugen – aus heutiger Sicht – millimetergenau eingepasst wurde. Aber nicht nur die Größe, auch die Sorgfalt, mit der Details der Mauer geschaffen wurden, ist bewunderswert. Dann folgt *Warren's Gate,* eins der vier Tore zum Tempelberg, das von dem Engländer Wilson wiederentdeckt und nach seinem Kollegen benannt wurde. Nach der Zerstörung des Tempels galt diese Stelle als die nächste zum ehemaligen Allerheiligsten und diente vermutlich als Synagoge. Auf dem Weiterweg sieht man u.a. eine hasmonäische Zisterne, freigelegte und durch Glasplatten im Boden zu betrachtende herodianische Säulen mitsamt Straßenpflasterung, einen Steinbruch oder ein -Wasserbecken aus der Zeit Hadrians. Schließlich taucht man in der Via Dolorosa wieder aus der Tiefe auf, vielleicht sogar etwas überrascht, nach all den intensiven historischen Eindrücken wieder mitten im modernen Leben zu stehen.

Der Grabungsbezirk außerhalb der Mauer ist auf den ersten Blick noch unübersichtlicher und schwieriger zu verstehen. Leicht erkennbar ist die breite Freitreppe, die zum sogenannten Huldator führte, d.h. in den eigentlichen Tempel. Weiter östlich sind deutlich die Umrisse des östlichen Teils dieses Tores zu erkennen, die allerdings aus der Omaijaden-Zeit stammen und im 11. Jh zugemauert wurden.

Die vielen Details des Grabungsbezirks zu beschreiben, würde den Rahmen dieses Buches sprengen, zumal sich meist „Vorgebildete" hierher begeben, denen die Epochen der vergangenen zwei Jahrtausende geläufig sind.

Tempelberg** (Haram AshSharif/ AlAqsa-Moschee) mit Felsendom (Dome of the Rock)

Geschichte: *Ein steiler Berg namens Moria bildet den historischen Hinter- und Untergrund des vor Ihnen liegenden, für die drei monotheistischen Religionen heiligen Bezirks. Abraham erhielt im 85 km entfernten Beer Sheba von Gott den Befehl, auf dem Berg Moria seinen Sohn Isaak (im Koran könnte es auch Ismael sein) zu opfern, möglicherweise wanderte er zu diesem hier liegenden Berg und wurde im letzten Moment von der Opferpflicht befreit. Ein Jahrtausend später eroberte um 1000 vC David den Berg, errichtete dort einen Altar und stellte die Bundeslade ab. Sein Sohn Salomo ließ an dieser Stelle den ersten prächtigen, aber recht kleinen Tempel in siebenjähriger Bauzeit von phönizischen Baumeistern errichten. Die Wände des Hauptraums und des Allerheiligsten waren mit Zedernholz aus dem Libanon getäfelt und vergoldet. Fast 400 Jahre später, 587 vC, wurde der Tempel von Nebukadnezar zerstört. Nach der Rückkehr aus der babylonischen Gefangenschaft errichteten die Juden den Zweiten Tempel anstelle des Ersten, der 516 vC fertiggestellt wurde. Als Herodes I. an die Macht kam, ließ er den vermutlich beschädigten Tempel renovieren und vergrößern. Um das 300 x 480 m große Areal zu schaffen, musste zusätzliche Fläche durch Aufschüttungen gewonnen werden, Stützmauern waren nötig, um die Aufschüttungen zusammenzuhalten. Die Mauern sind noch heute an der Ost-, Süd- und südwestlichen Seite zu sehen. In diesem Tempel diskutierte Jesus mit den Schriftgelehrten, hier vertrieb er die Händler und wurde vom Teufel versucht. 70 nC zerstörten die Römer den Zweiten Tempel, übrig blieben nur die Stützmauern.*

Im 6. Jh nC ließ Justinian auf dem Tempelberg eine Marienkirche als Basilika bauen. Nach der muslimischen Eroberung Jerusalems 638 pilgerten viele Anhänger Mohammeds zum Felsen Moria, denn von hier aus war der Prophet zu seiner nächtlichen Himmelsreise ins Paradies aufgestiegen, wobei sein Lieblingspferd AlBuraq einen Fußabdruck auf dem Felsen hinterlassen hatte. 687-691 ließ der Omaijadenkalif Abd AlMalik einen Dom über den Fußabdruck-Felsen bauen, 705-715 sein Sohn Walid die Marienkirche in die AlAqsa Moschee umwandeln. Damit gewann der Tempelberg sein heute charak-teristisches Bild, er wurde Wahrzeichen Jerusalems. Den Muslimen ist er nach Mekka und Medina die drittheiligste Stätte der Erde. Im Ramadan versammeln sich hier bis zu 300.000 Menschen zum Gebet.

Zugang für Nichtmuslime ist nur südlich der Westmauer über die Stelzenkonstruktion zum Marokkanertor (Bab AlMughrabi) möglich (Einlasszeit So-Do im Sommer: 7.30-11/13.30-14.30, im Winter: 7.30-10/12.30-13.30; keine Gewähr – Öffnungszeiten können sich ändern und ohne vorherigen Hinweis auch ganz wegfallen, im Ramadan und je nach Nachrichtenlage stark eingeschränkt, während islamischer Feiertage – siehe S. 87 – meist geschlossen, Tel. 6226250). Verlassen müssen Sie den Tempelplatz bis 15 Uhr oder auch früher durch jedes der acht anderen Tore. Der Eintritt auf den Tempelplatz ist frei, doch derzeit ist für Nichtmuslime kein Blick in Dom oder Moschee möglich, auch das Islamische Museum in der Südwestecke des Platzes wird umgebaut, vielleicht haben Sie Glück und können kurz hineinschauen. Angeblich sollen Leute durch Bakshish in die Gebäude gelangt sein, doch empfehlenswert ist das nicht. Wer meint, einfach behaupten zu können, Muslim zu sein, muss sich auf Fragen gefasst machen und sollte zumindest die Sure AlFatiha beten können (Aussprachetrainer: www.mounthira.com/learning/surah/001-al-fatihah, singen brauchen Sie allerdings nicht). Vermutlich wird Ihnen ein selbst ernannter *Guide* seine Dienste anbieten; sollten Sie darauf eingehen, dann den Preis unbedingt vorher vereinbaren und keine Vorkasse. Sollten Sie die keuschen Kleidersitten nicht erfüllen, so können Sie blaue Kittel als Schutz gegen und vor dem bösen Blick der denkbar unfreundlichen Wärter ausleihen.

Unser Tor entlässt uns direkt auf das Gelände der **AlAqsa-Moschee** – Muslime meinen damit übrigens den gesamten Tempelplatz. Das mit „AlAqsa-Moschee" meistens gemeinte Gebäude im Süden des Platzes mit der dunklen Kuppel heißt genauer **AlAqsa-Freitagsmoschee** (Djami'a AlAqsa) oder auch **AlQibly-Moschee**, weil die Gebetsrichtung (Qibla) im Islam anfangs Richtung Jerusalem wies.

Sollte der Besuch von Dom und Moschee wieder erlaubt sein, muss man in einem kleinen Kiosk rechts zwischen Moschee und den Gebäuden gleich an der Mauer Eintrittskarten kaufen (mutmaßlich ₪ 30-40). Die Gebäudegruppe, die sich L-förmig an der Mauer entlang zieht und an die AlAqsa Moschee stößt, dient dem **Islamischen Museum** als Unterkunft, das jedoch seiner Wiedereröffnung harrt. Sehenswert wären Korantexte, Reste von Balken aus dem 8. Jh und des beim AlAqsa-Brand 1969 beschädigten Minbars.

Für Nicht-Muslime führt der einzige Eingang zum Tempelplatz vom Vorplatz der Westmauer durch einen Check-Container über den hölzernen Stelzensteg zum Bab AlMughrabi (blaues Sonnensegel)

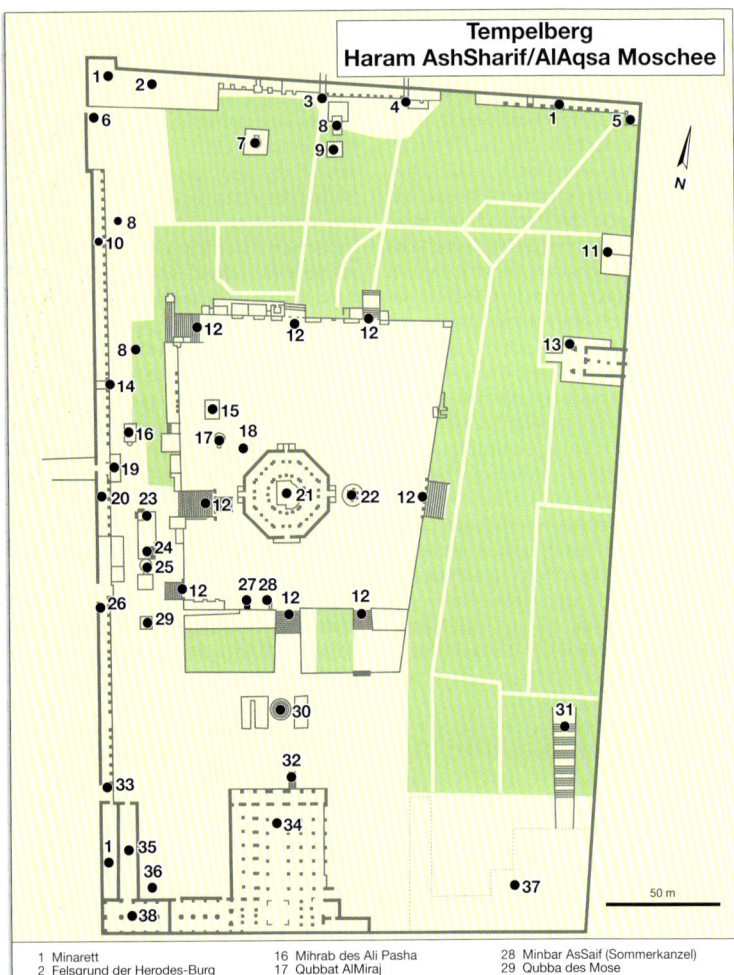

Tempelberg
Haram AshSharif/AlAqsa Moschee

N

50 m

1 Minarett
2 Felsgrund der Herodes-Burg Antonia
3 Tor der Dunkelheit
4 Tor der Sühne
5 Tor der Stämme
6 Tor der Ghawanima
7 Qubba Suleimans
8 Sabil (arab.: Brunnen)
9 Pavillon von Sultan Mahmud II.
10 Tor des Aufsehers
11 Thron Salomos
12 Aufgänge mit Spitzbogenarkaden
13 Goldenes Tor (vermauert)
14 Eisentor
15 Moschee des Propheten

16 Mihrab des Ali Pasha
17 Qubbat AlMiraj (Himmelfahrtskuppel)
18 Qubbat AnNabi (Kuppel des Propheten)
19 Tor der Baumwollhändler (Bab AlQattanin)
20 Tor der Reinigung
21 Felsendom (Qubbat AsSakhra)
22 Kettendom (Qubbat AsSilsile)
23 Sabil AlAshraf Qaitbai
24 Orangenteich
25 Sabil des Qasim Pasha
26 Kettentor und Tor der Einwohnung Gottes
27 Qubba des Yussuf Agha

28 Minbar AsSaif (Sommerkanzel)
29 Qubba des Mose
30 Reinigungsbrunnen AlKas
31 Abstieg zu den Ställen Salomos (bzw. zur Marwan-Moschee)
32 Abstieg zum Hulda- oder Doppeltor
33 Maghrebinertor (Bab AlMughrabi, einziger Zugang zum Tempelplatz für Nicht-Muslime)
34 AlAqsa-Freitagsmoschee (Djami'a AlAqsa)
35 Maghrebiner-Moschee
36 Islamisches Museum (im Umbau)
37 Ställe Salomos
38 Halle des einstigen Tempelritter-Palastes

Gehen Sie weiter zur ✶✶✶✶ **AlAqsa-Freitagsmoschee** (*die Fernste*, von Mekka und Medina aus gesehen), deren Ursprung die christliche Marien-Basilika war. Sie wurde im Laufe ihrer Geschichte mehrfach stark beschädigt, die Kreuzritter benutzten sie zunächst als Sitz des Königs von Jerusalem. Heute besteht sie aus sieben Langschiffen, in denen 5000 Gläubige Platz finden. Leider wurde der bekannte holzgeschnitzte Minbar, ein Geschenk Saladins, durch einen Brandanschlag eines geistesgestörten Australiers 1969 so zerstört, dass er nicht mehr vorhanden ist (siehe S. 187 zum Jerusalem-Syndrom). Der Betrachtung wert sind besonders die Ausschmückungen der Kuppel und ihrer Trommel, die zum Teil auch auf Saladin zurückgehen.

In der Südostecke des Tempelbergs, links neben der Moschee, liegen die wegen ihrer Größe eindrucksvollen, sogenannten **Ställe Salomons** unterhalb der Deckplatte des Plateaus. Sie wurden von Herodes zur Erweiterung des Tempelplatzes auf dem abfallenden Gelände angelegt, sind aber in der Regel nur Muslimen zugänglich, die sie seit einigen Jahren als **Marwan-Moschee** nutzen.

Am Reinigungsbrunnen *AlKas* vorbei geht man nun auf die innere Plattform zum ✶✶✶✶ **Felsendom** (arab. Qubbat AsSakhra, engl. Dome of the Rock). Er ist übrigens keine Moschee, sondern – profan ausgedrückt – ein Schutzpavillon über dem Felsen Moria. Beim Näherkommen strahlt das Gebäude – das zu den großartigsten islamischen Bauwerken zählt – eine erhabene Schönheit aus, die man kaum anderswo in Jerusalem wiederfindet:

Aus einem achteckigen, mit strahlend blauen Fayencen verkleideten Unterbau wächst der runde Kuppelbau auf, dessen Basis ebenfalls mit herrlichen Kacheln belegt ist. Die 1994 neu vergoldete Kuppel wirft vornehm-gedämpft den Glanz der Sonne zurück; das Gebäude stellt als

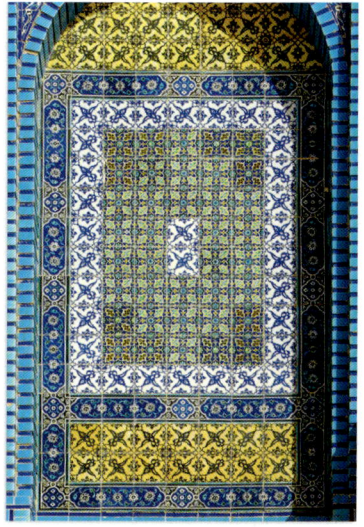

Felsendom: Ausschnitt einer Seitenwand

Gesamtkonzeption ein architektonisches Meisterwerk von Weltgeltung dar. Es ist das älteste existierende muslimische Bauwerk. Sollten Sie hinein dürfen, müssen Schuhe, Taschen und Kameras unbeaufsichtigt draußen bleiben – mit mehreren Leuten könnte man abwechselnd besichtigen.

Die erlesene Ausstattung im Inneren ist hoffentlich bald wieder zugänglich: Marmorsäulen mit vergoldeten antiken Kapitellen tragen den Kuppelbau, der mit vollendeten Arabesken und Ornamenten ausgeschmückt ist. Die künstlerische Vollendung dort oben steht eigentlich im krassen Gegensatz zu der rauen, hellgrauen Oberfläche des Moria-Felsens, dem sie ja eigentlich gewidmet ist. Auch der achteckige Unterbau, der fast unmerklich den Kuppelbereich umschließt, ist aufwendig verziert; man betrachte allein die Ausschmückung der Holzdecken oder die in aller Farbenpracht leuchtenden Glasfenster.

4

In der Luft liegt ein verhaltenes Murmeln der Menschen, die hier Gebete verrichten. Rechts des Felsens (vom Eingang aus gesehen) wird ein Felsstück in einem kleinen Schrank aufbewahrt, das die Gläubigen berühren, weil es den berühmten Fußabdruck enthält. Über dem Schrank steht ein Behälter mit drei Barthaaren Mohammeds, die nur einmal jährlich gezeigt werden. In der Höhle Bir Al'Arwah (arabisch *Brunnen der Seelen*) unterhalb des Felsens, warten nach muslimischem Glauben die Seelen der Toten auf das Jüngste Gericht. Achten Sie in der Höhle auf den sehr flachen Mihrab: Vielleicht ist er die älteste Gebetsnische der Welt, oder entstand zumindest spätestens um 900 nC.

Nicht allein den Muslimen, auch den Juden ist der Fels heilig, nicht nur durch die versuchte Opferung, sondern sie betrachten ihn auch als den Grundstein und Mittelpunkt der Welt.

Man sollte sich für den Tempelberg Zeit nehmen, um die Atmosphäre dieses wahrhaft historischen Platzes zu erfassen. Wandern Sie an den Außenmauern entlang. Von der Ostmauer aus werden Sie östlich vom Felsendom ein kleines Kuppelbauwerk sehen. Es ist der **Kettendom**, der die Mitte des gesamten Tempelplatzes markiert und am Gerichtsplatz Davids steht. Angeblich hat David hier eine Kette aufhängen lassen, an der bei Meineiden ein Glied herausfiel. Etwa in der Mitte der Ostmauer würde sich das **Goldene Tor** öffnen. Da die Juden glauben, dass durch dieses Tor der Messias die Stadt betreten werde, mauerten es die Muslime zu und legten Gräber – ebenfalls als Schutz – davor an. Am Ende der Treppen zum Dom stehen östlich schöne Spitzbogenarkaden. Die Muslime glauben, dass an diesen Bögen die Waagschalen beim Jüngsten Gericht aufgehängt werden, mit denen die Menschen gewogen und gemessen werden.

Über die Via Dolorosa** zur Grabeskirche**

Wenn Sie genug gesehen haben auf dem Tempelberg, verlassen Sie ihn am besten durch das Bab Hutta (Tor der Sühne) rechts auf der Nordseite. Die nächste große Querstraße, nachdem Sie durch einen Häuserblock gingen, ist die Sha'ar HaArayot St (Löwentorstraße), die vom Löwentor im Osten kommt. Gehen Sie ein Stück auf dieser Straße nach rechts bis fast zum Tor in der Stadtmauer, das von den Christen nach dem ersten Märtyrer Stephanstor, von den Juden **Löwentor** (wegen der Löwen an der Außenmauer) und von den Palästinensern **Marientor** genannt wird. Links vor dem Tor erstreckt sich ein langgezogener Gebäudekomplex, dessen erste Tür zum **St. Anna Kloster** (Mo-Sa 8-12/14-18, So -17, im Winter immer -17, ₪ 10, einschließlich Teich Bethesda) mit der St.-Anna-Kirche führt.

Dieser in sich geschlossene Komplex ist einen Besuch wirklich wert, schon weil der kleine Garten im Innenhof zu einer erholsamen Pause in einer Oase der relativen Ruhe einlädt. Die Kirche wurde von der Witwe Balduin I., dem ersten Kreuzfahrerkönig Jerusalems, 1142 in Auftrag gegeben. Saladin richtete nach der Eroberung Jerusalems eine Koranschule in ihr ein, die Osmanen gaben sie 1856 an Napoleon III. zurück. Danach wurde sie in die Kirchenform zurückgebaut. Hervor kam eine typische, vollständig erhaltene Kirche der Kreuzfahrerepoche. Sie besteht aus einer dreischiffigen Pfeilerbasilika, deren Seitenschiffe durch Spitzbögen vom Hauptschiff getrennt sind. Der Hochaltar aus dem Jahr 1954 stammt von dem französischen Bildhauer Philippe Kaeppelin. Unter dem rechten Seitenschiff liegt eine **Grotte**, die von den Kreuzfahrern als Geburtsstätte Marias angesehen wurde (freier Eintritt, Spende erwartet).

Die Via Dolorosa**

Man muss wohl ein paar Worte zur Via Dolorosa anmerken. Fast jeder alte Kreuz-gang vermittelt mehr vom Leiden Jesu als der vom geschäftigen Alltagsleben, von trinkgeldinteressierten Pilgerführern und dem Gedränge der Touristen geprägte Weg, den Jesus nach seiner Verurteilung bis zur Hinrichtungsstätte zurückgelegt haben soll. Der Weg selbst – für dessen Pflasterung teils Steine aus der Zeit von Herodes verwendet wurden – ist **historisch eher gesichert.** Ebenso sicher ist, dass der eigentliche Kreuzweg hier **nicht** entlangführte – einige Stationen wurden erst vor 200 Jahren festgelegt. Bei einem Kreuzweg geht es ums **Gedenken**, eine **Andachtsform** aus dem Mittelalter.

Zunächst gab es nur sieben Stationen, erst 1518 kamen weitere sieben hinzu. Biblisch ableiten lassen sich die Stationen 1, 5, 8 und 11-14, die 2. und 10. ergeben sich logischerweise. Wenn wir in unseren Beschreibungen nicht jedes Mal per Konjunktiv hinterfragen, ob und wie die Passionsgeschichte überhaupt passiert ist, dann wir dies hauptsächlich aus pragmatischen Gründen: Es liest sich mühsam.

Sicherlich ist die **Nähe zum eigentlichen Leidensweg** das Entscheidende für Gläubige; einerlei wie der tatsächliche Weg verlief. So sollte man auch den Pilgern, die sich mit Leih-Holzkreuz in frommer Inbrunst durch die engen Gassen schieben, Respekt entgegen bringen.

4

Kreuzfahrerarchitektur der St.-Anna-Kirche

Die **Akustik der Kirche** überrascht mit einem außergewöhnlich langen Hall, daher singen hier immer wieder besuchende Chöre oder Gruppen. Es ist durchaus interessant und stimmungsvoll, den Gesängen aus aller Welt zu lauschen.

Nordöstlich schließt sich an die Kirche das Ausgrabungsgelände um den ✶✶ **Teich Bethesda** an. Hier soll Jesus einen Mann, der 38 Jahre lang krank war, geheilt und ihn mit dem bekannten Spruch: „…nimm dein Bett und geh" entlassen haben. Ursprünglich handelte es sich vermutlich um eine Zisterne, die ein Damm in der Mitte in zwei große Becken trennte. An den Seiten und auf dem Damm standen Säulenhallen, von denen auch das Neue Testament berichtet. Die Ausgrabungen sind hervorragend erläutert, so dass man sich leicht ein Bild von der Umgebung vor 2000 Jahren machen kann – viele Meter unter dem heutigen Bodenniveau.

Gehen Sie nun zurück zur Löwentorstraße und stadteinwärts. Ein kurzes Stück nach der Querstraße AlQadhsiye Darwish überspannt ein Halbbogen die Straße, links führt ein schmaler Weg auf einer Rampe aufwärts. Hier lag einst die **Festung Antonia**, die – 100 x 160 m groß – von Herodes gebaut worden war und von der aus er den Tempelberg gut kontrollieren konnte. Bereits 70 nC ließ Titus die Festung schleifen. Ab hier beginnt die ✶✶ **Via Dolorosa**, die *Straße der Schmerzen*, auf der Jesus sein Kreuz zur Hinrichtung auf den Hügel Golgatha schleppen musste.

Gehen Sie den schmalen Weg auf der Rampe links hinauf. Er endet in der eigentlich sehr profanen islamischen Schule **AlOmariya**, die ordentlich und sauber ist und deren Wände mit kindlichen Zeichnungen muslimische Motive geschmückt sind. Die Südmauer des Schulhofes stammt noch von der Antonia-Festung des Herodes; werfen Sie einen

Gute Orientierung: der Turm der Erlöserkirche

Jeder bitte nur ein Kreuz. Die Franziskaner-Prozession startet freitags um 15 Uhr

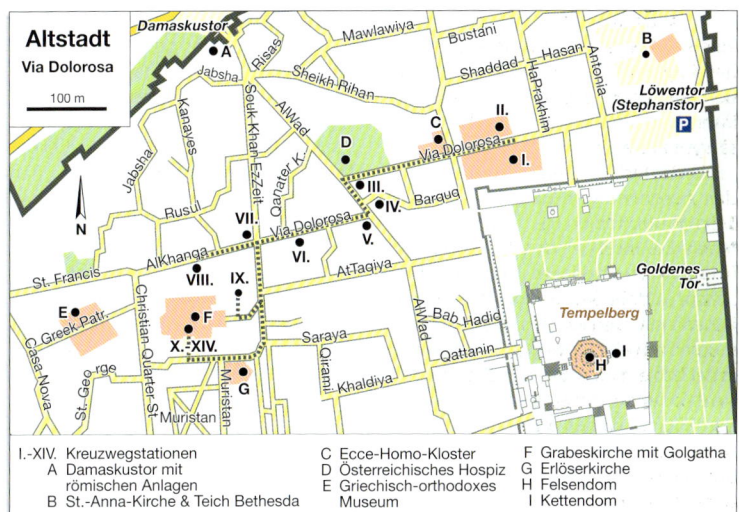

I.-XIV. Kreuzwegstationen
A   Damaskustor mit
      römischen Anlagen
B   St.-Anna-Kirche & Teich Bethesda

C   Ecce-Homo-Kloster
D   Österreichisches Hospiz
E   Griechisch-orthodoxes
      Museum

F   Grabeskirche mit Golgatha
G   Erlöserkirche
H   Felsendom
I   Kettendom

(lohnenden) Blick von hier durch die Fensternischen auf den Tempelberg. Der Schulhof besitzt insofern Bedeutung, da er als *Station Eins* des Leidensweges Jesu angesehen wird, beginnend mit der Verurteilung Jesu im *Praetorium*. Jeweils freitags um 15 (Sept.-März) oder 16 Uhr (April-Sept.) führen Franziskaner eine Prozession an, die alle 14 Kreuzwegstationen berührt (am interessantesten aber auch überfülltesten am Karfreitag). Diese Stationen entsprechen zum Teil den Berichten der Evangelien, einige wurden erst im 19. Jh hinzugefügt.

Die *Zweite Station*, bei der Jesus ausgepeitscht wurde, die Dornenkrone erhielt und das Kreuz aufnahm, ist gegenüber der Rampe zur Schule durch einen schmalen Eingang zu erreichen. Auf einem kleinen Innenhof stehen sich dort die **Kapellen der Verurteilung** (links) und der **Geißelung**, auch Flagellatio genannt, gegenüber (täglich 8-18, im Winter -17). Eine gute Einstimmung hier zu Beginn der Via Dolorosa bietet die neu eröffnete **Multimedia-Ausstellung** des *Terra Sancta Museums*. Genaueres über die Zeit des Neuen Testaments zeigt außerdem die **Archäologie-Abteilung** aus den eigenen Grabungen des *Studium Biblicum Franciscanum* (Öffnungszeiten wie die Kirchen, ₪ 15, Tel. 058 5502736; www.viadolorosa.terrasanctamuseum.org). Zum Museum beim Neuen Tor gehört noch ein historischer Teil über 650 Jahre Franziskaner im Heiligen Land.

Nach der nächsten schmalen, rechts abzweigenden Gasse erhebt sich ein massiges Gebäude, die **Ecce Homo Basilika** und das **Kloster der Schwestern Zion** (auch *Ecce Homo* Kloster; täglich 8-17; ₪ 9). Unterhalb dieses Gebäudekomplexes sind interessante historische Relikte aus der Römerzeit zu sehen (Eingang gleich links in der schmalen Gasse), die noch dazu sehr gut erschlossen sind. Zum einen die erstaunlich große **Zisterne** des Strouthionteichs, von Herodes zur Wasserversorgung seiner Festung angelegt, zum anderen ein gutes Stück des originalen Straßenpflasters des Forums und Marktplatzes – **Lithostrotos**

–, das Hadrian (135 nC) über dem Strouthionteich anlegen ließ. Im Pflaster ist ein römisches Spiel eingeritzt, mit dem sich die Soldaten die Zeit vertrieben. In dieser Gegend soll Pilatus den bereits mit Kreuz und Dornenkrone gezeichneten Jesus dem Volk gezeigt und gesagt haben:„Seht, welch ein Mensch" (auf Latein: *Ecce Homo*). Folgen Sie beim Rundgang durch die Unterwelt den Pfeilen, Details sind auf Tafeln erklärt. Draußen überspannt ein zweiter Halbbogen die Straße, der sich in der Basilika als kleinerer Nordbogen fortsetzt. Er wurde in der bereits teilzerstörten Festung für den Besuch Kaiser Hadrians errichtet; heute wird er **Ecce-Homo-Bogen** genannt.

Der nächste Eingang weiter westlich vom Konvent der Zionsschwestern führt zum griechisch-orthodoxen **Praitorion** und **Gefängnis Christi**, für Griechisch-Orthodoxe der Beginn der Via Dolorosa (meistens geöffnet, Spende willkommen). Man steigt in drei übereinander liegende, finstere Grabhöhlen aus der Zeit des Ersten Tempels hinab, die u.a. als Verließ des Schwerverbrechers Barrabas und als Gefängniszelle des an den Beinen gefesselten Jesus zur Andacht hergerichtet sind. Historisch ist hier nichts los: Die christliche Dramatisierung der eisenzeitlichen Gräber geschah Anfang des 20. Jhs.

Die Via Dolorosa mündet schließlich in die AlWad (hebräisch *HaGai*) St. Rechts liegt das **Österreichische Hospiz** (Austrian Hospice), das 1856 gebaut wurde. Wenn Sie ab 10 Uhr hineingehen, haben Sie, auch wenn Sie nicht dort wohnen, einen lohnenden Blick vom Dach (₪ 5) und könnten sich für eine Pause in ein Wiener Café versetzt fühlen.

Gleich links ist die *Dritte Station* an der sogenannten polnischen Kapelle zu sehen, die 1947 durch Spenden polnischer Soldaten geschaffen wurde. Hier fiel Jesus zum ersten Mal. Diese Kapelle, mit einem das Geschehnis schildernden Relief, steht

links vom Eingang zur armenischen Kirche, die nur freitags geöffnet ist. Gehen Sie jetzt auf der AlWad St weiter, kurz vor dem ersten Abzweig nach links folgt (linke Straßenseite) die *Vierte Station*, an der Jesus seine Mutter traf. Ein Relief über der Tür einer kleinen armenisch-katholischen Kapelle zeigt die Begegnung. Jetzt links bei **Abu Shukri** sich entweder mit exzellentem Hommos stärken oder in die nächste, rechts abzweigende Straße einbiegen. Gleich an der linken Ecke half Simon, Jesus das Kreuz zu tragen (*Fünfte Station*).

Nach dem nächsten Abzweig links folgt die griechisch-katholische *Sechste Station* nach dem Ende eines Torbogens bei einer eisenbeschlagenen Holztür: Jesus erhält von Veronika an deren Haus ein Schweißtuch – im Neuen Testament kommt zwar keine Veronika vor, doch das Schweißtuch befindet sich im Petersdom in Rom. Die *Siebte Station* liegt gegenüber der Einmündung in die lebhafte Basarstraße **Khan EzZeit** (auch Bet Habad St), bei der Jesus zum zweiten Mal fiel. Hier war auch sein Todesurteil ausgehängt. Wir biegen links in den leicht ansteigenden Souk Khan EzZeit ab und machen nach ein paar Metern einen Abstecher in die rechts abzweigende AlKhanqa St. Ein kurzes Stück bergauf in dieser Gasse erreicht man beim **Johanniter-Hospiz** (das nach wie vor dem Johanniter-Orden gehört) die *Achte Station* (Jesus tröstet die Frauen von Jerusalem); sie ist durch ein Kreuz mit lateinischer Inschrift in der Mauer des griechischen Klosters markiert. Von hier aus führte vermutlich der Weg durch ein Stadttor zum Hügel Golgatha. Bereits seit dem Mittelalter ist der Weiterweg dorthin verbaut.

Man muss zurück zum Souk Khan EzZeit gehen, diesem nach rechts so lange folgen, bis rechts eine lang gezogene Treppe abzweigt, dort hinauf. Der Weg

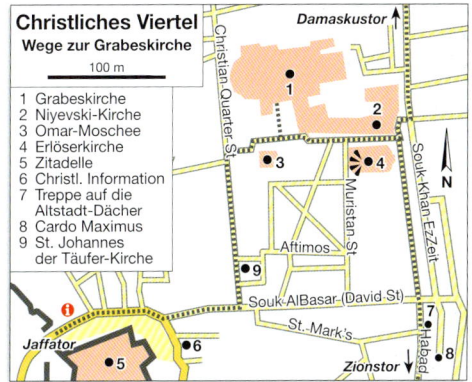

Christliches Viertel
Wege zur Grabeskirche
100 m

1 Grabeskirche
2 Niyevski-Kirche
3 Omar-Moschee
4 Erlöserkirche
5 Zitadelle
6 Christl. Information
7 Treppe auf die
   Altstadt-Dächer
8 Cardo Maximus
9 St. Johannes
   der Täufer-Kirche

Damaskustor
Christian Quarter St.
Souk Khan Ez-Zeit
Muristan St.
Aftimos
Souk Al-Basar (David St.)
St.-Mark's
Zionstor
Jaffator
N

führt noch um ein paar Ecken und endet vor dem koptisch-orthodoxen Patriarchat, dem Sitz des Erzbischofs der ägyptischen Christen. Gleich links in der Ecke liegt die **Neunte Station**, an der Jesus zum dritten Mal zusammenbrach. Rechts öffnet sich eine Tür zur koptischen **Helena-Basilika**, durch die man zur eindrucksvoll-großen, (meist) mit Wasser gefüllten Zisterne der Helena gelangen kann.

Links führt ein grünes Eisentor zum **Äthiopischen (Abessinischen) Kloster** (Deir As-Sultan). Dieses etwas exotisch anmutende, aus kleinen Steinhütten bestehende Kloster wurde auf dem Dach der Helena-Kapelle der Grabeskirche errichtet. Scheuen Sie sich nicht, einen Blick auch auf den weiteren Mosaikstein des christlichen Geschehens um die Grabeskirche zu werfen: Die Äthiopier und Kopten streiten seit Jahrhunderten erbittert um die Besitzrechte. Daher können die Äthiopier ihre extrem spartanischen Unterkünfte weder modernisieren noch abreißen.

Durch eine schmale Tür, etwa gegenüber dem grünen Eisentor, kann man durch das Äthiopische Kloster zur Grabeskirche hinuntersteigen, ein nicht uninteressanter Gang an Gebetsräumen der Äthiopier vorbei. Doch der „offizielle" Weg

führt zurück zur Basarstraße, dort rechts weiter und an der Straßenteilung rechts halten und nach ein paar Schritten rechts in die Souk Al-Dabbagha St abbiegen. An dieser Ecke steht (rechts) die russisch-orthodoxe **Alexander-Niyevski-Kirche** (tägl. 9-18, ₪ 5), die 1887 erbaut wurde. In ihr sind noch vorhandene **Relikte der ersten**, unter Kaiser Konstantin erbauten **Grabeskirche** zu sehen, die wesentlich größer als die heutige war. Am Ende eines Korridors führen Treppen zu einem rekonstruierten Bogen hinunter, der Teil des römischen Forums im 2. Jh war. Links in der zweiten Halle ist ein Teil der Originalmauer der ersten Grabeskirche zu sehen, die hier begann und innerhalb des heutigen Grabeskirchengebäudes endete. Sie wurde 1009 zerstört.

Schräg gegenüber erhebt sich die protestantische **Erlöserkirche** (engl. Lutheran -Church/Redeemer Church) – Sitz der lutherischen Propstei der deutschsprachigen Gemeinde –, die Kaiser Wilhelm II. 1898 einweihte, nachdem er prunkvoll als erstes westliches Staatsoberhaupt in Jerusalem eingezogen war. Sie steht auf dem Grund der Kirche St. Maria Latina, die 1009 von Kalif Al-Hakim zerstört, im 11. Jh. wiederaufgebaut wurde, später aber verfiel. Den Eingang finden Sie in der links abzweigenden Muristan St. Diese Kirche lässt sich mit dem Projekt **Durch die Zeiten** auch von unten besichtigen: Jahrelange Ausgrabungen bis auf den Felsgrund unter der Kirche wurden zu einem **Archäologischen Park**, der das Über- und Durcheinander der Befunde anschaulich macht. Mit mittelalterlichem **Kreuzgang** (mit kleinem Café), kaiserlicher **Kirche** und Blick vom **Turm** auf das heutige Jerusalem – der

4

Dem Rummel entgehen

Golgatha und den Grabesfelsen stellen
sich Besucherinnen und Besucher
wohl völlig anders vor, als man sie
heute antrifft. Damals, zur Zeit des tragischen Geschehens, lag der Steinhügel knapp außerhalb der Stadtmauer, als nicht verwendbar in einem
Steinbruch stehengeblieben, aus dem
inzwischen ein Gartengebiet geworden war. Der heutige Besucher ist denn
auch zunächst enttäuscht oder gar entsetzt, wenn er den Rummel der endlosen Besucherscharen – besonders bei
der freitäglichen Prozession – miterlebt
oder, noch ernüchternder, den Konkurrenzstreit der Priester und Mönche der
einzelnen Glaubensgemeinschaften.
„Heidnische" Stätten im Nahen Osten,
wie z.B. der pharaonische Tempel von
Karnak strahlen trotz ähnlicher Besuchermassen weit mehr Impulse zur
Rückbesinnung aus. Machen Sie sich
also illusionslos auf einiges gefasst, was
nichts mit Religiosität zu tun hat.

Wenn Sie allerdings ohne Besuchermassen und etwas besinnlich die
Stätte betrachten, meditieren oder beten wollen, dann sollten Sie entweder
gleich nach der Öffnung am frühen
Morgen oder nach 18 Uhr kommen; bis
zur Schließzeit trifft man meist nur
noch auf vereinzelte Besucher. Bei allem Wirrwarr in der Grabeskirche wird
sie vielleicht sympathischer, wenn man
die ernsthaften Pläne der Franziskaner
von 1949 sieht. Der Grabeskirchen-
Neubau hätte das halbe Christliche
Viertel wegrasiert, um ein Gegengewicht zum Tempelplatz zu schaffen.
Achten Sie im Schwarz-Weiß-Bild (Seite
180) auf die winzige heutige Erlöserkirche zwischen dem ersten Turmpaar
– schöner wäre die Altstadt durch dieses monströse Etwas nicht geworden.

beste Blick auf Grabeskirche und Altstadt – entfalten sich so rund 2000 Jahre
Geschichte des Gebietes um die Grabeskirche, und warum an ihr historisch mehr
„dran" ist als an der bisherigen Via Dolorosa (Mo-Sa 10-17, Kirche, Turm, Museum
& Ausgrabung ₪ 15, Führung 30 min um
10 & 14 Uhr pP ₪ 40, Tel. 5879817,
www.erlöserkirche-jerusalem.info, www
.evangelisch-in-jerusalem.de).

Gegenüber der Erlöserkirche zieht sich
der **Muristan** nach Süden. Einst Pilgerhospiz, dann Irrenhaus (Muristan) und
heute Basar mit Schwerpunkt Lederwaren. Die **Omar-Moschee** gehört zu
diesem Ensemble. Wir gehen allerdings
die paar Schritte zurück und biegen links
in die Souk AlDabbagha St ein, auf der
wir kamen, dort trifft man bald rechts auf
den Vorhof zur Grabeskirche, in der die
Via-Dolorosa-Stationen 10 bis 14 liegen.

Die Grabeskirche** (Holy Sepulchre Church)

Geschichte: *Die Grabeskirche überdeckt
den heiligsten Platz der Christenheit, den
Hügel* **Golgatha** *und das* **Grab Jesu**. *Hatten die Römer nach der Zerstörung Jerusalems zunächst einen Venustempel über
der Grabhöhle und eine Jupiterstatue auf
dem Hügel Golgatha errichtet, so wurden
335 unter Kaiser Konstantin diese Bauwerke abgetragen, über dem Felsengrab
eine kuppelüberwölbte Rotunde errichtet,
an die sich nach Osten eine fünfschiffige
Basilika anschloss. Der eigentliche Felshügel Golgatha mit dem Kreuz Christi blieb
frei stehen. Beide Gebäude wurden 614 von
den Persern zerstört, 629 von den Byzantinern nach alten Plänen wiederaufgebaut.
1009 schlug der Fatimide AlHakim zu und
zerstörte die Anlage bis auf die Grundmauern. Erneut ließ Byzanz 1048 die Gebäude wiederherstellen, allerdings kleiner
als zuvor.*

Die geplante (aber nicht gebaute) neue Grabes-kirche; die konisch zulaufende Rotunde sollte das Heilige Grab überdachen

Ab 1099 beschäftigten sich die **Kreuz-fahrer** mit dem Komplex. Anstelle der Ba-silika entstand ein Kirchenschiff, der Felsen Golgatha wurde mit einer überhöhten Seitenkapelle überbaut. Dieses etwas un-übersichtliche und eher unansehnlich-düs-tere Ensemble blieb im Wesentlichen bis heute erhalten. Sieben Religionsgemein-schaften teilen sich den Besitz der Grabes-kirche, und dies keineswegs immer im christ-lich-friedfertigen Sinn – **Besitzansprüche** und strittige Gottesdienstzeiten führen be-sonders in der Osterzeit immer wieder zu Prügeleien unter Priestern und Mönchen. Aus diesem Grund kommt auch die drin-gende Restaurierung nur schleppend voran – fast ein Wunder, dass der Grabbau 2016 ausgebessert wurde. Im Übrigen glauben manche Protestanten, dass der Kreuzi-gungshügel nicht hier, sondern nördlich beim heutigen **Gartengrab** gelegen habe (was sich recht sicher ausschließen lässt, siehe S. 196). Aber warum ist das Grab ei-gentlich so wichtig, wenn es gemäß dem christlichen Glauben nach drei Tagen wieder leer war? Die Orthodoxen betonen das Wesentliche, wenn sie das Gebäude nicht Grabeskirche, sondern griechisch **Anastasis** nennen: **Auferstehungskirche**!

Darüber hinaus konkurrieren hier nicht nur die christlichen Religionsgemeinschaf-ten, sondern alle zusammen noch mit den *Muslimen*, die der Grabeskirche nördlich die Khanqa AsSalihiye und südlich die Omar Moschee zur Seite stellten. Das Grab Jesu liegt sicherlich nicht zufällig auf der Verbindungslinie der beiden Minarette, die speziell zu Gottesdienstzeiten vor allem in der Passionszeit nahezu ohrenbetäubende Gebetsrufe erschallen lassen.

(Siehe auch www.holysepulchre.custodia .org, empfehlenswerte Virtual Tour)

Besuch der Grabeskirche**

(Öffnungszeiten: Sommer 5-21, Oktober -20; Winter 4-19 Uhr)

Schauen wir uns nun in dem unüber-sichtlichen Komplex mit seinen mehr als dreißig Kapellen um. Das Eingangsportal öffnet sich an der südlichen Querseite der eigentlichen Kirche. Ursprünglich gab es zwei nebeneinander liegende Portale, Saladin ließ eins zumauern. Ein Blick lohnt auf die schön verzierten Fenster über dem Portal, davor liegt das einzige aus der Kreuzfahrerzeit erhaltene Grab (Philippe d'Aubigny). Kurz hinter dem Eingang

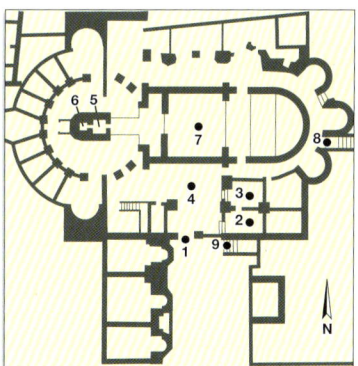

Grabeskirche (Ausschnitt)

1 Eingang	5 Engelskapelle
2 Kreuzannagelungs-Kap.	6 Grabkammer (XIV.)
(X., XI.)	7 Katholikon
3 Kreuzigungskapelle	8 Zur Helenakapelle,
(XII., XIII.)	Kreuzauffindungskap.
4 Salbstein (gr.-orth.: XIII.)	9 Aufgang zum Dach

residiert der Hüter und Torwärter der Kirche des Heiligen Grabes namens Wadjee Y. Nusseibe in einer Nische. Sein Amt wird innerhalb einer muslimischen Familie vererbt, damit keine der christlichen Konkurrenzreligionen die andere aus dem heiligen Gefilde aussperren kann und so der Status Quo von 1873, als der türkische Sultan das christliche Gezänk besonders satt hatte, erhalten bleibt…

Doch gehen Sie zunächst rechts nach dem Eingang die Treppe in der Ecke hinauf zum etwa fünf Meter hohen **Golgatha-Felsen**. Zuerst betritt man die katholische **Kreuzannagelungs-Kapelle**. Ihr Name, aber auch mittelalterliche Reliefs und neuzeitliche Mosaike besagen, was hier mit Jesus geschah (*Zehnte* und *Elfte Station*). Diese Kapelle geht links – nur durch Stützpfeiler getrennt – in die griechisch-orthodoxe **Kreuzigungskapelle** über, unter deren Altar die Stelle im Fels liegen soll, an der das Kreuz stand. Unter der Altarplatte ist ein Silbergefäß angebracht, welches den Standort lokalisiert (*Zwölfte Station*). Rechts und links vom Altar geben Glasscheiben den Blick auf den Golgatha-Felsen frei; rechts verdeckt eine Metallschiene den Riss im Fels, der beim Tod Jesu entstanden sein soll. Zwischen den beiden Kapellen steht eine Marienstatue an der Stelle, an der die Mutter den Leichnam Jesu in die Arme nahm (*Dreizehnte Station* der römischen Katholiken). Der Weg führt aus der griechischen Kapelle wieder hinunter.

Direkt unterhalb der obigen Kapellen liegt die **Adamskapelle**. Hier wurde angeblich bei der Kreuzigung der Schädel Adams gefunden. Hinter einem eisernen Gitter ist der Golgatha-Felsen mit dem Riss zu sehen. Nur ein paar Schritte vom Haupteingang entfernt steht der **Salbstein** (*Dreizehnte Station* der Griechisch-Orthodoxen), auf dem der Leichnam Jesu gesalbt wurde. Fromme Pilger streichen über die feuchte Oberfläche oder benet-

Abends gibt es kaum Wartezeit vor dem Heiligen Grab

zen Gegenstände, die sie mit nach Hause nehmen. Gehen Sie von hier nach links, im Halbdunkel erkennen Sie bereits die Rotunde, unter der sich der türkisch-barocke Überbau des Heiligen Grabes befindet, vor dem sich meist lange Besucherschlangen bilden. Man betritt zunächst die sog. **Engelskapelle** (auch Grabkapelle genannt), die man mit maximal sieben weiteren Wartenden betreten darf.

In der dahinter liegenden eigentlichen Grabkammer (*Vierzehnte Station*) können sich nur drei bis sechs Menschen gleichzeitig aufhalten. In der Engelskapelle kann man beim Warten in Muße die Reste des Steins betrachten, auf dem der Engel gesessen haben soll, der die Auferstehung Jesu verkündete. Dieser Rollstein war so groß, dass er die niedrige Öffnung der **Grabkammer** verschließen konnte. In der Grabkammer bedeckt an der rechten Wand eine Marmorplatte die

Stelle, auf welcher der Leichnam gelegen hatte. Das **Kopfende** der Grabhöhle – durch eine Wand hermetisch abgetrennt – nehmen die Kopten für sich in Beschlag. Geht man vom Eingang der Engelskapelle um den Bau des Heiligen Grabes herum, sieht man in einer engen Kapelle einen koptischen Mönch vor dem nicht mit Marmor abgedeckten Felsen des Kopfendes sitzen – ähnliches Gedränge wie nebenan wäre hier vermutlich auch erwünscht.

In der **Osternacht** entzündet der griechisch-orthodoxe Patriarch im Heiligen Grab – das jeweils am Karfreitag verschlossen wird – zwei Kerzen an einem bläulichen **Lichtwunder**, ein Symbol für die Auferstehung. Wenn der Patriarch aus dem Grab tritt, reicht er das Heilige Feuer zunächst an seinen armenischen und seinen koptischen Kollegen weiter. Dieser Akt ist nicht risikolos: Angeblich gab es 1808 in diesem Zusammenhang einen großen Brand, durch den z.B. die Gräber der Kreuzfahrerkönige weitgehend zerstört wurden. 1834 griff die Hysterie der Pilger so weit um sich, dass fast 300 Menschen bei einer Panik ums Leben kamen.

Wie schon erwähnt, gibt es eine ganze Reihe von Kapellen, in die man noch einen Blick werfen kann. Östlich der Rotunde liegt das Langschiff der Kirche, das griechisch-orthodoxe **Katholikon**, mit einer Schale in der Mitte, die den Nabel der Welt darstellt.

Noch weiter östlich führt eine Treppe zur armenischen **Helenakapelle** hinunter, die wegen ihrer Architektur sehenswert ist. Das Bodenmosaik soll an den Völkermord an den Armeniern während des Ersten Weltkriegs erinnern. Die Kapelle ist nach der Mutter Konstantins, Helena, benannt, die 335 von hier aus das originale Kreuz in einer ehemaligen Zisterne gefunden haben soll. Zur eigentlichen **Kreuzauffindungskapelle** geht man eine weitere Treppe hinunter; rechts steht ein griechischer, links ein katholischer Altar mit einer Statue der Helena und dem von ihr entdeckten Kreuz. Eigentlich fand sie drei Kreuze; das Kreuz Christi wurde dadurch bestimmt, dass man die drei Kreuze über ein gerade gestorbenes Kind hielt. Bei dem echten Kreuz wurde das Kind wiederbelebt. 628 wurde es – nach der Rückeroberung der Stadt aus den Händen der Perser – nach Konstantinopel in Sicherheit gebracht, später in kleine Stücke geschnitten und u.a. als Reliquien an Kirchen gegeben.

Umgebung der Grabeskirche

Wenn Sie nach dem Verlassen der Grabeskirche rechts die Treppen hinauf und an der nächsten Kreuzung links der Christian Quarter St folgen, so kommen Sie – vorbei an Shops mit christlich geprägten Souvenirs und Devotionalien – auf die David St, die – rechts herum – zum Jaffator führt. Biegen Sie an der Kreuzung jedoch rechts und danach wieder links ab, so liegt in dieser Gasse namens Greek Orthodox Patriarchate St nach wenigen Schritten rechter Hand das **griechisch-orthodoxe Patriarchats-Museum** (Greek Orthodox Patriarchate Museum), dessen Umbau hoffentlich bald abgeschlossen ist (dann vermutlich Mo-Sa 9-13, ₪ 12). Ausgestellt sind bemerkenswerte archäologische Funde speziell der griechisch-orthodoxen Stätten in Palästina, wie der Sarkophag der 29 vC von ihrem Mann Herodes I. ermordeten Königin Mariamne sowie die Original-Urkunde zur Übergabe Jerusalems an den muslimischen Befehlshaber durch den Patriarchen aus dem Jahr 638.

Vom Museum aus können Sie in nördlicher Richtung weitergehen und durch das Christliche Viertel bummeln oder, sich mehr östlich haltend, bis zur Basarstraße Khan EzZeit wandern und dann z.B. diesem Souk nach links bis zum Damaskustor folgen.

Altstadt
Armenisches und
Jüdisches Viertel

100 m

—— Besichtigungsroute
- - - einziger Weg für Nicht-Muslime zum Tempelplatz

1	Zitadelle	9	Tempelberg	18	Jakobuskathedrale
2	Christl. Informationsdienst	10	Islamisches Museum (im Umbau)	19	Armenisches Museum
3	Lutherisches Gästehaus	11	Old Yishuv Court Museum	20	Haus des Hannas
4	Treppe auf die Altstadt-Dächer	12	Hurva/Ramban Synagoge	21	Sefardische Synagogen
5	Israelitischer Turm, 1. Tempel	13	Burnt House	22	Rothschild-Haus
6	Last Battle of the Old City Museum	14	Deutsches Kreuzfahrer-Hospiz	23	Apsis der Nea-Kirche
7	Breite Mauer (Broad Wall)	15	Archäologisches Museum Wohl	24	Hotel Sephardic House
8	West- bzw. Klagemauer	16	Tiferet Yisrael Synagoge	25	Aussichtspunkte zur Kotel
		17	Tempelmodell Museum	26	Heritage House

Von der West(Klage)mauer** zum Jaffator

Dieser Weg führt zunächst durch das Jüdische, dann durch das Armenische Viertel. Von der **Westmauer** geht man nach Süden Richtung Dungtor, biegt aber zuvor rechts ab auf die Treppe, die hinauf zu dem modernen, fast wie eine Festung aussehenden Gebäudekomplex führt. Diese Treppe ist einer der wichtigsten Zugänge des Jüdischen Viertels zur Westmauer; am Freitagabend strömen hier unzählige, festlich gekleidete Menschen hinunter, um zu beten.

Das vor uns liegende *** **Jüdische Viertel** ist seit gut 700 Jahren von Juden

bewohnt, nachdem ein Bann der Kreuzfahrer gegen die Besiedlung Jerusalems durch Juden von den Muslimen aufgehoben worden war. Während des Unabhängigkeitskrieges 1948 und bei den Kämpfen 1967 wurde es weitgehend zerstört – zum Glück für die Archäologen –, danach aber fast vollständig neu wieder aufgebaut. Hier sieht es wirklich schmuck aus: die Häuserfassaden bestehen durchgängig aus Jerusalemer Naturstein, auch die Straßen sind damit gepflastert. Alles ist adrett und gepflegt, manchmal vielleicht ein bisschen zu schön, ein bisschen zu isoliert gegenüber der viel tiefer verschachtelten arabischen Welt, die zwar nur ein paar Schritte entfernt ist, jedoch eher auf einem anderen Stern angesiedelt zu sein scheint. Hier entstand ein Wohnviertel mit Statuscharakter, in dem viele Religiöse, Intellektuelle und Politiker wohnen. Um die Touristik kümmert sich die *Company for the Reconstruction and Development of the Jewish Quarter in the Old City of Jerusalem Ltd.*, achten sie auf **Sammelticket-Angebote** auf www.rova-yehudi.org.il.

Vor der ersten Querstraße (Misgav Ladakh St) stehen rechts die Ruinen des **Deutschen Hospiz und der Kirche der Heiligen Maria**, etwa 1127 für Ritter und Pilger der Kreuzfahrerzeit gebaut, allerdings ist nicht mehr viel erhalten: Seit der Instandsetzung mit Unterstützung durch Axel C. Springer dienen die Mauern inzwischen vor allem als Stuhl-Abstellkammer der benachbarten Restaurants. In dieser Gegend, d.h. im größten Teil des heutigen jüdischen Viertels, lebten während der Kreuzfahrerzeit hauptsächlich Deutsche, die Misgav Ladakh St hieß damals Straße der Deutschen.

Wenn Sie noch weitere (Foto-) Blicke auf Westmauer und Felsendom suchen, dann gehen Sie noch vor dem Hospiz rechts die schmale Gasse entlang, sie eröffnet immer wieder neue Perspektiven (ähnlich auch in der links abzweigenden Gasse). Auf unserem Weiterweg jedoch gehen wir die Treppen ganz hinauf, kreuzen die Ladakh St und wandern unter dem Mauerbogen hindurch (links ist eine saubere Toilette). Gleich das zweite Haus rechts in der Tiferet Yisrael St ist das **Burnt House** (*Verbranntes Haus;* So-Do 9-17, Sommer -19, Fr -13; ₪ 29/15, Sammelticket für 48 Stunden mit Jerusalem Archaeological Park, Wohl Museum und Hurva-Synagoge ₪ 60/45, Tel. *4987, www.rova-yehudi.org.il), das 70 nC während der jüdischen Rebellion niederbrannte. Greifbare Geschichte: Eine kleine Ausstellung zeigt die unter der zweitausendjährigen Asche verborgenen Gegenstände, eine gut gemachte Dia-Show klärt über Umstände und Zeit des Unglücks auf.

Unser Weg führt weiter unter den Arkaden hindurch in die Tiferet Ysrael St, an der links die konservierten, 1948 von jordanischen Soldaten zerstörten Ruinen der **Tiferet Yisrael Synagoge** stehen, einst eine der größten Synagogen von Jerusalem. Sie wird, wie die Hurva bereits geschehen, nach archäologischer Untersuchung wieder aufgebaut – die Eröffnung ist für 2019 angestrebt.

Nach wenigen Schritten erreichen Sie den recht großen Kikar Hurva, das eigentliche Zentrum des Jüdischen Viertels, den links einige Shops und Cafés säumen. Schräg gegenüber sehen Sie – neben einem einsamen Minarett – nicht mehr einen bloßen Mauerbogen, wie ihn noch Ralph Giordano in „Israel, um Himmels Willen Israel" beschreibt, sondern die neu errichtete **Hurva-Synagoge** in den Himmel ragen. Das neue alte Zentrum der ashkenasischen Juden. Zum letzten Mal wurde sie 1948 zerstört und später nicht wieder aufgebaut. Nach 1967 sollte die Ruine als Mahnmal dienen, doch im Jahr 2000 entschloss man sich, das Gebäude im alten Stil wieder zu errichten. Nach archäologischen Grabungen wurde der Neubau 2005 begonnen und kostete 7,3 Mio. Dollar. Im März 2010 wurde die Hurva wieder mit Tora-Rollen ausgestattet.

Die neue alte Hurva-Synagoge

Wer hineinschauen möchte, muss vorher reservieren, Tel. 6265906–102; siehe oben das Sammelticket, sonst ₪ 30/20. Es gibt einen gut gemachten Audio-Guide. Treffpunkt ist in der Habad Rd an der Westseite des Gebäudes. Unterhalb liegt die **Ramban Synagoge**, die 1267 als erste in der Altstadt auf Initiative des **R**abbi **M**oses **b**en **N**ahman (= **RaMbaN**) errichtet wurde. Nicht unerwähnt sollen die vier **Sefardischen Synagogen** (So-Do 9.30-16, Fr 9-12) bleiben, die in der schräg gegenüber beginnenden Gasse Mishmeret HaKehuna in einem Gebäudekomplex untergebracht sind (links kurz vor dem Parkplatz eine Treppe hinunter). Ihr Ursprung geht auf das 16. Jh zurück; sie wurden 1948 zerstört und 1967/68 an alter Stelle wieder aufgebaut.

Den Kikar Hurva wollen wir halbrechts (von der Tiferet Yisrael St kommend) verlassen und bis zur Plugot HaKótel St weitergehen. Bereits vor dem Zusammentreffen der beiden Straßen sehen Sie rechts eine Häuserlücke, in der unterhalb des Straßenniveaus die **Breite Mauer** (*Broad Wall*) verläuft. Ein imposantes, uraltes Mauerstück, das aus der Zeit des Ersten Tempels stammt und immerhin eine Dicke von 7 m, bei ursprünglich 8 m Höhe, aufweist (an der gegenüberliegenden Ecke gibt es eine saubere Toilette). In der Nähe (Shonei HaLakhot St) lassen sich im Haus **The First Temple Model** (So-Do 9-16, Fr 9-13; ₪ 22, www.ybz.org.il) das Modell und die dominanten Figuren aus der Zeit des Ersten Tempels per raffinierter 3D-Diashow betrachten. Außerdem gibt es kleine Ausstellungen zum Thema. Schräg gegenüber führt eine Treppe hinunter zu den Resten des **Israelitischen Turms** (*Israelite Tower*) (nach Absprache, Tel. 6265906 oder *4987), d.h. eigentlich zweier Befestigungs- oder Tortürme, wobei der gewaltigere etwa aus dem 7. Jh vC und der zweite aus der Hasmonäerzeit (2. Jh vC) stammt.

Zurück zum Kikar Hurva. Lassen Sie sich hier (auf der linken Seite) einen Leckerbissen des Jüdischen Viertels nicht entgehen: Das **Archäologische Museum Wohl** (inzwischen meist *Herodian Quarter* genannt, Tel. 6265906, So-Do 9-17, Fr -13; ₪ 20/10, Sammelticket siehe oben), das sich mehrere Blocks unterhalb des Wohl-Komplexes erstreckt. Es entstand während der Rekonstruktion des Jüdischen Viertels, als die Grundmauern von sechs Gebäuden aus der Zeit von Herodes freigelegt wurden. Die Besitzer müssen wohlhabend gewesen sein, wie man aus Bädern, Mosaikböden und vielen Funden schließen kann. Nicht weniger beeindruckend ist die Konstruktion des modernen Gebäudes, mit der die antiken Teile überspannt werden.

Die Ausgangstür des Museums entlässt Sie auf den von der Westmauer heraufführenden Yehuda HaLevi Treppenweg, den wir zuvor schon emporgeklommen sind. Gehen Sie wieder bis zur Misgav Ladakh St hoch, biegen Sie aber jetzt links in diese ein. Am Ende des zweiten Blocks gehen Sie rechts in eine Art Hohlgasse auf den recht großen Platz namens Kikar Batei Makhase, der früher einmal *Deutscher Platz* hieß. Hier hatten deutsche und holländische Juden Grund gekauft und Wohnhäuser, u.a. auch für Arme gebaut. Das schöne alte Arkadenhaus, das **Rothschildhaus** (dient heute als Tora-Schule) ist ein beredtes Architekturbeispiel aus der Mitte des 19. Jhs.

Ein kurzer Abstecher, der ein paar Meter vor dem Rothschildhaus links (westlich) die Treppen hinunterführt, dann wieder links, bringt uns nach wenigen Schritten in der Nahamu St zu den Resten der nördlichen Lateral-Apsis der **Nea-Kirche** (*Neue Kirche*), die 543 von Justinian gebaut worden war und die größte und schönste der byzantinischen Kirchen des 6. Jhs in Jerusalem gewesen sein soll. Bereits 640 legten die Muslime

Krank durch Jerusalem

Jerusalem-Syndrom heißt eine psychische Desorientierung, die nach dem Ort benannt wurde, an dem sie am häufigsten auftritt, aber auch in Florenz, Lourdes und Paris gelegentlich vorkommt. Das Krankheitsbild wird noch erforscht. Man kann sich aber leicht vorstellen, dass die so heilige Stadt Jerusalem auch heute ab und zu Menschen überschnappen und glauben lässt, in besonderem Auftrag oder gar als Jesus oder Elias **die Welt erlösen** zu müssen.

Dabei ereignen sich eher **drollige Geschichten**, bevor die Erkrankten in die Psychiatrie im Vorort Kfar Sha'ul eingewiesen werden; jährlich mehrere Dutzend. Ein deutscher Hotelgast rief die Polizei, als das Personal ihm nicht die Küche zur Zubereitung des letzten Abendmahls überließ. Eine etwas ältere „Maria" schaute in Bethlehem nach ihrem Jesuskind und lud alle Passanten zur Geburtstagsfeier ein. Berichtet wird von einem Nackten in der Jerusalemer Altstadt, der schwertschwingend herumrannte, um dadurch Blinde sehend zu machen.

Am folgenreichsten jedoch verlief der Wahn des australischen Christen und Schafscherers Michael Denis Rohan, der 1969 – angeblich im Auftrag Gottes – die **AlAqsa Moschee in Brand** steckte und damit beinahe auch die islamische Welt. Als seine Geisteskrankheit erwiesen und kein Hinweis auf eine jüdische Aktion zu entdecken war, erübrigte sich unter den Muslimen der Ruf nach Rache.

Die **meisten** Psychosen verlaufen **harmlos** und sind meist nach wenigen Wochen geheilt. Man kann z.B. ein Zimmer mit mehreren Heilanden belegen, weil jeder vom anderen denkt, dass der Bettnachbar ein Scharlatan sei. Doch die beste Therapie ist, Jerusalem zu verlassen. Dann ist Schluss mit innerer Unruhe, mit dem Wunsch nach öffentlichem Dekla-

Minbar der AlAqsa Moschee vor dem Brand

mieren oder Singen von biblischen Texten oder diffusen Predigten an heiligen Stätten. Eine Studie aus den 1990er Jahren zeigt zwei Aspekte. Erstens: **Muslimische Pilger** werden vom Jerusalem-Syndrom praktisch **gar nicht** befallen, allerdings ist ihre Anzahl vergleichsweise gering.

Zwei Drittel der psychisch Gestörten sind **Juden** (häufig als Mose oder König David auf dem Ölberg oder vor allem an der Westmauer, dort besonders nachts) und ein Drittel Christen, meist **Protestanten** (gern als Jesus, Maria oder Johannes der Täufer auf der Via Dolorosa oder am Gartengrab unterwegs). Auslöser kann z.B. sein, dass die als heilig erwartete Stadt sich auf desillusionierende Art problembehaftet erweist. Zweitens: Knapp zehn Prozent der Leute mit Wahnvorstellungen waren **davor angeblich** psychisch **unauffällig** – fast alles fromme Protestanten aus den USA oder Westeuropa, deren abstrakter Gott sie ohne Mittlerfiguren wie den Papst oder Heilige nicht bei Sinnen hält. Auch die Verwurzelung in Ritualen wie bei Katholiken oder Orthodoxen scheint die Psyche gesund zu halten. Bei Touristen ergibt sich die Wende oft am zweiten Tag nach der Ankunft. Die Patienten sind in der Mehrzahl **zwischen 20 und 40 Jahre alte männliche Singles**. Die Erforschung des Syndroms ist jedoch schwierig, weil ein „Messias" wenig geneigt ist, irdische Fragebögen auszufüllen.

Jerusalem auf der Mosaik-Karte in Madaba/Jordanien, 6. Jh nC (Nachbildung im Jerusalemer YMCA)

sie in Schutt und Asche. Reste wurden an verschiedenen Stellen des Jüdischen Viertels gefunden, u.a. auch die Stützbauten, die notwendig waren, um die große ebene Fläche zum Bau der Kirche herzustellen. Auf der Karte des Madaba-Mosaiks markiert sie das Ende des Cardo Maximus. Zugang vorher verabreden, gegen ein Pfand bekommt man den Schlüssel; Tel. *4987, www.rova-yehudi.org.il.

Verlassen Sie nun den ehemals deutschen Platz, indem Sie rechts am Rothschildhaus entlanggehen. Gleich an der Ecke steht ein eher unscheinbares Denkmal aus einem kubischen Steinquader, das an die Verteidiger des Viertels erinnert, die 1948 hier umkamen und an dieser Stelle beerdigt wurden. Biegen Sie hier rechts in die Bet El Galed St ab (mit blauen Pfeilen ausgeschildert). Sie mündet in die Kikar Hurva und endet an der Jewish Quarter Road. Jetzt stehen Sie vor einem tiefen Graben mit ein paar Säulen und einem freigelegten Gewölbe: Es handelt sich um ein Teilstück des **Cardo**

Maximus. Er wurde von den Römern als Nord-Süd-Hauptstraße – auf den Trümmern des 70 und 135 nC zerstörten Jerusalems – quer durch die Stadt gezogen. Auf der Jerusalem-Karte in Madaba in Jordanien ist er übrigens ganz deutlich zu erkennen. Dass Jahrtausende seit der Pflasterung des Cardos vergangen sind, zeigt die Tatsache, dass er sich heute 6 m unterhalb des Straßenniveaus befindet; Treppen führen zu dem 1976-85 freigelegten, gut 200 m langen Straßenabschnitt hinunter. Man kann die Nachbildung eines Bodenmosaiks, die typischen Säulenreihen und moderne Geschäfte in alten Räumen bewundern oder sich im The Last Battle for the Old City Museum, (So-Do 9-17, Fr 9-13) umsehen. Es mag für Lokalpatrioten wichtig sein, die Kämpfe um Jerusalem anhand weniger Fotos anzuschauen, aber Normaltouristen könnten trotz freiem Eintritt auch etwas anderes unternehmen.

Der Cardo, der von Norden her die geradlinige Verlängerung der Khan EzZeit

St ist, gibt gute Einblicke in das alte Gefüge der Stadt; viele Details sind gut ausgeschildert. Besonders eindrucksvoll ist die Nachbildung der überdachten Arkaden; hier kann man sich sehr gut die Pracht der ehemaligen Römerstraße vorstellen.

Der **Cardo** mündet sozusagen in das Herz des Basars, in die Kreuzung mit dem **Decumanus**, der Ostwest-Verbindung, heute die David St bzw. Souk AlBasar. Heute laufen hier drei überdachte Gassen parallel zueinander. Die östliche – Souk AlKhawajat – ist der **Gold-Souk**, in der Mitte – Souk AlAttarin – gibt es Gewürze und nördlich in der Souk AlLahhamin hängen Fleischstücke in den Metzgerläden; diese Märkte stammen noch aus der Kreuzfahrerzeit.

Hier an der David St sollten Sie jedoch auf der Habad St wieder ein Stückchen zurück Richtung Süden bis zur nächsten Kreuzung gehen. Dort zweigt rechts die St. Mark's St ab. Genau an der Abzweigung führt linker Hand eine Metalltreppe auf die **Dächer dieses zentralen Marktbereichs**. Wer einen Blick auf die Marktstraßen erwartet hätte, sieht sich getäuscht; zumindest in dieser Gegend lassen die völlig überdeckten Gassen von oben her nur ahnen, welch quirliges Leben sich unten abspielt. Hier blickt man im Wesentlichen nur auf Dächer, Kuppeln und Antennen. Man kann übrigens in südöstlicher Richtung weiter und nicht unweit des Verbrannten Hauses oder nicht mal 100 m weiter nach Nordosten im Khan EsSultan an der Kettentorstraße (Bab AsSilsile) wieder hinuntergehen. Doch folgen wir zunächst der schmalen St. Mark's St ein Stück. Bald treffen Sie rechts auf das **Lutherische Hospiz und Gästehaus** (Watson House, 1860 auf Kreuzfahrerfundamenten erbaut). Ursprünglich das Zentrum der Protestanten in Jerusalem, heute ein sehr stilvolles

Mittelklassehotel im Herzen der Altstadt mit einem unerwarteten, erholsamen kleinen Garten und, noch attraktiver, einer Dachterrasse mit schönem Ausblick über die Dächer hinweg zum Felsendom.

Doch wieder zurück Richtung Cardo, aber gleich an der ersten Kreuzung rechts und nach ein paar Schritten wieder rechts in eine stille Sackgasse. Quasi an deren Ende steht das erste jüdische Hospital (Bikur Kholim) aus dem 19. Jh, vor wenigen Jahren noch Jugendherberge, jetzt Yeshiva, ein altes Gebäude mit hoher Halle. Aus der Sackgasse heraus und rechts haltend, stößt man nach wenigen Schritten auf das **syrisch-orthodoxe Kloster St. Mark**. Es besitzt zwei Kirchen, von denen die ältere erst vor einigen Jahren unterhalb der jüngeren entdeckt wurde. Wenn Sie sich für christliche Bauwerke interessieren, werfen Sie einen Blick hinein, Mo-Sa 9-17 (Winter -16), So 11-16.

Folgen Sie rechts der Ararat St. Biegen Sie an der nächsten Kreuzung links in die Or HaKhayim St ein, in der Nr. 6 können Sie das **Old Yishuv Court Museum** besuchen (So-Do 10-17 [Dez-Feb -15], Mo -20, Fr -13; ₪ 20, http://oymuseum.datinet.co.il/21.htm). In der interessanten Ausstellung gewinnt man Einblick in eine der typischen kleinen Siedlungen (Court) und auch Wohnverhältnisse, die für das jüdische Viertel im 19. Jh und bis zur Flucht 1948 typisch waren: Um einen engen Hof gruppierten sich Wohnungen und Synagoge; in diesem Fall je eine sephardische und eine ashkenasische Synagoge. Zusätzlich sieht man in den Wohnungen Möbel, Einrichtungsgegenstände und Werkzeuge fürs tägliche Leben.

Zurück in der Or HaKhayim St, die nach der Kreuzung mit der Ararat St in die St James St übergeht, die Sie – ein bisschen im Zickzack – zur armenischen Jakobus-Kathedrale bringen könnte. Sie

4

Typische armenische Kreuze

führt quer durch das **Armenische Vier-tel**, in dem ca. 2000 Armenier ziemlich zurückgezogen leben, die meisten von ihnen in dem auch räumlich großen Klosterkomplex. Dies gibt dem Viertel eine wohltuende Stille gegenüber dem mit lautem Leben erfüllten Rest der Altstadt. Obwohl die Armenier nur eine kleine christliche Gruppe darstellen, halten sie seit dem 5. Jh Besitz in der Gegend.

Doch wir folgen der Ararat St bis zu ihrem Ende: Hinter einem ab 17 Uhr geschlossenen Tor liegt – wie das Marmorschild ankündigt – **St. James Monastery**, das Jakobus-Kloster, mit dem stimmungsvollen **Haus des Hannas**. Nur mit viel Glück lässt der Torwächter Sie vielleicht ein, denn man kann sich nicht auf den Durchgang zum ∗ **Armenischen Museum** berufen, da letzteres geschlossen ist (bis auf Weiteres – seit Jahren – gründliche Renovierung, Tel. 6282331). Falls Sie um das Viertel herum von der Armenian Orthodox Patriarchate St aus das Museum besuchen können, wäre von hier aus der Zugang zum Haus des Hannas eventuell möglich, das man in einem kleinen Glockenturm erkennen kann. Der Tradition nach gehörte das Haus einst dem Schwiegervater des Hohepriesters Kaiphas. Nach armenischer Überlieferung wurde Jesus hier gefangen gehalten und, an den knorrigen Ölbaum an der östlichen Stirnseite gefesselt, von dem Hohepriester verhört. Heute ist das Haus des Hannas eine armenische Kirche, deren Inneres man nur durch die vergitterten Fenster betrachten kann, falls man nicht gerade während eines Gottesdienstes hier ist.

Aus dem Museum heraus geht man auf der Armenian Patriarchate St rechts, bis hinter den ersten Hausbogen, der zum Armenischen Patriarchat gehört. Rechts öffnet sich eine Tür in der hohen Mauer zur **St. James Cathedral** – Jakobuskathedrale – (zu besichtigen nur während der Gottesdienste täglich 6.30-7.30 (Sa -9.30) & 15-15.40). Die Kathedrale demonstriert die Vorliebe der Armenier für Lampen, die zwischen alle sich bietenden Befestigungspunkte gehängt sind. An den Säulenbasen und den Wänden kann man schöne Fayencen bewundern; die Kapelle links vom Eingang ist an der Stelle erbaut, an der angeblich Jakobus, der Bruder Jesu, 44 nC hingerichtet wurde und an der sein Kopf begraben ist. Rechts vom Kircheneingang hängen etwas seltsam geformte Holzbretter; sie dienten als „Glockenersatz" (die Mönche schlugen mit Hämmern darauf) während der Zeit, als die Muslime Glockenläuten verboten hatten.

Aus der Kathedrale heraus nach rechts führt die erste Gasse hinunter ins Jüdische Viertel, geradeaus weiter sind es nur ein paar Schritte zum Jaffator.

Umgebung der Altstadt

Berg Zion**

Geschichte: *Der Berg Zion war unter Herodes die „Oberstadt". Jesus soll hier die Jünger zum Abendmahl versammelt haben, was bereits im 4. Jh zur Verehrung dieser Stätte führte. Doch alle Bauten waren bei der Ankunft der Kreuzfahrer verfallen, sie errichteten an der Stelle des Abendmahls ein zweistöckiges Haus, dessen Untergeschoss den Saal der Fußwaschung und dessen Obergeschoss den Abendmahlsaal enthielt. Dieser wurde zwar 1219 von Muslimen zerstört, ab 1342 von Franziskanern aber wieder instand gesetzt.*

Zionstor mit Einschusslöchern der letzten Kriege

Der Berg Zion ist am besten durch das gleichnamige Tor vom Jüdischen bzw. Armenischen Viertel her erreichbar. Vom Tor geht man geradeaus, hält sich an der ersten Abzweigung schräg rechts, an der zweiten links – wobei die Dormitio-Kirche rechts liegen bleibt – und geht bis zu einem Gebäude, das die Gasse überbaut. In dieses Haus links hinein und ein paar Schritte bis zur ersten Tür, dann stehen Sie im eher unschönen Saal der Fußwaschung, der heute als Synagoge dient. Der anschließende Raum – der nur mit Kopfbedeckung betreten werden darf – enthält das **Davidsgrab** (tägl. 8 Uhr bis Sonnenuntergang). Der Eintritt ist frei, auch wenn irgendwelche Tagediebe Ihnen das anders weismachen wollen. Außerdem werden sich Ihnen hier im Davidsgrab-Bereich selbst ernannte, eher nicht so qualitätvolle Führer aufdrängen, die hinterher ein ziemlich hohes Bakshish erwarten – und ähnlich wie an der Westmauer wird wahrscheinlich einer dieser Kampf-Segner auf Sie zukommen, der für zehn Sekunden Zwangsbesegnung gern auch inklusive Betatschen eine möglichst erfreuliche Geldherausgabe erwartet. Lassen Sie sich von diesen religiösen Geschäftsmodellen nicht beeindrucken.

Obwohl es sich hier mit sehr hoher Sicherheit **nicht** um **das Grab** des Königs handelt, wird dieser Platz doch von vielen jüdischen Gläubigen verehrt. Im Raum steht ein mit Tüchern bedeckter Kenotaph. Vielleicht werden Sie zufällig Zeuge innerjüdischer Auseinandersetzungen: Etwa zweimal wöchentlich kommt eine Art Ultra-Picknickgruppe, die sich auf dem Gelände zum säkularen Schmausen niederlässt, um zu unterstreichen, dass das Davidsgrab nicht echt und damit nicht heilig und das ganze Getue in diesem etwas heruntergekommenen Anwesen überflüssig sei. Eine bemerkenswerte Protestform.

Von diesem Gebäudekomplex führt ein schmaler Weg zur kleinen **Holocaust Gedenkstätte**, die Exponate zur Erinnerung an die Gräueltaten zeigt – wer noch nach Yad Va-Shem möchte, braucht hier nicht hinein.

Vom Saal der Fußwaschung würde links vom Eingang eine Treppe hinauf in den Abendmahlsaal führen, doch sie ist blockiert. Man muss aus dem Haus heraus und ein paar Schritte zurückgehen. Rechts die dritte Tür unter einem schönen Torbogen ist der richtige Eingang, dort eine Treppe hinauf, dann links zum **Abendmahlsaal** (tägl. 8-18, Eintritt frei, Gottesdienste nur zu Pfingsten und Mariä Himmelfahrt am 15.08.). Ein Gewölbe mit gotischen Säulen prägt den Raum. In der westlichen Ecke (gegenüber dem Eingang) ist eine Marmorsäule mit zwei Pelikanen dekoriert, die einem dritten in die Brust picken. Sie versinnbildlichen, wie sich ein Tier für seine Nachkommen opfert, und sollen die Aufopferung Jesu für die Menschheit darstellen. In die südliche Wand baute Sultan Suleiman einen Mihrab (Gebetsnische) ein.

Beherrschendes Bauwerk auf dem Zionsberg ist die Kirche **Dormitio Beatae Mariae Virginis** der deutschsprachigen Benediktinerabtei auf dem Zion (Mo-Sa 9-17.30 [Café & Shop -17], So ab 11.30, www.dormitio.net), kurz Dormitio genannt, Zutritt links vor der kleinen Cafeteria. Die Kirche wurde Anfang des 20. Jhs im neuromanischen Stil errichtet und 1910 gemäß der Tradition des hiesigen Sterbeorts der Dormitio (auf deutsch *Entschlafung der seligen Jungfrau Maria*) geweiht. Sehenswert ist der Mosaikboden, dessen drei ineinander verschlungene Kreise (unterhalb des Zenits der Kuppel) die Dreieinigkeit symbolisieren sollen, die dann folgenden konzentrischen Kreise enthalten zunächst die Namen der Propheten, dann der Apostel. Unterhalb des Kirchenbodens liegt eine schöne Krypta (Eingang links vom Haupteingang). Deren Seitenaltäre wurden von verschiedenen Nationen gestiftet, die zum jeweiligen Nationalfeiertag eine Abordnung zur Gottesdienstfeier schicken. In ihrer Mitte liegt eine von alttestamentlichen Frauenfiguren umringte Marienfigur auf dem Totenbett, das mit einer schönen Mosaikkuppel überwölbt ist.

Grab von Oskar Schindler auf dem Mt. Zion

Auf den Friedhöfen des Bergs Zion sind viele Persönlichkeiten begraben, die mit der Geschichte Jerusalems oder ihrer Erforschung verbunden sind.

Das dafür nötige Spezialinteresse benötigt man nicht auf dem katholischen Friedhof für das **Grab von Oskar Schindler**, der 1994 durch den Spielberg-Film *Schindlers Liste* weltweit berühmt wurde. In der Schlussszene des Films sieht man einige der 1200 Juden, die ihm sein Leben verdanken, beim Besuch seines Grabes, ganz kurz ist der Glockenturm der Dormitio zu erkennen. Wenn Sie die Straße überqueren, die ganz im Süden den Berg Zion umrundet, werden Sie über einem Friedhoftor den Hinweis „To Oskar Schindler's Grave" finden – dort dann auf der unteren Terrasse halb rechts halten zu dem Grab mit den meisten Steinen (Mo-Sa 8-12). Diese jüdische Sitte, Verstorbenen die Ehre zu erweisen, gilt dem einzigen ehemaligen Mitglied der NSDAP, das in Israel begraben liegt und in der Allee der Gerechten in Yad VaShem gewürdigt wird.

Zurück Richtung Zionstor könnten Sie noch dem **David Palombo Museum** einen Besuch abstatten. Palombo (1920-1966) war Bildhauer und arbeitete vorwiegend mit Metall, die Tore zur Knesset und an der Halle der Erinnerung in Yad VaShem stammen von ihm. Sein kurzes Leben beendete eine Shabbat-Kette: Von Haredim zum Erzwingen der Shabbat-Ruhe über eine Straße gespannt, riss sie Palombo vom Motorrad und in den Tod. Zu sehen sind sein Atelier und natürlich Kunstwerke von ihm, Tel. 6710917, So-Do 9-14, Fr -13.

Wieder am Zionstor können Sie entweder in die Altstadt zurückgehen oder aber ins Zentrum der Neustadt wandern, indem Sie außerhalb der Stadtmauer bleiben. Dieser relativ einsame Spaziergang zunächst direkt an der Stadtmauer entlang ist vor allem gegen Sonnenuntergang zu empfehlen, wenn die Stadtmauer und die davor liegenden Grünanlagen vom letzten Sonnenlicht angestrahlt werden. Unten im Hinnom-Tal baute Sultan Suleiman einen Damm – auf dem heute die Straße das Tal quert – und staute den Flusslauf zum **Sultan's Pool**, heute ein beliebter Platz u.a. für Open-Air-Konzerte. In dieser Gegend überspannt ein Drahtseil das Tal zum Zionsberg, über das mit einem kleinen Wägelchen während des Unabhängigkeitskrieges israelische Soldaten versorgt wurden. Auf der gegenüberliegenden Talseite liegt die erste jüdische Siedlung außerhalb der Stadtmauern, Mishkenot Sha'anannim, mit der Montefiore-Windmühle.

Die Stadt Davids[**]

Geschichte: *Südlich der heutigen Altstadt lag die Davidsstadt auf dem Berg Ofel. Ausgrabungen belegen, dass dieser Hügel seit der Zeit Davids **1000 vC bewohnt** war. Wenn es David war, hat er eine Siedlung auf*

*vier Terrassen angelegt, die durch Treppen miteinander verbunden waren und ein Abwassersystem besaßen. Bereits die Kanaaniter, die David von diesem Platz vertrieben haben soll, hatten zur **Wasserversorgung** einen Tunnel von der nahe gelegenen Gihon-Quelle her gegraben. Im 8. Jh vC wurde er durch eine 13 m tiefe Felsspalte innerhalb der Stadt „angezapft" die nach ihrem Wiederentdecker **Warren-Schacht** heißt – der Zugang wurde jedoch entgegen Warrens Interpretation 1867 nicht künstlich angelegt und diente David auch nicht zur Eroberung der Jebusiterstadt.*

*Doch dieses Versorgungssystem war König **Hiskia** (727-698 vC) nicht gut genug. Er ließ einen insgesamt 540 m langen, bis zu 4 m hohen Tunnel anlegen, der in einem Becken endete, dem heutigen **Siloa-Teich**, an dem Jesus später Blindgeborene heilte. Damit war die Wasserversorgung auch bei Belagerung gesichert. Der Tunnel wurde von beiden Seiten begonnen, wie eine Inschrift (heute im Museum von Istanbul) und die unterschiedliche Hackrichtung am Treffpunkt der damaligen Tunnelbohrer beweisen.*

*In den letzten Jahren gibt es um die **Davidsstadt** bzw. das dortige arabische Viertel **Silwan** heftige Auseinandersetzungen. Es setzen sich nicht nur nationalreligiöse Siedler seit Jahren in arabischen Häusern fest, um König David möglichst nahe zu sein, sondern auch der Bedarf, israelitische Hinterlassenschaften auszugraben, wächst stetig. Für wissenschaftlich zumindest umstrittene Ergebnisse, da die z.T. frommen Geldgeber für die Grabungen mit möglichst sensationellen Funden bei Laune gehalten werden müssen, sollen arabische Familien umgesiedelt werden. Ein Informationsportal der Bewohner Silwans bietet http://silwanic.net. Etwa monatlich gibt es eine alternative archäologische Führung auf Englisch durch die Davidsstadt und durch Silwan, www.alt-arch.org, Treffpunkt vor dem Eingang zur Davidsstadt.*

4

In der Praxis ist von Davids Pracht nichts außer ein paar Grundmauern und jenem Kanal erhalten, alle Relikte liegen relativ weit – vor allem in der Höhendifferenz – voneinander entfernt. Für den Besuch gibt es seit der Eventisierung der ganzen Angelegenheit im Jahr 2000 nur noch eine Möglichkeit: Vom Dungtor hält man sich auf der Ofel St östlich, bis rechts die Ma'alot Ir David St ins Tal abzweigt, nach ein paar Schritten geht es linker Hand zum *Visitor Center* der *City of David* (So-Do 8-19 (Winter -17), Fr -16 (Winter -14), man kann gratis manches sehen, aber den Tunnel wohl nur noch, plus 3D-Film und geführter Tour ₪ 65 bzw. 48, Tel. 6268700 oder *6033, www.cityofdavid.org.il). Für den Tunnel und Warren's Schacht muss man die Karte mindestens eine Stunde vor Schluss kaufen, mitzubringen sind eine Taschenlampe sowie Kleidungsstücke und Schuhe, die nass werden dürfen sowie je nach Wasserstand ein Rucksack, den Sie über Kopf halten können.

Wenn Sie ein Ticket lösen, erfahren Sie die Uhrzeit, wann Sie Zugang zum Hiskia-Tunnel bekommen. Abhängig von der bis dahin verbleibenden Zeit können Sie eventuell schon zum Ausgrabungsbereich schauen oder vielleicht nur eine Erfrischung zu sich nehmen.

Je nachdem, wie gut man zu Fuß ist, eröffnen sich zwei Besichtigungsmöglichkeiten: Wegen des Termins am Tunnel empfiehlt es sich, diesen zuerst zu durchwandern. Die Ausgrabungen ließen sich dann auf dem Fußmarsch zurück besichtigen, oder man nimmt am Siloa-Teich den Shuttle-Service für ₪ 5 zurück zum Visitor Center und macht sich wiederum von dort an die Grabungsareale und hat den weniger beschwerlichen Weg bergab, diesmal überirdisch zum Siloa-Teich. Von dort wieder per Shuttle zurück oder mit einem Taxi weiter ziehen.

Der **Siloa-Teich** liegt unterhalb einer Moschee auf der westlichen Seite der Davidsstadt, er mag vielleicht derzeit etwas enttäuschend klein sein, aber schließlich zählt er, wie der ihn speisende Kanal, zu den ältesten noch funktionierenden Wasserversorgungssystemen der Welt. Der *** **Hiskia-Tunnel** zieht sich nicht geradlinig durch den Berg, sondern kurvenförmig, weil die Erbauer vermutlich einer natürlichen Spalte folgten. Wenn man dem Lauf des Kanals watend folgen will – was größtenteils in aufrechter Haltung möglich ist – so kommt man am trockensten während der Sommermonate davon. Besucher erhalten eine Kerze und zur Sicherheit eine Taschenlampe.

Achten Sie auf den Treffpunkt der beiden Grabungsteams an einer Doppelkurve, in deren Scheiteln je ein kurzer, tauber Kanal im Felsen endet. Die Arbeiter konnten sich gegenseitig hören und hackten dann aufeinander zu.

Nur mit mehr als 70 cm Körpergröße bekommt man im Hiskia-Tunnel noch Luft

Bevor Sie jedoch wirklich den Hiskia-Tunnel durchwaten, haben Sie noch Gelegenheit, den **Warren-Schacht**, den kanaanäischen Tunnel aus der Mittelbronzezeit vor etwa 3800 Jahren sowie die **Gihon-Quelle**, die nie versiegende Wasserquelle Jerusalems, aus der Nähe zu inspizieren.

Im Ausgrabungsbereich ist die **Area G** am interessantesten, die als Palastbereich interpretiert wird, und in der man einige historische Bibelauskünfte wiederzuerkennen glaubt. Die Ausgrabung erregte in den 1980er Jahren die Gemüter der ultraorthodoxen Juden, weil man angeblich auf einen Friedhof gestoßen sei und die Totenruhe nicht angetastet werden dürfe. Später zeigte sich, dass dies nicht der Fall war. Für den Laien sind keine überwältigenden Sehenswürdigkeiten zu sehen. Die heute sichtbaren Mauerreste wurden ausgeschildert, Tafeln erläutern kurz die Bedeutung. Unter anderem kommt man noch an einem Steinbruchbereich vorbei und stößt nahe beim Siloa-Teich auf die Ausgrabung des weitaus größeren Siloa-Pools der neutestamentlichen Zeit, wie er auch im Jerusalem-Modell des Israel-Museums zu sehen ist.

Lassen Sie auf Ihrem Weg ein bisschen die andere der beiden Welten, zwischen denen man in Jerusalem ständig pendelt, auf sich einwirken. Auf der Mauer am Wegesrand sitzend, schweift der Blick über das Tal, das abseits des Jerusalemer Trubels liegt. Der städtischen Infrastruktur jenseits des Kidrontals gelingt bei gleicher Steuerbelastung offenbar keine regelmäßige Müllabfuhr, und an diesem Hang scharren Hühner, Schafe blöken, Ziegen streiten sich meckernd um das bisschen Grün. Der Wind weht von der anderen Seite fröhliche Kinderstimmen herüber, die Häuser dort kleben dicht aneinander den Hang hinauf wie eine einzige große Wohnburg. Mütter rufen nach ihren Kindern oder zetern mit

ihnen herum, bunte Wäsche flattert auf den Dächern der Häuser. Die Sonne flirrt in eine Welt, die sich seit Hunderten von Jahren nicht verändert zu haben scheint. Doch diesseits des Tals rumort es kräftig. In einer einstmals ähnlichen Welt müssen Menschen ihre Häuser aufgeben, um für die Selbstvergewisserung über die israelitische Gründungsdynastie von David und Salomo (was sich wissenschaftlich befriedigend kaum jemals wird machen lassen) sowie einer erkennbaren Eventisierung der Davidsstadt Raum zu schaffen. Der Konflikt zwischen Silwan und Davidsstadt wird noch viele Jahre weiter schwelen.

Etwa gegenüber dem Zionstor zweigt talwärts von der Ma'ale HaShalom St ein Sträßlein zur Kirche **St. Peter in Gallicantu** ab, die 1931 an der Stelle des dreimaligen Hahnenschreis errichtet wurde (Mo-Sa 8.30-17, ₪ 7). Eine Aussichtsplattform eröffnet einen schönen Blick auf den Felsendom und ins Kidrontal.

Vom Damaskustor*
nach Norden und Osten

Das ***Damaskustor** ist mit seinen Türmen und Zinnen der beeindruckendste und am besten befestigte Eingang zur Altstadt. Es wurde 1538 von Suleiman dem Prächtigen – seinem Namen gemäß – erbaut. Es sollte die Stadt an ihrer schwächsten Flanke, der ebenen Nordseite, durch mächtige Barrikaden schützen. Hier beginnt die Straße von Jerusalem über Nablus (Sichem) nach Damaskus. Die Araber nennen das Tor *Bab AlAmud (Tor der Säule)* nach einer Säule, die zur Ermittlung der Entfernung nach Damaskus diente und auch auf dem Madaba-Mosaik zu sehen ist (siehe S. 188). Die Juden nennen es *Sha'ar Shkhem* nach der Straße, die nach Sichem (Nablus) führt. Unterhalb der mächtigen Barrikade wurde 1982 ein **Römischer Platz** freigelegt,

4

Ruinen der erst kurz vor der Zerstörung durch Titus 70 nC fertig gestellten dritten Mauer und der römischen Toranlage aus der Zeit Hadrians kamen zum Vorschein. Die Besichtigung ist derzeit nicht möglich, aber Sie können von der äußeren Rampe zum Tor links unterhalb noch den kleinen östlichen Eingang des römischen Tors sehen – rund 1500 Jahre älter als das heutige Tor und mit weit niedrigerem Straßenniveau.

Auf den Treppen draußen vor dem Tor herrscht meist hautnahes Geschiebe und Gedränge der Fußgänger, die vor allem zu den „Rushhours" in die Altstadt drängen, bzw. wieder heraus. Gnadenloser geht es auf der Straße zu; denn hier starten und enden die meisten Bus- wie auch Minibus-Linien, die in die Westbank fahren. Außerdem zwängen sich die innerstädtischen EGGED-Busse der Linien 1 und 3 durch das Gewühl.

Etwa 200 m östlich an der Außenseite der Mauer, also Richtung Herodestor, liegt der Eingang zum **Steinbruch des Salomo** (So-Do 9-17, Winter -16, ₪ 18 – aus politischen Gründen immer wieder geschlossen; am besten beizeiten Tel. 6277550 oder *4987 anrufen, ausgeschildert *King Solomon's Quarries (Zedekiah's Cave)*. Die Forscher sind sich einig, dass bereits Salomo die Steine, die er für den Tempel brauchte, hier – unterhalb der heutigen Altstadt – brechen ließ. Alle anderen großen Baumeister folgten ihm. Dabei entstand ein großes Höhlenlabyrinth. Fromme Juden identifizieren es dagegen als die **Höhle des Zedekia**, denn nach ihrer Annahme hielt sich dort 587 vC Zedekia, der letzte König von Juda, vor seiner Gefangennahme durch babylonische Truppen versteckt. Die Höhle geht tief in den Berg hinein, nach einer großen Halle – über der ca. 1,5 Millionen Tonnen Gestein lagern – endet sie quasi an einem kleinen Rinnsal, das beständig von der Decke tropft und *Tränen des Zedekia* genannt wird, weil es die Tränen des Herrschers über die Tempelzerstörung symbolisiert. In osmanischer Zeit zugemauert und in Vergessenheit geraten, wurde die Höhle nach ihrer Wiederentdeckung unter anderem als Treffpunkt von Freimaurern genutzt.

Vom Damaskustor gibt es lohnende **Spaziergänge** z.B. auf den Altstadtstraßen nach Süden, siehe S. 160. Denn die arabische Bevölkerung benutzt diese Souks, um den täglichen Bedarf an Lebensmitteln, aber auch an Kleingeräten einzukaufen. Was Sie hier sehen, ist also der Teil der Altstadt, der dem orientalischen Handelstreiben noch am nächsten kommt.

Wenn Sie Zeit genug haben, gehen Sie vom Damaskustor nach Norden in die Nablus (Shkhem) St. Lassen Sie sich am Beginn des Weges von den blauen Abgaswolken der hier kreuzenden arabischen Busse nicht die Lust nehmen. Schülerinnen und LehrerInnen der an der Straßenecke liegenden deutschen **Schmidt-Schule** müssen sich ständig mit der Belastung herumschlagen.

Sie kommen dann am *Deutschen Verein zum Heiligen Lande* vorbei, der sonntags zum Gottesdienst lädt, www.heilig-land-verein.de. Bald weist ein Schild auf das * **Garden Tomb** (Eintritt frei, Mo-Sa 8.30-12, 14-17.15, www.gardentomb.org) hin, das von dem Engländer Charles Gordon 1882 entdeckt und für das Grab Jesu gehalten wurde, weil es außerhalb der osmanischen Stadtmauer am Fuß eines Felsens liegt, der die Form eines Schädels („Golgatha") hat. Gordon war kein Historiker: Die Stadtmauer verlief zur Zeitenwende völlig anders. Allerdings glauben einige protestantische Glaubensrichtungen an Gordons Idee und geben sich alle Mühe, sie den Besuchern zu beweisen. Unabhängig davon erwartet Sie ein gepflegter, erholsamer Garten mit viel Blumenschmuck, in dem sich auch der Geschichte Jesu gedenken lässt.

Gartengrab

Nach dem Gartengrab wäre ein Abstecher mit Kontrastprogramm denkbar: Beim Weitergehen den arabischen Busterminal, das Jerusalem Hotel und das AlMihbash Restaurant links liegen lassen und am Kreisel links, dann die große Straße 60, Hel HaHandasa, überqueren und auf der anderen Seite der Straße rechts halten. Nach knapp 200 m erreicht man das **Museum On the Seam**, (4 Hel HaHandasa St, Tel. 6281278, www.mots .org.il, MoMiDo 10-17, Fr -14, Di 14-20, ₪ 30). Dieses Gebäude wurde 1983 von Teddy Kollek und dem Verleger Holtzbrinck zu einem Museum umgewidmet. Es steht im wahrsten Sinne auf der Grenze, nämlich der Grünen Linie, die 1948-1967 Ost- von Westjerusalem trennte, nahebei jedoch durch den Checkpoint *Mandelbaum Gate* verbunden war. Auch religiös-observante und säkulare Stadtteile treffen hier aufeinander. Dazu passen die Ausstellungen zeitgenössischer, sozio-politisch engagierter Kunst, die längst nicht nur den Nahostkonflikt zum Thema haben – nicht unbedingt „schön", aber immer anregend.

Zurück weiter nördlich auf der Nablus St liegt die anglikanische **St.-Georgs-Kathedrale**, die selten besucht wird. Am nördlichen Ende dieses Blocks kommt von rechts die Saladin St (Salah EdDin); östlich dieser Straße erstreckt sich die 1881 gegründete **Amerikanische Kolonie**. Wenige Schritte von hier nach rechts liegen die für Archäologie-Fans sehenswerten sog. **Königsgräber** (Besichtigung nur mit Erlaubnis des franz. Konsulats, Tel. 6259481, Mo-Sa 8-12.30, 14-17; ₪ 12, Taschenlampe!), die fälschlicherweise den judäischen Königen zugeschrieben wurden. Vermutlich ließ jedoch Königin Helena von Adiabene (heute Kurdistan), die um die Zeitenwende zum jüdischen Glauben konvertierte, diese Anlage für ihre Familie schaffen. Der Sarkophag einer unbekannten Königin Zaran oder Zadan steht zwar im Pariser Louvre, aber dafür weht hier die französische Flagge, ein Schild sagt „République Française: Tombeau des Rois"… Eine Treppe führt 26 hohe Stufen hinunter zu einem Tor im Fels, das eine Zisterne abschließt. Links ist ein großer Hof in den Fels geschlagen, an dessen Straßenseite die Graböffnung liegt. Man sieht eine Vorhalle, von der ein Eingang in einen weiteren Raum führt. Von hier aus sind 48 Grabkammern in zwei Stockwerken geschaffen worden. Im Sommer finden hier Open-Air-Konzerte des palästinensischen *Jerusalem Festivals* statt.

Ein paar Schritte weiter Richtung American Colony Hotel biegt rechts die Abu Obeida St ab und führt zum **Museum für arabisch-palästinensische Folklore**. Besonders interessant die bestickte Damenkleidung, etwa das Hochzeitskleid aus der ersten Hälfte des 20. Jh. (Dar AtTifl AlArabi Schule, täglich 9-13, aber besser vorher kontakten: Tel. 6283251, www.dartifl.org). Schräg gegenüber liegt das Orient-Haus. Wer das PLO-Hauptquartier der 1980er und '90er Jahre kennenlernen möchte, mailt abushamseyeh@yahoo.com; www.orient-house.org.

Etwas weiter in der Nablus St trifft man auf das **American Colony Hotel**, www. americancolony.com. Diese stimmungsvolle Oase befindet sich in einem ehemaligen türkischen Palast, der 1860 von einem reichen Araber gebaut und 1865 an eine amerikanisch-schwedische Familie verkauft worden war. Das Gebäude bildete bald den Kristallisationspunkt einer kleinen amerikanischen Kolonie. Ab 1902 diente es teilweise als Hospiz, später als Hotel, das sich bald zum Prominenten- und Pressehotel entwickelte. Die ersten Kontakte zwischen Palästinensern und Israelis, die zum Oslo-Abkommen führten, fanden übrigens hier statt. Im Eingangsbereich gibt es eine Zweigstelle des *Educational Bookshop*, siehe unten.

Falls Sie an der israelischen Kriegsgeschichte interessiert sind, können Sie von hier aus weiter nach Norden zum **Ammunition Hill** fahren, zu Fuß zieht es sich. Dort lag einst das Hauptquartier der jordanischen Armee für den Bereich Jerusalem. Im Sechstagekrieg war es heftig umkämpft, bis es schließlich erobert werden konnte und dadurch der jordanische Verteidigungsring durchbrochen wurde. Die Originalanlage mit Bunker, Schützengräben und Freilandbereich ist heute Museum und offizielle Gedenkstätte (So-Do 9-17, Fr -13, Spenden willkommen, www.g-h.org.il/en).

Von den Königsgräbern aus sollte man nun die Saladin St wieder zurück zur Altstadt gehen, wo man eine Pause im Café des *Educational Bookshops* einlegen könnte, www.educationalbookshop.com. Die Saladinstraße stößt am Herodestor auf die stark befahrene Suleiman St, der wir nur für ein kurzes Stück ostwärts bis zur Nordostecke der Stadtmauer folgen. Links steht das unübersehbare Gebäude des *Palestine Archaeological Museum,* besser bekannt als ****Rockefeller Archaeological Museum** (Eintritt frei, So/Mo/Mi/Do 10-15, Sa -14, im Winter nicht geheizt, Bus 1, 3, 51, Parkplätze nur samstags). Es wird vom Israel-Museum gemanagt, www.imj.org.il/en > Visitor Information. Ein Besuch der z.T. spektakulärsten Funde der britischen Mandatszeit in dem noch dazu

Rockefeller-Museum: Steinwanne von Herodes

charmanten Gebäude ist sehr zu empfehlen. John D. Rockefeller rief das 1938 eröffnete Museum durch eine Spende ins Leben. Die **Ausstellung** reicht etwa 200.000 Jahre zurück mit Exponaten aus der Stein- und Kupfersteinzeit, kanaanäischer und israelitischer Zeit, Byzanz und der muslimischen Epoche. Wichtige Stücke aus den verschiedensten Ausgrabungen im Land sind – unter anderen – die 9000 Jahre alten Schädel-Beisetzungen aus Jericho, die ägyptischen Stelen und Sarkophage aus Bet Shean, im idyllischen Innenhof die Badewanne von Herodes I. aus seiner Festung Kypros südlich des Wadi Qelt bei Jericho, die überraschend reich geschmückten Dekorationsrelikte aus dem Hisham-Palast in Jericho (siehe S. 522) sowie Reste der Kreuzfahrerausstattung der Grabeskirche. Seit Eröffnung der Ausstellung hat sich museumspädagogisch zwar einiges getan, aber besuchen Sie diesen Klassiker auf jeden Fall: Was hier zu sehen sein wird, wenn 2018/2019 der **National Campus for the Archaeology of Israel** eröffnet haben wird (s.u. S. 210), ist sehr die Frage. Bis dahin könnte einiger Bestand des *Rockefeller* abgezogen werden, obwohl er entsprechend der Oslo-Verträge in palästinensischer Obhut bleiben müsste. So sollen alle Qumran-Rollenschnipsel nach Westjerusalem transferiert werden, aber die werden nicht ausgestellt.

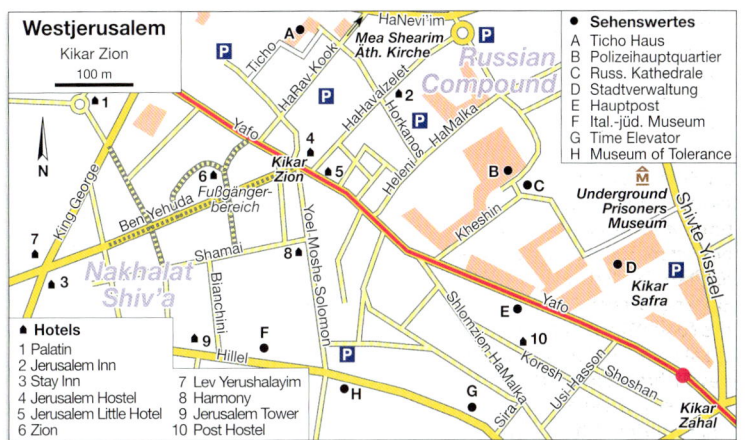

Westjerusalem
Kikar Zion
100 m

N

Russian Compound

Mea Shearim Äth. Kirche

HaNevi'im

Nakhalat Shiv'a

Kikar Zion
Fußgänger-bereich

King George
Ben Yehuda
Shamai
Bianchini
Hillel

Yoel Moshe Solomon

HaRav Kook
HaHavazelet
Hakanoa
HaMalka
Helen

Kheshin

Yafo

Kikar Safra

Shlomzion-HaMalka
Sira
Koresh
Usi-Hasson
Shoshan

Shivte-Yisrael

Underground Prisoners Museum

Kikar Zahal

• **Sehenswertes**
A Ticho Haus
B Polizeihauptquartier
C Russ. Kathedrale
D Stadtverwaltung
E Hauptpost
F Ital.-jüd. Museum
G Time Elevator
H Museum of Tolerance

▲ **Hotels**
1 Palatin
2 Jerusalem Inn
3 Stay Inn
4 Jerusalem Hostel
5 Jerusalem Little Hotel
6 Zion
7 Lev Yerushalayim
8 Harmony
9 Jerusalem Tower
10 Post Hostel

4

Westjerusalem

Beiderseits der Yafo Street

Die Yafo (Jaffa) St verbindet den westlichen Stadteingang (d.h. das Ende der von Tel Aviv heraufkommenden Autobahn 1 über die Ben Gurion und später Weizmann St, die bei der neuen **Calatrava-Brücke** in die Yafo St übergeht) mit dem nahebei gelegenen zentralen **Busterminal** sowie mit der westlichen Neustadt und schließlich der Altstadt. Die Yafo St ist sowohl eine zentrale Verkehrsader als auch eine Orientierungslinie. Für den Autoverkehr steht sie allerdings nicht mehr zur Verfügung, nur noch Busverkehr und Straßenbahn sind erlaubt.

Aus Richtung Westen zweigt ein Stück stadteinwärts nach dem Kikar Nordau rechts die Makhane Yehuda St ab, die sowohl das hier sich ausbreitende Stadtviertel bezeichnet als auch an großen Markthallen vorbeiführt. Hier werden alle Sinne verführt; wenn Sie Muße und Budget haben, auch im angesagten Restaurant *Makhneyuda*. Der **Makhane Yehuda Markt** erinnert manchmal daran, wie man sich das typische jüdische *Shtetl* in

Osteuropa vorstellt. Besonders donnerstags und freitags wimmelt es hier von ultraorthodoxen Juden, die für den Shabbat einkaufen.

Noch interessanter dürfte eine andere Begegnung mit dem **ultraorthodoxen**

Straßenbahnbrücke – das neue Wahrzeichen von Santiago Calatrava

Judentum sein. Wenn man etwa auf der Hälfte der Entfernung zur Altstadt auf den **Kikar Zion** – einen wichtigen Platz im Stadtzentrum – kommt und links (etwas verwinkelt) in die HaRav Kook St abbiegt, so kann man zunächst bei der Nr. 7 dieser Straße das frisch renovierte *Ticho Museum (So/Mo/Mi/Do 10-17, Di 16-21, Fr -14, www.imj.org.il/en > auf "i" klicken) bewundern. Anna Ticho war eine Malerin, ihr Mann sammelte Menorot, also siebenarmige Leuchter, die zusammen mit Bildern Anna Tichos im Museum ausgestellt sind. Dem Haus angeschlossen ist ein kleines, stadtbekanntes *Anna Italian Café* (So-Do 9-23, Fr -15). – Gleich in der Nachbarschaft, Haus Nr. 9, könnten Sie noch das *Museum of Psalms* anschauen: Malereien des Malers Moshe Zvi Berger – durchaus anregend (So-Do 10-17, Fr nach Verabredung, Tel. 6230025, http://the museumofpsalms.com, Spende willkommen). Gehen Sie nach Norden bis zur Prophetenstraße (*HaNevi'im*) weiter.

Die HaNevi'im St grenzt das jüdisch-orthodoxe Viertel **Mea Shearim** (*Hundert Tore*) nach Süden ab, das 1875 als zweite jüdische Siedlung außerhalb der Altstadt gegründet wurde. Am Eingang weisen Schilder darauf hin, dass sich die Besucher der Umgebung entsprechend verhalten mögen: Frauen müssen mindestens Ellbogen und Knie bedeckt halten, Männer lange Hosen tragen. Sehr empfehlenswert sind auch Kopftuch und Kippa.

Beim **Fotografieren** sollte man sehr **vorsichtig** sein, zumindest die Leute fragen. Meist ist die Atmosphäre friedlich, aber die Bewohner können schnell aggressiv werden, bewerfen am Shabbat durchfahrende Autos mit Steinen oder bespucken Touristen, die sich nicht adäquat benehmen. Angesichts dessen mag überraschen, dass Sie die Menschen dort auf Deutsch ansprechen können, *„aberr vielleicht passen an Satzbau ein bisschen".*

Wenn Sie den Schnellsprechern eine Weile zuhören, werden Sie einzelne Worte erkennen, denn hier wird **Jiddisch** gesprochen. Und es wundert hier niemanden, sondern ruft eher erfreute Reaktionen hervor, wenn man die Ähnlichkeit mit der deutschen Sprache zur Verständigung nutzt. Jiddisch wird gesprochen, weil Hebräisch als heilige Sprache nur dem religiösen Bereich vorbehalten sein soll (siehe auch S. 575 Kauderwelsch-Sprechführer Jiddisch).

Mea Shearim ist quasi eine der letzten Zufluchtsstätten der einst in Osteuropa blühenden Gemeinden der ultraorthodoxen Juden. Aufgrund der hohen Geburtenrate hat es sich allerdings über die traditionellen Grenzen hinweg in Richtung Altstadt ausgebreitet – etwa ein Drittel der Einwohner Jerusalems widmet sich der strengen jüdischen Glaubenspraxis. Richtung Norden gibt es weitere haredische Stadtteile wie Ge'ula, Sanhedriya oder Kiryat Belz, östlich von Tel Aviv sogar die ganze Stadt Bne Braq.

Fast überflüssig zu sagen, dass in diesem Stadtviertel jede Menge religiöser Literatur und Gegenstände wie Gebetsschals, Leuchter und Shofare preiswert zu haben sind, außerdem gibt es sehr gute Bäckereien, die vor allem donnerstags Kuchen für den Shabbat backen. Überqueren Sie also die HaNevi'im St und gehen Sie zunächst die Ethiopia St hinauf. Links an der Ecke steht das heute **Tabor House** genannte Gebäude (Nr. 58), das sich der deutsche Exmissionar und bedeutendste Architekt Jerusalems im 19. Jh, Konrad Schick, baute. Er war übrigens auch der Planer und Architekt von Mea Shearim. In der Ethiopia St steht rechts die **Äthiopische Kirche**, deren Löwenreliefs über dem Tor an den „Löwen von Juda" erinnern. Denn die äthiopischen Herrscher führten ihre Dynastie auf die Königin von Saba zurück, der Salomo das Wappen mit dem Löwen von Juda ver-

Orientierung unter Ultraorthodoxen

Die ultraorthodoxen Juden (Haredim) mögen sich zwar auf den ersten Blick sehr ähneln, tragen aber je nach Gruppenzugehörigkeit und Anlass unterschiedliche Kleidung. Etwa die Hälfte der Haredim sind **Chassidim** (wörtlich: Fromme) unterschiedlicher Gruppierungen, die in sogenannten Höfen zusammenleben. Diese tragen die Namen osteuropäischer Orte, in denen sie gegründet wurden. Die einzelnen Gruppen werden von Rebben geführt, die als *Zadik*, Rechtschaffene, Vorbild ihrer Gemeinschaft und Mittler zu Gott sind. Chassidim sind z.B. an langen, dunklen Mänteln oder den sefardisch inspirierten langen Kaftanen mit Mantel zu erkennen, die Kaftane wochentags bläulich gestreift, feiertags nahezu goldglänzend gestreift. Die Gerer Chassidim, die größte Gruppe in Israel, wickelt die Hosenbeine ihrer schwarzen Anzüge in Knöchelhöhe in die Socken. Letztere sind schwarz, bei anderen Gruppen jedoch nur wochentags – feiertags bei verheirateten Männern nämlich weiß.

Als Kopfbedeckung dienen häufig schwarze, runde Hüte, oftmals Homburger, die in Deutschland zuletzt durch Adenauer populär waren. Am Shabbat und an Feiertagen tragen viele Chassiden pelzbesetzte, wagenradartige Hüte, ursprünglich Tracht des polnischen Adels. Diese *Streimel* sind leicht zu verwechseln mit den weniger ausladenden, aber höheren Pelzkappen namens *Spodik* – braun, von ursprünglich polnischen, z.B. den Gerer Chassidim getragen, oder *Kolpik* – schwarz, von den Belzern favorisiert, und dort dem Rebben und seiner Familie vorbehalten. Die weltweit präsenteste chassidische Gruppe Chabad (ein Akronym für Weisheit, Einsicht, Wissen), ursprünglich Lubawitscher Chassiden, haben Pelzkappen allerdings abgeschafft.

Mit den verschiedenen Arten von Schläfenlocken, den Peijes, könnte man sich ebenfalls länger befassen und nach einer Weile geografische Herkunft, zeitlichen Anlass, praktische Erwägungen und persönliche Vorlieben unterscheiden lernen.

Bei der anderen Hälfte der Haredim, die in Mea Shearim weniger vertreten sind, gibt es weniger zu unterscheiden. Es handelt sich um die litauischen Juden, auf Jiddisch **Litvish** oder auch **Litvak** oder von den Chassidim **Mitnagdim**, Gegner, genannt. Sie stammen ursprünglich aus dem Bereich des Großherzogtums Litauen, das im späten Mittelalter bis ans Schwarze Meer reichte. Die Gegnerschaft zu den Chassidim geht auf den Gaon von Vilna, Elia ben Shlomo Salman (1720-1797) zurück, der die mystische Suche der Nähe zu Gott im Chassidismus als pantheistisch einstufte und demgegenüber eine höchst gelehrsame, wortgetreue Tora-Auslegung hochhielt. Gaon, wörtlich Herrlichkeit, war vordem vom 7. bis 11. Jh nC der Titel der führenden Talmudgelehrten im Zweistromland.

Die Litvak wirken durch moderne schwarze Anzüge und weißes Hemd insgesamt

An der Westmauer: Frömmigkeit muss nichts mit Kopfbedeckungen zu tun haben, kann aber …

4

eleganter und einheitlicher als die Chassiden und tragen über der Kippa meist einen breitkrempigen Borsalino; die Schläfenlocken werden oft dezent getragen, z.B. hinter die Ohren gelegt. Die Frauen können sehr modisch mit überraschend kurzen Röcken gekleidet sein. Sie tragen meist Perücken ohne Kopftuch.

Beide Gruppen der Haredim kommen heute besser miteinander aus, vor allem der Obrigkeit gegenüber. Gemeinsam entscheiden sie z.B., wie die religiösen Abgeordneten in der Knesset abzustimmen haben. Auf beiden Seiten gibt es extreme Gruppierungen, die Zionismus und den Staat Israel völlig ablehnen, auf chassidischer Seite sind das die *Satmarer*, auf litvisher Seite die erst 1935 gegründete *Neturei Karta*. Letztere nehmen nicht einmal staatliche Fürsorge in Anspruch und arbeiteten – aus ihrer Sicht konsequent – mit der PLO zusammen.

Die Frauen in Mea Shearim, bei durchschnittlich acht Kindern häufig genug schwanger, haben in ihrem Viertel zumindest öffentlich wenig zu sagen, um so mehr zu arbeiten, zumal sie sehr häufig einen wesentlichen Anteil am Familieneinkommen aufbringen müssen. Die Männer studieren meist bis zum Alter von 30 und mehr Jahren an den Talmud-Schulen und suchen danach eine Stellung möglichst im religiösen Umfeld. Die Frauen integrieren sich eher in das weltliche Arbeitsleben und kommen dadurch mit offeneren geistigen Strömungen in Kontakt; Scheidungen nehmen daher auch im ultraorthodoxen Leben von Mea Shearim zu.

Besuch beim Rebben

In Mea Shearim besteht am einfachsten die Möglichkeit zu einem Erlebnis, das Sie kaum vergessen werden: Sie können am späten Freitagabend im Sommer gegen 23 Uhr, im Winter gegen 21 Uhr, bei manchen Chassidim auch Samstagnachmittag, an einem *Tish* teilnehmen. Tisch auf Jiddisch bedeutet eigentlich dasselbe wie im Deutschen, meint hier jedoch eine etwa zweistündige, gottesdienstähnliche Zusammenkunft der Chassidim mit ihrem Rebbe. Sie steht Nicht-Juden beiderlei Geschlechts zwar nur bei Einladung offen, aber mit züchtiger Kleidung sowie Kippa oder Kopftuch sollte es kein Problem geben. – Viele Ultraorthodoxe wirken abweisend, aber Sie werden auch offene Personen treffen, die Sie fragen können, wann und wo Sie zu einem Tish gehen könnten. Fragen Sie z.B. nach der Synagoge der **Karlin-Stoliner Chassidim**. Vermutlich vom für die Frauen vorgesehenen, abgetrennten Raumteil aus werden Sie ungefähr Folgendes beobachten: An einem Tisch (natürlich) sitzt der Rebbe der Gemeinschaft, vielleicht mit seiner Familie, und isst verschiedene Dinge, unterrichtet ein wenig Tora, und die Chassidim verfolgen alles ganz genau. Manchmal wird herumgereicht, was der Rebbe übrig gelassen hat, mal wird gesungen – zum Teil so bis zur Verzückung, dass man die Aufbauten, auf denen die Männer stehen, für einsturzgefährdet halten muss. Gegen Ende kann man sich mit einreihen, um dem Rebben die Ehre zu erweisen und ein Gläschen shabbat-süßen Likör zu empfangen. Für eine noch genauere Vorstellung von einem *tish* kann man bei Google Video den Suchworten *jewish tish* nachgehen. Informationen in voller Breite der chassidischen Lebenswelt findet man in Miriam Woelkes Weblogs http://chassidischegruppen.blog spot.com und http://chassidicstories.blogspot.com.

liehen haben soll – er ist auch das Wappentier von Jerusalem. Sobald die Ethiopia St in die HaZanovitz St mündet, müssen Sie in der gegenüberliegenden Shlomo Salman Bahran St weitergehen, die schließlich in die Mea Shearim St mündet. Der letzte Abzweig rechts führt Sie in das Herz des **ultraorthodoxen Viertels**.

Zunächst wird man von dem Dreck auf den Straßen und von den vielen heruntergekommenen Häusern überrascht sein. Dem Viertel fehlt jeglicher Charme. Und wären da nicht die vielen exotischen Gestalten in ihren häufig pechschwarzen Anzügen, die – an ihren Ohrenlocken zwirbelnd – stets fürchterlich eilig durch die Gassen huschen, dann würde man einen großen Bogen um dieses Viertel machen. Es liegt irgendein Geheimnis hinter diesen Mauern, hinter denen die Frauen mit den kahl geschorenen, aber mit Tüchern oder Perücken geschmückten Köpfen sehr viele Kinder gebären, sie ultraorthodox aufziehen und möglichst in diesem Kleinkosmos des religiösen Übereifers ihr Leben (zumeist) beschließen möchten.

Am Kikar Zion zweigt rechts die Ben Yehuda St ab, die Hauptgeschäfts- und Fußgängerstraße des modernen Jerusalems.

Die Yafo St streift am Kikar Bar Kokhba – kurz nach dem Kikar Zion – das links liegende **Russische Viertel**, das von den grünen Kuppeln der russisch-orthodoxen Dreifaltigkeits-Kathedrale gekennzeichnet ist. Der ehemals von einer hohen Mauer umgebene Komplex, dessen Zentrum die Kirche war, wurde um 1860 für russische Pilger gebaut, die hier Pilgerherbergen und ein Krankenhospiz vorfanden. Gegenüber dem Eingang zur Kathedrale in der Nähe der Polizeistation ist eine bei der Herstellung beschädigte und daher **aufgegebene Säule** eines antiken Steinbruchs zu sehen. Östlich der

Kathedrale liegt im ehemaligen russischen Damenhospiz das *Museum of the Underground Prisoners*, in dem die britische Mandatsregierung einst jüdische Widerstandskämpfer gefangen hielt (Eintritt frei, So-Do 9-17, http://eng.shimur.org/asirim).

Die Yafo St führt weiter zum Kikar Zahal, der an der Nordwestecke der Altstadtmauer liegt. Den Komplex an der linken Seite vor dem Kikar Zahal bildet die **Stadtverwaltung** – City Hall, die hier erst 1993 einzog und den durchaus sehenswerten Platz, den sie umschließt, Kikar Safra nennt. Führungen auf Englisch (siehe S. 161), Treffpunkt bei den Palmen am Eingang der Plaza.

Die Yafo St wendet sich der Westmauer der Altstadt zu und führt schließlich zu deren Jaffator. Zuvor an der Nordwestecke der Stadtmauer, am Kikar Zahal, könnten Sie sich auch links oder rechts wenden. Rechts geht es die Shlomo HaMelekh St hinunter, und nach dem Mamilla Hotel (inklusive *Roof* Top Restaurant mit schönem Blick auf die Altstadt) südlich der Straße können Sie links in die gleichnamige mondäne Fußgängerzone **Mamilla Mall** einbiegen, die ebenfalls zum Jaffator führt. In diesem ehemals arabischen und voll entkernten Stadtteil gibt es nicht billig zu, aber es gibt nette Bars und Restaurant-Cafés wie die Kette *Roladin*, wo schon der Blick auf das übrige Publikum lohnt. Auch Geld lässt sich wechseln oder eine Telefonkarte kaufen. Mittendrin könnten Sie mit neuester Technik ein Teil Jerusalems werden nach dem Motto **I am Jerusalem** (So-Do 10-21.30, Fr -13, Sa 19-22.30, letzte Show 30 min vor Schluss, Tel. 5835580, ₪ 54, Rabatt im Netz: www.iamjerusalem.co.il). Es handelt sich um ein 3D-Kino mit allen Finessen an Sound, Lichteffekten und Ruckelsitzen. Gezeigt wird in schnellen Schnitten Jerusalem einst, heute und morgen in einer knappen halben Stunde. Prima gemacht, aber mit der Effekt-

4

hascherei für den Preis vielleicht nicht jedermanns Sache.

Wenn Sie am Ende der *Mall* der Hauptstraße nach Süden folgen, gelangen sie nach etwa 150 m südlich der Rampe zum Jaffator, rechter Hand zum **Galerie- und Atelier-Viertel** *Khuzot HaYozer* (außer Sa tägl. 10-17). Hier können Sie verschiedensten KünstlerInnen über die Schulter schauen und natürlich deren Produkte auch kaufen. Großer Anziehungspunkt im August ist das **Kunstfestival** im angrenzenden *Sultan's Pool* mit bildenden Künstler-Kollegen aus aller Welt. Ganzjährig residiert hier außerdem das **Restaurant** *The Eucalyptus*, das seinen Preis und die frühe Vorbestellung wert ist: Gekocht wird hier mit regionalen Zutaten biblisch inspiriert, aber ohne Frömmelei; Tel. 6244331, www.the-eucalyptus.com. Der Chefkoch gehört zu dem lockeren Verbund der jüdischen, muslimischen und christlichen *Chefs for Peace* – in der Küche und beim Essen geht es nicht ohne sinnvolle Verständigung; http://chefs4peace.weebly.com.

Zurück am Kikar Zahal zweigt links die HaZanhanim St ab, die der nördlichen Altstadtmauer folgt. Nur ein paar Schritte entfernt in dieser Richtung am Neuen Tor vorbei erhebt sich nördlich der Straße ein fast monumentales Gebäude, **Notre Dame de France**, das 1887 als große französische Pilgerunterkunft eröffnet worden war, www.notredamecenter.org. 1948 diente es den Israelis im Kampf gegen die Jordanier, wobei es stark zerstört wurde und erst 1973 unter Obhut des Vatikans wieder als modernes Pilgerhotel eröffnet werden konnte.

Die 6 m hohe Marienstatue auf dem Dach gehört zu den Landmarken in Jerusalem. Angeblich wurde zeitweilig von israelischer Seite geplant, das Gebäude zu erwerben, was die Überlegung nach sich zog, was denn dann mit dieser Statue auf dem ehrwürdigen Haus anzufangen sei. Ein Vorschlag: „Nichts – das

ist dann einfach Mutter Herzl mit dem kleinen Theodor!" Das Hotel wurde vor kurzem renoviert und hat seitdem ein *Roof Top* Restaurant mit erfreulicher Karte, die vor allem französische Produkte auflistet. Für europäische Kurzbesucher mag das nicht so wesentlich sein, aber der Blick über die Altstadt ist spektakulär.

Das moderne Stadtzentrum

Die **Ben Yehuda St** ist die Hauptgeschäftsstraße der Stadt, der erste Teil vom Kikar Zion aus ist als **Fußgängerzone** deklariert. Wenn man schicke Boutiquen dort erwartet, wird man enttäuscht sein, dazu ist das Publikum hier auch zu jung, aber das Angebot zum Shoppen und die Straßencafés sind o.k.

Stimmungsvoller zeigt sich die kleine Seitenstraße Yoel Moshe Salomon, die am Kikar Zion nach Süden abzweigt und in der zweiten Hälfte von Straßencafés und Restaurants in voller Breite belegt wird. Ein Spazier-Rundgang: durch diese Gasse bis zum Ende, dann links am Platz – auf dem ab etwa 17 Uhr Kunsthandwerker Schmuck und Ähnliches feilbieten – bis zur Joseph Rivlin St und diese, mit Restaurants besiedelte Gasse hinauf zur Yafo St und zurück zum Kikar Zion. Vorher zweigt noch die Ma'alot Nakhalat Shiv'a St links ab, die eine ähnliche Atmosphäre bietet. Am Samstagabend, wenn der Shabbat vorbei ist, herrscht in dieser Gegend der meiste Betrieb.

Ziemlich am Ende der Ben Yehuda St zweigt die HaMelekh George St (King George V) ab, in die wir nach links abbiegen. Von ihr kann man einen Abstecher zu zwei Zielen in der Hillel St machen: erstens in das relativ kleine **U. Nahon Museum für italienisch-jüdische Kunst** (So/Di/Mi 10.30-16.30, Do 12-19, Fr 10-13, Spenden willkommen, http://ijamuseum.org), 25 Hillel St. Es mag vom Namen her

Klesmermusiker lassen's rocken

4

eher Italiener anziehen, ist aber für den Liebhaber jüdischer religiöser Kunst sicher einen Besuch wert. Als Glanzstück kann man einen Toraschrein bewundern, dessen Ursprünge auf die Mitte des 17. Jhs zurückgehen. Zweitens gibt es in 37 Hillel St ein Angebot, dessen Werbung Sie bisher kaum entgangen sein dürften: Der **Time Elevator** (So-Mi 10-17, Do -22, Fr- 14, Sa 12-18, ₪ 54, auch Kinder, Reservierung Tel. 6248381, im Netz ₪ 46, www.time-elevator-jerusalem.co.il). In diesem Zeitfahrstuhl rumpeln Sie durch die Geschichte Jerusalems, es ist eine Mischung aus 3D-Kino und Jahrmarktkarussell – für Kinder ab 5 Jahren bestimmt ein Spaß, aber leider gibt es keinen Familienrabatt. Sollte Ihnen der Hauptprotagonist bekannt vorkommen: richtig, Chaïm Topol aus *Fiddler on the Roof*. Zwischen diesen beiden Attraktionen auf der Hillel St soll 2018 südlich der Straße ein *Museum of Tolerance Jerusalem* (MOTJ) eröffnet werden. Träger ist das *Wiesenthal Center* in Los Angeles. In der Vergangenheit gab es Streit, ob so ein Museum auf dem alten muslimischen

Mamilla-Friedhof denn überhaupt gebaut werden dürfe, oder ob nicht-muslimische Institutionen den Baugrund bereits vor Jahrzehnten entsakralisiert hätten. Außerdem darf man auf die Ausstellung gespannt sein: Widmet sich das us-amerikanische Vorbild dem Thema Holocaust? Dieses Thema darf in Jerusalem durch Yad VaShem (siehe S. 211) wohl als vorbildlich abgedeckt gelten.

Wieder auf der HaMelekh George St, erhebt sich ein Stück weiter gegenüber dem Leonardo Plaza Hotel (früher: Sheraton) die **Große Synagoge**, die größte von Jerusalem (So-Do 9-12, Führungen ca. 30 min, anmelden: jgs@zahav.net.il; www.jerusalemgreatsynagogue.com). Am Freitagabend und Samstagmorgen singt ein bekannter Chor, der Besuch eines Gottesdienstes lohnt durchaus. Das direkt anschließende, von Sir Isaac Wolfson gestiftete Gebäude ist das **Hekhal Shlomo**, das Oberrabbinat, der Sitz sowohl des sephardischen als auch des ashkenasischen Oberrabbiners. Die Herren sind zuständig für religiöse Fragen und das jüdische Recht. Weiterhin ist eine Synagoge aus

Padua mit der Bundeslade in dem Gebäude rekonstruiert und das **Wolfson Museum** (So-Do 9-15) untergebracht, das sich hauptsächlich religiösen Themen widmet; www.eng.hechalshlomo.org.il.

Wenn Sie eine Ausrede für einen Abstecher in das bekannte Wohnviertel Rehavia suchen, dann schauen Sie sich *Jason's Tomb* an. Das Viertel zwischen Ramban und Azza St gehört zu den vornehmsten der Stadt. Hier siedelten sich in den 1930er Jahren von den Nazis vertriebene deutsche Juden an. Obwohl die meisten Gebäude eher unauffällig aussehen, überrascht die üppige Vegetation in den Vorgärten. Biegen Sie am Kikar Zarfat halbrechts in die Ben Maimon St, die bald in einer Rechtskurve doppelspurig abzweigt; geradeaus heißt die Hauptverkehrsachse jetzt Azza (Gaza) St. Die zweite Querstraße der Ben Maimon St ist die Alfassi St, in die man links einbiegt. Zwischen Nr. 10 und 12 liegt rechts **Jasons Grab**. Es handelt sich um eine jüdische Grabanlage in hellenistischem Stil aus dem 2. Jh vC mit einer Fassade aus Quadern, einer Dachpyramide und einem durch eine Säule geteilten Eingang. Im Inneren ist ein Gang mit Grabnischen zu sehen – dies alles dürfte bestenfalls Archäologen interessieren.

Im östlichen Teil der Azza (Gaza) St steht das Haus des Premierministers. Der Präsident des Staates residiert übrigens nicht weit entfernt in der Nr. 3 HaNasi St. In der Nr. 2 HaPalmah St (sie zweigt von der HaNasi St ab) finden Liebhaber islamischer Kunst das ** **L.A. Mayer Museum of Islamic Art** (Mo-Mi 10-15, Do - 19, Fr&Sa -14; ₪ 40/20, Bus 13, www.islamicart.co.il) mit einer sehenswerten Sammlung von Miniaturen, Malereien und anderen islamischen Kunstgegenständen, insgesamt etwa 5000 Stücke. Eine wichtige Aufgabe sieht das Museum darin, Verbindungen zwischen islamischer und westlicher Kunst darzustellen.

Überraschend ist die wertvolle abendländische Uhrensammlung.

Doch zurück zum Kikar Zarfat. Folgen Sie nun der Gershon Agron St nach Osten. Bald sehen Sie links den Gan HaAzma'ut, den **Unabhängigkeitspark** mit Spazierwegen und der sogenannten Löwenhöhle, in der ein Löwe die Gebeine der Märtyrer bewachte, sowie einer antiken Zisterne namens Mamilla für die Wasserversorgung Jerusalems. Biegen Sie am Ende der Grünflächen (hier handelt es sich um den oben erwähnten muslimischen Friedhof) rechts in die HaMelekh David St (King David St) ab. Zunächst können Sie im Eckhaus, wenn Sie unbedingt wollen, das vom Finanzministerium betriebene **Steuer-Museum** anschauen – für historisch Interessierte ist Steuererhebung und Schmuggel seit der Antike nicht so dröge, wie der Name des Museums vielleicht befürchten lässt (MoMiDo 10-15, besser vorher anrufen: Tel. 6257597 oder 5317332, Eintritt frei).

In der King David St werden Sie bald rechts das **YMCA-Gebäude** mit seinem 46 m hohen Turm sehen. Das aus den 1930er Jahren stammende Art-Déco-Bauwerk soll architektonisch Orient und Okzident miteinander verbinden, was die beiden kuppelüberwölbten Seitengebäude anzeigen. Auf dem Vorplatz findet sich ein Zitat in drei Sprachen aus der Widmungsrede Lord Allenbys, das nach wie vor gilt: „*Here is a place whose atmosphere is peace, where political and religious jealousies can be forgotten and international unity is fostered and developed.*" Vom Turm lohnt der Rundblick. Heute hat sich dieses Hotel auf Mittelklasse-Touristen spezialisiert, seiner besonderen Atmosphäre wegen kann es samt seinem Restaurant sehr empfohlen werden. Manchmal gibt es auch Ausstellungen und Konzerte; http://ymca.org.il.

Eines der besten Hotels der Stadt und des Landes liegt gleich gegenüber, das

King David Hotel. Im Zweiten Weltkrieg und bis zur Unabhängigkeit benutzten es die Engländer als Verwaltungssitz, 1946 sprengte die Untergrundgruppe unter dem späteren Ministerpräsidenten Begin einen Seitenflügel in die Luft, siehe auch S. 108. In diese Gegend fahren die Busse 13, 30, 38, 49.

Rechts vom King David Hotel, seitlich der Abu Sikhara St, liegt in einem kleinen Park das **Herodianergrab**. Herodes I. ließ hier für seine Familienangehörigen eine Begräbnisstätte in den Felsen hauen, er selbst schuf sich das Herodeion bei Bethlehem (siehe S. 536). Felsstufen führen in den Vorhof hinunter. Vor dem Eingang zum weiterführenden Stollen liegt noch der Rollstein, der als Verschluss diente. Am Ende des Stollens folgen zwei Räume, dann die drei Grabkammern. Die Sarkophage – u.a. von Herodes Frau Mariamne – wurden von den Briten, die das Grab als Luftschutzbunker benutzten, in das griechisch-orthodoxe Patriarchatsmuseum nahe der Grabeskirche versetzt (siehe S. 180). Der Besuch dieser Anlage lohnt kaum wegen des Grabes, umso mehr aber wegen des hübschen umgebenden kleinen Parks, der, wenig besucht, eine erholsame Oase mit Blick auf die Altstadt bietet.

Wenn Sie der King David St weiter nach Süden folgen, kommen Sie bald an die links liegende **Montefiore-Windmühle**. Sir Moses Montefiore kaufte Mitte des 19. Jahrhunderts das umliegende Gelände und ließ hier die erste jüdische Ansiedlung namens Mishkenot Sha'ananim außerhalb der Altstadt erbauen. In der Windmühle ist ein kleines Museum über das Leben des Namensgebers zu besichtigen; u.a. die Nachbildung einer Kutsche mit Originalteilen. Das Buch *Jerusalem. Die Biografie* schrieb 2011 ein Großneffe Montefiores.

Nicht weit entfernt steht am Straßenrand ein Denkmal für die Opfer des Flugzeugabsturzes 1992 in Amsterdam. Während des Unabhängigkeitskrieges erlitt die Umgebung starke Zerstörungen, danach wurde sie für viel Geld saniert. Heute ist sie für Künstler, zumindest für Kunstgalerien und teuren Wohnwert bekannt. Schräg gegenüber liegt der **Liberty Bell Park** mit einer Nachbildung der amerikanischen Freiheitsglocke aus Philadelphia.

Falls Sie den **deutschen Templern** nachspüren und besonders gute Cafés sowie eine eher vegan-alternative Szene aufsuchen wollen, so können Sie nach Süden weitergehen, am Ende der King David St rechts in die Beit Lehem St und dann rechts in die Emeq Refa'im St. Links liegt der **alte Bahnhof** von Jerusalem, heutzutage geläufig als *First Station,* der inzwischen kulturell genutzt wird, etwa für Restaurants, ein Bier-, ein Musik-Festival und eine Buchwoche sowie als Auftrittsmöglichkeit für Nachwuchsbands: Sehr kinderfreundlich und auch am Shabbat geöffnet, (Park [₪ 18/Tag] & Ride [gratis] zur Altstadt möglich; http://firststation.co.il/en). Am Kikar David Remez, dem Bahnhof gegenüber, beherbergte einst ein **Khan** Besucher Jerusalems, heute finden in dem umbenannten und renovierten Gebäude Theateraufführungen statt, www.khan.co.il. Von dort wäre es auch nicht weit, unterhalb der schottischen St.-Andrews-Kirche und südlich des Sultan's Pool, zur **Cinemathèque** an der Hebron St zu gehen, einem ausgezeichneten Programmkino mit kleinem Restaurant, Tel. 5654333, www.jer-cin.org.il. – Nördlich der Emeq Refa'im St siedelten ab 1873 die **Templer**, die aus Württemberg auswanderten, in typischen, innerhalb von kleinen Gärten liegenden Häusern. Von den Briten wurden sie während des Zweiten Weltkriegs nach Australien deportiert, als sie der NSDAP beigetreten waren. Der Sektengründer, Christoff Hoffmann, ist auf dem Friedhof begraben.

Regierungsviertel und Israel Museum**

Westlich des modernen Stadtzentrums um die Ben Yehuda St musste schon bald nach der Unabhängigkeit Platz für die Ausdehnung der Stadt geschaffen werden. Heute breitet sich hier das Regierungsviertel HaKiriya aus, nach Westen folgen Universitäten und, noch etwas weiter westlich, das Holocaust-Gedenkzentrum Yad VaShem.

Zum Parlamentsgebäude, der **Knesset**, fahren die Busse 7, 9, 14, 35 und 66, als Autofahrer sollte man von Tel Aviv kommend den Herzl Blvd. anfahren und dann links in die David Wolfsohn St abbiegen, die in die Ruppin St mündet – danach wieder links in die Eli'ezer H. Kaplan St, an der das Parlament liegt. Das Gebäude wurde 1966 eröffnet, Mosaik und Wandteppich der Eingangshalle schuf Marc Chagall (Besichtigung per geführter Tour So u. Do 8.30, 12 und 14 Uhr, Pass, bedeckende Kleidung u. geschlossene

Die Menora gegenüber der Knesset

Schuhe erforderlich; www.knesset.gov.il). Links an der Straße, gegenüber dem Eingang, steht eine sehr schöne 6 m hohe **Menora** aus Bronze mit 29 Reliefs aus der jüdischen Geschichte, ein Geschenk des britischen Parlaments. Gleich hinter der Menora beginnt der nach ihr benannte Garten, daran schließt sich der hübsche **Wohl Rose Park** an, mit über 450 Sorten von Büschen und Rosen.

Von der Knesset führt ein direkter Weg durch den Wohl Rose Park zum sehr sehenswerten Neubau des ***** Supreme Court** (Oberster Gerichtshof), der 1992 fertig gestellt wurde und dessen Besichtigung (So-Do 8.30-14.30 Uhr, engl. Führung um 12, https://supreme.court.gov.il) wegen der ungewöhnlichen Architektur unbedingt empfehlenswert ist – man muss selbst in Israel lange suchen, um ein so ausgewogenes modernes Gebäude zu finden. Die Architekten haben die Grundprinzipien des Hauses, nämlich Recht, Wahrheit und Gerechtigkeit, durch geometrische Formen und Licht Gestalt werden lassen, wobei Linien Gesetz und Wahrheit, Kreise dagegen Gerechtigkeit im Sinne von Psalm 23,3 symbolisieren sollen. Kurz nach dem Eingang eröffnet ein Panoramafenster den Blick auf Jerusalem, dann führt der Weg in die pyramidenförmige Bibliothekshalle und weiter in die große Vorhalle, von der die eigentlichen Gerichtssäle abzweigen. Diese raffiniert mit Tageslicht ausgeleuchtete Halle wiederholt die Symbole des Hauses besonders eindrucksvoll. Selbst im Verwaltungstrakt bleiben die Symbole nicht verborgen: die Räume der vierzehn Gerichtskammern sind um einen Innenhof gruppiert, in dessen Hof ein gradliniger Wasserkanal in kreisrunden Becken beginnt bzw. endet.

Westlich der Achse Knesset/Supreme Court stehen Regierungsgebäude, u.a. der Amtssitz des Ministerpräsidenten und der wenig ansprechende Bau der Bank von

Israel. Rechts der Ruppin St liegt das Gelände Giv'at Ram der **Hebräischen Universität**, d.h. des Neubaus, der nach 1948 notwendig wurde, weil sich der ursprüngliche Campus am Mount Scopus auf jordanischem Gebiet befand. Die **National- und Universitätsbibliothek** auf dem Campus ist nicht nur für ihre Buchschätze bekannt, sondern auch wegen des beeindruckenden und sehenswerten **Glasmosaikfensters** von Mordechai Ardon über den jüngsten Tag (im ersten Stockwerk). Interessant ist das am Eingang zum Uni-Bereich gelegene ** **Bloomfield Science Museum** (Mo-Do 10-18, Fr -14, Sa -16; ₪ 45, auch Kinder ab 5, Familienkarte ₪ 160 Rabatt im Israel & Bible Lands Museum, www.mada.org.il), ein wissenschaftliches Museum, in dem Naturgesetze durch bedienbare Modelle erläutert werden – für Kinder ein großer Spaß. Zur Universität gehört auch ein großer **Botanischer Garten** (Sa-Do 9-17 [Sommer -19, Sa -18], Fr -15, ₪ 35/20, www.botanic.co.il) mit Bäumen aus aller Welt und vielen seltenen Pflanzen.

Südwestlich der Knesset erstreckt sich der ausgedehnte Komplex des bekannten **** **Israel Museums** (Sa, Mo, Mi, Do 10-17, Di 16-21, Fr 10-14; ₪ 54, Kinder 5-17 J. ₪ 27, [Di+Sa aber gratis!] Rabatt im Bloomfield & Bible Lands Museum, Tel. 6708811, www.imj.org.il/en). Hier werden sowohl archäologische Funde als auch Judaica gesammelt und ausgestellt sowie auch Kunst im weitesten Sinn. Machen Sie sich daher auf einiges an Fußmärschen gefasst… Per Bus erreichen Sie das Museum mit den Linien 7, 9, 14, 35, 66. Am Eingang gibt es einen guten Übersichtsplan *A quick general tour,* für dessen Studium man sich ein paar Minuten Zeit nehmen und dann Schwerpunkte festlegen sollte. Im Preis ist ein *Audioguide* inbegriffen. Englischsprachige Führungen zu den wichtigsten Ausstellungsstücken, im Schrein des

Der Schrein des Buches im Israel Museum

Buches und am Jerusalem-Modell finden oft um 11 Uhr statt – schauen Sie auf der Website unter > Education & Learning > Free Guided Tours auf den aktuellen Kalender.

Der **** **Schrein des Buches** wird für die meisten Besucher am wichtigsten sein, der sich rechts vom Eingang erhebt und an seiner ungewöhnlichen Betonkuppel leicht zu identifizieren ist. Die Kuppel ist den Verschlüssen der Tongefäße nachgebildet, in denen die in Qumran am Toten Meer gefundenen Schriftrollen (siehe S. 428) eingeschlossen waren. Einige dieser Schriften mit Texten aus dem Alten Testament nebst bemerkenswerten Kleinfunden aus den Höhlen bei Qumran finden Sie an den Außenwänden des Rundbaus, in der Mitte einen Faksimile-Nachdruck der gut 7 m langen Schriftrolle des Buchs von Jesaja. Vorher schon anschauen: www.english.imjnet.org.il/page_899, die Jesaja-Rolle durchlesen: http://dss.collections.imj.org.il/isaiah.

Seit 2006 befindet sich eine weitere, sehr instruktive Attraktion im Außengelände des Museums: das **** **Modell Jerusalems zur Zeit des Zweiten Tempels** (um 66 nC, kurz vor der Zerstörung durch die Römer). Dieses nach zur Verfügung stehenden Quellen errichtete Modell im Maßstab 1:50 befand sich seit 1969 beim Holyland Hotel West, auf dessen Internetseiten man es auch noch sehen kann: www.holylandnetwork.com temple/model.htm.

Das Hauptgebäude enthält ansonsten verschiedene Museen bzw. Abteilungen: das **Fine Arts** (ehemals Bezalel) **Museum** mit Exponaten aus allen Kontinenten mit Schwerpunkt auf der Moderne und natürlich Israel, die **Mandel Wing Samuel** mit Judaica aus dem Lebens- und Jahreskreis und das archäologische **Samuel Bronfmann Museum** sowie, als Freilichtmuseum, den **Billy Rose Art Garden**. Den Garten kann man natürlich besichtigen und in der Jugendabteilung die Mittel bestaunen, mit denen Kinder an die Ausstellungen herangeführt werden. Besonders die **Archäologie** erscheint gut sortiert: Es gibt einen zeitlichen Durchgang von den ersten Anzeichen von Zivilisation bis zu den Kreuzfahrern, einen Blick auf die benachbarten Kulturen im Mittelmeerraum und thematische Schwerpunkte zur Entstehung des Alphabets und zur Entwicklung von Münzen und Glas. Praktischerweise liegt dem Israel Museum das *** **Bible Lands Museum** gegenüber, für alle, die von archäologischen Funden noch nicht genug haben (So-Do 9.30-17.30, Mi -21.30, Fr/Sa 10-14, ₪ 44/22, Rabatt im Israel & Bloomfield Museum, Kinder unter 18 Mi&Sa nachmittag gratis, englischsprachige Führung So-Fr 10.30, Mi auch 17.30, www.blmj.org). Es ist im Wesentlichen der Kunst und den Traditionen zu Zeiten der Bibel und in den dort erwähnten Ländern im Nahen Osten gewidmet. Es gibt 20 verschiedene Gale-

rien, von denen sich jede mit einer bestimmten Zeit beschäftigt und Stücke aus dem gesamten geografischen Raum dieser Epoche ausstellt, um die kulturellen Verbindungen zwischen den einzelnen Ländern aufzuzeigen. Die Ausstellung über antike Siegel dürfte weltweit einzigartig sein.

Wenn alles klappt, wird Ende 2017 zwischen dem Israel und dem Bible Lands Museum der *National Campus for the Archaeology of Israel* eröffnet. Hier sollen die *Israel Antiquities Authority* und zwei Millionen Fundstücke ihren Platz finden, mit allen dafür benötigten Spezialabteilungen sowie eine vorzügliche Bibliothek; www.archaeology.org.il. Leider wird dafür wohl entgegen der Oslo-Verträge der Inhalt des Ostjerusalemer Rockefeller Museums hierher transferiert werden.

Östlich des Israel Museums, im Tal des Kreuzes, steht das **Kloster des Kreuzes** (Mo-Sa 10-17, Winter -16, Besuche anmelden: 054 5202281, Busse 14, 15, 17, 22), das vom Israel Museum über einen Pfad erreichbar ist, der seitlich vom Museum beginnt. Bis vor wenigen Jahrzehnten gab es in dem damals einsamen Wadi keine andere Ansiedlung als das Kloster, nicht zuletzt aus diesem Grund entstand hier ein festungsartiger Gebäudekomplex. Er erhebt sich an der Stelle, an der angeblich der Baum wuchs, aus dessen Holz das Kreuz Christi hergestellt wurde. Über die Gründung des Klosters sind nur Legenden bekannt. Seit dem 18. Jh ist das Kloster griechisch-orthodox, davor gehörte es Georgien, weshalb in einem Bodenmosaik der älteste Beleg der **georgischen Schrift** erhalten blieb. In der Klosterkirche, die vermutlich aus dem 12. Jh stammt, identifiziert ein Silberring im Altarraum die Stelle, an der einst der Baum gestanden haben soll.

Herzl Berg und Yad VaShem**

Vom Kreuzkloster sollte man zurück zur Ruppin St fahren und dieser bis zur Herzl St folgen, in die man links einbiegt. Sie führt nach Süden. Am Kikar Holland biegt man rechts zur Gedenkstätte Yad VaShem ab. Bei der Anfahrt sehen Sie rechts den **Herzl Berg** inmitten einer Parklandschaft. Hierher wurden die Gebeine des Zionismusbegründers Theodor Herzl und seiner Familienangehörigen gebracht. Herzl selbst ruht in einem auf der Spitze des Hügels frei stehenden Sarkophag. Auf dem militärischen Teil wurde der am 4. November 1995 ermordete Premierminister Yizkhak Rabin beigesetzt. Das **Herzl-Museum** (So-Mi 8.15-17, Do -18, Fr -12 [letzte Führung jeweils 1 Stunde vorher]; ₪ 25, Kinder ab 6 J. ₪ 20) zeigt Fotos, Bücher und andere Erinnerungsstücke aus Herzls Leben, jedoch nur, wenn Sie frühzeitig reserviert haben – dann aber auch auf Deutsch: Tel. 6321 515, www.herzl.org.il.

Die Busse 10, 13, 16, 26, 27, 33, 35 und die **Straßenbahn** fahren zum Mount Herzl; von der Haltestelle sind es etwa 10 Gehminuten nach Yad VaShem.

Gleich nach dem Mount Herzl zweigt eine Straße rechts zum **Hügel des Gedenkens**, Har HaSikaron, auf dem die 1957 errichtete Holocaust-Gedenkstätte **** **Yad VaShem** liegt (*wichtig*: Kinder von 0-9 Jahren dürfen nicht auf das Gelände! – So-Mi 9-17, Do -20, Fr -14, Einlass bis 1 Std vor Schluss, Eintritt frei, empfehlenswerte *Audioguide*-Miete ₪ 20 [deutsch/englisch], fremdsprachige Führungen auch für Einzelreisende buchbar Tel. 6443802, www.yadvashem.org). *Yad VaShem* bedeutet *Denkmal und Erinnerung* (wörtlich: *Hand und Name*) an die *Shoá*, den hebräischen Begriff für vernichtende Zerstörung, also den Holocaust. Mit 62 Millionen unveröffentlichter Dokumente, 267.000 Fotos, tausenden Filmen, zehntausenden Videos im Forschungsarchiv sowie 115.000 Bänden und 4000 Zeitungen in der Bibliothek wurde hier

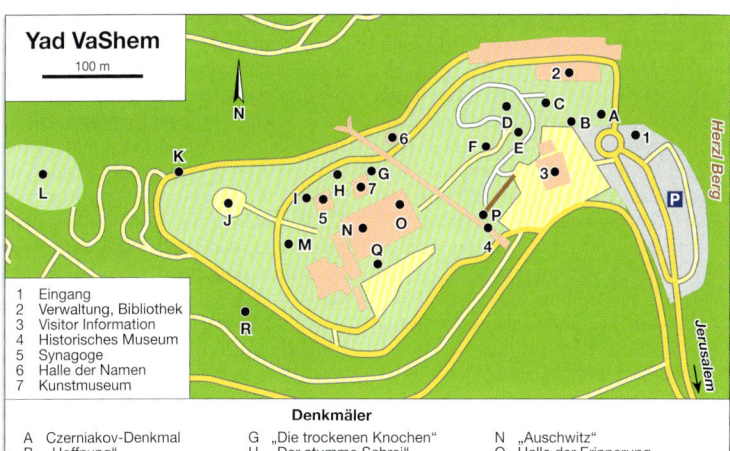

Yad VaShem

100 m

N

1 Eingang
2 Verwaltung, Bibliothek
3 Visitor Information
4 Historisches Museum
5 Synagoge
6 Halle der Namen
7 Kunstmuseum

Denkmäler

A Czerniakov-Denkmal	G „Die trockenen Knochen"	N „Auschwitz"
B „Hoffnung"	H „Der stumme Schrei"	O Halle der Erinnerung
C Yad VaShem Leuchter	I „Ultima"	P Allee der Gerechten
D „Korczak und die	J Partisanen-Denkmal	Q Platz des Warschauer Ghettos
Kinder des Ghettos"	K Partisanen Panorama (Baum)	R Denkmal für die Opfer
E Kindergedenkstätte	L Tal der Gemeinden	der Transporte
F Säule des Mutes	M „Der unbekannte Gerechte"	

Yad VaShem: „Halle der Namen" – bisher rund 4 Millionen

das umfangreichste Material über die Vernichtungsaktion der Nazis zusammengetragen – eine Ahnung vermittelt schon ein Klick auf *Digital Collections*. Doch nicht nur ein immenses Archiv wurde geschaffen, sondern auch eine eindrucksvolle und vor allem bewegende Erinnerungsstätte, die das Gedenken an das unfassbare Geschehen wach hält. Am ehesten kann sich Kunst Unfassbarem annähern.

Vom *Visitor Center* aus geht man auf der **Allee der Gerechten** in Richtung des neuen, 2005 eingeweihten *Holocaust History Museums*, das quer durch den Berg gebaut wurde und auf beiden Seiten über ihn hinausreicht. In der Allee werden für Nichtjuden, die Juden unter Einsatz ihres Lebens retteten, Johannisbrotbäume gepflanzt, die den jeweiligen Namen tragen. Ausnahmeerscheinungen sind hier Oskar Schindler (ein Baum rechter Hand in der zweiten Reihe, einige Schritte vom *Visitor Center* entfernt; sein Jerusalemer Grab siehe S. 192), der trotz seiner Rettungsaktion immerhin Mitglied

der NSDAP war, und ein nordafrikanischer Araber.

Hält man sich links, geht es über eine Brücke in das **Historische Museum**. Der Weg führt durch elf Räume mit einer erschütternden Text-, Foto-, Video- und Realia-Dokumentation des Leidensweges der europäischen Juden während der Naziherrschaft – von antisemitischen Kinderbüchern über die Judenverfolgung bis zum zweiten Weltkrieg, dem Leben in Ghettos und Lagern, die Ausrottung in KZs, dem Schweigen der freien Welt, dem bewaffneten Widerstand der Juden bis zur Auswanderung nach Israel und den Namen der Opfer.

Es sind Bilder der Demütigung, der Erniedrigung, Ausbeutung und des brutalen Mordes, wie man sie schon häufig gesehen hat. Doch in dieser Abfolge und Eindringlichkeit sprechen sie alle Fasern des Mitfühlens an, da man sich der Monstrosität von Millionen vernichteter Leben durch das sogenannte Volk der Dichter und Denker schwerlich entziehen kann. Besonders für Deutsche ist es kein leichter Gang durch diese Ausstellung. Nach der *Hall of Names*, in der bislang nur etwa die Hälfte der ermordeten Juden dokumentiert sind, öffnet sich das lang gestreckte Museum am Schluss zu einem freien Blick auf das heutige Jerusalem. Durchatmen.

Von diesem Ausblick gelangt man weiter auf den Platz der Hoffnung (*Square of Hope*), auf dem rechter Hand die **Synagoge** einen Blick wert ist. In ihr sind Reste der Ausstattung ehemals osteuropäischer Synagogen ausgestellt. Gegenüber liegt das **Kunstmuseum**. Es beherbergt eine einzigartige Sammlung von etwa 8000 in Ghettos und KZs entstandenen Kunstwerken. Zwischen Synagoge und Kunstmuseum geht es zu einem Raum für Wechselausstellungen und einem Medienzentrum mit Filmen und einer Datenbank zu Zeitzeugenberichten. Geht man eine der Treppen hoch, ist die obere Ebene mit der *Hall of Remembrance* erreicht, die Halle der Erinnerung – vom hebräischen Namen und vom Dach her eigentlich ein Zelt. Hierher kommen Staatsgäste, um ihre Reverenz zu erweisen. Im Inneren brennt neben einer

Gruft mit der Asche von KZ-Opfern eine ewige Flamme zum Gedenken der Millionen umgekommener Menschen. Im Fußboden sind die Namen der 22 größten Konzentrationslager in Steinplatten eingelassen, unter denen jeweils Gebeine von Toten liegen.

Wer sich jetzt wieder Richtung Eingang wendet, sollte ein Stück hinter der gut sichtbaren Säule des Mutes (*Pillar of Heroism*) keinesfalls die 1987 eingeweihte **Kindergedenkstätte** versäumen. Man tastet sich durch einen unterirdischen, von scheinbar Millionen Lichtlein schwach beleuchteten Raum. Die unzähligen Lichter sollen die Seelen der mehr als 1,5 Millionen Kinder symbolisieren, die in den wenigen Jahren der Vernichtung umgebracht wurden. Abwechselnd liest eine Frauen- und eine Männerstimme einen Kindernamen nach dem anderen vor, gibt Alter und Geburtsort an. Das Bild des unendlichen Lichtermeers wird von nur einer Handvoll Kerzen erzeugt, die sich in Glaswänden spiegeln. Der tiefe Symbolwert dieser Gedenkstätte lässt Besucher den Sternenhimmel künftig mit anderen Gedanken betrachten.

Die trockenen Knochen von Nandor Glid

Für die bisherige Besichtigung sind leicht drei, vier Stunden vergangen. Daraus können ebenso leicht fünf und sechs Stunden werden, denn auf dem weiteren Außengelände befinden sich ebenfalls eindrucksvolle Skulpturen. Unterhalb des *Visitor Center* und am Platz der Hoffnung gibt es eine Cafeteria.

Östlich des Gebäudeensembles legen sich drei konzentrische Straßen um den Hügel, eine immer ein Stück tiefer am Hang als die davor. Auf dem obersten Weg befindet sich unter anderem das Denkmal für die Opfer der Vernichtungslager *Die trockenen Knochen* von Nandor Glid – ein zweites Exemplar davon steht in Dachau, sowie die äußerst eindrucksvolle Plastik von Lea Michelson *Der stumme Schrei*. Hier am Weg steht auch einer der schwedischen Rot-Kreuz-Busse, mit denen viele Tausend Juden noch in den letzten Kriegstagen aus Lagern ins sichere Schweden gebracht wurden.

Am Weg darunter endet ein Bahngleis vom Hang aus im Nichts, auf dem ein Viehwaggon der Deutschen Reichsbahn steht – das **Denkmal für die Opfer der Transporte**. In solchen Viehwaggons transportierten die Nazis bis zu 100 eingepferchte Menschen tagelang und ohne Versorgung quer durch Europa. Nördlich davon hat das Partisanen-Panorama 2003 seinen Ort gefunden – der bronzene Schattenriss eines Baums, dessen Laub bei genauerem Hinsehen aus lauter Menschen besteht.

Von hier aus, bergab zum nächsten Rundweg, gelangt man in wenigen Minuten zum **Valley of the Communities** (Tal der Gemeinden), in dem die Erinnerung an 5000 durch den Holocaust ausgelöschte jüdische Gemeinden in Fels gefräst wurde. Der Besucher geht in Höfe, die durch große, grob behauene und zimmerhoch aufgeschichtete Steinblöcke gebildet werden. Der fast labyrinthartige Komplex ist ähnlich der Landkarte Nazi-Europas angelegt. In jedem Hof sind die Namen von zerstörten Orten eingraviert. Ein kleiner Ausstellungsraum zeigt wechselnde Präsentationen zum Thema sowie Videos.

Von hier aus kann man auf dem unteren Weg wieder nach Osten Richtung Ausgang wandern, man gelangt dann nördlich vom *Visitor Center* zum Archiv, zur Bibliothek und Verwaltung. Yad VaShem ist ja nicht ausschließlich Gedenkstätte, sondern auch Forschungs- und Dokumentationszentrum der Holo-

caust-Geschehnisse. Zu diesem Themen-komplex werden Seminare veranstaltet und Schüler über die Geschichte des Holocaust unterrichtet. Kurz vorher sollte man noch den Janusz-Korczak-Platz und die **Kinder des Ghettos** von Boris Saktsier würdigen. Das Denkmal gilt dem polnischen Arzt, der die ihm anvertrauten Kinder freiwillig aus dem Ghetto über den Umschlagplatz in den Viehwaggon und weiter in die Gaskammern von Treblinka begleitete und dabei umkam.

Vom Kikar Holland führt die En Kerem St in das kleine, ehemals arabische Dorf **En Kerem**, dessen arabische Bevölkerung 1948 vertrieben wurde (Busse 12, 19, 27, 28). Heute leben hier viele Künstler. An diesem Ort soll Johannes der Täufer geboren worden sein, woran das den Franziskanern gehörende Johanneskloster mit der **Johanneskirche** erinnert (*Church of John the Baptist*, tägl. 8-12, 14.30-17.45, Okt-März -16.45; in Ortsmitte bei Schild *Virgins Fountain* rechts am Hang). Das aus dem 17. Jh stammende, jedoch auf byzantinische Ursprünge zurückgehende Bauwerk besitzt von seinen byzantinischen Ursprüngen noch ein sehenswertes Mosaik aus dem 5./6. Jh und in der Krypta eine alte Marmorplatte.

Jetzt wieder zurück zur Hauptstraße, diese überqueren und dem Sträßlein auf der anderen Seite zur **Virgin's Fountain** folgen, der **Marienquelle**, die neben einer Moschee hervorsprudelt. Von hier aus geht der Weg weiter und bald den Hang hinauf zur **Kirche Visitatio Mariae** (Öffnungszeiten fast wie Johanneskirche, bitte klingeln, Tel. 6417291). Sie steht an der Stelle, an der angeblich die Eltern von Johannes dem Täufer lebten und wo auch Maria vor ihrer Niederkunft verweilt haben soll.

Fährt man die En Kerem St weiter und biegt dann links auf die Straße 396 ab, kommt man beim **Hadassa-Kranken-**haus an – nicht zu verwechseln mit dem gleichnamigen Vorgänger und heute Schwesterklinik nördlich der Hebräischen Universität auf dem Mt. Scopus. Gesunde Besucher wollen hier vor allem die **Synagoge** besichtigen, die **Marc Chagall** 1962 mit zwölf wunderbaren, den Stämmen Israels gewidmeten Glasfenstern ausgestattet hat (So-Do 8-15.30, vor Besuch besser anrufen: Tel. 6776271, Busse 12, 19, 27 und 42, www.hadassah-med.com > About > Art at Hadassah).

Sollten Sie von der Klinik zum Zoo hinübergelangen wollen, dann fahren Sie zunächst die Straße weiter, die Sie gekommen sind. Oder versuchen Sie folgende Abkürzung: bei der Ora Junction rechts in die Panama St fahren, die bald Dahomey St heißt. Die erste Straße rechts heißt HaSaifan, nochmal rechts halten, am Kreisel gleich die nächste Ausfahrt nehmen und danach sofort wieder links auf die Khayim Kukits St. Am nächsten Kreisel rechts biegen Sie in die Aharon Shulov St ein, neben der wiederum rechts der Biblische Zoo liegt.

Der 1993 eröffnete **Tish Family Zoological Garden** (So-Do 9-19, Winter -17, Fr -16.30 [Livemusik 12.30-15], Sa 10-17, Tel. 6750111, ₪ 55/42, www.jerusalemzoo.org.il) ist ein moderner Zoo, der harmonisch in die Landschaft eingepasst wurde und eine Fülle an Tierarten beherbergt. Hauptthema sind Tiere, die bereits in der Bibel erwähnt wurden. Dazu passt auch ein Nachbau der Arche Noah, in der Ausstellungen zum Thema und ein Film gezeigt werden. Von der Stadt her fahren die Busse 26 und 33, und auch der Zug aus Tel Aviv hält hier.

Praktisch für Tierfreunde: In Kürze eröffnet 1,5 km entfernt das vielversprechende Gottesman Family Israel Aquarium, derzeit Vorschau-Führungen für ₪ 40; www.israel-aquarium.org.il.

Umgebung von Jerusalem

Sehenswertes

** **Abu Gosh**, arabisches Dorf mit einer der wenigen komplett erhaltenen Kreuzfahrerkirchen; En Khemed (Aqua Bella) Erholungspark, S. 217

** **Latrun**, viel umkämpfter Platz, heute mit interessantem Panzermuseum, Kloster, Ruinen einer Kreuzfahrerfestung, Canada-Erholungspark, dem Park *Mini Israel* und dem Friedensbeispiel Neve Shalom, S. 218

** **Tropfsteinhöhle Me'arat Soreq**, größte Tropfsteinhöhle Israels, S. 218

Die meisten Ziele in der Umgebung von Jerusalem sind in anderen Kapiteln beschrieben, weil sie besser in deren Routenverlauf passen. Selbstverständlich können sie auch von hier aus angefahren werden, z.B. östlich der Stadt nach **Al Asariya/Bethanien** (S. 514) und **Ma'ale Adummim mit Martyriuskloster** (S. 515), südlich zum **Kloster Mar Saba** (S. 534), **Herodeion** (S. 536) und nach **Bethlehem** (S. 527).

Die westlichen Ziele sind im folgenden Abschnitt zusammengefasst.

Jerusalem – Tel Aviv

Bei der kurzen Reise von Jerusalem hinunter nach Tel Aviv ändert sich nicht nur das Klima von den kühleren Höhen ans feucht-warme Mittelmeer, sondern auch die Umgebung von 3000-jähriger Vergangenheit in mehr als 100 Jahre moderner Geschichte. *In Tel Aviv lebt, in Jerusalem betet man*, dieser Spruch zeigt sich hier nur allzu deutlich.

Die Straße nach Tel Aviv hat in der zweiten Hälfte des 20. Jahrhunderts zum Teil sehr blutige Geschichte geschrieben, die rostigen **Fahrzeugwracks** am Straßenrand sollen die Erinnerung daran wach halten. Denn nach der Unabhängigkeit Israels war sie der einzige und sehr schmale Korridor, der Jerusalem mit dem übrigen Land verband. 1947/48 wurde eine Umgehungsstraße gebaut, um die Versorgung der jüdischen Bevölkerung Jerusalems sicherzustellen.

Selbstfahrer finden auf die Autobahn 1 am besten vom Kikar Zahal im Nordwesten der Altstadt aus in Richtung Westen auf die Shlomzion HaMalka St, dann links und gleich wieder rechts in die Agron St, die nach der Kreuzung mit der King George St Ramban St. heißt und schließlich als Ruppin St rechts abknickt. Hier fahren Sie dann auf der Ben Zvi St Richtung Norden und lassen die Knesset links liegen. Nach einer großen Kreuzung zweimal links auf der dann Shazar genannten Straße halten, die später als Weizmann und Ben Gurion St in die Autobahn übergeht. Mit der Beschilderung kann wenig schief gehen.

🚗 10 km: **Har El Interchange**

Links der Autobahn wurde der Nationalpark namens **Castel** (ausgeschildert, 8-17, Winter -16, Fr eine Stunde früher geschlossen, ₪ 14/7) zur Erinnerung an die Kämpfe während des Unabhängigkeitskrieges – die hier dargestellt sind – angelegt. Zu sehen sind Strukturen aus arabischer und Kreuzfahrerzeit, der Ort drumherum namens Ma'os Zion entstand nach 1967 auf dem Gelände eines 1948 eroberten und zerstörten arabischen Dorfes. Schattige Picknickplätze bieten Erholung.

🚗 4 km: **Khemed Interchange**

Rechts der Autobahn liegt das arabische Dorf

Abu Gosh**

Geschichte: *Der Ort besitzt eine reiche Quelle, die bereits den Römern zur Versorgung eines Kastells, später den Kreuzfahrern diente. Die Römer hatten zur Quelle ein relativ großes Reservoir angelegt. Die Kreuzfahrer nahmen an, dass dieser Platz mit dem Ort Emmaus identisch sei, an dem Jesus zwei Jüngern erschienen war, die ihn aber nicht erkannt hatten, bis er das Brot beim gemeinsamen Mahl brach. Die Kreuzfahrer bauten eine Kirche, noch dazu an einer den Weg nach Jerusalem beherrschenden Stelle.*

Um 1800 wurde einem Beduinenscheich das Wegerecht zum Schutz der Pilger vergeben, was zum Wohlstand seiner Sippe führte. – Die arabische Kleinstadt und der jüdische Nachbarort Mevasseret Zion zeigen heute, dass es auch anders geht: Nachdem der gemeinsame FC HaPoël in die dritte Liga aufgestiegen ist, in dem Juden und Araber gleichberechtigt kicken und das Sagen haben, plant man jetzt eine gemeinsame Wasserversorgung.

Fahren Sie etwa 1,5 km zum Dorf, in dessen Mitte eine Moschee steht, neben der das massive Gebäude der Basilika bereits von der Zufahrtsstraße her auszumachen ist. Abu Gosh vom Jerusalemer Busterminal aus: Linie 185.

Die **Kreuzfahrerkirche** (Mo-Sa 8.30-11, 14.30-17.30), die innerhalb einer Karawanserei und über der Quelle samt Reservoir gebaut worden war, hatte nach dem durch Saladin erzwungenen Abzug ihrer Erbauer als Stall gedient. 1899 wurde sie von Franzosen gekauft und den Benediktinern vermacht. Heute gehört sie zu einem Kloster. Die monumentale dreischiffige Basilika ist eins der wenigen komplett erhaltenen Beispiele von Sakralbauten aus der Kreuzfahrerzeit. Größere Freskenreste der Auferstehungskirche lassen ahnen, wie bunt die mittel-

alterlichen Gotteshäuser eigentlich waren. Die Quelle entspringt in der Krypta unterhalb der Kirche.

An der Kirche links, 88 HaShalom St, liegt ein gutes libanesisches Restaurant, **The Lebanese Restaurant**, wo man sich auch arabisch Kochen auch beibringen lassen kann. Täglich von morgens bis nachts geöffnet, Tel. 02 5702397.

Unter weiteren Alternativen sei noch **Luisa Bagan** in der Dovdevan St 1 erwähnt, hochpreisige Küche mit überzeugend-ungewohnt kombinierten Bio-Gerichten, nur freitags 9-16, Tel. 02 5791250 oder 052 2633918, www.luiza.co.il.

Auf der anderen Seite der Autobahn in En Rafa gibt es außerdem das Restaurant **Majda,** Tel. 02 5797108. Betrieben von einem jüdisch- und arabisch-israelischen Paar, gibt es hier außer in jeder Hinsicht friedlicher Landschaft nicht-koscheres Essen aus der Region, mit Ausnahme etwa der Shrimp-Falafel.

Oberhalb von Abu Gosh steht eine weitere Kirche mit einer weithin sichtbaren Marienstatue. Sie wurde 1924 von den französischen St. Josephs-Schwestern erbaut und erhielt den Namen Notre Dame de l'Arche d'Alliance (Unserer lieben Frau von der Bundeslade), der daran erinnert, dass Abu Gosh mit dem biblischen Qiryat Yearim identisch sein soll, wo die Bundeslade der Israeliten 20 Jahre lang aufbewahrt wurde. Die Statue steht an der Stelle einer byzantinischen Kapelle, von der Teile und der Mosaikboden noch zu sehen sind (8.30-11.30, 14.30-17). Zu Sukkot und zu Shavuot findet hier ein Gesangsfestival und von November bis April monatlich ein Konzert statt, www.agfestival.co.il.

Auf der südlichen Seite der Autobahn breitet sich der Erholungs- und **Nationalpark En Khemed (Aqua Bella)** aus (8-17, Fr -16, Winter - eine Stunde kürzer, ₪ 22/10). Die *schöne Quelle* wurde von den Kreuzfahrern so getauft, bei den Arabern heißt sie *anmutige Quelle*, weil sie landschaftlich so bezaubernd eingebettet ist. Die Kreuzfahrer bauten ein Fort zum Schutz der Quelle, von dem ein Gebäude noch recht ansehnlich erhalten ist. Weil es so ein hübscher Platz zwischen alten Eichen und Granatapfelbäumen ist, wurden ausgiebige und gern genutzte Picknickmöglichkeiten eingerichtet.

🚗 11 km: **Sha'ar HaGai Interchange**

Für Höhleninteressenten lohnt sich hier ein Abstecher nach Süden zur größten ** **Tropfsteinhöhle** (*Stalactite Cave Nature Reserve*) in Israel namens *Me'arat Soreq*. Man folgt zunächst 9 km der Straße 38 bis kurz vor Bet Shemesh. Falls Sie **Bet Shemesh** (das bedeutet *Sonnengott-Tempel*) sehen wollen, erwartet Sie westlich der Straße ein seit 1911 ausgegrabener großer **Tel** mit Stadtmauer aus der Mittelbronzezeit, Felsgräbern aus der Eisenzeit im Westen und byzantinischen Klostergrundmauern im Südosten. In die moderne Stadt östlich der Straße sind sehr viele Ultraorthodoxe gezogen, was zu prominenten innerjüdischen Auseinandersetzungen geführt hat. Die extremsten Gruppen wollen ihre Lebensweise auch den übrigen Einwohnern aufdrängen und verstiegen sich zur Jahreswende 2011/2012 zu einer Demonstration gegen die Obrigkeit in Konzentrationslager-Häftlingskleidung. Das hat ihrer Reputation in Israel geschadet. Richtung **Höhle** biegen Sie jedoch *vor* Bet Shemesh nach links auf die Straße 3855 ab, nach gut 2 km geht es wieder links auf die Straße 3866 nach Nes Harim. Ca. 6 km später zweigt links die kurze Stichstraße zur Höhle ab, die zum Av-shalom Naturpark gehört. Die Tropfsteine wurden 1968 zufällig bei Sprengungen für einen Steinbruch entdeckt und 1977 „veröffentlicht"" (8-17, Fr -16, im Winter eine Stunde kürzer, ₪ 28/14, Führung 75 min vor Schließzeit, eigene Fotos möglich).

Die Autobahn 1 führt bald nach der obigen Abfahrt in die Schlucht Sha'ar HaGai ein, deren Höhen während und nach dem Unabhängigkeitskrieg in arabischer Hand waren. Durch dieses Nadelöhr musste Jerusalem versorgt werden. Noch heute ist bei der Latrun-Ausfahrt beiderseits der Autobahn Kriegsschrott als Erinnerung an die Kämpfe zu sehen.

🚗 4 km:

Latrun Interchange**

Linker Hand fällt nördlich der Straße 3 ein festungsartiges Gebäude auf. Es war die ehemalige **britische Polizeistation**, die von den Engländern 1948 den Arabern übergeben wurde. Während des Befreiungskrieges fanden hier die blutigsten Kämpfe statt. Die Station, die das Tal beherrscht, blieb in arabischer Hand. Die Israelis mussten Umgehungsstraßen bauen, um den Angriffen der Araber zu entgehen. Daher konnte die Autobahn nach Jerusalem auch erst nach 1967 weitergeführt werden.

Heute befindet sich dort eine Gedenkstätte für gefallene Panzersoldaten samt **Panzermuseum** (*Latrun Armoured Corps Museum*, So-Do 8.30-16, Fr -12, Sa 9-15.30, Einlass bis 1 Stunde vor Schließzeit, ₪ 30/20, www.yadlashiryon.com). Selbst wenn die Ausstellungsstücke fürchterlich drohend in die Hügellandschaft schauen, so ist die Sammlung für Militärs, aber auch für Maschinenbauer nicht uninteressant, vor allem wegen der Internationalität ihrer Ausstellungsstücke. Sogar der militärische Laie wird staunen, weil er in zwei aufgeschnittene Panzerhälften schauen und die Arbeitsplätze der dort Beschäftigten mit wohl nachdenklichem Blick betrachten kann.

Selbstverständlich hat man auch hier an biblische Zeiten gedacht und antike Kampfwagen rekonstruiert. Beeindruckend dürfte ein Modell des wohl ersten

„Panzers" sein, ein Entwurf von Leonardo da Vinci. Schließlich gibt es auf dem Gelände ein Radar, dass die Flughöhe von Zugvögeln messen kann: die Hälfte der Flugunfälle in Israel hat mit der Milliarde Zugvögel zu tun, die jährlich über das Land rauscht. Von der Terrasse ergibt sich ein schöner Rundblick über die Hügellandschaft und das Ayalon-Tal.

Nordwestlich des Museums, auf der anderen Seite der Straße 424, liegt eine intensiv beworbene Attraktion: der **Mini Israel Park** (Fr 10-14, sonst tägl. Sep-Juni -18, Juli-Aug 17-22, ₪ 69, 5-18 J. ₪ 59, 2-5 J. ₪ 24, keine Familienermäßigung, im Internet manchmal Rabatt: www.minisrael.co.il). Der Park ordnet die verschiedenen Regionen Israels wie einen Davidsstern an und zeigt etwa 380 gut gemachte, z.T. mannshohe Modelle im Maßstab 1 : 25, nicht nur für Kinder und Modelleisenbahn-Freunde sehr kurzweilig. Zu sehen sind u.a. die Knesset, die Dormitio, die Festung Massada mit rekonstruiertem Herodes-Palast usw. Weniger reizvoll erscheinen die Hotelhochhäuser in Tel Aviv. Sie können im Park außerdem heiraten oder mit einer Gruppe auch mitten in der Nacht kommen.

Ende des 19 Jh.s gründeten französische Trappisten das **Kloster Latrun** an der Ostseite des Ayalontales; heute liegt es als Landmarke zwischen der alten Straße und der Autobahn südlich der Straße 3 und der ehemals britischen Polizeistation. Die meist einem Schweigegelübde verpflichteten Mönche keltern einen bekannten, empfehlenswerten Wein, der im Kloster verkauft wird (Sommer: Mo-Sa 8-12/14-17). Der blumenübersäte Klostergarten überrascht – je nach Jahreszeit – mit seiner Farbenpracht, die angenehm schlichte Klosterkirche selbst lohnt den Weg nicht, der Parkplatz ist ein schattiger Rastplatz. Hinter dem Kloster erhebt sich ein Hügel mit spärlichen Resten der Kreuzfahrer-

festung **Toron des Chevaliers** (von *Toron* leitet sich vermutlich der Name *Latrun* ab), die in jenen Zeiten ähnlich heiß umkämpft war wie die britische Polizeistation im 20. Jahrhundert. Schon damals wurde sie dem Erdboden gleich gemacht.

Inzwischen geht es friedlich zu: Hier im Niemandsland der Grünen Linie wohnt heute eine kleine Gemeinschaft der **Jesusbruderschaft Gnadenthal**, www.jesus-bruderschaft.de/kloster/welt/latrun/index.html. Die Deutschen leisten dort Versöhnungsarbeit und ermöglichen Begegnungen zwischen Christen unterschiedlicher Denominationen, zwischen Arabern und Juden, Deutschen und Israelis.

🚗 Von der Straße zweigt etwa 2 km weiter westlich eine Stichstraße zum Friedensdorf

Neve Shalom/Wahat AsSalam

Angesichts des fortdauernden Konflikts zwischen Juden und Arabern bildet dieses in Israel einzigartige Dorf bei Latrun eine, wie der Name schon sagt, **Oase des Friedens**. Seit den 1970er Jahren leben hier jüdische und arabische Israelis gleichberechtigt miteinander. In Kindergarten, Grundschule, Friedensschule und im spirituellen Zentrum begegnen sich Menschen beider Seiten und dreier Religionen. Programme für Besucher auf Anfrage: visits@nswas.org. Das **Gästehaus** wäre auch ein gutes Standquartier, hotel@nswas.org; Tel. 02 9993030. Informationen auf www.nswas.org oder über den deutschen Freundeskreis: friedens oase@gmx.de.

Östlich der Autobahn wurde der **Ayalon bzw. Canada Park** geschaffen, ein schöner Landschaftspark mit schattigen Picknickplätzen und einigen historischen Ruinen. Gleich rechts der Ausfahrt gehören die antiken Reste zum römisch-byzantinischen **Emmaus/Nikopolis**:

eine Kirche mit Taufkapelle aus dem 5. Jh, die von den Kreuzfahrern kleiner wieder aufgebaut und später wieder zerstört wurde, Felsgräber und ein Aquädukt. Um die Stätte kümmert sich ein katholisch-charismatischer Konvent, Mo-Sa 8.30-12/14.30-17.30, im Winter - 17, Sa durchgehend, Führungen gratis: Tel. 08 9256940 oder 052 3562071, www.emmaus-nicopolis.org. Schon beim südlichen Badehaus wohl aus dem 3. Jh wird es komplizierter, denn die Mamluken widmeten es im Mittelalter zu einem Sheikh-Grab um, das an Abu 'Ubeida, den Heerführer der muslimischen Armee, erinnern soll. Der starb hier 636 an der Pest.

Erstaunlicherweise blieb dieser Maqam 1967 erhalten, als die IDF die drei Dörfer Amwas (Emmaus), Yalu und Beit Nuba dem Erdboden gleichmachte, auf deren Gelände sich jetzt der Canada Park erstreckt. Erinnerung an die **Naksa** gibt es offiziell nicht, und die Beschilderung des Geländes durch die israelische Aktivistengruppe Sokhrot (www.zochrot.org) wird immer wieder zerstört. Kundige Führung z.B. durch Sokhrot hilft weiter.

🚌 15 km: **Lod Interchange**

Auf Straße 40 nach Lod und Ramla, siehe S. 288.

🚌 1 km: **Ben Gurion Interchange**

Rechts zum **Internationalen Flughafen Ben Gurion.**

Die Autobahn 1 erreicht nach 15 km das Stadtzentrum von Tel Aviv. Wer die Stadt umfahren will, könnte dies gegen Maut schon an der nächsten Junction Daniel machen und auf der Autobahn 6 nach Norden fahren, oder man fährt noch weiter und lässt die Stadt Richtung Norden auf der Straße 4 links liegen.

Praktische Informationen

Telefon-Vorwahl 02

Adressen für den Notfall

Erste Hilfe (Magen David Adom, Hilal AlAkhmar) Tel. 101

Polizei (im Russian Compound) Tel. 100, „Tourist Desk" Tel. 5391254

Feuer Tel. 102

Städtische Hotline Tel. 106 (*Moqed* – Brennpunkt: Beschwerden aller Art, Information z.B. Öffnungszeiten)

Telefon-Auskunft Tel. 144

Touristische Informationen

Das **Tourist Information Center** am Jaffator, Tel. 6280382 (So-Do 8.30-17, Fr -13.30), hat außer für Jerusalem auch ein paar überregionale Informationen, wenn man nachfragt. Brauchbarer Gratis-Stadtplan sowie das Quartalsheft *i Travel Jerusalem*, auch im Netz: www.itraveljerusalem.com. Links der Info ist ganz unscheinbar ein Sheikhgrab, dann kommt das kommerziellere Ticket Office: hier gibt es Audio-Guides und Karten für die Stadtmauer. Die Stadtverwaltung informiert inzwischen ohne Büro nur noch im Netz, aber lohnend: www.jerusalem.muni.il

Achtung: Wo viele Touristen auftauchen, haben Diebe und Autoknacker leichtes Spiel. Wir erfuhren von Lesern, dass ihnen nachmittags auf der belebten Sultan Suleiman St das Auto aufgebrochen wurde, obwohl sie nur wenige Minuten ein Hotel anschauten.

Beim Jaffator wenden sich vor allem Pilger an das **Christian Information Center** der Franziskaner, Tel. 6272692, Fax 6286417, www.cicts.org, (Mo-Fr 9-17.30, Sa -12.30), aber auch andere erhalten Infos zu christlichen Hospizen oder Sehenswürdigkeiten. Interessant dürften die Listen mit sämtlichen christlichen **Unterkünften** in Jerusalem sowie in Israel und Palästina sein, sehr praktisch auch die aktuelle Liste mit den Öffnungszeiten der christlichen und touristischen Stätten Jerusalems und darüber hinaus. Wer **Gottesdienst** feiern möchte, erfährt das Wann und Wo der vielfältigen christlichen

Überblick über die Öffnungszeiten Jerusalemer Sehenswürdigkeiten

Abkürzungen:
V – Vormittag, **N** – Nachmittag,
d – durchgehend offen, **o** – offen, **(o)** – eingeschränkt offen, **x** – geschlossen,
+ morgens/abends länger geöffnet.

Generell gilt: Jüdische Institutionen sind von Freitagmittag bis Samstagabend, christliche am Sonntagvormittag, muslimische am Freitagvormittag geschlossen.
Hinweis: Das **Islamische Museum** auf dem Tempelberg ist im Umbau und daher geschlossen.

WochentagVor-/Nachmittag	So	Mo	Di	Mi	Do	Fr	Sa
	V N	V N	V N	V N	V N	V N	V N
Tourist Information Office	d	d	d	d	d	o x	x
Christian Information Center	x	d	d	d	d	d	o x
Abendmahlssaal	d	d	d	d	d	d	d
Alexander-Nijevski-Kirche	d	d	d	d	d	d	d
Ammunition Hill	d	d	d	d	d	o x	x
Archäologisches Museum Wohl	d	d	d	d	d	o x	x
Armenisches Museum (im Umbau)	x	x	x	x	x	x	x
Auguste Viktoria Stiftung/Himmelfahrtkirche	x	o x	o x	o x	o x	o x	o x
Bible Lands Museum	d	d	d	d +	d	o x	o x
Bloomfield Science Museum	x	d	d	d	d	o x	o x
Botanischer Garten (Universität)	d	d	d	d	d	o x	d
Burnt House	d	d	d	d	d	o x	x
Chagall-Synagogenfenster, Hadassa-Klinik (unbedingt vorher anrufen)	o x	o x	o x	o x	o x	o x	x
David Palombo Museum	o x	o x	o x	o x	o x	o x	x
Davidsgrab	d	d	d	d	d	d	d
Davidsstadt mit Hiskia-Tunnel	d	d	d	d	d	o x	x
Dominus Flevit	o o	o o	o o	o o	o o	o o	o o
Dormitio Mariae Kirche	(o)o	d	d	d	d	d	d
Erlöserkirche – Archäologie-Park & Turm	x	d	d	d	d	d	d
Flagellatio-Kapelle	d	d	d	d	d	d	d
Gartengrab	x	o o	o o	o o	o o	o o	o o
Grabeskirche (im Winter kaum länger)	d	d	d	d	d	d	d
Große Synagoge	o x	o x	o x	o x	o x	x	x
Herzl-Museum (reservieren)	d	d	d	d	d +	o x	x
Himmelfahrtkapelle (Imbomon)	d	d	d	d	d	d	d
I am Jerusalem	d +	d +	d +	d +	d +	o +	x +
Israel Museum mit Shrine of the Book & Jerusalem-Modell z.Zt. d. 2. Tempels	d	d	x o +	d	d	o x	d
Israelite Tower (nach Absprache)	d	d	d	d	d	o x	o x
Jerusalem Archaeological. Park (Ophel)	d	d	d	d	d	d	x
Jerusalem-Modell z.Zt. d. ersten Tempels	d	d	d		d	o x	x

4

WochentagVor-/Nachmittag	So	Mo	Di	Mi	Do	Fr	Sa
	V N	V N	V N	V N	V N	V N	V N
Johanneskirche, En Kerem	o o	o o	o o	o o	o o	o o	o o
Kirche der Nationen (Gethsemane)	o o	o o	o o	o o	o o	o o	o o
Kirche Visitatio Mariae, En Kerem	o o	o o	o o	o o	o o	o o	o o
Kloster der Schwestern Zion (Ecce Homo)	d	d	d	d	d	d	d
Kloster des Kreuzes (vorher anrufen)	x	d	d	d	d	d	d
Knesset	o x	x	x	x	o x	x	x
Lazarus-Grabhöhle, Bethanien (s. S. 514)	d	d	d	d	d	d	d
Lazaruskirche, Bethanien (s. S. 514)	d	d	d	d	d	d	d
Maria-Magdalena-Kirche	x	x	o x	x	o x	x	x
Mariengrab	+ o o	+ o o	+ o o	+ o o	+ o o	+ o o	+ o o
Montefiore-Windmühle (Yemin Moshe)	d	d	d	d	d	o x	x
Museum des griech.-orth. Patriarchats (im Umbau)	x	x	x	x	x	x	x
Museum des Studium Biblicum Franciscanum	d	d	d	d	d	d	d
Museum für italienisch-jüdische Kunst	d	x	d	d	xo	o x	x
Museum für arab.-paläst. Folklore	o x	u x	o x	o x	o x	o x	o x
Museum of Islamic Art	x	o x	o x	o x	d	o x	o x
Museum of Psalms	d	d	d	d	d	o x	x
Museum of the Underground Prisoner	d	d	d	d	d	x	x
Museum on the Seam	d	d	x o	d	d	o x	x
Old Yishuv Court Museum	d	d +	d	d	d	o x	x
Oskar Schindler-Grab (Zeiten unsicher!)	x	o x	o x	o x	o x	o x	o x
Paternoster-Kirche	x	o o	o o	o o	o o	o o	o o
Rockefeller Museum	o x	o x	x	o x	o x	x	o x
Russisch-orth. Himmelfahrtkirche	x	x	o x	x	o x	x	x
Sephard. Synagogen	d	d	d	d	d	o x	x
St. James Cathedral	(o) (o)	(o) (o)	(o) (o)	(o) (o)	(o) (o)	(o) (o)	(o) x
St. Peter in Gallicantu	x	d	d	d	d	d	d
St.-Anna-Kirche, Bethesda-Teiche	o o	o o	o o	o o	o o	o o	o o
Stadtmauer (Rampart's Walk)	d	d	d	d	d	S:ox N:x	d
Steinbruch des Salomo (Zedekia-Höhle)	d	d	d	d	d	x	x
Steuer-Museum	x	o x	x	o x	o x	o x	x
Supreme Court	o x	o x	o x	o x	o x	x	x
Syrisch-orth. Markuskirche	x o	d	d	d	d	d	d
Tempelberg	o (o)	o (o)	o (o)	o (o)	o (o)	x	x
Ticho Museum	d	d	d +	d+	d+	o x	x
Time Elevator	d	d	d	d	d+	o x	xo
Tish Family Zoo	d	d	d	d	d	d	d
Tower of David Museum	d	d	d	d	d	o x	d
Western Wall Tunnel	(d)	(d)	(d)	(d)	(d)	(o) x	x
Wolfson Museum of Jewish Art Hekchal Shlomo)	d	d	d	d	d	x	x
Yad VaShem	d	d	d	d	d +	o x	x

Denominationen am besten hier oder auf der genannten Website. Das Gebäude liegt schräg gegenüber dem Eingang zur Zitadelle, es wird aber gerade umgebaut: Zur Drucklegung befand sich das *CIC* am selben Platz nordwestlich davon im alten franziskanischen Buchlanden.

Ein hilfreiches Bündel christlicher Initiative bietet der Orden des Heiligen Lazarus mit der Website www.greenpilgrimage.org, z.B. mit **Accessible Jerusalem**: Die Altstadt mit dem **Rollstuhl** erkunden ist kein Pappenstiel und wird einem hier gratis ermöglicht, Tel. 054 9277710.

Vor allem deutschsprachige Pilger und Touristen unterstützt das **Ev. Pilger- und Begegnungszentrum der Kaiserin Auguste Victoria-Stiftung** auf dem Ölberg, s. S. 156, Tel. 6287704, Fax 6273148, auguste@netvision.net.il.

Informationen über den Nahostkonflikt stellt ein UN-Büro bereit, das **Office for the Coordination of Humanitarian Affairs – Occupied Palestinian Territory** (OCHA-OPT), www.ochaopt.org.

Die im Netz bereit-gestellten Beobachtungen und Karten gibt es auch gratis auf Papier, solange der Vorrat reicht: 7 St. George St, Tel. 5829962.

Mit **Rat, Tat und Büchern** zum Thema Natur, Wandern, Trekking etc. hilft **SPNI Community Jerusalem**, 45 Ben Maimon St, Tel. 6257682, weiter. Touren werden sowohl für das gesamte Land als auch für Jerusalem angeboten, z.B. geführte Tagestouren durch Jerusalem. Im angeschlossenen Shop gibt es sehr gute einschlägige Literatur und Karten zu kaufen. Die SPNI betreibt bei der Knesset das *Jerusalem Bird Watching Center;* http://natureisrael.org/JBO.

Internet-Cafés

Es gibt kaum noch Cafés ohne WLAN-Zugang, auch fast kein Hotel oder Hostel kommt ohne diesen Service aus. Reichen Sie einfach Ihr Gerät fertig zum Passwort eintippen hinter die Theke. Ansonsten drei Empfehlungen:

- *Mike's Centre*, 172 Khan EzZeit St (Altstadt, 9. Station der Via Dolorosa), günstig und schnell; www.mikescentre.com
- *Tmol Shilshom*, 5 Solomon St, angenehme

Buchhandlung mit Café und WLAN; www.tmol-shilshom.co.il
- *Cafe Net*, 232 Yafo St (neuer Busterminal, 3. Stock), Tel. 5379192, www.cafenet.co.il

Publikationen

Der offizielle *Visitor's Guide* **iTravel Jerusalem** wurde bereits erwähnt, er listet auch einige Dinge für Ostjerusalem, siehe auch www.itraveljerusalem.com. Der Schwerpunkt liegt auf der Weststadt und dem jüdischen Viertel der Altstadt, insbesondere, wenn es um nächtliche Veranstaltungen in der Altstadt geht *(Nights in the Old City)*. Die Auskünfte können übrigens ziemlich veraltet sein.

Als sinnvolle Ergänzung dazu gibt das gratis ausliegende, trotz des Namens monatlich erscheinende **This Week In Palestine** verlässliche Auskunft, www.thisweekinpalestine.com.

Eher an Westjerusalem orientiert, listet immer freitags in der englischen Ausgabe der Zeitung **HaAretz**, die dem *International Herald Tribune* beiliegt, die Beilage **The Guide** Hinweise auf Musik, Tanz, englische Führungen etc. auf. Das freitägliche Zusatzheft der **Jerusalem Post** (www.jpost.com) heißt **What's On** und listet ebenso Veranstaltungen. Monatlich erscheint **Time Out Israel** mit vielen Hinweisen auch kulinarischer Art natürlich auch für Jerusalem, im Netz: www.timeout.com/israel.

Die **offizielle Website** der Stadt ist www.jerusalem.muni.il, die natürlich auch jede Menge Besucher-Informationen liefert, siehe http://tour.jerusalem.muni.il.

www.gojerusalem.com hält versierte Informationen zur Jerusalemer Kultur bereit: Events, Museen, Aus- und Essengehen vor, manche kann man auch buchen. Wer sich die **arabische Kultur** der Stadt erschließen möchte, ist mit www.enjoyjerusalem.com sehr gut bedient, auch als App.

Die Rundgänge auf Enjoy Jerusalem gibt es auch als Buch. Vielleicht ist *Jedem seine Stadt* der Trend: Über die andere kaum noch berichten. Auf **arabischer Seite** gibt es noch die Initiative www.grassrootsalquds.net, 9 Harun ArRashid St, die politische Touren anbietet und den Grassroot Guide Wujood mit Stadtplan herausgebracht hat. Auf **jüdischer**

Seite entstand schon 2008 der *WizeGuide Jerusalem Step by Step* mit zwölf lohnenden Rundgängen in z.T. weniger bekannten Stadtteilen – aber eben auch ohne Tempelberg, 2010 die in ihrer Perspektive sehr instruktiven *Jewish Journeys in Jerusalem*. Hier bleibt der Tempelplatz aus religiösen Gründen ausgespart.

Wichtig zu wissen

Als besonderer Service wird der **Holy Pass** angeboten: Man kann innerhalb einer Woche Sehenswürdigkeiten in und um die jüdische Altstadt anschauen und bekommt Einkaufsrabatte, erhältlich in Hotels, im Tourist Information Center, ₪ 99, Kinder 50. Das System ist etwas kompliziert, man sollte Lust dazu haben, damit es sich wirklich lohnt. Man kann etwa ein Viertel der Kosten sparen, aber die Auswahl ist ziemlich beschränkt – bei den Museen gilt der Pass nur für das Tower of David Museum, das Wohl und das Old Yishuv Court Museum; www.holypass.co.il.

Außerdem gibt es die **Jerusalem Card** für verschiedenste Rabatte. Da die Website www.yerushalmi.org.il nur auf Hebräisch ist, richtet sich das Ganze nicht an Touristen, aber warum nicht im Tourist Office nachfragen. Vielleicht kennen Sie ja auch jemanden… Darüber hinaus gibt es verschiedene Couponhefte mit Rabatten für Einkäufe und Restaurants – ein Volkssport aus den USA. Viele sind auf Hebräisch, aber die Hefte *Jerusalem Coupons* und *Jerusalem Menus* könnten beim Essen Gehen im Westen helfen.

Kleidung

Wenn Sie christliche, jüdische oder muslimische religiöse Stätten besuchen, dann sollten, ja müssen Sie Ihre Kleidung entsprechend anpassen: Männer und Frauen dürfen keine Shorts tragen, Frauen sollten den Körper eher verhüllende als betonende Kleidung tragen (weite Hosen, lange Kleider). Während muslimische Stätten häufig Überzieher ausleihen, ist das bei den Christen nicht üblich; dann steht man draußen. In Synagogen nicht die Kippa vergessen, wenn man keinen Papp-Ersatz bekommen möchte.

Unbeholfenheit in heiligen Räumen: Modische Kleidung und lässiges Lehnen am Kreuzannagelungsaltar der Grabeskirche können zu Verwicklungen führen

Der *Jewish National Fund* propagiert: ***Plant a Tree*** *With Your Own Hands Program*. Wenn Sie sich im *Jerusalem Forest* mit einem selbst gepflanzten Baum verewigen wollen, rufen Sie 6583349 an wegen der Details, $ 18, www.kkl-jnf.org/tourism-and-recreation/plant-a-tree-israel

Sicherheit in Jerusalem

In den letzten zwei Jahren gab es zahlreiche **Terroranschläge** in Jerusalem, häufig im Bereich des Damaskustors. Nicht sämtliche Messer- und Schraubenzieherattacken scheinen mit Terror zu erklären zu sein, die Zeitung *HaAretz* hält manche Fälle für Selbstmord durch Fremdeinwirkung, eine Art „ehrenvoller" Ausweg etwa aus Familienproblemen. Wie dem auch sei: **Touristen** waren und sind nach wie vor **kein Ziel**. Insgesamt ist die Wahrscheinlichkeit, in einen Anschlag verwickelt zu werden, ähnlich der, in Deutschland auf der Autobahn zu verunglücken. Wer ganz sicher gehen will, meidet Menschenansammlungen auf Märkten wie die Makhane Yehuda, an

Bushaltestellen und vergleichbaren Orten. Wichtig: Im Gespräch bleiben mit Hotelbediensteten, Taxifahrern und Händlern, die wissen meist am besten von aktuellen Ereignissen. Besonders in der Altstadt lauern dafür die kleineren Gefahren des täglichen Touristenlebens wie **Taschendiebe** oder **Handtaschenräuber**. Im Menschengewühl sollte man also besonders auf seine sieben Sachen aufpassen. Im Gewimmel kommt es vor, dass Frauen begrapscht oder angemacht werden. Sehr unangenehm kann es für Frauen nachts werden, wenn sie zu einer der Altstadtunterkünfte gehen müssen. Auch das Kidrontal ist nicht zu empfehlen. Manchmal warten Jugendliche in dunklen Ecken, um zumindest einen Schrecken einzujagen und, wenn sie erfolgreich sind, noch mehr zu versuchen.

Verkehr

Straßenbahn und EGGED-Busse

Die Entfernungen innerhalb der Stadt sind nicht so riesig, dass man unbedingt auf motorisierten Transport angewiesen wäre. Die Altstadt lässt sich ohnehin nur zu Fuß erkunden, auch ihre unmittelbare Umgebung nimmt man am besten unter die Schuhsohlen.

Seit 2011 fährt die erste **Straßenbahnlinie** (auch *Light Rail* oder *Light Train* genannt) im Westteil der Stadt, für deren Trasse westlich des Busterminals die spektakuläre Harfen-Brücke von Santiago Calatrava errichtet wurde (Foto siehe S. 199). Auch spätere Linien sollen die umliegenden Siedlungen mit der Stadt verbinden, was internationale Proteste hervorgerufen hat. Für ₪ 5,90 verbindet die Linie 1 immerhin das Damaskustor direkt mit dem zentralen Busterminal (und weiter zum Herzl-Berg), nach Norden reicht sie bis Pisgat Zeev.

In der Bahn gibt es *kein* **Ticket**, das müssen Sie vorher lösen. Mit papierenen Einzelfahrscheinen dürfen Sie allerdings nicht umsteigen! 90 Minuten lang Abhilfe schafft die *Rav Kav*: Diese Plastikkarte gibt es personalisiert oder anonym und kann mit Tickets an Automaten der Haltestellen aufgeladen werden. Dazu muss man jedoch erstmal solch eine Karte haben: Klal Building, Jaffa St 97, So-Do

Endlich fährt sie, die Jerusalemer Straßenbahn

9-17, Fr -13; www.citypass.co.il, siehe auch www.ravkavonline.co.il (hebr.). Die Karte können Sie landesweit für den öffentlichen Verkehr nutzen. Wenn Sie einsteigen, müssen Sie sofort ein Ticket entwerten.

Die Straßenbahn fährt etwa **alle 7 Minuten**, So-Do 5.30-0.00, Fr ~17, Sa ab ~21.30 Uhr. Eine Liste der Straßenbahnhaltestellen von Nordost nach Südwest:

‣ Kheil HaAvir
‣ Sayeret Dukhifat
‣ Pisgat Zeev Center
‣ Yekuti'el Adam
‣ Bait Hanina (Shuafat North)
‣ Shuafat (Center)
‣ EsSahl (Shuafat South)
‣ Giv'at HaMivtar (French Hill)
‣ Ammunition Hill
‣ Shimon HaZadiq
‣ Shivtei Yisrael
‣ Damascus Gate
‣ City Hall
‣ Jaffa St Center (King George)
‣ HaDavidka
‣ Makhane Yehuda
‣ HaTurim (Jaffa St West)
‣ Central (Bus) Station (Binyane HaUma)
‣ [Calatrava Brücke]
‣ Kiryat Moshe (Ben Dor)
‣ HeKhalutz (Haft Square)
‣ Denia Square
‣ Yefe Nof
‣ Mount Herzl

Von hier sind Israel Museum, Knesset und Yad VaShem gut zu erreichen.

Die Straßenbahn hält natürlich auch am zentralen **EGGED-Busterminal** am westlichen Ende der Yafo St, nur wenige hundert Meter vom Ende der Autobahn aus Tel Aviv entfernt. Hier können Sie Busse in die meisten Stadtteile oder die Intercitybusse besteigen. Wer von Tel Aviv mit einem EGGED-Bus kommt, sollte den Fahrer fragen, ob er ins Stadtzentrum zum Kikar Zion fährt, dann muss man u.U. nicht umsteigen. Die Intercity-EGGED-Busse halten auf beiden Straßenseiten (Verbindung durch die Unterführung) am Binyane HaUma (Convention Center).

Die **Information** der EGGED-Busgesellschaft, 224 Yafo St, erreichen Sie unter Tel. 5304962 bzw. 03 6948888 oder www.egged.co.il (auch engl.) oder mit der **Egged-App**, mit der man sogar Tickets kaufen kann – allerdings nur auf Hebräisch. So werden die meisten Traveller, die landesweite, auch englischsprachige App **Bus.co.il**, die auch andere Busfirmen einbezieht, bevorzugen oder den Plan von **Jerubus**. Am hilfreichsten ist aber wohl die App **moovit**, die auch Taxis und Mitfahrgelegenheiten vermitteln kann. Die arabischen Busse gehörten anfangs auch zum Portfolio, aber leider scheint das nicht mehr zu klappen.

Zur Busplanung sowohl in Jerusalem als auch landesweit hilft die Regierungsseite http://jet.gov.il (hebr.), Google Earth zu Hilfe nimmt www.jerusalembusmap.net (auch auf Facebook).

Als **erste Hilfe für ein paar Buslinien** vom Busterminal aus:

▶ Altstadt (Jaffator), Mount Zion: 1, 3 (an der Endstation *Western Wall* sitzen bleiben)
▶ Altstadt (Damaskustor), Ostjerusalem: Light Rail, 1, 3 (fährt Umwege)
▶ Stadtzentrum in Westjerusalem: Light Rail, 6, 8, 18, 32
▶ Knesset, Israel Museum: Light Rail, 9, 14, 66
▶ Yad VaShem, Herzl-Berg: Light Rail, 21, 39
▶ Hadassa-Krankenhaus (Chagall-Fenster): 27 v. Mt. Herzl
▶ Eisenbahn-Bahnhof Malha: 6, 14, 18, 31
▶ Ma'ale Adummim/Martyrius-Kloster: 127, 173, 174, 176, 177 (6-0.30)
▶ Latrun/Ramla: 403, 433, 435 (6.10-23.30)

Der innerstädtische Fahrpreis beträgt ₪ 5,90, dafür kann man 90 Minuten lang in andere Busse umsteigen. Es gibt auch Tagestickets oder 10er-Karten (*kartißya*, die 20er sind nicht mehr günstiger). Um herauszufinden, ob sich ein Rabatt auch lohnt, sollten Sie daran denken, dass der **Bus-Service von Freitagnachmittag bis Samstagabend eingestellt** wird. Die Fahrplanangaben an den Haltestellen sind oft veraltet, vorsichtshalber den Fahrer fragen, ob man im richtigen Bus gelandet ist.

▶ Jerusalem CBS – Tel Aviv CBS direkt: Bus 405, ₪ 16, So-Do 6-ca. 23, Fr -16, Sa ab 18.30, alle 15-20 Minuten
▶ Jerusalem CBS – Haifa CBS direkt: Bus 940 & 947 (Hof HaKarmel) sowie 960 (HaMifraz), ₪ 38, So-Do 6.30-20, Fr -15, Sa 18.15-22, alle 30-90 Minuten
▶ Jerusalem – Elat Bus 444, ₪ 70, So-Do 7, 10, 14 und 17, Fr -14, buchen!

Palästinensische Busse

Man muss wissen, wo man hin will, um die richtige der drei Abfahrtstellen ansteuern zu können. Alle liegen nur wenige Minuten **außerhalb des Damaskustors**. Ein Zusammenwirken mit den israelischen Linien findet nicht statt. Praktischerweise ist man nicht auf Haltestellen angewiesen, man kann den Bus einfach heranwinken. Preisbeispiel: Jerusalem-Bethlehem mit Bus 231 kostet ₪ 7, weiter nach Hebron per Bus 213 ₪ 6, per Service-Taxi ₪ 9.

Vom **Busterminal vom Damaskustor aus geradeaus in die Nablus St,** linker Hand gegenüber dem Gartengrab, für die nördliche Westbank mit grün-weißen Bussen:

▶ **Mt. Scopus Krankenhaus**: 201
▶ **Sheikh Jarrah, Bethanien** (AlAsariya): 274
▶ **Qalandiya**: 246, 281, 274
▶ **Ramallah**: 218, 219 (in Ramallah umsteigen und weiter nach **Emmaus/Qubeibe** oder **Taybeh** per Taxi, nach **Nablus** ebenfalls per Taxi oder wiederum Bus)
▶ Vom **Busterminal vom Damaskustor aus rechts nach Nordosten** zwischen Schmidtschule und Golden Walls Hotel für die östliche Westbank mit blau-weißen Bussen:

Palästinensische Busse (in Blau Richtung Osten)

▸ Ölberg/**Mt. of Olives**: 255
▸ **Abu Dis**: 263
▸ **Bethanien** (AlAsariya): 263
▸ **Jericho**: 263 (bis Bethanien ₪ 8, dort in Service-Taxi nach Jericho umsteigen: ₪ 12)

Vom **Busterminal vom Damaskustor aus links Richtung Nordwesten** zur Straßenbahnhaltestelle Damaskustor (Sha'ar Shekhem) für die südliche Westbank mit blau-weißen Bussen:

▸ **Silwan, Abu Tor**: 276
▸ **Bethlehem**: 231, 234 (am Checkpoint in Taxi umsteigen)
▸ **Bet Jala, Bethlehem, Bet Sahur**: 231, hält auch unterhalb des Jaffators (über Tunnelstrecke der Str. 60)
▸ **Hebron**: 231 (in Bethlehem umsteigen an der Bab AsSqaq-Kreuzung, dort weiter per Bus bis Hebron [5 ₪], oder südlich von Bethlehem Umstieg in AlKhader in ein Service Taxi [8 ₪])

Taxis

▸ **zur Allenby-Bridge**: Abdo (gegenüber dem Damaskustor), Tel. 6283281; AnNidjmeh (Sultan Suleiman St nahe Damaskustor), Tel. 6277466, alle halbe Stunde; ca. ₪ 35
▸ **zum Flughafen**: Nesher Taxi, 23 Ben Yehuda St, Tel. 6257227 oder 159 9500205, Sa Tel. 6231231, www.neshertours.co.il, schickt Taxen/Sammeltaxen vor allem zum Flughafen Ben Gurion. Das Unternehmen hält quasi ein Monopol

und kann entsprechend unfreundlich auftreten. Einen Tag vorher buchen, für Samstagabend oder Sonntag zwei Tage vorher, man wird pünktlich abgeholt, ₪ 69, ab CBS ₪ 41.

Ein normales (*special* genannt) Taxi kostet ₪ 250, am Shabbat 300.

▸ **nach Tel Aviv**: links in der HaRav Kook St vom Zionsplatz aus oder von der CBS, ₪ 25, Tel. 5002890

Eisenbahn

Im Moment ist es mit der Eisenbahn in Jerusalem etwas mühsam wegen der weit entfernten Anbindung. Der sehr zentral gelegene alte Bahnhof wurde zur Freizeitoase *First Station* umgebaut und durch den **Bahnhof Malha** draußen beim Teddy-Stadion ersetzt. Man benötigt mit Wartezeit locker eine Stunde, um mit den Buslinien 6 (z.B. vom Safra Sq) 14 oder 18 (z.B. von der Shlomzion HaMalka St) in die Innenstadt oder raus zum Bahnhof zu gelangen; außerdem muss man zum Flughafen in Tel Aviv umsteigen. Dafür ist die Bahnstrecke zur Küste sehr reizvoll, nach Tel Aviv am besten in Fahrtrichtung rechts sitzen.

Ab Ende 2018 soll aber der Schnellzug fahren: Ben Gurion direkt, und Tel Aviv in 28 Minuten. Der Zug hält dann tief unter der Jerusalemer CBS, und soll weiter bis unter die Westmauer rollen. Der Bahnhof dort soll nach Donald Trump benannt werden. Kein Witz.

Airlines

EL AL soll einen Advance Check In Service unterhalten, der die Zeit im Flughafen verkürzt. Das ist allerdings teuer, falls man den Koffer abholen lässt. Günstiger wäre es, die Koffer selbst abzuliefern – der Ort dafür befindet sich jedoch so weit draußen im Vorort Givat Sha'ul, dass das unterm Strich keinerlei Zeit spart.

Israelische Mietwagen

Wenn Sie von der Küste bereits per Auto anreisen, folgen Sie auf der Autobahn 1 am besten den Schildern Richtung Mt. Scopus, bis schließlich auch die Old City angezeigt wird. Sie nähern sich der Altstadt dann von Norden.

4

Jerusalem per Auto erkunden kann aufgrund der Bautätigkeiten und immer mal geänderten Einbahnstraßen nervtötend sein – es kostet leicht eine Stunde Umweg, wenn man im Gewusel eine Straße zu früh oder zu spät abbiegt. Auch Parkplatzsuche ist kein Vergnügen. Vor einer Fahrt also gut auf den Stadtplan schauen.

- *Avis,* 19 King David St, Tel. 6249001
- *Budget,* 23 King David St, Tel. 03 (!) 9350015
- *Eldan/Europcar,* 22 King David St, Tel. 6252151
- *Hertz,* 19 King David St, Tel. 623135
- *Shlomo/Sixt,* 8 King David St, Tel. 6250833
- *T.I.R,* 6 King David St (akzeptiert auch Cash), Tel. 6259007

Palästinensische Mietwagen

Um in die palästinensischen Gebiete fahren zu können, braucht es einen Verleiher, der das erlaubt. Die hier genannten Anbieter decken **Israel** *und* **Palästina** mit einer **Versicherung** ab – ohne sollte man sich nicht auf das Abenteuer einlassen, dass einem der Wagen beschädigt oder geklaut werden könnte. Kosten je nach Mietdauer für einen Kleinwagen 50-70 $ plus 12-15 $ Versicherung pro Tag.

- *Green Peace,* derzeit zusammen mit - *Middle East* im Wadi AlJoz östlich des Rockefeller Museums, Tel. 5859756 oder 5822179, www.greenpeace.co.il, zuverlässiger Service, Sonderservices wie Abholen am Flughafen oder an der Allenby Bridge gegen Aufpreis
- *Dallah,* im Buchladen des American Colony Hotel und in Beit Hanina, Tel. 6564150, 6279716 oder 050 5469405, www.dallahrentacar.com, Website nicht aktuell, aber guter Service zu angemessenen Preisen
- *Jerusalem,* hinter dem US-Konsulat bzw. nordwestlich des ersten Kreisels auf der Nablus St hinter der Tankstelle, Tel. 5831333 oder 050 5450103, www.jerusalemrentcar.com
- *Middle East,* östlich des ersten Kreisels an der Nablus St vom Damaskustor aus und im Wadi AlJoz, Tel. 6262777, Fax 6262203, auch in Ramallah: Tel. 2963141, Fax

2963142, www.facebook.com/Middleeast carrental, versichert ebenfalls in beiden Gebieten, Abholservice von Ben Gurion oder Allenby Bridge

Fahrrad

Drahteselllösungen und Tourenvorschläge aller Art bieten www.bikejerusalem.com, Tel. 579 6353 oder 052 3201273, und *Bilu Bikes*, Tel. 077 7534750

Schnitzeljagd

Eine andere Art, Jerusalem zu Fuß zu erkunden: Der Veranstalter lässt Sie Ihre Stadtführung anhand einer Story und mit viel Spaß selber herausfinden – auch als Wettbewerb zu haben. Das richtet sich natürlich an Gruppen, aber auch für Pärchen werden z.B. Touren angeboten, die in einen (natürlich schon vorher beabsichtigten) Heiratsantrag münden. Der Preis hängt an der Anzahl der Leute, http://israelscaventures.com, Tel. 052 8358072Reisebüro

Studierende

Als Student sollten man bei der *Israel Student Travel Association (ISSTA)*, 31 HaNevi'im St, Tel. 6257257 vorbeischauen, dort werden verbilligte Flüge etc. vermittelt.

Post, Banken

- **Hauptpostamt,** 23 Yafo St; Poste Restante So-Do 8-18, Fr -12, eine Zweigstelle z.B. nördlich des Damaskustors, selbe Öffnungszeiten, und Nähe Jaffator in der Armenian Orthodox Patriarchate St So-Do 8-14.30
- **American Express,** 18 Shlomzion HaMalka St, Tel. 6240830,
- **Bank HaPoalim,** Kikar Zion, Bankautomat
- **LEUMI Bank,** 21 Yafo St, Tel. 6227471
- **Mizrahi Bank,** Shlomzion HaMalka, Bankautomat.

Was man unternehmen kann

Bekannte Veranstaltungen

Tickets für **Theater oder Konzerte** verkauft BIMOT, 8 Shamai St, Tel. 6237000, tickets@bi-mot.co.il

Fast zu jeder Jahreszeit werden in Jerusalem ausgezeichnete kulturelle Veranstaltungen angeboten, viele davon finden regelmäßig zu bestimmten Jahreszeiten statt.

- Der Körperkultur widmet sich seit 2011 im März der *Jerusalem Marathon,* dessen Strecke auch mal über die Grüne Linie lugt, www.jerusalem-marathon.com
- Das *Israel Festival* (internationale Beteiligung) lockt jeweils im Mai/Juni mit Konzerten, Theateraufführungen und Kunstausstellungen viele Besucher an, www.israel-festival.org.il
- Seit 2009 steigt das einwöchige Jerusalem *Festival of Light,* das vor allem im Süden der Altstadt und um sie herum Architektur illuminiert und internationale Lichtkunst ausstellt, www.lights-in-jerusalem.com, es gibt auch Musik dazu: http://en.sounds-of-jerusalem.org.il
- Eine Veranstaltung, die in der Form eigentlich nur für Jerusalem denkbar ist, heißt *Jerusalem Hug.* Rund 4000 Israelis, Araber und internationale Friedensaktivisten treffen sich seit 2007 an einem Tag im Juni, um eine Menschenkette um die Altstadt zu bilden (Englisch hug bedeutet Umarmung). Frieden zwischen Israelis und Arabern war schon für 2012 angestrebt; www.jerusalemhug.org
- Seit 2006 gibt es im Juni/Juli das Kammermusikfestival *Sounding Jerusalem.* Es bringt palästinensische, israelische und europäische Künstler und Studenten zu Auftritten in der Altstadt und West- und Ostjerusalem zusammen – hingehen! Eintritt frei, www.soundingjerusalem.com
- Im Juli wird Ostjerusalem durch Musik und Tanz internationaler Ensembles belebt: Weltmusik, Jazz und HipHop beim *Jerusalem Festival* bei den Königsgräbern (veranstaltet vom Kulturzentrum Yabous, www.yabous.org) sowie das *Palestine International Festival* im AlHakawati-Theater, aber auch in Ramallah,

Bethlehem und Nablus, www.pnt-pal.org
- Ebenfalls im Juli lädt die Cinematheque zum *Internationalen Filmfestival* ein; die Vorführungen finden unter freiem Himmel statt, www.jff.org.il
- Im Amphitheater von Suleiman's Pool (unterhalb des Ziontors) werden im Sommer *Open Air Konzerte von Klassik bis Rock* angeboten
- Konzerte des *Israelischen Philharmonischen Orchesters* finden in der Binyane HaUma, dem Kongresszentrum, statt www.ipo.co.il.
- Im August/September beherbergt der Konzertsaal des YMCA, 26 King David St, das internationale *Jerusalemer Kammermusikfestival,* www.jcmf.org.il
- In der zweiten Oktoberhälfte ruft das schon klassische *International Puppet Festival* ins Palestinian National Theater (*AlHakawati* heißt: der Geschichtenerzähler)
- Mitte Oktober bis Mitte November schließlich zeigt die *Jerusalem Show der AlMa'mal-Stiftung* seit 2007 zeitgenössische Kunst, www.almamalfoundation.org
- Über das ganze Jahr verteilt gibt es *Kirchenmusiken* in der deutschsprachigen Altstädter Erlöserkirche, der Himmelfahrtskirche auf dem Ölberg und der Dormitio Mariae der deutschsprachigen Benediktiner auf dem Mount Zion, www.evangelisch-in-jerusalem.de, www.dormitio.net
- Das *Magnificat Institute School of Music* im christlichen Altstadtviertel veranstaltet mit seinen 200 Schülerinnen und Schülern immer wieder Konzerte, St. Francis Road 1 (St. Saviour's Monastery), Tel. 6266609, www.magnificat.custodia.org
- *Jazz-Freunde* haben im Dezember Glück mit dem Jazz Festival im Israel Museum, www.jerusalemjazzfestival.org.il – im August steigt hier auch ein Klesmer-Festival
- *Folkloristische Aufführungen* im Khan Center, 2 Kikar Remez, werden dienstags simultan ins Englische übersetzt, www.khan.co.il
- *Vorträge, Lesungen, Filmvorführungen,* die vorwiegend den Nahen Osten im Blick haben, findet man am ehesten im

4

• *Educational Bookshop*, www.educational-
bookshop.com, Tel. 6275858, 19 Salah
AdDin St (mit Café), und im
• *Willy Brandt Center*, www.willybrandtcenter
org, Tel. 6732171, info@willybrandtcenter
.org, Mo-Fr 10-18, 22 En Rogel St/Abu Tor
(Hausnummer fehlt, auf rote Tür achten)
• Und es lohnt sich, hier zu schauen:
www.evangelisch-in-jerusalem.de,
www.dormitio.net

Schließlich noch ein niedrigschwelliges An-
gebot für einen direkten **Eindruck vom Nah-
ostkonflikt**: Jeden Freitag gegen 15 Uhr fin-
det seit vielen Monaten in der American
Colony am Grab Shimon HaZadiqs eine
Demonstration vor allem linksgerichteter
Israelis gegen jüdische Siedlungen in der
Umgebung statt. Gewaltlos, freundliche
Atmosphäre, Trommelmusik – einfach hinge-
hen, schauen und Leute ansprechen.

Das weltweit dominierende **liberale Juden-
tum** ist in Israel ziemlich unterrepräsentiert.
Aber auch in Jerusalem findet man ein paar
Beispiele dieser jüdischen Lebenswelt:

• *Har El Synagoge*, wo Shalom Ben-Chorin
lange Zeit Rabbiner war, 16 Shmuel
HaNagid St, Tel. 6253841, www.kharel.org.il
• *Hebrew Union College*, hier werden liberale
RabbinerInnen und KantorInnen ausgebil-
det, prima Archäologisches Museum leider
nur für Gruppen mit Voranmeldung, 13
King David St, Tel. 6203333, www.huc.edu
• *Conservative Yeshiva*, *konservativ* ist im
Judentum irreführend: es heißt soviel wie
liberal – hier können auch Gäste in
Sommer- oder Fernkursen jüdische
Studien treiben, 8 Agron St, Tel. 6223116,
www.conservativeyeshiva.org

Nightlife

Die T-Shirts mit dem Spruch: „Das Beste am
Jerusalemer Nightlife: Die Straße nach Tel
Aviv!" sind rar geworden, aber das Nacht-
leben bollert längst nicht so sehr wie in der
Mittelmeermetropole. Die beliebtesten Ge-
genden zum abendlichen Flanieren, Essen,
Trinken und Tanzen befinden sich – vor allem
Do-Sa – auf der Yafo/BenYehuda und zwi-
schen Ben Sira/Hillel St, Rivlin und Shlomzion
HaMalka herum und natürlich in der Mamilla

Mall. Weiter draußen lockt der alte Bahnhof
und südlich davon die German Colony. Das
Publikum ist meist recht jung, und auch viele
Traveller sind hier unterwegs. Achja: In Bars
geht es ab 21 Uhr allmählich los, in Clubs
nach Mitternacht. Noch weiter draußen für
Fun eher im American Style sind die *Malha
Mall* beim Bahnhof und das *Cinema City* nördlich des *Supreme Courts* gut. Für aktuelle Tipps
gibt jedes Hostel sicherlich gern Auskunft.

• Wer sich nicht nur treiben lassen möchte,
könnte mit einem Wodka im Putin Pub, 19
Yafo St, starten oder im jazzigen Barud, 31
Yafo St vorbeischauen. Jeden Abend Live
Musik bietet der amerikanisierte Mike's
Place, 33 Yafo St. Parallel in der 4 Shoshan
St wartet auch in Jerusalem *Gaylife* im
Mikve. Für's Lockerschütteln nach zuviel
Rucksacktragerei wären die bedächtigen
Reggae-Sounds im Sira einen Versuch wert,
4 Ben Sira St, www.facebook.com/Sira-
146976218709543
• Kostspielig, aber den Blick auf die Altstadt
wert, ist das Restaurant mit Bar im Notre
Dame beim Neuen Tor und die Mirror Bar
im Mamilla Hotel
• Weiter im Westen geht es eher künstle-
risch zu im Nocturno Café, in dem man
auch gut essen kann und das gleichzeitig
als Galerie dient, 7 Bezalel St, Tel. 077
7008510.
• Südlich der Altstadt bei der First Station
soll der Justice Club, 28 Hebron St, Tel.
053 9345181, www.justice-club.co.il, neue
Standards setzen – aber nur Do & So.
Könnte man weiter draußen im Stadtteil
Talpiot mit dem Club-Urgestein 17, 17
HaOman St, Tel. 6781658, vergleichen –
ein Club, in dem auch internationale DJs
den Plattenteller nicht leerlaufen lassen –
Vorbild für das Tel Aviver HaOman 17 (!) –
nebenan im Haus Nr. 19 kann man Billiard
spielen. Im Yellow Submarine, 13 Erkevim
St, Tel. 6794040, www.yellowsubmarine
.org.il, wartet gutes allabendliches Musik-
und Standup-Programm; man ist jeweils
mit blau oder alles andere schwarz 40-
90 dabei.

Ausflüge

In diversen Hostels, aber auch bei anderen Gelegenheiten werden **Minibusausflüge** nach Massada, Galiläa, Bethlehem und andere Ziele angeboten. Auch arabische Anbieter sind am Markt wie z.B. www.alliancetravel-jrs.com. Diese Trips klingen häufig schon vom Preis her verlockend, z.B. Massada etwa $ 50-100. Man sollte sich aber überlegen, ob man sich einer solchen Gewalttour z.B. nach Massada aussetzt statt selbst per EGGED-Bus und nach eigenem Gusto dorthin zu fahren, vor allem, wenn man Zeit hat. Der EGGED-Bus-Trip hin und wieder zurück kostet rund ₪ 80. Wer einen solchen Trip bucht, sollte ausreichend Trinkwasser und Badesachen fürs Tote Meer mitnehmen – inklusive Schuhe wegen der Salzkristalle.

Ein Leser berichtet, dass sein Minibus nach der Abfahrt um 2.30 Uhr übervoll war, dass es nach der Ankunft hieß, der Schlangenweg nach oben sei wegen Bauarbeiten gesperrt (was er bezweifelt), daher musste er knapp ₪ 40 für die Seilbahn zusätzlich zahlen, oben herrschte großes Gedränge und die erwartete Romantik bei Sonnenaufgang kam erst gar nicht auf. Später waren die weiteren Stopps am Toten Meer sehr kurz, und die Teilnehmer kehrten am frühen Nachmittag ziemlich entnervt zurück. Andererseits kostet eine Übernachtung in Massada ähnlich viel wie der Fahrpreis dieser Tour.

Während der Nebensaison werden viele Ausflüge wegen mangelndem Interesse nicht angeboten.

Eine gute Alternative wären persönliche Guides, die auf spezielle Wünsche eingehen können, siehe S. 161.

Shopping

Allgemein

Vorweg, und vielleicht überflüssig zu erwähnen: Der Basar der Altstadt, besonders im christlichen und im muslimischen Viertel, ist ein einziges Einkaufserlebnis für Gewürze, Kosmetika, Obst und Gemüse, orientalische Mitbringsel wie Tischdecken, Brettspiele mit Intarsien usw.usf. Die Preise sind allerdings „touristisch" und können – obwohl man sich mit arabischer Begrüßung vorgestellt hat –

Vor diesem Gewürzladen in der Altstadt bleibt jeder stehen

vierfach über dem landesweit Üblichen liegen. Die Preisfindung kann außerdem langwierig sein, denn man sollte in der Tat den Laden verlassen, damit der Händler mit einem günstigeren Angebot hinterher gelaufen kommt. Wer früh kommt, hat gute Karten: Kauft der erste Kunde des Tages nichts, wird das Geschäft schlecht laufen!

- Ohne zu feilschen geben manche Geschäfte in der Neustadt Rabatte an Inhaber des oben erwähnten HolyPass und aufgrund von Coupons von www.jerusalem-coupons.com – wer kein entsprechendes Coupon-Heft gefunden hat, kann sich Gutscheine von der Website ausdrucken oder sich einfach eine Nummer dort notieren.

- *Kanyon Jerusalem Shopping Mall* (oder auch Malha Mall, bis 22 Uhr geöffnet), im Südwesten, Nähe Teddy Stadium, zählt zu den größten Kauftempeln im Land: 260 Läden auf 37.000 Quadratmetern fürs Einkaufen, 8 Kinos für die Unterhaltung (Busse 6, 14, 18). Vom Shopping Center liegt der Tish Family Zoo nicht weit entfernt, siehe S. 215.

• Gleich im Westen der Altstadt, wenn man das Jaffator verlässt, beginnt die 2007 eröffnete Fußgängerzone im völlig entkernten Mamilla-Viertel. Auf 800 m sollen hier schließlich 140 Läden in Betrieb sein – eher vom Feinsten, denn auch das Fünf-Sterne-Mamilla-Hotel gehört mit zum Komplex. Eine Wohnung in dem Bereich soll 2-3 Millionen Dollar kosten, aber die meisten sind bereits verkauft und stehen leer, weil die Besitzer sich für nur wenige Wochen oder Tage im Jahr das Vergnügen gönnen, eine Bleibe nur einen kurzen Spaziergang von der Westmauer entfernt zu haben. Die neue Fußgängerzone ist wegen der Bars und Cafés zum Flanieren recht beliebt, wirkt direkt neben der Altstadt jedoch unglaublich steril, www.alrov.co.il/development.html.

Bücher

• *Steimatsky*, in Israel allgegenwärtig, unterhält mehrere Läden, unter anderem 39 Yafo St (Hauptgeschäft), 7 Ben Yehuda St, im Mamilla-Viertel und in der Central Bus-Station. Wer Reiseführer sucht, wird bei Steimatsky am ehesten fündig, sollte jedoch in mehreren Läden der Kette nachschauen. Reiseführer und Karten auch bei Lametayel, 5 Joel Salomon St.

• Schöneres Ambiente und distinguiertere Auswahl haben jedoch zwei Buchläden in Ost-Jerusalem: Der *Bookshop* auf dem Gelände des American Colony Hotel sowie der *Educational Bookshop*, 19 Salah AdDin St, www.educationalbookshop.com, vom Herodestor nach ca. 300 m auf der linken Seite, mit Café und Veranstaltungsraum für Literaturabende. Hier gibt es die beste Auswahl internationaler Literatur zum Thema Palästina. Das ursprüngliche Geschäft rechter Hand Hausnummer 22 führt vor allem Schreibwaren.

• Archäologie-Interessierte könnten bei der *Israel Exploration Society* fündig werden, 5 Avida St, im Kellergeschoss, nördlich des Leonardo Plaza (früher Sheraton). Hier entstehen wissenschaftliche Ausgrabungsberichte, Lexika und andere

archäologische Veröffentlichungen; http://israelexplorationsociety.huji.ac.il.

Palästinensisches Kunsthandwerk

Eine der ältesten Fair Trade Organisationen, Sunbula (www.sunbula.org, auch mit Online-Shop), bezieht ihre Handelsware aus 18 Kooperativen, über die Westbank verteilt. Zu sehen ist das Ganze auch in zwei Ladengeschäften: Im *House of Palestinian Crafts*, 7 Nablus St, und im *Craft Shop at St. Andrews*, das ist im Gästehaus der schottischen Kirche im Südwesten der Altstadt jenseits des Hinnom-Tals.

Kosmetika

Aus dem Salz des Toten Meers stellen die Israelis verschiedenste Kosmetika her. Die Marke Ahava bekommt man allerdings weltweit in fast jedem Supermarkt. Origineller wäre, palästinensische Produkte aufzutreiben. Eine Marke aus Ramallah z.B. heißt Vitalité – Dead Sea Products, www.vitalite.ps.

Speisesalz

Am Nordufer des Toten Meeres gibt es aus jordanischer Zeit die einzige palästinensische Salzproduktion. Für das World Food Programme produziert die West Bank Salt Company Speisesalz für Palästina, www.wfp.org/stories/palestine-salt-earth. Aber es gibt auch zwei Gourmetlinien mit aromatisierten, z.T. Bio-Salzen: Die Marke Hyksos der Firma www.saltley.ps aus Ramallah sowie von einem jüdischen Compagnon aus Haifa vertrieben: 424 below sea level, www.424salt.com.

Armenische Keramik

Einst waren die Armenier für ihre Keramik im Orient berühmt, mit der türkischen Vertreibung starb ihre Kunst fast aus – bis auf zwei Familien in Jerusalem, die nach der Deportation hier siedelten. Heute können Sie sowohl in der Via Dolorosa in der Altstadt armenische Keramik kaufen als auch bei *Balian Armenian Pottery,* 14 Nablus St sowie natürlich im armenischen Altstadt-Viertel beim Zionstor.

Russische Ikonen
Die russischen Einwanderer brachten viele Ikonen mit ins Heilige Land, die jetzt ebenfalls in der Via Dolorosa in den Geschäften beim Ecce Homo-Bogen gehandelt werden.

Blaues Glas
Seit alters her sind die Glasbläser bei Hebron für ihr kunstvoll geblasenes blaues Glas bekannt. Viele Händler der Altstadt bieten es an, spezialisiert ist Neker Glass, 6 Bet Yisrael.

Kelims und Teppiche
In der Christian Quarter Road in der Altstadt findet man Kelims und Teppiche, die von Beduinen vor allem der Nachbarländer geknüpft bzw. gewebt wurden. Doch ist Vorsicht bei den Preisverhandlungen geboten.

Judaica, Jüdische Souvenirs
Wer z.B. Shabbat- und Chanukkaleuchter oder Gebetsriemen mit nach Hause nehmen möchte, kann im Fußgängerbereich der Ben Yehuda St oder vermutlich billiger in Mea Shearim fündig werden. Hochpreisiger geht es im nördlichen Cardo-Bereich des jüdischen Altstadt-Viertels zu.

Orientalisches Tuch
Im Muristan bietet *Bilal Abu Khalaf* in der dritten Generation kostbare Stoffe aus Syrien und dem Maghreb an, hier kaufen Geistliche aller Religionen. Unter dem Glasfußboden sind darüber hinaus Strukturen einer Kreuzfahrerkirche zu sehen, 164 Aftimos St, Tel. 6261718.

Antiquitäten
• Eine Fundgrube ist der Laden von *Khader Baidun*, 20 Via Dolorosa, www.baidun.com dessen Vater der erste Händler war, der sich mit archäologischen Stücken beschäftigte. Hier finden Sie nicht nur teure Stücke, sondern auch Münzen aus der Zeit von Christi Geburt, Öllampen, Keramiken etc. – Ein paar Häuser weiter, Via Dolorosa 6 an der 2. Kreuzwegstation, offeriert *Joseph Hammad im Palace* zertifizierte Antiken von der Bronze- bis zur Mandatszeit.

Einkaufen unter Bewachung

• Im Muristan Nähe Grabeskirche unweit der Christian Quarter Road gibt es schließlich noch *Turath Antiquitäten* mit Schwerpunkt auf islamischer Kunst, Möbeln, Metall- und Glasgegenständen sowie Textilien. Die genaue Adresse Walid Radwans lautet 69-70 Aftimos St.
• *Munir Barakat* an der Auffahrt des American Colony Hotel bietet vor allem arabisch-osmanische Antiken, Teppiche, Möbel, Küchengeschirr – schön anzusehen, auch wenn das Geld nicht reichen sollte.
• *Charlotte*, 4 Koresh St, verkauft vor allem Schmuck unterschiedlichsten Alters bis zu pharaonischen Zeiten zurückgehend. Aber auch moderne Keramik oder sonstige erlesene Geschenkartikel sind im Programm. Charlotte war eine Jüdin aus Berlin und eröffnete ihr Geschäft 1938.

Historische Fotografien
Elia Photo Service zeigt und verkauft Drucke armenischer Fotos, die Jerusalem von der zweiten Hälfte des 19. Jhs an zeigen, eine Zeitreise im Christlichen Viertel, 14 AlKhanqa St, Tel. 6282074, www.eliaphoto.com.

Kunst und Kunsthandwerk

- Nähe Jaffator gibt es das Künstlerviertel Khuzot HaYozer, S. 204, in der Altstadt, Cardo 15, ist das Fifth Quarter Atelier und Galerie auf Judaica spezialisiert, Tel. 9409944. Die *Anadiel Gallery*, 17 Salah EdDin St, bietet palästinensische Kunst.

- Das *Jerusalem Artist's House,* 12 Shmuel HaNagid St, bietet Werke israelischer Künstler an, www.art.org.il, Tel. 6253653. Das ist nicht weit vom *Nocturno Café,* 7 Bezalel St, das die *Designer in the City* als Galerie nutzen dürfen, so sehenswert wie gemütlich und schmackhaft; www.facebook.com/designinthecity. Freitags findet in diesem Beritt auch der Bezalel Markt für Designkunst statt, ab 10 Uhr bis Shabbat-Beginn, http://en.bezalelfair.co.il.

Essen und Trinken

Wer als Selbstversorger preiswert einkaufen will, geht ins ultraorthodoxe Viertel, z.B. Mea Shearim St. Dort sind Lebensmittel um 20-30% billiger, weil sie wegen der dort hohen Kinderzahl der Ultraorthodoxen angeblich subventioniert werden.

Ein sehr typisches, sehr preiswertes und schmackhaftes Sättigungsmittel sind **Bagel** (englisch, *Bäigl* ausgesprochen), eine Art süßliche „Brezn", die man in eine grüne, köstlich pikante Gewürzmischung stippt: **Sa'ater**, aus Thymian, geröstetem Sesam und Salz. Ohne Gewürz schmecken sie langweilig. Der stadtbekannte Bäcker rackert seit 24 Stunden täglich ab, heißt *Musrara* und ist östlich am großen Bushalteplatz beim Damaskustor zu finden, die schmackhaftesten Teile gibt wohl der Holzofen der Bäckerei *Jabber* her – bis mittags ist alles verkauft.

Als Jerusalem-Besucher wird man in der Gegend essen wollen, in der man sich gerade aufhält – zumeist in der **Altstadt**. Viele Restaurants dort sind auf die schnelle und eher lieblose Abfertigung eingestellt. Selbst den typisch orientalischen Essplätzen im arabischen Viertel merkt man die routinemäßige Fütterung durcheilender Gäste an. Man sollte also die Altstadt-Gastronomie eher nur für die Stärkung während der Besichtigungsphase nutzen. Außerhalb der Altstadt kann

man gute Entdeckungen im Fußgängerbereich der **Ben Yehuda St** und vor allem in den kleinen Seitenstraßen **südlich des Kikar Zion** machen, besonders in und um die Yoel Salomon St. Im und um den Markt herum, die Makhane Yehuda, die Yafo St weiter hinauf, haben Sie nicht nur zur Selbstversorgung gute Karten. Südöstlich der Altstadt ist der alte Bahnhof (**First Station**) eine prima Adresse, und dann wäre man auch schon fast in der **German Colony** – z.B. zum Kaffeetrinken oder für vegane Snacks. Die folgende Liste spiegelt nur einen kleinen Ausschnitt von Jerusalems kulinarischer Szene wieder.

Altstadt

Fast in jeder wichtigen Straße der Altstadt findet man kleine und größere, gute und weniger gute Restaurants. Die unscheinbareren bieten oft bessere und schmackhaftere Gerichte als die herausgeputzten Etablissements. Aus eigener Erfahrung läuft z.B. bei den Namen *Abu Shukri* und *AnNasser* das Wasser im Mund zusammen.

- **Abu Shukri**, 63 AlWad St, Nähe 5. Station der Via Dolorosa, prompter Service, obwohl in vielen Reiseführern empfohlen, essen viele Einheimische dort – und das Hummus-Frühstück wurde schon von Mustafa AlKurd besungen, reelle Preise. In der AlKhanqa St hat der jüngere Bruder Ziyad ein ähnlich sinnvolles Lokal eröffnet

- **Armenian Tavern**, Nähe Jaffator, Richtung Zionstor, Kellerlokal, museal eingerichtet, übliche Küche und Preise

- **Green Door Pizza Bakery**, vom Damaskustor kommend vor der Gabel zur AlWad St gleich die erste Gasse links, Sheikh Reihan, und 50 m bis zu einer grünen Tür, die in ein Gewölbe führt, ziemlich uriger Familienbetrieb, in dem jede Nahost-Pizza (mit Ei) frisch zubereitet wird, günstig

- **Papa Andreas**, Café-Restaurant südlich des Damaskustors mit Plätzen auf dem Dach des Gebäudes, auch südlich des Muristans, an dem sich AlWad und Khan EzZeit teilen, Menü und Preise angemessen

- **Amigo Emil**, Restaurant gegenüber der Khanqa in der AlKhanqa St (östl. Verlängerung der Via Dolorosa), schönes Gewölbe, prima Vorspeisen, mittlere Preisklasse

• **AnNasser**, 55 Khan EzZeit St, typisch palästinensisches Restaurant mit hervorragendem gegrillten Huhn und Salaten, preiswert, aber besser anderswo auf die Toilette gehen

• **Hebron Youth Hostel Tearoom**, 8 Aqbat Takiye (kleine Seitenstraße – Parallelstraße zur Via Dolorosa –, die vom Souk Khan EzZeit abzweigt), einfache, preiswerte Gerichte

• **Jaffar Sweets**, Khan EzZeit St, verlockende arabische Süßigkeiten, bestes Knafe außerhalb von Nablus

• **Abu Shahin**, Khan EzZeit St, im Fleisch-Souk, Kebab und Shauwarma vom Besten

• **Roladin**, Mamilla Mall außerhalb des Jaffators, Café, Snacks, gute Suppen

• **Eucalyptus**, 14 HaTivat Yerushalayim, was könnte biblisch-israelische Küche sein – in jedem Fall koscher, aber nicht fromm, auch Samstag abends geöffnet, nur mit Reservierung Tel. 6244331

Wer den orientalischen Trubel einmal hinter sich lassen möchte, findet Ruhe und einen Snack in drei deutschsprachigen Cafés, im **Österreichischen Hospiz** , AlWad St bei der 3. Kreuzwegstation, ganz neu im Kreuzgang der **Erlöserkirche**, am Muristan Nähe Grabeskirche, oder im **Dormitio Kloster**, südlich vom Zionstor.

Ostjerusalem

In der Sultan Suleiman St gegenüber dem Herodestor gibt es eine Reihe von Hähnchenbratereien, die – mit guten arabischen Beilagen – noch dazu preiswert sind; dies gilt ähnlich für die gesamte Umgebung.

• **Petra Restaurant**, 11 Rashid St, ein besseres Restaurant Ostjerusalems, gute orientalische Küche, Salate und Gegrilltes

• **Askadinya**, 11 Shimon HaZadiq St, nette Atmosphäre, italienisches Essen, höherpreisig in antik-arabischem Gebäude; direkt daneben

• **Borderline**, 13 Shimon HaZadiq St, beliebte Bar, Treffpunkt von NGO-Mitarbeitern, der doppeldeutige Name zwischen psychischer Erkrankung und der

Jerusalemer Grünen Line wird wohl Absicht sein

• **Christmas Hotel**, 1 Ali Ibn Abu Talib St, gute Küche im PATIO, angenehmer Restaurantgarten mit Künstlerpublikum (Zugang auch von der Stichstraße zum Palestinian National Theatre)

• **American Colony Hotel**, Nablus St (siehe auch S. 197), Treffpunkt der Journalisten, im *Arabesque Restaurant* am Pool kann man gut essen und die besondere Atmosphäre des Hauses genießen, teuer, samstags sehr gutes Buffet

• **Notre Dame Roof Top**, 3 Paratroopers St, Tel. 6279177, außerhalb der Altstadt zwischen Neuem und Damaskustor auf dem Dach des päpstlichen Instituts, tägl. 12-24, die wohl beste Auswahl an vor allem französischen Weinen und Käse, nicht ganz günstig, aber bestechende Aussicht auf die Altstadt

• **Jerusalem Hotel**, 19 Nablus St, lauschiges Garten-Restaurant, Treffpunkt für Einheimische wie Expats, gute nahöstliche Küche, Freitag abends manchmal klassisch-arabische Livemusik, dafür am besten reservieren, Tel. 6283282

• **AlMihbash Restaurant**, 21 Nablus St, wenige Schritte nördlich vom Jerusalem Hotel, locker-familiäre Atmosphäre mit Balkonen und Rooftop, gute Speisen und Wasserpfeifen, Freitags ab 20 Uhr arabische Livemusik zum Mitsingen und manchmal -tanzen

• **Mediterranean Seafood Restaurant**, Ben Shadad St, wenige Schritte westlich vom Jerusalem Hotel, frisch eröffnet, solide Meeresfrüchte, viele Einheimische

• **Ambassador Hotel**, 5 Nablus St, feine arabische, auch französische und italienische Küche, kostspielig und doch preiswert

• **Educational Bookshop**, 19 Salah AdDin St, siehe S. 232, außer Kultur und anregendem Publikum auch kleine Speisen und guter Kaffee

Westjerusalem
Nähe Kikar Zion, Ben Yehuda St

• **Barud**, 31 Yafo St; im Feingold-Innenhof zwischen Yafo & Rivlin St, originelle

sefardische Küche, nicht zu teuer, abends Live-Musik
- **Village Green**, 33 Yafo St, exzellentes **vegetarisch-veganes** Lokal, gut mit Kindern zu besuchen
- **Darna**, 3 Horkanos St; marokkanisches Restaurant, Einrichtung und Speisen auch etwas für's Auge, was seinen Preis hat, www.darna.co.il
- **HaMishpacha**, 12 Yoel Solomon St; interessante, aber nicht umwerfende Gerichte, preiswert
- **Anna** im **Ticho House**, 10 HaRav Agan St, stimmungsvolles Café, leichte und durchaus preiswerte Gerichte, www.annarest.co.il
- **Tmol Shilshom**, 5 Yoel Salomon St, Café-Buchladen mit preiswerten leckeren Speisen, www.tmol-shilshom.co.il
- **Birman**, 8 Dorot Rishonim St, guter Pub mit kleinen Snacks und allabendlicher Livemusik
- **Bolinat**, 6 Dorot Rishonim St, gutes Café mit kleinen Speisen, bei Studierenden sehr beliebt – auch, weil es rund um die Uhr geöffnet hat, sogar am Shabbat – genau wie
- **Zuni**, 15 Yoel Solomon St, eher Bistro, auch mit Pasta-Gerichten auch am Shabbat – und das in Jerusalem
- **Dolphin Yam**, 9 Ben Shetakh St, Fisch und Meeresfrüchte vom Besten in der Stadt, startete in Ostjerusalem und war zwischendurch in Tel Aviv, besser reservieren: Tel. 6232272
- **HaMarakiya**, 4 Koresh St, studentisch orientiert, günstig und *cash only*, gute Suppen und Shakshuka, abends manchmal Livemusik
- **Ta'ami**, 3 Shammai St, Hummus-Lokal für Frühstück und Mittag, billig
- **Pinati**, 13 King George St, günstiges Hummus-Lokal, inzwischen eine Kette, aber hier ging es los mit Kellner-Show, großer Andrang
- **Halitatea**, 5 Hillel St, hier wäre man gekränkt, beste Tees nicht auf beste Weise zuzubereiten, die Süßigkeiten passen gut dazu

- **Mona**, 12 Shmuel HaNagid St, innovative israelische Küche, passend zum Künstlervolk in dieser Gegend – die Preise passen aber nur den erfolgreichen, mit Baum in der Gaststube. Mit weniger Budget besser um die Ecke ins
- **Nocturno**, 7 Bezalel St, Café-Restaurant und Galerie, erfreuliches Publikum, leckere Versorgung durch kompetentes Personal

Nähe Makhane Yehuda

- **Deitsch**, 32 Mea Shearim St, ashkenasische gilt eigentlich als „jüdische" Küche, aber nicht als hip, hier lassen sich osteuropäische Rezepte günstig kennenlernen, *cash only*
- **Makhneyuda**, 10 Bet Ya'akov St, zu Recht überall empfohlen – der Ideenreichtum der drei Chefs und die offene Küche ziehen sogar Tel Aviver Kundschaft an, besser ein, zwei Monate vorher sparen und buchen: Tel. 5333442
- **HaAgas**, 11 Eliyahu Ya'acov Banai St, kleiner vegetarischer Essplatz ohne Markttrubel

Alter Bahnhof/First Station

Hier sollte sich auch am Shabbat etwas finden lassen: www.firststation.co.il
- **Colony Bar & Restaurant**, First Station, hipper Treffpunkt für Israel-Prominenz, anregende, nicht gerade günstige Küche, gute Whisky-Auswahl, Do Livemusik, Fr geöffnet
- **Café Landwer**, First Station, hier besonders gemütliches Glied der Café-Kette

Übernachten in Jerusalem

Vor der Hotelwahl in Jerusalem sollte man sich ein paar Gedanken machen. Der touristische Schwerpunkt liegt eindeutig in der Altstadt. Wohnt man direkt dort, kann man bei Ermüdungserscheinungen schnell einmal die Füße hochlegen. Außerdem sind die Anfahr- bzw. Anmarschwege kurz, Terroranschläge (wenn man diese überhaupt in seine Überlegungen einbezieht) finden eher nicht in der Old City statt. Wer mehr Wert auf kurze Wege zum Nightlife legt bzw. am früheren Abend noch ein paar Menschen um sich herum haben will, der ist in der Gegend des Kikar Zion und der Fußgängerzone der Ben Yehuda St recht gut aufgehoben. In den Altstadt-*Hotels* steigen hauptsächlich Touristen und Pilgergruppen ab, in den *Hostels* trifft man auf gleichgesinnte Traveller, während westlich der Altstadt in der Regel deutlich mehr Israelis als Ausländer nächtigen. In der Altstadt konzentrieren sich die besseren Unterkünfte etwa auf das Gebiet zwischen dem Neuen Tor und Jaffator wie auch an der Via Dolorosa, hier kann man sich zu guten und z.T. günstigen Mittelklassekonditionen einquartieren. Die billigeren Hostels bieten sich ab Jaffator Richtung Damaskustor an, junge Leute werden etwas mitleidig von ihren Schlafdächern auf die sterilen Herbergen schauen. Doch sollten alleinreisende Frauen, die Jerusalem auch nachts erkunden wollen, vorsichtig sein; wir bekommen ab und an Berichte über Belästigungen.

Eine weitere Option stellt **Ostjerusalem** dar. Die Hotels liegen in der Nähe des Damaskustors, die sie haben alle mehr oder weniger harte Zeiten hinter und wohl auch vor sich, so dass nötige Investitionen häufig aufgeschoben werden müssen; hin und wieder muss man also ein paar Defizite in der Ausstattung hinnehmen. Man kommt auch in dieser Gegend zu ähnlichen Preisen oder sogar preiswerter als in der Altstadt unter. Aber auch Luxus wird zu entsprechendem Entgelt geboten.

Die teureren und besseren Hotels – die Preise haben sich in den letzten zehn Jahren zum Teil mehr als verdoppelt – liegen hauptsächlich im Westen der Stadt und etwas weiter entfernt vom touristischen Geschehen, abgesehen von Ausnahmen wie z.B. dem King David Hotel.

Wir beschreiben bei weitem nicht alle möglichen Unterkünfte in Jerusalem, bieten Ihnen aber eine Auswahl an, die sich an den touristischen Bedürfnissen orientiert. Einen Überblick bekommt man auch auf www.palestinehotels.ps und www.jerusalem-hotels.org.il.

Auch **Bethlehem**, **Bet Jala** und **Ramallah** offerieren viele preiswerte Hotelbetten. Falls keine Konflikte den Verkehr bremsen, dauert die Anfahrt kaum länger als 30 Minuten.

Sollten die Hotels zu teuer oder ausgebucht sein, kann das *Tourist Information Center* weiterhelfen. Eine zentrale Anlaufstelle für *Zimmerim* und *Bed & Breakfast* gibt es noch nicht. Die **Jerusalem Home Accomodation Association** listet immerhin einige Möglichkeiten – von mitten in der Altstadt bis ganz weit draußen:

- www.bnb.co.il.
- Unübersichtlich wird es bei www.airbnb.com: Über 300 Anbieter bringen Sie gern bei sich unter.

Aber es geht ja auch günstiger: Versuchen Sie einfach, sich ein Schlafsofa zu buchen (siehe S. 68)

Luxushotels

Die ersten drei Adressen zählen zu den *Leading Hotels of the World*, http://de.lhw.com.

- **King David**, 23 King David St, Tel. 6208888, Fax 6208882, www.danhotels.com/Luxury-Hotel-Jerusalem; gerühmt als das schönste Hotel Israels (siehe auch S. 207), mF E $ 560-740, D $ 590-770, Royal Suite ab $ 3800
- **Mamilla**, 11 Shlomo HaMelekh St, Tel. 5482222, Fax 5482220, www.mamillahotel .com; edles Design im ehemals arabischen Viertel, Bar auf dem Dach, Online-Rabatt, mF E ab $ 420, D ab $ 427, Suiten bis $ 3700
- **American Colony**, 1 Louis Vincent St, Tel. 6279777, Fax 6279779, www.americancolony.com; stimmungsvolle, erholsame Oase in einem ehemaligen türkischen Paschapalast und späteren Prominentenund Pressehotel, Frühbucherrabatte, mF E ab $ 370, D ab $ 390, Pasha-Räume D $ 450-550, Suiten bis $ 975

4

• **Leonardo Plaza** (früher SHERATON), 47 King George St, Tel. 6298666, Fax 6321667, www.fattal.co.il; viele Haredim, Rezeption unterbesetzt E ab $ 210, D ab $ 220
• **Mount Zion**, 17 Hebron St, Tel. 5689555, Fax 6731425, www.mountzion.co.il; mF E ab $ 237, D $ 256, Suiten (bis zu 10 Personen) bis $ 3000
• **Dan Jerusalem** (ehemals Regency), 32 Lehi St, Tel. 180 0800234, Fax 5815947, www.danhotels.com; vortreffliche Lage auf dem Mount Scopus, mF E $ 215-245, D $ 230-260

Hotels anderer Kategorien

Altstadt

• **Gloria,** 33 Latin Patriarchate St, unweit vom Jaffator, Tel. 6282431, Fax 6282401, www.gloria-hotel.com; eigener Parkplatz, sehr ruhig, gut eingerichtet, sauber, freundlich und hilfsbereit, AC/Heizung, preiswert, wesentlich besser als z.B. Christ Church Guest House, WLAN, mF E $ 160-200, D $ 220-280
• **Knight's Palace,** Latin Patriarchate, Neues Tor, Tel. 6282537, Fax 6275390, www.knightspalace.com; ehemals Priesterseminar, nun stimmungsvolles Pilgerhotel mit Einrichtung (vom Hotel Gloria gemanagt), sehr sauber, AC/Heizung, WLAN, mF E $ 160-220, D $ 220-280
• **Sephardic House**, 1 Batej Makhasse (Jüdisches Viertel), Tel. 6282344, www.secjerusalem.org; relativ neu und hübsch renoviert, nicht sehr freundlich, AC, TV, WLAN gratis, mF E $ 120-280, D $ 140-310
• **Christ Church Guest House**, Jaffator östlich der Zitadelle, Tel. 6277727, Fax 6282999, www.cmj-israel.org; eigener Parkplatz, aus verschiedenen älteren Gebäuden zusammengeschachtelt, stimmungsvoll in Architektur und Nutzung der alten Architektur, teilweise recht laut, Unverheiratete nur in Einzelzimmern, Zimmer teilweise ziemlich eng, mF E ₪ 380-430, D ₪ 585-645
• **Austrian Hospice/Österreichisches Hospiz zur Hl. Familie**, 37 Via Dolorosa,

Tel. 6265800, Fax 6271472, www.austrianhospice.com; ältestes nationales Pilgerhaus im Hl. Land, weit bekannt als eine Art von Institution, viele Gäste der Habsburger Familie nächtigten hier, schöner Garten, Dachterrasse mit tollem Blick über Altstadt (Nichtgäste ₪ 5), sehenswerter Empfangs-„Salon", ebenso sehenswerte Kapelle, fürs leibliche Wohl gibt es Apfelstrudel, Sacher- und Linzertorte in der Cafeteria, flächenmäßig wohl größte Hotelzimmer in Jerusalem, solide eingerichtet, vorher buchen, 23 Uhr Curfew, Bezahlung nur bar, mF Dorm pP € 32, E € 102, D € 148
• **East New Imperial Hotel**, vom Jaffator zweites Haus links, Tel. 6282261, Fax 6271530; www.newimperial.com; eines der ältesten Hotels, 1880 gebaut, u.a. logierte Kaiser Wilhelm hier, der bescheidene Eingang verrät nichts von der Nostalgie, die bereits das Treppenhaus sowie die Lobby ausströmen; die Zimmer entstanden durch Abtrennungen und sind manchmal bescheiden, dennoch gute Atmosphäre, freundlich-hilfsbereiter Besitzer, toller Ausblick vom Dach fast über die gesamte Stadt, große Küche zum selber Kochen, WLAN, mF E $ 131, D $ 161-170, 3er $ 197
• **Armenian Catholic Guest House**, Via Dolorosa, 36, Tel. 6260880, Fax 6261208, armenianguesthouse@hotmail.com; sehr freundlich eingerichtet, erstaunlich große Räume, TV, WLAN, mF Dorm pP € 32, E € 76, D € 108
• **Hashimi Hotel**, 73 Souk Khan EzZeit, Tel. 6284410 u. 052 2572121, Fax 6284667, www.hashimihotel.com; alle Räume mit eigenem Bad, blitzender Marmor, sehr sauber und gepflegt, zwei Küchen, Dach mit kleinem Restaurant und schönem Blick, freundlich, hilfsbereit, im D nur verheiratete Paare, organisierte Touren, kein Alkohol, keine Kreditkarten, Waschmaschine, AC, WLAN, mF Dorm pP $ 40, E $ 75, D $ 108, 3er $ 120
• **Casa Nova Pilgrim's Hospice**, 10 Casa Nova St (Nähe Neues Tor), Tel. 6282791, Fax 626 4370; keine Kreditkarten, von den Franziskanern unterhaltenes Hospiz, solide eingerichtet, sehr sauber, schöner Esssaal, Heizung, Einlass bis 23 Uhr, TV, mF E $ 75, D $ 95

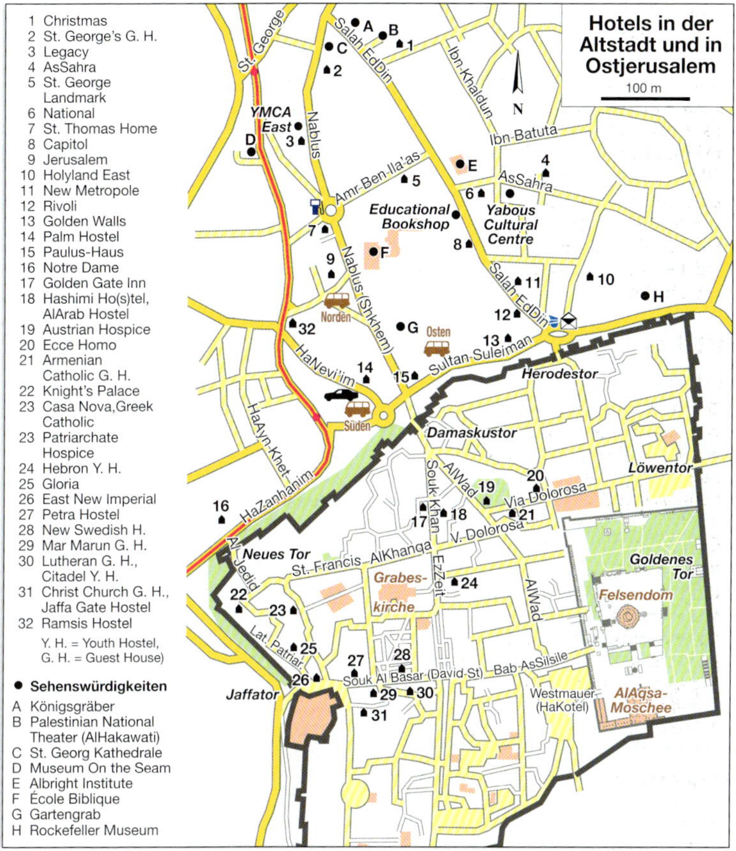

Hotels in der Altstadt und in Ostjerusalem
100 m
N
1 Christmas
2 St. George's G. H.
3 Legacy
4 AsSahra
5 St. George Landmark
6 National
7 St. Thomas Home
8 Capitol
9 Jerusalem
10 Holyland East
11 New Metropole
12 Rivoli
13 Golden Walls
14 Palm Hostel
15 Paulus-Haus
16 Notre Dame
17 Golden Gate Inn
18 Hashimi Ho(s)tel, AlArab Hostel
19 Austrian Hospice
20 Ecce Homo
21 Armenian Catholic G. H.
22 Knight's Palace
23 Casa Nova, Greek Catholic
23 Patriarchate Hospice
24 Hebron Y. H.
25 Gloria
26 East New Imperial
27 Petra Hostel
28 New Swedish H.
29 Mar Marun G. H.
30 Lutheran G. H., Citadel Y. H.
31 Christ Church G. H., Jaffa Gate Hostel
32 Ramsis Hostel
Y. H. = Youth Hostel, G. H. = Guest House)
● Sehenswürdigkeiten
A Königsgräber
B Palestinian National Theater (AlHakawati)
C St. Georg Kathedrale
D Museum On the Seam
E Albright Institute
F École Biblique
G Gartengrab
H Rockefeller Museum
St. George
Salah EdDin
Ibn-Khaldun
YMCA East
Nablus
Ibn-Batuta
AsSahra
Amr-Ben-Ila'as
Educational Bookshop
Yabous Cultural Centre
Nablus (Shkhem)
Norden
Osten
Süden
HaNevi'im
Sultan-Suleiman
Herodestor
Damaskustor
HaAyn-Khet
HaZanhanim
AlWad
Souk Khan
Via-Dolorosa
V. Dolorosa
Löwentor
Neues Tor
Al Jedid
St.-Francis
AlKhanqa
Grabeskirche
EzZeit
Goldenes Tor
Felsendom
Lat. Patriar.
Souk Al Basar (David-St)
Bab-AsSilsile
Jaffator
Westmauer (HaKotel)
AlAqsa-Moschee

- **Lutheran Guest House/Gästehaus des Propstes,** St. Mark's St, Tel. 6266888, Fax 6285107, www.luth-guesthouse-jerusalem.com; von Ausstattung und Atmosphäre her mit Abstand bestes Hospiz der Stadt, große freundliche Zimmer, toller Blick über die Altstadt, schöner Garten zum Relaxen, hilfsbereit, viele Deutsche, WLAN inkl., mF E € 67-75, D € 89-96, 3er € 117-128
- **Mar Marun Guest House (Foyer Mar Maroun)**, 25 Maronite Convent St (Nähe Jaffator), Tel. 6282158, Fax 6272821, fmm@maronitejerusalem.org; schönes altes gut renoviertes Gemäuer, freundlich, sauber – französisch: maronitische Christen stammen aus dem Libanon und sprechen eher Französisch als Englisch, mF E $ 68, D $ 94
- **Ecce Homo Convent/Notre Dame de Sion**, 41 Via Dolorosa, Tel. 6277292, Fax 6282224, www.eccehomopilgrimhouse.com; etwas verschachteltes Hospiz mit relativ gut eingerichteten Zimmern, Dormitories mit einer Art von Kabinen für jedes Bett (daher quasi Einzelbetten), Terrassen mit tollem Blick auf Felsendom und Altstadt, Curfew 23 Uhr, mF Dorm pP $ 32, E $ 59, D $ 94

- **Hebron Youth Hostel**, (hieß mal Tabasco), 8 Aqabat Takiye (kleine Seitenstraße – Parallelstraße zur Via Dolorosa –, die vom Souk Khan EzZeit abzweigt; von dort zu sehen), Tel. 6281101; einfach, sauber, sehr gute Atmosphäre, freundlich, hilfsbereit, beliebter Tea Room im Souterrain bis Mitternacht geöffnet, viele Traveller, Curfew 1 Uhr, Lockers, keine AC, Frühstück ₪ 20-25 Dorm pP₪ 80-95, E/D ₪ 240, 3er ₪ 330
- **Petra Hostel**, 1 David St, Jaffator am Eingang zum Souk, Tel. 6286618, Fax 6262434, www.new-petrahostel.com; angeblich ältestes Hotel (1830 gebaut), vergleichsweise geräumig, Traveller-Treff, gute Atmosphäre, in jedem Stockwerk eine Küche (manchmal etwas ungepflegt, z.T. auch Toiletten/Duschen), große Flure als Treffpunkte, herrlicher Altstadtblick vom Dach, freundlich, Safe, Küche, Airport Shuttle ₪ 80, Touren-Service (Preis verhandelbar), WLAN, mF Dorm (max. 7 Betten/Raum) $ 17, E $ 55-70, D $ 65, D $ 75
- **Jaffa Gate Hostel**, Jaffator (neben Christl. Information), Tel. 6276402; www.jaffa-gate .hostel.com; gut renoviert, Zimmer originell aus vorhandener Bausubstanz geschaffen, z.T. kleine Hütten auf Hausdach, sauber, freundlich, ruhig, pro Flur eine Küche, kein Alkohol, Rauchverbot, etwas steife Atmosphäre, guter Ausblick, Tourenservice, keine Kreditkarten Dorm (1-4 Betten/Raum) pP € 21, E € 52, D € 60, 3er € 70
- **Palm Hostel**, 6 HaNevi'im St, Tel. 6273189; direkt am Damaskustor, hübsche Lounge, sehr freundlich, enge Räume, WLAN, Dorm ₪ 60, E ₪ 160, D ₪ 200, E ₪ 180, D ₪ 240
- **New Swedish Hostel**, 29 David St, Tel. 6277855, Fax 6264124, www.hostelworld.com; relativ klein in einem Stockwerk, gemischte Rückmeldungen, einfach, Küche, Heizung, AC, 2 Uhr Curfew Dorm (max. 15 Betten) pP ₪ 50-60, E/D ₪ 160-180
- **Greek Catholic Patriachate Hospice,** St. Dimitri St (im Gebäude des Patriarchates), Tel. 6282023, Fax 6286652, www.mliles.com/melkite/indexmelkiteot herholylandpatriarch.shtml; wie alle

Hospize zweckmäßig eingerichtet, sehr sauber, Heizung E $ 39, D $ 58
- **Al Arab Hostel**, Khan EzZeit St, Tel. 6283537; Besitzer kämpft mit Baugenehmigungen und knappen Ressourcen, 1. Stock schön ausgebaut, aber noch viel zu tun, wenig Betrieb, Dorm pP ₪ 80, E ₪ 160-200
- **Ramsis Hostel**, 20 HaNevi'im St, Tel. 6271651, ramsis_hostel888@yahoo.com; Familienbetrieb, sehr einfach, Renovierbedarf, Kochmöglichkeit, freundlich, Parkplatz, Curfew 23 Uhr, Dorm ₪ 80, E ₪ 150, D ₪ 200
- **Golden Gate Inn Hostel**, 10 Khan EzZeit (Eingang von der Aqabat AlBatiq), Tel. 6284317 oder 052 5192456, www.goldengate4.com; freundlich, recht einfach, sauber, relativ ruhig, AC, TV, 0 Uhr Curfew, keine Kreditkarten, mF Dorm pP $ 23, E $ 45, D $ 73
- **Citadel Youth Hostel**, 20 St. Mark's St, Tel. 6284494, Fax 5327056, citadelhostel@mail.com; Räume und Toiletten ziemlich eng, mäßig sauber, nette Terrasse, schöner Blick auf die Grabeskirche, WLAN Dorm pP ₪ 70-85 (auf dem Dach 60), EkB ₪ 120-140, DkB ₪ 190-260, D ₪ 240-360
- **Heritage House**, 7 HaMalakh St, Tel. 6281820, http://heritage.org.il; entgegen eigenem Text nicht mitten im jüdischen Viertel, sondern an der Grenze zum armenischen, wendet sich vor allem an *Birthright*-Reisende, junge jüdische, meist US-amerikanische Erwachsene, denen der Jüdische Nationalfond Israel zeigt (www.taglitbri.de), Kochmöglichkeit, Bettwäsche inbegriffen, Waschmaschine, WLAN, AC, vermutlich früh für die Warteliste buchen! Dorm pP $ 5, Shabbat $ 6

Westjerusalem/Neustadt

Karte hierzu siehe S. 199 und vordere Umschlagklappe
- **Dan Boutique Hotel** (früher ARIEL), 31 Hebron St, Tel. 5689999, Fax 6734066, gratis von Deutschland 00800 32646835, www.danboutiquejerusalem.com; sehr schöner Blick auf Altstadt und Ölberg, große Zimmer, sehr gut und freundlich eingerichtet, sehr sauber, AC, TV, WLAN

kostet, mF E $ 255-285, D $ 270-350, Suiten ab $ 400
- **Harmony**, 6 Yoel Moshe Solomon St (Navi: 14 Shamai St), Tel. 6219999 (Reservieren: 03 5425555), www.atlas.co.il/harmony-hotel-jerusalem; mittendrin, Designer-zimmer, gutes Frühstück, Gratis-Snacks zur Happy Hour in der Lounge, AC, TV, Parkplätze begrenzt, WLAN gratis, mF E $ 247-260, D $ 266-280
- **Scottish Guest House**, 1 David Remez St, Tel. 6732401, http://scotsguesthouse.com; Kirche und Gebäude aus der britischen Mandatszeit, kein Schnickschnack, Garten, Sunbula-Shop palästinensischer Produkte, Parkplätze, AC, WLAN, mit Altstadtblick + $ 10, mF E $ 115-135, D $ 160-170
- **Bet Yehuda Guest House**, 1 Khaim Kulitz St (südwestl. Stadtrand Nähe Bahnhof Malha), Tel. 6322777, Fax 6322702, www.byh.co.il; stylische Einrichtung, Café, Pool, großes Kinderspielzimmer, AC, TV, mF E $ 150-210, D $ 166-226, Suiten ab $ 600
- **Jerusalem Inn**, 7 Horkanos St, Tel. 072 2566968, http://smarthotels.co.il; Nähe Kikar Zion, Einrichtung modern bis angeplüscht, Betten mit Lattenrost, teil-weise großzügige Räume, TV, WLAN, Internet-Rabatte mF E $ 133, D $ 152, Familien-Einheit (2 verbundene D & Kitchenette) $ 175
- **Jerusalem International YMCA Three Arches**, 26 King David St, Tel. 5692692, Fax 6235192, http://ymca3arches.com; (siehe YMCA S. 206), stimmungsvolle, teil-restaurierte Originalausstattung der 1930er Jahre, sehr sauber und gepflegt, Hallenbad, Sauna, Fitnessstudio, AC, TV, WLAN gratis, mF E $ 221, D $ 240, Suite $ 265
- **Stay Inn**, 21 King George St, Tel. 03 (!) 5085960, www.hostelworld.com; ganz neu cool eingerichtet, äußerst sauber, prima Standort, Bettwäsche & Handtücher inbegriffen, WLAN, ab 21 Jahren, mF Dorm ₪ 80-100, D ₪ 480-500
- **Jerusalem Tower**, 23 Hillel St, Tel. 6209209, www.jerusalemtowerhotel.com; erstes Hochhaus in Jerusalem, von außen keine Schönheit, prima Lage, Renovierung 2012 hat gut getan, relativ kleine Räume,

gut eingerichtet, teilweise guter Blick, AC, TV, mF E ab $ 130, D ab $ 140
- **Post Hotel**, 23 Yafo St (Eingang 3 Koresh St), Tel. 5813222, Fax 5813223, www.theposthostel.com, www.hostels-israel.com; gute Location zwischen Alt- und Neustadt, eigene Events und Touren, Rooftop, WLAN, rollstuhlgeeignet, Mindestalter 18, mF Dorm ₪ 75, D ₪ 360-500
- **Rabin International Youth Hostel**, 1 Nakhman Avigad St (Giv'at Ram, zw. Universität & Israel Museum, Egged-Busse 9 & 17), Tel. 5945511, Reservieren 159 9510511, Fax 6796566, www.iyha.org.il; recht groß, gute Location für den Westen der Weststadt, AC, TV, mF E $ 82, D $ 108
- **Beit Ben Yehuda**, 28 En Gedi St (Talpiot), Tel. 6730124, www.beit-ben-yehuda.org; das internationale Begegnungszentrum der Aktion Sühnezeichen im Haus des Erfinders des modernen Hebräisch steht auch Individualreisenden offen, Sprach-kurse, freundlich, nett eingerichtet, auch barrierefrei, Küche, AC, WLAN gratis, gute Busanbindung, mF Dorm (6er) ab ₪ 90, E ₪ 310-470, D ₪ 340-490
- **Lev Yerushalayim (Royal Plaza)**, 18 King George St, Tel. 5300333, Fax 6232432, www.levyerushalayim.co.il (ältere Version: .com); sehr guter Standort, Publikum hat sich von US-Amerikanern auf betont re-ligiöse Juden verlagert, Apartmenthotel mit nicht allzu üppigen Apartments, aber freundlich und sauber, Mehadrin-Frühstück plus € 12 E ab € 129 D ab € 170-200
- **Zion**, 10 Dorot Rishonim St (Nähe Kikar Zion), Tel. 6232367, Fax 6257585, http://hotelzion.com; recht gut eingerichtet, mehrere Zimmer mit Balkon, TV, AC, Rabatt im Café Bolinat (s.o.), mF E/D $ 105-115
- **Agron International Youth Hostel**, 6 Gershon Agron St (Egged-Busse 7, 8, 14, 31, 32), Tel. 5945522, Reservieren 159 9510511, Fax 6221124, www.iyha.org.il; weniger modern als das Rabin Hostel, doch übersichtlicher, Rezeption 7-23 (Achtung Shabbat), AC, TV, Internet, mF E ab $ 75, D $ 96
- **Abraham Hostel**, 67 HaNevi'im St/Davidka Sq, Tel. 6502200, www.abrahamhostels.co.il,

www.hostels-israel.com, auf halbem Weg zwischen CBS u. Altstadt, freundlich, sauber & preiswert, Touren (Altstadt gratis) und Discounts, AC, WLAN, mF Dorm ₪ 80-100, E ₪ 250-380, D ₪ 300-420

- **Allenby**, 2 Allenby Square, (nördlich der CBS), Tel. 052 2578493, www.bnb.co.il/allenby/index.htm, sehr günstig zur Central Busstation gelegen, Jerusalem Museum und Ben Yehuda Mall in Fußgängerreichweite, sehr sauber, gut eingerichtet, unterschiedliche Raumkapazität, Rabatte möglich, mF EkB ab $ 66, DkB $ 84, E $ 79, D ab $ 98
- **Palatin**, 4 Agrippas St, Tel. 6231141, Fax 6259323, www.palatinhotel.com; Haus von 1936, auf halben Weg zwischen CBS und Altstadt, nett eingerichtet, AC, TV, mF E $ 108, D $ 119-149
- **Jerusalem Hostel**, 44 Yafo St (am Kikar Zion), Tel. 6236102, Fax 6236092, www.jerusalem-hostel.com, www.hostels-israel.com; starker Verkehrslärm, aber gut in Schuss, mF Dorm ₪ 90, E ₪ 210-320, D ₪ 270-360
- **Jerusalem Little Hotel**, 40 Yafo St (gehört zum Jerusalem Hostel), Tel. 6236102, Fax 6236092, http://jerusalem-little-hotel.com; kürzlich eröffnet, gute Location, hell und freundlich eingerichtet, sauber, Gemeinschaftsküche, günstig für Familien, WLAN, mF E ₪ 200-230, D ₪ 280

Ostjerusalem

Die hier interessierenden Hotels konzentrieren sich bis auf wenige Ausnahmen hauptsächlich an der Salah EdDin und der Nablus St; sie liegen so nahe an der Altstadt, dass man auch zu einer Verschnaufpause ins Zimmer zurückkehren kann. Allerdings sind beide Straßen – besonders die Salah EdDin St – stark frequentiert. Manche der Hotels geben im Internet erhebliche Frühbucherrabatte, die bei Absage jedoch nicht erstattet werden.

- **Notre Dame of Jerusalem Center**, HaZanhanim St gegenüber dem Neuen Tor; Tel. 6279111, Fax 6271995, www.notredamecenter.org; dominantes Gebäude mit Marienstatue, stimmungsvolle Architektur der vorletzten Jahrhundertwende, frisch renoviert, gut eingerich

tet, großzügige Räume, sehr sauber, tolles Roof Top Restaurant, AC, mF E ab $ 252, D $ 284

- **Golden Walls**, Sultan Suleiman St (zwischen Damaskus- und Herodestor), Tel. 6272416, Fax 6264658, www.golden walls.com; gutes und stilvolles Hotel, Einrichtung frisch überholt, den Busterminal halten gute Doppelfenster außerhalb, Lobby etwas plüschig, sehr sauber, AC, TV, Parkplätze, mF E $ 170-190, D $ 200-225
- **Legacy**, 29 Nablus St (beim US-Konsulat), Tel. 6270800, Fax 6277739, www.jerusalemlegacy.com; gehört zum Ost-Jerusalemer YMCA, Pool & Wellness (auch *Champion's* Sports Bar, Happy Hour 17-19), Terrasse & Garten, nett eingerichtet, gutes Preis-Leistungsverhältnis, AC, TV, WLAN, mF E $ 145, D $ 165
- **Holy Land (East)**, 6 Harun ArRashid St (unweit Herodestor), Tel. 6284841, Fax 6280265, www.holylandhotel.com; freundlich, angejahrt, aber sauber, Straßenlärm kaum hörbar, schöner Blick auf Felsendom, AC, mF E $ 140-160, D $ 170-225
- **St. George**, 6 Amr Ibn AlA'as St, Tel. 6277232, Fax 6277233, www.stgeorgehoteljerusalem.com; 2012 eröffnet, gemischte Rückmeldungen über Preis-Leistung, gut gestylt, alle Annehmlichkeiten, Pool auf dem Dach, libanesisches Restaurant, mF E $ 120-130, D $ 130-150
- **Christmas**, 1 Ali Ibn Abu Talib St, Tel. 6282588 o. 6282533, Fax 6264417, www.christmas-hotel.com; unweit des American Colony Hotels, angenehme Einrichtung, guter Service, Restaurant und Garten, AC, TV, WLAN, mF E $ 130-150, D $ 170-190, Suiten ab $ 220
- **Ambassador**, 56 Nablus St (etwas verbaut zur Har HaZetim St), Tel. 5412222, Fax 5028202, www.jerusalemambassador.com; 15 Minuten Fußweg zur Altstadt E $ 130-170, D $ 150-180
- **Ritz**, 8 Ibn Khaldun St, Tel. 6269900, Fax 6269910, www.jerusalemritz.com; freundlich, sauber, Dachterrasse im Sommer mit Bar, Lobby etwas überakustisch, WLAN überall, mF E $ 120-140,

D $ 150-170, 3er+B $ 170-190

- **National**, 4 AsSahra St, Tel. 6278880, Fax 6277007, www.nationalhotel-jerusalem.com; als Boutique-Hotel 2012 wiedereröffnet, modern-luxuriös, AC, TV, WLAN gratis, Parkplätze, mF E $ 100-140, D $ 120-160

- **St. George's Cathedral Guest House**, 20 Nablus St, Tel. 6283302, Fax 6282253; sehr stimmungsvoller Innenhof mit Garten, sehr guter Eindruck, TV, mF E $ 100, D $ 140

- **Jerusalem**, Nablus St, Tel/Fax 6283282, www.jrshotel.com, www.hotelsone.com; wegen Busverkehrs laute Straßenecke, lauschiger Vorgarten mit gutem libanesischen Restaurant, manchmal arabische Live-Musik, christlicher Familienbetrieb, guter Eindruck, hübsch eingerichtete, traditionell hohe Räume um 1900, TV, WLAN, mF E $ 130, D $ 160

- **Seven Arches**, Rub'a AlAdadwiya St, Mt. of Olives, Tel. 6267777, Fax 6271319, www.7arches.com; spektakulärer Blick auf Alt- und Neustadt, aufgefrischt, Parkplätze, AC, TV, WLAN, mF E $ 158, D $ 184

- **AsSahra**, 13 AsSahra St (ruhige Seitenstraße der Salah EdDin St), Tel. 6282447, Fax 6283960, www.azzahrahotel.com; früher Privathaus, gute italienisch-arabische Küche, freundlich, sauber, AC, WLAN, mF E $ 89-115, D $ 139-169, 3er $ 159-225

- **Paulus Haus**, 97 Nablus St, Tel. 6267800, Fax 6272397, www.heilig-land-reisen.de/paulushaus-geschichte; näher am Damaskustor geht nicht, toller Blick von der Dachterrasse, auf dem Gelände der traditionsreichen deutschen Schmidt-Schule, AC, WLAN, mF E € 72-75, D € 100-106

- **New Metropole**, 6 Salah EdDin St, Tel. 6283846, Fax 6277485; einfach, sauber, Kühlschrank, TV, AC, mF E $ 70-75, D $ 90-100

- **Commodore**, Samual Ben Adaya St, Tel. 6271414, Fax 6284701, www.commodore-jer.com; ziemlich weit abseits der Altstadt an der (lauten) zum Ölberg führenden Straße gelegen, große Zimmer, gut eingerichtet, sehr sauber, frisch renoviert, AC, WLAN gratis, mF E $ 65-112, D $ 75-144

- **Capitol**, 17 Salah EdDin St, Tel. 6282561, Fax 6264352; etwas von der Straße zurückgesetzt, viele Zimmer mit Balkon, große Räume, gut möbliert, Zimmersafe, Kühlschrank, AC, holzgetäfelte Bar, angenehme Lobby, mF E $ 65-75, D $ 80-99

- **Rivoli**, 3 Salah EdDin St, Tel. 6284871, Fax 6274879, www.booking.com; eher einfach, sauber, nicht überlaufen, geräumig, sehr nah zur Altstadt, ein von der Straße abgewandtes Zimmer nehmen, aber nachts ruhig, mF E $ 65, D $ 85, 3er $ 100

- **Mount of Olives Hotel**, 53 Mount of Olives St (bei der Himmelfahrtsmoschee), Tel. 6284877, Fax 6264427, www.mtolives.com; Familienbetrieb, gute Aussicht, sauber und ruhig, mF E $ 59-94, D $ 74-118

- **St. Thomas Home,** 6 Chaldean St/Nablus St, Tel. 6282657, Fax 6264684, ronniemontana@gmail.com; Zentrum der syrisch-katholischen Christen, freundlich, hübsche Kirche, aber Unterkunft: Einrichtung einfach, teils schmuddelig, Betten kurz, Bad klein, manchmal laut E $ 47-60, D $ 60-80

Camping

Einen Camping- oder Zeltplatz sucht man im Jerusalemer Bereich derzeit vergeblich. Wohnmobile können nachts relativ ungestört auf dem großen Parkplatz am Zionstor (tagsüber dunkle Abgaswolken von Reisebussen), an der Windmühle im Künstlerviertel oder auf dem Parkplatz des Israel Museums stehen. Leser fanden den sehr großen Parkplatz des Hotels Ramat Rahel in der gleichnamigen Siedlung im Südosten an der Straße nach Hebron brauchbar; dort endet der Egged-Bus Nr. 7, mit dem man bequem in die Stadt fahren kann (eventuell ist Busfahrertoilette benutzbar)

4

5 Tel Aviv und Umgebung

Ein Strand mit Stadt

Tel Aviv bedeutet *Frühlingshügel*. Die zweitgrößte Stadt Israels kokettiert ein bisschen mit diesem Begriff, denn sie verkörpert den Aufbruch in die neue Zeit wie keine andere in diesem Land. Seit ihrer Gründung 1909 ist sie **förmlich explodiert**; heute beherbergt sie rund 440.000, der Großraum Tel Aviv knapp 4 Millionen Menschen. Hier werden Wirtschaft und das moderne Leben des Landes ganz entscheidend angetrieben. Diese Stadt ist 24 Stunden auf den Beinen, getreu dem Satz: „In Jerusalem wird gebetet, in Haifa gearbeitet und in Tel Aviv gelebt."

Am heftigsten lebt man am Freitagabend, dann ist laut einem Hotelier „die Hölle los" – am Samstagvormittag „sind die Helden müde" und kommen erst nachmittags wieder richtig in Schwung. Die einschlägigen Straßen gleichen Müllhalden, weil den Nachtmenschen alles aus der Hand fällt und die Müllabfuhr am Shabbat nicht arbeiten darf. Ab 19 Uhr öffnen samstags bereits viele Geschäfte. Für die nicht wenigen Angestellten beginnt die Arbeitswoche tatsächlich, wie im jüdischen Kalender vorgesehen, am Samstagabend. Doch für die Yuppies, für das Establishment, das diese Metropole Tag und Nacht antreibt, beginnt das richtige Leben erst nach Mitternacht, wenn die angesagten Lounges und Clubs öffnen und man die Freunde trifft, mit denen man nachmittags surfen war. Schließlich sind 65 % der Einwohner nicht mal 45 Jahre alt, und sie kommen oder sind Abkömmlinge aller Nationen, in denen Juden leben oder lebten – Irak, Russland, Usbekistan, Polen, Jemen, Deutschland, USA …

Kein Wunder also, dass Tel Aviv seit 2011 Zentrum der **Sozialproteste** gegen steigende Mieten und Lebenshaltungskosten ist: Sie zählt zu den **20 teuersten Städten** der Welt noch vor Paris.

Tel Aviv schläft angeblich nie. Man misst sich hier – etwas überheblich vielleicht – nicht mit irgendeiner Metropole, sondern mit *New York*. Darauf spielt TLVs pfiffiger Spitzname *The Big Orange* an. Das entlehnt-notorische *City which never sleeps* wurde zwar mittlerweile auf *Nonstop City* heruntergedimmt, aber man freut sich trotzdem, dass der *Ariel-Sharon-Park*, wenn einst ganz fertiggestellt, dreimal so groß sein wird wie der *Central Park*, natürlich.

Wer sich nicht die halbe oder ganze Nacht in Restaurants und Diskos um die Ohren schlägt, sitzt surfend vor dem Bildschirm oder knobelt neue Software aus. Rund 1500 Computerfirmen sorgen dafür, dass sich der Ruf der Stadt vom israelischen **Silicon Wadi** festigt und die Freaks einen Job finden – Tel Aviv zählt weltweit zu den zehn wichtigsten HighTech-Städten. Aber auch TV-Studios, Plattenfirmen oder Werbeagenturen geben der Stadt den Touch von Moderne, Unbändigkeit und Dynamik. Auch für Fans der **Haute Couture** und **Cuisine** liefert Tel Aviv eigenständige Beiträge, die so auch nur hier entstanden sein können. Die Mädchen, die hübschesten der Welt, proben den Catwalk auf hohen Plateauschuhen oder Stilettos grazil und elegant um die Löcher in den Bürgersteigen herum, tragen ihre Reize an den endlosen Stränden zur Schau, damit die Surfer auf den Wellen sich nicht zu weit ins Meer wagen.

Tel Aviv ist nicht prüde. Die erste **Love Parade** fand zwar erst 1998 statt, ist aber inzwischen als *Gay Pride* Anfang Juni eine feste Institution – 2016 mit 200.000 TeilnehmerInnen die größte in Asien. Die sogenannte „Zweite Bürgermeisterin" ist zumindest im Ausland bekannter als der erste Bürgermeister, sie war einmal ein Mann, nennt sich **Dana International** und holte 1998 als Popsängerin mit dem Schlager „Viva la Diva" den Grand Prix d'Eurovision nach Israel, besser nach Tel Aviv. Das hat ihr die Szene bis heute nicht vergessen, auch wenn es bei ihrer zweiten Teilnahme 2011 nur bis zum Halbfinale reichte. In Jerusalem würde sie gesteinigt, die Ultraorthodoxen verunglimpfen sie als „Stimme Satans". Aber Tel Aviv ist frei und selbstbewusst genug, auch den Extremen den Freiraum zum Atmen und Lebensraum zu ermöglichen.

Man muss das alles ein bisschen im Kopf haben, wenn man auf dem Ben Gurion Flughafen vom Himmel fällt und in Tel Aviv landet. Denn eine Schönheit ist diese Stadt keineswegs. In Eile gewach-sen, fast möchte man meinen, für jedes Einwandererschiff wurde wieder ein Stück hinzugebaut, macht die Masse der Häuser, abgesehen vom **Bauhaus-Weltkulturerbe** wenig her. Der Salzwasserwind von Westen her lässt die Häuser früher altern als anderswo. Inzwischen wird mächtig gentrifiziert wie derzeit im **Florentin**-Viertel, dessen aktuelle Charmanz sicherlich verschwinden wird, doch gelingt es an Freizeit-Orten wie dem Hafen (**Namal**), dem alten Bahnhof (**HaTakhana**) und dem alten Templer-Viertel **Sarona**, in alter Bausubstanz der Stadt nahezu gemütliche Ecken einzurichten.

Gerade in Tel Aviv fällt auch die „**Jalousien-Architektur**" der älteren israelischen Häuser sehr deutlich auf. Die schattenspendenden und in Zeiten, bevor man sich Klimaanlagen leisten konnte, dringend nötigen Jalousien bedecken meist die gesamte Fensterfront einschließlich der Balkone oder Veranden. Diese Lamellen-Fassaden lassen die Häuser ziemlich uniform, geradlinig und einfallslos aussehen. Bei den neueren Bauten hingegen lassen

5

Am Autobahnkreuz der 1&4 bei Kholon entsteht östlich von Tel Aviv der Ariel-Sharon-Park – auf der einst widerlichsten Müllkippe Israels

die Architekten ihre Fantasie spielen; sowohl beim Einfamilienhaus wie auch bei den Stadthochhäusern sieht man interessante bis ungewöhnliche Lösungen.

Wer von der Fassade der Luxushotelburgen in Strandnähe nach Osten wandert und nicht die modernen Bürohochhäuser ins Visier nimmt, der stößt immer wieder – selbst an der Strandpromenade – auf verfallende **Hausruinen** und „Trümmergrundstücke". Eher stolpert man über die holprigen Bürgersteige, als dass man leichten Schrittes dahinlaufen könnte, und auch den ziemlich allgegenwärtigen Hundekot sollte man im Auge behalten.

Tel Aviv zeigt wie keine andere israelische Stadt **zwei Gesichter**: Wenn man am Shabbat durch die leeren Straßen wandert, fällt das abgehärmte, ja morbide Fassadengesicht besonders krass ins Auge, doch ab Sonntagmorgen treibt einen die Hetze und Dynamik der Geldmaschine vorwärts, verdeckt alles und lässt keinen Augenblick der Betrachtung zu.

Aber Tel Aviv ist nicht nur die Hauptstadt von Kommerz und Freizeit, sondern auch die der **Musik, Kunst** und **Kultur**. Gute zwei Dutzend Theater, Konzertsäle, Mehrzweckbühnen, Museen und noch mehr Galerien bieten jede Menge Abwechslung für die vielen Kunstfanatiker der Stadt. Wenn auch die meisten kulturellen Veranstaltungen bald ausgebucht sind, so findet sich doch für den Fremden häufig noch ein Platz. Doch die meisten Besucher kommen wegen der meilenlangen Strände in die Großstadt am Meer, sie wollen sonnenbaden, schwimmen, surfen oder sich sonstwie vergnügen.

Selbst in der Historie hat die Stadt mit dem 4000 Jahre alten **Jaffa**, den Ausgrabungen am **Tel Qasile** und den **Museen** eine Menge zu bieten. Und wer am Tag noch nicht genug unternommen hat, kann sich in den Kneipen und Pinten, den Discos und Nachtclubs bis zum frühen Morgen amüsieren.

Praktische Informationen

Tel Aviv kennenlernen

Geschichte: *Die eigentliche Geschichte der Großregion Tel Aviv beginnt in Jaffa (Yafo), der südlich von Tel Aviv gelegenen arabischen Stadt. Dort überragt ein 37 m hoher Steinhügel den natürlichen Hafen, der schon in der Antike zum Besiedeln einlud. Schenkt man jüdischer Überlieferung Glauben, dann gründete Noahs Sohn Japhet den Ort nach dem Ende der Sintflut; auf Japhet geht sowohl der Ortsname Jaffa als auch der Straßenname Yefet zurück. Für die Griechen besaß der im Hafen liegende Felsen Bedeutung, weil an ihn die schöne Andromeda gefesselt war. Zum Glück befreite sie der Sohn von Zeus und Danae, Heros Perseus, bevor ihr das Meeresungeheuer Ketos begegnete. Das Alte Testament wiederum verbindet Jaffa mit dem Propheten Jona, der – vor Gott flüchtend – bei heftigem Sturm vom Schiff geworfen, von einem großen Fisch verschlungen und im Hafen wieder ausgespien wurde. Später berichtet das Neue Testament, dass der Apostel Petrus in Jaffa wohnte.*

Ausgrabungen am Hügel von Jaffa zeigen, dass sich die Besiedlung mindestens bis zur ägyptischen Hyksos-Zeit (18.-16. Jh vC) verfolgen lässt. Danach hinterließen die Pharaonen Thutmosis III. und Ramses II. ihre Spuren. Ab dem 12. Jh vC dominierten die Philister. König David eroberte Jaffa um 1000 vC, Salomo benutzte den Hafen zur

Sehenswertes

**** Lebendigste Stadt Israels, Tag und Nacht in Aktion

**** Erez Israel Museum, sehr interessantes Museum mit breit gefächertem Angebot von der Ausgrabung bis zur Münzsammlung, S. 261

**** Museum of the Diaspora, eindrucksvolle Dokumentation des Judentums während der Diasporazeit, S. 262

*** Die Weiße Stadt, tausende Häuser im Bauhaus-Stil, seit 2003 UNESCO-Weltkulturerbe, S. 255

*** Jaffa, uralte Hafenstadt, deren arabisches Zentrum renoviert und als Künstlerkolonie ausgebaut wurde; diverse historische Denkmäler, S. 264

*** Museum of Art, sehr gut ausgestattetes modernes Kunstmuseum (Picasso, Kandinsky u.a.), S. 259

*** Tolle Strände, jedoch während der Badesaison sehr überfüllt, S. 251

*** Sarona & HaTakhana, zwei Treffpunkte zum Entspannen, Essen, Trinken, Shoppen, Kinder Spielen lassen, und sogar: vergleichsweise alte Häuser Studieren, S. 258

** Asrieli Center, Hochhaus mit Aussichtsterrasse und tollem Blick über das Häusermeer, S. 259

** Bialik House und **Rubin Museum** (beide Bialik St), Haus des Dichters Bialik und Haus des Malers Rubin, beide lohnend, S. 254

** Karmel Markt, lebendiger, ein bisschen orientalischer Markt für den täglichen Bedarf; in der Nähe Kleidermarkt und Fußgängerzone, S. 255

** Safari Park, befahrbarer Wildpark mit vielen afrikanischen Tieren, S. 262

* Kikar Dizengoff, Mittelpunkt im Stadtzentrum, sehr geschäftig, Light & Fire Fountain, S. 253

* Kikar Yizkhak Rabin und Rathaus, Ort für Open-Air-Großveranstaltungen, hier wurde 1995 Rabin ermordet, S. 259

5

Einfuhr von Libanon-Zedern für den Tempelbau. Dann ging Jaffa in phönizische Hände über, im 3. Jh vC machten sich die Griechen breit, die 142 vC vor den Makkabäern kapitulierten. Als im 1. Jh vC die Römer den Hafen Caesarea gründeten, verlor Jaffa massiv an Bedeutung. Zu Beginn der christlichen Ära wurde die Siedlung durch den erwähnten Aufenthalt von Petrus bekannt, was im 4. Jh sicherlich mit zum Bischofssitz verhalf.

Die arabische Eroberung 636 setzte der christlichen Zeit ein abruptes Ende. Die Omaijaden wie auch die Abbasiden verhalfen der Stadt zu neuer Blüte – bis sie die Kreuzfahrer 1099 zerstörten, aber für die Jerusalem-Pilger mit neuen Mauern wieder aufbauten. Nachdem 1267 die Mamluken die Kreuzfahrer vertrieben hatten, versank Jaffa in der Bedeutungslosigkeit. 1650 durften die Franziskaner eine Kirche und eine Pilgerherberge bauen. 1799, während des Ägypten-Feldzugs, massakrierte Napoleon erst die osmanische Garnison, dann die Bevölkerung, bevor er später in Akko scheiterte. Glanz kam jedoch schon 1807 durch den neuen Pascha von Gaza und Jaffa wieder in die alten Mauern: Von Muhammad, von seinen Untertanen als Abu Nabbut, Vater der Keule, gefürchtet,

Tel Aviv 1909: Verlosung der ersten Grundstücke

sind hübsche Bauten erhalten. So z.B. das Serail – heute als Museum genutzt –, die große Moschee und der liebliche Brunnen Abu Nabbut, in dessen Nähe sich noch 1950 sein Grab befand. 1832 wurde Jaffa durch die Ägypter unter Ibrahim Puscha erobert. Sie gründeten den Vorort Abu Kabir, der erst 2011 in Tabitha umbenannt wurde.

Langsam interessierten sich auch die Europäer und Amerikaner für Jaffa und seine Umgebung. So siedelten die deutschen Templer 1869 auf einem Platz, den Amerikaner aufgegeben hatten und den sie Jaffa-Walhalla nannten. Nördlich davon entstanden 1891 jüdische Siedlungen namens Neve Zedeq und Neve Shalom. Den Grundstein zum heutigen Tel Aviv legten russische Juden, die 1909 den nördlichen Vorort Achusat Bayit gründeten, 1910 erhielt die Siedlung den Namen Tel Aviv, unter den Briten wurde sie 1921 selbständige Stadt. 1924 gingen die Lichter an: Tel Aviv erhielt als erste Stadt Palästinas mit dem Bau eines Kraftwerks elektrischen Strom – im heutigen pulsierenden Modeviertel Gan HaHashmal. 1936 wurde der Hafen von Jaffa geschlossen, Tel Aviv baute eigene Hafenanlagen.

Die jüdischen Siedler wurden von den Palästinensern nicht gerade geliebt, in den Jahren 1921 bis 1939 wehrten sie sich immer wieder durch Aufstände in Jaffa gegen die Landnahme. Viele Aktionen galten der Mandatsmacht, die Briten antworteten knüppelhart.

Während des Unabhängigkeitskrieges eroberten israelische Truppen 1948 Jaffa. Ben Gurion proklamierte am 14. Mai 1948 den Staat Israel in Tel Aviv im ehemaligen Haus des ersten Bürgermeisters, Meir Dizengoff. Ein Jahr später wurde Jaffa mit Tel Aviv zu Tel Aviv-Yafo vereint. Heute leben nur noch wenige Palästinenser in Jaffa. Dank einer Initiative israelischer Künstlern fiel die Altstadt mit der Gentrifizierung der 1960er Jahre zum Opfer.

Im Golfkrieg 1991 gegen den Irak versuchte Saddam Hussein, Israel durch Raketenbeschuss auf Tel Aviv in den Krieg zu ziehen. Die Bewohner erlebten schlimme Tage und noch schlimmere Nächte, weil bei jeder einschlagenden Rakete die Freisetzung von Giftgas befürchtet wurde, aber die Provokation gelang nicht. Zum 100. Stadtjubiläum 2009 konnte man noch außerhalb der Reichweite der Qassam-Raketen aus dem Gazastreifen feiern, doch 2014 bedrohten Fajr-Raketen den Flughafen. Trotzdem ist in Tel Aviv vom Nahostkonflikt praktisch nichts zu spüren. Die Party geht weiter.

Ein kurzer Überblick

Schon ein Blick aus dem Flugzeug offenbart die breiten ***Sandstrände** der Stadt. Sandstrände, die im Sommer dicht bedeckt sind von Badehungrigen und Sonnenanbetern.

Erst ein Blick aus einem der exklusiven Hotels am Strand lässt den goldgelben Sand erkennen, den die badefreudigen Bewohner fast vollständig belegen – im wörtlichen Sinn. Doch wenige Meter landeinwärts nach der Strandpromenade schlägt das Herz der Industrie- und Geschäftsmetropole Israels mit hektischem Büroalltag, verstopften Straßen, mondänen Geschäften. Aber zwischen all den Büros und Fabriken gibt es noch offene Märkte und Tante-Emma-Läden, stehen noch Wohnhäuser in gepflegten Gartengrundstücken.

Wo beginnt man mit der Stadtbesichtigung, mit dem Kennenlernen von Tel Aviv? Jeder Besucher wird den bzw. die Strände sehen wollen.

Wenn Sie also nicht in einem der vielen Hotels direkt am Meer wohnen, sollten Sie immer nach Westen marschieren, der breite Sandstrand ist nicht zu verfehlen. Es lohnt sich allerdings, etwas zielgerichtet zu wandern, denn das meiste Leben und Treiben herrscht etwa im Abschnitt zwischen der Marina im Norden und dem *Charles Clore Park* im Süden. Schon bei Sonnenaufgang treten hier Jogger erste Spuren in den Sand, der kurz zuvor von fleißigen Menschen gesäubert und geglättet wurde. Spaziergänger wandern am Wasser entlang, Gymnastikgruppen bemühen sich um ihre Gesundheit und Sonnenanbeter stecken – im Sommer – ihre Claims per Handtuch oder Liegestuhl ab. Cafés und Restaurants, Souvenirshops und Imbissstände säumen diesen Strandabschnitt. Hier kommen die Badefreunde, die ungern allein am Strand und im Wasser sind, voll auf ihre Kosten.

Der von Touristen am meisten frequentierte Strand ist der **Gordon Beach** gegenüber dem Ende der gleichnamigen Straße und knapp südlich vom Kikar Atarim.

Die Strandlage hat denn auch die Stadtplanung diktiert: Von Nord nach Süd ziehen sich die bekanntesten Straßen nahezu parallel zum Strand. Die von Hotels gesäumte HaYarkon St liegt am nächsten zum Wasser, ein bis zwei Blocks östlicher verläuft die lebendige Ben Yehuda St mit vielen Hostels, preiswerteren Restaurants und Shops, sie geht später in die Allenby St über. Um ähnliche Distanz versetzt, zieht sich die Dizengoff St zunächst von Nord nach Süd; sie wird als die größte Shopping-Straße apostrophiert, wendet sich aber bald nach dem Kikar Dizengoff nach Osten in die touristische Bedeutungslosigkeit. Von den West-Ost-Verbindungen sind die Arlosorov, Ben Gurion, Gordon und Frishman St von Bedeutung.

5

Strand und Skyline von Tel Aviv

A Schweizer Botschaft
B Ägyptische
  Botschaft
C Gordon Bad
D Yachthafen
E Gan Ha'Ir Shopping
F Rathaus
G Kikar Dizengoff
H Dizengoff Center
I Deutsche Botschaft
J Museum of Art,
  TAPAC
K Ben Gurion House
L Opera Tower
M Bialik House,
  Rubin House
N Mann Auditorium,
  HaBimah Theater
O Kleidermarkt
P Karmel Markt,
  Kikar Magen David
Q Delfinarium
R Shalom Tower
S HaGanah Museum
T Independence Hall
U Suzanne Dellal
  Center

Tel Aviv
Zentrum

250 m

"Weiße Stadt" –
Weltkulturerbe

damit assoziierte
Bebauung

Tel-O-Fun Radstation

Bus/Sherut Linie 4

Bus/Sherut Linie 5

▲ Hotels
1 Carlton
2 Arbel Suites
3 Beach,
Olympia
4 Renaissance
5 Debora,
6 City
7 Prima
8 Dan Tel Aviv
9 Mendeli Street
10 Lusky & Maxim
11 Sky Hostel
12 Cinema, Center
13 Metropolitan
14 Momo's Hostel
15 De La Mer, Eilat,
Ness
16 HaYarkon 48, Bell
17 Mugraby Hostel
18 Sun City
19 Galileo
20 Little Tel-Aviv Hostel
21 Abraham Hostel
22 Beach Front Hostel
23 Gordon Inn

Wichtig für Schwimmer

Viele Strände werden von Rettungsschwimmern überwacht. Die Bedeutung der am Strand aufgezogenen
Flaggen:

■ **Weiße Flagge:** Keine Gefahr

■ **Rote Flagge:** Schwimmen
gefährlich

■ **Schwarze Flagge:** Schwimmen
verboten

Beachten Sie diese Zeichen unbedingt, besonders das schwarze, denn
es gibt heimtückische Strömungen,
denen auch die besten Schwimmer
nicht gewachsen sind. An den Stränden sind Zonen für Ballspiele abge-
grenzt, an die man sich halten sollte.

Die Strände**

Für viele Besucher gehören die Badestrände zum Besten, was Tel Aviv zu bieten
hat. Sie werden allmorgendlich gesäubert
und gepflegt, Restaurants, Snackbars oder
mondäne Cafés sorgen fürs leibliche Wohl,
Lebensretterstationen für die Sicherheit.
Überall hört man das PingPong von Mat-
kot, dem israelischen Speckbrettspiel mit
squash-ähnlichem Ball. Manchen gilt es
bereits als israelischer **Nationalsportart**.

Die größten Strandtennis-Künstler
treffen sich am Gordon Beach, vor allem
am Shabbat, und die größten Fans mussten ihrer Leidenschaft ein Museum widmen (Stadtteil Neve Zedeq, 61 Shabazi
St, Besichtigung auf Anfrage: 5174908).
An Sommerabenden, vor allem im Juli
und August, gibt es an der Herbert Samuel Promenade Musik, Theateraufführungen, Folklore und Tanz; „nur" Musik
aber auch an vielen anderen Stellen.

Parallel zum Wasser verläuft im nördlicheren Bereich ein lohnenswerter Spa-
zierweg, von dem aus sich die Lage recht

5

gut erschließt, vor allem, wenn man nicht in einem der Strandhochhaus-Hotels wohnt. Man sollte den Spaziergang im Park **Gan HaAzma'ut** beginnen (übrigens ein Treff der Gay Szene), der gleich nördlich des Hilton Hotels etwas erhöht auf einer Düne liegt (dort endet die HaYarkon-Querstraße Nordau St). Der Strand unterhalb des Parks repräsentiert die ganze verrückte Bandbreite Tel Avivs auf wenigen Quadratmetern: Der nördliche Nordau Beach wird im Wechsel von ultraorthodox-jüdischen Männern und Frauen besucht – und direkt am Strand südlich davon treffen sich die anderweitig gleichgeschlechtlich Interessierten aus dem Park am nördlichen Hilton Beach.

Man passiert die Vorderfront des Hilton und den folgenden, ebenfalls recht hübsch angelegten Spiegel Park und hat von dort aus einen „Postkarten"-Blick über die Palmen des öffentlichen, hufeisenförmigen **Gordon-Bades** hinweg nach Süden, von der Silhouette Jaffas begrenzt. Hier geht man am besten hinunter zum Strand und setzt den Weg in südlicher Richtung fort; wer Lust hat bis Jaffa. Wenn Sie lieber am Pool bleiben möchten: 1956 eröffnet, 2009 städtisch renoviert mit Kinderplanschbecken. Das Salz-Grundwasser wird aus 150 m Tiefe gepumpt, Tel. 7623300, www.gordon-pool .co.il (hebr.).

Von Ferne sieht die Wasserfront der Stadt wie ein zusammenhängender Strand aus. Vor Ort differenziert man. Angefangen am alten Hafen Tel Avivs, heißen die Strände von Nord nach Süd meist nach den an ihnen endenden Straßen:

▸ **Mezizim Beach,** war für Familien nicht schlecht, jetzt aber wegen der Nähe zum Vergnügungsviertel am Tel Aviv Port dichter von jungen Leuten belagert

▸ **Nordau Beach,** hoch eingefriedete, ultraorthodoxe Badefreuden – So, Di, Do sind nur Frauen erlaubt, auch Touristinnen! – am Shabbat können alle anderen einmal hinter den Sichtschutz schauen. Gleich südlich davon sind Hunde erlaubt, was kultische Reinheit nicht zu beeinträchtigen scheint

▸ **Hilton Beach,** sauber und eher ruhig, beliebt auch bei Surfern: nachts beleuchtet

▸ **Marina Beach,** noch mehr Wassersportler unterwegs

▸ **Gordon** und **Frishman Beach** gehen eigentlich ineinander über, sind überlaufen, viele Touristen

▸ **Bograshov Beach**

▸ **Trumpeldor Beach**

▸ **Yerushalayim Beach**

▸ **Ge'ula Beach**

▸ **Aviv** (auch: **Banana** oder **Dolfinarium) Beach,** hier ist der Sandstrand unterbrochen. Party, Trommeln, Vorführungen meistens hier

▸ **Charles Clore Park** (auch: **Alma Beach**), in der Mitte Hunde erlaubt

Hier beginnt die **Familienidylle** mit Stuhl, Tisch und Grill, großen Kühltaschen, manchmal sogar Kühlschränken, Liegen etc. Je näher man Jaffa kommt, umso häufiger trifft man arabische Familien. Die Frauen gehen meist komplett angezogen ins Wasser; wohlgemerkt: gehen, nicht schwimmen.

Die Strände Charles Clore, Yerushalayim, Gordon, Frishman und Mezizim sowie die Marina gehören mindestens von Mai bis Oktober zu den ökologisch erfreulichsten Stränden der Welt; www. blueflag.global.

In Tel Aviv zählt **Wassersport** eher als Nebensache, es geht mehr darum, sich zu zeigen, sonnenzubaden, ein bisschen zu schwimmen oder dem anderen Geschlecht zu imponieren. Wind- und Kitesurfen scheint sehr populär zu sein, wenn man aber die scheinbar vielen Surfer in Relation zu den Massen Sonnenbader setzt, dann machen sie eher Promille als Prozent aus. Als einer der beliebtesten Surfplätze gilt die Bucht vor Jaffa. Falls es Sie selber packt: Bei Yamit Y.S.B. an der Marina bekommen Sie jedes Gerät, das Sie brauchen, Tel. 5271777, www.yamitysb.co.il [hebr.]. Leihgerät und Unterricht gibt es nördlich des Clore Parks beim www.israelsurfclub.co.il, Tel. 5103439.

Trotz aller Lebenslust sollte man die Realität nicht aus den Augen verlieren. **Taschendiebe** lieben derartige Menschenansammlungen und schlagen unerbittlich zu. Frauen sollten nachts nicht allein am Strand herumwandern oder gar dort schlafen. Tagsüber kann die Anmache sich unwiderstehlich fühlender Männer sehr nervig für Frauen sein, die allein unterwegs sind.

Südlich des Zentrums

Wir wollen die Stadtbesichtigung von Tel Aviv in einen südlich und einen nördlich orientierten Spaziergang aufteilen und am zentralen, stadtbekannten Dizengoff-Platz – * **Kikar Dizengoff** (auch Kikar Zina) – beginnen. Diese Besichtigungswege korrespondieren größtenteils mit der *Orange Route* der Touristenorganisation. Sie wird nicht mehr beworben, aber vielleicht erkennen Sie noch ein paar orange Pfeile auf dem Pflaster.

Der Kikar Dizengoff ist nach der ersten Bürgermeisterfrau Tel Avivs benannt. Der hiesige Straßenstern wurde 1978 mit einer Fußgängerebene überbückt, auf der seit 1986 Ya'acov Agams Light & Fire Fountain ihr Wesen trieb. Seit 2017 finden die illuminiert-musikalischen Wasserspiele jedoch vorläufig im Norden beim Kraftwerk statt: Der Platz wird auf das Bauhaus-Straßenniveau zurückgebaut; auf das

5

Light and Fire Fountain in Ruhestellung

Verkehrskonzept darf man gespannt sein. Auf in die Weiße Stadt!

Gehen Sie nun die Pinsker St nach Süden. Die fünfte links abzweigende Straße ist die Idelson St, der Sie bis zum Bialik-Platz folgen. Sollten Sie diese Besichtigung lieber von der Hotelgegend, also von Westen her, starten, dann gehen Sie von der Ben Yehuda St aus direkt in die Idelson St (erste südlich der Trumpeldor St) und geradeaus in die Bialik St. Diese knickt bald in einer Rechtskurve nach Süden ab. Im Kreisel steht ein moderner Brunnen, nördlich davon in der Nr. 27 – Tel Avivs schmuckes Rathaus 1925-1965 – befindet sich das **Museum zur Stadtgeschichte** Tel Aviv-Yafos (Mo-Do 9-17, Fr/Sa 10-14, http://beithair.org, ₪ 20/10), östlich davon in der Nr. 26 das **Music Center and Library of Felicia Blumental**, www.fbmc.co.il. Hier gibt es Konzerte, aber das große Frühjahrs-Festival findet im Tel Aviver Kunstmuseum statt: www.blumentalfestival.com.

Das übernächste Haus Nr. 22 heißt ** **Bialik House** (Mo-Do 9-17, Fr/Sa 10-

Typisches Bauhaus-Haus in Tel Aviv

14, ₪ 20) mit dem Museum und der Bibliothek des größten Dichters des modernen Hebräisch, Chaim Nachman Bialik. Dieses Haus ist nicht nur als Museum interessant, sondern auch als Wohnhaus des Schriftstellers. Hier kann man die Wohnkultur der 1920er und 30er Jahre etwas nachvollziehen, zumal auch die Wohngegend typisch für damals bessergestellte Kreise ist. Auf der gegenüberliegenden Straßenseite Nr. 21 eröffnete 2008 ein **Bauhaus-Museum** mit originaler Innenausstattung. Es scheint selten zu öffnen, besser vorher anrufen: Mi 11-17, Fr 10-14, Tel. 6204664. Nochmal zurück zum Kreisel und links abbiegen zur Nr. 29 in der Idelson St: Hier soll 2017 das Max-Liebling-Haus neu eröffnet werden – als weiteres Bauhaus-Museum und Koordinationsort für die Sanierung der Weißen Stadt, ein Schweizer Entwurf mit deutscher Unterstützung; www.netzwerk-weisse-stadt.de.

Wieder zurück und wenige Schritte weiter südlich, 14 Bialik St, steht das ** **Rubin Museum** (Mo-Fr 10-15, Di -20, Sa 11-14, ₪ 20, Kinder bis 18 J. frei, www.rubinmuseum.org.il). Die Dauerausstellung zeigt Bilder und Zeichnungen des international beachteten Malers Reuven Rubin. Hier ist ebenfalls das Wohn- und Arbeitshaus des Malers sehenswert; gehen Sie unbedingt ins Atelier im dritten Stock – Rubin scheint es gerade erst verlassen zu haben.

Gehen Sie durch diese recht ruhige und typische Wohnstraße weiter bis zur Ben Yehuda St, dort links und gleich an der nächsten Kreuzung wieder links in die Tchernikhovsky St. An der nächsten Ecke rechts stoßen Sie auf den **Bezalel Kleidermarkt**, wo Kleidung wirklich günstig sein *kann*. Folgen Sie der schmalen Bet Lechner St des Kleidermarktes, dann rechts der King (HaMelekh) George St, unterqueren Sie an der nächsten Kreuzung die Allenby St, und Sie finden sich im bekanntesten Markt von Tel Aviv, dem ** Karmel Markt** (Shuk HaKarmel) wieder (So-Do 6-18, Fr ist eher Schluss; in diese Gegend fahren die Busse 4, 18, 24, 25, 61). Infos auf http://en.shuktlv.co.il/category/carmel-market – dort gibt es auch eine *Bite Card* für ₪ 105 – sechs Probierstationen und ein Audioguide. Nicht geschenkt, aber nett.

Hier kauft man – recht orientalisch – fürs tägliche Leben ein: hauptsächlich Obst, Gemüse und andere Lebensmittel. Es lohnt sich durchaus, sich durch das Menschengewühl zu quetschen und ein Marktgeschehen zu beobachten, das zumindest einen Hauch Orient verspüren lässt. Um diesen Markt, vor allem aber südlich siedelten sich viele jemenitische Einwanderer an. Wenn Sie – wie weiter unten beschrieben – das Neve Zedeq Viertel besuchen, dann sollten Sie auch immer an die Jemeniten denken, die in dieser Gegend leben. Leider gingen durch die „Landnahme" der Textilindustrie ein Stück weiter südlich (Hochhaus *Trade Tower*) viele der alten kleinen Häuser verloren sowie auch noch durch die Busparkplätze nördlich davon.

Am Kikar Magen David, an der Kreuzung Allenby/King George St, zweigt rechts im spitzen Winkel die Nakhalat Binyamin St ab. Sie ist eine **Fußgängerzone** mit Boutiquen und Straßencafés, in der man sich vom bisherigen Spaziergang ausruhen kann. Sollten Sie dienstags oder freitags zwischen 10 und 17 Uhr hier vorbeikommen, dann können Sie Geld bei bunt gemischten Kunsthandwerkständen ausgeben, Straßenmusikern lauschen oder Tänzern zuschauen; www.nachlat-binyamin.com. Folgen Sie der Straße bis zum Ende des Fußgängerbereichs, dann biegen Sie rechts ab und gehen eine der vor Ihnen liegenden Querstraßen links zum unübersehbaren **Shalom Tower** (So-Do 10-18, Fr 10-14). Dieses 142 m hohe Hoch-

haus wurde 1965 als damals höchstes Gebäude des Nahen Ostens eröffnet. Es wird saniert, doch die Aussichtsplattform schloss wegen zu wenig Besuchern. Für einen Blick von oben muss man zum ** Asrieli Center** (siehe S. 259). Auch das nach wie vor in Reiseführern empfohlene Wachsmuseum ist seit den 1990er Jahren geschlossen. Dafür kann man im westlichen Flügel großflächige Wandmosaike von Nahum Gutman bewundern, im östlichen gibt es eine Fotoausstellung zur Geschichte Tel Avivs.

Das Hochhaus befindet sich am südlichen Ende der Weißen Stadt, die sich zwischen den Weltkriegen entwickelte. Damals entstanden die meisten Gebäude der aus dem Nichts geplanten Metropole im **Bauhaus-Stil** durch die aus Deutschland vertriebenen Avantgarde-Architekten. Typisch sind weiß verputzte, schlichte kubische Formen mit Betonung der Horizontalen. Der weiße Putz hat im Laufe der Jahre seinen Glanz verloren, ist häufig auch ein Stück abgebröckelt. Doch haben viele Hausbesitzer saniert und renoviert. 2003 erhob die UNESCO die sogenannte ** Weiße Stadt** Tel Avivs zum **Weltkulturerbe**. Das erleichterte nicht gerade die Bürde, das weltweit größte Bauhaus-Ensemble von rund 4000 Bauten zu unterhalten – und verpflichtete, auch den bisher unsanierten Großteil weiter anzugehen. Ein Bummel in dieser Gegend kann nicht nur für den Architekturliebhaber sehr interessant sein.

Südlich des Shalom Towers beginnt der Roth-shild-Boulevard, dem Sie nur nach Norden folgen brauchen, um weitere markante Häuser zu sehen. Ausgiebige Erkundungen auch zu abgelegenen Bau-Häusern erfordern den Stadtplan *Tel Aviv-Yafo – Preservation Map and Guide*, in der die Gebäude mit Hausnummern eingezeichnet sind – erhältlich im ***Bauhaus Center***, 77 Dizengoff St (zwischen

Die Große Synagoge von Tel Aviv

Mall und Kikar Dizengoff), $ 25; Sa-Do 10-19.30, Fr -14.30, www.bauhaus-center .com, oder in der Touristeninformation, vgl. auch www.white-city.co.il. Englische Touren freitags 10 Uhr für 2 Stunden oder Audioguide (auch auf Deutsch) ₪ 80.

Den Shalom Tower verlassen sie am besten auf der Herzl St nach Süden (oder Sie gehen zunächst südwestlich ins Neve Zedeq Viertel, siehe weiter unten). Falls Sie einen Blick in die Hauptsynagoge, *Bet Knesset HaGadol*, von Tel Aviv werfen wollen, müssen Sie ein paar Schritte die nächste Straße namens Akhad Ha'Am bis zur Ecke Allenby St gehen. Sie wurde in den 1920er Jahren erbaut und 1970 renoviert. Gehen Sie dann auf der Allenby St einen Block weiter nach Süden und biegen an der ersten Kreuzung rechts in den **Rothshild Boulevard** ab. Ab April 2018 läuft zum 70. Jahrestag Israels hier auch der **Independence Trail,** ein goldenes Band mit zehn Stationen, die per Karte oder App aus dem Visitor Center

erläutert werden. Im Haus Nr. 23 wurde das über drei Stockwerke reichende **HaGanah Museum** (So-Do 8.30-16; ₪ 15/10; http://eng.shimur.org/hagana) eingerichtet. Hier im geheimen Hauptquartier (1930-1945) wird die Geschichte der Selbstverteidigungsbewegung der israelischen Siedler und ihre Bemühungen um die illegalen Einwanderer nachgezeichnet – audiovisuell sehr gut gestützt. Dieses wie auch die anderen Museen über vorstaatliches Militär (Lehi, Etzel, Palmakh) und die israelische Armee IDF unterstehen dem Verteidigungsministerium, das in Tel Aviv residiert. Der britischen Mandatsmacht war der jüdische Freiheitskampf noch wie Terror vorgekommen – palästinensische Aktivitäten werden ähnlich unterschiedlich bewertet.

Haus Nr. 16 des Rothshild Boulevards ist ein wichtiger historischer Platz: In der heutigen, frisch renovierten **Independence Hall** ("Bet Ben Gurion"; So-Do 9-

17, Fr -14, ₪ 24/16) verlas Ben Gurion am 14. Mai 1948 die Unabhängigkeitserklärung. Die Originalrede wird auf Tonträger abgespielt; abgesehen von den Räumlichkeiten gibt es nicht viel zu sehen. Im selben Gebäudekomplex war mal das **Bible Museum** („Bet HaTanakh"), das sich dem säkular-zionistischen Interesse an der Grundlage des jüdischen Staates widmete, aber möglicherweise ist es der Überholung des Gebäudes zum Opfer gefallen.

Vom Shalom Tower kann man sich aber auch zunächst nach Westen wenden, um den Ursprüngen der ersten jüdischen Siedlungen im 19. Jh im **Neve Zedeq** nachzuspüren (Bus 14, 24, 25, 66, 125). Dieses Viertel mit seinen kleinen, geduckten Häusern hat sich in den letzten Jahren zu einem avantgardistischen Zentrum der Stadt entwickelt. Gehen Sie von der Herzl St die Lilienblum St nach Westen. Nach einer Weile geht sie in eine Fußgängerstraße über, der man folgen sollte, denn sie ist von einigen gut restaurierten Häusern gesäumt. Am Ende geht man einen Block nach links, dann rechts, an der nächste Ecke ein paar Schritte rechts, gleich links kommt man direkt im **Suzanne Dellal Centre for Dance and Theatre** (6 Yekhieli St, www.suzannedellal.org.il) an.

Es residiert in den schön renovierten Gebäuden der ersten, 1889 gegründeten ehemaligen Knaben- und Mädchenschule, und bietet in einem reichhaltigen Programm Ballett- und Theateraufführungen, auch Open Air Veranstaltungen auf dem Platz zwischen den Gebäuden. Man kann das Centre auch vom Strand her in wenigen Minuten erreichen, wenn man rechts vom Trade Tower direkt nach Osten geht, und zwar ziemlich genau in der Verlängerung der Wand des gegenüberliegenden, braunen Hochhauses und die einzig mögliche schmale Khevrat Shas St nimmt. Kurz vor dem Center hat

sich rechts an der Straße das ziemlich lauschige **Café Susanna** mit seinem Biergarten etabliert; www.suzana.rest-e.co.il. Der tief eingeschnittene Graben, der östlich der Chelouche St verläuft, war ursprünglich für die (inzwischen hier demontierte) Eisenbahnlinie nach Gaza und Ägypten ausgehoben worden.

Wer ein bisschen durch die alten Gassen wanderte, mag seinen Füßen genug zugemutet haben. Dann könnte man die Shabazi St (an deren Kreuzung das Café Susanna liegt) nach Westen gehen und kommt dann nördlich des alten Jaffa-Bahnhofs, hebr. **HaTakhana**, in einen kleinen Park. Wer jetzt nicht im **IDF Museum** altertümliche und moderne Waffen der vergangenen Auseinandersetzungen besichtigen will (So-Do 8.30-16), kann sich beim alten Bahnhof erholen gehen: Ess-, Trink- und Shoppingplätze warten zuhauf, und das sogar auch am Shabbat. Freundliche Atmosphäre, manchmal kleine Festivals. Der Bahnhof und alte Funktionsgebäude sind schön restauriert und gut erläutert (Sa-Do 10-22, Fr -17, Busse 5, 10, 25 & 100).

Unermüdliche können zum Strand gehen und dann weiter nach Süden marschieren, um sich das nahe liegende Jaffa anzuschauen (Einzelheiten siehe S. 264). Auch auf dieser Strecke gibt es Lokale am Wegesrand. Unterwegs kann man das **Etzel** (Abk. für I**r**gun **Tz**vai **L**eumi: Nationale Militärorganisation) **Museum** (So-Do 8-16; ₪ 15) besichtigen, das über die Aktivitäten dieser Untergrundorganisation berichtet.

Oder aber man wendet sich am Strand nach Norden und sucht südlich des Charles Clore Parks das Lokal *Manta Ray* auf oder kehrt nördlich des Parks und des 2001 durch einen Terroranschlag verwüsteten Delfinariums an einem der nördlicheren Strandlokale ein.

5

Nördlich des Zentrums

Diesmal gehen wir vom Dizengoff-Platz (bzw. Kikar Zina, Busse 5, 8, 13) in südöstlicher Richtung auf der Dizengoff St weiter. Diese Straße wird – etwas großspurig – gern mit den berühmten Einkaufsmeilen der Welt verglichen, mit denen sie nur bedingt mithalten kann; dennoch strahlt sie viel eigenes Flair aus.

Vorbei am **Bauhaus Center** überspannt bald das **Dizengoff Center** die Straße, eins der größten Shopping Center von Tel Aviv, in dem es seit kurzem auch eine *Tourist Information* gibt. Hier biegt unser Weg zunächst rechts auf die Querstraße King George St ein. Wenn Sie an der Vorgeschichte des heutigen Staates Israel interessiert sind, gehen Sie zunächst bis zu Haus Nr. 38 in das recht neue **Jabotinsky Institut**, (So-Do 8-16, ₪ 15/10, www.jabotinsky.org, Busse 5, 18, 24, 25), das die Aktivitäten der Untergrundorganisation **Etzel** und ihres Oberkommandierenden Ze'ev Jabotinsky aufzeigt. Ihr gehörte auch der spätere Ministerpräsident Menahem Begin an. Die Erläuterungen sind in erster Linie auf Hebräisch gehalten, die englischen Texte gehen etwas unter, zumal die Thematik stark nationalistische Züge trägt. Ein zweites Etzel Museum steht an der Straße nach Jaffa, siehe oben.

Gehen Sie nun ein kurzes Stück auf der King George St zurück und dann rechts in die Ben Zion St, die zum Kikar HaTizmoret weiterführt (Wahrzeichen: hohe Dreischeiben-Plastik).

An diesem Platz pocht das kulturelle Herz der Stadt. Im 1935 errichteten **HaBimah-Theater** ist seit 1958 das Nationaltheater Israels zu Hause. Es wurde bereits 1917 in Moskau gegründet, zog aber 1928 nach Tel Aviv um. Eine ganze Reihe von (hebräischen) Aufführungen kann man mit Kopfhörer-Simultanübersetzungen mithören. Nach längerem Umbau glänzt es seit 2012 mit neuester Technik. Im rechten Winkel dazu steht das 2013 wieder eröffnete **Charles Bronfman Auditorium**. Der größte Konzertsaal Tel Avivs mit knapp 2500 Plätzen ist die Heimat der weltbekannten **Israelischen Philharmoniker**; www.ipo.co.il.

Nordwestlich, durch einen schönen kleinen Park getrennt, liegt an der Ecke Dizengoff/Tarsat St der **Helena-Rubinstein-Pavillon** (Mo-Sa 10-18, Di+Do -21, Fr -14, ohne das Kunstmuseum ₪ 20; www.tamuseum.org.il/helena-rubinstein-pavilion), in dem wechselnde Ausstellungen moderner in- und ausländischer Künstler stattfinden.

Wir biegen wieder auf die Dizengoff St rechts ein und folgen ihrer Verlängerung an der Ibn Gvirol: der Kaplan St. In dieser Gegend siedelten rechter Hand einst die deutschen Templer; ihre Siedlung ★★★ **Sarona** spielte für den Know-How-Transfer für die jüdische Besiedlung im 20. Jh eine wesentliche Rolle. Später dienten die 27 heute etwa 140 Jahre alten Häuschen den Briten als Knast und dem jungen Staat Israel als erste Regierungsgebäude. Nördlich der Kaplan St befindet sich *HaKirya*. Das Gelände ist seit 1948 Sitz des Verteidigungsministeriums und größter Armeestützpunkt in Israel, auch Makhane Rabin genannt – Rabin-Camp. Sarona war Teil dieses Komplexes. Inzwischen wurde die Gegend zu einem erholsam-großzügigen Park umgestaltet mit Kinderspielplätzen und einer mondänen Markthalle (Sa-Do 9-22, Fr -18, www.saronamarket.co.il, www.saronatlv.co.il).

Das unbeschwerte Leben hier wurde im Sommer 2016 von einem Terroranschlag mit vier Toten eigentlich nur unterbrochen, so hoch auch die Wogen der Empörung und des Entsetzens schlugen. In Israel geht man eher nüchtern mit diesen Ereignissen um und bald wieder zur Tagesordnung über.

Außer historischen Erläuterungen zu den Gebäuden und der Holzkegelbahn gibt es knapp hundert Ess-, Trink- und Shoppingplätze – etwa *www.littleitaly.co.il*, wo man mit Picknickkorb ausgestattet wird oder daneben im *Gaya* pfiffiges Holzspielzeug erstehen kann, www.gaya-game.com. Es gibt schließlich ein Visitor Center sowie geführte Touren durch dieses Stück auch deutscher Geschichte (14 Albert Mandler St, SoMoDiDo 9-17, Mi 10-18, Sommer -21, Fr -14, Sa -16, Tel. 6049634 und 6048434, http://eng.shimur.org/sarona).

Nach etwa 1 km kreuzt die Kaplan St die Begin St, weiter geradeaus gelangt man zum Shalom-Bahnhof, und linker Hand liegt nun das **** Asrieli Center**. Die drei glitzernden Hochhäuser haben einen quadratischen, einen dreieckigen und einen runden Grundriss. Unter den Türmen befindet sich ein tendenziell hochpreisiges Shopping Center. Ein Besuch lohnt nicht nur zum Shopping, sondern auch wegen der ungewöhnlichen Architektur. Ein Turm beherbergt das Crowne Plaza City Center Hotel, das wenig zu wünschen und zu bezahlen offen lässt. „Unterm Dach" gibt es außerdem das Gourmet-Restaurant *2C* (sprich: *to see*) sowie für alle einen Ausblick über das Häusermeer vom *Asrieli Observatory* vom 49. Stock (Zugang im 3. Stockwerk des runden Turms, tägl. 9.30-18, im Sommer -20, Fr -18, anrufen, ob es auch keine geschlossene Gesellschaft gibt: Tel. 6081179, ₪ 22/17, http://mitzpe49.co.il [hebr.]). Vom Shopping Center besteht direkter Zugang zum Shalom-Bahnhof.

Ohne Sarona und das Asrieli Center können Sie auch die zweite von der Kaplan St abzweigende Querstraße links, die Leonardo da Vinci St bis zur Sha'ul HaMelech St gehen und dann rechts. Auf dem jetzt links liegenden Komplex stoßen Sie zunächst auf das 1994 eröffnete **Tel Aviv Performing Arts Center** (TA-

PAC, 28 Leonardo da Vinci St), ein Multifunktionsbau, in dem die Neue Israelische Oper zu Hause ist, in dem aber auch Konzert- und Ballettveranstaltungen stattfinden; www.israel-opera.co.il.

Ein kurzes Stück weiter steht das ***** Tel Aviv Museum of Art** (27 Sha'ul HaMelech Blvd, Busse 9, 18, 28, 70, 90, 111, Mo-Sa 10-18, Di+Do -21, Fr -14, ₪ 50 inkl. Rubinstein-Pavillon, Kinder bis 18 J. gratis, www.tamuseum.com), das ein breites Spektrum an israelischer und internationaler Malerei ausstellt. Es besteht aus verschiedenen Pavillons (Jaglom, Assia, Meyerhoff und andere) bzw. Galerien. Bekannt ist die Dauerausstellung *Twentieth Century Modern Masters* mit 60 Werken von Pionieren der modernen Kunst, u.a. von Picasso, Kandinsky, Mondrian, Braque. Aber es gibt auch Alte Meister zu bewundern, z.B. A. Dürer, oder auch häufige temporäre Ausstellungen zu meist anspruchsvollen Themen und israelischer Gegenwartskunst. Schon wegen der spektakulären Architektur sollten Sie das neue Herta & Paul Amir Building nicht verpassen.

Gehen Sie nach dem Museumsbesuch weiter in östlicher Richtung bis zur nächsten Kreuzung für einen Blick auf einige modernere Gebäude. Das *Asia House*, *America House* und das *Europe House* wurden als architektonisch interessante ultramoderne Bürosilos gebaut. Nun können Sie der abzweigenden Weizmann St bis zum weitläufigen Kikar HaMedina folgen. An diesem Platz finden Sie einige sehr elegante Shops.

Wenn Sie von hier aus ein paar Schritte zurückgehen und dann rechts der Arlosorov St folgen, kommen Sie an der Hauptverwaltung der Gewerkschaft (Histadrut) vorbei. Sobald Sie die Ibn Gvirol St erreichen, biegen Sie links ab. Zunächst können Sie erneut Geld im *Gan Ha'ir Shopping Center* ausgeben und anschließend die **City Hall**, das moderne *** Rathaus** am Kikar Yizkhak Rabin an-

Basalt, durch den das Erdinnere brodelt: Die Rabin-Gedenkstätte erinnert an das erdbebenartige Ereignis seiner Ermordung

schauen. Am 4. November 1995 wurde der damalige Premierminister **Yizkhak Rabin** auf dem Bürgersteig der Ibn Gvirol St nahe der Seitentreppe des Gebäudes ermordet. Der zuvor Kikar Malkhe Yisrael genannte Platz erhielt daher den Namen des Premiers. Ein kleiner Steingarten erinnert an die Stelle des tragischen Geschehens.

Auf dem großen Platz vor dem Rathaus steht das **Holocaust- und Widerstandsmonument** von Yigal Tomarkin, an dessen Basis ein gelbes Dreieck und eine kopfüberstehende Pyramide – von oben geschaut – einen Davidsstern bilden. Am Unabhängigkeitstag und zum israelischen Kostümfest zu *Purim* wird auf dem Platz und in den umliegenden Straßen heftig gefeiert.

Von der Rathaus-Gegend kann man entweder nach Norden z.B. zum Eretz Israel Museum fahren (siehe weiter unten) oder aber die Ben Gurion St nach Westen wandern und ziemlich in Strandnähe, in 17 Ben Gurion St, das **Ben Gurion House** (So-Do 8-15, Mo-17, Fr-13, Sa 11-14; www.bg-house.org) mit vielen Erinnerungsstücken an den bekannten Mann besuchen. Briefe von Kennedy, Churchill und anderen Größen an Ben Gurion und eine Bibliothek mit 20.000

Bänden sind erhalten. Am Ende der Straße liegt der **Kikar Atarim**, der als ein touristisches Zentrum mit Souvenirshops, Cafés etc. gebaut worden war, aber in Tel Aviv nicht mehr den besten Ruf genießt und allgemein als Touristenfalle mit überhöhten Preisen gilt.

Der Norden

Vom Rathaus aus sollten Sie per Bus (8, 24, 25) oder Taxi nach Norden über den Yarkon-Fluss fahren und sich die Museen in der Nähe der Universität anschauen. Der Yarkon war einst der Grenzfluss zwischen den Stämmen Ephraim im Norden und Dan im Süden; heute sind die Grünanlagen an seinen Ufern ein beliebtes Naherholungsgebiet. Der **Yarkon Park** ist das Ziel für Picknick oder Paddelbootfahrten auf dem Fluss (Eingang an seinem vom Parkplatz an der Rokach St gegenüber den Exhibition Grounds, Busse 7, 17, 27, Camping möglich; www.park.co.il [hebr.].

Das im Park liegende **Wohl Amphitheater** wird bei Konzerten von Tausenden von Musikliebhabern besucht. Im Park kann man Fahrräder leihen oder sich per Miniaturzug kutschieren lassen. Im Tropischen Garten wachsen exotische Pflanzen, Vögel nisten in den Bäumen, Schwäne und Gänse bevölkern die Seen, ein Stein- und Kakteengarten zeigt das Gegenteil von tropischem Grün.

Innerhalb des Geländes befindet sich auch der **Zapari Bird Park** (nur am Shabbat und an Feiertagen geöffnet, Eintritt, Tel. 6422888, www.zapari.co.il), der eine weite Variation von Vögeln zeigt, z.B. mehr als 400 Papageienarten oder 70 Wasservogelarten. Im Eintrittspreis sind „Vogelschauen" dressierter Papageien und anderer Vögel enthalten, und es gibt das Afrika-Abenteuerdorf *Junga Junga* mit Hüpf- und Klettergelegenheiten für Kinder bis 12 Jahren, Streichelzoo und Brot backen, während sich die Eltern in einem Café erholen können. Nicht weit davon schuf derselbe Veranstalter zwei weitere Parks: Das nicht allzu weitläufige Vergnügungs- und Karussellensemble *Luna Park* und den Planschpark *Meymadion* (geöffnet Juni-September). Für Kinder eine prima Sache, aber nicht billig – rechnen Sie mit ₪ 100 Eintritt für Personen ab 2 J.; www.lunapark.co.il, www.meymadion.co.il. Da diese Parks häufig für Events komplett gebucht werden, lieber vorher erkundigen: Tel. 6427080.

Nahe der Universität, 2 Chaim Levanon St, liegt der Eingang zum ****** Eretz Israel Museum** (Sa-Mi 10-16, Do -20, Fr -14, ₪ 52, Kinder bis 18 J. gratis, mit Planetarium ₪ 84, Kinder 32, auch englische Führungen, Tel. 7455729, Busse 7, 13, 24, 25, 45, 127, www.eretzmuseum.org.il), dem israelischen Landesmuseum. Ein Besuch dauert angeblich drei Stunden, es könnte aber auch länger werden. Es handelt sich um einen sehr interessanten, allerdings auch recht ausgedehnten, aus acht Pavillons bestehenden Komplex, der um den antiken *Tel Qasile* herum angelegt wurde und in unterschiedliche Schwerpunkte gegliedert ist: Das Glasmuseum spürt mit einer herausragenden Sammlung der Geschichte der Glasherstellung nach, das *Kadman Numismatic Museum* der Historie der Münzen, der *Ceramics Pavilion* dokumentiert vor allem arabische Keramik aus Gaza und Akko. Im *Nehushtan Pavillon* sind Funde aus den Kupferminen von Timna zu sehen, das *Man and His Work Center* stellt die Entwicklung arabischer Handwerkstechniken dar. Der Folklore-Pavillon widmet sich jüdischer religiöser Kunst, das *Alphabetmuseum* der Entwicklung der Schrift und das *Alexander Museum of Postal History and Philately* alten und neuen Kommunikationstechniken. Darüber hinaus gibt es eine rekonstruierte Olivenölfabrik, eine Kornmühle und wunderschöne Mosaike zu sehen.

Der Tel. dokumentiert die Geschichte der Umgebung bis zurück ins 12. Jh vC, Rundwege mit Ausschilderung führen durch die Grundmauern der Philistersiedlung und des Tempelareals. Die Funde sind im **Tel Qasile Pavilion** ausgestellt. Aus den Grabungen geht auch hervor, dass Philister und Israeliten die Yarkon-Mündung als Hafen nutzten, in dem vermutlich auch Zedern für die ägyptischen Tempelbauten umgeschlagen wurden. Sehr interessant ist hier der Nachbau eines typisch israelitischen so genannten Vierraumhauses aus der Zeit des Ersten Tempels. Eine neuere Errungenschaft ist das **Planetarium**, dessen englischsprachige Shows man vorher organisieren muss: Tel. 7455-710/-720. Schließlich wird der **Museumsshop** als bester in Israel beworben: Wer sich für Reproduktionen archäologischer Funde, Judaica und Schmuck interessiert, ist hier auf jeden Fall bestens bedient. Das gilt auch für das Café, doch beides hat seinen Preis.

Zwei weitere recht unterschiedliche Museen liegen in unmittelbarer Nachbarschaft zum Eretz Israel Museum (ein Auto könnte man hier auf dem Parkplatz lassen): Ein Stück weiter nördlich das **Palmakh Museum** über die Eliteeinheit der Haganah mit wenig Ausstellungsstücken, dafür erlebnishaftes Eintauchen in persönliche Stories vom Entstehen der Truppe bis zum Unabhängigkeitskrieg, 10 Chaim Levanon St, So-Fr nur nach Absprache: 5459800; www.palmach.org.il. Wenn Sie vorher rechts abbiegen und dem Weg in einer Linkskurve folgen, gelangen Sie zum **Yizkhak Rabin Center** mit dem **Israeli Museum** (So-Do 9-17, Di+Do -19, Fr -14, letzter Einlass 90 min vor Schließzeit, ₪ 40/25, vorher anrufen könnte nützen: Tel. 7453358; www.rabincenter.org.il). Diese kluge Ausstellung zeigt nicht nur Rabins Lebensstationen, sondern die Entwicklung Israels als Demokratie im Kontext des Weltgeschehens. Wichtig sind dabei die Spaltungen in der israelischen Gesellschaft und wie versucht wurde, diese zu überwinden. Es gibt englische Audioguides, die sich automatisch zu knapp 200 Dokumentarfilmen einschalten; man sollte zwei Stunden einplanen.

Die **Universität** ist die größte des Landes, sie offeriert ein breit gestreutes Spektrum von Studiengängen, www.tau.ac.il (Architektur- und Judaica-Begeisterte werden sich über die *Cymbalista-Synagoge* mitten auf dem Campus, nördlich des nördlichen Arms der Dr. George Wise St freuen, www.tau.ac.il/institutes/cymbalista). Gehen Sie beim Gate 2 (das man am besten über eine Verbindungsstraße von der Abfahrt Rokach St der Autobahn 20 erreicht) auf den Campus. Dort steht das sehr sehenswerte ✶✶✶✶**Museum of the Diaspora** (hebräisch *Bet HaTefuzot*; So-Mi 10-19, Do -22.30, Fr 9-14, Sa 10-15; ₪ 45, Kinder ab 5 J. ebenfalls ₪ 45 aber inklusive Workshops, 90-Minuten-Führung auch auf Deutsch ab 15 TeilnehmerInnen für zusätzliche ₪ 150 plus ₪ 45 pro Person, Bus 7, 25, 45, www.bh.org.il).

Dokumente und Dokumentationen des Exil-Lebens der Juden über Jahrtausende sind das Thema des Museums, nicht zuletzt die Leiden der Juden, beginnend bei den Babyloniern über die Römer bis hin zu den Nazis. Aber auch die Bräuche in jüdischen Familien, besonders eindrucksvoll das Leben in den Gemeinden der Diaspora, die Architektur der Synagogen (an 18 Modellen erläutert) und vieles mehr zeichnen ein sehr eindrucksvolles Bild des jüdischen Volkes. Wer die Zeit erübrigen kann, sollte eher einen ganzen als einen halben Tag vorsehen, um die Fülle der Informationen ohne Stress erleben zu können. Denn es werden mehr: Im Mai 2016 wurde ein neuer Flügel eröffnet, und 2019 soll die Umgestaltung plus weiterer zwei Hektar Fläche abgeschlossen sein.

Zu erwähnen wäre noch der ehemalige **Hafen** von Tel Aviv direkt südlich der Mündung des Yarkon. Trotz seines „Miniaturbeckens" müssen hier auch eine ganze Menge Waren umgeschlagen worden sein, wie die vielen Lagerschuppen zeigen, die inzwischen mit Shopping- und Vergnügungsmöglichkeiten zum *Tel Aviv Port,* hebr. *Namal Tel Aviv* wiederbelebt worden sind. So lohnt z.B. die Frischmarkthalle im Hangar 12 direkt an der Hafeneinfahrt einen Besuch, www.shukhanamal.co.il. Zum Shabbat gibt es hier allerhand Angebote und auch das Nightlife bietet Austobe-Möglichkeiten (siehe S. 277), www.namal.co.il.

Östlich des Stadtzentrums

Der vier- bis fünfspurige Ayalon Highway (Autobahn 20, meist als Ayalon North/South ausgeschildert; www.ayalonhw.co.il) zieht einen deutlichen Trennstrich von Herzliya im Norden nach Rishon LeZion im Süden durch das Häusermeer. Aus touristischer Sicht gibt es östlich dieser Linie nur ein paar Attraktionen. Im 1920 entstandenen Ort **Ramat Gan** kann man den ✶✶ **Safari Park** und den darin liegenden Zoo mit teils ungewöhnlichen Tieren besuchen, (HaTzvi St, Bus 31, 33, 35, 57, 63. Sa-Do 9-17, Fr 14, Sept.-April kürzer, Aufenthalt im Park bis 2 Stunden nach letztem Einlass; ₪ 69, auch Kinder ab 2 J., www.safari.co.il). Autofahrer nehmen am besten die ziemlich östlich gelegene Straße 4 und biegen an der Aluf Sadeh Interchange nach Westen auf die Aluf Sadeh St ab und von dieser an der ersten Kreuzung links in die Perez Bernstein St; am zweiten Kreisel führt links die HaTzvi St zum Einlass.

Der Eintrittspreis in Höhe von ₪ 7 für den Park ist gut angelegt. Auf den 7 km Asphaltstraße – auf denen man auch im Shuttlebus mitfahren kann – begegnet man vielen Tieren Afrikas, die man sonst

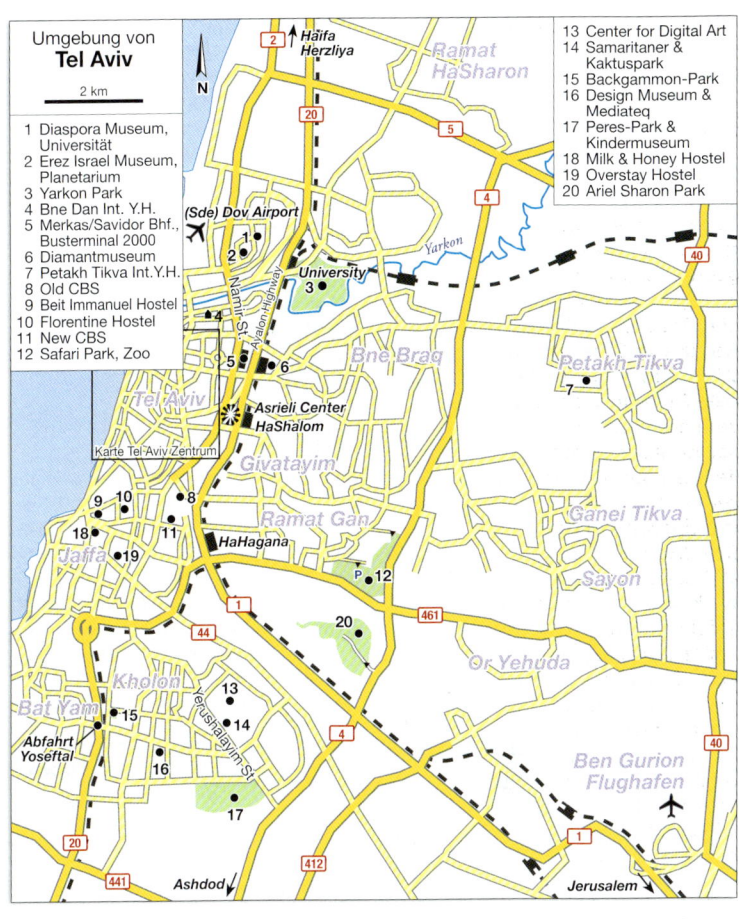

Umgebung von
Tel Aviv

2 km

N

1 Diaspora Museum,
   Universität
2 Erez Israel Museum,
   Planetarium
3 Yarkon Park
4 Bne Dan Int. Y.H.
5 Merkas/Savidor Bhf.,
   Busterminal 2000
6 Diamantmuseum
7 Petakh Tikva Int.Y.H.
8 Old CBS
9 Beit Immanuel Hostel
10 Florentine Hostel
11 New CBS
12 Safari Park, Zoo

13 Center for Digital Art
14 Samaritaner &
    Kaktuspark
15 Backgammon-Park
16 Design Museum &
    Mediateq
17 Peres-Park &
    Kindermuseum
18 Milk & Honey Hostel
19 Overstay Hostel
20 Ariel Sharon Park

5

nur weit aufwändiger in freier Wildbahn betrachten könnte. Zwar handelt es sich hier um eine Scheinfreiheit der Tiere, aber Landschaft und Klima vermitteln durchaus einen realen Eindruck von deren Leben. Bei echten Safaris muss man schon Glück haben, um wie hier frei laufende Nashörner mit Baby aus nächster Nähe beobachten zu können, oder Gazellen, Impalas, Gnus und Zebras ohne Scheu und fast so zu sehen, wie sie sich in ihrer natürlichen Umgebung bewegen. Das Löwen-Terrain ist übrigens doppelt gesichert, einmal durch Automatik-Schleusen, zum anderen durch Elektrozäune, die offenbar auch dem König der Tierwelt Respekt abfordern.

Südlich des Safari Parks und der Straße 461 entsteht nach und nach der **Ariel Sharon Park** (tägl. 9-15.30, Gratis-Touren Fr&Sa 9.30, 11.30, 13.30, im Visitor Center buchen, mindestens 4 Personen ₪ 10 pP).

Zufahrt am besten von der Straße 4, später vielleicht mal von Norden von der 461, siehe http://www.parksharon.co.il/html5/Web/10116/FAQs.pdf. Offensichtliches Feature des Parks ist die Aussicht vom 60 m hohen **Mt. Hiriya**, früher die **giftigste Müllkippe** des Landes auf einem verlassenen arabischen Dorf. Heute ist es eher atemberaubend, wie das ökologische Projekt umgesetzt wird – jedenfalls passend zum Namensgeber Ariel „**Bulldozer**" Sharon.

Ebenfalls in Ramat Gan, aber nordwestlich von hier an der Ayalon-Spange, liegt das **Harry Oppenheimer Diamond Museum** im Maccabi Diamond Building (So-Do 10-16, Di -18, ₪ 24/12, www.diamond-museum.co.il [hebr.]), 1 Jabotinsky St/Zismen St (Hochhaus ganz in der Nähe des neueren Bahnhofs Merkas), das über die Diamantenherstellung recht ausführlich informiert; häufig sind wertvolle Leihgaben zu sehen. Es gibt einen **besonderen Service** des **Israel Diamond Center**, der mindestens den Museumseintritt spart: Sie können sich So-Do 10-17, Fr 9-12 Uhr zu einer Gratis-Stadtrundfahrt von etwa 3 Stunden an Ihrem Hotel abholen lassen. Über Alt-Jaffa, den HaBimah-Platz, das TAPAC und das Kunstmuseum bringt man Sie zum Diamantenmuseum und zur Diamantenbörse – hier würde man Ihnen Händlerpreise gewähren, aber es besteht wohl kein Kaufzwang, (Tel. 5757979 anrufen oder im Hotel nachfragen). Die Börse befindet sich in dem Brückengebäude zwischen den beiden Hochhäusern und gibt als größte der Welt den Ton auf dem Weltmarkt an. Falls Sie tatsächlich garantiert echten Diamantenschmuck mit Zertifikat kaufen möchten, benötigen Sie $ 400 – 100.000 in der Portokasse.

Jaffa**

Nach Jaffa kommt man von Tel Aviv aus per Taxi, Bus (8, 10, 25, 100) oder aber bei einem Strandspaziergang (vom *Opera Building* etwa 3 km). Jaffa selbst besitzt noch orientalischen Charme, wenn auch nur gelegentlich und versteckt. Die malerischen Gassen des Zentrums sind nahezu komplett in die Hände von Händlern übergegangen, die sich auf Touristen-Souvenirs spezialisieren. Damit fehlt das typische

1 Andromeda-Felsen	5 Information &
2 St.-Michael-Kirche	Jaffa Tales-Museum
3 Armenische Kirche	6 HaSimta-Theater
4 St.-Peter-Kirche	7 Ilana Goor Museum,

Souvenirshops
8 Ramses-Tor
9 Tel Jaffa Gipfel
10 Amphitheater

11 Antiken-Museum
12 Moschee
13 Clock Tower
14 Dr. Shakshuka

Leben und Treiben, man trifft in der vergleichsweise sterilen Atmosphäre meist seinesgleichen; www.oldjaffa.co.il.

Der Bus 10 hält kurz vor dem **Clock Tower**, dem noch von den Türken Anfang des 20. Jhs zu Ehren Sultans Abdülhamid II. gebauten Uhrenturm. Täglich um 10 und 14 Uhr startet hier eine geführte, freie **Besichtigungstour** durch Jaffa, Anmeldung nicht nötig, Trinkgeld erwünscht. Im Tourismusbüro gibt es jedoch auch Gratis-Material für selbst geführte Audiotouren. An der Straße, die vom Uhrenturm aus nach der nächsten Kreuzung rechts abzweigt, steht die Große oder **Mahmudiya Moschee**, die 1810 von Muhammad Pasha (Abu Nabbut) unter Verwendung antiker Säulen aus Caesarea und Ashkelon errichtet wurde. Sie steht eigentlich nur Muslimen offen, aber im Rahmen der Führung können Sie vermutlich hinein. Nicht weit entfernt teilt sich die Straße. Halten Sie sich halblinks auf der bergauf führenden Mifraz Shlomo Promenade.

Links liegt bald das *Jaffa Museum* im alten türkischen Regierungsgebäude (*Ancient Saraya*) auf Kreuzfahrergrundmauern aus dem 13. Jh, das im Wesentlichen vor allem israelische zeitgenössische Kunst in Kontrast mit dem alten Gemäuer stellt (₪ 30/25, Rabatt mit Jaffa Tales s.u., Do 11-16, Fr 10 -14, Sa 11-17, anderntags für Gruppen in Absprache, Tel. 6825375; www.jaffamuseum.com). Direkt hinter dem Museum stößt man auf das *Jaffa Theatre*, ein (modernes) Amphitheater im Pisgah Garden. Gehen Sie weiter auf der Promenade bergan bis zum **Kikar Kedumim**, dem zentralen Platz des touristischen Jaffa. In der Mitte gibt es eine steinüberdachte Ausgrabungsstätte – das „**Jaffa Tales" Visitor Center** (Sa-Do 9-20, Fr -17, ₪ 30/25, zusammen mit dem *Jaffa Museum* ₪ 55/40) – aus griechischer und römischer Zeit, die hervorragend gestaltet sind und deren Besichtigung lohnt.

Minarett der Mahmudiya Moschee in Jaffa

Den Platz dominiert die **St.-Peter-Kirche**, die zum gleichnamigen Franziskanerkloster gehört (auch Residenz der Vatikan-Botschaft). Sie wurde 1654 auf den Mauern einer Kreuzritterburg erbaut. Der Name erinnert an den Apostel Petrus, der in Jaffa die Tabita auferweckte. (8-11.45/15-17) Schräg unterhalb des Klosters steht die griechisch-orthodoxe St.-Michael-Kirche. Am Westrand des Platzes, quasi einen Häuserblock nach der Kirche, öffnet sich neben einem Restaurant ein schöner Blick auf den Hafen. In der Brandung ist der **Felsen der Andromeda** zu erkennen, an den, der griechischen Mythologie zufolge, die arme schöne Frau – auf das Meeresungeheuer wartend – gefesselt war, bis Halbgott Perseus sie befreite.

Etwa gegenüber der St.-Peter-Kirche führen eine Steintreppe, dann eine Holzbrücke und ein Fußweg hinauf zum „Gipfel" des Tel Jaffa mit dem **Standbild des Glaubens** (Gan HaPisgah), das oben den Fall von Jericho sowie Isaaks Opferung

Altstadt von Jaffa

und Jakobs Traum darstellt. Der Park selbst enthält historische Ausgrabungsstätten, u.a. des pharaonischen Ägypten. An dessen **Ramses-Torbogen** kommen Sie vorbei, wenn Sie von dem Standbild wieder zurück Richtung Kikar Kedumin gehen, sich aber an der ersten Verzweigung nach links wenden. Von dort sind es nur ein paar Schritte bis zu den renovierten Häuserblocks mit Kunstgalerien und Souvenirgeschäften.

Mit der **Einnahme Jaffas** durch die jüdische Armee flüchteten die Palästinenser aus der Stadt oder wurden vertrieben. Plötzlich standen die Häuser leer, in denen die Familien zum Teil viele Jahrhunderte gelebt hatten. Bald übernahmen jüdische Familien, die als Flüchtlinge nach Israel gekommen waren, die verwaisten Gebäude – die eigentlichen Besitzer erhielten bis heute keinen einzigen Shekel als Entschädigung oder, was nur fair wäre, als „Miete". Kein Wunder, dass sich bald der Charakter der Besiedlung änderte bzw. bewusst geändert wurde, besonders um den Kikar Kedumim herum.

Ab 1963 wurden die alten **Häuser weitgehend abgerissen** und durch Neubauten mit Kreuzgewölben – aus örtlichem porösen Sandstein gebaut – ersetzt; damit war das palästinensische Jaffa weitgehend verschwunden. Viele Künstler zogen um und ein, mehr und mehr Touristen besuchten den Ort, immer neue Souvenirgeschäfte und Galerien entstanden. Wenn Sie heute durch die Gassen bummeln, werden Sie auf diese Mischung aus Kunst und Kommerz stoßen, die hier eine einträgliche „Ehe" eingegangen sind. Nicht zuletzt kann man in den diversen Restaurants vorzüglich speisen und danach shoppen gehen, denn viele Geschäfte sind bis 23 Uhr geöffnet, auch am Shabbat besteht die Chance, nicht überall vor verschlossenen Türen zu stehen. Ebenso ist gegen Verirren in den Gassen gesorgt, denn überall hängen sehr detaillierte Pläne, die den jeweiligen Standort anzeigen. Der Orientierung dient auch zu wissen, dass die Straßen im Künstlerviertel nach den Tierkreiszeichen benannt sind. Und sollten Sie einem Napoleon-Standbild begegnen: Es verweist Sie auf einen individuellen Rundgang mit zwölf Stationen an Orten, die an die Eroberung Jaffas durch den kleinen Korsen im Jahr 1799 erinnern.

Wenn Sie nicht, wie weiter oben beschrieben, auf den Gipfel des Tel Jaffa gestiegen sind, dann sollten Sie vom Kikar Kedumim in südlicher Richtung hinunter zum Hafen gehen, aber zuvor in eine der schmalen Gassen nach links abbiegen. An der letzten Ecke macht ein Schild auf das **Ilana Goor Museum** (₪ 30/20, Familien bis 5 Leute ₪ 75, So-Fr 10-16, Sa -17, Tel. 6837676, www.ilanagoor museum.org) aufmerksam, das hauptsächlich einer Sammlung der Werke der Künstlerin gewidmet ist. Aber auch die Atmosphäre des ehemaligen Pilger-Hospizes und die von der Künstlerin bewusst arrangierte Einrichtung geben dem Besuch eine sehr eigene Note. 2018 soll übrigens ein Nachbar in die Mazal Dagim St ziehen, dem man nichts krumm nehmen darf: www.urigeller.com/uri-geller-museum. Von hier aus bietet sich für Hungrige ein Abstecher hinunter zum Hafen an. Dort gibt es hervorragende Fischrestaurants (siehe S. 280). Nahebei könnte man sich aufregendes Theater im **Nalaga'at Center** anschauen: Die DarstellerInnen sind blind und taub, der Verein dazu heißt *Please Touch Association* (Nähe alter Hafen, Tel. 6330808, www.nalagaat.org.il). Sie sollten hier auch essen: Das finstere Restaurant *Blackout* und sein blindes Personal verspricht die Schärfung aller Sinne, wenn den Augen nichts mehr geboten wird.

Gehen Sie schließlich wieder, am Museum vorbei, zurück zur Großen Moschee und biegen Sie an der Kreuzung mit der Hauptstraße Yefet St rechts ab. Kurz hinter der Kreuzung sehen Sie auf der linken Straßenseite die lang gestreckte arabische **Bäckerei Abulafia,** deren ausgezeichnete Waren stadtbekannt sind, es gibt auch ein gleichnamiges Restaurant zum Einkehren. Biegen Sie am nächsten Abzweig links ab, diese Gegend war früher ein Souk (namens Zalachi). Heute wird hier ein sehr bekannter **Flohmarkt** (*Flea Market*) abgehalten, angeblich der größte in Israel, auf dem man alles bis hin zu dem ein oder anderen Schnäppchen für Retro-Freunde kaufen kann, http://en.shuktlv.co.il/category/jaffa-flea-market

Praktische Informationen

Telefon-Vorwahl 03

Es gibt derzeit **dreieinhalb Tourist Information Center**:

- 46 **Herbert Samuel St/Ecke Ge'ula St**, nahe der Strandpromenade, So-Do 9.30-18.30, Fr 9-14 (Nov-März jeweils 1 Stunde kürzer), Tel. 5166188 +2, +1;
- **Dizengoff Center** zwischen Gate 5 (Dizengoff St) und 7 (King George St), So-Do 10-20, Fr 10-16;
- nordöstlich des Clock Towers in **Jaffa auch samstags**: 2 Marsuk & Asar St, So-Do 9.30-18.30, Fr -16, Sa 10-16 (Nov-März 1 [Fr 2] Stunde[n] kürzer & Sa geschlossen),Tel. 5166188 +2, +2.

Auf dem **Gordon Beach** steht Juli-September ein Info-Truck: 10 -16.

Hier finden Sie durchweg freundliche, nur auf Tel Aviv und nächste Umgebung bezogene Auskunft. Im Falle eines Falles erreichen sie hier auch die

Tourist Police, So-Do 8-23, Tel. 5165382, Notfälle sonst Tel. 100 oder 112. Die **Stadtverwaltung** auch unter 106.

Info-Material

Außer diversem **Info-Material** z.B. zu Hotels oder Eintrittskarten für Ausstellungen und Konzerte sowie mehr oder weniger hilfreiche Couponhefte gibt es vor allem verschiedene englischsprachige **Stadtpläne**:

5

- *Tel Aviv-Jaffa Tourist Map* (inklusive Bat Jam und Herzliya), vom Tourismusministerium kostenlos, aber von 2011
- *City Map* der Stadtverwaltung vom Abreiss-block, ide jeder bekommt – auf der Rück-seite aktueller Monatsveranstaltungskalender
- *Tel Aviv-Yafo Map* der Stadtverwaltung grö-ßerer Kartenausschnitt, mit Straßenver-zeichnis – zum Saisonende nur auf Hebrä-isch; mit den Dan-Buslinien 4, 5, 100, Tel-O-Fun-Radstationen, öffentlichen WiFi-Spots
- *Tel-O-Fun Map* der Stadtverwaltung, kosten-los, die Fahrradleihstationen sind auch auf den anderen Karten vermerkt, aber hier hat man nochmal Anleitung und Preise (s.u.)

Fünf gratis Themenkarten:

- *Things To Do For Free, Things To Do With Kids, Shopping, Museums & Cultural Venues* sowie auch auf Deutsch (nur die Erläuterung): *Die weiße Stadt.*
- *Tel Aviv-Yafo Preservation Map and Guide*, DER Schlüssel zur Weißen Stadt, auch im *Bauhaus Center*, ₪ 100 (dort auch Audio-guide-Tour für ₪ 60)

Zur Besichtigung von Jaffa sind fünf gratis Hefte und Kartenblätter erhältlich:

- *For Families – Old Jaffa and Jaffa Port, Old City and Jaffa Port Route, Moving Outside the Old City Walls, Ajami Route, The Colony, Boulevard and Station Route*. Die Hefte und darüber hinaus mp3-Audio-Dateien mit der Führung sowie GPS-Daten kann man sich bei www.visit-jaffa.com/tours herunterla-den – allerdings nur ziemlich umständlich

Schließlich gibt es noch **Stadtteil-Karten**, die vor allem beim Shoppen und Essengehen nützlich sind: unter anderem *Jaffa*, *Neve Zedeq*, das Modeviertel *Gan HaHashmal*, die Straßen *Sheinkin* und *Bograshov*; Kunst-freunden hilft die *Art Galleries & Museums Map* weiter.

Internet und Apps

Im **Internet** kann man im Zug der Digital-Offensive der Stadtverwaltung die **überzeu-gendste Karte**: https://gisn.tel-aviv.gov.il he-runterladen. Auf dem Smartphone ist sie et-was mühsam, lässt aber kaum Fragen offen: Hausnummern heranzoomen, auf verschie-

denen Ebenen öffentliche Toiletten, Parkbe-schränkungen, offene Läden am Samstag in Jaffa oder was auch immer dazuklicken. Welche berühmte Person wo lebte, gibt es bislang nur auf Hebräisch.

Die offizielle, gut gemachte **Touristik-Web-site** heißt www.visit-tel-aviv.com. Beachten Sie auch private Angebote wie www.telaviv 4fun.com, http://gotelaviv.co.il oder www.telavivme.com, die können z.B. für's Nightlife aktueller sein – vermutlich auch die Apps (iOS):

- *VisitLV* – die offizielle App, veraltet und merk-würdig instabil
- *Moovit* und *Alternative* – usergestützte Na-vigation im Verkehrsdickicht im Nahverkehr
- *Moovit Carpool* – Mitfahrgelegenheiten, *Gett* – Taxis ordern
- *Waze* – usergestützte Navigation im Ver-kehrsdickicht im Auto
- *Polly* – günstige Parkplätze finden
- *Museloop* – mit Spaß durch das Tel Aviver Kunstmuseum
- *Artbit* – Kunst von Museen bis Straße erkun-den
- *Mekomi* – Tipps von Tel Avivern, bisher aber nicht besonders „geheim"
- *Cool Cousin* – Leute finden, mit denen man sich gut versteht
- *TLV Guide* – Ronen führt weniger zu *histo-risch* bedeutsamen Orten
- *Tel Aviv Gay Vibe* und *ATRAF* – Infoportale ohne Zweideutigkeiten

Bisher noch nicht als App in Deutschland ver-fügbar: www.diytelavivguide.com – bis dahin einen wirklich alternativen Reiseführer für die Veggie-, Hoodie- und Hippie-Szene als ebook laden.

Touren

Die Tourismusorganisation bietet gratis zwei zweistündige geführte **Rundgänge auf Englisch** an, für die keine Anmeldung nötig ist: freitags um 11 Uhr *Sarona*, Treff-punkt 34 Elieser Kaplan St; samstags um 11 Uhr eine zweistündige Führung durch das Weltkulturerbe der *Weißen Stadt* der Bau-haus-Architekten, Treffpunkt 46 Rothshild Ave/Ecke Shadal St.

Außerdem startet das Berliner **Sandeman's New Europe** Gratis-Touren am Glockenturm in Jaffa, www.neweuropetours.eu/telaviv. Trinkgeld erwünscht, tägl. 11 & 14 Uhr. Es gibt auch eine TLV City Tour um 14 Uhr für € 17. Die selbstgeführten Jaffa-Touren siehe weiter oben.

Wer **besondere Touren** sucht: auf Englisch in Tel Aviv kein Problem. Allen voran

- **Guy Sharett**, Tel. 054 6623314, www.streetwisehebrew.com, der eher in alternative Viertel führt und einem anhand von Graffiti Hebräisch beibringt;
- **Maya**, Tel. 058 6797210, mayasp4@gmail.com, die eine(n) oder mehrere stilberatend halbtags durch Modeboutiquen lotst, wenn man die Zuhausgebliebenen mal richtig überraschen möchte;
- **Eviatar Gover**, Tel. 052 6458779, Facebook: TLVEG TOURS, bringt einem So-Do 12.30 in drei und Mo+Mi 18.30 in vier Restaurants ($ 39 bzw. 55) die vegane Kultur näher, auch Einzelführungen.

Für mehr Strecke gibt es **geführte Radtouren**, meist etwa drei Stunden lang. Guten Standard bieten sicherlich die ans gleichnamige Hostel angeschlossenen www.abraham tours.com für ₪ 120, lustig ist es vermutlich auch mit www.telavivmylove.co.il am frühen Abend zum Sonnenuntergang für ₪ 150 auf eBikes, die auch mal geschoben werden müssen. Auf Familien spezialisiert ist http://gordonactive.com/packages/tel-aviv-families, aber vielleicht nicht auf deren Budget: $ 45-100 pro Person. www.tlv360.co.il/EN bringt einem das Rad sogar zur Unterkunft, aber sicher nicht gratis.

Gute Informationen vor allem für den **Outdoor-Bereich** erhält man im **SPNI Urban Community Tel Aviv-Yafo,** 2 HaShefela St, Tel. 6388653, tlv@spni.org.il, www.natureisrael.org, in relativer Nähe zur CBS. Die Leute sind sehr professionell, hilfsbereit und freundlich. Umweltkampagnen werden im SPNI's Tel Aviv Center for Environmental Action, 85 Nakhalat Binyamin St, Tel. 5660960, angeschoben. Mitmachen erwünscht.

Internet Café

Tel Aviv arbeitet an seinem Image als *Start up*-Stadt: Bei Hinweisen auf FREE_TLV findet man einen der 80 **öffentlichen WLAN/WiFi-Zugänge**, die auch Besucherinnen und Besuchern offen stehen. Sie können natürlich auch einfach in der Bar, im Café oder Restaurant Ihr Gerät zum Passwort Eintippen über die Theke reichen. Das sollte häufig klappen.

Sollte ein eigenes Gerät fehlen, dann bei der CBS oder in den meisten Hostels versuchen, oder:

PC Works Internet Café, 20 Allenby St, Tel. 5167776, www.pcworks.co.il, gute technische Unterstützung

Verkehrsverbindungen

Die traditionellen Witze über die Tel Aviver **U-Bahn** sind Geschichte: Der Bau hat begonnen. Es werden bereits Flyer verteilt, weil es **2021** losgehen soll – nicht dumm, denn die Ausschachtungen behindern natürlich den übrigen Verkehr. Von Petakh Tiqva im Nordosten bis Bat Yam im Süden sollen sich 24 km **Rote Linie** mit 34 Stationen ziehen, davon 10 im Untergrund, für jährlich 70 Millionen Kunden im 3-6 Minutentakt. Die weiteren geplanten sieben Linien: www.nta.co.il. Die Tel Aviver Stationen der Roten Linie von Nordosten:

Vom *Arlosorov-Terminal* entlang der Menakhem Begin St: *Sha'ul HaMelekh St – Yehudit St* (südlich Sarona) – *Carlebach St – Allenby St* beim Gan HaHashmal und dann etwas nördlich der Yafo St: *Elifelet St.* Danach biegt der *Light Rail* nach Süden auf die Yerushalayim St und die Stationen häufen sich, weil es Übertage weiter geht. Hier wird jedoch erst in einer späteren Phase gebaut. Aktuelle **Verkehrsbehinderungen** melden die Apps **Waze** und **Moovit**.

Busse

Trotz allem nach wie vor unverzichtbar: **das dichte Busnetz.**

Nahezu alle Linien gehören der Firma Dan (Tel. 6394444, www.dan.co.il). Die häufig blauen Busse mit dem geflügelten Rad-Firmenlogo fahren oder rasen alle 5 Minuten von etwa 5-24 Uhr durch die Stadt, freitags bis ~15 Uhr, samstags ab ~17.30 Uhr. Hinzu

5

kommen auf den Linien 4 und 5 Sherut-Taxis, das sind Minibusse, die wie die Busse durch Straßenrennen ans Ziel gelangen müssen. **Am Shabbat sind nur die Sheruts unterwegs!** Die auf Linien fahrenden Sheruts kann man auch außerhalb der Haltestellen heranwinken.

Auch in Tel Aviv lohnt sich die **Rav-Kav**, die Plastikkarte mit Discount und Umsteigemöglichkeit. Diese bekommen sie in der CBS im 7. Stock bei der Dan-Information, im Reading Terminal beim Hafen nördlich des Yarkon und im Arlosorov Bahnhof, So-Do 8-18, Fr -13. Der Fahrpreis beträgt ₪ 5,90, Umsteigen nur, wenn mit Rav Kav gebucht, Tagesticket (*Hofshi Yomi*) ₪ 13.50.

Fast alle Busse starten ihr Rennen an bzw. in der **New Central Bus Station** (*Takhana Merkasit Khadasha*, 106 Levinski St). Die Sherut-Taxis/Minibusse in der David Zemakh St fahren direkt östlich des Terminals ab. Dieser Betonklotz ist angeblich der größte Busterminal der Welt, Grundfläche sind etwa sechs Fußballfelder: Genügend Zeit einplanen, wenn man hier umsteigen muss. Die Eingänge liegen vor allem im Norden und Osten. Zur Orientierung sollte man sich unbedingt klarmachen, dass man vom **Straßenniveau** aus die **4. Etage** betritt. Die meisten **Fernbusse** der Firma EGGED fahren aus der **6. Etage** ab, in der sich auch die zentral ausgeschilderte **Auskunft** befindet – aber eben nur für EGGED.

Möchten Sie freundliche, kompetente Hinweise, wenden Sie sich in diesem Stockwerk vielleicht besser an die Kioske der kleinen Firmen wie **Metropoline**, **Superbus** und **Kavim**. Die meisten Stadt- und Vorstadtbusse der Firma **Dan** fahren auf der Straße (also 4. Stock) nördlich oder nordwestlich der CBS ab oder aus der **7. Etage**, die auch die Dan-Information beherbergt und mit ihrem frischen Street Art-Design nicht so sehr an die Endzeit erinnert wie der Rest des Gebäudes. Weite Teile des Terminals dienen als *Shopping Center* oder sind aufgegeben. Die Betreiberfirma meldete 2012 **Insolvenz** an, und niemand scheint mehr Überblick über diesen Betonkoloss zu haben. Im 1. und 2. Stock kann man angeblich parken (obwohl die Parkzufahrt unbenutzbar wirkt), im 3. und 4. einkaufen oder etwas essen und trinken, und man kann ferne Kulturen kennen-

lernen: Äthiopier, Schwarzafrikaner und Südostasiaten sind überdurchschnittlich stark vertreten.

Überraschend wenige **Schließfächer** befinden sich gegenüber der Plattform 2 im 6. Stock. Sie werden also kaum genutzt, was jedoch eher für sichere als unsichere Unterbringung des Gepäcks zu sprechen scheint.

Außer der CBS existieren noch **drei weitere** nennenswerte **Busbahnhöfe**: Im Norden nördlich der Yarkon-Mündung der *Reading Terminal* sowie im Nordosten beim Zentralbahnhof (*Merkas*) der *Terminal 2000* (*Arlosorov St*). Über die Linien 10 und 61 dient letzterer vor allem als Verbindung von Zugfahrgästen zur und von der Innenstadt. Schließlich gibt es noch südlich des Carmel Marktes das *Carmelit Terminal*, etwa auf Höhe des südlichen Endes der HaYarkon St.

Wer viel per Bus unterwegs sein will, greift am besten zu Apps, denn auf Papier findet man weder einen Plan der CBS noch alle Linien der verschiedenen Anbieter. Einen **Stadtplan** gibt es hier: http://telaviv.bus-mappa.com/p/bus-map.html – sinnvolle Apps sind **Bus.co.il** und **Moovit**.

Einige wichtige Linien

Auf den beiden folgenden Linien fahren auch Sherut-Taxis, wenn die Busse nicht mehr unterwegs sind, daher ausführlicher:

▶ **Bus 4**: Central Bus Station (4. Etage) – Levinsky – HaShomron – Allenby – Ben Yehuda – HaTa'aruha – Reading Terminal.

▶ **Bus 5**: Central Bus Station (4. Etage) – Levinsky – Har Zion – HaShomron – Begin – Allenby – Rothshild – Dizengoff – Nordau – Pinkas – Weizmann – Yehuda HaMaccabi – Namir – Central Railway Station (Merkas Bahnhof)/Arlosorov Terminal 2000 **Achtung:** Das Sherut fährt nicht ganz bis zum Merkas Bahnhof!

▶ Rückweg von Central Terminal/Arlosorov Terminal 2000 – Arlosorov – Weizmann – Yehuda HaMaccabi – Nordau – Dizengoff – Tarsat – Rothshild – Begin – HaShomron – Levinsky – Central Bus Station.

▶ **Bus 10**: Arlosorov Terminal 2000/Merkas Bahnhof über Rathaus/Kikar Rabin – Ben Gurion zum Meer, an der Küste nach Jaffa/Uhrturm und weiter bis Cinema City in Rishon LeZion.

▶ **Bus 18**: Arlosorov Terminal 2000/Merkas Bahnhof – Ibn Gvirol – HaMelekh George – Carmel Markt – HaTakhana – Yerushalayim (in Jaffa) weiter bis Bat Yam.

▶ **Bus 23**: Querverbindung vom Carmelit Bus Terminal zum HaShalom Bahnhof.

▶ **Bus 25**: Tel Aviv University – Eretz Yisrael Museum – Ibn Gvirol – HaMelekh George – Allenby – Yerushalayim über Jaffa nach Bat Yam.

▶ **Bus 26**: Dov Airport (Inlandsflughafen im Norden) – Ibn Gvirol – Rathaus – Yehuda HaLevi –Begin – Kibbuz Galuyot – Salame – Yerushalayim über Jaffa nach Bat Yam. Zurück über Har Zion und Rothshild.

▶ **Bus 40**: von Bahnhof/Terminal 2000 schnellste Verbindung nach Jaffa.

▶ **Bus 61**: von Ramat Gan über Merkas Bahnhof/Terminal 2000 in die Innenstadt über Arlosorov – Dizengoff – HaMelekh George – Allenby – Montefiore – Herzl – HaKarmel – Elhanan – Grusenberg und über Allenby wieder zurück.

▶ **Linie 100** nennt sich die **Stadtrundfahrt** (*Dan City Tour*) zwischen Tel Aviv Universität und Jaffa. Start ist an der *University Railway Station*, So-Do 9, 11-16 stündlich, Fr 9, 11-14, Ticket per Cash beim Fahrer, ₪ 45/36 für eine Runde in zwei Stunden, ₪ 65/56 nur mit Rav-Kav – für zwischendurch aus- und wieder einsteigen können, Tel. 6394444, Routen-Karte: www.dan.co.il/download/files/100Nom.pdf.

Einige Fernbus-Verbindungen

Per EGGED von Tel Aviv, Neue CBS, 6. Etage - –kein Service am Shabbat:

▶ **300**: direkt nach **Ashkelon**, CBS, gut eine Stunde, ₪ 16, 7-23.30 Uhr halbstündlich

▶ **390/394**: normaler Bus nach **Elat**, CBS, knapp fünfeinhalb Stunden, ₪ 70, von 6-23 Uhr alle 90 Minuten

▶ **405**: direkt nach **Jerusalem**, CBS, 55 Minuten, ₪ 16, von 6-23 Uhr alle 15-20 Minuten

▶ **836**: nach **Tiberias**, CBS, 130-170 Minuten, ₪ 38, von 6-22.30 Uhr alle 15-60 Minuten

▶ **910**: Express-Bus nach **Haifa**, Hof HaCarmel CBS, 100 Minuten, ₪ 22, von 6-0.30 alle 60-90 Minuten

Zum und vom Flughafen

Per Bus zum Ben Gurion ist nicht zu empfehlen (siehe weiter oben). Die **Zugverbindungen** Richtung Flughafen (siehe S. 271) bringen einen dagegen von allen Tel Aviver Bahnhöfen schneller und ohne Umsteigen in kaum 20 Minuten unter die Abflugterminal 3 (So-Do halbstündlich 6-0 Uhr, Fr mindestens stündlich 0-15, Sa stündlich ab ca. 20.30 Uhr, ₪ 14, www.rail.co.il).

Wer am Shabbat reisen muss, hat das Nachsehen: Entweder ein Auto mieten, oder ein Taxi nehmen – rund ₪ 150. Sherut fahren nicht, aber auch normale Taxis lassen sich vor allem preislich teilen.

Airlines

Im Internet-Zeitalter gibt es immer weniger Innenstadt-Büros von Fluggesellschaften. Die meisten erreicht man am besten über den Flughafen Ben Gurion, Tel. 9755555, www.ben-gurion-airport.com. Info auch über die App TLV Airport. Informationen über ankommende oder abfliegende **Flüge**: Tel. 9723332. Aber ein Büro gibt es noch:

EL AL, 27 Rothshild St, Tel. 9714942-8, **Hotline**: 9771111 oder *2250

Eisenbahn

Sie verbindet Tel Aviv an der Küste flott und bequem mit den Städten zwischen **Ashdod** und **Nahariya** und ins Land hinein mit **Jerusalem, Beer Sheba** und seit neuestem **Bet Shean**. Vom Bahnhof weiterkommen ist manchmal umständlich, aber der Bahn-Service ist insgesamt gut und zu empfehlen. Nach Jerusalem ₪ 20, wegen der Steigung 90 Minuten (Schnellstrecke noch nicht eröffnet); tagsüber stündlich Beer Sheba ₪ 27, 80-120 Minuten; halbstündlich in einer guten Stunde per Express nach Haifa, ₪ 28, www.rail.co.il. Mit einer Rav-Kav werden die Tarife noch etwas günstiger.

Zur besseren Orientierung eine Liste der vier Tel Aviver Bahnhöfe von Nord nach Süd:

▶ 1. Tel Aviv **University** (nördlich des Yarkon), Busse 7, 40, 45

▶ 2. Tel Aviv **Savidor Central Railway Station**/hebr. **Merkas**, unmittelbar benachbart der *Bus-Bahnhof Tel Aviv 2000*

Terminal, meist nach der Straße Arlosorov genannt, Busse 5, 10, 18, 61

▶ 3. Tel Aviv **HaShalom** (östlich von Sarona, südlich des Azrieli Centers), Busse 40, 63, 239, Minibus 23

▶ 4. Tel Aviv **HaHagana** (östlich der CBS), Busse 104, 204, Minibus 6

Taxis

Zwar sind die Jerusalemer Kollegen am bekanntesten für „großzügige" Abrechnungen, aber man sollte auch in Tel Aviv darauf bestehen, dass der **Taxameter** eingeschaltet wird. Am Tag gilt der Tarif 1, von 21-5.29 Uhr der teurere Tarif 2. Wenn Sie eilig zum Flughafen müssen, können Ihnen die leeren Taxispuren helfen, allerdings kostet ein normales Taxi dorthin rund ₪ 150.

Sammeltaxis (**Sherut-Taxis**) befahren innerhalb Tel Avivs die Buslinien 4 und 5 (auch 16 in den Süden der Stadt und 66 nach Ramat Gan und Petakh Tiqwa) – für ₪ 5,90 kann man mit den orangen Kleinbussen fahren, so weit man möchte und vor allem ein- und aussteigen, wo man will: Die Bushaltestellen gelten nur für Busse. Auch für die Rav-Kav gibt es noch keine Infrastruktur: Cash only. Ein weiterer Vorteil: Die Sherut fahren von 5-3 Uhr, und im Gegensatz zu den Bussen **auch am Shabbat**.

Die Sammeltaxen fahren von der Central Bus Station aus außerdem für ₪ 25 bzw. ₪ 30 auch nach Jerusalem und Haifa. Abfahrt am Shabbat (25 Prozent Feiertagszuschlag) ist von der HaHashmal St am südlichen Ende der Allenby St.

Mietwagen

Am Ben Gurion Flughafen sind zumindest die großen internationalen, aber auch nationale Autovermieter vertreten. Wer nicht gleich bei der Ankunft ein Auto braucht, tut besser daran, sich in Tel Aviv umzuschauen. Auf sehr viele Vermieter trifft man im Hotelviertel an der HaYarkon St.

Aufmischen könnte das Ganze das **Carsharing**-Konzept von **Car2Go**. Auch Touristen können Mitglieder werden, allerdings wohl nicht nur *online*, dann ist auch Papier gefragt www.car2go.co.il/en/forms-en – man zahlt für eine Stunde ₪ 20 plus je ₪ 2/km für die ersten

50 km, danach ₪ 1/km. Sprit, Versicherung, Parken inbegriffen: verlockend. An frühere Zeiten erinnern:

- *Avis,* 113 HaYarkon St, Tel. 5271752
- *B*udget, 99 HaYarkon St, Tel. 9350012
- *Hertz,* 144 HaYarkon, Tel. 9754505
- *Eldan,* 53 Levanda St, Tel. 5582787
- *Shay,* 130 HaYarkon St, Tel. 5220777 oder *4950, www.auto-shay.com (hebr.)
- *Thrifty,* 80 HaYarkon St, Tel. 6335252
- *T.I.R,* akzeptiert auch Cash, www.tir.co.il, 94 HaYarkon St, Tel. 5279090

Achtung beim **Parken**: Der städtische Gratis-Parkplatz beim Tel Aviv Port, 15 Rokakh St, ist die absolute Ausnahme, sonst ₪ 20-30. Achten Sie unbedingt auf die **Bordsteinmarkierungen**, siehe S. 60 oder lassen Sie sich von der Park-Fee App POLLY helfen. Denn das Auge des Gesetzes schläft nicht mal nachts – und ruck-zuck ist Ihr Auto abgeschleppt. Dann nehmen Sie ein Taxi, der Fahrer weiß, wo Sie hinmüssen. Dort zahlen Sie etwa ₪ 400 und können weiterfahren. Kein Witzvideo: https://youtu.be/Qn1eqoyWa_M – ein nachmittags geparktes Auto, um das eine Behinderten-Markierung gezogen und das später deswegen abgeschleppt wird. Die Besitzerin war nicht einverstanden und zwang die Stadtverwaltung mit ihrer Hartnäckigkeit zu digital-transparenten Angeboten (*DigiTel*) für die Einwohnerschaft. So kann man ein Ticket inzwischen per Telefon bezahlen: 5218086.

Fahrradvermietung und -touren

Tel Aviv erschließt sich prima per Rad, wenn man es sich nicht klauen lässt. Es gibt auch immer mehr Radwege. Fahrradvermieter haben es allerdings schwerer, seit die Stadt das Kurzmiet-System **Tel-O-Fun** betreibt; www.tel-o-fun.co.il/en. Besorgen Sie sich in der Touristen-Information den entsprechenden **Stadtplan** mit Bedienungsanleitung (in der fehlt, dass Sie im Verlauf der Prozedur eine Mobil-Telefonnummer angeben müssen).

Es funktioniert folgendermaßen: Per **Kreditkarte** (kein Cash) mieten Sie an einem der Automaten für einen Tag (₪ 17), Feiertag (₪ 23), eine Woche (₪ 70) ein Fahrrad, oder vielleicht lohnt gleich ein ganzes Jahr (₪ 280).

Tel-O-Fun Fahrrad-Mietstation

Wenn Sie es immer innerhalb von 30 Minuten wieder an irgendeiner Mietstation anschließen und danach erst mindestens 10 Minuten später wieder ein Rad nehmen, zahlen Sie keinen weiteren Shekel mehr, ansonsten kann es Stunde um Stunde recht teuer werden. Für Ihr Geld erhalten Sie einen Bon mit Strichcode, mit dem man an jeder Station ein Rad freischalten kann.

Günstiger und ohne Parkprobleme geht es in Tel Aviv nicht:

Geführte **Fahrradtouren** siehe S. 269.

Einfach nur **Fahrrad mieten** geht in einigen Hostels und manchen Hotels oder hier:

• **Cycle Bike Rental,** 147 Ben Yehuda, So-Do 10-19, Fr -15 (im Winter je eine Stunde kürzer), Tel. 5293037, www.cycle.co.il, ₪ 35/h, ₪ 70/Tag

• **Pole Position,** 13 Ben Yehuda, Tel. 5252134, www.polepositiontlv.com, ₪ 25/h, ₪ 75/Tag, ₪ 450/Woche, eBikes: ₪ 30/h, ₪ 140/Tag, ₪ 630/Woche

• **O-Fun,** 197 Ben Yehuda, So-Do 10-19, Fr -14, Tel. 5442292, www.rentabike israel.com, ₪ 25/h, ₪ 75/Tag, ₪ 450/ Woche,

Zur Navigation können Sie die deutsch-österreichische App *bike citizens* probieren, deren Tel Aviv-Karte man erstehen oder erfahren kann. Tourvorschläge fehlen bisher: Machen Sie einen!

Einschlägige Auskünfte gibt außerdem die **Israel/Tel Aviv Bicycle Association**, Tel. 6429815, www.bike.org.il (hebr.)

Fahrradmitnahme in Stadtbussen ist nicht möglich, aber in Fernbussen zu 50 Prozent Aufpreis und in Zügen außerhalb der Rush Hour, www.rail.co.il/EN/Homepage/Useful Info/Pages/bicycles.aspx.

Segwayvermietung

Wenn Sie Überblick brauchen und gern auffallen wollen, sollten Sie sich ein Segway mieten – ein nach wie vor futuristisch wirkendes Mittelding zwischen Einrad und Elektro-Roller, das Laune macht:

• **Segway Tours Tel Aviv** organisiert Touren durch den Yarkon Park, den Tel Aviv Port und durch den Safari Park in Ramat Gan ($ 80 ohne Eintrittsgeld, Rabatt bei mehreren Teilnehmern), Tel. 9773060, www.segwaytlv.co.il oder www.zu-zu.co.il

• **Segs** … and the City/on the Cliff (in Netanya)/in the Park (Yarkon)/at Night sind die Themen eines zweiten Veranstalters, wiederum zu $ 80, Tel. 054 5850405, www.segs.co.il

Straßennetz von Tel Aviv

Im Einzugsgebiet von Tel Aviv *Gush Dan* leben knapp vier Millionen Menschen, die zur Arbeit, zum Einkaufen oder zum Vergnügen in die Stadt oder hinaus fahren. Die Behörden versuchen, ein Verkehrsnetz aufzubauen, das dem Andrang gewachsen ist. Dennoch kommt es regelmäßig zu Staus, die man gelassen in Kauf nehmen muss.

Eine der wichtigsten Verbindungen von Nord nach Süd ist der **Ayalon Highway** (der unter diesem Namen auch ausgeschildert ist), die acht- bis zehnspurige **Autobahn 20**, in deren Mitte die Eisenbahnschienen liegen und die gleichzeitig die Grenze zwischen Tel Aviv und dem östlich anschließenden Ramat Gan bildet. An verschiedenen Kreuzungen (*Interchanges, Junctions*) zweigen Querstraßen

5

ab, z.B. kommt man vom *HaShalom Interchange* zur Haupteinkaufsstraße Dizengoff St, vom *HaRakevet Interchange* quer durch die Stadt auf dem kürzesten Weg ins Hotelviertel am Strand, oder in östlicher Richtung quer durch Ramat Gan nach Petakh Tikva. Die Kreuzungen sind meist nach der kreuzenden Straße benannt.

Der *Ayalon Highway* ist ein Teilstück der von Nord nach Süd verlaufenden Autobahn 20, im Süden verzweigt er in die Autobahn 1 zum Flughafen Ben Gurion und nach Jerusalem, führt aber noch weiter bis zur Autobahn 4 nach Ashdod und Ashkelon. Im Norden kreuzt der Highway die West-Ost-Autobahn 5 und endet derzeit etwas abrupt an der Menakhem Begin St, die westlich ins Zentrum von Herzliya führt. In diese Richtung erreicht man auch die Autobahn 2 Richtung Norden nach Haifa, falls man nicht schon bei der Kreuzung mit Autobahn 5 auf diese Strecke abgebogen ist.

Zu erwähnen ist für Tel Aviv noch die strandparallele Straße **HaYarkon**, deren Beginn im Norden man mit der Überquerung des Yarkon-Flusses gleichsetzen kann und die sich dann durch das Hotelviertel quält, nach kurzem Aufatmen durch Jaffa und schließlich weiter nach Bat Yam und Kholon führt.

Nützliche Adressen

Notfall

Polizei Tel. 100
Erste Hilfe Tel. 101
Feuer Tel. 102
Stadtverwaltung Tel. 106
Krankenhaus: Ikhilov Hospital, 6 Weizmann St, Tel. 6974444 oder 6974226, 24-Stunden-Not- und Unfalldienst, auch Zahnarzt

Diplomatische Vertretungen

Obwohl Jerusalem nach israelischer Version als Hauptstadt des Landes deklariert wird, zieht nach dem Motto *America first* nur die Botschaft der USA von der ehemaligen, provisorischen Hauptstadt Tel Aviv nach Jerusalem um. Für deutschsprachige Besucher wichtige Vertretungen:

Ägypten, 54 Basel St, Mo-Fr 9-11, Tel. 5464151, Fax 5441615, egyptelaviv@hotmail.com

Deutschland, 3 Daniel Frisch St, Tel. 6931313 – für Notfälle außerhalb der Öffnungszeiten 054 9944724, Fax 6969217, www.tel-aviv.diplo.de

Jordanien, 14 Abba Hillel St, Ramat Gan, Mo-Fr 9-15, Tel. 7517722, Fax 7517712, tel-aviv@fm.gov.jo

Österreich, Sason Hogi Tower 4. Stock, 1 2 Abba Hillel St, Ramat Gan, Tel. 6120924 – für Notfälle außerhalb der Öffnungszeiten 054 7921892, Fax 7510716, www.bmeia.gv.at/botschaft/tel-aviv.html

Schweiz, 228 HaYarkon St, Tel. 5464455, Fax 5464408, www.eda.admin.ch/telaviv

Post

Hauptpost, 7 Mikve Yisrael St/Ecke Levontin St, zwei Blocks östlich des Südendes der Allenby St), Poste restante So-Do 7-18, Fr -12.
Weitere Zweigstellen:

Trumpeldor/Ecke HaYarkon St; Zamenhoff St beim Kikar (Zina) Dizengoff;

HaMelekh George gegenüber Dizengoff Center, Öffnungszeiten meist So-Fr 8-12.30, So-Do 15.30-18.30.

Banken, Reisebüros

- *First Internatinal,* 22 Allenby St, Tel. 5110200
- *Leumi,* 19 Herzl St, Tel. 5148378; 43 Allenby St, Tel. 5143182
- *American Express,* 32 Ben Yehuda St, Tel. 5268837

Geld tauscht man am besten bei den privaten Büros, deren Change-Schilder hauptsächlich in der Dizengoff, Ben Yehuda und HaYarkon St zu finden sind. Der Kurs gegenüber den Flughafenbüros kann um fünf Prozent besser sein.

- *ISSTA,* Israel Student Travel Association, 109 Ben Yehuda St, Tel. 5210555 oder Dizengoff Center, Tel. 6216100, billige Flüge
- *Eshet Incoming,* 12 Nakhalat Yizkhak St, Tel. 6086222, www.eshetincoming.com

Fotoservice

Interphoto, 22 Allenby St, Bilder brennen und drucken, Kamerareparatur, Tel. 5175346, www.ifoto.co.il

Antiquitäten, Bücher, Antiquariate

- *Steimatzky,* 103 Allenby St, bietet im Kellergeschoss die größte Auswahl an Reiseliteratur; weitere Geschäfte im Flughafen und den meisten Shopping Centern
- *Lametayel,* Dizengoff Center, Outdoor-Kette mit guter Reiseführer- und Kartenabteilung, Tel. 077 3334501
- *Archaelogical Center Robert Deutsch,* 7 Mazal Dagim St und Dan Hotel, 99 HaYarkon St, Jaffa, sowie im Tel Aviv Hilton als Händler für Antiquitäten vom zuständigen Ministerium zugelassen, Tel. 6826243, www.archaelogical-center.com
- *Antiquariat M. Pollak,* 36 und 42 King George St, hat sich u.a. auf alte Drucke und Karten sowie Lithografien spezialisiert, Tel. 5281336, www.pollakbooks.com
- *Pri-Or-Photohouse,* 5 Tshernikovsky St, seit 1940 ein Foto-Archiv, das Abzüge und Bücher über die Frühzeit Israels verkauft, Tel. 5177916, www.thephotohouse.co.il
- *Touch Wood Nurit Gallery,* 90 Dizengoff St/zw. Kikar und Center, alte Fotos und liebenswerte Antiquitäten aus der Anfangszeit des Staates Israel, Tel. 6298572, www.touch-woodnurit.com
- *The Third Ear,* 48 HaMelekh George, z.T. Second Hand/Third Ear-CDs und DVDs, Jazz und Worldmusik – u.a. *Krautrock*, Tel. 6215222, www.third-ear.com

Kunstgalerien

- *Bauhaus Center,* 77 Dizengoff St, pfiffiger Shop, aber nicht ganz billig, Tel. 5220249, www.bauhaus-center.com
- *Bruno Gallery,* 64 Ben Yehuda St, zeitgenössische Bilder, aber auch Chagall, Dali, Picasso u.a., Tel. 5220635, www.brunoartgroup.com
- *Chelouche Gallery for Contemporary Art,* 7 Mazeh St, (nahe Allenby St), hauptsächlich junge israelische Künstler, Tel. 6200068, www.chelouchegallery.com
- *David Gerstein Gallery,* 101 Ben Yehuda St, Gemälde und Objekte des weltweit gefragten Künstlers, Tel. 5293826, www.davidgerstein.com

- *HaTakhana Gallery,* HaMered St Bldg. 13, Ausstellungsraum einer privaten Kunstschule (www.hatahana-studio.com), Tel. 9396367, www.facebook.com/hatchanagallerytlv

Was man unternehmen kann

Veranstaltungen

Tel Aviv verwöhnt seine Bewohner und Besucher mit jeder Menge von Kulturangeboten. Aktuelle Informationen stehen in den Freitagsausgaben von *HaAretz* und *Jerusalem Post,* in *Time Out Israel* (http://digital.timeout.co.il/english) oder der Broschüre *Tel Aviv-Jaffa* (herausgegeben vom Ministry of Tourism, auch auf Deutsch). Auch der *Go Tel Aviv-Jaffa City Guide* informiert u.a. über das Kulturangebot. Ansonsten im Tourist Office oder natürlich im Internet nachfragen, siehe oben.

- Als ständige Einrichtungen sind u.a. zu nennen: Hebräisches Theater mit englischen Untertiteln bietet dreimal wöchentlich das **Cameri Theater** (meist So, Di, Sa), 19 Sha'ul HaMelekh St (beim Kunstmuseum), Tel. 6060960 oder 6060900, www.cameri.co.il. Auch in Israels **Nationaltheater**, dem für Tel Avivs Jubiläum 2009 renovierten Gebäude, wird Service für Leute geboten, die kein Hebräisch können; 2 Tarsat St (Nordende Rothshild Ave), Tel. 5266666, www.habima.co.il. Von **jiddischem Theater** hätte man vielleicht auch mit nur knappem Textverständnis etwas, doch jede Aufführung wird simultan übersetzt – im Tzavta Theater, 30 Ibn Gvirol St, Tel. 5254660 und Tickets Tel. 6713211, wwww.yiddishpiel.co.il. Nicht zu vergessen das Nalaga'at Center in Jaffa, S. 267. Im Juli und August treten Theatergruppen an der Strandpromenade auf.
- Filmfreunde werden das Programm der Tel Aviver **Cinematheque** studieren wollen, www.cinema.co.il.
- Wie das eben erwähnte Cameri Theater befindet sich auch die **Oper** von Tel Aviv-Jaffa im Tel Aviv Performing Arts Center (TAPAC). Ausgezeichnete Oper, Konzerte oder das Israel Ballet buchen unter Tel. 6927777 oder www.israel-opera.co.il.

• Das **Israel Philharmonic Orchestra** tritt im Bronfmann Auditorium auf, Tel. 170 0703030, www.ipo.co.il.

• Die **Jazz** Szene von Tel Aviv erschließt sich vielleicht am besten über Sessions, z.B. montags 23 Uhr bis tief in die Nacht im tonangebenden Jazzclub Tel Avivs *Shablul*, 13 Hangar St im Hafengebiet südlich der Mündung des Yarkon-Flusses, Tel. 5461891, www.shabluljazz.com (hebr.), in dem überhaupt täglich ein Ensemble auftritt, freitags um 16 Uhr auch gratis. In der Restaurant-Bar *Rothshild 12* (gleichzeitig die Adresse) scheint am letzten Montag im Monat eine Jam Session zu steigen, www.rothschild12.co.il (hebr.). Der Club *Pasash* lädt sonntags zu einem Blues-Treffen, 94 Allenby St

• Shablul hat inzwischen täglich ab 21.30 Uhr Konkurrenz – außer freitags: *Beit HaAmudim*, 14 Rambam St, Tel. 5109228, https://de-de.facebook.com/BeitHaamudim.

• Wenn es kein Jazz sein muss, sondern RockPopPunkFunkHop, wird man ebenfalls täglich fündig in der *Osen Bar*, 48 King/HaMelekh George, Tel. 054 7780491, www.ozenbar.com. Der gute Musikgeschmack hängt mit dem Plattenladen *Third Ear* zusammen, siehe oben S. 267.

• Im Sommer gibt es **kostenlose Konzerte** im HaYarkon Park und in der Altstadt von Jaffa, und Musikfreunde werden auch am Strand Richtung Jaffa meistens etwas zu hören bekommen. Man könnte auch in Jaffas Altstadt in der **Jazz Alley**, 8 Mazal Dagim St (auf dem Dach des Simta Theaters), nachschauen. Info und Tickets 6812126, www.facebook.com/jazz.alley.club.

Eintrittskartenvorverkauf

• EVENTIM, Dizengoff Center, B-Building, 2. Stock, Tel. *9066, www.eventim.co.il

• HADRAN, 101 Rokakh St, Tel. 5215200, www.hadran.co.il

Shopping – Allgemein

Wer kleine oder kleinere preiswerte Shops vorziehe, sollte die Allenby St erkunden; nicht zuletzt liegen rechts bzw. links des Kikar Magen David der quirlige Karmel Markt, der Bezalel Kleidermarkt und die Nakhalat Binyamin Fußgängerzone mit dem Kunsthandwerkermarkt (Di/Fr, S. 254). Reizvoll sind auch immer Frischmärkte – am Tel Aviv Hafen siehe S. 262 und weniger schick auf der Levinsky St zwischen Herzl und HaAliya St. Vielleicht macht Ihnen aber auch der Flohmarkt von Jaffa (siehe S. 267) und der am Kikar Dizengoff, wegen Baustelle derzeit Kikar Giv'on, (Di 14-20, Fr 8-17) mehr Spaß – in Jaffa z.B. im Design-Sammelladen Asufa, 8 Yehuda Miragosa St, www.asufadesign.com oder in der Altstadt Fr 10-16 mit Musik auf dem griechischen Markt.

• **Dizengoff Shopping Center**, im Stadtzentrum Dizengoff/King George St, mit vielen Shops und Boutiquen, Restaurants, Cafés und zwei Kinos; ein beliebtes Einkaufsparadies in Tel Aviv. Zusätzlich bietet sich natürlich auch die Dizengoff St selbst als Shopping-Meile an. Täglich bis Mitternacht geöffnet, nur freitags bis 16; Bus 5, 18, 25, 100.

• **Gan Ha'ir**, 69 Ibn Gvirol St, Nähe Rathaus, neuerer Kauftempel für alles, was das Herz begehrt, mit Grünflächen, Springbrunnen und allen Annehmlichkeiten. Bus 10, 18, 25, 26.

• **Opera Tower**, 1 Allenby St, direkt am Strand, ist ein futuristisches Appartement-Hochhaus, das anstelle der ersten Knesset (später als Opernhaus umfunktioniert, daher der Name) errichtet wurde. Die unteren drei Stockwerke dienen als Vergnügungs- und Shopping Center der eher gehobenen Art, von Juwelen und Schmuck, Kleidung bis hin zu Judaica gibt es vieles zu kaufen. Kino, Restaurants und Cafés laden zum Verschnaufen ein. Täglich bis 22 Uhr, Bus 4, 10, 16, 18.

• **New Central Bus Terminal**, 106 Levinsky St, leicht unheimlich-unübersichtlicher Umschlagplatz von Menschen und Waren, siehe oben, wo 140 Shops mit unterschiedlichstem Angebot aufwarten.

• **Asrieli Center**, 132 Menachem Begin St zwischen HaShalom-Bahnhof und Tel Aviv Kunstmuseum, beherbergt in den unteren drei Stockwerken Outlet-Shops und teure Geschäfte – natürlich gibt es auch ein Kino und ordentliche Restaurants. So-Do 10-22, Fr-16, Sa 20-24, Bus 7, 40

• Diamanten kauft man am besten weiter nördlich im **Diamond Center** in Ramat Gan, unweit des Bahnhofs (siehe S. 264).

Am schönsten zum Flanieren sind jedoch die neuen **entzerrteren** Shopping-Meilen am Tel Aviver **Hafen**, der **HaTakhana** und in **Sarona**.

Shopping – Mode-Artikel

Im nicht zu sehr renovierten Viertel Gan HaHashmal (*Elektro-Garten*, nach dem ersten Kraftwerk Tel Avivs dort benannt, zwischen HaRakevet, Begin und Yafo St) residieren einige der Leute, die Tel Aviv zur Mode-Metropole machen. Halten Sie unter den Shopping und Accessoire-Läden Ausschau z.B. nach

• *Kisim*, 8 HaHashmal St, Handtaschen Tel. 5604890, www.kisim.com
• *KerenVeMichal*, 6 Levontin St, Damenmode, Tel. 5603454, www.kerenvemichal.com
• *Kedem Sasson*, 3 Levontin St, Damenmode, Tel. 5170339, ww.facebook.com/sassonkedem

Es gibt weitere Modezentren, z.B. südöstlich des Rabin-Platzes, um den Kikar HaMedina, in den Vierteln Florentin und Neve Zedeq sowie in Jaffa und neuestens am alten Jaffa-Bahnhof *HaTakhana* (siehe unten). Wenn Sie allein auf der Shenkin St zwischen Rothshild und Allenby St bummeln, haben Sie rund 100 Gelegenheiten, an Modeläden, Schmuck & Accessoires und Kinderläden hängenzubleiben. Auch am Tel Aviv Port an der Yarkon-Mündung kann man Ausgefallenes erstehen, z.B. im Hangar 26, wo das Motto **Empowering Women** lautet:

• *Le'ela*, Accessoires und Wohn-Gimmicks
• *Gal Designs*, Kleidung designed und geschneidert in Israel
• *Sisters* – ein frauenfreundlicher Sexshop – werben damit, offiziell aus der Fun Factory from Germany zu importieren: www.sisters.co.il

Konkreter werden Frauen im Hangar 1 des *Jaffa Port* empowert: Der *Women's Courtyard* gibt sozial benachteiligten jungen Damen die Gelegenheit, durch das Betreiben eines Designer-Outlets besser am Leben teilzuhaben, Tel. 5181917, http://hatzer.org.il.

Sport

Sport aller Art kann man auf den Plätzen an der Rokakh St, am Yarkon-Fluss am nördlichen Ende der Stadt, treiben – von Kletterwand (Olympus, 42 Rokakh St, Tel. 6990910) bis Minigolf (Kreuzung Rokakh/Namir St). Wenn Sie Paragliding oder Drachenfliegen wollen, gibt Ihnen der *Aero Club of Israel,* 67 HaYarkon St, Tel. 5175038, www.aeroclub .org.il, Auskunft. Reiter wenden sich an die *Association of Horseback Riding*, 26 Hissim St, Tel. 5251348. Segler oder Bootfans können im *Lev HaYam/Sea Center Club,* Tel Aviv Marina (Kikar Atarim), Seekajaks und Boote mieten, Taucher sich ausrüsten lassen oder Lehrgänge belegen, Tel. 5226246. Wellenreiten/Surfen könnte man z.B. beim *Topsea Surfing Center* lernen, Tel. 050 4329001, www.topsea.co.il. Im Hafen von Jaffa bietet die Firma *Ta-shoot Ltd* Bootstrips entlang der Küste an, Tel. 5274222.

Für **Segler** gibt es zwei **Marinas**, die größere liegt direkt in der Hotelgegend am Kikar Atarim, die zweite, vielleicht etwas reizvollere im Hafen von Jaffa. Beide bieten alle Service- und Reparaturmöglichkeiten.

Auch am Hafen, aber weniger ambitioniert und noch dazu gratis kann man auf dem *Gordon Beach* **israelischen Volkstanz** mitmachen, Juni-Oktober Sa 19, sonst 11 Uhr.

Nightlife

Wenn es in Israel Nightlife gibt, dann in Tel Aviv – meist bis zum frühen Morgen. Am besten geht man selbst auf Entdeckungstour, die Broschüren der Hotels bieten viele Namen und Adressen. In den Hostels wissen sie gut Bescheid, manche veranstalten einen *Pub Crawl*, üblich wären vier Bars samt Drink, ₪ 80. Da hat man schon eine gewisse Grundlage, unterwegs gibt es bestimmt mündliche Nachrichten über den allerletzten Schrei. Wer das Thema ausführlich bearbeiten möchte: Tel. 052 8375031, http://tlvnights.com. Infrastrukturmäßig hilft die Busfirma Dan mit ihren Nachtlinien.

Als In-Meile wird immer die **Shenkin St** empfohlen, die am Kikar Magen David beginnt und deren Attraktivität in der Gegend der Rothshild St ausklingt. Israelis nennen sie gern in einem Atemzug mit dem Greenwich

5

Village in New York oder Londons Hamstead High St – prüfen Sie selbst, was dran ist.

Kurzweilig geht es auch **südlich des Shalom-Towers** zu – zwischen Rothshild und Lilienblum St –, auch weiter südlich der Yafo und Salame St im **Florentine** Viertel. In der **Allenby St** gibt es ebenfalls lohnende Locations – Richtung Strand rotlichtert es wenig einladend.

Dafür verspricht der *Tel Aviv Port* (hebr. *Namal Tel Aviv)* südlich der Yarkon-Mündung erlebnisreiche Nächte, auch wenn auf der Website eher vom neuen Wochenmarkt als von coolen Clubs die Rede ist. Parken am besten nördlich des Yarkon beim Reading Terminal.

Das sehr ansprechend restaurierte Gelände des alten Jaffa-Bahnhofs, hebr. *HaTakhana*, liegt gleich beim Armee-Museum südwestlich von Neve Zedeq. Eine große Open Air Bar, tagsüber flippige Läden, manchmal mit Live-Musik, Kunstaktionen und Festivals sowie recht jungem Volk; www.hatachana.co.il. Es wird spannend zu sehen sein, wie sich die Freizeit-Konkurrenz durch das **Sarona-Gelände** auswirken wird.

Gleichgeschlechtlich geht einiges in Tel Aviv, vor allem für **Gays** lohnt ein Blick auf www.atraf.com, siehe auch S. 252. Vielleicht sind auch nach Drucklegung dieses Buches Clubs wie der -1 Club (52 Nakhalat Binyamin St), der Klassiker Evita (31 Yavne St, www .evita.co.il) oder der Theatre Club (Jaffa, 10 Jerusalem St, www.hateatron.co.il) nach wie vor angesagt. Aktuelle Parties listen monatlich www.timeout.com/israel und der Blog www.diytelavivguide.com.

Die Nightclubs öffnen **kaum vor 24 Uhr** – Ende quasi offen. Allerdings kann man den Abend auch in Pubs totschlagen, die gegen 20 Uhr öffnen und häufig nach dem letzten Gast schließen, selten vor 2 Uhr. Wer dann am früheren oder späteren Morgen Hunger verspürt, sollte die Ben Yehuda oder die Ibn Gvirol St ansteuern, dort gibt es einige 24-Stunden-Restaurants. Auch die Strände sind 24 Stunden geöffnet.

Noch ein Tipp: **Geld mitnehmen** – Eintritt für die Clubs etwa ₪ 50-150, ohne Getränke. Hier ein paar – eher beliebige – Tipps zur schnell sich verändernden Nightlife Szene, die Grenze zwischen Bar und Club ist fließend.

• *Block Club*, 157 Shalma St, www.block-club.com, eine Institution, viele Live-Acts

• *Cat & Dog*, 23 Carlebach St, unterirdisch gut! Internationale Plattenaufleger stehen quasi Schlange

• *Clara*, 1 Kaufman St/nahe dem alten Dolphinarium, kürzlich renoviert, Sommerfrische am Strand, nicht weit v on Jaffa entfert

• *Evita*, 31 Yavne St, älteste Gay Bar, verschiedene Themenabende, z.B. So Eurovision, Di Drag Show

• *Haoman 17*, 88 Abarbanel St (Florentin-Viertel), Tel. 6813636, ebenso gute DJ-Gäste wie beim Jerusalemer Original, nebenan ein Strip-Club, www.facebook.com/haoman17telaviv

• *Levontin 7 & 11*, 7 bzw. 11 Levontin St im Mode-Viertel Gan HaHashmal, www.levontin7.com, die eine Adresse macht mehr in Musik, die andere in bildender Kunst

• *M.A.S.H.* (More Alkohol Served Here) Embassy, 98 HaYarkon St, Sportsbar, 24/7 geöffnet

• *Mike's Place*, 90 Herbert Samuel Promenade, direkt am Strand, auch 14 HaArba'a St, viele Traveller, relativ preiswertes Bier, bei Mike auch häufig Live-Musik

• *Nanuchka*, 28 Lilienblum St, georgisches Essen, osteuropäische Getränke und Musik

• *9 Beach Mezizim*, Tel Aviv Port (ganz im Süden am Strandbeginn), www.9beach.com/mezizim.php, Chillen am Strand von morgens bis zum letzten Kunden, Discos und Live Music

• *Pussycat Club*, 169 HaYarkon St, falls Mann's braucht: täglich Table Dance ab 23 Uhr

• *Shablul*, Hangar 13 (Tel Aviv Port, Seiteneingang), Tel. 5461891, www.shabluljazz.com, jeden Abend Live-Jazz auch internationaler Größen

• *Yaya Club*, 3 Ben Yehuda St, zur Eröffnung 2012 schwer angesagt, jetzt durchwachsen

• *Zappa Club*, 24 Raoul Wallenberg St, ebenfalls mit Konzerten, www.zappa-club.co.il

• *Zizi*, 7 Carlebach St, Tanzen bis zum Morgengrauen und weiter

Essen und Trinken

Im kosmopolitischen Tel Aviv findet sich mit Sicherheit für jeden Geschmack ein Restaurant. In der folgenden Liste können bei weitem nicht alle attraktiven Essplätze genannt werden; betrachten Sie die Erwähnung als eine Basis für weitere eigene Erkundungen. Noch einige Vorbemerkungen: Die Etzel St (im Süden, östlich der Autobahn 1, Bus 15 und 16) ist bekannt für viele kleine Restaurants, arabische wie jüdische, Fast Food, Stehimbisse und auch gute Essplätze. Hervorragende jemenitische Restaurants finden Sie (noch) zwischen dem Karmel Markt und dem Strand, sehr beliebt bei Einheimischen. Viele kleinere Restaurants und Imbisse haben sich in der Nähe des Kikar Dizengoff angesiedelt, in der Shenkin St gibt es gute Cafés, im Florentin-Viertel jede Menge Kneipen. Vor allem unkonventionelle Genießer sollten nach Jaffa gehen; dort werden gerade in den eher unscheinbaren Etablissements ausgefallene oder preiswerte Gerichte serviert.

Ben Yehuda St und Strandgegend

• **Benedict,** 171 Ben Yehuda St, Tel. 5440345 (auch 29 Rothshild/Allenby), 24 Stunden lang Frühstück
• **CaféCafé,** Kikar Atarim/Gordon Beach, Tel. 5222284,
• **Manta Ray,** Strandlokal Höhe Etzel-Museum, Tel. 5174773, www.mantaray.co.il, Küche vegetarisch und aus dem Meer, tolle Vorspeisen, die ihren Preis haben
• **Osteria de Fiorella,** 148 Ben Yehuda St, gute italienisch-jüdische Küche, mittlere Preise
• **Wineberg,** 106 Ben Yehuda St, hübsches Lokal, kleine Speisen vorzugsweise zu Wein, www.facebook.com/winebergwinebar

Zentrum (Dizengoff St) und nördliche Adressen

• **2C** (*to see*), 132 Petakh Tikva St, Asrieli Tower, Tel. 6081990, www.2-c.co.il, höchster Genuss in Tel Aviv im 49. Stock – aber nicht nur die Aussicht, auch das Essen und die Preise können mithalten

• **Café Landwer, Brasserie M&R,** 70 bzw. 77 Ibn Gvirol St, 24/7 geöffnete Café-Bistros
• **HaPizza,** 51 Bograshov/Ecke Pinsker St, hochgelobte – ja richtig – Pizza & Pasta, vegan möglich. Nachtisch nicht vermeiden, www.hapizza.com
• **Messe,** 19 HaArba'a St, Tel. 6856859, beeindruckend schwarz-weiß gestylt, das Gourmet-Erlebnis leert den Geldbeutel nicht *so* sehr
• **Paella,** 116 Dizengoff St, Tel. 5244454, bodenständig spanische Küche
• **The Hungarian,** 35 Yirmeyahu St, Tel. 6050674, http://hungarianblintzes.rest-e.co.il, spezialisiert auf ungarische Plinsen

Südliches Tel Aviv

Vorweg ein Hinweis auf einen **Aperitif,** der auch von Jaffa aus nicht allzuweit entfernt und auch unter Besichtigen und Shopping zu notieren wäre:

Israels erste Single Malt **Whisky Destillerie M*&*H** – (*Milk & Honey*), beim Bloomfield Stadion südlich des Groningen Garden, 16 HaThiya St, Tel. 6320491, www.mh-distillery.com. Andere brennen ebenfalls mit Getreide, aber stellen sonst eigentlich Wein oder Obstbrände her. Hier dagegen hat man Größeres vor und inklusive schottischer Beratung wohl auch genügend langen Atem dazu: Der erste Single Malt nach schottischen Regeln erscheint 2019, obwohl die Fässer im hiesigen Klima 2-3 Mal schneller reifen können. Der *Angel's Share* (Verdunstung aus dem Fass) beträgt in Schottland ca. 1-2%, in Israel ohne Klimatisierung 10%. Es gibt viel zu Experimentieren. Zum Besichtigen und jetzt schon lohnenden Verkosten vorher anmelden: Di 11+16, Do 11+18, Fr 12 Uhr, ab ₪ 50.

• **Abraxas North,** 40 Lilienblum St, Tel. 5104435, wird zu Recht überall empfohlen – ohne vorher zu buchen zwecklos
• **Bellini,** 6 Yekhieli St (Neve Zedeq, Suzanne Dellal Center), Tel. 072 3340485, gutes italienisches Restaurant
• **Café Susanna,** 9 Shabasi/Ecke Khevrat Shas St (Neve Zedeq), gute Sitzplätze unter ausladendem Feigenbaum, mittlere Preise – anders als gegenüber im erlesenen

5

- **Dallal** mit exquisiter Küche, 10 Shabasi St, Tel. 5109292, www.dallal.info
- **Dalas,** 38 Etzel St (HaTikva-Viertel), hübsch dekoriert, jemenitische Küche, gut und preiswert
- **Elimelch,** 35 Wolfson St (Florentin-Viertel), Tel. 6814545, Pub und Restaurant, sehr urig, sehr jiddisch, gutes Essen, die besten Biere der Stadt, eng, besonders gegen Feierabend sehr voll. Freitagnachmittag „kaufen" ganz Gierige Tische auf, d.h. sie bezahlen den dort Sitzenden die Rechnung, um einen Platz zu bekommen
- **Garger HaSahav,** 30 Levinsky St, eins der besten Hummus-Lokale, www.gargerhazahav.com
- **Long Seng,** 13 Allenby St, gutes und preis-wertes China-Restaurant, natürlich nicht kosher
- **Raq Bassar,** 19 Shalma St, kein guter Ort für Vegetarier und Fischfreunde, www.rakbasar.co.il
- **Sus Etz,** 20 Shenkin St, Restaurant und Café, beliebt vor allem bei jüngeren Leuten, das *Holzpferd*
- **Max Brenner,** 45 Rothshild Ave, Tel. 5604570, www.maxbrenner.com, Schokolade in vielfältiger Form, auf Expansionskurs
- **Nanuchka,** 28 Lilienblum St, Tel. 5162254, ausgefallene Einrichtung, und vegane (!) georgische Küche, die selbst in Tel Aviv eher ausgefallen ist, http://nanuchka.co.il
- **Shmulik Cohen,** 146 Herzl St, Familienlokal seit 1936 mit jiddischer Küche, www.shmulik-cohen.co.il
- **Yosi & Yosi,** 85 Etzel St (HaTikva-Viertel), koscher: Fisch, Huhn, Rind, gut

Jaffa

Jaffa – hier lässt sich's hervorragend speisen. Vorzüglich und mit eigener Note kocht das kleine Restaurant von Margaret Tayar, 4 Ratsif HaΛliya HaShnia (von Norden kommend erster Abzweig rechts am Clock Tower), Tel 6824741. Es besitzt kein Namensschild, nur ein blauer Blechfisch hängt über dem Eingang (siehe vorletzte Seite). Es gibt keine Karte; verabreden Sie einen Preis im Vorfeld und gehen Sie, wenn er Ihnen zu „touristisch"

erscheint, damit die Gaumenfreude nicht getrübt wird.

An der weiter südlich gelegenen strandparallelen Qedem St werden Sie auf dem Weiterweg nach Süden an einer ganzen Reihe guter bis exzellenter Restaurants vorbeikommen, u.a.:

- **Ali Karavan / Abu Hassan,** 1 HaDolfin St (Verlängerung der Qedem nach Norden), bietet So-Fr laut Jerusalem-Kochbuch den besten Hummus der Welt an. Immerhin! Nach 14 Uhr ist die Tagesproduktion allmählich abverkauft
- **Hinawi Grill House,** 58 Qedem St, Tel 5184531, toller Blick auf Meer, Familienbetrieb mit arabischen Fleischspezialitäten
- **HaSaken VehaYam,** 83 Qedem St, Tel 6818699, „Der alte Mann und das Meer" ist natürlich ein Fischlokal, sehr zu empfehlen und preisgünstig, ebenfalls bestechender Blick
- **Ebu Nassar On The Hill,** 130 Qedem St, Tel 5067132, ein bekanntes und sehr gutes Fischrestaurant

Zu Fuß von der Altstadt aus erreichbar

- **Dr. Shakshuka,** 3 Bet Eshel St, Tel 6822842, rund um das eigentlich libysche Gericht Shakshuka (Tomate, Ei, Gewürze), auch andere nordafrikanische Köstlichkeiten erhältlich, guter Service, vernünftige Preise, keine Kitchen Impossible :-)
- **Pua,** 3 Yokhanan St (südlicher Flohmarkt), Café-Bistro mit kleinen Gerichten, auch Shabbat geöffnet
- **Fisherman's Restaurant,** direkt am Hafen, Tel 6824115, ein israelisches Promi-Lokal mit entsprechendem Fotomaterial, Fisch und Meeresfrüchte zu akzeptablen Preisen
- **Container,** direkt am Hafen, Tel 6836321, modern gestylt, eher besseres Essen als beim Fischer nebenan
- **Abulafia & Söhne,** 7 Yefet St, rund um die Uhr geöffnet, arabische Bäckerei und Restaurant – eine Institution, an der Sie kaum vorbeigehen können

Übernachten

Wer in Tel Aviv übernachten will, wird die Nähe zum Mittelmeerstrand bevorzugen, zumal sich die meisten Hotels dort angesiedelt haben (siehe auch Stadtplan S. 250/251). Die Gegend zwischen Strand und Ben Yehuda St ist als Hotelviertel bekannt. Aber auch in Jaffa (siehe weiter unten) bietet sich eine interessante und preiswerte Alternative.

Die erste Linie direkt am Strand haben die Luxusherbergen okkupiert, bezahlbarere Etablissements müssen ab der zweiten Reihe vorliebnehmen. Die Luxushotels differenzieren außerdem fein säuberlich, ob der Gast nach Westen direkt aufs Meer schaut, oder nach Süden bzw. Norden um die Ecke schielen oder mit dem Blick auf die Stadt auskommen muss. Den Meeres- vom Stadtblick trennen häufig bis zu $ 50 pro Nacht.

Wer in Jaffa übernachtet, muss samstags auf öffentliche Busse nach Tel Aviv verzichten. Das Hotelportal für Tel Aviv und Umgebung adressiert www.telavivhotels.org.il.

Luxushotels

Drei Luxushotels am Strand als typische Beispiele, s.u. auch Jaffa

- **The Carlton**, 10 Elieser Peri St, Tel. 5201818, Fax 5271043, ww.carlton.co.il, E/D $ 349-684, Suiten ab $ 1100
- **Dan Tel Aviv**, 99 HaYarkon St, Tel. 5202525, Fax 5249755, www.danhotels.com/TelAvivHotels/DanTelAvivHotel; Superluxus-Hotel (das Schwesterhotel Dan Panorama weiter südlich ist etwas einfacher und billiger) E $ 288-380, D $ 312-454
- **Renaissance**, 121 HaYarkon St, Tel. 5215555, Fax 5215588, www.renaissancehotels.com/tlvbr, direkt im Zentrum der Strandpromenade, E$ 261-340, D $ 285-990

Andere Hotels/Hostels

Die **Atlas-Kette** unterhält eine Reihe von Mittelklassehotels u.a. in Tel Aviv, die nächsten beiden Hotels sind sehr sauber, verfügen über AC, TV, WLAN. Sie liegen mittendrin am Kikar Dizengoff, und Sie wohnen dort mitten in der Weißen Stadt.

- **Center Chic,** 2 Zamenhoff St, Tel. 5266100, Fax 5266101, www.atlas.co.il/center-hotel-tel-aviv; mF E$ 148, D $ 168-231
- **Cinema,** 1 Zamenhoff St, Tel. 5207100, Fax 5207101, www.atlas.co.il/cinema-hotel-tel-aviv; mF E$ 196, D $ 216
- **Mendeli Street**, 5 Mendele St (östlich abzweigende Seitenstraße der HaYarkon St), Tel. 5229141, Fax 5229144, www.mendelistreethotel.com; hieß früher Adiv, Renovierung gut gelungen, sehr sauber, AC, TV, WLAN, besseres Mittelklassehotel in Strandnähe, mF E $ 191-310, D $ 189-330
- **Prima City**, 9 Mapu St (von der HaYarkon St abzweigende Seitenstraße), Tel. 5246253, Fax 5246250, www.prima-hotels-israel.com/prima-city-tel-aviv-hotel; mF E$ 159, D $ 185
- **Leonardo Beach**, 156 HaYarkon St, Tel. 5207711, Fax 5270005, www.fattal.co.il; zentral, direkte Strandnähe, WLAN gratis, mF E$ 140-159, D $ 155-187
- **Bell**, 50 HaYarkon/Ecke Allenby, Tel. 5174291, www.bellhotel-telaviv.com; freundlich eingerichtet: kürzlich Upgrade zum Boutique-Hotel, zentral gelegen, laut, AC, TV, Internet, mF E/D $ 143-178
- **Arbel Suites**, 11 Khulda St, Tel. 5225450, Fax 5272460, www.arbelhotel.com; relativ strandnah auf Höhe der Marina, noch recht neu eingerichtete Appartements, Parken ₪ 40/Nacht, AC, TV, WLAN gratis, E/D $ 132-160, Suiten $ 138-180
- **Metropolitan**, 11-15 Trumpeldor St, Tel. 5192727, Fax 5172626, www.hotelmetropolitan.co.il; modern und funktional für Geschäftsleute, Sauna, Fitness-Studio, WLAN, mF E ab $ 119, D ab $ 142
- **Prima Tel Aviv**, 105 HaYarkon St, Tel. 5275660, Fax 7602244, www.prima.co.il, ist den Preis wert: gehörte mal zur Luxuskategorie, WLAN, mF E $ 117-136, D $ 136-160
- **Lusky Suites**, 84 HaYarkon St, Tel. 5163030, Fax 5171047, www.luskysuites-htl.co.il; gut eingerich-

5

tete Apartments mit Kochnische, AC, TV, WLAN E $ 134, D $ 152-167, Einraum-Ap. $ 276, Zweiraum-Ap. (bis 5 Personen) $ 310

• **Olympia**, 164 HaYarkon St (Ostseite, etwa Höhe Sheraton Moriah), Tel. 5242184, Fax 5247278, www.inisrael.com/olympia; gut gepflegt, wenige Zimmer mit Meerblick, AC, TV, mF E $ 108-171, D $ 90-153

• **Debora**, 87 Ben Yehuda St, Tel. 5278282, Fax 5278304, www.deborah-hotel.co.il; brauchbare Lage und Ausstattung, Rabatt bei Online-Buchung, mF E $ 110-143, D $ 128

• **Galileo**, 8 Hillel HaSaken (nahe Karmel-Markt), Tel. 5160050, Fax 5101782, www.galileohoteltlv.com; kleines, saube-res, Hotel mitten in der Stadt – wer den Strand nicht so braucht, TV, AC, WLAN, Fahrräder gratis, mF E/D $ 110

• **Hotel de la Mer**, 2 Nes Ziona/Ecke HaYarkon St, Tel. 5100011, Fax 5167575, www.delamer.co.il; aufgeräumt, weil den Feng-Shui-Maximen verpflichtet, AC, TV, WLAN, mF E $ 83-102, D $ 113-136

• **Sun City**, 41 Yona HaNavi St, Tel. 5177913, Fax 5173455, www.suncityhoteltlv.com, Internet-Rabatt; kein Spitzenhaus, AC, TV, WLAN, mF E $ 76-92, D $ 108-132

• **Little Tel Aviv Hostel**, 51 Yehuda HaLevi St, Tel. 5595050, www.littletlvhostel.com; ansprechend eingerichtet, sauber, Gemeinschaftsküche , Garten& Kunst-ausstellungen & Konzerte, persönliche Locker, Online-Rabatt, AC, WLAN, mF Dorm $ 28-33, EkB $ 96, D $ 108

• **Abraham Hostel**, 21 Levontin St, Tel. 6249200 oder 072 2902186, https://abrahamhostels.com/tel-aviv; manchem vielleicht zu großes Hostel, sauber, Tourangebote, manchmal Flughafen-transfer ab drei gebuchten Nächten, mF Dorm $ 18-25, E $ 67, D $ 86

• **Milk & Honey**, 4 Shalma/Salame St, Tel. 6444316 oder 072 3902188, http://milkandhoneyhostel.com; über-sichtlich, sauber, gemütliche Lobby mit kleiner Küche, nette Räume, Dorms manchmal eng, Doppelbett-Dorms, Tourangebote, AC, WLAN, mF Dorm ab ₪ 65, D ab ₪ 240

• **Overstay Hostel**, 47 Ben Zvi St, Tel. 053 4210200 oder 072 3902190, www.overstaytlv.com; alte Textilfabrik an Ausfallstraße, Eingang übersehbar, freundlich kompetent, sauber, Party sollte einen nicht stören: 18-45 Jahre alt oder Junggeblieben, Zelten möglich, Roof Top, kleiner Pool, AC oder Ventilator, Computer, WLAN, mF Dorm ab ₪ 50, EkB ₪ 150, D ₪ 240

• **Beachfront Hostel**, 78 Herbert Samuel St, Tel. 7265230 oder 072 3902183, www.telavivbeachfront.co.il; ehemals ein Restaurant mit Glaswand zum Strand, von dem nur die Küstenstraße trennt: so will doch jede(r) wohnen! Sauber, freundlich hilfsbereit, Großteil der Zimmer mit Meerblick, alle mit TV, Kühlschrank, AC, WLAN, Roof Top, Küchen-Hausbar mit Billard, Computer, Frühstück ₪ 30 ne-benan im Yotvata-Restaurant Dorm ab ₪ 100, D ab ₪ 250

• **HaYarkon 48 Hostel**, 48 HaYarkon St (Nähe Opera Tower), Tel. 5168989 oder 072 3902184, Fax 5103113, www.hayarkon48.com; 24h geöffnet, fit-tes Hostel-Team, Jobs möglich, Seeblick, Lockers, Küche, sauber, Dorms mit Balkon, Privatzimmer mit AC, TV, WLAN, mF Dorm pP $ 20, DkB $ 62, D $ 86

• **Ness**, 10 Nes Ziona St (Nähe Ben Yehuda St), Tel. 5103404, http://eng.ness-hotel.com; günstige Lage zum Stadtzentrum und zum Strand, sauber, freundlich, kleine Küche mit Kühlschrank, ziemlich laut, TV, AC, WLAN, mF E $ 72-110, D 87-142

• **Bnei Dan International Youth Hostel**, 36 Bnei Dan St, Tel. 5945655, www.iyha.org.il; fast am Ufer das Yarkon gelegen (Bus 5, 24 oder 25), über 300 Betten, sauber, AC, mF Dorm pP $ 48, E $ 95, D $ 121, 3er +B $ 156

• **Gordon Inn**, 77 Ben Yehuda St, Tel. 5238239, www.hostelstelaviv.com; frisch renovierter Klassiker, sauber und re-lativ günstig zum Strand gelegen, alles, was Traveller brauchen, AC, mF Dorm ₪ 100, E/D ₪ 260-330

• **Eilat**, 58 HaYarkon St, Tel. 5102453, Fax 5160594, www.hotel-eilat.co.il; einfach, freundlich, relativ sauber, Vermietung

auch stundenweise E $ 66-101, D $ 80-107
- **Sky Hotel**, 34 Ben Yehuda St, Tel. 6200044, Fax 5280797, www.sky1hostel.com; mehr Hostel als Hotel, viel los, sauberer wäre gut, aber günstig, Lockers, Internet, mF Dorm pP ₪ 90, EkB ₪ 180, E pP ₪ 210, D pP ₪ 230, D & AC pP ₪ 310
- **Momo's Hotel**, 28 Ben Yehuda St, Tel. 5287471, Fax 5287477, https://momoshotel.com; etwas ver- wohnt, aber erschwinglich, ebenfalls eher Hostel als Hotel, mF Dorm pP ₪ 90, EkB ₪ 190, D ₪ 240, E ₪ 250, D & AC ₪ 310

Camping

ist (bedingt) im **Yarkon River Park** möglich. Einigermaßen unkonventionell steht man zu ₪ 40 pro 24 Stunden auf dem bewachten und beleuchteten Parkplatz des Hotels Dan Panorama, 10 Kaufman St am Charles Clore Park oder (s. nächste Seite)

HaShiva Camping, beim gleichnamigen Mo- shav an den Straßen 4 und 44, 10 km vom Flughafen, Tel. 03 9604524, Fax 03 9604712

In Jaffa (Karte siehe S. 264)

- **THE SETAI,** 22 David Raziel St, Tel 6016000, www.thesetaihotel.co.il; westlich

des Glockenturms: Kreuzfahrerbau, den die Osmanen zum Gefängnis umbauten, gediegener Luxus pur, E ab $ 500
- **Bet Immanuel Hostel**, 8 Auerbach St (Bus 44 o. 46 von CBS), Tel. 6821459, Fax 6829817, www.beitimmanuel.org; christliches Hospiz, eine Dependance der Christ Church Jerusalem, sauber, Nichtraucher, Volontäre willkommen, Parken im Hof nur mit Fledermaus- Exkrementen, mF 4er-Dorm pP ₪ 150, E ₪ 300, D ₪ 430
- **Florentine Hostel**, 10 Elifelet St, Tel. 5187551 oder 072 3902187, www.florentinehostel.com; 1 km bis Jaffa oder zur neuen CBS, Neve Zedeq-Kultur und Florentine-Nightlife Nähe, sehr sau- ber und freundlich, WLAN, Handy- und Fahrradvermietung, Gepäckaufbewah- rung, Zelten geht auch, mF Dorm ab ₪ 50, E/D ab ₪ 160
- **Old Jaffa Hostel**, 13 Amiad St, Tel. 6822370 oder 072 3902189, Fax 6823328, www.telaviv-hostel.com; im Zentrum Alt-Jaffas beim Flohmarkt, sehr sauber, freundlich und hilfsbereit, sehr gute Atmosphäre, auf dem Dach schlafen ₪ 75, Dorm pP ₪ 90, EkB ₪ 250, E ₪ 280-350, D ₪ 280, D ₪ 310-380

5

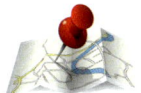

Bitte schreiben oder mailen Sie (verlag@rkh-reisefuehrer.de), wenn sich vor Ort Dinge verändert haben oder Sie Neues wissen. Besten Dank!

Bat Yam

Südlich schließt sich an Jaffa die ziemlich neue Stadt **Bat Yam** an, per Auto 20 Minuten vom Tel Aviver Zentrum entfernt, westlich des Ayalon Highways/Autobahn 20. Die „Tochter des Meeres" ist touristisch wegen ihres 3,5 km langen Strandes und der gebotenen Sportmöglichkeiten, wegen der Nähe zu Kholon (siehe unten), aber auch wegen der etwas preiswerteren Hotels interessant (siehe auch Plan S. 263)

Der durch eine Promenade von der Stadt getrennte **Strand** wird von Rettungsschwimmern überwacht, Umkleidekabinen, Duschen und Toiletten sind ausreichend vorhanden. An dem Al Gal Beach verführt eine konstant günstige Brandung zum Wellenreiten und Kite-Surfen. Im Süden, südlich der HaQomemiut St, gibt es ein Sportzentrum mit allen Möglichkeiten, sich bis zur Erschöpfung zu martern.

Die Website www.bat-yam.muni.il (hebr.) bietet einen Visitor's Guide zum Download. Das **Tourist Information Center** befindet sich an der Ben Gurion Promenade/Ecke 17 Yoseftal St, Tel. 057 7347700.

Übernachten

Alle Hotels liegen in der Ben Gurion St und damit direkt am Strand bzw. in dessen Nähe. Diese Straße kann zumindest in den Abendstunden sehr laut werden; so verlockend auch der Seeblick ist, man muss den Verkehrs- und Flanier- und manchmal auch noch anderen Lärm in Kauf nehmen. Fragen Sie auch bei den Holiday Apartments im Visitor's Guide nach.

- **Leonardo Suites**, 99 Ben Gurion St, Tel. 5550555, Fax 9181989, www.leonardo-hotels.de; jede Suite mit Kitchenette und Balkon, Fitness-Möglichkeiten, Hotel oberhalb eines Shopping Centers, AC, TV, WLAN, mF E ab $ 122, D ab $ 131
- **Armon Yam**, 95 Ben Gurion St, Tel. 5522424, Fax 5522429,

www.armon-yam.co.il; ein 1980er Jahre-Bau für Retro-Fans, freundlich-vertrauensvoll, sauber, etwas abgewohnt, freies Parken, AC, TV, WLAN, mF E $ 95-106, D $ 105-124
- **Bat Yam**, 53 Ben Gurion St, Tel. 5064373, Fax 5074905, batyamhotel@gmail.com; Räume an der Straße mit Balkon, aber laut, einfach, leicht abgewohnt, aber gut gebucht, AC, TV, mF E $ 76, D $ 102
- **Hofim**, 127 Ben Gurion St, Tel. 5529183, Fax 5079798, doram4u@bezeqint.net; von außen schmuddelig, Eingang seitlich, sehr kleines und einfaches Motel, abgewohnt, doch sauber, Preis recht hoch, aber z.B. auch 3 Stunden $ 35 (für diesen Zweck etwas teurer abseits der Promenade das Hotel Spat Rooms), AC, mF E $ 78, D $ 87

Kholon

Kholon liegt östlich von Bat Yam, auf der anderen Seite des Ayalon Highways. Was will man von einer 1936 gegründeten Stadt mit 180.000 Einwohnern touristisch erwarten, deren Name mit Sand zu tun hat und nach Haifa die **zweitgrößte Industrieansammlung** vereint? Mit umtriebigem Bürgermeister einiges. Die hebräische Beschilderung weist zwar nicht darauf hin, dass hier ausländische Reisende erwartet würden, es könnte auch besser laufen. Auf den ersten Blick macht die Stadt wenig her, es gibt kein einziges Hotel vor Ort, aber ein **Ausflug** lohnt sich für **unterschiedliche Interessengebiete**.

Zweigt man vom Ayalon bei der Abfahrt 8 Yoseftal Richtung Osten ab, könnte man an der ersten großen Kreuzung links in die Elat St fahren und an der nächsten großen Kreuzung mit der HaHistadrut St ganz profan schauen, ob in dem Park an der Ecke wirklich dauernd **Sheshbesh** gespielt wird – die israelische Variante von Backgammon. Fährt man statt in die Elat St jedoch noch zwei Kreuzungen weiter, dann rechts in die Reuven Barqat St und gleich wieder links in die

Orna Porat, wo man gut parken kann, ist es nicht mehr weit zum ersten Highlight: Das 2010 eröffnete **Design-Museum** von Kholon. Das kühn geschwungene Gebäude ist allein schon einen Stopp wert, auch die Ausstellungen sind entsprechend anregend-amüsant; offizielle Adresse: 8 Pinkhas Eilon St, Tel. 073 2151 515, www.dmh.org.il, außer So ab 10, Mo/Mi -16, Di/Sa -20, Do -18, Fr -14, Eintritt ₪ 35, 11-17 J. ₪ 30, 5-10 J. ₪ 20.

Westlich des Museums befinden sich vor allem **Sportstätten**, nördlich dagegen die **Mediateq**, eine der größten Bibliotheken Israels und eine Cinémathèque, die auch ein Jugendtheater beherbergt. Sicherlich gibt es hier auch Konzerte, denn Kholon bietet so unterschiedlichen Protagonisten eine Heimat wie dem transsexuellen Popstar **Dana International**, die hier einfach wohnt, oder musikalischen Sommerworkshops, die von **Daniel Barenboim** organisiert werden.

Kholons Design-Museum

Kholon nennt sich jedoch selber auch Stadt der Kinder. Das äußert sich jährlich zu Purim (siehe S. 263) wenn mehrere Straßen für den **Kinder-Karneval** Adloyada gesperrt werden, sowie ganzjährig im Betrieb des **Kinder-Museums**. Das ist allerdings noch kurzweiliger, wenn man Hebräisch kann, noch dazu sind es recht kostspielige geführte Touren, auf Englisch mindestens vier Teilnehmer, pro Sonderausstellung ein Ticket à ₪ 65. Man muss reservieren: Mifraz Shlomo St im Peres-Park, Tel. 6503000, www.childrens museum.org.il, täglich geöffnet. Nebenan im lohnenden **Plantsch-Park Yamit** dürften Verständigungsprobleme keine Rolle spielen, pP ab zwei Jahren ₪ 104, www.yamit2000.co.il.

Fährt man die Straße von der Yoseftal-Abfahrt ganz durch bis zur Jerusalem St, der Nordwest-Südost-Achse, liegen nördlich dieser Kreuzung die Stadtteile Neve Arasim und Neve Pinkhas (Shomronim). Man sollte sich durchfragen. Denn in ers-

terem befindet sich das **Israeli Center for Digital Art**. Möglicherweise wird man hier intellektuell intensiver gefordert als im Design Museum, wenn man sich auf die im Digital Art Lab produzierte Video- und Computerkunst einlässt: 16 Yirmeyahu St, Tel. 5568792, www.digitalartlab.org.il (mit Video Archiv), Gallerie geöffnet So+Mo 10-14, Di 16-20, Mi+Do 14-18, Eintritt in der Regel frei, Führungen kosten.

Eine völlig andere Welt eröffnet sich südlich davon in **Shomronim**, Hebräisch für die samaritanische Gemeinschaft, deren eine Hälfte hier zuhause ist (siehe S. 504). Das Viertel entstand ab 1951 durch den Einsatz des Arbeiterführers und späteren Präsidenten Yizkhak Ben Zvi und heißt auch Neve Pinkhas nach dem damaligen samaritanischen Hohepriester Pinkhas Ben Abraham. Die hiesigen **Samaritaner** kamen zu Beginn des 20. Jhs aus wirtschaftlichen Gründen zunächst nach Jaffa. Sie sprechen vor allem Hebräisch, anders als die

5

andere Hälfte der Gemeinde auf dem Berg Garizim bei Nablus (s. S. 504). Zu sehen ist die samaritanische Synagoge, die anders als jüdische Synagogen nicht nach Jerusalem ausgerichtet ist. Außerdem wird das Bilderverbot strenger beachtet.

Damit nicht genug: Wenn Sie vom Ayalon erst eine Abfahrt weiter südlich nach Osten abzweigen (Nr. 7 Komemyut), sind sie vermutlich Autobus-Fan. Denn die nächste Straße rechts führt Sie zum **EG-GED-Museum** mit gewienerten Schätzchen aus der britischen Mandatszeit bis in die 1990er Jahre inklusive dem Wrack eines Terroranschlags (Fr & Feiertage 8-12, in der Woche nur Gruppen, Eintritt frei. Vorher anrufen Tel. 03 9142361, www.eg-ged.co.il/Historical-Center.aspx).

Umgebung von Tel Aviv

Sehenswertes

- ** **Ramla**, lebendige Stadt mit wenigen historischen Relikten, einzige arabische Neugründung in Palästina, S. 288
- * **Lod**, Geburtsort des Heiligen St. Georg, sehenswerte Basilika, S. 288
- * **Yarkon Nationalpark** und **Tel Afeq**, weniger ansehnlicher Park mit ottomanischen Ruinen an der Yarkon-Quelle, S. 286

In der Umgebung von Tel Aviv bieten sich einige Ausflugsziele an, die sich natürlich auch mit anderen Routen in Verbindung bringen lassen. Die folgenden Orte liegen im Osten und Südosten der Stadt; man kann sie in einer eintägigen Rundreise besuchen.

Vom Stadtzentrum fährt man am besten auf die Straße Sha'ul HaMelekh, die

bald Begin St und nach der Überquerung der Autobahn 1 bis Petakh Tikva Jabotinsky St heißt sowie die Nr. 481 trägt, quasi immer geradeaus nach Osten.

Zwischendurch könnte man in den Vorort **Bne Braq** abfahren, der nach Jerusalem die meisten, ca. 150.000 Haredim versammelt – eine gute Idee bei Interesse an ultraorthodoxem Judentum. Eine passende Bleibe wäre das Vishniz Zippori Class Hotel, 16 Damesek Ele'asar St, Tel. 03 6777141, Website auch Jiddisch: www.vzchotel.net. Abfahrt von der Geha Junction, auf der Autobahn 4 an der Citroën- und der Coca-Cola-Fabrik vorbei an der Giv'at Shmuel Junction abfahren, 1. links, 4. rechts und immer geradeaus auf das Hotel zu.

Das auf der Straße 481 von Tel Aviv nur 5 km entfernte **Petakh Tikva** ist leider ziemlich unübersichtlich: Halten Sie sich an die zunächst mit der Jabotinsky identischen 481 und biegen nach Überquerung der Autobahn 4 nach etwa 3 km links auf die Ze'ev Orlov St ab. Bald gelangen Sie an die Straße 40, der Sie rechts nach Süden bis zur nächsten großen Kreuzung folgen und biegen dort links auf die Straße 483 ab, an der der Yarkon Park liegt. Einfacher und bequemer geht es mit dem Zug: Der Parkeingang liegt am Bahnhof von Rosh HaAyin.

🚗 3 km: **Abzweig**, links zum

Yarkon Nationalpark* und Tel Afeq

Geschichte: *Hier entspringt der Yarkon, der als einer der wenigen Flüsse Israels ganzjährig Wasser führt. Schon seit 3000 Jahren kümmern sich die jeweiligen Bewohner um das Quellgebiet. Herodes z.B. ließ 35 vC eine Festung zu Ehren seines Vaters Antipatris bauen und sie nach ihm benennen. Auf dem 3 km entfernten Hügel Migdal Afeq legten die Kreuzfahrer die Burg Mirabel an. In der Folgezeit nutzten die is-*

lamischen Herrscher die Festung. 1936 verlegten die Briten eine Wasserleitung nach Jerusalem und bauten ein Militärlager auf, aus dem sich die heutige Stadt Rosh HaAyin entwickelte. 1955 verlegten dann die Israelis eine 100 km lange Wasserleitung zum Negev, die 1960 an die vom Jordan kommende Leitung angeschlossen wurde.

Der Nationalpark liegt in Sichtweite der Stadt Rosh HaAyin (per EGGED-Bus 641, 921 von Tel Aviv CBS, umsteigen in Petakh Tikva Kfar Avraham auf Linie 7, 17 oder 27; Eintritt ₪ 28/14). In einem Erholungspark sind die **Ruinen** der Festung, die auf Herodes zurückgeht, auf dem **Tel Afeq** zu sehen. Mit diesem Mauerwerk beschäftigten sich (lange) nach Herodes die Kreuzfahrer, die Mamluken und Türken. Die vorhandenen Mauern gehören zur ottomanischen Zeit. Sie zeigen eine massive Festung mit einem großen Innenhof, in dem eine Moschee steht. Zu erkennen ist auch noch der römische Cardo mit einem kleinen Theater.

Der Park lädt recht weitläufig zum Spazieren, Picknicken und Entspannen ein. Er besteht noch aus einem zweiten, nordwestlichen Teil jenseits der Bahnlinie, *Sources of the Yarkon* genannt (eigener Zugang per Auto über die Autobahn 5 und die Straße zum Kfar Baptistim, dem „Täuferdorf"). Der Fußweg zwischen beiden Parkteilen führt unter der Bahn und an einem kleinen Stausee voller gelber Wasserlilien vorbei.

Fahren Sie vom Park aus noch ein kurzes Stück auf der Straße 483 weiter, sie kreuzen dabei die neue Autobahn 6. Die Straße mündet bald in die Straße 444, auf der es rechts weitergeht, am Ort Rosh HaAyin vorbei. Man sieht an dessen Südende links auf einer Anhöhe die Ruinen der Kreuzfahrerburg **Mirabel** (auch *Migdal Afek/ Tzedek*), die von den Muslimen zerstört wurde. Das Gelände ist für Besucher gesperrt. Wer dennoch hineinkommt, findet

Ruinen mit einigen recht gut erhaltenen Kreuzgewölben oder abenteuerlich-absturzgefährdeten Treppen bis hinauf aufs Dach. Etwa 3 km weiter an El'ad vorbei steht links am Hang das **römische Masor Mausoleum** aus dem 2.-3. Jh nC. Baugeschichtler sind entzückt: in Israel der einzige bis zum Dach erhaltene römische Bau – in umliegenden Ländern ein weniger seltener Erhaltungszustand. Die muslimischen Jahrhunderte hat das Gebäude als Maqam und Moschee überstanden, und die komplette Zerstörung verhinderte 1949 ein Antiken-Beauftragter, nachdem er der Armee für Schießübungen gedient hatte.

🚗 19 km: **Mode'in Junction**

Links auf die Straße 443, falls man unbedingt Mode'in sehen will: eine Retorten-Schlafstadt vom Reißbrett, aber auch Israels viertgrößte Stadt.

🚗 7 km: **Abzweig** zu den *Maccabean Graves* (קברות המכבים), links liegt

Mode'in

Geschichte: *Als 167 vC – unter der Herrschaft Königs Antiochos IV. Epiphanes – der Priester Mattathias in Mode'in sah, wie ein Jude – im Geist der Zeit – auf dem Altar der Götzen opferte, erschlug er den Mann voller Zorn. Der Priester und seine fünf Söhne lösten damit den Makkabäeraufstand aus. Die Söhne führten die Aufständischen an, Judas Makkabäus tat sich besonders hervor. Schließlich entstand der Makkabäerstaat, der erst 37 vC von Herodes aufgelöst wurde.*

Auf dem Zuweg Straße 4466 muss man einfach auf der asphaltierten Strecke bleiben. Die **Felsgräber** der fünf Söhne sind erhalten, jedoch für den Laien nicht erkennbar. Der Platz oberhalb des Wendehammers bietet lediglich ein Befreiungskrieger-Denkmal. Allerdings besitzt er für die Israelis insofern Bedeutung, als hier in der ersten Nacht des **Chanukkafestes** –

das die Juden in Erinnerung an Judas Makkabäus und den gereinigten Tempel feiern, siehe S. 87 – eine Fackel entzündet und nach Jerusalem getragen wird. Dieses Feuer überträgt dann der Staatspräsident auf den offiziellen Chanukkaleuchter.

🚗 Zurück auf der Straße 443 Richtung Westen und 9 km nach

Lod / Lydda*

Geschichte: *Die laut Altem Testament vom Stamm Benjamin gegründete Stadt wurde im 8. Jh vC von den Assyrern zerstört, im 5. Jh wieder aufgebaut und später von Griechen besiedelt, die sie Lydda nannten. 67 nC eroberten die Römer die Stadt und tauften sie in Diospolis um. Nach dem siegreichen Einzug der Muslime kam Lod ab 750 nC bis zum Bau des nahe gelegenen Ramla zur Ehre, Hauptstadt der Provinz Djund Filastin zu werden.*

Der Heilige Georg, Schutzheiliger von England und einst römischer Soldat, der 303 nC als Märtyrer starb, ist in Lod geboren. In byzantinischer Zeit wurde zu seinen Ehren eine Basilika errichtet, die von den Omaijaden zerstört, später von den Kreuzfahrern wieder aufgebaut wurde. Da Georg auch den Muslimen unter dem Namen AlKhadr (der Grüne – die Farbe des Islam) von Bedeutung ist, bauten sie im 13. Jh die AlKhadr-Moschee unter teilweiser Verwendung von Baumaterial der Basilika. Auf deren Resten wiederum errichteten 1870 die Griechisch-Orthodoxen ihre St.-Georgs-Kirche. 1948 flohen die meisten Araber aus Lod, heute leben nur mehr 13.000 neben 54.000 Juden in der Stadt.

Lod ist heute durch den nördlich der Stadt gelegenen internationalen **Flughafen Ben Gurion** bekannt, der gleichermaßen Tel Aviv und Jerusalem versorgt.

Die Stadt besitzt ein christlich-islamisches Doppelheiligtum aus nebeneinander liegender **St.-Georgs-Kirche** und **Al-**Khadr-Moschee. Das weiße **Minarett** der Moschee weist auch auf die Kirche hin. Wenn man auf unserer Strecke in die Stadt kommt und am ersten Abzweig von der Straße 443 nach links und dann weiter geradeaus fährt, sieht man bereits Moschee und Kirchenkreuz durch die Häuserzeilen. Dann muss man so bald wie möglich rechts abzweigen und auf diese Landmarke zusteuern. Sollte die Kirchentür verschlossen sein, so können Sie gegenüber am Kloster läuten, der dort lebende Mönch öffnet bereitwillig. In die Kirche wurden Säulen und die beiden Apsiden der Kreuzfahrerkirche eingebaut. Über dem Eingang sehen Sie ein Relief mit dem Heiligen Georg als Drachentöter. Vor der Ikonostase führen Treppen in die Krypta mit dem Sarkophag des Heiligen, die Ketten an der Ostwand dort hielten früher Geisteskranke fest, damit die Gegenwart des heiligen Leichnams sie heilen könne. Die Moschee grenzt praktisch an die Kirche. In den Nordteil ist eine weitere Apsis der byzantinischen Basilika integriert.

Falls Sie von Norden auf der Autobahn 40 in die Stadt fahren oder sie in diese Richtung verlassen, überqueren Sie auf der Straße 434 kurz nach bzw. vor der Junction *Gesher Lod* zur Straße 40 den Ayalon-Fluss. Diese **Brücke** ist die älteste noch benutzbare in Israel. Mamluken-Sultan **Baibars** ließ sie 1273 errichten. Seitlich an der Brücke sind die typischen Löwen zu sehen, die sich auch am Löwentor der Jerusalemer Altstadt befinden.

Lod geht fast in die Nachbarstadt Ramla über.

Ramla**

Geschichte: *Der Omaijaden-Kalif Sulayman – Sohn des Erbauers des Felsendoms in Jerusalem – gründete 715 nC eine neue Verwaltungsstadt (im Übrigen die einzige islamische Stadtgründung in Palästina),* die er nach der sandigen Umgebung „Ramla" nannte. Paläste und Moscheen sollten ihr das eines Kalifen würdige Gepränge geben. Nachdem ab 750 die Abbassiden die Macht übernahmen, ließen sich strenggläubige Sufis, Schiiten, Sunniten, Diasporajuden und die jüdische Sekte der Karäer in Ramla nieder. Im 11. Jh suchten Plünderungen und zwei Erdbeben die Stadt heim, 1099 die Kreuzfahrer, die sich 1101 gegen ägyptische Fatimiden behaupten konnten, 1102 geschlagen wurden und 1105 die Stadt erneut eroberten, aber 1187 endgültig von Saladin vertrieben wurden. 1267 erbaute der Mamluke Baibars den Weißen Turm. Ramla war ein wichtiger Stützpunkt der Pilger auf dem Weg nach Jerusalem. 1799 schlug Napoleon hier vorübergehend sein Hauptquartier auf, nachdem er zuvor den Ort erobert hatte. Der britische General Allenby benutzte den Weißen Turm 1917 zur militärischen Beobachtung der Umgebung. 2006 wurde Ramla in den Naturwissenschaften berühmt: Bei Bauarbeiten wurden die zweitgrößte Höhle Israels, die unterirdische Ayalon-Höhle, und in ihr acht bis dahin unbekannte Tierarten entdeckt, die lange genug abgeschottet waren, um

die Evolution andere Bahnen, z.B. für eine blinde Skorpionart, finden zu lassen. Die Höhle steht nur Wissenschaftlern offen.

Der modernen Stadt sieht man ihre lange Geschichte zunächst gar nicht an. Ein Besuch lohnt sich dennoch.

Wenn man auf der üblichen Verbindungsstraße von Lod nach Ramla fährt, trifft man bald nach Stadtbeginn im Südosten auf die quer durch den Ort führende Hauptstraße, die Herzl St, in die man nach rechts einbiegt. Bald liegt rechts der **Busterminal**, wenige hundert Meter weiter zweigt links die schmale Jabotinsky St in den sehr lebhaften und für den arabischen Einfluss typischen **Souk** ab, denn in Ramla leben wieder einige tausend Araber. Es lohnt sich, das tägliche Einkaufsleben hier zu erkunden. In der Nähe steht die **Große Moschee**, die auf eine Basilika der Kreuzfahrer zurückgeht. Ihr Minarett war einst der Glockenturm, innen wurde ein Mihrab eingebaut. Ebenfalls in der Nähe liegt das Ramla Museum, 112 Herzl St, das außer der Stadtgeschichte auch Kombitickets für den Weißen Turm und den Helena-

5

Die Mamluken-Brücke nördlich von Lod trägt seit knapp 750 Jahren

Pool anbietet. – Wenn Sie der Herzl St nach Nordwesten folgen, werden Sie links die **Franziskanerkirche** St. Joseph von Arimathea (dessen Heimat die Kreuzfahrer hier vermuteten) und das Nikodemus-Hospiz erkennen. Links in die Bialik St eingebogen, führt das erste Tor links zur (meist verschlossenen) Kirche, deren Gemälde von der Kreuzabnahme von manchen Tizian zugeschrieben wird. Klingeln oder Klopfen, Eintritt frei.

Fahren Sie nun weiter auf der Herzl St und gleich die nächste Straße links (Dani Mass St). Fußgänger können bereits kurz nach der Kirche der Einbahnstraße zum **Weißen Turm** folgen, um das von Muslimen *Turm der vierzig Gefährten des Propheten* genannte Bauwerk zu erreichen. 1318 von den Mamluken mit quadratischem Grundriss und 27 m Höhe errichtet, gehörte der Turm

Der Weiße Turm von Ramla

zu einer recht großen Moschee, die anhand der Ruinen in ihren Ausmaßen gut abgrenzbar ist. In der Nordwestecke liegt das Grab des Nebi Salih, eines Mitstreiter Saladins, der 1190 Reparaturarbeiten an der Moschee ausführen ließ. Der Innenhof der Moschee wurde für den Bau dreier unterirdischer Zisternen genutzt. Über eine Treppe erreicht man die obere Plattform des Turms, von der sich einst eine herrliche Aussicht auf das fruchtbare Land ringsum bot, wie verschiedene zeitgenössische Autoren begeistert berichten; heute erlaubt der Ausblick hauptsächlich noch die Orientierung im ständig wachsenden Siedlungsgebiet.

Im Norden der Stadt, nahe der Hagana St, liegen die sogenannten **Pools der Helena**, die in Wahrheit nicht von der römischen Kaiserin, sondern 780 vom Kalifen Harun ArRashid gebaut wurden. Es handelt sich um eine etwa 500 Quadratmeter große und ziemlich tiefe Zisterne, die von baugeschichtlich sehr frühen Kreuzgewölben überdacht ist. Das durch Wasserspiegelungen glitzernde Gewölbe kann man per Boot bewundern.

1945 wurde etwa 8 km südöstlich von Ramla an der Straße 424 der Kibbuz **Tel Geser** gegründet, quasi neben dem historischen Geser. Dieses alte Geser spielte eine Schlüsselrolle bei der Kontrolle der Straße nach Jerusalem – ähnlich heiß war der Ort umkämpft, viele Male wechselte er die Besitzer: von den Ägyptern über die Hyksos (18. Jh vC), die Israeliten unter Josua, die Philister, König David und Salomo, die Makkabäer bis hin zu den jüdischen Aufständen im 1. Jh nC. Der Tel Geser, in dessen Schichten die ganze Geschichte begraben ist, wurde gründlich erforscht, er bietet aber dem Laien nicht viel.

Von Ramla kann man auf der Straße 44, die nach ca. 20 km in Jaffa endet, zurück nach Tel Aviv fahren.

6   Die Mittelmeerküste

Die Mittelmeerküste Israels wird gern Goldküste genannt – nicht nur weil sie Urlauber in Massen anlockt und das Geld in den Kassen der Tourismusindustrie klingeln lässt, sondern auch wegen der häufig goldgelben Strände. Letztendlich ist die gesamte Küstenlinie von Nord nach Süd ein einziges Badeparadies, allerdings mit Schwerpunkten, die sich im Laufe der Zeit herausgebildet haben.

Wir wollen zunächst einen Abstecher von Tel Aviv in südliche Richtung einlegen und dann das nördlichere Revier ab S. 305 erkunden.

Süd- und südwestlich von Tel Aviv

Sehenswertes

- *** **Ashkelon**, Stadt der Philister und (kurz) der Kreuzritter mit solider touristischer Infrastruktur, gemütlich-schönem historischen Park und guten Badestränden, S. 295

- * **Ashdod**, Hafenstadt, auch für moderne Kreuzfahrer, einige gute Strände, S. 293

- * **Rishon LeZion**, Stadt aus der Pionierzeit mit Pionierpfad und Museum, S. 291

- * **Maskeret Batya**, Kleinstadt aus Pioniertagen abseits üblicher Reiserouten, S. 291

Wir verlassen Tel Aviv auf der Autobahn 1 in südlicher Richtung und wechseln an der Ganot Interchange auf die Straße 4. Nach 15 km

Rishon LeZion *

Die 1882 gegründete, kurz: Rishon genannte viertgrößte Stadt Israels mit 1948 noch 10.000, heute über 245.000 Einwohnern war die erste landwirtschaftliche Siedlung jüdischer Einwanderer; www. rishonlezion.muni.il/Eng. Am Kikar HaMeyasdim berichtet das interessante **Rishon LeZion Museum** (So, Di-Do 9-14, Mo 9-13/16-19, Sa 10-14) über die Stadtgeschichte und über das Leben und Wirken der ersten Siedler. Der **Pioneer's Way** führt als Straßenlinie zu insgesamt 15 historischen Häusern, an denen jeweils ein Schild den Hintergrund erklärt (ein Plan ist im Museum erhältlich). Aus den Gründertagen stammt auch die **Carmel Winery**, www.carmelwines.co.il, die hier jedoch nur noch ihren formellen Firmensitz hat und besser in Zikhron Ya'akov zu besichtigen ist (siehe S. 318) Schließlich ziehen noch der **Khai Kef Zoo** Besucher an sowie der Amüsier-Park **Superland**, eine Mischung aus Schützenfest und Zirkus. Der Park liegt westlich Richtung Strand, gleich hinter der Autobahn 20, nur samstags und in der Urlaubszeit geöffnet, ₪ 104 (Bungee + ₪ 50), Tel. 03 6427080, www.superland.co.il. Ein anderer Freizeittempel ist die riesige **Cinema City** östlich der Autobahn an der Straße 441 (Moshe Dayan St), www.cinema-city.co.il (hebr.). Weiter auf der Straße 42 nach Süden.

🚗 Nach 10 km

Yavne, Rekhovot und Maskeret Batya *

Geschichte: *Bereits durch die Eroberung Josuas, dann durch die Übernahme durch die Philister im 12. Jh vC historisch bekannt,* *kam der Ort Yavne schließlich zum Königreich Juda. Später, in der persischen Epoche, wanderten Griechen und Phönizier zu, die den Ort Jamnia nannten. Die Makkabäer zerstörten Jamnia, bauten es aber 147 vC wieder auf. 68 nC nahm der spätere Kaiser Vespasian die Stadt ein und erlaubte dem Rabbi Jokhanan Ben Sakkai, eine jüdische Schule zu gründen. Nach der Zerstörung Jerusalems 70 nC zog der Sanhedrin nach Yavne. Hier entstanden wesentliche Teile der Mishna, die jedoch erst in Tiberias fertiggestellt wurde. Bei der Niederschlagung des Bar-Kochba-Aufstands zerstörten die Römer Yavne.*

1946 wurde an der Stelle eines zuvor verlassenen arabischen Dorfes Yavne gegründet, das sich wegen eines Kernforschungszentrums zu einer kleinen Industriestadt entwickelte.

Südlich der Einmündung von Str. 410 auf die 42 und nördlich des Bahnhofs liegt der gewaltige Tel. mit ein paar Ruinen der Kreuzfahrerstadt und -burg Ibelin. Deren Kirche wurde von den Mamluken in eine Moschee umgewidmet. 1337 wurde ein Minarett angebaut, welches wiederum 1950 die Sprengung der Moschee durch die IDF überlebte.

Man kann von Yavne über Autobahn 4 oder Straße 42 und dann auf der 41 nach Westen direkt nach Ashdod, oder auf der Straße 410 einen Schlenker nach **Rekhovot** fahren (oder dorthin schon ohne Yavne von Rishon LeZion aus auf der Straße 412). 1890 von polnischen Juden gegründet, ist Rekhovot heute vor allem durch das **Weizmann Institute of Science** (Haupttor an der Kreuzung der Straßen 410 und 412, auch vom Bahnhof gut zu erreichen, So-Do 9-16, gratis, Besuch vorher anmelden: Tel. 08 9344499, www.weizmann.ac.il, Touren nur auf Hebräisch, Führungen nur Gruppen: pP ₪ 30) weltweit berühmt. Der Wissenschaftler und erste Präsident Israels, Chaim Weizmann

– Onkel des späteren Präsidenten Eser Weizmann (siehe S. 101) –, hatte sich hier niedergelassen und 1934 eine landwirtschaftliche Versuchsstation als Daniel Sieff Institut eingerichtet. 1944 gründeten Freunde zu seinem 70. Geburtstag das Weizmann Institut, das vor allem in den Bereichen Chemie, Physik und Biologie forscht. Das **Haus Weizmanns** von 1936/37 im Bauhausstil mit damals geradezu luxuriöser Einrichtung, kann ebenfalls besichtigt werden. Es steht auf dem Institutsgelände am Ende der HaNasi HaRishon St; auch das Grab des Ex-Präsidenten ist hier zu finden.

Viel Vergnügen für Kinder in jedem Lebensjahrzehnt bietet auf dem Institutsgelände der **Clore Garden of Science** (So-Do 10-16, Sa -17, Fr nach Verabredung, Tel. 08 9378300, online 10% Rabatt: ₪ 36, Kinder ab 5 Jahren ₪ 32, Familien ₪ 135, http://davidson.weizmann.ac.il/en/garden-of-science). Im Außengelände kann man sich den Gesetzen der Physik aussetzen und Naturphänomene ausprobieren.

Noch zwei Museen in der Nähe für speziell Interessierte: Das **Ayalon-Institut**, die unterirdische Munitionsfabrik der Hagana 1946-48 (So-Do 8.30-16, Sa ab 9, Fr -14; Tel. 08 9406552, www.shimur.org/Ayalon-institute [hebr.]), und das **Minkov Museum** über Orangenanbau und -verwertung mit einem Hain von 1904 (So-Do 9-15, Tel. 08 9469197, http://eng.shimur.org/Minkov).

🚗 Folgen Sie der Straße 412 weiter nach Süden und biegen Sie nach 4 km an der Straße 40 diesmal rechts und an der nächsten Kreuzung nach 1 km sofort wieder links auf die Straße 411 ab.

Nach 3 km kommt links die Abzweigung auf die Rothshild St von *Maskeret Batya*. Das Städtchen mit heute gut 13000 Einwohnern entstand wie Rishon schon 1882 bei der ersten Einwanderungswelle,

Modernisierte Gründerväter-Häuser in Maskeret Batya

und die Unterstützung Baron Rothschilds
dankte man mit dem Gedenken *(maskeret)* an dessen Mutter Batya. Der Ort lag
lang genug abseits, so dass viele der
Häuser wie die stallähnlichen *Kasermas*
der weißrussischen Gründerväter aus den
1880er Jahren noch stehen und behutsam zur touristischen Nutzung hergerichtet werden. Auch drei Dutzend **Kunsthandwerker** verschiedenster Couleur haben hier Inspiration gefunden.

Ein liebenswertes **Heimatmuseum**, 40
Rothschild St, Tel. 08 9349525, So-Do 8-
13.30, Fr -12, Sa (anrufen) 9.30-13.30,
zeigt die Geschichte des Ortes und das
frühere Alltagsleben. An der roten Tele-
fonzelle davor ist vor allem früh abends
Stelldichein für Hochzeitspaare.

Nur wenige Schritte vom Museum entfernt findet man gute

Essplätze, z.B.:
• **Esra** (עזרא), Hauptstraße, gute Felafeln und
  Shauwarma
• **Kaserma**, 36 Rothschild St, Café

• **Shirain**, rechts am Museum vorbei
  und weiter geradeaus, Café-Bistro und
  Galerie

Übernachten
• **Hapina Shel Michal**, 35 Rothshild St,
  Tel. 08 9340415 oder 052 3228275,
  www.hapina-shel-michal.co.il; kleines
  Hotel mit Toskana-Touch, mF D ab $ 115
• **LeMaskeret**, 49 Rothschild St,
  Tel. 077 5100611 oder 054 3975883,
  www.lemazkeret.co.il; aufwändig
  hergerichtete Gästezimmer mit Dusche
  oder Whirlpool, D ab $ 107

🚗 Zurück auf die Straße 40, 6 km nach
   Süden, an der Gedera Junction auf die
   Straße 41 und nach Westen. Nach 10
   km

Ashdod*

Geschichte: *Das alte Ashdod lässt sich bis
auf das 17. Jh vC und auf ägyptische Relikte
zurückverfolgen. Im 12. Jh vC war es ein
Fürstensitz der Philister. Doch die Siedlung
gewann nie große Bedeutung, obwohl sie
stets bewohnt war. Etwa ab dem 6. Jh vC
entwickelte sich der Hafen, fast 2000 Jahre
später benutzten ihn die Kreuzfahrer als einen ihrer Haupthäfen. 1957 beschloss die
israelische Regierung, 3 km nördlich der alten Siedlung einen modernen Tiefwasser-
hafen anzulegen. Seither siedelte sich
Industrie an, die Einwohnerzahl stieg auf
220.000, großteils aus russischen Gebieten.*

Der **Hafen** im Norden der Stadt schlägt
jährlich mit 17 Millionen Tonnen knapp
zwei Drittel der Schiffsfracht in Israel um
und besitzt seit 2005 mit dem *Eitan Port*
einen voll computerisierten Container-
hafen, www.ashdodport.co.il. Das Gelände ist weit abgesperrt, das *Visitor Center*
ist nur für Gruppen nach Voranmeldung
geöffnet. Mit Haifa streitet man sich um
die **Kreuzfahrtschiffe** – die wichtigsten
Städte Israels sind von hier aus schnell
erreichbar.

6

Aber das war es auch schon. Die Tourismusindustrie kommt nicht richtig in Gang: die *Blue Marina* wirkt aus der Luft sehr hübsch, aber zu Land wenig mondän. Der geplante große Tourismus-Boom ist vermutlich erst nach einem Frieden mit dem Gazastreifen möglich. Das klingt eher nach Weiterfahrt, aber ein Weilchen ließe es sich hier aushalten:

Ashdod verfügt über 8 km Strand, die touristisch mehr genutzt werden sollen, hier von Nord nach Süd. An einigen Stränden wurden Toiletten, Duschen, Umkleidekabinen und Picknickplätze eingerichtet, so am beliebten **Miami (auch: Mei Ami) Beach**, der eigentlich zu nah am Hafen liegt, aber trotz Verbotsschildern von Surfern geschätzt wird (Wellenhöhen auf der Hafenhomepage). Ähnlich ist südlich davon der **Lido Beach** ausgestattet, auf dessen Parkplatz mittwochs ein (Floh-)Markt abgehalten wird, Dienstag nachmittag gibt es hier Gebrauchtwagen. Der **Gandi Beach** hat durch ein Gebäude mit vielen Bögen den Namen gewechselt zu **Kshatot/Arches Beach**. Außer Gastronomie gibt es hier Samstag abends israelischen Volkstanz.

Neues Zentrum ist nun die erwähnte **Marina** mit Wassersportlern und entsprechendem Publikum, südlich davon liegt der Beach für ultraorthodoxe Juden, an dem sich die Sportpromenade zur öffentlichen körperlichen Ertüchtigung entlangzieht. Weiter südlich gibt es noch den *Mezuda Beach*, wo einst der Hafen *Ashdod Yam* lag. Hier sind eindrucksvolle Reste einer ursprünglich wohl omaiyadischen Festung zu sehen, die den Hafen schützte, *Minat AlQal'a*. Es ist zwar abgezäunt, aber man kann durchschlüpfen.

Im Norden zwischen Stadt und Hafen erstreckt sich ein **Park** südlich des **Lakhish-Flusses**. Es gibt einen Gratis-**Zoo** mit Zebras und angeblich hundert weiteren Tierarten, weiter östlich schließt sich der Etgarim Park mit einigen **Fun-**sport-Aktionen für Kinder an. Auf der anderen Seite der Brücken-Straße sehen sie den alten **Marine-Leuchtturm**. Er steht auf dem immerhin 53 m hohen **Jona-Hügel** (*Givat Yona/Yona Hill*). Richtig schön ist es hier nicht, aber der Rundblick entschädigt. Außerdem gibt es muslimische Gebäudereste des Jonagrabes, der in Ashdod vom Fisch an Land gespuckt worden sein soll – die Bibel nennt keinen Ort. Inzwischen pilgern eher fromme Juden als Muslime hierher.

Zurück im Stadtzentrum: Das kleine **Corinne Mamane Museum of Philistine Culture** (16 HaShayatim St, Tel. 08 6224 799, So-Do 9-16, Mo -20, Fr/Sa 10.30-13.30, ₪ 30/15, www.phcm.co.il) widmet sich weltweit einzigartig den Hinterlassenschaften des in der Bibel schlecht beleumundeten Volkes. Das 2003 eröffnete, für manche nur vom Bau her imposante **Ashdod Kunstmuseum** innerhalb des *Monart Centers for the Arts* zeigt moderne und zeitgenössische israelische und internationale Kunst. Es liegt nahe dem Busterminal und überblickt die Marina (8 Erez St, geöffnet und Preis wie vorhergehend, www.ashdodartmuseum.org.il [hebr. & russ.]).

Praktische Informationen
Telefon-Vorwahl 08

Ein **Tourist Information Office** scheint es derzeit nicht zu geben. Die Adresse www.ashdod.muni.il gibt auf Englisch nur groben Überblick. Am hilfreichsten ist die Touristik-Karte *Ashdod –The Golden Beaches of Israel*, die in den Hotels erhältlich sein sollte.

Verkehrsverbindungen

‣ Egged-Bus 438 oder 448 (Express) von/nach Jerusalem – mit Umstieg Gedera Junction auf Linie 301 von/nach Tel Aviv, mit Umstieg Re'em/Masmiya Jct auf 446 von/nach Beer Sheba. Direkt nach Tel Aviv fahren die Afikim-Busse 280, 319 oder 320, direkt nach Beer Sheba die Metropoline 348.

‣ Schneller und günstiger geht's per **Eisenbahn**: Afikim 17, 27, 66, 150 und weitere

Linien fahren zum **Ad Halom-Bahnhof** an der gleichnamigen Junction der Straße 4.

Essen und Trinken

Entlang der Strände gibt es eine Reihe preiswerter Essplätze und Imbisse.

• **Pescador** und **Pavela** (פבלה), Fisch und Bar/Restaurant am nördlichen Miami Beach

• **HaHof**, nicht kosher, gute Preis-Leistung, nördlich der Marina

• **Idi**, 6 HaBosem St, www.idiseafood.co.il, überregional bekanntes Fisch- und Meeresfrüchterestaurant in der nördlichen Industriezone, vorher buchen

Es gibt auch mehrere empfehlenswerte Essplätze in der BIG Mall nordwestlich des Ad Halom-Bahnhofs, die auch am Shabbat geöffnet haben.

Übernachten

Im Internet liest man: *Spat* Hotel – vor allem stundenweise, *Miami* – ekelhaft. Im letzteren sahen wir die Rezeption ausgezogen und das Haus komplett in der Hand chinesischer Hafen-Bauarbeiter. Es gibt andere Unterkünfte, und wer es kleiner mag, schaut im Internet nach B&B und Apartments.

• **West All Suites**, 21 HaTayelet St, Lido Beach, Tel. 073 2866866, Fax 073 2866800, www.tamareshotels.co.il; freundlich und hilfsbereit, sauber, für Familien, überall Strandblick, AC, TV, WLAN, mF E ab $ 167, D ab $ 183

• **Leonardo Plaza**, 1 Mediterranean St, ganz im Süden der Stadt am großen Kreisel des Strandboulevards, Tel. 6353535, Fax 6353533, www.fattal.co.il; freundlich, Wellness, gut, Kinderbespaßung, AC, TV, WLAN, mF E/D ab $ 140

🚗 Zurück zur Kreuzung mit der Straße 4, die nach Ashdod keine Autobahn mehr ist, dann auf dieser rechts nach Süden. Nach 13 km kann man rechts zum Kibbuz Nizan und dem **Kholot Nizanim National Reserve** abbiegen. Zu sehen sind die letzten Dünen, die seit dem Bau des Assuan-Staudammes am Nil mehr und mehr verschwinden (keine Sedimentablagerungen mehr im Mittelmeer, z.Z.

noch 30 m hoch und 250 m lang), relativ unberührte Natur mit interessanten Sandspuren der Tierwelt sowie der Nizanim Beach mit meist wenig Gleichgesinnten.

🚗 9 km: **Ashkelon Junction**. Rechts nach

Ashkelon**

Geschichte: *Ashkelon wird bereits im 18. Jh vC in ägyptischen Texten erwähnt, 1200 vC kamen die Philister übers Mittelmeer und machten die Siedlung zu ihrem bedeutendsten Fürstensitz. Bis zur Zeitenwende ging die Stadt in assyrische, dann in persische, hellenistische und schließlich in römische Hände. Um 73 vC wurde Herodes möglicherweise hier geboren. Nach der byzantinischen Epoche – einer Blütezeit der Stadt an der Via Maris – eroberten die Muslime im 7. Jh Ashkelon, 1099 die Kreuzritter, 1187 Saladin, der sie 1192 an Richard Löwenherz abgeben musste. 1290 gelangte sie endgültig in die Hände der Mamluken, danach verfiel sie mehr oder weniger zu einem riesigen Schutthügel, von Gras und Bäumen überwuchert. In der Nähe blieb allein das kleine arabische Dorf namens Madj-dal bestehen. 1952 gründeten südafrikanische Juden westlich von Madj-dal eine Siedlung namens Afridar, aus der sich die moderne Stadt entwickelte.*

Das heutige Ashkelon mit gut 130.000 Einwohnern zählt zu den viel besuchten Orten der Mittelmeerküste. Neben schönen, 10 km langen Stränden ist der Nationalpark der größte Anziehungspunkt. Die Stadtverwaltung hatte einst hochfliegende Pläne, die Stadt mit Vergnügungs- und Shoppingparks sowie einem Golfplatz zu einer Tourismushochburg auszubauen, doch seit der AlAqsa-Intifada mit der allseitigen Unfähigkeit zum Frieden gingen diese Pläne bislang im Qassam-Beschuss unter.

6

Die Einfallstraße führt südlich an Madj-
dal und Afridar vorbei direkt zum Strand.
Hält man sich dort links, so endet man
bei der Hauptattraktion, dem etwa 2 km
südlich von Afridar gelegenen **Ashkelon
Nationalpark** (Einlass 8-20, geöffnet bis
22, Nov-März -18, letzter Einlass zwei
Stunden vorher, Tel. 6736444, ₪ 28/14,
Camping auf Website vorher buchen pP
₪ 53/42), der außerdem mit Stadtbus 6
zu erreichen ist. Heute ist von der einstigen Pracht nicht mehr viel zu sehen.
Dennoch lohnt sich ein Besuch, weil die
Israelis auch hier recht unkonventionell
das Gebiet des alten Ashkelon in einen
großen Picknick-Park verwandelt haben.

So gehen Freizeitvergnügen und historische Relikte eine Symbiose ein, die
den Monumenten die Aura des „Berühr-
mich-nicht" nimmt und sie ins moderne
Leben integriert; Seite an Seite mit dem
attraktiven Badestrand und Rettungsschwimmern, Restaurant, Disco, Campingplatz, Cafeteria, Picknick-Bänken und
Toiletten. Ein (modernes) Amphitheater
wird gern für Konzerte und Theateraufführungen genutzt – eine der schönsten
Erholungslandschaften südlich von Tel
Aviv. Achtung: Es wird am Parkeingang

ausdrücklich darauf hingewiesen, in ge-
parkten Autos keine Wertgegenstände
zurückzulassen.

Zwar wird am Eingang ein (bescheide-
ner) Plan vergeben, der die historischen
Fragmente erklärt, aber man sollte keine
Sensationen erwarten. Archäologie-Fans
werden allerdings von dem fast 4000
Jahre alten **Stadttor** an der Nordmauer
aus mittelbronzezeitlichen Lehmziegeln
begeistert sein: Man schreitet durch den
wohl ältesten Mauerbogen der Welt.
Außen, nördlich unterhalb der Mauer wurde ein kleiner Schrein mit einem **Bronze-
kalb** entdeckt (jetzt im Israel Museum),
das wohl den Gott Baal repräsentierte.

Am eindrucksvollsten sind die weiteren **Stadtmauerreste**. An der Seeseite
bauten byzantinische Baumeister römische Säulen quer in die Mauer, sie wurden durch Verfall der Mauer freigelegt.
Jetzt sehen sie von Ferne wie auf See ge-
richtete Kanonenrohre aus; allerdings hat
die Brandung viele Säulen auf den Strand
fallen lassen. In der Nähe des Hauptpark-
platzes lag einst das **Bouleuterion**, eine
Versammlungshalle mit Kolonnaden aus
immerhin 60 Säulen von 8 m Höhe, die
eine Fläche von knapp 4000 Quadrat-

Lehmziegel-Stadttor mit ältestem Mauerbogen der Welt

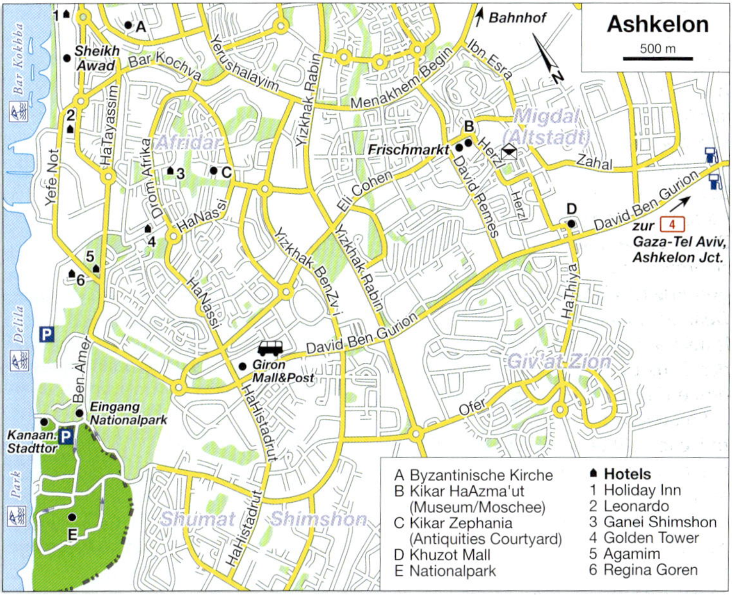

Ashkelon

A Byzantinische Kirche
B Kikar HaAzma'ut
   (Museum/Moschee)
C Kikar Zephania
   (Antiquities Courtyard)
D Khuzot Mall
E Nationalpark

♠ Hotels
1 Holiday Inn
2 Leonardo
3 Ganei Shimshon
4 Golden Tower
5 Agamim
6 Regina Goren

metern einnahm. Vermutlich wurde der Komplex im 3. Jh nC angelegt. Einige der Säulen und Kapitelle sind ausgestellt sowie Statuen der Göttinnen Nike und Isis, die aus der Apsis am südlichen Ende stammen.

Auch im modernen **Afridar** gibt es ein paar antike Monumente zu sehen. Fahren Sie bis zum Zentrum um den Kikar Zephania mit Uhrenturm, Post und einer Reihe Geschäften, nicht zuletzt auch preiswerten Restaurants.

Im **Antiquities Courtyard**, der etwas versteckt unweit des Uhrturms liegt, sind zwei **römische Marmorsarkophage** ausgestellt, die bei Ausgrabungsarbeiten gefunden wurden. Sowohl Herkunft als auch endgültige Benutzung der außerordentlich schön dekorierten, aber nicht vollständig fertiggestellten Steinsärge werfen ungeklärte Fragen und Spekulationen auf. Es lohnt sich also, einen etwas intensiveren Blick vor allem auf die Skulp-

turen zu werfen, denn hier sehen Sie die schönsten bisher in Israel gefundenen Sarkophage.

Im nördlichen Vorort **Barnea** wurden bei Bauarbeiten die eher spärlichen Reste zweier **byzantinischer Basiliken** nahe der Zvi Segal St entdeckt. In der zweiten, etwas kleineren Basilika ist ein schöner Mosaikboden erhalten.

Das arabische **Madjdal** (hebr. *Migdal*) wird von Neubauten immer mehr eingekreist; der früher gepriesene orientalische Charme hat unter der Moderne ziemlich gelitten. Allerdings herrscht hier ganz anderes Leben und Treiben als in den Shopping Centers der Stadt. Wer einen Hauch von orientalischem Leben mitbekommen will, sollte am späten Nachmittag ein bisschen durch die schmalen Straßen bummeln, noch bevor das hier geplante Künstlerviertel realisiert wird. Am hiesigen Kikar HaAzma'ut berichtet der **Ashkelon Khan & Museum** (So-Do 9-13/16-

19, Fr 9-13, Sa 10-13, Tel. 6727002, Eintritt frei) über die 5000-jährige Geschichte des Siedlungsraums – u.a. wird eine Nachbildung des spektakulären Bronze-Kalbs vom Nordtor des Nationalparks gezeigt. Das Museum ist Teil eines alten Khan mit einer Khan-Moschee, die jetzt geschlossen ist. Ganz in der Nähe kann man mittwochs und donnerstags auf einem **Frischmarkt** Obst und Gemüse kaufen.

Praktische Informationen
Telefon-Vorwahl 08

Ein **Tourist Information Office** sucht man auch in Ashkelon vergeblich. Man kann es bei der Stadtverwaltung Tel. 6792373 versuchen oder die auch auf Englisch aufschlussreiche Seite www.ashkelon.muni.il befragen. Für Rucksackreisende gibt es in der Herzl St 8 ein ISSTA-Büro, Tel. 6778555.

Verkehrsverbindungen
▸ Die **Central Bus Station** liegt in der Ben Gurion St. Nach Tel Aviv fahren die EGGED-Busse 300 (direkt), 301 & 310, Bus 311 mit Umstieg auf die 438, 448 aus Jerusalem nach Ashdod, Bus 436 (direkt) und 437 nach Jerusalem, Busse 363, 364 (Express) nach Beer Sheba. Zum Kibbuz Yad Mordekhai fährt Dan South mit einmal Umsteigen, 36, 365. Stadtbus 6 verkehrt zum Nationalpark und zu den Beaches und Hotels, Busse 4 und 5 nach Madjdal/Migdal. Außerhalb des Terminals warten Sammeltaxis nach Tel Aviv.
▸ Flotter und günstiger geht es wieder per **Eisenbahn:** Dan South 18, Egged 301 und Afikim 150 fahren zum **Bahnhof** Tel Aviv in halber Fahrzeit, aber für 22 statt 16 Shekel.

Marina, Shopping
Die ehrgeizig angelegte Marina für 600 Boote, 4-6 m Tiefe, Shopping Center, Strandpromenade etc. wartet auf Frieden mit Gaza – spektulare Jachten der Reichen und Schönen ankern anderswo; www.ashkelon-marina.co.il.

Viele kleine Shops findet man im alten arabischen Viertel von Madjdal/Migdal in der Gegend des Kikar HaAzma'ut; Shoppingcenter sind u.a. *Giron Mall*, 21 Ben Gurion St

(Nähe CBS), *Lev Ashkelon Mall*, 40 Histadrut St im Süden, und die größte südlich von Migdal an der Ben Gurion St, die *Huzot Mall*.

Baden
Fünf Strände stehen den Benutzern offen; der **Seperate Beach** ist nur für Religiöse und je nach Geschlecht zu unterschiedlichen Zeiten geöffnet. Am nördlichsten liegt, sinnigerweise, der **North Beach**, der noch relativ ruhig ist, nach Süden folgt der „Familienstrand" **Barnea Beach**, dann der **Bar Kokhba Beach** unweit des Diving Centers an der Marina, südlich der Marina der beliebteste, der **Delila Beach**. Zu ihm gehören drei kleine Inseln, zu denen man hinausschwimmen kann. Vielleicht deswegen gilt dieser Strand als der sicherste. In der Ferne sieht man den verfallenen **Ashkeluna Water Park, dessen Parkplatz genutzt werden kann.** Am südlichsten liegt der bereits erwähnte **Park Beach** im Nationalpark. Beachten Sie beim Baden unbedingt die Flaggen, denn es gibt hier gefährliche Unterströmungen. **Bei schwarzer Flagge also auf keinen Fall ins Wasser** gehen, bei roter große Vorsicht!

Essen und Trinken
Um die Marina und den Delila Beach stößt man auf das vielfältigste Angebot im Strandbereich, u.a. das **Scubar** direkt an der Hafeneinfahrt, das Fisch-, aber auch Fleischgerichte und orientalische Küche serviert. In dieser Gegend finden Sie am schnellsten Alternativen oder sonst in den Hotel-Restaurants, im Fußgängerbereich in Madjdal/Migdal eher kleinere Essplätze mit Felafel- und Shauwarma-Ständen.

Übernachten
Ashkelon hat einige Überkapazitäten, besonders bei kritischer Nachrichtenlage. An Wochenenden und Feiertagen kann es jedoch auch sehr voll werden. Apartments gruppieren sich vor allem an der Yefe Nof St – wie deren Name sagt: des Ausblicks auf Meer und Marina wegen.

• **Holiday Inn**, 9 Adam Yekuti'el St, Tel. 6748888, Reservierung 03 5390829, Fax 6718822, www.ihg.com; die zwei Halbkugeln an der nördlichen Strandpromenade sind unübersehbar, freundlich, sauber, Fitness, Pool (kein eigner Strand), AC, TV,

WLAN, Rabatt für Internet-Frühbucher, mF E/D ₪ 500-900

- **Leonardo**, 11 Golani St, Tel. 9111111, www.leonardo-hotels.com; unweit von Strand und Marina, alle Zimmer Blick vom Balkon darauf, freundlich, sauber, AC, TV, WLAN, mF E/D ab $ 140

- **Agamim**, 2 Moshe Dorot St, Tel. 6737737 oder 052 3919234, Fax 6711710, www.agamim.biz; hübsche kleine Häuschen, gut für Familienzusammen-künfte, nicht übertrieben freundlich, AC, TV, WLAN E/D ₪ 390-560

- **Regina Goren**, 1 Goren St, Tel. 6798000, Fax 6441584, www.reginahotels.ru; 2015 eröffnet, zurückhaltend gestylt, 500 m bis zum Delila Beach, zwei Restaurants, Bar, Balkon (Seeblick kostet), AC, TV, WLAN, mF D ₪ 340-400 (400-520), Suite ₪ 500-620

- **Golden Tower**, 28 HaRakefet St, Afridar (einige Blocks oberhalb des aufgegebe-nen Dan Gardens Hotel, nicht sehr nahe zum Strand), Tel. 6734124, Fax 6734129, www.gtower.co.il; mittelmäßige Zimmer, etwas abgewohnt, Kühl-schrank, AC, TV, WLAN in der Lobby, glatt kosher – also viele Haredim, mF E $ 60, D $ 95

- **Samson's Gardens/Ganei Shimshon**, 38 HaTamar St, Afridar, Tel. 6734666, Fax 6739615, www.ganei-shimshon.co.il (hebr.); Bungalows im Garten, Einrichtung nicht neu, AC, TV, mF (wochenends nur Vollpension) E ₪ 210 (480), D ₪ 280 (650)

Camping

Im Nationalpark kann man April-Oktober auch campen, allerdings nur freitags und an jüdischen Feiertagen, dann ist es recht voll, Voranmeldung muss sein. Erwachsene pP ₪ 53/42. Wer nachmittags kommt, zahlt Über-nachtung und den Eintritt des nächsten Tages, an dem man bis 17 Uhr bleiben kann. Abends kommt man nur bis 20 Uhr in den Park hinein und nur bis 22 Uhr heraus. Da-nach ist bis 8 Uhr geschlossen, Tel. 6739660.

Von Ashkelon nach Süden und Osten

Sehenswertes

- ⋆⋆⋆ **Bet Guvrin und Tel Maresha**, altes jüdisches Siedlungsgebiet mit interessanten Relikten in schöner Landschaft, imposante „Glockenhöhlen", S. 302

- ⋆⋆ **Yad Mordekhai**, im Unabhängigkeitskrieg drama-tisch umkämpfter Kibbuz, Denkmal, Museum über die Leiden der Juden unter den Nazis, S. 300

- ⋆ **Netivot**, Kleinstadt am Wüsten-rand mit Mausoleum von Baba Sali, S. 300

- ⋆ **Lakhish**, Ruinenhügel einer Großstadt Judas, von Assyrern grausam erobert, S. 301

- ⋆ **Carlsberg Brauerei**, Brauerei-besichtigung in der Wüste, S. 300

6

Von Ashkelon aus bietet sich eigentlich die Weiterfahrt nach Süden, Osten oder Südosten an. Bei uneingeschränkter Be-wegungsfreiheit könnten die Reiseziele **Gaza** (siehe S. 547) oder **Hebron** (S. 540) lauten. Gaza fällt bis auf Weiteres aus, Hebron ist nur eingeschränkt möglich, so dass vor allem **Beer Sheba**, die Be-duinenstadt **Rahat** und der südlichere **Negev** in Frage kommen, alternativ könn-te man auch von hier aus die bedingt mögliche Reise durch die teilweise hüb-schen judäischen Berge nach **Jerusalem** ins Auge fassen. Wo auch immer das Ziel liegen wird, unterwegs sollte man sich unbedingt **Bet Guvrin** ansehen.

Abstecher nach oder in Richtung Beer Sheba

Kaum wieder auf der Straße 4 kann man nach 4 km rechts in die Chaim Bar Lev St 5 zum Industriegebiet südlich von Ashkelon abbiegen und 3 km bis zum Ende durchfahren. In wüstenhafter Landschaft füllt hier die ***Carlsberg Brauerei** die Biermarken Carlsberg und Tuborg sowie Sprudel ab – keine Fata Morgana! 8 km vom Gazastreifen entfernt sind Grundstückspreise und Gewerbesteuer vermutlich niedrig. Visitor Center So-Do 9-16 Uhr, für den Eintrittspreis unbegrenztes Verkostungsvolumen, eigentlich nur Gruppenbesichtigung, Tel. 6740727 oder 6740740.

3 km weiter auf der Straße 4, rechts auf Straße 3411 und wieder die erste, rechts befindet sich ein kleiner **Campingplatz**. 5 km weiter auf Straße 4 nach

Yad Mordekhai**

Der Kibbuz Yad Mordekhai, der südlichste an der israelischen Mittelmeerküste, wurde nach dem Anführer des Aufstands im Warschauer Ghetto, Mordekhai Anielewicz benannt. Ein Denkmal innerhalb des Kibbuz erinnert an ihn.

Während des **Unabhängigkeitskrieges** widerstanden die 165 Kibbuzmitglieder sechs Tage lang einer mit 2500 Mann weit überlegenen ägyptischen Armee-Einheit; die entscheidende Hilfe aus Tel Aviv kam erst in allerletzter Minute. Von einem (ausgeschilderten) Hügel des Kibbuz kann man den spannenden Kampfverlauf – durch Attrappen im Gelände nachgestellt – nachverfolgen, über Lautsprecher wird das Kampfgeschehen geschildert, ein eroberter Panzer steht unterhalb des Hügels.

Etwa 1 km entfernt wurde das **Museum** *From Holocaust to Revival* errichtet (Fr&So 10-15, Di 10-14/16-18 (wechselt,

vorher anrufen: 08 6720559), das an die Leiden der Juden und vor allem der Kinder unter den Nazis eindrucksvoll erinnert. Das Schlachtfeld ist immer zugänglich.

Östlich von Yad Mordekhai

Von Yad Mordekhai führt die Straße 34 nach Süden, nach der Vereinigung mit der Straße 25 endet diese in Beer Sheba. Der erste Ort an der Straße ist das aus den Nachrichten bekannte **Sderot**, als größter Ort am Gazastreifen beliebtes Ziel der Raketen von dort. Trotzdem harren die Bewohner hier weiter aus. Knapp 20 km nach Yad Mordekhai erreicht man die Kleinstadt * **Netivot**, in der hauptsächlich marokkanische Juden wohnen. Unter ihnen lebte **Baba Sali**, ein Gerechter, der Wunder gewirkt haben soll. Ihm wurde ein Mausoleum gebaut, das Ziel vieler Wallfahrer ist – besonders zu seinem Todestag. Sie erwarten posthum durch Besuch und Erwerb von Devotionalien weitere Wunder. Das Mausoleum liegt am Westrand der Stadt, es bietet neben dem eigentlichen, tuchverhangenen Sarkophag für den Nichtjuden nur die Pilger-Atmosphäre, diese weltweit ähnliche Mischung aus tiefer Frömmigkeit und unverhohlenem Kommerz.

Wenn Sie das Mausoleum besuchen wollen, fahren Sie auf der Straße 25 angelangt die nächste rechts, Yerushalayim St, am Wasserturm vorbei bis zur HaRambam St, wieder rechts hinein und am Ende links in die Bar Ilan St (hier sieht man bereits den Kuppelbau), danach die zweite Straße rechts in die Jabotinski St; http://association-babasale.com.

11 km weiter östlich auf dem Weg nach Beer Sheba – das dann nur noch 21 km entfernt ist – zweigt an der Gilat Junction die Straße 241 nach Westen über Ofakim zum **Nationalpark Eshkol** (16 km) ab. Dieser zweitgrößte Naturpark Israels, am

Eshkol Nationalpark: jüdisch-orthodoxe Badefreuden

Nakhal Besor gelegen, besitzt neben ein paar Ruinen von der kanaanitischen bis zur byzantinischen Zeit vor allem Picknickplätze, Sportanlagen und das mit 3500 Quadratmeter größte Schwimmbecken des Landes. Wanderwege und eine „Scenic Route" erschließen das 1300 Hektar große Gelände, ₪ 22/9, Camping ₪ 53/42.

Von Ashkelon Richtung Hebron oder Jerusalem

9 km auf der Straße 35 nach **Sde Yo'av**, einem kleinen, relativ unbekannten und daher preiswerten **Schwefelbad** mit 39 Grad heißem Wasser, das aus einem 100 m tiefen Brunnen mit hohem Schwefelgehalt hervorsprudelt.

🚗 6 km nach **Kiryat Gat**

Ein 1954 gegründeter Ort, der sich zu einer ansehnlichen Industriestadt mit 51.000 Einwohnern entwickelt hat. Gehörte einst unter dem Namen Gat zum Städtebund der Philister.

🚗 8 km: **Lakhish Junction**
    Rechts 2 km zum Kibbuz

Lakhish*

Geschichte: *Lakhish zählt zu den sehr alten Siedlungen Israels, es war bereits im 3. Jahrtausend vC bekannt, im 2. Jahrtausend siedelten Kanaanäer an dem Ort. Im ägyptischen Tell el Amarna wurden Briefe des Königs Zimridu (auch Zimredda, 1375-1340 vC) aus Lakhish an Pharao Echnaton gefunden. Salomos Sohn Rehabeam befestigte 920 vC den Ort. 701 vC nahm der Assyrerkönig Sanherib Lakhish ein und gab dies – wie alle seine Eroberungen des Feldzuges – in seinem Palast in Ninive samt allen Scheußlichkeiten der damaligen Belagerungstechnik in einem eindrucksvollen dreiteiligen Basrelief bekannt (Kopie im Israel Museum, Jerusalem). 588 vC fiel die Stadt in die Hände des Babyloniers Nebukadnezar. Nach der Rückkehr aus der babylonischen Gefangenschaft siedelten zwar wieder Juden in Lakhish, aber im 2. Jh vC sank es zur Bedeutungslosigkeit ab.*

Vom antiken Lakhish wurden die Ruinen einer inneren und äußeren **Stadtmauer** freigelegt. Vom Picknickplatz aus kann

6

man die **Belagerungsrampe der Assyrer** an der Südostecke des Tels sehen – nicht so imposant wie die römische Rampe an der Festung Massada am Toten Meer, aber 800 Jahre älter! Eine Toranlage führt in die Stadt, falls sie nicht noch für Besucher hergerichtet wird. Im **Torturm** wurden die Lakhish-Briefe gefunden, Althebräisch mit Tinte beschriebene Tonscherben, die sich auf 588 vC datieren lassen. Schräg links vom Eingangstor – etwa im Zentrum der Stadt – stand der **Statthalterpalast**. Unter ihm gibt es Mauerreste eines Tempels. Im Nordosten wurde ein Sonnentempel aus der späten Perserzeit ausgegraben, um 400 vC. Im westlichen Graben unterhalb des Tels fand man den kanaanäisch-spätbronzezeitlichen, so genannten Fosse-Tempel. Von oben sieht man ihn kaum. Das recht weitläufige, durchaus bedeutende Ruinengelände ist begehbar, aber für Laien könnte es ansprechender erschlossen sein.

Lakhish ist nicht gut ausgeschildert: 2 km nach dem Abzweig von der Straße 35 führt eine schmale Straße rechts zum Moshav Lakhish. Bei der Fahrt dorthin sehen Sie links bereits den Tel. mit seinen Mauern. Biegen Sie direkt vor dem gelben Tor des modernen Ortes links auf einen Feldweg, dann etwa 400 m, danach links zu einem schattigen Picknickplatz und zum Eingang ab.

🚗 6 km: **Guvrin Junction**
Rechts 2 km zum Nationalpark

Bet Guvrin und Tel Maresha**

Geschichte: *Maresha wird bereits im Buch Josua erwähnt; jedenfalls befestigte Salomos Sohn Rehabeam um 920 vC den Ort, der dann 587 von den Babyloniern zerstört und später nicht wieder von Juden bewohnt wurde. Stattdessen siedelten wie überall in Judäa Edomiter aus dem Ostjordanland, später kamen Griechen hinzu,*

die Siedlung hieß Marisa. In der hellenistischen Epoche war der Ort am stärksten besiedelt, damals entstanden die meisten Höhlen im Berg. Im 2. Jh vC eroberten die Hasmonäer die Gegend und bekehrten die Bewohner zum Judentum. 40 vC zerstörten die Parther den Ort endgültig.

Der „Vorort" von Maresha, Bet Guvrin, schrieb eine unabhängige Geschichte. Nach der Zerstörung von Maresha verschob sich der Siedlungsschwerpunkt nach Guvrin, es entwickelte sich eine bedeutende Stadt, die nach dem Besuch von Kaiser Septimius Severus im Jahr 200 in Eleutheropolis (Stadt der Freien) umbenannt wurde. Im 3. und 4. Jh wurde Bet Guvrin eine wichtige jüdische, während der byzantinischen Periode eine bedeutende christliche Siedlung mit mehreren Kirchen.

Nach ihrer Eroberung begannen die Araber, im größeren Stil Kalkstein aus dem unter einer harten Deckschicht weichen Berg zu brechen. Die Kreuzfahrer errichteten die Festung Gibelin in Bet Guvrin, die sie aber bald an Saladin verloren. Der weiche Kalkstein verführte offenbar alle Bewohner der Vergangenheit dazu, die Berge auszuhöhlen, teils für Wohnzwecke, teils als Steinbruch. Maresha und Bet Guvrin stehen seit 2014 auf der Liste des UNESCO Welterbes.

Bereits 1921 hatten Ausgrabungen in Bet Guvrin schöne **Bodenmosaike** von christlichen Kirchen aus dem 5./6. Jh nC freigelegt, die Jagdszenen, Tiere und Sinnbilder des Jahres zeigen. Sie wurden ins Rockefeller Museum in Jerusalem gebracht. Außerdem wurden Reste einer **Synagoge** aus dem 3. Jh nC entdeckt. Das historische Gebiet (täglich 8-17, Fr - 16, im Winter -16, Fr -15; ₪ 28/14) ist recht weitläufig. Vom Eingang aus fährt man am besten am Picknickplatz vorbei zum Parkplatz II und wandert dann, dem ausgeschilderten Pfad nach, hügelauf. Als erstes stößt man auf die **Polnische**

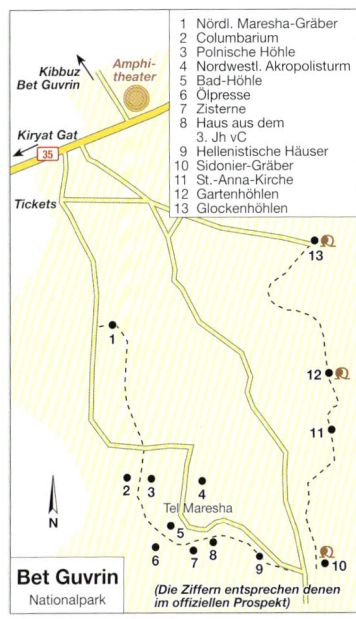

1 Nördl. Maresha-Gräber
2 Columbarium
3 Polnische Höhle
4 Nordwestl. Akropolisturm
5 Bad-Höhle
6 Ölpresse
7 Zisterne
8 Haus aus dem
   3. Jh vC
9 Hellenistische Häuser
10 Sidonier-Gräber
11 St.-Anna-Kirche
12 Gartenhöhlen
13 Glockenhöhlen

Bet Guvrin
Nationalpark

(Die Ziffern entsprechen denen im offiziellen Prospekt)

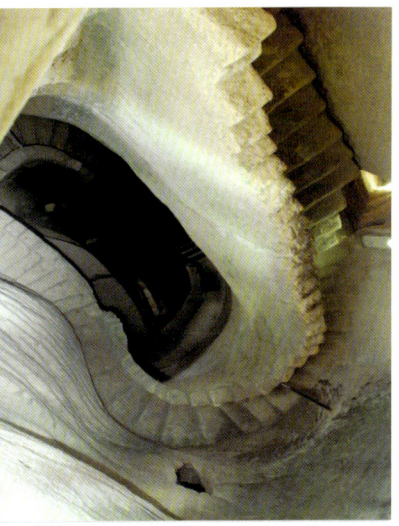

Felsentreppe zu einer Zisterne in Bet Guvrin

Höhle, eine Zisterne, die ihren Namen von polnischen Besuchern erhielt, die 1943 ihre Namensgraffiti hinterließen. Gleich nebenan führen Treppen in eine ziemlich ausgedehnte Höhle, die wegen ihrer mehr als 2000 Nischen in den Wänden **Columbarium** (Taubenhaus) genannt wird. Zwar ist in der gängigen Literatur nahezu unisono von Nischen für Urnen die Rede, aber die Verwaltung des Nationalparks spricht sowohl von einer höheren Nischen-Zahl als auch davon, dass es sich ursprünglich um ein großes Taubenhaus handelte – wie auch immer, heute beweist sonores Gurren, dass Tauben in der Höhle gern wohnen.

Der Weg führt am Hügelrand des Tel Maresha weiter, unterwegs sollten Sie die Besichtigung einer uralten unterirdischen **Ölmühle** und -presse nicht versäumen, kurz vor dem Parkplatz III lädt ein Haus aus dem 3. Jh vC mit großer Zisterne zum Besuch ein. Von hier aus muss man nun zurück zum Parkplatz II wandern, falls man nicht ohne Auto oder mit Fahrer unterwegs ist. Für den Rückweg sollte man den Weg über den Tel. nehmen, nicht so sehr, weil es ein paar Befestigungsreste des nordwestlichen Akropolisturms zu sehen gibt, sondern wegen des herrlichen Ausblicks: Bei klarer Sicht schweift der Blick zum Mittelmeer, nach Tel Aviv und zu den judäischen Bergen.

Zwischen Parkplatz III und IV gibt es ein **hellenistisches Haus** mit einem hübschen Bad und einem großen Untergrundkomplex aus Höhlen und Zisternen zu sehen. Parkplatz IV ist im Tal vor **Grabhöhlen** angelegt, die mit interessanten Malereien aus der Tierwelt und Mythologie dekoriert sind. Von hier aus geht es weiter zur imposantesten Sehenswürdigkeit von Bet Guvrin (unterwegs liegen rechts der Straße die Ruinen der byzantinischen, später von den Kreuzfahrern wiedererrichteten Kirche St. Anna, die aber nur auf dem Fußweg zu erreichen ist).

6

Musikerhöhle in Bet Guvrin

Hinter einem kleinen Rasthaus verbirgt sich der Eingang zu einem **Höhlensteinbruch** (Bell Caves, *Glockenhöhlen*) gewaltigen Ausmaßes. Da eine etwa 1,5 m dicke, härtere Deckschicht über dem weichen Kalkstein liegt, bohrten sich die antiken Steinbrecher zunächst runde „Mann-Löcher" für den Einstieg durch diese Schicht und räumten dann darunter glockenförmig Hohlräume aus, wobei sie hier auch die Zwischenwände beseitigten und eine große zusammenhängende Höhle schufen. Da in der Zwischenzeit ein Teil der Deckschicht einstürzte, muss man sich heute nicht durch die Mann-Löcher abseilen, sondern kann bequem in die Gewölbe hineinwandern. Einritzungen an den Wänden lassen das Hauptwerk auf eine arabisch-sprachige christliche Bevölkerung der Zeit vom 7.-10. Jh datieren. Insgesamt gibt es etwa 800 solch glockenförmiger Höhlen in der Umgebung – diese hier werden auch für Konzerte genutzt.

Die Eintrittskarte, die Sie zuvor lösten, gilt auch für das Ausgrabungsgelände nördlich der Straße 35, das Sie sicher bei der Anfahrt bereits sahen. Auch hier – Northern Complex genannt – lohnt ein Besuch der ursprünglich römischen Ruinen.

Das ziemlich große Amphitheater diente vermutlich Gladiatorenkämpfen; östlich davon stand ein großes Badehaus. In byzantinischer Zeit wurde das Amphitheater als Markt benutzt. Die Kreuzritter überbauten schließlich den Komplex mit einem Fort, in das sie auch eine Kirche einbezogen, die Mamluken benutzten das Fort weiterhin, bauten aber eine Moschee ein.

Vom Eingang her stößt man zunächst auf eine Ölmühle und geht dann weiter zu den Resten des Kreuzritterforts, dessen Kirchenruinen hier besonders auffallen. Nach Überqueren einer Stadtmauer über eine Holzbrücke geht man weiter zum Amphitheater, das zwar nicht groß ist, dessen dicke Stützmauern und Bogengänge unter den Sitzreihen jedoch imponieren. Hier wurden wahrscheinlich die Raubtiere für die Gladiatorenkämpfe gehalten.

Jetzt stellen sich, neben der Rückkehr nach Ashkelon, mehrere **Optionen für die Weiterreise**: Man fährt nach Kiryat Gat zurück und dort auf die Straße 40, um **Beer Sheba** (siehe S. 447) zu besuchen. Oder man bleibt auf der Straße 35 und fährt 23 km nach **Hebron** (siehe S. 540), wofür Sie allerdings den Checkpoint Tarqumiya passieren müssten, was nur mit palästinensischem Mietwagen erlaubt ist. Informieren Sie sich vorher über die aktuelle Situation dort, siehe S. „Bitte beachten Sie die sehr vorsichtigen Warnungen des Auswärtigen Amtes:

www.auswaertiges-amt.de > Reise& Sicherheit > Reise- und Sicherheitshinweise: Länder A-Z" auf Seite 492.

Die dritte Option wäre die Fahrt nach **Jerusalem**, indem man sich auf der Straße 38 nach Norden hält bis diese nach 30 km in die Autobahn 1 einmündet, von dort liegt Jerusalem 20 km entfernt. Unterwegs könnte man noch die Tropfsteinhöhle Me'arat Soreq (siehe S. 218) besuchen.

Von Tel Aviv nach Haifa

Die Autobahn nach Norden führt mehr oder weniger am westlichen Rand der landwirtschaftlich extrem genutzten Sharon-Ebene entlang, besonders im nördlichen Bereich vorbei an vielen Kibbuzim und Moshawim oder privaten Landwirtschaftsbetrieben. Sie können auf der Landstraße sowie der Autobahn, oder aber per Bus bzw. Eisenbahn nach Norden reisen.

Wir wollen grundsätzlich der Autobahn 2 möglichst nah am Meer folgen; die deutlich langsamere Straße 4 liegt entfernter im Land, die noch weiter östliche Autobahn 6 kostet Maut.

🚗 10 km nach

Herzliya**

Geschichte: *Die 1924 von amerikanischen Juden gegründete und nach Theodor Herzl benannte Stadt entwickelte sich von 5000 Einwohnern 1948 auf jetzt 93.000. Dennoch blieb sie der Zufluchtsort der Bessergestellten von Tel Aviv, nicht zuletzt wegen des feinen, weithin bekannten Sandstrandes direkt vor den Haustüren. Die besseren Wohnviertel liegen westlich des Sandstammkamms im Stadtteil Pituakh. Der östliche Teil der Stadt hat High-Tech-Firmen vor allem der Kommunikationsindustrie und der Computerindustrie angezogen. Wer in Pituakh in den schattigen Alleen bummelt, kann so manchen Wohnpalast auch ungewöhnlicher Architektur entdecken.*

Bekannt als Theodor, hieß dieser Mann eigentlich Dr. Benjamin Ze'ev herzl

6

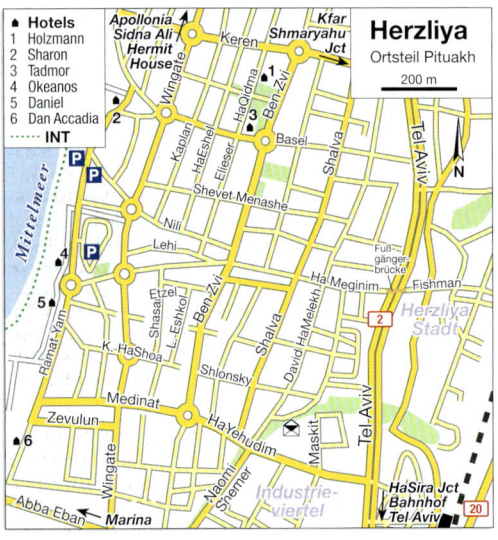

Hotels
1 Holzmann
2 Sharon
3 Tadmor
4 Okeanos
5 Daniel
6 Dan Accadia
----- INT

Körper. Eine 2 km lange Promenade verbindet die Hotelburgen miteinander, die sich am Strand entlang aufreihen. Im Norden der Stadt erhebt sich direkt am Strand die Moschee aus dem 11. Jh des islamischen Heiligtums **Sidna Ali** (Bus 29 vom Busterminal). Vom gleich anschließenden Parkplatz führt eine Betontreppe zum Strand hinunter, an dem rechts das **Hermit House** liegt (z.T. auch auf der Düne); eine skurrile Sehenswürdigkeit. Nissim Kakhlon baut seit den 1970er Jahren eine fantasievolle „Sandburg" ins Kliff. Eventuell kann man Hummus sowie hausgemachte Pita kaufen, und vielleicht ergibt sich die Gelegenheit, durch die ausgedehnte Fantasie-Anlage geführt zu werden.

Im eigentlichen Herzliya östlich der Autobahn 20, Ecke Ben Gurion/HaBanim St steht das **Herzliya Museum of Contemporary Art** (Di/Do 16-20, Mo/Mi/Fr/Sa 10-14, ₪ 20, Tel. 9550010, www.herzliya museum.co.il), das zum Yad Labanim Memorial Center mit einem modernen Skulpturengarten gehört. Wechselnde Ausstellungen sollen das künstlerische Schaffen der gegenwärtigen Generation darstellen. In der HaNadiv St können Sie das **Bet Rishonim Museum** (So-Fr 8-13, Mo auch 16-19, Eintritt frei) besuchen, das über die ersten Siedler und die Stadtentwicklung berichtet. Drumherum ist ein erholsamer Botanischer Garten angelegt.

Die Mehrzahl der Gäste kommt allerdings wegen der insgesamt 6 km langen **goldgelben Badestrände** nach Herzliya, die wegen der ständigen Pflege und Lebensretter Eintritt kosten. Falls Sie Rucksackwanderer sehen: Der Israel Trail führt hier entlang. Am meisten frequentiert sind die Strände im Zentrum, nach Norden hin gibt es etwas mehr Sand pro

Einige hundert Meter nördlich erkennt man **Tel Ashraf**, das Ruinengelände des antiken Hafens Rishpon und späteren griechischen **Apollonias**. Die Kreuzfahrer errichteten an dieser Stelle 30 m über dem Meer ihre Burg Arsuf, besiegten 1191 hier Saladin, wurden aber 1265 von den Mamluken geschlagen, welche die Stadt zerstörten (zur Ausgrabung: http://archaeology.tau.ac.il/?page_id=4668). Von Mai bis September findet in diesem Nationalpark (8-17, Fr -16, Winter -16, Fr -15, Einlass bis eine Stunde vor Schluss, ₪ 22/9) jeden Freitag bis zum Sonnenuntergang ein Konzert statt, ₪ 50-60. Auch im Süden an der Marina wird im Juli/August dienstags ab 19.30 Uhr *Music by the Sea* geboten. Von der Straße 2 aus müssen Sie an der Rabin/Kfar Shmaryahu Junktion abfahren, auch wenn die Beschilderung aus Richtung Süden fehlt.

Praktische Informationen

Telefon-Vorwahl 09

Information

Eine Touristen-Information scheint keine Mehreinnahmen zu bringen. Ganz hilfreich sind die Stadtverwaltung www.herzliya.muni.il sowie www.herzliyacity.com.

Wassersport und Wellness

Nahe der Marina beim Dan Accadia Hotel befindet sich der Tauch- und Surfclub *Reef*, Tel. 9574461, www.reefisrael.com (hebr.). Wenn Sie Geld für einen Ausflug mit Luxusjacht und Skipper haben, ist *Sea-Gal* die richtige Adresse, Tel. 170 0700058, www.sea-gal.co.il. Erholung, ohne dass man selber viel tun muss, vermittelt ganz in japanischem Gewand *Tomoko*, 142 Wingate St (Parallele zur Hotelstraße Ramat Yam), Tel. 9552365, www.tomoko.co.il.

Shopping

In Herzliya tummeln sich mehrere Malls, in denen auch Höherpreisiges zu erstehen ist: *Arena Mall*, 2 HaShunit St, mit italienischem Flair, das *Forum*, älteste Mall, 1 King David St (Kfar Shemaryahu Junction), die *Seven Stars Mall*, 8 Stars St, www.7star.co.il, die sich auch eventmäßig hervortut, sowie die *Outlet-Mall* im Industriegebiet, 85 Medinat HaYehudim St.

Nightlife

Tel Aviv ist nur eine gute Viertelstunde entfernt, Abend und Nacht lassen sich aber auch in Herzliya verbringen. An der Marina gibt es den relativ irischen Pub *Murphy's* mit Live-Jazz im Sommer ab 16.30 Uhr. Für Live-Musik ist wie andernorts *Mike's Place* eine gute Adresse, 10 Abba Even St, Tel. 054 9948842, www.mikesplacebars.com, dienstags Sessions. Im Industriegebiet westlich der HaSira Junction (Str. 2) liegen die beiden Dance-Clubs *Source*, 10 HaSadnaot St, Tel. 9580043, und *Maskit* 3, 3 Maskit St, Tel. 052 6366554.

Essen und Trinken

An der Marina und in der dortigen Arena Mall sollte sich für jeden Geschmack und Geldbeutel etwas finden: Fischrestaurants wie **Yacht Club** und **Derby Bar Dagim**, Sushi bei **Street Food**, brasilianische Fleischspezialitäten bei **Papagaio** und eine Mischung aus Restaurant und Tanzclub in **Cassiopeica** mit durchdachter Beleuchtung, www.cassiopeia

.co.il. Weiter nördlich liegen gediegenere Restaurants wie das **Terassa** beim Hotel Daniel oder **Tzidon** beim Hotel Sharon.

Wer preiswerter und gut essen will, sucht sich einen Platz im Industrieviertel in der Nähe oder nördlich der erwähnten Tanzstätten unweit der Autobahn Nähe Herzl-Denkmal, dort gibt es viel Auswahl. Außer kleineren Lokalen und Fast Food in der Maskit St z.B. **Salsalat**, das Bistro **Sebastian**, die *Ocean Bar* oder (auf der teureren Seite) **Tandoori**, 32 Maskit St, mit sehr guten indischen Gerichten, sowie in der Arie Shenkar St asiatisch bei **Zozobra, Ciao Bella** (leicht zu raten: ein Italiener) und mittelpreisig der Spanier **Tapeo** und Fusion bei **Staccato** – edle Adressen wären hier in der **16 Meat & Wine** und **Segev**.

Übernachten

Herzliya ist die Stadt der Wohlhabenden – und der Luxushotels. Sie liegen direkt am Strand und verfügen über alle Annehmlichkeiten.

- **Dan Accadia**, 122 Ramat Yam St, Tel. 9597070, reservieren 03 5202552, www.danhotels.com/HerzliyaHotels/DanAccadiaHerzliyaHotel, E/D ab $ 340
- **Daniel**, 60 Ramat Yam St, Tel. 9528232, Fax 9528281, www.tamareshotels.co.il; renoviert, 15% Online-Rabatt E $ 174, D $ 194
- **Sharon**, 5 Ramat Yam St, Tel. 9525777, Fax 9525768, www.sharon.co.il; mF E/D ab $ 126
- **Okeanos**, 50 Ramat Yam St, Tel. 9616222, Fax 9506411, www.okeanos.co.il (2. Haus für Sportler direkt an der Marina); Suiten-Hotel, manchmal mind. 10 Nächte, pro Nacht E/D ab $ 154
- **Holzmann**, 77 HaQidma St, Tel. 180 0352635 oder 072 3225598, www.holtzman.co.il; sauber, Einrichtung ok, Website lustig: *Zimmer pro Stunde* sei ein von ihnen erfundenes Konzept – 19-10 Uhr nur halber Preis, Doppelbetten, Erotikfilme, viele Spiegel, getrennte Eingänge, barrierefrei, ₪ 500
- **Tadmor**, 38 Basel St, Tel. 9525050, www.tadmor-hotel.co.il (hebr.); ein ganzes Stück vom Strand entfernt, Pool, gut eingerichtet, gepflegt, AC, TV, mF E $ 80-104, D $ 95-125

6

Sharon-Ebene

Zwischen dem Yarkon-Fluss bei Tel Aviv im Süden und den Ausläufern des Karmel-Gebirges im Norden liegt „**Zitrus-Land**", die einst sumpfige, malariaverseuchte ca. 20 km breite Sharon-Ebene, aus der heute die berühmten Jaffa-Orangen den Sonnenschein Israels in alle Welt exportieren. Besonders wenn Mitte Dezember bis April die Früchte geerntet werden und alles überquillt in orange, wird sichtbar, dass hier eins der landwirtschaftlichen Hauptexportprodukte herangewachsen ist. Aber es werden nicht nur Apfelsinen angebaut, man entdeckt auf der Durchreise ebenso Zitronen, Bananen und Baumwolle. Die Sharon-Ebene ist so fruchtbar, weil sie von ganzjährig wasserführenden Flüssen durchzogen wird. Doch diesen Flüssen versperren Sanddünen den Abfluss ins Meer. Die frühen Siedler – Kanaaniter, Assyrer, Phönizier und Juden – legten bereits Durchbrüche zur Küste und zur Entwässerung der Ebene an. Nach den Zerstörungen durch die Mamluken im 13. Jh kümmerte sich dann niemand mehr darum, die Ebene versumpfte, Malaria vertrieb die Bewohner. Daher war die Ebene bis ins 19. Jh nur dünn durch wenige palästinensische Dörfer besiedelt. Ab 1878 gründeten jüdische Einwanderer Siedlungen und kümmerten sich um die Entwässerung. Moderne Drainage- und Pumpsysteme drehten das Bild der Landschaft um, vertrieben Mücken und Malaria und legten den Grundstein für die heute am dichtesten besiedelte Region Israels.

Weiter geht es auf der Autobahn 2, die nun häufig recht dicht am Strand nach Norden verläuft.

🚗 11 km: **Poleg Interchange**

Noch bis in die 1930er Jahre waren die Sümpfe dieser Gegend unpassierbar. Heute besteht (ein Stück südlich der Ausfahrt) ein **Naturreservat**, das sich am Nakhal Poleg flussaufwärts zieht. Von der Mündung des Poleg bietet sich eine schöne Wanderung durch das üppig grüne Reservat an, in dem im Februar/März an manchen Stellen die nur in Israel und Jordanien wachsende **schwarze Iris** blüht. Der Poleg Beach ist voll ausgebaut und besonders bei Kitesurfern beliebt.

Nahe dem weiter südlich gelegenen Kibbuz Ga'ash (mit heißen Quellen und Golfplatz) ragen bis zu 61 m hohe Klippen aus dem Meer und bilden einen der landschaftlich schönsten Strände Israels.

🚗 8 km nach

Netanya**

Geschichte: *Auch Netanyas Geschichte beginnt erst im 20. Jh. 1928 gründeten Pioniere der Bene Binyamin eine Zitrusplantage, die sie nach Nathan Strauss (1848-1931) benannten, dem deutschstämmigen New Yorker Geschäftsmann, der mit seinem Vermögen aus dem Kaufhaus Macy im damaligen Palästina viel Not lindern half. Emigranten aus Antwerpen und Amsterdam brachten mit der Flucht vor den Nazis Diamantenschleiferei und -handel in die Stadt, die in den 1960er bis 1980er Jahren diese Branche weltweit anführte. Heute wird längst in Fernost produziert und in Tel Aviv gehandelt (siehe S. 264). Heute leben rund 211.000 Menschen hier, deren Wohlstand u.a. vom ersten IKEA Israels (östlich der Süd-Zufahrt) und immer mehr aus dem Tourismus stammt. Denn das relativ angenehme Klima und 14 km feiner, öffentlicher Sandstrand ziehen viele Badegäste an, die auf eine gut ausgebaute Infrastruktur treffen, besser bezahlbar als im südlicheren Herzliya. Die Stadt wirkt recht gepflegt, oft*

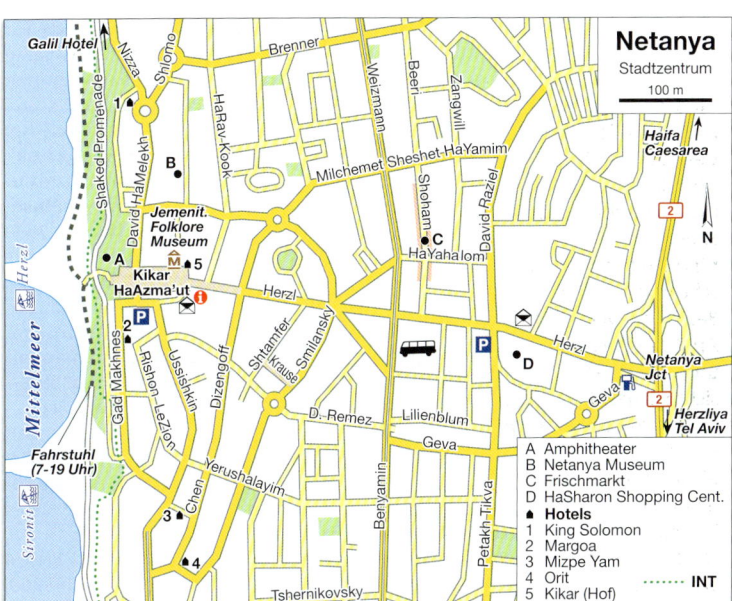

wiegen sich Palmen in der Meeresbrise, deren Aufwinde an der Steilküste auf Gleitschirmflieger unwiderstehlich wirken.

Von der Autobahnabfahrt Netanya führte die Herzl St, die ebenfalls gerade zu erneuernde Hauptstraße, direkt bis zum Strand. Im letzten Stück ab Dizengoff St und Kikar HaAzma'ut, wird sie Fußgängerzone mit vielen Restaurants, Cafés und Boutiquen. Besonders am Freitag- und Samstagabend flaniert man in dieser Gegend.

Der weitläufige **Kikar HaAzma'ut** ist ein beliebter Treffpunkt im Zentrum der Stadt, nach einer großen Gasexplosion 2011 wurde er runderneuert: Man freut sich jetzt über die erste interaktive Stadtmitte Israels, die über digitale Apps erreichbar sein soll und Touchscreen-Infosäulen hat, mit einem besonders für Kinder spaßigen Springbrunnen, abends mit Projektionen auf einer Sprüh-Lein-

wand. Vielleicht können Sie hier am Shabbat auch analoge Volkstänze mitmachen. Im Nordosten des Kikar HaAzma'ut (Nr. 11, 4. Stock) versteckt sich ein **kleines jemenitisches Folklore-Museum** (Tribes of Israel Pearl, So-Do 9-16, Tel. 8331325, http://teman.org.il [hebr.]) bei längeren Aufenthalten in Netanya sicher einen Blick wert. Am westlichen Ende zweigen die **Promenaden** an der Dünenkante entlang ab, eine Treppe führt hinunter zum **Strand** (die Promenade etwas weiter nach Süden gibt's auch einen Fahrstuhl, ₪ 1). Hier findet der Spaziergänger schönen Strandblick, bei Sonnenuntergang den perfekten Fotospot.

Sieben Badestrände mit Duschen, Schatten, Rettungsschwimmern etc. stehen Touristen zur Verfügung. Bis auf den fast ganzjährig geöffneten und gewarteten **Sironit-Strand** sind die Rettungsstationen Mai-Oktober besetzt, Parken ist nur am **Argaman** gratis, am Sironit kostet es ₪ 15, feiertags ₪ 25 pro Tag – Egged-Bus 13 von der CBS wäre günstiger. Von Süden: **Poleg Beach** liegt noch südlich des Naturreservats, in dem im Frühjahr die endemische **schwarze Iris** blüht. Besonders sind hier Strandvolley- und -fußball sowie ein Zugang für Motorboote. Und ist nördlich des Reservats an der **Argaman** tatsächlich *jeden* Abend Party für junge Leute? Zumindest starten nahebei die Gleitschirmler. Der zentral gelegene **Sironit-Strand** ist über den Fahrstuhl zugänglich, geöffnet von 6.30 bis kurz vor Sonnenuntergang. Außer Restaurants, Toiletten, Konzerten und Tanz gibt's auch Spielplätze, falls Sand und Meer den Kleinsten nicht reichen. An der **Herzl Beach** ist der beste Zugang für Rollstuhlfahrer, während am gleich anschließenden **Amphi**(theater) **Beach** (unterhalb desselben) Boote, Seekajaks, Surfer und Taucher am besten klar kommen. Weiter nach Norden endet der Wellenbrecher-Schutz, man hat mehr Platz – außer am **Onot Beach** am Wochenende mit musik- und eventorientiertem Restaurant. Es folgen noch der religiöse **Zanz Beach** beim angrenzenden ultraorthodoxen Stadtteil

Kiryat Zanz und der **Blue Bay Beach**. Für letzteren ist die verwaltungsmäßig Zuständigkeit unklar, so dass man hier recht ungestört z.B. fischen kann.

Die Museen sind von der Website her noch nicht auf ausländischen Besuch eingestellt. Nördlich des Kikar HaAzma'ut befindet sich das 2015 eröffnete **Museum** zur Geschichte **Netanyas** (So-Do 9-15, Eintritt, 3 McDonald St, Tel. 8840020, www.netanya-culture.co.il). Es bietet verschiedenste thematische Stadtführungen an: Meer, Märkte, Diamanten, Umwelt, Stadtteile. Graffiti kann man mit Google Maps auch selbst finden: http://gonetanya.com/?p=17592&lang=en. 2016 eröffnete **Planetanya**, ein japanisch geführtes Familienmuseum über Wissenschaft und Raumfahrt, 168 Ben Gurion St auf Höhe des hohen Island Suites Towers (Bus 7/7A, Mo-Do 10-16, Di -19, Fr -14, ab 5 J. ₪ 45, Familien [1 Erw./4 Kinder, oder 2/3] ₪ 180, Tel. 7485760, www.planetanya.org.il). Die Shows im Planetarium muss man an der Rezeption buchen. Interessantes Hands-on Außengelände, viele Sonderaktionen, auch mit japanischer Note.

Am Strand von Netanya

An der Kreuzung Shoham/HaYahalom St wird täglich (7-19, Fr 7-14) ein bunter **Markt** abgehalten. Freitags, kurz vor Shabbat-Beginn, geht es bei den Lebensmitteln laut her, wenn noch die vorletzten Tomaten an den Käufer gebracht werden müssen. Auch hier wurde in letzter Zeit renoviert, es gibt öfter Livemusik. Reizvoll ist die **Krause St** südlich der Herzl: Mi 10-15 Blumenmarkt, Do 8-20 Flohmarkt, Fr 10-13 Kunst und -handwerk.

An der Herzl/Petakh Tikva St (stadtauswärts letzte große Kreuzung vor der Autobahn) kann man viel Geld im *HaSharon Shopping Center* ausgeben, Netanyas erster Mall. 2016 eröffnete der inzwischen sechste und größte Einkaufs- und Restaurant-Tempel *Cinema City* nordöstlich der südlichen Netanya-Zufahrt *Poleg Interchange,* zwischen IKEA und neuem Fußballstadion. Richtig: Kino gibt es dort auch, Tel. 170 0702255.

Praktische Informationen
Telefon-Vorwahl 09

Tourist Information Office, Südost-Ecke des Kikar HaAzma'ut mit Post daneben, So-Do 8-16, Tel. 0170 0709292 oder 8827286. *Instruktive Website der Stadt: www.netanya.muni.il, führt Touristen irgendwann auf http://gonetanya.com. Es gibt auch eine App GoNetanya.*

Verkehrsverbindungen
▸ Das **Busfahren** nach Tel Aviv ist erstaunlich umständlich geworden, man muss umsteigen oder viele Stopps und Fahrtzeit in Kauf nehmen – nutzen Sie die Bus-Apps oder gleich die Bahn. Bus 947 etwa halbstündlich nach Haifa und Jerusalem. Der Busterminal liegt relativ zentral Ecke Benyamin/Herzl St.
▸ Südöstlich der Autobahnabfahrt liegt der **Bahnhof** mit guten Zugverbindungen nach Süd und Nord, siehe S. 54. In die Innenstadt gelangen Sie mit Egged Bus 14 oder anderen Verbindungen, ungefähr 5-23 Uhr.

Veranstaltungen
Erkundigen Sie sich im Netz oder besser in der **Tourist Information**, was anliegt: Mittagskonzerte auf dem Platz oder abends im Amphitheater, Tanz und Disco, Sonderausstellungen, Straßenfeste.

Anbieter zum **Sport** treiben finden Sie auf http://gonetanya.com. Sport in Netanya für Surfen und Kitesurfen (im Norden an der Amphi Beach), das erwähnte Gleitschirmfliegen, außerdem Klettern, Reiten, Bowling, Kart fahren. Ganz im Süden der Stadt befindet sich das Wingate Institute, das nationale Sportzentrum, wo u.a. Breitensport erforscht und das Olympia-Team vorbereitet wird (Tel. 8639550, www.wingate.org.il).

Essen und Trinken
kann man je billiger, desto weiter man sich vom Strand entfernt. Am nördlichen Strand liegen nahe des religiösen Viertels einige jüdische Lokale wie **Ingele/Café Nizza H** in der Nizza St. Doch schon die Fußgängerzone bietet Gutes zu vernünftigen Preisen. Und am Strand dinieren wäre ja auch etwas.
• **Mini Golf Restaurant and Pub**, 21 Nizza St, bietet bei gutem Essen Strandblick
• **Marrakesh**, 5 David HaMelekh St, Fisch und Fleisch auf marokkanisch
• **Mul HaYam**, 1 David HaMelekh St (zwischen Strandtreppe & Amphitheater), prima Fisch und Milchiges – kosher mehadrin. Manche sagen, der Blick sei besser als das Essen
• **Scotsman**, 13 Kikar HaAzma'ut, etwas unerwartet: italienische Küche

Sie werden auch schnell anderswo fündig werden. In großen Malls kann man sicherlich auch am Shabbat Verpflegung finden.

Übernachten
Gerade in Netanya schwanken die Preise sehr stark zwischen der Hochsaison im Juli/August und der Nichtsaison im Winter. Nicht in jedem Fall erfuhren wir die Schwankungsbreite; gehen Sie daher eher von den Preisen aus, die vor Ort die „Regular Season", also Zwischensaison, angegeben werden.

Die eigentliche, parallel zum Strand verlaufende Hotelstraße heißt Gad Makhnes, David HaMelekh/King David und Nizza. Zwischendrin werden auch immer Appartements angeboten. Im Folgenden ist nur ein kleiner Teil der Hotels aufgeführt, die großen Bettenburgen wurden nur wenig berücksichtigt, können wegen ihrer immensen Kapazitäten jedoch manchmal erfreuliche Tarife anbieten, www.netanyahotels.org.il.

• **Kikar** (früher: HOF), 9 Kikar HaAzma'ut, Tel. 8624422, Fax 8624425, www.kikarhotel.com; mehr mittendrin geht nicht, angenehm gestyltes, Parkplatz kostet, AC, TV, WLAN, mF E $ 117-167, D $ 129-179
• **King Solomon/Shlomo HaMelekh**, 18 HaMa'apilim St, Tel. 8338444, Fax 8611397, www.inisrael.com/kingsolomon; von außen retro, innen ganz hübsch und alle Zimmer mit Meerblick, Wellness frisch renoviert, Parkplätze, AC, TV, WLAN, mF E $ 109-137, D $ 153-206
• **Mizpe Yam**, 1 Jabotinski St, Tel/Fax 8623730, www.mizpe-yam.co.il; recht neues Boutique Hotel, sehr sauber und gepflegt, familiär-freundlich, AC, TV, WLAN, mF E ab $ 96-128, D ab $ 112-156
• **Margoa**, 9 Gad Makhnes St, Tel. 8624434, Fax 8623430, www.hotelmargoa.co.il; Familienbetrieb, frisch renoviert, sehr freundlich, AC, TV, WLAN, mF E $ 90-130, D $ 100-145
• **Galil**, 26 Nizza St, Tel/Fax 8624455, http://zyvotels.inisrael.com/?cat=7; am Nordende der Promenade, viele französische Gäste, gemischte Rückmeldungen, AC, TV, WLAN, mF E $ 75-151, D $ 84-167
• **Orit**, 21 Chen St, Tel/Fax 8616818, www.hotelorit.com; etwas abseits, ruhig, gehört christlichen *Freunden Israels* aus Malmö, blitzblank, freundlich-liebevoll eingerichtet, familiäre Atmosphäre, kein Alkohol, früh buchen, AC, WLAN, mF E/D ₪ 280-370

Übernachtung außerhalb
• **Kibbuz Shefayim Gästehaus**, Shefayim, 13 km südlich von Netanya, nahe der Küste, Tel. 9595577, Fax 9595555, www.shefhotel.co.il; schönes, nicht günstiges Landhotel, kinderfreundlich mit Planschpark, barrierefrei, mF E $ 108-203, D $ 134-235
• **Ne'urim Holiday Village**, HaVazelet HaSharon, nördlich von Netanya, wo die Autobahn 2 wieder fast auf den Strand

stößt, Tel. 8663232, Fax 8664112, www.neurim.co.il (hebr.); Feriendorf direkt an der Klippe, für Familien praktisch: allerhand Spaß für Kinder, an Feiertagen überfüllt, mit Vollpension (Kinder gut die Hälfte) pP ₪ 340-550

Sie fahren von Netanya aus am besten wieder auf die Autobahn, die direkt am östlichen Stadtrand vorbeiführt. Wenn Sie eine Erholungspause einlegen wollen, würde sich schon bald ein Stopp anbieten:

🚗 8 km: **Yannai Interchange**

Links der Autobahn mündet der **Nakhal Alexander** ins Mittelmeer. Richtung Mikhmoret gelangen Sie zum gleichnamigen Nationalpark. Die nicht sehr frequentierten Strände eignen sich für einen Sprung ins Mittelmeer. Camping ist auch erlaubt. Teil des Parks ist ein Reservat für eine Schildkrötenart mit weichem Panzer, vom Parkplatz unter der Autobahn durch noch ca. 2 km weiterfahren. Die *Soft-shelled Turtles* werden bis zu 60 cm lang.

🚗 10 km: **Olga Interchange**

Abzweig nach **Khadera**, einer geschäftigen Stadt, die 1891 von russischen Siedlern in den malariaverseuchten Sümpfen gegründet wurde. Die heute ca. 90.000 Einwohner beweisen, dass sich der Ort trotz aller Schwierigkeiten positiv entwickelte. – dokumentiert im **Khan Historical Museum** (Tel. 04 6324562, http://eng.shimur.org/Khan).

Im **Kibbuz Givat Khaim-Ikhud**, 10 km südöstlich von Khadera, wurde von ehemaligen Häftlingen des Ghettos Theresienstadt eine Gedenkstätte mit Ausstellungsräumen namens *Beit Eit Theresienstadt/Teresin* (So-Do 8-15.30, www.bterezin.org.il) errichtet. Neben dem Gedenken an die vielen Opfer werden hier in wechselnden Ausstellungen Zeugnisse des künstlerischen Schaffens in Theresienstadt gezeigt.

Eingang zur Kreuzfahrerstadt Caesarea Maritima

*Caesarea: der römische Cardo
und das Kohlekraftwerk Orot Rabin*

🚗 3 km: **Caesarea Interchange**

Rechts führt die Straße 65 nach Nordosten aus der Sharon Ebene heraus, folgt dem Iron-Tal in die Jesre'el Ebene nach Afula. Zuvor, nach 32 km, zweigt man links nach Megiddo (siehe S. 424) auf die Straße 66 ab. Es lohnt, der landschaftlich recht hübschen Strecke zu folgen und neben Megiddo weitere interessante Plätze in der Jesre'el Ebene zu besuchen (siehe S. 423).

Links (über verwinkelte Straßen) nach Caesarea, siehe Überblickskarte S. 316 Alternativ kann man eine Abfahrt später (Or Akiva) nehmen und braucht nur geradeaus nach Westen bis zur Ausgrabung fahren. Per Bus geht's nur über Khadera, z.B. mit den Linien 852 oder 921 von Tel Aviv oder 921 von Haifa. Von Khadera dann mit Bus 76 oder 77 der Firma Nate'ev weiter nach Caesarea. Oder per Bus 910 oder 947 von Haifa oder 910 von Tel Aviv bis Or Akiva, dann 3 km Fußmarsch nach Westen zum Nationalpark.

Caesarea**

Geschichte: *Im 4. Jh vC legten Phönizier einen Hafenort namens „Stratons Turm" an, den nach der Eroberung durch Alexander 332 vC Griechen bewohnten. 22 vC nahm sich der bauwütige Herodes der Stadt an, vergrößerte sie mit Prachtbauten und taufte sie zu Ehren des Kaisers Augustus in Caesarea um; der Augustustempel, das Hippodrom, das Theater und die Wasserversorgung entstanden unter seiner Regie. 69 nC ließ sich Vespasian in Caesarea zum Kaiser krönen und bestimmte die Stadt zur Römischen Kolonie. Der Apostel Paulus pflegte sich bei seinen Mittelmeerreisen in Caesarea einzuschiffen und war hier zwei Jahre in Haft. Ende des 2. Jhs war der Ort bereits Bischofssitz. 637 eroberten die Araber die Stadt, im 12. Jh rückten Kreuzfahrer ein, die erst 1254, durch Ludwig IX. veranlasst, Stadt und*

6

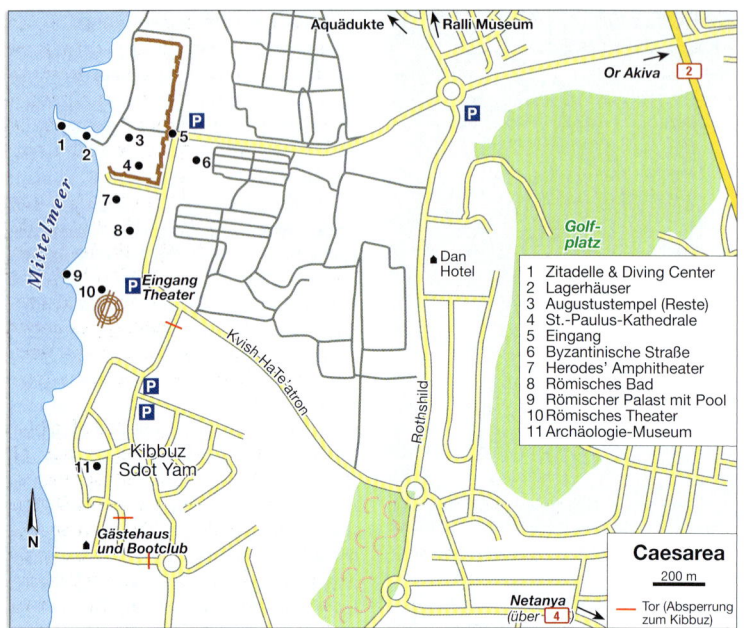

Caesarea

200 m

1 Zitadelle & Diving Center
2 Lagerhäuser
3 Augustustempel (Reste)
4 St.-Paulus-Kathedrale
5 Eingang
6 Byzantinische Straße
7 Herodes' Amphitheater
8 Römisches Bad
9 Römischer Palast mit Pool
10 Römisches Theater
11 Archäologie-Museum

🔴 Tor (Absperrung zum Kibbuz)

Hafen befestigten. 1275 nahmen die Mamluken Caesarea ein, der Hafen versandete fortan endgültig. 1940 kam mit der Gründung des Kibbuz Sdot Yam wieder Leben in die Gegend.

Mit Caesarea verbinden Israelis zwei Bedeutungen: zum einen den teuren Villenort amerikanischen Zuschnitts mit dem derzeit einzigen 18-Loch-Golfplatz des Landes, dem exklusiven Dan-Hotel und dem Caesarea Beach Club sowie mit prominenten Bewohnern wie Eser Weizmann, der 2005 hier starb und in Or Akiva statt in Jerusalem beigesetzt ist, sowie mit Benyamin Netanjahu, der privat hier wohnt. Zum anderen handelt es sich um eine der bedeutenden historischen Stätten, www.caesarea.com. In Old-Caesarea können Sie neben oder nach der Besichtigung von interessanten historischen Zeugnissen Badefreuden am Mittelmeer-

strand oder Gaumenfreuden in Restaurants innerhalb des Nationalparks genießen. Die Strandbenutzung innerhalb des Parks (nördlich des alten Hafens) kostet ₪ 15, es gibt Duschen, Toiletten, Liegestühle und Rettungsschwimmer. Der Strand nördlich des Parks beim Aquädukt und der südliche Shonit Beach bieten Ähnliches, kosten aber keinen Eintritt. Im Sommer finden im Römischen Theater Konzerte und Opernaufführungen mit bekannten Interpreten statt.

Einen Abstecher ist das **Ralli Museum** wert (MoDiDoSa 10.30-17, Fr -15 Jan-Feb nur Fr/Sa, Eintritt frei, www.rallimuseums .com/Caesarea_home_EN), in Caesarea etwa unterhalb des weithin sichtbaren Wasserturms, umgeben von einem 40.000 qm großen Park. Verschiedene Innenhöfe mit Springbrunnen lockern die Ausstellungsräume auf, die ruhige Umgebung tut ein Übriges, um sich ganz dem Kunstgenuss hinzugeben. Highlights sind Werke von Dali. Das Museum wurde von dem Banker und Kunstsammler Leon Recanati bzw. seinem Sohn Harry Recanati zur Erinnerung an die 1492 in Portugal und Spanien sowie die 1942 in Saloniki umgekommenen Juden gegründet.

Von Or Akiva kommend, fahren Sie geradeaus nach Westen, bis Sie an einer rechtwinklig nach Süden weisenden Kurve auf die Ruinen stoßen.

Auf der linken Straßenseite, kurz vor der Kurve bzw. dem **Eingang zu den Ruinen** (täglich 8-18, Fr -16, Sep/Okt -17, Nov-April -16, Fr -15, Einlass jeweils bis eine Stunde vorher; ₪ 39/24, die Eintrittskarte gilt auch für das Römische Theater und die Filmdarbietungen, Gratis-Führungen am Shabbat 11, 12, 13 Uhr vom Theater- oder vom Hafentor), steht ein Café. Dahinter entdeckten die Kibbuzmitglieder zufällig eine **byzantinische Straße**, auf der zwei Schmuckstücke von Caesarea, zwei schöne kopflose römische Statuen (2./3. Jh) zum Vorschein kamen. Eine aus weißem Marmor, die andere aus Porphyr; vielleicht waren sie dem Kaiser Hadrian gewidmet, und wahrscheinlich handelt es sich um das Forum der Stadt. Diese Statuen sind, was die Kunst anbelangt, das Schönste in Caesarea – versäumen Sie nicht den Besuch.

Die Kreuzfahrerstadt war durch eine Mauer mit Bastionen und einem davor liegenden Graben geschützt. Wir gehen durch den **Torbau mit schönem Spitzbogengewölbe** und biegen dahinter links ab. Auf dem Weiterweg kommt man an Häuserresten mit Zisternen vorbei. Hier sieht man auch sehr drastisch, dass die Kreuzfahrer die römische Siedlung als Steinbruch benutzten und damit Häuser bauten oder Straßen pflasterten. An verschiedenen Stellen lässt sich die Stadtmauer besteigen, was sich wegen des besseren Überblicks lohnt.

Westlich weitergehend, sind bald die Ruinen der **Kathedrale der Kreuzfahrer** an drei halbrunden Apsiden zu erkennen. Ursprünglich stand hier eine byzantinische Klosterkirche. In der Nähe sehen Sie Ruinen des **Augustustempels** und antiker Kanäle.

Gehen Sie weiter Richtung Meer zum **Alten Hafen** und bis zur Bastion an der Landspitze (auf der sich ein Restaurant mit gutem Ausblick etabliert hat). Hier könnte der namengebende Turm der ersten phönizischen Siedlung gestanden haben. Hafenbefestigungen aus Steinsäulen der Kreuzritter haben sich ebenfalls erhalten.

Innerhalb der Ruinenlandschaft gibt es acht **Restaurant-Cafés**, allerdings mit Preisen, die dem Mehrwert der historischen Umgebung angepasst sind. Manchmal scheint auch der Blick den Service ausgleichen zu müssen. Versuchen Sie am Hafen *Helena*, daneben das *Port Café* und direkt auf der Mole das erhöhte *Limani Bistro*. Ähnliches gilt bei den verschiedenen Boutiquen.

Die Besichtigung muss nicht an Land enden, denn im letzten Gebäude auf der Pier residiert das *Old Caesarea Diving Center*, So-Do 9-17 (Dez-März 10-16), Fr/Sa/Feiertage 7-17 (Winter -16), vor Feiertagen -14, Tel. 04 6265898, www.caesareadiving.com: Außer Kursen gibt es unterschiedliche **geführte Touren** (je 30-50 Minuten vom Schnorcheln für jedermann bis zu 9 m tiefen Tauchgängen, ₪ 75-350) durch den **archäologischen Unterwasserpark**, Ausrüstung wird gestellt. Herodes' Hafen war vielfach größer als die Kreuzfahrerreste, die Sie über Wasser sehen können. Und wenn Sie Glück haben, machen Sie es wie die Hobbytaucher Anfang 2015: Israels größten Münzhort finden – die Vorgabe liegt bei 2000 Münzen aus fatimidischer Zeit, also um 1000 nC: 9 kg Gold.

6

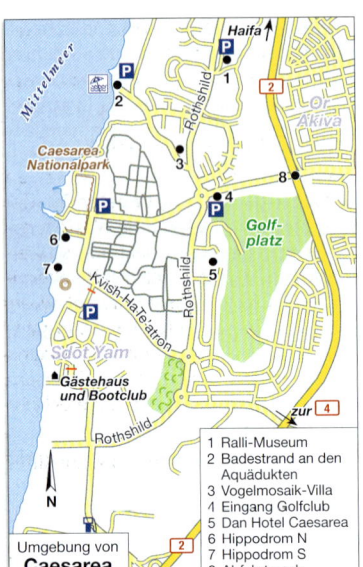

1 Ralli-Museum
2 Badestrand an den
  Aquädukten
3 Vogelmosaik-Villa
4 Eingang Golfclub
5 Dan Hotel Caesarea
6 Hippodrom N
7 Hippodrom S
8 Abfahrt nach
  Caesarea von
  Autobahn 2

Umgebung von
Caesarea
500 m

öffentliches Badehaus hin, welches wiederum westlich des römischen Cardo lag. Südlich des Hippodroms ragt eine Landnase ins Meer, auf der einst ein **römischer Palast** stand, dessen Schwimmbecken noch erkennbar ist.

Wenn Sie sich nun umdrehen und zum **Römischen Theater** gehen, sollten Sie auf dem Gelände auf die Nachbildung der einzigen Inschrift achten, die den Namen *Pontius Pilatus* belegt. Das Theater ist das älteste in Israel, es stammt aus dem 1. Jh nC und bot 3500 Zuschauern Platz. Die sehr gute Rekonstruktion vermittelt einen plastischen Eindruck römischer Theaterbaukunst. Im Sommer nutzen viele Theater- oder Musikveranstaltungen die fantastische Akustik.

Auch die Reste der alten **Aquädukte** sind sehr imposant; denn das Trinkwasser musste für Caesarea aus 14 km Entfernung herangeschafft werden. Man fährt vom Haupteingang zurück Richtung Or Akiva und biegt an der ersten asphaltierten Straße links, und an der nächsten wieder links ab (ausgeschildert *Caesarea Aquaeduct* oder *Cluster 2*), insgesamt etwa 2,5 km. Auf dem Weg dorthin kommen Sie an einem „Vogel-Haus" vorbei, einem großen, wunderschönen Mosaik einer römischen Villa, das einen kurzen Stopp lohnt. Am Aquädukt werden Sie

Von hier aus können Sie die Kreuzfahrerstadt nach Süden verlassen und stehen nach wenigen Schritten im 250 Meter langen **Hippodrom** des Königs Herodes, in dem gut 10.000 Menschen für Wagenrennen Platz fanden, zu Pessakh gibt es hier auch wieder Pferde. Östlich davon weist ein Blechdach auf ein prunkvolles

Strandvergnügen mit Umzieh-Gelegenheit unterm Aquädukt

erstaunt sein, welch eine Fleißarbeit hier im 2. Jh nC von den Römern vollbracht wurde. Im Grunde handelt es sich um zwei Aquädukte, von denen der höhere Wasser vom Nakhal Taninim im Karmel und der etwas niedrigere Wasser von den Kabara-Quellen heranschaffte.

Übernachten

• **Dan Caesarea Golf Hotel**, Tel. 04 6269111, Fax 04 6269122; Luxushotel für Israels Golfer, E/D $ 267-363

• **B&B** in einer Villa: Wer mit 8-12 Leuten unterwegs ist, könnte auch eine der vielen offenbar freistehenden Villen in Caesarea mieten, die Preise weiß eine Dame namens *Maya*, Tel. 052 4258045, Anwesen schon mal anschauen unter der wohl programmatischen Adresse www.aloha.co.il

• **Grushka B&B**, nordöstlich von Caesarea in Binyamina, 28b HaMeyasdim St, Tel. 04 6389810, Fax 04 6380580, www.6389810.com; israelisch-niederländische Unterkunft, gepflegte Anlage, Vermietung nur wochenweise D $ 700-800

• Der südlich des Römischen Theaters gelegene **Kibbuz Sdot Yam** hat sich neben der typischen Landwirtschaft touristisch engagiert und bietet Unterkunft in einem gut geführten Gästehaus sowie Sportmöglichkeiten vom Segeln bis zum Speedboot etc. und ein kleines archäologisches Museum mit Münzen, Siegeln, Statuen und einer interessanten Sammlung von Tonwaren (So-Do 10-16, ₪ 18/12, www.caesareamuseum.com). Von der Straßenabzweigung fährt oder geht man geradeaus an der Glasbrennerei und der staubigen Kachelfabrik (die das Urlaubsleben stören kann) vorbei und hält sich dann rechts zum Strand.

Für weitere Stopps unterwegs müssen Sie von Autobahn 2 auf die Straße 4 wechseln und nordwärts fahren. Anders kommen Sie nicht nach **Jisr AsSarqa** direkt nördlich von Caesarea zur günstigsten Unterkunft der Gegend:

• **Juha's Guesthouse**, Karte auf der Website, Tel. 058 5885589 oder 072 3902181, www.zarqabay.com; Sozialprojekt- und Öko-Führungen, sehr freundlich-familiär, sauber, gute Tipps,

Küche, WLAN, mF Dorm ₪ 65-85, D ohne Bad ₪ 200-50, D ₪ 320

Weiter auf der Straße 4 von Or Akiva (nur wenn Sie es eilig haben, dann Autobahn 2).

🚗 2 km: **Binyamina Junction**

Rechts liegt Binyamina, ein 1922 von Baron Rothschild gegründeter Ort, der eher durch Weinanbau denn als Geburtsort von Ehud Olmert bekannt ist. Vielleicht sind Ihnen die drei * **Weinkellereien** Tishbi (mit Mittags-Restaurant, www.tishbi.com), Margalit (www.margalit-winery.com) und der großen Binyamina (www.binyaminawines.com) einen Abstecher wert. Zumindest in letzterer kann man die Weine probieren.

🚗 6 km: Links führt eine Straße zur Küste zum

Kibbuz Ma'agan Mikhael*

Es ist eins der größten Kibbuzim in Israel mit 1900 Einwohnern. Seine Teiche an der Küste sind beliebt bei Zugvögeln, je nach Jahreszeit rasten hier sogar Flamingos, Kraniche oder Störche. Die hiesige *SPNI Field School* (Tel. 04 6399655) dient vor allem als Birdwatching Center. Interessenten finden gutes Informationsmaterial oder können geführte Touren buchen, aber keine Übernachtungen.

Zwischen Jisr AsSarqa und Ma'agan Mikhael fließt der leicht salzige **Taninim**-Fluss, dessen hebräischer Name daran erinnert, dass es hier bis ins 20. Jh noch Krokodile gab. Es gibt ein Naturreservat, in dem auch ein Aquädukt zu erkunden ist (täglich 8-17, Fr -16 [Winter 8-16, Fr 15], ₪ 22/9).

1985 entdeckte ein Kibbuz-Mitglied ein Schiffswrack direkt an der Küste, das aus dem 5. Jh vC stammt und Handelsware sowie Gebrauchsgegenstände der Besatzung enthielt. Die Universität von Haifa kümmerte sich um den Fund, ein Schiffsmodell ist im Reuben und Edith Hecht Museum der Uni ausgestellt.

6

🚗 2 km: **Ma'ayan Zvi Junction**, rechts 3 km nach

Zikhron Ya'akov[*]

Hintergrund: *Baron Rothschild hatte große Ländereien der Umgebung aufgekauft, die er parzellierte und an Juden weitergab, die sie landwirtschaftlich nutzen mussten. Insgesamt entstanden im Umkreis auf diese Weise 44 Siedlungen. Auch die Synagoge im Zentrum der Stadt ist eine Stiftung Rothschilds. Zikhron Ya'akov („Gedenken an Jakob", den Vater Rothschilds) wurde zu einem der bekanntesten Weinorte Israels (Carmel Wein) und zählt heute 23 000 Einwohner.*

In der Hauptstraße HaMeyasdim St 40 steht das kleine **Museum Aaronsohn House** (So-Do 9-15, Fr 9-12, ₪ 26/20, www.nili-museum.org.il), dessen Namensgeber als Botaniker bekannt waren. Die Geschwister Sarah, Aaron und Alexander Aaronsohn waren aber auch in einer gegen die Türken gerichteten Untergrundorganisation im Ersten Weltkrieg aktiv. Doch die Osmanen (Türken) sprengten den Spionagering, Sarah erschoss sich nach vier Tagen Verhör, andere Mitglieder wurden von den Türken getötet. Zu sehen sind Erinnerungen an die Familiengeschichte und Zeugnisse der frühen Siedler.

Auch die schöne, 1886 erbaute Synagoge (HaMeyasdim/HaNadiv St) ist einen Blick wert. Im **Bet Daniel Music Center** (Tel. 6399001) finden sowohl zu Pessach als auch Sukkot landesweit geschätzte Kammerkonzerte statt.

Es geht aber auch großartiger: 2015 eröffnete das ***Elma Arts Complex Luxury Hotel***. Das ehemalige gewerkschaftliche Erholungsheim mit unverbaubarer Aussicht wurde von der Philanthropin Lily Elstein für rund 100 Mio. Euro gekauft und saniert. Die preiswürdige Architektur der 1960er Jahre wurde vom Sohn des damaligen Architekten freigelegt und neu akzentuiert. Kunstausstellungen und Konzerte in vielerlei Richtungen sowie Künstlerresidenzen und das Hotel allein schon einen Besuch wert. Wer dort wohnen will, darf die Kosten nicht scheuen, obwohl das Projekt keinen Gewinn abwerfen braucht, siehe unten. Konzertkarten kosten etwa ₪ 70-200; www.elma-hotel.com.

Wenn Sie von der Synagoge nach Osten die HaNadiv St den Berg hinunterfahren, gelangen Sie zum [*] **Carmel-Mizrahi Weingut**, das von Baron Rothschild zusammen mit dem in Rishon LeZion (S. 291) vor über 100 Jahren gegründet wurde und dessen ausgedehnte Anlagen – mit Weinprobe – besichtigt werden können. Die Winzerei war bei Gründung so modern, dass hier in Israel erstmals Elektrizität und Telefon genutzt wurden. Rechts der Straße finden Sie das Ausstellungshaus *Wine & Culture* (Tel. 6391788, www.carmelwines.co.il). Eine Nummer kleiner ist das Weingut *Smadar* an der Hauptstraße. Bei ausgiebiger Weinprobe in diesem Familienbetrieb ist vermutlich das kleine Hotel sehr willkommen (31 HaMeyasdim St, Tel. 0506551155, www.smadar-inn.com).

An *Carmel Wine & Culture* vorbei sind es keine 300 m bis zur Straße 652. Dort am Kreisel geradeaus stehen Sie direkt vor dem Tor mit dem Arche-Noah-Logo des christlichen **Kibbuzes Beth El**, (Google-Empfehlung: „Emma Berger Beth El"). Die frommen Deutschen kamen Anfang der 1970er Jahre hierher. Die rund 800 Einwohner würden eher nie lauthals bekräftigen, dass Glaube Berge versetzen kann – sie versetzen sie einfach, zum Wohl des Volkes Israel in der Endzeit. Mit verschiedenen Fabriken, insbesondere Filtertechnik und Lebensmittelproduktion sind sie nicht nur in Zikhron Ya'akov der größte private Arbeitgeber, www.beth-el-group.com.

Am Kreisel der Straße 652 nach Binyamina kommt man hinter dem südlichen Stadtrand rechter Hand nach **Ramat HaNadiv** mit dem **Mausoleum der Rothschilds**, in einer sehr gepflegten und nach verschiedenen Pflanzenthemen (Palmen, Rosen etc.) angelegten Gartenanlage. Von hier oben hat man guten Ausblick über die Sharon-Ebene. Das Mausoleum selbst ist eine eher etwas düstere Gruft. Südlich der Anlage liegt ein Naturpark mit recht schönen Rundwanderwegen von leicht bis schwierig. Gönnen Sie sich das Restaurant Mata'im – gutes Essen, und einige der Mitarbeiter resozialisieren sich gerade (reservieren: Tel. 04 8449998, Sa-Do 8-16, Fr -14, Sa sind Grab und Restaurant geschlossen www.ramat-hanadiv.org.il).

Praktische Informationen

Telefon-Vorwahl 04

Tourist Information neben dem Busterminal an der HaMeyasdim St, Mo-Do 8-13, guter Stadtplan erhältlich; www.zy1882.co.il.

Übernachten

• **Elma**, 1 Ya'ir St, Tel. 6300111, Fax 6300112, www.elma-hotel.com; wie oben angedeutet unbeschreiblich, selber schauen, wohin acht Jahre geschmackvolles Renovieren führen, wenn Finanzielles nicht stört, mF E/D $ 205-345

• **Bet Maimon**, 4 Zahal St, Tel. 6290390, Fax 6396547, www.maimon.com; ebenfalls tolle Aussicht, familiäre Atmosphäre, Sauna, sehr sauber, AC, TV, WLAN, mF E/D ab ₪ 458, mit Blick ab ₪ 658

Wenn Sie direkt in den Karmel hinauffahren möchten und dabei einerseits auf die noch vor Haifa liegenden und im Folgenden beschriebenen Orte verzichten, andererseits aber die **Drusendörfer** Daliyat AlKarmel und Isfiya anschauen möchten (Beschreibung siehe S. 340), dann müssen Sie hier auf die Straße 70 abbiegen. Nach 12 km geht es links ab auf die Straße

672, die durch Drusendörfer und den **Karmel Nationalpark** von Süden nach 23 km in den Stadtteil Central Karmel von Haifa führt. – Zurück auf die Straße 4.

🚗 2 km nach **Fureidis** (Arabisch: „Paradies"!) Links (nach dem Dorf) **Abzweig** Straße 70113 km nach

Dor**

Geschichte: *Die erste schriftliche Erwähnung von Dor geht auf Ramses II. im 13. Jh vC zurück, auch in der Bibel wird der Ort erwähnt. Die örtlichen Funde lassen auf eine Besiedlung sogar seit der Bronzezeit schließen. Nicht zuletzt begünstigten die vom felsigen Meeresgrund und den Inseln gebildeten guten Ankerplätze den Ort über die Jahrtausende. Er war allerdings auch zeitweise unbewohnt. Die Kreuzfahrer erbauten im 12. Jh die Burg Merel, die aber von den Mamluken zerstört wurde. 1799 schiffte sich der geschlagene Napoleon hier ein.*

Wer von der Hauptstraße abbiegt und über die Bahnlinie fährt, stößt rechts auf den Kibbuz Nakhsholim und links auf das Dorf Dor an einem schönen Sandstrand an der Mittelmeerküste. Im Meer direkt vor der Küste liegen vier Inseln, die als Vogelschutzgebiete deklariert sind. Sie dienen auch als Wellenbrecher und schützen den Strand sowie die Gewässer vor den Meeresgewalten. Dor ist nicht mit öffentlichen Verkehrsmitteln erreichbar.

Im Küstengewässer konnten interessante Funde geborgen werden, da in dem tückischen Untergrund viele Schiffe sanken. Diese Funde sind im **Nakhsholim Museum**, der ehemaligen Flaschenfabrik für die Carmel-Weine Baron Rothschilds, ausgestellt (Tel. 6390950, So-Do 9-14, Fr -13, ₪ 20).

Die antike Stätte, der **Tel Dor**, liegt etwa 3 km nördlich; http://dor.huji.ac.il. Das im 12. Jh vC von den Philistern gebaute Fort mit einer 3 m hohen Mauer zählt zu den besterhaltenen Ruinen seiner Art und Zeit. Auch aus hellenistischer und römischer Zeit sind Relikte geblieben, etwa eine byzantinische Kirche. Die Kreuzfahrer hinterließen die Festung Merel, ebenfalls als Ruine.

Praktische Informationen

Dor und der Kibbuz Nakhsholim bieten einen **Campingplatz, zwei Feriendörfer, eine Tauchschule** und viele weitere, mit Baden zusammenhängende Vergnügungen. Viele Israelis stufen die etwas abgelegenen Strände als die attraktivsten am Mittelmeer ein, insbesondere ein Stück nördlich der **HaBonim Beach**. Der Feriengast, der Ruhe und Erholung sucht, kann hier außerhalb der Hochsaison wirklich relaxen.

Übernachten

• **Moshav Dor Holiday Village**, Tel. 04 6397180, Fax 04 6392781; Iglus (etwas eng) oder zweistöckige Apartments in sog. Cottages (großzügiger), sauber, direkt am Strand, Kitchenette, AC, TV, mF E $ 113, D $ 124-202, **Camping**: pP ₪ 80
• **Seaside Resort Naksholim**, Kibbuz Nakhsholim, Tel. 04 6399533, Fax 04 6397614, www.inisrael.com/nahsholim; Apartments, AC, TV, mF E $ 143-170, D $ 149-215

🚗 Weiter auf der Straße 4. Nach 3 km Abzweig, rechts liegt

Nakhal Me'arot

Das Naturreservat ist eigentlich ein historisches Reservat, denn hier handelt es sich um Höhlen mit prähistorische Relikten. Es wird angenommen, dass die Tabun(Ofen)-Höhle seit der Altsteinzeit (vor 500.000–200.000 Jahren) benutzt/bewohnt wurde. In ihr fand man das Skelett einer Frau vom Neandertal-Typus. Die AlWad-Höhle dürfte die interessanteste sein, denn hier kamen Gebrauchsgegenstände und Schmuck zutage. Die Höhlen

wurden 2012 in die UNESCO-Welterbeliste eingetragen.

Die Besichtigung der Höhlen (geöffnet täglich 8-17, Fr -16, im Winter -16, Fr -15, Einlass jeweils bis eine Stunde früher, ₪ 22/9) dauert etwa eine Stunde. In einer Höhle wird ein Film gezeigt.

🚗 **Abzweig**, rechts 2 km nach

En Hod[*]

Am Hang der Karmel-Berge lebten 670 Araber im Dorf Ein Houd, das sie aber 1948 verlassen mussten. 1953 wurde es von Marcel Janco, einem der Dadaismus-Begründer, zu einer Künstlerkolonie umfunktioniert, Überblick auf http://ein-hod .info.

Heute ist es ein Dorf mit vielen Ateliers („Worpswede"), in denen Künstler arbeiten und leben. Einige Galerien bieten die Ergebnisse des künstlerischen Schaffens an; das **Janco-Dada-Museum** (Sa-Do 10-15, Fr -14, ₪ 24/12, Tel. 9842350, www.jancodada.co.il) ist dem Dadaismus gewidmet. Kurios sind auch die sehenswerten mechanischen Musikinstrumente im **Nisco Museum** (täglich 10-17, stündlich Vor-Führungen, ₪ 30/20, Tel. 052 4755

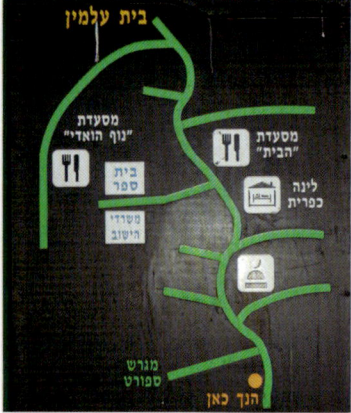

Plan des Überlebens-Künstlerdorfes Ayn Hawd

313). Samstags finden Workshops in Glasbläserei, Töpfern und anderem Kunsthandwerk statt.

▶ Ferner gibt es geführte Touren (auch Englisch) durch das Dorf mit Lea Ben-Arie, Tel. 04 9841126 oder 054 4811968.

Und man kann es sich bei argentinischer Küche von **Doña Rosa**, nahöstlichen Leckereien von **Abu Ya'acov** und selbstgebrautem Bier aus der **Art Bar** gut gehen lassen. Das **Café En Hod** (mit Secondhand-Laden und WLAN-Zugang) befindet sich in der 1948 verlassenen Moschee. Wer länger bleiben möchte, findet besonders geschmackvoll eingerichtete **B&B**s, D mF etwa ₪ 500-700.

▶ Wochentags ist En Hod von Haifa mit Bus 202 oder 921 zu erreichen, die aber das Dorf nicht anfahren; von der Haltestelle an der Straße 4 muss man gut 2 km bergan marschieren. Autofahrer können während der Saison nur außerhalb von En Hod parken. Freitags treten im Amphitheater von En Hod bekannte israelische Sänger und Musiker auf.

Dadaismus war eine Reaktion auf den Ersten Weltkrieg und von daher wohl passender Ansatz, ein durch das Nakba-Geschehen geleertes Dorf zu besiedeln. Die einstigen Bewohner Ein Houds sind jedoch nicht einfach weg, sondern wohnen wenige Kilometer weiter den Berg hinauf. Wer sich die Mühe macht, der unwegsamen Straße ins zwangsweise neue **Ayn Hawd** zu folgen, kann sich **besonderer Gastfreundschaft** der arabischen Israelis dort sicher sein – es gibt auch dort zwei Esslokale und eine Unterkunft.

🚗 1 km: Abzweig links nach

Atlit

Westlich der Küstenstraße liegt auf einer kleinen Halbinsel Atlit mit den Resten einer Kreuzfahrerburg (die nicht zu besichtigen ist).

Geschichte: *Nach dem Verlust von Jerusalem 1187 bauten die Kreuzritter auf der kleinen Halbinsel Atlit 1218 ihr Castrum Peregrinorum (Pilgerschloss). 1265 versuchten die Muslime, Atlit zu stürmen, zerstörten aber nur die Vorstadt. Nachdem 1292 Akko, die Hauptstadt des christlichen Königreichs, und Tartus in Syrien gefallen waren, gaben die in Atlit lebenden Templer auf und kehrten nach Frankreich zurück. Die Burg verfiel langsam, wurde aber 1837 durch ein Erdbeben stark beschädigt. Die Briten kamen auf die Idee, die Reste der Burg als Gefängnis zu nutzen. Leider hält die israelische Armee die Anlage weiterhin gesperrt, obwohl sie ein nur durch Zerfall, nicht aber durch Eroberung beschädigtes Beispiel der hervorragenden Kreuzritter-Baukunst ist.*

Die Engländer errichteten hier 1938 ein Auffanglager für illegale jüdische Immigranten, das aus 200 Holzbaracken bestand. Die Israelis setzten hier nach den Kriegen von 1956 und 1967 Araber fest. Später zerfielen die meisten Baracken. Heute stehen nur noch wenige Gebäude, die man besichtigen kann, http://eng.shimur.org/Atlit. Baron Rothschild kaufte in der Umgebung größere Ländereien auf und gründete 1903 ca. 2 km südlich eine landwirtschaftliche Siedlung, die sich hauptsächlich mit der Salzgewinnung aus Meerwasser beschäftigt.

🚗 1 km: **Oren Junction**

Rechts auf Straße 721 in die Karmel-Berge.

Entweder fahren Sie direkt weiter nach Haifa oder Sie legen einen schon wegen der Landschaft lohnenden Umweg von ca. 35 km ein: Biegen Sie rechts ab auf die Straße 721, sie windet sich hinauf in den Karmel und den Karmel Park, hier könnten Sie auch bei toller Aussicht im **Kibbuz Bet Oren** übernachten, www.hotel-beitoren.co.il (hebr.). Sobald Sie auf die Kreuzung mit der Straße 672 kommen, sollten Sie einen kurzen Abstecher nach rechts zu den Drusendörfern **Isfiya** und **Daliyat AlKarmel** einlegen (Beschreibung siehe S. 340).

Karmel

„Weinberg Gottes" bedeutet „Karmel" (Kerem-El) im Hebräischen. Dieser Wein-Berg ist ein 25 km langer Doppel-Bergrücken aus hartem Kalkstein und Dolomit, der sich von Nordwesten nach Südosten zieht und wie ein Keil über die Nord-Südküste Israels hinaus ins Wasser ragt. Diese Blockade der Küste führte in alten Zeiten dazu, dass die Via Maris, die von Süden her immer parallel zur Küste verlief, bereits in Caesarea nach Osten abbog und den Karmel damit umging.

Wegen der häufigen Niederschläge sind die Hänge mit dichter Vegetation unterschiedlichster Art bedeckt. Nicht zuletzt die reichhaltige Flora führte zur Einrichtung eines ausgedehnten Nationalparks.

Allerdings vernichtete im Dezember 2010 nach acht Monaten Dürre der bislang größte **Waldbrand** Israels in vier Tagen ca. 40 % der Natur auf dem Karmel – ein **Viertel des Waldes** im Land. 44 Menschen kamen um, etliche Häuser z.B. in En Hod brannten ab. Das **Naturreservat** Hai Bar Karmel wurde geöffnet, damit die Tiere fliehen konnten. Die mangelhafte Ausstattung der israelischen Feuerwehr – keinerlei Löschflugzeuge – sorgte allseits für Überraschung. Beim Löschen halfen u.a. Palästina, Jordanien, Ägypten und die Türkei. Ursache des Hauptbrandes waren zwei Jugendliche, die Wasserpfeife rauchen wollten. Die **Hamas** beurteilte die Katastrophe als Strafe Gottes, während die **SPNI** die Natur für kraftvoll genug hält, sich zu regenerieren und Aufforstungsfehler zu vermeiden. Nach einem weiteren Dürre-Jahr 2016 gab es hier und an anderen Stellen im Land wiederum Brände, die die Regierung Netanyahu als Terrorismus einstufte.

Haifa** – schönste Stadt Israels

Wer von Süden her Richtung Haifa fährt, sieht von Weitem bereits die Stadtteile, die sich wie eine Kappe auf dem Karmel hinziehen. Beim Näherkommen empfängt die Stadt schon am Autobahnende, dort, wo vor wenigen Jahren noch absolutes Brachland herrschte, mit einem ausgedehnten **Technologiepark** auf der Seeseite der Straße 4. Namen wie Intel und Google zeigen, dass sich hier Hochtechnologie angesiedelt hat. Auf der anderen Seite sticht das etwas futuristische, neue Kongresszentrum ins Auge, ihm gegenüber das neue Fußballstadion und ein ziemlich gigantisches **Kanyon Shoppingcenter** sowie die abgefahren ausgestaltete **Mall Castra**. Schon eine Menge los, aber touristisch startet man meist auf der östlichen Seite des Gebirgsstocks.

Die drittgrößte Stadt Israels mit 280.000 Einwohnern zieht sich malerisch über den Karmel-Bergrücken; nicht zuletzt der wohl aus *Hof Yafe* – Schöne Küste abgeleitete Name weist auf die Gunst der Landschaft hin. Der Hafen bietet genug Schutz und genug Platz, um einen großen Teil des israelischen Seeverkehrs im Mittelmeer abzuwickeln. So hat sich denn auch nördlich des Zentrums viel Industrie angesiedelt, vor allem Petro- und Kunststoffindustrie; Haifa gilt daher als die „fleißigste Stadt" Israels.

Aus eigenem, subjektivem Betrachten mag sie auch als die gepflegteste und sauberste Stadt herhalten. Dies gilt natürlich besonders für die oberen Wohngebiete, aber auch die Unterstadt ist nicht so unansehnlich wie ähnliche Gebiete in Tel Aviv. Wer allerdings in den nördlichen Industriestandorten zu tun hat, wird dieses Urteil bald revidieren. Denn hier wird Geld verdient, ob es dabei fürchterlich aufgeräumt oder umweltge-

Sehenswertes

**** **Baha'i-Schrein** und Gärten, Gold-Wahrzeichen von Haifa, stimmungsvolle Gartenanlagen, seit 2008 UNESCO-Welterbe, S. 329

**** **Karmel**, Stadtteil und Höhenzug mit berauschender Aussicht, S. 330

*** **Technion**, naturwissenschaftliches, sehr gutes Museum im ehemaligen Gebäude der Technischen Universität, S. 332

** **Beit HaGefen**, arabisch-jüdische Verständigungs- und Begegnungsstätte, Ausstellungen zu dieser Thematik, S. 328

** **Deutsche Kolonie**, restaurierte Häuser der deutschen Templer, gute Atmosphäre, Bummeln, Nightlife, S. 326

** **Eshkol Tower**, Hauptgebäude der Uni mit höchstem Aussichtspunkt von Haifa, entsprechend weiter Blick, S. 331

** **Haifa Museum of Modern Art**, ansprechende Moderne und Gegenwartskunst, S. 329

* **Eisenbahnmuseum**, für Eisenbahnfans, S. 326

* **Karmeliter-Kloster**, ansprechendes Gebäude mit Elia-Höhle, kleinem Museum und gutem Ausblick, S. 327

* **Mané-Katz-Museum**, Bilder von Katz und anderen jüdischen Künstlern, S. 331

* **Museum für Getreide-Bearbeitung**, nicht uninteressant, weil selten, S. 325

* **Museum of Illegal (Clandestine) Immigration**, hauptsächlich aus israelisch-nationalem Blickwinkel interessant, S. 327

* **Prähistorisches und Biologisches Museum**, Interessierte freuen sich über das Gebotene, S. 331

* **Tikotin Museum**, Museum japanischer Kunst, S. 331

6

recht zugeht, danach fragt man erst in zweiter Linie.

Haifa schmückt sich durchaus noch mit einem weiteren Attribut. Hier leben unterschiedliche religiöse Gruppen relativ friedlich unter einem kommunalen Dach: in der Mehrzahl Juden, aber auch 14 Prozent arabische und nichtarabische Christen; die am stärksten wachsenden 4 Prozent der Bevölkerung bekennen sich zum Islam, wobei im eigentlichen arabischen Viertel Wadi Nisnas unterhalb des Kunstmuseums Sunniten und Schiiten leben; hier weht noch ein Hauch Orient durch die Gassen mit ihren kleinen Basaren und den Cafés mit arabischer Musik. Im islamischen Stadtteil Kababir oben auf dem Karmel geht es dagegen wesentlich distinguierter zu, dort wohnen eher wohlhabende Ahmadya-Muslime in ihren Villen bzw. Wohnungen besseren Zuschnitts. Diese muslimische Strömung kommt aus Indien, die Moschee im Viertel ist sehenswert. Als weitere Gruppe sind die Baha'i zu nennen, die das Stadtbild durch ihr Mausoleum weithin sichtbar prägen. Haifa ist das Weltzentrum der über alle Kontinente verstreuten, etwa 8 Millionen Anhänger dieser Religion.

Die hiesige religiöse Vielfalt hat eine Toleranz hervorgebracht, die in anderen israelischen Städten nicht in dem Maße spürbar ist: In Haifa sind z.B. auch freitags Theater, Nachtclubs oder Discos geöffnet, am Shabbat der Zoo und einige Museen, der Busverkehr wird nur reduziert. Seit kurzem wird die Shabbatruhe jedoch mehr und mehr durchgesetzt.

Der Sail Tower von Haifa

Geschichte: *Im Gebiet von Haifa gab es zwei historisch belegte Siedlungen, Salmona und Shiqmona (zur Zeit Salomons im 10. Jh vC). Das später zwischen diesen Orten entstehende Haifa wurde im 3. Jh nC zum ersten Mal in talmudischer Literatur erwähnt. Die damals blühende Stadt wurde im 7. Jh von muslimischen Eroberern besetzt und zerstört. Ab dem 9. Jh begann ein erneuter Aufschwung, 1100 wurde Haifa von den Kreuzfahrern erobert und bis auf eine Zwischenzeit bis 1291 gehalten. Ihnen galt die Stadt kurioserweise als der Ort, an dem die 30 Silberlinge geschlagen worden waren, die Judas als Lohn für seinen Verrat an Jesus erhielt. In diese Zeit fällt die Gründung des Karmeliter-Ordens und seines Klosters auf dem Berg Karmel. Die Mamluken vertrieben bei der Eroberung 1292 die Bewohner und legten die Stadt so in Trümmer, dass sie sich erst wieder im 18. Jh erholte. Scheich Dahir AlUmar, der sich 1740 Haifas bemächtigte, baute die heutige Altstadt zwischen Kikar Paris und dem Postamt. Ab 1755 durften auch die Karme-*

liter zurückkehren. Um 1850 begann die Einwanderung der Juden. Ab 1868 ließen sich deutsche Templer am Rand von Haifa nieder, das damals um 4000 Einwohner hatte. Sie trugen viel zur Stadtentwicklung bei, aber zu Beginn des Zweiten Weltkriegs wurden sie vertrieben. Anfang des 20. Jhs förderte die zionistische Bewegung die Einwanderung der Juden, Haifa vergrößerte sich rasch. 1918 rückten die Engländer ein, später wurde die Stadt ein wichtiger Stützpunkt für illegale Einwanderung. Nach der Proklamation Israels 1948 gewann Haifa als Hafenstadt umso mehr an Bedeutung, als durch den arabischen Boykott andere Verbindungen zur Außenwelt verwehrt waren.

Der Hanglage Haifas sind drei typische Stadtteile zu verdanken: Die Unterstadt mit Hafen und Altstadt (auch als Downtown apostrophiert), die Mittelstadt mit dem 60 bis 120 m hoch gelegenen Stadtviertel Hadar und die Oberstadt (250 bis 300 m) mit dem zentralen Bezirk Merkas HaKarmel (Karmel Center) und einer Reihe anderer Stadtteile, die sich jeweils über Bergrücken erstrecken. Haifa ist am gepflegtesten (und teuersten) ganz oben in der Höhenlage mit wunderschöner Aussicht; je tiefer man den Karmel zum Hafen hinabsteigt, umso einfacher werden die Angebote in den Geschäften, umso enger rücken die Häuser zusammen, umso ungepflegter sind die Straßen – mit immer mehr Ausnahmen wie der German Colony und dem Hafenviertel.

Praktische Informationen

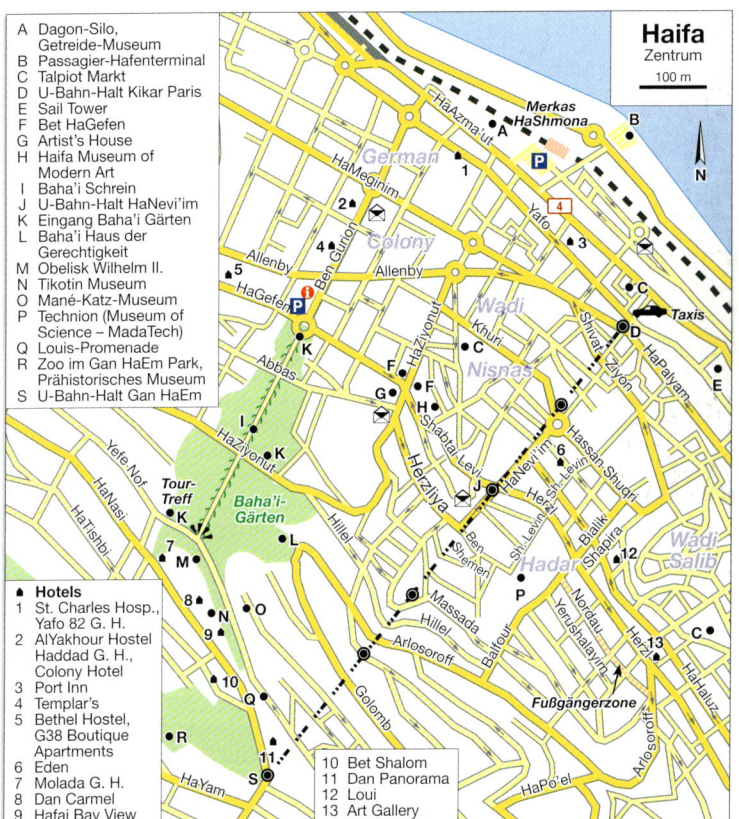

A Dagon-Silo,
   Getreide-Museum
B Passagier-Hafenterminal
C Talpiot Markt
D U-Bahn-Halt Kikar Paris
E Sail Tower
F Bet HaGefen
G Artist's House
H Haifa Museum of
   Modern Art
I Baha'i Schrein
J U-Bahn-Halt HaNevi'im
K Eingang Baha'i Gärten
L Baha'i Haus der
   Gerechtigkeit
M Obelisk Wilhelm II.
N Tikotin Museum
O Mané-Katz-Museum
P Technion (Museum of
   Science – MadaTech)
Q Louis-Promenade
R Zoo im Gan HaEm Park,
   Prähistorisches Museum
S U-Bahn-Halt Gan HaEm

▲ **Hotels**
1 St. Charles Hosp.,
   Yafo 82 G. H.
2 AlYakhour Hostel
   Haddad G. H.,
   Colony Hotel
3 Port Inn
4 Templar's
5 Bethel Hostel,
   G38 Boutique
   Apartments
6 Eden
7 Molada G. H.
8 Dan Carmel
9 Hafai Bay View

10 Bet Shalom
11 Dan Panorama
12 Loui
13 Art Gallery

Haifa
Zentrum
100 m

**Merkas
HaShmona**

Unsere folgende Stadtbeschreibung fasst jeweils lokale Schwerpunkte zusammen; dabei ist das Fortbewegen von einem Ort zum anderen nicht direkt erwähnt.

Die Unterstadt

Beginnen wir mit dem Kennenlernen der Unterstadt und dort mit dem **Hafen**, der von 1929 bis 1933 geschaffen wurde. Da für die notwendige Infrastruktur nicht genug Platz auf dem engen Küstenstreifen vorhanden war, musste Land in großem Umfang aufgeschüttet werden. Eine

Art Wahrzeichen des Hafens ist das 68 m hohe **Dagon-Silo** innerhalb des Hafengeländes, in dem 100.000 Tonnen Getreide Platz finden nebst einem, von R. Hecht gegründeten, ⋆ **Museum für Getreide-Bearbeitung in Israel**, Tel. 8664221, Eintritt frei, das die Entwicklung des Grundnahrungsmittels über 5000 Jahre darstellt. Der Eingang liegt links vom Zentralbahnhof Haifa-Merkas HaShmona: der Büroeingang der DAGON-Gesellschaft.

Die Ausstellungsstücke stehen in der Eingangshalle und im ersten Stock des

Dagon Silo – ein gutes Orientierungszeichen

Bürotrakts, daher sind sie nur per Voranmeldung auf eine Führung (oder nach spezieller Vereinbarung) zu besichtigen. Das Museum ist vermutlich weltweit das einzige, das sich auf die Behandlung und Lagerung von Getreide spezialisiert hat.

Eisenbahnfans werden gern einen Schlenker einlegen und den Eisenbahnschienen nur ein kurzes Stück Richtung Akko zum * **Eisenbahnmuseum** *(So-Do 8-16, 1 HaTivat Golani St,* ₪ 30/15, Tel. 8564293) zum Besichtigen alter Dampfloks, Luxus-Waggons und Schienenmonstern aus der Pionierzeit sowie teils aus der Zeit der ersten Bahn von 1888 folgen.

Aber wenden wir uns vom Hafen zunächst auf der HaAzma'ut St nach Norden (das heißt hier in Richtung Tel Aviv, da die Halbinsel nach Norden weist) in Richtung auf die Spitze des Kap Karmel. Doch lange vor dem Kap wollen wir einen Abstecher nach links in die Ben Gurion St einlegen. Hier siedelten einst die **Deutschen Templer**, die 1868 eine Kolonie in Haifa gründeten, die noch

heute als * * **German Colony** bekannt ist. Mitte der 1990er Jahre beschloss die Stadtverwaltung, den Bezirk als weiteres touristisches und kulturelles Zentrum zu renovieren, was ihr bestens gelungen ist. Tagsüber und abends finden schauspielhafte Führungen statt. Genaueres sowie Anmeldung unter Tel. 180 0305090.

Viele der Häuser mit den roten Ziegeldächern strahlen im alten Glanz, die Ben Gurion St sieht richtig herausgeputzt aus. Hinzu kommt der Blick auf die Gartenanlage der Baha'i, deren Treppen genau in diese Straße münden.

Das **Tourist Information Office** residiert in einem Templerhaus (siehe S. 332). Allerhand charmante Boutiquen und Shops, Cafés und Restaurants haben wieder Leben bis spät in den Abend in die Siedlung gebracht.

Typische Beispiele für die originale Architektur sind die Hausnummern 11, 12, 16, 24 und das Haus 5, Meir Rutenberg St, das von 1888-1948 als Hospital diente. In der Tagungshalle und späteren Schule Nr. 11 hat jetzt das **Haifa City Museum** Platz gefunden mit Ausstellungen zur Stadtgeschichte, Sonderausstellungen über den Hof in der kürzlich mit deutscher Unterstützung sanierten Templerschule (So-Mi 10-16, Fr -13, Sa -15, Do 16-19, ₪ 35/23, www.hcm.org.il, **Kombiticket** alle 6 städtischen Museen/7 Tage ₪ 60/35). Vor den Landgewinnungsaktivitäten reichte die Küste bis an das heutige Ende der Ben Gurion St. So konnte Kaiser Wilhelm II. bei seinem Palästinabesuch 1898 sozusagen unter Landsleuten an Land gehen und, von deutschen Lauten begleitet, seine Reise hier beginnen.

Zurück zur HaAzma'ut bzw. Jaffa *(Yafo* ausgeschildert – in der Nr. 90 finden Sie die SPNI) St und auf dem Weg zum Kap vorbei am Bahnhof und am Busterminal. Etwa gegenüber liegt links ein sehr gepflegter Soldatenfriedhof aus dem Ersten

Weltkrieg und der Friedhof der Templer, der mit Bäumen und üppigem Grün bestanden ist. Rechts bleibt das Viertel Bat Galim mit einer stadtnahen Strandpromenade und Restaurants liegen. Dort, wo links die Allenby St einmündet, ist am Hang des steilen Kaps die **Elia-Höhle** (Mo-Sa 8-12.30/14.30-17) über einen schmalen Fußweg erreichbar. Der Prophet Elia suchte hier Schutz vor den Verfolgungen durch König Ahab. Lange Zeit später sollen Maria und Josef auf ihrer Flucht aus Ägypten in der 9 m tiefen Höhle Unterschlupf gefunden haben. Daher ist sie Juden, Muslimen und Christen wenn nicht heilig, dann zumindest von Bedeutung.

Nur ein paar Schritte entfernt können Sie in der Allenby St 204 das * **Clandestine Immigration and Naval Museum** der israelischen Marine (So-Do 10-16, ₪ 15/10) besuchen, das an dem kleinen, auf Land liegenden und furchtbar engen Schiff zu erkennen ist, mit dem sich illegale Einwanderer Richtung Palästina auf

den Weg machten. Gleich nebenan, Allenby St 198, öffnet sich das Tor des **National Maritime Museums** (So-Mi 10-16, Fr -13, Sa -15, Do 16-19, ₪ 35/23, www.hcm.org.il, **Kombiticket** ₪ 60/35, www.nmm.org.il). Seefahrer werden sich über die Ausstellungsstücke von 5000 Jahren Seefahrtgeschichte (Schiffsmodelle, Navigation, Zubehör) im oberen Stockwerk freuen, im Erdgeschoss finden wechselnde Ausstellungen statt.

Der Eintritt zu den reizvollen, aber speziellen Museen in Haifa fällt vermutlich leichter, wenn man ein **Kombiticket** für sechs Haifa-Museen (www.hms.org.il) kauft: ₪ 60/35 innerhalb von sieben Tagen für Kunstmuseum, Maritime Museum, Haifa City Museum, Mané-Katz-Museum, Hermann-Struck-Museum und Tikotin Museum für japanische Kunst sind ein prima Angebot.

Von dieser Gegend aus lässt sich auch ein Besuch des * **Karmeliter-Klosters** (6.30-12.30, 15-18, Tel 8337758) einschieben, das 100 m oberhalb der Elia-Höhle

6

Blick auf die Bucht von Haifa mit der Unterstadt und der Seilbahn

liegt. Von der Höhle führt ein steiler Treppenweg hinauf (per Straße über Allenby/Stella Maris St zu erreichen). Einfacher ist es mit der **Seilbahn** (viertelstündlich 10-18.30, nur Fr -17.30; ₪ 23, Rückfahrkarte ₪ 31), die nördlich der Hauptstraße startet und bis zum Leuchtturm führt.

Der Klosterkomplex wurde mehrfach zerstört, das jetzige, innen marmorverkleidete Gebäude geht auf das Jahr 1828 zurück. Die Marienfigur aus Zedernholz stammt aus dem Libanon. Schöne Deckengemälde schildern das Leben des Propheten Elia und seines Schülers Elisa. Unter dem (erhöhten) Chor führen ein paar Stufen in eine kleine Grotte, in der Elia eine Zeit lang gelebt haben soll – hier lässt sich die Frömmigkeit anderer Länder erleben. In Nebenräumen rechts vom Eingang wurde ein kleines Museum eingerichtet. Gegenüber dem Kloster, auf der anderen Straßenseite, steht der alte, leider unzugängliche **Leuchtturm Stella Maris**. Aber es gibt ein arabisches Restaurant mit Aussicht. Busse 26, 30, 31, 99a und 115 fahren zum Karmeliterkloster.

Jetzt geht's wieder zurück auf der Jaffa St. Wenn man unterwegs nicht in die HaAzma'ut St – der ewig verstopften Hauptschlagader der Unterstadt – automatisch einbiegt, sondern geradeaus auf der Jaffa St bleibt, kommt man auf den Kikar Paris. In der Nähe, zwischen Nahum und Natanson St, wird ein **Frucht- und Gemüsemarkt** abgehalten, hier gibt es herrlich frisches Grünzeug. Darüber hinaus finden Sie in der Umgebung eine Reihe arabischer Restaurants und Garküchen, in denen man gut essen kann.

Die Mittelstadt Hadar

Vom Kikar Paris klettert die U-Bahn den Berg hinauf, für Autofahrer führt die Allenby St auf den Weg nach oben. Die zweite U-Bahnstation, HaNevi'im, liegt im Zentrum von Hadar, dessen Haupt-

geschäftsstraße die Herzl St ist. Parallel dazu verläuft – eine Etage höher – die Fußgängerstraße Nordau St, in der man Cafés und Restaurants findet; vom Publikum her scheint sie von älteren Damen bevorzugt zu werden.

Der ehemalige Campus der Technischen Hochschule namens ✱✱✱ **Technion** liegt in der Balfour St, Ecke Shmaryahu Levin St, nur unweit oberhalb der Herzl St. Die Hochschule musste aus Platzmangel in den Stadtteil Neve Sha'anan verlegt werden (siehe S. 332).

Beit HaGefen ✱✱

Beit HaGefen, 2 HaGefen St, Tel. 852 5252 (So-Do 8-13, 18-20), hat sich seit 1963 der **arabisch-jüdischen Verständigung** verschrieben – die vielen blutigen Auseinandersetzungen zwischen beiden Seiten zeigen nur zu deutlich, welche Wegstrecke noch vor den Initiatoren liegt. Aber vielleicht hat diese Initiative dazu beigetragen, dass man in Haifa miteinander auskommt. Zu den Aktivitäten gehören etwa 250 Theateraufführungen pro Jahr meist in arabischer Sprache, vor allem in arabischen Siedlungen in Israel, aber auch in arabischen Ländern wie Jordanien und Marokko. Hinzu kommen viele kulturelle Veranstaltungen in Haifa und Umgebung, Jugendarbeit und gemeinsame Feste der Volksgruppen.

Demonstratives Miteinander am Beit HaGefen

Der alte Campus dient heute zum Teil als **Madatech – National Museum of Science** (So-Mi 10-15, DoSa -16, Fr -14, Einlass bis jeweils eine Stunde eher, ₪ 89 ab 5 J., Familien bis 4 Personen ₪ 340, www.madatech.org.il), in dem vor allem naturwissenschaftliche Prinzipien dargestellt sind. Der Besucher kann selbst etwa 200 Experimente durchführen. „Lernen durch Selbermachen" lautet das Motto der hochinteressanten Institution, die vor allem auch Kindern im Schulalter Wissenschaft und Technik durch Anfassen und Mitmachen näherbringen will. Besucher können kostenlos im Internet surfen. Von hier ist es nicht mehr weit bis zu einer Pause in der **Massada St** – entspannte Hipster-Lokale und Bars, z.B. das gleichnamige **Café Massada**, manchmal steigt hier ein Lebensmittel-Tauschmarkt, tendenziell vegan.

Vom U-Bahnhof aus sollten Sie auch der Shabtai Levi St bis zur Nr. 26 folgen, um das ** **Haifa Museum of Art** (So-Mi 10-16, Fr -13, Sa -15, Do 16-19, ₪ , 45/30, www.hma.org.il, **Kombiticket** ₪ 60/35) zu besuchen. Es widmet sich vor allem aktueller Kunst mit ihren multimedialen Möglichkeiten, zeigt in der Sammlung jedoch auch ältere Gemälde und Stücke.

Das **Artist's House/Chagall House** (24 HaZionut St, So-Do 9-13, 16-19, Fr 10-13) zeigt immer wieder Ausstellungen, dient aber hauptsächlich als Galerie, in der israelische Künstler ihre Werke verkaufen.

Bus 23, 30 und 31 bringt Sie zur 45 Yefe Nof St am oberen Ende der Gärten um den **** **Baha'i-Schrein** (englische Führung täglich außer Mi 12 Uhr; geschlossen am 21.3., 21. + 29.4., 2. + 29.5. sowie an vier weiteren, lunaren Festtagen, Information So-Do Tel. 8313131, www.ganbahai.org.il/en). Die Gärten um den **Schrein** und natürlich der Schrein selbst sind täglich **nur 9-12**, die weiter entfernten -17 Uhr geöffnet. Zur englischen Führung (ca. 50 min) um 12 Uhr sollte man sich 30

Auch nachts imposant: der Baha'i-Schrein, Haifas Wahrzeichen

Minuten eher einfinden (körperbedeckende Kleidung ist Voraussetzung). Die frisch renovierte vergoldete Kuppel, das Wahrzeichen von Haifa, leuchtet schon von weitem aus dem üppigen Grün der sie umgebenden persischen Gärten. Die oberen Gärten bis zur Yefe Nof St, durch die das Mausoleum nun optisch nicht mehr oberhalb, sondern in der Mitte eines großen Gartens liegt, wurden anlässlich des Jahres 2000 angelegt. 2008 hat die UNESCO die beeindruckende Anlage in ihre Liste des Welterbes aufgenommen.

Das üblicherweise als Tempel apostrophierte Bauwerk ist tatsächlich das **Mausoleum** des Verkünders des Baha'i-Glaubens, **Bab Mirsa Ali Mohammed**, der 1850 in Täbris im Alter von 31 Jahren wegen seiner Lehren hingerichtet wurde. Sein Nachfolger Baha'ullah (arabisch *Glanz Gottes)* gründete die eigentliche Baha'i-Religion. Neben dem kuppelgekrönten Schrein ist das weiße, säulenumgebene Gebäude Sitz der höchsten

Baha'i-Instanz, der Sitz des *Universalen Hauses der Gerechtigkeit* architektonisch von Bedeutung (nicht zugänglich). Hier residiert ein aus neun Baha'i bestehendes Gremium, das jeweils für fünf Jahre von den Nationalen Geistigen Räten gewählt wird.

Wenn Sie die HaZionut St zwischen dem oberen und unteren Garten weiter bergauf fahren, können Sie an der nächsten Straßeneinfahrt rechts den **Sculpture Garden** besuchen. Den öffentlichen Park verwandeln 22 sehr lebendig wirkende Bronze-Skulpturen der Bildhauerin Ursula Malbin in eine harmonisch an-gelegte Garten-Galerie; www.malbin-sculpture.com. Picknickplätze laden zum Verweilen bei bester Aussicht ein.

Oberstadt Karmel Center** (Merkas HaCarmel)

Die obere Endstation der U-Bahn heißt **Gan HaEm** *(Garten der Mutter)* nach dem üppigen Park (dem größten von Haifa), der sich rechts vom Bahnhof an der HaNassi St erstreckt. Dort hat sich der überraschend vielfältige und kürzlich renovierte **Zoo** (mit Streichelabteilung, Sa-Do 9-18, Fr 15, im Winter Fr -13.30) ein Stück Land

Der Glaube der Baha'i

Der ursprüngliche Verkünder des Baha'i-Glaubens (auch Babismus genannt), **Bab Mirsa Ali Mohammed**, stellte sich in eine Reihe mit den Propheten Moses, Zarathustra, Buddha, Jesus Christus und Mohammed. Sie seien die göttlichen Erzieher der Welt und gäben ihr immer die gleichen grundlegenden Lehren. Sie offenbaren aber jeweils zeitgemäße Grundsätze und Gesetze. Sein Nachfolger und Gründer der Baha'i-Religion, **Baha'ullah**, bemühte sich, einen **universellen Glauben** ins Leben zu rufen. Auch er erlitt Verfolgungen und Folterungen, wurde aus dem Iran in die Türkei und schließlich nach Akko verbannt, wo er nach langer Gefangenschaft 1892 starb. Sein Sohn **Abd AlBaha** (arabisch *Diener des Glanzes)* übernahm die Nachfolge und weltweite Verkündung des Glaubens. Damit war die Verbindung in diesen Teil der Welt gelegt, schließlich entstand das Weltzentrum der knapp 8 Millionen Mitglieder in Haifa. Anhänger der Religion leben in nahezu allen Ländern, die meisten in den USA. Die Baha'i in Israel wohnen fast alle nur zeitweise dort zum Dienst in den Heiligen Stätten. Die Schriften wurden in mehr als 350 Sprachen übersetzt.

Die **Baha'i-Religion** erkennt die Einheit Gottes und die seiner Propheten an. Gleichzeitig vertritt sie auch die Ganzheit und Einheit der menschlichen Rasse, die sich, unvermeidlich, vereinen müsse. Daraus folgen fast zwingend die Glaubens- und Verhaltensgrundsätze: das Streben nach harmonischen Beziehungen zwischen den Rassen und Religionen, gleiche Rechte für alle, die Gleichstellung der Geschlechter, Einehe, Schulpflicht und universelle Erziehung, einen allgemeinen, auf das Wesentliche der großen Religionen gestützten Glauben sowie eine universelle parlamentarische Regierung. Eine vordringliche Aufgabe ist die Suche nach Wahrheit und die Verurteilung aller Arten von Vorurteilen. Ausdrücklich erwähnt wird die Wissenschaft als vornehmstes Mittel für den Fortschritt der Menschheit.

Die heilige Schrift der Baha'i besteht aus den Niederschriften Babs, Baha'ullahs und Abd AlBahas, sie ist ihre einzige institutionelle Autorität. Im Baha'ismus gibt es weder geistliche Ämter noch Rituale.

abgeknapst zusammen mit dem * **Prähistorischen und Biologischen Shtekelis Museum** (Mo-Do/Sa 10-15, Fr -13), in dem die Entwicklung des Lebens auf der Erde hervorragend dargestellt ist. Wenn Sie wandern wollen in Haifa: Vom Gan HaEm Park ist ein *Nature Trail* durch Parklandschaften ausgeschildert.

Zurück zum U-Bahnhof Gan HaEm. Wenn wir an dessen Ausgang wieder bergab in der Richtung gehen, die wir hinaufkamen, stoßen wir in dem kleinen Park rechts der Sha'ar HaLevanon St auf eine Betonrampe, die hinüber zum Hochhausturm und zur **Louis-Promenade** oberhalb der Panoramastraße Yefe Nof führt. Folgen Sie der geschmackvoll angelegten Promenade, sie öffnet sehr schöne Ausblicke auf die Bucht von Haifa. Am Ende stoßen Sie auf eine Kanone und eine Gedenktafel zum Besuch des deutschen Kaisers Wilhelm nebst Gattin Auguste Victoria am 25. Oktober anno 1898; ein kleiner Obelisk ist als **„Wilhelms Obelisk"** bekannt.

Kunstinteressierte können das * **Mané-Katz Museum** (89 Yefe Nof St, gegenüber Nof Hotel, So-Mi 10-16, Fr -13, Sa -15, Do 16-19, ₪, 35/23, www.hma.org.il, **Kombiticket** ₪ 60/35, exakt wie im folgenden Tikotin Museum), besuchen, dem Haus und Atelier des Künstlers, in dem moderne Bilder und Zeichnungen von Katz und – in wechselnden Ausstellungen – von jüdischen Kunstschaffenden aus aller Welt gezeigt werden. Das nur aus drei Räumen bestehende Museum vermittelt dennoch einen Eindruck vom Schaffen des Künstlers. Freunde Japans werden sich das * **Tikotin Museum of Japanese Art** (10-19, Fr -13, Preise siehe oben, www.tmja.org.il), 89 HaNassi St, nicht entgehen lassen. In einem Haus in japanischem Stil sind Gemälde, Zeichnungen, Möbel und Keramiken aus Fernost zu besichtigen.

Von hier weisen auch Schilder den Weg zum **Sculpture Garden** in der HaZionut St (siehe weiter oben). Wenn Sie an Filmen interessiert sind, dann sollten Sie die **Cinémathèque**, 142 HaNassi St, Tel. 8103480, besuchen, die täglich zwei unterschiedliche Filme zeigt.

Die teuersten Hotels stehen zwischen Yefe Nof und HaNassi St, weil sich von hier der beste Blick auf die Stadt und das Meer ergibt. Die HaNassi St ist auch die Shopping-Meile in Karmel Center mit Geschäften, Boutiquen, Restaurants und Cafés. Wenn Sie dieser Straße ein Stück bergauf folgen, stoßen Sie an der Kreuzung Wolfson St auf ein rotes Schild *Kababir*. Es handelt sich um das 1929 gegründete Viertel der Ahmadyas, einer relativ kleinen muslimischen Sekte aus Indien. Unten ganz am Ende ragt ihre **Moschee** auf, die übrigens auch als Landmarke von der südlichen Einfallstraße aus zu sehen ist. Die auch im Inneren helle Moschee kann besichtigt werden.

Noch weiter entfernt – etwa 7 km vom U-Bahnhof Gan HaEm – liegt der Karmel Nationalpark (siehe weiter unten). Auf dem Weg dorthin kommt man an der Haifa-Universität mit ihrem beeindruckenden 30-stöckigen Hochhaus vorbei; www.haifa.ac.il. Von diesem zentralen Hochhaus, dem ** **Eshkol Tower** (So-Do 8-15; Busse 30, 36, 37, 48, 148) können Sie den besten und weitesten Blick genießen, den Haifa zu bieten hat; und Sie sollten ihn nicht versäumen, wenn Zeit und Wetter vorhanden. Zu Ihren Füßen liegt natürlich die Stadt am Hang und am Meer, doch der spektakuläre Ausblick reicht auch tief ins Hinterland und bis zum Libanon mit dem hellen Rosh HaNikra (siehe S. 356) an der Grenze sowie zum Berg Hermon und den Golan-Höhen. Im Übrigen bieten Studenten Besichtigungstouren durch den innerhalb des Naturparks so schön gelegenen Campus an (Visitor Center Tel. 8240097) – hier muss Studieren noch so richtig Spaß machen!

6

Im ersten Stock des Eshkol Towers können Sie auch das **Reuben & Edith Hecht Museum** (So-Do 10-16, Di -19, Fr -13, Sa -14, Eintritt frei; Busse 24, 30, 36, 37, http://mushecht.haifa.ac.il) besuchen, das sich archäologisch mit dem Thema "Die Israelis im Land Israel" beschäftigt und impressionistische Bilder ausstellt (u.a. Monet, Pissaro, Modigliani, Struck). Direkt daneben liegt das **Ancient Ship Museum** mit dem bei Ma'agan Mikhael geborgenen Schiff aus dem 5. Jh vC, siehe S. 317. Auch die renovierten Gebäude des **Road of Generations** im Außengelände des Hecht Museums sind einen Blick wert.

Die **Technische Universität** *Technion*, die weit über Israels Grenzen bekannt ist, zog vor einiger Zeit aus ihrem Ursprungsplatz im Zentrum Hadars in den neuen Stadtteil Neve Sha'anan etwas unterhalb der Haifa Universität. Die Errungenschaften der Uni werden in einer Multimedia-Show im Visitor Center dargestellt (So-Do 9-14; Bus 17, 19). Das ebenfalls hier liegende *Israel Institute of Technology* ist in Wissenschaftskreisen weltweit bekannt.

Praktische Informationen

Telefon-Vorwahl 04

Tourist Information Office, 48 Ben Gurion St, Tel. 8535606 oder kostenlos 180 0305090, Fax 8535610, So-Do 9-17, Fr -13, Sa 10-15, www.visit-haifa.org, auch als App Tour Haifa; gratis Parken westlich des Office in der HaGefen St.

Das liebenswürdig-hilfsbereite Personal erwartet sie in der German Colony – ein Nachklang dessen dürfte die deutsche Ausgabe des nützlichen Stadtführers sein, der hoffentlich bald wieder aufgelegt wird – Haifa verbindet mit Bremen, Mainz, Düsseldorf, Erfurt und Mannheim einen Großteil seiner Städtepartnerschaften mit Deutschland. Auf der Website sind allerdings die englischen Informationen meist aktueller als die deutschen.

Sie erhalten hier ein brauchbares englisches Kartenblatt der Stadt. Für ₪ 4 mehr gibt es einen englischen Faltplan, der Ihnen acht von der SPNI betreute Naturpfade im Karmelpark, fünf interessante Rundgänge durch die Stadt und vier "1000 Steps Walking Tours" von der U-Bahn-Endstation auf dem Karmel hinunter nach Downtown vorschlägt.

Die Tourist Information liegt ein kurzes Stück unterhalb der Gartenanlagen des Baha'i-Mausoleums. Beim Besuch bekommt man also gleich einen Eindruck von der ehemaligen Templer-Kolonie und dem Mausoleum mit seinen Gartenanlagen den Berg hinauf.

Schiffsagenturen

• **Rosenfeld**, 104 HaAzma'ut St, el. 8613671, www.rosenfeld.net; Fährverkehr nach Griechenland und Zypern derzeit eingestellt, Fracht sollte möglich sein
• **Mano**, 2 Pal Yam St, Tel. 8606666 oder kostenlos 170 0700666, www.mano.co.il; Fracht und Kreuzfahrten

Verkehrsverbindungen

Mit dem Auto ist es in Haifa wegen vieler Einbahnstraßen recht mühsam, auch wenn der fertige Karmel-Tunnel (Straße 23) etwas Entlastung bringt: Vom Technologiepark und Kongresszentrum im Westen kann man nun ohne Umrundung des Karmelsporns direkt zur Verkehrsdrehscheibe Lev/Merkasit HaMifraz, an der Kreuzung der Straßen 4 und 75, in kaum halber Zeit ohne Stau durchfahren – Carmeltron verlangt dafür ₪ 18 bzw. die Hälfte, wenn Sie nur bis zur einzigen Abfahrt mittendrin zur Mall Grand Kanyon fahren.

Zur Orientierung: Sie sehen auf Verkehrsschildern oft die Alternative **Tel Aviv – Krayot**. Tel Aviv ist natürlich im Süden, auch wenn die Straße erstmal nach Norden um den Karmelsporn herum führen sollte, und Krayot ist der Plural für die Kiryat-Orte Richtung Akko (Kiryat Yam, Kiryat Ata usw.), also nach Norden, auch wenn die Straße zunächst nach Süden führt.

Busse

Haifa hat drei Busbahnhöfe, an denen auch die Eisenbahn hält.

▸ Der neue **CBS Hof HaKarmel** liegt an der Westküste beim Technologiepark und nimmt alle Fernbusse von und nach Süden auf.

▸ Ins Stadtzentrum geht es mit Bus Nr. 103.

▸ Ziemlich im Norden befindet sich die alte Station **Bat Galim**, die jetzt die Stadtbusse verteilt,

▸ und südlich des Hafen- und Industriegebietes am Treffpunkt der Straßen 4 und 75 gibt es die zweite **CBS Merkasit HaMifraz**, Anlaufstelle für Busse von und nach Norden und nach Galiläa.

Egged betreibt die Stadtbuslinien für ₪ 5,90 pro Fahrt, Umsteigen wieder nur mit einer Rav-Kav. Erwähnenswert davon sind

▸ 3: Hof HaKarmel CBS – Neve David – West Karmel – Karmel Center – Hadar – Downtown – Bat Galim CBS

▸ 11: Hof Ha Karmel – Technion

▸ 12/12a: Regierungsbezirk – Bahnhof HaShmona – German Colony – Untere Baha'i-Gärten – Hadar – Karmel Center – Akhusa – Horev Center – Karmel Krankenhaus

▸ 16: Grand Canyon (Shopping) – Ziv Center – Ge'ula – Hadar – Regierungsviertel – Rambam Krankenhaus – Bat Galim CBS

▸ 17 und 19: Technion – Bat Galim CBS

▸ 37(a): Bat Galim CBS – Hadar – Merkas Karmel – Merkas Horev – Universität. 37a fährt weiter zu den Drusendörfern Isfiya und Daliyat AlKarmel

▸ 101: Hof HaKarmel CBS – Tunnel – Grand Kanyon – Tunnel – Lev HaMifraz CBS

▸ 125: Hof HaKarmel CBS – Freud St – Karmel Krankenhaus – Horev Center – Grand Kanyon (Shopping) – Neve Yosef – Lev HaMifraz CBS

▸ 200: **Nachtbus** Dado Beach/Hof HaKarmel CBS – Merkas HaKarmel – Horev Center – Universität – Technion – Ziv Center – Neve Sha'anan – Hadar – German Colony – Sail Tower – Kiryat Mozkin Jct

Die Tel Aviver Firma Dan hat in Haifa mit dem Öko-Schnellbussystem **Metronit** Einzug gehalten und betreibt drei Linien. Es werden vor allem die oben erwähnten Krayot ange-

bunden. In Haifa selbst kann man sich soviel merken, vgl. www.dannorth.co.il:

▸ Linie 1 (rot) fährt um den Berg bis Station Hof HaCarmel

▸ Linie 2 (blau) fährt zum Nordstrand Bat Galim

▸ Linie 3 (grün) fährt in die Mittelstadt Hadar und wieder zurück

In dem kleinen Stadtführer der Tourist Information stehen bei jeder Sehenswürdigkeit die zuständigen Buslinien aufgelistet, oder man informiert sich über die App Tour Haifa oder moovit, unter Tel. 8549131 oder www.egged.co.il oder www.bus.co.il.

Noch ein Hinweis zur **Praxis**: Immer den Busfahrer fragen, wo er hinfährt, Berg und Straßen in Haifa sind verwirrend, und die selbe Liniennummer kann verschiedene Ziele ansteuern.

Sammeltaxis

Auch in Haifa werden einige Buslinien ebenso von **Sherut-Sammeltaxis** bedient. Sie kosten etwas weniger, sind schneller, halten auf Handzeichen auch außerhalb der Bushaltestellen und fahren auch am Shabbat. Zum Flughafen (etwa ₪ 60/$ 15) und in andere Städte bringt einen meist die Firma Amal, 6 Hekhaluz St, reservieren unter Tel. 8662324. Sherut nach Akko, Nahariya und Safed fahren nördlich vom Solel Boneh Platz (U-Bahn-Haltestelle) ab.

Fernbusse

Einige **Fernbusse** fahren von Hof HaKarmel CBS die

▸ Linie 910 direkt nach Tel Aviv (₪ 24),

▸ Linie 940 direkt oder 947 über Netanya, Ra'anana Junction und Ben Gurion Airport nach Jerusalem (₪ 42),

▸ 990/991 nach Elat (₪ 78);

von Merkasit HaMifraz CBS

▸ Linie 271 nach Nahariya (₪ 18),

▸ 166 oder 343 nach Nazareth (₪ 32),

▸ 500 direkt und 501 über Akko, Karmi'el, Meron, Safed und Rosh Pina nach Kiryat Shmona (₪ 42).

An der Küste entlang ist eher die **Eisenbahn** zu empfehlen.

In der U-Bergbahn von Haifa

U-Bahn

Das wichtigste Verkehrsmittel zwischen Berg und Küste ist die 1956 eröffnete **U-Bahn Carmelit**, eigentlich eine U-Bergbahn, denn auf knapp 2 km Streckenlänge bewältigt sie 275 m Höhenunterschied, eine Steigung von ungefähr 15 Prozent! Die einzige U-Bahn Israels startet unweit des Passagierhafens am Kikar Paris alle 10–15 Minuten über die Stationen Solel Boneh, HaNeviʼim, Massada und Golomb/Bne Zion zum Gan HaEm Park in der HaNassi St oben auf dem Karmel, dem Startpunkt der 1000-Stufen-Stadtspaziergänge (So–Do 6–24, Fr -15, Sa Shabbatende-24, ₪ 5,90, zum Umsteigen an die Rav-Kav denken, www.carmelithaifa.com).

Eisenbahn

Haifa kann man auch komfortabel per **Eisenbahn** erreichen bzw. verlassen; nach Norden bis Nahariya, Karmiʼel und Bet Shean, Richtung Süden nach Jerusalem und über Tel Aviv hinaus bis Ashkelon und Beer Sheba – im Zweifel schneller und günstiger als per Bus. Der neue Hauptbahnhof Merkas HaShmona liegt neben dem Getreidesilo unweit des Passagier-Terminals am Hafen, die anderen Bahnhöfe neben den oben genannten Busbahnhöfen, www.rail.co.il.

Taxi

Zentraler Taxistandplatz ist die Eliyahu St am Kikar Paris.

Wichtige Adressen

Banken
- *First International*, 3 HaBankim St, Tel. 8561888; 1 Elkhanan St, Tel. 8350200
- *Leumi Bank*, 123 HaNassi St, Tel. 8300687

Krankenhaus
- *Rambam Hospital*, Bat Galim, Tel. 170 0505150, Universitätsklinik
- *Carmel Hospital*, 7 Mikhal St, Tel. 8250211

Mietwagen
- *Avis*, 2 Pal Yam St, Tel. 8672111
- *Budget*, 7 HaAshlag St, Tel. 03 9350019
- *Eldan*, 164 HaHistadrut St, Tel. 8410910
- *Europcar*, 3 HaNapakh St, Tel. 6667750
- *Hertz*, 150 HaHistadrut St, Tel. 8402121
- *Shlomo/Sixt*, 48 HaHistadrut St, Tel. 8725525

Shopping

Es gibt wohl kaum einen Kaufwunsch, der in Haifa nicht befriedigt werden könnte, allein acht Shopping Center bemühen sich um ihre Kunden. Außerdem wimmelt es im Zentrum von Hadar in der Gegend der Herzl St von kleinen und großen Läden, auch im arabischen Teil der Stadt kann man bummeln und Geld ausgeben. Frischmärkte sind der Talpiot Markt nördlich des Haifa Towers und die Yokhanan St in Wadi Nisnas.

Frisch aus dem Meer – Vorteil der Küstenstadt

Gleich im Zentrum der German Colony steht das *City Center*, 6 Ben Gurion St, aber der größte Kauftempel des ganzen Landes ist der *Grand Kanyon* (Qanyon ist eigentlich ein hebräisches Wort mit der Grundbedeutung kaufen) südöstlich des Stadtzentrums in der Simkha Golan St, direkt an der einzigen Ausfahrt des Karmel-Tunnels. Vom Kamm des Karmel blickt das *Panorma Center*, 109 HaNassi St herab und ebenfalls auf dem Berg liegt weiter südlich das *Horev Center* im Stadtteil Ahuza. An der Westküste gibt es beim Kongresszentrum gleich zwei Center, die von weitem erkennbare *Haifa Mall*, 4 Flieman St, und neu hinzugekommen das *Castra* in einem für Shopping Center sehr ungewöhnlichen Gebäude, 8 Fliemann St, das der vielseitige Künstler Arik Brauer (Wien/En Hod) außen mit biblischen Szenen auf dem weltweit größten Kachelmosaik geschmückt hat – hier wird angeblich die gelungene Integration von Kunst, Unterhaltung und Kommerz geboten. In der Tat bemerkenswert: Außer der mit bemalten Kacheln verkleideten Mall gibt es vielerlei Kunst und Kunsthandwerk sowie zwei Museen (Eintritt jeweils frei): eins mit Puppen, gut für einen Stopp mit Kindern, und ein archäologisches, denn die Mall ist nach der hiesigen byzantinischen Ruinenstadt benannt. – Richtung Osten jenseits des Tunnels kann man bei den gleichnamigen Bahnhöfen noch in den Centern *Lev Hamifraz*, 55 HaHistadrut St (Ausfallstraße nach Norden) und *Huzot Hamifraz* Geld loswerden.

Die bekannteste Kunstgalerie ist das *Chagall Artists House*, 24 HaZionut St, So-Do 9-13, 16-19, Sa 10-13.

Die *Yad B'Homer Gallery,* 9a Massada St, hat sich auf Keramikarbeiten spezialisiert, So-Do 10-13, Fr -15, Sa 18-22.

Unterhaltung und Nightlife

In der Fußgängerzone Nordau St (Hadar) gibt es abends häufig Konzerte. Gegen Ende Juli findet ein **Haifa Blues Festival** mit bekannten Musikern statt. Nahezu allabendlich kann man dem **Haifa Symphony Orchestra** im Haifa Auditorium, Tel. 8599499, www.haifa-symphony.co.il, zuhören. Im Oktober steigt das Haifa Film Festival, www.haifaff.co.il. Un-gewöhnlichere Veranstaltungen sind das im März und draußen stattfindende Fest der Kreativität sowie das **Fest der Feste** im Dezember, eine multikulturelle Veranstaltung mit Folklore und gutem Essen, die es im Nahen Osten so nicht noch einmal gibt. Hier wird das Motto Haifas *A City To Live And Let Live* zelebriert – hingehen!

Haifa lässt beim Nachtleben vielleicht Wünsche offen, denn das bekannte Sprichwort sagt, dass man in Haifa hauptsächlich arbeitet. Doch analysieren Sie selbst die Situation. Über das aktuelle Angebot informiert Sie die Tourist Information und für die Wochenendplanung hilft die Freitagsausgabe der Jerusalem Post und der International Herald Tribune mit der englischen Ausgabe von HaAretz. Jüngere Traveller können an den Universitäten Ausschau halten, was die Studierenden dort gerade vorhaben:

Am besten im **Beit Student**, Tel. 8320664, der Technischen Universität Technion nachfragen, das Spektrum reicht von Volkstanz bis Disco. Ähnlich die **Haifa University**, Tel. 8240544.

Sonstige Amüsiergelegenheiten gibt es mit Aussicht auf dem Berg, z.B. im Gan HaEm Park das *Beer House* mit über hundert Sorten, die nicht alle nach dem deutschen Reinheitsgebot gebraut wurden, sowie Disco für eher jüngeres Publikum im *Fever*. In der HaNassi St 135 wartet das *Bear* auf Kundschaft, ein Irish Pub.

Ansonsten kann man auf dem Berg auf der *Moria St* vom Karmel Center nach Süden flanieren, bis eine Bar oder ein Restaurant passt. Weiter den Berg hinab ist in Hadar der Livemusik-Club *Martef Esser* zu hören, 23 Yerushalayim St, Tel. 8240762, www.martef10.com, weiter südlich Richtung Technion wäre das *Nola Socks*, 4 Shalom Alei-khem St, Tel. 077 7929159, www.nolasocks.co.il, Freitag nachmittag Live Jazz. Die Hafengegend ist inzwischen weniger düster durch *Eli's Pub*, 35 Yafo St, montags ab 23 Uhr. Blues&Rock&Jazz-Jam-Session und das sich künstlerisch gebende *Syncopa*, 5 Khayat St; getanzt wird hier unten nach Mitternacht im *Luna*, HaPalyam/Al Pasha St. Im Hafenbezirk ist abends jedoch genügend los, dass niemandem langweilig

6

werden wird. Im Übrigen könnte man in der **German Colony** ein erfreuliches Lokal aufsuchen, große Arak-Auswahl z.B. im *Yakhour Hostel,* siehe unten.

Badestrände, Sport

Die **Badestrände** beginnen nördlich des Hafens (Richtung Tel Aviv), ziehen sich um das Kap und verlaufen weiter nach Süden – je weiter südlich, umso weniger frequentiert. Vom Zentrum ist er gleich der erste Badestrand nach dem Hafen, **Hof HaShaqet,** am leichtesten zu erreichen. Es folgt der kleinere **Hof Bat Galim**. Südlich vom Leonardo Hotel liegen **Samir** und **Dado Beach**, wobei der **South Dado Beach** gleich beim (Bus)Bahnhof *Hof HaKarmel* völlig neu angelegt wurde. Er dürfte vom Komfort her einer der besten an der israelischen Mittelmeerküste sein: Rettungsschwimmer (Mai-Oktober), viele Schattenspender, saubere Duschen und Toiletten, Cafés und Restaurants in festen Häusern. Shabbat Mittag wird hir auch gevolkstanzt. Die ausgedehnte Anlage sollte zumindest in der Zwischensaison dafür sorgen, dass man ein paar Quadratmeter gepflegten Sand für sich hat. Wer längere Zeit baden will, sollte den weiten Weg von der Stadt hierher nicht scheuen (z.B. mit Bus 103). Wenn es noch ruhiger sein soll, folgt man einfach der Küste weiter nach Süden. Autofahrer fahren am besten bis fast zum Autobahnbeginn gegenüber dem Kongress- und Shoppingcenter und dann an der Haifa South Junction Richtung Bahnhof Hof HaKarmel, überqueren auf der Brücke nördlich davon die Eisenbahn und fahren dann links.

Südlich des Kongresszentrums liegt der *X-Park*, ein Muss für alle, die sich an olympischen **Kletterwänden**, in Seilgärten, auf Skates, Blades oder BMX-Bikes oder bei Paintball-Schlachten zuhause fühlen, Tel. 054 7883812 oder 159 9524400, www.xpark.co.il. In dieser Gegend gibt es auch Anlagen für Bowling, Squash und Tennis.

Transportmittel aller Art organisiert *HaVayat Harokhvim* – auf dem Karmel per Pferd, Jeep, Fahrrad oder Abseilen für Kletterer; Sa/So 9.30-16, Tel. 8549131 oder 8307242, recht weit südlich an der Straße 721 und der Junction zum Kibbuz Bet Oren (Bus 137).

Windsurfen, Schnorcheln und Tauchen funktionieren gut an der ersten Seilbahnstation am westlichen Ende der Bat Galim Promenade; an der Westseite der Einfahrt zum Kishon-Fischereihafen (Bus 58) residiert der Tauchclub *Shikmona,* der auch Einführungen und Kurse anbietet, täglich 8-17, Tel. 8662005.

Haifa lässt sich auch von der Seeseite aus betrachten: Mit dem *Carmelit* kann man täglich zwischen 8-16 Uhr vom Kishon-Hafen aus **Ausflüge entlang der Küste** unternehmen, allerdings nur bei Vorbestellung unter Tel. 8418765.

Essen und Trinken

Preiswertes und auch „schnelles" Essen besonders aus arabischer Küche gibt es um den Kikar Paris, vor allem südwestlich der unteren U-Bahnstation. Am oberen Ende der U-Bahn in Karmel Center können Sie bis zu sehr gediegen und häufig bei bester Aussicht speisen; Abwechslung ist in der Moria St garantiert. Ein Kompromiss aus den beiden geografischen Lagen mögen der Fußgängerbereich der Nordau St oder die Herzl St darstellen. Auch in der ehemals Deutschen Kolonie haben sich eine Reihe stilvoller Restaurants angesiedelt; gehen Sie auf Entdeckungsreise.

Arabisches bzw. Hafenviertel

- **Ma'ayan HaBira**, (auf Deutsch: Bierquelle), 4 Natanson St, Hafengegend, Seemannskneipe, simpel, u.a. ungarische und rumänische -Gerichte, viele Biersorten, relativ preiswert
- **Michel Felafel**, 21 Wadi St (Wadi Nisnas), angeblich eins der besten Felafel-Lokale Israels, und mit hervorragendem türkischen Kaffee
- **Abu Yussuf**, 1 HaMeginim, Kikar Paris, stadtbekannt als gutes und preiswertes orientalisches Restaurant
- **HaNamal 24**, 24 HaNamal St, hochwertige mediterrane Küche, Gourmets sollten reservieren: Tel. 8628899

Deutsche Kolonie und Bat Galim

- **Fattoush**, 38 Ben Gurion St, die Plätze unter Pinien, die schöne orientalische Einrichtung (neu: Fairouz-Zimmer) und

die exzellente arabische Küche haben ihren Preis
- **Shtrudl**, 39 Ben Gurion St, der Name ist das hebräische Wort für das @-Zeichen, Internet-Café ab 6.30 Uhr Frühstück außer samstags,
- **Yotvat**, Bat Galim Promenade, am Strand an der Endstation der Drahtseilbahn, sehr gutes vegetarisches Restaurant des bekannten gleichnamigen Kibbuz im Wadi Arava
- **Dolphin**, 13 Bat Galim St, gute Fischgerichte, auch Fleisch, nicht billig

Karmel – mit Blick über die Stadt
Top sind die Restaurants der Top-Hotels in der HaNassi und der Yefe Nof St. Preisgünstiger sind:
- **Haifa Bay View Hotel Restaurant**, 101 HaNassi St, angeblich koschere chinesische Küche
- **Felavel HaSkenim**, 119 HaNassi St, PANORAMA CENTER, hervorragende Felafel, gute Salate, preiswert
- **Chin Lung**, 126 HaNassi St, Karmel, China Restaurant (Szechuan), preiswert
- **Carmela**, 12 Moria St, Bar & Restaurant, Fusion-Küche

Übernachten
Nach leichtem Dornröschenschlaf wacht Haifa auf: Die Hotelauswahl nimmt zu, die Luxusherbergen auf dem Karmel und am Strand bekommen Konkurrenz. Die preisweteren Unterkünfte liegen meist im Stadtviertel Hadar, also etwa auf halber Höhe des Karmel. In der ganzen Stadt verteilt gibt es einige B&Bs, über die die Tourist Information Auskunft gibt. Überblick verschafft die Website www.visit-haifa.org > Accomodation > B&B. Etliche Anbieter, auch aus der weiteren Umgebung, tummeln sich auf www.airbnb.de und www.booking.com.

- **Dan Carmel**, 85-87 HaNassi St, Tel. 8303030, reservieren 03 7408966, Fax 8303040; auf dem Gipfel des Karmel mit spektakulärer Sicht, mF E/D $ 270-410
- **Colony Hotel**, 28 Ben Gurion St, Tel. 8513344, Fax 8513366, www.colony-

haifa.com; 2009 wieder eröffnetes Boutique-Hotel, Templer-Gebäude von 1905, angenehm eingerichtet, vom Dach schöner Blick auf die Baha'i-Gärten, Wellness-Angebot, AC, TV, WLAN, Internet-Rabatt, mF E $ 171-243, D $ 190-270
- **Dan Panorama**, 107 HaNassi St, Tel. 8352222, reservieren 03 7408966, Fax 8352235; das „Schwesterhotel" des Dan Carmel mit ebensolcher Sicht, aber kostengünstiger am Rand des Karmel-Zentrums, mF E/D $-167-245
- **Templar's**, 36 Ben Gurion St, Tel. 6297777, Fax 077 5631913, www.templers-haifa.com; stylisch-modernes Boutique-Hotel, Wellness, AC, TV, WLAN, mF E $ 163-196, D $ 185-220
- **Leonardo Plaza,** 10 David Eleasar St, Tel. 8508888, Fax 8501170, www.fattal-hotels.com; Luxushotel westlich des Karmel direkt am Strand Nähe Kongresszentrum, Pool, AC, TV, Kitchenette, mF E/D ab $ 155
- **Villa Carmel**, 1 Heinrich Heine St (parallel zur Moria St), Tel. 8375777, Fax 8375779, www.villacarmel.co.il; Boutique Hotel südwestlich vom Karmel Center, luxuriös und geschmackvoll eingerichtet, Spa mit allen Annehmlichkeiten, mF E $ 146-222, D $ 166-243
- **Haifa Bay View**, 101 HaNassi St, Tel. 8354311 oder 1700700884, Fax 8388810, http://haifa-bay-view-hotel.haifa-hotels-il.com; im Zentrum von Karmel, jedes Zimmer mit Bucht-Blick, Fitness, Parkplätze, AC, TV, WLAN, mF E $ 188-140, D $ 95-150
- **Art Gallery**, 61 Herzl St, Tel. 8616161, Fax 8616162, www.haifa.hotelgallery.co.il; mitten im Zentrum gelegenes Boutique-Hotel, Fitness-Center, AC, TV, WLAN, mF E $ 84-126, D $ 110-149
- **Bet Shalom**, 110 HaNassi St, Tel. 8377481, Fax 8372443, www.beth-shalom.ch; evangelikales Gästehaus im Zentrum von Karmel, hübscher Garten, sehr sauber, AC, TV, WLAN, mF E $ 84, D $ 110
- **Haddad Guest House**, 26 Ben Gurion St, Tel. 077 2010618, Fax 8512797, www.haddadguesthouse.com; mitten in der German Colony, aufgeräumter

6

Familienbetrieb katholischer Araber, angenehme Atmosphäre, keine Schließzeit, Waschmaschine, AC, TV, WLAN, E ₪ 320, D ₪ 380

• **Marom**, 51 HaPalmach St, Tel. 8254355, Fax 8554358, http://marom.hotelasp.com; etwas abseits am Karmel gelegen, sauber, Küche, AC, TV, WLAN, mF E/D $ 75-150

• **Port Inn Hostel**, 34 Yafo St, Tel. 8524401 oder 072 3902180, Fax 8521003, www.portinn.net; Haifas Backpacker-Veteranen: sehr sauber, keine Locker, freundlich und hilfsbereit, AC, WLAN, Frühstück + ₪ 30 Dorm (12 Betten) pP ab ₪ 75, E ₪ 290, D ₪ 340

• **AlYakhour Hostel**, 24 Ben Gurion St, Tel. 077 6570928, Fax 077 3357792, www.alyakhourhostel.com; hinter einer Pforte zwischen Frangelico und Haddad G.H., junges Publikum arabisch-international, gute Tipps und Trips, eigene Bar, Küche, Parkplatz, Bettwäsche inbegriffen, AC, WLAN, Frühstück möglich, Dorm pP ab ₪ 85, E/D oB ₪ 250, E/D ₪ 450

• **Yafo 82 Guesthouse**, 82 Yafo St, Tel. 8539289 oder 052 7984527, www.yaffo82.com; entspannt, familienfreundlich, auch Langzeitgäste, Küche, AC, WLAN, Dorm pP $ 30, E $ 70, D $ 78

• **Stella Maris Pilgrimage Center**, Stella Maris St, Tel. 8332084, Fax 8331593, stellamariscenter@gmail.com; im Karmeliterkloster, tolle Aussicht, kein Schnickschnack, nichts für Nachtschwärmer: Curfew 22 Uhr, mF E $ 66, D $ 97

• **Loui & Loui Gardens**, 35 HeKhaluz St, Tel. 077 5422909 oder 052 5134985, Fax 077 4320149, www.booking.com; Haus gut 100 Jahre alt, schön renovierte Räume, Kitchenette, Parkplätze, AC, TV, WLAN, Frühstücksrabatt im coolen Café, Laundry (auch Waschsalon), E/D $ 65-110

• **Molada G.H. (Rutenberg Institute)**, 82 (77) HaNassi, Tel. 8387958, Fax 8387565, www.molada.org.il (www.rutenberg.org.il); auf dem Karmel, gepflegt, Gästehaus einer pädagogischen Institution, keine Kreditkarten, AC, mF E $ 65, D $ 105

• **G 38 Boutique Apartments**, 38 HaGefen St, Tel. 054 5224281, www.g38.co.il; coole Appartements für bis zu fünf Gäste ausgestattet, manchen zu hellhörig, Kitchenette, Parkplätze, AC, TV, WLAN, Preise für mindestens 7 Nächte E $ 63-95, D $ 75-113

• **Haifa International Youth Hostel**, 18 Zvia VeYizkhak St (Nähe westl. Einfahrt Karmel-Tunnel), Tel. 02 5945544, Fax 8532516, www.iyha.org.il; 15 min bis zur Dado Beach, viele Sportanlagen, gerade renoviert, saniert und gepflegt, AC, TV, mF Dorm pP $ 39, E $ 76, D $ 96

• **Eden**, 8 Shmarjahu Levin St, Tel. 8664816, Fax 8642633; zentral in Hadar gelegen, kein großartiges Haus, laut, Zimmer sehr unterschiedlich: teils Gemeinschafts-Toiletten, Parkplätze, AC, TV, Internet & WLAN, uriger, deutschsprachiger Besitzer, E $ 47-86, D $ 52-97

• **Bet St. Charles Hospice (German Guest House)**, 105 Yafo St, Tel. 8553705, Fax 8514919, www.pat-rosary.com; deutsche Gründung, jetzt von freundlichen Rosary Sisters (arabischer Orden) betrieben, großer Garten, erstaunlich ruhig, sehr sauber, Zimmer mit Waschbecken, Etagenduschen und WC, kleine Gästeküche, familiär, wenn verschlossen: klingeln, AC, WLAN, mF E $ 45, D $ 75

• **Bethel Hostel**, 40 HaGefen St, Tel. 077 4669023 oder 050 7481789, www.bethel-hostel.com; seit 1984 von russischen Protestanten betrieben, gute Location, sehr sauber, jeder Raum hat eigene Dusche, angenehm freundliche Atmosphäre, Bettwäsche & Handtuch inbegriffen, Gemeinschaftsküche, Garten, Freitag 18 Uhr „Free Dinner", Frühstück nach Absprache, WLAN, Dorm pP $ 25, E $ 38, D $ 62

Umgebung von Haifa

Sehenswertes

*** **Zippori/Sepphoris**, ehemalige jüdische Siedlung vor allem mit schönen Mosaiken (z.B. Dionysos und Synagoge), S. 342

** **Bet Shearim**, historisch für Nichtjuden weniger aufschlussreich, aber schöne Oase, S. 341

* **Karmel Nationalpark**, erholsames Wandergebiet mit schönen Ausblicken, S. 340

* **Drusendörfer**, interessante Menschen und Märkte, S. 340

Die folgenden Vorschläge für kurze Abstecher landeinwärts lassen sich auch mit anderen Routen verbinden, sie sind aber hier aufgeführt, weil Haifa ein guter Standort ist und die beschriebenen Ziele in maximal einer Autostunde zu erreichen sind. Auch Busse fahren in diese Richtung; zu den Drusendörfern nimmt man besser ein Sammeltaxi.

Den etwas weiteren Ausflug nach Bet Shearim und Zippori könnte man noch um Nazareth erweitern oder diese Orte auf dem Weg von Haifa nach Tiberias besuchen – im nördlichen Israel liegen die Ziele so dicht beieinander, dass man fast beliebige Kreise ziehen kann.

Selbstverständlich gehören in diese Ausflugskategorie auch alle Küstenorte bis zur Libanongrenze, beginnend mit Akko

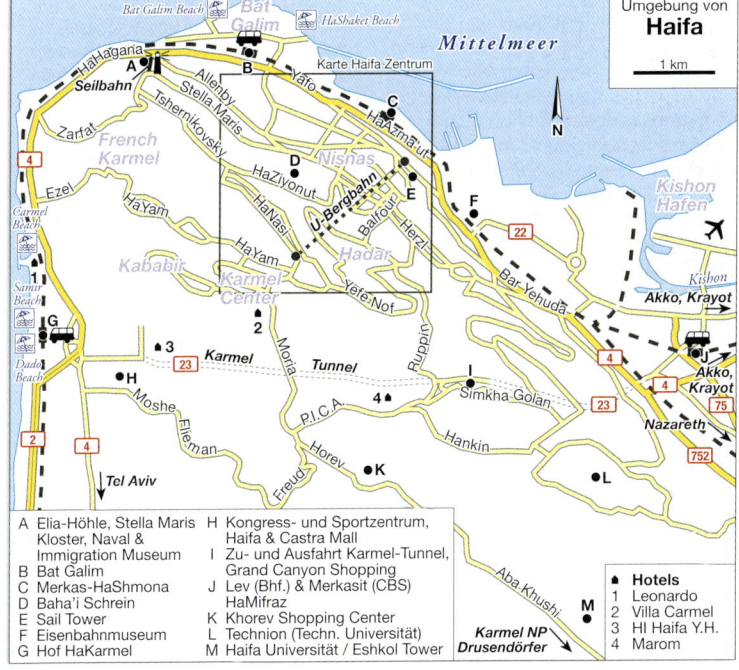

Umgebung von **Haifa**

A Elia-Höhle, Stella Maris Kloster, Naval & Immigration Museum
B Bat Galim
C Merkas-HaShmona
D Baha'i Schrein
E Sail Tower
F Eisenbahnmuseum
G Hof HaKarmel
H Kongress- und Sportzentrum, Haifa & Castra Mall
I Zu- und Ausfahrt Karmel-Tunnel, Grand Canyon Shopping
J Lev (Bhf.) & Merkasit (CBS) HaMifraz
K Khorev Shopping Center
L Technion (Techn. Universität)
M Haifa Universität / Eshkol Tower

Hotels
1 Leonardo
2 Villa Carmel
3 HI Haifa Y.H.
4 Marom

(siehe S. 345), oder südlich z.B. En Hod oder Zikhron Ya'akov (siehe S. 320 bzw. 318).

Karmel Nationalpark*

Nur 15 Autominuten (Busse 37 oder 220) von Karmel Center entfernt, wurde südlich der Universität auf dem Karmel-Kamm der **größte israelische Naturpark** eingerichtet (Bus 24 oder 220 von Gan HaEm). Er zieht sich auf dem Bergrücken entlang, gibt immer wieder Ausblicke auf die Küste frei und bietet Zelt- und Picknickplätze. Ein Abstecher in diese grüne Oase lohnt schon allein wegen der Ruhe, die man hier finden kann. Am Eingang erhält man gute Auskünfte über mögliche Wanderungen und anderes mehr. Auch wenn 2010 und nun 2016 vieles verbrannt ist: Es ist spannend, wie die Natur diese Wunde wieder heilt. Das Grün sprießt wieder, und einzelne Bäume blieben leben.

Die Straße 672 führt aus Haifa heraus nach Südosten. Wer Reiten oder andere Offroad-Aktivitäten betreiben will, konnte bis zum Waldbrand (siehe S. 322) an der *Damun Junction* einen 3-km-Abstecher rechts zur * Gemeinschaftssiedlung **Bet Oren** (Tel. 8307242, Unterkunft siehe S. 321 einlegen, wo man Pferde für Karmel-Ausritte, Jeeps oder Fahrräder leihen oder Traktorausflügen buchen konnte, es gab auch ein Hotel. Das „Pinienhaus" brannte 2010 fast völlig nieder, ohne das Menschen zu Schaden kamen.

Drusendörfer Isfiya* und Daliyat AlKarmel

Heute leben etwa 23.000 Drusen in den beiden Dörfern Isfiya und Daliyat AlKarmel zusammen mit relativ vielen Christen, wie eine Kirche an der Hauptstraße von Isfiya zeigt. Bus 220 bringt Sie hin.

Interessanter als Isfiya ist das 2 km entfernte Daliyat AlKarmel, dessen Zentrum sich eher wie ein großer Basar darstellt.

Die Drusen

In Israel, Syrien und im Libanon leben insgesamt etwa 500.000 Drusen. Ihre **Religion** ist eigentlich **streng geheim**, doch man weiß immerhin so viel, dass sie an einen einzigen Gott und sieben Propheten glauben. Lange vor der realen Existenz der Drusen gab es nach ihrer Auffassung Menschen, die bereits die Geheimnisse ihrer Religion kannten, so auch **Nabi Shu'eib** (Jitro), der Schwiegervater von Moses, dessen Grab bei den Hörnern von Hattin (bei Tiberias, siehe S. 394) verehrt wird. Die **Reinkarnation** der Seele ist ein weiterer Glaubenspfeiler, d.h. dass die Seele eines Verstorbenen sofort in einem Neugeborenen wiederkehrt. Daher tragen drusische Gräber keine Namen.

Die drusische Gemeinschaft ist eine **Zweiklassengesellschaft**, eine religiöse Klasse (Ukkal) und eine weltliche. Nur die **Religiösen** dürfen die heiligen Bücher lesen und die dort verkündeten Doktrinen lernen. Frauen können ohne Weiteres in die religiöse Gruppe überwechseln, Männer müssen beweisen, dass sie ein honoriges und ehrliches Leben führen. Die Religiösen müssen stets die Wahrheit sagen; sollte sich jemand in ein Vergehen oder Verbrechen verstricken, wird er für immer aus der Gemeinschaft ausgeschlossen. Die religiösen Männer tragen die bekannten bauschigen Hosen sowie einen kräftigen Schnauzbart und scheren sich den Kopf, die Frauen sind schwarz gewandet mit einem weißen Kopftuch. Schweinefleisch, Rauchen, Alkohol, Kaffee und frivoles Vergnügen wie Kino oder TV sind verboten.

Ein Hinweis: Drusenfrauen sollte man in keinem Fall fotografieren, denn nicht einmal der Staat verlangt Passbilder von ihnen. Drusische **Schrift** ist übrigens farbig, je nach Farbschattierung ändert sich die Bedeutung des Geschriebenen.

Samstags ist Markttag, dann wimmelt es von Besuchern, doch auch an anderen Tagen gibt es im – relativ kleinen – Souk genug zu kaufen. Wenn man Zeit investiert und Glück hat, lassen sich noch interessante alte Stücke ausgraben.

Anschließend kann man in einem der typischen Restaurants im Soukbereich drusische oder arabische Spezialitäten genießen, etwa bei *Abu Antar* oder *Andrine*. Das Restaurant *Mif-Haakhim* unterhält in einem Nebenraum ein kleines Museum über die Drusen. In Isfiya besteht die Möglichkeit, eine Familie kennenzulernen und dort zu essen, Tel. 052 453 5100, www.el-carmel.com.

Das Grab des Drusenheiligen **Abu Ibrahim** (8-20, Kopfbedeckung) ist auf byzantinischen Ruinen erbaut; es wird einmal wöchentlich von den Drusen für Gebete aufgesucht.

Ca. 2 km hinter Daliyat zweigt links ein Sträßlein nach **Der AlMuhraqa** ab. Dort soll der **Prophet Elia** die Baals- und Astartepriester im Ringen um den echten Gott gedrängt haben, Opfer zu bringen und auf eine himmlische Antwort zu warten. Bei denen tat sich nichts, aber auf dem Altar des Elia schlug – profan ausgedrückt – ein Blitz ein. Grund genug, die über 450 heidnischen Priester im Tal umzubringen. Vermutlich kennen Sie die geniale Vertonung *Elias* von Felix Mendelssohn-Bartholdy. An der Stelle des Opfers errichteten die Karmeliter eine Elia-Statue und ein Kloster, von dem aus man einen herrlichen Ausblick hat. Mit öffentlichen Verkehrsmitteln kommt man nur per Taxi von Daliyat AlKarmel hierher (außer an Feiertagen täglich 9-16.30, ₪ 4, Tel. 8367269, www.muhraqa.org).

Abstecher nach Bet Shearim – Zippori – Yodfat

Geschichte: *135 nC zog Rabbi Juda HaNassi von Yavne nach Bet Shearim und* machte den Ort zum religiösen Zentrum, in dem auch der Hohe Rat Sanhedrin zeitweise residierte. Die meisten Mitglieder des Hohen Rats wurden in Katakomben beigesetzt. Nachdem Jerusalem für Juden auch als Begräbnisplatz gesperrt war, ließen sich immer mehr Juden nicht nur aus Palästina, sondern auch aus der Diaspora in dem als heilig geltenden Ort mit dem geheimen Begräbnisplatz bestatten. Der Ort geriet später in Vergessenheit, 1871 fanden erste Ausgrabungen statt, aber erst ab 1936 wurde systematisch gesucht und ein Teil der Stätte freigelegt.

Bet Shearim Nationalpark[**]

Die kürzlich zum UNESCO-Welterbe erhobene Nekropole von Bet Shearim (täglich 8-17, Fr -16, im Winter -16, Fr -15, Einlass bis jeweils eine Stunde vorher; ₪ 22/9) bietet für den, der nicht tiefer in die israelitische Geschichte einsteigen will, lediglich eine größere Katakombe, aber – wenn keine lärmenden Busse herumstehen – eine kleine, fast intime Oase, nur eine halbe Autostunde vom Verkehrslärm Haifas entfernt. Der Nationalpark ist im engen Tal recht lauschig angelegt, Picknickplätze unter schattigen Bäumen laden zum erholsamen Verweilen ein.

Wenn Sie diesen Besuch an den von Daliyat AlKarmel anschließen wollen, können Sie z.B. auf der Straße 672 weiter bis zur Straße 70, dann links und später an der HaTishbi Junction auf die Straße

In den Grabhöhlen von Bet Shearim

722 und an deren Ende rechts auf die
Straße 75 fahren.

Von Haifa aus fährt man auf der Straße
75 in Richtung Nazareth und biegt nach
ca. 15 km in Kiryat Tivon beim Schild Bet
Shearim Nationalpark rechts ab. Bereits
bei der Anfahrt sieht man noch vor dem
Eingangstor zum Park links der Straße die
Ruinen einer Synagoge, die 351 zerstört
wurde, und ein kurzes Stück später die
einer Ölpresse. Bet Shearim lässt sich mit
dem Bus 301 von Haifa oder der Linie 826
Tel Aviv-Nazareth erreichen, man muss
aber am oben genannten Abzweig aussteigen und eine ganze Weile wandern oder etwa 150 m unterhalb des
Kreisverkehrs einen Feldweg einschla-
gen, der direkt hinführt.

Im eigentlichen Park erschließt ein
Pfad die etwa 20 **Grabhöhlen**, von denen aber nur zwei zugänglich sind, bei
allen anderen kann man bestenfalls das
Steintor betrachten. Die erste zugängli-
che Höhle dient heute als kleines Museum, die zweite ist das eigentlich Interessante an Bet Shearim. In der sich ver-
zweigenden Höhle, der **Nekropolis**, wurden Seitengänge und -räume geschaffen,
in denen etwa 130 Sarkophage stehen,
viele sind noch erhalten. Sobald man
diese Katakombe betritt, schaltet sich
eine raffinierte Beleuchtung ein, die den
Besucher halbwegs stolperfrei von Objekt zu Objekt kommen lässt und die zum
Teil schönen Dekorationen und Inschriften (griechisch, hebräisch und aramäisch)
der Sarkophage geschickt ausleuchtet.
Seitenarme und Verbindungsgänge lassen ein Labyrinth entstehen, das fast ein
bisschen unheimlich wirkt, besonders
dann, wenn man allein die Höhle untersucht.

Zippori Nationalpark**

Von Bet Shearim kommt man recht einfach nach Zippori, indem man nur kurz
auf der Straße 75 zurückfährt, dann an
der Yishai Junction auf die Straße 77
rechts, nach 12 km an der HaMovil Junction erneut rechts auf die Straße 79 abbiegt. Nach weiteren 4 km geht es links

Blick von der Zitadelle in Zippori

auf Straße 7926 zum Nationalpark. – Von Haifa fährt man wie weiter oben beschrieben Richtung Bet Shearim, biegt aber zuvor an der Yishai Junction auf die Straße 77 links ab und dann weiter wie eben beschrieben. Der Hügel mit den Ruinen des alten Zippori (auch Tsipori; historisch **Sepphoris**) liegt etwa 1 km nördlich des gleichnamigen Moshav.

Geschichte: *Zippori wird erstmals um 100 vC erwähnt. Nach dem Tod Herodes des Großen gab es einen jüdischen Aufstand gegen die Römer, den ein gewisser Varus niederschlug (der wenige Jahre später in Germanien weniger erfolgreich agierte). Die Stadt wurde niedergebrannt, aber von Herodes' Sohn Antipas schnell wieder aufgebaut. Da die Einwohner von Zippori nicht am jüdischen Aufstand gegen die Römer teilnahmen, wurde der Ort um 66 nC nicht zerstört. 135 nC zog der Hohe Rat – Sanhedrin – von Yavne nach Zippori, der angesehene Rabbi Juda HaNassi war der geistige Führer. Im 4. Jh konvertierten Juden zum Christentum, es entstand die erste Kirche. 800 Jahre später errichteten die Kreuzfahrer eine Festung und eine Kirche.*

Der **Zippori Nationalpark** (8-17, Fr -16, im Winter -16, Fr -15, Einlass bis eine Stunde vor Schluss; ₪ 28/14) beherbergt die Ausgrabungen. Sie sind über einen beschilderten Rundweg leicht zu erwandern. Gleich hinter dem Kartenhäuschen könnte man links für das begehbare, ungeheuer aufwändige antike Wassersystem anhalten, das vom 1.-7. Jh nC genutzt wurde: Die in einer 260 m langen und bis 10 m hohen, natürlichen Felsspalte angelegten Zisternen wurden von Aquädukten gespeist und fassen 4300 m^3 Wasser. Damit konnten 18.000 Einwohner zwei Wochen lang versorgt werden. Wenn Sie auch den Tunnel der Aquädukte erkunden wollen, benötigen Sie eine Taschenlampe. – Sollte die Straßensperre westlich des Besucher-Pavillons geöffnet sein, könnte man bis zu den Parkplätzen im Westen vorfahren, ein paar hundert Meter Fußweg sparen und den Rundgang in umgekehrter Richtung gehen.

Die übliche Besichtigung führt zunächst auf den **Decumanus**, die alte Ost-West-Hauptstraße der Stadt. Im Kreuzungsbereich mit der Nord-Süd-Hauptstraße, dem **Cardo**, sind außer den Fahrspuren der Eselskarren und Pferdewagen auch ein paar antike Mühle-Spiele in den harten Kalkstein geritzt, weiter südlich auch ein siebenarmiger Leuchter. Am Südostende des Cardo wurde ein Haus mit dem sogenannten **Nilmosaik** dekoriert, das nahezu minutiös die Feiern zur Nilflut in Ägypten darstellt. Auf dem Weiterweg sollte man keinesfalls die rekonstruierte römische Villa (ausgeschildert **Roman Villa** oder **Dionysos House**) versäumen, in deren Speisesaal das berühmte **Dionysos-Mosaik** zu sehen ist. Nicht nur die Szenen aus dem Leben des Weingottes sind künstlerisch hervorragend gestaltet, besonders beeindruckt der wunderschöne Frauenkopf, die *Mona Lisa Galiläas*, im zentralen Teil. Der nächste Stopp ist auf dem Gipfel des Hügels bei der **Zitadelle der Kreuzfahrer**, die, im 18. Jh renoviert, von den Palästinensern u.a. als Mädchenschule benutzt wurde. Heute birgt sie eine Ausstellung zur Stadtgeschichte. Vom Dach guter Rundblick.

Vorbei an einem jüdischen Wohnquartier geht es zum Römischen Theater. Es ist eher wie ein griechischer Bau in den Hang eingelassen, aber stark zerstört. Entstanden ist es wohl erst um 100 nC und nicht schon einige Jahrzehnte früher, wie manche hoffen, dann vielleicht sogar unter Mitarbeit bestimmter Zimmerleute aus dem nahen Nazareth. Nördlich der Parkplätze im Westen ist schließlich noch die 1994 entdeckte kleine

6

Synagoge zu beachten, deren hochwertiges Mosaik wie in Bet Alfa und Tiberias ebenfalls einen Tierkreis (Zodiak) zeigt.

Wer von Zippori aus weiter nach Nazareth fahren will, hat, wie gesagt, nur 6 km vor sich.
Wenn Sie Zeit für einen weiteren, eher unbedeutenden Abstecher haben, dann böte sich

Yodfat

an, das von Zippori aus über die Straßen 79 (zurück) und nach der Kreuzung mit der 77 nach etwa 15 km auf Straße 784 und 7955 bei Kaukab erreichbar ist. Das heutige Dorf, 1926 als Aufforstungsstation gegründet, bietet von einem Beobachtungsturm kaum mehr als den Blick auf ein paar spärliche Ruinen, u.a. Reste der Stadtmauern. Aber interessant ist die Geschichte dazu.

Geschichte: *Während des jüdischen Aufstandes 66-70 nC spielte Yodfat (damals Jotapata) ähnlich wie Massada eine tragische Rolle. Josephus Flavius, der spätere Chronist des Aufstandes, aber zu dieser Zeit noch Beteiligter, berichtet ziemlich minutiös über die Geschehnisse in seinem „Jüdischen Krieg". Demnach gingen der hauptsächlich auf einem steilen Felsen gelegenen Stadt, die nur von Norden her zugänglich war, während der römischen Belagerung bald schon Wasser und Lebensmittel aus. Die Römer errichteten eine Rampe an der Nordseite und konnten am 47. Tag der Belagerung eine Bresche in die Mauer schlagen. Jetzt „kannten sie weder Mitleid noch Schonung", töteten laut Josephus 40.000 Menschen und führten 1200 Gefangene ab.*

Nördliche Goldküste: Haifa – Akko – Rosh HaNikra

Sehenswertes

**** Altstadt von Akko, imposante Ruinen der ehemaligen Kreuzritterstadt, schöne Moschee, verwinkelte Gassen mit arabischem Leben, UNESCO-Weltkulturerbe seit 2001, S. 346

** Akhsiv, Bade- und Picknick-Spot zwischen historischen Ruinen, „Akhsiv-Land" des Exzentrikers Eli Avivi, S. 354

** Baha'ullah Mausoleum, Mausoleum des Baha'i-Begründers mit sehr schönem Park, seit 2008 UNESCO-Weltkulturerbe, S. 352

** Museum des Kibbuz Lohame HaGeta'ot über das kulturelle Leben der Juden in Polen und Litauen, S. 352

** Nahariya, gemütliche Badestadt, S. 353

** Rosh HaNikra, ein Labyrinth aus Höhlen und Grotten im Kalksteinfels, S. 356

* Montfort, schön gelegene Kreuzritterburg in Ruinen, S. 356

* Nes Ammim, christlicher Kibbuz, größte Rosenfarm Israels, S. 352

In Haifa versuchen Sie am besten, auf die Küstenstraße 4 zu kommen und dann nordwärts zu fahren. Sobald man den Karmel im Rücken lässt, beginnt eine stark industrialisierte Zone mit vor allem petrochemischen Werken. Schon des dichten Verkehrs wegen ist man froh, dieses Gebiet hinter sich zu bringen.
22 km nach

Akko (Acre)**

Akko, die große Touristenattraktion nördlich von Haifa, war über Jahrtausende der umschlagstärkste **Hafen Palästinas**. Die äußerst lebendige Stadt hat daher viel Geschichte und viel Stimmung zu bieten. Neben dem alten Akko bauten die Israelis eine jüdische Neustadt, während die arabischen Israelis in der Altstadt blieben. 10.000 der heute 46.000 Einwohner sind Muslime, der Stadtrat ist paritätisch mit Juden und Arabern besetzt. In keiner Stadt Israels funktionierte das **Zusammenleben** so gut wie hier, bis im Oktober 2008 aus einem kleinen Zwischenfall am Yom Kippur vier Tage lang blutige Krawalle wurden, die bislang jedoch absolute Ausnahme blieben.

Eine Information für alleinreisende Frauen: Verschiedene Leserinnen beschwerten sich über die Aufdringlichkeit der Männer in Akko („für alleinreisende Frauen eher die Hölle, es ist nicht möglich, 5 Minuten allein am Strand zu verbringen, ohne belästigt zu werden"). Alleinreisende Frauen sollten sich also mit anderen Frauen oder Reisenden zusammentun, um der Anmache aus dem Weg zu gehen. Lassen Sie sich tunlichst nicht von selbsternannten Guides durch die Atstadt führen, so ehrlich diese Männer es auch meinen könnten.

Geschichte: *Akkos bekannte Vergangenheit reicht bis ins 19. Jh vC zurück; damals stellten die Ägypter sog. Fluch-Tafeln („Ächtungstexte") mit Städtenamen auf, unter denen auch Akko genannt wurde. Diese Städte wurden von den Pharaonen mit Verwünschungen überschüttet. Erneut dokumentiert ist das Jahr 640 vC, als hier siedelnde Phönizier von Assurbanipal verschleppt wurden. Ab 532 wurde Akko persisch, ab 332 durch Alexanders Eroberung griechisch. Als Kaiser Augustus 30 vC Akko besuchte, wurde er von Herodes empfan-*

Akkos AlJazzar-Moschee

gen. Der Hafen sorgte dann auch in der byzantinischen Zeit für eine solide wirtschaftliche Grundlage. Als die Kreuzfahrer 1104 nC Akko erobert hatten, errichteten sie den Palast, die Johanniter-Krypta. Die oberitalienischen Seestädte Genua, Pisa und Venedig gründeten Handelsniederlassungen, aus denen Stadtviertel wurden. 1187 konnte Saladin Akko erobern, aber 1191 holten sich die Kreuzritter unter Richard Löwenherz die Stadt wieder zurück. Da Jerusalem verloren blieb, wurde Akko die Hauptstadt der Kreuzfahreraktivitäten in Palästina; ca. 50.000 Menschen lebten hinter den Mauern Akkos. 1290 fielen die Kreuzfahrer über die in Akko lebenden Muslime her, 1291 rächten sich die Mamluken bei der Eroberung und zerstörten die Stadt.

Erst im 17. Jh kam wieder Leben in die Ruinenlandschaft, als die Drusen mit der Neubesiedlung begannen. Besonders Pascha Ahmed Jazzar – wegen seiner Grausamkeiten auch als „Schlächter" bekannt – trieb 1775-1805 den Aufbau voran. 1799

6

konnte er mit Unterstützung der Briten die Belagerung durch Napoleon abwehren. 1833-40 spielten die Ägypter unter Ibrahim ein kurzes Interregnum, 1918 eroberten die Briten Akko, 1948 die Israelis. Während der britischen Zeit diente die Zitadelle als Gefängnis für jüdische Untergrundkämpfer. Akko verlor seine Bedeutung als Hafenstadt zunächst an Beirut und Jaffa, später an Haifa.

Die **historische Altstadt** ist von ihren Bauwerken und dem Hauch orientalischen Flairs ein Erlebnis, das zu den unvergesslichen Eindrücken Israels gehören wird. Nehmen Sie sich daher genug Zeit, um sich ohne Hast umschauen zu können. Von der Neustadt findet man via Ben Ami St auf die Weizmann St und dort links abgebogen dann durch die Stadtmauer, deren nordwestlicher Teil – also links der Weizmann St – begehbar ist. Gleich nachdem Sie die Stadtmauer passiert haben, können Sie rechts oder links auf den Touristenparkplatz abbiegen; der rechts führt Sie gleich in den Garten mit der **Tourist Information** samt Kiosk, an dem es Stadtpläne, Kombiticket und Easyguide gibt (siehe S. 349). Linker Hand befindet sich das Akko Theatre, schräg rechts ist der Schatzturm (Burj AlHasna) mit der kleinen Ausstellung *Treasures in the Wall* und geradeaus geht es zur unterirdischen Kreuzfahrerstadt. Von hier aus startet man seine Besichtigungsaktivitäten am besten. Sie sollten einmal den im Folgenden geschilderten Hauptsehenswürdigkeiten

gelten, zum anderen aber auch durch Spaziergänge in den alten Gassen erweitert werden können. Denn die Altstadt ist nicht so groß, dass man sich aussichtslos verlaufen könnte, man findet immer wieder zu markanten Punkten.

Vor Ihnen liegt also der Weg in das Foyer der **unterirdischen Kreuzritterstadt** (Sa-Do 8.30-18, Fr 8.30-17, Winter: eine Stunde kürzer, Tickets bis eine Stunde vor Schluss); ab 10 Uhr finden alle 2 Stunden Filmvorführungen „2000 Jahre Akko" statt. Links im Foyer gibt es sehr gute Informationen und Pläne.

Die Kreuzritterstadt, die größte Attraktion Akkos, ist einerseits dem gewaltigen, nur schwer zerstörbaren Mauerwerk, andererseits der Faulheit der Bauleute zu verdanken, die den Schutt der Vergangenheit nicht zur Seite räumten, sondern nur planierten, um dann ihre eigenen Gebäude – hier die Zitadelle – auf diesem neuen Straßenniveau zu errichten.

Wenn Sie den Anweisungen des Walkman folgen, gelangen Sie nach dem Weg durch verschiedene unterirdische Räume in den von seinen Dimensionen her gewaltigsten Saal, den Akko zu bieten hat. Es handelt sich nicht, wie lange angenommen, um eine Krypta, sondern um das einstige **Refektorium der Johanniter**, also um den Speise- und Empfangssaal des Ordens bzw. der Kreuzfahrer. Sein Kreuzrippengewölbe wird von drei mächtigen Säulen getragen, der Saal ist über 450 Quadratmeter groß und 12 m hoch. Wahrscheinlich hat **Marco Polo**

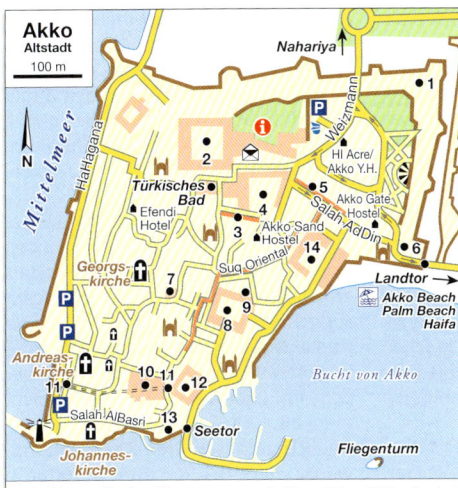

Akko
Altstadt
100 m

Naharija

1 Ethnografisches Museum
2 Zitadelle, Kreuzritterstadt
3 Türkischer Basar
4 Ahmad AlJazzar Moschee
5 Souk AlAbjad (Weißer Basar)
6 Akkotel
7 Kleines Badehaus
8 Khan AlFrandji (Franken)
9 Franziskanerkloster
10 Khan AshShuna
11 Templer-Tunnel
12 Khan AlUmdan
13 Abu Christo
14 Khan AshShawarda

tektur des Bades lebendig. Gehen Sie durch alle Räume bis zum Ausgang, es lohnt sich. Die audiovisuelle Präsentation des letzten Bademeisters (Balan) in Verbindung mit der Stadtgeschichte Akkos verschafft von dem Gebäude einen noch plastischeren Eindruck.

Vom Hamam-Ausgang gehen Sie am besten links, gleich wieder rechts und wieder links, gelangen so zum im Kombiticket enthaltenen **Okashi-Museum** – schön eingewölbte Hallen, in denen der namhafte israelische Künstler Avshalom Okashi arbeitete und in denen nun sein Spätwerk ausgestellt ist (Sa-Do 9.30-18, Fr -17, im Winter Sa-Do 8.30-16, Fr -15, ohne Kombi ₪ 10/5). Vom Museum gelangt man weiter auf die Verlängerung der Weizmann St, die AlJazzar St, an der rechts die große Moschee liegt.

Die **AlJazzar-Moschee** (₪ 10, für Öffnungszeiten Tel. 9913039 anrufen) ist die wichtigste der sieben Moscheen in Akko und die drittgrößte in Israel. Sie wurde von Ahmed AlJazzar 1781-82 auf den Grundmauern der zerstörten Kreuzritterkathedrale errichtet. In einem ruhigen, von ein paar Palmen beschatteten Innenhof erhebt sich der Kuppelbau nach

hier gespeist. Neben der dritten Säule führt eine Treppe zum ehemaligen Fluchttunnel, der einst vermutlich sowohl zum Hafen als auch zur Nordmauer verlief. Man folgt dem engen Gang, der nach 65 m im sogenannten AlBosta Saal endet. Von dort aus öffnet sich die Ausgangstür direkt in den Souk.

Doch bevor man sich mit Shopping beschäftigt, sollte man unbedingt das sehenswerte ehemalige **türkische Bad,** das Hamam von AlJazzar, besichtigen (₪ 25/18). Hier wird der Luxus und die Archi-

Panorama der Altstadt von Akko

6

osmanischem Vorbild. Die Säulen der Vorhalle stammen von antiken Ruinenstätten. Der kuppelüberwölbte Innenraum wirkt in seiner sehr reichen Ornamentik für unseren Geschmack vielleicht etwas grob, dennoch lohnt sich ein Blick ins Innere sehr. In einem kleinen Schrein wird ein Barthaar des Propheten aufbewahrt, das einmal im Jahr während des Ramadan gezeigt wird (für Besucher nicht zugänglich). In dem kleinen Gebäude rechts neben der Moschee sind die Sarkophage von AlJazzar und seinem Sohn aufgestellt, die nur durch vergitterte Fenster zu sehen sind. Sehr hübsch ist der überdachte Sabil (Brunnen) für die rituellen Waschungen der Gläubigen vor dem Gebet.

AlJazzar nutzte die Reste der Kathedrale unterhalb der Moschee als Wasserreservoir. Links der Moschee führt eine Tür hinunter (mit roten Pfeilen gekennzeichnet); man geht auf Stegen über den immer noch vorhandenen Wasser zwischen dicken Mauern und Pfeilern, von fahlen Lampen beleuchtet, durch das verließartige Gemäuer.

Zurück von der Moschee auf der Straße geht es nach rechts weiter. Wenn Sie sich dann geradeaus auf der Salah AdDin St Richtung Landtor halten, und linker Hand der langen Treppe auf die östliche Stadtmauer folgen, erreichen Sie in der Nordostecke im Burj AlCommander das wiederum im Kombiticket enthaltene **Ethnografische Museum** *Treasures On the Wall* (Ethnography Center of Acre and the Galilee, täglich 10-17, winters -16, Fr -15, ohne Kombi ₪ 15/10). Nachgebildet wurde hier ein sehenswerter orientalischer Markt des 19. Jhs inklusive der verschiedenen Handwerkskünste sowie ein arabisches Wohnzimmer aus Alt-Damaskus. Auch ein kleiner Garten weckt 1001-Nacht-Assoziationen.

Sie können jedoch auch ohne das Museum am **Weißen Basar** rechts gehen, oder sich hier in einem der Restaurants

erstmal stärken, denn vor Ihnen liegt nun der Souk. Hier erleben Sie ein bisschen Orient mit seinen Gerüchen, dem Stimmengewirr der Händler und den Angeboten fürs tägliche Leben der Bewohner, besonders aber den Souvenirs für Touristen. Einst gab es mehrere Karawansereien in diesem Viertel.

Zuerst erreichen Sie den Khan AshShawarda (Khan der Kaufleute), der auf den Ruinen eines ehemaligen Nonnenklosters errichtet wurde. Doch er und der weiter südliche, um 1600 erbaute und damit stadtälteste Khan AlFarandji (mit dem geflügelten Wappenlöwen Venedigs über dem Tor) geben für den Besucher nicht mehr allzu viel her. In der Nähe des erfreulich umgestalteten **Khan AshShawarda** wurde der Turm **Burj AsSultan** in die türkische Stadtmauer integriert; tatsächlich stammt er aus Kreuzritterzeiten. Sehenswert ist der **Khan AlUmdan** (Khan der Säulen) in der Nähe der Sinan-Pasha-Moschee am Hafen.

Er wurde von AlJazzar als Karawanserei für ottomanische durchreisende Händler gebaut. Im Erdgeschoss öffneten sich die Verkaufsräume für die Kaufleute, die im oberen Stockwerk Quartier bezogen.

Der Khan AlUmdan in der Altstadt von Akko

Antike Säulenreihen, die aus Caesarea stammen, umgeben die beiden Stockwerke im Innenhof. Der Uhrenturm in der Mitte – Baujahr 1906, außen mit dem martialischen Wappen des „Schlächters" – ist Wahrzeichen des Khans (und eines von Akko).

Wenn sie von hier auf ungewöhnliche Weise zur Seeseite der Altstadt wollen, sollten Sie durch den 350 m langen **Templer-Tunnel** gehen. Der Einstieg ist hier zwischen Khan AlUmdan und Khan AshShuna oder am anderen Ende nördlich des Leuchtturms beim Restaurant Uri Buri (₪ 15/12). So ungewöhnlich dieses Erblebnis ist – was der Tunnel eigentlich sollte, ist unklar.

Der malerische **Fischereihafen** und die **Marina** liegen jedoch beim Khan AlUmdan an der geschützten Landseite der Altstadt. Sie können von dort einen **Bootstrip** mit der Königin von Akko unternehmen. Auf einer künstlichen Insel knapp 100 m vom Ende der Mole entfernt, steht der **Turm der Fliegen**, dessen ursprüngliche Bedeutung nicht gesichert ist. Vielleicht reichte damals die Hafenmole bis zur Insel und der Turm diente als Leuchtturm. Gleich südlich des Fischereihafens schließt sich der kleinere Pisa-Hafen an.

Auf und neben der westlich sich anschließenden Stadtmauer haben sich Cafés und Restaurants angesiedelt. Spezialität ist frisch gefangener Fisch. Etwas vorgeschoben steht am westlichen Ende der **Leuchtturm**. Von hier aus kann man parallel zur ehemaligen Seemauer auf der HaHagana St bis zum nordwestlichen Turm Burj AlKarim wandern und dann entlang der nördlichen Stadtmauer bis zur Zitadelle. Oder Sie gehen rechts am Leuchtturmplatz vorbei zum Eingang des Templertunnels und wieder zum Khan AlUmdan, wenn Sie Ihr Kombiticket vervollständigen wollen. Der Ausgang ist am Getreidemarkt, und wenn Sie dort dem in der Tourismus-Karte grün eingezeichneten Khan-Rundgang folgen, gelangen Sie über den Pisa-Platz vorbei am Kleinen Badehaus und über den Genua-Platz ebenfalls Richtung Norden zur Zitadelle.

Die **Zitadelle**, die von AlJazzar im 18. Jh errichtet wurde, ging vor allem als Gefängnis in die Geschichte ein. Hier wurden u.a. der Begründer der Baha'i-Religion Baha'ulla und, später, jüdische und arabische Untergrundkämpfer gegen die Engländer gefangen gehalten. Das **Museum of Underground Prisoners** (So-Do 8.30-16.30, Fr -13.30) soll Erinnerungen an die hier umgekommenen politischen Gefangenen und die Befreiung der Überlebenden wach halten. Bei der Besichtigung erkennt man natürlich auch die Dimensionen des ehemaligen Sultanspalastes. Vom Turm Burj AlHasne bietet sich herrliche Aussicht, vor allem ein guter Überblick über die Altstadt.

Praktische Informationen

Telefon-Vorwahl 04

Polizei: Tel. 9876736 oder 056 273261

Tourist Information Office, 1 Weizmann St, Tel. 9956706 oder gebührenfrei 170 0708020, www.akko.org.il (auch auf Deutsch), innerhalb des Gartens vor dem Eingang zur Kreuzfahrerzitadelle. Der hier erhältliche Altstadtplan zu ₪ 4 schlägt auch auf Deutsch sieben thematisch orientierte Rundgänge durch die Altstadt vor. Mitten in diesem Garten gibt es ein Kassenhäuschen, an dem Sie am besten ein, ein Jahr gültiges **Kombiticket** für mehrere Sehenswürdigkeiten Akkos erwerben. Bei der umfassendsten Variante gehört noch Rosh HaNikra an der libanesischen Grenze dazu – für ₪ 95/74. Im Preis enthalten ist ein Easy-Audio-Guide (auch auf Deutsch), und es gibt auch kleinere Kombinationen von Sehenswürdigkeiten, z.B. ohne Rosh HaNikra und Türkisches Bad.

Busverbindungen

Der Busterminal liegt an der HaArba'a St. Unter anderen verbinden die Busse

Akkos moderne tunesische Mosaiken-Synagoge, Kaplan St (So-Fr 9.30-12.30)

▶ 271, 281 sowie 500 und 501 Akko mit Haifa.

▶ Die 200er-Busse fahren auch nach Nahariya.

▶ Busse von Plattform 16 bringen Sie zur Altstadt, die etwa 1 km lange Strecke kann man aber auch zu Fuß gehen, z.B. durch die Kaplan St an der Tunesischen Synagoge Or Tora mit bemerkenswerten, neuen Mosaiken vorbei, siehe Bild S. 350 oben.

Der **Bahnhof** liegt nahe dem Busterminal in der David Remez St. Züge nach/von Nahariya halten in Akko, Abfahrten etwa alle ein bis zwei Stunden; während der Hauptverkehrszeiten kommt man per Zug schneller nach Haifa.

Veranstaltungen

Im Frühling findet in Akko ein Sing-Festival mit dem Titel Voice from the Wall statt, an dem international bekannte Sänger teilnehmen. Im Juli gibt das Haifa Sinfonie Orchester Konzerte in der Altstadt. Während des Sukkot-Festes (meist im Oktober) wird auf den Straßen der Altstadt Theater in vielen Varianten, vom Straßentheater bis hin zum Musical aufgeführt, allerdings meist auf Hebräisch, www.accofestival.co.il. Das Theaterfestival wird im Gebäude gegenüber der Tourist Information organisiert, wo sich auch das Acco Theatre be-

findet, www.acco-tc.com. Hier entstand das erste israelisch-arabische Theaterprojekt „Arbeit macht frei", das im Film Balagan dokumentiert wurde. Fragen Sie gegenüber in der Tourist Information nach dem aktuellen Veranstaltungskalender.

Sport und Schiffsausflug

Natürlich gibt es für Badehungrige Sandstrände in Akko; als der beste wird der Argaman Beach (Hof Argaman, Eintritt) an der Landstraße nach Haifa bezeichnet, nur ein kurzes Stück südlich der Altstadt (nach der Marineoffiziersschule). Im Sommer überwachen Rettungsschwimmer den Strand.

In Akko kann man Boote leihen oder windsurfen. Auch ohne eigenen Kraftaufwand kann man Akko vom Meer aus betrachten: Das Schiff *Malkat Akko* umrundet die Stadtmauern in etwa drei Stunden, Tel. 9910606 oder 050 648917.

Nightlife

Abends ist die Altstadt sehr lebendig, aus den vielen Cafés, in denen Männer sitzen und Wasserpfeife rauchen, dringt arabische Musik. Es macht Spaß, auch zu dieser Tageszeit durch die Gassen zu bummeln und ein bisschen ara-

bisches Nachtleben mitzubekommen. Alleinreisende Frauen sollten sich besser an der
dann dicht bevölkerten Strandpromenade
nördlich vom Leuchtturm aufhalten. Die Disco
des Palm Beach Hotels öffnet im Winter nur
an Freitagen, im Sommer in jeder Nacht der
Woche.

Essen und Trinken

In der Altstadt gibt es viele Felafel- und Shauwarma-Stände, wo man günstig satt wird.
Werfen Sie einen Blick in den neu hergerich-
teten Khan AshShawarda im Osten der Altstadt. An der Marina locken, natürlich vor allem mit guten Fischgerichten, das **Ptolemais**
und **Abu Christo**, tolle Aussicht, jedoch nach
Preis und Freundlichkeit des Service zu urtei-
len, wohl schon zu häufig empfohlen worden.
Lieber mit Blick auf Haifa **Doniana**.

Da es am Leuchtturm leider kein Restaurant
mehr gibt, ist am Platz nördlich davon das
Uri Buri gut zu empfehlen, wiederum mit
Fischspezialitäten. Man kann sich hier auf der
HaHagana St jedoch auch ein paar Hundert
Meter aus der Altstadt hinaus begeben:
Erstens lockt die Promenade am Weststrand
und zweitens gibt es mehrere Restaurants
zwischen den Einmündungen von Ben Ami
und Herzl St, bei denen man z.B. im **Saraya**
oder daneben im **The Loaves & Fisch (Hale-
khem Vehadagim)**, 30 HaHagana St, gute
arabische Küche zu mittleren Preisen und wenige Touristen finden kann.

Übernachten

• **Efendi Hotel**, Louis IX St, Tel. 074 7299799,
Fax 074 7299700, www.efendi-hotel.com;
Verbindung zum Restaurant Uri Buri, seit
2012, sehr geschmackvoll restaurierter
osmanischer Palast, tolle Ausblicke, altes
Hamam, Weinprobe im Kreuzfahrerkeller,
AC, TV, WLAN, mF E/D $ 281-600

• **Akkotel**, Salah AdDin St direkt am Land
Gate, Tel. 9877100, Fax 9810626,
www.akkotel.com; behutsam und
ästhetisch renoviertes Boutique-Hotel,
charmanter christlicher Familienbetrieb,
das teils in der Stadtmauer liegende
denkmalgeschützte Gebäude war u.a.
Zollstation, Jungenschule und Gericht
und hat schon Napoleon gesehen, mit
Kind + $ 50, Dach-Café, AC, TV, Parkplatz
& WLAN, mF E $ 165-206, D $ 200-250

• **Palm Beach**, von Haifa Abfahrt En
HaMifraz nehmen, Tel. 9877777,
Fax 9815820, www.rimonimhotels.com/
palm-beach-acre; außen etwas ausgebli-
chen, schöner Blick nach Akko oder zum
Karmel, Strand nur Mai-September, Pool,
viele Sportmöglichkeiten, Wellness, AC,
TV, WLAN, mF E $ 126-159, D $ 148-167

• **Akko Beach**, gleich nördl. vom Palm
Beach Hotel, Tel. 9957999, Fax 9919074,
www.accobeachhotel.co.il; hell, freundlich, kleine, flache, gepflegte Häuser, Roof
Top Bar, Pool (nur 11-17), Sauna, öffentlicher Strand, TV, AC, WLAN, mF E $ 100-
108, D $ 125-138

• **HI Acre/Akko International Youth
Hostel**, Weizmann St 2 (gleich bei der
Tourist Information), Tel. 5945711,
Fax 9553500, www.iyha.org.il; 2012 eröff-
net, großzügig angelegt, archäologische
Funde zugänglich gehalten, TV, AC, WLAN,
mF Dorm pP $ 33, E $ 68, D $ 82

• **Akkogate** (auch Walid's Gate) **Hostel**,
14 Salah AdDin St nahe dem Landtor,
Tel. 9910410, Fax 9815530, http://akko-
gate.com; freundlich, manche Räume
nicht so doll, vorher gucken, nicht übertrieben sauber, TV, AC, Frühstück mäßig
für ₪ 25, Dorm pP ₪ 80, E ₪ 240, D ₪
280

• **Akko Sand Hostel,** 13/26 Salah AdDin St,
südlich der AlJazzar Moschee mitten in
der Altstadt, Abholservice, Tel. 9918636
oder 050 9083403, Fax 9818601,
sand.hostel@hotmail.com; hat seit der
Eröffnung 2010 schwer nachgelassen:
freundlich und sauber geht anders, Dorm-
Betten sehr dicht gestellt, Frühstück plus
₪ 25 Dorm ₪ 70, E ₪ 220, D ₪ 290

6

Weiter von Akko nach Norden

In den hiesigen **Baha'i-Gärten**, an der Landstraße 8510 nach Nahariya im Norden von Akko, steht das ** **Mausoleum des Baha'i-Begründers Baha'ullah** (Äußerer Garten 9-16, Di erst ab 12; Mausoleum & Innerer Garten Fr-Mo 9-12, Eintritt frei), umgeben von einem herrlichen Blumengarten, seit 2008 UNESCO-Welterbe. Hierher kommen Baha'i-Pilger aus aller Welt, aber auch viele Besucher, um die Gärten zu erleben. Auch das Haus, in dem Baha'ullah unter Hausarrest lebte, steht hier.

Weltliche Besucher müssen – bedeckt gekleidet – das westliche Eingangstor benutzen. Es liegt direkt an der Landstraße kurz vor einem Schild, das die Abzweigung der Straße 8501 anzeigt; am Ende dieser Straße öffnet sich rechts der eigentliche Eingang, direkt bevor die Straße vor der Straße 4 endet.

1949 errichteten Überlebende der Nazi-Konzentrationslager etwa 1 km nördlich der Akko North Junction das Kibbuz ** **Lohame HaGeta'ot**. In dem angeschlossenen Ghetto-Kämpfer-Museum (So-Do 9-16, Fr -13, ₪ 30, ab 11 J. ₪ 20, nur Kindermuseum: Erwachsenenrabatt ₪ 10, www.gfh.org.il/Eng – auch Kombitickets mit Akkos oder Rosh HaNikras Sehenswürdigkeiten) trugen sie eine eindrucksvolle Dokumentation über das kulturelle Leben und den Widerstand der Juden in Polen und Litauen sowie die Erhebung im Warschauer Ghetto zusammen – exzellent gemacht und sehr bewegend. In der Nähe sind von der Straße aus die gut erhaltenen Reste des Aquädukts zu sehen, das von AlJazzar im 18. Jh zur Versorgung von Akko gebaut worden war.

Etwa gegenüber dem Kibbuz liegt westlich der Straße 4 ein großes Lager namens **Khazrot Yassaf**, das den immer noch einwandernden äthiopischen Ju-

den als erste Ankunftsadresse in Israel dient. Die hübschen schlanken Menschen halten hier noch ein Stück ihrer afrikanischen Heimat lebendig, u.a. beschäftigen sie sich mit kunsthandwerklichen Arbeiten, die man im Bet HaYoz **Craft Center** kaufen kann (Tel. 9916325, Fax 9914082, Beispiele bei einer Initiative aus Lod: www.almaz.co.il). Nicht unbekannt sind sog. „Love Chests" aus Keramik, in denen aktive Liebespaare dargestellt sind – ist der Deckel geöffnet, so gibt (angeblich) einer der Ehepartner ein deutliches Zeichen, dass er/sie bereit für körperliche Kurzweil ist.

🚗 2 km nördlich kann man erneut von der Straße 4 abbiegen, um

Nes Ammim[*]

zu besuchen: an der Ampel der Regba Junction rechts, am Tor von Regba links und dann 5 km auf der Straße 8611 bis Nes Ammim (falls Sie Wegweiser vermissen: die scheinen bei der Bevölkerung von Regba hoch im Kurs zu stehen). Die kibbuzartige Siedlung wurde in den 1960er Jahren von europäischen Christen gegründet, die bessere Beziehungen zwischen Juden und Christen entwickeln und Solidarität zeigen wollten, daher der Name *Zeichen der Völker*. Das kleine Museum ist einen Blick wert. Bekannt wurde das „christliche Kibbuz" mit seinem Rosen- und Avocadoanbau, was jedoch während der Zweiten Intifada aufgegeben wurde. Der Kibbuz wird nahezu ausschließlich von freiwilligen Helfern betrieben, die 1-7 Jahre mitarbeiten und dabei ihren Lebensunterhalt verdienen. Schwerpunkt heutiger Arbeit ist der Dialog zwischen Juden und Arabern. Informationen bei Nes Ammim Deutschland, Bergesweg 16, 40489 Düsseldorf, www.nesammim.de, Aktuelles von vor Ort: www.nesammim.org.

Übernachten

Nes Ammim Hotel, Tel. 04 9950000, Fax 04 9950098, www.nesammim.com; hübsch mit Rosenrabatten in Botanischem Garten angelegt, Pool, komfortable Zimmer, AC, WLAN gratis in der Lobby, mF E $ 74-150, D $ 88-179

🚗 10 km (von Akko) nach

Nahariya**

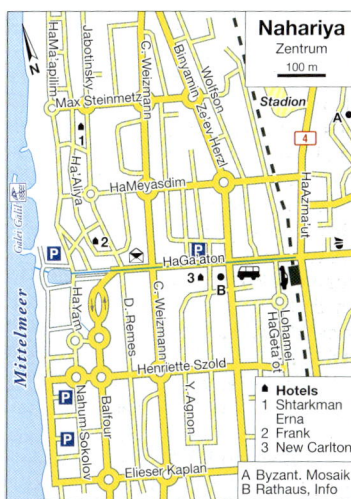

Geschichte: *Auf historischem Boden – die Kanaaniter siedelten hier von etwa 2000-1200 vC – gründeten 1934 deutsche Juden eine Siedlung, in der heute etwa 51.000 Einwohner leben und die ein beliebter und doch relativ ruhiger Badeort ist. Nahariya galt noch in den 1960er Jahren als ausgesprochen deutsch mit „Kaffeegehen" und „Schlagsahne" auf dem Kuchen. Davon ist kaum etwas geblieben – www.nahariya.muni.il funktioniert nicht einmal auf Englisch. Auch die Beschaulichkeit hat nachgelassen: Bei Israels Krieg gegen die Hisbollah 2006 gingen rund 800 Katyusha-Raketen auf Nahariya nieder – ein Friedensvertrag mit dem 10 km entfernten Libanon hätte viele Vorteile. Die touristische Infrastruktur hat jedenfalls gelitten.*

Zur Orientierung: Der Fluss HaGa'aton fließt in einer Betonrinne dem Meer entgegen und teilt dabei sowohl die nach ihm benannte Straße als auch die Stadt. Das Westende der Ga'aton St endet quasi am Strand, von dort zieht sich die Promenade am Strand entlang nach Süden.

Vom Baden her kann sich Nahariya nicht unbedingt mit Netanya messen, der südlicher gelegenen Konkurrenz. Hinzu kommt die Tatsache, dass es im Norden Israels Probleme mit der Abwasserbeseitigung gibt und zusätzlich Schmutz vom benachbarten Libanon angeschwemmt wird. Trotz allem gewann der Hauptstrand der Stadt, der Galei Galil Beach, Preise für seine Sauberkeit. Dieser am meisten frequentierte Strand liegt gleich nördlich der Einmündung der HaGa'aton St. Neben Lebensrettern von Juni bis September (in dieser Zeit Eintritt) gibt es hier ein offenes und ein beheiztes Schwimmbad, beide Bäder sind das ganze Jahr über geöffnet. Südlich liegt der eintrittsfreie städtische (Municipal) Beach.

Etwas weiter nördlich des Galei Galil Beach wurden an der HaMa'apilim St spärliche Reste eines im 15. Jh vC errichteten Tempels u.a. der kanaanitischen See- und Fruchtbarkeitsgöttin Astarte ausgegraben. Wenn die Ruinen auch touristisch nichts mehr hergeben, so verhilft die Göttin posthum der hiesigen Tourismusindustrie zu zusätzlichem Verdienst; denn Astarte zuliebe wurde Nahariya angeblich der beliebteste israelische Ort für Flitterwöchner…

Im Stadtteil Givat Kaznelson östlich der Straße 4 wurden bei der Bielefeld St (Nahariyas deutsche Partnerstadt) die Reste einer byzantinischen Kirche mit einem außergewöhnlich schönen und fein gearbeiteten Bodenmosaik mit u.a. Arbeits- und Jagdszenen sowie Fauna- und Floramotiven ausgegraben. Besichtigungen

6

sind nur bei vorheriger Vereinbarung möglich, Tel. 9823070.

Das städtische Museum von Nahariya liegt etwas außerhalb des Zentrums im Bet Lieberman, auf der Straße 4 von Süden kommend an der ersten Ampelkreuzung links und gleich wieder rechts, oder von der HaGa'aton St auf der 4 Richtung Süden und dann die zweite kleine Straße rechts, So/Mo/Mi/Do 10-12, So/Mi auch 16-18, Eintritt. Der Besuch lohnt durchaus zu den Themen Moderne Kunst (wechselnde Ausstellungen), Stadtgeschichte (Funde aus den Höhlen von Rosh HaNikra) und Meeresbiologie (Schwerpunkt Malakologie: Muschelkunde).

Praktische Informationen

Telefon-Vorwahl 04

Eine Tourist Information ist nicht mehr vorhanden.

Verkehrsverbindungen

▸ **Busterminal** und **Bahnhof** liegen an der HaGa'aton St, Bus 271 und 281 fährt nach Akko und Haifa. Akhziv und Rosh HaNikra sind nicht per Bus erreichbar.
▸ **Züge**: Nahariya ist nördliche Endstation, Abfahrten tagsüber halbstündlich. Nach Haifa fährt man 35 Minuten (₪ 20), nach Tel Aviv per Intercity gut 100 Minuten ₪ 45).

Veranstaltungen, Nightlife

Von Juni bis August findet mittwochs und samstags ab 21 Uhr auf der Promenade Volkstanz statt. Bars liegen natürlich nahe dem Meer, etwa das **Mull Hayam** am Ende der HaGa'aton St. Schicker geht es z.B. im **Sogo**, Ecke HaGa'aton/Jabotinski St zu. Am Wochenende öffnet die ziemlich teure Disco im **Carlton Hotel**.

Essen und Trinken

Viele vor allem der preiswerteren Essplätze mit Felafel oder Shauwarma liegen an der HaGa'aton St, besonders an den Plätzen bei der Kreuzung mit der Herzl St. Bekannt und beliebt ist das **Penguin** Café und Restaurant, 31 HaGa'aton St, hauptsächlich Leichtes vom Milchshake bis zur Pizza, gut und preiswert,

Alexander Local Diner, 47 HaGa'aton St, beste amerikanische Küche auf israelisch. Die oben erwähnte Bar **Sogo** ist außerdem auch ein Café und Grill-Restaurant, und an der Strandpromenade findet man **The Lantern** – Café, Bar, Restaurant, koscher, aber Milchiges und Fleischiges.

Übernachten

• **Shtarkman Erna**, 29 Jabotinsky St (zwei Blocks vom Strand entfernt), Tel. 9920170, Fax 9928917, www.hotelerna.info; gerade runderneuerter Retro-Look, deutschsprachig, familiäre Atmosphäre, sehr sauber und gepflegt, AC, TV, WLAN, mF E $ 145-238, D $ 162-266
• **New Carlton**, 23 HaGa'aton St, Tel. 073 7598842, Fax 9823771, www.carlton-hotel.co.il; gute Preis-Leistung, Frühbucherrabatte, Pool, AC, TV, WLAN, mF E $ 89-173, D $ 107-196

Außerhalb

• **Gesher Haziv Tourist Motel**, Kibbuz Gesher Haziv, nordöstlich von Nahariya, Tel. 6883040, Fax 6883037, www.travel hotels.co.il/eng/Travel_Hotels/Gesher_ HaZiv_TravelHotel; hübsch eingerichtete Räume, AC, TV, mF E $ 80-99, D $ 89-109

🚗 6 km nach

Akhsiv**

Bereits das Alte Testament erwähnt Akhsiv, später gewannen Phönizier hier Purpur aus Schnecken. Auch die Kreuzritter sahen sich um und nannten den Ort Castel Imbert. Heute ist die historische Gegend zum **Akhsiv Nationalpark** erklärt, der besonders für arabische Familien mehr ein Bade- und Picknick-Spot geworden ist (Eintritt ₪ 35/21, Camping siehe unten). An der Stelle der phönizischen Hafenstadt stehen Umkleideräume mit Duschen. Die noch vorhandenen Ruinen stammen aus kanaanitischer, byzantinischer und Kreuzfahrer-Zeit.

Nördlich des Parks sollten Sie den „unabhängigen Staat" **Akhsivland** besuchen, der 1952 von dem Exzentriker Eli Avivi ausgerufen wurde und seither von

Regierungssitz von Akhsivland

der lokalen Verwaltung zähneknirschend geduldet wird. Eli wird seinem Staat hoffentlich noch sehr lang seinen Stempel aufdrücken, denn Totgesagte leben besonders im Land der Auferstehung länger! Dazu trägt sicherlich auch seine aus München stammende Frau Rina bei. Beide drücken auch ihren Staatsgästen ihren Stempel auf: Ein „Visum" für Akhsivland im Reisepass ist eine prima Gelegenheit für Stempelsammler, auch wenn es eventuell die Unterhaltung bei der Ausreise aus Israel verlängert.

Avivi hat ein ziemlich großes **Sammelsurium** an Fundstücken – angeblich alle aus Akhsiv – zusammengetragen und sie in seinem pittoresken Haus, das gleichzeitig Museum ist, ausgestellt, Besichtigung ₪ 20. Vom obersten Stock des hochsitzähnlichen Hausaufsatzes hat man einen schönen Rundblick. Außerdem kann man auf dem Grundstück campen: mit Meeresblick, im Gegensatz zum kaum 200 m nördlich gelegenen Campingplatz. Folgen Sie von der Straße 4 dem Schild Akhziv/Eli Avivi, dann

rechts, und linker Hand öffnet sich ein Tor mit Schild Achzivland.

Übernachten

- **Akhsiv Field School (SPNI)**, Tel. 9522599, Räume mit Betten buchen bei Teleteva So-Do 9-17, Fr -14, Tel. 03 6388688

  Camping: unter schattigen Bäumen pP $ 30

- **Akhsiv National Park**, Tel. 982363, gl-achziv@npa.org.il

  Camping: pP ₪ 63/53 (Eintritt in den Park bis nächsten Tag 12 Uhr inbegriffen), Wohnwagen +₪ 30/Nacht, Bungalows zu viert ₪ 450

- **Akhsivland** („unabhängiger Staat"), Tel. 04 9823219 oder 054 4679689, 111 avivip@walla.com, links der Straße 4 an der Küste (Schild: Eli Avivi), direkt am eigenen Strand, gute Sicht, kühlende Brise, sehr originell, einfach, Bettwäsche inbegriffen, Gemeinschaftstoiletten, z.T. AC Dorm ₪ 100-180, D ₪ 400-500

  Camping .pP ₪ 50-90

🚗 4 km: **Bezet Junction**

Links der Straße lädt der Bezet Beach zum Baden ein. Rechts können Sie einen ca. 13 km weiten Abstecher zur Festung

Montfort[*]

machen, sofern Sie Zeit im Überfluss haben und Wert darauf legen, jede Kreuzritterburg gesehen zu haben – oder aber in der hübschen galiläischen Berglandschaft etwas zu wandern.

Die Festung wurde im 12. Jh von Franzosen auf einem steilen Berg errichtet, später kaufte sie der Deutsche Orden. Sie war nach Akko die zweitwichtigste Festungsanlage, die aber 1271 von den Mamluken erobert und zerstört wurde. Einige Funde der Burg sind im Jerusalemer Rockefeller Museum zu besichtigen. Für weniger Interessierte dürfte der Anblick der Festung vom Observation Point im Goren Park das Schönste an Montfort sein, man könnte fast ans deutsche Mittelgebirge denken.

Auf der Straße 899 ca. 10 km bis zum ausgeschilderten Abzweig *Goren Park*, dort rechts in den Park abbiegen und teilweise auf einem Schotterweg bis zum **Montfort Observation Point** am Ende der Straße fahren. Man sieht die eher spärlichen Ruinen auf einem Bergsporn gegenüber dem Wadi liegen. Von hier aus zu Fuß zur Festung hinab und wieder hinauf (Hin- und Rückweg etwa 2 Stunden). Als Alternative: auf der Straße 89 Nahariya – Safed in Miliya links abbiegen und bis zu einem 3 km entfernten Parkplatz fahren, von dort ca. eine halbe Stunde Abstieg.

Doch weiter auf der Küstenstraße.
🚗 2 km nach

Rosh HaNikra[**]

Geschichte: *Wie fast alles in Israel hat auch dieser Fels seine Geschichte. Er wird bereits im Alten Testament erwähnt und von jüdischen Gelehrten „Leiter von Tyros" genannt. Alexander der Große schlug sich 323 vC mit der Felsblockade an der Küste herum wie vor und nach ihm viele andere Karawanen und Heerzüge. Man hackte*

Per Seilbahn zu den Felsengrotten

Treppenstufen ins Gestein, um Kamelen und Pferden den Aufstieg zu erleichtern. Erst die Briten schafften 1942 im Zweiten Weltkrieg einen direkten Durchbruch, indem sie einen 200 m langen Eisenbahntunnel bohrten und damit eine Zugverbindung zwischen dem Libanon und Ägypten ermöglichten. Während des Unabhängigkeitskrieges sprengten die Israelis die Brücken und mauerten den Tunnel wieder zu.

Selbst der nördliche Küstengrenzort zum Libanon ist beliebt bei Touristen: Hier geht der Sandstrand in abrupte Steilküste von etwa 70 m Höhe über, die aus schneeweißer Kreide besteht. Es handelt sich um den Ausläufer einer Kalksteinbergkette, deren Deckschicht aus harter Kreide, einer Zwischenschicht aus lockerer, brüchigen Kalkstein und einer Unterschicht aus wiederum hartem Kalkstein besteht. In mühevoller Kleinarbeit trug die Brandung das brüchige Gestein davon und schuf ein

Labyrinth aus Höhlen und Grotten im Fels. Früher waren diese nur per Boot und Tauchausrüstung zugänglich, Ende der 1960er Jahre wurde ein Verbindungstunnel zwischen einzelnen Höhlen in den Fels gehauen und eine Seilbahn angelegt, so dass der Besuch seitdem auch für Normaltouristen möglich ist.

Die Straße endet an einem Aussichtsplatz, von dem die Drahtseilbahn (Sa-Do 9-18, im Winter -16, Fr -16, ₪ 45, Kinder ab 3 J. ₪ 36, www.rosh-hanikra.com – Kombiticket mit Akko-Sehenswürdigkeiten auch hier erhältlich, siehe S. 349) zu den Grotten hinunterfährt. Direkt an der Talstation wird im ehemaligen Eisenbahntunnel eine Sound & Light-Show, auch auf Deutsch, gezeigt. Ein Gang durch die Grotten, in welche die Brandung hineindonnert, ist ein Erlebnis. Mit etwas Muße kann man vor allem in der Nachmittagssonne herrliche Lichtspiele im tiefblauen Wasser, eingefangen zwischen den perlweißen Grottenwänden, beobachten.

Praktische Informationen

Per Auto sind es nur 10 Minuten von Nahariya. Anderweitig muss man in Nahariya ein Taxi nehmen, nachdem keine Busse mehr fahren. Der Taxistand ist zwischen Busterminal und Bahnhof an der Lohame HaGetaot St.

Übernachten

Shlomi Youth Hostel, 4 km östlich von Rosh HaNikra (Busse 20, 23 und 32 der Firma www.nateevexpress.com [hebr.]), T el. 04 9808975, Fax 04 9809163, www.iyha.org.il; großes, gut gepflegtes Hostel, hübsche Gartenanlagen, 4er-Dorms, AC, WLAN, mF, Dorm pP $ 48, E $ 95, D $ 121

6

Tel Akko, Napoleon – ohne Tricolore

7 Galiläa und der Golan

Galiläa

Den Norden Israels prägt die bereits aus dem Religionsunterricht bekannte Landschaft von Galiläa. Sie erstreckt sich von der Mittelmeerküste im Westen bis zum Jordan-Grabenbruch im Osten, von der libanesischen Grenze im Norden bis zum Jesre'el Tal im Süden. Diese mit vielen Bäumen bestandene Hügel- und Gebirgslandschaft umfasst den grünen, eher lieblichen und in vielen Augen schönsten Teil Israels mit der sattfruchtbaren Gegend um den See Genezareth, der bereits weit unterhalb des Meeresspiegels liegt, bis hinauf zum Berg Meron mit 1208 m Höhe. Die Region selbst unterteilt sich wiederum in das rauere nördliche Obergaliläa und das weniger bergige südliche Untergaliläa.

Selbstverständlich gehört auch der Küstenstreifen am Mittelmeer zu Galiläa, der jedoch schon im Kapitel 7 behandelt wurde.

Nahariya – Safed (Zefat oder Tzfat)

Die **Straße 89** führt als eine wichtige Verbindung im Norden Israels nach Osten, halbwegs parallel, aber in gehörigem Abstand zur Libanongrenze. Sie erschließt die hübsche Gebirgslandschaft Galiläas und ist für Touristen von besonders großem Reiz. Wer Zeit hat, sollte Picknickpausen oder auch Wanderungen unterwegs einplanen. Wer noch mehr Muße hat, könnte die nördlich parallele **Straße 899** mit noch beschaulicheren Nadelkurven fahren: ein Abstecher direkt an die Grenze nach **Khanita** zum sehenswerten zionistischen Heimatmuseum (So-Do 9-14, FrSa 10-13, ₪ 20/15, www.hanita.co.il) oder ein Stopp am christlichen Nakba-Ort **Iqrit**, den die ehemaligen Bewohner nicht aufgeben, wären empfehlenswert.

🚗 Start: **Nahariya Junction** (Straße 4/89)

🚗 7 km: **Ga'aton Junction**

Rechts führt ein 5 km langer Abstecher zum **Kibbuz Yekhi'am**, bzw. dem

Yekhi'am Nationalpark

Hier ragen recht monumentale Ruinen der gleichnamigen Kreuzfahrerburg (8-17, im Winter -16, freitags -15, ₪ 14/7, Camping pP ₪ 42/32) so hoch in den

Himmel, dass sie bei klarem Wetter von Nahariya aus gesehen werden können. Obwohl es wesentlich besser erhaltene Hinterlassenschaften der Kreuzfahrer in Israel gibt, kann man sich in der kompakten Anlage ein bisschen die Füße vertreten, die Aussicht auf die galiläischen Berge oder hinunter zur Küste genießen und sich von den im Gemäuer geschickt aufgestellten, schattenrissartigen Blechfiguren der Ritter fast erschrecken lassen. Die Burg entstand im 12. Jh, sie wurde 1265 von den Mamluken während der Vorbereitung auf die Eroberung der Festung Montfort zerstört. Als der Beduinen-Scheich Dahr AlAmr 1783 die Reste der Festung eroberte, erkannte er ihre strategische Bedeutung und rekonstruierte sie zum Teil, d.h. den Rittersaal, das Badehaus und die Moschee. – Bei der Ankunft durch den Kibbuz immer bergan fahren, man landet direkt zu Füßen der Burg.

Der Kibbuz ist bekannt für Natur-Tourismus, das Gästehaus heißt

Teva BeYekhi'am,
Tel. 04 9524566 oder 050 4444362,
www.tevabeyechiam.com; D ab ₪ 620

Vielfalt ist hier das Motto: Renaissance Festival, Hare Krishna Meditation, Weinprobe, Bierprobe, die Noga Kunstgalerie und Livemusik. Die direkt nebenan liegende * **Yekhi'am Nature Reserve** bietet sehr erholsame Wanderungen, z.B. führt ein (grünweiß markierter) Wanderweg nach **Klil**, wo israelische Öko-Interessierte hübsche Häuser landschaftsangepasst in die Natur gebaut haben, www.clil.org.il. Seit 1979 laufen Behausung, Kunsthandwerk und hübsche B&Bs **ausschließlich** mit **Solarstrom**. Per Auto erreicht man Klil von der Str. 70. Am erschwinglichsten ist das kleine

Clil G.H.,
Tel. 054 4757283 oder 072 3902179,
www.clilguesthouse.com;
Dorm ₪ 90, D ab ₪ 250

Aber zurück nach Yekhi'am: Wenn Sie den nächsten Abstecher nach Tefen auch machen wollen, dann brauchen Sie nicht auf die Straße 89 zurückzufahren, sondern können 2 km nach dem Kibbuz rechts auf der Straße 8833 weiterfahren.

Nach 12 km liegt links der Ort **Ma'alot Tarshikha**, der ein gutes Beispiel für funktionierende jüdisch-arabische Gemeinschaft ist – ein Zusammenschluss des jüdischen Ma'alot mit dem arabischen Tarshikha.

Gutes Beispiel: Die überzeugende arabisch-jüdische Eisdiele **Busa** (auch: Bouza) am Markt in Tarshikha. Dem arabischen Kollegen gehört auch das Gourmet Bistro **Aluma** (http://alumabistro.co.il, vorher anrufen: Tel. 04 9574477).

🚗 Rechts zweigt die Straße 854 ab nach

Tefen**

Besonders für Deutsche lohnt sich der Umweg. Dem Industrial Park Tefen ist ein sog. Offenes Museum angeschlossen (Tel. 04 9109611/09, Mo-Do 9-12.30/13-16, Fr 9-16, Sa 10-14/14.30-16, ₪ 23, www.omuseums.org.il/eng >Tefen), das zeitgenössische Kunst und interessante Plastiken im Gelände des Industrieparks ausstellt. Für Technikfreunde gibt es ein Auto- und ein Industriemuseum.

Den Abstecher wert ist aber vor allem das ** **Jeckes Museum**, das sich mit der Geschichte der aus dem deutschsprachigen Raum stammenden Juden beschäftigt und ihren Beitrag zur Entwicklung von Kunst, Kultur, Wissenschaft, Medizin, Politik und Wirtschaft sowohl in Europa als auch in Israel dokumentiert. Es gibt viel zu sehen und zu lesen, rechnen Sie mit zwei bis drei Stunden. Eine Fotowand zeigt prominente Israelis deutschen Ursprungs; man ist überrascht, wie viele bekannte Namen dort stehen. Hier wird überdeutlich, welchen Schaden die Nazis auch ihrem eigenen Vaterland antaten,

7

indem sie die deutsch-jüdische Geistes-
elite vernichteten oder vertrieben. Der
Verband der Israelis mitteleuropäischer
Abstammung: www.irgun-jeckes.org.

Tefen entstand 1982 als erster von
sechs Industrial Parks des reichsten Israelis, der in Israel, genauer in Nahariya,
lebt: **Stef Wertheimer**. Wertheimer floh
1937 mit 11 Jahren aus Deutschland. Er
hofft, mit solchen kapitalistischen Kibbuzim auch in anderen Ländern des Nahen
Ostens die Region zu stabilisieren und
durch gemeinsame produktive Zufrie-
denheit Terrorismus quasi überflüssig zu
machen – er nennt es *Mar-shall Plan for
the Middle East*. Im neuesten Park in
Nazareth arbeiten jüdische und arabische Israelis zusammen. Ein weiterer Park
steht in der Türkei.

In Tefen trifft man außerdem die For-
schungsabteilung von **SanDisc**, auf deren Produkt vermutlich Ihre Kamera die
Bilder speichert, und auf ein Outlet für
die kostspieligen Produkte der drusischen Erfolgsfrau Gamila Khir aus Peki'in:
Gamila Secret hat hier eine Fabrik und
verkauft ihre in Hollywood hoch gehan-
delten Seifen und Kosmetika.

Auf dem Rückweg zur Straße 89 könnte man einen Schlenker durch **Kfar Vra-
dim** einlegen, einem kleinen Villenört-
chen mit interessanten Häusern sowie einem feinen Kunst-Restaurant, in dem
auch Behinderte mitarbeiten: **Ma'arag**,
1 Meron St, Tel. 04 9973259, www.cochav.
org (hebr.).

Stattdessen könnte man aber auch
weiter nach Süden bis nach **Karmi'el** fahren, eine erst 1964 gegründete Stadt mit
heute 45.000 Einwohnern, Ruinen einer
byzantinischen Kirche, einem Skulpturengarten und seit neuestem einem
Bahnhof. Wenn man jetzt 6 km weiter auf
der Straße 85 nach Osten fährt, kann man
in Rama links auf die Straße 864 abbiegen, um 13 km später wieder auf unserer
Route, der Straße 89, anzukommen. Bei

klarem Wetter empfiehlt sich kurz hinter
Rama ein Stopp am **Aussichtspunkt**: Von
hier schweift der Blick vom Mittelmeer
bis zum See Genezareth!

🚗 Nach 2 km an der **Khosen Junction**
rechts auf die Straße 864 abzweigen
Richtung

Peki'in*

Hier hatten sich Rabbi **Simon Bar Yokhai**
und sein Sohn Eleasar 12 Jahre lang in einer Höhle vor den Römern versteckt, weil
sie die Todesstrafe gegen ihn verhängt
hatten. Simon Bar Yokhai war einer der
Wortführer der Opposition gegen die
Römer nach der Niederschlagung des Bar
Kochba Aufstandes (132-135 nC). In dieser Zeit soll er den *Zohar* verfasst haben,
den zentralen Teil der Kabbala. Den Juden, die Peki'in fast ununterbrochen mit
einer kurzen Ausnahme im 20. Jh bewohnten, gilt die Höhle als heiliger Platz.

Im Ort leben heute vor allem Drusen.
Neben deren Gebetsstätten fallen dem
Besucher eine griechisch-katholische
und eine griechisch-orthodoxe Kirche sowie eine Synagoge auf. Wegen der eher
unansehnlichen Höhle lohnt sich der
Umweg nicht, sondern wegen der Landschaft, die Großmutter (*Savta*) Gamila zu
ihren Naturkosmetika inspirierte (s.o.),
und dem nicht uninteressanten Ort.
Wenn Sie ein kurzes Stück auf der Straße
864 bleiben, können Sie noch einen Abstecher zum Drusendorf **Bet Djan** einlegen, in dem man kaum weitere Touristen
antrifft. Sie könnten hier – nach Vereinbarung – prüfen, ob Aya Naturkosmetik
mit Gamila mithalten kann: Tel. 04 9805
884, www.ayanatural.com.

Mitten in Peki'in gibt es eine Internationale
Jugendherberge, zentrale Reservierung Tel.
159 9510511, www.iyha.org.il; E $ 82, D $ 108.

Man könnte die Meron-Berge über Rama
auf der Südseite umfahren, um nach Safed zu kommen, wir wollen aber wegen

eines anderen Abstechers auf die Straße 89 zurückkehren.

🚗 14 km: **Khiram Junction**
Links zweigt die Straße 899 ab.
3 km zum

Nationalpark Bar'am[*]

In dem Nationalpark steht eine recht **gut erhaltene Synagoge** aus dem 3. Jh nC. Ihr erstaunlicher Zustand ist sowohl auf die abgeschiedene Lage als auch darauf zurückzuführen, dass gerade das nördliche Galiläa Rückzugsgebiet der Juden nach der Zerstörung des Zweiten Tempels war. Den beiden Fronteingängen war ein heute nicht mehr vorhandener Portikus vorgebaut. Die Mauerverkleidungen im Inneren, mit denen die großen Steinquader verputzt -waren, sind leider entfernt. Ursprünglich standen hier zwei Synagogen, doch die kleinere zerfiel vollständig. Auf der Spitze des Hügels erhebt sich eine maronitische Kirche. Sie ist der Rest von **Kafr Bir'im**, dessen christliche Bewohner 1948 für zunächst kurze Zeit evakuiert wurden. Sie durften jedoch nie zurück. Trotz eines Urteils von Israels Oberstem Gericht, dass es für das Verhindern der Rückkehr keinen Grund gebe, machte die Armee das Dorf 1953 dem Erdboden gleich. Der Friedhof darf noch benutzt werden.

🚗 4 km nach

Jish (Gush Khalav)

Gush Khalav blickt auf eine lange jüdische Geschichte zurück. Aus den ersten nachchristlichen Jahrhunderten stammen die Ruinen einer Synagoge, die vermutlich von einem Vorboten des verheerenden Erdbebens im Jahr 551 nC zerstört wurde. Ferner ist ein Mausoleum zu sehen, über das wenig bekannt ist, es gehörte jedoch zu einem größeren Begräbnisplatz aus der Talmudischen Epoche. Ehemalige Kafr Bir'im-Bewohner treffen Sie im Weingut Jascala, das vor allem Bordeaux-Trauben anbaut, nach Verabredung: Tel. 04 6990559, www.jascala.com.

Die Synagoge von Bar'am

🚗 4 km nach

Meron*

Das kleine Dorf Meron, 1949 nördlich der gleichnamigen antiken Siedlung gegründet, liegt am Osthang des 1208 m hohen Meron-Berges. Für Juden besitzt es hohen religiösen Stellenwert, weil Rabbi Simon Bar Yokhai und sein Sohn Eleasar (siehe *Peki'in*, weiter oben) hier begraben sind.

Die **Gräber von Simon Bar Yokhai und Sohn Eleasar** sind an ihren Kuppeln zu erkennen, sie liegen ein kurzes Stück von der Kreuzung der Straßen 89/899 südlich am Hang oberhalb der Straße 899, vermutlich unschwer durch den Besucherstrom ultraorthodoxer Juden zu finden. Ein Stück unterhalb ist Rabbi Hillel der Ältere zusammen mit seiner Frau begraben. Er lebte im 1. Jh nC und predigte u.a. Nächstenliebe und Menschlichkeit – manche glauben, dass Jesus einer seiner Schüler war. Jedenfalls ähneln sich manche Texte.

In der Nähe (links vom Grab einen Pfad bergauf bis zu einer massiven Steinmauer) steht als Überrest einer **Synagoge** aus dem 3. Jh der schön dekorierte Türsturz des Eingangs. Der Sage nach stürzt der Balken als Vorankündigung herab, bevor der Messias erscheint. Aufpassen!

Im Frühling zum Fest **Lag BaOmer** (siehe S. 85), dem Todestag von Simon Bar Yokhai, strömen rund 200.000 fromme Juden sowie einige Tscherkessen (aus dem nördlichen Tscherkessendorf Rihaniya) singend und tanzend in einer Prozession von Safed (ab Busstation per Auto) nach Meron, in der spezielle Tora-Rollen aus dem usbekischen Bukhara mitgeführt werden.

Auf den **Berg Meron** kann man von Meron aus hinaufwandern und zum Kibbuz Sasa wieder hinunter, wobei der umgekehrte Weg etwas leichter ist. Bequemer geht es per Straße, die ca. 3 km vor Sasa rechts von der Straße 89 abzweigt. Das Gipfelgebiet (auf dem auch militärische Anlagen stehen) steht unter Naturschutz.

🚗 7 km nach

Safed / Zefat / Tzfat**

Geschichte: *Safed war bereits in der Zeit des Zweiten Tempels als Leuchtfeuerstation bekannt. Mithilfe dieser Feuerkette wurde von Jerusalem aus z.B. der Beginn religiöser Feiertage der Gemeinde in Babylon bekannt gegeben. Doch der Ort tritt eigentlich erst mit den Kreuzrittern in die Geschichte ein. Sie errichteten 1102 nC eine Burg, die Saladin 1188 eroberte, die 1240 von französischen Templern renoviert wurde, sich aber 1266 endgültig den Mamluken unter Baibars ergeben musste. Unter osmanischer Herrschaft siedelten sich im 16. Jh Juden aus ganz Europa in Safed an, 1550 waren es über 10.000. In dieser Zeit hatte sich der Ort zum Zentrum der Kabbalisten entwickelt. Unter ihnen waren einige bekannte Rabbiner wie Joseph Caro und Isaak Luria (auch HaAri genannt). 1578 wurde das erste hebräische Buch in Safed gedruckt. 1834 eroberten Drusen die Stadt, 1837 wurde sie durch ein Erdbeben zerstört. Im 20. Jh siedelten sich sowohl Araber als auch Juden erneut in Safed an; bei arabischen Aufständen 1929 und 1936-39 wurden beide Male große Teile des jüdischen Viertels zerstört und mehrere Bewohner massakriert. Nach der dramatischen und blutigen israelischen Eroberung 1948 flüchteten die Araber, die etwa 90 Prozent der Bevölkerung stellten. Seither ist Safed wieder eine jüdische Stadt.*

Safed (heute 33.000 Einwohner) zählt neben Jerusalem, Hebron und Tiberias zu den vier heiligen Städten des Judentums. Der 834 m hoch gelegene Ort war außerdem lange Zeit als Bergkurort in Israel

A	Gouverneurspalast	**Hotels**	
B	HaAri Synagoge (ashk.)	1	Ron
C	Kikar HaMeginim	2	Old City Inn,
D	Caro u. Abuhav Synagoge		Artist City Inn
E	Bet HaMeiri	3	Ruth Rimonim
F	Sem u. Eber Höhle		

bekannt, seine Bedeutung liegt heute aber mehr im religiösen Hintergrund. Safed zieht sich über mehrere Hügel, wobei das Zentrum und die historische Stadt um die Bergspitze mit der **Kreuzfahrerfestung** liegen. Die Straßen sind teils terrassenförmig angelegt. Das alte, am Hang klebende arabische Viertel wurde von Künstlern entdeckt und in eine bekannte Künstlerkolonie umgewandelt (siehe weiter unten).

Aufgrund der **religiösen Bedeutung** der Stadt sollte man sich besser entsprechend kleiden – jedenfalls brauchen Sie übliche Körperbedeckung, wenn Sie die Synagogen sehen wollen. Am Shabbat sollte nicht öffentlich geraucht werden. Auch beim Fotografieren von Personen sollten Sie besonders rücksichtsvoll sein.

Die Hauptstraße **Jerusalem St** zieht sich als Kreis um den zentralen Burghügel mit dem Park der Zitadelle; wer ihr als Spaziergänger folgt, hat in ca. 20 bis 30 Minuten das Zentrum umrundet und viele Shops und Restaurants gesehen. Im südwestlichen Bereich ist die Jerusalem St Fußgängerzone, etwa unterhalb des

Beginns liegt das Künstlerviertel. Allerdings scheint die Fußgängerwidmung eher mehr Autofahrer anzuziehen, denn ein nahezu ununterbrochener Autostrom lässt kaum Platz für die wehrlosen Fußgänger.

Wenn man vom Busterminal die Jerusalem St nach Norden geht, fällt rechts ein großes Gebäude auf, an dem Palatine steht. Es handelt sich um einen „Hochzeitspalast", einen großen Komplex, der zum größten Teil aus einem vornehmen Restaurant für Hochzeits- und auch andere Feierlichkeiten besteht. Ein kurzes Stück weiter folgen wir links der HaTivat Yiftakh St, die am Ron Hotel vorbei den Berg hinaufführt.

Am höchsten Punkt der Straße steht in einer Linkskurve der ehemalige türkische **Gouverneurspalast** (auch über einen Treppenweg von der Jerusalem St aus erreichbar). Weiter aufwärts geht es zum kleinen Park Gan HaMezuda um den höchsten Gipfel der Altstadt, indem man der Straße noch ein Stück folgt und bei der ersten Gelegenheit links abbiegt. Der höchste Punkt wird von einem „Krieger-Denkmal" gekrönt, von dem aus sich ein schöner Blick (in der ohnehin aussichtsreichen Stadt) auf den See Genezareth, die Berge Tabor und Meron erschließt. Die ehemalige Zitadelle, angeblich die größte Kreuzfahrerburg in Nahost, wird nach und nach ausgegraben.

7

Geflochtene Shabbat-Kerzen aus Safed

Das jüdische bzw. **Synagogenviertel** (Kiryat Batei HaKnesset) liegt am Westhang des Zitadellenhügels. Verwinkelte Gassen ziehen sich durchs Quartier, hier empfängt den Besucher eine durchaus eigene Atmosphäre. Von der Jerusalem St kann man gegenüber der Post eine Treppe hinunter und dann rechts zum Kikar HaMeginim oder aber die Meginel bzw. die Bar Yokhai St bis zu deren Ende ebenfalls zum Kikar HaMeginim gehen.

Halten Sie sich am Platz rechts (westlich), durch einen Torbogen Treppen hinunter, und Sie kommen rechts zur **HaAri** (Ashkenazi) **Synagoge** (Rabbi Yizkhak Luria). In der Bima, dem Podest, auf dem die Tora gelesen wird, sieht man aus der Richtung der Eingangstür ein Loch, das von einem Schrapnell während des Unabhängigkeitskrieges stammt. Es schlug in dem Augenblick ein, in dem die Betenden sich gebeugt hatten und verletzte niemanden. In einem Raum im hinteren Teil der Synagoge steht Elias' Stuhl, der während der Beschneidung der Knaben benutzt wurde. Es wird gesagt (und praktiziert), dass kinderlose Paare einen Sohn bekommen, wenn sie sich in den Stuhl setzen. Ein Souvenirtipp: Gleich um die Ecke steht eine koschere Kerzenfabrik (Besichtigung möglich) mit sehr schönen Erzeugnissen aus Bienenwachs.

Von der Ari-Synagoge geht man am besten zurück zum Kikar HaMeginim und dann weiter den Berg hinunter bis zur nächsten Querstraße, der Alkabetz St, die später Bet Yosef St heißt, in die man links einbiegt. In dieser Straße können Sie Kunsthandwerk erstehen. Auf der linken Seite erhebt sich bald die **Yosef Caro Synagoge**. Der Rabbi Yosef Caro schrieb ein Standardwerk, das noch heute Grundregeln für das tägliche Leben eines Juden lehrt. Die Synagoge entspricht nicht ganz den üblichen Regeln, z.B. dass der Eingang auf der Jerusalem entfernten Seite liegen soll. Sie wurde zunächst als Tora-

schule benutzt und erst später zu einer Synagoge umgebaut.

Wandern Sie ein bisschen kreuz und quer durch die Gassen, erst dann teilt sich die Stimmung des Viertels mit. Ziemlich tief am Hang liegt das **Bet HaMeiri** (So-Do 8.30-14.30, Fr -13.30, http://eng. shimur.org/Beithameiri), HaYessod St, das Stadtmuseum, das anhand der Sammlung des Schriftstellers I. HaMeiri über das jüdische Leben in Safed in den vergangenen 100 Jahren berichtet.

Interessant dürfte auch der **alte jüdische Friedhof** im Westen von Safed am Ende der HaAri St sein. Zunächst betritt man den militärischen Teil, auf dem Untergrundkämpfer und Terroropfer beerdigt sind. Von dort führt ein Weg zum historischen Teil mit den Gräbern vieler bekannter Rabbis, u.a. Yosef Caro, Isaak Luria und weiterer Kabbalisten.

Auch das etwas südlicher am Hang gelegene **Künstlerviertel** sollte man durchstreifen. Die ehemalige Moschee wurde zur Ausstellungshalle **General Exhibition Hall** (So-Do 10-17, Sommer -18, Fr/Sa 14) umfunktioniert. Die Galerie bietet einen Überblick über das künstlerische Schaffen in der Stadt. Hier werden Kontakte zu Ateliers im Viertel vermittelt. Schauen Sie auch hier: www.safed.co.il/galleries-artists.html.

Ganz anregend ist auch das dem Künstler **Yizhak Frenkel Frenel** gewidmete Museum nahe des Rimonim Hotels, täglich 10-14.30/16.30-21, 15.10-1.4. nur Fr&Sa 10.30-15.30.

In einem kleinen Park an der HaPalmakh St, hinter der Überführung über die Jerusalem St, liegt die **Höhle von Shem und Eber**, in der Noahs Sohn Shem und sein Enkel Eber begraben liegen sollen. Die Muslime wiederum glauben, dass in dieser Höhle Jakob vom Tod Josephs erfuhr. In jedem Fall ist sie allen drei monotheistischen Religionen heilig. Wenn Sie der HaPalmakh St noch ca. 200 m nach

Rabbi Isaak (Yizkhak) Luria – HaAri

Der sehr bekannte Rabbi (meist unter Ari) wurde 1534 in Jerusalem geboren, wuchs jedoch bei einem Onkel in Ägypten auf. Schon in seiner Jugend beschäftigte er sich intensiv mit den Strömungen im jüdischen Glauben, entwickelte sich aber zu einem erfolgreichen Gewürzhändler. Im Alter von 35 Jahren ging er nach Safed und verkündete eine Kabbala-Richtung, der auch einfache Gläubige folgen konnten. Er führte bestimmte gebetliche Vorbereitungen für den Shabbat (Kabbalat Shabbat) ein. Bereits mit 38 Jahren starb er. Er selbst schrieb nur sehr wenig, aber seine Schüler hielten seine Reden schriftlich fest, die großen Einfluss auf die jüdische Glauensgemeinschaft nahmen.

Süden folgen, treffen Sie am Kikar HaAzma'ut auf das **Museum des Judentums ungarischer Sprache** (Memorial Museum of Hungarian Speaking Jewry, So-Do 9-14, Fr -13, ₪ 15, www.hjm.org.il). Es vermittelt einen bleibenden Eindruck von der Welt, die durch den Naziwahn unterging.

Praktische Informationen

Telefon-Vorwahl 04

Tourist Information Livnot uLehibanot, Alkabetz St, Tel. 6924427, www.safed-home com; So-Do 8.30-16, guter Stadtplan, Veranstaltungskalender, Vermittlung von Guides. Eine weitere brauchbare Website: www.safed .co.il. Wenn Sie tiefer in die Geheimnisse dieser durchaus mystischen Stadt eindringen wollen, sollten Sie das von der SPNI herausgegebene antiquarische Büchlein *Six Selfguided Tours to Tsfat* möglichst schon vorher auftreiben.

Busverbindungen

Der Busterminal liegt am Stadteingang am Kikar HaAzma'ut, am östlichen Einbahnende der Jerusalem St.
▶ Der Superbus-Bus 450 fährt nach Tiberias,
▶ EGGED Linien nach Haifa und Jerusalem nur mit Umsteigen, 846 direkt nach Tel Aviv.
Von Freitagnachmittag bis Samstagabend fährt kein Bus.

Veranstaltungen

Im Mai/Juni wird von bis zu 200.000 Juden **Lag BaOmer** zu Ehren von Simon Bar Yokhai zelebriert, dessen Höhepunkt eine Prozession von Safed zum Grabmal im Dorf Meron ist (siehe oben sowie S. 362). Zu dieser Zeit sind alle Straßen verstopft und alle Unterkünfte ausgebucht. Im Juli/August zieht das **Klesmer Festival** mit Konzerten von osteuropäischen Juden und Polka-Soul viele Musikliebhaber und Tanzbegeisterte an.

Im **Yigal Allon Theatre and Cultural Center**, HaHalutz St, wie auch im **Wolfson Community Centre,** HaPalmach St, finden Konzerte und Theateraufführungen statt. Wer grundsätzliche Erkenntnisse zu den jüdischen Lehren sammeln will, findet profunde Veranstaltungen über die Tourist Information oder schaut auf www.tzfat-kabbalah.org vorbei.

7

Toraschrein der HaAri-Synagoge

Essen und Trinken

Dafür ist in der Jerusalem St vor allem im Fußgängerbereich gut gesorgt (hauptsächlich Einfachgerichte wie Felafel und Shauwarma) – bis auf den Shabbat. Ab Freitagabend kann man im heiligen Safed verhungern, es sei denn, man bestellt und bezahlt vorher in der Unterkunft (z.B. im Ron Hotel pP ₪ 100, auch im Rimonim), bestellt ein Catering (in der Touristeninformation fragen) oder hat ein Picknick für Freitag bis Samstagabend parat. Doch auch ein Lokal serviert nach Vorkasse am Shabbat:

- **Eshel**, Bar Yokhai St, Tel. 6920948
- **Gan Eden**, Mt. Kanaan, Tel. 057 9443471, gutes nicht ganz billiges Restaurant von Frühstück bis Bar, vegetarisch, Fisch
- **Tree of Life**, Kikar HaMeginim, Tel. 050 6960239, vegetarisches Café-Restaurant mit viel Vollkorn
- **Elements**, Kikar HaMeginim, Tel. 054 6509183, vegetarisch-glutenfrei

Übernachten

Safed wimmelt auch von Zimmerim-Angeboten, siehe www.safed-home.com/listing-of-safed-accommodations.html

- **Artists Colony Inn**, 9 Simtat Yud Sayin, Tel. 04 6041101, www.artcol.co.il; gleich um die Ecke vom Old City Inn, Boutique Hotel, mF D $ 210-330
- **Old City Inn**, 107 Arlosorov St, Tel. 077 9350360 oder 050 5241252, www.oldcityinn.co.il; schön renoviertes altes Haus, Hauch von Luxus, der seinen Preis hat, wochenends 2 Nächte Minimum, Frühstück außerhalb D ₪ 800-1300
- **Villa Galilee**, 106 HaG'dud HaShlishi St, Tel. 6999563, Fax 6999922, www.villa-galilee.com; fast zu schön eingerichtet, umwerfende Aussicht, sehr sauber, großzügige Zimmer, Wellness, WLAN, mF E/D ₪ 751-1321
- **Ruth Rimonim**, Künstlerviertel, Tel. 6994666, Fax 6920456, www.rimonim.com; bestes Hotel am Ort, ehemalige Karawanserei, AC, TV, mF E $ 88-163, D $ 104-179
- **Ron**, HaTivat Yiftakh St, Tel. 6972590, Fax 6972363, www.ronhotel.co.il; gute, relativ ruhige Lage, Pool, AC, TV,

mF E ₪ 240-380, D ₪ 320-460
- **Safed Inn**, Mt. Canaan, etwas außerhalb, Tel. 6971007 oder 072 3902172, www.safedinn.com; ruhig, großer Garten, sauber, WLAN, Frühstück ₪ 25-50, Abholservice, Fahrradmiete pro Tag ₪ 40, Dorm pP ₪ 100, E/D ab ₪ 380

Wenn Sie möchten, können Sie westlich von Safed den INT (siehe S. 55) erreichen und durch das beeindruckende Nakhal Amud etwa 20 km lang nach Magdala/Tiberias wandern, in Begleitung von Klippschliefern und Gazellen. Wer nur den hübscheren Teil besuchen will, fährt auf der Straße 85 zur **Nakhal Ammud Junction** und beginnt hier (2-3 Stunden).

Von Safed bieten sich für weitere Unternehmungen grundsätzlich zwei Möglichkeiten an, entweder man fährt zunächst einmal über die Straßen 89 und 90 nach Tiberias und schaut sich dort um, oder man wendet sich in Rosh Pina gleich nach Norden in Richtung Golan (siehe S. 395).

Stadt am See: Tiberias**

Geschichte: *Ausgerechnet auf dem Gelände eines Friedhofs gründete Herodes Antipas 17 nC eine neue Stadt, die er nach dem römischen Kaiser Tiberius benannte. Für fromme Juden war sie unrein. Erst im 2. Jh nC deklarierte der berühmte Rabbi Simon Bar Yokhai die Stadt als rein, daraufhin verlegte der Hohe Rat der Juden (Sanhedrin) seinen Sitz nach Tiberias. Bald entwickelte sich Tiberias zur Gelehrtenstadt und zum religiösen Zentrum des Judentums. Der Ort wurde in Teverya (Nabel) umgetauft, weil man der Meinung war, er sei der Nabel der Welt. Hier wurden der Jerusalemer Talmud vollendet und die hebräischen Vokalzeichen für heilige Schriften entwickelt. Im 6. Jh residierte ein christlicher Bischof in Tiberias. Nach der Machtübernahme der Araber verfiel die Stadt langsam, blühte unter den Kreuzrittern, die eine*

Festung anlegten, kurz auf und wurde schließlich 1247 von Baibars endgültig zerstört. Sultan Suleiman der Prächtige schenkte im 16. Jh die Stadt Don Joseph Nassi und dessen Schwiegermutter Donna Gracia, welche die Juden zurückholten und Tiberias für 100 Jahre Aufschwung gaben. Erneut verfiel die Siedlung, bis der Beduinen-Scheich Daher AlOmar im 18. Jh eine neue Siedlung mit Befestigungen baute, in der sich 1765 jüdische Emigranten aus Polen niederließen. Doch 1837 spielte ein Erdbeben der Stadt übel mit. 1940 war Tiberias auf 12.000 Einwohner angewachsen, von denen die Hälfte Juden waren. 1948 floh die arabische Bevölkerung.

Neben Jerusalem, Hebron und Safed gehört Tiberias zu den vier heiligen Städten des Judentums. Darüber hinaus zieht es wegen seiner Lage am See Genezareth und seiner Heilquellen viele Gäste an. Die Stadt mit etwa 43.000 Einwohnern ist nicht gerade schön, aber lebendig, manchmal vermittelt sie typisch mediterrane Stimmungen. Sie eignet sich sehr gut als Standort für die Erkundung der Umgebung – und diese bietet wirklich besonders viel.

Tiberias und der See Genezareth vom Mount Berenike aus, im Vordergrund eine byzantinische Kirche

Sehenswertes

✶✶ See-Promenade, sehr lebendige Uferpromenade mit Marina-Gebäude und Multivisons-Show *The Galilee Experience*, S. 371

✶✶ Hammat und Hammat Nationalpark, Badevorort mit heißen Quellen; hervorragende Mosaikböden in Synagogen-Ruinen, S. 368/370

✶ Schöne Hanglage am See, guter Bade- und Erholungsplatz

✶ Grabmäler von bekannten Rabbinern, S. 370

✶ Terra Sancta (St. Peter) Kirche, interessante Architektur, geht auf Kreuzfahrerkirche zurück, S. 372

✶ Zitadelle, beherbergt heute Restaurants, Ateliers und Galerien, S. 372

Die Stadt besteht aus drei Stadtteilen: der Altstadt, dem nördlich anschließenden neuen Viertel *Qiryat Shmuel* und dem 2 km südlich gelegenen Badeviertel

Hammat mit den heißen Quellen. Der touristischen Bedeutung tragen ca. 40 Hotels Rechnung, vor allem auch im Kurbetrieb. Dieser findet bei den 60 Grad heißen schwefelhaltigen und radioaktiven Quellen Hammats statt, die in der modernen Kuranlage **Tiberias Hot Springs Spa** gegenüber dem Rimonim Mineral Hotel (So-Do 8-15, Fr -14, Frauen allein So&Do 16-20; ₪ 80/45) direkt am Seeufer hervorsprudeln. Die Eintrittsgebühr berechtigt nur zum Baden im

Schwefelwasser, alle zusätzlichen Vergnügen und Anwendungen müssen zum Teil teuer bezahlt werden. Nicht umsonst bietet man alle möglichen Specials an, um Kunden zu locken. Das nebenan stehende ältere Gebäude, **Tiberias Hot Springs**, versorgt die Gäste mit noch heißerem Wasser. Ein kleines **Museum** (So-Do 8-17, Fr 8-16; ₪ 10) in der Nähe berichtet über die Bade-Historie.

Quasi nebenan (auf der westl. Straßenseite) liegen die ∗∗ **Hammat Synagogen**

Tiberias
Zentrum
100 m
N

Metulla / Safed
Ron Beach
Nazareth
Nabi Shu'eib & Hörner v. Hattin
Eden, Astoria, Golan Hotel
Golani
Hoffien
Hakam Abul'afia
Yokhanan Ben Sakai
HaAmaqim
HaYarden
Yehuda HaLevi
HaPrakhim
HaGilboa
HaGalil
HaQishon
HaShiloa
HaPalmakh
Al Hadif
Tagir
Geoud Baraq
Dona Gracia
HaYarden
Yarkon
Midrakhov
HaBanim
Tavelet-Yigal-Allon
HaNoter
Tavo
Akhlama
Elieser Kaplan
See Genezareth
Nelson Beach
Lido Beach
Kikar Rabin
Stadtmauer
Hammat / Bet Shean

Hotels
1 Scots Hotel
2 Tiberias Hostel
3 Caesar
4 Hotel Museum
   Dona Gracia
5 Leonardo Plaza
6 Oasis Emmanuel
7 Maman Mansion
8 Aviv Hotel & Emily's

A Maimonides' Grab
B Shopping Center
C Zitadelle
D Strand für Religiöse
E St.-Peter-Kirche
F Große Moschee
G Galilee Experience
   & Tiberium
H Touristeninformation,
   Archäologischer Park

Der Jordan und der See Genezareth

Der Jordan wird von den **vier Quellflüssen** Dan, Hermon, Snir und Iyon gespeist. Der westlichste ist der Iyon, der im Libanon entspringt und etwa 8 Millionen Kubikmeter Wasser in den Jordan speist. Dann folgt der Snir, der auf der Südseite des Hermongebirges, 45 km nördlich der israelischen Grenze, hervorkommt. Er trägt mit 117 Millionen Kubikmetern schon deutlich mehr zum Jordanwasser bei. Die Quelle des Dan liegt beim Ort Dan im nördlichen Israel, er führt 122 Millionen Kubikmeter Wasser. Der Hermon, auch *Banias* nach seiner Hauptquelle im nördlichen Israel genannt, schwemmt mit 252 Millionen Kubikmetern am meisten Wasser in den Jordan. Nach der **Vereinigung von Dan und Hermon** heißt der Fluss **Jordan**. Er durchfließt zunächst das 7 km breite und 30 km lange **Hulatal**, das sich von 200 auf 60 m Höhe von Nord nach Süd senkt und durch einen natürlichen Staudamm aus Lava an seinem südlichen Ende malariaverseuchte Sumpflandschaft bildete. In den 1950er Jahren wurde es trockengelegt. Durch eine steile Schlucht sucht sich der Jordan dann seinen Weg in den **See Genezareth**, der bereits 209 m unter dem Meeresspiegel liegt. Zuvor fächert er sich im Bethsaida-Becken in eine ganze Reihe von Bächen auf, die sich kurz vor der Mündung wieder vereinigen. Dort, wo der Jordan den See wieder verlässt, sorgen Schleusen dafür, dass nicht zu viel Wasser dem Toten Meer entgegenfließt. Im Gegenteil. Von den 800 Millionen Kubikmetern, die der Jordan jährlich dem See zukommen lässt, werden 500 Millionen in das nationale Wassersystem gepumpt, 250 Millionen verdunsten. Aber nicht allein der Jordan, auch die vielen kleinen Trockenflüsse (die nur zeitweise Wasser führen), die den Golan entwässern, tragen zum Wasserhaushalt des Sees bei. Etwa ein Viertel der Wasserverbraucher des Landes hängt an dieser Versorgung. Durchschnittlich verbrauchen die Israelis etwa 20 Prozent mehr Wasser, als durch Regen vom Himmel fällt. Der See Genezareth, größter und einziger natürlicher **Süßwassersee und -reservoir** Israels, ist bei maximal 44 m Tiefe nur 21 km lang und 13 km breit, etwa ein Drittel der Bodenseefläche. Um dem gestiegenen Bedarf nachzukommen, wurde eine Wasserleitung am Yarmukfluss zum See gebaut, welche die ständige Sorge vor Wasserknappheit lindern hilft.

Allerdings reicht das Reservoir auch nicht für alle Fälle, **seit 1993** war der **See nicht mehr voll**. Der Tiefststand, bei dem kein Wasser mehr entnommen werden darf, ist durch eine **schwarze Linie bei knapp -215 m** (unter dem Meeresspiegel) markiert – fällt er tiefer, lassen die Salzwasserquellen auf dem Seegrund den See vermutlich für immer umkippen. Im Sommer 2010 schlingerte der Wasserspiegel um die untere der beiden roten Warnlinien herum: nur noch 40 cm d.h. 40 Tage vom absoluten Entnahmestopp entfernt (www.water.gov.il).

Ausflug per Schiff auf dem See
Genezareth Richtung Golanhöhen

im **Hammat Tiberias Nationalpark** (Sa-Do 8-17, Fr -16, im Winter -16/-15, Einlass bis eine Stunde vorher, ₪ 14/7), von denen die zuerst entdeckte nördlichere uninteressant gegenüber der südlicheren ist. Der Mosaikboden der südlichen Synagoge – einer der schönsten in Israel – ist wegen seiner hohen künstlerischen Qualität unbedingt sehenswert, besonders das Mittelschiff-Mosaik: Am Eingang betrachten zwei Löwen die Widmungsinschrift eines Severus, das Mittelmosaik wird durch einen Tierkreis mit dem Sonnengott Helios bestimmt, im Süden ist der Toraschrein dargestellt. Südlich und westlich der Synagoge kann man Reste der ehemaligen byzantinischen Stadtmauern ausmachen, außerdem gibt es ein Türkisches Bad von 1780.

Tiberias besitzt einige * **Grabmale** großer und bekannter **Rabbiner**. Diese sind für Juden und die Geistesgeschichte von hoher Bedeutung, doch für Normaltouristen weniger interessant; der Vollständigkeit halber sollen sie hier erwähnt werden. Direkt oberhalb der Hammat Synagoge erhebt sich, an den Kuppeln erkennbar, das **Grabmal des Rabbi Meir Baal-HaNess**. Es gehört zu den wichtigen jüdischen Heiligtümern des Landes. Der Rabbi war bekannt als weiser Mann und hervorragender Lehrer, der nach dem Bar Kochba Aufstand fliehen musste (sein Lehrer Aqiva wurde von den Römern umgebracht). Am Todestag des Rabbis kommen Tausende von Pilgern, um hier zu beten.

Aber es gibt noch weitere Rabbi-Grabmäler. Im Zentrum, in der Ben Zakkai St, liegt das **Grabmal des Maimonides**, auch **Rambam** genannt: **R**abbi **M**oses **B**en **M**aimon, 1135 in Spanien geboren. Er wanderte nach Ägypten aus, wo er Leibarzt Saladins in Kairo und als Rabbiner Oberhaupt der Juden Ägyptens wurde. Mit Mishna-Kommentaren und philosophischen Betrachtungen wurde er so bekannt, dass man seinen Leichnam nach Tiberias überführte. Über dem halbtonnenähnlichen Marmorsarkophag wölbt sich eine rote, nach oben offene Stahlbalkenkonstruktion, die einen zur Königskrone stilisierten Davidsstern darstellen soll – von weither sichtbar. Durch einen kurzen, von 14 Pfeilern gesäumten Aufgang geht man zum Grab, das in Frauen- und Männerabteilung geteilt ist. Außerdem sind hier noch die Rabbiner Yokhanan Ben Sakai, Ami, Assi und Horowitz beigesetzt. Der Zustand der Anlage lässt kaum vermuten, dass hier einer der größten Geister der Menschheit begraben liegt, http://harambam.org.il.

Am Hang des Nachbarberges ist das weiße **Grabmal von Rabbi Aqiva** schon von Weitem zu sehen. Auch Aqiva, 50 nC geboren, war einer der ganz wichtigen Interpreten und Lehrer jüdischen Gedankenguts. 135 nC wurde er von den Römern ermordet.

Von Hammat zieht sich die Seeuferstraße nach dem Holiday Inn Hotel ein kurzes Stück durch scheinbar brachliegendes Gelände (links der Straße). Tatsächlich handelt es sich um das Ausgrabungsgebiet des **römisch-byzantinischen Tiberias**, das noch nicht für das Publikum geöffnet ist. Durch den Zaun sind immerhin die Ruinen des großen Badehauses, des Marktplatzes, und des breiten Cardo Maximus und der Basilika zu erkennen. Seit 2009 wird das Amphitheater ausgegraben; www.facebook.com/tiberiasexcavations.

Die von Hammat kommende Hauptstraße heißt im Zentrum HaBanim St, die dort nur zwei Blocks vom Seeufer entfernt verläuft. Sie führt bald an einem selbsterklärendem **Archäologischen Park** vorbei, in dem auch die **Touristeninformation** untergebracht ist. Hier lag einst das Zentrum der Kreuzfahrerstadt. Die meisten der schwarzen Mauerreste stammen allerdings von Scheich Daher

Kitsch oder Kunst? Modern-antike Hauswand

AlOmar, der im 18. Jh eine Festung errichten ließ, die beim Erdbeben von 1837 zusammenstürzte.

Zwischen HaBanim St und dem See liegt die **Fußgängerzone** Midrakhov mit der Hauptshopping- und Touristenzone, die besonders am Tag wenig anziehend wirkt. Am Seeufer öffnet sich der Blick über das stahlblaue Wasser auf die gegenüber ansteigenden Golanhöhen, im Norden auf den Berg Hermon, dem eigentlichen Ursprung des Jordan und des vor Ihnen liegenden Sees. Die ★★ **Seeufer-Promenade** (Tayelet) scheint aus südeuropäischen Ländern verpflanzt zu sein. Sie zieht sich nicht allzu lang von Nord nach Süd, aber hier finden Sie jede Menge Restaurants, eher billige Shops und Promenierfläche. Außerdem legen hier die Boote ab.

Im Marina-Gebäude – etwa in der Mite der Promenade – wird eine Multivisionshow **The Galilee Experience** von 36 Minuten Dauer über die Geschichte von Galiläa in verschiedenen Sprachen, auch deutsch, zur vollen Stunde So-Do 9-23, Fr -15 angeboten; deutsche Vorführungen sollten vorab bestellt werden ($ 9/4, Tel. 6723620, www.thegalileeexperience.com,

man muss über eine Außentreppe dorthin). Die Show ist nicht schlecht, dient aber vor allem dazu, Sie hinterher durch den Souvenirshop zu schleusen. Abends findet hier beim Marina-Gebäude täglich um 20, 21 und 22 (im Winter 19 statt 22) Uhr die 15-minütige Licht- und Wasser-Show **Tiberium** statt.

Etwa gegenüber steht die etwas traurige Hülle der ehemaligen **AlBahri Moschee** von 1880, in der nun schon seit Jahrzehnten ein städtisches Museum eingerichtet werden soll. Nur ein paar Schritte weiter stößt man auf die Karlin Stolin Synagoge, fast daneben auf die **Ez Chaim Synagoge**, die an Rabbi Abulafia erinnert, der von Daher AlOmar eingeladen worden war, die jüdische Gemeinde in Tiberias wieder aufzubauen.

Das südliche Ende der Promenade ist durch ein nicht direkt zugängliches griechisch-orthodoxes **Kloster** markiert, dessen (wenige) Mönche aber auf Läuten hin öffnen und Besucher führen. Das nördliche Ende der Promenade bestimmt die schottische St.-Andreas-Kirche. Sie gehört zum nordwestlich an der anderen Straßenseite gelegenen **The Sea of Galilee Centre**, welches ursprünglich das

7

erste Hospital war, danach preiswertes Hostel, und nun das noble *Scots Hotel* beherbergt.

Ein Stück vor der Andreaskirche und etwas von der Promenade zurückgesetzt steht die katholische ＊ **St.-Peter-Kirche** (auch **Terra Sancta** genannt, Mo-Sa 8-12.30/14.30-17.30, So vorher anrufen, Tel. 6720516, www.saintpetertiberias.org), die Teile einer Kreuzfahrerkirche enthält, aber im 19. Jh mehrfach erweitert und umgebaut wurde. Ihre bewegte Geschichte beweist nicht zuletzt ein zugemauerter Mihrab, die muslimische Gebetsnische in der Südmauer, deren ehemaliger Platz durch ein paar weiße Steine und raueren Putz leicht zu identifizieren ist. In ihrer Apsis ist Petrus auf einem Boot zu sehen, außen ist die Apsis im spitz auslaufenden Bug eines Fischerboots gestaltet, das an Petrus erinnern soll. Ein Innenhof auf der anderen Seite der Kirche wurde von polnischen Soldaten während des Zweiten Weltkriegs angelegt, die hier stationiert waren – etwas befremdlich wirkt die direkt anschließende Autogarage.

Wenn Sie durch eine der Gassen vom Ufer aus zurück zur HaBanim St gehen, wird es geisterhaft, weil die Läden und Restaurants leerstehen. Heraus ragt die Dahr AlAmri Moschee, die Große Moschee in ebenfalls beklagenswertem Zustand. Nur ein kurzes Stück weiter an der Elhadef St liegen die Reste der ehemaligen ＊ **Zitadelle**. Die heutige Anlage wurde 1745 auf den Ruinen der Kreuzfahrerfestung errichtet, leider ist hier auch nichts mehr los. Das nicht sonderlich gepflegte Gemäuer macht einen eher morbiden Eindruck – möge die Stadt sich dieses Quartiers mal wieder annehmen.

Praktische Informationen
Telefon-Vorwahl 04

Tourist Information Office, Archaeological Park, 9 HaBanim St, Tel. 6725666, www.goga-lilee.org, So-Do 8-16, Fr 8-10. Nehmen Sie auf jeden Fall einen GoTiberias!-Plan und die *Sea of Galilee Regional Map* mit, gegebenenfalls auch die Fahrrad-Karte *Biking Trail* (s.u.).

Zum Wandern zwischen Nazareth und Kapernaum empfiehlt sich die Karte des *Jesustrail* (siehe S. 572) – angesichts dieser privaten Initiative hat es sich das Tourismus-Ministerium nicht nehmen lassen, ein Jahr später eine sehr ähnliche Strecke auf einer Satellitenkarte *Gospel Trail* zu nennen. Im Stadtbereich weisen zwar etwas kleine, aber doch auffallende Tafeln auf die Sehenswürdigkeiten hin.

Samstags um 10.30 Uhr startet eine kostenfreie, sehr informative Wandertour in der Nähe des Tourist Office bei den Leonardo Hotels durch Tiberias, angeblich nur für Hotelgäste der Stadt.

Wichtige Adressen
Polizei Tel. 100

Notfall Magen David Adom Tel. 679 011

Post, Ecke HaYarden/Elhadef St (Verlängerung HaBanim St)

Bücher: Steimatzky, 3 HaGalil St

Busse
Die CBS liegt in der HaYarden St, nach der HaShiloa St Kreuzung. Ecke Elhadef St (Nähe Postamt) warten Sherut Taxis.

▸ EGGED-Busse fahren nur über Afula nach Bet Shean – ein leichter Umweg,

▸ EGGED Nr. 962-963 fahren nach Jerusalem;

▸ die Linie 430 nach Haifa;

▸ 63, 841, 963 nach Kiryat Shmona in Obergaliläa;

▸ 835, 841 über Afula nach Tel Aviv.

Schiffsverkehr
Von Tiberias aus gibt es **Bootausflüge** auf dem See Genezareth nach Kapernaum und nach En Gev. Zwei Firmen bieten diesen Service an:

• Die **Kinneret Sailing Company** aus En Gev legt an der Promenade ab und fährt die am See liegenden Ausflugsplätze

an, Tel. 6659800, http://eingev.co.il/en/activities-on-the-water,
• die **Lido Company** operiert vom Lido Beach aus (ein kurzes Stück nördlich der Promenade) und bietet ein ähnliches Programm, vor allem jedoch Rundfahrten, Tel. 6710800, www.lido.co.il. Die Angebote sind nicht auf Individualreisende zugeschnitten, aber Sie werden sich vielleicht einer Gruppe anschließen können, wenn Sie direkt hingehen.
Sonst versuchen Sie
• **Galilee Sailing**, Tel. 050 9397000 oder
• **Holy Land Sailing**, Tel. 6723006.

Mietwagen
• *Avis*, 2 HaAmakim St, Tel. 6170050
• *Eldan*, 1 HaBanim St, Tel. 6722831
• *Hertz*, Tankstelle AlHadif, Tel. 6723939

Veranstaltungen (auch Umgebung)
Während des Sommers hört man immer wieder **Open Air Konzerte** auf oder in der Nähe der Strandpromenade. Der Kibbuz En Gev veranstaltet das klassische *En Gev Music Festival* während des Passah-Festes im Frühjahr. Das etablierte internationale *Jacob's Ladder Folk Festival* im Kibbuz Ginossar steigt nicht nur im Mai, sondern auch Dank des Klimas auch an einem *Winter Weekend* im Dezember, www.jlfestival.com. Das Klima begünstigt auch Sportveranstaltungen: im Januar läuft bei optimalen Außenbedingungen der www.tiberiasmarathon.com; im September zum jüdischen Neujahr ruft der **Sea of Galilee Swim**, kürzere Strecken für alle, En Gev bis Tiberias für ernsthaftere Sportler.

Strände und Baden
Badefreuden können in Tiberias und Umgebung teuer werden, denn die meisten Badestrände kosten im Durchschnitt ₪ 40 Eintritt. **Lido Kinneret Beach**, nördlich der HaYarden St, bietet u.a. Wasserski, der nördlich davon gelegene **Nelson Beach** Kajaks und Paddelboote, weiter nördlich folgen **Quiet Beach** und **Blue Beach**. Nördlich der Stadt kommt irgendwann eins der seltenen Stücke öffentlicher Strand, der zwar leicht zugemüllt, aber gratis zugänglich ist – gerade richtig, um einfach mal die Füße ins Wasser zu halten, falls darauf zu laufen nicht klappen sollte.

Ca. 15 Minuten südlich der Promenade liegt der unattraktive städtische **Municipal Beach**, der am billigsten ist. 1 km südlich von Tiberias bietet der Planschpark **Gai Beach Water Park** (April-Oktober) allerlei aufregende Rutschen und anderes feuchtfröhliches Vergnügen, täglich 9.30-17, ₪ 85. Wer keine Lust mehr an Baden und anderen nassen Freuden hat, kann um den See fahren oder z.B. den Swiss Forest (siehe unten) besuchen.

Fahrradausflüge
In Tiberias werden Fahrräder zu recht guten Bedingungen angeboten – das Verkehrsmittel wird auch mit einer extra Biking Trail Karte rund um den See beworben. Die etwa 60 km lange Strecke lässt sich an einem Tag zurücklegen. Man darf sich allerdings nicht zu viel versprechen: meist ohne eigenen Radweg können die vielen Autos nerven, und die Straße führt selten nah am See entlang. Auch das wechselnde Relief ist nicht zu unterschätzen. Fahrräder, auch Mountain Bikes, kann man in den Jugendherbergen, im Aviv Ho(s)tel, HaGalil St, und auch bei anderen Hostels ausleihen – für meistens ₪ 50 am Tag.

Nightlife
Vor allem während der Saison herrscht reges Nachtleben, am heftigsten am jüdischen Wochenende Freitag/Samstag; außerhalb der Saison nur dann. An der Promenade gibt es ein paar Kneipen, die häufig erst gegen Mitternacht richtig in Fahrt kommen, wie das **Papaya** oder die **Chuko Bar**; in der Midrakhov St bollert die Musik vor allem bei **Big Ben**. Aber auch die meisten Hotels betreiben Bars/Nachtbars.

Sehr beliebt sind **Disco Cruises** (etwa ab 20 Uhr, häufig auch früher, etwa ₪ 30) der Schiffslinien, bei denen die Boote wie ein Sammeltaxi erst vom Lido ablegen, wenn genügend Gäste an Bord sind, um dann etwa 30 Minuten Tanz mit heißen Rhythmen mit einer solchen Lautstärke abzufahren, dass man befürchten muss, dass den Fischen die Schwimmblase platzt. Nicht ganz so laut geht es im Kibbuz Ginossar bei *60's Music and Dancing* her.

Essen und Trinken

In Tiberias fällt es schwer zu verhungern, so viele Restaurants und Imbissstände gibt es vor allem im Stadtzentrum. Hauptattraktion ist frischer Fisch aus dem See. Auf Schritt und Tritt wird man Ihnen *St.-Peter's-Fisch* anbieten, der zu den lokalen Errungenschaften zählt und recht gut schmeckt. Der bis zu 1,5 kg schwere Buntbarsch behält („brütet") übrigens die befruchteten Eier so lange im Maul, bis die Jungen schlüpfen, die dann auch noch ein paar Tage von den Eltern beschützt werden. Zum Fischessen sitzt man am schönsten auf der Seeuferpromenade, probieren Sie eins der Restaurants aus, die Preise sind ziemlich identisch hoch.

Ein Petersfisch vor seiner letzten Aufgabe

Nördlich der Promenade ist es weniger laut. Wenn Sie südostasiatisch essen mögen, wäre das **Pagoda** in der Gedud Barak St eine Idee, dessen Küche von Israelis geschätzt wird. Allerbeste Küche und viel Ambiente vermittelt auf der anderen Straßenseite das **Torance** im Scots Hotel (gleich auch die archäologische Ausstellung im Hause anschauen). Günstiger ist ganz in der Nähe des Pagoda das **Decks**, halb auf einer Plattform über dem Wasser, recht großer Betrieb, aber noch gemütlich – man betritt den Gastraum am Open-Air-Grill vorbei. Abseits vom Wasser offeriert das **Guy Restaurant**, 63 HaGalil St, hervorragende Gerichte der jüdisch-sefardischen (orientalischen) Küche – dazu auch noch preiswert. In den Querstraßen am Markt, z.B. der HaQishon St, und parallel dazu gibt es weitere gute und preiswerte Restaurants, ambitionierter wäre hier in der Nr. 1 das **Little Tiberias** zwischen Französisch und Thai; in der HaGalil und HaYarden St säumen Felafel- und Shauwarma-Stände den Bürgersteig.

Übernachten

In Tiberias teilen sich die Hotels in drei lokale und gleichzeitig auch preislich ähnliche Gruppen auf. Die billigen und preiswerten Unterkünfte sind hauptsächlich südwestlich der HaGalil St – also des Zentrums – zu finden, die Luxusherbergen am Seeufer. Die Mittelklasse-Hotels haben sich ziemlich hoch oben in oder nahe der Ohel Ya'akov St angesiedelt. Denken Sie daran, dass, wie überall, für das israelische Wochenende deutlich höhere Preise verlangt werden. Visuelle Eindrücke verschafft vorab www.tiberias-hotels.com.

- **The Scots Hotel**, HaYarden/Gedud Barak St, Tel. 6710710/01, Fax 6710711, www.scotshotels.co.il; vor 100 Jahren von der Schottischen Kirche als Hospital erbaut, dann Gästehaus, heute Hotel, Ceilidh Bar mit 80 Whiskies, eigener Strand, gut und geschmackvoll möbliert, großer Garten, laute Straßen, AC, WLAN, Reservierung empf., mF E $ 353-435, D $ 392-497

- **Caesar**, 103 The Promenade, Tel. 6727272, Fax 6727273, www.caesarhotels.co.il, mF E ab $ 172-194, D $ 192-212

- **Golan**, 14 Akhad HaAm St, Tel. 6711555, Fax 6721905, www.golanhotel.com; toller Seeblick, Pool, schön eingerichtet, AC, TV, mF E $ 150-170, D $ 160-180

- **Ron Beach**, Gedud Barak St, Tel. 6791350, Fax 6791351, www.ronbeachhotel.com; sehr gepflegte Hotelanlage mit Pool und eigenem Strand, großzügige, gut eingerichtete Zimmer jeweils mit Balkon bzw. Terrasse, sehr sauber, AC, TV, mF E $ 135, D $ 168

- **Emily's**, 66 HaGalil St, Tel. 6647500, http://emilyshotel.wix.com/emilys_hotel; neues Boutique Hotel direkt neben dem schmuddeligen Aviv, hübsche Einrichtung, Straße etwas laut, kleiner Pool, Parkplätze, Balkon, AC, TV, WLAN in der Lobby, mF E $ 119-127, D $ 149-158

- **Casa Dona Gracia Hotel-Museum**, 3 HaPrakhim St, Tel. 6717176, Fax 6717175, www.donagracia.com; ein der sefardischen Ladino-Kultur gewidmetes Hotel, vom Leben der spanischen

Adligen Dona Gracia inspiriert, Seenähe, Restaurant, AC, WLAN, mF E $ 102-152, D $ 137-200

• **Maman Mansion**, Azmon St, Tel. 6792986, Fax 6791240, www.maman-mansion.co.il; Pool, ruhig, meistens sauber, alle Räume AC, freundlich, Küche, WLAN, mF E $ 80, D $ 95

• **Astoria**, 13 Ohel Ya'acov St, Tel. 6722351, Fax 6725108, www.astoria.co.il; von der Straße abgewendet und daher nur wenige Zimmer laut, Pool, gut eingerichtete und großzügige Zimmer, sehr sauber, AC, TV, preiswert, mF E $ 80, D $ 90

• **Rimonim Mineral**, HaMarkhazaot St (Hammat), Tel. 6728555, Fax 6724443, www.rimonim.com; Tiberias Hot Springs Spa gehört dazu – 20% für Hotelgäste, mF E $ 71-127, D $ 83-140

• **Eden**, 4 Ohel Ya'acov St, Tel. 6790070, Fax 6722461, www.edenhotel.co.il; an hier sehr lauter Straße, relativ große Räume, sauber, prima Rezept-Datenbank, AC, TV, WLAN, mF E $ 69-90, D $ 79-100

• **Oasis Emmanuel**, Dona Gracia St, Tel. 6720782, www.oasis-emmanuel.com; kath. Gemeinschaft, französisch geprägt, ruhig, freundlich, hilfsbereit, geräumig, sauber, Blick unschlagbar, Boote 1 Woche vorher buchen, Parkplätze 100 m, nur Bargeld, AC, WLAN, mF Dorm ₪ 135, E ₪ 255, D ₪ 310

• **Tiberias Hostel**, Rabin Square, Tel. 6792611 oder 072 3902174, www.hostels-israel.com; sauber, gute Lage und beste Tipps vor Ort, prima Traveller-Aktivitäten, Locker, Parkplätze, AC, WLAN, mF Dorm pP ₪ 75-85, E/D ab ₪ 200

• **Aviv Hotel & Hostel**, 66 HaGalil/Ahava St, Tel. 6720007, laut, einfach, freundlich und hilfsbereit, viele Traveller, war schon mal sauberer, Fahrradverleih (₪ 40 für Gäste Rabatt), Golantouren, Parkplätze, AC, WLAN, Kühlschrank, Küche, Frühstück für $ 11 Dorm pP ₪ 85, E/D ab ₪ 200

Rund um den See Genezareth (Kinneret)

Der See Genezareth – hebräisch Kinneret – genießt nicht nur wegen seiner religiösen Bedeutung besondere Beachtung, er ist auch ein echtes landschaftliches Schmuckstück. Es lohnt sich sehr, ihn per Auto zu umrunden – auf dem Fahrrad ist es leider nicht so erfreulich, siehe oben – oder besser ihn bei einem Schiffsausflug kennenzulernen.

Wer Tiberias nach Norden verlässt, trifft auf eine Reihe von Stätten bzw. auf **Pilgerorte**, die für das **Christentum** von großer Bedeutung sind. **Migdal** (auch Madjdal), der erste dieser Orte nach knapp 5 km, war der Geburtsort der **Maria Magdalena**, eine der frühen Anhängerinnen von Jesus. Im Mai 2009 sorgte der **Papstbesuch** bei der antiken Stätte im Wadi AlHammam ungeplant für interreligiöse Verständigung: Benedikt XVI. legte den Grundstein für ein Pilgerzentrum, worauf die folgenden Bauarbeiten eine der ältesten Synagogen samt Darstellung einer Menora (datiert 50 vC–100 nC) zutage förderten. Gleich nach Einmündung der Straße 807 biegen Sie rechts ab nach **Magdala** (und zum Hawaii Beach). Die **Pilgerkapelle** mit Bootsilhouette vor dem See ist durchaus gelungen, die **Begegnungskapelle** zeigt den original Fußboden des Markts am Hafen, über den damals mit ziemlicher Sicherheit doch wohl auch ein gewisser Zimmermannssohn… Und sie ist der ausgegrabenen Synagoge nachempfunden. Die **Ausgrabung** ist beeindruckend, hier engagieren sich eher konservativ-katholischen Mexikaner unter Aufsicht der Israel Antiquities Authority: Es gibt die erwähnte **Synagoge** mit einem einzigartigen Stein mit Menora (hier eine Nachbildung), der den **Zweiten Tempel** in Jerusalem darstellen soll. Qualitätvolle

7

Sehenswertes

*** **Kapernaum**, Dorf und Haus, in dem Petrus wohnte; imposante Synagogen-Ruine, S. 379

*** **Tabgha**, Kirche mit einigen der schönsten Mosaike Palästinas am *Ort der wunderbaren Brotvermehrung*, S. 377

** **Bootsmuseum, Yigal Alon Museum** im Kibbuz Ginossar, 2000 Jahre altes, aus dem See geborgenes Boot; Informationen über das Leben in Galiläa, S. 376

** **Magdala**, neues Pilgerzentrum mit großer Ausgrabung, seit die Bauarbeiter eine alte Synagoge freilegten, S. 375

** **Hammat Gader**, uralter Badeort mit heißen Schwefelquellen in landschaftlich schöner Kulisse, interessante römische Badeanlagen, S. 383

* **Beatitude Monastry**, die etwas pompöse *Kirche der Seligpreisungen* aus den 1930er Jahren, schöner Seeblick, S. 377

* **Deganya Alef**, Ursprung der Kibbuz-Bewegung, S. 384

* **En Gev**, bekannter Kibbuz am Seeufer mit gutem Fischrestaurant, S. 382

* **HaYarden Park**, von dichtem Grün bedeckter Park im Mündungsgebiet des Jordans in den See Genezareth, Bootsfahrten, S. 381

* **Kursi**, Jesus befreite hier einen Mann von einem Dämon, früher christlicher Pilgerort, S. 381

* **Peterskirche** oder **Primatskapelle**, hier wurde Petrus zum Primus ernannt; hübscher kleiner Park am Seeufer, S. 378

* **Yardenit**, moderner, etwas arg kommerzialisierter Taufplatz am Jordan, S. 385

Wohnhäuser mit Mikwen und der **Markt** mit einem heute noch funktionierenden Frischwassersystem für den Fischverkauf lassen auf eine Boomtown schließen. Die **Fischerei** samt Weiterverarbeitung hier darf man sich nicht romantisch vorstellen: Es musste Geld für Herodes Antipas' Bauprojekte verdient werden. Der König stellte Boote und Ausstattung sowie Leute wie die Jünger Jesu hatten zu liefern, waren aber vergleichsweise wohlhabend. – Geplant sind noch Gästehaus, Visitor Center und Restaurant (täglich 8-18, Personen ab 13 J. ₪ 15, Tel. 04 6209900, www.magdala.org).

🚗 7 km (nach Tiberias) bis

Ginossar

Der Kibbuz *Ginossar* gehört zu den sehr aktiven dieser Organisation. So machte er z.B. mit einer Kamelherde von sich reden, um Touristen mit Kamelritten zu beglücken – über den Sinn der Aktion kann man trefflich streiten, denn die Tiere sind in dieser Gegend nun wirklich nicht heimisch. Auch das Mittelklasse-Hotel, das nahezu alle Sportwünsche vom Tennis über Fischen, Wasserski bis zum Segeln erfüllt, fällt vom Standard her aus dem üblichen Kibbuzrahmen.

Kulturelle Aktivitäten machen den Kibbuz zusätzlich bekannt: Sein ** **Yigal Allon Centre** (tägl. 8-17, Fr -16; ₪ 20/15, Tel. 04 6727700, http://bet-alon.co.il [hebr.]) ist dem gleichnamigen Kibbuz-Mitbegründer und hohen Politiker (1918-1980) gewidmet, es zeigt auch moderne Kunst. Am interessantesten jedoch ist das 2000 Jahre alte Bootsskelett, das von Fischern und Hobby-Archäologen des Kibbuz im See-Uferschlamm gefunden wurde. Entdeckung und Bergung zeigt ein auch deutschsprachiges Video, Infos vorweg auf einem privaten Online-Shop: www.jesusboat.com/the-jesus-boat-research

Das Baujahr des Bootes lässt sich ziemlich genau in die Zeit um 100 vC bis 70 nC bestimmen, was Spekulationen Auftrieb gab, ob nicht auch Jesus Fahrgast gewesen sein könnte. Zumindest wusste der letzte Besitzer nichts davon, denn er schlachtete alle verwendbaren Teile aus und ließ lediglich die morsche Hülle im See versinken. Nachbauten des Bootes werden heute als Pilgerboote eingesetzt oder zu solch profanen Beschäftigungen wie *St.-Peter's-Fischessen* auf dem Wasser, in dem das arme Tier noch (vermutlich) Stunden zuvor fröhlich herumschwamm.

Übernachten

- **Nof Ginosar**, Tel. 04 6700320, Fax 04 6792170, www.ginosar.co.il; gepflegt, gut eingerichtet, eigener Strand, sauber, AC, TV, WLANmF E $ 166-257, D $ 190-290
- **Ginosar Village**, Country Lodging, Nähe Nof Ginosar, AC, TV, WLAN, mF E $ 166-238, D $ 190-447

Kurz nach dem Kibbuz Ginossar steigt die Straße einen Hügel hinauf. Rechts ist an der hier endenden Hochspannungsleitung die **Pumpstation Kinneret** (Sapir) erkennbar. Sie pumpt Wasser in einen Kanal, von dem es bis zum Negev geleitet wird. Dass der See über 200 m unter Meeresniveau liegt, bedeutet einen zusätzlichen Energieaufwand von 100 Megawatt zum Hinaufpumpen. Insgesamt verwendet Israel etwa 12 Prozent der erzeugten elektrischen Energie für den Transport von Wasser.

Neben der Pumpstation führt ein gesperrter Weg zum **Tel Kinneret**, der bereits im 3. Jahrtausend vC besiedelt war. Die archäologischen Funde sind u.a. im **Yigal Alon Museum** ausgestellt. Links in der Felsschlucht des Amud-Baches wurden vorgeschichtliche Höhlen mit dem Schädel des etwa 100.000 Jahre alten *Homo Galilensis* entdeckt.

🚗 5 km: **Kfar Nahum Junction**

Rechts auf die Straße 87, links auf die 90. Wir wollen einen kurzen Abstecher nach links machen und folgen der Straße 90 etwa 2 km nach Norden. Rechts zweigt ein Sträßlein ab, das mit *Mount of Beatitudes* ausgeschildert ist. Es führt auf den

Berg der Seligpreisungen[*]

Möglicherweise hat Jesus hier in der Nähe die geistlich Armen, die Leidtragenden, die Sanftmütigen, die nach Gerechtigkeit Hungernden, die Barmherzigen etc. selig genannt. Hier steht die ✴ **Kirche der Seligpreisungen** (8-11.45/14-16.45, Parken ₪ 10), die als achteckiges Bauwerk 1937 als Geschenk Mussolinis errichtet wurde. Auf den acht Seiten der Kirche sind die acht Seligpreisungen in Glas gefasst. Von der Kirche, die in einer gepflegten Gartenanlage steht, öffnet sich ein schöner Ausblick auf den See Genezareth und seine Umgebung.

Wieder zurück zum See. Fast unmittelbar nach dem Abzweig der Straße 87 führt rechts ein Sträßchen nach

Tabgha[**]

Die Bezeichnung **Tabgha** steht für *Sieben Quellen* (griechisch *Heptapegon),* also einen wasserreichen Ort. Hier soll Jesus mit fünf Brotlaiben und zwei Fischen 5000 Menschen gespeist haben, daher auch *Ort der wunderbaren Brotvermehrung* genannt. Offenbar erzählten die hier lebenden Christen jeweils der nächsten Generation von den Wundertaten, denn eine Pilgerin schrieb 383 einen noch heute erhaltenen Bericht darüber. Im 4. Jh entstand eine Kirche, die im 5. Jh durch ein größeres byzantinisches, mit schönen Mosaikböden ausgestattetes Gotteshaus ersetzt wurde. Den Stein des Brotvermehrungswunders verlegte man unter den Altar. 614 zerstörten die Perser die Kirche.

7

Rache der Siedler

Wenn dieses Buch erscheint, ist das **Atrium** der Kirche vielleicht schon **wieder aufgebaut**. Im Juni 2015 gab es einen **Brandanschlag** jüdischer Terroristen (wie im Jahr zuvor bereits auf die Dormitio in Jerusalem), die sich gern weiter im rechtsfreien Raum ihrer Siedlungen bewegen möchten und es für gottgefällig halten, Götzendiener wie Christen und Muslime sowie linke Israelis aus dem Land zu treiben. Die *Price-Tag*-Anschläge geschehen aus Rache zur Wieder-*schlecht*machung, wenn gegen die Siedlungsbewegung vorgegangen wurde, deshalb können auch israelische Sicherheitskräfte von Terror betroffen sein. Manche dieser Vorfälle könnte man sich stringenter verfolgt vorstellen. Was alles in Tabgha los war und zu Gesprächen auf Regierungsebene führte:

www.dormitio.net/fix/doc/Rundbrief %2007_2015.pdf.

Auf was man als *Price Tagger* alles kommen kann:

https://en.wikipedia.org/wiki/Price_ tag_policy &

https://en.wikipedia.org/wiki/List_ of_Israeli_price_tag_attacks

Mosaik am Ort der Brotvermehrung

Der Schutt der ehemaligen Kirche wurde 1932 archäologisch untersucht, dabei kamen einige der schönsten Mosaike Palästinas zutage. Über diese Böden baute man 1936 eine Notkirche und erneuerte sie 1982 zu einer sehr stilvollen Kirchenanlage, wie sie in byzantinischer Zeit im Negev standen (Mo-Fr 8-16.45, Sa -14.45, So 11-16.45). Diese Maßnahmen finanzierte der Deutsche Verein vom Heiligen Lande, dem auch die Kirche und das umliegende Gelände gehören. Man hat also gute Chancen, Andachten auf Deutsch zu hören. Auf dem Gelände am Seeufer steht auch ein angenehmes Pilgerhospiz, Tel. 04 6678100, www.tabgha.net. Weiter südlich kann man in der modern-gepflegten **Jugendherberge Karei Deshe** unterkommen, zentral reservieren Tel. 159 9510511, www.iyha.org.il, E ab $ 76, D ab $ 96

Die sehenswerten **Mosaike** zeichnen in ihrem interessantesten Teil (Querhausarme) Szenen aus dem Nildelta mit Schilf, Lotosblüten, Flamingos und anderen Vögeln nach, im südlichen Seitenschiff sogar einen **Nilometer** (Nilwasserstandsanzeige). Vor dem Altar sehen Sie das berühmte Mosaik mit dem Brotkorb und den beiden Fischen, unter dem als Tisch errichteten Altar den **Felsen der Brotvermehrung**. Der Bereich ist mit einem Seil eigentlich abgesperrt, doch viele Menschen kriechen unter dem Seil durch, um den Felsen zu berühren bzw. Dinge mit ihm in Berührung zu bringen, die sich vermehren sollen. Ich beobachtete einen Japaner, der – pragmatisch – seine Wünsche auf eine Handvoll Münzen konzentrierte, sie mehrfach ausbreitete und wieder einsammelte…

Wieder zurück auf die Hauptstraße, und nur wenige hundert Meter weiter können Sie am Seeufer die ∗ **Peterskirche** oder **Primatskapelle** (8-17) besichtigen, die 1933 aus schwarzem Basalt auf den Ruinen einer Kirche aus dem 4.

Jh aufgebaut wurde. An dieser Stelle soll Jesus nach der Auferstehung den Jüngern erschienen sein und Petrus „zum Hirten seines Volkes" ernannt haben. Man geht durch einen schattigen Garten mit hohen Eukalyptusbäumen hinunter zum Seeufer; zwar wird allenthalben um Stille gebeten, aber man kann nur davon träumen, wie schön es hier ohne lärmende Menschenmassen wäre.

Die Kirche selbst ist schlicht, besitzt schöne Fenster und ein Mosaik, das an den Besuch von Papst Paul VI. im Jahr 1964 erinnert. Der große Stein innerhalb der Kirche soll die *Mensa Christi* (Tisch Jesu) sein, an dem er das Essen für seine Jünger bereitete, bevor er Petrus mit der Führung seiner Gläubigen beauftragte.

Vom etwa 200 m nördlich des Eingangs gelegenen Parkplatz führt ein Pfad zur *Kirche der Seligpreisungen* hinauf (siehe weiter oben).

Nach etwa 3 km zweigt rechts ein sich schnell mit Bussen verstopfendes Sträßlein zur römisch-katholischen Gedenkstätte Kapernaum ab, zuvor liegen am Seeufer ein Restaurant und eine Schiffsanlegestelle, von der die sogenannten Petrusboote in See stechen.

Kapernaum**

Geschichte: *Vermutlich entstand der Ort im 2. Jh vC. Um die Zeitenwende verfügte er auch über eine Synagoge. Nach dem Tod von Jesus entwickelte sich eine christliche Gemeinde, die ständig wuchs. Aber auch viele Juden, die aus Jerusalem fliehen mussten, siedelten in Kapernaum. Im 4. Jh nC dehnte sich die Siedlung deutlich aus, die alte Synagoge aus Basalt wurde abgerissen, auf ihren Grundmauern baute man eine (teurere) aus Kalkstein. Um 450 errichteten die frommen Christen an der Stelle, an der Petrus gewohnt haben soll, eine Kirche. Mit der arabischen Eroberung verlor Kapernaum an Bedeutung und überlebte nur als kleines Dorf die Jahrhunderte. 1838 wurde der Ort von dem Amerikaner Robinson quasi wiederentdeckt, später kauften die Franziskaner das Gelände und bauten ein Kloster. Ab 1905 legten Ausgrabungen sehenswerte Ruinen aus den ersten Jahrhunderten Kapernaums frei.*

Arabisch wird die Stadt, die eng mit dem Christentum verbunden ist, *Tell Num* genannt. Hier soll Jesus während seines öffentlichen Wirkens gelebt und gelehrt haben, hier soll auch die Heimatstadt von Petrus gewesen sein.

Zur archäologischen Stätte gehören zwei wichtige Gebäude (8-17, letzter Einlass 16.30; ₪ 10, www.capernaum. custodia.org). Eine moderne, meist unzugängliche Kirche auf Stelzen, über deren architektonische Gestalt und Notwendigkeit man durchaus streiten kann, überdeckt das sogenannte **Petrus-Oktogon** so, dass man es gerade noch sehen kann. Diese achteckige Kirche wurde um 450 errichtet anstelle einer Hauskirche, die wiederum über einem Haus des 1. Jh nC entstand – mutmaßlich das des Simon, genannt Petrus. Unter anderem 131 Inschriften im Wandputz, mit mehrfacher Nennung der Namen *Jesus, Christus, Herr,* und *Petrus* legen das nahe. Von den Mauerresten der beiden ältesten Gebäude ist auf die Entfernung nichts zu sehen.

Neben diesem wichtigsten Teil gibt es viele Architekturfragmente (achten Sie auf die Bundeslade), Ölmühlenreste und Mosaike (Abbildung eines antiken Schiffes); schauen Sie auch die an, die rechts vom Eingang bis zum Oktogon-Aufgang aufgereiht sind. Am eindrucksvollsten wirken die Ruinen des zweiten sehenswerten Gebäudes, der **Weißen Synagoge** – wegen ihres hellen Kalksteins so genannt – aus wahrscheinlich dem 5. Jh nC. Sehr schön sind die Dattelpalmen auf dem Architrav. Sie wurde durch ein Erdbeben zerstört, ihre immer noch imposanten

Das griechisch-orthodoxe Kapernaum

Ruinen heben sich stark vom Granit der Umgebung ab – und geben das Rätsel auf, warum eine eher arme Gemeinde wie Kapernaum eine kostspielige Synagoge in einer Zeit baute, in der sie schon stark christianisiert war.

Etwa 1 km nach Kapernaum führt rechts eine Straße zur schön dekorierten griechisch-orthodoxen **Kirche der Sieben Apostel** den Hang hinunter. Die gemütliche kleine Kirche mit ihren knallroten Kuppeln steht mitten im Leben: Manchmal ist die Idylle futsch, wenn drumherum zu intensiv Picknick-Grillen stattfindet und die Mini-Anlagen dudeln.

🚙 2 km nach:

Amnon Recreation Village & Almagor

Etwas gehobenes Feriendorf mit vielen sportlichen Aktivitäten; Badebesucher zahlen ₪ 60 Eintritt. Bungalow mF D+B ca. ₪ 600, auch Camping möglich. Günstigere Unterkunft am nächsten Abzweig Abstecher nach links, Str. 8277, zum Moshav Almagor:

Sea of Galilee Guest House, Tel. 04 6930063, mF E/D ₪ 450-550

🚙 5 km: **Bet Zayda Junction**

Unterwegs überquert man den Jordan auf einer neuen Brücke. Man sollte kurz danach an der alten Brücke anhalten und hinunterschauen: Dieser weltberühmte Fluss ist auch wegen der massiven Wasserentnahme kaum größer als ein prall gefüllter Bach. Und doch gewinnt ein so unerschöpfliches Gewässer in dieser Weltgegend so viel Bedeutung, dass sich ganze Völkerscharen seit Jahrtausenden um ihn streiten – und streiten werden. Ein kurzes Stück nördlich liegt die Einfahrt zum

HaYarden (Jordan) Park*

Entlang des Jordans, der sich hier in diverse kleine Teilbäche aufteilt, wurde ein großer Park (Eintritt ₪ 29/15, pro Auto ₪ 65, Camping ab ₪ 75, www.kkl-jnf.org/tourism-and-recreation/forests-and-parks) mit schattigen Bäumen geschaffen; am Eingang gibt es manchmal auch deutschsprachige Informationen. Der Abstecher lohnt, weil man schön rasten und zusätzlich einiges unternehmen kann. Als größte Attraktion des Parks gilt eine Schlauchbootfahrt ein kurzes Stück flussabwärts zu der oben erwähnten Straßenbrücke. Die Reise durch das fast dschungelartige Grün der Flusslandschaft dauert etwa eineinhalb Stunden. Ein Zweierschlauchboot kostet einschließlich Rücktransport ₪ 90, wobei der Eintritt erstattet wird.

Der Park lässt sich auch erwandern, oft an historischen Mühlen vorbei, deren Bau sich an dem schnell fließenden Wasser förmlich aufdrängte. Der rot markierte Wanderweg verläuft durch das Dickicht der Flusslandschaft (knapp 20 Min.), während der blaue zu einem Aussichtspunkt führt (ca. 1 Stunde)

Im Südosten des Parks wird die Fischersiedlung **Bethsaida** ausgegraben, die einst am Seeufer lag. Der Ort wurde von Herodes' Sohn Philippus gegründet und beim ersten Jüdischen Aufstand 66-73 nC von den Römern so gründlich zerstört, dass heute nicht mehr viel zu sehen ist. Die Stadt war recht groß und stark befestigt. Nach christlicher Überlieferung stammen die Apostel Petrus, Andreas und vermutlich noch weitere von hier.

Die Ausgrabungsstelle besteht für den Laien aus einem weitläufigen Haufen von Basaltsteinen, in denen man ein paar durch Steintafeln markierte Gebäudegrundmauern und Reste der Stadtmauer erkennt. Ein schattiger Aussichtsplatz eröffnet den Blick auf den Park und den See

Genezareth. Hier gräbt übrigens die UNO: **U**niversity of **N**ebraska, **O**maha. Führungen können telefonisch angemeldet und arrangiert werden: Tel. 04 6791590, www.facebook.com/bethsaidaexcavations.

Die Straße 888 nach Khad Nes bringt eine neue Übernachtungsmöglichkeit:

Freedom Hostel, 234 HaPerakh Be-Gani St, Tel 050 3059679, www.hostels-israel.com; gewohnte unabhängige Traveller-Qualität Dorm pP ₪ 95, D ab ₪ 270 Am Abzweig der Straße 87 lockt das alternative **Bethsaida Café** mit tollem Blick und guten Speisen – angeblich **24/7** geöffnet: Am Shabbat von Freitag bis Samstag Abend von unschätzbarem Wert in dieser Gegend, wenn Sie ein Fahrzeug und genügend Sprit haben.

🚗 18 km zum Nationalpark

Kursi*

Geschichte: *Dies ist vermutlich der Ort, an dem Jesus einen besessenen Mann (aus Gadara oder Gerasa, heute Jordanien) von Dämonen befreite und diese in eine Schweineherde fahren ließ, die sich im See ertränkte. Kloster und Kirche wurden vermutlich im 5. Jh nC gebaut. Die in Basilikaform konzipierte Kirche hatte zwei Säulenreihen, der Boden war mit Mosaiken ausgelegt. Zum Komfort und Schutz der Pilger waren Wohnanlagen und Befestigungen errichtet worden. Am Hang stand neben einem Felsen eine Kapelle an der Stelle, an der vermutlich das Wunder stattgefunden hatte. Bei der persischen Invasion 614 wurde die Kirche stark beschädigt und viele andere Gebäude wurden zerstört. Später setzten die Mönche die Kirche wieder instand. Als die Muslime im 9. Jh auch hier die Macht übernahmen, nutzten die neuen Siedler die vorhandenen Bauwerke als Unterkünfte oder bequeme Steinbrüche. Seit der Nationalpark Kursi 1982 eröffnet wurde, kommen auch wieder Pilger.*

(8-17, Fr -16, winters -16 bzw. -15, Einlass bis eine Stunde vorher; ₪ 14/7) Die Ruinen wurden 1970 bei Straßenbauarbeiten gefunden – das **größte byzantinische Kloster Israels** identifiziert und rekonstruiert werden konnten. Schwarzblaue Basaltmauerreste und Säulenstümpfe zeichnen ein gutes Bild der ehemaligen Anlagen nach. Die Kirche muss imposant gewesen sein – 45 x 25 m Grundfläche. Das Hauptschiff wurde von zweimal acht Säulen getragen. Leider sind die Mosaike ziemlich beschädigt. Im Norden der Apsis lag die Sakristei, in einem seitlichen Raum wurde eine Olivenpresse gefunden. Im Süden benennt eine Inschrift das Jahr 585 nC. In der Krypta waren 30 Männer beerdigt.

Beim Weg (östlich der Kirche) zur Kapelle am Hang werden Sie mit gutem Ausblick auf den See belohnt. Die Kapelle, die vermutlich eine natürliche Höhle erweiterte, stand neben einem quadratischen Turm, der über einen säulenähnlichen Fels gebaut war.

Bessere Aussicht können Sie genießen, wenn Sie die Straße 789, die kurz vor Kursi links abzweigt, 9 km bis zum Aussichtspunkt **Mizpe Ophir** hinauffahren. Dies lohnt besonders wegen der Pracht von wilden Blumen im Winter und Frühling in der Umgebung des Platzes (Picknick-Anlagen). Wenn Sie dann noch 3 km weiterfahren, gelangen Sie zum Moshav Giv'at Yo'av mit einer ungewöhnlichen Übernachtungsgelegenheit, an der auch der *Golan Trail* entlangführt.

Übernachten

• **Genghis Khan in the Golan**, Giv'at Yo'av, nach dem Tor rechts abbiegen und die fünfte Straße wieder rechts, durchfahren bis zu den Zelten, Tel. 052 3715687 oder 072 3902171, www.gkhan.co.il; Mongolen-Zelte auf dem kargen Golan für bis zu acht Personen, jedes mit eigenem Bad-Häuschen, sauber, ruhig, freundlich und hilfsbereit, prima Tourenvorschläge,

gepflegtes Gelände, gut für Familien, Gemeinschaftsküche, Abholen von der Bushaltestelle Giv'at Yo'av (Nr. 51 von Tiberias), AC, WLAN, Bettzeug ₪ 30, Dorm pP ₪ 100, D ab ₪ 400

Es gibt hier außerdem den erfreulichen Pub www.dudis.org.

Nordwestlich der Kursi Jct ganz neu:

• **The Setai**, Tel 8432222, www.thesetaihotel.co.il; fünfsterniger Luxus mit größtem Spa im Land ab E/D $ 300

• **Kinar Holiday Village**, Tel. 04 6738822, Fax 04 6738811, www.kinar.co.il; schöne, großzügig eingerichtete Räume, am Shabbat kostspielig, weil Mehadrin-Vollpension obligatorisch, AC, TV, mF E $ 146-168, D $ 183-205

• Das **Ramot Resort** oberhalb des Village ist etwas teurer; www.ramotnofesh.co.il

• **Camping Dugit**, neben Kinar Hotel, vorher buchen: Tel. 04 6732226, großer Platz unter schattigen Eukalyptusbäumen, ordentliche sanitäre Anlagen, für Kinder gut geeignet, Super-Planschpark *Luna Gal* gleich um die Ecke, www.dugal.co.il (hebr. pP ab ₪ 65), pro Auto ₪ 80

Nach der Kursi Junction 5 km weiter am Ostufer entlang und vorbei an einer Reihe von Badestränden zum Kibbuz

En Gev *

Geschichte: *Der Kibbuz breitet sich auf historischem Boden aus, diese Gegend war bereits um 18.000 vC besiedelt mit Befestigungsanlagen von 10.000 vC bis in die hellenistische Zeit. 1937 wurde der Kibbuz gegründet, u.a. von Teddy Kollek, dem späteren Bürgermeister von Jerusalem. Vom Unabhängigkeitskrieg bis 1967 stellte En Gev die nordöstlichste israelische Siedlung am See dar, denn nördlich begann syrisches Gebiet. Der vor allem vom Golan her sehr verwundbare Kibbuz war nur per Schiff erreichbar.*

Am Seeufer steht das bekannte **En Gev Fischrestaurant**, täglich 12.30-21, reservieren Tel. 04 6659800. In der Nähe hat die **Kinneret Sailing Co**. ihren Sitz, http://eingev.co.il/en/activities-on-the-water, und die anderen Ausflugsboote legen hier an, im kleinen Hafen herrscht touristisches Getümmel. Wenn Sie auch mal etwa 4 Stunden lang Fischen fahren wollen: Tel. 054 5658009, dann hat abends am Hafen vielleicht der rustikale Pub für Fischersleute geöffnet, Di&Do ab 20 Uhr. Eine Bimmelbahn fährt Interessierte durch das Kibbuz, pP ₪ 20, zu dem ein großes, 1,5 km südlicher gelegenes Hotel gehört. Außerdem gibt es ein kleines historisches Museum zur Fischerei am See Genezareth, das *House of the Anchors*, ₪ 10, es öffnet nach Bedarf: Tel. 04 6659800 oder 054 5658025.

Übernachten

En Gev, Tel. 04 6659800, Fax 04 6659818, www.eingev.com; schön gelegen, alle Zimmer mit Kitchenette, AC, TV, WLAN, mF E/D $ 174-198

Camping

Susita, http://eingev.co.il/en/lodging/sussita-beach-camping-site, April-Oktober geöffnet, unmittelbar nördlich von En Gev direkt am See, schattige Bäume, einfache Sanitäranlagen, pro Auto ₪ 65, mit Übernachtung ₪ 100

Man könnte von hier 350 m steil vom Seeufer hinauffahren und **Susita** (Aramäisch das Pferd, wegen der Form des Hügels) besuchen. Von den Griechen gegründet, blühte die Siedlung unter den Römern auf, wurde aber von einem Erdbeben im 8. Jh nC zerstört. Übrig blieben die Grundmauern einer Basilika und eines Nymphaeums, neben den Resten der einst blühenden Stadt, die durch ein 25 km langes Aquädukt mit Wasser versorgt wurde. Derzeit gräbt dort die Universität Haifa: http://hippos.haifa.ac.il; (guter Überblick).

🚗 7 km nach

HaOn

Bekannt ist dieser Kibbuz wegen seiner Straußenfarm. Das Leder der Tiere wird nach Europa exportiert. Am Ufer liegt einer der besten Campingplätze am See Genezareth.

Übernachten

• **HaOn Holiday Village**, südöstliches Seeufer, Tel. 04 6656555, Fax 04 6656557, www.haon.co.il; Cottages mit 4 Betten oder Doppelzimmer, AC, TV, mF E $ 94-119, D $ 99-156

• **HaOn Camping**, guter Platz unter schattigen Palmen, allerdings wenige Sanitäranlagen, per Auto ₪ 70-190

🚗 2 km: Abzweig

Für einen kurzen Abstecher sollten Sie links auf die Straße 98 einbiegen. Nach 7 km durch die landschaftlich schöne Yarmukschlucht hoch über dem Flussbett erreicht sie die schwefelhaltigen Quellen von

Hammat Gader**

Bereits die Römer hatten die Heilwirkung der Quellen erkannt und eine stattliche Kuranlage erbaut, deren imposante, teilrestaurierte Ruinen – auf einer Schautafel erläutert – zwar nicht den stolzen Eintrittspreis von ₪ 90 (Wochenende ₪ 100, Kinder < 1 m Eintritt frei) rechtfertigen, aber doch versöhnlicher damit stimmen (Sa-Mi 8.30-17, DoFr -22, Tel. *6393, www.hamat-gader.com). Der Ort gehörte damals zur Dekapolis, er nahm beide Ufer des Yarmuk ein, die interessanteren Anlagen liegen im heutigen Jordanien. Jetzt bietet das große Gelände moderne Kur-Badeteiche mit entsprechenden Umkleide- und Duschmöglichkeiten, über die der Grillrauch der Picknickplätze zieht.

Interessant ist ein Blick in das **Römische Bad**, das immerhin eine Grundfläche von ca. 5000 Quadratmetern bedeckt – das größte in Israel. Ein ausgeklügeltes Wassersystem versorgte z.T. durch

7

Bleirohre die Wasserbecken und regelte auch deren Temperatur. Vom heutigen Eingang führt die Eingangshalle (hinten links) zur sogenannten Säulenhalle. Ursprünglich diente sie als Badepool mit lauwarmem Wasser (*Tepidarium*), wurde aber im 5. Jh zugeschüttet und mit Marmor zur Spielhalle ausgekleidet, lediglich drei kleinere Becken verblieben an der Westseite. Links neben der Säulenhalle liegt eine Halle mit vielen Inschriften an den Wänden, das kleinere Tepidarium. Geht man von der Säulenhalle geradeaus durch einen Korridor weiter, so kommt man zur Ovalen Halle mit dem größten Badebecken und wärmsten Wasser (*Caldarium*), die von großen Fenstern belüftet und mit 52° C heißem Wasser direkt aus der im Nebenraum (südwestlich) sprudelnden Quelle versorgt wurde. Zur Temperaturregelung wurde kaltes Wasser zugeführt. Ein kleineres Caldarium ist rechts der Hauptachse zu sehen. Nordöstlich lag ein großes Kaltwasserbecken (*Frigidarium*), das nur teilweise freigelegt wurde.

Oberhalb des modernen Badepools steht ein chinesisches Restaurant, dessen Architektur nicht ganz passen will. Ähnlich fehl am Platz mögen sich auch die zahllosen Krokodile der **Alligator-Farm** vorkommen, obwohl sich ihre Unterkunftsgewässer noch am besten der Umgebung anpassen.

Auf der Stichstraße wieder zurück zur vorigen Kreuzung. Von dort

🚌 2 km bis

Bet Gabriel

Rechts wurde 1993 ein sehr geschmackvoll eingerichtetes Kulturzentrum (gutes Restaurant) direkt am Seeufer für Ausstellungen, Aufführungen und Konferenzen eröffnet. 1995 unterzeichnete hier der damalige Premier Rabin zusammen mit König Hussein von Jordanien das Frie-

densabkommen zwischen den beiden Ländern.

Übernachten

Ma'agan Holiday Village, am Südende des Sees, Tel. 04 6654411, Fax 04 6654455, www.maagan.com; gut eingerichtet, AC, TV, WLAN, mF E ab $ 126, D ab $ 144

🚌 1 km: **Tsemakh Junction**

Die Straße 92 trifft hier auf die von Bet Shean kommende Straße 90. Rechts steht ein Shopping Center. Am Strand gibt es einen großen Wasserpark und häufig Open-Air-Konzerte.

🚌 1 km zum

Kibbuz Deganya Alef[*]

Hier wurde der erste Kibbuz Palästinas 1910 von zwölf Idealisten – zehn Männern und zwei Frauen – gegründet. Trotz Malaria, Typhus und Überfällen entwickelte sich aus der zunächst weltfremd scheinenden Idee eine in Israel außerordentlich erfolgreiche Bewegung (siehe S. 147) Später teilte sich Deganya in zwei Kibbuzim: **Deganya Alef** (das ältere) und **Deganya Bet** (das jüngere). Der erste Eingang an der links abzweigenden Stichstraße gehört zu Deganya Alef; gleich vor dem Tor steht ein 1948 durch einen Molotowcocktail zerstörter syrischer Panzer. Dieser Verlust versetzte den Syrern einen solchen Schrecken, dass sie ihren geplanten Angriff auf das Jesre'eltal abbrachen und die Flucht ergriffen.

Der nächste Kibbuz-Eingang führt in den **Kibbuz Deganya Bet** mit seinem Gästehaus – gleich bei der Schokoladenmanufaktur *La Galita* mit Workshops für Kinder.

Übernachten

Deganya Country Lodging, Kibbuz Deganya Bet, Tel. 04 6755758, Fax 04 6755877, http://dganit.co.il; durchaus komfortabel eingerichtete Zimmer, sehr sauber, AC, TV, WLAN, Kühlschrank und Kochplatte, mF E $ 92, D $ 115

🚌 1 km nach

Yardenit*

Dort, wo der Jordan den See Genezareth verlässt, wurde vor knapp 2000 Jahren **Jesus** von Johannes dem Täufer sicher **nicht getauft**, aber die Israelis lenkten die Pilgerströme hier hin, weil das wahrscheinlichere Qasr AlYahud bei Jericho bis vor kurzem noch militärisches Sperrgebiet war, siehe S. 524. Der nah gelegene Kibbuz Kinneret baute für moderne Touristen **Taufanlagen**, die in den Jordan hinunterführen (gleich nach der Jordanbrücke links abbiegen). Pilger können sich weiße Gewänder ausleihen und sich dann im Jordan taufen oder nachtaufen lassen; natürlich geht es – weniger originell wirkend – auch in Straßenkleidung (Sa-Do 8-18, Fr -16, Dez-Feb -17, Fr -16; Taufservice jeweils eine Stunde kürzer, www.yardenit.com).

Das hier nahezu stehende, leicht veralgte Jordanwasser macht es den Pilgern, ganz abgesehen von seiner Temperatur z.B. im Winter, auch nicht leichter, kopfunter zu tauchen. Als Souvenir gibt es eine Urkunde, dazu kauft der Pilger heilige Erde, Luft oder heiliges Wasser, tragbar abgefüllt und, für die ganz Skeptischen, auch beurkundet als Souvenir für die Lieben daheim. Das Jordanwasser im Shop kostet in verschiedenen Gebindegrößen $ 5-20. Mit eigenem Behälter kann man es sich natürlich auch gratis am Fluss abfüllen. – In der Nähe werden im Sommer Boote für Trips auf dem Jordan vermietet. Rechts der Taufanlage weist ein Schild auf das nahe gelegene *Motorhouse,* ein Gebäude, in dem die erste Pumpstation am See muntergebracht war.

Unweit dieser Abzweigung liegt links das **Bet Gordon Museum** (*Gordon's House*, So-Do 15-19, Fr 9-12, Eintritt), das zum Kibbuz Deganya Alef gehört. Die Nicht-Besichtigung dieses kleinen naturkundlichen, ziemlich verlassenen Einraum-Museums kann man getrost verschmerzen.

Gleich auf der rechten Seite der Straße 90 liegt **Bet Yerach**, das Haus des Mondes. Dort wurde eine kanaanitische Siedlung mit einem Mondtempel und Getreidesilos aus der Zeit 3300-2200 vC ausgegraben; eine bestimmte Art Tongefäße aus der Frühbronzezeit wird nach dem arabischen Namen der Stätte *AlKhirbet Al-Kerak*-Ware genannt 🚗 10 km: **Tiberias.**

Von Tiberias zum Mount Tabor und nach Nazareth

Dieser Ausflug bietet sich an, wenn man Tiberias als Standort ausgesucht hat; natürlich können die folgenden Ziele auch in andere Routen eingebunden werden.

Man verlässt Tiberias nach Süden und biegt nach 9 km auf die Straße 767 rechts ab. Oder man nimmt bereits nach 6 km die Straße 7677 hinauf in die Berge nach **Poriya**, um zunächst den *Swiss Forest* mit Picknickplätzen zu besuchen, ganz eidgenössisch *Switzerland* ausgeschildert. Zwar ist der *Swiss Forest* erst im Entstehen begriffen und Schatten findet man nicht allzu oft, aber der schöne, immer wieder wechselnde Ausblick macht das Unzureichende wett. Der Name rührt angeblich daher, dass der *Jewish National Fund* die Gelder für die Aufforstung in der Schweiz generierte. Camping möglich. Hier oben steht außerdem die Internationale **Jugendherberge** Poriya, zentrale Reservierung Tel. 159 9510511, www.iyha.org.il.

Vom Forest aus fährt man ein kurzes Stück auf der Straße 768 südlich und trifft dann auf die Straße 767. Bei der Tankstelle an der Kreisel-Kreuzung befindet sich eine luftige **Aussichtsplattform** mit wunderschönem Blick über den See Richtung Golan. Der 767 folgt man nach Westen. Nach 10 km könnte man mit **Kafr Kana** die größere der beiden Tscherkessen-

7

Sehenswertes

*** **Mount Tabor**, hoher Berg mit schöner Aussicht und langer Vergangenheit, S. 386

In Nazareth

*** **Verkündigungskirche**, die moderne Kirche überbaut die Grotte von Mariä Verkündigung, ein etwas deplaziertes Bauwerk an einem so bedeutsamen Platz, S. 388

** **Gabrielskirche**, in der hübsch dekorierten Kirche entspringt eine Quelle, an der Gabriel zum ersten Mal der Maria erschien, S. 391

** **Josephskirche**, überdeckt die Werkstatt Josephs, S. 390

** **Nazareth Village**, belebtes Museum zum Eintauchen in die Zeit Jesu, S. 391

** **Kafr Kana**, Dorf der *Hochzeit von Kana* in der Nähe von Nazareth, S. 394

** **Souk**, teilweise malerische Altstadt der arabischen Bevölkerung, S. 391

* **Mensa Christi Kirche**, hier soll der auferstandene Jesus mit seinen Jüngern gespeist haben, S. 391

* **Synagogenkirche**, hier soll Jesus als junger Mann gepredigt haben, S. 391

Der Berg Tabor

Siedlungen in Israel besuchen (siehe S. 394) und sich im Restaurant Laos einen Eindruck von der leckeren kaukasischen Küche verschaffen. Nach weiteren 6 km biegt man links auf die Straße 65. Es bietet sich an, gleich an der nächsten Kreuzung, der Gazit Junction, rechts ab zum Dorf **Shibli** zu fahren und den **Mount Tabor** zu besuchen. Archäologie-Interessierte könnten zunächst links fahren und das sehenswerte Museum im Kibbuz **En Dor** mit Funden aus der Umgebung aufsuchen, So-Do 9-15, Fr/Sa nach Vereinbarung: Tel. 04 6770333, www.eindor museum.co.il.

Wer von Afula kommt, zweigt an der **Tabor Junction** links ab, fährt nach Daburiya und hält sich dort an die Beschilderung *Tabor*.

Tabor/Har Tabor**

Geschichte: *Der 588 m hohe Berg Tabor erhebt sich ohne angrenzende Höhenzüge aus der* **Jesre'el-Ebene**, *die er um stattliche 450 m überragt. Er war bereits im 2. Jahrtausend vC beliebt als Platz für ein Heiligtum der Kanaanäer. In römischer Zeit befestigten die Juden den Berggipfel mit einer großen Mauer, von der noch Reste vorhanden sind. Auch die Bibel erwähnt den Berg. Im Neuen Testament heißt es, dass Jesus mit Petrus und Johannes auf einen hohen Berg ging und dort seinen Jüngern in seiner göttlichen Gestalt erschien. Im 3. Jh nC wurde diese Verklärung Christi – die besonders in den orthodoxen Kirchen hohe Bedeutung genießt – auf dem Berg Tabor lokalisiert.*

Die ersten Kirchen stammen aus dem 3. Jh, ab 553 war der Berg Bischofssitz. 1101 gründeten die Benediktiner eine Abtei, später bauten die Kreuzfahrer weitere Kirchen und befestigten den Berg so, dass Saladins Truppen 1191 vergeblich dagegen anrannten. Erst 1263 wurden die Gipfelbauten durch Baibars gründlich zerstört. 1631 erhielten die Franziskaner den Berggipfel von dem Drusenführer Fakhr AdDin. Aus ihren Bauten entstand 1923 die Taborkirche der Franziskaner, während die Griechisch-Orthodoxen bereits 1911 die Eliakirche errichtet hatten. Hinauf auf den Berg windet sich eine im Dorf Daburiya/Shibli beginnende schmale Straße, die nur bis 2 m Fahrzeughöhe zugelassen ist; Bus-Passagiere werden per Sammeltaxi hinaufbefördert (wartet am Busparkplatz nahe Shibli). Ein Stück unterhalb des Gipfels starten Drachenflieger, welche die hier nahezu idealen Windbedingungen nutzen. Kurz vor dem Gipfel verzweigt sich die Straße, links geht es zur griechisch-orthodoxen Eliakirche. Sie ist von Mönchszellen umgeben. Im Hof führt ein schmales Eisentor in die Grotte des Melchizedek, des Königs von Jerusalem, der Abraham mit Essen versorgte.

Abendstimmung an der Taborkirche

Die am Gipfel rechts abzweigende Hauptstraße führt zum Parkplatz. Von dort geht man noch ein kurzes Stück zur **Taborkirche** (8-17, Sa 12-14 geschlossen). Sie wurde 1921-23 von Antonio Barluzzi, nach dem Vorbild frühchristlicher syrischer Kirchen, aus hellem Kalkstein auf den Grundmauern einer frühen Kirche und einer Kreuzritterbasilika erbaut. Im Inneren zeigt das zentrale Mosaik die Verklärung, mit Jesus flankiert von Moses (links) und Elia (rechts), rechts unten die beiden Apostel Petrus und Johannes.

Niemand wird auf die Kirchen so fixiert sein, dass man sich dem herrlichen Ausblick vom Tabor entziehen könnte. In fast jede Richtung mit offener Sicht, kann man bei klarem Wetter Israel von der Westgrenze am Mittelmeer bis zur Ostgrenze am Golan überblicken.

Vom Tabor fährt man auf der Straße 65 nach Afula und von dort weiter nach Nazareth. Wenn Sie den Berg nach Nazareth erklommen haben, halten Sie sich möglichst immer geradeaus wieder bergab, dann kommt man direkt auf die Paul VI. St.

Nazareth**

Geschichte: *Historisch hat Nazareth eine eher blasse Vergangenheit hinter sich. Ausgrabungen belegen zwar eine Besiedlung bereits im 2. Jahrtausend vC, aber viel passierte hier nicht. Im 3. Jh nC wurde über der Verkündigungsgrotte eine einfache Kirche, das Abbild einer Synagoge, gebaut. Kaiserin Helena ließ sie im 4. Jh nC durch eine größere Kirche ersetzen, die 614 von den Persern zerstört wurde. Im frühen 12. Jh ließ der Kreuzfahrer Tankred, Fürst von Galiläa, eine Basilika errichten, die den Truppen Baibars' 1263 zum Opfer fiel. 1730 folgte die vierte Kirche, von Franziskanern in Auftrag gegeben. Diese musste 1955 dem größten Kirchenbau in Nahost weichen, der 1969 eingeweiht wurde.*

7

Der Ort, in dem der Jungfrau Maria vom Erzengel Gabriel die Geburt Jesu verkündet wurde und wo Jesus dann seine Jugend verbrachte, gehört zu den heiligen Stätten und Wallfahrtszielen der Christenheit. Die größte arabische Stadt Israels zählt 76.000 Einwohner, überwiegend Muslime und knapp ein Drittel Christen.

Mit seinem quirligen Leben, dem typischen orientalischen Durcheinander und dem Geduld fordernden Verkehrsverhalten unterscheidet sich Nazareth deutlich z.B. vom nahe gelegenen Haifa. Oberhalb der alten Stadt, die in einem ziemlich steil abfallenden Tal liegt, wird seit 1948 der jüdische Ort Nazareth-Illit auf- und ausgebaut.

Im Lauf der Zeit wurde jede erdenkliche Stelle, die mit Jesus in Zusammenhang gebracht werden konnte, mit Kirchen überbaut; dabei gehen viele Angaben nur auf mündliche Überlieferungen zurück, die zum Teil erst Jahrhunderte nach den Geschehnissen ins Bewusstsein rückten. Verschwörungstheoretiker halten alles für ausgedacht: www.jesusneverexisted.com/nazareth.html. Wer sämtliche Bauwerke besuchen will, muss seine Zeit gut einteilen. Ferner wird hier der **Sonntag als Feiertag** gehalten, d.h. alle öffentlichen Einrichtungen wie z.B. die Tourist Information sind sonntags geschlossen.

Die Hauptsehenswürdigkeiten liegen unten im Tal; von Afula kommend fährt man möglichst immer geradeaus den Berg hinunter und gelangt dabei in der Regel auf die **Paul VI St**, von der aus die Verkündigungskirche zu sehen ist. Versuchen Sie dort oder im Bereich des Marienbrunnens (s.u.) zu **parken**. Am Platz vor der Kirche zweigt die **Casa Nova St** Richtung Altstadt ab. Sie wurde zum Jahr 2000 in Verkündigungsstraße umgetauft; die nach wie vor **Casa Nova** genannte Straße ist daher **identisch mit** der *Annunciation/AlBishara* oder *HaBishara St*.

„Space-Maria" – Beitrag der USA zur Verkündigungskirche

Die ★★★ **Verkündigungskirche** am Rand der Altstadt dominiert Nazareths Stadtbild. Sie erhebt sich aus dem Häusermeer mitten im Stadtzentrum zwischen den erwähnten Straßen Paul VI und Casa Nova. Die Kirche ist an ihrer mächtigen, alles überragenden Kuppel erkennbar, ganz abgesehen von den zahlreichen Souvenir-/Devotionalienläden ringsum.

Vom Eingang der Verkündigungskirche im Westen (8-18, Grotte 5.45-21, www.nazareth-en.custodia.org) betritt man einen kleinen Innenhof und erblickt die Westfassade, die mit Spruchbändern aufgelockert ist. Die **Westportale** des Münchner Künstlers Roland Friederichsen zeigen in der Mitte Szenen des Lebens Jesu auf Erden, das nördliche Seitenportal zeigt den Grund für das Kommen des Gottessohns – Sündenfall und nur zeitweise Errettung bei Noah und Abraham, auf dem südlichen Seitenportal sieht man Heilsprophezeiungen

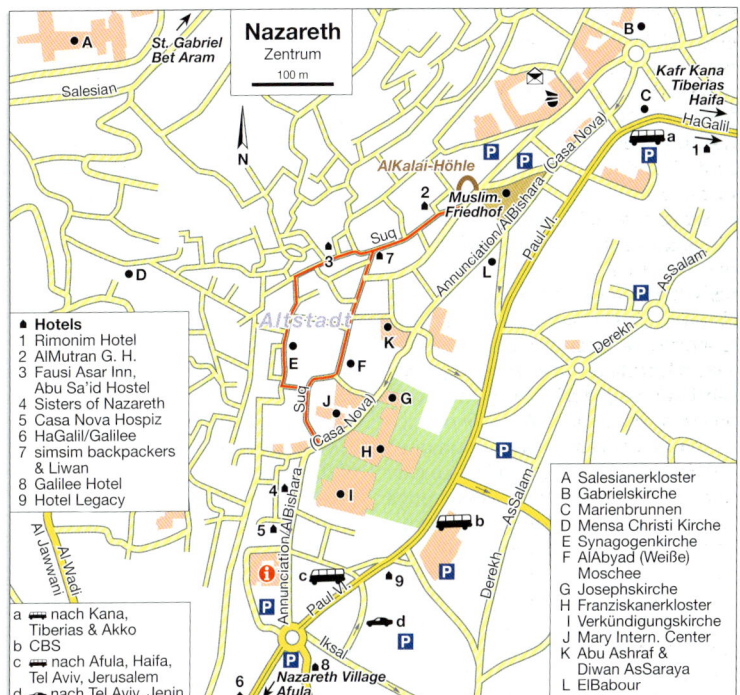

Nazareth
Zentrum

100 m

N

AlKalai-Höhle

AlKalai-Höhle

St. Gabriel
Bet Aram

Salesian

Kafr Kana
Tiberias
Haifa
HaGalil

Muslim.
Friedhof

Suq

Altstadt

Derekh.

AsSalam

Hotels
1 Rimonim Hotel
2 AlMutran G. H.
3 Fausi Asar Inn,
   Abu Sa'id Hostel
4 Sisters of Nazareth
5 Casa Nova Hospiz
6 HaGalil/Galilee
7 simsim backpackers
   & Liwan
8 Galilee Hotel
9 Hotel Legacy

a 🚌 nach Kana,
   Tiberias & Akko
b CBS
c 🚌 nach Afula, Haifa,
   Tel Aviv, Jerusalem
d 🚐 nach Tel Aviv, Jenin

Al Jawwan

Al Wadi

Annunciation/AlBishara

Annunciation/AlBishara (Casa Nova)

Casa Nova

Paul VI.

Iksal

Nazareth Village
Afula

A Salesianerkloster
B Gabrielskirche
C Marienbrunnen
D Mensa Christi Kirche
E Synagogenkirche
F AlAbyad (Weiße)
   Moschee
G Josephskirche
H Franziskanerkloster
I Verkündigungskirche
J Mary Intern. Center
K Abu Ashraf &
   Diwan AsSaraya
L ElBabour

bei Jesaja, Hesekiel und Jakobs Segen über Juda, den Löwen.

Wenn Sie von Süden in die Kirche gehen, öffnet sich das Marienportal mit entsprechenden Szenen. Die moderne Verkündigungskirche baut auf den noch erhaltenen Grundmauern der ehemaligen **Kreuzfahrerkirche** auf, die ebenfalls vorhandenen östlichen Apsiden wurden mit einbezogen. Im Prinzip handelt es sich um **zwei übereinander stehende Kirchen**. Sie betreten zunächst die **Unterkirche** mit dem eigentlichen Pilgerziel: neben archäologischen Mauerresten und Säulen geht es links ein paar Stufen zur **Verkündigungsgrotte** hinab. Sie ist flankiert von barocken Säulen, die groberen sind aus der Kreuzfahrerzeit. Andere Reste sind byzantinisch – dieser Ort wird schon lange verehrt. Das Licht der Unterkirche fällt durch eine große achteckige Öffnung im Fußboden der **Oberkirche**. In diese gelangt man über eine Wendeltreppe. Ihre Wände sind mit Mosaiken, Keramikarbeiten, einem Fresko und einer Holzschnitzerei geschmückt, die von den unterschiedlichsten Ländern gestiftet wurden und die Maria mit ihren jeweiligen Traditionen auf unterschiedlichste Weise darstellen. Der Fußboden besteht aus eingelegtem Marmor; die mit Maria zusammenhängenden Darstellungen im Fußboden wurden von Adriano Alessandrini entworfen.

Sicherlich lässt sich über Geschmack streiten, und besonders über den der

7

1950er Jahre. Aber die kühle nackte Betonkonstruktion, deren Wucht mit seltsamen Sacklöchern optisch aufgelockert werden sollte, bringt nicht jedermann auf die beabsichtigte Assoziation eines offenen Lilienkelchs, dem alten Symbol für Jungfräulichkeit und Reinheit. Die fragwürdige Architektur lässt sich nur dadurch ertragen, dass sie mit einigermaßen anspruchsvollen Dekorationen aufgelockert wird – achten Sie z.B. auf die schwarze Madonna mit Kind aus Kamerun. Die Oberkirche dient den rund 8000 Katholiken in Nazareth als Pfarrkirche.

Man verlässt die Oberkirche durch das Nordtor in einen Hof mit einer Taufkapelle. Unterhalb dieses Hofes befindet sich ein **Museum**, das eigentlich nur Gruppen besichtigen dürfen. Falls Sie Glück haben und sich im Pilgerzentrum einer Gruppe anschließen können, bekommen Sie die feinsten Steinmetzarbeiten der Kreuzfahrerzeit zu sehen, zieliert gearbeitete Säulenkapitelle, die zur Sicherheit vor Kampfhandlungen vergraben und erst im 20. Jh wiedergefunden wurden. Außerdem werden Wohnhöhlen der Zeitenwende gezeigt (Mo-Sa 8-12/14-18, Winter -17).

Wieder oben auf dem Platz steht neben der Verkündigungkirche der mächtige Bau des 1730 errichteten **Franziskanerklosters**, dem sich die ★★ **Josephskirche** (7-18) anschließt, die 1914 über einer Höhle errichtet wurde, in der Josephs Werkstatt gewesen sein soll. Diese Vermutung bezieht sich auf eine Kreuzritterbasilika, auf deren Resten die heutige Kirche errichtet wurde. Es besteht allerdings kein wirklicher Anhalt, ob bereits die Kreuzritter diesen Platz mit der Werkstatt identifizierten. Unterhalb der Kirche liegt ein in den Fels gehauenes, sehr altes Wasserreservoir, das man durch Gitterstäbe im Fußboden der Krypta sehen kann.

Wenn man aus dem der Josephskirche nächsten Ausgang des Geländes tritt, öffnet sich links die Straße hinunter bald *Mary of Nazareth International Center*. Sehr konservative KatholikInnen zeigen hier u.a. eine Multimedia-Show und interaktive Ausstellung zur Mutter Gottes, reizvoll: der **botanische Dachgarten** mit 400 Arten (Mo-Sa 9.30-12/14.30-17, ₪ 50 werden nahe gelegt, Tel. 6461266, www.cimdn.org). Danach die nächste

Basilika der Verkündigung Mariä in Nazareth

Straße rechts ist der Eingang zur Altstadt samt ✶✶ **Souk**, schön renoviert für das Jahr 2000. Er lädt mit seinen sympathisch hellen Pflaster- und Haussteinen zu einem Bummel ein.

An der nächsten Gabel links (rechts herum weiter unten) und gleich wieder rechts kommt man zur griechisch-katholischen ✶ **Synagogenkirche** (Mo-Sa 8-17, Winter -16), die auf eine Synagoge zurückgeht (links vom Portal die Treppe hinuntergehen), in der Jesus als Kind unterrichtet wurde und in der er als junger Mann gepredigt haben soll. Archäologen datieren die Synagoge auf das 6. Jh, wovon sich die Griechisch-Katholischen nicht beeindrucken lassen. Links neben der heutigen Kirche steht tatsächlich eine kleine Synagoge. Hier in Nähe zweigt bald nach Westen die Straße 6126 zur ✶ **Mensa Christi Kirche** ab, die eine 3,60 m lange und 3 m breite Felsplatte überbaut, an der der auferstandene Jesus mit seinen Jüngern gespeist haben soll – wohl das älteste Gebäude in Nazareth. Wenig weiter führt direkt eine Treppe oder, mit etwas Umweg, ein windungsreiches Sträßlein den Berg hinauf zum **Salesianerkloster** mit der Kirche zum *Jugendlichen Jesus*, den eine Statue über dem Hochaltar darstellt.

An der oben genannten Weggabel kann man rechts abbiegen zur **Weißen Moschee** aus dem 19. Jh. Die nächste Stichstraße rechts führt zu **Abu Ashraf**, der im **Diwan AsSaraya**, dem alten Gouverneurspalast, ein museales Lokal voller Antiquitäten betreibt und wundervolle Qatayif backt: gefüllte Pfannküchlein, ideal zur Stärkung mit arabischem Kaffee. Zurück auf der vorigen Straße und weiter gelangt man bald zum **Liwan**, ein Treffpunkt und Kulturcafé des simsim Backpackers Hostel, siehe unten. Danach rechts erreicht man nach wenigen Minuten die von der griechischen Orthodoxie gehüteten **AlKalai-Höhlen**,

die man besichtigen kann.

Wenige Schritte weiter öffnet sich ein Platz, an dessen Ende die griechisch-orthodoxe ✶✶ **Gabrielskirche** liegt (7-18, So -13) steht. Hier soll an der Quelle, deren Rauschen man in der heutigen Kirche von 1767 an manchen Stellen hören kann, der Erzengel Gabriel ein erstes Mal der Maria erschienen sein. Wegen der Quelle und ihren schönen Dekorationen ist sie einen Blick wert. Etwas unterhalb der Kirche liegt an der Hauptstraße der **Marienbrunnen**. Er wurde von der Marienquelle der Gabrielskirche gespeist bis die städtischen Wasserwerke das Wasser direkt abzapften. Unter dem Souvenirshop *Cactus* östlich des Brunnens wurde ein altes **Badehaus** gefunden, das aus römischer Zeit stammen könnte, www.nazarethbathhouse.org. Auf dem Weg von hier die Casa Nova Straße zur Verkündigungskirche zurück lohnt sich linker Hand noch die alte **Gewürzmühle ElBabour** – immer für ein Mitbringsel gut.

Wenn Sie viel Zeit haben, dann gibt es noch diverse Kirchen und Klöster mehr anzuschauen – oder folgen Sie der App des Goethe-Instituts *Deutsche Spuren* zum hiesigen deutschen Soldatenfriedhof aus dem Ersten Weltkrieg. Oder man startet in die Umgebung, vielleicht mit einer der geführten Wanderungen z.T. bis Sepphoris und Kapernaum, http://jesustrail.com (vgl. den Wanderführer S. 572).

Wer sich historisch für die Zeit Jesu interessiert, sollte das wissenschaftlich betreute ✶✶ **Nazareth Village** nicht verpassen. Fährt man von der Verkündigungskirche die Paul VI St nach Süden weiter, heißt nach einer Ampel die erste Straße rechts AlWadi AlJawwani. Hier eingebogen führt dann die zweite links zu Nazareths YMCA, in dessen oberem Geschoss sich die Rezeption für das Village befindet. Es erwartet einen ein sorgfältig nachgebildetes galiläisches Dorf des 1. Jh nC, das als *living museum* angelegt ist und in

7

dem Leute ihrem Tagwerk nachgehen. Biblisch speisen ist möglich; Mo-Sa 9-17, vorher buchen, letzte Führung 15.30. ₪ 50, 5-17 J. ₪ 25, Tel. 6456042, www.nazarethvillage.com.

Praktische Informationen

Telefon-Vorwahl 04

Tourist Information Office, Casa Nova St, nahe der Kreuzung mit der Paul VI. St, Mo-Do 9-18, Fr -14, Tel. 6106611 oder 6573003, prima Website www.nazarethinfo.org mit vier Vorschlägen für Rundgänge. Die Website-Macher können Sie auch direkt sprechen im selben Khan-Gebäude, Eingang von der Nordseite. Guter Plan und gute Infos auch im erwähnten **Liwan** in der Altstadt.

Busverbindungen

Es gibt keinen **Busterminal** wie in anderen Städten, die Busse halten an der Paul VI St etwa in Höhe Verkündigungskirche, aber auch an anderen Stellen der Stadt – bester Plan dafür im **Liwan.**

▸ Kavim-Bus 354 nach Afula (von dort häufig nach Jerusalem; Start weiter draußen beim *BIG Fashion*),
▸ vom BIG auch Tel Aviv 826 in ca. 2,5 Std,
▸ Haifa direkt 331 in 50 Min bei der Basilika (auch am Shabbat),
▸ Tiberias 431 in 50 Min,
▸ Jerusalem direkt 955 einmal morgens, 135 Min.
▸ Viermal die Woche fährt auch ein Bus nach Amman.

Touren

Nazarene Tours, Paul VI St, Tel. 6470797, Fax 6566505, www.nazarene-tours.com, organisiert verschiedene Busreisen, hilft aber auch Einzelreisenden weiter.

Essen und Trinken

Um den Kreisel nahe der Verkündigungskirche gibt es diverse Essensgelegenheiten, vor allem Bäckereien mit schwer-süßem orientalischem Gebäck: Bekannt dafür ist **Ahmad Mahroum.** Auf Touristen eingestellt sind dort die Restaurants **AlAamal** und **ElSheikh.** In der Nähe des Marienbrunnens wartet größere Vielfalt, einige Schnellimbisse, aber auch et-

was bergan das **AlMedjana** mit recht breiter Auswahl, oder hinter der russischen Kirche das **Sudfeh** auch mit guten Drinks. Am Brunnen selbst am besten ins arabisch-italienische Restaurant-Café **Rosemary** gehen, und die Casa Nova St weiter südlich: **Tishreen** und **Kitaboon**, feine arabische Fusion-Küche in angenehm ausgestatteten Räumen.

Übernachten in Nazareth

Die Mehrzahl der Unterkünfte liegt in der Nähe der Verkündigungskirche. Dagegen erfordern Golden Crown, Plaza, St. Gabriel oder Bet Aram Transport oder längere Anmärsche.

• **Golden Crown**, Mt. of the Precipice am Südende der Stadt Richtung Afula, Tel. 6508000, Fax 6016007, www.goldencrown.co.il; stilvolles Fünf-Sterne-Resorthotel mit großem Pool, mF E $ 186-269, D $ 200-282

• **Legacy**, Paul VI. St, Tel. 9060000, www.nazarethlegacy.com; neuestes Hotel nahe bei der Basilika, geschmackvoll eingerichtet, gutes Restaurant, Bar, Wellness etc., mF E ab $ 127, D $ 139

• **AlMmutran Guest House**, Tel. 6457947 oder 052 7229090, www.al-mutran.com; 200 Jahre alte arabische Villa mitten in der Altstadt, geschmackvoll eingerichtet, Parkplatz, AC, WLAN, mF D ab $ 110

• **HaVaya Plaza**, 2 Hermon St, Nazareth Ilit, Tel. 180 9443836, Fax 6028222, www.plaza-nazarethilit.co.il; grandiose Aussicht auch für Nichtbewohner vom Restaurant aus, leicht plüschiger Fünf-Sterne-Luxus mit Pool und Fitnessangeboten – Stern 5 strahlt nicht sehr hell, mF E $ 87-102, D $ 98-123

• **St. Gabriel**, Salesian St, nördlich am Höhenrücken oberhalb der Verkündigungskirche (schräg unterhalb der weithin sichtbaren Moschee mit dem Silberhut-Minarett), Tel. 6572133 oder 6466613, Fax 6554071, www.stgabrielhotel.com; das stimmungsvollste Hotel von Nazareth, in altem Kloster aus grauweißen Steinen mit roten Ziegeldächern, schöner Blick, morgens Stadtführung, AC, TV, WLAN, mF F $ 75, D $ 110

• **Fauzi Azar Inn**, Tel. 6020469 oder 072 3902177, www.fauziazarinn.com; Backpacker-Veteran, inzwischen eins der

Abraham-Hostel, 6m hohe Räume, sauber, freundlich, hilfsbereit, täglich Stadtführung, WLAN, mF Dorm pP ₪ 75, E ₪ 300, D ab ₪ 240

- **Casa Nova Hospice**, Casa Nova St, Tel. 6456660, Fax 6579630; direkt gegenüber der Verkündigungskirche, etwas kleine Zimmer, einige mit schönem Kirch-Blick, sehr sauber, eigene Kapelle, auf moralisch einwandfreies Verhalten wird Wert gelegt, Curfew 23 Uhr, keine Kreditkarten, AC, mF E $ 72, D $ 94
- **HaGalil** (auch GALILEE), 65 Paul VI St, Tel. 6571311, Fax 6556627; südlich der Verkündigungs- kirche, sauber, recht gut eingerichtet, Parkplatz, AC, mF E ab $ 70, D ab $ 110
- **Bet Aram**, ein Stück unterhalb des St. Gabriel Hotels und gegenüber dem Karmeliterkloster, Tel. 6570046, Fax 6453119, nazareth@betharram.it; großer Garten, sehr sauber und gepflegt, einfache Einrichtung, Curfew 23 Uhr, AC, keine Kreditkarten, mF E $ 65, D $ 84
- **Simsim Backpackers**, 6132 St, Tel. 077 5517275 oder 052 8717650, www.simsim-backpackers.com; sauber, freundlich, sehr hilfsbereit, beste Infos über Nazareth und Umgebung, politische Stadtführung, mit Kulturcafé **Liwan**: www.facebook.com/liwannazareth, WLAN, mF Dorm ₪ 70, E/D ab ₪ 260
- **Rimonim**, Paul VI St, Tel. 6500000, Fax 6500055, www.rimonim.com; hübsch eingerichtet, Straße eventuell etwas laut, AC, TV, WLAN, mF E $ 57-112, D $ 66-124
- **Abu Sa'id Hostel**, 6086/4 St, Tel. 6462799 oder 050 5703880, www.abusaeedhostel.com; museales Haus, angenehme Traveller-Atmosphäre, Sanitärbereich keine Wellness-Landschaft, Frühstück ₪ 35 Dorm pP ₪ 85, E/D kB ₪ 230, D ₪ 400
- **Sisters of Nazareth Convent**, Casa Nova St, Eingang in der kleinen Seitenstraße zwischen diesem und dem Casa Nova Hotel, letzte (Eisen)Tür, Tel. 6554304, Fax 6460741; unterhalb des Klosters liegt eine alte jüdische Grabkammer, die man nach Rücksprache besichtigen kann; beste Lage für den Besuch der heiligen

Stätten, sehr sauber, einfach eingerichtet, Curfew 22.30 Uhr, keine Kreditkarten, WLAN in der Lobby, mF Dorm pP ₪ 90, E ₪ 210, D ₪ 280

Ausflugsziel von Nazareth könnte die nur 6 km entfernte einstige Großstadt **Zippori/Sepphoris** sein (siehe S. 342) Speziell Interessierte fahren halb nach Haifa: Wenn Sie von der Straße 75 nach Einmündung der 77 die nächste rechts abbiegen (Nr. 7513) und sich dann immer rechts halten, wird es sehr ländlich. Hier eröffnete die German Colony aus Haifa zwei Filialen: Sie erreichen zuerst **Alone Abba**, 1907 von altpreußischen Protestanten als *Waldheim* gegründet, und danach **Bethlehem HaGlilit** – Bethlehem in Galiläa, 1906 von Templern gegründet. Die Deutschen mussten im Zweiten Weltkrieg beide Orte verlassen. Letztere wurden als Moshavim genutzt. Momentan wird der Tourismus ausgebaut: Die alten Gebäude werden hergerichtet, es gibt ein paar brauchbare Lokale und Übernachtungsgelegenheiten. Eins der Häuser kann besichtigt werden, verabreden unter Tel. 04 9532901.

Zum Übernachten sei ansonsten der nördliche Nachbarort **Tabash/Khilf Tabash** empfohlen – angeblich die einzige Gemeinde, in der Gemeinschaft von Israelis und Beduinen funktioniert. Kurz vor dem "anderen" Bethlehem gibt es einen direkten Feldweg nach Norden, sonst braucht's einen großen Umweg: zurück zur 75, nach links abbiegen, gleich wieder links in die 77, wiederum links in die 7626, und dann etwa 5 km durchfragen zum Naturerlebnis

Galilee Bedouin Camplodge, Khilf Tabash, Tel. 052 6941188 oder 052 6649294, www.galilee-bedouin-camplodge.com; einfach, aber nett: eigenes Zelt mitbringen, oder großes, heizbares Beduinenzelt, oder Privatzimmer im alten Eisenbahnwaggon, trotzdem WLAN Dorm pP ₪ 80, E/D ₪ 230-320

Von Nazareth direkt zurück nach Tiberias ginge es über die Straßen 754/77, doch wir wollen noch

Kafr Kana**

anschauen, das 6 km an der Straße 754 nordöstlich von Nazareth liegt.

In diesem Dorf soll Jesus sein erstes Wunder vollbracht haben, die Verwandlung von Wasser zu Wein während der Hochzeit zu Kana.

Von Nazareth kommend ist die Franziskaner-Kirche (8-17.30, So ab 12, im Winter -17) an ihren kupfernen Helmen und Kuppeln etwa im Zentrum des Ortes zu erkennen. Sobald man eine gepflasterte Straße sieht, auf der sich eine hohe Steinsäule mit einer Art Sonnenuhr befindet, sollte man rechts abbiegen, die Kirchen sind nicht weit entfernt.

In der Nähe steht die dem Nathanaël geweihte Kapelle, der zunächst an Jesus zweifelte, sich dann aber zu ihm bekehrte. Es gibt in der Nähe von Yodfat (s. S. 344) übrigens einen Ruinenhügel namens Khirbet Qana und näher an Nazareth noch En Kana, die ebenfalls als Ort jener Hochzeit in Frage kommen; andere wiederum lokalisieren das Ganze im südlibanesischen Qana.

Die angeblich damals verwendeten Steingefäße werden sowohl in der griechisch-orthodoxen Kirche (8-18.30) als auch in der Franziskanerkirche (ein Stück vor dem Altar) gezeigt.

Übernachtung:

Marwa's Inn, nördliche Ortszufahrt, Tel. 9996055 oder 072 3902175, www.marwasinn.com; am Jesus Trail, sauber, freundlich, hilfbereit, mF Dorm pP ₪ 80 E/D ab ₪ 250

🚗 Weiter zur **Bet Rimon Junction** der Straße 77 und dort rechts abbiegen. Etwa nach 10 km zeigt ein Schild auf die links der Straße liegenden

Qarne Hittin (Hörner von Hattin)

Mit viel Fantasie mögen die beiden Hügelkuppen eines eingesunkenen Kraters an Hörner erinnern. In abendländischen Kreisen errang dieser etwas öde Platz traurige Berühmtheit, weil hier im Juli 1187 das Kreuzritterheer des Königreichs von Jerusalem unter König Guido von Lusignan von den Muslimen unter Saladin entscheidend geschlagen wurde. Die Kreuzritter hatten bei den Quellen von Sepphoris (Zippori) gelagert und auf den eher abenteuerlichen Rat einiger weniger beschlossen, das 20 km entfernte Heer Saladins anzugreifen. Allerdings mussten sie in ihren Rüstungen durch die glühende Sommerhitze reiten und fanden bei Hattin kein Wasser. Verzweifelt griffen sie am nächsten Morgen an. Der Bischof von Akko, der das Heilige Kreuz trug, fiel, das Kreuz verschwand. Nur wenigen Kreuzrittern gelang die Flucht, die meisten wurden gefangengenommen, die Templer- und Johanniterritter umgebracht, während die weltlichen Teilnehmer zumeist auf dem Sklavenmarkt von Damaskus landeten. Auch der König überlebte. Während Saladin Guido von Lusignan Wasser anbot, warf er dem Raubritter Rainald von Chatillon dessen Gräueltaten vor und schlug ihm später den Kopf ab.

Gleich ist Nacht an den Hörnern von Hattin

Nach dieser Katastrophe waren die Kreuzritter dermaßen geschwächt, dass Saladin leichtes Spiel hatte, auch Jerusalem zu erobern und dem christlichen Abenteuer – das unzähligen Muslimen, Christen und Juden das Leben gekostet hatte – ein vorläufiges Ende zu bereiten.

Aber auch mit dieser Story im Hinterkopf gibt es hier wenig zu sehen. Von der Straße aus kann man auf den Gipfel wandern bzw. bis in dessen Nähe fahren, dort sind ein paar Ruinen aus der Bronzezeit erhalten. Es sei denn, Sie wollen dem angeblichen Grab des Schwiegervaters von Moses im Kuppelbau am Nordende des Gebirgszuges einen Besuch abstatten. Das Mausoleum von **Nabi Shu'eib** ist heiligste Stätte der Drusen (abgesehen vom Djebel AdDrus im Süden Syriens), was sich besonders an der großen Wallfahrt jeweils im April zeigt. In der Bibel heißt der Schwiegervater Jitro, die Drusen fühlen sich durch ihn den Juden vetterlich verbunden. Per Auto befindet sich das Grab am Ende der Straße 7717, die erst 3 km vor Tiberias links abzweigt.

Von Tiberias in den Norden und auf den Golan

Wir verlassen Tiberias auf der Straße 90 nach Norden. Die interessanten Orte am See sind im Abschnitt über die Rundreise

Sehenswertes

- **** **Gamla**, jüdische Festung der Zeitenwende in herrlicher Landschaft, die ähnlich wie Massada nach langer Belagerung von den Römern erobert wurde, S. 412
- **** **Tel Hazor**, vielschichtige uralte Siedlung mit z.T. sehr interessanten Relikten, S. 397
- *** **Hula Nature Reserve**, letzter Rest der ehemaligen Hula-Sümpfe, in dem man Flora und Fauna gut beobachten kann, S. 399
- *** **Tel Dan Nature Reserve**, Quellgebiet des Dan-Flusses mit historischem Tel Dan, S. 402
- *** **Ancient Qazrin Park**, Ruinen einer jüdischen Siedlung aus dem 5. Jh nC, z.T. rekonstruierte Gebäude, S. 410
- ** **Festung Nimrod**, gewaltige Festung aus der Kreuzritterzeit, fantastische Lage mit weitem Blick, S. 406
- ** **Hurshat Tal Nature Reserve**, schön gelegene Erholungslandschaft mit steinalten Eichen, S. 402
- ** **Metulla und Nakhal Ayun Nature Reserve**, hübsches und schön gelegenes Städtchen an der Libanongrenze mit erwandernswerter Nature Reserve, S. 401
- ** **Banias/Nakhal Hermon Nature Reserve**, Quelle des Hermon, Hauptzufluss des Jordan mit historischen Relikten, schöne Wanderungen, S. 404
- ** **Rujm AlHiri**, die Antwort des Golan auf Stonehenge, S. 415
- ** **Nationalpark Korazim**, alte jüdische Siedlung mit einigen interessanten Ruinen, S. 396
- ** **Ya'ar Yehudiya Nature Reserve**, abenteuerlichstes Golan-Hiking-Gebiet, S. 411
- * **Birket (See) Ram**, hübscher kleiner Krater-See, S. 408
- * **Har Bental beim Kibbuz Merom Golan**, Hügel mit Blick weit nach Syrien und über den Golan, S. 409
- * **Rosh Pina**, Siedlung aus der Pionierzeit mit restaurierter „Altstadt", S. 397

7

um den See Genezareth beschrieben (siehe S. 375).

🚗 9 km: **Kfar Nakhum Junction**, links halten. Zum Berg der Seligpreisungen siehe S. 377

🚗 6 km: **Korazim Junction** Rechts 2 km zum Nationalpark

Korazim (Korasim)**

Die alte jüdische Siedlung Korazim (So-Do 8-17, Fr -16, Okt-März -16, Fr -15, ₪ 22/9) geht auf das 1. oder 2. Jh nC zurück. Im 4. Jh wurde sie zerstört, aber bald wieder aufgebaut. Im 8. Jh wurde sie nach und nach verlassen, ab dem 13. Jh wieder besiedelt, aber wesentlich schwächer als früher.

Die gesamte Stätte ist gut ausgeschildert, sodass man sich leicht zurechtfinden kann. Zunächst stößt der Besucher der erstaunlich großen Stadt, die in fünf Bezirke aufgeteilt war, auf ein relativ gut erhaltenes rituelles Bad. Im Zentrum, quasi am Ende des Weges, stehen links die Ruinen zweier größerer Gebäude, wobei eine große Zisterne vermutlich beide Häuser versorgte.

Gegenüber sieht man die Reste der aus dunklen Basaltsteinen erbauten

Säulenkapitell mit Menora in Korazim

Synagoge, die ähnlich der von Kapernaum dreischiffig aufgeführt ist, von 12 Säulen unterteilt. Einst war sie reich mit Motiven aus der Tier- und Pflanzenwelt geschmückt.

Essen

Kurz nach dem Abzweig ist das Restaurant **Vered HaGalil** einen Blick oder Besuch wert, das wie eine amerikanische Ranch aufgemacht ist. In ländlicher Ruhe und im Angesicht einer Pferdekoppel lässt es sich hier gut speisen oder sogar übernachten:

Übernachten

• **Vered Hagalil**, Tel. 04 6935785, Fax 04 6934964, www.veredhagalil.co.il; Chalets bzw. Cottages, gut eingerichtete Räume, ruhig und abseits des Trubels am See, Pool, Pferde, Reitschule, Whirlpool, AC, TV, Heizung, WLAN, mF Cabin $ 135-205, Cottage $ 170-228
• **The Frenkels**, Kfar Korazim, Tel. 04 6801686, Fax 04 6934467, www.thefrenkels.com; hübsches, ruhiges B&B mit berückendem Blick und gepflegtem Garten, keine Kreditkarten, AC, TV, mF E ₪ 500, D ₪ 600

🚗 1 km nach

Amiad

Im Kibbuz Amiad wird Wein aus Kiwis und anderen Früchten erzeugt, die Weinkellerei kann besichtigt werden, auch *Country Lodging* in Bungalows ist hier möglich, Tel. 04 6909829, www.amiad-inn.com (hebr.). Eine gleichnamige Firma für Wasserfilter ist weltweit im Geschäft. Etwa 1 km südwestlich des Kibbuz ist eine osmanische Karawanserei an der alten *Via Maris* recht gut erhalten: An *Djubb Yussuf* scheint eine muslimische Tradition zu hängen, nach der Josef hier und nicht bei Jenin (s. S. 511) von seinen Brüdern in einen Brunnen geworfen wurde. Das Brunnenloch befindet sich auf einem benachbarten Hügel unter einem kleinen Quadrat-Kuppelbau.

🚗 7 km nach

Rosh Pina[*]

In Rosh Pina ist Galiläa vielleicht am sinnenfreudigsten. Die 1882 gegründete Siedlung konnte dank Unterstützung durch Baron Rothschild das steinige Land in fruchtbaren Ackerboden verwandeln. Heute hat sie sich zu einem ansehnlichen kleinen Städtchen von etwa 3000 Einwohnern entwickelt. Sie besitzt sogar einen Flughafen, der den „hohen Norden" Israels bedient. 10 km westlich liegt Safed (siehe S. 362). Direkt an der Straße ist vor allem Shopping und Wochenend-Gaudi angesagt, auch ein Club mit guter Livemusik wartet. Uns aber zieht es zur Altstadt.

Aus der Gründerzeit ist ein gutes Dutzend Häuser erhalten geblieben, die mit viel Liebe und Sorgfalt renoviert wurden. Man biegt an der **Amiad Junction** links ab und fährt immer bergan bis zu einem Schlagbaum, dort kann man in der links abzweigenden Straße parken. Es lohnt sich, ein bisschen über die Pflastersteinstraßen zu bummeln und die alten Häuser zu betrachten, in das Café einzukehren und dort die Kunstgalerie anzuschauen. Erholen Sie sich zum Beispiel im süßen *Shokolatte*, www.chocolatte.co.il (auch Herzhaftes), mit kreativem Backwerk der *Fliegenden Feige*, http://theflyingfig.co.il, oder im *Dja'uni*, www.jauni.co.il, (breite Auswahl an Speisen und Getränken, manchmal Live-Musik) oder bei den Übernachtungsplätzen unten. Man kann auch ins *Blues Brothers* gehen, dem möglicherweise einzigen irisch-beduinischen Pub der Welt. Wer länger bleiben möchte, hat Auswahl zwischen allerhand Zimmerim, die wochenends jedoch schnell ausgebucht sein können.

Zwei Unterkünfte sorgen recht unterschiedlich auch für das leibliche Wohl:

Übernachten
- **Villa Tehila**, 10 HaHaluzim St, Tel. 04 6937788, Fax 04 6930861, www.villa-tehila.co.il; sehenswert exzentrisches Anwesen von 1882 mit Garten und Streichelzoo, ungewöhnlich eingerichtete Zimmer D ab ₪ 690
- **Auberge Shulamit**, 1 David Shuv St, Tel. 04 6931485, Fax 04 6931495, www.shulamit.co.il; geschmackvoll eingerichtete Herberge aus den 1930er Jahren, umwerfender Blick, auch aus dem italienischen, höherpreisigen Restaurant, AC, TV, mF D ₪ 650-850

🚗 3 km nach

Makhana'im Junction

Hier zweigt die Straße 91 nach Nordosten ab. Sie überquert nach 8 km den Jordan auf der **Bnot Ya'akov Bridge** (Töchter-Jakobs-Brücke). Der Übergang über den Jordan wurde bereits 1178 von den Kreuzrittern durch eine Burg gesichert, die aber Saladin ein Jahr später zerstörte. Im 20. Jh war die Brücke sowohl im Ersten als auch Zweiten Weltkrieg von strategischer Bedeutung, jüdische Untergrundkämpfer sprengten sie 1946 im Kampf gegen die Engländer.

🚗 4 km nach

Tel Hazor[**] / Khatsor

Geschichte: *Etwa von 2600 vC bis ins hellenistische 2. Jh vC war der Hügel besiedelt, 21 Siedlungsschichten belegen dies. Kanaaniter sorgten im 18. und 17. Jh vC für eine erste Blüte. Die Bibel berichtet, dass Hazor die Hauptstadt kanaanitischer Königreiche war, bevor die Israeliten unter Josua sie eroberten und zerstörten. Im 12. Jh vC siedelten die ersten Israeliten, im 10. Jh vC ließ König Salomo bauen, danach der in Samaria regierende König Ahab. 732 vC zerstörten die Assyrer die Stadt, die sich nicht erholte und im 2. Jh vC endgültig erlosch. Seit 2005 gehört Hazor als biblischer Tel mit Megiddo und Beer Sheba zum UNESCO-Welterbe.*

Die ausgebaute Straße 90 schlägt einen westlichen Bogen um die Ruinenstadt,

für die es im Süden und im Norden jeweils eine eigene Abfahrt auf die alte
Straße 90 gibt, an der westlich der Nationalpark und östlich der Kibbuz **Ayelet
HaShakhar** (ein Ausdruck aus den Psal-
men: Hindin der Morgenröte) liegen. Un-
passend zum poetischen Namen: Sie
können hier mit Paintballs herumschie-
ßen gehen; www.pbl.co.il· Wenn Sie von
Norden kommen, müssen Sie zum Kibbuz abfahren, der Tel. ist von dort nicht
ausgeschildert.

Die sehr weitläufige Ruinenstätte (8-
17, Fr -16, im Winter -16, Fr -15, Einlass jeweils bis eine Stunde vorher, ₪ 22/9) besteht aus einer Oberstadt und einer deutlich größeren, nicht so interessanten
Unterstadt. In der Bronzezeit war dies die
größte Stadt Kanaans mit schätzungsweise 15.000 Einwohnern. Das Gesamt-
gelände ist in Ausgrabungsabschnitte
eingeteilt, die gut ausgeschildert und auf
den jeweiligen Tafeln beschrieben sind.
Als Autofahrer können Sie nach dem Kassenhäuschen mitten in der Oberstadt
parken und sich auf den Nationalpark-
Rundgang im westlichen Teil begeben,
zu dem die Ziffern im Text gehören.

Man betritt die Stadt durch einen großen **Torbau König Salomos** mit Kase-
mattenmauern aus dem 10. Jh vC (2).
Südlich davon befand sich ein jüngeres

Pfeilerhaus aus dem 9. Jh vC, zum
Lagern von vielleicht Steuerabgaben, sowie ein privates Wohnhaus aus der Eisenzeit mit vielen Kleinfunden. Beides wurde
nach Nordwesten versetzt (7), um darunter weiterzugraben. Zum Vorschein kam
ein **kanaanäischer Tempel** aus dem 18.-
16. Jh vC. Südlich davon liegt ein Hof mit
einer Kulthöhe und großen Säulenbasen,
dem sich nach Westen dicke Lehmziegel-
mauern anschließen (daher die Über-
dachung als Regenschutz für die ungebrannten Ziegel). Dieser **kanaanäische
Palast** wurde im 13. Jh vC zerstört.

Weiter westlich stößt man auf das geniale **Wasserversorgungssystem** (4),
dessen senkrechter Tunnel 45 m in die
Tiefe reicht. Von dort führt ein waagerech-
ter, 4 m hoher Tunnel direkt zur Quelle.
Steile Treppen erlaubten den Zugang zum
Sammelbecken am Fuß des senkrechten
Tunnels; heute führt eine sichere Wendeltreppe dort hin. Ganz im Westen, dem
höchsten Punkt der Oberstadt, befindet
sich die **Zitadelle** (5/6), die von König
Ahab im 9. Jh vC errichtet und 732 von
den Assyrern zerstört wurde. Festungs-
mauern – zum Teil noch aus salomoni-
scher Zeit – sind neben den Grundmauern
und einem Monumentaleingang zu sehen. Zurück zum Parkplatz geht es am
oben erwähnten Pfeilerhaus (7) vorbei.

Das Pfeilerhaus von Hazor

Die Unterstadt ist nur sehr mühsam zu besichtigen, und von den Grabungen ist kaum noch etwas zu erkennen. Wer viel Ausdauer hat, könnte im Grabungsgebiet *H* ganz im Nordwesten der Unterstadt nach dem **Tempel** aus der Spätbronzezeit (14. Jh nC) Ausschau halten, zu dessen Typus mit Vorhof, Halle und Allerheiligstem auch der spätere Jerusalemer Tempel Salomos zählt.

Man verbringt seine Zeit jedoch sinnvoller bei den Fundstücken vom Tel Hazor, die praktischerweise vor Ort in 1 km entfernten **Museum** im **Kibbuz Ayelet Ha-Shakhar** gezeigt werden (Ticket gilt auch hier, tägl. 8-17, Fr -16, zur Sicherheit am Tag zuvor anrufen Tel. 04 6937290). Von Stücken, die an andere Museen gegeben wurden, sind Kopien vorhanden. Daher ermöglicht das zwar kleine, aber mit ausführlichen Informationen versehene Museum einen sehr guten zusätzlichen Eindruck und ein besseres Verständnis von Hazor.

Straße 90 führt am Westrand der Hula-Ebene entlang nach Norden mit schönen Ausblicken auf das Hermon-Massiv.

🚗 7 km: **Abzweig** rechts 4 km zur

Hula Nature Reserve**

In dem **Naturpark** (Sa-Do 8-17, Fr -16, Einlass bis eine Stunde vor Schluss; ₪ 35/21) wurden die letzten Sümpfe sozusagen konserviert, nicht zuletzt, um Vögeln auf der Durchreise einen Rastplatz zu bieten. Wenn es sich einrichten lässt, sollte man das Reservat am Morgen besuchen, weil dann die meisten Tiere zu sehen sind. Nehmen Sie ein Fernglas mit (kann auch ausgeliehen werden). Im *Euphoria Visitors Center* sind Ausstellungen und eine audiovisuelle Show zum Thema des Parks (auch auf Deutsch) zu sehen, eine Broschüre mit recht guten Erklärungen und Wegbeschreibungen liegt aus. Ein Rundwanderweg führt – nach Abstechern – zu einem Beobachtungsturm, von dem sich ein weiter Blick in die Umgebung bietet, vor allem aber die anwesenden der bis zu 200 Vogelarten beobachtet werden können.

In der nahe gelegenen musealen **Dubrovin Farm** (Sa-Do 8.30-16, Fr -14,

Hula-Ebene

Zwischen Hazor im Süden und Dan an der syrisch-libanesischen Grenze im Norden, von den libanesischen Bergen im Westen bis zu den Golanhöhen im Osten erstreckt sich die Hula-Ebene. Sie entstand durch einen Felsrutsch und **Rückstau** des Jordan vor etwa 20.000 Jahren. Der erste Versuch zur Trockenlegung des malariaverseuchten Sumpfgeländes wurde 1840 von den Ägyptern unter Ibrahim Pascha durch Teilsprengung des Jordan-Sperrfelsens – südlich der Brücke Bnot Ya'akov – unternommen, blieb aber erfolglos. Ab 1934 wurde der Morast in kleinerem Maße, ab 1951 bis 1958 systematisch trockengelegt. Heute wird das Tal intensiv landwirtschaftlich genutzt. Allerdings ging damit auch ein Stück einmaliger Landschaft in Palästina verloren, bis auf ein kleines Gebiet, für das sich Wissenschaftler und Naturfreunde eingesetzt hatten. Aber dieser letzte Sumpf wurde durch die Infiltration von durch Düngemittel und Pestizide verschmutztem Wasser bedroht, sodass 1971 die Naturschutzbehörde einen Langzeitplan zur Erhaltung in Kraft setzte. 1978 wurde die *Hula Nature Reserve* als streng geschützter Naturpark für Besucher freigegeben. Seither sind Vögel, die früher in den Sümpfen heimisch waren oder während ihrer Afrikareise Rast einlegten, wieder zurückgekehrt. Vogelbeobachtung – *Birdwatching* – gewinnt immer mehr auch touristisch an Bedeutung.

7

Eintritt, http://eng.shimur.org/Dubrovin) wurde das Pionierleben rekonstruiert. Die ursprünglich christlich-russische Familie konvertierte zum Judentum und wanderte um die Jahrhundertwende ins Heilige Land aus. Umschwirrt von malariaschwangeren Moskitos rangen die Familienmitglieder den Sümpfen Boden ab und bauten ihr Anwesen aus. Das kleine Museum erzählt die durchaus dramatische Geschichte und stellt Gebrauchsgegenstände aus.

Zum Reservat gehört auch der künstlich angelegte **Agamon See**, www.agamon-hula.co.il, eine sichere Bank zur Vogelbeobachtung besonders Oktober-März, mit Beringungs-Station. Spende von ₪ 5 erwartet, Fahrradverleih ab ₪ 50 pP, Ferngläser ₪ 20, Audio-Guide ₪ 20, private 2-Stunden-Führung ₪ 350. Nacht- und Sonnenaufgangstouren vorher buchen, ₪ 85/65.

🚗 23 km nach

Kiryat Shmona

Die Kleinstadt mit 23.000 Einwohnern im Grenzgebiet zum Libanon, die auf den Trümmern des 1948 wegen Bedrohung durch die Hagana verlassenen arabischen Dorfes AlKhalsa entstand, erhielt ihren Namen von acht jüdischen Verteidigern, die 1920 bei einem arabischen Überfall fielen. Die Stadt war immer wieder Ziel von Bomben- und Raketenanschlägen aus dem Libanon bzw. von der Terrororganisation Hisbollah.

2 km nördlich zweigt links eine Straße zum **Tel Hai Courtyard Museum** (So-Do 9-16, Fr/Sa 10-13, Eintritt, www.hatser-tel-hai.org.il (hebr.) – rechtzeitig englische Führung bestellen: Tel. 04 6951333) ab, das an die Gefallenen erinnert und das Leben in der damaligen Zeit darstellt. Außerdem gibt es einen Skulpturen-Garten (8-16) mit Werken israelischer Künstler. Kurz vorher führt von der Straße 90 ein

Abzweig nach rechts zu weniger Heroischem: Das Open Museum im Industriegebiet von Tel Hai ist Israels einziges **Museum für Fotografie**, So-Do 8-16, Sa ab 10, ₪ 20/16, www.omuseums.org.il/eng/mmth_tzilomda/SciencePhoto.

Wer sich für die jüngere Geschichte interessiert, kann im Kibbuz Kfar Giladi das Museum **Bet HaShomer** (So-Do 8-15.30, Fr/Sa ₪ 12, Eintritt) besuchen, das den ersten Siedlern und ihrem „militärischen Arm" (shomer) gewidmet ist. Und zur jüngsten Geschichte: Um die Stimmung vor Ort zu heben, kaufte ein Magnat das örtliche Fußballteam HaPoel Ironi, das 2012 die Meisterschaft holte, zuletzt 2015 den israelischen Super Cup.

Im Süden der von Kiryat Shmona führt eine Seilbahn zum Manara Kliff hinauf (Mo-Sa 11-15 (Okt-März), 10-16 (Apr-Juni), 9.30-17 (Juli), -18 (August), letzte Bahn 30 min vor Schluss, Tel. 04 6905830, ab ₪ 69 pP). Oben öffnet sich herrliche Aussicht über den Norden Israels. Für zusätzliches Geld kann man Klettern oder mit Kindern in einen Vergnügungspark mit Achterbahn und Bungee-Trampolin gehen; www.cliff.co.il.

Praktische Informationen
Busverbindungen
▸ Busse 63, 841 und 963 von Tiberias,
▸ 963 von Jerusalem,
▸ außerdem Linie 500 & 501 nach Haifa,
▸ 501 über Safed,
▸ nach Tel Aviv per 841, 845.

Übernachten
Wer nicht vor Ort in einem der Bed & Breakfasts (*Rooms for Rent* oder *Zimmer/im*) übernachten möchte (Überblick z.B. bei www.zimmeril.com), muss sich außerhalb von Kiryat Shmona umsehen.

• **Pastoral Hotel Kfar Blum**, südöstlich von Kiryat Shmona, Tel. 04 6836611, Fax 04 6836600, www.kfarblum hotel.co.il, schöner blumenreicher Garten/Park, Pool, Wellness-Angebot mit Sauna und Hamam,

Konzerte, großzügig angelegt, ansprechend eingerichtet, AC, TV, WLAN
mF E $ 190-250, D $ 220-270

• **Kfar Giladi**, nördlich von Kiryat Shmona, Tel. 04 6900000, Fax 04 6900069, www.kfar-giladi.co.il; eines der größten Kibbuzhotels in Obergaliläa, sehr sauber, gutes Essen, mF E $ 155-195, D $ 172-312

• **HI Tel Hai**, etwa 2 km nördlich beim *Industry Park*, reservieren Tel. 159 9510511, Fax 04 6941743, www.iyha.org.il; höchstens 4 Betten pro Raum, für Shabbat Essen vorbestellen, AC, WLAN, mF Dorm pP $ 42, E $ 82, D $ 108

🚗 2 km: **HaMezudot Junction**

An diesem Abzweig geradeaus fahren, um u.a. einen Blick auf die Libanon-Grenze zu werfen.

🚗 7 km nach

Metulla**

Die Straße steigt von Kiryat Shmona steil in die Berge hinauf und erreicht bei 530 m Höhe Metulla, das sich seiner klaren „Höhenluft" rühmt. Das Grenzstädtchen mit rund 1500 Einwohnern – das nördlichste, sieht man von den besetzten Golanhöhen ab – liegt in einer Sackgasse, da der im Westen nah gelegene Grenzübergang *Good Fence* zum Libanon seit dem Rückzug der israelischen Armee aus dem Südlibanon im Jahr 2000 geschlossen ist. Er nützte vor allem Israel freundlich gesinnten Christen und Drusen aus dem Libanon, die seit 1976 in Israel arbeiten oder Verwandte besuchen konnten. Falls Sie sich hier umsehen: Lassen Sie das Fotografieren sein – lieber vom Dado-Aussichtspunkt, da überblicken Sie das Hula-Tal.

Das scheint alles sehr lange her zu sein. Kurios ist hier die *Music Box of Sami,* ein Privatmuseum mit 160 Musikinstrumenten aus 50 Ländern, 5 Mizpe HaHula St, im Grunde jederzeit zu besichtigen, aber man muss vorher anrufen: Tel. 04 699 7073, $ 10-15 Eintritt. Als größte In-Door-

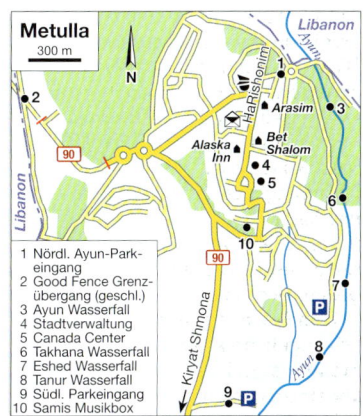

1 Nördl. Ayun-Parkeingang
2 Good Fence Grenzübergang (geschl.)
3 Ayun Wasserfall
4 Stadtverwaltung
5 Canada Center
6 Takhana Wasserfall
7 Eshed Wasserfall
8 Tanur Wasserfall
9 Südl. Parkeingang
10 Samis Musikbox

Attraktion von Metulla muss über das Canada Center berichtet werden, das einzige Eisstadion in Israel. Wenn in Kürze das zweite – weitestmöglich entfernt – in Elat eröffnet wird, kann Israels Eishockey-Nationalmannschaft auch mal im Süden trainieren. Neben Eislauf bietet das Center durchaus kostspielig einen großen Swimmingpool, Fitness Center, Basketball, Fußball, Schießbahn, Squash, Sauna etc. sowie vier Restaurants; Eislauf Mo-Do 11-20, Fr ab 10, Sa 10-20, Baden kürzer, www.canada-centre.co.il (hebr.). In den Unterkünften gibt es Gutscheine für ermäßigten Eintritt.

Übernachten

Die Hotels von Metulla konzentrieren sich auf die Hauptstraße HaRishonim, achten Sie aber auch auf Pensionen (*Rooms for Rent* oder *Zimmer/im*, www.zimmeril.com), die hier eine wichtige Ergänzung der Hotels darstellen.

• **Bet Shalom**, 28 HaRishonim St, Tel/Fax 04 6940767, www.beitshalom.co.il; schmuck eingerichtete Suiten im *Country Style* (zwei für Rollstuhlfahrer), aber keine Kinder, Wellness-Angebot, Restaurant, freundlich, sehr sauber, AC, Kitchenette, TV, WLAN, mF D ₪ 690-1290

• **Alaska Inn**, 15 HaRishonim St, Tel. 04 6997111, Fax 04 6997118, www.alaskainn.co.il; bestes Haus am Platz,

großzügige, gut ein-gerichtete Zimmer, Bad jeweils mit Whirlpool, sehr sauber, AC, TV, WLAN, mF E/D ab $ 120
• **Arasim**, 46 HaRishonim St, Tel. 04 6997143, Fax 04 6997666, www.arazim-hotels.co.il (hebr.); große Zimmer, AC, TV, mFE, ₪ 460, D ₪ 570
• **Metulla Travel**, 52 HaRishonim St, Tel. 04 6883040, Fax 04 6883037, www.travelhotels.co.il; gleich neben dem Arasim, 2013 stylish renoviert, freundlich, sauber, AC, TV, WLAN, mF E ab $ 80, D $ 95

Nakhal Ayun**/ Iyon Nature Reserve

(Apr-Sep 8-17, Fr -16, Winter -16, Fr -15, ₪ 28/14) ist ein 2 km südlich von Metulla gelegenes Naturreservat mit Picknick-platz und den **Tanur-Wasserfällen** (die im Sommer/Herbst trockenlaufen bzw. -fallen). Der Ayun-Fluss zwängt sich zu-nächst durch einen 2 km langen, sehr en-gen Felskanal mit insgesamt vier Wasser-fällen unterschiedlicher Höhe. Nach der Schneeschmelze erzeugen die Wasser-massen eine große Nebelwolke, die wie-derum einen üppigen Pflanzenbewuchs mit vielen Blumen hervorruft. Das Reser-vat ist auch direkt von Metulla aus zu-gänglich; von dort aus folgt ein Wander-weg dem Flusslauf nach Süden. Wande-rer, die den Park erkunden wollen, beginnen besser am nördlichen Eingang (und stellen nach Möglichkeit ein Auto am anderen Eingang ab, um den Rückweg nicht laufen zu müssen).

Zurück zur HaMezudot Junction und auf der Straße 99 nach Osten.

🚗 5 km nach

Hurshat Tal Nature Reserve**

Der südlich der Straße liegende, sehr ab-wechslungsreich angelegte Naturpark (8-17, Fr -16, im Winter -16, Fr -15, Einlass bis eine Stunde vor Schluss, ₪ 39/24) ist be-kannt für seine bis zu 2000 Jahre alten

Eichen, unter denen man herrlich pick-nicken kann. Der Name hat nichts mit ei-nem Gebirgseinschnitt zu tun, sondern bedeutet „Tau-Wäldchen". Ein kleiner See wird vom Fluss Dan mit ziemlich kaltem Wasser gespeist, das im Sommer echte Erfrischung bietet. Die Eichen haben dank einer muslimischen Legende über-lebt: Zehn Jünger Mohammeds rasteten hier und waren enttäuscht, keinen Baum und keinen Schatten zu finden. Sie schlu-gen Stecken in die Erde, um ihre Pferde anzubinden – am nächsten Morgen er-wachten sie unter wunderbaren Eichen. Diese Geschichte bewahrte die Eichen vor Holzfällern.

Praktische Informationen
Busverbindungen
Täglich ein paar direkte Busse aus Kiryat Shmona.

Übernachten
Das gleich neben dem Park liegende **Kibbuz HaGoshrim** betreibt ein populäres Hotel, Tel 04 6816000, Fax 04 6816002, www.hagoshrim-hotel.co.il; und das ebenso populäre GOSH RESTAURANT, hervorragen-des vegetarisches Essen; Zugang zu öff. Freibad ohne Liegestühle, Tennisplatz, Squash, Mini-Zoo, sehr freundlich, modern eingerichtete Räume, AC, TV, WLAN, mF E/D $ 257-414

Camping
Tal Camping (nur im Sommer), neben dem Park – der Eintritt zum Park ist im Camping-Preis inbegriffenP ₪ 63, Kinder bis 12 Jahre ₪ 53, Bungalows und Holzhütten für 4 Per-sonen pro Nacht ₪ 300-1000

🚗 5 km nach

Tel Dan Nature Reserve**

Geschichte: *Der Hügel Dan – Richter, ara-bisch Tell AlQadi – war schon im 5. Jahr-tausend vC besiedelt. Aus dem 18. Jh vC ist die kanaanäische Stadt Laïsh bekannt. Im 10. Jh vC erbaute Jerobeam I., König des Nordreichs Israel, einen Tempel, in dem*

auch einem goldenen Kalb geopfert wurde, und einen Palast. Im 8. Jh vC wurde die Stadt zerstört. 1993 wurde eine Stele aus dem 9. Jh vC mit der Inschrift „Haus des David" gefunden, der erste archäologische Hinweis auf die israelitische Dynastie.

Das relativ kleine Naturreservat (Sa-Do 8-17, Fr -16, Okt-März -16, Fr -15, letzter Einlass eine Stunde vor Schluss; ₪ 28/14) liegt im Quellgebiet des **Danflusses** (der nach Zusammenfluss mit dem Hermon JorDan heißt). Der Dan sprudelt aus einer Reihe von Quellen am Tel Archäologen des *Jerusalemer Hebrew Union College* begannen hier 1964 auf der Südseite zu graben, weil sie im Norden von den Syrern beschossen worden wären. Dort fand man dann das spektakuläre **eisenzeitli-**

che Torsystem mit einer Stätte der Rechtsprechung und Kultstelen davor – letztere vielleicht in der Bibel verunglimpft. In dem Bereich entdeckte man auch die *Haus des David*-Inschrift. Östlich davon wurde ein weit älteres **kanaanäisches Tor** aus ungebrannten Lehmziegeln entdeckt (deshalb gegen Regen überdacht) mit dem nach Ashkelon ältesten Mauerbogen der Welt aus dem 18. Jh vC. Auf der Nordseite kam ein **Kultplatz** mit Altarresten und schönem Blick in den Libanon zutage. Südlich davon entspringt der Fluss: Der Tel. gehört zum **Naturreservat** und ist auch von dort aus zugänglich. Üppige und fast undurchdringlich dichte Vegetation zieht sich um das Quellgebiet, das man sich auf drei Wanderwegen (½ bis 2 ½ Stunden) erschließen kann.

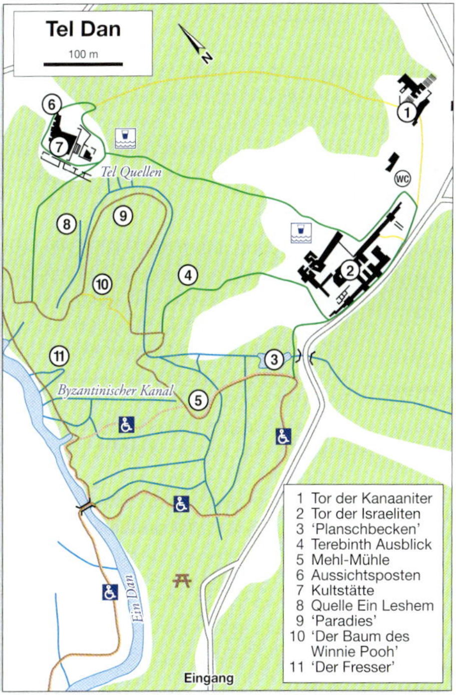

Im nahe gelegenen naturwissenschaftlichen **Bet Ussishkin Museum** (tägl. 8-16.30, Fr -15, Sa ab 9.30; ₪ 26), das zum Kibbuz Dan gehört und nahe dem Eingang zur Reserve liegt, kann man sich gut über die geologischen Hintergründe der Umgebung sowie über die Biologie/Botanik informieren, unterstützt von einer audiovisuellen Show; außerdem sind es Ausgrabungsfunde zu sehen. Im Reservat gibt es ein Restaurant, das gute Forellen aus dem Kibbuz Dan anbietet. Jüngere Semester kommen wegen der Rockkonzerte ins Kibbuz.

Busverbindung

▸ Täglich bis sechs Busse von Kiryat Shmona

Auf der kurzen Strecke zum nächsten Nationalpark überquert man mit der Hermon-Brücke die **Waffenstillstands-**

Tel Dan
100 m

Tel Quellen

Byzantinischer Kanal

Ein Dan

Eingang

1 Tor der Kanaaniter
2 Tor der Israeliten
3 'Planschbecken'
4 Terebinth Ausblick
5 Mehl-Mühle
6 Aussichtsposten
7 Kultstätte
8 Quelle Ein Leshem
9 'Paradies'
10 'Der Baum des Winnie Pooh'
11 'Der Fresser'

7

Die mächtigen israelitischen Stadtmauern aus der Eisenzeit in Tel Dan

linie von 1949. Dieses Gebiet war bis 1967 syrisch und ist momentan faktisch israelisch. Landschaftlich ist es der noch nicht so spektakuläre **Obergolan**.

Südwestlich des Ortes Snir befindet sich die **SPNI Hermon Field School** mit allem Nötigen, was Sie unterwegs in der Natur brauchen sowie Übernachtungsgelegenheit, Tel. 04 6941091 oder 057 2003030. Falls Sie den **Golan Trail** wandern wollen: 130 km in 5-6 Tagen, am besten März-Juni.

🚗 6 km nach

Banias/
Nakhal Hermon Reserve**

Geschichte: *Griechen siedelten an der Quelle des Pan-Flusses und errichteten ein Heiligtum für den Gott Pan, nach dem die gesamte Region Paneas genannt wurde. Daraus entstand Banias. Antiochos III. besiegte hier die ägyptischen Ptolemäer und eroberte damit Palästina. Der Herodes-Sohn Philippus baute an diesem Ort seine Hauptstadt Caesarea Philippi, die im 4. Jh Bischofssitz wurde. Die Araber installierten Banias als Provinzhauptstadt. Vor der An-*

kunft der Kreuzritter hatten die Assassinen, eine muslimische Sekte, den Ort stark befestigt, übergaben ihn aber 1129 gegen Asyl den Kreuzrittern. Drei Jahre später verloren die Christen ihn wieder, konnten ihn 1140 zurückerobern, 1164 aber mussten sie sich endgültig zurückziehen. Danach reduzierte sich Banias zu einem kleinen arabischen Dorf.

In Banias entspringt der Nakhal Hermon (auch Banias), einer der Quellflüsse des Jordans, der bereits ein kurzes Stück flussabwärts einen 33 m hohen Wasserfall erzeugt. Von der Quelle bis über den Wasserfall hinaus wurde das Hermon Reservat angelegt (8-17, Fr -16, Okt-März -16, Fr -15, letzter Einlass eine Stunde vor Schluss; ₪ 28/14, Kombiticket mit Nimrod ₪ 41/20, s.u.).

Man kann auch – kurz vor dem Reservat – rechts von der Straße abzweigen, dort parken und auf kürzerem Weg den Wasserfall anschauen. Dazu benötigt man etwa 10-15 Minuten; allerdings muss man erst ins Flusstal hinunter und dann wieder auf eine Aussichtsplattform hinauf für den besten Blick.

Golan

Das Gebiet zwischen dem Mount Hermon im Norden und dem Yarmuk-Fluss im Süden, dem Raqqad-Fluss im Osten und dem ostafrikanischen Grabenbruch mit dem See Genezareth und dem Jordan im Westen trägt den Namen **Golan.** Erdgeschichtlich hatte der Grabenbruch die Anhebung des Golan-Höhenzuges zur Folge, dabei drang Lava durch Risse und Spalten und breitete sich an der Oberfläche aus. Im südlicheren Teil entstand ein ziemlich ebenes Plateau auf etwa 1000 m Höhe und eine gute Basis für **fruchtbare Böden.** Aus dieser Hochebene ragen ein paar Vulkankegel heraus, die ihr eine gewisse Abwechslung geben. Der Gipfel des nördlich anschließenden Hermon-Massivs ist 2814 m hoch, jedoch syrisches Gebiet.

Die Golan-Hochebene strahlt eine fast fremde, zumindest sehr ungewöhnliche Stimmung in diesem mediterranen Land aus. Eigentlich durchfährt man eine grasbewachsene Hochfläche, von Basaltbrocken durchsetzt. Kuhherden weiden in dem hohen Gras, Falken und Störche kreisen über der Ebene, Steinadler nisten in den Felswänden. Unerwartet führt die Straße an einem Canyon vorbei, der tief eingeschnitten zum See Genezareth abfällt. Diese **Canyons** bieten Vögeln und Wild Schutz und Zuflucht. Militärische Stellungen, Panzerspuren neben Straßen, Hinweisschilder mit der Aufschrift „Shelter" als Schutzstand bei plötzlichen Angriffen erinnern an die umstrittene politische Situation.

Im **Sechs-Tage-Krieg** von 1967 eroberten die Israelis die syrischen Golan-Höhen, von denen bis dahin israelische Siedlungen bis weit nach Süden attackiert worden waren. Die etwa 130.000 Bewohner flohen, bis auf 15.000 Drusen. Im Krieg 1973 verlor Israel kurzfristig die Kontrolle über den Golan, stieß dann aber umso weiter nach Syrien vor. Diese zusätzlichen Gebiete wurden 1974 wieder zurückgegeben, aber der Rest 1981 von der Begin-Regierung gegen heftigen internationalen Protest formal annektiert. Eine UN-Pufferzone im gesamten Grenzgebiet erzeugt den nötigen Abstand zwischen den beiden Linien.

Seit der Besetzung entstanden über 30 jüdische Siedlungen. Im September 1994 bot das **Rabin-**Kabinett an, in einem zweistufigen Rückzug – **„Land gegen Frieden"** – den Golan weitgehend aufzugeben, falls Syrien einen Friedensvertrag abschließen würde. Er bezahlte dieses Vorhaben mit dem Leben.

Dies waren nicht die ersten Konflikte um die Golan-Hochebene. Wer sie besitzt, kontrolliert die Quellflüsse des Jordan und dessen fruchtbares Tal. Bereits die Römer kämpften um den Besitz. So können sich auch moderate Israelis heute noch nicht vorstellen, den Golan an Syrien zurückzugeben – Syrien könnte 30 Prozent des israelischen Wassers abdrehen. – Touristische Informationen: http://tour.golan.org.il

7

Zerstörter, verrosteter Panzer auf dem Schlachtfeld

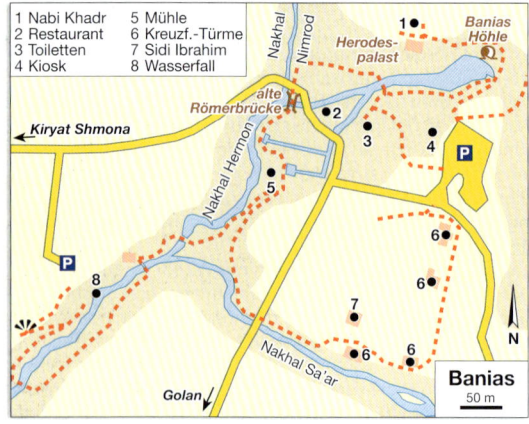

1 Nabi Khadr   5 Mühle
2 Restaurant   6 Kreuzf.-Türme
3 Toiletten   7 Sidi Ibrahim
4 Kiosk   8 Wasserfall

Nakhal Nimrod
Herodes-palast
Banias Höhle
alte Römerbrücke
← Kiryat Shmona
Nakhal Hermon
Nakhal Sa'ar
Golan ↓
Banias
50 m
N
P

Der Jordan-Quellfluss bricht förmlich aus einer rotbraunen Felswand hervor. Vom Parkplatz führen kurze Wege über den Quellbereich zu den nebeneinander liegenden Höhlen. Dort bargen früher Nischen mit griechischen Inschriften Statuen des Gottes Pan. Links neben den Nischen öffnet sich eine Höhle, in welcher der Hermon ursprünglich entsprang, bis ihm ein Erdbeben den Weg ins Freie verlegte. Ein Pfad führt den Berg hinauf zu dem Drusen-Grabmal des Nabi Khadr, von dem aus sich ein sehr schöner Blick auf die Umgebung bietet.

Wenn Sie etwas Zeit mitgebracht haben, sollten Sie dem Wanderweg flussabwärts folgen. Er führt zunächst zum Nebenfluss Nimrod (Nakhal Govta), dann unter der Straßenbrücke und einer römischen (!) Brücke hindurch an einem aufgelassenen „Wasserkraftwerk" und einer Wassermühle vorbei. Bis hierher benötigt man knapp 10 Minuten. Danach können Sie zum Wasserfall weiterwandern, besser aber dorthin fahren, weil man denselben Weg sonst wieder zurückgehen muss. Ein zweiter, weiter östlich verlaufender Wanderweg streift die wenigen noch vorhandenen Ruinen der Kreuzfahrer. Der etwa 25 m hohe, sogenannte

Torturm ist am besten erhalten.

Wer noch Puste für eine weitere Wanderung hat: Am Parkplatz beginnt ein Fußweg durch schönen Buschwald zur Festung Nimrod, die man nach ca. 1,5 bis 2 Stunden erreicht.

Zweigen Sie kurz hinter Banias links auf die Straße 989 ab, die nicht nur landschaftlich sehr schön ist, sondern Sie auch zur Festung Nimrod bringt. An diesem Abzweig stürzt sich der Sa'ar-Fluss in die Tiefe, die Wasserfälle sind einen Stopp und Blick wert.

Busverbindung

▸ Einige Busse täglich von und nach Kiryat Shmona

🚌 4 km: Abzweig zur

Festung (Qala'at/Mivzar) Nimrod**

Geschichte: *Es gibt keinen wirklich gesicherten historischen Hintergrund, wann und von wem die Burg gebaut wurde. Vielfach wird das angenommen, was genauso auf Banias zutrifft oder zutreffen kann: Demnach hatten Assassinen die Festung errichtet, die sie 1129 nC den Kreuzfahrern überließen. Trotz Ausbau verloren diese die Burg bereits 1132 an die Araber, konnten sie 1137 noch einmal zurückerobern, mussten sie aber 1164 endgültig abgeben. Durch Inschriften ist gesichert, dass die Mamluken im 13. Jh die Festung weiter ausbauten.*

Die Burg (8-17, Fr -16, im Winter -16, Fr -15, letzter Einlass eine Stunde vor Schluss; ₪ 22/9, Kombiticket mit Banias, s.o.), eine attraktive und herrische Festung hoch auf dem Bergsattel, hat sich dem ca. 150 m breiten und 400 m langen Bergsporn in ihrem Grundriss angepasst. Sie besteht aus einer Reihe unterschiedlichster Räume und Türme (wobei angeblich die quadratischen auf die Kreuzritter zurückgehen). Der Eingang führt durch eine Mauerlücke auf der Westseite. Auch hier lohnt sich der Weg auf die hochgelegene Feste schon allein wegen des grandiosen Ausblicks. Dagegen werden Fledermaus-Freunde in den Untergeschossen des Südwest-Turms auf ihre Kosten kommen, und Klippschliefer grüßen von den Felsen.

🚗 4 km zum

Moshav Neve Ativ

Die Moshavim schlagen aus den 10 km entfernten **Skihängen** am Berg Hermon Kapital, indem sie Gästezimmer und -häuser vermieten; www.neveativ.com (hebr.). Das Skigebiet kann sich natürlich nicht mit den Alpen messen, aber immerhin wurden elf Pisten von insgesamt 25 km Länge vom Moshav erschlossen, die im Winter entsprechend frequentiert sind. Doch auch im Sommer bietet der Hermon Naturliebhabern seltene Flora, herrliche Aussicht und das Gezwitscher vieler Singvögel. Bei Interesse an geführten Touren sollte man Tel. 04 6981337 anrufen.

Übernachten
Rimonim Hermon Holiday Village, Tel. 04 6985888, Fax 04 6985666, www.rimonim.com, Cottages für E ab $ 143, D ab $ 172

Nach 3 km auf der Straße 989 biegt nach rechts die Nr. 9898 zum Moshav Nimrod ab. Vom schönen Blick auf den See (Birket) Ram abgesehen, lohnen hier zwei Dinge:

Essen und Trinken
The Witch's Cauldron and the Milkman, Tel. 058 6644266, www.the-witch.co.il,

die tägliche Karte ab 12 Uhr schöpft direkt aus der reichen Natur ringsum; besonders Oktober-April Platz reservieren

Übernachten
Chalet Nimrod Castle Hostel, Tel/Fax 04 6984218, www.bikta.net; tolle Lage, freundlich und sauber, Zelten möglich (für Golan Trail Wanderer pP ₪ 65, im eigenen Zelt ₪ 35), Abholservice, Ausflüge zu Fuß, per Pferd oder Jeep, Wellnessangebot, Restaurant, AC, WLAN, mFHolzhütte D ₪ 620-920, pro Kind + ₪ 70

Bleibt man auf der Straße 989, kommt man nach einem weiteren Kilometer in dem Drusen-Städtchen Majdal e-Shams auf die Straße 98, der man nach Süden folgt (falls nicht ein Abstecher ins nördlich gelegene Hermon-Gebiet geplant ist).

Majdal e-Shams

Der größte drusische Ort *Sonnenturm* im Golan mit etwa 9000 Einwohnern entfaltet derzeit eine beeindruckende Bautätigkeit, vor allem für die Wintersaison gibt es zwei neue Hotels. Kleine Restaurants sind im Ort verstreut, am Denkmal (siehe unten) z.B. Hummus Asli. Die in dieser Gegend lebenden Drusen unterhalten nach wie vor starke Bindungen zu ihren Verwandten und Glaubensgenossen jenseits der Grenze in Syrien (drei Kilometer östlich

7

Drusen in typischer Kleidung

liegt der **Shouting Hill**, von dem aus man sich über die Grenze zurief, bevor es Handys und Skype gab, heute nach wie vor zu besonderen Gelegenheiten benutzt). Sie geben auch offen zu, dass ihnen syrische Staatszugehörigkeit lieber wäre als israelische; im Gegensatz zu den Drusen in der Umgebung von Haifa, die Israel gegenüber absolut loyal sind und sogar in Eliteeinheiten der Armee dienen. Denn sollte der Golan jemals wieder syrisch werden, hätten Israel-Kollaborateure schlechte Karten.

Wer weiter zum **Hermon** möchte, fährt in Majdal e-Shams die Straße 98 nach Norden. Im Sommer kann man zwar nicht Ski fahren, aber ein österreichischer Sessellift bringt einem die israelischen Vorgipfel mit der guten Aussicht von den Militäranlagen näher. Es gibt eine Art Sommer-Bob-Bahn, und man kann Äpfel oder Kirschen ernten, tägl. 8-16, Autos bis 15, Eintritt ₪ 39/34, Sessellift ₪ 43/38, Bob/Mountain Sled ₪ 30/25, Tel. 159 9550560, www.skihermon.co.il.

🚗 Weiter von Majdal e-Shams auf der Straße 98. Nach 7 km **Abzweig**, links zum

Birket (See) Ram[*]

Nach einer Brücke zweigt ein Sträßlein nach links ab, von dem wiederum an der ersten Abzweigung nach rechts die Einfahrt zum Restaurant am See abbiegt. Es handelt sich um ein stilles, elliptisches **Gewässer**, das nicht vulkanisch, sondern durch das hier aus dem Hermonmassiv austretende Wasser entstand (es gibt aber auch eine Vulkan-Theorie). Die Drusen nutzen es zu reichem Fischfang, im Sommer suchen viele Badende Abkühlung von der Hitze, aber ähnlich wie im See Genezareth bereitet der Wasserstand Probleme.

Das gleichnamige **Restaurant** bietet drusische Spezialitäten an, von der Ter-

rasse bzw. Dach hat man auch den besten Blick auf den See. Wenn Sie nicht im Restaurant essen wollen, dann wäre direkt daneben ein Schnellrestaurant eine Alternative für eine Druze Pita, einen scharf gewürzten, wohlschmeckenden Brotfladen. Die Umgebung ist für ihre **Äpfel** bekannt; im Herbst biegen sich die Sträucher von der Last. Wer per Auto unterwegs ist, sollte Abstecher in die Seitenstraßen machen.

🚗 1 km nach

Mas'ada

In dem Ort leben viele Drusen, von denen einige noch traditionell gekleidet sind. Die Straße 98 nähert sich der **entmilitarisierten Zone** zwischen Israel und Syrien bzw. verläuft häufig parallel zu deren Westgrenze.

Im Golan auf keinen Fall von offiziellen Wanderwegen abweichen – Minengefahr!

Achtung: Wie bereits erwähnt, sind noch heute **weite Gebiete des Golan vermint** und zumeist eingezäunt. Daher Vorsicht beim Besuch der Gegend – **nur markierte Wanderwege benutzen**. Wanderungen am besten zuvor **bei der SPNI anmelden**!

In Mas'ada zweigt nach Süden die Straße 978 ab. Der könnten Sie 3 km folgen bis zum Abzweig zum Moshav **Odem** aus zwei Gründen: Das dortige preisgewürdigte **Weingut** lädt zur Probe, www.haro dem.co.il, und nur 5 km entfernt von Syrien können Sie entspannt übernachten:

Golan Heights Hostel,
Tel. 054 2600334 oder 072 3902169,
www.thegolanheightshostel.com; locker und freundlich, gute Tipps, viele Aktivitäten, mF Dorm ₪ 100, EkB ₪ 250, E ₪ 270, D ₪ 350

🚗 Sonst von Mas'ada weiter auf der Straße 98, nach 13 km zum **Abzweig** der Straße 959 zum

Kibbuz Merom Golan

Die erste Kibbuz-Siedlung nach der Eroberung des Golan entwickelte sich zu einem offenbar prosperierenden Unternehmen, das nicht allein vom Obstanbau, einer Hühnerfarm und der Verarbeitung von vulkanischem Gestein zu Blumentopf-„Erde" lebt, sondern auch von einem gut gehenden Hotelbetrieb. Wer in der etwas melancholischen Einsamkeit des Golan übernachten und sich nur durch das Grillenkonzert stören lassen will, ist hier richtig. Im Restaurant kann man gut essen.

Der Abstecher wird aber besonders wegen der Auffahrt auf den nahe gelegenen * **Har/Mt. Bental** *(Sohn des nächtlichen Taus)* empfohlen. Dieser natürliche Aussichtsturm gibt den Blick tief nach Syrien frei (unter anderem auf Quneitra, siehe weiter unten), natürlich auch über die umliegende Golanlandschaft. Audio-Stationen geben Auskunft. Sogar die am Gipfel installierten Bunkeranlagen des Militärs können besichtigt werden und hinterher lockt das Café Anan.

Übernachten

Merom Golan Kibbuz,
Tel. 04 6960267, Fax 04 6960229,
www.meromgolantourism.co.il;
große Anlage, Zimmer und Apartments, gepflegt und sauber, Frühstück/Abendessen im Speisesaal des Kibbuz,
E $ 106-126, D $ 125-148

Wenn Sie vom Kibbuz der Straße 959 rund 3 km nach Westen folgen, liegt vor der Kreuzung mit Str. 978 rechts der kleine *Vulcanic Park*. Die merkwürdigste aller hier gezeigten Besonderheiten ist die **paläomagnetische Lava**, die erkaltete, als der Magnetpol der Erde noch im Süden lag und welche diese Information bewahrt hat: Trauen Sie an dieser Stelle keinem magnetischen Kompass! Der auf Ihrem Handy weiß von nichts.

Wir kehren zur Straße 98 zurück.

Bald, am Mount Avital, lässt sich von den Aussichtspunkten die in der UN-Pufferzone liegende Stadt **Quneitra** gut beobachten. Nach der Eroberung machten die Israelis die militärischen Einrichtungen der ohnehin stark zerstörten 30.000-Einwohner-Stadt dem Erdboden gleich. Die Syrer bauten außerhalb der UN-Pufferzone eine neue Stadt. Die derzeitige Grenze ist jedoch nicht völlig dicht: Zur Apfelernte dürfen die Drusen hier einmal jährlich unter Aufsicht des Roten Kreuzes einen Teil ihrer Apfelernte nach Syrien exportieren. Die Laster werden für drei Minuten Weg von Kenianern gefahren, die beiden Seiten als neutral gelten.

Aussichtspunkt *Peace Point* an der Straße 98 Richtung Ma'agan, wenige 100 m abseits der Straße, herrlicher Ausblick auf den See Genezareth, 1,3 km langer Rundwanderweg.

🚗 11 km: **Zivan Junction.** Hier zweigt nach rechts die Straße 91 ab, von dort 12 km bis zur **Nashut Junction**, da links und nach 3 km erreicht man

Qazrin (Katzrin)

Qazrin, die Verwaltungsstadt des Golangebietes, wurde 1977 gegründet und beherbergt derzeit etwa 7000 Einwohner, www.visitkatsrin.org.il (hebr.). Sie gleicht den modernen Reißbrettvorstädten in den USA mit gepflegten Häusern und ebensolchen Vorgärten, feiertags brummen die

Rasenmäher. Das **Golan Archaeological Museum** im *Commercial Centre* (So-Do 9-16, Fr -14; Sa ab 10, ₪ 18/15) zeigt interessante Funde des Golangebietes und des Ancient Qazrin Parks sowie ein heroisches Multimedia-Spektakel über den Untergang von Gamla (siehe S. 412).

Am Ostende der Stadt erstreckt sich nördlich des Kreisels an der Straße 9088 der ✶✶ **Ancient Qazrin Park** (tägl. 9-16, Sa ab 10, ₪ 35, Kinder ₪ 17), dessen Besuch sehr lohnt. 1976 entdeckt, wurde die ehemals rein jüdische Siedlung aus dem 5. Jh nC ausgegraben – bisher etwa 10 Prozent davon – und teilrekonstruiert, d.h. neben diversen Grundmauern sind ein vollständig wieder aufgebautes großes sowie ein kleineres Wohnhaus mit Gerätschaften und die ebenfalls teilrekonstruierte Synagoge zu sehen, meist als *Living Museum* für Schulklassen. Lassen Sie sich am Ticketschalter (manch-

mal nur Hebräisch) die Broschüre mit detaillierten Informationen geben.

Eine Abfahrt weiter östlich zur Tankstelle und zum Industriegebiet Qazrin führt einerseits zu einer Mall mit der **Golan-Touristeninformation** (So-Do 8-16), dem IMAX-Film **Golan Magic**/Qessem HaGolan, nach dem man außerdem ein instruktives Modell des Golan zu sehen bekommt, Sa-Do 9-17, Fr -16, ₪ 25/20, www.magic-golan.co.il. Andererseits warten hier folgende Betriebe auf Besuch: innerhalb der Mall das **Golan Brewhouse** mit mehreren Biersorten, östlich der Mall ein Shop für Olivenöl und Kosmetika sowie nördlich der Mall die bekannte **Weinkellerei Golan Heights** mit den Produkten Yarden, Golan und Gamla, die weltweit exportiert werden (Mo-Do 8.30-18.30, Fr -13, So 8-17, Anmeldung erforderlich: Tel. 04 6962435 oder 054 6700838, www.golanwines.co.il).

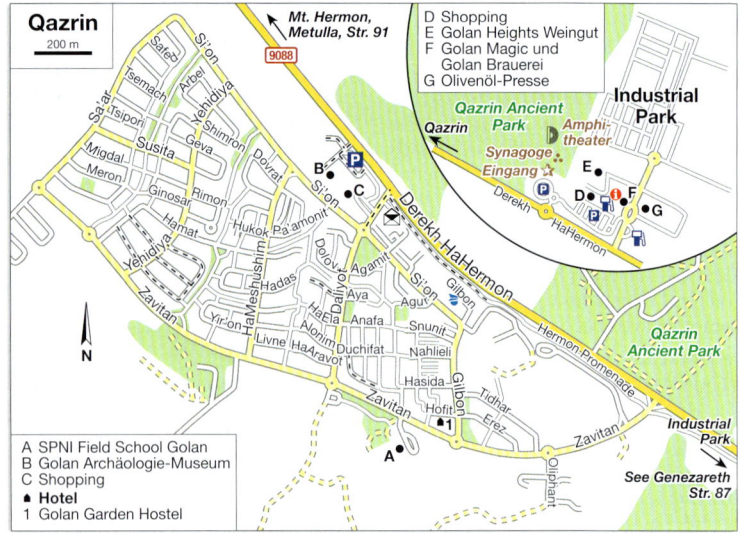

Bergsporn von Gamla mit Grabungsgelände

Praktische Informationen

Telefon-Vorwahl 04

Außer der **Touristen-Information** in der Mall (s.o.) lohnt sich der Weg zur

SPNI Golan Field School, östlich des Ortes kurz vor dem Qazrin Park, Tel. 04 6961234 oder 03 6388688; Golan-Wanderer (Hiker) müssen sich hier anmelden, was wegen der guten Informationen ohnehin von Vorteil ist. Schließlich kann man hier auch ein Bett finden.

Busse

▶ Buslinien 15 und 19 von Tiberias etwa vier Mal täglich,

▶ von Kiryat Shmona Nr. 58,

▶ 843 von Tel Aviv,

▶ 966 von Jerusalem.

Übernachten

Qazrin hat ein gutes Dutzend Zimmer-Angebote, www.zimmeril.com. Außerdem gibt es mehrere Camping-Möglichkeiten z.B. westlich des *Community Center* mit dem Archäologie-Museum oder bei der

• **SPNI Golan Field School**, Adresse siehe oben, in der Woche meist nur Gruppen, einfache Räume, Dusche, AC D ₪ 365-415

• **Golan Garden Hostel**, 12 Hokuk St, Tel. 53 4303677, www.golangarden.com; neue Location in Qazrin, freundlich, gute Tourtipps, AC, WLAN, Pfannkuchenfrühstück Dorm pP ₪ 100, EkB ₪ 200, DkB ₪ 300

🚗 Von Qazrin weiter zur Straße 87, dort nach rechts abbiegen und etwa 5 km in südwestlicher Richtung bis zum Eingang fahren:

Ya'ar Yehudiya Nature Reserve**

Etwas für's kleine Abenteuer: In der Ya'ar Yehudiya Nature Reserve (nicht zu verwechseln mit der nahe gelegenen *Nakhal Yehudiya Reserve*; 8-17, im Winter -16, Fr -15, letzter Einlass eine Stunde vor Schluss, ₪ 22/9, Camping pP ₪ 16) lernt man die etwas wilde Seite des Golan kennen. Gestandene Wanderer/Hiker finden hier eine der größten Herausforderungen in Israel. Wer z.B. den Lauf des Yehudiya erkunden will, muss einige Wasserbecken durchschwimmen und über Felsbarrieren klettern. Neben ausreichender Verpflegung und Trinkwasser ist daher ein Plastiksack mitzunehmen, der als Schwimmbeutel fürs Gepäck dient, wenn man durch die Pools schwimmt.

Bevor Sie sich jedoch auf Wanderschaft begeben, sollten Sie sich bei der SPNI Field School in Qazrin (siehe oben) nach Details erkundigen und mit Karten versorgen. Grundsätzlich bieten sich folgende Routen an:

▸ **Upper Nakhal Yehudiya Hike**; die wohl interessanteste Wanderung folgt dem Yehudiya-Flusslauf, ist im unteren Teil wegen eines Unglücks aber gesperrt, mehrfach sind Pools zu durchschwimmen, Dauer nur noch 3 Stunden

▸ **Upper Nakhal Savitan Hike**; Dauer 3-4 Stunden, relativ einfacher Weg, vorbei an interessanten Felsformationen, einem Wasserfall und einem Pool

▸ **Lower Nakhal Savitan Hike**; die gut 4-stündige Wanderung ist quasi die Fortsetzung des Upper Nakhal Savitan Hike

▸ **Brekhat HaMeshushim**; wandern Sie zu einem Pool unter ungewöhnlichen, sechseckigen Basaltsäulen. Sie dauert von hier aus 6 Stunden hin und 6 Stunden zurück. Also per Auto näher ran: Fahren Sie die Straße 87 weiter Richtung See Genezareth und biegen am Nord-ufer an der Bethsaida Junction rechts auf die 888 ab. Hier steht schon ein Wegweiser zum *Hexagon Pool*. 6 km weiter geht es rechts auf einem Feldweg weiter zum *Visitor Center*, Preise siehe oben, Karte gilt am selben Tag. Der Fußweg zum Pool dauert noch etwa eine Viertelstunde.

Um nach Gamla zu kommen, muss man die Straße 87 wieder hoch fahren und an der **HaMapalim Junction** nach Süden auf die Straße 808 abbiegen.

🚗 8,5 km: Abzweig, rechts nach

Gamla**

Hier biegt die Zufahrt nach Gamla ab (8-17, Fr -16, Winter -16, Fr -15, letzter Einlass eine Stunde vor Schluss; ₪ 28/14). Aufgrund militärischer Übungen kann die Anlage geschlossen sein, daher vorher Tel. 04 6822282 anrufen; trifft aber nur für wenige Tage und dann auch nur für 2 bis 3 Stunden zu. Diese Reserve liegt einsam auf dem Golan und erschließt neben der historischen Dimension gute Möglichkeiten, die Flora und Fauna des Golan näher kennenzulernen.

Geschichte: *66 nC befestigten Juden, die auf dem **Felsrücken Gamla** lebten, ihre ohnehin gut geschützte Stellung so, dass sie dem Ansturm römischer Legionäre eine ganze Weile widerstehen konnte. 67 nC belagerten römische Truppen sieben Monate lang die Festung vergeblich, bis **Vespasian** mit Verstärkung anrückte und eine Bresche in die Mauer schlagen konnte, aber die Verteidiger konnten die Römer noch einmal abwehren. Ein paar Tage später gelang Vespasian der verlustreiche endgültige Sieg. Er tötete alle Bewohner einschließlich der Flüchtlinge aus der Umgebung, derer er habhaft werden konnte. Die übrigen 5000 stürzten sich – Männer, Frauen und Kinder – vom Bergsporn in den Tod; insgesamt kamen etwa 9000 Menschen um.*

Die Lage dieses Ortes war verloren gegangen. Nach dem Sechs-Tage-Krieg machten sich Archäologen auf die Suche und fanden schließlich den Felsen, der aus einem bestimmten Blickwinkel wie ein Kamel (hebr. Gamal, daher Gamla) aussieht. Bei den Ausgrabungen kamen eine Synagoge, Häuser, Ritualbäder, Ölpressen und Reste der Stadtmauer zutage. Sogar die von den Römern in die Stadtmauer geschlagene Bresche konnte identifiziert werden.

Neben den historischen Hinterlassenschaften auf dem etwa 150 m tiefer als der Parkplatz liegenden Bergsporn können sich Wanderer hier auf einem ca. einstündigen Weg bis zum Gamla-Wasserfall und einer vierstündigen Wanderung zum Nakhal Daliyot austoben. Alle drei Ausflüge an einem Tag zu schaffen, bedeutet, sehr früh vor Ort zu sein, um wenigstens den Ruinenbesuch vor Beginn der Mittagshitze hinter sich gebracht zu haben.

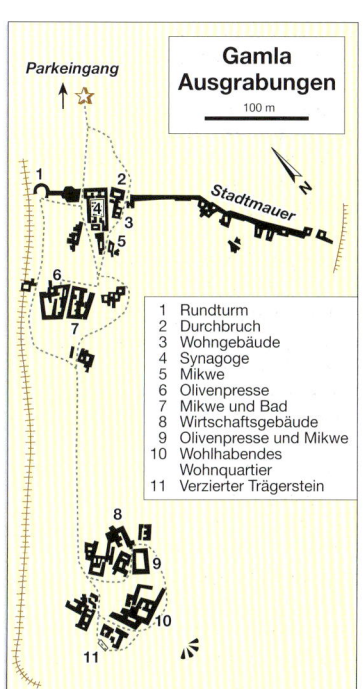

Für Ab- und Aufstieg zu den Ruinen darf man mit anstrengenden zwei Stunden oder mehr rechnen, denn die Sonne brennt unbarmherzig auf die schattenlosen, steilen Pfade und üblicherweise weht nur wenig Wind; Sonnenschutz und ausreichend Trinkwasser sind daher sehr empfohlen. Gehen Sie vom Parkplatz zunächst auf dem ausgeschilderten Weg „Ancient Gamla" in Verlängerung der Anfahrtsstraße bis zum Aussichtspunkt. Zu Ihren Füßen liegt der Bergrücken mit den Ruinen. Hier beginnt der unkomfortable, steile Pfad hinunter, den Leute mit Knieproblemen auf jeden Fall vermeiden und stattdessen den Shuttle-Bus nehmen sollten.

Gamla Ausgrabungen

100 m

Parkeingang

Stadtmauer

1 Rundturm
2 Durchbruch
3 Wohngebäude
4 Synagoge
5 Mikwe
6 Olivenpresse
7 Mikwe und Bad
8 Wirtschaftsgebäude
9 Olivenpresse und Mikwe
10 Wohlhabendes Wohnquartier
11 Verzierter Trägerstein

Blick auf den Wasserfall

Restaurierter Toraschrein in Umm AlQanatir

Unten angekommen sind die Reste der **Synagoge** am beeindruckendsten wie auch die Ruinen der Stadtmauer mit der von den Römern geschlagenen Bresche.

Leider sind die Hinweisschilder meist auf Hebräisch gehalten, sodass man sich die Pfade selbst suchen muss. In der entfernteren Ausgrabungsstätte sind u.a. eine Olivenpresse und Wohnhausgrundmauern zu sehen. Kaum lohnenswert ist der mühsame Kraxelweg auf dem Kamm des Bergrückens, weil hier keine historischen Reste zu finden sind, andererseits hat sich die Aussicht – abgesehen vom vordersten Punkt – kaum geändert.

Die Golan-Natur bietet eine etwa einstündige Wanderung (hin und zurück) auf dem rot gekennzeichneten Pfad am Kliff entlang zum Wasserfall **Mapal Gamla**, dem höchsten in Israel, der 51 m von einem Felsabbruch herunterstürzt. Unterwegs kommen Sie an **Dolmen** vorbei, hohen Steingräbern aus der Bronzezeit, die rechts vom Pfad stehen. Begleitet wird man von Raubvögeln – Weißkopfgeier, Adler, Falken oder Bussarde – die in der Luft schweben, und plötzlich auf eine noch lebendige „Mahlzeit" hinunterstoßen.

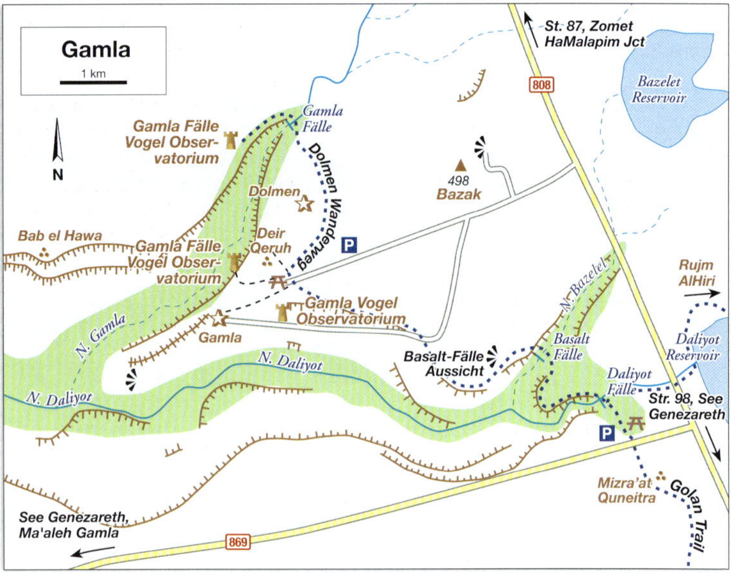

Gamla

1 km

N

St. 87, Zomet HaMalapim Jct

808

Bazelet Reservoir

Gamla Fälle Vogel Observatorium

Gamla Fälle

Dolmen Wande...

498 Bazak

Dolmen

Bankuja

Bab el Hawa

Gamla Fälle Vogel Observatorium

Deir Qeruh

P

Rujm AlHiri

N. Gamla

Gamla Vogel Observatorium

N. Bazelet

Gamla

N. Daliyot

Basalt-Fälle Aussicht

Basalt Fälle

Daliyot Reservoir

Daliyot Fälle

Str. 98, See Genezareth

N. Daliyot

P

Mizra'at Quneitra

Golan Trail

See Genezareth, Ma'aleh Gamla

869

Die etwa vierstündige Hin- und Zu-rück-Wanderung zum **Nakhal Daliyot** und seinen Wasserfällen bietet schöne Aussicht speziell auf Gamla und, wie der Name sagt, die Wasserfälle. Folgen Sie dem rotweiß gekennzeichneten Pfad.

Wir kehren auf die Straße 808 zurück und fahren weiter nach Süden, zwei reizvolle archäologische Abstecher wären noch drin. Kurz vor der Einmündung der Straße 869 kreuzt der **Golan Trail** unauffällig die Straße. Parken und dem blauweiß-grün bestens markierten Trail nach Osten folgen, durch Pferde- und Kuhweiden um das Wasserreservoir herum, etwa eine Stunde. Dann gelangen Sie zum ** **Rujm AlHiri**, dem „Steinhaufen der Wildkatze". Zu sehen sind fünf Steinhaufen-Kreise in etwa 100 m Ausdehnung, in der Mitte der Anlage können Sie in eine Grabkammer klettern – möglicherweise älter als Stonehenge. Neuzeitlicheres gibt es auf der 808 weiter südlich nach rechts zum Kibbuz *Natur*. Nach etwa 4 km müssen Sie kurz vor dem Ort links abbiegen, der Feldweg müsste inzwischen Straße geworden sein. Nach 3 km gelangen Sie nach **Umm AlQanatir**, einem Ort aus talmudischer Zeit, dessen bald fertig restaurierte Synagoge vor allem mit einem außergewöhnlich schönen Tora-Schrein aus Basalt überrascht hat. Hier kommen bald mehr Touristen.

Bei wenig Zeit fahren Sie durch zur Straße 98 und biegen rechts ab. Sie wirkt erst uninteressant eröffnet jedoch noch tolle Blicke in Schluchten oder zum See Genezareth, besonders in den Nadelkurven zum Schluss in die **Yarmukschlucht** hinein. Sollten Sie Hammat Gader (siehe S. 383) noch nicht angeschaut haben, so böte sich der Abstecher dorthin an, sobald Sie den Yarmuk erreicht haben. Ist eher die Jungsteinzeit Ihr Thema, sollten Sie keinesfalls das Museum über die Yarmuk-Kultur im **Kibbuz Sha'ar HaGolan** zwischen den Straßen 98 und 90 verpassen. Die etwa 150

rund 7500 Jahre alten Funde sind täglich 9-12 Uhr zu sehen, Tel. 04 6677386. Andernfalls folgt man der Straße 98 nach Westen zum See Genezareth.

See Genezareth – Bet Shean – Megiddo

Sehenswertes

**** **Bet Shean**, eine blühende Siedlung in römisch-byzantinischer Zeit hat viele ihrer vergrabenen Schätze freigegeben, S. 416

**** **Megiddo**, 20 Siedlungsschichten türmen sich hier aufeinander, obwohl der heute hochinteressante Ort bereits im 6. Jh vC verlassen wurde, seit 2005 UNESCO-Weltkulturerbe, S. 424

*** **Bet Alfa**, zufällig wurde hier eins der schönsten Bodenmosaike einer Synagoge gefunden, S. 423

*** **Kreuzfahrerburg Belvoir**, eine gut erhaltene Festung mit weiter Aussicht, S. 416

* **Ma'ayan Harod Nationalpark**, kleiner Park an der biblischen Harod-Quelle, S. 423

* **Museum des Kibbuz Gesher**, Schilderung der dramatischen Geschehnisse beim Unabhängigkeitskampf 1948, S. 416

7

Diese Route bietet für die Rückreise aus dem Norden zwei Möglichkeiten: Einmal, dem Jordan folgend, über Bet Shean und Jericho direkt nach Jerusalem zu fahren oder aber mit einem Umweg an die Westküste den Süden zu erkunden. Wer die Direktverbindung nach Jerusalem wählt, sollte dennoch Orte wie Megiddo und Bet Alfa nicht auslassen bzw. sie bei anderen Gelegenheiten besuchen.

Von Tiberias kommend, biegt man nach 12 km an der **Zemakh Junction** rechts nach Süden ab und folgt der Straße 90, die zumindest zunächst durch fruchtbare Landschaft führt.

🚗 9 km: Links nach

Old Gesher[*]

Der Kibbuz Gesher lag ursprünglich unterhalb der Straße am Jordanufer. Während des Unabhängigkeitskrieges 1948 wurde er zunächst von jordanischen, dann von irakischen Truppen angegriffen und zerstört. Im Museum (Sa-Do 10-16, Fr 9-13, ₪ 30) wird die Geschichte der dramatischen Tage nacherzählt. Sonst selten: Betrachten Sie den Jordan nach dem Austritt aus dem See Genezareth in all seiner Schmächtigkeit direkt, ebenso wie eine zerstörte Karawanserei, eine römische und eine türkische Brücke sowie eine Eisenbahnbrücke über den Jordan, die ebenfalls während der Kämpfe zerstört wurden. Konstruktiveres gibt es im Restaurant Rutenberg.

Schließlich kann man das jordanische Naharayim-Kraftwerk sehen, das den Yarmuk – der hier in den Jordan mündet – aufstaut, infolge der Kriegseinwirkungen aber nicht mehr betrieben wird.

🚗 3 km: **Kokhav HaYarden Junction**
   Rechts 6 km zur

Kreuzfahrerburg Belvoir[**]

Geschichte: *Die teilrestaurierte Burg mit ihrer mächtigen Mauer, den vier Ecktürmen und der Innenburg wurde um 1130 von französischen Templern auf und aus den Ruinen des römischen Gerofina erbaut. Immerhin konnte sie 1187 der Belagerung Saladins 18 Monate widerstehen, sodass schließlich der Angreifer den Insassen freies Geleit bei freiwilliger Aufgabe zusicherte. 1219 wurde die Festung vom Sultan von Damaskus teilweise zerstört, um sie für die befürchtete Rückkehr der Kreuzritter un-brauchbar zu machen. Dies war eigentlich nicht nötig, denn die Festung stand am falschen, d.h. zu einsamen Platz; die Truppen hier oben konnten z.B. nicht den nahen Marsch der arabischen Truppen zu den Hörnern von Hattin verhindern, wo das Kreuzritterheer vernichtend geschlagen wurde (siehe S. 394).*

Eine 6 km lange Zufahrt führt zur 500 m höher auf einem Bergsporn gelegenen Festung Belvoir (hebräisch: *Kokhav HaYarden*) (8-17, Fr -16, im Winter -16, Fr -15, ₪ 22/9, Camping pP ₪ 42/32) führt. Neben recht imposanten und gut restaurierten Ruinen aus schwarzem Basalt gehört der **herrliche Ausblick** bis weit nach Jordanien und über den See Genezareth hinweg zur Belohnung für die Anfahrt. – Am Ticket-office wird eine Broschüre ausgegeben, in der ein Rundgang durch die Anlage beschrieben ist.

Eigentlich handelt es sich um zwei ineinander liegenden Festungen. Wäre die äußere erobert worden, hätte man sich immer noch in der inneren, nur von den Rittern und Priestern bewohnten sogenannten *Donjon* verteidigen können (wozu es nie kam). Wie ursprünglich betritt man die Anlage durch den Haupteingang im Turm der Südostecke. Im Erdgeschoss der inneren Feste waren Vorratsräume, Küche und Speisesaal untergebracht, im oberen Stockwerk die Wohnräume der Ritter und eine Kirche. Manchmal erkennt man an Steinmetz-Arbeiten, dass die Steine der Festung vorher zu anderen Gebäuden gehörten.

🚗 12 km nach

Bet Shean[**]

Geschichte: *Etwa 5000 vC beginnt die nachweisbare Geschichte des Siedlungsgebietes Bet Shean, das im sehr fruchtbaren Umfeld des Harod-Flusses liegt. Der Tel Bet Shean (arabisch Tell AlHusn) nördlich der* römischen Stadt liefert die ältesten Funde, andere Zeugnisse sind z.T. in der Stadt überbaut. Eine pharaonische Stele – Thutmosis III. hatte den Ort in sein Reich eingegliedert und zum Verwaltungssitz gemacht – bezeugt, dass hier um 1500 vC Kanaaniter lebten, 300 Jahre später drangen Philister nach Bet Shean vor, die in der Nähe am Gilboa-Berg 1010 vC König Saul besiegten und seinen Leichnam hier zur Schau stellten. König Salomo baute die Stadt zu einem wichtigen Verwaltungszentrum aus, die Assyrer zerstörten sie 732 vC. Später hinterließen die Griechen ihre Spuren. Im 2. Jh vC verdrängten die Hasmonäer die Einwohner zugunsten jüdischer Siedler. Unter Pompejus wurde sie 63 vC zur Freien Stadt und zum Mitglied des Zehn-Städte-Bundes Dekapolis. Landwirtschaft und Textilindustrie verhalfen dem Ort zu Wohlstand, aus jener Zeit stammt das Römische Theater.

Nach dem fehlgeschlagenen jüdischen Aufstand 63 nC wurden die meisten jüdischen Bewohner ermordet. In der folgenden römischen Zeit entwickelte sich der Bet Shean mehr und mehr und erlebte in der byzantinischen Epoche seinen Höhepunkt. Ende des 4. Jahrhunderts durchlief der Ort seine große Zeit, als er Hauptstadt der Provinz Palaestina Secunda wurde. Vermutlich lebten damals etwa 40.000 Menschen in der wohlhabenden Stadt. 749 zerstörte ein schweres Erdbeben nahezu alle Bauten. Im 13. Jh spielten die Kreuzritter eine kurze Gastrolle, hinterließen sogar eine Festung, deren Ruinen heute jedoch bedeutungslos sind. Auch in den folgenden Jahrhunderten verblieb eine jüdische Minderheit in der eher kleinen Siedlung.

Das Harod-Tal strotzt im Vergleich mit der eher wüstenhaften Umgebung im Süden vor Fruchtbarkeit, so dass der Talmud den Eingang zum Paradies hierher verlegte. Noch dazu an der Kreuzung wichtiger Verkehrswege gelegen, ist es kein Wunder, dass diese Gegend seit Jahrtausenden besiedelt ist. Bei den Ausgrabungen wurden bisher zwanzig Siedlungsschichten bis in die Steinzeit unterschieden. Heute leben gut 17.000 Einwohner in dem nicht gerade hübschen Städtchen.

Obwohl der Nationalpark auf den ersten Blick eher einer großen Baustelle gleicht, die tatsächlich von Jahr zu Jahr ihr Gesicht verändert und komplettiert, konnten die Archäologen bisher nur rund 15 Prozent der Stadt ausgraben und einen Teil der Bauwerke rekonstruieren. Es gibt viel zu sehen, planen Sie 2-4 Stunden ein.

▸ Vom Busterminal im Stadtzentrum führt die Herzl St zum historischen Gebiet (Apr-Sept 8-17, Fr -16, sonst -16, Fr -15, ₪ 28/14, *Bet Shean Nights* ₪ 55/45).

▸ Wenn Sie per Auto anreisen, fahren Sie von Tiberias aus zum ersten Kreisel (von Jericho aus bis zum zweiten) und folgen der guten Wegweisung Nationalpark, der nicht weit entfernt ist.

Unterwegs kommen Sie am Römischen **Amphitheater** aus dem 2. Jh nC vorbei (es liegt rechts der Straße). Es diente zunächst als Hippodrom, nach dem Umbau

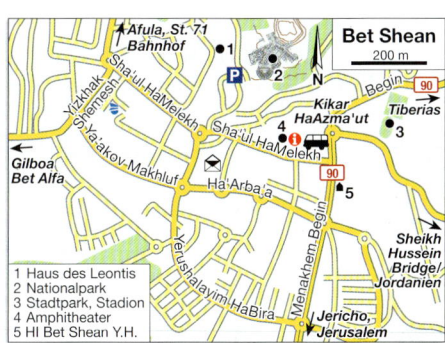

1 Haus des Leontis
2 Nationalpark
3 Stadtpark, Stadion
4 Amphitheater
5 HI Bet Shean Y.H.

hauptsächlich als Gladiatorenbühne, wurde aber mit Vordringen des Christentums ab etwa dem 4. Jh nicht mehr benutzt. Drei Reihen der Originalsitze für etwa 6000 Zuschauer sind noch erhalten, während die übrigen für die nahe gelegene Kreuzritterfestung verwendet wurden. Die übernächste Abzweigung führt zur eigentlichen Attraktion von Bet Shean.

Der Bet Shean Nationalpark zählt zu den interessantesten antiken Stätten Israels. Das Ganze lässt sich Mitte März-Oktober auch abends als Lightshow erleben, Mo-Do eine halbe Stunde nach Sonnenuntergang; vorher buchen Tel. 04 6587189 oder *3639. Nach dem Eingang befinden Sie sich auf der Ebene der oberen Ränge des imposanten **Römischen Theaters**, das im 2. Jh nC von Septimius Severus erbaut wurde. Es ist das größte römische Theater Israels. 7000 Zuschauer fanden in der halbrunden Anlage Platz, deren erste 14 Sitzreihen noch gut erhalten bzw. restauriert sind. Der untere Teil des Theaters wurde in das Gelände eingelassen, während der obere auf mächtigen Stützkonstruktionen ruht. Die Rückwand des zweigeschossigen Bühnenhauses wurde teilweise wiederhergestellt. Jeweils im **Mai** finden **Festspiele** statt.

An das Theater schließen sich imposante Ruinen der römisch-byzantinischen Stadt an, die erst bei jüngeren Ausgrabungen zum Vorschein kamen und deren Restauration noch nicht abgeschlossen ist. Lassen Sie sich auf einem Rundgang im Uhrzeigersinn durch das Gelände führen, d.h. vom Theater aus sollte man sich nach links zum Westlichen **Badehaus** wenden, das an seinen pyramidenförmigen Schutzüberbauten leicht erkennbar ist. Gitterrost-Laufstege führen durch die Gebäudereste. Hervorragend restauriert sind die Stützkonstruktionen der Bodenplatte (Hypocausten), durch deren Hohlräume Heißluft zum Heizen strömte. Das Badehaus entstand in byzantinischer Zeit, also etwa im 4 Jh nC und bestand aus Heiß- und Lauwarm- sowie Kaltbad und weiteren Räumen zur Körperpflege und -ertüchtigung.

Am auffälligsten in der Ruinenstadt ist allerdings die von Arkaden gesäumte, gepflasterte **Palladiusstraße** (nach einem Provinzgouverneur des 4. Jhs benannt), die am Theater bzw. Westlichen Badehaus beginnt. Die von Säulenreihen begleitete, über sieben Meter breite Prachtstraße war wohl auch das „Shopping Center" der Stadt, denn in den Arkaden waren viele kleine Läden unterge-

Blick vom Theater auf die
Palladiusstraße und Tel Bet Shean

bracht, deren Fußböden zum Teil mit Mosaiken oder Marmor ausgelegt waren. Bald nach dem Badehaus führt die Palladiusstraße am **Sigma** vorbei, einem halbrunden Platz mit Nischen, dessen Name in einer Inschrift gefunden wurde. Die Böden der kleinen Shops sind ebenfalls zum Teil mit Mosaiken ausgelegt, im sechsten Raum von links wurde ein Mosaik der **Stadtgöttin Tyche** gefunden.

Die Straße endet an einem Platz, an dem sich der römische **Tempel** erhob. Das im klassischen Stil errichtete Bauwerk aus dem 2. Jh nC war höchstwahrscheinlich

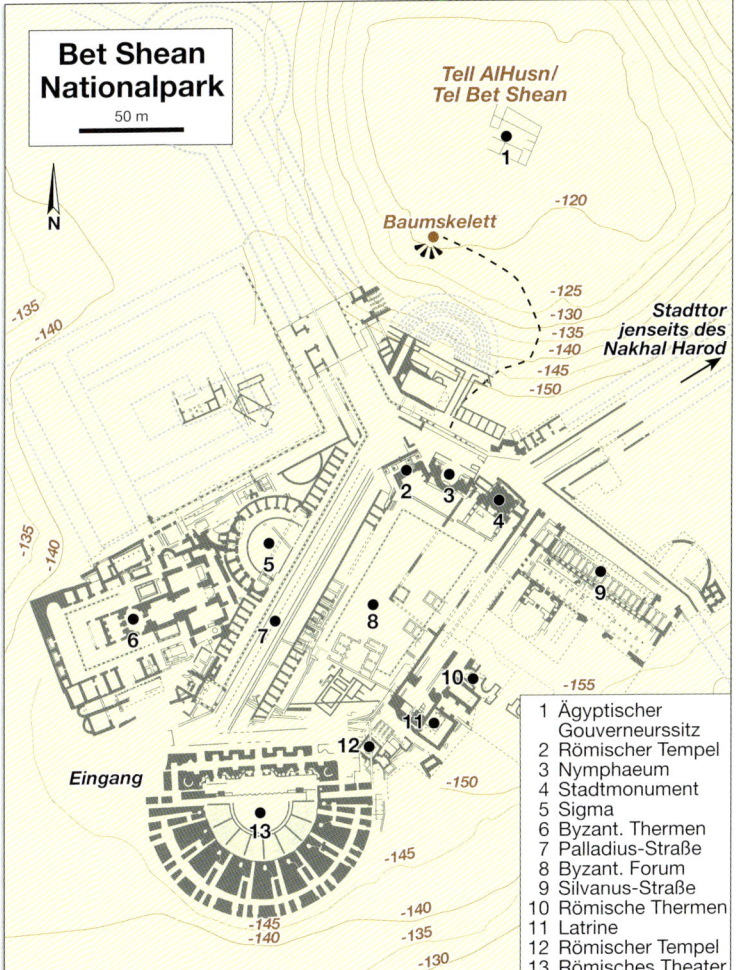

Bet Shean Nationalpark

50 m

N

Tell AlHusn/
Tel Bet Shean

Baumskelett

Stadttor
jenseits des
Nakhal Harod

Eingang

7

1 Ägyptischer
   Gouverneurssitz
2 Römischer Tempel
3 Nymphaeum
4 Stadtmonument
5 Sigma
6 Byzant. Thermen
7 Palladius-Straße
8 Byzant. Forum
9 Silvanus-Straße
10 Römische Thermen
11 Latrine
12 Römischer Tempel
13 Römisches Theater

dem Dionysos gewidmet. Es ist nicht allzu viel zu erkennen, aber die durch das Erdbeben alle in eine Richtung gestürzten Säulentrommeln lassen erahnen, dass das einst etwa 15 m hohe Gebäude imposant gewesen sein muss.

Nach links zweigt die Nördliche Straße ab, an der noch nicht viel ausgegraben wurde. Rechts herum beginnt die **Silvanusstraße**, und gleich gegenüber dem **Nymphäum**, einem Quellheiligtum, führt eine **Treppe** auf den Ruinenhügel **Tel Bet Shean** (arabisch Tell AlHusn) im Norden hinauf, der in römischer Zeit als Akropolis diente. In dem Hügel sind Besiedlungsschichten seit dem 5. Jahrtausend vC bis in die byzantinische Zeit nachgewiesen. Man sollte die 40 m schon wegen des guten Rund- und Überblicks hinaufsteigen. Aber es gibt oben auch einen kleinen Rundgang zu dem gut beschilderten Gebäude (in der Archäologie profan als Gebäude **1500** bekannt), in dem im frühen 12. Jh vC der ägyptische Gouverneur residierte, inklusive Nachbildungen der Stelen und Monumente, die sich im Jerusalemer Rockefeller-Museum befinden. Im Süden kann man massive israelitische Gebäudereste erkennen, die durch ein so heißes Feuer zerstört wurden, dass die Lehmziegel zu Ton gebrannt wurden – hier zeigt sich das Ende des Nordreichs Israel durch die Assyrer.

Wieder im Tal sollte man die Reste des Nymphäums würdigen, das einst mit Säulenreihen und dekorativem Gebälk verziert war und über ein Aquädukt mit Wasser versorgt wurde.

Nach dem Nymphäum zweigt nach links die Talstraße ab, die über das Tal des Harod-Flusses zum **Nordost-Tor** führte; auch hier waren die Bürgersteige überdacht und mit kleinen Läden gesäumt. Rechts, gegenüber der Einmündung der Talstraße, erkennt man eine monumentale Plattform, auf der ein **Stadtmonument** gestanden haben könnte. Genau-

ere Vorstellung davon hat das Erdbeben gründlich verhindert.

Die Silvanus-Straße wurde von den Archäologen nach einem Rechtsgelehrten benannt, dessen Name in einer Inschrift gefunden wurde. Diese römische Straße war ursprünglich von einer monumentalen Kolonnade flankiert, hinter der ein mit Marmor verkleideter Pool lag. In byzantinischer Zeit wurde die Straße erneuert und über dem Pool eine Halle errichtet. Die Ladenzeile stammt aus muslimischer Zeit. In einem der Geschäfte fanden die Archäologen ein menschliches Skelett, das sich um einen Krug mit Münzen krümmte – die jüngsten darin passend zum Jahr des großen Erdbebens: Weniger Geiz hätte den Mann vielleicht gerettet.

Südlich der Silvanus St liegt das Östliche **Badehaus**, das in römischer Zeit angelegt, aber in byzantinischer renoviert bzw. umgebaut wurde. Südlich davon wiederum, zwischen Badehaus und Theater, sind öffentliche Toiletten vom Besichtigungsweg her einsehbar: Man saß einträglich nebeneinander auf schmalen Marmorbalken, zwischen denen die Fäkalien in einen entsprechenden Kanal nahe der Wand fielen, während im Fußbereich ein Frischwasserkanal Wasser zur Reinigung lieferte.

Schräg gegenüber stand in römischer Zeit ein **Tempel** auf einer erhabenen Plattform, zu der Treppen hinaufführten. Damit sind wir wieder am Theater angelangt.

Am ehemaligen **osmanischen Serail** kommt man vorbei, wenn man von auswärts her der Beschilderung zum Nationalpark nachfährt. Es ist an antiken Säulen zu erkennen, die zum Bau des Portals verwendet wurden. Im Stadtpark gibt es ein Freilichtmuseum und in der Nähe das Städtische Museum mit archäologischen Funden, dort bitte Besuch ankündigen, Tel. 04 6586221.

Bet Shean – Jericho direkt

Von Bet Shean zieht sich die **Straße 90** durch das Jordantal nach Süden, mal durch kurze wüstenhafte Gebiete, dann wieder durch fruchtbares Ackerland, das häufig erst von fleißigen Kibbuzniks geschaffen wurde. Mit dem Jordan scheint die Straße eine Art Hass-Liebe-Verhältnis zu haben: mal geht sie sehr auf Distanz, mal verläuft sie nahezu direkt am Grenzzaun. 71 km nach Bet Shean erreicht man Jericho (siehe S. 519). Unterwegs werden Sie etwa 11 km nach der Fatsa'el Junction palästinensisches Gebiet betreten, beachten Sie bitte die Bemerkungen auf S. 491. Die Straße verläuft nun zwar in der Westbank, jedoch in der Zone C, die Israel allein beherrscht: Man darf sie **auch mit israelischen Mietwagen befahren.** An der Grenze könnte Ihnen der Checkpoint auf die Nerven gehen, wenn Sie Pech haben; der Staat Israel lässt die Arbeit dort von einer Privatfirma leisten. Die großartigen Jünglinge könnten Sie herauswinken, Ihren Pass zunächst einbehalten und einen Drogen- oder Sprengstoffspürhund durch Ihr Auto schicken. Denken Sie dran: Alles nur zu Ihrer Sicherheit, wie damals an der innerdeutschen Grenze, und bleiben Sie entspannt. Leider kostet das Ganze Zeit.

Praktische Informationen

Tourist Information
Westlich des Busterminals gibt es einen von Arkaden umgebenen, kleinen, runden Basaltbau mit einigem Info-Material.

Busverbindungen
▸ Busse 411 und 412 (aus Haifa) von Afula,
▸ auch von Tiberias aus gibt es nur Verbindungen über Afula.
▸ Von Tel Aviv Linie 929, von Jerusalem Bus 961.

Informationen zum Grenzübergang „Jordan River Crossing" (jordanisch Sheikh Hussein Bridge) nach Jordanien finden Sie auf S. 48

Seit 2016 können Sie Bet Shean von der Küste aus **per Bahn** erreichen, und hoffentlich bald geht die Linie weiter nach Jordanien.

Essen und Trinken

Bet Shean glänzt nicht mit Restaurants. Hier muss man sich weitgehend mit üblichem Felafel- und Shauwarma-Imbiss zufrieden geben. Am besten wirkt **Shipudey HaKikar** im Westen der Stadt.

Übernachten

Mit Übernachtungsmöglichkeiten ist es eher schlecht bestellt in dieser einst so wohlhabenden Stadt; am besten geht man in ein Kibbuz-Hotel außerhalb.

HI Bet Shean, nahe der CBS, Tel. 04 6060760, Fax 04 6060766, www.iyha.org.il; schöner Blick über das Bet Shean-Tal, modern, sauber, freundlich, Vogelbeobachtung, Touren per Pferd oder Jeep, AC, mF Dorm pP $ 48, E ab $ 95, D ab $ 121

Außerhalb:

In **Bet Alfa** an der Straße 669:

Bet Alfa G.H., Tel 072 3930060, http://beitalfa.co.il/en; gehört zu neuem Resort des Kibbuz, Dorm pP ₪ 100, D ab ₪ 280

Volles touristisches Drumherum bekommt man im

Kibbuz Nir David (Tel Amal), Tel. 04 6488525, Fax 04 6488772, ash@nirdavid.net, www.nirtours.co.il (hebr.); der Kibbuz grenzt an den Nationalpark Gan HaShlosha (siehe unten), jeweils halber Preis für Gäste, verschiedene Touren z.B. per Kajak. Restaurant, Unterkunft in gepflegten Blockhütten, AC, TV, WLAN, mF E/D ab ₪ 640

Bet Alfa, Gilboa-Berge**

Von Bet Shean aus sollten Sie unbedingt einen Abstecher nach Westen einlegen. Neben der historisch interessanten Synagoge von Bet Alfa lässt sich dieser Ausflug mit dem Besuch zweier Naturparks und der landschaftlich sehr schönen Gilboa-Bergkette verbinden.

7

Berg Gilboa / Har Gilboa

Die Bergkette Gilboa – 508 m hoher Ausläufer des Berglandes von Samaria am Südrand des Harod-Tales – hat in der jüdischen Geschichte insofern Bedeutung, als hier König Saul mit seinem Heer von den Philistern geschlagen wurde und er sich in sein Schwert stürzte. Die Philister hängten seinen Leichnam an die Stadtmauer von Bet Shean. Die Wiesen am Gilboa-Höhenzug sind vor allem im Frühjahr blumenübersät, dann blüht die nur hier vorkommende Mt. Gilboa-Iris.

Heute dagegen arbeiten die mutmaßlichen Nachfahren der Philister und Israeliten zusammen: Der Bezirk Gilboa arbeitet mit dem Bezirk Jenin über die Grüne Linie hinweg in Wirtschafts- und Tourismusprojekten zusammen. Ein Beispiel finden Sie, wenn Sie nach der Straße 6666 auf die 667 nach Westen einbiegen und dann zur Straße 60 gelangen: An der Kreuzung befindet sich das *HaGilboa Gateway*, wo Sie auch im Sommer Ski laufen können.

Im Gan HaShlosha Nationalpark

Am besten nehmen Sie aus Bet Shean heraus die Straße 6667, die nach 3 km auf die 669 stößt und bald an den Gilboa-Bergen entlangführt. Knapp 3 km später zweigt links ein kurzes Sträßlein ab zum **Gan HaShlosha/Sakhne Nationalpark** Dieser Erholungspark (8-17, Fr -16, Winter -16, Fr -15, letzter Einlass eine Stunde vor Schluss, ₪ 39, Kinder bis 14 J. ₪ 24) inmitten von Schatten spendenden Bäumen besitzt drei natürliche, durch einen Wasserfall miteinander verbundene **Badeteiche**, die von einer Quelle gespeist werden, die Sommer wie Winter mit einer Temperatur von 28 Grad hervorsprudelt. Ein kleines archäologisches **Museum** zeigt lokale Funde (So-Do 10-14). Ferner gibt es alle Picknickmöglichkeiten, wie sie ein Israeli wünscht und einen Zoo mit australischen Tieren (Gan-Guru).

🚗 Etwa 1 km weiter zweigt links die Straße 6666 auf die Gilboaberge ab, wir bleiben aber für einen kurzen Abstecher auf der Straße 669.

Ungewöhnlich im warmen Land: Skifahren am HaGilboa Gateway

Jesre'el-Tal bzw. -Ebene

Das Jesre'el-Tal, eine nach Osten geneigte Ebene, zieht sich vom Karmel-Gebirge bis zum Harod-Tal an den Gilboa Bergen und stellt damit die bequemste Verbindung vom Mittelmeer in Richtung Osten dar. Die Bibel spricht auch von der Ebene von Esdrelon, auf der viele Schlachten ausgetragen wurden. Denn sie bot genug flaches Land zum Kämpfen und genug Ein- und Ausgänge, um loszuschlagen oder sich zurückzuziehen. Nicht zuletzt übte ihre Fruchtbarkeit genug Attraktivität aus, sie zu besitzen. Seit Menschengedenken war sie aber auch als eine nur an den Rändern besiedelte, malariaverseuchte Sumpflandschaft bekannt. Die *Via Maris* verlief, die Sümpfe umgehend, durch das Tal und gab ihm entsprechende strategische Bedeutung; Megiddo, Bet Shean und weitere befestigte Städte zeigen dies. Auf die Jesre'el-Ebene konzentrierte sich die zionistische Bewegung um die Wende des 20. Jahrhunderts und wandelte sie sehr erfolgreich in den ertragreichsten Boden Israels um.

Bet Alfa******

Auf dem Kibbuz-Gelände wurde zufällig der **Mosaikboden** einer **Synagoge** aus dem 6. Jh nC entdeckt, dessen Mosaike mit zu den bedeutendsten Israels zählen (8-17, Fr -16, im Winter -16, Fr -15, letzter Einlass eine Stunde vor Schluss; ₪ 22/9). Die Grundmauern der dreischiffigen Synagoge wurden wieder überdacht, die Bodenmosaike befinden sich im Mittel- und rechten Seitenschiff. Berühmt ist das Mosaik im Mittelschiff, auf dem u.a. die Opferung Isaaks durch Abraham mit der Hand Gottes dargestellt ist. Weitere Bilder

sind den Tierkreiszeichen und dem Sonnengott Helios wie auch dem Toraschrein und Tierdarstellungen gewidmet. Gute Erläuterung durch einen Film.

Wenn Ihnen an einem schönen Umweg über die Gilboa-Berge gelegen ist, müssen Sie zurück zur vorigen Kreuzung und dann auf der Straße 6666 den Berg hinauffahren. Andernfalls folgen Sie der Straße 669 bis zur Einmündung in die Straße 71 und halten sich dann links.

Die Straße 6666 mündet in die **Gilboa-Bergstraße** 667, der wir rechts folgen. Die auf dem Bergrücken entlangführende Straße zählt zu den erholsamsten Israels, wird sie doch meist von Föhrenwäldern beschattet, bietet immer wieder schöne Ausblicke und fast lauschige Picknick- und Erholungsplätze. Selbstverständlich wurden auch Wanderwege angelegt, die Gilboa noch besser erschließen. Nach 11 km erreicht man die Kreuzung mit der Straße 675, in die man rechts einbiegt, nach 2 km erneut rechts auf die Straße 71 und nach 1 km nochmals rechts zum

Ma'ayan Harod Nationalpark*

Der Erholungspark am Nordende der Gilboa-Berge liegt an der Harodquelle (8-17, Juli/Aug -18, Fr -16, Winter -16, Fr -15, letzter Einlass eine Stunde vor Schluss, ₪ 28/14, Camping ₪ 63/53). Laut Altem Testament suchte der Richter Gideon vermutlich hier seine Kämpfer gegen die Midianiter aus, indem er ihnen in einer Art *Assessment Center* befahl, ohne Hilfsmittel das Quellwasser zu trinken. Diejenigen, die ihre Handflächen benutzten, fielen durch, während die wenigen, die wie Hunde schlürften, kämpfen (und siegen) durften. Auch hier gibt es einen (künstlichen) Badesee und schattige Picknickplätze.

Das **Bet Shturman Regional Museum** in En Harod zeigt archäologische Funde der Umgebung (So-Do 8-15, Sa 11-15), während das **Kunstmuseum Mishkan LeOmanut** (9-16.30, Fr -13.30, Sa ab 10, ₪ 30/15, http://museumeinharod.org.il), schon vom Gebäude und Lichteinfall her interessant, reizvolle israelische Kunst präsentiert.

Übernachten

• **En Harod Country Guest House**,
Kibbuz En Harod Ihud, Tel. 04 6486083, Fax 04 6486750, www.ein-harod.co.il; Unterkunft in Kibbuz-Gästezimmern oder Blockhütten, auch Zelten möglich, Touren in die Umgebung, gepflegte Anlage, Pool, AC, WLAN,
mF E $ 105, D $ 124, Hütte $ 160

• **Ma'ayan Harod Youth Hostel**,
Tel. 04 6531669, Fax 04 6531660, www.iyha.org.il; recht moderne Anlage, Pool, Spielplatz, TV, AC, mF Dorm pP $ 42, E ab $ 82, D ab $ 108

🚗 Zurück auf die Straße 71 und 10 km bis

Afula

Der 1925 gegründete Ort liegt im Schnittpunkt wichtiger Fernstraßen. Touristisch bietet er nichts Wesentliches, im Gegenteil, die sich hier kreuzenden Straßen sind so schlecht ausgeschildert, dass man sich leicht verfährt. 2 km östlich stand einst die Kreuzfahrerburg La Fève, die Baibars so gründlich zerstören ließ, dass auch hier nichts Sehenswertes übrig blieb.

🚗 Für die Weiterreise sollten Sie die Umgehungsstraße 65 westlich von Afula erreichen und dann insgesamt 10 km zur **Megiddo Junction** fahren.

Rechts 2 km zum

Tel Megiddo Nationalpark**

Geschichte: *Ab dem 4. Jahrtausend bestand eine kanaanäische Siedlung in Megiddo. 1479 vC kamen unter Thutmosis III. die Ägypter, später die Israeliten, die dann von den Philistern vertrieben wurden. Um 1000 vC besiegte David die Philister, Salomo baute*

Das Ende der Welt

Laut **Apokalypse des Neuen Testaments** wird sich die Armee der Gerechten zur letzten Schlacht gegen die Kräfte des Bösen in Megiddo versammeln. Dieser Hinweis zieht Scharen christlicher Pilger an, obwohl der Ort Jahrhunderte vor Christi Geburt aufgegeben worden war. Im Neuen Testament ist von **Armageddon** die Rede; in dem Namen lassen sich die Konsonanten von **Megiddo** unschwer erkennen. Im Zusammenhang mit den Aktivitäten um die Jahrtausendwende installierte die Nationalparkverwaltung multimediale Zugänge zur Vergangenheit, und in Planung war ein großer, in den Hügel gebauter Meditationsraum, der sich zur Jesre'el-Ebene hin öffnen sollte, damit man die letzte Schlacht beobachten kann – aber das Ende der Welt lässt nach wie vor auf sich warten. Christliche Pilger sind durch Megiddo inzwischen vielmehr auf ihre Anfänge zurückgeworfen: Südwestlich der Kreuzung der Straßen 65 und 66 wurden 2003-2005 Mosaike eines christlichen **Gebetsraumes** aus dem 3. Jh, also noch vor Kaiser Konstantin, ausgegraben. Griechische Inschriften wie eine Widmung an *Gott, Jesus Christus* und Fische, als altchristliches Symbol, lassen kaum Zweifel am vielleicht frühesten Nachweis für christliche Präsenz im Heiligen Land zu. Obwohl die Stätte **innerhalb** eines **Hochsicherheitsgefängnisses** liegt und von Häftlingen ausgegraben wurde, wird diese Hauskirche bald Teil eines archäologischen Parks: Die Zellen aus britischer Zeit sind zu klein, das Gefängnis wird verlegt.

Megiddo mit einem Palast zur Verwaltungs-
hauptstadt aus. Doch bereits 923 vC zerstör-
ten Ägypter unter Pharao Scheschonk das
Werk Salomos, später bauten Israeliten unter
Ahab den Ort wieder auf. 733 vC fiel Megiddo
in die Hände der Assyrer. Ab dem 6. Jh vC
wurde die Siedlung nach und nach verlas-
sen, nur die Römer legten ein Lager der 6.
Legion in der Nähe an. 1799 nC siegte
Napoleon, 1917 General Allenby über osma-
nische Heere, 1948 Israelis über arabische
Einheiten – vom Tel Megiddo aus. Seit 2005
zählt die Ruinenstätte zum UNESCO-
Welterbe.

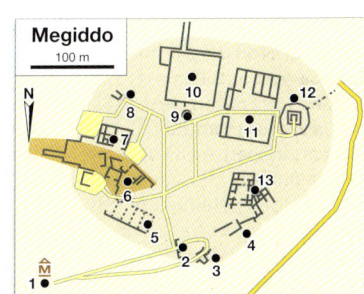

1 Museum	6 Kanaan. Tempel, Rundaltar
2 Salomos Tor	7 Wagenführerpalast
3 Nordtor aus dem	8 Aussichtspunkt
15. Jh vC	9 Getreidesilo
4 Spätbronzezeitl.	10 Palast Salomos
Palast	11 Pferdeställe
5 Salomonischer	12 Wasserversorgung
Nordpalast	13 Assyrische Paläste

Über Jahrtausende hatte Megiddo (8-17,
Fr -16, Okt-März -16, Fr -15, letzter Einlass
eine Stunde vor Schluss, ₪ 28/14) strategische Bedeutung, denn die „Hauptverkehrsader" *Via Maris* verließ bei Caesarea
die Küste, um den Karmel zu umgehen.
Am Ausgang des Iron-Tals bei Megiddo
ließ sich die Straße am besten kontrollieren. Der Ort wurde viele Male zerstört, eine
Siedlungsschicht türmt sich auf die andere, zwanzig konnten insgesamt nachgewiesen werden; http://megiddo.tau.ac.il.

Am Parkplatz steht das Museums-
gebäude, in dem sehr gutes Informationsmaterial, ein Video und ein hervorragen-
des Modell des Hügels (mit herausfahr-
baren „Schichten") den historischen
Hintergrund erläutern.

3500 Jahre alt: kanaanäischer Rundaltar in Megiddo

Von hier führt der Rundgang zum nördlichen Torkomplex mit einem **Äußeren Tor**, dem Tor Salomos (10. Jh vC) und, nordwestlich davon, dem 500 Jahre älteren **Nordtor**. Man hält sich links und kommt zu einem Aussichtspunkt mit gutem Rundblick, besonders auch auf das kanaanitische **Heiligtum** mit seinem **Rundaltar**. In der Nähe sind die Grundmauern vom **Palast** des Wagenführer-Kommandierenden von König Salomo zu sehen.

Gehen Sie auf dem Pfad ein Stück zurück und biegen Sie dann links ab. An der nächsten Gabelung werden Sie den großen, runden **Getreidesilo** leicht erkennen, der aus dem 8. Jh vC stammt, dahinter Grundmauern vom Palast aus Salomos Zeiten. Rechts vom Silo erstreckten sich **Pferdeställe** mit Futtertrögen und Löchern in Pfeilern zum Anbinden der Pferde. König Ahab hatte die Ställe auf Palastgebäuden Salomos errichtet.

Die imponierendste technische Leistung, die Not-**Wasserversorgung** von Megiddo, werden Sie erst jetzt sehen: König Ahab hatte einen 60 m tiefen Schacht in den Fels hinuntertreiben und in einen 120 m langen Gang münden lassen, der in der Höhle der Quelle endet. Auf diese Weise war bei Belagerung der Zugang zum Wasser sichergestellt. Schacht und Gang wurden so renoviert und beleuchtet, dass man beide begehen kann.

Vom Quellbereich führt der Weg ins Freie – allerdings auch aus dem Nationalpark heraus. Falls Sie Ihr Fahrzeug auf dem Parkplatz am Museum abgestellt haben, erwartet Sie ein ca. zehnminütiger Spaziergang auf der Asphaltstraße zurück zum Eingang. Hat man – wie Busreisende – einen Chauffeur, kann dieser zum Parkplatz an diesem Ausgang fahren. Andernfalls lohnt sich der Weg hinaus nicht, man kehrt besser um.

Busverbindungen

▶ Von Haifa Hof HaMifraz Bus 302 direkt;
▶ Busse 830, 835, 840, 841 von Tiberias,
▶ 823, von Nazareth fahren nur zur Megiddo Junction; von der Keuzung auf Straße 66 Richtung Norden etwa 2 km Fußweg bis zum Eingang.

Schöne Aussicht über das Jordantal nach Osten (Jordanien) – das war auch der Blick der Kreuzfahrer, als sie 18 Monate lang in ihrer Burg Belvoir von Saladin belagert wurden (s.S. 416)

8 Der Süden

Jerusalem – Totes Meer – Arad

Sehenswertes

★★★★ **Massada**, „Schicksalsberg" der Juden, die sich in der hochgelegenen Festung umbrachten, bevor sie sich nach langer Belagerung den Römern hätten ergeben müssen, S. 436

★★★★ **Totes Meer**, tiefstgelegener See der Erde mit salzhaltigstem Wasser, S. 427/431

★★★ **Arad und Tel Arad**, die gemütliche pollenfreie Stadt hat ihren Tel Arad zu bieten, der Jahrtausende besiedelt war und sehenswerte Relikte bewahrt hat, S. 444/446

★★★ **En Gedi**, Augenweide in Grün zwischen den judäischen Wüstenbergen am Ufer des Toten Meeres, interessante Wandermöglichkeiten, S. 433

★★★ **Qumran**, Siedlung einer jüdischen Gemeinschaft aus der Zeitenwende; in den Höhlen der Umgebung wurden die berühmten Schriftrollen gefunden, S. 428

★★ **Sodom**, geologische Überraschungen und tolle Ausblicke für Wüstenwanderer an einem Ort mit schlechtem Ruf, S. 441

★★ **En Boqeq**, Bade-Oase mit Luxus am Toten Meer, einziger verbliebener öffentlicher Strand, S. 440

Diese Route führt bis kurz vor En Gedi durch die Westbank, Zone C. Sie ist also auch mit israelischen Mietwagen machbar.

Busverbindungen

Die folgenden EGGED-Busse fahren von Jerusalem am Toten Meer entlang:

▸ Busse 486 bis Neve Zohar mit Stopps in Qumran, En Feshka, En Gedi und Massada,
▸ 487 nur bis En Gedi;
▸ Bus 444 nach Elat (Qumran, En Feshka, En Gedi, Massada, En Boqeq und Neve Zohar).
▸ Bis En Boqeq fährt man rund 90 min für ₪ 38.

Von Jerusalem aus erfolgt die Anfahrt wie bei der Route nach Jericho (siehe S. 514), jedoch an der **Almog Junction** geradeaus weiter.

🚗 10 km danach:

Totes Meer

An der **Kalya/Lido Junction** nicht der Straße 90 folgen, sondern **links abbiegen**. Steigen Sie kurz aus und schauen sich die zusammengebrochenen Häuser an: Sie standen mal am **Meeresufer**. Ein Titel der israelischen Popgruppe *The Back Yard* vom Herbst 2016: *Who Killed the Dead Sea?* Die Israelis sagen sonst Salzmeer statt Totes Meer. – Wer hat also das Tote Meer abgemurkst? Staunen Sie über die Ästhetik der **geologischen Katastrophe** in diesem mit Drohnenflügen illustrierten Online-Dossier:

www.haaretz.com/st/c/prod/global/deadsea/eng/5/

Es gibt nur noch einen **öffentlichen Strand** mit freiem Eintritt und Süßwasserduschen (ohne Dusche hinterher geht es nicht!) am israelischen **Toten Meer Strand:** En Boqeq ganz im Süden an den Verdunstungsbecken. Der Einstieg in En Gedi scheint für immer verloren, *Mineral Beach*: aufgegeben, Strände mit Eintrittsgebühr und Duschen existieren nur noch am Nordufer. Wegen der Salzkristalle sind Badeschuhe empfehlenswert. Aktuelle touristische Infos wirken undramatisch, so wie es die Popgruppe beklagt: www.deadsea.co.il.

Es wird **dringend davor gewarnt**, außerhalb öffentlicher Bereiche am Toten Meer **zu wandern!** Es besteht die Gefahr, in 8-20 m **tiefe Karsttrichter (Dolinen, sink holes)** durchzubrechen. Weil der Salzwasserspiegel sinkt, können Süßwasserquellen im Uferbereich Salz aus dem Gestein und **Höhlen** hinein waschen, deren Deckgestein irgendwann spontan einbricht. Von Verletzungen abgesehen ist manchmal schlicht **kein Entkommen** aus der Tiefe: die Handyverbindung für einen Hilferuf ist schlecht in so einem **Funk-Loch**! Beim Wasserstand von -397m gab es 1972 noch keine Löcher, 1990 waren es 70 bei -407m, 2000 waren es 410 bei -413m, 2013 dann 4336 bei -427m und **2016** bislang **5548** bei -429m.

Strände am Nordufer

An der Kalya/Lido Junction unbedingt **Tanken**, wenn es knapp ist: Bis Neve Zohar in 75 km gibt es nichts mehr. Kurz danach kommt die Abfahrt zu den drei nördlichen Badeständen, die geologisch bisher nicht beeinträchtigt sind, sondern jährlich nur den Steig zum Meer hinunter verlängern müssen. Der nördlichste ist die **New Kalia Beach** mit Restaurant und Platz zum Zelten, ₪ 57/46, 95/85 inklusive Mittagessen, Camping ₪ 95/85; http://kalia.org.il [hebr.]. Der weiter oberhalb des Meeres nördlich von Qumran gelegene Kibbuz gleichen Namens un-

terhält außer diesem Beach auch ein Hotel, siehe unten.

Die Strände weiter südlich heißen **Biankini Beach** mit Ferienhäuschen und nettem Maghreb-Restaurant, www.biankini.co.il, und **Neve Midbar Beach** (Straßenschild auch Englisch: **Desert Oasis**) mit **Overnight Campground** in eigenem Zelt oder Hütte. Hier geht es am entspanntesten und buntestens zu, Tel. 02 9942781, Fax 02 9942782, www.nevemidbar-beach.com, zwei Tageseintritte inklusive Übernachtung pP ₪ 90. Außer Café, Restaurant und Bar gibt es zwischen Pessach und Sukkot auch Süßwasserpools, damit Kleinkinder auch planschen können. Per EGGED-Bus sind es von der Haltestelle *Kalia Beach* noch 20 Minuten Fußweg.

🚗 3 km bis

Qumran**

Weltweit bekannt wurde Khirbet Qumran 1947, als in Höhlen des Steilabfalls der Judäischen Berge **Pergamente und Papyri** des Alten Testaments gefunden wurden, die um die Zeitenwende geschrieben worden waren – rund 1000 Jahre älter als alle bis dahin bekannten ältesten Abschriften. Bei der weiteren Untersuchung der Gegend wurde die Siedlung einer dem Judentum nahestehenden Gemeinschaft entdeckt und ausgegraben, über deren selbst auferlegte Regeln durch die eigenen Schriften viel bekannt wurde, die sich jedoch keiner bis dahin bekannten jüdischen Gruppe eindeutig zuordnen lassen, am ehesten noch den bei den Schriftstellern Josephus, Philo und Plinius d.Ä. erwähnten **Essenern**. Trotz mancher Ähnlichkeiten mit Jesus und Johannes dem Täufer kommen weder Qumran noch die Essener im Neuen Testament vor.

Geschichte: *Etwa 150 vC entstanden unterschiedliche jüdische Gemeinschaften* wie Essener, Sadduzäer und Pharisäer als Protest gegen die lockeren Sitten ihrer Glaubensgenossen, vor allem gegen die zu jener Zeit praktizierten Tempelriten und den hellenistischen Einfluss. In der kleinen Siedlung Qumran mit vermutlich 200 bis 500 Einwohnern lebten „Extremisten", die den Tempelkult in Jerusalem so weit ablehnten, dass sie sogar einen eigenen Hohepriester hatten und eine eigene Kalenderzählung führten. 31 vC zerstörte ein **Erdbeben** den Ort, er wurde aber wieder aufgebaut und schließlich 68 nC während des Jüdischen Krieges von römischen Truppen erobert und zerstört. Zuvor hatten die Einwohner ihre Bibliothek und andere Wertgegenstände in den natürlichen Höhlen der Umgebung versteckt.

Knapp 2000 Jahre später wurden die Schriftrollen von einem Beduinen entdeckt, dessen Ziege sich in eine Höhle verirrt hatte. Er versuchte wochenlang, die Rollen zu verkaufen, wurde sie aber erst in Jerusalem über einen Antiquitätenhändler an den Metropoliten des syrischen Markusklosters und an Professor Sukenik von der Hebräischen Universität los. Der Metropolit nahm die Rollen mit in die USA und verkaufte sie dort über Umwege an den israelischen General und Archäologen Yigael Yadin, Sohn des Professors Sukenik, der sie zurück nach Israel brachte. Die Schriftstücke werden heute in Jerusalem und Amman aufbewahrt.

Ab 1949 wurden Qumran und seine Umgebung systematisch erforscht. Insgesamt kamen rund **1000 Handschriften** (z.T. nur kleine Fragmente) zum Vorschein. Es handelt sich um Bibeltexte, Bibelkommentare und Schriften der eigenen Gemeinschaft, meist auf Hebräisch, aber auch Aramäisch, Nabatäisch und Griechisch verfasst. Alle Bücher der Hebräischen Bibel wurden zumindest in Bruchstücken gefunden, in noch dazu erstaunlicher Übereinstimmung mit den bis dahin bekannten, viel später geschriebenen Texten: Das System, Abschrif-

ten u.a. durch Kontrollzählungen einzelner Worte und sogar Buchstaben zu überprüfen, hat schon damals qualitätvolle Kopien produziert. Darüber hinaus beinhalten die Rollen die Regeln, nach denen die Gemeinschaft in Qumran mitein-ander lebte. Z.B. beschreibt die sog. Kriegsrolle, mit welcher Kriegsstrategie und Waffentaktik sich die Qumranleute als „Söhne des Lichts" bei der bald bevorstehenden Ankunft des **Messias** und dem damit verbundenen Weltuntergang gegen die „Söhne der Finsternis" aufzustellen hätten, die sie selbstverständlich besiegen würden. Aber wir wissen auch **Alltäglicheres**, etwa wie die Mahlzeiten abliefen, wer wann in den Versammlungen das Wort ergreifen durfte und wie viele Tauchbäder täglich zu absolvieren waren, was entfernt an christliche Mönchsregeln erinnert.

In der Höhle 4 im Vordergrund fand man u.a. viele Bibeltextfragmente

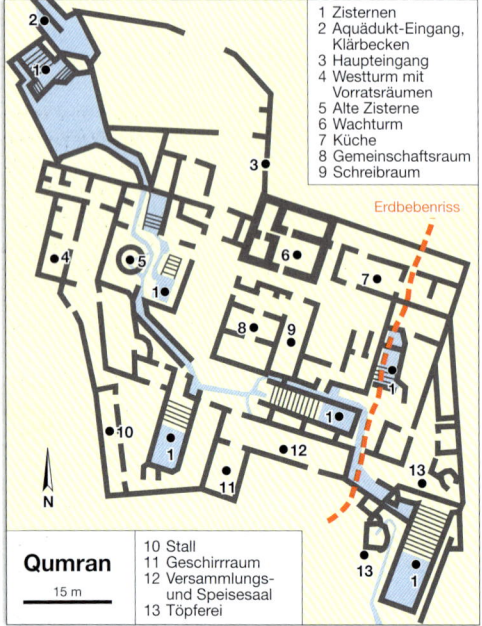

1 Zisternen
2 Aquädukt-Eingang, Klärbecken
3 Haupteingang
4 Westturm mit Vorratsräumen
5 Alte Zisterne
6 Wachturm
7 Küche
8 Gemeinschaftsraum
9 Schreibraum

Erdbebenriss

Qumran
15 m

10 Stall
11 Geschirrraum
12 Versammlungs- und Speisesaal
13 Töpferei

Das Ruinengelände (8-17, Fr -16, im Winter -6, Fr -15, letzter Einlass eine Stunde vor Schluss; ₪ 29/15) liegt etwa 100 m oberhalb der Straße. Schilder innerhalb der Anlage weisen auf die wichtigsten Gebäudekomplexe hin. Der weitläufige Souvenirladen hätte den Qumran-Einsiedlern nicht gefallen. Am Eingang gibt es einen guten Plan des Geländes, und auch der angebotene Film ist zur Einstimmung geeignet. Nach dem Film sollte man zunächst auf den ehemaligen Wachturm steigen, um die Häuser der Gemeinschaft zu überblicken. Von hier aus können Sie auch die bisher kaum ausgegrabenen Friedhöfe der Umgebung sehen sowie die Wohnquartiere: Ein Großteil der Mitglieder der Gemeinschaft hat in dem zusammenhängenden Gebäudekomplex nicht gewohnt, sondern in den umgebenden Höhlen und in Zelten.

Besonders auffallend sind die vielen Wassergräben und Zisternen, denn die Bewohner Qumrans benötigten nicht nur Trinkwasser, sondern vor allem **Badewasser** für ihr tägliches rituelles Bad. Über einen **Aquädukt** wurde das Wasser vom Wadi Qumran hergeleitet, in einem großen Absetzbecken (ganz im Nordwesten) abgeklärt und dann zu Verbrauchern bzw. verschiedenen Zisternen geleitet. Links hinter dem Turm lag die **Gemeinschaftsküche**, an die sich Vorratsräume – gegenüber (südlich) dem Hauptgebäude – anschlossen. Historisch interessant ist der lange Schreibraum mit Bänken und Ablagen, auf denen noch einige Tintenfässer mit ausgetrockneter Tinte standen; hier wurden höchstwahrscheinlich viele der Schriftrollen angefertigt. Südlich davon liegt der große Versammlungssaal, in dem wohl auch rituelle Mahlzeiten eingenommen wurden.

Wenn Sie über Zeit und gute Wanderkondition verfügen, können Sie in einige Höhlen klettern, die oberhalb Qumrans liegen. Zuvor sollten Sie sich am Eingang erkundigen, welche überhaupt zugänglich und wie sie erreichbar sind. Trinkwasser und Sonnenschutz nicht vergessen.

Übernachten

• **Kalia**, Kibbuz-Hotel (nördlich neben Qumran), Tel. 02 9942833, Fax 02 9942710, www.kaliahotel.co.il, hinter Stacheldrahtzäunen verbirgt sich eine kleine Oase in Grün mit Gästehäusern, Zelten möglich, sehr sauber, AC, TV, Kühlschrank, WLAN, mF E $ 129, D $ 144

• **Jericho Inn**, Vered Jericho, und überhaupt Unterkunft in Jericho siehe S. 525.

Das Tote Meer**

Obwohl es sich eigentlich als das ungastlichste Gewässer auf Erden ausgibt, geht vom Toten Meer doch ein ganz eigener Reiz aus.

Es liegt zur Zeit bei immerhin **429 m unter dem Meeresspiegel** und hat selbst noch einmal eine **Tiefe von 380 m**. Im südlichen Teil schob sich die jordanische Halbinsel Lisan (*Zunge*) weit nach Westen in den See – der mittlerweile durchgehende Landstreifen wird nur noch von dem Kanal durchschnitten, der die südlichen Verdunstungsbecken versorgt; von dort bis zum südlichen Ende erreicht die Wassertiefe nur noch 5-8 m. Je nach Wasserstand dehnt sich das Tote Meer knapp 70 km von Nord nach Süd und bis zu 17 km von West nach Ost aus. Lisan wie auch der westlich des Sees gelegene Mount Sedom entstanden, weil sich Felsen und Steine auf dem Meeresboden absetzten und schließlich das dort eingelagerte Salz empordrückten.

Das Tote Meer verdankt seine Existenz dem ostafrikanischen Grabenbruch. Er bildet hier einen Felsenkessel mit ziemlich steilen Flanken zwischen den bis zu 1014 m hohen judäischen Bergen im Westen und den bis zu 1285 m hohen moabitischen Gebirgszügen im Osten. Vom südlichen Ufer aus steigt die Senke des Grabenbruchs langsam im Wadi Arava an, um nach ca. 130 km wieder Meereshöhe zu erreichen.

Das hauptsächlich vom **Jordan** einfließende Wasser verdunstete früher in einer Menge, die den Wasserspiegel im Jahresmittel konstant hielt. Heute wird vom Jordan so viel Wasser abgezweigt, dass wegen der geringeren Zuflussmengen der Wasserspiegel stetig sinkt, inzwischen um bis zu 1 m jährlich. Etwa ein Drittel des Sees ist bereits verlandet. 1976 tauchte dadurch aus dem Wasser eine Erhebung auf, die den südlichen Teil des Sees abtrennte. Um das Südbecken überhaupt nass zu halten, musste auf israelischer Seite vom nördlichen Teil ein **Kanal** gebaggert werden, der den Zufluss sicherstellt. Bevor das Meer ganz verschwindet, soll es jedoch gerettet werden: Der konkreteste Plan wäre zusammen mit Jordanien durch die Arava-Senke einen etwa 180 km langen Kanal für rund $ 5 Milliarden zu bauen und das Rote Meer anzuzapfen. Vielleicht wären die Probleme hinterher jedoch größer als vorher, falls etwas Wichtiges nicht bedacht würde. Man hat nur einen Versuch frei, und Öko-Systeme reagieren empfindlich…

Vor etwa 100.000 Jahren war der gesamte Jordangraben bis zum heutigen Tiberias hinauf vom Indischen Ozean angefüllt, dessen Wasseroberfläche damals 200 m höher lag als heute. Nach Abfallen des Wasserspiegels vor 50.000 Jahren blieben nur der See Genezareth und das Tote Meer als Wasserbecken übrig. Dessen **Salzkonzentration** steigt kontinuierlich an. Zur Zeitenwende lag sie bei etwa 8 Prozent, gute 1000 Jahre später trafen die Kreuzfahrer schon auf 15 Prozent, ab 1967 nahm sie wegen der immer geringeren Süßwassereinspeisung des Jordans von 30 auf die heutigen **bis zu 33 Prozent** zu. Diese Konzentration ist eine für fast alle Lebewesen todbringende Brühe – *nomen est omen*. Dennoch gibt es **Mikroorganismen** und **Algen**, die in dieser extremen Umgebung klar kommen.

Für den Menschen hat der Mineralgehalt die ungewohnte Eigenschaft, dass der Körper nicht untergehen kann. Doch laugt das Wasser die Haut aus, daher muss man

8

sich unbedingt nach einem Salzbad **mit Süßwasser abduschen**. Neben Salz sind Mineralien wie Magnesium, Kalzium, Brom, Kalium und Schwefel im Wasser gelöst, von denen jedes heilende Kräfte aufweist. Bekannt ist die **Heilwirkung** für z.B. Rheumakranke oder bei bestimmten Hautkrankheiten wie Schuppenflechte. Die Luft ist außerdem stark mit Bromin angereichert, das zur Entspannung des Nervensystems verhilft. Auch der schwarze **Uferschlamm** soll der Gesundheit gut tun, indem man sich, durchaus vergnüglich, damit einreibt und ihn nach dem Antrocknen abduscht. Skeptiker halten den Schlamm allerdings für von zu vielen ungeklärten Abwässern verseucht, vielleicht lieber lassen.

Die tiefe Lage und der damit verbundene rund **5 Prozent höhere Sauerstoffanteil** sowie die Verdunstung des Wassers wirken als starke **UV-Filter** – man bekommt nicht so leicht einen Sonnenbrand, sollte sich aber dennoch gegen die immer noch vorhandene Strahlung schützen.

Im Altertum gab das Tote Meer den Menschen viele Rätsel auf, zumal auch noch aus unterirdischen "Lecks" Erdöl als **Teer** nach oben stieg. Dieses relativ seltene Material, damals Erdpech genannt, sammelten die Anrainer. Unter anderen waren die Nabatäer dafür bekannt, die es mit viel Gewinn zum Abdichten von Booten, zur Einbalsamierung von Mumien nach Ägypten und als Heilmittel verkauften. Die Römer nannten das Tote Meer sogar *lacus asphaltitis*, Asphaltsee.

Dass der hohe Salzgehalt auch mit allerlei Übersinnlichem verbunden war, geht aus der Bibel hervor: Das Weib von Lot erstarrte hier zur **Salzsäule**. Daher nennen die Araber die Salzbrühe *Bahr Lut*, See des Lot.

Trockengefallen: Häuser, die einst am Ufer standen

🚗 3 km bis

En Feshkha/Enot Zukim Nature Reserve

Eine Reihe von Quellen speisen einen Bach, der durch Schilffelder ins Tote Meer fließt. Hier wird die Spannung zwischen Leben und Tod drastisch vor Augen geführt: auf der einen Seite noch üppig lebendige Natur, dann der abrupte Übergang zum absolut toten See – bzw. nicht so abrupt: Schilder weisen auf die Küstenlinie der letzten Jahrzehnte hin. Das recht große Gelände des Naturreservats beherbergt viele Vögel, auch Wild und ein paar Ruinen. Die Mauerreste gehörten vielleicht zu Gebäuden, die die Leute aus Qumran zum Gerben des Pergaments für ihre Schriftrollen benötigten. Aber vielleicht dienten sie auch zum Herstellen von Balsam.

Man kann hier Wassertreten und Fr&Sa **Baden** (Apr-Okt 8-17 [Jul&Aug -19], Fr - 16, Winter -16, Fr -15, letzter Einlass eine Stunde vor Schluss, ₪ 29/15) in zwei großen, vom Bach gefüllten Süßwasserbecken, jedoch kein Zugang zum Toten Meer, Umkleidekabinen und Duschen.

Wenige Kilometer weiter, südlich des Ortes Ovnat, überquert man die Mündung des Kidrontals, das nordöstlich der Jerusalemer Altstadt seinen Anfang nimmt.

🚗 14 km: **Mezoke Dragot Junction**
Hier, kurz vor Mizpe Shalem, wäre die Straße dicht, wenn der Checkpoint aktiv wäre. Rechts führt eine Straße nach 5 km bergauf zur

Mezoke Dragot & HaHeteqim Nature Reserve

mit dem *Mezoke Dragot International Center for Desert Tourism*. Der Eingang liegt direkt neben einem Armeeposten. Hier werden Abenteuer in den judäischen Bergen/Kliffs arrangiert, Wander-

und Klettertouren durch schwieriges, aber faszinierendes Gelände, die nahezu alle geführt werden müssen. Erstmal Abseilen üben ist aber auch schon gut – und günstiger. Manchmal wird Live-Musik oder buddhistische Meditation geboten. Außerdem gibt es ein

Guest House, Tel. 1 700 707180, 052 2474378 o. 02 9944777, Fax 08 9103226, www.metzoke.co.il; einfache Zimmer oder originelle Hütten, AC, schattenspendende Bäume mit Hängematten, für Shabbat vorbuchen, um den vielen Familien zuvorzukommen, prima Abendessen ₪ 70, eigenes Zelt ₪ 60, mF Dorm ₪ 250, D ₪ 350-450

Auch wenn Sie sich nicht in Abenteuer stürzen wollen, so lohnt für Autofahrer der Abstecher wegen des **Panorama-Ausblicks** auf das Tote Meer. Mit Vierrad-Antrieb könnten man auch einfach weiter nach Hebron fahren.

🚗 3 km:

Der Strand **Mineral Beach** ist angeblich nur vorübergehend geschlossen. Schön wär's.

🚗 Nach 13 km erreicht man die Oase

En Gedi**

Geschichte: *En Gedi war schon im 4. Jahrtausend vC besiedelt. Auch die ägyptisch-pharaonische Epoche lässt sich durch Funde belegen. Insgesamt fünf Siedlungsschichten aus der Zeit vom 7. Jh vC bis zum 5. Jh nC wurden bei Ausgrabungen am Tel Goren nördlich des Kibbuz gefunden. Auch in der Bibel wird En Gedi genannt: David zog sich hier auf der Flucht vor König Saul zurück. Neuere Ausgrabungen lassen darauf schließen, dass damals das berühmte Balsam, mit denen die Könige gesalbt wurden, in En Gedi aus einem Busch gewonnen und zu dem edelsten Salböl des Altertums weiterverarbeitet wurde. Später blieb die Gegend unbesiedelt, bis 1949 das israelische Militär den Ort wiederentdeckte. Ab 1953 entstand der Kibbuz.*

8

Wer bereits einmal hier war, wird über die nach Westen verschwenkte Straße erschrecken: Öffentlicher Badestrand, Tankstelle mit Shop und Restaurant, Zelt- und Übernacht-Parkplatz, Palmenhain und die Brücke über das Wadi Arugot für $ 14 Millionen von 2008 gehören zur weiträumig abgesperrten No-Go-Area. Sie sind weiterer geologischer Aktivität preisgegeben.

En Gedi – Ziegenquelle – ist eine Augenweide in Grün, nach dem Weg durch die vegetationslose Wüste. Die Flüsse Nakhal David (im Norden) und Nakhal Arugot (südlich) führen genug Wasser, um Akazien, Sodomsapfelbäume und Palmen neben üppigem Schilf gedeihen zu lassen. Exotische Vögel zwitschern, und wer Glück hat, entdeckt Hyänen oder Füchse; ob noch die früher hier lebenden Wüstenleoparden unterwegs sind, ist leider

Ein Klippschliefer, biologisch weniger mit Murmeltieren als mit Elefanten verwandt

sehr fraglich. Auf Steinböcke und Klippschliefer stehen die Chancen jedoch ziemlich gut: **Je früher** man loswandert, **desto mehr Tiere** wird man in der Regel beobachten können. Kein Wunder, dass dieser Platz viele Besucher anzieht und zu den Hauptattraktionen auf der israelischen Seite des Toten Meeres zählt.

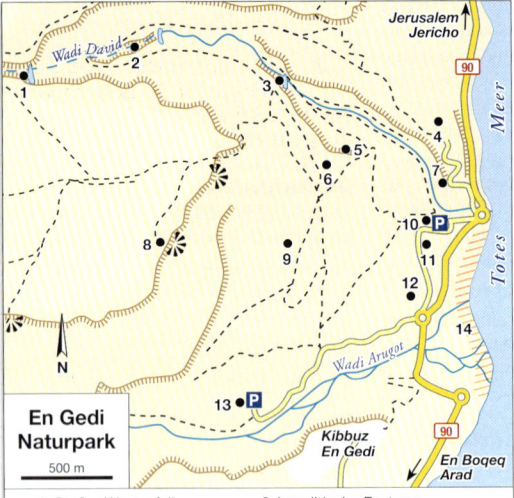

En Gedi Naturpark
500 m

1 Großer Wasserfall
2 Trockener Canyon
3 Shulamit-Wasserfall
4 SPNI Field School
5 Shulamit-Quelle
6 Chalkolithischer Tempel
7 HI En Gedi Y.H.
8 Israelitische Festung
9 En Gedi Quelle
10 Eingang En Gedi Reserve
11 Römisches Badehaus
12 Synagogenruine
13 Eingang Arugot Reserve
14 Kein Strand / geol. aktives Gebiet!

Die größte Attraktion von En Gedi ist der Naturpark **En Gedi Nature Reserve** (April-Sept 8-17, Fr -16, Winter -16, Fr -15, aber letzter Einlass Nakhal David -15 und Nakhal Arugot -14 Uhr, guter Plan mit Flora- und Fauna-Hinweisen am Eingang; ₪ 28/14, nur zur Synagoge ₪ 14/7). Er besteht eigentlich aus zwei nur locker zusammenhängenden Reservaten, dem *Nakhal David* und dem *Nakhal Arugot Nature Reserve*. Das (nördlichere) Nakhal David Reservat zieht sich am gleichnamigen Wadi entlang, das südlicher gelegene am Nakhal

Arugot; wobei ersteres der „bequemere" Bereich ist, die Attraktionen sind erreichbarer, daher auch umso mehr frequentiert. Nehmen Sie genug Trinkwasser und Sonnenschutz für Ihre Ausflüge mit!

Wie überall werden auch hier mehrere unterschiedliche **Wanderungen** angeboten, die längsten über 7-9 Stunden über alle **600 Höhenmeter** bis zur Hochebene. Eine Karte mit Tourenvorschlägen erhalten Sie am Eingang oder in der Field School. Wer diese Zeit (und Mühe) nicht aufbringen will, kann einfach am Nakhal David entlangwandern und beliebig umkehren; auf keinen Fall sollte man auf wenigstens einen Einblick in dieses ungewöhnliche Stück Natur verzichten. Für den unteren Part benötigt man etwa eine Stunde, für den sehr lohnenden und gut zu machenden oberen Part insgesamt 3-4 Stunden:

Vom Haupteingang geht man in ca. 30 Minuten bis zu Davids **Wasserfall**, dort stürzt der Bach 20 m tief in einen Teich. Entweder man wandert dann wieder zurück oder entschließt sich zu dem etwas schwierigeren Weiterweg. Vom Wasserfall verläuft ein Pfad an der **Shulamit Quelle** vorbei weiter zur **En Gedi Quelle**. Auf einer Bergkuppe weiter oberhalb des Pfades liegen die Reste eines **chalkolithischen Tempels**. Als Bronze noch nicht erfunden war, wurden hier vor etwa 5500 Jahren (!) vielleicht der Mond (Mondstein in der Mitte des Gebäudes?) und die Quelle verehrt, mit tollem Ausblick.

Von hier aus kann man den *En Gedi Ascent* nach Süden zum Nakhal Arugot absteigen. Unten an der Straße angekommen, können Sie **rechts** zur etwa 1 km flussaufwärts liegenden **Nakhal Arugot Nature Reserve** gehen und dort weiter wandern (Eintrittskarte gilt auch hier). Die Wanderung zum *Hidden Waterfall* nimmt vom Parkplatz aus etwa drei Stunden für Hin- und Rückweg in Anspruch – hier ist weniger los, das Wandern mag

Genügend Wasser begrünt jede Wüste, hier das Nakhal David

daher mehr Spaß machen. Oder Sie gehen **links** Richtung Totes Meer zurück zum Eingang zum Nakhal David, vorbei am **Tel Goren** zur Linken und an der sehenswerten byzantinischen **Synagogenruine** mit schönen und gut erhaltenen Mosaiken. Von den fünf Besiedlungsschichten des Tel Goren (späte Eisenzeit bis 1. Jüdischer Aufstand) ist praktisch nichts erkennbar.

Praktische Informationen

Die **SPNI Field School** (oberhalb der Jugendherberge), Tel. 08 6584288, Fax 08 6588385, informiert detailliert über die Umgebung, verkauft Karten, besitzt ein kleines Museum und zeigt für einen kleinen Obolus in einer 15-Minuten-Show Wissenswertes über Wüstenpflanzen. Darüber hinaus betreibt die Field School ein Hostel, siehe unten.

Busverbindungen

Praktisch alle Busse, die am Toten Meer entlangfahren, halten an der Abzweigung zur

8

Nakhal David Reserve, die meisten auch am En Gedi Spa, siehe unten.

▶ Egged-Bus 486 (487 nur bis En Gedi) verkehrt von/nach Jerusalem bis En Boqeq/Neve Zohar mit Stopps in Qumran, En Feshkha, En Gedi und Massada;

▶ Bus 444 fährt Jerusalem-Elat über nämliche Stationen.

▶ Von Tel Aviv über Arad bis En Gedi Spa: Egged 421 in drei Stunden.

Essen und Trinken
Das Café-Restaurant **Baobar** im Kibbuz-Hotel steht auch Gästen von außen offen – vormittags bis Mitternacht, auch am Shabbat.

Übernachten
• **En Gedi Resort** (im gleichnamigen Kibbuz), Tel. 08 6594220/1, www.ein-gedi.co.il; in üppigem Grün hoch über dem Toten Meer (Botanischer Garten für Besucher ₪ 24/20, vorher buchen: 08 6584444), Pool & heiße Quellen, Wüstentouren, Gourmet-Restaurant *Chez Khaya* im Botanischen Garten (lang vorher anmelden!), moderne Zimmer, sehr sauber, AC, TV, mFE $ 186-256, D $ 221-337
• **HI En Gedi Hostel**, am Weg zur SPNI Field School, Buchen über 159 9510511, Fax 08 6584445, www.iyha.org.il; sauber und gut eingerichtet, AC, Weg zum Strand, mF Dorm pP $ 48, E $ 95, D $ 121
• **SPNI Field School**, Tel. 08 6588615, Buchen über 03 6388688, Fax 08 6588385, www.natureisrael.org; ausgeschildert, sauber, guter Blick, AC, 6-8 Betten pro Raum, Mahlzeiten möglich, Frühstück ₪ 51, Dorm pP ₪ 140, E/D ₪ 451-595

🚗 5 km bis

En Gedi Spa

Der südlichste **Strand** der Oase mit der **En Gedi Sea of Spa** lag noch Mitte der 1990er Jahre nur wenige Schritte vom Bauwerk an der Straße entfernt. Inzwischen fährt ein Trecker-Shuttle die Badegäste die Strecke bis zum Wasser (täglich 8.30-16.30 [Strand -16], Sommer -17.30, ₪ 95, 13-16 J. ₪ 78, 5-12 J. ₪ 61, 30 min Wellness in der Woche ab ₪ 230, Café-

Restaurant, großer Kostmetikladen, Tel. 08 6201030, www.eingedisaofspa.com). Großer Betrieb, nicht übermäßig freundlich. Hier entspringt das schwefelhaltige Wasser und, wie vorteilhaft, auch noch mit der richtigen Temperatur von 39°C, die aus medizinischer Sicht ohnehin nur 1-2°C höher als die Körpertemperatur liegen soll. In den warmen Schwefelbädern nimmt man zunächst ein Bad, schmiert sich dann mit dem speziellen Schlamm des Toten Meeres ein, dem große therapeutische Kräfte nachgesagt werden, dann folgt ein Bad im Toten Meer – und man ist komplett regeneriert…

🚗 12 km bis

Massada**

450 m ragt der Berg Massada über dem Toten Meer empor, nur durch einen 100 m niedrigeren Bergrücken mit dem Hauptmassiv verbunden. Ein **idealer Platz** für eine **Festung**, das erkannte auch Herodes und ließ sie bauen. Heute stellt sie neben Jerusalem einen der Hauptanziehungspunkte für in- und ausländische Touristen dar, was die Ernennung zum UNESCO-Welterbe 2001 kaum steigern konnte.

Von der Straße 90 zweigt eine Stichstraße zum Parkplatz am Fuß des Berges ab. Von hier aus können Sie entweder auf dem **Schlangenpfad** hinaufwandern (etwa 45-55 Minuten, 350 Höhenmeter) **oder** mit der **Seilbahn** hinauffahren: 8-17, Fr -16, Okt-März -16, Fr -15, vor Festtagen -13, Einlass bis jeweils eine Stunde vor Schluss, für Schlangenpfadler ist schon eine Stunde vor Sonnenaufgang geöffnet; Eintritt ₪ 28/14, inklusive Seilbahn hin ₪ 56//28, Retourticket ₪ 74/42. Das nach dem Ausgräber benannte, recht interessante **Yiga'el Yadin-Museum** in der Seilbahn-Basisstation kostet weitere ₪ 20 – eigentlich die Miete für ein englischsprachiges Headset, das einen auch oben auf dem Felsplateau führt.

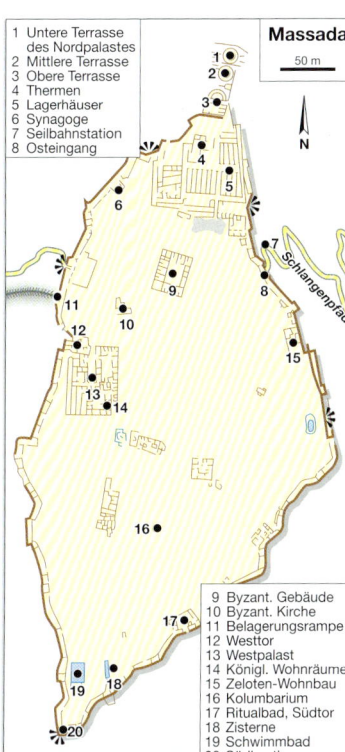

1 Untere Terrasse
   des Nordpalastes
2 Mittlere Terrasse
3 Obere Terrasse
4 Thermen
5 Lagerhäuser
6 Synagoge
7 Seilbahnstation
8 Osteingang

Massada
50 m
N

Schlangenpfad

9 Byzant. Gebäude
10 Byzant. Kirche
11 Belagerungsrampe
12 Westtor
13 Westpalast
14 Königl. Wohnräume
15 Zeloten-Wohnbau
16 Kolumbarium
17 Ritualbad, Südtor
18 Zisterne
19 Schwimmbad
20 Südbastion

Wer den Besuch mit einem Naturschauspiel verbinden will, marschiert so früh am Parkplatz ab, dass er von der Festung aus den Sonnenaufgang über dem Toten Meer erleben kann. Neben dem Sonnenaufgang hat das Frühaufstehen auch den Vorteil, vor den täglich 3000 Besuchern auf dem Berg zu stehen.

Ein weiterer Zugang besteht auf der **Westseite**; von Arad auf der Stichstraße 3199 kommend, (kein öffentlicher Bus), kann man die 100 m Höhendifferenz ab Straßenende zu Fuß in etwa 15 Minuten überwinden, was den Römern vor knapp 2000 Jahren nicht gegönnt war.

Wer Massada nachmittags besucht, kann März-Oktober Di & Do 21 Uhr (Ankunft mindestens 30 Minuten vorher) an einer 50-minütigen, durchaus lohnenden ***Sound and Light Show*** mit Simultanübersetzung auf der Westseite teilnehmen. Individualreisende können einfach hinfahren, nur von Arad aus möglich (s.o., per Auto von der Ostseite ca. 75 min), Eintritt ₪ 45/35, Miete für Simultanübersetzung ₪ 15 (Pass als Pfand), Tel. 08 9959333. Hier kann man auch zelten, siehe unten.

Israels Oper Tel Aviv-Yafo gab seit 2010 auf der **Ostseite** immer mal ein **Opern-**

8

Die Massada, zur Trutzburg wie geschaffen

Die gewaltige Belagerungsrampe der Römer im Westen der Massada

festival. Es fiel auch schon aus, www. opera-in-israel.com. 2017 stieg das Wüsten-Gastspiel Ende Oktober im **Timna Park** bei Elat, siehe unten. Saint-Saëns' Samson & Delilah hätte zwar an ihrem biblischen Ort Ashkelon gegeben werden können, aber egal. 2018 gibt es bisher nur Akko und Jerusalem als Spielorte außerhalb. Vielleicht kommt die große Oper mal wieder an den tiefsten Punkt der Welt – von der Ökobilanz abgesehen sicherlich ein hinreißendes Erlebnis. Eintritt mit Hotel pP vermutlich ab $ 400.

Man kann die Massada auch von oben besichtigen: Von der kleinen Bar Yehuda Flugpiste nordöstlich der Abzweigung zur Festung fliegt die Firma *Sunair* per Cessna eine knappe halbe Stunde durch die Wüste, ₪ 700 Cash für bis zu 3 Passagiere, Tel. 054 5652883.

Direkt an der Bushaltestelle (Busse siehe bei En Gedi) gibt es eine Cafeteria mit allen nötigen Einrichtungen wie Toiletten etc. Wer den Sonnenaufgang erleben will und keinen Platz in der Jugendherberge bekommen hat, muss hier übernachten, denn andernfalls steht die Anreise zumindest von En Gedi oder Arad an.

Geschichte: *Der Hohepriester Jonathan nutzte den Berg bereits Anfang des 1. Jh vC für eine befestigte Anlage, doch erst* **Herodes der Große** *ließ von 37 bis 31 vC diese Bauwerke zu einer komfortablen Burg mit Palästen, 12 Zisternen von je 4000 Kubikmetern Inhalt und Vorratsräumen für lange Belagerungen anlegen. Gesichert war das etwa 200 x 600 m große Gipfelplateau durch eine 1300 m lange* **Kasemattenmauer**. *66 nC eroberten* **Zeloten** *(eine jüdische Sekte, auch Sikarier genannt) die römische Garnison, die zu jener Zeit in der Festung stationiert war. Flavius* **Josephus**, *jüdisch-römischer Geschichtsschreiber, berichtet detailliert, was danach geschah: Nach dem Fall aller anderen Festungen im jüdisch-römischen Krieg wurde Massada von römischen Truppen ab 72 nC belagert. Der Befehlshaber Flavius Silvius ließ auf der Westseite eine* **Rampe** *aufschütten, auf der er Mauerbrechermaschinen hinaufschaffen konnte.*

967 Männer, Frauen und Kinder sahen aus der Burg den Tag der Eroberung näher und näher rücken, nach acht Monaten war die erste Bresche in die Mauer geschlagen, am nächsten Morgen wollten die Römer zum Sturm ansetzen. Der jüdische Anführer Eleazar ben Yaïr hielt eine dramatische Rede und forderte seine Gefährten zum **kollektiven Selbstmord** und nicht zur Aufgabe auf. Zwölf Männer wurden ausgelost, die alle anderen – nachdem diese jeweils ihre Familien umgebracht hatten – zu töten hatten, ein letzter Ausgeloster brachte seine Kollegen und dann sich selbst um. Als die Römer das Bollwerk brachen, standen sie vor einem Berg von 960 Leichen. Lediglich zwei Frauen und fünf Kinder überlebten, sie hatten sich gut versteckt. Später nahmen byzantinische **Mönche** Massada als Zufluchtsort. 1838 wurde Massada wiederentdeckt, Ausgrabungen legten die Vergangenheit frei. Seitdem der israelische Staat existiert, werden Rekruten auf Massada mit dem Gelübde vereidigt: „**Massada darf nie wieder fallen!**"

Badehaus des Herodes

Die kundenorientierte deutsche Filmversion über Massadas Geschichte im **Visitor Center** in der **Talstation** der Seilbahn endet nicht mehr mit diesem martialischen Satz. Wer zu Fuß den Auf- und Abstieg bewältigt, könnte hier vorbeischauen, da es außer dem Film auch Verpflegung und Getränke sowie das erwähnte **Yiga'el Yadin-Museum** gibt.

Die Ruinen sind gut beschildert, sodass man sich problemlos zurechtfinden kann. Oben am Osteingang angekommen, sollte man zunächst nach rechts gehen, denn am Nordrand der Festung baute Herodes seinen Palast. Dieser **Nordpalast** ist als ein für damalige Zeit bemerkenswertes Dreistufenbauwerk in den Fels integriert: Auf der Bergspitze lag der Wohnbereich, der sich mit einem Halbrund bis an den Abhang schiebt, von hier sind die beiden unteren Terrassen gut zu sehen. Beim Abstieg auf die 20 m tiefer liegende Mittelterrasse sind in den Fels gehauene Wasserbehälter zu erkennen. Diese Terrasse war wohl das Lusthaus von Herodes mit Baderäumen. Die

untere Terrasse ist ein säulenbegrenzter Innenhof (Peristyl) mit kunstvoll kannelierten korinthischen Säulen und Wänden mit Marmorimitationen.

Südlich des Herodes-Palastes liegen Thermen und daneben 15 weitläufige Lagerhallen für die für lange Belagerungen benötigten Vorräte. Hier finden Sie auch ein selbst erklärendes Modell zum Wassersystem der Festung. An der Mauer folgt eine Synagoge der Zeloten, in der Schriftstücke gefunden wurden. Südlich der Magazine stehen Reste einer byzantinischen Kirche aus einer Zeit, als Mönche hier lebten. In einem Nebenraum sind noch Reste von Mosaiken mit Pflanzendarstellungen erhalten. Geht man wieder zur Westmauer zurück, so stößt man bald auf den **Westpalast**, das größte Bauwerk auf Massada. Er diente dem König als Empfangs- und Regierungspalast. Der Thronsaal ist noch zu identifizieren, in einigen Räumen gibt es schöne Mosaike; es sind die ältesten bekannten in Israel. Gleich westlich des Palastes

8

liegt oberhalb der römischen Rampe das Westtor.

An der Südspitze des ausgedehnten Massada-Plateaus steht die Südbastion, in der Nähe eine große Zisterne. An der Ostmauer sieht man eine weitere Zisterne und Wohngebäude der Zeloten.

Übernachten

Es sollte kein Problem sein, einen Schlafsack in der Wüste auszurollen. Das ist kostengünstig, aber man sollte genügend Trinkwasser sowie einen kleinen Spaten als „Toilettenspülung" dabei haben. Andernfalls:

• **HI Massada Hostel**, Tel. 08 9953222, Buchen über 159 9510511, www.iyha.org.il (Vorbestellung sehr empfohlen); einzige überdachte Übernachtungsmöglichkeit, Pool, erschwingliches Restaurant, 4-Betten-Dorms, sehr sauber, jeweils eigenes Bad, AC, WLAN, mF Dorm pP $ 53, E $ 101, D $ 133

• **Camping Massada Westside**, Zufahrt nur von Arad aus, Tel. 08 6280404+1, ₪ 53/42, Hook-up ₪ 30.

🚌 17 km bis

En Boqeq**

Nachteile wie etwa die durch die vertrackte Geologie am Toten Meer verteilen sich leicht gleichmäßig: In En Boqeq wird **kräftig gebaut**, denn in den Verdunstungspfannen am hiesigen Südteil des Sees lässt sich der Wasserstand regeln und – hier ist der mittlerweile **einzige öffentliche Strand**, der höchstens Busanfahrt oder einen Parkschein kostet. Dafür soll nun die Verweildauer erhöht werden, wenn die Leute schon in größeren Scharen kommen: **Strände** neu aufschütten, neue **Strandpromenade**, neue *Shopping Center* und *Food Courts*. Manche werden sagen, der Ort habe gewonnen, andere werden es anders sehen – bei Redaktionsschluss war das Ergebnis noch nicht einzuschätzen.

Die bei Touristen und vor allem auch Kranken beliebte, eher mondäne Bade-

Oase verfügt ansonsten hauptsächlich über Luxushotels (zum Teil mit eigenem Badestrand). Zwei Mineralquellen verwandeln das schluchtartige Tal in fruchtbares Land und speisen die Heilbäder.

Bislang gab es einen zentralen Pavillon mit *Tourist Information*, Supermarkt, Restaurants und Cafés und einem Solarium, gegenüber dem Hotel Lot gab es einen guten Picknickplatz. Außerdem kann man im **Lot** 8-18.30 als All-Inclusive-Tagesgast einchecken, den begrünten Badestrand benutzen und ein erfreuliches Lunch-Buffet genießen (mit Buffet $ 50, ohne $ 35). Neben dem Pool des Leonardo Inn befindet sich das Restaurant **Tah Mahal** in einer Beduinenzelt-Imitation, unbeduinischer Alkoholausschank, freitags unbeduinischer Bauchtanz, aber ganz gemütlich und gute Grillgerichte ab 12 Uhr, Tel. 050 5850515, www.taj-mahal.co.il. Weitere, günstigere Essplätze im öffentlichen Bereich.

Übernachten

Günstige Hotels oder gar Hostels sind **kein** Thema in En Boqeq. Ein paar Häuser seien genannt, um die Preisspanne anzudeuten – man muss meist Halbpension und oft mehrere Nächte buchen. Hochsaison ist hier im Winter. Will man gern am südlichen Toten Meer unterkommen, bieten sich südlich der beiden einzeln stehenden Club-Hotels Zimmerim in Neve Zohar an, schauen Sie auf booking.com & Co. Oder man fährt weitere 40 km und findet südlich des Toten Meeres in Neot HaKiKar (siehe unten) eine ruhige, erschwingliche Bleibe, auch Arad, siehe unten, liegt mit 30 km fast um die Ecke.

• **Hod HaMidbar**, Resort & Spa, 4*, Tel. 08 6688222, Fax 08 6584606, www.hodhotel.co.il; Halbpension E $ 197-323, D $ 219-358

• **Lot**, Tel. 08 6689200, Fax 08 6584623, www.lothotel.co.il; drei Sterne, 2015 runderneuert, beherbergt das *Deutsche Medizinische Zentrum* für Klimatherapie (www.dmz-klinik.de), Halbpension E $ 189-218, D $ 209-248

• **David**, Tel. 08 6591234, Fax 08 6591235, www.david-deadsea.com; unter dem Vorbesitzer noch fünf Sterne, tolle Pools, Luxus hat etwas nachgelassen, Lobby

ziemlich laut, Halbpension E $ 131-347,
D $ 153-378
• **Leonardo Inn**, Tel. 08 6684666,
www.fattal.co.il; Pool, ruhig, selber Strand
am Toten Meer wie David – halbstünd-
liches Shuttle dorthin, Halbpension
E $ 132-194, D $ 46-215

Die Straße 90 umgeht die Hotel-Stadt
oberhalb, sodass man sich unten am Ufer
noch exklusiver vorkommt. Am Nakhal
Boqeq stehen etwas landeinwärts die
Ruinen einer kleinen römischen Festung
namens *Mezad Boqeq*, östlich davon die
Überreste einer vermutlich herodianischen Werkstatt, häufig *Officina* genannt.

🚗 8 km bis

Neve Zohar

Im Wadi oberhalb von Neve Zohar – ca.
3 km wadiaufwärts – ragt inmitten wilder
Erosionslandschaft ein Hügel mit Ruinen
auf, von der Hauptstraße führt eine Piste
hinauf. **Mezad Zohar** war ein nabatäi-
sches, später byzantinisches Kastell. Noch
besser als der direkte Eindruck im Wadi

ist der Blick von der Straße 31, die gleich
nach Neve Zohar rechts Richtung Arad
in den Bergen verschwindet. Fahren Sie
– falls Sie nicht dieser Route ohnehin folgen – unbedingt knapp 3 km bis zum
zweiten Aussichtspunkt, von dort liegen
Burg und das wilde Wadi fotogerecht zu
Ihren Füßen. In Neve Zohar gibt es mehrere Zimmer-Übernachtungsangebote,
www.neve-zohar.co.il (hebr.). Falls Sie von
hier die Straße 90 **nach Norden fahren**
wollen und der Sprit knapp ist: Hier **tanken**, denn bis zum Nordufer in 75 km
kommt nichts mehr.

🚗 Abstecher nach

Sodom**

Bleiben Sie auf der Straße 90, die hier we-
gen der Umgehung von En Boqeq und
Neve Zohar einen Haken schlägt. Um nach
Elat weiterzufahren, muss man bei dem
Abzweig der Straße 31 nach links hinunter
Richtung Totes Meer fahren, und dann
rechts abbiegen. Hier beginnt rechts ein
riesiger Salzstock, der Har Sedom, der

Mezad Zohar aus der Vogelperspektive

8

Sodom, ein Gebirgsstock aus purem Salz

130 m aufragt und eine Grundfläche von rund 2 x 11 km einnimmt. Die seltenen Regenfälle und Erosion ließen Tunnels, tiefe Einschnitte und Kamine sowie Höhlen entstehen. Zwar ist der Salzstock in seiner äußeren Farbe kaum von der Umgebung zu unterscheiden, aber wenn man es weiß, fallen die scharfkantigen Formen auf.

Der Salzstock wird mit dem biblischen Sodom in Verbindung gebracht, und meistens kann auch eine Salzsäule gezeigt werden, die *Lots Weib* genannt wird (Straßenschild). Löst sie sich auf, entsteht im Laufe der Zeit anderswo sicherlich eine ähnliche Formation. Die aktuelle wird nachts angestrahlt. Dasselbe gilt auch für die Höhlen, die sich durch Regenauswaschungen stark verändern. Die flachen Zonen des südlichen Beckens des Toten Meeres werden zur Salz- und Mineralgewinnung genutzt. Bereits 1953 legten die Israelis riesige Verdunstungsbecken an – heute als **Dead Sea Works** bekannt –, aus denen große Bagger die nach der Wasserverdunstung zurückbleibenden Mineralien bergen, um sie in den Werken weiterzuverarbeiten. Hauptsächlich werden hier Kaliumchlorid, Magnesiumchlorid und Brom gewonnen. Nachts ist hier alles hell erleuchtet.

Kurz vor den Dead Sea Works weist ein Schild zur **Flour Cave** und zum **Mount Sedom Look Out**. Die etwa 6 km entfernte schneeweiße *Mehl-Höhle* ist eigentlich ein Canyon, der sich tief in den weichen Kalkboden einer Ebene geschnitten hat, so schmal und so scharfkantig, dass man ihn erst kurz vor Erreichen erkennt – nachts könnte man glatt hineinfallen. Aber auch tagsüber wird man auf dem Weg in die Höhle eine **Taschenlampe** benötigen. Der Besuch dieses ungewöhnlichen Flusslaufs kann nur empfohlen werden. Er lässt sich vorzüglich mit einem Abstecher zum *Mt. Sedom Look Out* verbinden, der oben auf dem Salzstock **Har Sedom** angelegt wurde und einen weiten Ausblick über das südliche Tote Meer bietet.

Der Schotterweg von der Straße 90 aus ist auch mit normalen PKWs zu befahren, sogar Touristenbusse fahren dorthin. Nach 2,3 km verzweigt sich die Piste, links ist die **Flour Cave** ausgewiesen, geradeaus geht es zum Look Out. Fahren Sie zunächst geradeaus, nach 1,5 km kommt eine Verzweigung, an der ein Weg rechts hinauf auf den Salzberg führt. Man könnte auch geradeaus 1,5 km weiterfahren und dann durch einen schmalen Canyon zu Fuß den Har Sedom in ca 20-30 Minuten erklimmen. Am Schild zuvor weist ein dritter Pfeil nach links (von der Hauptstraße 90 aus gesehen) zur *Flour Cave*. Wenn es nicht geregnet hat, nehmen Sie diese Route, sie endet am Eingang zum Canyon. Für den Rückweg kann man direkt ohne den Abstecher zum Look Out fahren, siehe Ausschilderung.

Die Straße 90 führt von den *Dead Sea Works* aus durch das **Wadi Arava** nach Elat. Diese direkte Route ist eine Alternative zu der im nächsten Abschnitt beschriebenen Strecke über **Beer Sheba**, d.h. man kann die eine Strecke für die Hinfahrt, die andere für die Rückfahrt nehmen. Obwohl die Arava-Straße ohne spektakuläre landschaftliche Ereignisse aufwartet, bietet sie immer wieder interessante Wüstenformationen am Wegesrand. Wenn Sie nachmittags fahren, ist die jordanische Seite des Grabenbruchs besonders schön beleuchtet. Die Straße steigt vom Toten Meer aus allmählich an und hat in der Gegend von Zofar Meeresniveau erreicht.

Ein letzter Hinweis für die Strecke auf der Straße 90: Noch bevor Sie an der Einmündung der Straße 25 nach Dimona vorbeikommen, könnten Sie links auf die Nebenstraße 2499 zu den Moshavim **En Tamar** und vor allem **Neot HaKikar** einbiegen und südlich des Toten Meeres fast bis Jordanien fahren. In dieser Abgeschiedenheit hat sich einiges **Künstler-** **volk** angesammelt, das nun seinerseits Leute anzieht, wie – etwas erstaunlich – die vielen Übernachtungsmöglichkeiten zeigen (hier nur eine Auswahl, im Juli/August ist es allerdings zu heiß). Davon abgesehen ist der Moshav mit intensivster Landwirtschaft und etwas Industrie nicht gerade attraktiv.

Essen gehen

z.B. in der erwähnten **Fata Morgana**, tagsüber im Fischrestaurant von **Pnina** (wo man ebenfalls übernachten könnte) Tel. 08 6555 107, www.2all.co.il/web/Sites/pnina, oder abends im Nachbarort En Tamar auf **Kathy's Porch**, Tel. 052 4504446, www.facebook.com /katisplacee.

Übernachten

- **Belfer's Dead Sea Cabins**, Tel. 08 6555104 oder 052 5450970, michalbelfer@gmail.com; sehr angenehme Holzhütten, sauber, WLAN, mF D ₪ 580
- **Cycle Inn**, Tel. 052 8991146, www.weekend.co.il/negev/cycle; Gästehaus gut für Gruppen geeignet, Fahrrad-Unterstützung aller Art, D ₪ 390
- **Shkedi's Camplodge**, Tel. 052 2317371 oder 072 3902196, www.shkedig.com; geöffnet September-Juni, Wüstentouren aller Art, eigenes Zelt mitbringen ₪ 70, sauber, Zimmer mit AC, WLAN, Dorm-Zelt pP ₪ 100, D ab ₪ 350
- **Fata Morgana Desert Khan**, Tel. 050 3445746/7, www.fata-morgana.co.il; Matratzen in Zelt-Hütten, auch Gruppen, Touren & Workshops, beduinisch angehauchtes Restaurant, Dorm pP ₪ 100

Zurück nach Neve Zohar und dort der Straße 31 Richtung Arad folgen. Besonders im unteren Drittel führt sie durch faszinierende Erosionslandschaft – ein schönes Naturerlebnis steht Ihnen bevor und der Aufstieg vom tiefsten Bereich der Erde in luftigere Höhen. Vergessen Sie dabei nicht den Halt am weiter oben erwähnten Aussichtspunkt auf das Kastell Mezad Zohar.

8

🚐 24 km bis

Arad**

Geschichte: *Seit dem 4. Jahrtausend vC ist Arad besiedelt, im 2. Jahrtausend lassen sich die Kanaanäer nachweisen, die sich mit den Israeliten herumschlugen. 920 vC wurde Arad vorübergehend von Pharao Schesschonk erobert, bald kam es wieder an das Königreich Juda. Nach dessen Untergang 586 vC übernahmen die verschiedenen Eroberer die an wichtigen Handelsstraßen gelegene Stadt ein. Erst nach der muslimischen Eroberung verfiel sie.*

Arad liegt als Basis nicht ungünstig, wenn man die judäische Wüste oder auch die historischen Plätze der Gegend erkunden will, sei es das nahe gelegene Massada oder nur den Tel Arad. Aber auch die wüstenhafte Natur hat demjenigen viel zu bieten, der auf Trekking- oder Jeeptouren gehen will. Trotz aller Anfechtungen hat sich

das 600 m hoch gelegene Städtchen mit etwa 24.000 Einwohnern als eine gewisse Idylle mit geringen sozialen Problemen und sogar nahezu drogenfrei halten können. In Arad lebt der weit über Israels Grenzen hinaus bekannte Schriftsteller Amos Oz.

In der Umgebung wurden reiche Gasvorkommen entdeckt. Daraufhin gründeten israelische Siedler 1961 die neue Stadt, die zunächst auf dem Reißbrett entstand und dabei den Wüstenbedingungen angepasst wurde: Möglichst viel Kühle durch viel Schatten, Pflanzen mit wenig Wasserbedarf. So ist Arad heute eine moderne Siedlung mit erstaunlich viel Grün und Blumen quasi in der Wüste und am Abbruch zum Toten Meer hin. Wegen der nicht oder wenig vorhandenen Pollen, der Höhe und der trockenen Luft ist Arad ein beliebter Aufenthaltsort für Asthma-Kranke; die Stadtverwaltung achtet strikt

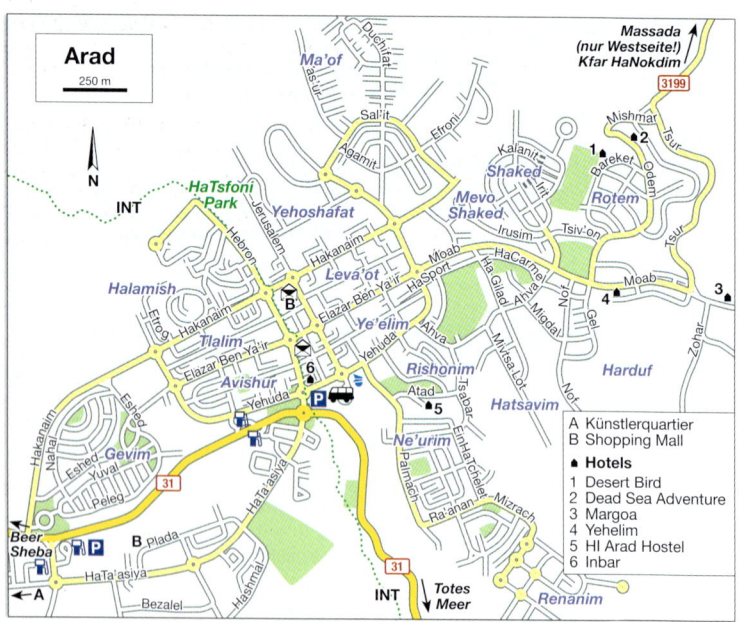

A Künstlerquartier
B Shopping Mall

▲ **Hotels**
1 Desert Bird
2 Dead Sea Adventure
3 Margoa
4 Yehelim
5 HI Arad Hostel
6 Inbar

darauf, dass keine Pflanzen angebaut werden, die diese pollenfreie Situation verändern könnten.

Das verhältnismäßig ruhige Städtchen wacht einmal jährlich auf, wenn in der zweiten Juliwoche das *Hebrew Song Festival* abgehalten wird. Ursprünglich für Rock-Pop-Musik, kamen ruhigere Töne auf, nachdem bei einem Unglück Mitte der 1990er Jahre Jugendliche zu Tode kamen. Der Schwerpunkt des *Arad Music Festivals* liegt jetzt auf Liedermacherei und Volksmusik.

Bildende Kunst findet für Besucher vor allem im Künstlerviertel im alten Industriegebiet statt (an der Paz-Tankstelle mit der Touristen Information von Straße 31 abbiegen, am Kreisel rechts, dann die dritte Straße rechts). In der HaSadan St haben sich rund 20 Künstler niedergelassen (10-13, Do/Sa -17, Fr -14); in der Nr. 9 gibt es Skulpturen im „Zentrum für Wüstenkultur, Erde und Keramik", nebenan in Nr. 11 hat ein Glaskunstmuseum eröffnet, Sa-Do vormittags ab 10, www.warmglassil.com, später am Tag in der Nr. 10 vielleicht eine Weinprobe in der Wüsten-Winzerei, www.midbar-winery.co.il.

Ein Bummel durch die Stadt hält keine Überraschungen bereit. Es gibt ein großes Shoppingcenter – Arad Mall – an der Ecke Hevron/HaQanaim St. Jeweils montags findet ein offener Markt statt. Die Moav St, die Verlängerung der innerstädtischen Eliesar Ben Yair St, führt nach Osten in die sog. Hotel Area und bietet unterwegs verschiedene Aussichtspunkte mit zum Teil großartigem Blick.

Von Arad wurde die 20 km lange Stichstraße 3199 (Ramparts Road) durch die Wüste zur Westseite der Festung Massada (siehe S. 436) gezogen. Vom dortigen Parkplatz aus kann man in 20 bis 30 Minuten über die Rampe hinaufgehen, welche die Römer für die Eroberung der Festung bauten, und Di/Do an Sommerabenden die Sound- & Lightshow verfolgen. Auf etwa halbem Weg gelangt man zum Kfar HaNokdim, einer beduinenhaften Unterkunft mitten in der Wüste (siehe unten).

Praktische Informationen
Telefon-Vorwahl 08

Das **Tourist Information Office** hinter der Paz-Tankstelle an der Straße 31 am Westausgang ist seit Jahren geschlossen, auch das Info-I im israelischen Atlas im Stadtzentrum ist obsolet. Fragen Sie die Google-Übersetzung nach www.arad.muni.il (hebr.).

Busverbindungen
▸ Egged 384/5 und Metropoline 386/8 nach Beer Sheba,
▸ Egged 389 nach Tel Aviv,
▸ Egged 384 nach En Gedi über En Boqeq, Massada;
▸ nach Jerusalem zusammen mit Ultraorthodoxen Egged 555.

Der Busterminal liegt im Zentrum, durch einen Streit zwischen Egged und der Stadt Abfahrt von der Jerusalem St. – In unbestimmter Zeit soll auch die Eisenbahn bis hierher fahren.

Essen und Trinken
Arad kann Gourmets nichts bieten. In der Arad Mall finden sich ein paar Imbisse, auch im Shuk südlich des Kreisels der Straße 31 wurde dergleichen schon gesichtet. Empfehlenswert: **Muza**, westlich des genannten Kreisels bei der Alon-Tankstelle: innen ein prima Bier-Pub mit beachtlicher Fußballschal-Sammlung, außen Orient-Lounge mit Sitzkissen und flachen Tischen. Reichhaltige Karte, gutes Preis-Leistungs-Verhältnis, auch am Shabbat ab 8 Uhr bis Schluss, www.muza-arad.co.il. Im Künstlerviertel gäbe es noch das Galerie-Café **Casa Paniz**, und die prima Pizzeria **Kaparuchka** liegt südlich der Straße Richtung Massada-West. Noch mehr suchen muss man das höherpreisige vegetarische **Anna Maja** im westlichen Stadtteil Gevim. Oder man ordert tags zuvor eine Beduinenmahlzeit abends um 18.30 Uhr im Kfar HaNokdim (siehe weiter unten).

Übernachten
• **Yehelim**, 72 Mo'av St, Tel. 077 5632806, Fax 074 7031616, www.yehelim.com;

8

kleines, freund-liches Boutique-Hotel, oft toller Wüstenblick, sehr sauber, AC, TV, WLAN, mF D ab $ 190

• **Inbar**, 38 Yehuda St, Tel. 9973303, Fax 9973322, www.inbar-hotel.co.il; gepflegt, relativ großzügige Räume, gut eingerichtet, im obersten Stock spezielle Räume für Asthma-Kranke, AC, TV, WLAN, mF E $ 87-114, D $ 103-128

• **Margoa**, 87 Mo'av St, Tel. 99512224, Fax 9957778; hier existierte mal eine Asthmaklinik, jetzt scheint das Haus fest in haredischer Hand – vielleicht treffen Sie jemanden an der Rezeption, relativ große Räume, AC, TV, mF E $ 75, D $ 89

• **Desert Bird,** 28 Bareket St, Tel. 072 3902195, desertbird2015@gmail.com; recht klein und familiär, eher Meditation als Action, WLAN, mF Dorm pP ₪ 100, D ab ₪ 320

• **Dead Sea Adventure,** 68 Odem St, el. 072 3902203, www.deadseaadventurehostel.com; mehr Action als Meditation, sauber, freundlich, Fahrräder, keine Kreditkarten, AC, WLAN, mF Dorm pP ₪ 85, D ab ₪ 280

• **HI Arad Hostel, früher: Blau-Weiss**, 4 Atad St, Tel. 02 5945599, Buchen über 159 9510511, www.iyha.org.il; Bungalows zwischen schattigen Bäumen, sauber, AC, TV, WLAN, mF Dorm pP $ 48, E $ 95, D $ 121

Außerhalb

• **Kfar HaNokdim**, an der Stichstraße 3199 zur Westseite der Massada, Tel. 9950097, Fax 9957326, www.hanokdim.com; Beduinenzelte nur große Gruppen, Kamelausritte, Jeeptouren, hübsch eingerichtete Holzhütten, sauber, beheizbar, AC, Rabatt bei Halbpension, sonst: Dinner ₪ 100, Frühstück ₪ 70, E ₪ 480, D ₪ 610

Historisch Interessierte werden den

Tel Arad**

besuchen (8-17, Fr 16, Winter -16, Fr -15, letzter Einlass eine Stunde vor Schluss, ₪ 14/7, Camping ₪ 53/42), der 8 km westlich an der Straße 31, dann 2,5 km Straße 80 nach Norden, zu erreichen ist. Weinfreun-

de könnten 1 km vorher rechts Wüsten-Weinbau und dessen überzeugende Produkte erkunden, die www.yatirwinery .com gehört zum Carmel-Verbund.

Geschichte: *In den 1960er Jahren wurde hier eine kanaanitische Stadt aus der Frühbronzezeit ausgegraben, die weitläufige Stadtmauer mit Türmen wurde vor knapp 5000 Jahren errichtet. Nach vergeblichen Versuchen der Israeliten gelang es laut Bibel schließlich Josua, den kanaanitischen Ort zu erobern – laut archäologischem Befund kann es jedoch keine Kämpfe gegeben haben, weil der Ort rund 1500 Jahre lang verlassen war. Wahrscheinlich legte König Salomo die Stadtbefestigung und eine Zitadelle an. Zwar eroberten 920 vC die Ägypter kurzzeitig Arad, bald kam es aber an das Königreich Juda zurück. Auch nach dessen Untergang konnte sich die Stadt weiterhin behaupten, erst in islamischer Zeit wurde der Ort aufgegeben.*

Am Eingang sind ein kostenloser Plan der Anlage und eine empfehlenswerte Rekonstruktionszeichnung der kanaanitischen Siedlung erhältlich. Die Häuser waren an Straßen und Plätzen angelegt, eine noch erkennbare Stadtmauer umgab sie. Die **kanaanitische Siedlung** liegt unten am Hügel (leicht links vom Eingang), anhand der Grundmauern lässt sich auch für den Laien das Stadtbild rekonstruieren. Erkennbar sind die Mauern

Das Allerheiligste in Arad

eines großen und eines kleinen Doppeltempels, eines Palastes und der Wasserversorgung. Im Wohnbereich im Süden der ummauerten Stadt wurde ein Haus komplett wieder aufgebaut.

Zur **Zitadelle** auf dem Hügel führt eine Asphaltstraße mit Parkplatz.

Wenn man vom Eingang, dem ehemaligen Osttor, zum Aussichtspunkt in der Südwestecke geht, öffnet sich der beste Überblick sowohl über die Zitadelle als auch die kanaanitische Stadt. Im Nordwesten der Zitadelle wurde der einzige israelische **Tempel** außerhalb Jerusalems freigelegt: Es gibt einen Vorhof mit Altar, und das Allerheiligste wurde richtiggehend bestattet, was zeitlich mit der im Alten Testament sehr gelobten Kultreform des Königs Josia Ende des 7. Jhs vC zusammenfällt: Tempeldienst nur noch in Jerusalem. Auf den Räucheraltären aus Arad, jetzt im Israel-Museum, befinden sich noch Weihrauchreste. Weiterhin sind in der Zitadelle verschiedene Lagerräume, ein Turm aus hellenistischer Zeit und ein Wasserkanal auszumachen.

🚗 53 km bis

Beer Sheba

Beer Sheba, die **Hauptstadt der Wüste** mit 204.000 Einwohnern, ist ein lebendiges Beispiel dafür, was man mit Wasser, Technik und entsprechender Finanzierung aus wüstenhaftem Boden machen kann. Beer Sheba gehört zwar nicht zu den schönsten Orten Israels, doch das Grün in den Straßen und bunte Blumengärten machen die Stadt zur Attraktion einer weithin wüstenhaften Umgebung. Bis 2020 sollen Stadtbild und -struktur stark aufgewertet werden – was immer das heißt, nach Süden raus meint man an einer Wüste von gefühlt zwanzig Malls vorbeizufahren.

Sehenswertes

★★★ Tel Beer Sheba, interessante Ausgrabungen aus biblischer Zeit, seit 2005 Weltkulturerbe, S. 452

★★ Joe Alon Centre mit Beduinenmuseum, abseits gelegenes Multimuseum mit interessanter Beduinenabteilung, S. 452

★★ Altstadt, ehemals arabische Altstadt, wird wieder lebendiger: osmanische Gebäude werden saniert, S. 448

★★ Carasso Science Park, prima Hands-On Museum für Jung und Alt, Interesse an Wissenschaft und Technik muss man nicht mitbringen, S. 449

★ Negev Museum of Art, israelische Gegenwartskunst und islamische Kunst in ehemaligem Gouverneurspalast und ehemaliger Moschee, S. 449

★ Beduinenmarkt, traditioneller Donnerstagsmarkt der Beduinen, der stark kommerzialisiert ist, die Beduinen sind eher am Rand zu finden, S. 450

★ Abrahamsbrunnen, neues Visitor Center um einen Brunnen, der auf Abraham zurückgehen soll, S. 448

★ Rahat, größte Beduinenstadt in Israel, aber ohne besondere Atmosphäre, S. 453

8

Geschichte: *Ausgrabungen auf dem Tel Abu Matar am Ostrand der Stadt ergaben, dass die Gegend bereits im 4. Jahrtausend vC von Halbnomaden besiedelt war. Viel später grub Abraham hier einen Brunnen und zahlte mit sieben Schafen dafür (Brunnen der Sieben – hebr. Beer Sheba).*

Um 1100 vC hatten die Israeliten auf dem 6 km außerhalb liegenden Tel Beer Sheba ihre südlichste Stadt gebaut. Vom 2. Jh vC bis zum 7. Jh nC war Beer Sheba hauptsächlich Garnisonsstadt, zunächst der Makkabäer, dann der Griechen, Römer und Byzantiner. Die folgenden Jahrhunderte bleiben im geschichtlichen Dunkel, jedoch lagerten ständig Beduinen in der Gegend. Um 1900 siedelten wieder Juden, mussten aber während der arabischen Unruhen flüchten und kehrten erst 1948 zurück. Heute leben fast ausschließlich Juden hier, seit Anfang der 1990er Jahre auch viele aus Russland; die Planungen reichen bis zu 500.000 Einwohnern.

Beer Sheba ist eine jugendliche Stadt mit vielen neuen und manchmal mit anspruchsvoller Architektur gebauten Häusern. Die ** **Altstadt** ist fast vollständig eingekreist von Neubauten. Sie ist aber vom Zentrum, das um Post und das Shopping Center Kanyon (Qenion) liegt, nur wenige Schritte entfernt. Wer ein bisschen Zeit erübrigen kann, sollte durch die vergleichsweise engen Straßen des alten Viertels bummeln. Starten könnte man etwas außerhalb beim neuen *Visitor Center* (inklusive *Tourist Information*) mit * **Abrahamsbrunnen** (*Beer Avraham Avinu*, 2 Hevron St, So-Do 8-17, Fr -13, ab 6 J. ₪ 35, Film & Führung

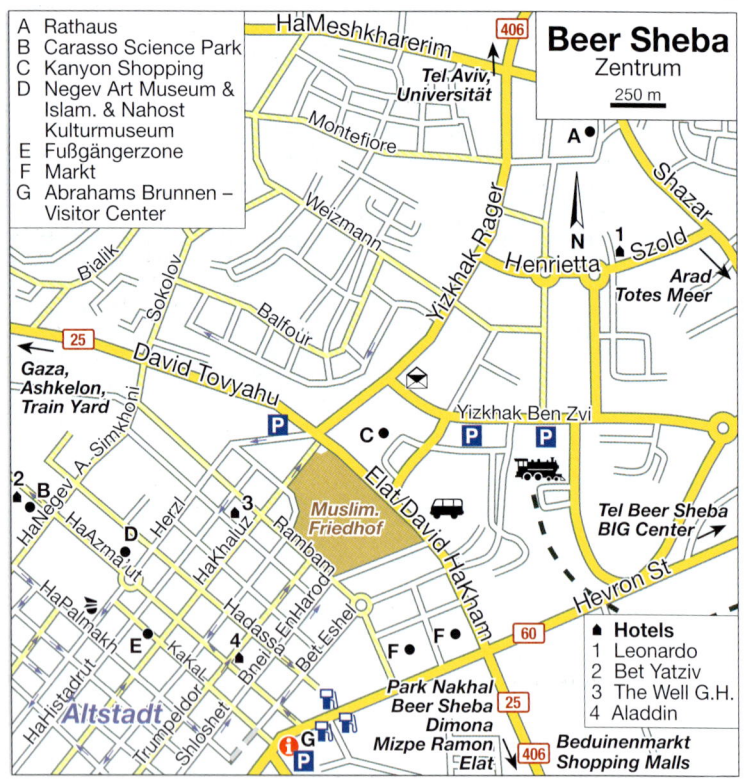

A Rathaus
B Carasso Science Park
C Kanyon Shopping
D Negev Art Museum &
    Islam. & Nahost
    Kulturmuseum
E Fußgängerzone
F Markt
G Abrahams Brunnen –
    Visitor Center

Beer Sheba
Zentrum
250 m

HaMeshkharerim   406

Tel-Aviv,
Universität

Montefiore

Weizmann

Bialik

Sokolov

Balfour

25
Gaza,
Ashkelon,
Train Yard

David-Tovyahu

Yizkhak-Rager

Shazar

N 1   Szold
Henrietta

Arad
Totes Meer

HaNegev A. Simkhoni

HaAzma'ut

Herzl

HaKhaluz

Rambam

Muslim.
Friedhof

Elat/David Hakham

Yizkhak-Ben-Zvi

C ●

2
● B
D

HaPalmakh

3 ●

Hadassa

Kakal

4
Bneisra

En-Harod

Bet-Eshel

F ●   F ●

Tel Beer Sheba
BIG Center

Hevron St

60

HaHistadrut
Trumpeldor
Shlosher

Altstadt

E

Park Nakhal
Beer Sheba   25
Dimona
Mizpe Ramon   406
Elat

i G
P

▲ **Hotels**
1 Leonardo
2 Bet Yatziv
3 The Well G.H.
4 Aladdin

Beduinenmarkt
Shopping Malls

Im Visitor Center: Der Abrahamsbrunnen

Das Negev Museum of Art

vorher buchen: Tel. 08 6234613, www. abraham.org.il). Die Beton-Zeltarchitektur von 2013 ist ganz hübsch, ebenfalls der 3D-Film, der einen in Abrahams Gefolge einreiht, preiswert ist es nicht unbedingt. Danach öffnet sich mit großer Geste ein Vorhang mit Blick auf einen komplett kargen Innenhof (bei unserem Besuch auch noch mit abgestorbener **Tamariske** – offenbar nicht von Abraham gepflanzt; eine sehr stattliche 60 Jahre alte steht außerhalb des Gebäudes an der Straßenecke). Das unspektakulär eingefasste Brunnenloch stammt aus dem 13. Jh nC, Abraham jedoch hat viel früher (siehe oben) und ein Stück entfernt gegraben, wenn er denn gegraben hat. Parken südlich des Gebäudes kein Problem, man muss nur den Weg zwischen den beiden Tankstellen östlich von hier finden und dann rechts abbiegen.

Die Stadtverwaltung offeriert immer bessere Stadtpläne für einen Altstadt-Rundgang und einen größeren für die gesamte *Opportunity Capital of Israel*. Sie sollten vom Brunnen aus die HaAzma'ut St hinaufgehen, denn auf dem Gelände der Nr. 60 finden Sie das lohnende ∗ **Museum of Islamic and Near Eastern Cultures** (MoDiDo 10-16, FrSa -14, Mi 12-19, Eintritt) in einem Moscheegebäude auf demselben Grundstück wie das ∗ **Negev Museum of Art** im früheren osmani-

schen Gouverneurspalast untergebracht, ein anregendes Setting für zeitgenössische israelische Kunst (im Sommer Open Air Konzerte, www.ine-museum.org.il und www.negev-museum.org.il).

2013 eröffnete das *Carasso Science Center* (die Straße weiter hinunter jenseits der nächsten Kreuzung auf der linken Seite). Israels größtes **Ausprobiermuseum** für Wissenschaft und Technik in 13 Abteilungen (79 HaAzma'ut St, Sa-Mi 9-17, Do -20, ₪ 60/54, Tel. 6252600, http://en.sci-park.co.il) ist durchgängig Englisch beschriftet und ein Besuchermagnet. Wenn Sie einen Blick auf einen **britischen Kriegsgräber-Friedhof** des Ersten Weltkriegs werfen wollen, müssten Sie die HaAzma'ut St noch ein Stück stadtauswärts gehen, er liegt nach dem Militärkomplex linker Hand. Die Straße nach Nordosten über den Kreisel hinweg führt links zum osmanischen Bahnhof von 1915, als *Engine 70414 Train Yard* inzwischen ähnlich voll touristisch erschlossen wie in anderen Städten: kleines Museum, Gourmet Restaurant, kleine Shops und Galerien und eine große Dampflok. Vom Museum zurück in die Altstadt kreuzen Sie eine Reihe von Querstraßen, zwischen HaHaluz St und Herzl St wurde ein **Fußgängerbereich** eingerichtet, dessen Attraktivität ebenfalls gesteigert wird. Die meisten **Shops**

8

der * **Altstadt** reihen sich an der Hauptader namens Keren Kayemet LeYisrael St *(kurz: KaKaL)*, die schließlich wieder zurück zum Abrahamsbrunnen führt. Ein Stück westlich von hier können Sie sich bei starkem Interesse an Kunst noch zum *Artist's House* und dem *Youth Art Center* begeben.

Donnerstags ab 6 Uhr beginnt in Beer Sheba der in Touristenkreisen bekannte und im Stadtbereich ausgeschilderte * **Beduinenmarkt** am südlichen Stadtrand, inzwischen Richtung türkische Eisenbahnbrücke ausgelagert, der am früheren Nachmittag endet. Er war einer der buntesten Märkte dieser Art in Israel, hat sich aber eher zu einer Allerweltsveranstaltung gewandelt. Gehandelt wird alles, von billigen Kleidern, Unterwäsche, Armbanduhren, über Tapeten, Klobürsten bis hin zu (wenig) Schmuck und (wenigen) Beduinenkleidern oder Gebrauchsgegenständen der Nomaden. Unter all der professionell angebotenen Ramschware trifft man kaum noch die Namensgeber des Marktes. Die meisten von ihnen – Käufer wie Händler – kommen in aller Herrgottsfrühe, wenn der Markt öffnet und verschwinden wieder, sobald der große Rummel beginnt.

Beer Sheba ist schließlich Sitz der **Ben-Gurion-Universität** (Bus 5, per Bahn: Nordbahnhof), zu der – kaum zufällig – ein Institut zur Erforschung arider Gebiete gehört. Für Interessierte gibt es eine Ausstellung über wissenschaftliche Entdeckungen und deren praktische Anwendung. Das Public Relation Department der Universität organisiert Führungen; vorher anmelden, So-Do 9-16: Tel. 6461750, www.bgu.ac.il.

Praktische Informationen

Telefon-Vorwahl 08

Tourist Information Office, im Abrahamsbrunnen 2 Hevron St, Öffnungszeiten siehe oben, www.beer-sheva.muni.il, hilfreicher Stadtplan.

Überraschung in der Wüste: Beer Sheba hat 2012 einen **Preis für Öko-Tourismus** der Europäischen Wandervereinigung gewonnen. Zusammen haben Stadt und die **SPNI** einen 42 km langen Rundwander- und -radfahrweg im Grüngürtel um die Stadt herum geschaffen, der auch an den *Israel National Trail* angeschlossen werden soll: Der *Round Beer Sheba Trail* (RBST) ist weiß-rot-weiß markiert und auf dem Stadtplan verzeichnet. Südlich der Str. 60 und östlich der 25 entsteht außerdem ein großer **Flusspark** mit vergleichsweise viel Grün: www.kkl.org.il/eng/tourism-and-recreation/forests-and-parks/beersheva-river-park.aspx.

Veranstaltungen

Im Frühsommer findet in der Altstadt das viertägige Smilansky-Festival statt, mit bildender Kunst, Musik und allem, was dazugehört, und im Juli steigt in Beer Sheba ein weithin bekanntes internationales Akkordeon- und Harmonium-Festival.

Verkehrsverbindungen

▸ Egged-Bus 370 nach Tel Aviv (New CBS),
▸ Busse 446 und 470 (Express) nach Jerusalem,
▸ Bus 384 über Arad ans Tote Meer,
▸ 392 oder besser Metropolin 60, 64 und 65 (der schnellste) nach Mizpe Ramon,
▸ 397 über Dimona nach Elat.
▸ **Lokale Busse:** Die Busse 2, 3, 4 und 7 fahren vom zentralen Busterminal zur Altstadt (und weiter).

Der Busterminal liegt in der Elat St direkt südlich neben dem Canyon Shopping Center.

Gleich neben dem Busterminal liegt auch die **Eisenbahnstation**, von der aus man an Wochentagen schnell und bequem Richtung Küste und Jerusalem gelangt.

Ein **El Al-Büro** befindet sich in der 1 Nordau St, Tel. 6231855.

Mietwagen

• *Avis*, 2 Ahamal St, Tel. 6271777
• *Budget*, 1 Shazar St, Tel. 03 9350017
• *Shlomo/Sixt*, 1 Pinkhas HaHozev, Tel. 6282589.

Nightlife

Wer Unterhaltung für die Nacht sucht, kann sich in der Altstadt treiben lassen, besonders auf der Trumpeldor und der Smilansky St. Wer in der Altstadt clubben möchte, ist im **Baraka**, 70 Shlo-shet Bne En Harod, gut aufgehoben, am besten Mi/Fr/Sa. Und als Teen oder Twen findet man in jedem Fall Anschluss in den vielen Pubs um die Universität herum, hohe Konzentration in der Ringelblum St – so eng wie auch immer man möchte.

Außerhalb dieser Zone im südöstlich gelegenen Industriegebiet Kiryat Yehudit öffnet gegen 23 Uhr der angeblich größte Club des Landes: **The Forum** (Nr. 232, Tel. 6278222).

Essen und Trinken

Im Kanyon Shopping Center gibt es eine Reihe Restaurants, nicht zuletzt Fast-Food-Ketten wie Pizza Hut oder Burger Ranch. Am Shabbat kann die Versorgung knapp ausfallen, dann wäre ein Blick ins **Big Center** im Osten der Stadt zu empfehlen. In der Altstadt um den Fußgängerbereich der KaKaL St sollte man ebenfalls preiswert klar kommen. Ein paar Blocks südlich in der 12 Herzl St lädt das **Arabica** mit globaler Karte ein, es gibt auch Fernöstliches, www.arabica-rest.co.il (hebr.), Nachtschwärmer bietet im **Terminal Bar**, 61 Herzl St, 24-Stunden-Betreuung. In der südlichen Parallelstraße HaHistadrut gibt es in der Nr. 15 die bewährte Bohnenpaste im **Bet HaFul**, sowie Felafel, Shauwarma etc.; Nr. 98 bietet Südarabisches im **Original Yemenite House**. Versuchen Sie auch den alten Bahnhof.

Übernachten

Die Hotelsituation in Beer Sheba bessert sich gerade. Die Zimmerim nehmen zu, und mit der Altstadt putzen sich auch die Unterkünfte heraus. Hostel leider Fehlanzeige, jüngere Semester kommen vermutlich bei Kumpels an der Uni unter.

- **Leonardo Negev**, 4 Henrietta Szold St, Tel. 6405444, www.fattal.co.il; einst ein Hilton, mit vier Sternen nach wie vor luxuriös, Wellnessbereich, mF E/D ab $ 168
- **Beit Yatziv**, 79 HaAzma'ut St, Tel. 6277444, Fax 6275735, www.beityatziv.co.il; einst Jugendherberge, jetzt Teil der Jugendbildungsstätte um den **Carasso**

Science Park, hier Astronomie-Schwerpunkt, Pool, AC, TV, Internet, mF E ₪ 300, D ₪ 400-450

- **The Well G.H.**, 24 Gershon St, Tel. 054 8763300 oder 055 6677962, www.thewellbnb.com; betreibt auch die Übernachtungs-Busse in Esus, sehr geschmackvoll restauriertes altes Haus in der Altstadt, Gemeinschaftsküche, AC, TV, WLAN, mindestens 2 Nächte, mF E $ 135-173, D $ 149-187
- **Aladdin**, 25 HaAzma'ut St, Tel. 8660828, Fax 9103533, www.aladdin-negev.com; Boutique Hotel von 2014, AC, TV, WLAN, mF E $ 77-108, D $ 116-146

Außerhalb

- **Alamour Family**, im Dorf Alsera 15 km östlich v. Beer Sheba, nur Do-So, buchen über www.toursinenglish.com > G.H. in Israel and Palestine; wohnen bei einer Beduinenfamilie ohne Beduinenzelt in konservativer Umgebung: bedeckende Kleidung muss sein, unverheiratete Paare schlafen getrennt. Kein Festnetz, aber Solarstrom. Ein Erlebnis mit Vollverpflegung pP ₪ 295

Weitere Erlebnis-Möglichkeiten ähnlicher Art in von Israel nicht anerkannten, also immer vom Abriss bedrohten Beduinengemeinwesen finden Sie auf www.bedouinhospitality.com.

Umgebung von Beer Sheba

Etwa 7 km westlich von Beer Sheba präsentiert die israelische Luftwaffe das **Air Force Museum**, So-Do 8.30-16; ₪ 30, www.iaf.org.il/46-en/IAF.aspx. An diesem Sammellager ausgedienter Militärflugzeuge wird sich jeder Luftfahrt-Fan oder Technikfreak erfreuen. Das älteste Fluggerät datiert auf das Jahr 1938 und eröffnet eine chronologische Folge bis in die Gegenwart. Das Gelände bietet außerdem die richtige Geräuschkulisse, denn nebenan üben die israelischen Piloten mit ihren Jets. Man zieht häufig den Kopf ein, weil gleich einer von ihnen mit seinem Schleudersitz neben einem landen könnte.

8

Der ca. 5 km östlich Richtung Arad gelegene ★★★ **Tel Beer Sheba** (8-17, Fr -16, Okt-März -16, Fr -15, ₪ 14/7) wurde zum Nationalpark und 2005 zum UNESCO-Welterbe erklärt. Ruinen verschiedener Zeitabschnitte kamen hier zum Vorschein; wie üblich wurden immer wieder neue Häuser oder Siedlungen auf die Ruinen der alten Abschnitte gebaut. Diese werden mit römischen Ziffern bezeichnet, wobei die Zahl IX die älteste Lage bezeichnet, VIII wird der biblischen Zeit des Samuel zugeordnet. Die Stätte ist ungewöhnlich umfangreich ausgegraben worden und vermittelt gut aufgrund ihrer Überschaubarkeit, wie die Israeliten in der Eisenzeit ihre Städte anlegten.

Die jetzt sichtbaren Grundmauern auf dem Gipfel-Oval gehen im Wesentlichen auf die **judäische Königsepoche** zurück. Von einer Aussichtsplattform oberhalb der Anlage gewinnt man einen guten Überblick über das Gewirr von Grundmauern, die mit vielen blauen Schildern gut erläutert sind. Beeindruckend ist der 70 m tiefe **Brunnen** direkt am **Tor** zur alten Siedlung, aber auch das **Wassersystem** im Südosten, für dessen Besichtigung Sie am Eingang einen Bauhelm geliehen bekommen. Durch dieses System gelangen Sie wieder zum Eingang zurück.

Früher gab es am Tel. ein kleines Beduinenmuseum. Wer mehr über das Beduinenleben wissen will, sollte das ★★ **Joe Alon Bedouin Museum** (Sa-Do 9-16, Fr -14, ₪ 30 – ab ₪ 25, wenn man sich einer Tour anschließen kann, fragen: Tel. 9913 322, www.joealon.org.il) besuchen, das leider ein ganzes Stück entfernt beim Kibbuz Lahav liegt: Man fährt weiter auf Straße 60 Richtung Arad und biegt an der Shoket Junction links auf die Straße 31.

Zur Einstimmung könnte man allerdings schon vorher nach 3 km links nach **Laqia** abbiegen: Hier weben Beduinenfrauen des Selbsthilfe-Projekts **Sidre** auf traditionelle Weise **Teppiche**, deren Herstellungsart man sich zeigen lassen und die man zu angemessenen Preisen auch kaufen kann, Führung ₪ 15, inklusive

Beduinenkinder

traditionellem Mahl ₪ 40-75, Kinder die Hälfte, am besten vorher anmelden, So-Do 8-17, Sa 10-14, Tel. 6519883, www.lakiya.org.

Nach 7 km zeigt ein Schild zum Alon Center nach rechts auf eine schmale Straße, die nach gut 4 km das Museum oberhalb des **Kibbuz Lahav** erreicht – in Föhrenwäldern mit herrlich frischem Nadelduft – gelegen, und das in der Negev-Wüste! Unterwegs weisen Schilder auf Picknickplätze hin. Schon allein diese Wälder sind die Anfahrt wert.

Das Beduinen-Museum in Lahav ist Teil des ∗∗ **Joe Alon Center**, das nach einem der Mitbegründer und Piloten der israelischen Air Force benannt wurde; www.joealon.org.il. Hier wird das Leben der Beduinen in all seinen Facetten, von einer audio-visuellen Show unterstützt, sehr gut dargestellt. Es ist – nach eigener Darstellung – das einzige Museum seiner Art auf der Erde, und es hält eine Kultur und das tägliche Leben sorgfältig fest, die eher verschwindet als gepflegt wird. Obwohl das Museum überraschend klein ist, sollte man sich ein bisschen Zeit für den Rundgang nehmen und die Gerätschaften oder auch das Spielzeug oder die handgewebten Kleidungsstücke betrachten und bewundern, mit denen die Beduinen heute noch ihren Lebensunterhalt bestreiten – wenn auch kaum mehr in Israel. Nebenan können Sie in einem authentischen Beduinenzelt eine Tasse Tee auf traditionelle Art trinken. Meist im März findet das **Bedouin Culture Festival** statt, Tel. 9913322.

Schauen Sie sich in dem Gebäudekomplex des Joe Alon Center auch noch das **Daroma Museum** an, das mittels Höhlen das Leben in Palästina von der Stein- bis zur Eisenzeit darstellt. Weit interessanter ist in den oberen Stockwerken die Information über die Urbarmachung der Ländereien des Kibbuz und die Anpflanzung von mehr als einer Million Bäumen in der semi-ariden Gegend. Hier lernt man tiefen Respekt vor den Leistungen, die mitten im Negev durch die Siedlerpioniere vollbracht wurden. Beim Blick ins Land auf der Aussichtsplattform kann man sich akustisch über „Krieg und Frieden" und die Entwicklung des Kibbuz informieren lassen.

Man fragt sich zwar, warum all diese Museen hier nebeneinander betrieben werden, aber informativ ist jedes für sich.

Nach dem Besuch des Beduinenmuseums könnte man, um beim Thema zu bleiben, auf der Straße 31 weiter nach Norden die Straße 40 kreuzen und danach nach

Rahat ∗

abzweigen (oder direkt von Beer Sheba über die Straße 25, dann 264).

Rahat gilt mit gut 62.000 Einwohnern als **größte Beduinenstadt** in Israel, was eigentlich ein Widerspruch ist, denn Beduinen lieben die Einsamkeit der Wüste. Aber mehr und mehr machen sie wohl auch von den Annehmlichkeiten fester Häuser mit Strom, Wasser und Sanitäreinrichtungen Gebrauch; nicht zuletzt unter mehr oder weniger sanftem Druck von Seiten der Verwaltung. Angeblich steht im Garten vieler Beduinenhäuser noch ein Zelt, in dem zumindest Brotfladen gebacken und die Mahlzeiten auf traditionelle Weise eingenommen werden. Jedenfalls sind die typischen, dunklen Beduinenzelte der Viehnomaden fast ganz verschwunden.

Generell solidarisieren sich die Beduinen mehr mit dem israelischen Staat als die palästinensische Bevölkerung. Viele absolvieren den üblichen Militärdienst.

8

Beer Sheba – Mizpe Ramon – Elat

Von Beer Sheba aus wollen wir nicht auf dem kürzesten Weg nach Elat eilen, sondern ein bisschen Zick-Zack fahren, um interessante Stätten zu besuchen und auf diese Weise auch die Negev-Landschaft etwas näher kennenzulernen. Die Hauptstrecke ist die Straße 40, aber es wird auch immer kursorisch zusammengefasst, was auf dem parallelen Abschnitt der 90 zu sehen wäre – vielleicht als Anregung für die Rückfahrt. Direkt nach Beer Sheba halten wir uns links und fahren auf der Straße 25 über Dimona hinaus nach Mamshit. Die Straße folgt mehr oder weniger der Phosphatbahn durch hügeliges semi-arides Land.

🚗 Abfahrt Beer Sheba, **Bet Eshel Junction**
　　32 km bis

Dimona

Wie in Arad ist es auch von hier nicht weit zum Toten Meer, und die Luft ist nahezu pollenfrei.

13 km östlich von Dimona steht der israelische Atomversuchsreaktor, der aber

Sehenswertes

**** En Avdat Nationalpark, steile Felsschlucht im landschaftlich faszinierendsten Nationalpark des Negev, S. 462

**** Maktesh Ramon, südlich von Mizpe Ramon, der größte der drei Krater, landschaftlich, historisch und von der Flora her sehr interessant, gut erschlossen für Wanderungen, S. 465

**** Timna Park, ehemalige pharaonische und römische Kupferminen in grandioser Wüstenlandschaft, S. 471

*** Avdat Nationalpark, während der Namensvetter-Park Natur erschließt und schützt, sieht man hier hervorragende Zeugnisse einer Nabatäersiedlung und nachfolgender byzantinischer Bauten, UNESCO-Welterbe seit 2005, S.463

*** Mamshit, besterhaltene Siedlung der Nabatäer im Negev mit Markt, „Palast" und verschiedenen anderen Gebäuden, Welterbe seit 2005, S. 455

*** HaMaktesh HaKatan, der kleine Krater, ein faszinierender kesselartiger Einbruch in den Wüstenboden, S. 456

** Shivta, nabatäische Gründung, nur z.T. gut erhaltene byzantinische Ruinen mit drei Kirchen und Rathaus, Welterbe seit 2005, S. 459

** Ben Gurion Burial Place, der landschaftlich und gärtnerisch beeindruckende Begräbnisplatz des Ehepaars Ben Gurion, S. 461

** Lotan, ein Kibbuz, das Vogelbeobachtung, nachhaltiges Leben und liberales Judentum miteinander verbindet, S. 470

** Hai Bar Biblical Nature Park, großer Wildpark beim Kibbuz Yotvata, S. 471

** HaMaktesh HaGadol, der sogenannte „große" Krater, von den dreien jedoch der mittlere und am wenigsten aufregende, S. 458

* Esus, Aussteigerdorf im Nirgendwo südlich des Fracht-Grenzübergangs zum Sinai, S. 460

ist für Touristen tabu. Anfangs galt er offiziell trotz weiter Abzäunung bloß als Kraftwerk für eine Textilfabrik. Dennoch hat dieser Ort in Sicherheitszirkeln, aber auch in der Weltpresse immer wieder Schlagzeilen geschrieben, wie im zweiten Golfkrieg, als Saddam Hussein ihn mit Scud-Raketen auszulöschen versuchte. Machen Sie besser kein Foto.

Weniger bekannt ist, dass in Dimona 1000 „schwarze Juden" in einer eigenen Siedlung leben. Sie nennen sich **Hebrew Israelite Community**, sind ursprünglich schwarze vor allem US-Bürger, die glauben, dass ihre Urahnen von den Römern 70 nC nach Afrika vertrieben wurden, www.africanhebrewisraelitesofjerusalem .com. Über den Sklavenhandel gelangten sie nach Amerika und kehrten von dort in ihre Ursprungsheimat zurück. Die Sektenmitglieder leben streng vegan – in Israel sind sie führend in der Produktion entsprechender Lebensmittel, versuchen Sie mal die Eisdiele. Als die schwarzen Juden 1969 auftauchten und sich ansiedeln wollten, waren die israelischen Behörden zunächst einigermaßen ratlos. Es dauerte immerhin bis 1995, bis ihnen die israelische Staatsbürgerschaft gewährt wurde.

Die Siedlung mit Schule und einer Kunstakademie liegt links der Herzl St. In der *Boutique Africa* kann man farbenprächtige afrikanische Kleidung, Schmuck oder Sandalen kaufen, im Restaurant vegan essen. Nachts gibt es häufig Konzerte von einer der zehn Bands des Ortes. Ein preiswertes *Guest House* verfügt über drei Räume. Beim letzten Besuch stand ein Umzug des Viertels aus den Kibbuznik-Hütten in moderne Wohnhäuser bevor, inzwischen mag einiges anders aussehen. Falls im Gästehaus kein Platz ist, empfiehlt sich das schon von Straße 25 aus sichtbare Wellness-Hotel

Drakhim, 1 HaNassi St, 08 6556811 oder 050 5337966, Fax 08 6556812, www.drachim.org; kleines Open Air Theater in der Lobby, freundlich, hilfsbereit, hübsche Einrichtung, Parken gratis, AC, TV, WLAN, keine Saisonpreise, mF E $ 94, D $ 126

🚗 8 km: **Abzweig** – Rechts nach

Mamshit**

Geschichte: *Die Nabatäer (Hauptstadt in Petra, Jordanien) legten hier im Zuge der Sicherung ihrer Handelswege eine Stadt namens Mampsis an, die sich im 1. Jh nC als Karawanen- und Handelsstadt zu ihrer Blüte entwickelte. Die Römer bauten Truppenunterkünfte, in byzantinischer Zeit entstanden zwei Kirchen. Nach der arabischen Eroberung zerfiel die Siedlung. 2005 wurde sie zum Welterbe erhoben.*

Mamshit (8-17, Fr -16, Okt-März -16, Fr -15, letzter Einlass jeweils eine Stunde früher, ₪ 22/9, Camping pP ₪ 53/42, Hook-up ₪ 30), das sind die Reste einer nabatäischen Stadt, in der auch noch byzantinische

Jede Bewegung um Dimona und im Gaza-Grenzgebiet ist aus dem „Zeppelin" unter Kontrolle, hier die XXXL-Version

8

„Hörner-Kapitell" der Nabatäer

Relikte zu sehen sind. Dieser Ort spiegelt aber von allen ähnlichen Anlagen in Israel am stärksten den nabatäischen Charakter wider.

Der Rundgang durch die relativ gut erhaltene Stadt macht Spaß, weil erklärende Schilder nichts Wichtiges auslassen und man sich ein gutes Bild vom Leben der Nabatäer machen kann. Vom Parkplatz aus sollte man sich möglichst rechts halten, um der Beschilderung durch das **byzantinische Stadttor** zu folgen. Ein Stück bergauf trifft man auf den **nabatäischen Palast**, dann auf das Verwaltungsgebäude, auf dessen Dach man steigen kann und sollte, um den Rundblick zu genießen. Unweit entfernt stehen die Ruinen der **Kirche des Nilus** (nach einer Inschrift) mit Apsis und einigen Marmorsäulen. Wenn Sie hier ein Stück weiter nach Westen vor die Stadtmauer treten und in das Wadi blicken, sehen Sie die Staumauern, die das auch unterirdisch fließende Wasser aufhalten, damit mitten in der Wüste eine Stadt überhaupt entstehen kann. Jetzt geht es weiter nach Osten den Berg hinauf bis zum höchsten Punkt, dessen Hauptgebäude die sog. **Ostkirche** ist, auch ihre Grundmauern sind durchaus beeindruckend; in einer Nebenkapelle befindet sich ein kreuzförmiges Taufbecken. Quasi nebenan, am nabatäischen Nordtor,

steht das ehemalige britische Polizeigebäude. Von der Ostkirche führt der Weg durch den **nabatäischen Markt** und an einem byzantinischen Badehaus vorbei wieder bergab.

Von Mamshit fahren wir noch ca. 1 km auf der Straße 25 nach Osten und könnten dann auf die Straße 206 nach Süden einbiegen. Allerdings bietet sich noch ein 15-km-Abstecher auf der Straße 25 an. An der liegen (4 km nach der Zafit Junction) die stark zerfallenen Ruinen des römischen Forts **Mezad Tamar**, das auf nabatäische Ursprünge zurückgeht, später aber von den Römern komplett erneuert wurde. Die Grundmauern geben dennoch einen guten Eindruck eines solch vorgeschobenen Postens der Römer: Die quadratische Anlage wurde von vier Ecktürmen flankiert, an der Nordmauer lagen die Verwaltungsräume, an der Ost- und Südmauer die Mannschaftsunterkünfte, im Südwesten die Bäckerei, im Nordwesten die Wachräume. Die Wasserversorgung stellte eine große, in Hofmitte gelegene Zisterne sicher.

Zurück zur **Straße 25** und an der Rotem Junction auf die Straße 206. Die folgende Strecke wird uns zwei der sogenannten Krater erschließen, zu deren Entstehung siehe unten Maktesh Ramon, linker Hand blinkt am Horizont das Atomkraftwerk. Zuerst können Sie den *Kleinen Krater*

HaMaktesh HaKatan**

betrachten. Er ist vielleicht der schönste von allen, weil er auf einen Blick überschaubar ist, tatsächlich den Eindruck eines Kraters vermittelt, die Kraterränder nahezu senkrecht nach unten stürzen und auch der Kraterboden praktisch unberührt, d.h. unbebaut ist.

Den Kleinen Krater von oben sehen zu wollen, ist etwas mühselig. Es beginnt damit, dass man nach ca. 12 km am Schild Ma'ale Aqrabim links auf die

Straße 227 abbiegt. Diese Straße **nicht bei Dunkelheit** befahren! Zwei Distrikte streiten sich, wer sie reparieren müsste. Und spätestens an den Haarnadelkurven der Skorpionsteige dürfte niemand entgegenkommen (siehe unten), kommt aber doch manchmal. Also Vorsicht, irgendwann **versagt** auch der **Handy-Empfang**. Es folgen 11 km asphaltierte Straße (die übrigens Teil der von den Engländern gebauten ersten Verbindungsstraße nach Elat war), dann weist ein Schild *HaKatan Observation Point* nach links. 2 km auch mit PKW befahrbare Schotterstraße, die in einen Parkplatz mündet. Hier, wie auch bereits an der Straße 206, ist ein Campingplatz ausgewiesen, der allerdings außer einer steinigen Stellfläche nichts zu bieten hat. Mit einem geländegängigen Fahrzeug könnte man noch weiterfahren, andernfalls sind ca. 20 Minuten Fußmarsch angesagt. Doch der Weg durch die Wüstenhitze wird mit einem faszinierenden Einblick in die Kraterlandschaft belohnt. Noch intensiver ist der Eindruck, wenn man ein Stück in den Krater hinein auf einen Vorsprung kraxelt, von dessen Kanzel man dieses faszinierende Gebirgsrund noch besser betrachten kann. An der Südostseite öffnet sich eine Schlucht, die in die 450 m tiefer liegende **Wüste Zin** führt.

Wenn man nicht die Straße 90 durchs Wadi Araba z.B. für den Rückweg nimmt, dann empfiehlt sich, nun der Straße 227, von der man zuvor abzweigte, weiterhin zufolgen. Nach wenigen Kilometern mit schütterer Straßendecke wird der Belag wieder besser und die Strecke stürzt sich förmlich den Berg hinunter, um nach etwa 25 km bei Ir Ovot und dem Kibbuz **En Khazeva** bereits 137 m unter dem Meeresspiegel im Wadi Arava die Straße 90 nach Elat zu erreichen. In Khazeva gibt es bei der Field School das **Vidor Visitor Center** – hochinteressant, die Ausstellungstechnik lohnt sich – vor allem der Sandhaufen, der einem Wasserabfluss im Gebirge zeigt –, und die Gewächshäuser allemal: Hier wird geforscht und gezeigt, wie man in der Wüste Landwirtschaft betreibt. Sehens-

8

Blick in den Erosionskrater Maktesh Ramon Richtung Südwesten

wert! (9-16, Touren zur vollen Stunde, ₪ 28/22, www.vidor-center.co.il).

▸ **Desert Routes Inn** (**Shvilim**), Tel. 052 3665927, www.shvilimbamidbar.co.il, tolle Infos und Touren, Dorm pP ₪ 250, D+B ₪ 520

▸ **SPNI Field School**, Tel. 6581546, Mahlzeiten möglich, E/D ₪ 451-595

Die Straße 227 von En Khazeva zurück nach Westen zu fahren, ist offiziell nur 20 km bis zum Abzweig zur Phosphatfabrik erlaubt, viele fahren trotzdem weiter – falls es sein muss, nur bei Tage. Wenn Sie aber von hier die **Straße 90 nach Süden** fahren, dürfen sie den Stop an der **Tankstelle in Zukim** nicht verpassen: Dahinter liegt seit 2014 ganz unprätentiös das **Café Ursula**.

Schwäbische Küche und Gastlichkeit in der Wüste, und das einzige Lokal weit und breit – Mi-Mo 10-20, DoFr -22, Tel. 08 6444421. Weiter Auskünfte zur Erkundung der Arava: einen Plan im Café mitnehmen, oder www.goarava.co.il (hebr.), Tel. 180 0225007, oder www.360ivc.co.il.

Sollten Sie die Str. 90 erst auf dem Rückweg von Elat nutzen, fahren Sie die 227 zumindest noch bis zu einem Aussichtspunkt rechts in einer Haarnadelkurve: Eine Schautafel erklärt, was Sie alles vor sich sehen, und sie können die alte Ma'ale Aqrabim, die antike **Skorpionsteige** erkennen, mit bloßem Auge sogar Treppenstufen, die die Römer an einer besonders steilen Stelle in den nackten Fels schlugen.

Doch wir kehren vom Kraterparkplatz wieder zurück nach Westen, halten uns an der Kreuzung mit der Asphaltstraße 206 links und biegen nach 2 km rechts auf die Straße 225 ab, die durch den

HaMaktesh HaGadol*

den *Großen Krater* nach Yerukham führt. Dieser Krater hat landschaftlich ganz andere Reize. Wenn Sie am Abzweig der 225

noch ein Stückchen geradeaus fahren und dann dem Schild *En Yurka'am* folgen, parken Sie kurz und folgen einem Wadi bis zu einem schmalen Becken, das fast ganzjährig Wasser hat. Den besten Eindruck vom Krater gewinnt man auf der 225, wo sich die Straße am westlichen Steilhang hinaufschraubt. Vorher kann man zweimal stoppen: Bei den *Coloured Sands* könnte man sich mit feuchtem Finger schminken; gut 5 km weiter, links der Straße gibt es versteinerte Baumstämme zu besichtigen – vor 135 Mio. Jahren waren sie grün. Direkt nach dem Kraterrand können Sie rechts zum Mt. Avnon abbiegen auf eine Schotterstraße bis zu einem Parkplatz: Schöner Blick vom Kraterrand, noch besser, wenn man weiter auf den Berg steigt. Weiter auf der 225 durchfährt man Yerukham, das für seine wilden Iris- und Krokusfelder, die im Frühling wie ein bunter Teppich blühen, bekannt ist. Kurz nach dem Ort trifft man auf die Straße 204 und gleichzeitig auf den **Yerukham-Park**, der aus einem schattigen Waldgelände und einem offenbar fischreichen kleinen See besteht, um den sich Angler tummeln.

An dieser Stelle können Sie sich für einen Umweg nach ✶✶ **Shivta** (eine recht gut erhaltene byzantinische Siedlung) entscheiden, der entweder hier mit der unweit nördlich nach links abzweigenden Straße 224 oder später bei Sde Boqer an der Khalukim Junction beginnen kann. – Wir wollen von hier aus den Umweg angehen und fahren die Straße 224 12 km bis zur Einmündung in die Straße 40, dann links.

🚗 9 km: **Masabim Junction**

Rechts zweigt die Straße 222 ab, an der nach 10 km links ganz einsam **Khalutsa (Elusa)** liegt, eine nabatäische Station aus dem 3. Jh vC an der Weihrauchstraße, 2005 ebenfalls zum Welterbe erhoben. Der Wüstensand bedeckt leider wieder große Teile, die von Archäologen schon freigelegt worden waren. Das von den Nabatäern erbaute Theater, das bis weit in die byzantinische Epoche bestand, ist noch auszumachen. Interessanter dürfte die Besichtigung der relativ großen Ostkirche sein, die mit gut erhaltenen Säulen und korinthischen Kapitellen noch heute eher den Eindruck einer Kathedrale macht. Mit einem Allradfahrzeug könnten Sie jetzt noch weiter südwestlich von hier **Rekhovot BaNegev** besuchen, ein ähnlicher Ruinenort, der sonst nur per Kamel oder zu Fuß erreichbar und größer als Shivta ist. Die Straße 222 weiter geradeaus brächte Sie nach knapp 20 km zur Militärbasis **Ze'elim**. Südlich der Straße liegt *Chicago* – schauen Sie mal per Satellit. Auf Karten nicht verzeichnet hat die Armee hier einen Trainingsort, mit dem arabische Innenstädte nachgebaut und „ausprobiert" werden können. Der Großteil spektakulärer Armee-Einsätze nimmt hier seinen Anfang.

Zurück zur Masabim Junction; kurz vorher zweigt rechts eine Straße ab zur Tlalim Junction. An diesem Abzweig gedenken ein kleiner Park mit Spielplatz und ein kleines Museum **Golda Meïr**, der ehemaligen Premierministerin. Wer sich hier schon von der Wüste erholen will, ist um die Ecke im *Neve Midbar Oasis Spa* gut aufgehoben – derzeit wird sie allerdings runderneuert, rechnen Sie mit ₪ 70-80, www.neve-midbar.co.il. Auch nach Wiedereröffnung wird man kaum andere Touristen antreffen.

An der **Tlalim Junction** rechts auf die Straße 211 zum Abstecher nach Shivta abbiegen.

🚗 17 km: **Abzweig**

Links abbiegen. Nach 4 km Kreuzung mit Militärlager, danach 4,5 km schlechte, löchrige Asphaltstraße bis

Shivta **

Geschichte: *Die Nabatäer-Stadt Shivta, ursprünglich Subeita genannt, entstand im 1. Jh vC als Verbindungsglied zwischen Avdat und Nizzana (nahe der heutigen ägyptischen Grenze). Unter byzantinischer Herrschaft wurde der Ort im 5. und 6. Jh so gründlich erneuert, dass kaum mehr nabatäische Spuren bei den Ausgrabungen zu finden waren – Ausgräber hier war in den 1930er Jahren Harris D. Colt, Sohn vom bekannten Vater. Aber vielleicht diente der Ort auch nur der Pilgerversorgung Richtung Sinai. Shivta war nicht von einer Mauer umgeben, aber die Häuser waren so eng aneinander gebaut, dass sich eine kontinuierliche Außenmauer ergab, die von neun Straßen mit jeweils einem Tor durchbrochen war.*

Shivta (arabisch Subeita) macht einen für israelische Altertümer und noch dazu Weltkulturerbe ungewohnt sich selbst überlassenen Eindruck. Träfe man jemanden an, wäre das B&B-Angebot hier in der Einöde vielleicht ganz schön. Immerhin, und für UNESCO-Welterbe eigentlich überraschend: Eintritt frei und Tag und Nacht geöffnet. Damit Sie jemanden treffen, vorher Bescheid sagen: Tel. 077 729 6897, www.nabato.co.il (hebr.).

Die gut erhaltene byzantinische Stadt vermittelt durchaus einen Eindruck vom damaligen Leben. Vom Parkplatz betritt man Shivta von Süden her und folgt einer byzantinischen Straße bis zu einem Platz mit einer Doppelzisterne, an dem die **Südkirche** steht. Sie war eine dreischiffige Säulenbasilika, die Apsiden stehen noch aufrecht. Nördlich bauten die Muslime im 7. Jh eine Moschee an die Kirche. Von hier aus führt der Rundgang nach Norden, ein Stück aufwärts ist das nächste interessante Objekt, das ebenfalls noch gut erhaltene sogenannte Rathaus, vermutlich das Haus eines besser gestellten Bewohners, wie sich aus Größe und

8

Die Nordkirche von Shivta

Art schließen lässt. In der Nähe steht die **Mittelkirche**. Weiter nach Norden öffnet sich die Straße zu einem größeren Platz vor der **Nordkirche**. Am Platz hatten sich offenbar Handwerker und Händler angesiedelt, Reste einer **Traubenpresse** sind zu sehen. Die Nordkirche besticht durch fünf aufrecht stehende Apsiden, einmal die drei eigenen, zum anderen zwei einer gleich anschließenden Kapelle.

Etwa 500 m nördlich der Kirche wurde in den 1960er Jahren eine **nabatäische Farm** (*Orchard*) rekonstruiert, die aber heute nicht mehr in Betrieb ist. Ein paar Bäume wie auch das nabatäische Bewässerungssystem, Wadis unterirdisch zu stauen, erinnern an den Versuch.

Fährt man auf der Straße 211 weiter nach Westen, so stößt man auf den **Grenzübergang Nizzana** nach Ägypten (lediglich Frachtterminal). 5 km vor der Grenze zweigt eine Straße nach Süden ab, an welcher der **Tel. Nizzana (Nessana)** liegt.

Auch dies eine nabatäische Gründung, die allerdings ihre Blütezeit in der byzantinischen Epoche erlebte. Bei den Ausgrabungen wurden in einem kleinen Raum der Nordkirche die **Nizzana Papyri** gefunden, die sehr detaillierten Aufschluss über das soziale, ökonomische und militärische Leben in jener Zeit vermitteln. Zu sehen gibt es im Wesentlichen die Ruinen eines römischen Forts, eine zerfallene Basilika und die Nordkirche. Der Kibbuz hier hat ein Gästehaus, ein Restaurant, ein Weingut und Sportangebote, www.nitzana.org.il.

Noch entspannter geht es weiter südlich am Ende des Abzweigs in ✶ **Esus** zu. Hierhin verirrt sich niemand, die einzige Laufkundschaft sind Schwarzafrikaner, die trotz Sperranlage über die Sinaigrenze kommen und deren Durchgangslager nachts in der Ferne leuchtet. Trotz der Ruhe in Esus gibt es allerhand Infrastruktur, allen voran das **Café** mit französischem Touch mittendrin (www.cafeezuz.co.il), inzwischen leider ohne Live-Musik, und mehrere originelle Unterkünfte – z.B. umgebaute Busse wie **Zimmerbus** ($ 118-200, www.zimmerbus.com) oder das **Khan Beerotayim** mit guten Wüstenausflügen, Tel. 08 6555788, www.beerotayim.co.il. Das Publikum ist eine Mischung aus Ruhesuchenden, Hippies und Bussen voller frommer US-Protestanten, die die beiden nach Mose und Aaron benannten Brunnen (*Beerotayim*) sehen wollen, und die sich hier **Kadesh Barnea**, dem langjährigen Lagerort des Volkes Israel, der aber jenseits in Ägypten liegen soll, am nächsten fühlen.

🚗 Zurück zur **Tlalim Junction**, dort rechts. 15 km bis

Sde Boqer

Von dem 1952 am Rand der Wüste gegründeten Kibbuz war der erste Premierminister Israels, **David Ben Gurion**, so

Kaktusanbau im Kibbuz Sde Boqer

angetan, dass er 1953 Mitglied wurde und als Schäfer arbeitete. Zwar ging er 1955 erneut in die Regierung, zog sich aber 1963 endgültig in den Kibbuz zurück, wo er 1973 starb. Zusammen mit seiner Frau ist er hier beerdigt. Heute hält das Ben-Gurion-Institut, das sich der Erforschung der Lebensbedingungen in der Wüste widmet, die Erinnerung an den Namensgeber wach.

Der erste Abzweig führt zum 1952 gegründeten Kibbuz, der ursprünglich Viehzucht treiben sollte, sehr bald sich aber mit Obst- und Olivenanbau beschäftigte.

Bald nach dem Abzweig zum Kibbuz führt ein kurzes Straßenstück zum eher bescheidenen **Wohnhaus von David Ben Gurion**, das man besichtigen sollte; www.bgh.org.il. Ben Gurion scheint es gerade erst verlassen zu haben, Akten liegen noch neben dem Schreibtisch, Bücher auf dem Tisch in der gut 5000 Bände umfassenden Bibliothek. Der Rundgang führt durch alle Räume und endet am Luftschutzbunker.

Nur 3 km südlich zweigt links eine weitere Straße zum ✶✶ **Begräbnisplatz des Ehepaars Ben Gurion** (*Ben Gurion Burial Place*) ab. Auch diese Stätte sollte man bei einer Negevreise nicht auslassen, Eintritt frei. Der eigentliche Begräbnisplatz liegt am Rand des Abbruchs in den Nakhal Zin Canyon, ein knapp zehnminütiger Fußweg zum Grabmal ist in die obersten Felsplatten des Plateaus geschlagen, Rabatten von Wüstenblumen begleiten den Besucher auf dem Pfad zum schlichten Grab. Der Rückweg führt direkt am Canyon-Rand entlang, immer wieder den Blick in die Wüsteneinsamkeit ziehend – ein erhabenerer Ruheplatz für die Toten war kaum zu finden.

Neben dem Begräbnisplatz wurden das von Ben Gurion gegründete **Sde Boqer College** (auch *Midreshet Ben Gurion*, ein Campus der gleichnamigen Universität in Beer Sheba) angesiedelt, wo Gewinnung von Solarenergie und Wüstenbepflanzung erforscht wird, www.boker.org.il.

Verkehrsverbindung

▸ **Bus** 392 von Beer Sheba (die Expressbusse Beer Sheba – Elat halten hier nicht).

Gleich neben dem Kibbuz erstreckt sich das Naturreservat

En Avdat Nationalpark**

Dieses Naturwunder zieht viele Besucher an (geöffnet 8-17, Fr -16, Okt-März -16, Fr -15 letzter Einlass jeweils eine Stunde vor Schließzeit; ₪ 28/14), es ist einer der faszinierendsten Wüstenabschnitte Israels. Zumindest einen Einblick in die etwa 2 km lange tiefste und längste Schlucht des Landes dürfen Sie auf keinen Fall versäumen. Es gibt zwei Möglichkeiten, an bzw. in die Schlucht zu gelangen. Wenn Sie wandern wollen, dann südlich von der Ben Gurion Begräbnisstätte, dort führt eine schmale Asphaltstraße in den Canyon hinunter und zum **unteren Parkplatz** am **nördlichen Ende** des Parks bei der Quelle **En Mor**, einer kleinen Oase mit giftgrünen Palmen.

Nur von hier aus darf man die Schlucht bewandern, es geht aufwärts und am Schluss über Felstreppen zum **oberen Parkplatz** am **südlichen Ende** des Parks, gut 7 Straßenkilometer entfernt vom Startpunkt am unteren Parkplatz, Das Problem müssen alle lösen, welche die zwei bis drei Stunden durch die gesamte Schlucht wandern: Am besten mit zwei Autos unterwegs sein und „oben" wie „unten" eins zur Verfügung haben, oder an der Straße 40 einen Bus zurück nach Norden erwischen oder Trampen – die Strecke an der Straße zu laufen wäre kein erhebender Abschluss Ihres Naturerleb-

Achtung: Im Negev wird scharf geschossen

nisses. Das Problem entfällt, wenn man nur bis zum Wasserfall wandert und gleich wieder zum unteren Parkplatz zurückkehrt.

Mit öffentlichen Verkehrsmitteln kann man z.B. frühmorgens den Bus von Beer Sheba Richtung Mizpe Ramon bis Sde Boqer College nehmen, dann in die Schlucht hinuntergehen und der folgenden Beschreibung bis zum oberen Parkplatz folgen. Von dort muss man bis zur Hauptstraße laufen und weitertrampen oder auf einen Bus zurück warten. Vielleicht lässt sich auch direkt auf dem Parkplatz ein Lift finden.

Gehen wir zunächst unten in den Canyon. Immer enger rücken die grauweißen Kalkfelsen, die von Feuersteinbändern (einstmals alles Schwämme) durchzogen sind, zusammen. Vor allem vormittags sieht man mit etwas Glück Steinböcke, die – solange Ruhe herrschte – zum Trinken kamen und dann auf schmalen Felsabsätzen flugs wieder nach oben klettern. Hier lohnt ein Fernglas. Im Frühjahr folgen staksige Kälber den weiblichen Tieren, während die Böcke separat nach oben ziehen. Während der Brunftzeit im Herbst kämpfen die Böcke um die Vorherrschaft, das Krachen der zusammendonnernden Geweihe tönt durch den Canyon. Der Weg folgt dem Wadi und gibt immer wieder interessante Blicke auf die Felsen der Schlucht frei. Nach der letzten Biegung sieht man den **En Avdat Wasserfall** von einer Felsklippe in ein Wasserbecken stürzen. Dort endet auch der Weg auf der Talsohle. Will man noch eine Etage höher hinauf – was sich lohnt –, dann muss man, ein kurzes Stück vor dem Wasserbecken rechts, eine in den Fels geschlagene Treppe hinaufgehen. Oben kann man im Flussbett weiterwandern und, wenn es die Kondition erlaubt, den gut 60 m hohen Fels über Treppen und Leitern zum oberen Parkplatz hinaufklettern. Achtung: Auf diesem Weg gibt es in der Regel kein Zurück, weil er so eng ist, dass er nur als Einbahnstraße funktioniert. Nur bei sehr geringem Besucherandrang ist der Rückweg möglich.

Doch wir kehren zum Parkplatz En Mor zurück, verlassen die Schlucht und folgen der Straße 40 nach Süden.

🚗 7 km: **Abzweig**

Links zum **oberen**, also **südlichen Parkplatz** des En Avdat Nationalparks. Sie sollten unbedingt den kurzen Abstecher einlegen (die Eintrittskarte vom unteren Parkplatz gilt auch hier). Vom *Observation Point* an der Kante der Schlucht liegt Ihnen die spektakuläre Schlucht zu Füßen, Sie können fast den gesamten Canyon von oben einsehen; ein faszinierender Blick auf die steilen Felsabbrüche mit dem Grün unten im Tal.

Wenn Sie ein Stück nach links (Norden) an der Schlucht entlanggehen, stoßen Sie auf die Reste eines byzantinischen Wachturms, von dem aus damals für die Sicherheit der Anpflanzungen im Wadi gesorgt wurde. Nach Süden führt eine Piste bis zum **Trockenen Wasserfall** des Nakhal Zin. Dort gibt es neue Einblicke in den Canyon, vor allem auf das 60 m tiefer liegende Wasserbecken **En Ma'ariv**, aus dem die Beduinen über Jahrhunderte Wasser hinaufbeförderten; die Schleifspuren ihrer Seile sind noch zu erkennen.

Eine letzter Vorschlag für das Transportproblem in En Avdat: Nehmen Sie eine Unterkunft an der Str. 40 zwischen den Ausgängen – mögen Ihre Gastgeber Ihnen behilflich sein, z.B. auf dem kleinen Wüsten-Weingut

Karme Avdat, westlich der Str. 40, Tel. 08 6535177, Fax 08 6535188, www.carmeyavdat.com; auch ein Weingut, sehr freundlich, liebevoll ausgestattete Häuschen, prima Aussicht, Naturpools, Frühstück üppig, Fr immer mit Do oder Sa zusammen buchen, mF D $ 158-268

🚗 5 km bis

Avdat Nationalpark (Oboda)**

Geschichte: *Bereits im 3. Jahrtausend vC war Avdat besiedelt, 312 vC sind zum ersten Mal Nabatäer nachweisbar. Avdat war eine der vielen Befestigungen der Weihrauchstraße zwischen Petra in Jordanien und Gaza an der Mittelmeerküste. Immerhin war Avdat so wichtig, dass 9 vC der nabatäische König Obodas hier beerdigt wurde. Als die Römer 106 nC das Nabatäerreich übernahmen, verkam Avdat zunächst, später aber errichteten sie einen Zeustempel. In byzantinischer Zeit entstanden zwei Kirchen und ein Kloster. Nach der islamischen Eroberung verfiel der Ort samt Bewässerungssystem. Auch diese Wüstenstadt an der Weihrauchstraße wird seit 2005 als Welterbe gewürdigt.*

Der Avdat Nationalpark klingt zwar fast namensgleich mit dem En Avdat Nationalpark, die beiden haben aber wenig miteinander zu tun: Dort steht die Natur im Vordergrund, hier die historischen

Schon von unten beeindruckend: Avdat

8

Relikte einer nabatäischen Siedlung, die schon von weitem auf einem Berg östlich der Straße zu erkennen ist. Von der Bushaltestelle an der Tankstelle geht man ca. 15 Minuten den Berg hinauf. Per Auto sollte man zunächst auf den unteren Parkplatz fahren und sich das byzantinische Wohnviertel mit seinen **Wohn- und Vorratshöhlen** anschauen (8-17, Fr -16, Okt-März -16, Fr -15, letzter Einlass eine Stunde vor Schluss, ₪ 28/14). Man könnte auch von hier aus ca. 80 Höhenmeter zur Stadt hochsteigen. Per Auto weiter zum oberen Parkplatz könnte man wiederum etwa auf halber Höhe anhalten, um sich rechts der Straße eine **römische Grabhöhle** anzuschauen, in der vermutlich Priesterinnen der Aphrodite beigesetzt waren. Interessanter wäre jedoch die Villa eine Kurve weiter mit schöner Aussicht.

Vom oberen Parkplatz aus führt der Weg in ein **byzantinisches Wohnviertel**, in dem (rechts) ein Aussichtsturm – Aufstieg lohnt sich – wieder aufgebaut wurde. Bald stößt man links auf eine nabatäische **Weinpresse**, die noch in byzantinischer Zeit benutzt wurde. Aus der östlichen Stadtmauer heraus führt ein Pfad zu einer nabatäischen **Töpferei**, in der die typisch hauchdünne „Eierschalenkeramik" gefertigt wurde. Nördlich davon liegt ein 100 x 100 m großer Armeeposten, dessen Datierung unklar ist. Zurück Richtung Weinpresse.

Durch das **Südtor** betritt man den großen byzantinischen Innenhof der Festung. Rechts, etwa in der Mitte, sieht man eine große Zisterne, an der Nordmauer Reste einer spätbyzantinischen **Kapelle**. Westlich schließen sich mehrere Gebäudekomplexe an, gleich links die Theodorus-(oder profaner: **Süd-)Kirche**, die zum Kloster aus dem 5. und 6. Jh nC gehörte. Die schräg gegenüberliegende Ruine war die Nordkirche, die **Stadtkathedrale**, die auf nabatäischen Tempelmauern steht. In der Nordwestecke sind Ruinen einer kleinen nabatäischen Säulenhalle erhalten. Von hier sieht man die Versuchsfarm, in der heute nabatäische Bewässerungsmethoden mit guten Ergebnissen nachvollzogen werden.

Die Straße führt weiter durch eher sanft geschwungene Hügellandschaft. Dieser Charakter der unmittelbaren Umgebung ändert sich kaum, bis man in den Krater Ramon schaut.

🚗 17 km bis

HaRukhot Junction

Rechts zweigt die Straße 171 ab, die in die grenzparallele Straße 10 mündet. Letztere ist meist militärisch gesperrt, soll feiertags jedoch mehr und mehr zugänglich werden – landschaftlich aber nicht die schönste Strecke. Doch 5 km vorher, 28 km nach der HaRukhot Junction, nördlich des südöstlichen Endes des Makhtesh Ramon, führt rechts gut 1 km Schotterpiste zum Parkplatz von **Borot Loz**. König Salomo (965-928 vC) ließ in dieser Gegend Zisternen anlegen, die ab dem 4. Jh vC von den Nabatäern ausgebaut und technisch verbessert wurden. Ein leichter, 4 km langer, weiß-rot-weiß markierter **Rundweg** zu den besterhaltenen Zisternen und weiteren interessanten historischen Relikten erschließt die Stätte – lohnend, auch wegen der Tier- und Pflanzenwelt. Vielleicht haben Sie bei der Herfahrt von der Straße aus Wildesel gesehen. Wasser trinken oder gar Baden verboten, Wasser nur am Camping-/Parkplatz, wenn eine Gruppe vor Ort ist. Ebenfalls gut, vorher zu wissen: Kein Handyempfang.

🚗 Von der HaRukhot Junction noch 5 km bis

Mizpe Ramon

1953 wurde für die Arbeiter, die eine Verbindungsstraße zwischen Elat und Beer Sheba bauten, am Rand des Kraters

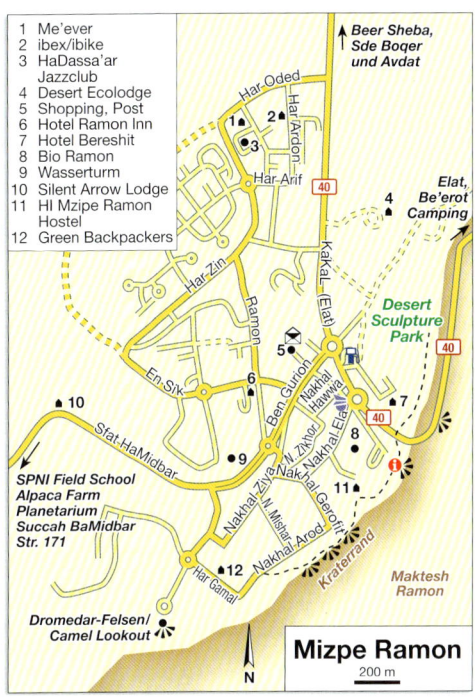

1 Me'ever
2 ibex/ibike
3 HaDassa'ar
   Jazzclub
4 Desert Ecolodge
5 Shopping, Post
6 Hotel Ramon Inn
7 Hotel Bereshit
8 Bio Ramon
9 Wasserturm
10 Silent Arrow Lodge
11 HI Mzipe Ramon
   Hostel
12 Green Backpackers

guck westlich davon. Richtung Nordosten gibt es außer dem Krater auch moderne Kunst im *Desert Sculpture Park* zu sehen.

Im sehenswerten Nationalpark **Bio-Ramon** (hebr. *Hai Ramon*, Sa-Do 8-17, Fr - 16, winters je eine Stunde früher Schluss, ₪ 22/9), ein Stück unterhalb des *Visitor Centers*, steht das Leben der Wüste im Mittelpunkt, Wüsteninsekten, Skorpione, Schlangen und auch Säugetiere sind zu sehen. Auch die Wüstenflora gerät nicht in Vergessenheit, und die 15 min Film lohnen sich, auch wenn man schon im großen *Visitor Center* war.

3 km südwestlich der Stadt kann man eine **Lama- und Alpacafarm** mit über 500 Tieren besichtigen (täglich 8.30-18.30, im Winter - 16.30, ab 4 J. ₪ 30, www.al-paca.co.il, lohnendes Buch über den Maktesh hier erhältlich). Die Tiere werden hier zur Wollgewinnung gehalten, für Kinder gibt es eine Streichelecke und man kann per Pony oder Alpaca (spätestens eine Stunde vor Schluss) oder per Pferd (vorher anmelden) ausreiten.

Ramon – **Maktesh Ramon** – eine Siedlung angelegt. Sie wuchs erst, als 1982 eine erweiterte Basis für das aus dem Sinai nach Israel zurückkehrende Militär geschaffen worden war. Heute leben hier viele russische Einwanderer, kyrillische Speisekarten und Wodka sind nicht selten.

Die beiden **Promenaden** am Rand des Cliffs werden nur durch die Straße nach Elat unterbrochen: Entweder man geht (ab dem Youth Hostel) nach Südwesten oder aber über die Straßenbrücke vorbei am Luxushotel *Bereshit* nach Nordosten; beide Spaziergänge sind vor allem in der Morgen- oder Abendstimmung sehr schön; müde Wanderer werden mit einem Weg zufrieden sein. Den besten Ausblick hat man vom Überhang zwischen dem Visitor Center und dem Dromedar-Aus-

Doch viele Male interessanter als das kleine Städtchen ist der 38 x 6 km große und 400 m tiefe Krater **** **Maktesh Ramon,** der heute Teil des größten israelischen Naturreservats ist, des *Har HaNegev Reserve and Zin Cliffs Reserve*. Wenn Sie von Mizpe Ramon in den Krater schauen, seine senkrecht abstürzende Nordwestwand und die Hügel auf dem Grund des Kraterbodens in verschiedenen Farben leuchten sehen, dann werden Sie von diesem Naturwunder begeistert sein. Besonders bei klarer Sicht kann

8

man sich kaum von der Faszination der Kraterlandschaft lösen. Zwar zeichnet sich der gegenüberliegende Kraterrand bei Weitem nicht so deutlich ab wie der östliche, dennoch ist die elliptische Form des Maktesh Ramon deutlich zu erkennen.

Der **Krater** hat nichts mit Vulkanen oder Meteoriten zu tun, er bildete sich vor etwa 70 Millionen Jahren **durch Erosion** und vor allem durch einbrechende Hohlräume, eine typische Erscheinung der Negev-Wüste. Die Gesteinsschichten am nördlichen und südlichen Kraterrand entsprechen einander. Innerhalb des Kratergebiets liegen Kegelberge oder -hügel, Kalkklippen, Quarzblöcke und einige wenige Quellen. Die verstreuten schwarzen Berge und Hügel am Kraterboden sind alte Magmastümpfe, denen der Vulkan drumherum abhanden gekommen ist. Etwa 1200 verschiedene **Wüstenpflanzen** gedeihen hier, von denen sich unterschiedlichste **Tiere** ernähren. Gazellen, Füchse, Hyänen und Wölfe leben im Kra-

ter, sogar Leoparden wurden schon gesehen. In der Südostecke täuschen trockene Wasserfälle den durstigen Wanderer. Beduinen nutzen noch heute Terrassen zum Weizenanbau, die auf die Antike zurückgehen. Man könnte die Weihrauchstraße der Nabatäer, die quer durch den Krater führte, nachverfolgen. Auf dem Kraterboden wurden stattlich große **Fossilien** gefunden, die ca. 150 Millionen Jahre alt sind. Im Osten liegen Reste der **Nabatäerfestung** Mezad Mishor. Der Name des Kraters ist eine arabische Umlautung von Romani/Römer, die hier zu ihrer Zeit Gips abbauten.

An interessanten Stellen im Krater wurden markierte **Wanderwege** angelegt, so dass der Besucher sich sowohl zurecht- als auch Informationen findet. Bereits in Mizpe Ramon verläuft ein Kraterrandweg, der immer wieder neue Ausblicke auf die Landschaft tief unter dem Betrachter freigibt; ein Spaziergang lohnt sich sehr. Im Ort werden unterschiedlichste Methoden angeboten, den Krater

Carpentery im Maktesh Ramon

ausgiebig kennenzulernen: per Jeep, Kamel, Mountain Bike oder auf eigenen Sohlen. Die Wanderwege am Grund und Rand des Kraters beginnen z.B. in Mizpe Ramon oder folgen der **Weihrauchstraße**. Nehmen Sie auf jeden Fall **genug Wasser** mit in den Krater, für einen ganzen Tag 8-10 Liter pro Person, denn in der erbarmungslosen Hitze trocknet man ungewohnterweise schneller aus als der Körper ein Durstgefühl melden kann.

Praktische Informationen

Telefon-Vorwahl 08

Es gibt keine städtische **Tourismus Information**, aber eine brauchbare Website: www.mitzpe-ramon.muni.il. Das offizielle Portal der ganzen Gegend: www.negevtour.co.il.

An drei Orten finden Sie Menschen, die sich auskennen:

▶ *Nationalpark Visitor Center:* Unübersehbar direkt am Steilabfall zum Krater, rechts versetzt von der Durchgangsstraße (8-17, Fr -16, Winter -16, Fr -15, Einlass bis eine Stunde vor Schließzeit, ₪ 28/14, englischsprachige Besichtigung vorher buchen, Tel. 6588691, sonst eventuell Wartezeit). Unbedingt aufsuchen – schon wegen des Blicks, aber vor allem für Informationen, wenn man den Krater wie auch immer erkunden möchte. Leider gelangt man **nur mit** einer **Führung** in die Ausstellung. **Tourenberatung** finden Sie hier im unteren Kassenbereich. Drinnen erwartet Sie zunächst eine **Weltraumexkursion** zu Israels erstem Astronauten **Ilan Ramon**, der beim tragischen Absturz der Raumfähre Columbia starb. Er heißt zufällig so wie der Krater und wird auch als Namensgeber des neuen Flughafens in Timna gewürdigt. Danach wird kurzweilig erläutert, was im **Krater** alles zu sehen ist und wie es dazu kam.

▶ *SPNI Field School:* Vor allem vor etwas schwierigeren Wandertouren sollte man sich zusätzlich in der etwa 3 km entfernt am südwestlichen Kraterrand liegenden *Field School Har HaNegev* Auskünfte einholen bzw. sich Führungen anschließen, Tel. 6588615, har@spni.org.il.

▶ *Green Backpackers Hostel:* Außer prima Unterkunft und Infos (s.u.) gibt es hier Kontakt zur Infrastruktur für's Erkunden der Gegend, z.B. die Karte & Info **Negev Ride Guide** oder die super Idee, **Jeeptouren** für alle günstiger nach dem Sherut-Prinzip anzubieten: www.4xdesert.com. Sie finden hier vor allem auch das Backup für mehrtägige **Wandertouren**, inspirieren Sie sich auf http://negevtrails.com und www.negevtrek.com. Vor allem Wasser-, aber auch sonstige Versorgung für mehrere Tage organisiert **Waterdrop**: www.waterdrp.com. Es warten Wanderungen, die man **im Leben nicht vergisst**: wie erwähnt einmal **um den Krater herum** in 9 Tagen, der *Bedouin Trail* – Sde Boqer bis Mizpe Ramon in 5 Tagen, oder ebenfalls von Zelt zu Zelt auf dem **Har HaNegev Trail**. Ganz abgeschieden sind die 4 Tage weiter südlich zwischen den Bergen **Har Arif** und **Har Karkom**. Die Kosten sind nach wie vor beträchtlich, aber günstiger und professioneller als mit der hier gebotenen Unterstützung kann man die Wüste kaum erkunden.

Verschiedene Veranstalter verleihen Mountainbikes, man muss mit ₪ 80 pro Tag rechnen.

Verkehrsbindungen

▶ Egged-Bus 392 pendelt täglich zwischen Beer Sheba, und Elat über Mizpe Ramon.

▶ Von Tel Aviv gibt es auch den direkten Metropolin-Bus 660;

▶ von Beer Sheba die Metropolin-Linien 60, 64 und die schnellsten 65.

Essen und Trinken

Am großen Kreisel beim Supermarkt sind wohl Pizza und der Hummus-Imbiss am effizientesten, beim *Visitor Center* speist man im **Zukim** mit besten Blick, täglich 8-22. Nahe dem Kreisel auf der Ben Gurion St liegt das anspruchsvollere **HaKhavit**, Restaurant und Bar. Origineller wird es jedoch im Künstlerviertel *(Spice Route Quarter)* im Norden: **HaKaze** in der Har Ardon, **Pangea** in der Har Oded, komplett biologisch mit Markt, angenehme Atmosphäre mit offener Küche täglich von früh bis spät: **HaDasa'Ar** in der Nakhal Eilot/Nizana. Hier um die Ecke residieren auch der **Mizpe Ramon Jazz Club**, Do Jam Sessions, Konzerte meist Fr, 8/2 Har Boqer St, Tel.

8

050 5265628, http://jazzramon.wordpress.com (hebr.), sowie der **HaBereh Pub**, Mo-Sa ab 22 Uhr.

Übernachten

Im Sommer – der hiesigen Nebensaison – lassen sich günstigere Tarife aushandeln. Es gibt außerdem ein Dutzend private Zimmerim.

• **Isrotel Bereshit**, 1 Bereshit St, Tel. 6598000, Fax 6588151, www.isrotel.co.il; unverbaubarer Blick aus sehr geschmackvollen Bungalows an der Kraterkante, Hubschrauberservice von Tel Aviv, Zimmer häufig mit Privatpool, sonst noch Wünsche? mF D ab $ 410

• **Alpaca Farm**, 3 km außerhalb, Tel. 6588047 oder 052 8977011, www.alpaca.co.il; statt Krater- hier Alpacablick, kein Bus bis hier, familienfreundlich, sauber, nachhaltig, Hütten, Touren zu Fuß und per Pferd ab ₪ 130, „Zimmer"/Apartment mit Küche, Bettzeug ₪ 30, Frühstück + ₪ 50, mF D $ 160-267

• **Isrotel Ramon Inn**, 1 En Aqev St, Tel. 6588822, Fax 6588151, www.isrotel.co.il; ehemaliges Apartmenthaus zum Hotel umfunktioniert, abseits vom Krater, geräumig eingerichtet, ökologisch nachhaltig, Mountainbiker willkommen (guter Umgebungsplan hier erhältlich), sehr sauber, überzeugendes Restaurant, Pool, Fitnessangebot, AC, TV, WLAN, mF E/D ab $ 150

• **iBex/iBike**, 4 Har Ardon St im nördlichen Industriegebiet, Tel. 052 4367878, www.ibexhotel.co.il; Tourtipps, schöne Räume, Saunamöglichkeit, AC, TV, WLAN, mF E/D ₪ 494

• **SPNI Field School**, Nähe Alpaca Farm, Tel. 6588615, buchen: 03 6388688, www.natureisrael.org; sehr ruhig am Kraterrand gelegen, 26 Räume mit je 6 Betten, Dusche und Toilette, einfach, freundlich und hilfsbereit (mit Ausnahmen), sehr detaillierte Infos, Mahlzeiten möglich, Frühstück ₪ 51 Dorm pP ₪ 140-150, E/D kB ₪ 451-595

• **Succah BaMidbar** (Laubhütte in der Wüste), 7 km außerhalb, westlich der Alpaca Farm, von Straße 171 gut zu erreichen, Tel. 6586280, Fax 6586464,

www.succah.co.il; gelebter Eco-Tourismus, gut und angenehm geräumig eingerichtet, vorher buchen, wirtschaftet ökologisch nachhaltig, Mountainbiker sehr willkommen, sehr sauber, gutes Restaurant, Pool, Fitnessangebot, AC, TV, mF E ab ₪ 350, D ₪ 500-800

• **HI Mizpe Ramon Hostel**, 150 m bis zum Kraterrand, westlich vom Visitor Center, Tel. 02 5945566, Buchen: 159 9510511, www.iyha.org.il; sauber, WLAN, mF Dorm pP $ 42, E $ 82, D $ 108

• **The Green Backpackers**, 2/2 Nakhal Sirpad St, Tel. 054 6907474 oder 072 3902199, www.thegreenbackpackers.com; kleine, feine Traveller-Adresse, sehr freundlich, nachhaltig, extrem hilfsbereit, beste Infos & Touren (s.o.), Küche, Parkplatz, Waschmaschine, Gepäckaufbewahrung, WLAN Dorm pP ₪ 88, E/D ₪ 285

• **Desert Ecolodge/Desert Shade**, östlich der Straße 40 nördlich des Abzweigs nach Mizpe Ramon, Tel. 6586229 oder 054 6277414, www.navadim.org; herrlicher Blick Richtung Krater und *Desert Sculpture Park*, eine Art Ranch mit Kamelen und Winzerei, auch Pferde und Fahrräder für Wüstentouren, Beduinenzelt zum Essen, Langhütten mit engen Zweierschlafkabinen, extrem einfach, Duschen und Toiletten außerhalb, keine Kreditkarten, Reservieren empfohlen EkB ₪ 170, D kB ₪ 260

• **Me'ever Hostel**, 4 Har Boker St im nördlichen Industriegebiet, Tel. 6595190, hieß früher nach der Tanz-Kompanie www.adama.org.il; Anfang Mai überfüllt zum Festival www.desertstomp.com – eigenes Zelt aufschlagen ₪ 80, Tipi ₪ 170, aber auch Häuser aus ungebrannten Ziegeln, Gemeinschaftsküche, WLAN, mF Dorm pP ₪ 75, E ₪ 235, D ₪ 270-380

• **Silent Arrow Desert Lodge**, 1 km westlich vom Zentrum, Tel. 052 6611561, www.hetzbasheket.com; Unterkunft in großen (beheizten) Beduinen-, kleinen Kuppelzelten oder im Privatzelt, Matratzen ausleihbar, Gemeinschaftsbad und –küche, erstaunlich sauber, ruhige Atmosphäre, Bogenschießkurse und Jeeptouren möglich, Fußweg 15 min von

Mizpe Ramon (evtl. Abholservice), keine Kreditkarten Dorm pP ₪ 90, E kB ₪ 170, D kB pP ₪ 135

Camping

Sowohl die SPNI Field School ($ 7 pP) als auch die oben genannten Lodges offerieren Campmöglichkeit. Die beste Stimmung bietet der Campingplatz Be'erot. Er liegt mitten in der Wüste am Kratergrund, mit Toiletten und fließendem Wasser (Tel. 6280404+1, ₪ 16 pP im eigenen Zelt, großes Zelt mit Matratze ₪ 75/65, Zimmer bis zu 6 Personen ab ₪ 350); Anfahrt siehe weiter unten.

Die Kraterlandschaft kennenlernen

Vom 400 m über dem Kraterboden gelegenen Mizpe Ramon windet sich die Straße hinunter zum Kraterboden.

🚗 5 km: **Abzweig**

Rechts weist ein Schild zur **Carpentry**, die am Ende des Schotterweges (Parkplatz) auf einem kurzen Fußmarsch zu erreichen ist. Hier liegen Quarzitklötze herum wie Holzabfälle in einer Schreinerei. Weltweit kommt diese Formation nur hier vor: Das Gestein wurde quasi gebacken und kristallisierte dann in Prismen aus.

🚗 Nach 5,5 km: **Abzweig**

Links führt eine auch für PKW gut zu fahrende Schotterpiste zu mehreren Zielen, zunächst zum 5 km entfernten **Campingplatz Be'erot** mit Toiletten und fließendem Wasser. In einem großen Beduinenzelt kann man der Umgebung entsprechend essen (vorher anmelden: Tel. 658 6713). Der Platz eignet sich auch als gute Basis für Trekking-Ausflüge in die Umgebung, z.B. zum Sha'ar Ramon (Ramon-Canyon oder -Tor), zum 702 m hohen Mount Ardon mit herrlicher Aussicht, zum Berg Saharonim oder zur Quelle En Saharonim.

Für eilige Besucher dürfte **En Saharonim**, eine Quelle im Krater, das interessanteste Ziel sein, das 3,5 km vom Campingplatz entfernt und auch mit kleinem PKW zu erreichen ist, während die anderen Orte zum Teil Fahrzeuge mit Allradantrieb benötigen bzw. nur zu erwandern sind. Oberhalb der Quelle En Saharonim, die von dichtem Schilf und Gestrüpp umgeben ist, steht der **Khan Saharonim** (auch Mezad Saharonim). Das ehemalige Fort wurde von den Nabatäern vermutlich im 1. Jh nC als eine von mehreren Befestigungsanlagen der Weihrauchstraße dieser Gegend erbaut; nicht verwunderlich, denn die nahe gelegene Quelle galt es zu nutzen und zu schützen. Sehr gut ist die Anordnung der Räume (u.a. eine Küche) um einen großen Innenhof zu erkennen. Treppenreste in der Südwestecke lassen auf ein oberes Stockwerk schließen.

🚗 Nach 3 km: **Abzweig**

Rechts, ein Stück abseits der Straße, kann man den **Ammonite Wall** besichtigen, eine sehr seltene Häufung von Fossilien. Die **Straße 40** führt im Süden kurvenreich, aber nicht so deutlich merkbar wie bei der Einfahrt, wieder aus dem Krater heraus und zieht sich weiterhin durch eine großartige und abwechslungsreiche Wüstenlandschaft. Wenn sich der Blick nach Osten öffnet, erkennt man die hoch in den Himmel ragenden jordanischen Edom-Berge in ihrer pastellroten Grundfarbe. Fotofreunde werden besonders am späteren Nachmittag ihre Freude an den dann deutlich hervortretenden Formen und Konturen der Wüstenlandschaft haben. Gerade diese Strecke zählt zu den landschaftlich faszinierendsten Wüstentouren; wer statt dessen z.B. von Beer Sheba aus schnell ins Wadi Arava hinunterfährt, wird viele dieser Eindrücke der Negevwüste versäumen.

🚗 40 km: **Zikhor Junction**

Links zweigt die Straße 13 ins Wadi Arava ab. Wir fahren geradeaus weiter. Wenn man jedoch der 13 folgen würde, gibt es

8

nördlich der Einmündung zur Straße 90 eine Art **Wüsten-Vergnügungsviertel** – dieses nach einer israelischen Militäreinheit benannte *Texas 101* bietet allerdings kaum Erfreuliches. Im Vorbeifahren sieht es spannender aus als beim Anhalten. Anders verhält es sich, wenn man nach 23 km die Straße 90 nach Norden fährt: Beim **Café Ursula** hinter der Tankstelle in Zukim (siehe S. 492) ist Anhalten besser als vorbeifahren.

Übernachten in Zukim

Negev Eco Lodge, 052 6170028, vorher im Kibbuz Faran bereits beim **Khan Aviran** Guesthouse & Hostel, Tel. 052 3868938., melden.

🚗 Folgt man jedoch der Straße 40, liegt nach etwa 12 km links Shittim mit Unterkunft im

Desert Ashram (Ashram BaMidbar), Tel. 08 6326508 oder 052 5443349, www.desert ashram.co.il; Ashram à la Israel, sauber, vegetarisch, Teilnahme am WOrking and Meditation Program (WOMP) möglich (zu Pessach und Sukkot große Zorba Groove Festivals mit bis zu 3000 Leuten), E mit Vollverpflegung und 2 Meditationeneigenes Zelt ₪ 135-190, Dorm ₪ 220-265, E/D ₪ 550-670

🚗 **26 km: Shizzafon Junction**

Hier müssen Sie sich entscheiden, ob Sie nach rechts über die westlich gelegene Straße 12 parallel zur ägyptischen Grenze oder auf der Straße 40 hinunter ins Wadi Arava fahren wollen, wobei der kurvenreiche Abstieg durch die Hügel und Klippen auf beiden Strecken ein Naturerlebnis ist. Noch mehr Erlebnis an Natur bietet die westliche Route, die man z.B. auf der Rückreise fahren und dabei landschaftliche Sehenswürdigkeiten in der Nähe von Elat (siehe S. 474) mitnehmen kann. Aufgrund der unübersichtlichen Lage im Sinai kann die Straße 12 gesperrt sein – erkundigen Sie sich direkt am Abzweig im Biorestaurant **Pundak Neot Smadar**.

Weiter auf der Straße 40: Nachdem man bereits die Palmenoase sah, kommt nach 1 km die Einfahrt zum Kibbuz **Neot Smadar**, dem auch das Restaurant gehört. 1989 gründeten vor allem Künstler aus Jerusalem diesen inspirierenden Ort. Besichtigung inklusive Weingut täglich 11-13, ₪ 25, Tel. 054 9798885.

Eco Lodging, Tel. 08 6358111 oder 054 9798433, www.neot-semadar.com; sehr hübsche, saubere Lehm-Häuschen, Selbst-Verpflegung oder Rabatt im Restaurant, E ₪ 360-400, D ₪ 420-450

🚗 **11 km: Ktura Junction**

Nach rechts auf die Straße 90 abbiegen, die im **Wadi Arava** verläuft. Das Wadi Arava, das sich kaum im Namen und nur durch die in der Mitte verlaufende Grenze vom jordanischen Wadi Araba unterscheidet, zieht sich von Elat bis nach Sedom am Toten Meer, also von Meereshöhe bis minus 400 m. Wer glaubt, dass sich das Wadi sanft gegen Norden neige, irrt. Erst ziemlich zum Schluss verlässt man die Seehöhe und verschwindet relativ schnell in die tiefste Tiefe der – trockenen – Erdoberfläche.

Auch botanisch ist das Wadi Arava interessant, weil es viele **Pflanzen aus Afrika und Asien** gedeihen lässt und Tieren beider Lebensräume Nahrung bietet. Infolge der geologischen Struktur – hohe Berge auf beiden Seiten und trocken-heißer Wüstenboden – herrschen starke Aufwinde. Die Zugvögel kennen diese günstige Situation und nutzen sie auf ihrem Flug über die Kontinente. Zweimal im Jahr füllt sich das Wadi mit vielen Millionen Vögeln, die hier eine Pause einlegen. Durch die Expansion von Elat wird der Lebensraum der Vögel eingeschränkt, daher hat man im

Kibbuz Lotan**

(nahe der Qtura Junction; auch Übernachtungsmöglichkeit, siehe unten) ein

Vogelreservat mit einem Teich, Bäumen und Pflanzen angelegt, in dem mehr und mehr Vögel rasten. Man kann das Reservat besichtigen und damit auch die Arbeit der Leute unterstützen. Außerdem bieten die Ornithologen des Kibbuz sog. *Birding Tours* (am besten Okt-Dez oder Feb-Apr; Tel. 08 6356935, www.birding israel.com) im Negev an, Dauer bis zu zwei Wochen. Ganz unaufdringlich gibt es darüber hinaus Workshops zu ökologisch sinnvollem Leben, und man kann die Spiritualität des liberalen Judentums kennenlernen. Obwohl das Reformjudentum die größte jüdische Gruppierung weltweit darstellt, genießt es in Israel kaum politischen Einfluss, neben den ökologischen Zielen ein wichtiger Grund, 1983 den Kibbuz Lotan zu etablieren.

Übernachten

Kibbuz Lotan Ecotourism, Kibbuz Lotan, Tel. 08 6356935 oder 054 9799030, in Israel gebührenfrei 180 0200075, www.kibbutzlotan.com; individuelle Lehmziegelhäuser, geschmackvoll eingerichtet, sehr freundlich und hilfsbereit, Pool, Touren, Abholservice, WLAN, mF Dorm pP ₪ 100, E/D+B ₪ 300-560

12 km nördlich auf Straße 90 können Sie auch in **Yahel** zu ähnlichen Bedingungen unterkommen, weniger Öko, aber der erste Reform-Kibbuz von 1977; Tel. 08 6357967, http://kibbutzyahel.com, (hebr.).

Weiter nach Süden 11 km bis

Kibbuz Yotvata

In der Nähe einer der wenigen (und noch dazu ergiebigen) Quellen im Negev wurde 1957 der Kibbuz Yotvata gegründet. Nach vielen Fehlschlägen, harter und erfindungsreicher Arbeit weiden heute mitten in der Wüste Milchkühe; im Laden an der Tankstelle kann man vorzügliche Milchprodukte kaufen. Yotvata zählt zu den eher wenigen Kibbuzim, die wirtschaftlich erfolgreich sind und selbstsicher in die Zukunft schauen. Seine **Milch-**produkte** sind in ganz Israel bekannt und erhältlich, hier vor Ort sogar 24 Stunden pro Tag, außer Freitagabend. Tagsüber auch Touristeninformation im Eingangsbereich.

🚗 8 km: **Samar Junction** – Links ab zur

Hai Bar Yotvata Nature Park**

In dem 12 km² großen **Hai Bar Biblical Nature Park** werden selten gewordene oder vom Aussterben bedrohte, in der Bibel erwähnte Tierarten gezüchtet, um sie später in freier Natur wieder auszusetzen. Häufig lassen sich bereits von der Straße aus Strauße, Antilopen, Gazellen oder Wildesel erkennen. In einem kleinen Zoo kann man zusätzlich Beutegreifer wie Leoparden, Wüstenfüchse oder Schlangen betrachten oder in einem Raum, in dem am Tag Nachtverhältnisse herrschen und umgekehrt, typische Nachttiere wie Fledermäuse und Skorpione beobachten. Das Außengelände durchfährt man im eigenen Auto wie in einem Safaripark. Beim Kartenkauf kann man eine CD bekommen (Miete ₪ 5, Kauf ₪ 10), die englischsprachige, ausführliche Erläuterungen liefert, persönlicher Tourguide ₪ 200 (8.30-17, Fr -16, Winter -16, Fr -15, letzter Einlass eine Stunde vor Schluss, Außengelände ₪ 28/14, Camping ₪ 53/42).

🚗 13 km: **Abzweig** – Rechts ab in den sehenswerten

Timna Park**

Geschichte: *Bereits im 4. bis 3. Jahrtausend vC, d.h. vor etwa 6000 Jahren, wurde in Timna Kupfer gewonnen, im 14. und 13. Jh vC kamen große pharaonische Expeditionen (18. und 19. Dynastie), um das wertvolle Metall abzubauen. Im 12. Jh vC waren einheimische Midianiter allein mit dem Abbau beschäftigt, nach einer Unterbrechung nahmen die Römer in den ersten beiden Jahrhunderten nC die Kupfer-*

8

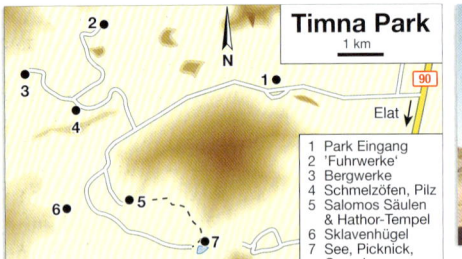

1 Park Eingang
2 'Fuhrwerke'
3 Bergwerke
4 Schmelzöfen, Pilz
5 Salomos Säulen
  & Hathor-Tempel
6 Sklavenhügel
7 See, Picknick,
  Camping

Berühmter Stein-Pilz in Timna

förderung wieder auf. Schließlich versuchten sich auch die Israelis in den 1950er Jahren, gaben aber nach 20 Jahren wegen der gefallenen Kupferpreise auf.

Das Wadi Timna ist eigentlich eine Landschaft für sich: Im halbkreisförmigen Kessel der bizarren, bis über 800 m hohen Timna-Klippen erhebt sich aus der Bodenebene der Djebel Timna, der – aus granitenem Urgestein bestehend – sich seinerseits in steilen und bizarren Klippen abgrenzt. Doch nicht allein wegen ihrer beeindruckenden, fabelgleichen Gebirgsformationen war diese Gegend schon den Ägyptern bekannt, sondern vor allem wegen ihrer Kupfervorkommen, die sich als grüne Adern durch den weicheren Sandstein im Tal ziehen.

Von der Hauptstraße führt eine schmale, 3 km lange Straße hinauf zum Eingangstor (Sa-Do 8-16, Fr -15 [Juli/Aug. täglich -13, + Di 17-20 *Sunset Tour*], ₪ 49/36, Fußgänger ₪ 12 – von Bushalt an Straße 90 trampen kein Problem, Nachtprogramm mit Lightshow ₪ 59/59; **Camping** ₪ 50, www.parktimna.co.il) in die Felsenwildnis, von dort bis zum zentralen Parkplatz sind es noch einmal 4 km. Am Eingang gibt es einen Plan, der den Park und die Sehenswürdigkeiten gut erklärt (auch auf Deutsch erhältlich). Außerdem sollte man sich das interessante Video über die Entstehung Timnas und seine Sehenswürdigkeiten anschau-

en. Im Park sind Wanderwege gut ausgeschildert, auf denen man z.B. die Geschichte der Kupfergewinnung – Timna ist die älteste bekannte Mine dieser Art – bis heute verfolgen kann.

Mit dem Auto fahren Sie am besten bis zum zentralen Parkplatz, um von dort die **Säulen Salomos** – *Salomos Pillars* – anzuschauen, durch Erosion aus dem Fels herausgefräste, halbrunde und überdimensionale Säulen, die mit dem König Salomo nichts zu tun haben, aber zweifelsohne beeindruckend in ihrer Größe sind. Gehen Sie von den Säulen nach rechts um die Ecke herum (und nicht zuvor die Treppen hinauf). Am Fuß einer Felswand sind die Grundmauern eines pharaonischen **Hathortempels** zu sehen, die zwar kaum einen Eindruck vom altägyptischen Tempelbau vermitteln, aber als historisches Dokument ägyptischer Expeditionen in fremdes Land interessant sind. Rechts vom Tempel führt eine Treppe zu Felswänden hinauf, auf denen Felszeichnungen eingeritzt sind, u.a. auch ein Relief von Pharao Ramses III.

Vom zentralen Parkplatz geht es ein Stück zurück, dann links Richtung See. Unterwegs liegt rechts der **Sklavenhügel** mit einem Schmelzlager aus dem 14. bis 12. Jh vC und großen Schlackenhaufen aus der Erzgewinnung. Der **Timna-See** – ein künstlich geschaffener blauer Fleck in der Felslandschaft – lädt zu einer erholsamen Pause ein, im

Restaurant gibt es zumindest Snacks. Man kann hier außerdem Fahrräder, Kamele oder Tretboote mieten, Fläschchen mit buntem Sand füllen und – vielleicht etwas deplatziert – einen Nachbau der Stiftshütte besichtigen, mit der die Israeliten durch die Wüste zogen. Camper können hier gegen Aufpreis auch übernachten.

Bei der Rückfahrt sollte man am Abzweig zu Salomos Säulen vorbeifahren und am nächsten links abbiegen, um noch einige interessante Plätze zu besuchen. Am Ende der nach Nordwesten führenden Straße ist der Fels von ägyptischen **Kupferminen** nahezu durchlöchert. Einige Schächte – der tiefste mit 37 m – sind noch erhalten, doch der Großteil der etwa 1000 Schächte ist inzwischen verschüttet, die kreisrunden Einschnitte sind aber deutlich erkennbar. Der Rundweg zeigt die Kupfergewinnung, führt durch Felsbögen und schließlich durch unterirdische Gänge zurück zum Parkplatz. Auf dem Rückweg lohnt sich ein Stopp beim **Pilz,** einer pilzför-mig-skurrilen Felsformation, und den dort liegenden Schmelzlagern, bei denen die Verhüttung des gewonnenen Erzes nachvollzogen werden kann. In der Nähe zweigt links eine Stichstraße zu ägyptischen **Felszeichnungen** in einer engen Schlucht ab, auf denen u.a. Fuhrwerke dargestellt sind, die von Stieren gezogen werden. Sozusagen nebenan, südlich anschließend, liegt die aufgelassene moderne Mine.

Von hier ist es nicht mehr weit bis Elat. Im Oktober 2018 soll der neue **Timna-Flughafen** offiziell eröffnen, Probebetrieb ab September. siehe S. 42. Das wird die Gegend verändern: Hier sollen die Billigflieger abgefertigt werden, es werden also viele Leute kommen und die sollen sich so lang wie möglich für den Süden des Landes interessieren. Direkt bei und nördlich von Timna stellt man sich in den Kibbuzim **Elifas** und **Samar** bereits auf mehr Übernachtungsgäste ein, die bisherige Ruhe könnte nachlassen, www.elifaz.co.il und www.kibbutz-samar.com

🚗 Zurück zur Straße 90, 19 km bis Elat.

Die Säulen Salomos in Timna

Elat und Umgebung

Sehenswertes

***   **Underwater Observatory Marine Park**, ein gläserner Unterwasserturm vor dem Korallenriff, aus dem man herausschauen und die Fische beobachten kann, S. 479

***   **Coral Reef Tank** (Coral Beach Park), sehr gutes, großes Seewasser-Aquarium, S. 479

***   **Dolphin Reef**, ein im Wasser abgegrenztes Korallenriff mit Delfinen, die so zahm sind, dass man mit ihnen schwimmen kann, S. 478

***   **Korallenstrände** am South Beach, an denen man herrlich schwimmen, schnorcheln oder tauchen kann, S. 477

***   **Wüstengebirge** um Elat mit pittoresken und faszinierenden Felsformationen, interessanten Wanderungen, grandiosen Aussichten, S. 481

**   **North Beach**, schöner Sandstrand, keine Korallen, S. 476

**   **Vogelbeobachtung**, mit Ornithologen Zugvögel beobachten, S. 480

**   **Sport aller Art** im Wasser, zu Land und in der Luft, S. 485

Geschichte: *Die Historie dieser Gegend, zu der natürlich auch Aqaba zählt, geht auf* ***Ezion Geber*** *(Tel AlKhulayfa in Jordanien) und das alte Elat zurück, das aber mit Aqaba gleichzusetzen ist. Im 10. Jh vC ließ Salomo in Ezion-Geber Schiffe bauen. Nachdem die Israeliten im 8. Jh vC den Hafen verloren hatten, machten erst im 3. Jh vC die Ptolemäer wieder auf ihn aufmerksam. Danach nahmen ihn die Naba-*

täer, dann die Römer in Besitz. Im 12. Jh nC traten die Kreuzritter auf, bis sie von Saladin 1170 endgültig vertrieben wurden. Später kamen die Mamluken, dann die Türken, nach dem Ersten Weltkrieg die Briten, die eine Polizeistation unterhielten.

Im Unabhängigkeitskrieg von 1948 eroberten die Israelis den jordanischen Posten und ein Stück Land entlang der Küste. In dem unwirtlichen, nur schwer erreichbaren Gebiet entstand das Kibbuz Elot, das später an seinen heutigen Platz ein Stück nördlich aussiedelte. Bereits ***1951*** *wurde der* ***Hafen*** *eröffnet, aber israelische Schiffe wurden fast permanent von den arabischen Nachbarn behindert. Als der ägyptische Präsident Nasser 1967 die Straße von Tiran blockierte, löste er den* ***Sechstagekrieg*** *aus und verlor als Folge den Sinai, der erst 1982 an Ägypten zurückgegeben wurde, nachdem im Friedensvertrag Israel der Ausgang ins Rote Meer zugesichert worden war. Elat wurde nicht nur eine wichtige Hafenstadt, sondern auch Tor zum Sinai, Badeort der Israelis und ihrer Besucher aus aller Welt.*

Sonnenstadt am Roten Meer

Elat – sozusagen **Schwesterstadt** des jordanischen **Aqaba** – besitzt nur 11 km Küste am Roten Meer. Hier herrscht trockenes und ziemlich heißes Klima. Die 5000-Einwohner-Stadt stellt den einzigen Hafen Israels am Roten Meer, sie ist aber mehr ein **quirliges Touristenzentrum**, nahezu 365 Tage im Jahr, Tag und Nacht in Betrieb. Rund 11.000 Hotelzimmer stehen für Besucher bereit, mit steigender Tendenz und **Wettergarantie**: Sonnenschein quasi vom 1. Januar bis zum 31. Dezember; selbst im Winter erreichen die Tagestemperaturen noch gute 20 Grad. Attraktion ist aber auch die **urgewaltige Felslandschaft**, an die sich die Stadt anlehnt, wie auch der Küstenstreifen am Roten Meer.

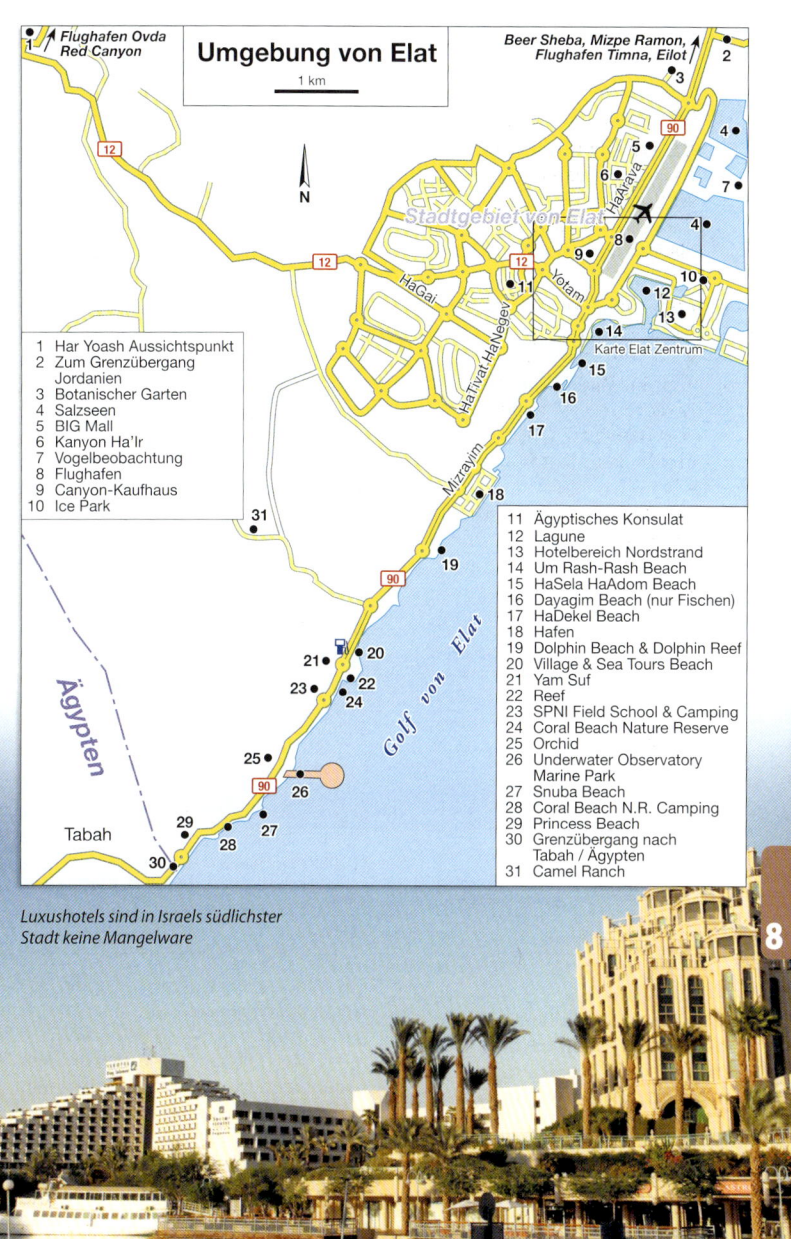

Umgebung von Elat

1 km

Flughafen Ovda
Red Canyon

Beer Sheba, Mizpe Ramon,
Flughafen Timna, Eilot

Stadtgebiet von Elat

N

Karte Elat Zentrum

Ägypten

Golf von Elat

Tabah

1 Har Yoash Aussichtspunkt
2 Zum Grenzübergang
   Jordanien
3 Botanischer Garten
4 Salzseen
5 BIG Mall
6 Kanyon Ha'Ir
7 Vogelbeobachtung
8 Flughafen
9 Canyon-Kaufhaus
10 Ice Park

11 Ägyptisches Konsulat
12 Lagune
13 Hotelbereich Nordstrand
14 Um Rash-Rash Beach
15 HaSela HaAdom Beach
16 Dayagim Beach (nur Fischen)
17 HaDekel Beach
18 Hafen
19 Dolphin Beach & Dolphin Reef
20 Village & Sea Tours Beach
21 Yam Suf
22 Reef
23 SPNI Field School & Camping
24 Coral Beach Nature Reserve
25 Orchid
26 Underwater Observatory
   Marine Park
27 Snuba Beach
28 Coral Beach N.R. Camping
29 Princess Beach
30 Grenzübergang nach
   Tabah / Ägypten
31 Camel Ranch

*Luxushotels sind in Israels südlichster
Stadt keine Mangelware*

8

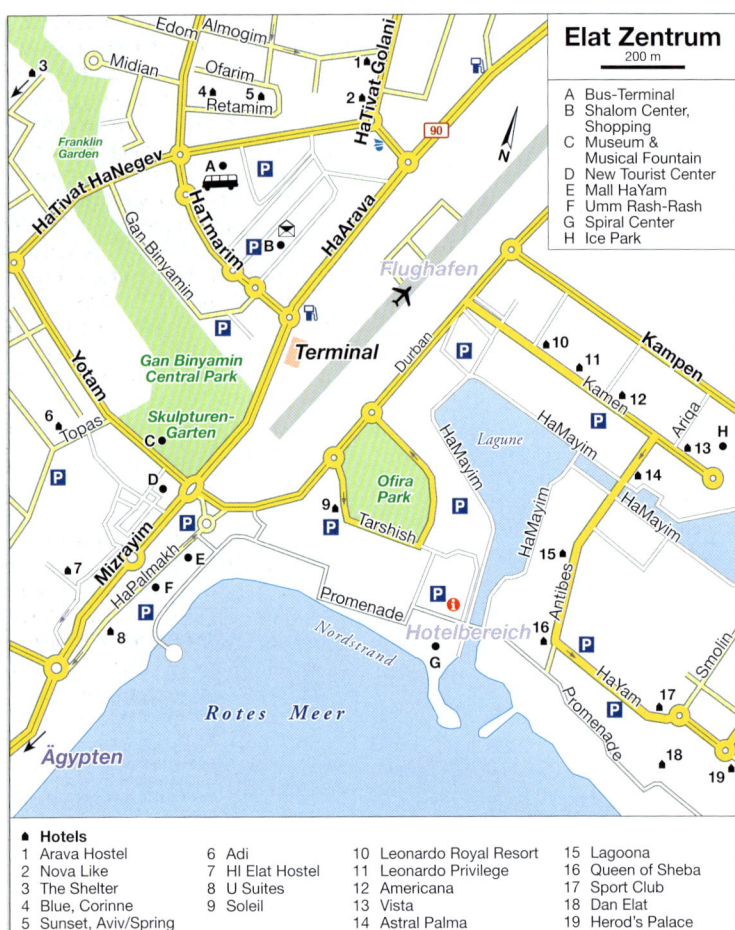

Elat Zentrum
200 m

A Bus-Terminal
B Shalom Center, Shopping
C Museum & Musical Fountain
D New Tourist Center
E Mall HaYam
F Umm Rash-Rash
G Spiral Center
H Ice Park

Hotels

1 Arava Hostel
2 Nova Like
3 The Shelter
4 Blue, Corinne
5 Sunset, Aviv/Spring
6 Adi
7 HI Elat Hostel
8 U Suites
9 Soleil
10 Leonardo Royal Resort
11 Leonardo Privilege
12 Americana
13 Vista
14 Astral Palma
15 Lagoona
16 Queen of Sheba
17 Sport Club
18 Dan Elat
19 Herod's Palace

Grundsätzliches

Westlich vom nahezu im Stadtzentrum liegenden **Flughafen**, um dessen Gelände die Investoren bereits schwer gerungen haben dürften, weil er ja bald geschlossen wird, zieht sich das **Zentrum Elats** den Berg hinauf mit einem großen Kanyon Shoppingcenter, Post, Busterminal etc. Östlich des Flughafens beginnt das Wadi Arava mit dem Sandstrand, der **North Beach** genannt wird, an dem sich die feudalen und etwas weniger vornehmen Hotels teils am Strand, teils um eine Lagune angesiedelt haben. Fährt man von Norden auf die Stadt zu, so sehen diese Hotelburgen wie Wellenbrecher aus, die das Wadi vor den Fluten des Roten Meeres schützen. Der Nordstrand, das Ende des Golfs von Elat, macht im Westen einen scharfen Bogen nach Süden. Gleich an der Ecke steht ein weiteres, mächtiges Shoppingcenter, die Mall HaYam. Bald folgen in Richtung Süden die **Hafenanlagen**, ein Stück weiter südlich beginnt der von * * * **Korallen** gesäumte Küstenstreifen, der Elat wegen seiner wunderbaren Unterwasserwelt ebenfalls berühmt macht (und der quasi erst an der Südspitze des Sinai endet). Vermeiden Sie Elat während des Passah- und des Sukkot(Laubhütten)festes, inzwischen auch während des Zuckerfestes – Daten siehe S. 84/87. Ganz Israel stürzt sich während dieser Zeit (meist je eine Woche) auf die Stadt, alles ist überfüllt und überteuert. Eigentlich sollte man sagen, trotz der hiesigen **V.A.T.**(MwSt)-**Freiheit** über-überteuert, denn Elat ist ohnehin schon ein kostspieliger Platz – also nicht unbedingt für sparsame Menschen für längere Zeit zu empfehlen. Aber **Tanken** lohnt sich.

Praktische Informationen

Zentrum

Busterminal und Stadtflughafen liegen in Elat – noch – nur ein paar Schritte voneinander entfernt: Die HaTmarim St beginnt am Flughafengebäude, dann führt sie sofort durchs Stadtzentrum mit jeder Menge Shopping: rechts zunächst an der Kreuzung mit der HaArava St das **Shalom Center** mit **Red Canyon Supermarkt**, Post, Bank, Autovermietern und vielen Restaurants. Kurz vor der Kreuzung mit der HaNegev St folgt der **Busterminal**. Nördlich/nordwestlich davon befinden sich vergleichsweise günstige Hotels und die meisten Hostels. In mehr als fußläufiger Entfernung warten außerdem drei weitere Shopping Center auf Kundschaft, u.a. ein BIG und der Canyon HaIr.

Die von Norden kommende Einfallstraße 90 aus dem Wadi Arava verläuft direkt westlich des Flughafens, heißt hier auch wenig überraschend HaArava St und kreuzt die oben genannte HaTmarim St am Eingang zum Flughafen. Sie führt dann an der Küste entlang bis zur israelisch-ägyptischen Grenze, hier wird sie gerade ausgebaut und um einen Radweg (!) erweitert (Bus 15).

Touristisch

Wenn man am nächsten Kreisel nach dem Flughafen links auf die Durban St abbiegt, gelangt man zur größten Hotelballung von Elat (die erste Straße rechts, Tarshish St, führt in die Nähe des *Tourist Information Center*, unweit der Brücke über die Ausfahrt der Lagune). Hier liegt der * * **North Beach**, ein schöner flacher Sandstrand und der beliebteste in Elat. Er unterteilt sich in eine Reihe von Einzelständen, die meist nach den dahinter liegenden Hotels benannt sind. Fast überall kann man Liegestühle mieten, findet Duschen und viele gleich gesinnte Sonnenanbeter. An drei Stellen sind Lebensrettungsschwimmer stationiert. Parallel zum Wasser verläuft die Promenade, die besonders abends zum Leben erwacht, auf der man bummelt und sich zeigt. Im Osten endet die Promenade quasi am Herod's Hotel. Man kann aber über den dortigen Kanal hinweg weitergehen (oder zwischen dem Herod's und der verlassenen *King's City* weiterfahren) und kommt dann der jordanischen Grenze schon ziemlich nahe.

8

Der Sunbay Beach in diesem Abschnitt ist nicht so überlaufen. Auch die *East/ Peace Laguna*, zu der sich der eben erwähnte Kanal landeinwärts ausweitet, bietet Badestrand mit Wasser aus dem Golf zum Baden und Zelten mit vergleichsweise wenig Publikum. Nördlich hinter der Hotelfassadenfront der ersten Reihe (ausnahmslos 5*Herbergen) siedelten sich etwas weniger prestigeträchtige, aber immer noch teure Unterkünfte an, zum Teil um die westliche Elat Lagune mit den Jacht-Liegeplätzen, zum Teil aber auch ohne direkten Wasserblick oder -anschluss.

Der alttestamentliche Themenpark
* **King's City** ist Pleite gegangen, mal schauen, ob ein Investor mit dem Anwesen einen großen Wurf wagen mag. Nördlich davon liegt der einzigartige **Ice Park**, nach Metulla Israels zweites Eishockey-Stadion. Aber nicht nur das: Um die Eislauffläche herum, auf der auch Unterhaltung geboten wird, gibt es zehn Etagen Shopping. Irre, lieber nicht nach der Öko-Bilanz fragen… tägl. 9.30-23, Fr bis eine Stunde vor Shabbat, eine Runde Eislaufen inkl. Schuhen ₪ 40, http://ice-malleilat.co.il.

Wenn Sie am oben genannten Kreisel HaArava/Durban St nach rechts bergauf in die Yotam St abbiegen, dann liegt linker Hand das seit 1968 sogenannte **New Tourist Center** mit Shops und Hotels. Außerdem ballen sich hier Kneipen, Restaurants und Kurzweilangebote aller Art, die sich vor allem an Teenager wenden. Für die Altersgruppe ab 14 J. etwa die stockfinstere Zu-Fuß-Geisterbahn *Nightmare*, mit $ 15 für 20 min nicht geschenkt, die „Gespenster" legen es allerdings auf nicht gerade harmlose Schockeffekte an und zeigen sich besonders um das weibliche Publikum bemüht: www. nightmare.co.il. Ebenfalls Kontakt zu jungen Damen, aber nur für Erwachsene und vermutlich weniger aufregend, er-

möglicht der Stripclub *GoGo*, erreichbar über einen der Hintereingänge des New Tourist Center, Tel. 050 5262333.

Auf der anderen Seite der Yotam St gibt es harmlosere Unterhaltung: die Pyramide des **IMAX-Kinos** ist derzeit unbespielt, aber dahinter gibt es abends Wasser- und Lichtspiele um 20, 21 und 22 Uhr. Das historische **Museum** nebenan mit Stadtgeschichte seit 1949 wirkt inmitten des ganzen *Fun*-Getöses etwas deplatziert; Mo-Do 10-20, Fr -14, Sa 12-20, ₪ 10/5, http://eng.shimur.org /Eilat. Gleich daneben befindet sich zu selben Öffnungszeiten die Elat Art Gallery mit lokalen Kunstobjekten aller Art, Eintritt frei.

Auf in den Süden

Jetzt wollen wir uns in der Umgebung der Straße 90 – die erst HaArava und später Mizrayim (= Ägypten) St heißt – Richtung Tabah/Ägypten umschauen. Nach dem Hafen können Sie **Shows** mit Delfinen am *** **Dolphin Reef** erleben (9-17; ₪ 67, bis 15 Jahre ₪ 46, www.dolphinreef.co.il) in offizieller Sprache: den Tieren beim Training zuschauen. Ein über 10.000 Quadratmeter großer Seebereich ist so abgezäunt, dass die aus Delfinarien kommenden Delfine sich sehr frei bewegen und an ein künftiges Leben in Freiheit gewöhnen können. Als besondere Attraktion kann man mit den Delfinen schwimmen oder tauchen (Schnorcheln für 30 min ₪ 290/260, Eintritt inklusive, Kinder ab 10 Jahren nur mit Begleitung; Tauchen 30 min inklusive Ausrüstung ₪ 339); die neugierigen Tiere gehen dabei auf Tuchfühlung. Es empfiehlt sich, solch ein Delfin-Rendezvous vorher unter Tel. 6300111 zu reservieren. Weitere besondere Angebote sind Entspannungspools (ohne Delfine) und Delphin-Therapie.

Nur ein kurzes Stück weiter südlich liegt das *** **Coral Beach Nature Reserve** (9-

Lockeres Strandleben am North Beach mit Blick auf Aqaba

18, Fr -17, Okt-März -17, Fr -16, Kasse schließt jeweils eine Stunde früher, ₪ 35/21), 1200 m Strand mit einem Steg zu den interessantesten Korallenriffs. Brille & Schnorchel ₪ 23. Noch weiter südlich ragt der Turm des ★★★★ **Underwater Observatory Marine Park** aus dem Wasser (8.30-16; Tickets gelten drei Tage: ₪ 99/79, zusätzlich mit Oceanarium plus ₪ 10, dazu noch das überflüssige Yellow Submarine, plus ₪ 35/29, www.coral-world.com/eilat). Hier wurde ein Unterwasserobservatorium ins Meer gebaut: Ein 100 m langer Steg führt zu dem Rundbau, von dessen unterer Etage, die 6 m unter der Wasseroberfläche liegt, Fenster den Blick in die Unterwasserwelt ermöglichen und man den schönsten Fischen direkt ins Auge schauen kann. Und die vor der Kulisse buntschillernder Korallenbänke, in denen die Tiere sich völlig natürlich und "ungezwungen" bewegen – wenn hier ein Fisch an der Scheibe auf und ab schwimmt, dann macht er das aus Interesse, aber nicht aus Verzweiflung, in einem Gefängnis (Aquarium) zu leben.

Entbehrlich ist das gelbe Unterseeboot: Es taucht gar nicht, und 30 Minuten durch ziemlich fischloses Wasser hin- und herschippern ist den Aufpreis nicht wert.

An Land innerhalb des Marine Park gibt es Kurzweiligeres zu sehen: Haien unterhalb des eindrucksvollen **Shark Tank** nahe kommen oder riesigen Schildkröten und Stachelrochen gleich nebenan. In einem hervorragend konzipierten Rundaquarium (★★★ **Coral Reef Tank**) wurde eine faszinierende Korallenwelt mit ihren Bewohnern geschaffen, und im **Rare Fish Aquarium** zeigt man u.a. See-Anemonen und Seepferdchen. Zwischen 11 und 15 Uhr gibt es im Park verschiedene Fütterungszeiten, da ist dann zu Wasser und zu Land am meisten los.

Und dann wäre da noch das **Oceanarium**, eine effekthaschende Veranstaltung, die – sehr subjektiv gesehen – ohne die vielen, eher unnötigen Show-Effekte wesentlich eindrucksvoller wäre: Man erlebt eine U-Bootreise quer durch alle möglichen Meere und sogar durch den Erdmittelpunkt und sitzt dabei auf Sesseln, die sich der Situation des Bootes anpassen. Bei ruhigem Seegang schwingt man genüsslich dahin, bei rauer See wird man kräftig durchgeschüttelt. Auf Groß-leinwänden sieht man die Unterwasser-welt; dabei handelt es sich teils um her-vorragende Aufnahmen und auch recht gute Informationen, z.B. wird die Geburt eines Seelöwenbabys gezeigt. Wer sich also für ₪ 10 durchschütteln lassen will, der sollte sich das recht laute Spektakel nicht entgehen lassen.

Wenn Sie genug vom Baden und Tauchen haben, sind Wandern oder Klet-tern eine Alternative. Zurück **Richtung Norden** berät Sie die **SPNI Field School** gegenüber des Coral Beach Nature Re-serve. Oder Sie biegen nach dem nächs-ten Kreisel das nächste Sträßlein links den Berg hinauf ins Wadi Shlomo ein.

Ziemlich weit oben liegt die **Camel Ranch**. Hier werden routinemäßig 1½-4 Stunden lange Ausflüge per Kamel in die umliegenden Wadis Shlomo und Zfahot einschließlich Beduinenmahlzeit ange-boten (lange Hose empfohlen, 10-30 min für ₪ 40-60, Halbtages-touren 9-13, 17-21, im Winter 15-19, ₪ 150 bzw. mit Kinder ₪ 110 bzw. 140, Tel. 6370022 oder 057 7772000, www.camel-ranch.co.il). Das ist zum Ausprobieren vielleicht nicht schlecht, bevor man sich für einen Mehr-tagestrip entscheidet. Ohne Dromedare macht hier auch der Seilgarten Spaß.

Eine vier- bis sechstägige Tour wird z.B. von den **Camel Riders** im Shaharut Inn weit außerhalb beim Ovda Airport ange-boten, Tel. 6373218 oder 054 956030, www.camel-riders.com, Preis für einen Tag etwa ₪ 200.

Sowohl Camel Ranch als auch andere bieten sogenannte **Bedouin Hospitality**. Hier mögen das Essen und die Um-gebung noch halbwegs beduinisch sein. Sollte das Angebot auch Bauchtanz und alkoholische Getränke umfassen, oder beispielsweise der Besitzer von *Sheikh Yussufs Tent* am Coral Beach sich mit som-merlich gekleideten jungen Damen ab-lichten lassen, können Sie davon ausge-hen, dass Sie es nicht mit authentischen Söhnen der Wüste zu tun haben. Viel-leicht ganz unterhaltsam, aber keine Wüstenerfahrung, weil z.B. Bauchtanz ein typisches Vergnügen der Sesshaften ist.

Falls Sie für eine **Stippvisite nach Ägypten** gehen wollen, so bietet sich das Luxushotel Tabah Hilton gleich hinter der Grenze bei Tabah an. Dieser Betonklotz wurde kurz vor der Rückgabe des Sinai an Ägypten errichtet und Jahre später vom Internationalen Gerichtshof Ägyp-ten zugesprochen, er besitzt heute so et-was wie einen Exklavenstatus der Israelis. Der Vorteil: Der Strand dort ist weniger voll, die Schnorchelplätze sind besser, die Atmosphäre insgesamt ist etwas ruhiger, wer Glücksspiel schätzt, findet ein Casino, die Grenzformalitäten sind – außer der Sicherheitskontrolle – minimal. Die Grenz-station ist 24 Stunden geöffnet, siehe S. 484.

An der **nördlichen Stadtgrenze** gibt es noch zwei Natur-Attraktionen: Am Kreisel am nördlichen Ende der Lande-bahn nach Westen in die Sheshet HaYa-mim St abbiegen und dann gleich die erste rechts geht es zum * **Botanischen Garten** innerhalb eines Bio-Hofs – mit un-gewöhnlichem Pflanzenbestand: Regen-wald trotz Wüste, das geht. So-Do 8.30-17, Sommer -18 Fr -15, Sa 9.30-15, ₪ 25/20, Tel. 6318788, www.botanicgarden .co.il.

Elat liegt an den wichtigen Vogel-routen zwischen den Kontinenten, es bietet mit seiner Umgebung gute Rast-plätze. Im Frühling bzw. Herbst legen 500-1000 Millionen Vögel in der Region eine Erholungspause ein. Das ** **Inter-national Birding and Research Centre in Eilat (IBRCE)** (immer geöffnet, Eintritt frei, Touren 9.30-11 vorher buchen, ₪ 35 pP ab 10 Personen, Familienpreis ₪ 100 je Familie von mindestens dreien, Tel. 050 7671290, www.eilatbirds.com, http://ei-latbirding.blogspot.de) 3 km nördlich der

Stadt entstand auf einer Müllkippe (per Auto zunächst der Beschilderung zum Yizkhak Rabin Grenzübergang folgen). Es informiert über die Flugrouten der Vögel, bietet geführte Wanderungen und Allrad-Touren mit Abholservice zu den besten Beobachtungs- und Fotografierplätzen oder das Zuschauen beim morgendlichen Beringen. Führer sind meist professionelle Ornithologen, denen vor allem an der Erhaltung der Rastplätze gelegen ist, spezielle Nacht-Exkursionen nach Vereinbarung. Man kann sich aber auch allein auf den Weg machen, was sich allerdings am meisten während der Hauptreisezeiten der Vögel von Februar bis Mai und August bis Oktober lohnt; besorgen Sie sich hierzu jeweils aktuelle Informationen des Birding and Research Centres. Auch die SPNI Field School engagiert sich in Vogelschutz und -beobachtung, von den Angeboten des Kibbuz Lotan war oben die Rede, siehe S. 470.

Feier-Abend mit Wasserpfeife am Nordstrand

Umgebung von Elat

Einen schönen Ausflug in die bizarre ★★★ **Gebirgswelt von Elat** kann man zu den **Amram Pillars** und zum **Shekhoret Canyon** machen. Man fährt nur ein kurzes Stück auf der Straße 90 aus der Stadt und biegt beim roten Zeichen (km-Schild 20) links von der Asphaltstraße ins Nakhal

Amram ab. Die Schotterstraße ist gut befahrbar. Nach 2,5 km hält man sich an einer Gabelung rechts und erreicht nach weiteren 5 km einen Parkplatz und einen Campingplatz in der Nähe (kein Wasser!), umgeben von bunten Felsmassiven. Zu den Säulen braucht man kaum 5 Minuten zu Fuß und erlebt dabei die Vielfalt der Gesteinsformationen und -farben. Die Säulen selbst ragen überraschend hoch an einer Felswand empor, sie scheinen tatsächlich handgemeißelt und mit Zierrat versehen zu sein – das hat hier jedoch die Erosion zustande gebracht.

Wer den **Shekhoret Canyon** sehen will, sollte eine etwa zweistündige Rundwanderung einplanen, die durchaus interessant, aber nicht gar so spektakulär ist. In jedem Fall muss man zum Abzweig zurück und dann dem grün markierten Weg nach Südwesten folgen, der vor dem Canyon endet. Wer jetzt wandern will, sollte sich zuvor genauer informieren. Allerdings kann mit etwas Spürsinn und Sorgfalt kaum etwas schiefgehen, denn man folgt etwa eine Stunde lang den grünen Markierungen, bis sich der Canyon öffnet und man an einem Aussichtspunkt auf rote Markierungen trifft.

Ein unbedingt empfehlenswerter Ausflug von ca. 40 km oder ein ca. 145 km langer Rundweg führt auf Straße 12 an der ägyptischen Grenze entlang nach Norden und über die Straßen 40 und 90 zurück nach Elat (auf dieser Strecke sollte man wegen möglicher Kontrollen den Pass mitnehmen). Falls Ihnen das zu weit ist, fahren Sie wenigstens bis zum Red Canyon.

Den **Red Canyon**, für den man gut zu Fuß sein sollte, kann man auch mit öffentlichen Verkehrsmitteln erreichen: Man nimmt den Bus 392 (wochentags 6.30, 9, 13.15, 15, 17 Uhr) oder 395 Richtung Beer Sheba. An der Haltestelle *Har Uziya* (und nicht kurz davor *Har Uziya Mitspe Khizkiyahu Branching*) aussteigen

8

Unterwegs im Red Canyon

– von dort erreicht man die Schlucht nach gut 1 km Fußmarsch (ausgeschildert). Die Rückfahrt des Busses sollte man zuvor erfragen. Aufgrund der zunehmenden Verschmutzung der Gegend, besonders durch Schulklassen, könnte bald Eintritt für den Canyon erhoben werden. Hinterlassen Sie am besten nur Fußstapfen.

Per Auto nehmen Sie die Yotam St, die sich, auf Meereshöhe beginnend, als Straße 12 steil in die Berge hinaufwindet. Sie folgt übrigens der *Darab AlHajj*, einer Trasse, die bereits im 8. Jh vom ägyptischen Regenten Ibn Tulun angelegt wurde, um den Mekka-Pilgern einen halbwegs sicheren Abstieg von den Sinai-Höhen zur Küste zu ermöglichen, dennoch war diese Steilstrecke bei den Karawanen gefürchtet.

Immer wieder ergeben sich grandiose Ausblicke, den grandiosesten überhaupt kann man nach ca. 10 km auf dem **Gipfel des Har Yoash** erleben: Nach dem Abzweig (*Mt. Yoash Lookout* ausgeschildert – Achtung, von Süden kommend fehlt so ein Schild) schraubt sich eine nicht ganz einfache Schotterpiste und auf dem letzten Steilstück ein schmales Asphaltband direkt in den Himmel (wer lieber nicht ganz hinauffahren will, für den gibt es zuvor Parkplätze). Oben bei den Militäranlagen angekommen, schweift der Blick über den Golf von Aqaba mit Elat und Aqaba, die jordanische Gebirgskette bis hin nach Saudi-Arabien und weit auf den Sinai in Ägypten. Wenn Sie zu Fuß hochgehen, finden Sie vermutlich versteinerte Austern.

Ein kurzes Stück weiter zweigt rechts eine ausgeschilderte Piste ab zum 2 km entfernten Parkplatz der Quelle **En Netafim**. Von dort führt ein schwarz markierter und ziemlich fordernder, manchmal enger Pfad hinunter zur bescheidenen Quelle (der einzigen in der Nähe Elats), die eine Tränke für die ringsherum lebenden Wüstentiere und Vögel ist. Mit etwas Glück kann man Steinböcke sehen, je früher, desto wahrscheinlicher.

Etwa 2 km nach dem Har Yoash erreicht man den Nefatim Grenzübergang nach Ägypten, der aber normalerweise geschlossen ist. Die Straße 12 geht auf dem Weiterweg nahezu auf Tuchfühlung mit dem Grenzzaun. Immer wieder sind Wanderungen oder *Look-Outs* ausgeschildert. Einer davon ist der **Har Khizkiyahu**, der mit 838 m derzeit nur dem Militär zur Verfügung steht. Nach etwa 10 km weist ein Schild rechts zum **Red Canyon**. Nach ca. 1 km Schotterpiste ist der Parkplatz erreicht. Von hier aus kann man bequem in 45-60 Minuten das Naturwunder des Canyons erwandern. Die seltenen Regenfälle lassen das Wadi so anschwellen, dass es sich einen kurvenreichen Schluchtweg quer durch eine rote Sandsteinbank geformt hat. Über Absätze und Stufen geht es immer tiefer, die Schlucht ist kaum mehr als schulterbreit. Dort, wo man wieder ins gleißende Tageslicht tritt, mag sie 20 bis 30 m hoch sein.

Vom Parkplatz aus kann man entweder direkt zurück nach Elat fahren oder die Rundreise der Straße 12 folgend nach Norden fortsetzen. Allerdings liegt der spektakuläre landschaftliche Teil bald hinter einem. Mehr und mehr fährt man durch eine Hochebene mit ausgedehnten Steinwüsten. 38 km nach Elat zweigt rechts eine Straße zum **Ovda Airport** ab, der mit Eröffnung des Timna Airport bald wieder ent-zivilisiert wird, nach 47 km zum Shaharut Inn, die Kreuzung mit der Straße 40 ist nach 52 km erreicht. Hier biegt man rechts ab, windet sich kurvenreich ins Wadi Arava hinunter und kehrt nach Elat zurück.

Praktische Informationen

Telefon-Vorwahl 08

Touristen-Hotline: Tel. 106 oder auch 24/7: 03 9754260

Tourist Information Center, 8 Bet HaGesher St/Bridge House – nordwestlich der Brücke über die Ausfahrt der Lagune zum Meer, Tel. 6309111, Fax 6339122 So-Do 8.30-17, Fr 8-13, freundlich und hilfsbereit, viele Karten und gute Infos; lassen Sie sich den sehr guten Stadt- und Umgebungsplan geben; http://eilat.city und www.facebook.com/tourism.eilat. Achten Sie bei den ausliegenden Flyern außerdem auf Discounts: Vor allem Restaurants und Attraktionen geben meistens 10% Rabatt, wenn man ihnen ihren Werbezettel zurückbringt. Auch im privat finanzierten Saisonheft *Welcome Eilat* (elektronische Version unter www.welcomeeilat.co.il) finden Sie viele solcher Anzeigen und Coupons, weit mehr als im offiziellen Tourist Guide *Eilat & the Negev*.

Ganz wichtig für **Wanderungen**:

▶ Die **SPNI Field School**, Mizrayim St, gegenüber Coral Beach, Tel. 6326468, Fax 6372021, eilat@spni.org.il, wo man Kartenmaterial für Wanderungen (*Hiking*) und vor allem Informationen über die Korallenriffe bekommt. Hier werden geführte Wanderungen in die Berge um Elat oder auch geführtes Schnorcheln über den vor der Haustür liegenden Korallen angeboten, etwa die Hälfte der Guides spricht Englisch. Wer auch nur einen Tag Elats Umgebung erkunden will, ist nach wie vor mit dem SPNI-Buch von J. Dafni, *Elat – Hiker's Guide* gut bedient: 30 kurze und lange Wanderungen – auch per Auto-Anfahrt und zu jeder Route eine brauchbare Karte – lange schon vergriffen, etwas veraltet: vor der Reise im Internet antiquarisch erstehen.

Internet

In Elat sollte es nicht schwer sein, ein offenes WLAN zu finden, bei vielen Cafés, Hostels und Hotels ist es im Preis inbegriffen. Ohne eigenes Gerät fragen Sie nach Anschluss im Internetcafé im Busterminal, oder z.B. im Arava-Hostel.

8

Verkehrsverbindungen

▸ Wichtige innerstädtische Egged-**Busverbindungen** sind die Linien 15 und 16, die 8-21, Fr -15, Sa -19 Uhr immer zur vollen Stunde direkt vom Busterminal mit einem Nordstrand-Hotel-Schlenker **entlang der Küste** bis zur ägyptischen Grenze verkehren (₪ 4,90, Umstieg nur mit RavKav); Linie 5 oder 6 bringen Sie vom Zentrum nach Norden zur BIG Mall und Botanischem Garten.

▸ **Nach draußen** fahren z.B. Egged-Bus 392 über Mizpe Ramon nach Beer Sheba und Bus 393/394 über das Wadi Arava und Beer Sheba nach Tel Aviv, Bus 444 am Toten Meer entlang nach Jerusalem, Bus 990/991/993 über das Wadi Arava und Netanya nach Haifa. – Fernbusse sollte man möglichst zwei Tage im Voraus buchen, sonst sind sie eventuell ausverkauft. EGGED in Elat: Tel. 6365111.

▸ Elat lässt sich bequem auch **mit dem Flugzeug** erreichen, Arkia und Israir verbinden Eilat mehrmals täglich mit Tel Aviv – ist der Innenstadtflughafen demnächst geschlossen, wird es sicherlich einen überzeugenden Shuttle-Service zum **Flughafen Timna** geben! Auch internationale Charterflüge und inzwischen die Billigflieger haben es leichter als bisher vom 60 km entfernten Militärflughafen Ovda. Die *Tourist Information* wird über das Prozedere gern Auskunft geben.

Fluginformationen für Elat erhält man unter:
• *El Al*, Büro im *Shalom Center*, Tel. 6371515;
• *Arkia* Tel. 6384850, 6384888;
• *Israir* Tel. 6340666, 6341090.

Grenzübergänge

Der 24 Stunden geöffnete ägyptische Grenzübergang zum Sinai liegt am südlichsten Punkt Israels, am Ende der HaArava St, den man mit Bus 15/16 erreicht. Die Israelis nennen ihn seit 2016 *Menakhem Begin*. An der Grenze erhält man ziemlich problemlos ein Kurzzeitvisum für den **östlichen Teil des Sinai**. Wer mehr sehen oder **länger als 14 Tage** bleiben will, muss sich ein **Visum** beim ägyptischen Konsulat holen (siehe unten). Die Ausreisegebühr beträgt ₪ 101, die Ägypter verlangen LE 75 für die Einreise über **Tabah** hinaus, siehe S. 46. Achtung, an der Grenze kann man nur sehr ungünstig ₪ ge-

gen LE tauschen; eventuell trifft man auf dem Sinai Traveller, die nach Israel unterwegs sind und gegen den realen Kurs tauschen.

Prinzipiell ebenso einfach ist der Grenzübertritt nach Jordanien. Die nordöstlich von Elat (Abzweig von der Straße 90) gelegene Grenzstation **Yizkhak Rabin Border Crossing** (früher: Arava, jordanisch: *Wadi Araba Border Crossing*) nach Jordanien ist wochentags von 6.30-20 Uhr, Freitag und Samstag von 8-20 Uhr geöffnet. Das jordanische Visum erhält man an der Grenze. Für die Taxifahrt zur Grenze zahlt man vom Busterminal aus etwa ₪ 30 (von der Grenze nach Aqaba offiziell JD 2 pP, man zahlt meist JD 5, Ausreisegebühr Israel ₪ 101). Beachten Sie auch die Hinweise zum *Jordan Pass* auf S. 46. Achtung: **Offiziell** dürfen **keine Lebensmittel** und Getränke nach Jordanien eingeführt werden; das richtet sich wohl gegen Lunchpakete von Gruppenreisen. Es wird bei Individualreisenden eher großzügig gehandhabt.

Mietwagen

• *Avis*, Shalom Center, Tel. 6373164
• *Budget*, Shalom Center, Tel. 03 9350016
• *Eldan*, 140 Shalom Center, Tel. 6374027
• *Hertz*, 4 HaTmarim, Red Kanyon Center, Tel. 6375050
• *Sixt*, Shalom Center C-Hotel, Tel. 6373511

Wichtige Adressen

Bei konsularischen Problemen unterstützen Sie für
• **Deutschland:** Barbara Pfeffer, Tel. 6374536, barbaras@eilatcity.co.il
• **Österreich:** Moshe Schifman, Tel. 6375153, moshe_sf@inter.net.il
• **Schweiz:** Alfonso Nussbaumer, Tel. 6372749, alfonso1@netvision.net.il

Das **ägyptische Konsulat**, das Visa für Gesamt-Ägypten ausstellt (Nur-Sinai-Permits gibt es direkt an der Grenze), finden Sie in der 15 Efroni St; So-Do 9.30-12, Fr/Sa nur zum Pass Abholen geöffnet, besser vorher anrufen sowie ein Tag Wartezeit. Selbst wenn man nur den Sinai besuchen will, sollte man sich vorsichtshalber das normale Visum beschaffen; vielleicht bekommt man Lust, länger zu bleiben oder weiter nach Ägypten zu fahren.

Was man unternehmen kann

Shopping

Neben Baden gehört Shopping zu den Hauptbeschäftigungen der Touristen in Elat. An Gelegenheiten, Geld in beliebiger Menge auszugeben, mangelt es wahrhaftig nicht. Hinzu kommt für jeden Kauflustigen der Vorteil, dass Elat zur Freihandelszone erklärt wurde und daher auf die meisten Produkte **keine Mehrwertsteuer** (V.A.T.; derzeit 17%) erhoben wird. Da Elat allerdings gehobene Preise hat, wirkt sich der Steuervorteil nicht unbedingt aus. Aber beim **Tanken** spart man ₪ 1 pro Liter.

Außer vielen kleinen Shops im Stadtzentrum, z.B. an der HaTmarim St, und in entsprechend teureren Läden am North Beach sowie Billigkram an der Strandpromenade kann man in die zwei großen Kauftempel schauen, das *Red Kanyon*, HaTmarim St, und *The Mall HaYam*, HaPalmakh St, direkt dort am Strand, wo die Küstenlinie zum North Beach abbiegt. Verpassen Sie auch nicht die zugehörige Mall zum *Ice Park*. Mit zunehmender Entfernung vom Zentrum dürfte das Preisniveau in den etwas entfernteren Malls

In Elat ist auch für Dinge gesorgt, die man nicht unbedingt braucht

Shopping Center, Canyon Halr und *BIG* im nördlichen Stadtbereich niedriger liegen, per Bus am einfachsten mit Linie 5 und 6 zu erreichen. Eine Empfehlung Richtung Rabin-Grenzübergang: Die *Herbs & Spice Farm* lässt sich besichtigen (vorher anrufen) und bietet im Shop entsprechende Produkte an, die sich auch gut als Mitbringsel eignen, So-Do 9-17, Fr -15, Sa 10-17, Tel. 6332331.

Arbeiten

In Elat findet man relativ leicht einfache Jobs im Dienstleistungsbereich, vor allem in Hotels. Aber in der Regel handelt es sich um illegale Beschäftigungen, die noch dazu miserabel bezahlt werden; im Schnitt kann man mit vielleicht $ 400 pro Monat rechnen, wenn der Chef freundlich ist. Etwas besser wird man auf Touristenbooten bezahlt. Am Eingang zur Marina gibt es Infos. Insgesamt kümmert sich der Staat jedoch verschärft um Leute ohne Arbeitserlaubnis im Visum; und es ist nicht zu empfehlen, ohne so etwas aufgegriffen zu werden.

Sport aller Art**

An sportlichen Aktivitäten bietet Elat nahezu alles, was man sich denken kann, Wasser bevorzugt: **Baden, Schnorcheln** und **Tauchen**. Die entsprechenden Geräte sind überall zu leihen. Zum Schnorcheln und Tauchen ist der Strand beim *Coral Beach Nature Reserve* besonders gut geeignet. Bojen markieren fünf Routen durchs Wasser am Riff, auf denen man den Fischreichtum bewundern kann. Hier gibt es auch ein SCUBA-Programm zum Ausprobieren für Leute, die zum ersten Mal tauchen wollen. *Coral Beach* ist bei weitem nicht der einzige Platz, diverse andere Tauchschulen wetteifern um Taucher, vielleicht finden Sie einen passenden Flyer-Rabatt. Es gibt unter Wasser auch wirklich viel zu sehen: http://eilat.city/en/info/the-guide-to-scuba-diving-in-eilat. Hier einige der durchweg sehr guten Schulen:

- *Aqua Sport*, Tel. 6334404, www.aqua-sport.com
- *Coral Sea Drivers*, Tel. 6370337, www.coralsea.co.il
- *Deep Siam*, Tel. 6323636, www.deepdivers.co.il

8

- *Divers Village*, Tel. 6372268, www.diversvillage.co.il
- *Dolphin Reef*, Tel. 6300111, www.reefdivinggroup.co.il/reef, www.dolphinreef.co.il
- *Free Divers*, Tel. 6497414, www.freedivers.co.il, Tauchen ohne Atemgerät
- *Marina Divers*, Tel. 6376786/7, www.reefdivinggroup.co.il/marina,
- *Nemo Divers*, Tel. 6317616, www.nemodivers.co.il
- *Snuba*, Tel. 6372722, www.snuba.co.il – ohne Lizenz probieren möglich

Wer übrigens Eintrittsgeld für das Coral Beach Nature Reserve vermeiden will und dessen Möglichkeiten nicht benötigt, schnorchelt oder taucht einfach weiter südlich, z.B. wimmelt das Meer gleich nach dem *Underwater Observatory* ebenfalls von wunderschönen Fischen.

Als nächste Sportmöglichkeit wäre **Wasserski** zu nennen – z.B. im Red Sea Sports Club, Royal Beach Promenade (siehe oben, 15 Minuten ₪ 150-200), wo auch **Parasailing** vom Wasser aus angeboten wird (10 Minuten ₪ 160). Auf einer Banane beginnt der Spaß bei ₪ 40. Konventioneller wären Paddel- oder Tretboote, ₪ 80-100. **Windsurfing** oder Segeln bietet das Windsurfing Center im Orchid Reef Hotel, Coral Beach, Tel. 6371602.

Ruhiger geht man das Rote Meer per **Schiffsausflug** an. Etwa zwanzig Schiffe, häufig Segler, warten auf Ausflügler. Am besten besorgt man sich eine aktuelle Liste in der Tourist Information oder schaut gleich direkt südöstlich davon an der Marina und am *Spiral Center*, dies- und jenseits der Brücke zum Hilton Hotel. Einige Schiffe kann man im Netz inspizieren:

- www.yachteilat.co.il (hebr.),
- www.merrylu.co.il,
- www.olayacht.co.il oder
- www.h1h.co.il

Ausflug mit Lunch etwa ₪ 200, Kinder ₪ 160. Ebenfalls auf diesen Websites findet man *Glass Bottom Boats*, also Schiffe, durch deren Glasboden man die Korallenbänke bestaunen kann. Die *Jules Verne* hat ähnlich wie das „U"-Boot am Underwater Observatory als Kiel einen Guckkasten mit Fenstern, die meisten anderen besitzen horizontale Glasflächen, über die man den Kopf beugen muss, rechnen Sie mit ₪ 70, Kinder ₪ 50.

Wer sich selber fortbewegen will, sollte sich um eine geführte **Paddeltour** mit Kajaks aus Plexiglas kümmern – für Leute, die nicht tauchen oder schnorcheln möchten, sicherlich die unmittelbarste Möglichkeit, der Unterwasserwelt zu begegnen; Clear Blue Eilat, nördlich von Coral Beach, Tel. 6339549 oder 050 8539813.

Aber es geht auch noch unmittelbarer: mit einem futuristischen **Ein-Mann-U-Boot** namens *Aqua Star*, ähnelt einem Motorroller ohne Räder. Tauchkenntnisse angeblich unnötig, Atmen kein Problem, fachkundige Begleitung immer dabei. Ab 15 Jahren darf man so einen *Scuba Scooter* bedienen, ₪ 400, Tel. 9103767 oder 052 6220633, gleich beim Coral Beach.

Landratten steht die Bergwelt um Elat zur Verfügung: **Klettern** und Abseilen (*Abseiling* [kein Witz] oder auch *Rappelling* oder *Snappling*) mit

- *Olympus*, Tel. 052 4436868, www.olympustours.com, oder
- *Glitch Rappelling*, Tel. 057 7399557, oder im
- *Top 94 Extreme Park*, Tel. 6109009, www.top94.co.il

Außer verschiedensten Kletterwegen gibt es hier Kart und Schießgeräte. Noch höher hinaus geht es mit Sky Dive, Rundflüge mit Aussicht über vier Länder und zwei Kontinente, oder Aussteigen im Tandemflug. Start bisher am Stadtflughafen, Tel. 6900076, www.skydive.co.il.

Weniger Schwindelfreiheit benötigt man bei **Radtouren** mit Rädern von

- *Alan*, Tel. 050 9988144, oder
- *Bicycle Elat*, Tel. 0500 8371571.

Eilat propagiert seit kurzem einen **Rund-Radweg** durch die Berge um die Stadt herum, ca. 25 km, in der Tourist Info nachfragen.

Für **Jeep-Touren** in die Bergwelt um Elat sollten Sie von 2½-4 Stunden und ₪ 150-250 ausgehen, z.B. mit

- *Ahalan Olympus*, Tel. 6347022, www.ahalan.co.il,
- *Desert Eco Tours*, Tel. 052 2765753, www.desertecotours.com, oder

• *Holit*, Tel. 6318318 oder 052 8082020, www.holiteilat.co.il.

Größere Ausflüge über die Grenzen kosten pP als Tagestour zum Sinai ca. $ 140, nach Petra rund $ 240+50 und 2 Tage für Kairo rund $ 550.

Gratis ist dagegen am Shabbat der **Volkstanz** nördlich der Mall HaYam ab 12 Uhr.

Festivals

geben sich in Elat die Klinke in die Hand, hier eine Auswahl der wichtigsten. Eins findet sogar wöchentlich statt, freitags auf der Hotelpromenade: StraßenkünstlerInnen aller Art bestreiten das *Live Street Festival*. Anfang Februar steigt das ***Eilat Chamber Music Festival*** mit klassischer Musik http://eilat-festival .co.il, Mitte Februar kann man und vor allem frau beim **Bauchtanzfestival** tagsüber dazulernen und abends den israelischen Stars der Branche zuschauen, www.eilatfestival.net. Der März begrüßt die **durchziehenden Vögel** mit dem *Frühjahrsvogelzug-Festival*, www.eilatbirdsfestival.com. Das Fattal Rock Festival im März findet im Herod's Hotel statt, und beieinträchtigt daher den Vogelflug wohl kaum, www.fattal.co.il/fattal-rock-festival. Der April zieht tausende junge Leute an die Neue Marina für das www.boombamela.co.il Festival – viel Musik und Performance. Im Mai 2017 wird es beweglich: Der Salsa Congress (www.salsa.org.il/congress) fällt auf dasselbe Wochenende wie die *Gay Pride Parade* zum *Eurovision Song Contest*. In der letzten Augustwoche wird es anstrengend: Das *Red Sea Jazz Festival* im Hafenbereich lockt mit täglich zehn Konzerten sowie Workshops mit den Jazzgrößen; seit kurzem gibt es auch einen Wintertermin im Februar, www.redseajazz.co.il.

Die genannten Aktivitäten geben nur einen Ausschnitt dessen wieder, was Elat zu bieten hat – wenn Sie z.B. das Kartenspiel **Bridge** als Sportart betreiben, sollten Sie am besten im November zum internationalen Festival kommen, www.bridgeredsea.com. Extremsportler finden sich im November zum Triathlon, www.triathlon.org.il, oder im Januar/Februar zum israelischen Iron Man-Wettbewerb ein, http://israman.co.il. Sportfans sollten sich in jedem Fall im Tourist Information Center über das aktuelle Angebot informieren.

Nightlife

Ein so touristischer Platz wie Elat zelebriert die Nächte genauso ausgelassen wie die Sonnentage. Um sachte zu beginnen: Leider nicht mehr bei der Lagune, sondern bei weniger Streulicht in Beer Ora gegenüber dem Timna Flughafen finden Sie 17-5 Uhr die **Sternengucker** des transportablen **What's Up**-Observatoriums für ernsthaft-kurzweilige Ausflüge zu fernen Galaxien, Tel. 054 4819973, www.facebook.com/israel.astronomy.stargazing. Licht und Wasser zusammen gibt es allabendlich beim Eilat Museum: die *Musical Fountain*, hübsch anzuschauen, 19, 20 und 21 Uhr.

Die meisten Clubs finden Sie in der Gegend der Lagune bzw. an der Strandpromenade, für größeres ins Industriegebiet im Norden zum **Hangar 72**, 052 8013939. Ebenso können Sie Ihr Geld in diversen Bars ausgeben. Der Stress beginnt kaum vor 23 Uhr. Zuvor bietet an der Royal Beach Promenade allnächtlich eine Cover Band bevorzugt Rock, Pop und Blues im **Three Monkeys Pub**. Wem zu heiß wird, kann **Ice Space** im Spiral Center

Hier kann man sich unter öffentlicher Anteilnahme in einer Kugel in den Himmel schießen lassen

8

an der Marina aufsuchen. Die große Kühlkammer mit -7°C kostet natürlich Eintritt, ₪ 65 immerhin inklusive Drink – ansonsten gibt es Eisskulpturen, eine Rutschbahn und am Eingang passende Kleidung; www.ice-space.co.il. Nebenan bietet **Dr. Dag**, wenn er Sprechstunde hat: Pediküre durch kleine Fischchen, die einem im Fußbad die Füße beknibbeln: 15 min für ₪ 50, Tel. 077 5145004, www.facebook.com/doctordageilat.

Im New Tourist Center kann man im **Paddy's** einen Irish Pub testen (z.B. inklusive Weihenstephaner). Tanzen gehen in der **Beatles Bar** – zu welcher Musik wohl? Kaum Beatles jedenfalls. Ausgesprochen authentische israelische Unterhaltung findet man in Singing Clubs, von denen es noch einen um die Ecke gibt: **Paparazzi**, Tel. 052 8013939. Schließlich unterhalten manche der großen Hotels wie das **Americana** Nachtclubs mit Live Music bzw. Shows. Aktuelle Informationen erhalten Sie in der Tourist Information oder vor Ort. Auf jeden Fall familienfreundliches Varieté mit Artistik vom Besten bietet die sehenswerte **Wow!** Show im **Isrotel Royal Garden**, Mo-Sa um 20.30 Uhr, ab vier Jahren, ₪ 130, Tel. 6386701.

- **Barbie's**, New Tourist Center 6/6, Tel. 6342404, ein Diner mit guten Hamburgern
- **Ginger**, New Tourist Center, Tel. 6372517, Thai-Food und Treffpunkt der Schönen, nicht zu teuer
- **Achila**, Beginn Kamen St nördlich der Lagune, Tel. 6342555, bezahlbares Grillrestaurant mit Salatbar in altem Hamam
- **Pago Pago**, nahe Isrotel Riviera an der Lagune, Tel. 6376660, Fisch & Meeresfrüchte
- **Mike's Place**, Nordpromenade, Tel. 8649550, US-artige Speisen zu machbaren Preisen
- **Optimi**, nördlich der Mall HaYam, Tel. 6376510, Café-Restaurant, viel Vegetarisches
- **Last Refuge**, Coral Beach direkt am Wasser, hervorragende Fischgerichte, Kenner zählen das Restaurant zu den besten seiner Art in Israel, Tel. 6373627, www.hamifla.co.il – aber vielleicht ist das hier ja besser:
- **Fish Market/Shuk Dagim**, Coral Beach, Tel. 6379830!

Essen und Trinken

Jede Menge Schnellimbisse mit Felafel, Shauwarma, Hamburger, Pizza oder Sandwiches finden Sie im Zentrum zwischen Shalom Center und Busterminal. Im neuen Tourist Center gibt es ebenfalls viele Restaurants, die meist drei Menügruppen zu Festpreisen anbieten. Mit Ruchsack-Budget am besten auf die Ketten **Cofix** und **Cofizz** achten: alles für ₪ 5 bei ordentlicher Qualität, z.B. bei der *Tourist Information* im *Spiral Building*.

- **HaLev HaRakhav**, HaTmarim St nördlich der Kreuzung mit der Eilot St, Tel. 6371919, Familienbetrieb mit der wohl besten Felafel der Stadt
- **Little Brasil**, Eilot St, Tel. 6372018, südamerikanische Grillspezialitäten, nicht ganz billig
- **Lalo**, Ganim St Nähe Little Brasil, Tel. 6330587, israelisch-marokkanische Leckereien – manchmal nur Lunch oder Takeaway

Übernachten

Die Luxus- und teureren Mittelklasse-Hotels liegen schwerpunktmäßig am Nordstrand, während sich in der Gegend der HaTmarin St (Red Canyon Shopping Center) preiswertere Unterkünfte angesiedelt haben. Hier nächtigen die meisten Traveller, zumindest sind die Wege zur CBS und zu den bekanntesten Bars sehr kurz. Wer beide Bereiche meidet und stattdessen südlich in der Gegend des Coral Reef eincheckt, wohnt etwas isoliert vom Zentrum, hat aber kurze Wege zu den interessanten Bade- und Tauchstränden.

Darüber hinaus sei nicht vergessen, dass Elat als Sonne-Strand-und-See-Tourismushochburg natürlich auch immer mehr All-Inclusive-Angebote bereithält, allein drei durch die Kette www.fattal.co.il: Leonardo Club und Magic Sunrise Club; die Kette Isrotel steuert das Laguna und das Sport Club Hotel bei.

Besonders an Wochentagen kann man durch die hohen Bettenkapazitäten in Elat – seit 2004 wurde kein neues Haus gebaut –

zu überraschend hohen Preisnachlässen übernachten. Adresse des Internet-Portals für die etwa 50 Hotels: www.eilathotels.org.il. dazu noch die Zimmer im …

▸ Stadtplan siehe S. 476.

Hotel-Bereich am Nordstrand

Luxushotels -Auswahl

• **Dan Eilat**, Lobby mit Wasserfall Tel. 6362222, Fax 6362333, www.danhotels.com , E $ 212-371, D $ 235-382

• **U Suites** (früher: Le Méridien), direkt südlich der Mall HaYam, Tel. 6383333, www.fattal-hotels.com; fünfsternig E ab $ 241, D ab $ 267

• **Herod's Palace**, Tel. 6380000, Fax 6380020, www.fattal-hotels.com, mF E $ 222-370, D $ 222-470

• **Queen of Sheba**, Tel. 190 0721819, Fax 6306677, www.queeneilathotel.co.il; einige Suiten wurden als Apartments ab $ 121 000 angeboten, ansonsten E ab $ 208, D ab $ 231

Mittelklasse

• **Leonardo Privilege**, Kamen St, Tel. 6300666, Fax 6363630, www.fattal.co.il; All-in: kreisförmig um großen Pool angelegt, viel Grün, Schatten spendende Palmen, großzügige und sehr gut eingerichtete Zimmer mit kleinem Balkon, AC, TV, WLAN, mF und Dinner E $ 185-225, D $ 260-285

• **Vista**, Kamen/Ecke Ariqa St, Tel. 6303030, Fax 6303040, www.vistaeilat.co.il; überschaubares Boutique Hotel, sympathisch eingerichtet, ansprechender Innenhof, Pool, sehr sauber, AC, TV, WLAN mFE $ 130-158, D $ 154-179

• **Leonardo Royal Resort,** Kamen St, Tel. 6366000, Fax 6337279, www.fattal.co.il; ebenfalls großzügig um von Palmen bestandenem Innenhof mit Pool angelegt, erholsame Atmosphäre, sehr gut eingerichtet, AC, TV, WLAN, mF E $ 128-163, D $ 143-178

• **Soleil**, 12 Tarshish St, Tel. 6334004, Fax 6334072, www.soleil-hoteleilat.com; hell, freundlich, überschaubar, AC, TV, WLAN, mF E $ 97-144, D $ 109-156

• **Astral Palma**, Antibes/Kamen St, Tel. 6388848, Fax 6334206, www.astral-hotels.com/astral-palma; hübsch, aber wenig Platz, vor allem Suiten, Pool, Marina-Anlegestelle E $ 94-108, D $ 104-157

• **Americana**, Kamen St, Tel. 6303766, Fax 6334174, www.americanahotel.co.il; um den Pool herum mit Häuschen bzw. einem doppelstöckigen Gebäude angelegt, schon etwas älter, brauchbar eingerichtet, AC, WLAN, mF E $ 61-76, D $ 65-80

Zentraler Bereich

• **Nova Like**, 6 HaTivat HaNegev St, Tel. 6382444, Fax 6382455, www.atlashotels.co.il; Balkone mit und ohne Blick, gepflegtes Haus, gute Atmosphäre, Pool, AC, TV, WLAN, mF E $ 109-147, D $ 133-171

• **Adi**, 6 Topas St, Tzofit-New Tourist Center (ein kurzes Stück westlich des Edomit Hotels, etwas abseits links der Yotam St), Tel. 6388111, Fax 6388100, http://eilat.com/adi-hotel; sehr freundlich, ruhig, alle Zimmer mit Balkon meist mit Seeblick, AC, hohe Lobby mit WLAN, mF E $ 94-108, D $ 103-128

• **HI Elat Hostel,** 7 Mizrayim St (Nähe Club Hotel), südlich des New Tourist Center, Tel. 6370088, Buchen über 159 9510511, www.iyha.org.il; 460-Betten Hostel, riesiger Speisesaal, 4-6 Betten pro Raum, sauber, AC, mF Dorm pP $ 45, E $ 88, D $ 112

• **Blue**, 123 Ofarim St, Tel. 6326601, Fax 6326602, www.scuba.co.il; sehr freundlich und sauber, nach Besitzerwechsel sukzessive Renovierung, ruhig (keine Jugendgruppen), Angebote für Taucher, AC, gutes Frühstück, mF E $ 63-92, D $ 70-110

• **Arava Hostel/Bet HaArava**, 106 HaAlmogim St, Tel. 6374687 oder 072 3902201, Fax 6370507, www.aravahostel.com; freundlich, sauber, gepflegt, Taucher-Rabatte, freies Parken, AC, WLAN, Gemeinschaftsküche, gutes Frühstück ₪ 15-25 Dorm pP ₪ 70-80, E/D ₪ 200-260

8

- **Corinne Hostel**, 127/1 Retamim St, Tel. 6371472, www.corinnehostel.com; sauber, Waschmaschine, einige Zimmer in Holzhütten im Hof, Gemeinschaftsküche, AC, TV Dorm pP $ 17, E/D $ 47
- **Sunset Motel**, 130/1 Retamim St, Tel. 050 2708795, Fax 6373817, www.sunsetmotel.co.il; relativ klein, einige sehr einfache Dorms, bessere Doppelzimmer, AC, WLAN, Frühstück ₪ 25 E $ 45, D $ 55
- **Spring Hostel/Motel Aviv**, 126 Ofarim St, Tel. 6374660, Fax 6371543, www.avivhostel.co.il; vergleichsweise neu, sehr sauber (viel Putzmittel), gut eingerichtet, Pool scheint kaum benutzt zu werden, Parken, AC, TV, mF E $ 40-52, D 54-68
- **The Shelter**, 149/1 HaEshel St westlich des Franklin Garden, Tel. 6332868, www.shelterhostel.com; sauber, freundlich, Räume nicht sehr groß, Dorms eng, netter Innenhof, unaufdringliches Angebot christlicher Andachten, Bettzeug & Handtuch inbegriffen, keine Kreditkarten, Curfew um Mitternacht Dorm pP ₪ 70, E ₪ 150, D ₪ 200

Außerhalb

- **SPNI Field School**, Mizrayim St, gegenüber Coral Beach, Tel. 6372021, buchen: 03 6388688, Fax 6371771; sehr großes modernes Hostel mit bis zu 7 Betten pro Raum, sauber, zweckmäßig eingerichtet, jeweils eigene Sanitäreinrichtungen, Zimmer werden auch als Einzel/Doppel vermietet; AC, Mahlzeiten möglich, Frühstück ₪ 51 Dorm pP ₪ 140, E/D ₪ 451-595

- **Eilot Country Lodging**, Kibbuz Elot, kurz vor nördlichem Stadteingang, Tel. 6358816, Fax 6358846, www.eilot.co.il; Einzelhäuser zwischen hohen Bäumen und Rasenflächen, Pool, gepflegt und sauber, Standardeinrichtung, AC, TV, WLAN, Familien-Apartments mit bis zu 6 Betten, mF E/D ab $ 120

Camping

Obwohl das Schlafen am Strand im Zentrum und in den Parks verboten ist, sind die Reihen in den Sommermonaten meist dicht geschlossen. Allerdings müssen Camper dieser Art mit Diebstahl, alleinschlafende Frauen mit Überfällen und alle mit Ratten rechnen, die sich an den Abfällen und zuweilen an schlafenden Menschen zu schaffen machen. Nicht verboten ist Camping und Strandschlafen nördlich von Coral Beach sowie zwischen *Underwater Observatory* und ägyptischer Grenze, dort gibt es Toiletten und kaum Ratten. Wer sicher gehen will, quartiert sich auf einem der beiden folgenden, nahezu nebeneinander liegenden Campingplätze ein:

- **Coral Beach Camping** Tel. 6371911, Fax 6371115, schräg gegenüber des *Coral Beach Nature Reserve*, ist der erste, allerdings fast schattenlose Platz, ca. 100 m südlich, Zelt pP ₪ 60, Bungalow pP ₪ 110
- **SPNI Camping**, HaArava St, Tel. 6372021, Fax 6371771, zweiter Platz, mehr Schatten pP ₪ 60

Auf beiden Plätzen kann man auch kleine Bungalows mieten.

Schließlich noch außerhalb Richtung Norden:

- **Timna Park**, Camping ist innerhalb des Parks am kleinen See möglich, siehe S. 472.

Bitte schreiben oder mailen Sie (verlag@rkh-reisefuehrer.de), wenn sich vor Ort Dinge verändert haben oder Sie Neues wissen. Besten Dank!

9 Palästina – künftiger Staat der Palästinenser

Sehenswertes

**** Ramallah, früher beliebtes Ziel für die Sommerfrische wegen der Höhenlage, Hauptstadt der Westbank, aufgeschlossene, lebendige Stadt, gut für einen ersten Eindruck palästinensischer Lebensweise, S. 496

*** Nablus, *(Sichem,* israel. *Shkhem)* blickt auf eine lange Vergangenheit zurück, ist schön gelegen, bietet historische Relikte, Opferstätte der Samaritaner, S. 504

** Birzeit, aktive Westbank-Universität mit Musik-Konservatorium sowie Kunst- und Palästina-Museum, S. 503

** Samaria/Sebaste, Ruinen der ehemaligen Hauptstadt des Nordreichs Israel und später Samariens, von König Omri 880 vC gegründet, S. 509

** Jenin, während der 2. Intifada noch Terror-Hochburg, mausern sich Stadt und Umland gerade zum Tourismus-Vorzeigeprojekt über die Grüne Linie hinaus, S. 511

* Taybeh, hübsches, christliches Dorf mit bekannter Bierbrauerei und Oktoberfest, S. 504

* Nebi Samwil, *Berg der Freude,* auf dem die Kreuzfahrer zum ersten Mal Jerusalem sahen, S. 495

Reisen in palästinensischen Gebieten

Man muss kein Held sein, um Palästina zu bereisen, obwohl vermutlich mehr als 95 Prozent der Israelis – eben auch liberale – von einem Besuch der palästinensischen Gebiete abraten würden. Da ist etwa die Erinnerung an die entsetzten Blicke eines distinguierten älteren Juden auf die Frage nach der richtigen Linie nach Jericho an einer Taxi-Umsteigestelle. Er warnte eindringlichst vor den Gefahren und bat, doch in sein Auto einzusteigen und schnellstens nach Jerusalem zurückzukehren. Trotz dieser Warnung war es ein angenehmer Aufenthalt bei interessanten Gesprächen in Kaffeehäusern in Jericho und Ramallah. Eine Leserin schrieb, dass israelische Soldaten am Kontrollpunkt vor Jericho sie mit dem Argument abgewiesen hätten, es seien Unruhen in der Stadt. Sie nahm die Umgehungsstraße und versuchte ihr Glück von Norden her – und erlebte eine friedliche Stadt.

Die beiden Beispiele sollen nichts verharmlosen. Aber da es fast nur schlechte Nachrichten aus der Gegend gibt, neigen die meisten Touristen dazu, die Westbank zu meiden. Doch **Bangemachen gilt nicht**: Das Risiko, dass einem auf der Reise dort etwas passiert, ist kaum höher, als wenn man auf einer deutschen Autobahn unterwegs ist. Natürlich lohnt es sich, ein paar Dinge zu wissen, um vorhandene Risiken nicht zu erhöhen, worüber wir Sie in diesem Kapitel selbstverständlich informieren.

9

Apropos Bangemachen:

Auf *goisrael.de* wird unten bei den FAQs gefragt, ob sich Touristen außerhalb der Verantwortlichkeit Israels bewegen dürften und in der Antwort empfohlen, man solle ein Fax mit allerhand Daten an das PR(!)-Büro der Armee schicken. Wer schon einmal in der Westbank unterwegs war, kann über diesen Tipp inklusive **Blick auf die Realität** nur schmunzeln. Wenn Sie etwas Sinnvolles tun wollen, können sich Deutsche bei **Elefand** registrieren – die *Elektronische Erfassung von Deutschen im Ausland*, dafür ist auch eine Israelreise ohne Palästina Anlass genug: https://elefand.diplo.de/elefandextern. Für ausführlichere Informationen über die Vorbereitung einer Reise nach Palästina und weitere besuchenswerte Ziele dort empfehlen wir die zweite Auflage unseres eigenständigen Reiseführers **Palästina** – *Reisen zu den Menschen* bei Reise Know-How.

Praktische Informationen

Bitte beachten Sie die sehr vorsichtigen Warnungen des **Auswärtigen Amtes:**

www.auswaertiges-amt.de > Reise& Sicherheit > Reise- und Sicherheitshinweise: Länder A-Z

Israelische Infos in Jerusalem

Polizei, Tel. 100

Stadtverwaltung, Hotline Tel. 106, von außerhalb der Stadt Tel. 02 5314600

Tourist Information Office, Jaffator, Tel. 6271422

Christliches Informationszentrum, Jaffator, Tel. 6272692, kann speziell bei Reisen zu christlichen Stätten (z.B. Bethlehem) beraten

Humanitäres Call Center Tel. 02 9977733/318/ 312/747

Die obige Nummer soll Probleme lösen helfen, wann und wo auch immer in der Westbank sie auftreten, z.B. an einem Checkpoint.

Palästinensische Infos in Jerusalem

Palestine Monitor, Ramallah, eine Internet-Zeitung aus den besetzten Gebieten, www.palestinemonitor.org

Tours in English betreibt einen Blog, der tagesaktuell sein kann: http://blog.toursinenglish.com

Bus- oder **Taxifahrer** am Damaskustor wissen über Straßensperren etc. Bescheid

In arabischer Umgebung unterwegs

Diese (erste) Reise durch palästinensisches Gebiet bringt Sie in eine ganz andere Welt: schlechtere Straßen, arg zersiedelte Landschaft mit häufig nur teilfertigen Häusern oder Bauruinen, Schutt und Schmutz an den Straßenrändern, wilde Müllhalden an beliebigen Stellen. Plötzlich gibt es überall Menschen, die auf den Straßen herumlaufen, vor Cafés sitzen, manchmal noch per Esel unterwegs sind. Bei Schulschluss wimmeln die Straßenränder von Kindern, die häufig lange Heimwege zu Fuß zurückzulegen haben; Schulbusse gehören zur Ausnahme. Die Kinder sind meist freundlich und winken dem Fremden zu. Speziell die Ortszentren sind eng, dicht bevölkert, Geschäfte säumen die Straßen, belegen meist auch die (oft gar nicht vorhandenen) Bürgersteige, die hier häufig genug holprige Sandstreifen sind. Aber es gibt auch das Gegenteil, nämlich Umgehungsstraßen, die weniger frequentiert sind, sowie gepflegte, architektonisch anspruchsvolle Häuser, die schmuck am Hang stehen.

Wann immer Sie anhalten oder mit den Bewohnern in Kontakt kommen, wird man Ihnen sehr freundlich begegnen – die typische orientalische Herzlichkeit ist den Menschen geblieben.

Informationen für die Praxis – unterwegs in der Westbank

Die Westbank wurde im Zuge der Oslo Vereinbarungen in die **Zonen A, B, C** und Sperrgebiete aufgeteilt. Die ursprüngliche Regelung wurde in der Westbank inzwischen vereinfacht. Änderungen sind laufend zu erwarten. Nachfolgend der Stand September 2012.

Für alle 3 Zonen A, B und auch C ist derzeit die palästinensische Verwaltung verantwortlich: Beispielsweise Schulen, Krankenhäuser und Ausweiserstellung obliegen den palästinensischen Behörden, doch das Melderegister kontrollieren allein die Israelis.

▶ In der **A-Zone** (ca. 18 % des Gesamtterritoriums) hat die Palästinensische Autonomiebehörde die Verwaltungs- und Polizeigewalt einschließlich Baugenehmigungnen. Was nicht ausschließt, dass israelische Militäreinsätze z.B. zur Personensuche vorkommen.

▶ **In der B-Zone** (ca. 22 %) obliegt der israelischen Autonomiebehörde die allgemeine Verwaltung einschließlich Baugenehmigungen.

In der **B- und C-Zone** hat im Wesentlichen nur die israelische Polizei das Sagen. Jedoch arbeitet sie bei Verbrechensverfolgungen mit der palästinensischen Polizei vor Ort zusammen.

▶ In der **C-Zone** (gut 60 %) hat Israel auch die Verwaltungshoheit über Baugenehmigungen (siehe S. 515). Darunter fällt u.a. fast das gesamte Jordantal.

Die **Bewohner der C-Zone** leiden am meisten unter der Besatzung. Aggressive Siedler versuchen den Palästinensern ihr Acker- und Weideland streitig zu machen. Man geht inzwischen von mehr als 300.000 israelischen Siedlern in der Area C der Westbank und ca. 250.000 israelischen Siedlern in Ost-Jerusalem aus.

Derzeit können alle **Straßen im Westjordanland**, auch die sogenannten Siedlerstraßen, von Palästinensern und palästinensischen Mietwagen befahren werden. Allerdings nur, wenn die Straßen nicht direkt in Siedlungen hineinführen oder aus militärischen Gründen gesperrt sind. Palästinenser meiden darum solche Straßen aus Furcht vor Steinwürfen aggressiver Siedler.

Ein **Wechsel auf den Straßen** zwischen den Zonen B und C ist meist nicht mehr nachvollziehbar und für PKW-Verkehr auch unbedeutend, der Wechsel von Zone B + C in die Zone A ist zumeist noch mit ■ großen roten Schildern (1 x 2m) gekennzeichnet, um Siedler davon abzuhalten, nicht versehentlich in die Zone A zu fahren. Zum Teil sind diese Übergänge auch noch mit großen Betonquadern (1,5 x 1,5 x 1,5 m) im Straßenbereich gekennzeichnet. Diese sind mit Dreiecken in brauner und gelber Farbe ▲ ▲ bemalt.

✖ **Militärische Sperrgebiete**, die meistens als Truppenübungsplätze deklariert sind, machen 18-20% der Westbank als Teil der Zone C aus. Sie sind deutlich beschildert und die Straßen sind natürlich nicht passierbar.

■ **Israelische und palästinensische Polizisten** tragen beide dunkelblaue Uniformen (auch die privat organisierten Hilfskräfte an den Grenzkontrollen). Palästinensische Polizisten begegnen einem normalerweise nur in der Zone A.

■ ■ Es gibt auch eine **palästinensische Nationalgarde** mit dunkelbraunen oder schwarzen Uniformen für repräsentative Anlässe.

■ Bei grün uniformierten **Soldaten** handelt es sich durchweg um **Israelis.**

▣ **Israelische Militär- und Polizeifahrzeuge** sind mit roten Nummernschildern mit weißer Schrift.

▣ **palästinensische Polizeifahrzeuge** mit weißen Nummernschildern mit roter

Schrift gekennzeichnet, zu Nummern-schildern siehe S. 60.

Tipps für Kenner

Touristen können sich in allen drei Zonen relativ unbefangen bewegen. Am einfachsten und zeitsparendsten mieten Sie dazu einen **palästinensischen Mietwagen** mit gelbem Nummernschild in Ost-Jerusalem, siehe S. 60. Mit solch einem Auto können Sie sowohl in Israel als auch im Westjordanland herumfahren, was mit einem Gefährt einer israelischen Firma nicht erlaubt wäre – zumindest wäre es in Palästina nicht versichert.

Israel scheint derzeit die Barrieren innerhalb der besetzten Gebiete zu reduzieren und dafür die Hürden gegenüber Palästina zu erhöhen. Der kleine Wirtschaftsaufschwung seit 2009 in der nördlichen Westbank ist mangels politischer Freiheit inzwischen wieder abgeflaut. Immerhin können sich nun auch Europäer freier bewegen. Dazu tragen ebenso neue Ortsschilder bei, die die Orientierung sehr verbessern.

Unangenehm bis gefährlich können **jüdische Siedler** werden (siehe S. 121), die sich – beschützt von der Armee – quasi in einem rechtsfreien Raum bewegen und dies die Palästinenser spüren lassen. Besonders aktiv sind die Jugendgruppen der sogenannten *Hilltop Youth* (hilltop: die Siedlungen liegen meist auf Hügelkuppen) mit einer unangenehmen Mischung aus rechtsradikal-religiösen Ansichten und Gewaltbereitschaft, vgl. auch S. 378, Tahgba. Die NGO Btselem versucht Übergriffe wenigstens per Video zu dokumentieren, www.btselem.org.

Auf S. 499 sind Adressen gelistet, an die man sich vor oder auch während der Reise wenden kann. Die dort erwähnten **Taxifahrer** (z.B. am Taxistand schräg gegenüber dem Damaskustor) haben sich als Quelle aktueller Informationen sehr

bewährt. Da sie ihre Fahrgäste und Wagen nicht unnötig gefährden wollen, sind sie zumeist sehr gewitzt, Schwierigkeiten oder gar Gefahren durch z.B. Umwege zu vermeiden.

Bleiben Sie **als Tourist erkennbar**: Kamera vor dem Bauch, Frauen am besten in Hosen.

Wenn Sie dann am Zielort selbstsicher und mit Ihrer umgehängten Kamera im Touristenlook auftreten, dann schwimmen Sie in der Masse mit, immer freundlich begrüßt. Sie sollten Kontakte mit israelischen Soldaten und Siedlern gut abwägen, denn auch diese Menschen haben Interessantes zu erzählen – aber palästinensische Beobachter könnten freundliche Kontakte missverstehen. Sie sollten auch nicht als pro-israelische(r) Missionar(in) auftreten.

Noch ein paar praktische Hinweise

Nehmen Sie stets Ihren **Pass** mit, um sich bei Problemen ausweisen zu können. Geldwechseln bzw. an **Bargeld** heranzukommen, könnte manchmal schwierig sein. Wenn es klappt, könnte ein Automat lediglich JD ausgeben. Western Union Zweigstellen schaffen Abhilfe gegen Vorlage einer Visakarte. Oder konsequent zum Geldwechsler gehen.

Mobil telefonieren ist möglicherweise auch nicht einfach: Die Netzabdeckung ist wegen der gebirgigen Landschaft nicht flächendeckend, und mit einer palästinensischen SIM-Karte gibt es an den Grenzen der Westbank und in der Nähe von Siedlungen vermutlich Probleme mit teurem Roaming über israelische Netze, wenn Ihr Handy das Netz automatisch wählt (kann man abstellen). Pragmatisch kann man weiter mit einer israelischen Karte telefonieren, denn die Infrastruktur der Siedlungen ist auch handymäßig bestens ausgebaut: Cellcom soll die beste Abdeckung haben.

Apropos **telefonieren**: Die **Ländervorwahl** nach Palästina lautet +970. Meistens kann man auch Israel vorwählen, +972, aus manchen Ländern geht nur das.

Touristische Informationen nicht vergessen: Die werden immer besser. Schauen Sie nach den offiziellen Heften *Experience Palestine, A Guide To Palestine* und *Willkommen in Palästina*, besuchen Sie die Seiten

• http://travelpalestine.ps,
• http://visitpalestine.ps,
• u.a. vom Goethe-Institut
  http://paltrips.ps,
sowie für Unterkunft
• http://palstays.ps und
• https://palestineguesthouse.com.

Nicht richtig touristisch, aber informativ – die NGOs in Palästina: www.pngo.net.

Schließlich noch ein – etwas ungewöhnlicher – Hinweis: Kläranlagen in den typisch arabischen Gebieten verkraften häufig **kein Toilettenpapier**. Man hinterlässt es in den bereitgestellten Körben.

Die folgenden Routen führen in die sogenannte *Westbank*, ein Begriff, der sich – wie schon früher erläutert – auch in deutschsprachigen Medien eingebürgert hat. Der Ausdruck beschreibt zunächst nur die westliche Schulter des Jordantals, bezieht sich aber allgemein auf die Gebiete, die nach dem Unabhängigkeitskrieg innerhalb der so genannten Grünen Linie unter jordanischer Verwaltung blieben.

Jerusalem – Ramallah – Nablus – Jenin

Die Ausfahrt aus Jerusalem lässt sich recht gut mit einem Rückblick auf die Stadt verbinden, indem man einen kurzen Umweg auf den Mons Gaudi einlegt. Der direkte Weg aus der Stadt würde – wie seit Jahrtausenden – am Damaskustor beginnen und auf der Nablus (Shkhem) St nach Norden führen. Wir wollen aber die Stadt wie folgt verlassen:

Fahren Sie auf die Autostraße 1 Richtung Tel Aviv, verlassen Sie diese aber an der ersten Kreuzung nach der Tankstelle nach rechts den Berg hinunter. Diese Straße mündet in die Golda Meir St (Straße 436), der man links durch die Siedlung Ramot Alon nach Norden folgt.

🚗 5 km: Abzweig, rechts nach

Nebi Samwil / Nabi Samuel *

Die Kreuzfahrer nannten den 885 m hohen Berg, auf dem heute das arabische Dorf Nebi Samwil liegt, **Mons Gaudi** (Berg der Freuden), weil sie von seinem Gipfel zum ersten Mal ihr Ziel Jerusalem sehen konnten. Fünf Jahrhunderte zuvor hatte Kaiser Justinian ein **Samuelskloster** auf dem Gipfel mit einer Mauer befestigt.

Die Kreuzfahrer erneuerten die Kirche und bauten eine Festung drumherum, deren Reste ausgegraben wurden. Von den Kreuzfahrern stammt die Annahme, dass Samuel hier bestattet sein soll, weil man hier offenbar den Ort Rama vermutete. Später wandelten die Muslime das Bauwerk in eine Moschee um. Der eigentliche Sarkophag befindet sich unterhalb der Moschee, im Inneren steht ein Kenotaph. Zwischendurch gab es auch eine Synagoge, was manche heute gern wieder aufleben lassen würden. Vom Dach bzw. Minarett der Moschee bietet sich ein fantastischer Ausblick auf Jerusalem – wie Recht hatten doch die Kreuzfahrer.

Weiter auf der Straße 436, nach der Kreuzung mit der 443/45 gelangen Sie bald an den Checkpoint Beituniya. Sollten Sie hier nicht weiterkommen, fahren Sie die Straße 45 zurück nach Osten, und über den großen Checkpoint Qalandiya weiter nach Ramallah. Falls es klappt, fahren Sie die Straße 436 einfach weiter, bis

9

Sie auf die Jaffa St treffen und nach rechts mitten ins Zentrum von Ramallah gelangen.

🚗 12 km bis

Ramallah ✹✹

Geschichte: *Die 870 m hoch gelegene und auf direktem Weg nur 16 km von Jerusalem entfernte Stadt mit gut 33 000 Einwohnern (plus rund 46.000 in der Nachbarstadt AlBireh) ist bekannt für ihr in den Sommermonaten angenehmes Klima. Daher war sie lange Zeit beliebtes „**Sommerfrische**"-Ziel von Arabern aus ganz Nahost. Gegründet wurde Ramallah von Christen, die im 16. Jh aus Shobak in Jordanien vertrieben worden waren, die fünf Löwen am AlManara-Platz erinnern an die ersten fünf Familien am Ort. Inzwischen sind wohl nur noch ein Zehntel der Bewohner Christen, aber es geht hier weit westlicher zu als im muslimischen AlBireh – Hotels und Bars mit Alkoholausschank muss man nicht suchen. Zum liberalen Flair tragen sicherlich die Studierenden der wohl besten palästinensischen Universität im nahen **Birzeit** bei. Wenn in den palästinensischen Gebieten etwas los ist, dann am ehesten hier in der wohl aufgeschlossensten Stadt Palästinas.*

*Nachdem 1994 zunächst Jericho Sitz der Palästinensischen Autonomiebehörde werden sollte, lief Ramallah mit einem der Parlamente (das andere liegt in Gaza) und mehreren Ministerien so nahe bei Jerusalem der Stadt im Jordangraben schnell den Rang ab. Die ausländischen Vertretungen eröffneten hier ihre Büros, und auch die deutsche Vertretung zog bald von Jericho hierher. Arafat residierte von 1996-2004 in seinem Hauptquartier **Muqata'a** (knapp 1 km nördlich des AlManara-Platzes Richtung Birzeit) im direkt angrenzenden, muslimischen Ort AlBireh. 2002 schossen die Israelis den Gebäudekomplex in der Annahme zusammen, dass Ramallah wichtigste Basis des Terrors sei, sodass Arafat*

Im Kubus von Arafats Mausoleum

bis zu seinem Tod 2004 quasi unter Hausarrest lebte. Von Präsident Abbas wieder aufgebaut, befindet sich Arafats Grab seit 2007 neben einer geschmackvoll-modernen Moschee auf dem Gelände der Muqata'a. Übrigens nur übergangsweise: Zu anderen Zeiten soll er mal auf dem Jerusalemer Tempelberg seine letzte Ruhe finden. Vielleicht zieht dann auch das Arafat-Museum mit um. Nach 8 Jahren und $ 7 Millionen wurde es im November 2016 eröffnet, Brille, Tuch und Schlafzimmer sind zu sehen. Der Narrativ über sein Leben und die Politisierung Palästinas ist reizvoll in jeder Hinsicht – der Geburtsort z.B. bleibt umstritten, und dass er am Ende in Frankreich von Israelis radioaktiv vergiftet worden sei, hielt bisher keiner Studie stand.

*Der zentrale Platz im Zentrum der Stadt heißt **AlManara**, von dem sechs Straßen abgehen und dessen Verkehrsgewühl entsprechend ausfällt. Einen guten Überblick erhält man von einem der Rooftop Restaurants im Zentrum.*

Ramallah ist auch dann einen **Abstecher von Jerusalem** wert, wenn man nur einmal in palästinensische Gebiete „hineinschnuppern" und das arabische Leben beobachten will. Vielleicht gelingt das

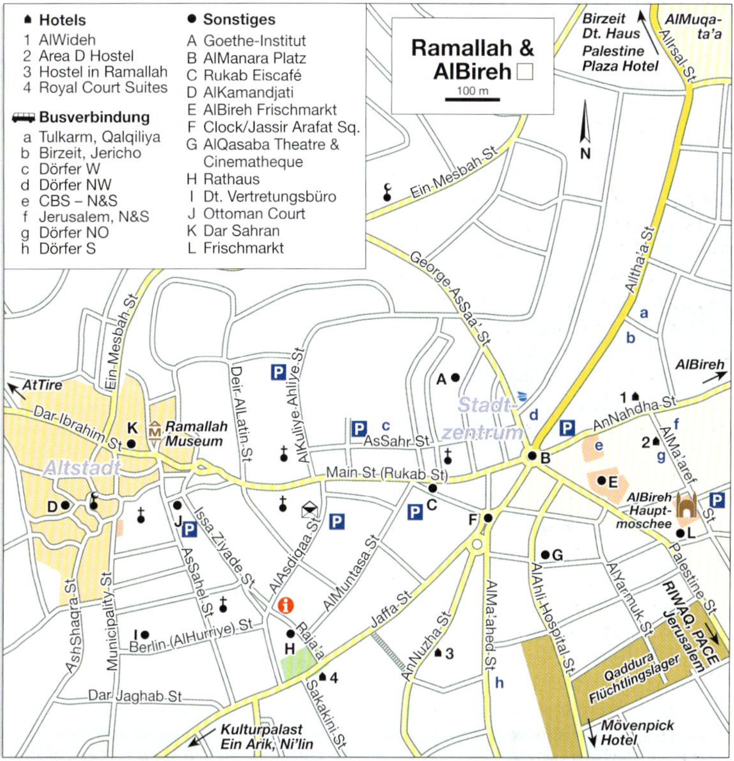

♠ Hotels
1 AlWideh
2 Area D Hostel
3 Hostel in Ramallah
4 Royal Court Suites

🚌 Busverbindung
a Tulkarm, Qalqiliya
b Birzeit, Jericho
c Dörfer W
d Dörfer NW
e CBS – N&S
f Jerusalem, N&S
g Dörfer NO
h Dörfer S

● Sonstiges
A Goethe-Institut
B AlManara Platz
C Rukab Eiscafé
D AlKamandjati
E AlBireh Frischmarkt
F Clock/Jassir Arafat Sq.
G AlQasaba Theatre &
   Cinematheque
H Rathaus
I Dt. Vertretungsbüro
J Ottoman Court
K Dar Sahran
L Frischmarkt

**Ramallah &
AlBireh** ☐
100 m

Birzeit
Dt. Haus
Palestine
Plaza Hotel

AlMuqa-
ta'a

Altsal St.

N

Ein Mesbah St.

George AsSaa St.

Alitha'a St.

a

b

AlBireh

AtTire

Dar Ibrahim St.

Ein Mesbah St.

Deir AlAtin St.

AlKuliye Ahliye St.

A

K   Ramallah
     Museum

Stadt-
zentrum

d

1

AnNahdha St.

AlMa'aref St.

f

Altstadt

P

c

AsSahr St.

e

2

P

B

E

AlBireh
Haupt-
moschee

Main St. (Rukab St.)

D

Issa Ziyade St.

AlAsdiqaa St.

AlMuntasa St.

C

P

F

L

P

G

Palestine St.

RIWAQ-PACE
Jerusalem

AlAhli Hospital St.

AlYarmuk St.

AshShaqra St.

Municipality St.

AsSahtel St.

Raja St.

Jaffa St.

AnNuzha St.

AlMa'ahed St.

i

Berlin (AlHurriye) St.

H

4

3

h

Qaddura
Flüchtlingslager

Dar Jaghab St.

Sakakini St.

Kulturpalast
Ein Arik, Ni'lin

Mövenpick
Hotel

Al Manara, Ramallahs zentraler Platz mit Löwenstatuen

9

Wasserverkäufer mit Freisprech-Handy

am besten kurz vor Einbruch der Dunkelheit, wenn man noch etwas vom Erscheinungsbild der Stadt sieht, anschließend gemütlich isst und sich dann im typisch arabischen Nachtleben – Bummeln, Einkaufen und Kaffee oder Tee trinken – treiben lässt (vorher unbedingt nach der Abfahrt des letzten Sammeltaxis erkundigen). Zu dieser Zeit haben die Basaris der Jerusalemer Altstadt längst die Eisentüren ihrer Läden mit lautem Getöse zugeklappt. Wenn Sie auch durch die eigentliche Altstadt Ramallahs bummeln wollen, so müssen Sie die neu hergerichtete Main (Rukab) St bis zur Tankstelle gehen, dort etwa beginnt der ältere Teil der Stadt.

Außer zu flanieren würde es auch lohnen, sich auf das **kulturelle Angebot** Ramallahs einzulassen. Aktuelle Termine listet *This Week in Palestine,* www.thisweek inpalestine.com.

Das Spektrum ist weit gefächert:

- das 2007 eröffnete **Musikzentrum *AlKamandjati*** (Unterricht und Konzerte) westlich der AlUmari-Moschee in der Altstadt – ein Junge aus dem AlAmari Flüchtlingslager unterrichtet mittlerweile 500 Kinder in Palästina und im Libanon, besonders in Flüchtlingslagern; www.alkamandjati.com,
- Kunstausstellungen im *Khalil Sakakini Cultural Centre*, AlMuntasa St (www.sakakini.org),
- das **Frauen-Filmfestival** *Shashat* im November/Dezember (www.shashat.org),
- die **Tanz-Kompanie *AlFunoun*** aus AlBireh tritt in tollen Kostümen auf (www.el-funoun.org),
- das Zentrum für **Theater**, **Film** und **Musik** *AlQasaba* 200 m südlich von AlManara (www.alkasaba.org), hier bildet seit 2009 auch die von Deutschland geförderte *Drama Academy Ramallah* professionell aus,
- die NGO *Ashtar Theatre* im Sunrise Building in der Irsal St produziert Theaterstücke und gibt Jugendlichen Schauspielunterricht, interessierte Gäste sind jederzeit willkommen (Gästezimmer $ 50 pP), z.B. www.gazamonologues.com – Theater am Puls der Zeit: www.ashtar-theatre.org, Kontakt: Iman Aoun, Tel. 2980037 oder 059 9434736,
- das Kulturzentrum *Dar Zahran* in der Altstadt mit Galerie, historischer Fotogalerie und *Fair Trade* Laden, http://darzahran.org,
- die *Society of Ina'ash AlUsra* in AlBireh, die Frauen im Gestalten **traditioneller Textilien** ausbildet, letztere zum Verkauf anbietet und ein Café betreibt (www.inash.org).
- die *Palästinische* **Zirkus-Schule** (www.palcir-cus.ps) sowie
- Großveranstaltungen dient der *Ramallah Cultural Palace*, zu Ehren des 2008 verstorbenen und in der Nähe begrabenen größten Dichters Palästinas, Mahmud Darwish in *Darwish Cultural Center* umbenannt, südöstlich des Industriegebiets an der Jaffa St. Mittlerweile wurde dort auch ein **Mahmud Darwish-Museum** mit Blick über Ramallah errichtet, ₪ 5, www.darwishfoundation.org.

- Für Familien mit kleinen Kindern könnte schließlich noch das *Mukhmas Fun Land* (im Industriegebiet am Ende der Jaffa St, www.mukhmasfunland.ps, arab.) einen Ausflug wert sein. Swimmingpool und mehrere Karussels warten auf Besucher.
- Für die Eltern ist vielleicht das traditionelle **Türkische Bad** im AlNijmeh Center/AlBireh besonders interessant, Frauen Sa-Do 9-20, Männer täglich 10-0 Uhr, Tel. 2408281.
- Wem es an Bewegung mangelt, könnte Klettern gehen in der Halle www.wadiclimbing.com (Sa-Do 15-22, Fr 9-16), oder mit denen auf Tour gehen. Oder: im **Sportclub** *Sarreyet* nordwestlich der Altstadt im Stadtteil **AtTire** vorbeischauen. Hier kann man auch Schwimmen. Der Club ist Teil des Angebots der First Ramallah Group (www.sareyyet.ps oder www.facebook.com/Sareyyet Ramallah), die aus Pfadfindergruppen aus den 1930er Jahren hervorgegangen ist, und außer diesen u.a. auch Konzerte, Volkstanz und ein Café organisiert.
- Noch ein nachhaltiger Tipp, wenn Sie schon mal in AtTire sind: Besuchen Sie den **Baumgarten** dort! Inklusive Bildung und Grünem Tourismus: Tel. 2986561, www.juthour.org.

Praktische Informationen

Telefon-Vorwahl 02

Tourist Information schräg gegenüber der Stadtverwaltung Issa Ziyadeh St/Ecke AlAsdiqa St, Tel. 2945555, www.ramallah.ps, Sa-Do 9-17. Schönes, von **Riwaq** restauriertes Gebäude. Hier gibt es einen Stadtplan, einen kleinen Shop und kompetente Auskunft. Einen elektronischen Stadtplan bietet zudem www.ramallah-gis.ps.

Vertretungsbüro der Bundesrepublik Deutschland, Berlin (früher: *AlHurrieh*) St, Tel. 2977630, nur für Notfälle außerhalb der Dienstzeiten Tel. 059 9656000, Fax 2984786, www.ramallah.diplo.de, Mo-Fr 9-12; Auskunft Visastelle Mo-Fr 12-13, Tel. 2977655

Deutsches Haus für Entwicklungszusammenarbeit, 35 Abdallah Jodah St, AlBireh, vereint GIZ (Tel. 2400740), kfw (Tel. 2400730) und DED (Tel. 2403462) unter einem Dach zu den Themen Wasser, nachhaltige Wirtschaftsentwicklung und Governance, siehe die Karte auf S. 580/581

Goethe-Institut Palästinensische Gebiete, AsSalam St, im Deutsch-Französischen Kulturzentrum, Tel. 2981922, www.goethe.de/palaestinensischegebiete oder mit Link zum *Centre Culturel Franco-Allemand*: www.fgcc-ramallah.org, So-Do 9-20

Touren

- Die **Tourist Information** veranstaltet eigene Themen-Touren für ₪ 30 pP: in die Natur, die Historie und eine solidarische ins Alltagsleben, Tel. 945555-123 oder 056 9840790

Die beiden Hostel (siehe S. 501) zeigen auch gern, was es alles gibt und nicht gibt

- **Pace** – Palestinian Association for Cultural Exchange, AlBireh, gegenüber der Al'Ain-Moschee; seit 1996 erfahrener Anbieter von Westbank-Touren, sehr auf Sicherheit der Kunden bedacht, vermittelt Kontakte und Besichtigungsmöglichkeiten in einer Dichte, die man auf eigene Faust nicht hätte, Tel. 02 2407611 und 059 9318267, Fax 02 2407610, pace.ramallah@gmail.com, www.pace.ps
- **Green Olive Tours**, Tel. 09 7770020 oder 054 6934433, www.toursinenglish.com; bietet Tages- und Mehrtagestouren in der Westbank und in Israel an, auch eine Tour in die Business-Welt von Ramallah
- **Riwaq**, Nablus St in AshSharafe/AlBireh (von AlManara die Jerusalem-Ramallah St bis zum Ende, an der Ampel links, erste rechts und dann gleich auf der rechten Seite), Tel. 2406887, www.riwaq.org; Dokumentation, Rettung und Restauration alter Gebäude (siehe oben S. 544), es werden Touren erarbeitet und angeboten, Veröffentlichungen mit bestechend schönen Fotos

Per **Auto** kommen Sie nicht immer auf Hauptstraßen ans Ziel, selbst wenn Sie einfach aus der Stadt hinauswollen. An Schildern fehlt es

9

und am politischen Willen, vielleicht auch den Möglichkeiten, die Bevölkerung weniger zu desorientieren – denn auch die Palästinenser verfahren sich. Einfach fragen, jeder wird Ihnen gern helfen.

Internet
WLAN-Anschluss in quasi jedem Restaurant, jeder Bar, reichen Sie Ihr Gerät über die Theke für das Passwort, Anschluss in Hotels und Hostels wohl auch per Computerterminal.

Verkehrsverbindungen
▸ Hauptverkehrsmittel sind **Service Taxis**, die von Ramallah in alle Himmelsrichtungen fahren. Der zentrale Stand befindet sich im Busterminal östlich vom AlManara-Platz.

▸ Nach Jerusalem fährt **Bus** 218/219 (Damaskustor, bis 2015 noch Linie 18/19, heißen manchmal noch so).

▸ Von Jerusalem nimmt man am besten ein **Sammeltaxi** am Damaskustor; bei der Rückfahrt muss man auf das gelbe Nummernschild achten, weil nur diese Taxis über die Grenze dürfen – vermutlich muss man jedoch mindestens am Qalandiya Checkpoint zu Fuß über die Grenze (kann über 1 Std. dauern) und auf der Jerusalemer Seite ein anderes Taxi nehmen.

Essen und Trinken

Restaurants und Bars ballen sich in Ramallah vor allem um die Main St (auch Rukab St genannt) und um die Stadtverwaltung herum zwischen Jaffa und AlHurriye/AlAsdiqa St. Es ist eher die Ausnahme, wenn kein Alkohol ausgeschenkt wird. Intensivste Party-Gelegenheit ist Donnerstag abends. Bei Tanz• vergnügen bitte beachten: Einzelne Männer sind dort unerwünscht – immer noch jemanden mitbringen.

• **Andareen**, Main St, Café, Snacks, Bar, abends Live-Musik und Tanz, darunter

• **Baldana**, Main St, das andere prima Eiscafé (siehe unten Rukab)

• **Berlin Pub**, Issa Ziyade St nahe Touristeninfo, gemütlich, gute DJ-Parties – weiter nördlich **Fuego** mit Salsa

• **Mesarin**, Clock/Arafat Square beim großen Lipton-Schild, gute Falafel und

lange Öffnungszeiten

• **Rukab**, Main St, die nach diesem Eiscafé auch Rukab St genannt wird – eine Institution also, Speiseeis hat in der arabischen Welt eine ähnlich lange Tradition wie in Italien und durch Mastix, arabisches Gummi, eine leicht zähe Konsistenz, unbedingt probieren

• **Stars & Bucks**, AlManara-Platz, Eingang von der Main St, 1. Stock, Café, das auch klei-ne Snacks und Wasserpfeifen serviert

• **Ziryab**, Main St im 1. Stock über dem **Baladna** Eiscafé, ungewöhnliche Einrichtung mit Kunstgalerie

• **La Wein** (sprich: la uween – wohin?), AlAhli Hospital St/Ecke Khalil Salah St, über dem AlQasaba-Theater & Cinematheque, viel Künstlervolk unterwegs, donnerstags viel los, Restaurant und Bar, Alkoholika aller Art und Wasserpfeifen

• **La Vie Café**, AlQastal St (Nebenstraße südlich des Clock/Arafat Square), ebenfalls vor allem donnerstags viele coole Leute, manchmal Konzerte, gemütlicher Garten

• **AlAanisee**, Khalil AsSakakini St, unprätentiöse Kneipe, Mittelmeerküche, Do ab 0 Uhr Disco (Männer nicht allein!)

• **Orjuwan**, ArRaja' St (vom Sakakini Center aus weiter südlich, rechte Seite), interessante Getränkekarte, Fusion-Küche wäre auch in Tel Aviv ein Hit, trotzdem nicht überteuert

• **Sky Bar**, im Obergeschoss der Ankars Suites (siehe unten), manchmal laut, aber toller Blick und die wohl beste Wasserpfeife der Stadt (*special* bestellen)

• **Sangria**, Jaffa St, gleich bei den Royal Court Suites (selbes Management), gemütliche Open Air Bar mit u.a. mexikanischer Küche

• **Pronto**, Raja'a/Ecke AlMuntasa St (nahe Tourist Information), beste Pizza am Ort

• **Oud Café**, weiter draußen auf der Irsal St, kleine Speisen täglich 8-0 Uhr, Do&Sa Livemusik

• **Darna**, AsSahel St/Ecke Berlin (AlHurriye) St, nahe der Deutschen Vertretung, Tel. 2950590 oder 059 9204499, www.darna.ps; exquisites Lokal, das häufig von der PA und ausländischen

Vertretern angesteuert wird, was sich im Preis niederschlägt
- **AsSnubar,** (häufig auch: Snowbar), Ein Sam'an St, vom Zentrum Richtung Norden, Wegweiser: Tel. 2965571, sehr empfehlenswert: schöner Blick, Picknickplätze, Schwimmbecken (9-17), Grill-Restaurant täglich 12-24 (April-September), manchmal Livemusik, Jazz bis Rock

Übernachten

- **Mövenpick**, 10 Emile Habibi St (Stadtteil AlMasyun), Tel. 2985888, Fax 2985333, www.moevenpick-ramallah.com; Fünf-Sterne-Schweizer-Luxus, Restaurant & Bar, mF E $ 225, D $ 243
- **Palestine Plaza**, 33 Irsal St im Palestine Trade Tower, Tel. 2946888 oder gratis 170 0800800, Fax 2946889, www.palestinetradetower.com; eine amerikanische Mall in die Höhe gebaut, beste Sicht aus der *Sky Gate Lounge*, Hotel 15.-20. Stock, Spa, Gym, Kinos, mF E $ 120, D $ 130
- **Alhambra Palace**, Irsal St (AlBireh), Tel. 2956226, Fax 2950032, www.alhambra-palace-hotel.com; ruhige Lage, Privathaus von 1926, Suiten, TV, AC, WLAN, mF E $ 100, D $ 130
- **Caesar Hotel**, AlAmin Sq., im südlichen Stadtteil Masyun Heights, Tel. 2979400, Fax 2979401, www.caesar-hotel.ps; freundlich und unaufdringlich, mF E/D $ 100
- **Beauty Inn**, ArRaja' St nahe Sakakini Center, Tel. 2966477/8, Fax 2966479, www.beautyinn.ps; freundlich und hilfsbereit, nett eingerichtet (ruhiger von der Straße weg), kleines Hotel mit sehr viel Wellness im Preis inbegriffen, Internet kostet, AC, TV, mF E $ 92-105, D $ 108-164
- **Royal Court Suites**, Jaffa St Höhe Stadtverwaltung, Tel. 2964040, Fax 2964047, www.rcshotel.com; sehr freundlich, sehr sauber, nicht in jeder Suite extra Schlafzimmer und Balkon, Parkplatz, AC, TV, WLAN, mF E ab $ 80, D ab $ 90
- **City Inn Palace**, Jerusalem St, von Süden rechter Hand (AlBireh), Tel. 2408080, www.cityinnpalace.com; sehr freundlich,

elegant eingerichtet, kein Alkoholausschank, AC, TV, WLAN, mF E $ 80-110, D $ 100-130
- **Aladin**, Rawda St, nahe Muqata'a (AlBireh), Tel. 2407689 oder 180 9443836, aladinhotel@gmail.com; freundlich, gute Preis-Leistung, AC, TV, WLAN, mF E ab ₪ 300, D ab ₪ 338
- **St. Andrew's Guesthouse**, AtTire St auf halbem Weg von der Altstadt nach Nordwesten zum Zentrum von AtTire (mit byz. Kirche und Kreuzfahrerturm,12. Jh), Tel. 2989172, Fax 2960907, www.etvtc.org; gehört zu episkopaler Berufsschule, gut für Gruppenreisen, auch Monatstarife, ruhige Lage, mF E $ 45, D $ 50-63
- **Area: D Hostel**, AlMa'aref St, oben im Gebäude, von dem die Sammeltaxis nach NO fahren, Tel. 056 9349042, http://ramallahhostel.com; näher am ÖPNV geht nicht, freundlich, hilfsbereit, travellerorientiert, sauber, Küche, Lounge, keine Stockbetten, statt Heizung Wärmflaschen, prima Tipps und Touren, WLAN, auch Monatspreise, Dorm ₪ 70, E/D kB ₪ ab ₪ 200, D ₪ 250
- **Hostel in Ramallah**, 12 AnNuzha St, Tel. 2963555 oder 056 9001020, www.hostelinramallah.com; liegt zentral, freundlich, hilfsbereit, familiär, prima Tipps und Touren, kein Luxus aber sauber, Küche, lässige Rooftop-Bar, WLAN, mF Dorm ₪ 50, E kB ₪ 105, D kB ₪ 150

Dezentral und außerhalb

- **Khouriya Family**, in Jifna, 7 km nördlich von Ramallah, 2 km südöstlich von Birzeit, Tel. 2811485 oder 059 9587476, rkhouriya@yahoo.com; sehr freundliche Familie, Appartements mit Küche, weitere Mahlzeiten für je $ 10, Tourangebote, mF E/D $ 35 pP
- **Reef House Pension**, ebenfalls in Jifna, Tel/Fax 2810881 oder 059 9266499, www.reefhousepension.ps; ebenso Familienbetrieb, übersichtlich, Garten, WLAN, Parkplätze, außerdem möglich: Vollpension, Workshops, Touren, mF E $ 35, D $ 60
- **Star Mountain Guesthouse/Sternberg**, vor Abu Qash rechts der Straße Richtung Birzeit auf einziger bewaldeter Kuppe weit

9

Besuch eines Flüchtlingslagers

Die Leichtigkeit Ramallahs geht verloren bei der Besichtigung eines **Flücht-lingslagers**. In Jerusalemer oder hiesigen Hostels werden solche Trips angeboten, oder man erkundigt sich bei den auf S. 161 genannten Anbietern. Bei einem Besuch wird man die heutige Wirklichkeit der Lager sehen und damit einen Eindruck vom Leben der Vertriebenen gewinnen. Vielleicht auch eher die Verzweiflung verstehen, mit der sich die Palästinenser gegen den Verlust ihres Eigentums, ihrer Lebensqualität und gegen eine widerrechtlich agierende Besatzung wehren.

Zunächst einmal ist ein *Refugee Camp* (Flüchtlingslager) kaum von ärmeren arabischen Vierteln zu unterscheiden. Die Zeiten, als die Flüchtlinge noch in Zelten, später in armseligen kleinen Einraumhäuschen hausten, sind längst vorbei. Die Palästinenser sind viel zu unternehmerisch, um über Generationen ihr Leben in Hütten zu verbringen und von UNO-Rationen abhängig zu sein. Zwar gehört der Boden immer noch der UNO, aber den Notunterkünften von einst entwuchsen mehrstöckige Häuschen oder Häuser. Die Bewohner gehen einer Beschäftigung nach, die Kinder studieren oder sind zumindest schulisch wie alle Palästinenser gut ausgebildet.

Am Eingang von *Refugee Camps* wie dem des *AlAmari*, westlich an der Straße nach Jerusalem gelegen, findet man häufig Heldenverehrung von Intifada-Kämpfern, die durch israelische Einwirkung ihr Leben verloren. Je mehr Israelis jemand umbrachte, desto stärker wird er verehrt, selbst wenn er für jeden Mord lebenslang verurteilt und das Haus der Familie dafür von den Israelis niedergewalzt wurde. Die PA baut dann jedem der Brüder ein eigenes Apartment in der Nähe. Gern werden auch junge gelähmte Intifada-Kämpfer vorgeführt, denen israelische Soldaten ganz bewusst das Rückgrat brachen oder gebrochen haben sollen.

Deprimiert fährt der Besucher wieder davon; deprimiert vor allem, weil der schier unlösbare Konflikt so deutlich bewusst wird: Männer, die hier verehrt werden, weil sie sich gegen die jahrzehntelange Besatzung wehrten und Soldaten der Besatzungsarmee töteten, werden 16 km weiter südlich als terro-

Vergleichsweise harmloses Widerstandskämpfer-Gedenken (in Nablus)

ristischer Paria betrachtet und für vielleicht den Rest des Lebens eingekerkert; Infos über Palästinenser in Haft bei http://addameer.org. Der blanke Hass auf die Israelis, der aus den Erklärungen des *Guides* im Flüchtlingslager sprüht, findet sich in ähnlichen Strukturen wieder, wenn man in Jerusalem z.B. vulgärzionistische Publikationen liest oder auf rassistische Siedler trifft – vielleicht subtiler.

und breit, Tel. 2962707
oder 059 5226310, Fax 2962715,
www.starmountain.org; die Herrnhuter
Brüdergemeinde finanziert mit dem Haus
Behindertenarbeit, einfache Unterkunft
(noch einfacher und günstiger möglich),
angenehm ruhig, Gruppen bis 25 P., kleine
Cottages D € 30-35 pP, 3er-6er pP € 15-20,
Kinder die Hälfte, WLAN, mF am ersten
Tag E € 25-30, D pP € 15-20

🚌 3 km auf der Straße 466 bis

Bet-El / Beitin

Die stark befestigte jüdische Siedlung
liegt rechts der Straße, Sitz der Militärverwaltung samt -gerichtsbarkeit für die
ganze Westbank. Der doppelte Zaun gibt
einen Eindruck vom Leben vor und hinter
dem Stacheldraht. Unweit südöstlich erstreckt sich das historische **Beitin** (*Bet-El*
oder *Bethel* bedeutet *Haus Gottes*), wo
Jakob einen Altar baute, nachdem er von
einer **Himmelsleiter** geträumt hatte. Es
entstand eine Siedlung, in byzantinischer
Zeit kamen Kirchen hinzu. Die Moschee
des Dorfes steht auf den Ruinen einer
Kirche. Die Straße nach Norden zieht sich
durch eine – für die Verhältnisse Palästinas
– recht einsame Karstlandschaft, die häufig terrassiert ist, um ihr wenigstens ein
bisschen Nutzbares abzugewinnen. Die
Strecke ist sehr gut ausgebaut und hat nur
relativ wenig Verkehr zu bewältigen.

🚌 2 km: **Abzweig**, links führt eine Straße
nach

Birzeit**

Hier liegt die bekannteste Universität der
Palästinenser, von Süden am Ortseingang gleich links hinter den schwarzen
Toren. Während der Besatzungszeit wurde sie mehrfach und bis zu drei Jahren
von den Israelis geschlossen. Auch heute
spielt die Uni eine wichtige Rolle. Interessenten können sich Informationen über
www.birzeit.edu holen.

Von besonderem Interesse dürfte das
***Edward Said National Conservatory of
Music*** sein, vielleicht passt es für ein Konzert: http://ncm.birzeit.edu. Sehenswert
ist außerdem das kleine **Birzeit Museum**,
(Mo-Do+Sa 10-15, http://virtualgallery
.birzeit.edu/museum_homepage) mit einer Kunstsammlung, traditionellen palästinensischen Frauengewändern, einer
Sammlung von Amuletten und archäologischen Tongefäßen. Weiter nördlich
auf dem Uni-Gelände steht das ***Palestinian Museum***, das man von Norden
anfahren soll, www.palmuseum.org. Das
tolle, nachhaltige Gebäude wurde im Mai
2016 zwar eröffnet, aber ohne Ausstellung
– warum und wieso: www.nytimes.com/
2016/05/17/world/middleeast/palestinian-
museum-birzeit-west-bank.html.

Das Gebäude können Sie nach Anmeldung Mo-Mi besichtigen, Tel. 2941948,
auch den wunderschönen **Terrassen-
garten** mit heimischen Pflanzen, von
dem aus man bei gutem Wetter das Zentrum von Tel Aviv sehen kann, http://data.
palmuseum.org/index.php/s/DpeoZluv
wvZeFd3.

Den Ort Birzeit nordöstlich des heutigen Universitäts-Campus finden Sie über
die nördliche Parallele der Umgehungsstraße. Es erwarten sie ein mamlukisch/
osmanischer Khan, ein kleines Restaurant
mit Galerie sowie die sehr kompetente
Rozana Association (www.rozana.ps,
www.sufitrails.ps), die Sie (auch samt
Gruppe) gern dabei unterstützt, die umliegenden Sehenswürdigkeiten zu erwandern. Reisende bezeichnen diese
Wanderungen als den Höhepunkt ihres
Westbank-Besuchs. Schauen Sie außerdem, ob Sie bei der ***Birzeit Heritage
Week*** vor Ort sind: Schon Umzug und
Kultur-Markt sind sehenswert, aber darüber hinaus gibt es das ***Maftoul-Festival***
– Wettkochen dieses traditionellen, Cous-
cous-ähnlichen Gerichts sowie den Wettbewerb ***Flower of the Countryside*** – bild-

9

hübsche junge Damen in traditionellen Kostümen. Alles sehenswert.

Wenn Sie von hier weiter nach Norden fahren, gibt es häufiger Hinweisschilder nach **Rawabi**, Palästinas erste Reißbrett-Stadt für 30.000 Bewohner, www.rawabi .ps. Es ist ein Projekt von **Bashar AlMasri**, einem Milliardär aus Nablus. Bieten soll es moderne Wohnungen zu bezahlbaren Preisen mit ungewohnt normal westlichen Freizeitangeboten. Es soll zeigen, dass bei weitem nicht alle Palästinenser Terroristen sind. Viele Landsleute und auch viele Arabier lehnen diese *Normalization*/Normalisierung strikt ab. Um palästinensische Forderungen aufrecht zu erhalten, habe es Besetzten schlecht zu gehen.

Wieder ein Stück nach Süden zum Checkpoint Atara und auf der Straße 465 nach Osten bis zur noch besser ausgebauten Straße 60, dort erstmal südlich.

Auf einem Abstecher auf die Straße 449 geht es nach Osten, nach ∗ **Taybeh**. Hier ist der einzige – im übrigen rein christliche – Ort, an dem in Palästina Bier gebraut wird. Es schmeckt ausgezeichnet, wird auch in hippen Tel Aviver Bars oder in Jerusalem ausgeschenkt, und wird im Herbst mit einem „Oktoberfest" gefeiert. Allein der kompakte Überblick über aktuelle Musik in Palästina lohnt sich, entspannt zu feiern bei guter Verpflegung natürlich auch; Führungen Mo-Sa 8-16, Tel. 02 2898868, www.taybeh-

„Oktoberfest" in Taybeh

beer.net – und seit kurzem auch die vielversprechende http://taybehwinery.com.

Speisen könnten Sie bei toller Aussicht in Peter's Place, und **übernachten** im

- **Golden Hotel**, 100 Main St, Tel. 2899440, www.taybehgoldenhotel.com; 2015 eröffnet, schöne Einrichtung, gute Aussicht, AC, TV, WLAN, mF E $ 84, D $ 99
- **Charles de Foucauld Centre**, Tel. 2898161, Fax 2899364, scjtaybe@palnet.com, www.taybeh.info; freundlich, ansprechende Einrichtung, ruhig, Vollpension € 27, mF D pP ₪ 120

Wieder auf Straße 60. In der Siedlung **Shilo** könnten Sie die Neuinszenierung des alten Bundeslade-Standortes des Volkes Israel besichtigen.

🚗 Noch 32 km bis zum Checkpoint Huwwara, dann 6 km bis in die Innenstadt von

Nablus / Shkhem ∗∗

Geschichte: *Bereits im 19. Jh vC bestand am Schnittpunkt wichtiger Handelswege eine Siedlung namens Shekhem (Sichem). Abraham errichtete beim Zug aus Mesopotamien einen Altar, sein Enkel Jakob erwarb ein Grundstück und hob einen Brunnen aus. Im 13. Jh vC ließ Josua die Gebeine seines Vaters Joseph aus Ägypten holen und auf dem von Jakob erworbenen Grundstück bestatten. Im 10. Jh vC wurde Sichem Hauptstadt des Königreichs Israel, verlor aber später an Bedeutung, als König Omri Samaria zur Hauptstadt erkor. 350 vC wurde es Hauptort der* **Samaritaner**, *die sich von der Hauptrichtung des Judentums gelöst hatten, weil sie nur die Tora, also die Fünf Bücher Mose, in ihrer Version anerkennen. 108 vC wurde Sichem von den Hasmonäern zerstört.*

72 nC gründete Titus die Siedlung Flavia Neapolis (aus Neapolis = Neustadt – wurde später arabisch Nablus) in der Nähe des verfallenen Sichem. Sie entwickelte sich schnell und wurde 244 in den Rang einer römischen Colonia erhoben. Einen wesent-

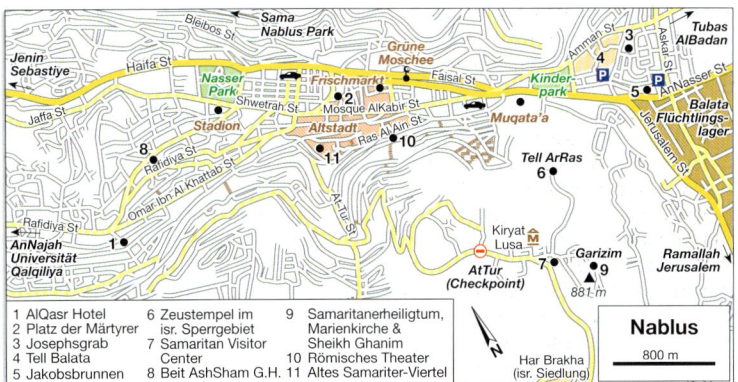

1 AlQasr Hotel	6 Zeustempel im	9 Samaritanerheiligtum,
2 Platz der Märtyrer	isr. Sperrgebiet	Marienkirche &
3 Josephsgrab	7 Samaritan Visitor	Sheikh Ghanim
4 Tell Balata	Center	10 Römisches Theater
5 Jakobsbrunnen	8 Beit AshSham G.H.	11 Altes Samariter-Viertel

lichen Bevölkerungsanteil stellten die Samaritaner, die 521 nC die Kirchen verwüsteten und den Bischof töteten. Daraufhin ließ Kaiser Justinian diejenigen Samaritaner, die nicht fliehen konnten, umbringen oder als Sklaven verkaufen. 636 nahmen die Araber die Stadt ein, im 12. Jh spielten die Kreuzfahrer eine Gastrolle. Im 16. Jh bestimmten die Osmanen Nablus zu einem ihrer vier palästinischen Verwaltungssitze. Bei der Proklamierung von Israel kam Nablus an das eher ungeliebte Jordanien, 1967 wurde es von Israel eingenommen, blieb aber seither eine Hochburg des arabischen Nationalismus.

Die zweitgrößte Stadt im Westjordanland mit ca. 150.000 Einwohnern zwängt sich zwischen den 940 m hohen Berg **Ebal** im Norden und den mit 881 m nur unwesentlich niedriger geratenen **Garizim** im Süden, die beide grauweiß-karstig ziemlich steil aufragen. Da im Tal zwischen den beiden Bergen nicht genug Platz ist, schwappen die Häuserzeilen wie Wildwasser die Hänge hinauf. Früher war die Stadt angeblich von Häusern aus grauem Stein mit bunten Fensterläden, roten Ziegeldächern und Patios mit Weinstauden geprägt, heute haben mehrstöckige Bauten diese Idylle weitgehend verdrängt.

Trotzdem erhielt sich die sehr lebendige Stadt einen eigenen Charme. Sie zählt andererseits zu den konservativen Plätzen, man sollte sich also bei der Kleidung entsprechend anpassen. Die Menschen von Nablus sind stolze Palästinenser, freundlich und Fremden gegenüber aufgeschlossen. Dazu trägt sicherlich auch die **größte** palästinensische **Universität** bei: auf drei Campussen sind 17.000 Studierende unterwegs, es gibt bezahlbare Arabisch-Intensivkurse für Ausländer; www.najah.edu. Auch wenn im Folgenden vor allem Historisches und die Altstadt AlQasaba besprochen wird: Nablus ist in der Moderne angekommen.

Fahren Sie bis zum Zentrum. Mit eigenem Auto nach Süden kommend zweigt man nach dem Checkpoint *Huwwara* an der ersten großen T-Kreuzung links ab, und wenn danach rechts die roten Kuppeln der **Jakobsbrunnen-Kirche** auftauchen, ist man richtig. Falls man das Zentrum mit dem Platz der Märtyrer nicht gleich findet, am besten Taxifahrer fragen *(Martyr's Square)*. Parken geht am besten in einer Nebenstraße.

Die Innenstadt wimmelt von Menschen, ganze Straßenzüge sind Souks; es scheint, als ob alle Waren dieser Welt feilgeboten würden. Am quirligsten geht es

9

in der AnNasser Street zu. Ein Bummel kreuz und quer durch die Altstadt lohnt sich sehr. Sie kann auf gewisse Weise mit der Altstadt von Jerusalem mithalten, man trifft hier nicht ständig auf andere Touristen, entsprechenden Kitsch im Angebot und aufdringliche Händler. Nablus ist übrigens bekannt als Stadt der Seifenhersteller, und dies wiederum zeigt sich in den Auslagen der Läden. Dabei ist die Produktion der hochwertigen **Olivenölseife** in den vergangenen zwei Jahrzehnten stark zurückgegangen, weil ein geregelter Vertrieb unter Besatzung kaum möglich ist. Zwei besichtigenswerte Fabriken, Tuqan und Bader, halten noch eine gedrosselte Produktion aufrecht.

Nachvollziehen lässt sich der Produktionsprozess auch im *Cultural Heritage Enrichment Center* (CHEC) in der ehemaligen Arafat Seifenfabrik in der AsSalahi St, Sa-Do 8-14. Hier wird vor allem Kindern und Jugendlichen traditionelles Handwerk wie Weben, Töpfern und Seifenherstellung vermittelt, aber das Angebot richtet sich auch an Touristen, die mit dem Kauf der Produkte zum Erhalt des Zentrums beitragen; Kontakt: Naseer Arafat, Tel/Fax 2378275 oder mobil 059 9358576, arafatn24@yahoo.com. Arafat gibt, als Architekt für Denkmalschutz, in der Altstadt englischsprachige Führungen durch das meist ottomanische Häusermeer, Konditionen im Vorfeld am besten per Mail klären. Wer alles über die Altstadt wissen will, braucht Arafats Buch *Nablus, City of Civilizations*.

Gegenüber der Arafat-Seifenfabrik gibt es Abu Abdullahs Herb Store, dessen Besitzer auch pharmakologisch beraten kann. Ein anderes Beispiel für die Weiternutzung einer ehemaligen Seifenfabrik, hier der Khamash Soap Factory, ist der urige Heilpflanzenladen Barik weiter südlich.

In ähnlicher Entfernung liegen die beiden Badehäuser in Nablus' Altstadt: In der

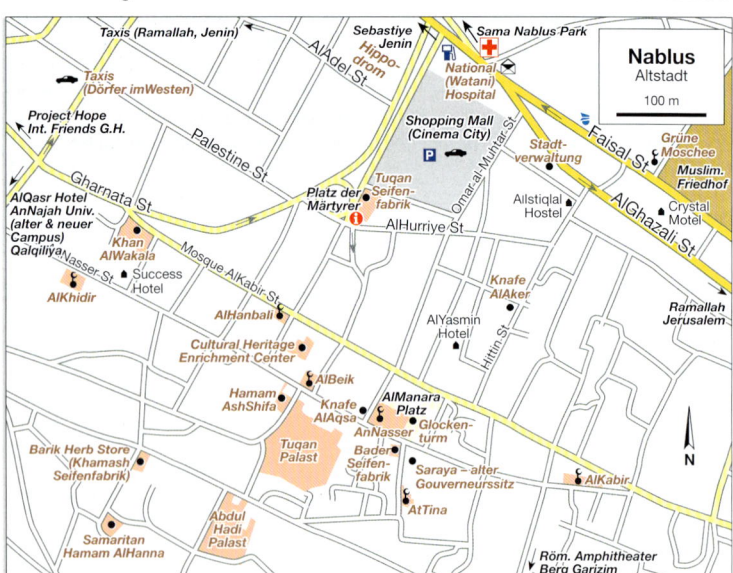

Hamam AshShifa, ein altes türkisches Bad

Nähe des CHEC auf der AnNasser St den **Hamam Ash-Shifa** aus dem 17. Jh, sowie noch weiter südlich vom Barik Store den **Hamam AlHanna** in der AlYasmina St im ehemals samaritanischen Viertel *Haret AsSamira* – das AlHanna war samaritanisch. Beide sind von frühmorgens bis etwa Mitternacht geöffnet, Dienstag 8-14 ist jedoch Frauentag, im AshShifa auch sonntags; ungefähre Preise: Bad ₪ 40, Massage ₪ 20, Bad mit Kamelhaarbürste ₪ 15 – zur Erholung sehr empfohlen.

Es gibt zwei große **Moscheen**, AnNasear und AlKabir, welche die Silhouette des Zentrums bestimmen; beide können durchaus auch von Nicht-Muslimen besucht werden, am einfachsten in Begleitung eines Muslims. Die AlKabir enthält noch die letzten römischen Strukturen der Altstadt. Es gibt außerdem osmanische Paläste wie den **Tuqan Palast**, in die man meistens einen Blick werfen kann. Von einem römischen Theater blieb nur wenig, von einem römischen Amphitheater fast gar nichts erhalten.

Die Samaritaner lebten bis zur ersten Intifada unten in der Stadt. Während dieser Zeit mussten sie in ein Dorf auf ihrem heiligen **Berg Garizim** ausweichen. Hier in 881 m Höhe – immerhin 500 m höher als Nablus – errichteten die Samaritaner bereits 350 vC ein Heiligtum, das häufig zerstört und wieder aufgebaut wurde. Nach samaritanischer Tradition hatte Abraham seinen Sohn Isaak hier opfern wollen und dann angeordnet, auf dem Gipfel Dankopfer darzubringen. Auch heute noch feiern die Samaritaner **Opferfeste nach mosaischen Vorschriften**. Dieses blutige Schauspiel zieht eine Menge Zuschauer an, aber hier kann man auch ahnen, was es für Jerusalem bedeuten würde, einen dritten Tempel zu errichten und den Opferkult mit Abertausenden von Tieren wieder einzuführen – eine absurde Vorstellung.

Hinauf auf den Berg führt eine schmale Asphaltstraße, die bald nach dem Zentrum (vor einem parkähnlichen Gelände) links von der Straße 55 abzweigt. Oben liegt ein kleines Dorf, und außer dem erwarteten weiten Ausblick – an klaren Tagen bis zum Mittelmeer – gibt es außerhalb der Opferzeit nur umzäunte, für den Laien wenig aussagefähige Mauerreste auf dem höher gelegenen Plateau zu sehen. Eindrucksvoller sind die Reste der achteckigen **Marien-Kirche** von Justinian in einem israelischen Nationalpark – in der Area C (So-Fr 8-17, Fr -16, Winter -16, Fr -15, ₪ 22/10). Es gibt ein kleines Museum der Samaritaner, So-Fr 8-14. Weiter nördlich liegt der Vorgipfel Tell ArRas, auf dem einst ein römischer **Zeus Hyposistos Tempel** stand.

Am unteren Osthang des Garizim in Nablus, etwa 2 km östlich des Zentrums, liegen die Relikte des alten Sichem. Es ließen sich 24 Siedlungsschichten unterscheiden, die heute **Tell Balata** genannt werden. Für Laien sind vor allem zyklopische Stadtmauer samt Tor und ein Baal-

9

Tempel sichtbar. Eingangs kann man sich in einem kleinen Museum mit prima Einführungsfilm schlau machen, ein Rundgang ist beschildert. Etwa 100 m entfernt steht ein bewachtes Kuppelgebäude hinter einem schwarzen Tor, in dem sich das **Grab Josephs** befindet. Der für Juden heilige Platz wurde im Oslo-II-Abkommen unter israelisch-palästinensische Gemeinschaftskontrolle gestellt. Als es im September 1996 zu erheblichen Unruhen wegen der Öffnung des Western Wall Tunnels in Jerusalem kam (siehe S. 168), erschossen die Palästinenser fünf israelische Soldaten. Die Spannung ist nach wie vor vorhanden, daher kann man leicht vor – polizeilich – verschlossenen Türen stehen.

Weniger dramatisch geht es beim ein paar hundert Meter südlich gelegenen christlichen Gedenkplatz zu, dem **Jakobsbrunnen**. Hier begegnete Jesus der Samaritanerin. Bereits im 5. Jh nC stand eine Kirche an dieser Stelle. Die Perser zerstörten die Basilika, die Kreuzritter bauten eine neue, aber auch sie verfiel. 1860 kaufte die russisch-orthodoxe Kirche den Platz. Ihren Kirchenbau unterbrach die russische Revolution. Heute hütet die griechisch-orthodoxen Kirche die schön gestaltete Anlage samt Kirche und den 36 m tiefen Brunnen. Besucher sind von 7-12 und 14-16 Uhr willkommen. Sie können sich hier dem frühen Christentum mit seinen vormodernen Stories näher fühlen: 1979 wurde der Priester Philomenos von mutmaßlich jüdischen Siedlern mit der Axt erschlagen, https://lightofdesert.blogspot.de/2013/11/der-heilige-neumartyrer-philoumenos-vom.html. Achten Sie auf die moderne Ikone und die Gedenkplakette im Brunnenraum. Durch seinen wundertätigen Leichnam wurde er 2009 heilig gesprochen, der Sarkophag in der Kirche vorne rechts ist mit Dankesbezeugungen dicht geschmückt.

Praktische Informationen
Telefon-Vorwahl 09

Südöstlich des Martyr Square hat die Stadtverwaltung 2012 eine neue **Tourist Information** eröffnet – ein kleiner, freistehender Kiosk mit roten Dachziegeln und hilfsbereitem Personal, Sa-Do 8-19 www.nablus.org. 2015 fehlte das ganze Häuschen, 2016 war es geschlossen. Mal sehen. Nicht mehr auf der Website, aber über Google finden Sie ein instruktives Heft „Nablus – A City Tale". Praktische Informationen auch auf dem www.nablusguide.com des ebenfalls besuchenswerten Project Hope (www.projecthope.ps).

Busverbindungen
▸ Von Jerusalem fährt man wie oben beschrieben nach Ramallah, und von dort weiter im Service Taxi oder tagsüber stündlich verkehrendem Bus nach Nablus.
▸ Verlässliches **Taxi** vor Ort: HIMAD, Tel. 2371439

Essen und Trinken
Nablus ist bekannt für Knafe, eine sirupgetränkte, übersüße Köstlichkeit, die es angeblich nirgendwo besser gibt – am besten warm genießen bei Knafe AlAqsa oder bei der AnNasser Moschee oder Knafe AlAker in der Hittin St. In der Altstadt findet man überall Imbisse, die Felafel, Shauwarma, gegrilltes Huhn oder andere arabische Gerichte verkaufen. Arabische Menüs mit allem Drum und Dran servieren
• **Selim Efendi**, östlich des National/Watani Hospitals, Tel. 2371332
• **Sait U Saater** (Oliven & Thymian), im AlYasmin Hotel, Tel. 2383164
• Picknick-Möglichkeit hoch über der Stadt auf der Berg-Ebal-Seite im **Sama Nablus Park.** Schlau wäre natürlich auch, alles selber zu kochen.
• Slow-Food-Anleitung gibt es bei den Frauen von **Beit AlKarama**, in der Altstadt gegenüber der Nasser Moschee; Sa-Do 10-16, Tel. 059 7959924, www.baitalkarama.org.

Übernachten
Nightlife und Übernachtungstourismus sind in Nablus bisher kaum der Rede wert. Das liegt einerseits an der konservativ-muslimischen Orientierung der Bewohner, aber auch

an der zerstörten Infrastruktur, seit Nablus während der ersten Intifada eine Hochburg des Widerstands war. Obwohl die Stadt vollständig der PA untersteht, verhängt die israelische Armee nach wie vor Ausgangssperren, dringt abends in die Stadt ein und nimmt Palästinenser fest. Trotzdem nehmen die Übernachtungsgelegenheiten zu.

• **AlQasr**, Rafidiya St, ca. 1 km außerhalb der Altstadt, Tel. 2341444, Fax 2341944, www.alqaserhotel.com; guter Ausblick, etwas plüschig, viele NGOs, AC, TV, WAN, mF E $ 85, D $ 120

• **AlYasmin**, mitten in der Altstadt, Tel. 2333555, Fax 2333666, www.alyasmeen.com; erstes Haus am Platz, also internationales Publikum, leichter Renovierstau, keine Kreditkarten, AC, TV, WLAN, mF E $ 70, D $ 90

• **Khan AlWakala**, Westende der Mosque AlKabir St, Tel 2377779 o. 059 9377266, www.kawhotel.com; prima Lage am Altstadtrand, aufwändig-charmant restaurierte Karawanserei, AC, TV, WLAN, keine Parkplätze, Restaurant, mF Dorm pP $ 28, E $ 47, D $ 75

• **Crystal Motel**, AlGhasali St, Tel. 2332485, keine Traumunterkunft, aber nahe der Altstadt, TV, AC, WLAN, mF E ₪ 135, D ₪ 195

• **Bet AshSham**, 15th St in Rafidiye, Tel/Fax 2376295 oder 059 5171111, www.nablusguesthouse.ps; 2012 eröffnet, hübsch eingerichtet, ruhige Lage im lebhaften Stadtteil, Träger ist eine NGO, die Begegnung ermöglichen will, Gemeinschaftsküche oder Restaurant, AC, WLAN, mF E ₪ 80, D ₪ 200

• **Success Hostel**, AnNasser St östl. AlKhidir Moschee, Tel 059 9252844, www.booking.com; 2017 eröffnet, super Lage und Blick am Rand der Altstadt, sehr freundlich, sauber, manche Zimmer mir Küche. AC, WLAN, Parken, Frühstück möglich, EoB $ 20, DoB $ 39

• **Al Istiqlal Hostel**, Hittin St, Tel. 2383618, einfache Ausstattung, nur für Männer als Zweitwohnung gedacht, gemeinsames Bad, keine Kreditkarten – ziemlich arabisch, das *Unabhängigkeitshostel*, Dorm pP ₪ 45, E kB ₪ 160

• Schauen Sie auch auf www.palstays.ps nach den ***Homestays*** bei Basema und Buthaina, mF $ 35.

🚙 8 km: Kreuzung

Weitere lohnende Ziele um Nablus herum siehe im Band **Palästina** – *Reisen zu den Menschen.*

Verlässt man Nablus auf der Straße 557 Richtung Westen, stößt man nach dem Bet Iba Checkpoint bald wieder auf die Straße 60, dort rechts halten.

🚙 3 km bis

Samaria / Shomron / Sebastiye**

Abzweig nach rechts nach der gut ausgeschilderten jüdischen Siedlung Shave Shomron samt dem dortigen Checkpoint: Rechts zweigt eine Landstraße ab, die durch Schafweiden den Berg hinaufführt, an dessen Hang Ruinen zu erkennen sind. Sie gehören zu Samaria, ehemals Hauptstadt des Königreichs Israel.

Geschichte: *König Omri vom Nordreich Israel gründete 880 vC Samaria als Hauptstadt. Innerhalb einer befestigten Mauer wurden von Omri und seinem Sohn Ahab Paläste und Tempel gebaut. 721 eroberten Assyrer Samaria, das Reich Israel fand sein Ende. Im Lauf der Jahrhunderte folgten Babylonier und Perser, ab dem 4. Jh Griechen. 107 vC eroberte der Hasmonäer Hyrkanos I. die Stadt, Herodes heiratete 38 vC die Hasmonäerprinzessin Mariamne, taufte die Stadt in Sebaste um und baute seiner Frau Paläste, in denen er später sie und ihre beiden Söhne umbringen ließ. 68 nC eroberte Vespasian die Festung und zerstörte sie. Sein Sohn Titus gründete Nablus, damit verlor Sebaste an Bedeutung. Zwar gab es später noch eine christliche Gemeinde und einen Bischof in Samaria, aber der Niedergang der Stadt war nicht mehr aufzuhalten.*

9

Die schmale Straße führt zuerst ins heutige Sebastiye, dem Ruinengelände nähert man sich von Osten. Ein Stopp lohnt bei der frisch restaurierten Yahya Moschee, Nachfahrin einer Kreuzfahrerkirche von 1160 bzw. einer byzantinischen Kirche aus dem 4. Jh mit dem Grab Johannes des Täufers (Yahya).

Unweit davon liegt das nicht immer geöffnete Cultural Centre (täglich 9-13/15-17), ein Stück weiter das erste Gästehaus am Ort, das aus unklaren Gründen kaum von Gäste zu beherbergen scheint, bedauerlich. Die einst mitbeteiligten Franziskaner eröffneten lieber ein neues Haus und binden Leute vor Ort in das Restaurieren und Herstellen von Mosiken ein. Hier im kleinen Laden gibt es auch am ehesten Touristeninformation (www.proterrasancta.org/en/sebastia.

• **Mosaic G.H.,** Tel. 2322715 oder 059 9117027, www.mosaicghsebastia.com; altes Haus, attraktiv renoviert, keine Kreditkarten, mF E ₪ 150, D ₪ 250
• **AlKayed Palace,** Tel. 059 9473646,

https://kayedpalace.wordpress.com; ottomanisch Mitte 19 Jh., geschmackvoll eingerichtet, sozial an ein Frauenprojekt angebunden, mF Dorm ₪ 100, E ₪ 155, D ₪ 240
• **Sebastiye G.H.,** Tel. 09 2532545 (funktioniert wohl nicht); Unterkunft im freigelegten Haus aus der Kreuzfahrerzeit (!), Eingang etwas versteckt, wäre schön, dort wieder wohnen zu können

Fährt man weiter nach Westen durch Sebastiye, öffnet sich bald das alte **römische Forum**, heute vor allem ein Parkplatz. Offiziell gehört Samaria/Sebaste zu den israelischen Nationalparks – er liegt in der Zone C. Der Zugang ist völlig frei. Nördlich und südlich des Platzes gibt es Souvenirs und Restaurants. Den Westen des Platzes beschließen Säulen und Mauerreste der **Marktbasilika**. Wir starten den Rundgang (ca. 30 Minuten) zur **Akropolis** südlich der Basilika.

Zunächst kommt man an einer kleineren byzantinischen **Kirche** vorbei. An dieser Stelle soll das Haupt **Johannes des**

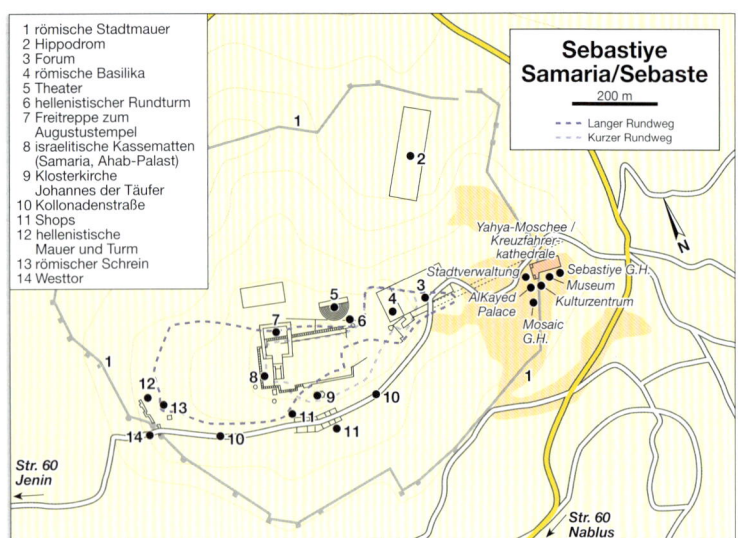

1 römische Stadtmauer
2 Hippodrom
3 Forum
4 römische Basilika
5 Theater
6 hellenistischer Rundturm
7 Freitreppe zum Augustustempel
8 israelitische Kassematten (Samaria, Ahab-Palast)
9 Klosterkirche Johannes der Täufer
10 Kollonadenstraße
11 Shops
12 hellenistische Mauer und Turm
13 römischer Schrein
14 Westtor

Sebastiye
Samaria/Sebaste
200 m

– – – Langer Rundweg
– – – Kurzer Rundweg

Yahya-Moschee / Kreuzfahrerkathedrale
Stadtverwaltung
Sebastiye G.H.
Museum
AlKayed Palace
Kulturzentrum
Mosaic G.H.

N

Str. 60
Jenin

Str. 60
Nablus

Auf der Kolonnadenstraße von Samaria/Sebaste

Täufers aufgefunden worden sein. Ein paar Meter weiter wendet sich der Rundweg nach Norden, von wo man gut die freigelegte mächtige Kasematten-Mauer des Palastes der Nordreich-Könige Omri und Ahab erkennen kann.

Bald wendet sich der Weg wieder nach Osten Richtung Forum. Hier stößt man auf die Reste der monumentalen Freitreppe, auf der vor 2000 Jahren Gläubige in den herodianischen **Augustus-Tempel** schritten, von dem allerdings nur die aus den zeittypisch großen Steinblöcken errichteten Grundmauern sowie die monumentalen Säulenbasen erhalten blieben. Von diesem Tempel über dem israelitischen Palast aus kann man bei guter Sicht das Mittelmeer sehen.

Geht man den Rundweg weiter nach Nordosten, gibt es noch einen hellenistischen Turm und ein **römisches Theater** zu sehen, bevor man wieder zum Forum gelangt. Von hier aus kann man unten im Tal ein Hippodrom erahnen sowie die Stadtmauer erkennen. Wenn Sie per Auto gekommen sind, können Sie das Forum durch die Gebäude auf der Südseite verlassen und dann über die alte Kolonnadenstraße mit teils aufgerichteten Säulen zu den Resten des **westlichen Stadttors** und weiter zurück zur Straße 60 fahren.

🚍 Richtung Norden sind es von hier noch 33 km bis

Jenin**

Das Städtchen von etwa 46.000 Einwohnern liegt an der historischen Route von Jerusalem nach Haifa, dort, wo die Straße die Berge von Samarien verlässt. Nach der Rückeroberung der Kreuzfahrergebiete richteten die Araber hier einen Karawanenstützpunkt ein. Im Ersten Weltkrieg waren deutsche Soldaten zur Unterstützung der Türken in Jenin stationiert, an die Gefallenen erinnert ein Denkmal, das vom westlichen Stadtrand inzwischen in die Innenstadt versetzt wurde.

Jenin war während der AlAqsa-Intifada Hochburg von Selbstmord-Attentätern. Dieses Image soll sich jedoch u.a. durch ein touristisches Joint Venture mit den Israelis in der Gilboa-Region ändern. Seit neuestem gibt es eine *Tourist Information* südlich der Stadtverwaltung. Im März

9

findet ein *Olivenöl-Fest* statt. Mit dem *Freedom Theatre* verbindet sich das ambitionierte Projekt, Kinder aus dem Flüchtlingslager Jenin nicht ohne Kultur aufwachsen zu lassen. Wenn gerade eine Aufführung stattfindet: Hingehen! Tel. 04 2503345, www.thefreedomtheatre.org. Durch französische Förderung entstand das Jugendzentrum Hakura, das mehr auf Ausbildung im touristischen Bereich setzt. Man kann dort fair gehandelte palästinensische Produkte erstehen; Nasra St (AsSalatin), Tel/Fax 04 2504773, www.hakoura-jenin.ps.

Eine kulturelle Herausforderung ergab sich durch den Film Das Herz von Jenin (siehe S. 573), in dessen Nachklang das seit der ersten Intifada eingemottete, größte Kino der Westbank mit 500 Plätzen eindrucksvoll wieder in Gang gebracht wurde – z.B. spendierte der Pink Floyder Roger Waters die Tonanlage.

Es gab auch ein Guest House für Volontäre und zur Finanzierung. All das zertrümmerte die Abrissbirne – gut gemeinte, perfekt wirkende Hilfe von außen, die vor Ort Widerstand erzeugte: die Jeniner wurden keine Cineasten, und im Guest House vermutete man Sodom und Gomorrha. Dann lieber ein schönes Einkaufszentrum. Einzige Unterkunft:

• **North Gate Hotel**, Palestine St im Nordwesten der Stadt, Tel. 04 2435700 oder 056 9011010, Fax 04 2435701, www.northgate-hotel.com; freundliche Zimmer, (Garten-)Restaurant, kleiner Spielplatz, Pool, AC, TV, WLAN, mF E $ 50, D $ 75

Etwa 3 km südöstlich Richtung Tubas steht das

• **Haddad Village**, Tel. 04 2417010/1/2, Fax 04 2417013, haddadbooking@ ymail.com, www.haddad-resort.com; überraschend mondän, gut für Familien, Pool – auch im Winter, Restaurant, Einkaufsmöglichkeit, Theater, kleines Museum, Freizeitpark; Sauna, TV, WLAN, Kinder 4-12 J. ₪ 70, weitere Personen + ₪ 100, mF E ₪ 260, D ₪ 340

Antike-Begeisterte finden am südlichen Stadtrand den Bal'ama Tunnel, ein altes, nur teils erforschtes Wassersystem, und 3 km westlich in Burqin steht die griechisch-orthodoxe St.-Georg-Kirche, eine der angeblich ältesten Kirchen der Welt, wo Jesus Leprakranke heilte. Hier residiert auch Canaan Fair Trade in der Kufor Qud St (mit Shop in der Jeniner Altstadt), wo man fair gehandelte und oft auch biologisch angebaute Agrarprodukte – vor allem Olivenöl, Gewürze und Kosmetik – erstehen kann. Anfang November steigt dort das Olive Harvest Festival – es gibt auch Familienunterkunft, Wanderungen und Kochkurse: Tel. 04 2431991, www. canaanpalestine.com.

Von hier aus fährt man nur 18 km bis Afula in der Jesre'el-Ebene – geografisch nah, und der Checkpoint AlJalame ist in der Regel bloß per Auto 8-18 Uhr passierbar (Beschreibung siehe S. 424).

Panorama von Jenin

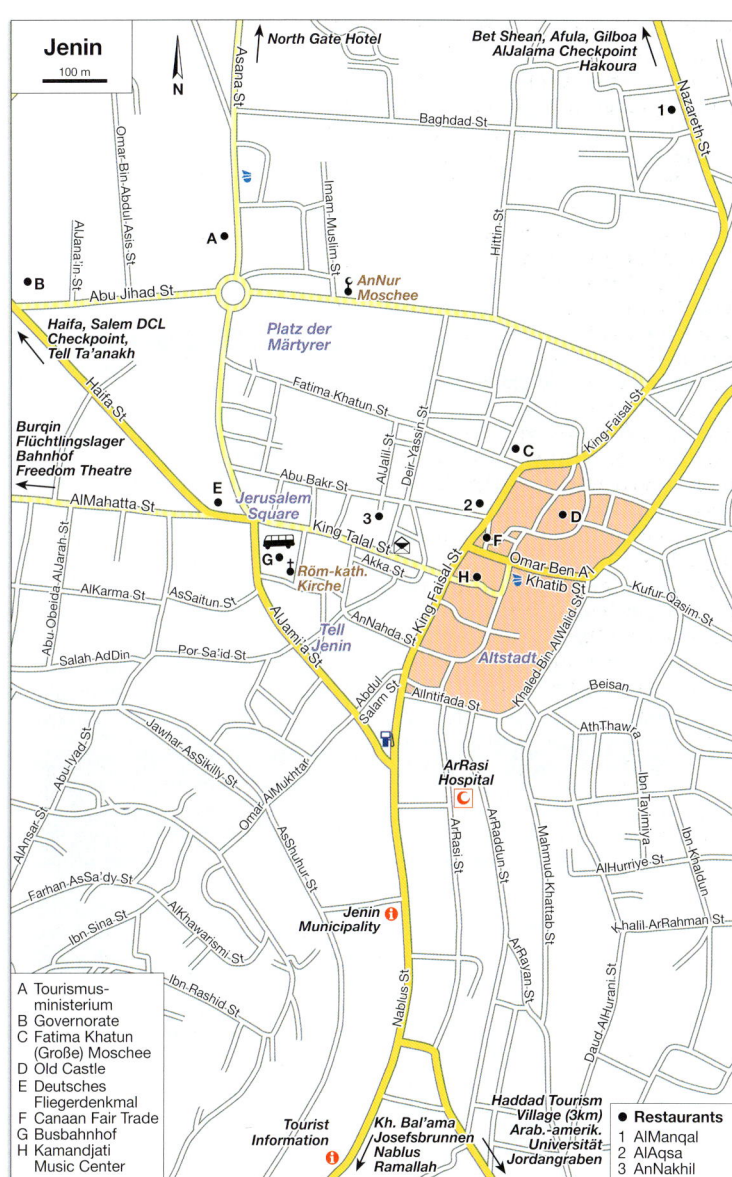

Jenin

100 m

N

North Gate Hotel

Bet Shean, Afula, Gilboa
AlJalama Checkpoint
Hakoura

Asana St

Baghdad St

Nazareth St

1

Omar Bin Abdul Asis St

Imam Muslim St

Hiltin St

A

AlJanain St

Abu Jihad St

B

AnNur Moschee

Haifa, Salem DCL
Checkpoint,
Tell Ta'anakh

Platz der Märtyrer

Haifa St

Fatima Khatun St

King Faisal St

AlJalil St

Deir Yassin St

Burqin
Flüchtlingslager
Bahnhof
Freedom Theatre

Abu Bakr St

C

AlMahatta St

Jerusalem Square

E

Abu Bakr St

3

2

D

AlKarma St

AsSaitun St

King Talal St

Akka St

F

Röm.-kath. Kirche

G

H

Omar-Ben-A'
Khatib St

Kufur Qasim St

Abu Obeida AlJarah St

Salah AdDin

Por Sa'id St

Tell Jenin

AlJamia St

AnNahda St

King Faisal St

Altstadt

Khaled Bin AlWalid St

Beisan

AthThawra

Abdul Salam St

AlIntifada St

Jawhar AsSikilly St

Omar AlMukhtar St

Ibn Tayimiya

AlHurriye St

AlAnsar St

Abu Iyad St

AShuhur St

ArRasi Hospital

AlRaddun St

Mahmud Khattab St

Ibn Khaldun

Khalil ArRahman St

Farhan AsSa'dy St

Ibn Sina St

AlKhawarismi St

AlRasi St

Daud AlHurani St

ARayan St

ARaddun St

Ibn Rashid St

Jenin Municipality

Nablus St

Tourist Information

*Kh. Bal'ama
Josefsbrunnen
Nablus
Ramallah*

*Haddad Tourism
Village (3km)
Arab.-amerik.
Universität
Jordangraben*

9

A Tourismus-
   ministerium
B Governorate
C Fatima Khatun
   (Große) Moschee
D Old Castle
E Deutsches
   Fliegerdenkmal
F Canaan Fair Trade
G Busbahnhof
H Kamandjati
   Music Center

● **Restaurants**
1 AlManqal
2 AlAqsa
3 AnNakhil

Jerusalem – Jericho

Sehenswertes

- **★★★★ Jericho**, ältester Ort der Welt in grüner Oase gelegen, 10.000 Jahre alte Relikte menschlicher Besiedlung, schöner Hisham-Palast, S. 519
- **★★★★ Wadi Qelt mit Kloster St. Georg**, etwas wildromantisches Tal mit malerischem Kloster am Felshang, S. 518
- **★★ Museum of the Good Samaritan**, Mosaike und anderes aus Kirchen, jüdischen und samaritanischen Synagogen, S. 516
- **★ Bethanien**, hier erweckte Jesus den Lazarus vom Tod; schöne Mosaike in der Lazaruskirche, S. 514
- **★ Ma'ale Adummim mit Martyrius-Kloster**, Grundmauern und großer Mosaikboden eines Klosters in einer Retortenstadt mit schöner Aussicht, S. 515
- **★ Nabi Mussa**, einsamer Wüstenplatz mit, nach muslimischem Glauben, dem Grab Moses, S. 518

Vor Ihnen liegt eine Reise durch faszinierendes Land auf Straßen, die sich in vielen Windungen bis zum Jordantal hinunterschrauben. Bitte denken Sie daran, dass Sie in palästinensisches Gebiet fahren. Informieren Sie sich vor der Abfahrt (siehe S. 491). Allerdings gehört -Jericho zu den sehr ruhigeren Zonen.

Im Kidrontal, unterhalb der Altstadtmauer im Westen und dem Garten Gethsemane im Osten beginnt die Jericho (Yeriho) St, die nach einer Südschleife als Straße 417 auf die Hauptstraße 1 nach Jericho mündet. Nach etwa 5 km deutet links ein großer Parkplatz auf Touristi-

sches, zumal dahinter ein Kirchturm hervorschaut. Sollten Sie jedoch am Checkpoint (der ausgerechnet Lazarus heißt) nicht durchgekommen sein, müssen Sie zurück und fahren auf der Tunnelstraße südlich der Hebräischen Universität auf dem Mount Scopus nach Osten, biegen aber kurz vor Ma'aleh Adummim auf die Straße 417 ab, und da die Mauer hier noch nicht fertig ist, fahren Sie zurück Richtung Südwesten nach

AlAsariya (Bethanien)*

Geschichte: *Am Osthang des Ölbergs liegt das kleine palästinensische Dorf, das man fast schon als Vorort von Jerusalem ansehen kann. Der Ort ist eng mit dem Wirken von Jesus verbunden, denn hier nahmen ihn die Schwestern Maria und Martha auf, hier erweckte er ihren toten Bruder Lazarus wieder zum Leben. Später, kurz vor der Passion, salbte Maria seine Füße. Anschließend ritt er nach Jerusalem, seiner Kreuzigung entgegen. Im 4. Jh wurde über der (vermuteten) Grabhöhle des Lazarus eine Kapelle errichtet, im 12. Jh renovierten die Kreuzritter die Kapelle und errichteten ein Kloster. Später funktionierten die Muslime die Kapelle zur Moschee um und verschlossen den Eingang zum Grab. Im 17. Jh gruben die Christen einen eigenen Eingang zur Grabhöhle. 1954 errichteten die Franziskaner neben der Moschee die Lazaruskirche.*

AlAsariya erreicht man mit dem arabischen Bus (2)63 von Jerusalem oder von Bethlehem oder Jericho per Service-Taxi für ₪ 7-10.

Die wegen ihrer schönen Mosaike sehenswerte **Lazaruskirche** (8-18, im Winter -17) steht in einem kleinen, sehr gepflegten Garten, im Vorhof sind noch ein paar Kreuzfahrerruinen und byzantinische Mosaike erhalten. Oberhalb der Kirche finden Sie bei der Moschee den Eingang zur **Grabhöhle des Lazarus**, in die

24 Stufen hinunterführen und in der es wenig zu sehen gibt. Oberhalb der Grabhöhle steht noch eine griechisch-orthodoxe Kirche, die aber nur in der orthodoxen Osterzeit zugänglich ist. Am Weg zur Grabhöhle bietet ein Einheimischer das angeblich älteste Haus der Umgebung zur Besichtigung an. Obwohl die Gerüche dort nicht zu den angenehmsten zählen, lohnt ein Blick wegen der tiefen Zisterne, die typisch für alte Häuser sein soll.

🚗 Nach 6 km

Ma'ale Adummim[*]

Der 1975 laut Prospekt „als Teil des Sicherheitsgürtels um Jerusalem" gegründete Ort wurde vom ersten Haus an geplant und beherbergt heute etwa 38.000 Einwohner, deren Anzahl bis auf 50.000 steigen soll. Es ist sicher nicht uninteressant, einen solchen Retortenort zu besuchen, der außerdem immer wieder

Hauszerstörungen

Würde gleiches Recht für alle gelten, müssten alle widerrechtlich erbauten Häuser in den palästinensischen Gebieten zerstört werden, sowohl die der israelischen Siedler als auch ohne Baugenehmigung errichtete Gebäude der Palästinenser. Die Siedler bauen weiter, obwohl dies gegen die auch von Israel unterzeichnete Genfer Konvention (Artikel 53) verstößt.

Weil die Familien wachsen, bauen auch die Palästinenser weiter. In der sogenannten **Zone C** (siehe Karte S. 123) – die größte im Westjordanland (60 %) und unter israelischer Verwaltung stehend – benötigen sie für einen Neu- oder Umbau eine Baugenehmigung der *Israeli Civil Administration* (ICA). Und die gibt es nur extrem selten. Daher greifen sie in der Not zum „Schwarzbau" und errichten Häuser oder Werkstätten auf eigenem Grund, aber ohne behördliche Erlaubnis. Alle diese Schwarzbauten sind vom Abriss bedroht; allerdings trifft es meist Eigentümer, die der ICA missliebig als z.B. Menschrechtsvertreter aufgefallen sind.

Diese für die betroffenen Familien so tragischen Gewaltmaßnahmen wollten engagierte Israelis nicht länger mit ansehen. Sie gründeten das **Israelische Komitee gegen Hauszerstörung** (www.icahd.org). Diese private Organisation versucht, Hauszerstörungen zu verhindern oder Häuser wieder aufzubauen – häufig genug erfolgt erneut die Zerstörung, manchmal sogar mehrfach. ICAHD gibt an, dass seit dem Beginn der Besetzung des Westjordanlandes (1967) etwa 18.000 Häuser abgerissen wurden. Bis 2005 waren nahezu automatisch auch die Häuser palästinensischer Attentäter als Abschreckungsmaßnahme an der Reihe. Dann setzte sich die Erkenntnis durch, dass diese brutale Maßnahme eher neue Attentäter mobilisiert als sie abschreckt, und die Strafexpeditionen gingen auf ein Minimum zurück.

Laut einem Bericht von **United Nations** Office for the Coordination of Humanitarian Affairs (OCHA) wurden z.B. 2011 in der Zone C 560 Gebäude (davon 200 Wohnhäuser und 46 Zisternen und Sammelbecken) zerstört und damit 1006 Palästinenser (davon 565 Kinder) obdachlos – doppelt so viele wie 2010. Derzeit stehen 3000 Abrissbescheide aus (davon 18 an Schulgebäuden), die jederzeit mit Vorwarnzeiten von ca. 1-2 Stunden in die Tat umgesetzt werden können. Die Empfänger der Hiobsbotschaft leben im ständigen Stress, dass ihr mühselig aufgebautes Haus oder eine Werkstatt plötzlich dem Erdboden gleichgemacht wird. Die betroffenen Familien stehen dann nicht nur obdachlos auf der Straße – sie müssen auch noch die Abrisskosten aufbringen.

9

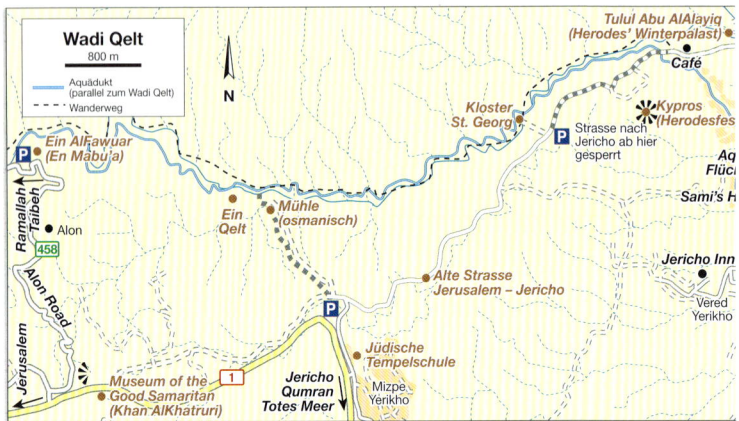

herrliche Ausblicke auf die Judäische Wüste preisgibt. Hier wohnen auch meist junge Familien als kaum militante Siedler, die sich die Mieten in Jerusalem nicht leisten können – 40 Prozent der Einwohner sind Kinder und Jugendliche. Das Municipal Information Center, Tel. 02 5355555, bietet geführte Touren durch die Stadt an; www.jr.co.il/ma und http://maale-adum mim.muni.il.

Bei der Gelegenheit kann man auch den mitten in der Stadt zwischen modernen Wohnbauten eingekeilten Komplex des * **Martyriusklosters** anschauen, das der Mönch Martyrius im 5. Jh gründete, bevor er Patriarch von Jerusalem wurde (478–486). Von dem größten Kloster der judäischen Wüste sind hauptsächlich Mauerreste erhalten, die aber noch ein gutes Bild ergeben. Es glänzt mit schönen, farbenprächtigen Mosaikböden, der größte im Nahen Osten ist der vollständig erhaltene Boden des Refektoriums. Interessant ist auch das ausgeklügelte Wassersystem, das jeden möglichen Tropfen Wasser sammelte und Abwasser sinnvoll weiter nutzte. Unbegreiflich sind die Öffnungszeiten: Angeblich nur für Gruppen müssen diese ein paar Tage vorher ihr

Glück versuchen: Tel. 02 6338230. Vielleicht darf das Kloster ja Teil der Stadtführung sein.

Byzantinistik-Fans werden nicht den Umweg wenige Kilometer östlich auf der Straße 1 nach Mishor Adummim scheuen: Dort im Industriegebiet wurde das **Euthymiuskloster** (Khan AlAkhmar) ausgegraben. Es war vom 5. bis 12. Jh in Betrieb. Etwas kleiner und nicht so gut erhalten wie das Kloster seines Lehrers Martyrius, ist jedoch hinter einer Absperrung noch die Krypta mit dem Grab des heiligen Euthymius des Großen zu sehen (angeblich nur Gruppen, vorher 6338230 anrufen – für Bakschisch öffnet der Wächter vielleicht auch Einzelreisenden, einfach hinfahren). Verpassen Sie nicht das gewaltige Wasserreservoir.

🚗 8 km bis

Museum of the Good Samaritan[*]

In dieser Gegend lässt Jesus sein Gleichnis vom barmherzigen Samaritaner spielen: Der Weg von Jerusalem nach Jericho war damals gefährlich, und hier am höchsten Punkt sind die Felsen rötlich gefärbt – Ma'ale Adummim heißt wörtlich Blut-

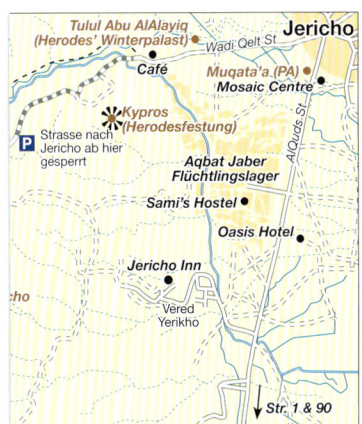

Quad-Spuren in der Wüste an der Jericho-Straße

steige. Rechts der Straße stand bis vor einigen Jahren ein Beduinen-Rasthaus, das auf eine türkische Karawanserei namens Khan AlHatruri zurückging. Die israelische Antikenbehörde hat 2011 auf dem Gemäuer der alten Anlage ein sehenswertes Museum gestaltet, das aufgrund der neutestamentlichen Tradition des Ortes den drei Gemeinschaften der Juden, Christen und Samaritaner gewidmet ist. Zu sehen sind größtenteils aus der Westbank stammende Mosaike aus Kirchen (Shilo, Martyrius-Kloster) und jüdischen und samaritanischen Synagogen (Gaza, Na'aran). Südlich der Straße 1 ist das Museum mit eigener Autobahnabfahrt leicht zu finden; 8-17, im Winter -16, frei- und feiertags eine Stunde früher geschlossen, Eintritt 22/10 ₪, Tel. 02 5417555.

Auf der anderen Seite zweigt die Straße 458 (Alon Road) ab. Etwa 3 km nach dem Abzweig (vorbei am Abzweig zur Siedlung Alon) liegt rechts ein Parkplatz, von dem ein Weg zur Quelle **Ein AlFawuar** (hebr. *En Mabu'a*) führt. Man sieht das ehemalige Pumpenhaus aus der britischen Mandatszeit, Eukalyptusbäume spenden Schatten. Je nach Jahreszeit entspringt der Quelle Wasser in

Intervallen. Der Platz kann als Startpunkt für eine Tagestour durchs Wadi Qelt nach Jericho dienen (siehe weiter unten).

🚗 6 km bis

Mizpe Yerikho

Aussichtspunkt auf Jericho und Abzweigung ins Wadi Qelt. Von hier aus ist ein Abstecher zu einem lohnenden Aussichtsplatz mit wunderschönem Fernblick über die judäische Wüste hinunter nach Jericho und hinauf nach Jerusalem sehr zu empfehlen. Kurz vor dem Aussichtspunkt zweigt nach rechts eine schmale Straße ins ★★★★ **Wadi Qelt** (auch Kelt) und zum St.-Georg-Kloster ab, die schließlich am Ortseingang von Jericho nach 8 km endet.

Das Wadi ist beliebt und bekannt für **Wanderungen** hinunter nach Jericho (Ausführlicheres samt Karte im Band Palästina). Es ist aber auch bekannt für die Wassermassen, die sich bei Regen hinunterwälzen und alles mitreißen. Es empfiehlt sich daher, ein solches Vorhaben nur mit den Ratschlägen der SPNI Field School in Jerusalem (siehe S. 22) zu beginnen oder, besser noch, sich von einem Beduinen führen zu lassen.

9

An der Wadi-Qelt-Straße werden Sie nach etwa 3 km an zwei Aussichtsstellen links am gegenüberliegenden Wadihang das ∗ **Kloster St. Georg** bewundern können, das sich sehr malerisch an die steilen Felsen des Wadi lehnt. Am zweiten Aussichtsplatz zweigt links unter einem neu errichteten, kreuzbekrönten Torbogen ein Sträßlein den Berg hinunter ins Tal und zum Kloster ab, das zu Fuß nach ca. 15 Minuten erreicht ist; zurück muss man deutlich länger rechnen.

Die Klosteranlage (Mo-Sa 9-13) entstand auf den Mauerresten eines 480 nC gegründeten Klosters, das 614 von Persern zerstört, 1173 von Kreuzrittern erneut aufgebaut worden war, dann zerfiel und 1878 von griechischen Mönchen wieder errichtet wurde; heute leben etwa ein Dutzend Mönche dort. Der Boden der **St.-Georg-Kirche** ist mit byzantinischen Mosaiken geschmückt, ein Sarkophag wird als der des heiligen Georg vorgeführt. Der hat mit dem drachentötenden Namensvetter in Lod/Lydda nichts zu tun: der hiesige Heilige stammte aus Zypern und wirkte seine Wunder erst um die Wende vom 6. zum 7. Jh. In einer benachbarten Grotte werden Skelette von Mönchen gezeigt, die 614 von den Persern ermordet wurden. In einer weiteren Höhle soll der Prophet Elia von Raben gefüttert worden sein.

Ein von Herodes angelegter und von den Briten reparierter **Aquädukt** im Wadi Qelt fördert noch heute Wasser zu Tal.

Weiter talabwärts gleich nach dem Austritt des Wadis in die Ebene und kurz vor Jericho wurden auf den **Tulul Abu AlAlayiq** Reste von Hasmonäer- und Herodes-Palästen gefunden. Die unbeschilderten Ruinen zeichnen ein Bild der damaligen Prachtbauten nach. Zu sehen sind u.a. die Reste einer großen Empfangshalle, einige Räume, deren Wände mit Fresken geschmückt waren, rituelle Bäder und mehrere große Schwimmbecken. In einem dieser Becken ließ Herodes 35 vC den letzten Hasmonäer-Hohepriester Aristobul III. beim Badespaß hinterlistig ersäufen.

Weiter auf der Straße 1 vom Mizpe Yerikho aus: Nach 2 km kann man rechts ausscheren, um den Marker für den Meeresspiegel (**Sea Level**) zu fotografieren, gegen Bakshish samt dem unvermeidlichen Kamel. Weiter auf Straße 1.

🚗 Nach 4 km: **Abzweig**

Rechts zweigt eine Straße ab (ausgeschildert Nabi Musa), die nach knapp 2 km auf einem Hügel die osmanisch überformte Moschee ∗ **Nabi Mussa** erreicht. Nach muslimischem Glauben liegt in diesem Maqam Moses beerdigt, dessen durch ein Hoffenster sichtbarer Keno-

Mamlukische Moschee Nabi Mussa

taph, den der mamlukische Sultan Baibars 1269 mit einem Kuppelbau überwölben ließ und das ein Anziehungspunkt für Pilger wurde. 1820 kam ein Hospiz für Pilger hinzu. Viele Muslime lassen sich in der Nähe dieses Moses-Grabes auf dem umliegenden Friedhof beerdigen. Außerhalb der Gebetszeiten kann die Grabmoschee besichtigt werden, Spende willkommen.

Fährt man weiter in die Wüste hinein, sieht man sie überall zerschrammt von Quad-Fahrern: Es dauert viele Jahrzehnte, bis sich die Vegetationsdecke wieder erholt hat.

Nach etwa 10 km beginnt rechts eine Stichstraße für Allradfahrzeuge, die nach 2 km auf die Hasmonäerburg und Herodesfestung **Hyrkania** führt.

🚗 Zurück auf der Straße 1 nach 3 km:
Almog Junction

Links halten nach Jericho und in palästinensisches Gebiet hinter dem gleichnamigen Checkpoint. Geradeaus weiter geht es zum Toten Meer und zur Jericho-Umgehungsstraße.

🚗 8 km bis

Jericho**

Geschichte: *Wahrscheinlich hat die günstige Lage, nämlich an einer reichen Quelle in der Wüste mit im Winter guten klimatischen Bedingungen, dazu beigetragen, dass sich hier Menschen so früh ansiedelten und ihre Spuren sich rund 10 Jahrtausende zurückverfolgen lassen. Die ersten Nomaden müssen etwa zwischen 8000 und 7000 vC angefangen haben, sich um ein Heiligtum anzusiedeln. Sie hatten ihr Jäger- und Sammlertum aufgegeben und sich mit Ackerbau und Viehzucht zu beschäftigen gelernt. Es entstand die arbeitsteilige Welt. Innerhalb von 1000 Jahren entwickelten die Bewohner eine Gemeinschaft, die offensichtlich strukturiert und organisiert gewesen sein muss, sonst hätte die imposante*

Mauer um die Siedlung nicht entstehen können. Ihr Totenkult bestand darin, die Köpfe der Verstorbenen lebensecht mit einer bemalten Tonschicht zu überziehen und unterhalb des gestampften Fußbodens ihrer Häuser beizusetzen (Beispiele im Rockefeller Museum Jerusalem).

Im 6. Jahrtausend vC zerstörte ein Erdbeben oder ein Krieg den Ort, später besiedelte ein neuer Stamm den Platz. Diese Leute kannten bereits die Töpferei. Im 5. Jahrtausend wurden Häuser mit quadratischer Grundmauer gebaut, 3000 Jahre später brannten die Bewohner Tonkrüge mit menschlichen Gesichtern, im 18. Jh vC wurde eine neue Stadtmauer errichtet, um 1400 vC die Stadt zerstört. Ab etwa dem 13. Jh vC berichtet die Bibel über Jericho, aber ausgerechnet zu der Zeit, zu der Josuas Posaunen hätten erschallen müssen, gibt es in Jericho eine Besiedlungslücke. Im 9. Jh vC bauten die Israeliten unter König Ahab die Stadt wieder auf, im 5. Jh vC verließen die Bewohner diese Siedlung. Im 4. Jh vC entstand weiter südlich ein hellenistisches Jericho, 161 vC eroberten die Makkabäer den Ort, Herodes baute ihn ab 30 vC zu seiner Winterresidenz aus. 70 nC zerstörten die Römer die Anlagen.

Später wuchs eine neue Siedlung an der Stelle der heutigen Stadt, in der während der byzantinischen Epoche einige Kirchen und eine Synagoge gebaut wurden. Nach der arabischen Eroberung errichteten die Omaijaden eine Festung und eine Moschee, der Kalif Hisham 724 den am Stadtrand liegenden Palast Khirbet AlMafyar ("Hisham-Palast").

Doch langsam reduzierte sich Jericho zu einem unbedeutenden Dorf, das während der britischen Mandatszeit etwa 4000 Einwohner (heute gut 22 000) zählte. Nach der Proklamation Israels flohen viele Palästinenser nach Jericho, das Flüchtlingslager Aqbat Jaber im Südwesten war das größte seiner Art. Seit 1994 untersteht die Stadt – als die erste in Israel – palästinensischer

9

Verwaltung und wäre fast das geworden, was Ramallah heute vorläufig ist: Hauptstadt des Staates Palästina. Auch wenn daraus nichts wurde, will Jericho nun mit seinem Alter punkten: Seit 10.10.2010 wird das 10.000-jährige Bestehen der Stadt mit kulturellen Aktivitäten gewürdigt – wer auch immer sich getraut hat, diesen Termin festzulegen.

In Jericho werden Besucherinnen und Besucher von entspannten, freundlichen Menschen erwartet, deren Stadt sich vermutlich in Kürze auf der Liste des UNESCO-Welterbes wiederfinden wird. Jerichos beachtliche Sehenswürdigkeiten sind leicht zu finden.

Zeuge der langen Vergangenheit ist der Welterbe-Anwärter *Tell AsSultan*, in dessen Erde sich 23 übereinander lagernde Schichten von Siedlungen seit der Jungsteinzeit unterscheiden ließen. Der hohe Hügel liegt unübersehbar etwa 2 km nach der Kreuzung zum Stadtzentrum, dem Palestine Square, an der Straße Richtung Bet Shean sowie an der Kreuzung, an der links die Straße 449 nach Ramallah abzweigt. Fahren Sie zum Parken ca. 100 m in die Straße 449 hinein, dann liegt rechts die Einfahrt zum Parkplatz hinter den Häusern. Wenn Sie vorher schnell noch ohne Führung die eher unscheinbaren **Zuckermühlen** anschauen wollen, dann liegen sie nach ungefähr

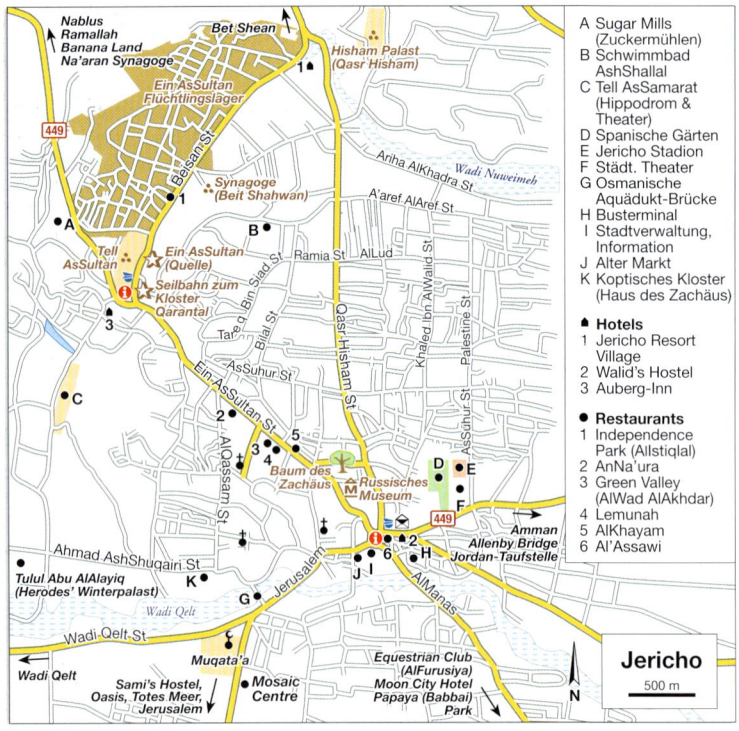

A Sugar Mills (Zuckermühlen)
B Schwimmbad AshShallal
C Tell AsSamarat (Hippodrom & Theater)
D Spanische Gärten
E Jericho Stadion
F Städt. Theater
G Osmanische Aquädukt-Brücke
H Busterminal
I Stadtverwaltung, Information
J Alter Markt
K Koptisches Kloster (Haus des Zachäus)

♠ Hotels
1 Jericho Resort Village
2 Walid's Hostel
3 Auberg-Inn

● Restaurants
1 Independence Park (AlIstiqlal)
2 AnNa'ura
3 Green Valley (AlWad AlAkhdar)
4 Lemunah
5 AlKhayam
6 Al'Assawi

Jericho

500 m

Map labels:
Nablus / Ramallah / Banana Land / Na'aran Synagoge
Bet Shean
Hisham Palast (Qasr Hisham)
Ein AsSultan Flüchtlingslager
449
Basan St.
Ariha AlKhadra St.
Wadi Nuweimeh
Synagoge (Beit Shahwan)
A'aref AlAref St.
Tell AsSultan
Ein AsSultan (Quelle)
Seilbahn zum Kloster Qarantal
Ramia St. AlLud
Tariq el Bin Siad St.
Blai St.
Qasr Hisham St.
Khaled Ibn AlWalid St.
Palestine St.
AsSuhur St.
AsSultan St.
Ein AsSultan St.
AlQassam St.
Baum des Zachäus
Russisches Museum
M
D E
F
449
Amman Allenby Bridge Jordan-Taufstelle
Ahmad AshShuqairi St.
Tulul Abu AlAlayiq (Herodes' Winterpalast)
K
Jerusalem
J I
6 H
AlManas
G
Wadi Qelt
Wadi-Qelt St.
Muqata'a
Equestrian Club (AlFurusiya)
Moon City Hotel
Papaya (Babbai) Park
Wadi Qelt
Sami's Hostel, Oasis, Totes Meer, Jerusalem
Mosaic Centre
N

1 km linker Hand teils aus Stein, teils aus Lehmziegeln gemauert. Die Mühlen wurden mit Wasser aus dem Wadi betrieben. Der Betrieb geht auf die Zeit der Omaijaden zurück und lebte unter den Kreuzfahrern wieder auf, die den Rohrzucker als Luxusartikel sogar nach Europa exportierten. Zurück zur ältesten Stadt der Welt.

Der **Tell** (8-17; ₪ 10, Kinder 7; lieber vorher auf Toilette gehen) bietet im Grunde für den Normaltouristen nicht viel. Da ist der Graben durch den Hügel, den die Archäologin Kathleen Kenyon (1906-1978) zog, um die Schichten der Besiedlungen zu untersuchen. Ihre Ausgrabungen in den 1950er Jahren revolutionierten die archäologischen Methoden weg von der Schatzgräberei zur eher naturwissenschaftlichen Erschließung von Grabungsergebnissen, für deren Interpretation keine Textfunde zur Verfügung stehen. Ein Teil der 9000-jährigen **Stadtmauer** und der 9 m hohe **runde Turm** sind für den Laien das Interessante und im Übrigen die ältesten bisher bekannten Steinbauwerke der Welt. Doch das Bewusstsein, in der ersten bekannten menschlichen Siedlung zu stehen und Jahrtausende an Geschichte vorbeiziehen zu lassen, das macht das eigentliche Erlebnis aus. Seit neuestem führt eine Brücke zur besseren Aussicht direkt über den Turm; die restlichen Grabungsareale sind durch Schautafeln recht gut erschlossen. Viele Einzelfunde aus Jericho sind im Jerusalemer Rockefeller Museum ausgestellt, siehe S. 198.

Schauen Sie vom Tell aus nach Westen auf die steil emporwachsenden Berge. Vielleicht werden Sie auf den ersten Blick das griechisch-orthodoxe **Kloster der Versuchung Jesu** gar nicht erkennen, das auf halber Höhe am senkrecht abfallenden Berg klebt. Der Berg heißt arabisch *Qarantal*, das Kloster *Deir AlQarantal* oder griechisch *Sarandion*. In der dor-

Per Seilbahn komfortabel zum Kloster der Versuchung

tigen **Kirche der Versuchung** führt eine Treppe in die *Kapelle der Ersten Versuchung* mit einem Stein, auf dem Jesus während der Versuchung durch den Teufel gesessen haben soll. Auch die Höhle des Teufels wird gezeigt. Der Mönch führt durch die Anlage und schaltet gegen Spende Licht ein, Tel 2322827, Mo-Fr 8-16, Sa -14.

In der Nähe des Tell bzw. der En AsSultan liegt die Talstation einer **Drahtseilbahn**, die den Besucher in fünf Minuten hinauf zum Kloster der Versuchung bringt, Retour-Ticket ₪ 60, www.jericho-cablecar.com. Oben angekommen, kann man sich zunächst in einem Spezialitätenrestaurant stärken.

Von der Straße 449 zweigt kurz hinter Jericho ein Weg Richtung Kloster ab, von dessen Ende noch einmal 30 Minuten Fußmarsch zum Berggipfel angesagt sind, die mit herrlichem Ausblick belohnt werden. Oben stehen die Reste einer Kapelle aus dem 4. Jh nC und einer Hasmonäerburg namens Dok.

9

Gegenüber dem Tel Jericho, nördlich der Talstation, entspringt die zum Stadtjubiläum stilvoll neu gefasste Quelle **En AsSultan**, die vermutlich Ursprung der Siedlung war und seit 9000 Jahren die Oase speist oder dazu beiträgt.

Zum Besuch des Hisham-Palastes fährt man weiter auf dieser Hauptstraße nach Norden Richtung Tiberias. Nach etwa 2 km weist ein Schild rechts auf die Ruinen einer **Synagoge** (8-16; ₪ 10), die ein sehr gut erhaltenes und sehenswertes Bodenmosaik besitzt: In einem Kreis sind die Menora, ein Widderhorn *(Schofar)* und ein Palmwedel *(Lulav)* mit der Inschrift „Friede über Israel" dargestellt.

Ein kurzes Stück später weist ein weiteres Schild nach rechts zum **Hisham-Palast**, arabisch *Khirbet AlMafjar* (8-17, ₪ 10/7), nach der Wadidurchquerung erneut links abzweigen. Der Palast ist ein kleines Prachtstück, er gehört zur Serie von über 20 arabischen Wüstenschlössern, von denen die meisten in Syrien, Libanon und Jordanien stehen. Das 724 vom Kalifen Hisham (oder dessen Bruder Walid II.) in Auftrag gegebene Schlösschen wurde bis auf das Badehaus nie fertiggestellt. Übrigens beschäftigte der Kalif muslimische, christliche und jüdische Handwerker. Allerdings zerstörte bereits 746 ein Erdbeben die vorhandenen Bauten. Bald waren sie von Wüstensand überweht und vergessen. In den 1930er Jahren gruben britische Archäologen die heutigen Ruinen aus einem über tausendjährigen Dornröschenschlaf aus. Mittlerweile soll das Badehaus sogar wieder aufgebaut werden.

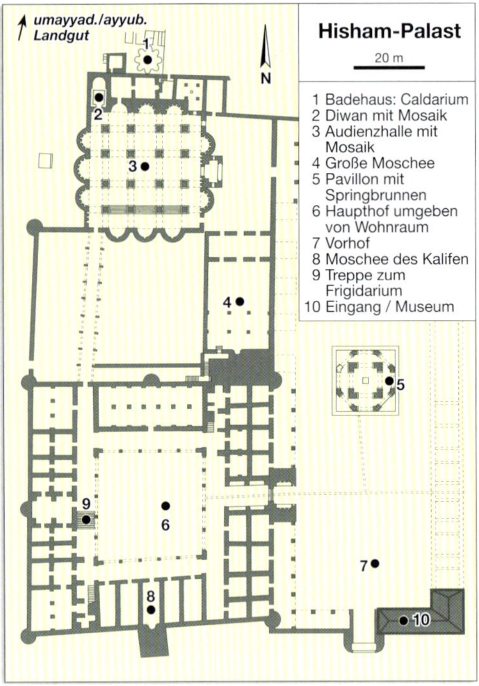

Links vom Eingang stößt man, nach seinem Vorhof, auf den eigentlichen **Palast**, der aus vier um einen Innenhof angelegten Gebäudeteilen besteht, die von ihren Grundmauern her noch gut erkennbar sind. Im Süden des Hofes (Mitte) stand eine kleine Moschee, im Westen führen Stufen in eine Badehalle mit sehenswerten Mosaiken. Vom Innenhof führt links ein Weg nach Norden zum Badehaus, das vermutlich dem Kalifen vorbehalten war. Rechts von diesem Weg stand eine Moschee.

Die Außenmauern des 40 x 40 m großen Badehauses sind durch Nischen aufgelockert, in denen sich einst männliche mit weiblichen Figuren abwechselten. Etwa im mittleren Bereich befand

Hisham-Palast

20 m

N

1 Badehaus: Caldarium
2 Diwan mit Mosaik
3 Audienzhalle mit Mosaik
4 Große Moschee
5 Pavillon mit Springbrunnen
6 Haupthof umgeben von Wohnraum
7 Vorhof
8 Moschee des Kalifen
9 Treppe zum Frigidarium
10 Eingang / Museum

umayyad./ayyub. Landgut

Mosaik im Hisham-Palast (weitere Palastausstattung im Jerusalemer Rockefeller-Museum)

sich der große Swimmingpool, in der Nordwestecke ein Diwan (Empfangsraum). Die fantastischen Mosaike des Badehauses, angeblich eins der weitflächigsten der Welt, werden gerade gesichert und dem Publikum spätestens 2019 zugänglich gemacht. Das schönste (und berühmte) **Mosaik** finden Sie auf dem Boden im Diwan: Unter einem großen Orangenbaum blicken drei Gazellen nach oben, eine wird von einem Löwen angegriffen. Wenn man um das Gebäude herumgeht, gelangt man über eine Treppe in einen höher gelegenen Raum, von dem aus der beste Blick auf das Bodenmosaik möglich ist. Zurück geht es an den Resten der Moschee und, östlich davon, einem großen Wasserbecken vorbei, das einst von einem oktogonalen Pavillon überdeckt war.

Schließlich noch das Neueste in Jericho: An der Straße vom Palestine Square zum Tell steht eine Art russisches Raumschiff: Das **Russische Museum** samt Park, Mo-Sa 9-16, ₪ 10/7. Der gut gekühlte, imposante Kuppelbau zeigt einerseits die Geschichte russischer Wallfahrten ins Heilige Land und andererseits kurioserweise die archäologischen Funde aus byzantinischer Zeit, die beim Bau des Museums anfielen. Die Hauptsache auf diesem Gelände ist jedoch ganz im Nordwesten die Sykomore, die als **Baum des Zachäus** verehrt wird – Grund dafür, das Anwesen 1883 in russischen Besitz zu nehmen. Auf diese Maulbeer-Feige soll der kleine, unbeliebte Oberzöllner Zachäus geklettert sein, um Jesus besser sehen zu können.

Die Straße 449 verläuft von Jericho aus über den Checkpoint Yitav weiter nach Osten zum Jordan, zur **Allenby Bridge**, die auch Grenzübergang nach Jordanien ist. Früher war diese Brücke einziger Grenzübergang zum Nachbarland überhaupt, aber nur für Palästinenser aus den besetzten Gebieten und ausländische Fußgänger; Touristen mit Autos sind nicht erlaubt.

Unweit südlich der Brücke soll Johannes der Täufer Jesus im Jordan getauft

9

Griechisch-orthodoxe Taufzeremonie am Jordan östlich von Jericho

haben, von der Straße 90 dem Schild zum **Qasr Al Yahud** folgen. Der schon den antiken Christen wichtige Platz liegt zwar im militärischen Sperrgebiet, auf das man nach 1,5 km trifft. Aber die israelische National Parks Authority hat den Zugang wieder normalisiert. Nach der **Taufstelle** (Sa-Do 8-16.30, Fr -15.30, winters 1 Stunde kürzer) sollen künftig auch die Kirchen und Klöster renoviert werden.

Die Straße 90 nach Norden kommt man am wieder benutzbaren nördlichen Stadteingang Jerichos vorbei Richtung **Gilgal**. Die Lage dieses biblischen Ortes scheint durch einen Fund im Juni 2009 gesichert: Eine Grabung der Universität Haifa entdeckte 4 km nördlich von Jericho die größte von Menschenhand geschaffene Höhle Palästinas (ca. 40 x 100 x 3 m), die von der Zeitenwende bis zum Ausklang der byzantinischen Zeit erst als Steinbruch, dann als Kloster diente. Die Höhle ist noch nicht zu besichtigen.

Wenige Kilometer weiter erreichen Sie **Awja AtTahta**. Hier sollte man einen Stopp bei den *Friends of the Earth – Middle East* (FoEME) einlegen, ein Verein aus jordanischen, palästinensischen und israelischen Umweltschützern.

- Im *Jordan Rift Valley Center for Environmental Education & Ecotourism Development* können Sie ökotouristische Führungen buchen oder im Gästehaus übernachten: pP ₪ 100 mF,
- sonstige Mahlzeiten im Slow Food Restaurant ₪ 40-50, Tel. 2310424 oder 059 8844003, www.aujaecocenter.org, www.foeme.org.
- Und wenn Sie mal wieder den Eindruck haben, im Nahen Osten gehe eh nichts voran: Das Video von der Taufstelle am Jordan schauen, mit arabisch/hebräischem Songtext: https://youtu.be/xfbrJFSIqUk.

Praktische Informationen
Telefon-Vorwahl 02

2012 entstand mit japanischer Unterstützung eine neue **Touristeninformation**, ein kleines Häuschen im südöstlichen Innenbereich des zentralen Palestine Square, kompetente Leute täglich 10-18, Tel. 2322607, www.jericho-city .org. Auch das *Sultan Tourist Center* an der Talstation der Seilbahn kann weiterhelfen, Tel. 2321590. Die Touristen-Polizei befindet sich gegenüber am Tell – Tel. 2324011.

Verkehrsverbindungen

▸ Jericho ist mit arabischen **Mietwagen** in der Regel problemlos erreichbar. Auch mit israelischen Firmen kann es glücken, vorsichtigerweise kann man jedoch auf dem bewachten Parkplatz des Oasis Hotels parken und mit dem Taxi weiterfahren.

▸ Es gibt **keine direkten Busse** Richtung Jericho. Nach Jerusalem oder Bethlehem gelangt man von hier per arabischem Bus vom Palestine Square, indem man in Abu Dis umsteigt. Eine übliche Verbindung nach Jerusalem läuft sonst per Sammeltaxi nach Bethanien und dann per arabischem Bus (2)63 zum Damaskustor – entsprechend auch in umgekehrter Richtung.

▸ Ansonsten bringen die **Service Taxis** einen überall hin: zum Jerusalemer Damaskustor oder zu allen großen Checkpoints bei Ramallah, Bethlehem oder Nablus.

Eine Tour zum Toten Meer kostet z.B. hin und zurück um ₪ 120. Allgemein muss man für ein privates Taxi pro Stunde etwa ₪ 50 bereithalten.

Im Zentrum Jerichos kann man sich in *Zakr's Bike Shop* oder bei *Abu Sama'an* ein Fahrrad (ca. ₪ 5 pro Stunde) mieten. Im Auberg-Inn ist ein Fahrrad inklusive.

Man kann auch per Pferd die Westbank erkunden, mit dem Reitclub Nadi Al-Furusiya/Palestinian Equestrian Club im Südosten der Stadt, es gibt auch Reitunterricht, neben den Papaya Freizeitpark und das Moon City Hotel, 30 Pferde, monatliches Pferderennen und zweimal jährlich Pferdewettbewerb, Kontakt: Hassan Baslamit, Tel. 2325007 oder 059 9264790.

Essen und Trinken

Nightlife braucht man in Jericho nicht zu suchen – höchstens in der Bar des Oasis Hotels, aber die Stadt ist bekannt für ihre Cafés und Restaurants, deren Angebote aus den lokalen landwirtschaftlichen Erzeugnissen stammen. Sehr gut sind frisch gepresste Fruchtsäfte und saisonales Gemüse.

Im Zentrum am Palestine Square, Ecke Amman St, zieht das **AlAssawi Restaurant** vor allem einheimisches Publikum mit gutem Essen und im Top Café mit schönem Blick vom Dach an, Tel. 059 9797665. Wenige Meter entfernt in die En AsSultan St hinein bietet **Abu Omar** vor allem Fleischgerichte an, aber auch die Süßigkeiten im Café wirken sehr einladend. Ebenfalls im Palestine Square Bereich locken noch die Grillgerichte von **Abu Ra'ed**. An der langen En AsSultan St, etwa auf halbem Weg (gut 1 km) vom Zentrum zum Tell, gibt es gleich mehrere Anbieter. Stau gibt es vor allem im **Lemonah** (früher Seven Trees Garden), das schon mit einem überzeugenden Eiscafé und schönem Garten täglich 10-0 Uhr aufwartet: Dachterrasse, Kindervergnügen, donnerstags regelmäßig Musik, Tel. 2312977. Nebenan muss sich der **Green Valley Park** bei der Konkurrenz etwas einfallen lassen; täglich 8-0 Uhr, Tel. 059 9365704. Neben gutem Essen bietet die sicherlich spektakulärste Aussicht **Jabal Quruntul** auf halber Höhe des Jordan-Grabenbruchs beim Kloster der Versuchung, Tel. 2322614, per Seilbahn zu erreichen.

Übernachten

- **Oasis** (früher Intercontinental) an der Straße 90, 2 km südlich des Stadtzentrums beim stillgelegten Spielcasino, Tel. 2311200, Fax 2311222, http://oasis-jericho.ps; kürzlich renoviert, leider wenige Gäste, prima Restaurant, Luxus mit Fitnessraum, Tennis, Squash, Sauna & Hamam (-Tageskarte für Nicht-Hotelgäste $ 30), Pool-Landschaft (auch mit Wasser aus dem Toten Meer, Tageskarte $ 25), AC, TV, WLAN, mF E ab $ 185, D ab $ 205

- **Jericho Resort Village,** an der Straße 90 westlich des Hisham Palasts, Tel. 2321255, Fax 2322189, www.jerichoresorts.com; angenehme Anlage mit Bungalows und üblichen Hotelzimmern, viel arabisches Publikum, Pool, Tennis, AC, TV, WLAN, Zimmer mit Pool(=Jordangraben)-Blick sind teurer, mF E $ 130-150, D $ 145-170, 2er Bungalow $ 220, 4er $ 300

- **Jericho Inn**, Siedlung Vered Jericho, westlich der Süd-Zufahrt noch in der Zone C, Tel. 052 8600969 oder 072 3902194, www.hostels-israel.com; freundliches unabhängiges Hostel, Pool, Laken & Handtücher inklusive, Abholservice, WLAN, Dorm pP ₪ 100, E/D ab ₪ 350

- **Auberg-Inn,** 12 AnNakhil St, Nähe Tell AsSultan, Tel. 056 8966010 oder 052 3500041, http://auberginn.ps; prima Hostel in ehemaliger Offiziers-Villa, freundlich, hilfsbereit, gute Tipps und Touren, nicht immer sehr sauber, Garten mit Esel, Katzen mögen hilft, große Küche, Kunstausstellung, inbegriffen: Fahrradmiete, WLAN, Abendsuppe, mF Dorm ₪ 120, D ab ₪ 320

- **Walid's Hostel**, Amman St, Tel. 059 9227629, www.facebook.com/waleedsmotel; 2015 eröffnet, freundlich, zentrale Lage, keine Kreditkarten, mF Dorm ₪ 60, E/D ab ₪ 175

- **Sami's Hostel**, im Aqbat Jaber Flüchtlingslager, Tel. 2324220; freundlich und unaufdringlich, wohl auch Chuzpe-fähig, Zimmer (mit Kochgelegenheit) und Bäder, gut, WLAN, Safe, AC, Abhol-Service, mF Dorm ₪ 60, E/D ₪ 120

9

Jerusalem – Bethlehem – Hebron

Sehenswertes

**** Bethlehem, hübsch gelegene, freundliche Stadt, Geburtsort von Jesus mit interessanter Geburtskirche, Altstadt mit Atmosphäre, Hirten-Felder, S. 527

**** Hebron, der Haram AlKhalil, die Grabstätte Abrahams, ist der Anziehungspunkt dieser wegen vieler Unruhen bekannten Stadt, S. 540

*** Herodeion, Wüsten-Prachtpalast und Mausoleum des Herodes, fantastische Lage mit weitem Blick, luxuriös eingerichtet, S. 536

** Mar Saba, pittoreskes Wüstenkloster in der Judäischen Wüste, gut gelegen, S. 534

Die Straße 60 verläuft von Jerusalem durch palästinensisches Gebiet über Hebron nach Süden. Man findet sie am besten, wenn man etwa unterhalb des Mount Zion – entweder vom Jaffator oder vom Dungtor kommend – von der Yerushalayim St nach Süden auf die Hevron St abzweigt. Informieren Sie sich bitte vor der Reise über die aktuelle politische Situation (siehe S. 491).

Die Straße führt an Har Homa vorbei, einer der umstrittenen neueren jüdischen Siedlungen im palästinensischen Gebiet. Der Berg, arabisch *Jebel Abu Ghneim*, wurde abgeholzt, um den jüdischen Siedlern Platz zu schaffen, was irgendwie nicht zur israelischen Baumpflanz-PR passen will.

Etwa auf halbem Weg nach Bethlehem fanden israelische Archäologen 1992/97 in der Nähe des Klosters Mar Elias die **Kathismakirche**, die Ruinen einer ehemals bekannten Anlage aus dem 5. Jh,

die um den sog. Sitzstein Marias gebaut worden war – hier hatte sich Maria auf dem Weg nach Bethlehem ausgeruht. Von der oktogonalen, und deshalb wohl sehr bedeutsamen Kirche blieben neben dem Sitzstein im Wesentlichen schöne Bodenmosaike übrig. An diesem Ort hängt der katholische Feiertag Lichtmess. Die Stätte ist derzeit touristisch nicht zugänglich.

Weihnachten in Bethlehem

Viele Christen rund um den Globus träumen vom Weihnachtsfest in Bethlehem. Abgesehen von einer weiten Anreise können sich politische Hindernisse in den Weg stellen. Man sollte sich zuvor z.B. beim Christlichen Informationszentrum in Jerusalem am Jaffator (Tel. 02 6272692) nach der aktuellen Lage erkundigen. Dort erhält man auch das Gratis-Ticket, ohne das es keinen Einlass zur Mitternachtsmesse gibt – man braucht Glück, um eins zu erhalten. Vielleicht hilft mailen: fpo@cicts.org.

Nach der Teilnahme an der Mitternachtsmesse kann man von speziellen Telefonzellen nach Hause anrufen und das Glockengeläut live in die Heimat übertragen, anschließend in einem der die ganze Nacht geöffneten Restaurants dinieren, sich danach einen speziellen Stempel in den Pass drücken lassen und besondere Weihnachtsbriefmarken auf der Post kaufen. Zur Freude der Geschäftsleute Bethlehems findet Weihnachten dreimal statt: Am 24./25. Dezember für Katholiken und Protestanten, am 6./7. Januar für die orthodoxen Christen und am 19. Januar für die Armenier, wobei die letzteren Feste farbenfreudiger sind, aber mit den Armeniern kaum noch Leute mitfeiern.

Kurz vor der Stadt, aber im Grunde direkt auf der Grenze, steht rechts der Straße

Rachels Grabmal

(*Rakhel's Tomb*; immer geöffnet außer So-Do 22.30-1.30 und außer Sa und feiertags, www.keverrachel.com) Nach Jerusalem und Hebron die wohl drittheiligste Stätte des Judentums, aber auch im Islam und Christentum von Bedeutung. Rachel starb hier bei der Geburt Benjamins. Früher gehörte das Bild dieses Grabes – eine Kuppel auf vier Rundbögen – zu den typischen Ansichten Israels. Nach der Intifada und einigen palästinensischen Übergriffen entschloss man sich, die Anlage besser zu schützen und ringsum schusssicher zu verbauen, so entstand eher ein Festungsbauwerk. Im Innern gibt es außer dem verhängten Grabmal und den eifrig betenden Gläubigen nicht viel zu sehen. Ein Vorhang trennt den Bereich der Frauen ab, die hier um Fruchtbarkeit und leichte Geburt beten. Durch die Betonmauer ist die Stätte nur noch von Jerusalem aus zugänglich, und es kann immer wieder vorkommen, dass nicht-jüdische Besucher außen vor bleiben müssen. Es ist die Frage, ob Sie hier am Gilo Checkpoint (auch: Checkpoint 300) per Auto passieren dürfen. Wenn nicht, schickt man Sie vermutlich auf einige Kilometer Umweg zum Checkpoint Bet Jala, von dem aus Sie sich nach Osten über den Berg nach Bethlehem durchfinden müssen. Wer mit dem Bus oder Taxi kam, wird am Fußgänger-Checkpoint sicherlich Richtung Zentrum durchgelassen – auf der anderen Seite warten Taxis in die Innenstadt.

Bethlehem / Beit Lakhm**

Geschichte: *Die nachweisbare Geschichte der Stadt beginnt mit Kaiser Hadrian, der 135 nC ein Adonisheiligtum über der Grotte bauen ließ, von der es hieß, dass dort Jesus geboren worden sei. 325 wurde unter Kaiser Konstantin anstelle des Heiligtums eine Basilika errichtet. Durch eine Öffnung im Boden konnten die Pilger in die Grotte hinabschauen. 529 zerstörten Samaritaner diesen Bau. Zwei Jahre später ließ Justinian die Basilika weitgehend dem alten Bauwerk ähnlich wieder errichten. Diese heute älteste erhaltene Kirche hat erstaunlicherweise alle Wirren der Jahrhunderte überstanden: die Perser ließen sie 614 ungeschoren, ebenso die bald folgenden Muslime. Die Kreuzfahrer renovierten die Basilika, selbst die Mamluken machten halt vor ihr. Später allerdings verfiel sie, die Türken demontierten die Marmorverkleidungen für Bauten in Jerusalem. Schließlich erhielt 1670 die griechisch-orthodoxe Kirche die Erlaubnis, die Basilika wiederherzustellen. In den folgenden Jahrhunderten neideten die anderen christlichen Glaubensrichtungen den Orthodoxen das Kirchenprivileg, es kam zu tätlichen Auseinandersetzungen, die schließlich von der Hohen Pforte durch eine noch heute gültige Eigentumsregelung beruhigt wurden.*

Die Geburtsstadt Jesu, die eine lange biblische Geschichte hat (u.a. wurde **David** hier zum künftigen **König** bestimmt), zählt zu den wichtigsten christlichen Städten Israels – die vielen Reisebusse mit den Touristenströmen verdeutlichen es nur allzu sehr. Doch Bethlehem besteht nicht nur aus christlich geprägten Bauten, sondern aus der historischen Altstadt, die sich auf einem quasi abgeflachten Hügel ausdehnte, dessen teilweise steile Flanken möglichen Feinden die Eroberung erschwerten wie auch Kakteen-Zäune, enge Treppen etc. Die Geburtskirche – am *Manger Square* (Krippenplatz) – erhebt sich quasi am Südwestende des Hügels. Die alten Zugangsstraßen führten von flacherem Norden durch die Altstadt zur Kirche, während die von den Engländern gebaute Manger St die Kirche und den

9

gleichnamigen Platz unter Umgehung der etwas engen Altstadt erschließt.

Konzentrierte sich die Aufmerksamkeit der Besucher bisher allein auf christliche Objekte, so wurde mit der **Totalrenovierung** von Bethlehems Altstadt aus Anlass der **2000-Jahr-Feiern** auch die sehenswerte Altstadt einbezogen. Aus ihr wurde der Autoverkehr verbannt, sodass die Touristen prinzipiell am Nordrand aus den Bussen steigen und bequem durch die historische Stadt zur Geburtskirche am Manger Square schlendern und währenddessen Geld ausgeben könnten. Wäre da nicht die **Zweite Intifada** gewesen: Die Busse halten 20 Minuten an der Geburtskirche und fahren wieder weg. Jeder Besuch, der länger bleibt, ist hoch willkommen.

Das Jahr-2000-Projekt brachte 200 Millionen Dollar aus verschiedenen Ländern, um aus Bethlehem und seinen Nachbarstädten Bet Jala im Westen und Bet Sahur im Osten eine der ersten touristischen Adressen im Nahen Osten zu machen – inklusive umfassender Renovierung der Infrastruktur. Die Jahrtausendwende brachte jedoch auch die AlAqsa-Intifada, im Frühjahr 2002 verschanzten sich etwa 200 Palästinenser in der **Geburtskirche**, die von der israelischen Armee **belagert** und **beschossen** wurde – ein bis dahin nicht vorstellbares Geschehen. Wenig später wandelte Israel sein Schutzbedürfnis im Bethlehemer Bereich in eine **Betonmauer**, und Bethlehem wurde nach Norden hin abgetrennt. Dieses acht Meter hohe Ungetüm wird zwar laufend verschönert, u.a. vom bekannten Sprayer Robert „**Banksy**" Banks aus London, aber der Tourismus könnte noch weit besser in Gang kommen. Banksy engagiert sich aktuell mit dem Kunstprojekt **Walled-Off Hotel** inklusive Wall Mart, der Mauer-Besprüh-Utensilien feilbietet, Besichtigung 11-19.30, ₪ 15, www.walledoff hotel.com.

Der Manger Square, bis 1998 einer der verkehrsreichsten Plätze der Region, wurde von der Initiative Bethlehem 2000 total umgekrempelt, er stellt sich jetzt als eine autofreie Zone mit Schatten spendenden Bäumen dar, die Polizeistation wurde abgerissen und an ihrer Stelle das Peace Center errichtet, das inzwischen seinerseits aus der Zeit gefallen wirkt .

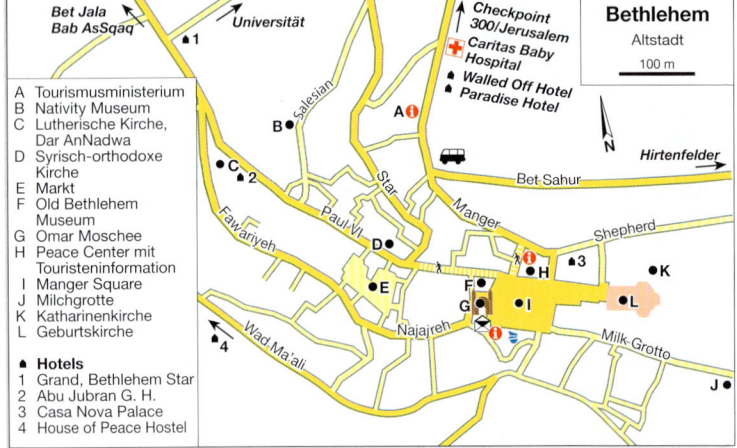

Bet Jala
Bab AsSqaq

Universität

Checkpoint
300/Jerusalem
Caritas Baby
Hospital
Walled Off Hotel
Paradise Hotel

Bethlehem
Altstadt
100 m

N

Hirtenfelder

Salesian

Star

Manger

Bet-Sahur

Shepherd

Fawariyeh

Paul VI

Wad Ma'ali

Najareh

Milk-Grotto

A　Tourismusministerium
B　Nativity Museum
C　Lutherische Kirche, Dar AnNadwa
D　Syrisch-orthodoxe Kirche
E　Markt
F　Old Bethlehem Museum
G　Omar Moschee
H　Peace Center mit Touristeninformation
I　Manger Square
J　Milchgrotte
K　Katharinenkirche
L　Geburtskirche

▲ **Hotels**
1　Grand, Bethlehem Star
2　Abu Jubran G. H.
3　Casa Nova Palace
4　House of Peace Hostel

Auf den Manger Square schaut die Christenheit zu Weihnachten, hier steht die Hauptattraktion von Bethlehem, die **Geburtskirche** (*Basilika of the Nativity*; 6.30-19.30; im Winter 5.30-17, Geburtsgrotte So vormittags geschlossen, www.bethlehem.custodia.org), die festungsgleich den Platz dominiert und von außen nicht gerade attraktiv aussieht. Ihrem alten Gemäuer sieht man zweifelsohne die Jahrhunderte an. Das ursprüngliche Portal wurde von den Kreuzfahrern verkleinert, später ganz zugemauert. Geöffnet ist nur ein so niedriger Seiteneingang, dass die Mamluken nicht auf dem Pferd in die Kirche reiten konnten und heutige Touristen Schlange stehen müssen, um gebückt durch das schmale Tor hinein oder herauszukommen.

Das Innere der Basilika wirkt monumental, erstrahlt aber nicht gerade in Schönheit. Die Säulen mit korinthischen Kapitellen haben ihre Vergoldung verloren und scheinen eine Art dunkelbrauner Patina angesetzt zu haben. Die ebenfalls

Geburts- und Katharinenkirche

1 Eingang
2 Narthex
3 frühbyz. Mosaike
4 Hauptaltar
5 Hieronymusstatue
a zur Hieronymusgrotte
b Hieronymushöhle
c Hieronymusgrab
d Kapelle der unschuldigen Kinder
e zur Geburtsgrotte
f Geburtsnische
g Tür (meist verschlossen)
h Krippenaltar

dunkelbraune Holzdachkonstruktion bietet sich unverkleidet dem Auge dar. Doch gerade diese eher brachiale und fast schon morbide Schönheit des Mittelschiffs gibt der Basilika einen unvergleich-

Geburtsgrotte – hier kam Bethlehems prominentester Sohn zur Welt

lichen Charakter und macht sie – für uns – zu der eindrucks- und stimmungsvollsten Palästinas. Durch zwei Öffnungen im Fußboden des Mittelschiffs, deren Holzabdeckungen eher wie auf einer Baustelle herumliegen, kann man Mosaike der Kirche aus dem 4. Jh bewundern.

An der südlichen (rechten) Wand steht ein Taufbecken aus Justinians Zeiten. Der **Altar der Beschneidung** auf dieser Seite gehört ebenso wie der Hauptaltar (hinter der Ikonenwand) den Griechisch-Orthodoxen, die beiden Altäre im Nordteil den Armeniern.

Vom südlichen Querhaus geht man über eine Treppe zur nur 40 Quadratmeter großen **Geburtsgrotte** – Individualtouristen werden meist von dieser Seite eingelassen, aber man kann sein Glück je nach Andrang auch von der Nordseite versuchen, die meist als Ausgang genutzt wird. Ein Stern aus Silber bezeichnet die Stelle, an der Jesus das Licht der Welt erblickt haben soll. Darüber steht ein Altar aus dem 12. Jh. Drei Stufen tiefer liegen die Krippenkapelle mit der Krippe und der Altar der Heiligen Drei Könige. Der Ausgang der Grotte geht zur Nordseite.

Nördlich der Kirche, erhebt sich die 1881 von den Franziskanern erbaute **Katharinenkirche** (6-19. außer So vormittags, im Winter 5.30-18). In ihrem Vorhof steht ein Standbild des Heiligen Hieronymus, der hier lebte und die Bibel ins Lateinische übersetzte. Aus der Katharinenkirche wird die weihnachtliche Mitternachtsmesse in alle Welt übertragen. Unterhalb des Altars liegt die Kapelle der Unschuldigen, die an die Kinder erinnert, die Herodes getötet haben soll. Von der Kirche aus führt ein Kreuzgang wieder auf den Manger Platz. Wenn Sie, aus der Geburtskirche kommend, sich links halten und in die erste Straße links, die Milk Grotto St, einbiegen, ist die **Milchgrotte** (8-17.45, So 8-11.45/14-

17.45, im Winter eine Stunde kürzer) nur etwa 200 m entfernt und an einer kleinen Kapelle mit griechisch-orthodoxem Kreuz erkennbar. Es handelt sich um eine Höhle, in der sich die Heilige Familie vor der Flucht nach Ägypten verborgen haben soll und in der Maria einen Tropfen Muttermilch auf die Erde fallen ließ; Pilgerinnen beten hier um Fruchtbarkeit.

Gehen Sie zurück zum Manger Square. Links und rechts der Straße werden einzelne **Olivenholzschnitzereien** noch geöffnet haben, vielleicht finden Sie ein passendes Souvenir. Westlich vom Square warten lohnende Entdeckungen und Eindrücke auf Sie, kreuz und quer durch die lebendige Altstadt. Man sollte unbedingt genug Zeit einplanen, um nicht nur die Geburtskirche, sondern auch das heutige Bethlehem zu erleben.

Häufig führt diese Entdeckungswanderung vom Manger Square in die Najajra St mit ihren kleinen Seitengassen, steilen Treppen und alten Häusern, zum Obst- und Gemüsemarkt, der den täglichen Bedarf der Bevölkerung deckt, an vielen Shops und Cafés vorbei bis zur Lutherischen Weihnachtskirche und dann wieder mit entsprechenden Abstechern durch die Paul VI St zurück. Das südlich angrenzende, zur **Weihnachtskirche** gehörende und maßgeblich vom in Deutschland promovierten Pfarrer Dr. Mitri Raheb initiierte Begegnungszentrum **Dar AnNadwa**, zu dem das International Center und auch das Abu Jubran Guesthouse mit original arabischer Verpflegung gehören (Info auf www.diyar.ps), sollte man zumindest nicht ohne einen Blick in The Cave passieren. Wer für die attraktive Auswahl an Kunsthandwerk in der Einkaufs"höhle" zu wenig Platz im Gepäck hat, kann auch von zuhause ordern: http://annadwa.org. Wer eine Pause benötigt, könnte im AlKuz Café verweilen.

Einen Abstecher wert ist auf dem Weg zurück zur Geburtskirche die erste Straße links, Salesian St 48, wo im Salesianer-Konvent das **International Nativity Museum** wiedereröffnet wurde (täglich 16-22, auch vorher nach Vereinbarung, Eintritt ₪ 20/15, Tel. 059 8911511, www.internationalnativitymuseum.com): Mehr als 200 Krippen aus aller Welt sind zu besichtigen. Weiter in der Paul VI St kann man neben der syrisch-orthodoxen Kirche auch das Old Bethlehem Museum (Mo-Sa 8-12, 14-17, Do nur vormittags; ₪ 8) besuchen, das palästinensische Handarbeiten, Trachten und eine Hauseinrichtung aus dem 19. Jh ausstellt.

Übernachten

Die Übernachtung in Bethlehem ist eine gute Alternative zu Jerusalem, wenn man die preiswertere Unterkunft hier vorzieht oder von Bethlehem aus Abstecher in die Umgebung plant. Neben den hier aufgeführten Hotels gibt es christlichen Hospize, die auch das Tourist Office oder das Jerusalemer Christian Information Center vermittelt, sowie B & B über die Alternative Tourism Group, Tel. 2772151, www.atg.ps; Stadtplan siehe S. 528. Die hier genannten

Preise beziehen sich auf Individualtouristen, die in Bethlehem selten zu sein scheinen. Bei Telefonanfragen erkundigen Sie sich vorsichtshalber nach Preisen für Individualreisende, um nicht auf rabattierte Gruppenpreise „reinzufallen".

Bethlehem

- **Jacir Palace**, Straße 60 von Jerusalem nach Hebron, Tel. 2766777, Fax 2766770, http://jacirpalace.ps; luxuriös im traumhaften Jacir Palace von 1910, mF E ab $ 120; D ab $ 162
- **Abu Jubran Guest House**, dem lutherischen International Center of Bethlehem angeschlossen, Tel. 2770047, www.diyar.ps; gut und sauber, AC, TV, WLAN, mF E $ 71, D $ 96
- **Walledoff Hotel**, 182 Caritas St unweit Rachelgrab, Tel 2771322, www.walledoff hotel.com; an- und aufregende bewohnbare Kunst, kein TV, Dorm $ 60, E $ 215-965
- **Paradise**, Manger St unweit des Rachelgrabs, Tel. 2744542, Fax 2744544, www.paradisebethlehem.com; Familienbetrieb, AC, TV, WLAN, Parkplätze, mF E $ 60, D $ 100

In den Straßen von Bethlehem

9

- **Shepherd**, Jamal Abd AnNasser St,
Tel. 2740656, Fax 2744888,
www.shepherdbethlehem.com;
Familienbetrieb, AC, TV, WLAN,
mF E $ 55-70, D $ 90-110
- **Casa Nova Palace**, Manger Square,
Tel. 2743981, Fax 2743540,
www.casanovapalace.com; direkter
Zugang zur Geburtskirche, solide einge-
richtet, AC, WLAN, mE E $ 50, D $ 60
- **House of Peace**, 10 Saff St (Wadi Ma'ali),
Tel. 054 5875063,
www.houseofpeace.hostel.com; ruhigere
Gegend, angenehm freundlich, sauber,
keine Kreditkarten, Internet und Bettzeug
inbegriffen, Dorms ₪ 80, D kB ₪ 120
- **Bethlehem Youth Hostel**, 66 Anatre St,
Tel. 2749197 oder 059 9646145,
www.facebook.com/pages/Bethlehem-
Youth-Hostel; pragmatisch mitten drin,
freundlich, sauber, WLAN, mF Dorm ₪ 80
- **Banksy G.H.**, unweit des Caritas Baby
Hospitals, im absoluten „Zonenrand-
gebiet" von drei Seiten eingemauert,
Tel. 2741740 oder 054 6989412,
www.anastas-bethlehem.com; vorher anru-
fen, einfache Zimmer, ₪ 25 für Frühstück,
E/D pP ₪ 75

Bet Jala
- **Nativity**, im Tal südlich der Main St,
Tel. 2770650, Fax 2744083,
www.nativityhotel.net; gibt 4*+ an,
freundlich, sauber, Pool, AC, TV, WLAN,
Dinner ca. $ 10, mF E $ 55-75, D $ 85-110
- **Bet Ibrahim Guesthouse/Abrahams
Herberge**, Bet Jala, Tel. 2742613,
Fax 2744250, www.abrahams-herberge.de,
Buchung auch über Deutschland 07474
2737, Fax 07474 8007; mit vor allem deut-
schen Spenden errichtetes Gästehaus der
arabischen ev.-luth. Gemeinde, mitten in
der Stadt, hochwertig eingerichtet, Hostel
sehr geräumig, AC, mF Hostel pP € 24, E €
51, D pP € 42
- **Talitha Kumi Gästehaus**, Talitha Kumi St,
Tel. 2741247 > für Deutsch die 8 wählen >
Durchwahl zum Gästehaus 220,
Fax 2741847, www.talithakumi.org;
Nähe deutsche Schule und dem
Environmental Education Center (s.o.),
gut, AC, WLAN, mF E $ 70, D $ 77

- **Bethelehem Bible College**, Jerusalem St
Nähe Jacir Palace, Tel. 2741190 oder 054
5531575, Fax 2743278, www.bethbc.org;
einfach, aber nett, liegt im 3. Stock ohne
Fahrstuhl, im Semester Mo-Fr Lunch für
$ 10, mF E $ 40, D $ 60

Bet Jala und Bet Sahur

Bethlehem ist mit seinen beiden Nachbarn so eng zusammengewachsen, dass
es in der Antike vermutlich in Tripolis
(Dreistadt) umbenannt worden wäre.

Vom Manger Platz können Sie einen
etwa 2 km weiten Abstecher zum südöstlichen Stadtrand machen, dort liegt
das Städtchen **Bet Sahur**, das ebenfalls
mit biblischer Historie aufwartet. Hier
wird – neben dem Feld, das Boas gehörte
und auf dem das Buch Ruth geschrieben
worden sein soll – zweimal das **Feld der
Hirten** (Shepherd's Field) gezeigt, auf dem
sich Hirten befanden, denen eine himmlische Erscheinung die Geburt des Hei-
lands ankündigte. Im 4. Jh pilgerten Christen zu einem Feld, von dem sie annahmen, es sei das der Hirten. Im Laufe der
Zeit kamen die römisch-katholische und
die griechisch-orthodoxe Kirche zu kon-
kurrierenden Ansichten über das echte
Feld. So gilt es heute zwei Felder zu besuchen. Am besinnlichsten ist jedoch die
Weihnachtsveranstaltung des eher protestantischen YMCA in einer dritten Fels-
grotte – wenn zwei sich streiten…

Von der Manger St zweigt die Beit
Sahur St nach Südosten ab, der man folgt.
Unterwegs weisen Straßenzeichen zu
beiden Feldern. Das etwas nördlicher gelegene **Roman Catholic Field** (8-17, So
8-11.15/13.30-16.30; arabisch *Deir AsSi-
yar*, Tel. 054 3510966) weist die Ruinen
einer Kirche aus dem 4. oder 5. Jh auf, die
später zu einem Kloster erweitert wurde.
Die moderne Kirche, deren Gestaltung
nicht jedermann überzeugt, stammt aus
dem Jahr 1954. Sie überbaut eine Höhle,
in der die Hirten gelebt haben sollen. Das

griechisch-orthodoxe Feld (9-15; arabisch *Deir ArRawat*, Tel. 2773135) erreicht man am besten von der südlicheren, zum Herodeion führenden Straße. Angeblich hatten die Hirten bestimmt, auf dem Feld der Erscheinung begraben zu werden. Über die Grabhöhle baute Kaiserin Helena eine Basilika und ein Nonnenkloster. Nur die Krypta der Basilika mit den Gräbern von drei Hirten ist noch vorhanden. Der teilweise erhaltene Mosaikboden zählt zu den ältesten christlichen Kirchenböden in Palästina. 1972 wurde eine moderne Kirche errichtet, die ebenfalls sehenswert ist.

Westlich von Bethlehem in **Bet Jala** geht es im wahrsten Sinne des Wortes meist bergauf. Auf halbem Wege erreicht man die **Abrahamsherberge** (Bet Ibrahim) mit prima Unterkunft (siehe oben), aber auch Begegnungszentrum für alle Religionen.

Oben auf dem Berg geht es links auf der **Talitha Kumi St** zur gleichnamigen ersten evangelischen Schule im Heiligen Land, die 1851 in Jerusalem gegründet wurde – eine Denkmal-Gebäudefront steht dort Ecke King George/Ben Yehuda St. Der aramäische Name bedeutet: „Mädchen, steh auf!" Inzwischen können über 800 christliche und muslimische Kinder hier vom Kindergarten bis zum deutschen Abitur und vielleicht in der Hotelfachschule ausgebildet werden. Zur Bildungsstätte gehören auch ein Mädcheninternat und ein Gästehaus (www.talitha kumi.org, siehe oben). Außerdem befindet sich auf dem Gelände das *Environmental Education Center*, das unter anderem durch ein Museum der örtlichen Flora und Fauna an den Umweltschutz heranführen will, www.eecp.org.

Praktische Informationen

Telefon-Vorwahl 02

Die **Tourist Information** befindet sich im *Visitor Information Center* in der Südwestecke

des Manger Square (Di-Sa 8-18) sowie im Tourismus-Ministerium in der Manger St, es gibt allerhand Karten und Literatur, z.B. den auch auf Deutsch erhältlichen akribischen, aber in die Jahre gekommenen Stadtführer *Bethlehem 2000* – empfehlenswert auch für die Umgebung, falls Sie länger bleiben möchten. Empfohlen seien außerdem die Websites der Stadtverwaltung www.bethlehem-city.org, sowie die als Blog geführte Seite http://vic bethlehem.wordpress.com des *Visitor Information Centers*.

Nicht zu vergessen: die Alternative Tourism Group steht mit Rat und Tat zur Seite, vermittelt Bed & Breakfast und hat ihren Sitz in Bet Sahur, 74 Star St, Tel. 2772151, www.atg.ps. Konsultieren Sie auch das www.sirajcenter.org und die Leute vom Abrahampfad, www.masaribrahim.ps.

Verkehrsverbindungen

▸ Aus **Jerusalem** kann man von der Haltestelle für palästinensische Busse nordwestlich vom Damaskustor Bus 234 nehmen. Er fährt bis zum Gilo/Rakhel-Checkpoint/ Checkpoint 300 (₪ 5), den man zu Fuß passiert und dann in ein Taxi umsteigen muss. Oder man geht die ca. 3 km zur Geburtskirche zu Fuß.

▸ Vom selben Abfahrtplatz in Jerusalem verknüpft die Linie 231 Bet Jala, Bethlehem und Bet Sahur miteinander. Der Bus fährt über die Tunnelstrecke der Straße 60 und den Checkpoint westlich von Bet Jala (ca. 40 min, ₪ 7). Sie sollten an der Kreuzung Bab AsSqaq aussteigen, die Geburtskirche ist von hier gut 1 km entfernt. Wenn Sie nach Hebron weiterfahren wollen, können Sie hier in den Bus 223 einsteigen (₪ 6) oder ein Sammeltaxi nehmen.

Essen und Trinken

Am Manger Square offerieren eine Reihe von Restaurants – die zum Teil auch auf die Abfertigung von Bus-Touristen eingerichtet sind – ihre Dienste. Dazu gehören **Al Andalus** mit westlicher und arabischer Küche (mittlere Preise) ebenso wie **St. George**, das recht gutes gegrilltes Huhn und arabische Gerichte anbietet. Preiswerter kann man im **Afteem** am Manger Square essen, einem Felafel-Spezialisten. Bei den Christen im **Issa** Restaurant

9

in der Arafat St wird auch Schweine-Brat-wurst angeboten. Die Imbisse in der Altstadt sind vielleicht noch günstiger. Hochpreisiges findet man am einfachsten in den fünf Bars und Restaurants im **Jacir Palace Hotel**.

In **Bet Jala** findet man unten im Tal gleich bei Bethlehem das kleine, durchaus coole Restaurant-Café **Taboo** (täglich 13-2) mit eher jungem Volk und manchmal echt lauter Musik. Auf halber Höhe in der Straße zur Nikolaus-kirche gibt es in wunderschönen Gewölben das **Restaurant 1890**, benannt nach dem Baujahr des Hauses.

Ansonsten bietet fast jedes Hotel auch ein Restaurant, aber den allerbesten Blick über die Tripolis, Siedlungen, Autotunnel und Sperranlagen bietet ganz oben auf dem Berg das **Barbra** Restaurant mit guter Cocktailaus-wahl und Wasserpfeifen, sonntags manchmal Live Musik (Arab Society St, Tel. 059 9818461, www.barbra.ps).

Abstecher von Bethlehem aus

Nordwestlich von Bet Jala liegt das Sale-sianer-Kloster **Cremisan**, das für seine Weine bekannt ist. Man kann sich über die Weinherstellung informieren und von der besonderen Situation erfahren, dass die israelische Mauer mitten durch das Klostergelände verläuft. Spezialität des Hauses ist ein 20 Jahre im Eichenfass ge-lagerter Brandy, Mo-Fr 8-16, Sa -12, Tel. 2744826, www.cremisan.org; Wein in Deutschland ordern: www.cremisan.de. Von hier sind Sie auch nicht weit vom Ort **Battir**, dessen traditioneller Terrassen-feldbau von der UNESCO in den Rang des Welterbes erhoben wurde – ein Politikum, mit dem Palästina verhinderte, dass die Sperranlage durch dieses wunderhüb-sche Gebiet gezogen wurde – was Cre-misan so leider nicht gelungen ist.

Östlich von Bethlehem liegen zwei sehr lohnende Besuchsziele. Das zweite, das Kloster **** Mar Saba**, ließe sich be-reits von Jerusalem aus über die Straße 356 und den Checkpoint Har Homa/AnNu'man oder auch von Bethanien aus

ansteuern. Auf jeden Fall müssen Sie Ubeidiya (Abu Diya) erreichen, was je-doch von Bethlehem aus weniger kompliziert ist. Ohne Auto müssen Sie von Bethlehem aus ein Taxi nehmen, das hin und zurück nach Mar Saba etwa ₪ 150 kosten wird.

Von Bethlehem aus führt die nördliche Durchgangsstraße von Bet Sahur Richtung Straße 356/398, die Sie weiter Richtung Osten und den genannten Ort Ubei-diya unterqueren müssen. Haben Sie Geduld, wenn Sie es nicht gleich finden. Zunächst liegt nach 7 km links das **Theo-dosiuskloster**, das von dem hl. Theodosius gegründet worden war, 614 von den Persern zerstört und um 1900 von grie-chisch-orthodoxen Mönchen wieder auf-gebaut wurde. Dabei scheinen Gebeine von Mönchen gefunden worden zu sein, die in einer Höhle im zentralen Bereich, fein säuberlich aufgeschichtet, gezeigt werden, täglich 8-15.

Etwa 1 km nach dem Kloster liegt rechts Ubeidiya, durch das man sich hindurch-fragen muss. Von hier fährt man 6 km weiter Richtung Osten bis

Mar Saba**

Geschichte: *Die steilen Felswände der Kidronschlucht lockten schon relativ früh-zeitig eine Reihe christlicher Eremiten an, die sich in Höhlen niederließen. 478 nC ging St. Sabas in die Schlucht und gründete 492 auf dem Hang gegenüber seiner Höhle ein Kloster, das wegen des Ansehens seines Gründers berühmt und nach seinem Tod zum Wallfahrtsort wurde. 712 zog sich Johannes von Damaskus in das Kloster zu-rück und verfasste wichtige Schriften der Ostkirche. Im 12. Jh brachten die Kreuzritter die Gebeine St. Sabas nach Venedig, im 19. Jh die Russen die von Johannes nach Moskau. Papst Paul VI. gab 1965 die Ge-beine von St. Sabas zurück an das Kloster.*

▲
Har Eitan
788

386

↑ **Jericho**
Flughafen Ben Gurion

Jerusalem

50   60

Djebel AlMuntar
524

Deir Kirmisan
(Cremisan)

St. Theodosius
Kloster

Battir

Bet Jala

Hyrkania ∴

Bethlehem

Ubeidiya

Beitar
Ilit

AlKhader

Geburtskirche

Bet Sahur

Mar Saba
Kloster

Neve
Daniel

Deheisha

Artas

Sa'tara

Zelt der
Nationen

Solomon's
Pool

Qarn AlHadjar
444

367

El'asar

Herodeion ∴

Kh. Khareitun

Migdal Os

356

Nökdim

60

Tuqu'

Beit.Fajar

Kh. Tuqu'

Beit
Umar

Westbank

Ma'ale Amos

N

Umgebung von
Bethlehem

4 km

‑ ‑ ‑ ‑   Waffenstillstandslinie
von 1949

————   Palästinensische Zone A

‑ ‑ ‑ ‑   Israel. Sperranlage

Kloster Mar Saba

9

Das Kloster (8-Sonnenuntergang, Mi+Fr geschlossen) schmiegt sich sehr pittoresk über mehrere Etagen an den Felsen, von hohen Mauern umgeben. Es ist offiziell nur Männern zugänglich, Frauen dürfen immerhin von einem gegenüberstehenden Turm auf die Kuppeln des Klosters schauen. Ein Mönch führt die Besucher durch die stimmungsvoll verwinkelte Klosteranlage mit ihrer alten Basilika. Dort ruht in einem gläsernen Sarg die gut erhaltene Mumie St. Sabas', eines zierlichen, kleinen Menschen. Schließlich kann man einen Blick in das 180 m tiefer liegende Kidrontal mit seinen nahezu senkrechten Wänden werfen.

Unten schäumt, im wörtlichen Sinn, der Bach dem Toten Meer entgegen, denn er ist heute eher eine offene Kanalisation der an ihm liegenden Dörfer, dem sämtliche Abwässer mit auf den Weg gegeben werden. So bilden sich an jeder Verwirbelung hohe Schaumkronen, als ob der Bach nur noch aus Waschlauge bestünde. Zur gegenüberliegenden Seite des Kidrontals führen Pisten von weit her, die gern von Wüstensafaris benutzt werden, damit die Fahrgäste von dort aus einen Blick auf die Klostermauern werfen können – sicher ein aussichtsreicher Rastplatz.

Abstecher zum

Herodeion**

Vom Südosten Bethlehems trifft man, auf der südlicheren Tangente durch Bet Sahur fahrend, auf die Straße 356/398 nach Sa'tara und ca. 3 km weiter auf dem Abzweig zum Har Hordos, dem Berg, auf dem Herodes sein prächtiges **Herodeion** errichtete – das einzige seiner vielen Bauwerke, das seinen Namen trägt. Vom Manger Square gibt es auch ziemlich direkt eine Straße Richtung Südosten, und von Jerusalem folgt man einfach der Straße 356/398, die von der Straße 60

zwischen Ramat Rakhel und Kloster Mar Elias links abbiegt über den Checkpoint Har Homa direkt bis zum israelischen Nationalpark – einer der wenigen verbliebenen in der Westbank in der Area C. Deshalb fährt von Jerusalem auch ein Egged-Bus, Nr. 166.

Geschichte: *Bereits um 40 vC hatte sich Herodes auf den kegelförmigen Berg zurückgezogen, als er von Antigones bedrängt wurde. Nach seinem Sieg über den Widersacher ließ er ab 37 vC die Bergkuppe abtragen und auf dem kreisrunden Platz eine ebensolche Festung anlegen, mit hoher Doppelmauer und drei Halbrundtürmen und einem Rundturm verstärkt. Im Inneren gab es Paläste, die allen Luxus boten. Wasser wurde von den Teichen Salomos zunächst mit Eseln, später mit einem Aquädukt herbeigeschafft und in riesigen Zisternen gesammelt. Am Fuß des Berges entstand gleichzeitig das Untere Herodeion mit einem sehr großen Pool, großem Garten und schön dekoriertem Badehaus – sowie einer Art Prozessionsstraße, die vielleicht bei der Beerdigung des Königs gedient haben mag.*

Herodes hatte die Festung als sein Mausoleum bestimmt, und 2007, nach 35 Jahren Suche, wurde es mit imposantem Sarkophag auf halber Höhe der Nordostseite des Berges entdeckt, es ist Besuchern zugänglich. Später, im ersten und zweiten Aufstand gegen die Römer, hatten die jüdischen Rebellen hier eins ihrer Hauptquartiere gegen die Römer. Sie widmeten einen Teil der Festung als Synagoge um und schlugen imposante Fluchttunnel in den Fels, die zum Teil zu besichtigen sind. Vom 5.-7. Jh lebten byzantinische Mönche im Herodeion und bauten einige heute zerstörte Kirchen.

Zur Festung (8-17, im Winter -16; letzter Einlass eine Stunde vor Schließzeit; ₪

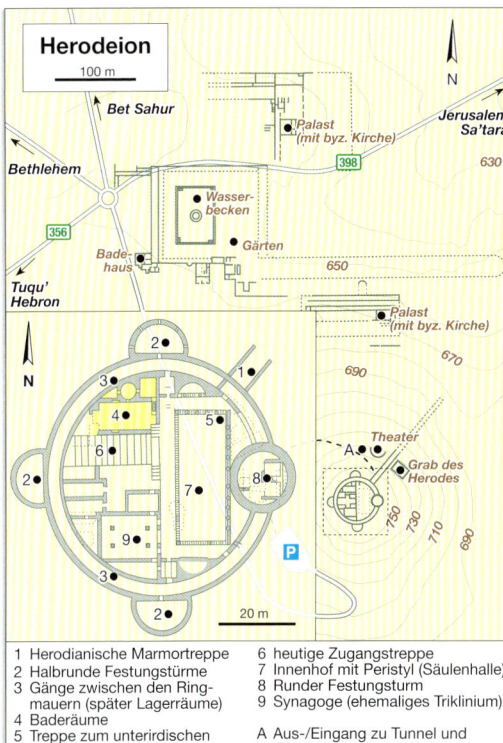

Herodeion

100 m

Bet Sahur

Jerusalem
Sa'tara

Palast
(mit byz. Kirche)

Bethlehem

398

630

Wasser-
becken

356

Gärten

Bade-
haus

650

Tuqu'
Hebron

Palast
(mit byz. Kirche)

N

690

670

Theater

A

Grab des
Herodes

P

750   730   710   690

20 m

1 Herodianische Marmortreppe
2 Halbrunde Festungstürme
3 Gänge zwischen den Ring-
  mauern (später Lagerräume)
4 Baderäume
5 Treppe zum unterirdischen
  Zugang

6 heutige Zugangstreppe
7 Innenhof mit Peristyl (Säulenhalle)
8 Runder Festungsturm
9 Synagoge (ehemaliges Triklinium)

A Aus-/Eingang zu Tunnel und
  Zisternen

des ein Eingang zu einem Fluchttunnel angelegt. Die Palastseite im Westen bestand aus verschiedenen einstöckigen Gebäuden. Im nördlichen Teil lagen die Thermen mit einem Umkleideraum (schöner Mosaikboden), einem Kalt-, Warm- und Heißraum. In der byzantinischen Zeit lebten hier die Mönche, die in der Nähe eine kleine Kapelle erbauten. Im Süden lag der große Speisesaal (Triclinium), der später in eine Synagoge umgewandelt wurde.

Sie können die Anlage durch den Fluchttunnel verlassen, der sie auch zu den gewaltigen Zisternen führt. Auf halber Höhe des Berges, zurück am Tageslicht, liegt rechts das Grab des Herodes. Von hier geht man zurück zum Parkplatz.

29/15) führt vom Parkplatz aus ein Fußweg hinauf. Oben wird Sie zunächst der Ausblick auf Jerusalem bzw. den Ölberg, Bethlehem und das 1150 m tiefer liegende Tote Meer begeistern. Neben dem heutigen Eingang führte einst eine Marmorprachttreppe in den Palast. Deutlich zu erkennen sind die Reste der beiden Mauern um die Anlage mit den drei Halbrundtürmen und dem runden, einst sehr mächtigen Ostturm. Auf tiefer liegendem Niveau erstreckten sich die Palastanlagen im Westen und ein großer Lustgarten im Osten mit Nischen (Exedrae) im Norden und Süden. In der Nordostecke wurde während des ersten jüdischen Aufstan-

Wer diese verschwenderische Palastanlage hoch auf dem Berg mit ihren Badehäusern oder dem riesigen Pool im Unteren Herodeion besucht, muss sich immer wieder wundern, wie man damals eine derartig aufwendige Anlage mitten in der Wüste bauen und später auch betreiben konnte. Das **untere Herodeion** ist frei zugänglich. Lassen Sie eine der größten Palastanlagen der Antike auf sich wirken, wenn Sie noch Zeit für einen Rundgang haben. Wenn Sie von hier aus nach Hebron weiterfahren wollen, können Sie auch der Straße 356 durch die judäische Wüste folgen.

9

Hass auf allen Seiten

Im Zuge der jüdischen Besiedlung Palästinas zogen Siedler auch nach Hebron. Bei landesweiten arabischen Unruhen 1929 wurden 67 jüdische Bewohner der Stadt von ihren arabischen Nachbarn umgebracht; ein Trauma, das bis heute wachgehalten wird. Die britische Verwatung siedelte danach die Juden aus Hebron aus. 1942 bauten jüdische Siedler den Kibbuz Kfar Etzion zwischen Bethlehem und Hebron, der im Unabhängigkeitskrieg 1947 von arabischen Truppen erobert und dem Erdboden gleichgemacht wurde. Viele Juden wurden umgebracht. Nach der Eroberung der Westbank 1967 achtete die israelische Regierung streng darauf, dass sich Juden nicht wieder in Hebron ansiedelten und neue Unruhen provozierten. Doch ein gewisser Rabbi Levinger unterlief mit 32 Glaubensgenossen diese Politik, indem er 1968 das Park Hotel im Stadtzentrum zunächst für das Passah-Fest, dann „bis zur Ankunft des Messias" komplett mietete. Die Regierung gab schließlich nach und erlaubte den Bau einer stadtnahen Siedlung, deren Aufbau 1970 unter dem Namen Kiryat Arba auf zuvor konfisziertem Land begann.

1979 besetzte die Frau des Rabbi mit 40 Frauen und Kindern die leer stehende ehemalige jüdische Klinik. Seither lebt eine jüdische Gemeinschaft im Herzen der Stadt, die ständigen Anfeindungen ausgesetzt ist und daher dauernd bewacht werden muss. 1980 kam es zu schweren Zusammenstößen zwischen Muslimen und Juden, als Rabbi Levinger durch Luftschüsse Jugendliche vertreiben wollte, dann aber in einen Laden schoss und den Besitzer tötete. 1994 schoss der jüdische Arzt Dr. Baruch Goldstein in der Ibrahim-Moschee des Haram AlKhalil auf betende Muslime, tötete 29 Menschen und verletzte 150 zum Teil schwer, bevor er sein Magazin verschossen hatte und am Tatort gelyncht wurde. In den folgenden landesweiten Unruhen kamen insgesamt 30 Palästinenser um. Die laut Oslo-II-Abkommen 1996 fällige Übergabe der Stadt an die PA verhandelte die Regierung Netanjahu neu, sodass sich der Truppenabzug um 10 Monate verzögerte, aber 1000 Soldaten zur Sicherung des Haram und der 500 Juden in der Stadt blieben. Es ist keine Frage, dass Zugang zum heiligen Bezirk all jenen möglich sein sollte, denen etwas an den Erzvätern und -müttern liegt. Ein Versuch nachzuvollziehen, was die jüdischen Siedler in der Altstadt Hebrons eigentlich antreibt, könnte auf deren Website www.hebron.com beginnen: Sie laden zu Touren nach Hebron zu den Gräbern der Gründungsväter ein, um jüdische Geschichte mit denen zusammen zu feiern, die sie fortschreiben.

Die Absurditäten sind seitdem nicht weniger geworden, insbesondere Siedlungen in den oberen Stockwerken (!) arabischer Altstadtgebäude, die eine der wichtigsten Basarstraßen Hebrons verödet haben, sind für vernunftbegabte Menschen nicht nachvollziehbar. Die eigene Regierung muss Gewalt gegen diese Siedler, die eigenen Landsleute, anwenden – 2008 etwa bei der Räumung eines Hauses in der Altstadt. Und für die israelischen Soldaten ist es sicherlich auch ein unangenehmer Job, solche Gewalttreiber beschützen zu müssen. Israelische Veteranen, die zum Umgang der Armee mit den Palästinensern nicht mehr schweigen können, haben sich 2004 zur Organisation *Breaking the Silence* (hebr. *Shovrim Shtika)* zusammengeschlossen, www.breakingthesilence.org.il.

Die jüngere Geschichte dieser Stadt ist eine Kette von Hass erzeugenden Demütigungen, Intoleranz, religiös-blindem Fanatismus und Mord. Wer immer der Mächtigere hier war, unterdrückte den Schwächeren. Das ist nichts Neues in der Geschichte. Nazi-Deutschland, Vietnam, Ex-Jugoslawien sind nur ein paar Beispiele für ziemlich aktuellen Machtmissbrauch. Vom weit entfernten Schreibtisch aus lässt sich leicht der richtige Weg aufzeigen. Aber die Beteiligten vor Ort schleppen Historie mit sich herum, die rationale Überlegungen durch Emotionen ersetzt, Vernunft und Toleranz bleiben auf der Strecke.

Von Bethlehem direkt nach Hebron

Man fährt auf der alten Trasse der Straße 60 aus Bethlehem/Bet Jala ab, gelangt man nach wenigen Kilometern rechts an das steinerne Tor der Stadt **AlKhader**. Man kann ein griechisch-orthodoxes Kloster besichtigen, Tel. 052 8658828.

Weiter nach Norden kommt man nach **Battir**. Dieses alte arabische Dorf nah an der israelischen Sperranlage betreibt Terrassen-Landwirtschaft wie in römischer Zeit und feiert Anfang Oktober ein **Auberginen-Festival**. Besichtigen Sie das *Battir Landscape Ecomuseum,* ein Gästehaus ist geplant, aber man kann auch bei Familien unterkommen, www.palstays.ps > Bethlehem, mF $ 35; Tel. 2763509, bleproj.office@gmail.com.

Wieder zurück auf der Straße 60 sind es rund 2 km bis zur Abfahrt links nach Dheishe, eines der ältesten palästinensischen Flüchtlingslager mit rund 12 000 Bewohnern. Hier fällt das Kennenlernen leicht. An Versöhnungsarbeit Interessierte können sich an das Center for Conflict Resolution & Reconciliation (CCRR) wenden (Tel. 2767745, www.ccrr-pal.org; vom Direktor Noah Salameh stammt der Band Frieden im Islam, Berlin 2008), oder man steuert einfach das Ibda' Cultural Center an. Von Bethlehem aus gelangt man leicht per Sammeltaxi dorthin (von der Kreuzung der Paul VI St mit der Straße 60 bzw. Hebron St – Bab isQaq genannt –, ₪ 4, oder mit normalem Taxi für ₪ 15-20).

Ibda' bedeutet Einfallsreichtum: ein Bildungszentrum mit Bibliothek unten, Restaurant oben, zwischendrin ein Guesthouse. Für eine Führung ist eine Spende gern gesehen, auch Volontäre sind immer gefragt, am besten anmelden unter Tel. 02 2776444 oder info@ibdaa194.org.

Ibda' Cultural Center Guest House, zentral im Dheishe Camp, Tel. 02 277 6444, sicher kein langweiliges Publikum in 4er-Zimmern mit Bad, einfach, keine Kreditkarten, Dorm ₪ 60

Ein Stück weiter südlich liegen die **Teiche Salomos** (Salomon's Pools), drei riesige Zisternen, die angeblich Salomo für die Wasserversorgung von Jerusalem anlegte. Historisch gesichert ist, dass Herodes von hier aus ein Aquädukt nach Jerusalem bauen ließ, im 2. Jh nC folgten die Römer mit einem weiteren Aquädukt, der Jerusalem bis ins 20. Jh versorgte. Nördlich davon entsteht ein monumentales Tourist Resort, www.solomonpools.com.

Im fruchtbaren Tal des Dorfs **Artas**, gedeiht Romana-Salat derart gut, dass ihm jährlich im März/April ein Festival mit Musik und Tanz gewidmet wird. Der Name des Dorfes ist Programm: In Artas steckt lateinisch hortus: Garten. Daher gibt es auch ein katholisches Kloster zum *Verschlossenen Garten/Hortus Conclusus* mit guter Aussicht, zur Besichtigung vorher anrufen: Tel. 02 2742427.

Zurück auf die Straße 60

Nach etwa 3 km geht es gleich rechts – nach der Zufahrt zur jüdischen Siedlung Neve Daniel – zu Vineyard, ein Stück Land inmitten von vier israelischen Siedlungen, das bisher noch nicht zum Siedlungsbau enteignet werden konnte. Die Familie Nasser, die seit 1924 Eigentümer des Landes ist, hat dort mangels Baugenehmigung Zelte aufgestellt sowie Höhlen gegraben und bietet international regelmäßig Volontariate zum Pflanzen und Ernten an. Auch sonst gibt es immer genügend zu tun. Genaueres, auch wie man dorthin gelangt, auf der Website. Übernachten ist natürlich auch möglich:

Tent of Nations, Bethlehemer Büro: 17 AlAtan St, nordöstlich der Geburtskirche, Tel. 02 2743071 oder 052 2975985, www.tentofnations.org; beduinenartige Unterkunft mit Halbpension pP ₪ 100

🚌 Wieder auf der Straße 60 erreicht man nach gut 6 km

9

Beit Umar

Auch dieser Ort ist umringt von jüdischen Siedlungen, deren Bewohner Beit Umar gern von der Landkarte verschwinden lassen würden. Olivenbäume werden vernichtet, es drohen Hauszerstörungen. Jeden Samstag wird gewaltfrei demonstriert: Die Initiative vor Ort begegnet der Bedrohung kreativ:

Das Center for Freedom and Justice (www.center4freedom.org) engagiert sich für Friedenserziehung der Kinder in einem kleinen Vergnügungspark. Kontakt: Mussa Abu Maria, 059 8139590, 054 2037539, mousamarya@gmail.com.

Unterkunft im

Beit Umar Hostel, zu buchen über www.toursinenglish.com > guest houses, mF pP $ 25, jede weitere Mahlzeit + $ 10.

Will man Hebron von Norden anfahren, muss man die Straße 60 schon nach 2 km wieder verlassen und in Halhul Nord abfahren.

Wer Zeit hat, kann auch in **Halhul** einen Stopp auf der höchsten Erhebung der Westbank einlegen: 1030 m. Das einstige Dorf hat seine Einwohnerzahl in den letzten 50 Jahren auf 22.000 vervierfacht und ist mit Hebron im Grunde zusammengewachsen.

Etwa 2 km nach dem Abzweig steht links der Straße eine kleine Moschee mit dem umzäunten, verdreckten **Philippusbrunnen**. Hier an der Straße von Jerusalem nach Gaza erinnerte sich das Christentum der ersten Heidentaufe. Die alte Moschee mit einem Minarett von 1226 birgt ein Grab, das spätestens seit dem Mittelalter dem Propheten Jona zugeschrieben wird.

🚗 Weiter nach Süden gelangt man nach Unterquerung der Straße 35 nach

Hebron** / Khevron / AlKhalil

Geschichte: *Abraham erwarb die Höhle Machpela in Hebron, die er zum Erb-Begräbnisplatz bestimmte. Das Alte Testament berichtet, dass hier ganze Generationen folgen beigesetzt wurden. Im 11. Jh vC ließ sich – nach dem Tod von König Saul – David in Hebron zum König salben. Als im 6. Jh vC die Juden in babylonische Gefangenschaft gezwungen wurden, besetzten Edomiter die nun freie Gegend. Erst Judas Makkabäus eroberte die Stadt zurück, Herodes baute sie auf und errichtete über der Höhle Machpela ein erstes Gebäude. Nach dem zweiten jüdischen Aufstand im 2. Jh nC wurden die Juden auch aus Hebron vertrieben. Kaiser Justinian ließ im 6. Jh auf der herodianischen Basis eine Basilika errichten. Als die Muslime im 7. Jh einrückten, wandelten sie die Kirche in eine Moschee um, Juden konnten sich wieder in Hebron niederlassen. Die Kreuzritter bauten die Moschee in eine Kirche zurück, nach der Rückeroberung konvertierten die Mamluken 1267 erneut die Kirche zur Moschee. Die Mamluken verboten den Christen und Juden das Betreten des heiligen Bezirks. Erst nach der israelischen Eroberung 1967 wurden die religiösen Stätten auch Nichtmuslimen wieder geöffnet.*

Das 930 m hoch gelegene Hebron zählt nach wie vor zu den eher explosiven Orten in der Auseinandersetzung zwischen Palästinensern und vor allem ultraorthodoxen Juden und renitenten Siedlern. Daran wird auch die umstrittene Erhebung der Altstadt zum UNESCO-Welterbe 2017 wenig nützen. Die Bewohner Hebrons genießen in Palästina einen Ruf ähnlich dem der Ostfriesen in Deutschland, aber viel zu lachen gibt es seit Jahrzehnten nicht. Erkunden Sie vor einem Besuch unbedingt die aktuelle Situation (siehe S. 491). Im Zweifel einen Guide nehmen oder besser nicht fahren. In der Regel aber lohnt es sich sehr wohl,

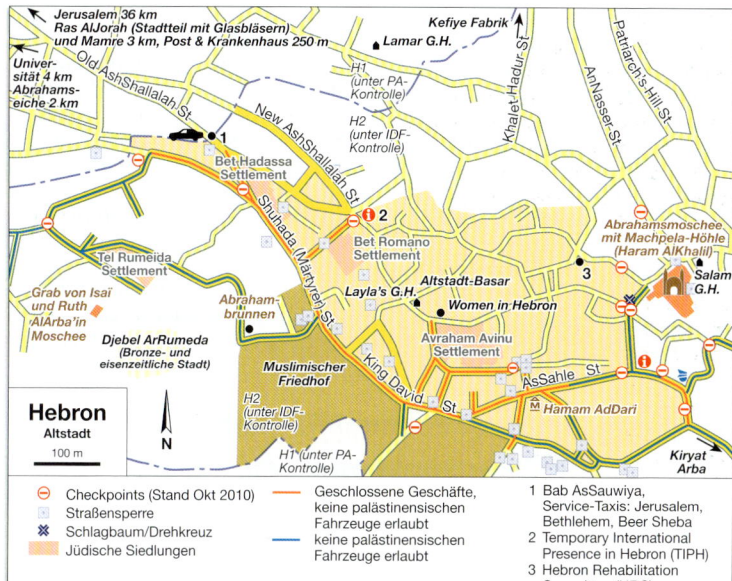

Karte-Legende:

⊖ Checkpoints (Stand Okt 2010)
⊠ Straßensperre
✹ Schlagbaum/Drehkreuz
🟧 Jüdische Siedlungen

— Geschlossene Geschäfte, keine palästinensischen Fahrzeuge erlaubt
— keine palästinensischen Fahrzeuge erlaubt

1 Bab AsSauwiya, Service-Taxis: Jerusalem, Bethlehem, Beer Sheba
2 Temporary International Presence in Hebron (TIPH)
3 Hebron Rehabilitation Committee (HRC)

Hebron zu besuchen, obwohl die relativ lang gestreckte Stadt nicht gerade zu den attraktivsten im Land gehört.

Derzeit leben in der größten Stadt der Westbank etwa 170.000 Palästinenser (nach anderen Schätzungen 200 oder sogar 230.000). Im engeren Stadtgebiet haben sich ca. 500 und im Siedlervorort Kiryat Arba etwa 7000 Juden niedergelassen. Die Stadt ist seit dem Rückzug der Armee 1997 in besondere Zonen außerhalb von Area A, B und C geteilt: H1, etwa 80% des Stadtgebiets, untersteht der PA, H2, etwa 20% des Stadtgebiets inklusive der Altstadt, dem israelischen Militär. Das soll dem Schutz der jüdischen Siedlungen im H2-Gebiet dienen, ist aber offensichtlich nicht der Weisheit letzter Schluss, da die Aufteilung vor allem zu Lasten der in H2 verbliebenen Palästinenser und deren Bewegungsfreiheit geht.

Der Name der Stadt bedeutet arabisch wie hebräisch Freund – von „Freund Gottes", einem Beinamen des gemeinsamen Stammvaters Abraham.

Die Stadt beginnt knapp einen Kilometer südlich der Straße 35 interessant zu werden. Im Viertel Ras AlJoura kann man **Glasbläsereien** besichtigen, für die Hebron berühmt ist. Hier kauft man auch günstiger als in der Jerusalemer Altstadt. Nach zwei Tankstellen befindet sich vor dem Kreisel auf der rechten Straßenseite z.B. die *Hebron Glass & Ceramics Factory* der muslimischen Familie Natsheh, Tel. 059 9212238, keine Kreditkarten. Falls Sie von der Altstadt aus hierher kommen möchten, sollte man mit etwa ₪ 10 per Taxi rechnen.

Biegt man nach den Glasbläsern im Kreisel links auf die Qaisun ArRama St ab, so stößt man nach ca. 500 m linker Hand auf das biblische **Mamre**, wo Abraham auf die Verheißung von Nachkommen hin einen Altar gebaut haben soll. Eine 2 m dicke Steinmauer aus herodianischer

9

Zeit umgibt den Platz. Der Brunnen in der Südwestecke heißt **Abraham's Well**, weil er vom Stammvater gegraben worden sein soll. Tatsächlich stammt er aus der Zeit, in der auch die Außenmauer gebaut wurde.

Zurück zum Kreisel und wiederum links, sind es noch etwa 3 km bis zur Altstadt. Wer sich für den einzigen christlichen Ort in Hebron interessiert, könnte sich zwei Kreisel weiter rechts halten und am nächsten Kreisel sofort wieder rechts abbiegen. Hier auf der King Hussein St sind es dann noch etwa 1,5 km und ein

Kreisel weiter, bis rechts ein Stahltor zu einer russisch-orthodoxen Kirche von 1871 samt Kloster führt: **AlMosqobiye**, Tel. 050 5351837. Speziell zu sehen ist nichts außer der recht neuen Kirche und einem verkohlten Baumstumpf, der wohl ebenfalls mal als das Baumheiligtum von Mamre gegolten hat. Immerhin kann man an dieser Abrahamseiche auch muslimische Tschetschenen treffen. Kein typisches Hebron-Erlebnis.

Hält man sich, statt zum orthodoxen Mamre zu fahren, an dem entsprechenden Kreisel links, landet man irgendwann

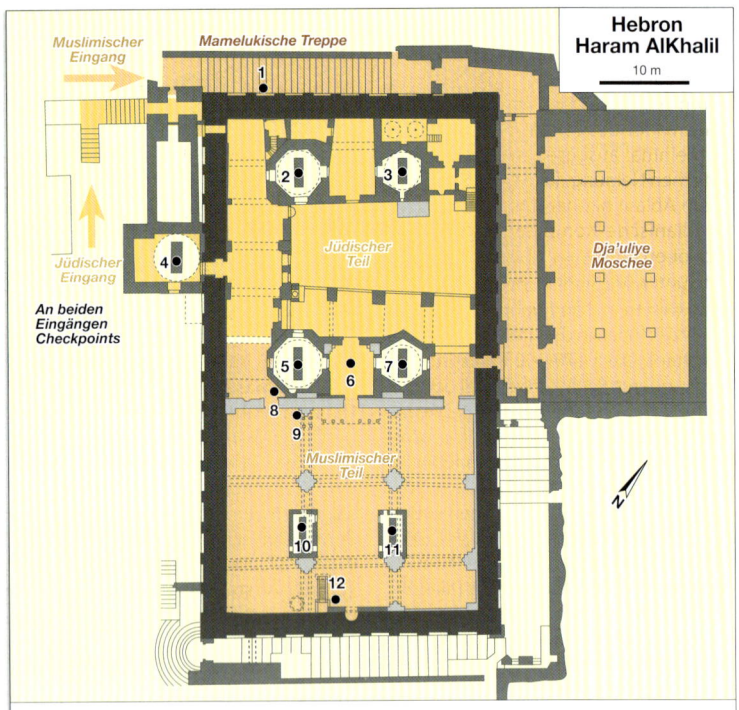

Hebron Haram AlKhalil

10 m

1 Herodianisches Mauerwerk
2 Jakob-Kenotaph
3 Lea-Kenotaph
4 Josephsgrab

5 Abraham-Kenotaph
6 Synagoge
7 Sara-Kenotaph
8 Nische mit Fußabdruck Adams (neuere muslim. Version: Mohammeds)

9 abgedeckte Höhlenöffnung
10 Isaak-Kenotaph
11 Rebekka-Kenotaph
12 Gebetsnische (Mihrab) und Kanzel (Minbar)

an einem Punkt außerhalb der Altstadt, an dem man nicht mehr weiterfahren kann. Ein Parkplatz sollte zu finden sein. Hebrons heiliger Bezirk liegt von hier aus westlich durch die Altstadt hindurch.

Der **Haram AlKhalil**, der große Gebäudekomplex über der Höhle Machpela, liegt im Südosten der Stadt, er ist streckenweise mit *Machpela* ausgeschildert. Mit seinen wuchtigen, sorgsam zusammengefügten festungsartigen Mauern zählt er zu den vollendetsten Bauwerken der Antike Israels, die heute noch erhalten sind. Herodes ließ ihn als eine Art rechteckige Plattform von 34 x 59 m (Abweichung maximal 4 mm) mit einer 2,65 m dicken Umfassungsmauer bauen, die bis auf die Mauerkrone noch voll erhalten ist. So ähnlich hat die Umfassungsmauer des Tempels in Jerusalem auch einmal ausgesehen. Aus der einheitlichen Neigung der Bodenplatten zu einem Ablauf hin geht hervor, dass der herodianische Komplex ursprünglich nach oben offen war und die Einbauten erst später erfolgten. Die eigentlichen Grabstellen befinden sich in der seit den Kreuzrittern nicht mehr zugänglichen Machpela-Höhle, genau über ihnen stehen Kenotaphe (Scheingräber). Neben der fünften Stufe der Nordtreppe befindet sich ein Loch in der Mauer, von dem die Juden glauben, es stünde mit den Gräbern in Verbindung. Bis 1967 durften sie nur bis hierher gehen und beten.

Bereits die Jordanier ließen in den 1960er Jahren einen Teil der Häuser am Haram entfernen, die Israelis vergrößerten diesen Platz vor dem historischen Gebäude. Die **Ibrahim-Moschee** über den Höhlen unterteilten die Israelis so, dass im nördlichen Teil eine Synagoge entstand und der südliche Teil als Moschee weiterhin zur Verfügung steht. Nach dem Massaker des Dr. Goldstein 1994 trennten sie außerdem die Eingänge für Muslime, So-Do 7-19, Sa 11.30-

Haram: einzige Durchsicht vom muslimischen zum jüdischen Teil, vorbei am Kenotaph Abrahams

19, und für Juden, So-Do 8-16, Einlasszeiten am besten per Tel. 2227992 bestätigen. Der muslimische Teil ist an islamischen Feiertagen für die Öffentlichkeit geschlossen, der jüdische zusätzlich an jüdischen Feiertagen. Man wird Sie fragen, welchem Glauben Sie angehören. Wenn Sie „Christentum" antworten, dürfen Sie beide Teile des Harams besichtigen. Sagen Sie wahrheitsgemäßer z.B. „weiß nicht" oder „Atheismus", ist der Checkpoint ein vermutlich unpassendes Diskussionsforum – aber vielleicht klappt es auch so. Die Durchsuchungen sind recht genau, jedes Taschenmesser muss draußen bleiben.

Folgt man dem muslimischen Zugang über die lange Treppe auf der Nordwestseite, so führt der Weg zunächst durch einen Gang, dann rechts zwischen der Haram-Mauer und der Dja'uliye Moschee entlang zum Portal in den Innenraum des Haram. Dort links weiter durch das sog. Basilikator kommt man in die ehemalige

9

Kreuzritterkirche, die heutige Ibrahim-Moschee. Nicht zu übersehen sind die beiden Kenotaphe von **Rebekka** (links) und **Isaak**, mit rot-weißer Marmorverkleidung mit grünem Dach. Dahinter, an der Südostwand, der Mihrab und ein Zedernholz-Minbar der Moschee; rechts neben dem Minbar ein Baldachin, unter dem in der Kreuzfahrerzeit eine Treppe in die Höhle hinunterführte.

Der nebenan liegende jüdische Sektor beherbergt in der Nähe der Nordwestwand die Kenotaphe von **Jakob** und nordöstlich davon von **Lea**, gegenüber, an der Trennwand zur Moschee, den von **Sara** und **Abraham**. Zwischen den beiden letzteren wurde eine Synagoge eingerichtet, zwischen südwestlicher Außenwand und Abrahams Kenotaph eine Frauenmoschee. An diese Außenwand wurde im 10. Jh das Grabgebäude für Joseph angebaut, in das man durch eine Gitteröffnung in der Mauer sehen kann.

Hebron besteht nicht allein aus dem Haram. Es ist eine äußerst lebendige orientalische Stadt mit einem großen Souk (auch AlQasaba genannt), auch wenn dieser durch die Siedlungen in der Altstadt stark verkleinert ist. Hier werden unter anderem auch die blaugrünen Produkte der Glasbläser aus dem Norden der Stadt verkauft sowie Schmuck und Gebrauchsgegenstände. Falls traditionelle Kleidung und -Stickerei für Sie interessant sind, wäre der Laden der Women in Hebron (Tel. 059 8157346, www.women inhebron.com) und der von Jamal und Suher Maraga in der AlQasaba St unterhalb der Abraham Avinu-Siedlung eine gute Adresse, Tel. 2299841. Wenn Sie sich im Souk umsehen – was sich sehr lohnt – sollten Sie deutlich den Touristenstatus zeigen, z.B. fotografieren und sich viel unterhalten, damit die Umstehenden merken, dass Sie nicht Hebräisch sprechen.

Ehemalige Marktstraße in Hebron: Hier blühte einst buntes Treiben. Heute schützt das Gitter über der Straße vor Launen der militanten jüdischen „Mitbewohner" im oberen Stock (Foto aus dem Jahr 2008)

Nordöstlich des Zentrums liegt die jüdische Siedlung Kiryat Arba mit ihren weiten und baumbestandenen Straßen, von hohen Stacheldrahtzäunen gegen Angriffe der Palästinenser geschützt. Heute leben etwa 7000 Menschen in dem modernen Viertel; für ihre Nachbarn jenseits des Stacheldrahts eine ständige Provokation. Nicht zuletzt durch das Grab des Haram-Mörders Goldstein, das die Siedler im Meir-Kahane-Park anlegten und auf dessen Marmorsockel seine Bewunderer u.a. einmeißeln ließen: „Er hat sein Leben gegeben für sein Volk Israel, die Tora und das Land. Er starb als Märtyrer…" – nachdem er 29 muslimische Betende heimtückisch erschossen und noch viele mehr schwer verletzt hatte.

Wenn Sie von Hebron auf der Straße 60 nach Beer Sheba weiterfahren (insgesamt 50 km, was aber angesichts der vielen Straßensperren mühsam und zeitraubend oder vielleicht auch gar nicht möglich ist), so sollten Sie nach 37 km an der Shoket Junction überlegen, ob Sie bereits jetzt einen Abstecher zum Kibbuz Lahav (siehe S. 453) und kurz vor Beer Sheba einen weiteren Abstecher zum Tel Beer Sheba (siehe S. 452) einlegen wollen.

Praktische Informationen

Telefon-Vorwahl 02

Die Stadtverwaltung im Internet: www.hebron-city.ps, eine neue *Tourist Information* befindet sich im Nordwesten der Altstadt bei der alten *Temporary Presence*, siehe unten. Hebron ist zwar führend in der elektronischen Stadtverwaltung, was sich jedoch auf der englischen Website und bei touristischen Informationsbedürfnissen noch nicht niedergeschlagen hat.

Sicherheitslage

Drei Jahre nach dem Moscheen-Massaker von 1994 wurde die Temporary International Presence in Hebron (TIPH) installiert, Tel.

2224445 oder 059 9202828, www.tiph.org. Die zivile Organisation beobachtet die aktuelle Lage in Hebron, schreibt Reporte und Empfehlungen an alle Seiten. Wenn Sie sich erkundigen, wird natürlich keine Gewähr übernommen, denn die momentane Situation kann sich schnell ändern. Es gibt ein Büro in Dahiyyet ArRame und ein Kontaktbüro in der Salah AdDin St, So-Mi 9-12.

Sie können sich noch weiteren Organisationen anvertrauen. Und im Ernst: Auch Leute, die schon eine Weile im Land sind, trauen einem Frieden in Hebron nur bedingt. Hier ist das Risiko, dass einem etwas zustößt, wohl doch höher als auf deutschen Autobahnen. Und was in diesem gordischen Knoten alles wo verworren ist, sieht man teils nicht mal auf den zweiten Blick. Vertrauen Sie sich also einer Führung an, die Ihnen sagt, was Sie vor sich haben und Sie sicher wieder nach Hause geleitet.

• Bewährt hat sich **Alternative Tours & Transportation**, Treffpunkt am Jerusalem Hotel in Jerusalem, Tel. 052 2864205, www.alternativetours.ps

Oder schließen Sie sich einer Führung der folgenden Institutionen an:

• **Christian Peacemaker Team** (CPT), www.cptpalestine.com, Tel. 059 8104549, entsendet seit 1995 ausgebildete FriedensarbeiterInnen in Konfliktregionen wie Hebron zur Dokumentation und Veröffentlichung von Menschenrechtsverletzungen. Sie setzen sich aktiv auch in den Konfliktregionen südlich von Hebron ein. Bemerkenswerte GesprächspartnerInnen, guter Blick vom Dach, gute Führungen; el. 2228485.

• **Hebron Rehabilitation Committee** (HRC), www.hebronrc.ps, zeigt auf seiner Website, wie die schwierige Situation in der Stadt entstanden ist und was von palästinensischer Seite aus konstruktiv geleistet wird. Renovierte Häuser und Straßen in der Altstadt sollen die Bewohner dazu bringen, ihren Stadtteil nicht zu verlassen; Kontakt: Walid S. Abu AlHalaweh, im Duweik Palast, Tel. 2226993 oder 059 9801118.

• **Breaking the Silence/Shovrim Shtika,** www.breakingthesilence.org.il, verschafft tiefen Einblick in die vertrackte Lage in Hebron und Umgebung: ehemalige israelische Soldaten, die den Umgang der IDF mit den Palästinensern als nachteilig für Israel beurteilen, machen Führungen. Die Touren beginnen um 9 und enden 15 Uhr an der Jerusalemer Stadthalle Binyane HaUma gegenüber der CBS, Treffpunkte in Hebron nachfragen. Sie als Gast sind auf der Führung durch Hebron oder durch das Hügelland südlich davon natürlich sicher, werden aber ebenso sicher von nationalreligiösen Siedlern angefeindet werden. Aus deren Sicht handelt es sich bei den Aktivisten von Breaking the Silence um Verräter. Daher erfährt man keine Telefonnummern. Zum Buch *Breaking the Silence* siehe S. 566.

Verkehrsverbindungen

▶ Eine direkte Busverbindung gibt es erst ab Bethlehem. Von **Jerusalem** nimmt man den arabischen **Bus 2(3)1** nach Bethlehem (westlich des Damaskustors an der Straßenbahnhaltestelle, ₪ 7). Direkt mit einem Service Taxi fahren wäre vermutlich flotter, würde aber auch etwas mehr kosten.

▶ In **Bethlehem** steigt man an der Bab AsSqaq-Kreuzung (wo es Richtung Westen hoch nach Bet Jala geht) in **Bus (2)23** um oder ein, und fährt für ₪ 6 weiter nach Hebron. Oder man fährt mit der 2(3)1 noch bis AlKhader südlich von Bethlehem und nimmt dort ein Service Taxi.

▶ **Autovermietung**: Holy Land, Tel. 2220811, Richtung Nordwesten bei der Universität.

Essen und Trinken

Hebron hat auch touristisch unter den Wirren der letzten Jahrzehnte sehr gelitten. Hungrige Besucher müssen mit dem vorliebnehmen, was die arabischen Restaurants vor allem der Altstadt zu bieten haben, was aber ebenso schmackhaft und gut ist wie anderswo. Die Stadt ist bekannt für ihre Kamel-Metzgereien und dementsprechend für Kamelfleischgerichte, eine gute Gelegenheit, einmal etwas anderes zu probieren.

• **AlWahid** (auch: **Qafisha**), Stadtteil Bab AsSauwiya (westlicher Zugang zur Altstadt), Tel. 059 9114818; *Our Motto Is Cleanliness,* gute, bezahlbare arabische Küche, wird auch von offiziellen Delegationen angesteuert

• **AlQuds** (Tel. 2297773) und **Hebron** (Tel. 2227772), beide am nördlichen Stadteingang, gute Aussicht, traditionelle Küche, überzeugende Vorspeisen

Übernachten

• **Abu Mazen Hotel**, Namera St, nördlicher Stadtteil, Tel. 2211113, Fax 2211116, http://abumazengroup.ps; hat nichts mit Abbas zu tun, ganz neu und hübsch, AC, TV, WLAN, mF E/D $ 70

• **Royal Suites Hotel**, Stadtteil Ras AlJorah (von Norden kommend am 2. Kreisel links, dann rechte Straßenseite nach gut 300 m), Tel. 2224080, 059 8069130 oder 059 8176303; etwas merkwürdige Apartments, leicht angeschrammt, mF E ₪ 200, D ₪ 300

• **Lamar G.H.**, Ein AlQurni im Norden der Altstadt, Tel. 059 9271190, https://lamarguesthouse.jimdo.com; ziemlich neu, toller Blick, geschmackvoll eingerichtet, mF Dorm ab ₪ 70, E ₪ 200, D ₪ 220

• **Hebron Tourist Hotel**, King Faisal St (Eingang von der westlichen Parallelstraße Ajin Sarah), Tel. 2254240/1, Fax 2226760, www.facebook.com/HEBRON.Hotel; freundlich, sauber, Zimmer unterschiedlich gut eingerichtet, vorher anschauen, AC, TV, Internet, mF E $ 35, D $ 45

• **Layla's G.H.**, Altstadt, Tel. 059 8072267 (Layla), www.womeninhebron.com und www.airbnb.com; in einem 800 Jahre alten Haus – inklusive Vollverpflegung Dorm pP ₪ 120

• **Hebron Salam G.H.,** hinter der Ibrahim-Moschee, Tel. 059 2921423 oder 052 3045028, www.salamguesthouse.com; ganz nah dran an „der Situation", aber sicher, keine Kreditkarten, plus ₪ 40 für Abendessen Dorm pP ₪ 80

Gazastreifen

Manche Leute fragen sich vermutlich, was denn Informationen über den Gazastreifen sollen, in den derzeit kaum ein normal Sterblicher einreisen kann, obwohl die Infrastruktur dafür vorhanden wäre – wir schreiben darüber, weil wir hoffen, dass sich die Situation so bald wie möglich positiv ändert und Sie als Leser bei einer Einreise wenigstens Basisinformationen an die Hand bekommen.

Hintergrund: *Der 45 km lange, zwischen 6 und 14 km breite Gazastreifen (360 qkm, weniger als die Fläche des Bundeslands Bremen) erwarb in den vergangenen Jahrzehnten traurige Berühmtheit. Er ist keine geografisch abgegrenzte Zone, sondern er entstand als ein Gebiet, das die ägyptische Armee während und nach dem Unabhängigkeitskrieg Israels noch besetzt hielt. Aus dem südlichen Palästina waren etwa 170.000 Bewohner unter anderem aus Jaffa zu den 60.000 Menschen geflohen, die hier bereits lebten. Der Lebensstandard senkte sich erheblich. Die Flüchtlinge wurden in acht großen Lagern untergebracht, die zunächst aus Zelten bestanden, sich inzwischen – eng und schmal – für den Familienzuwachs in mehrstöckige Häuser wandelten, sozusagen in Beton gegossen wurden. Das seit über 60 Jahren existierende Provisorium hält an, trotz der Häuser sind Flüchtlingslager nach wie vor gut zu erkennen, ein Ende ist nicht abzusehen. Seither kümmert sich die UNRWA um die Versorgung der Menschen, siehe Kasten.*

Beim Suez-Krieg 1956 marschierten die Israelis kurzfristig ein, überließen bald das Gebiet wieder den Ägyptern, um es ihnen erneut beim Sechstagekrieg 1967 abzunehmen. Bei den Friedensverhandlungen in Camp David 1978 verzichtete Ägypten auf den Gazastreifen, seitdem ist davon die Rede, dass es mal zu einem Staat Palästina gehören soll. Schon bald entstanden jüdische

Sehenswertes

Der Gazastreifen hat kaum touristische Höhepunkte zu bieten, sondern ob nun vor oder nach einem Krieg eher Deprimierendes. Ein Besuch lohnt jedoch in jedem Fall: er macht mit einer ganz anderen Wirklichkeit bekannt.

UNRWA

Die **United Nations Relief And Works Agency**, Gamal Abdul Nasser St (gegenüber der Islamischen Universität), Tel. 6777333 oder 2887333, www.un.org/unrwa.

Die Flüchtlings-Hilfsorganisation wurde 1949 zunächst mit einem dreijährigen Mandat gegründet, das seither in steter Regelmäßigkeit verlängert wird. Sie wuchs zur größten UN-Organisation mit heute 24.000 Mitarbeitern und einem Etat von $ 542 Millionen (2008) aus.

Die Zeiten der Lebensmittelverteilung sind vorbei, heute beschäftigt sich die Organisation hauptsächlich mit schulischer Erziehung – immerhin sind 30 Prozent der Mitarbeiter Lehrer – und medizinischer Unterstützung.

9

Siedlungen für schließlich 8000 Menschen auf rund 30 Prozent der Gaza-Fläche, die 2005 von der Regierung Sharon aufgegeben wurden; die israelischen Siedler mussten z.T. mit Gewalt umgesiedelt werden. Die meisten Gebäude und Einrichtungen wurden von der israelischen Armee zurückgebaut.

Seither untersteht das Gebiet „innenpolitisch" komplett den Palästinensern. Nach blutigen Auseinandersetzungen zwischen Hamas und Fatah vor allem im Jahr 2007 regiert es de facto die 2006 nach dem Urteil der internationalen Wahlbeobachter demokratisch gewählte Hamas. Gaza City ist die provisorische Hauptstadt. Da Israel die Hamas als Terrororganisation einstuft, erklärte es im September 2007 Gaza zum „feindlichen Gebiet" und schloss die Grenzen weitgehend. Die USA und die EU traten dem Wirtschaftsboykott bei.

Die Hamas wehrte sich mit Raketenbeschuss des israelischen Grenzbereichs gegen die Unterdrückung. Israel überzog nach mehreren Warnungen Gaza vom 28.12.2008 bis 01.02.2009 mit einem gnadenlosen Krieg, u.a. mit Phosphorbombenabwürfen jenseits der Genfer Konventionen. Rund 1400 Palästinenser verloren ihr Leben, 14 Prozent der Häuser und ein großer Teil der Infrastruktur wurden zerstört. Dieser Krieg wird übrigens offiziell „Israelische Militäroffensive gegen den Gazastreifen" genannt, weil man bei einem Krieg davon ausgeht, dass sich mindestens zwei annähernd gewachsene Parteien gegenüberstehen.

Bei einem Geburtenüberschuss von aktuell rund 4 Prozent pro Jahr leben derzeit etwa 1,7 Millionen Menschen im Gazastreifen. Die Bevölkerungsdichte dieses Landstrichs wird nur von den Staaten Monaco, Singapur und Gibraltar übertroffen. Leider kann sich Gaza ökonomisch nicht mit Monaco messen – das geschätzte Pro-Kopf-Einkommen liegt bei $ 250 pro Monat (in Israel beim Zehnfachen). Die Angaben über die Arbeitslosenquote variieren zwischen 60 und 80 Prozent. Etwa 50 Prozent der Bewohner sind jünger als 15 Jahre. Arbeitslosigkeit, Armutssituation und Ausweglosigkeit bilden neben anderen Faktoren den typischen Nährboden für die Entwicklung von Terrororganisationen. Man kann nur von einem Wunder sprechen, dass dieses Pulverfass nicht schon längst explodiert ist.

Durch die Grenzaussperrungen der letzten Jahre hat sich die wirtschaftliche Situation entschieden verschlechtert, einige Kritiker sprechen von De-Development. Es gibt praktisch keine Industrie mehr und daher keine Arbeit in diesem Sektor. Als die UNRWA vor einigen Jahren acht Müllarbeiter suchte, bewarben sich 11.655 Männer.

Quer durch den Gazastreifen zieht sich die Verlängerung der israelischen Küstenstraße 4, die quasi der uralten Via Maris der Römer folgt. Sie mündet in den einzigen für Ausländer benutzbaren Grenzübergang namens Eres. Jedoch muss man schon Diplomat, Journalist oder NGO-Mitarbeiter sein, um eventuell ein Permit für den **Grenzübertritt** zu bekommen; normale Touristen haben praktisch keine Chance zu einem Besuch.

Seit der Autonomie lassen die israelischen Checkpoints keine Autos mit gelben Nummernschildern einreisen; innerhalb des Gazastreifens ist man auf Taxis oder öffentliche Verkehrsmittel angewiesen.

Der Grenzübergang erinnert ältere Westdeutsche oft unwillkürlich an die Verfahren an der ehemaligen Grenze zur DDR. Als Tourist geht man vom Parkplatz aus zum VIP-Schalter und liefert seinen Pass ab, der für 15 bis 20 Minuten in den Netzen der Bürokratie verschwindet – ein unangenehmes Gefühl. Dann muss man bis zum etwa 600 m entfernten palästinensischen Taxistand marschieren.

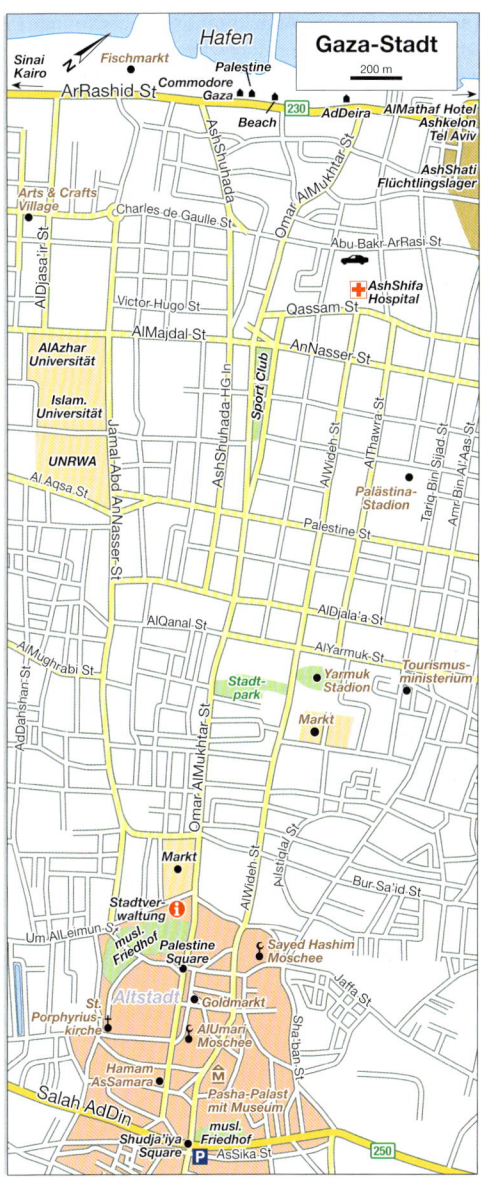

Gaza City

Geschichte: *Der Ort Gaza gehört – wie so viele andere an dieser Küste – zu den ganz alten Städten der Welt, er taucht wegen seiner Lage an der alten Handelsstraße von Ägypten nach Syrien und Mesopotamien bereits in ägyptisch-pharaonischen Texten auf, z.B. nahm ihn Pharao Thutmosis III. im 15. Jh vC ein. Der Kraftprotz Simson aus der Bibel riss hier den Dagontempel ein und kam nebst vielen Philistern selbst in den Trümmern um. Ähnlich wie in Ashkelon lösten die Eroberer einander ab: Israeliten, Philister, Perser, Griechen, Römer, Araber, Kreuzfahrer, Mamluken, Türken, Franzosen, im Ersten Weltkrieg dann die Briten, schließlich die Ägypter, und seit 1967 die Israelis. Die Autonomieverhandlungen legten seit 1995 einen großen Teil der politischen Verantwortung zurück in die Hände der Palästinenser. Zu besseren Zeiten wurde Gaza 1998* **Partnerstadt** *von* **Barcelona** *und –* **Tel Aviv***. Die zu dritt angestrebten Projekte dieser Städte liegen seit längerem wieder auf Eis.*

Vorbemerkung:

Wir wissen nicht, was in Gaza noch steht, wenn dieses Buch erscheint. Mögen die folgenden Zeilen trotzdem nützlich sein und der durch die Tunnel und gelockerte Einfuhr in den ver-

9

gangenen Monaten feststellbare Bau-
Boom schnell wieder Fahrt aufnehmen
können.

Gaza City hat aus der langen Vergangenheit nicht viel zu bieten, zumal in
jüngster Zeit die Augen mehr aufs tägliche Überleben als auf Archäologisches
gerichtet waren und bei der planlosen
Bauerei in der Stadt viele Relikte zerstört
wurden. Etwas Abhilfe schafft seit Herbst
2008 jedoch das **Archäologische Museum AlMathaf** im gleichnamigen Hotel
an der Rashid Street in Gaza-Sodaniye im
nördlichen Gazastreifen. Hier stellt der
Bauunternehmer Jawdat Khudary fast
alle Funde aus (die Aphrodite-Statue
wurde von der Hamas zensiert), die er
seinen Arbeitern bei Straßenbaumaß-
nahmen abgekauft hat; mit Restaurant
und Garten, Beach St, Tel. 2858444,
www.almathaf.ps.

Ursprünglich lag Gaza etwa 3 km von
der Küste entfernt, wie die **Altstadt** zeigt.
Sie entwickelte sich dann an zwei etwa
parallel verlaufenden Straßen zum Mittelmeer hin. Mit der Ankunft der Flüchtlinge
dehnte sie sich nach Norden und Süden
aus, wobei sie im Norden direkt in das
Flüchtlingslager Beach Camp übergeht.
Heute breitet sich ein eher unübersichtlicher Häuserbrei vom Norden des Gazastreifens bis weit südlich des Stadtzentrums aus. Besonders an der Peripherie
fallen dem Besucher unzählige viertel-
oder halbfertige Betonbauten auf, die
manchmal noch nicht oder nur in ein,
zwei Zimmern bewohnbar sind. Sie wurden offenbar willkürlich und nicht nach
stadtplanerischen Vorstellungen in die
Landschaft gestellt.

Beginnt man mit dem Kennenlernen
am Ende der Parallelstraßen Umar Al
Mukhtar St und der südlicheren AlWahda
St am östlichen Midan (Platz) Shayaria,
so kann man sich beruhigt hier vom Taxi
absetzen lassen und sich zur Küste hin
„vorarbeiten". Bald sieht man rechts der

Umar AlMukhtar St ein gedrungenes
Minarett, das hinter den Häusern der
Straßenfront steht. Es gehört zur **Großen
Moschee** – *Djami'a AlAkbar* –, einer ursprünglich von den Kreuzrittern gebauten Kirche für Johannes den Täufer, die
später in eine Moschee umfunktioniert
wurde. Bemerkenswert ist eine Säule mit
einer Menora, die aus einer Synagoge des
3. Jhs stammt. Gehen Sie auf der Mukhtar
St quasi an der einen Block versetzt liegenden Moschee vorbei und dann
rechts. Dort muss man fast schon genau
hinsehen, um die von Häusern einge-
zwängte Moschee zu erkennen.

An ihrem Westtor beginnt ein sehr
sympathischer Souk, an dessen Anfang
sich einige Goldhändler ein Stück über-
dachter Fläche teilen, der dann aber in
eher kunterbunte Allerweltsgeschäfte
übergeht. Fischhändler betreiben ihr
schmales Geschäft neben Haushalts-
waren, Gewürzhändlern oder einem
Schneider. Die Menschen sind freundlich,
nehmen das Fotografiertwerden gern auf
sich und lassen ansonsten den Fremden
tun und lassen, was er will. Die von anderen arabischen Ländern gewohnte
Anmache findet hier praktisch nicht statt.
Unsere Soukstraße mündet in den
Palestine Platz ein, von dem aus die Busse
und Minibusse nach Osten fahren.

Vom Palestine Square führt die Umar
AlMukhtar St als eine Hauptverkehrsader
in ziemlich gerader Richtung zum Strand.
Unterwegs kommt man am AlJundi
Square, dem Platz des Unbekannten
Soldaten mit einem kleinen Park, vorbei.
Südlich davon liegt die Islamische Uni-
versität und das Büro der **UNRWA**. Am
Strand angekommen, kann man nach
Süden abbiegen und der Rashid/Orabi St
folgen. Hier liegen einige neu gebaute
Hotels und die besten Restaurants der
Stadt. Aber nur wenige Schritte nördlich
beginnt direkt an der Küste das Beach
Camp, ein Flüchtlingslager, das sich als

Menschen in größter Not helfen

Gaza ist nicht nur einer der dicht besiedelten Landstriche der Erde, es wurde auch die ärmste Region an Nahrungsmitteln. Laut UN liegt die Unterernährung der Bevölkerung auf dem Niveau der ärmsten Länder der südlichen Sahara – über 50% der Familien müssen mit nur einer Mahlzeit täglich auskommen. Die im Krieg zerstörten Häuser können wegen fehlenden Baumaterials nicht aufgebaut werden, es herrscht Mangel an allem, von Medizin über Elektrizität bis zu sauberem Trinkwasser.

Aufgrund dieser verheerenden Zustände gründete sich die internationale Free-Gaza-Bewegung (www.freegaza.org/de), die seit 2008 u.a. versucht, den eingeschlossenen Menschen über die von Israel zugeteilte Versorgung per Lastwagen hinaus Hilfsgüter über See zu liefern, zeitweise mit Erfolg. Doch Ende Mai 2010 endete die Fahrt eines Konvois aus sechs Schiffen mit rund 700 Passagieren in einer Katastrophe. Israelische Soldaten griffen in internationalen Gewässern Passagiere des Führungsschiffes Mavi Marmara an, töteten 9 türkische Staatsangehörige und verwundeten etwa 40. Der Konvoi wurde gezwungen, den Hafen von Ashdod anzulaufen, die Passagiere wurden interniert und später abgeschoben. Über den Verbleib der Hilfsgüter war bei Redaktionsschluss noch nichts bekannt.

Auch wenn die IDF ihr Land vor Waffen und waffentauglichem Material schützen wollte, wurde diese Aktion außerhalb der hoheitlichen Gewässer international vielfach als Piraterie beurteilt. Immerhin reagierte Israel daraufhin mit einem Angebot zur Lockerung der Abriegelungspolitik. Eine Lockerung fand zwar zögernd, aber tatsächlich statt – doch von einer Grenzöffnung kann bisher keine Rede sein. Der Besuch von Gaza kann Risiken mit sich bringen. Wenn Sie das Leben in diesem Provisorium mit eigenen Augen sehen und beurteilen wollen, informieren Sie sich über die aktuelle Situation, siehe S. 491

Ein Junge betrachtet sein früheres Zuhause im Stadtteil AsSalam in Gaza Stadt. Die Überbleibsel des Hauses werden von Bauarbeitern abgetragen und zu neuem Material recycelt werden. Wegen der Belagerung durch Israel gibt es im Gazastreifen kaum Baumaterialien (© Kai Wiedenhöfer, 2010)

9

Riegel grauer, unverputzter Häuser weit nach Osten zieht. Hier kann der Besucher die Realität hautnah erleben, die Flüchtlingsschicksal heißt.

In der Nähe des Hafens weist ein Schild auf den UN-Club, etwas weiter wird man gestoppt, weil der einstige Palast Arafats im Weg liegt. Der Strand selbst macht nicht gerade den besten Eindruck, baden sollte man hier ohnehin besser nicht.

Keine unwichtige Erfahrung nimmt ein Besucher der palästinensischen Gebiete beim **Besuch eines Flüchtlingslagers** mit nach Hause. Wenn man rechtzeitig das UNRWA-Büro kontaktiert, wird höchstwahrscheinlich eine Tour mit Begegnungen organisiert. Prinzipiell stellt es überhaupt kein Problem dar, selbst in eins der Camps zu gehen; vermutlich wird sich bald jemand anbieten, den Besucher herumzuführen. Es käme z.B. das *Beach Camp* (Ash-Shatt) oder das zwischen der Stadt und dem israelischen Eres Checkpoint liegende *Jabaliya Camp* infrage, das größte.

Von Gaza City verläuft die ehemalige Via Maris weiter nach Süden. Unterwegs streift sie **Khan Yunis**, die zweitgrößte Stadt im Gazastreifen, trifft in Raffah auf die ägyptische Grenze, um dann über El Arish ins Niltal zu führen.

Der südliche Teil des Gazastreifens bietet touristisch auch nichts Interessantes. Es sei denn, man würde den **Gaza International Airport** besuchen wollen oder können, der ganz im Südosten nahe der ägyptischen Grenze liegt. Das 250-Millionen-Dollar-Objekt stand 20 Monate fertig herum, bis es nach intensivem Tauziehen zwischen den Parteien im November 1998 eröffnet wurde, aber nur halbherzig. Denn es mangelte aus politischen Gründen an technischem Gerät wie Funkanlagen und Anflugbefeuerung, um den Flugverkehr abzuwickeln. Inzwischen ist die Anlage und mit ihr viele Millionen europäischer Steuergelder von israelischen Bombern zerstört worden.

Willkommen in Gaza

Praktische Informationen

Telefon-Vorwahl 08

Eine **Information** gibt es bei der Stadtverwaltung (Municipality) in der Nähe des Palestine Square im Nordwesten der Altstadt; arabische Website: www.mogaza.org. Hilfreich, wenn auch nicht immer aktuell ist das Branchenverzeichnis www.gazatoday.com.Der unregelmäßige Nachrichtenstrom aus Gaza ist durch das Internet stetiger geworden, siehe in der Bloggsphäre z.B. http://ingaza .wordpress.com. Auf dem iPhone leistet die gut gemachte App *iGaza* gute Dienste, für Android gibt es einen Stadtführer für Gaza.

Verkehrsverbindungen

Mit öffentlichen Verkehrsmitteln nach Gaza zu kommen, ist praktisch nicht möglich. Eine mögliche Alternative besteht darin, dass man von Ashkelon oder Yad Mordekhai ein Taxi zur Grenze nimmt (von Ashkelon ca. 80 ₪) und von dort aus dann weiter nach Gaza zu kommen versucht – falls man ein Permit vorweisen kann.

Einreiseerlaubnis

Ohne Genehmigung kommt niemand in den Gazastreifen. Sie benötigen außerdem eine von israelischer Seite sowie eine von der Hamas, was die Sache nicht vereinfacht. Selbst wenn Sie eine haben, sollten Sie unbedingt die Öffnungszeiten des Eres-Grenzübergangs überprüfen. In der Regel ist er So-Do 8-15, Fr –14 Uhr geöffnet, die Zeiten können jedoch auch kürzer oder der Übergang ganz geschlossen sein – letzteres in der Regel samstags und an einigen Feiertagen.

Aktuellste Informationen müsste der öffentliche Ombudsmann der *Coordination of Government Activities in the Territories* (COGAT) in Gaza für Anfragen von Organisationen und Palästinensern haben:
Tel. 08 6741506, www.cogat.idf.il.

Essen und Trinken

Am Palestine Square und in der Altstadt gibt es beliebig Felafel, Shauwarma und sonstige arabische Köstlichkeiten. In der ArRashid St am Strand liegen die besseren/teureren Lokale, z.B. in den dort sich drängenden Hotels.

• **La Mirage**, Tel. 2865128, und
• **Al Andalus**, Tel. 2821272,

sind Fischrestaurants in der Nähe des Hafens.

Übernachten

Die meisten – der wohl kaum von Gazabewohnern bezahlbaren – Hotels befinden sich am Strand an der ArRashid St (manchmal auch Ahmad Orabi St genannt), zwischen der Einmündung der Djamal Abdul Nasser St im Süden und der Umar AlMukhtar St im Süden.

• **AdDeira**, ArRashid St, Tel. 2838100, Fax 2838400, www.aldeira.ps; schön eingerichtete, großzügige Zimmer, gute Aussicht vom Balkon, AC, TV, WLAN, mF E $ 135-160, D $ 175-195

• **AlMathaf**, ArRashid St, 2858444 oder 059 7418080, www.almathaf.ps; freundliche Zimmer, sauber, Restaurant und Gaza-Museum im Hause, TV, AC, WLAN, mF E/D $ 100-130

• **Beach**, ArRashid St, Tel. 2828008, Fax 2828604, große Zimmer, kleiner Pool, AC, TV, WLAN, über dem Restaurant *Orient House*, in dem auch das schmackhafte Frühstück serviert wird, mF E $ 80, D $ 100

• **Palestine**, ArRashid St, Tel/Fax 2823355, ammar_bak@hotmail.com; direkt am Strand, südliche Zimmer kein Strandblick, sehr sauber, gut eingerichtet, mF E $ 65, D $ 75

9

10   Anhang

Glossar

Ashkenasim	mittel- und osteuropäische Juden und ihre Nachkommen
Bab	arab.: Stadttor
Bar/Bat Mizwa	hebr.: Sohn/Tochter der Pflicht, ähnlich einer Konfirmationsfeier
Bet Knesset	hebräisch für Synagoge
C.E.	*common era*, unsere Zeitrechnung, häufig in Museen für: nach Christus
Chassidim	hebr.: fromme; streng orthodoxe Juden
Djami'a	große Freitagsmoschee
Gemara	Auslegung der Mishna, Teil des Talmud
glatt kosher	kosher auch im Sinne der strengeren sefardischen Regeln
halal	arab.: rein, erlaubt, v.a. den islamischen Speisevorschriften in Koran und Sunna genügend
Haram	arab.: (im Islam) verboten; daher auch: heilige Bezirke (Jerusalem und Hebron)
Haredim	hebr.: Gottesfürchtige, Selbstbezeichnung der ultraorthodoxen Juden
Kabbala	wörtl.: Überlieferung, mystische Tradition des Judentums, das die direkte Offenbarung Gottes z.B. in Buchstaben-Zahlen-Kombinationen sucht
Kashrut	Vorschriften der koscheren Küche, was zum Genuss erlaubt ist
Kenotaph	griech.: Schein- bzw. Schaugrab ohne Beisetzung, zum Gedenken
Khamez	Gesäuertes, darf in der Pessach-Zeit nicht gegessen werden
Khanqa	klosterähnliches Gebäude muslimischer Bruderschaften
Kibbuz/Kibbuzim	hebr.: Gemeinschaftssiedlung/en
Kibbuznik	Bewohner eines Kibbuz
Kikar	hebr.: Platz
Kippa	kleines Käppchen für Männer, in der Synagoge Vorschrift, von orthodoxen Juden auch ganztags getragen
Klezmer	Musik der ashkenasischen Juden
Kopten	ägyptische Christen, deren Kirche sich seit dem 5. Jh eigenständig entwickelt
kosher	den jüdischen Speisegeboten genügende Lebensmittel und Küchengeräte
Koran	arab.: heiliges Buch der Muslime
Kotel	West- bzw. Klagemauer, heiligste Stätte der Juden
Liwan	arab.: nur zum Innenhof hin geöffnete Halle
Madrasa	Hochschule für religiöses islamisches Recht
Maqam	arab.: heiliger Ort, oft ein Sheikhgrab
Masdjid	Moschee
Mashrabiya	gedrechseltes Holzgitter, ineinander verzapft
Mehadrin	bezeichnet besonders strikte Kashrut-Regeln für Ultra-Orthodoxe
Menora	siebenarmiger Leuchter, Symbol des Staates Israel
Merkas	hebr.: Zentrum
Midrasch	hebr.: Auslegung, rabbinischer Bibelkommentar
Mikwe	hebr.: rituelles Reinigungsbad
Minarett	Moschee-Turm für den Muezzin

Mihrab	Gebetsnische in einer Moschee, Richtung Mekka ausgerichtet
Minbar	Predigtkanzel in einer Moschee
Mishna	anfangs mündliche Auslegung der Tora, Grundlage des Talmud
Mitnagdim	hebr.: Gegner (der Chassidim); streng orthodoxe Juden
Muezzin	arab.: Gebetsrufer
Nakba	arab.: Katastrophe, die Ausrufung des Staates Israel am 15. Mai 1948
Naksa	arab.: Rückschlag, Beginn des 1967er-Krieges am 5. Juni
Peijes/Peijot	Schläfenlocken der streng orthodoxen Juden
Rabbi	jüdischer Tora-Gelehrter mit leitenden Aufgaben in der Synagoge
Sabra	Kaktusfrucht, außen stachlig, innen süß, auch Bezeichnung für im Land geborene Israelis
Sefardim	spanische und nordafrikanische Juden und ihre Nachkommen
Service	arab.: Sammeltaxi (sprich: *SSerwieß*)
Sherut	hebr.: Sammeltaxi
Shia	arab.: Partei; Muslime, die Mohammeds Schwiegersohn Ali als dessen rechtmäßigen Nachfolger ansehen
Shiit	Anhänger der Shia (ca. 15% der Muslime)
Shoá	hebr.: der Völkermord an den Juden im Dritten Reich
Shofar	Widderhorn, wird an manchen jüdischen Festen geblasen
Souk	arab.: Markt, Basar (hebr.: Shuk)

Streimel	pelzbesetzter Hut ultraorthodoxer Juden
Yeshiva	Tora-Schule
Sunna	arab.: Tradition, Überlieferungen aus dem Leben Mohammeds
Sunnit	Anhänger der Sunna (85% der Muslime)
Synagoge	griech.: Versammlungshaus oder -raum, heute fast ausschließlich für jüdische Gottesdiensthäuser verwendet
Tallit	jüdischer Gebetsschal
Talmud	hebr.: Lehre, Zusammenfassung von Mishna, Gemara und rabbinischen Kommentaren
Tefillin	Lederkapseln mit kleinen Schriftrollen an den jüdischen Gebetsriemen
Tel, **Tell**	hebr. u. arab. für Ruinenhügel einer antiken Siedlung
Tenakh	von Christen Altes Testament genannt, bezeichnet das Akronym **T**ora, **N**evi'im und **K**etuvim – Tora, Propheten und Schriften (Psalmen etc.)
Tora	hebr.: Gesetz, Bezeichnung der ersten fünf Bücher der Bibel
Wakala	Handelshaus, Karawanserei
Zizit	quastenartige Schaufäden am Tallit, von Ultraorthodoxen auch unter Alltagskleidung getragen

Minilexikon

Die folgende Wortliste könnte Ihnen auf Ihrer Reise nützlich sein. Zur Aussprache: fast alle Buchstaben wie im Deutschen, außer

kh wie ch in acht;
gh wie ein am Gaumen gerolltes R;
w   wie ein englisches „Dabbelju";
dj wie das französische j in Journal.

Deutsch	Hebräisch	Arabisch
Wichtige allgemeine Ausdrücke		
ja / nein	ken / lo	aíwa, eh / la
bitte	bewakashá	min fádlak
zu einer Frau:		min fádlik
bitteschön	bewakashá	tafáddal
zu einer Frau:		tafáddali
danke (viel)	todá (rabá)	schukrán
gern geschehen	ejn dawár	áfwan; áhlan
guten Tag	shalóm	ßalám, arkhabá
guten Morgen	bóker tov	sabáh al-kher
Antwort:		sabáh an-nur
guten Abend	érev tov mása	al-cher
Antwort:		mása an-nur
gute Nacht	laila tóv	láyla táyyiban
wie geht es?	ma nishmá?	kaif al-khál?
auf Wiedersehen	lehitra'ót	ma'a ßaláma
entschuldigen Sie	slikhá	áfwan
Entschuldigung!	slikhá!	áfwan; äßif!
Macht nichts	ejn dawár	ma'alésh
Hilfe!	hazílu!	an-nádjde!
jetzt	akhsháv	hallá'
schlecht	ra'	sáiyye
(alles) o.k.	(kol) beßéder	tammám
es gibt/gibt es?	jesh	fi
es gibt nicht	ejn	má fi
Moment, langsam!	réga	shuwáiye

Wichtige allgemeine Wörter		
Apotheke	bet merkáchat	saidalíya
Arzt	rofé	duktúr
Brief	michtáv	rißála, máktub
Briefmarke	bul	tábi'

Frau	ishá	ßitt
Geld	kéßef	fulús
gestern	etmól	imbaríkh
groß	gadól	kibír
gut	tov	kuwájis
heute	hajóm	aj-jám
jetzt	akhsháv	hallá'
kalt	kar	bárid
klein	katán	ßeghír
Krankenhaus	bet kholím	mustashfá
Mann	ish	rádjul
morgen	machár	búkra
Polizei	mishtára	bulíß
Post	doar	bósta
Schmerzen	ké'evim	wadjá'
Telefon	telefon	telfón
Unfall	te'urá	hádis
viel	harbé	kitír
warm	cham	sekhn
wenig	kzat	schuwáiye
Zoll	mécheß	djamárik

Fragen		
wer?	mi?	min?
wo?	éfo	uwén?
wohin?	le'an	la-uwén?
was?	ma?	shu?
warum?	láma?	lesh?
wann?	mataj?	imta?
wie?	ekh?	kif?
wie teuer?	ekh jakar?	bi kam?
wieviel?	kama?	kam?, qaddesh?
ist es möglich?	efschári?	mumkin..?

Persönliches		
ich	aní	ána
du (mask.)	atá	ínte
du (fem.)	at	ínti
er	hu	húwa
sie	hi	híja
wir	anákhnu	néhna
ihr	atém (f. atén)	íntu

sie	hem (f. hen)	hénne

Reisen

Auto	mechonít, otó	sayyára
Bus	ótobuß	bas
Deutschland	germanía	almániya
Taxi	táksi	táksi
Sammeltaxi	sherút	ßerwíeß
Ermäßigung	hanachá	khasm
Fahrkarte	kartís neßia	táskara
Fahrpreis	mekhír neßia	ídjra
Fahrrad	ofanájim	bißiklít
Flughafen	nemal te'ufá	matár
Flugzeug	matóß	tajjára
Minute(n)	daká, dakót	daqíqa, daqá'iq
Österreich	óstrija	nímßa
Schweiz	swíß	ßwísra
Stadt	medína	medína
Straße	rechóv	schári'a

Ortsbestimmung

geradeaus	jaschár	dúghri
links	ßmol	jaßár
rechts	jamín	jamín
nach	acharéj	íla
hier	po	hon
dort	sham	heník
Norden	zafón	shemál
Osten	misrách	sharq
Süden	daróm	djanúb
Westen	ma'aráv	gharb
Berg	har	djébal
Haus	bajt, bet	bejt

Restaurant/Hotel

Doppelzimmer	khéder sugi	ghúrfa bi-srirén
Essen	okhel	akl
Fisch	dag	ßámak
Fleisch	baßár	lakhm
Gemüse	jerakót	chudar
Hotel	bet malón	fúnduq, otél
Huhn	tarnegól	djadj

Kaffee	kaffé	(q)áhwa
Frühstück	arukhat bóker	fetúr
Tee	te	shaj
Toilette	scherutím	hammám
Damen	gvarót; nashím	saidát
Herren	gvarím	asjád
trinken (ich)	lischtót	áshrab
Wasser	majim	maij
Zucker	ßukár	sekkár
guten Appetit	beté avón	bil-hanna wash-shífa
Prost	lekhájim	ßákha –
Antwort:		ßakhtéyn

Markt/Einkaufen

Apfel	tapúakh	tefákh
Brot	lékhem	khubs
Eier	bejza	bed
Fruchtsaft	miez	'asír
Kartoffeln	tapuchéj adamá	batáta
Markt	shuq	ßuq
Milch	chaláv	lában
Orange	tapusím	burtqán
teuer	jakár	gháli

Zahlen	hebräisch	arabisch	arab. Ziffern
0	éfeß	ßifr	·
1	akhát	uwahid	١
2	shtájim	itnén	٢
3	shalósh	tláte	٣
4	árba	árba'a	٤
5	khamésh	khámße	٥
6	shesh	ßítte	٦
7	shéva'	ßáb'a	٧
8	shmoné	temánje	٨
9	tésh'a	tí's'a	٩
10	éßer	'áshara	١·
20	eßrím	'ishrín	٢·
100	méa	míja	١··
1000	élef	alf	١···

10

Bibelstellenverzeichnis

Pilgern und religiös Interessierten sollen die beiden folgenden Tabellen dienen, d.h. die Gegenwart mit den in der Bibel erwähnten Orten veknüpfen. **Tabelle 1** nennt zu jedem erwähnten biblischen Ort dieses Führers die entsprechende Bibelstelle. Umgekehrt hilft **Tabelle 2,** Orte der Bibel im Buch zu finden.

Tabelle 1: Sortierung nach Orten

Ort	Geschehen	Bibelstelle	Seite
Abu Gosh	Bundeslade in Qiryat Yearim	1. Samuelbuch 6,21-7,2	217
Abu Gosh	Emmausgeschichte	Lukasevangelium 24,13-35	217
Afeq (Tel)	Israel verliert Bundeslade an Philister	1. Samuelbuch 4,1-11	286
Afeq (Tel)	Paulus übernachtet als Gefangener	Apostelgeschichte 23,31-32	286
Akko/Ptolemais	Paulus kehrt von 3. Reise zurück	Apostelgeschichte 21,7	345
Antipatris	s. Afeq		
Arad (Tel)	Eroberung durch Josua	Josuabuch 12,14	446
Arad (Tel)	König von Arad von Israel geschlagen	4. Mosebuch 21,1-3	446
Arad (Tel)	Tempel beerdigt zu Josias Kultreform	2. Königebuch 23,1-28	446
Armageddon	s. Megiddo		
Artas	verschlossener Garten als Symbol für eine Braut	Hohelied Salomos 4,12	539
Ashdod	Israels Bundeslade bei den Philistern	1. Samuelbuch 5,1-8	293
Ashdod	Jona entkommt dem Fisch	Jonabuch 2,11	293
Ashdod	Philippus predigt	Apostelgeschichte 8,40	293
Ashdod	Vernichtungsprophezeiung	Amosbuch 1,8	293
Ashdod	von Jonatan geplündert und zerstört	1. Makkabäerbuch 10,83-85	293
Ashkelon	Vernichtungsprophezeiung	Amosbuch 1,8; Jeremiab. 47,5-7	295
Ashkelon	vom Stamm Juda nicht erobert	Richterbuch 1,18	295
Ashkelon	von Jonatan verschont	1. Makkabäerbuch 10,86	295
Ayalon-Tal	Gott hält für einen Schlachtsieg noch vor dem Sabbat Mond und Sonne an	Josuabuch 10,12	219
Banias	s. Caesarea Philippi		
Beer Sheba (Tel)	Abraham schließt Bund mit Abimelekh	1. Mosebuch 21,22-34	447/452
Beer Sheba (Tel)	Hagar und Ismael irren in der Wüste umher	1. Mosebuch 21,9-21	447/452
Beer Sheba (Tel)	Isaak errichtet Altar, erneuert Bund mit Abimelekh	1. Mosebuch 26,23-33	447/452
Berg der Seligpreisungen	Jesu Bergpredigt	Matthäusevangelium 5-7	377
Bethanien	Auferweckung des Lazarus	Johannesevangelium 11,1-45	514
Bethanien	Maria und Marta	Lukasevangelium 10,38-42	514
Bethanien	Salbung Jesu durch Maria	Johannesevangelium 12,1-9	514
Bethel	Goldenes Kalb und warnende Propheten	1. Königebuch 12,28-13,32	503
Bethel	Jakobs Traum von der Himmelsleiter	1. Mosebuch 28,10-22; 35	503
Bethlehem	Geburt Jesu, Herodes Kindermord	Matthäusevangelium 2,2-16	527
Bethlehem	Geburt Jesu, Hirten	Lukasevangelium 2,4-20	527
Bethlehem	Rachels Grab	1. Mosebuch 35,19-20; 48,7	527
Bethlehem	Ruth aus der Fremde wird Stammmutter Davids	Ruthbuch	527
Bethlehem	Samuel salbt David zum König	1. Samuelbuch 16,1-13	527
Bethsaida	Heilung eines Blinden	Markusevangelium 8,22-26	381
Bethsaida	von Jesus verflucht	Lukasevangelium 10,13-16	381
Beth Shean (Tel)	Philister hängen König Sauls Leichnam an die Stadtmauer	1. Samuelbuch 31,8-10	416
Bet Sahur	Hirten auf dem Feld	Lukasevangelium 2,8-20	532

10

10

Bibelstellenverzeichnis
Tabelle 2: Sortierung nach Bibelstellen

Ort	Geschehen	Bibelstelle	Seite
1. Königebuch 7-8	Jer., Tempelberg	Tempel von Salomo erbaut und eingeweiht	170
1. Königebuch 9,15-17	Geser	Pharao zerstört, Salomo baut wieder auf	290
1. Königebuch 9,15	Hazor (Tel)	von Salomo wieder aufgebaut	397
1. Königebuch 9,15	Megiddo	von Salomo ausgebaut	424
1. Königebuch 9,26	Elat	Salomo lässt Schiffe bauen	474
1. Königebuch 11,7-8	Jer., Ölberg	Salomos Götzendienst	156
1. Königebuch 12,28-13,32	Bethel	Goldenes Kalb und warnende Propheten	503
1. Königebuch 12,29-30	Dan (Tel)	Jerobeam stellt goldenes Kalb auf	402
1. Königebuch 12,31	Dan (Tel)	Jerobeam baut Höhenheiligtümer	402
1. Königebuch 16,24	Samaria	von Omri als Nordreich-Hauptstadt gegründet	509
1. Königebuch 16,29-33	Samaria	Residenz Ahabs mit Baaltempel	509
1. Königebuch 18	Karmel (Berg)	Gottesurteil zwischen Elia und Baalpriestern	341
1. Makkabäerb. 1,21-42	Jer., Tempelberg	von Antiochus IV. entweiht	170
1. Makkabäerb. 2,15-30	Modeïn	Beginn des Makkabäeraufstands	287
1. Makkabäerbuch 3,37-4,25	Emmaus/Nikopolis	Heerlager, Judas Makkabäus schlägt Gorgias	219
1. Makkabäerb. 4,36-61	Jer., Tempelberg	von Judas Makkabäus wieder eingeweiht	170
1. Makkabäerbuch 4,52-59	Chanukka	Lichtfest	87
1. Makkabäerbuch 10,83-85	Ashdod	von Jonatan geplündert und zerstört	293
1. Makkabäerbuch 10,86	Ashkelon	von Jonatan verschont	295
1. Makkabäerb. 11,67-74	Hazor (Tel)	Schlacht Jonatans gegen Demetrius	397
1. Makkabäerb. 13,43-48	Geser (Tel)	von Makkabäern erobert	290
1. Mosebuch 13,18 u. 18,1-15	Mamre	Abram baut Altar, Abraham werden Nachkommen verheißen	541
1. Mosebuch 14,18	Jerusalem	Melchizedeq, Priesterkönig von Salem	148
1. Mosebuch 19,1-29	Sodom (Berg)	Sodom und Gomorra zerstört	441
1. Mosebuch 21,22-34	Beer Sheba (Tel)	Abraham schließt Bund mit Abimelekh	447/452
1. Mosebuch 21,9-21	Beer Sheba (Tel)	Hagar und Ismael irren in der Wüste umher	447/452
1. Mosebuch 22,2	Jer., Tempelberg	Abraham soll Isaak opfern	170
1. Mosebuch 23; 25,8-10	Hebron	Abraham erwirbt Höhle Makhpela als Grabstätte	540
1. Mosebuch 26,23-33	Beer Sheba (Tel)	Isaak errichtet Altar, erneuert Bund mit Abimelekh	447/452
1. Mosebuch 28,10-22; 35	Bethel	Jakobs Traum von der Himmelsleiter	503
1. Mosebuch 33,17-34,31	Sichem	Jakob wohnt bei Sichem, Blutrache wegen Vergewaltigung seiner Tochter	504
1. Mosebuch 35,19-20; 48,7	Bethlehem	Rachels Grab	527
1. Samuelbuch 4,1-11	Afeq (Tel)	Israel verliert Bundeslade an Philister	286
1. Samuelbuch 5,1-8	Ashdod	Israels Bundeslade bei den Philistern	293
1. Samuelbuch 6	Bet Shemesh	die Bundeslade zurück aus Philisterland	218
1. Samuelbuch 6,21-7,2	Abu Gosh	Bundeslade in Qiryat Yearim	217
1. Samuelbuch 16,1-13	Bethlehem	Samuel salbt David zum König	527
1. Samuelbuch 24	En Gedi	David lässt Saul am Leben	43
1. Samuelbuch 28,3-25	En Dor	Totenbeschwörung über Sauls Ende	386
1. Samuelbuch 31,8-10	Beth Shean (Tel)	Philister hängen König Sauls Leichnam an die Stadtmauer	416
2. Chronikbuch 11,5-12	Maresha (Tel)	Ausbau zur Festung unter Rehabeam	303
2. Chronikbuch 35,20-25	Megiddo (Tel)	König Josia in Schlacht tödlich verletzt	424
2. Königebuch 2,4-22	Jericho	Elia fährt zum Himmel, Elisa reinigt eine Quelle	419
2. Königebuch 17,5-6	Samaria	von Assyrern erobert	509

10

10

Einstimmen und Vorbereiten auf die Reise

Literatur

Die folgenden subjektiv ausgewählten Titel aus einer Vielzahl unterschiedlichster Nahost-Bücher können anregende Ergänzung zu diesem Reiseführer sein. Insgesamt lohnt ein Blick in spezialisierte Häuser zum Nahen Osten wie

- www.palmyra-verlag.de und
- www.aphorisma-verlag.de,

letzterer reagiert mit seinen *Kleinen Schriften* flexibel auf aktuelle Fragen. Jüdische Lebenswelt und das Verhältnis Deutschland-Israel erschließen z.B.

- www.suhrkamp.de/juedischer_verlag_68.html oder die
- www.juedische-verlagsanstalt.de.

Vorweg sei das **PASSIA Diary** genannt, jährlich herausgegeben von der gleichnamigen akademischen Gesellschaft, www.passia.org – zwar keine Literatur, aber nützlich: Alle Kontaktdaten von Abbas bis Zochrot, die man brauchen könnte inklusive Restaurants und Taxis. Das Directory ist auch als iPhone-App zu haben, siehe S. 579.

- Lasker-Schüler, E., *Das Hebräerland*, Zürich 1937/München 1986; Palästina und Jerusalem in britischer Mandatszeit poetisch geschildert
- Rosenthal, D., *Die Israelis*, München 2007; sortiert das Völkerdickicht im Land, kenntnisreiche Einblicke in Politik und Alltagskultur
- Vieweger, D., *Streit um das Heilige Land*. Was jeder von israelisch-palästinensischen Konflikt wissen sollte, 5. Aufl. Gütersloh 2015; lohnendes Handbuch mit gut aufgeschlossenen Quellen und kritischem Blick auf alle Beteiligten; vom selben Autor auch *Archäologie der biblischen Welt*, Gütersloh 2012; ein wissenschaftliches Handbuch sowie *Abenteuer Jerusalem*. Die aufregende Stadt dreier Weltreligionen (mit I. u. H.D. Beyer), 2. Aufl. Gütersloh 2014; reich bebildert für Kinder
- Michener, J.A., *Die Quelle*, deutsch 1966; etwas konstruiert, aber packend: Ohne es zu wissen, gräbt ein Archäologe seine eigene, 12000 Jahre alte Familiengeschichte und die charmante Israels aus, Romanvorlage war Tel Megiddo
- Finkelstein, I./Silberman, N.A., *Keine Posaunen vor Jericho*, München 2002; glänzendes Buch darüber, was die Bibel und archäologische Ergebnisse bedeuten können und was nicht

- Masalha, N., *The Bible & Zionism*. Invented Traditions, Archaeology and Post-Colonialism in Israel–Palestine, London/New York 2007; der Londoner Gelehrte zeichnet die Entwicklung des anfangs säkularen Zionismus zur religiösen Heilslehre für Juden und Christen nach – mit Effekten auch auf die Archäologie
- Grossman, D., *Das Lächeln des Lammes*, München 1988 (Hebr. 1983); *Eine Frau flieht vor einer Nachricht,* München 2009; der 2010 mit dem Friedenspreis des Deutschen Buchhandels ausgezeichnete Autor schreibt Kinderbücher, Romane und Politisches zum Nahostkonflikt – sein erster Roman thematisierte 1983 erstmals die Rolle Israels als Besatzungsmacht
- Nusseibeh, S., *Es war einmal ein Land*. Ein Leben in Palästina, Frankfurt a.M. 2009; sehr lesenswerte Autobiografie des palästinensischen Diplomaten und Präsidenten der Jerusalemer AlQuds-Universität, entstand als Antwort auf
- Oz, A., *Eine Geschichte von Liebe und Finsternis*. Roman, Frankfurt a.M. 2004; autobiografischer Roman des Friedenspreisträgers des Deutschen Buchhandels von 1992 über Jerusalem, Israel und Europa in den 1940er Jahren
- Schrobsdorff, A., *Wenn ich dich je vergesse, oh Jerusalem…*, München 2004; *Jericho. Eine Liebesgeschichte,* München 1997; hervorragende Einführungen für Jerusalem und Jericho
- Abulhawa, S., *Während die Welt schlief*, München 2011; ein in über zwanzig Sprachen übersetzter Familienroman, gespiegelt in historischen Ereignissen – gut zum Einstieg
- Peace Research Institute in the Middle East (PRIME), *Learning Each Other's Historical Narrative: Palestinians and Israelis,* Bet Jala 2006; Geschichtsbuch-Projekt arabisch-israelischer Lehrer, das den Konflikt von beiden Seiten schildert, moderiert in Braunschweig, dort als PDF für € 5: www.gei.de oder gratis: www.vispo.com /PRIME/leohn1.pdf – sehr viel ausführlicher aber:
- PRIME, *Side by Side*. Parallel Histories of Israel-Palestine, New York 2012, sehr lohnend
- Wenger, K./Wiedenhöfer, K., *Checkpoint Huwara. Israelische Elitesoldaten und palästinensische Widerstandskämpfer brechen das Schweigen,* München 2008; genaue Beschreibungen, bewegende Bilder
- Breaking the Silence, *Breaking the Silence*. Israelische Soldaten berichten von ihrem Einsatz in den besetzten Gebieten, Berlin 2012; Selbstzeugnisse ehemaliger Besatzungssoldaten aus der Westbank, die nicht mehr schweigen können – atemberaubend

- Weizmann, E., *Sperrzonen. Israels Architektur der Besatzung,* Hamburg 2009; detaillierte, gut lesbare Studie über Abgrenzungen Israels seit 1967 – auch unterirdisch und in der Luft

- Shehade, R., *Fremd in Ramallah. Mein Leben als Sohn im besetzten Palästina,* Hamburg 2003 & *Wanderungen in Palästina.* Notizen zu einer verschwindenden Landschaft, Zürich 2011; der Rechtsanwalt sowie Begründer der Menschenrechtsorganlhaq.org formuliert seine Erlebnisse allen Nahostgruppen gegenüber kritisch – und nahezu poetisch. Nachdenkenswerte Sprachbeobachtungen im bislang nicht übersetzten *Language of War, Language of Peace,* 2015, augenöffnende autobiographische Skizzen in *Where the Line Is Drawn.* Crossing Boundaries in Occupied Palestine, 2017

- Pappe, I., *Die ethnische Säuberung Palästinas,* Frankfurt 2007; der Historiker recherchierte akribisch die u.a. von Ben Gurion veranlasste Vertreibung und Enteignung der Palästinenser

- Farhat-Naser, S., *Thymian und Steine,* Basel 2009; *Disteln im Weinberg,* Basel 2008; eine palästinensische Frau schildert eindringlich ihr Leben und ihre Sicht der politischen Situation

- Nashef, A., *Warum Krieg?* Eine tiefenhermeneutisch-empirische Untersuchung der intersubjektiven Dynamik im Nahostkonflikt, Göttingen 2011; Daniel Barenboim empfiehlt dem Nahostkonflikt eine Psychotherapie, dieses Buch macht das mit Interviews nachvollziehbar. Bei der Typenbildung zum Umgang mit dem Konflikt können Sie sich vermutlich wiedererkennen

- Doron, L., *Sweet Occupation,* München 2017; vielleicht das mutigste Buch unter diesen Vorschlägen: die Autorin hat sich ein Jahr lang auf fünf palästinensische Terroristen bzw. israelische Kriegsdienstverweigerer eingelassen, die inzwischen zusammen für Frieden kämpfen – weltweit erschien das Buch bisher nur in Deutschland

- Avidan, I., *Israel.* Ein Staat sucht sich selbst, Kreuzlingen/München 2008; eine Innen- wie Außenperspektive jenseits des Schwarz-Weiß der täglichen Nachrichten: Die innerisraelische Diskussion über den jüdischen Staat und dessen Verhältnis zu arabischen Israelis und Palästinensern hat viele Graustufen

- Kinet, R., *Israel.* Ein Länderporträt, 3. Aufl. Berlin 2015; ebenfalls ein kluges Buch, das das Land anhand von O-Tönen aus allen gesellschaftlichen Bereichen für Außenstehende nachvollziehbarer macht

- Raviv, Y., *Falafel Nation.* Cuisine and the Making of National Identity in Israel, Lincoln/London 2015; originell und lehrreich: die Geschichte des Staates anhand von Speisegewohnheiten, gute Ergänzung dazu:

- Heine, P., *Köstlicher Orient.* Eine Geschichte der Esskultur. Mit über 100 Rezepten, Berlin 2016; islamwissenschaftlich fundierte und locker zu lesen mit Überraschungen: Alkohol (im übrigen ein arabisches Wort) ist im Islam erst seit dem 20. Jh verpönt

- Yaron, G., *Israel.* Party, Zwist und Klagemauer, *Israel/Palästina.* Zwischen Abraham und Ibrahim & *Jerusalem.* Das Gebet als Ortsgespräch, Wien 2011, 2012 & 2014; kurzweilige Reportagen eines Israelis zu nicht alltäglichen Alltagsthemen beiderseits der Grünen Linie

- Zimmermann, M., *Die Angst vor dem Frieden.* Das israelische Dilemma, 3. Aufl. Berlin 2012; aufschlussreiches, eher innerisraelisches Buch über den Stillstand des Friedensprozesses vom streitbaren Jerusalemer Professor für neuere jüdische und deutsche Geschichte

- Brenner, M., *Israel.* Traum und Wirklichkeit des jüdischen Staates. Von Theodor Herzl bis heute, München 2016; Israel hatte ein normaler Staat werden sollen – warum das nicht klappt, erklären die Utopien und Illusionen im Hintergrund des Staatswerdens und -wesens

- Sand, Sh., *Die Erfindung des jüdischen Volkes.* Israels Gründungsmythos auf dem Prüfstand, und *Die Erfindung des Landes Israel.* Mythos und Wahrheit, Berlin 2010 & 2012; der Tel Aviver Historiker beurteilt die gängige Geschichte des jüdischen Volks als zionistische Erfindungen des 19. Jhs – da bleibt eine Diskussion nicht aus

- Illouz, E., *Israel.* Soziologische Essays, Frankfurt/M. 2015; deutsche Übersetzung von Beiträgen in der Tageszeitung HaAretz zwischen Feb. 2012 und Apr. 2014 – soziologische Folgerungen aus historischen oder aktuellen Ereignissen: spannend

- Sznaider, N., *Gesellschaften in Israel.* Eine Einführung in zehn Bildern, Berlin 2017; kurzweilig-tiefgründige soziologische Schlaglichter, weiten den Blick für die Vielfalt an Menschen und Meinungen

- Zang, J., *Unter der Oberfläche.* Erlebtes aus Israel und Palästina, 5. Aufl. Berlin 2014; gut lesbare, ungeschönte Episoden von der immer frustrierenden israelischen Besatzung

- Engelbrecht, S., *Beste Freunde.* Als Deutscher in Israel, Leipzig 2013; nach dem Jubiläum der

10

deutsch-israelischen Beziehungen 2015 besonders lesenswert: Wie stellen diese sich in Israel dar? Natürlich nicht einfach

• Primor, A./Korff, C. v., *An allem sind die Juden und die Radfahrer schuld*. Deutsch-jüdische Missverständnisse, 2. Aufl. München 2012; der ehemalige Botschafter Israels in Deutschland ermutigt zu größerer Freiheit zwischen Deutschen und Juden

• Schnabel, Pater N., *Zuhause im Niemandsland*. Mein Leben im Kloster zwischen Israel und Palästina, München 2015; zwischen allen Stühlen: ein deutscher Mönch auf der Grünen Linie

• Ilitschewski, A., *Jerusalem*. Stadt der untergehenden Sonne, Berlin 2017; sehr anregende Notizen und Assoziationen von 2012, eine seltene Mischung aus Doku und Poesie

• Schäuble, M., *Gebrauchsanweisung für Israel und Palästina*, München 2016; kurzweilig erzählte Reisevorbereitung – auch, welche Dinge mal nicht so gut klappten

• Schätzing, F., *Breaking News*, Köln 2014; Nahostkonflikt-Abriss, Sharon-Biografie und Action-Thriller in einem: selber schauen, ob das auf knapp 1000 Seiten zu lang ist

• Tenenbom, T., *Allein unter Juden*. Eine Entdeckungsreise durch Israel, Berlin 2014; unterhaltsamer Parforceritt durch Israel/Palästina à la Sokrates: Interviewpartner so lang befragen, bis ihre Unwissenheit aufscheint – in der Art der Montage aber wohl auch nicht die einzige Wahrheit

• Nussbaum, H., *101+ Ways To Help Israel*. A Guide To Doing Small Things That Can Make Big Differences, New York 2008; eine Übersicht über die jüdische Welt inner- und außerhalb Israels, auch christliche Zionisten sind ausdrücklich angesprochen

• Lau, Israel M., *Wie Juden leben*. Glaube, Alltag, Feste, Gütersloh 2008; umfassende Einführung in die jüdische Glaubenspraxis des ehemals ashkenasischen Oberrabbiners von Tel Aviv

• Runciman, S., *Geschichte der Kreuzzüge*, München 2008; umfang- und kenntnisreiches, spannend geschriebenes Meisterwerk, auch Perspektivwechsel ist aufschlussreich:

• Cobb, P.M., *Der Kampf ums Paradies*. Eine islamische Geschichte der Kreuzzüge, Darmstadt 2015

• Frankopan, P., *Licht aus dem Osten*. Eine neue Geschichte der Welt, Berlin 2016; noch ein Perspektivwechsel: Eurozentrismus ist unangebracht – knapp tausend Seiten, die dem

Nahen und Mittleren Osten seine Hauptrolle in den letzten Jahrtausenden zurückgeben

• Rees, M.B., *Der Verräter von Bethlehem & Ein Grab in Gaza & Der Tote von Nablus & Der Attentäter von Brooklyn*, München 2009-2011; brillante Palästina-Krimis eines ehemals Jerusalemer *Time*-Korrespondenten, ungeschminkte Schilderung der palästinensischen Gesellschaft

▶ Es ließen sich hier noch **allerhand weitere Titel** nennen. Historische Bücher von Tom Segev oder Gudrun Krämer, Analysen von Michael Wolffsohn oder Volker Perthes, israelische Literatur von Zeruya Shalev, Etgar Keret oder Assaf Gavron, palästinensische Literatur von Sahar Khalifa, Suad Amiry und Mitri Raheb werden Ihnen die Vorbereitungszeit verkürzen.

• Einzelne der hier genannten Titel gibt es kostengünstig bei der **Bundeszentrale für politische Bildung**. Zum 60-jährigen Bestehen Israels entstand ein aufschlussreiches Onlinen-Dossier /israel, und 2016 erschien ein *Länderbericht Israel*, hg. v. G. Dachs. 760 S. für 4.50 € dürften nur wenige Fragen zur israelischen Gesellschaft offen lassen.

Anschauliches

• Sfar, J., *Die Katze des Rabbiners*, zwei Sammelbände dt. Berlin 2014/15; eine nach Papagei-Genuss sprechende Katze, die Bar Mizwa feiern will, sympathisch-abgefahren für Erwachsene mit Einführung in jüdisches Denken

• de Vet, A. (Hg.), *Subjective Atlas of Palestine*, Rotterdam 2007; mehrfach ausgezeichnetes Buch mit kreativen Beiträgen von über 30 palästinensischen KünstlerInnen zu ihrer Heimat, auch als Download auf www.annelysdevet .nl/palestine

• Sacco, J., *Palestine*, Seattle/WA 2001 (deutsch 2009); vom Begründer der Doku-Comics eine gut recherchierte Schilderung der Situation in den besetzten Gebieten – 2009 erschien auch der Band *Footnotes in Gaza*

• Mehr *Graphic Novels* gibt es ausgerechnet beim Panini-Verlag (genau: Fussballbildchen), allesamt gut gemacht, informativ und packend:

• Glidden, S., *Israel verstehen – in 60 Tagen oder weniger*, Stuttgart 2010; amerikanische Jugendliche auf *Birthright-Tour* und der Israel-Propaganda auf der Spur, oder auch nicht

• Enoch, L./Stassi, C., *Die Stern-Bande*, Stuttgart

2014; nicht so reißerisch wie die Titelseite: Die Geschichte der jüdischen Terrorgruppe Lekhi vor der Staatsgründung
- Yakin, B./Bertozzi, N., *Jerusalem*. Ein Familienporträt, Stuttgart 2015; drei Generationen auf 380 S.
- Dauvillier, L./Chapron, G., *Das Attentat*, Hamburg 2013; nach einem Roman von Y. Khadra: ein säkularer arabischer Israeli muss damit zurechtkommen, dass seine Frau als Selbstmordattentäterin endete
- Levit, R., *Atlas Israel | Palästina*. Subjektive und unkonventionelle Wahrnehmungen, Berlin 2011; augenöffnende Darstellungen der südlichen Levante, die jenseits des häufigen Schwarz-Weiß den vielen Graustufen der Realität seiner BewohnerInnen verpflichtet sind etwa mit einer Angst-Karte der Westbank aus der Sicht säkularer Juden, jüdischer Siedler und Palästinensern aus der Westbank
- Delisle, G., *Aufzeichnungen aus Jerusalem*, Paris 2011 (deutsch 2012); ein Comic-Meilenstein, der locker aus dem immer wieder absurden palästinensisch-israelischen Alltag berichtet aus der Perspektive eines Hausmannes mit zwei Kindern an der Seite einer NGO-Mitarbeiterin – prima Material zur Begleitung einer eigenen Reise.

Andere Reiseführer

Wanderführer s.u. unter „Karten und Wandern"
- Bock, B./Tondok, W., *Palästina – Reisen zu den Menschen,* München 2013; ausführlichere Informationen zum Reisen innerhalb der Grünen Linie von den Autoren des vorliegenden Bandes
- Alternative Tourism Group (ATG), *Palästina Reisehandbuch*. Geschichte, Politik, Kultur, Menschen, Städte, Landschaften, Heidelberg 2013; ein ausführlicher Reiseführer Palästina-Israels aus der Sicht von Palästinensern, eigentlich ein Nachschlagewerk.
- Shahin, M./Azar, G., *Palestine*. A Guide, Northampton/MA 2007; ein Reiseführer mit schönen Fotos, insgesamt touristischer ausgelegt als das Buch der ATG
- Semplici, A./Boccia, M., *Akko – Haifa – Taybe* [Israel] – *Tulkarem – Nablus – Jericho* [shalom – salaam); im Jahr 2009 entstandene sechs Reiseführer eines Kooperationsprojekts beiderseits der Grüne Linie, inzwischen nur noch per Website: www.medcooperation.org/en/pubblicazioni.php

Wein

Es gibt immer mehr **Weinliebhaber**, die sich eine entsprechende **Themenreise** durch Israel gönnen. Zum selbst planen kann http://yossiswinemap.notlong.com oder diese etwas veraltete Liste dienen: https://tniwg2014.files.wordpress.com/2014/02/the-new-israeli-wine-guide-2014-eng1.pdf – die kostenpflichtige Neuauflage existiert bisher nur auf Hebräisch; www.i-w-g.co.il.

Mehrere Schritte weiter sind Sacks, E./Montefiore, A./Goldfisher, Y., *The Wine Route of Israel*, 4. Aufl. Tel Aviv 2015; großformatiger, ästhetischer Atlas mit viel Hintergrundwissen sowie Kontakten und Besonderheiten von über 100 Weingütern auf 269 Seiten. Für Europa gibt es derzeit keinen Vertrieb, also nur direkt zu beziehen: cordi995@bezeqint.net.

Zur Orientierung könnte man auch die Liste **deutsch-israelischer Partner-Weingüter** nnutzen: www.twinwineries.net, die sich inzwischen auch in Pauschalangeboten niederschlägt.

Die israelischen Publikationen listen zwar Weingüter der Siedler in der Westbank (z.B. die *Jerusalem Winery*, die sich allerdings im 40 km entfernten Kiryat Arba bei Hebron befindet), aber zwei fehlen: Das Kloster **Cremisan** bei Bet Jala, dessen preisgekrönte Produkte aus autochthonen Reben auch in Tel Aviv ausgeschenkt werden, siehe S. 534, sowie die **Taybeh Winery** bei Ramallah, sehr jung, sehr experimentierfreudig, eng verbunden mit der dortigen Brauerei, siehe S. 504.

In Israel lohnen sich Stopps beim nördlichsten und von Auszeichnungen verwöhnten Weingut Odem Mountain auf dem Golan, einfacher zugänglich wären die Golan Heights in Qazrin, deren Linien Yarden und Mt. Hermon auch in Deutschland oft erhältlich sind, siehe S. 409. Südlich von Haifa gibt es Gründungen der Rothschilds bei Zikhron Ya'akov/Binyamina, S. 318. Nahe Jerusalem gibt es außer Taybeh und Cremisan auch das Kloster Latrun, S. 219, und im Süden verteilen sich diejenigen, die es mit der Wüste aufnehmen: Ramat Negev nördlich von Nizzana an der ägyptischen Grenze S. 460, Karmei Avdat westlich der gleichnamigen Nationalparks, S. 462, und Yatir nahe des Tel Arad, S. 446.

10

- Dajani, M./Ismaïl, L., *Conscious Choices*. A Guide To Ethical Consumerism in Palestine, Ramallah 2014; eigentlich ein Einkaufsführer, aber mit vielen Infos über Land und Leute, nur noch per Download bei der Heinrich-Böll-Stiftung: https://ps.boell.org/sites/default/files/hb_guid e_e_web.pdf

- Eine kostspielige, weil wissenschaftliche, aber gut lesbare Reihe der Autoren O. Keel, M. Küchler und C. Uehlinger heißt **Orte und Landschaften der Bibel** und erscheint in Göttingen. Gute Pläne und Karten. Sehr informativ. Bd. 1: *Geografisch-geschichtliche Landeskunde* 1984; Bd. 2: *Der Süden* 1982; Bd. 4,2: *Jerusalem*. Handbuch u. Studien reiseführer 2. Aufl. 2014 (1,3 kg: eBook bevorzugt); Bd. 4,1 gekürzt: *Jerusalem und der eine Gott*. Eine Religionsgeschichte 2014. Bd. 3 über den Norden und Bd. 5 über Jordanien erscheinen vielleicht noch 2018

- Für **Geschäftsreisende**, aber auch nicht nur: Kein wirklicher Reiseführer, aber eine prima Vorbereitung mit Planspielen und Tests: J. Oberst/A. Thomas, *Beruflich in Israel*. Trainingsprogramm für Manager, Fach- und Führungskräfte (Handlungskompetenz im Ausland), Göttingen 2012

- Eine konzentrierte und vorzügliche Einführung zu weltweiten Reisezielen bieten die **Sympathie-Magazine** des Studienkreises für Tourismus und Entwicklung e.V., www.sympathiemagazin.de, hier: *Israel verstehen, Palästina verstehen, Islam verstehen* und *Judentum verstehen* (pro Band € 4,60, Rabatt möglich)

Christliches Pilgern

- Die aktuellsten Informationen bietet das franziskanische **Christian Information Center** in Jerusalem auf //cicts.org – Öffnungszeiten heiliger Stätten und von Sehenswürdigkeiten, Gottesdienstzeiten, ausführlichste Liste christlicher Hospize etc.

Zu den Bibelstellen, die das vorliegende Buch ergänzen, siehe die Tabellen ab S. 558. Folgende Bücher helfen außerdem weiter:

- Fürst, H./Geiger, G., *Im Lande des Herrn*. Ein franziskanischer Pilger- und Reiseführer für das Heilige Land, 6. Aufl. Paderborn 2016; trotz 835 Seiten handlich, inklusive Sinai & Jordanien, alle relevanten Bibeltexte im Text zitiert, Bestellmöglichkeit auf www.heilig-land.de > Literatur Tipps, dort auch ein Büchlein mit Texten und Gebeten für den Kreuzweg auf der Via Dolorosa.

- Eine Ergänzung zum „Fairen Reisen und Pilgern" gibt *Brot für die Welt* in 2. Auflage heraus:

Äthiopische Christen auf Pilgerreise

https://shop.brot-fuer-die-welt.de/images/ 2016-06-28_pilgern_2016.pdf

- Der Maaruf-Verlag ist dem Salesianer-Kloster Cremisan in Bet Jala verbunden; es gibt geistlich orientierte Reiseführer für Jerusalem und Bethlehem sowie Einführungen zu Islam und Christentum und über antiken Weinbau: www.cremisan.de

- Kassis, R.O., *Kairos for Palestine*, Ramallah 2011; Stand des Geschehens um das *Kairos Palestine Document* von 2009 von einem der Initiatoren.

- Braverman, M., *Verhängnisvolle Scham*. Israels Politik und das Schweigen der Christen, Gütersloh 2011; manchem gilt dieser jüdische Autor als Antisemit: Er traut dem Christentum zu, in Israel und Palästina Frieden zu stiften, wenn die Anhänger des „palästinensischen Juden" Jesus nicht länger zur Politik Israels schweigen.

- Für **aktuelle Informationen** geben die **Franziskaner** vierteljährlich die Zeitschrift *Im Land des Herrn* heraus, über www.heilig-land.de zu beziehen. Ein evangelisches Pendant ist der vierteljährlich erscheinende Gemeindebrief/ Stiftungsjournal der deutsch-lutherischen **Erlöserkirche** in der Jerusalemer Altstadt (siehe S. 179), der über www.evangelisch-in-jerusalem .org > Publikationen auf Papier oder elektronisch bestellt werden kann. Seit 1852 besteht der **Jerusalemsverein**, der arabisch-evangelische Christen unterstützt: er gibt jährlich dreimal *Im Lande der Bibel* heraus – selten zu direkt biblischen Themen. Die Hefte sind kostenfrei zu abonnieren, Tel 030 24344195, oder man lädt sie herunter: www.jerusalemsverein.de > Publikationen.

• Schließlich findet sich eine anregende vierteljährliche Zeitschrift beim katholischen www.bibelwerk.de > Zeitschriften > **Welt und Umwelt der Bibel**. Unter diesem Titel entstehen nach französischem Vorbild Themenhefte mit verschiedenen Disziplinen im Gespräch – bei „Abraham" z.B. Bibelforschung, Judaistik, Islamwissenschaft, Kunstgeschichte und Archäologie. Infotainment im besten Sinne. Auch einige Buchtitel des Bibelwerks könnten von Interesse sein.

Israel steht schließlich sehr im Fokus konservativer Christen, die den Staat als Hinweis auf das nahende Ende der Welt verstehen. Wer dieser Sicht nachgehen möchte, kann sich auf

• www.israelheute.com,
• www.israelnetz.com und
• www.israelogie.de informieren.

Karten und Wandern

Im Reiseteil erfahren Sie, wo Sie vor Ort jeweils ausführlichere Karten als die in diesem Buch angebotenen erhalten können – bei den Nationalparks z.B. immer am Tickethäuschen.

• Zur genaueren **Planung** und zum **Autofahren** im Land empfiehlt sich die Karte *Israel & Palästina* von 2017 aus dem Reise Know-How Verlag Bielefeld. Maßstab 1:250.000, reiß- und wasserfest, u.a. mit deutscher Legende.

• Eine gute Ergänzung für Palästina sind dazu die Karten des **OCHA** – *Office for the Coordination of Humanitarian Affairs* der Vereinten Nationen, die die Situation unter der Besatzung Israels mit Checkpoints und Straßensperren dokumentiert – als PDF-Datei gratis erhältlich auf www.ochaopt.org > Multimedia > Maps.

• Ein aktueller Atlas ist derzeit nur auf Hebräisch zu haben: Gut 400 Seiten *Atlas HaSahav* (Gold-Atlas) von Mapa, ₪ 220, der Städte auf 1:10.000–23.000 vergrößert und Autobahn-Durchfahrtskizzen bietet. Für die Westbank wird jede jüdische Siedlung genau dargestellt, arabische Orte werden nicht über die Überblickskarten hinaus vergrößert, außerdem fehlen Straßen und Orte. Arabische Karten sind noch seltener.

• bhilfe schafft zum Teil die Firma **PalMap** aus Bet Jala (www.palmap.org), die von immer mehr palästinensischen Städten **Stadtpläne** fertigt. 2011 veröffentlichte sie einen **Taschenatlas für Jerusalem**. Ein Atlas für Palästina sollte auch schon erscheinen. Am einfachsten erhält man die PalMap-Produkte in der Touristeninformation in Ramallah, im Educational Bookshop in der Jerusalemer Salah AdDin Road sowie im Bethlehemer Peace Center am Manger Square. – Navigations-Software für Israel wird schon länger angeboten, für die Westbank ist sie bislang immer mal überraschend.

Wanderkarten

• Ausgesprochene Wanderkarten gibt es fast ausschließlich auf Hebräisch; vgl. die Regierungsseite www.mapi.gov.il. Die Nationalpark-Behörde (www.parks.org.il/ParksENG) bietet für ₪ 80 eine Mappe mit dem ganzen Land in sechs Blättern 1:100.000 an.

• **Die besten Karten** 1:50.000 für meist ₪ 99 pro Blatt liefert die **SPNI** – wer z.B. die Negev-Wüste befahren/erwandern will, sollte sich z.B. Karte Nr. 20, Region Elat, besorgen (praktisch: eine kostenlose englische Übersetzung der Legende auf http://jesustrail.com/downloads/SPNI_Israeli_hiking_maps_key_translated_english.pdf).

• Auch die Firma www.shvilnet.net belässt es meist Hebräisch: Der Israel National Trail (siehe unten) ist in einem Schuber mit vier Blättern zu haben, ein anderer Schuber mit sechs Blättern enthält z.B. den Golantrail, Jam LeJam: vom See Genezaret zum Mittelmeer oder vom Mittelmeer zum Toten Meer, 1:20.000–40.000. Ein paar englische Ausnahmen bestätigen die Regel: Einige Negev-Karten, der Jerusalem Trail und eine Vogelbeobachtungskarte.

• Gute Chancen auf vorrätige Karten gibt es bei der Outdoor-Ladenkette Lametayel, z.B. in Jerusalem, Solomon St 5 (Nähe Yafo St); in Tel Aviv im Dizengoff Center. Vielleicht gibt es auch einen der folgenden, meist antiquarischen Wanderführer.

Wandern in Israel / Palästina

Zunächst jedoch das Neueste im englischen Umfeld – ein **deutscher Wanderführer** des Bergverlags Rother:

• Borlinghaus, W., *Israel. Das Heilige Land* – von Galiläa bis Eilat, Oberhaching 2017. 41 kompetent geschilderte Touren von 30 min bis 6 Std fast ohne Golan und Westbank, mit Höhenprofilen, drei Schwierigkeitsgrade

• Roskin, J., *A Guide to Hiking in Israel, 40 Selected One Day Hikes*, Jerusalem 1994; sehr guter Wanderführer für's ganze Land mit ausführlicher Beschreibung von Flora und Fauna

10

- Bar-Am, A./Shalem, Y., *Guide to the Golan Heights*, 1995; sehr ausführlicher Führer mit vielen Einzelinformationen; dies., *Israel's Southern Landscapes*, 1996; ebenso detailreich für den Süden mit 10 Autorouten kreuz und quer durch den Negev
- Roman, Y./Shkolnik, Y., *Hiking in Israel: 36 of Israel's Best Hiking Routes*, New Milford/CT 2008; leichte und schwere Wanderungen im ganzen Land der Herausgeber des Eretz Magazine, www.eretz.com
- Dintaman, A./Landis, D., *Hiking the Jesus Trail and Other Biblical Walks In the Galilee*, 2. Aufl. Harleysville/PA 2017; ein Brühwürfel an Informationen auch für säkulare Wanderungen im Dreieck Nazareth – See Genezareth – Bet Shean, ausgezeichnete Karten und Höhenreliefs auf https://jesustrail.com/downloads/Jesus_Trail_Free_Map_2017.pdf.

Der **Jesus Trail** wird ebenso von der SPNI unterstützt wie der **Israel National Trail** (kurz: INT, hebr. Shvil Yisrael):

- Saar, J./Henkin, Y., *Israel National Trail and the Jerusalem Trail*, Haifa 2011; schon die enthaltenen englischen Karten 1 : 50 000 helfen weiter, bei den Sehenswürdigkeiten knappe, aber für den Wanderzweck auf dem 1995 eröffneten, fast 1000 km lange Nord-Süd-Weg äußerst nützliche Angaben mit Verknüpfung zur SPNI, auf deren Website beispielsweise die aktuelle Liste der *Trail Angels* zu haben ist: www.nature israel.org/INT

Der INT startet unterhalb der Golanhöhen und führt um die Westbank herum. Umso begrüßenswerter sind Initiativen, die **beiderseits der Grünen Linie** agieren.

Wandern in Palästina: Ein verbindliches Buch zum **Abrahampfad** steht noch aus, aber die anderen Informationsquellen lohnen sich.

Dem Neuen Testament widmet sich der *Nativity Trail*:

- Di Taylor und Tony Howard, *Walks in Palestine and the Nativity Trail*, Milnthorpe 2001; von mittelschwerer Höhlentour bis zum zehntägigen „Geburtspfad" von Nazareth nach Bethlehem
- Szepesi, S., *Walking Palestine*. 25 Journeys into the West Bank, Northampton/MA 2012; ein **Bestseller** mit genau beschriebenen Touren und prima Karten, Fotos und Hintergrundinformationen, wobei die Zeiten für Normal-Wanderer knapp bemessen sein können.
- Bei den Denkmalschützern von **RIWAQ** aus Ramallah gibt es eine ausgezeichnete Karte samt Büchlein für (geführte) Wanderungen zu

Der Abrahampfad: Fernwandern in Nahost

Man sollte kaum für möglich halten, dass seit 2007 ein Fernwanderweg durch alle Länder mit **Abrahamstraditionen** geplant wird: laut Bibel wurde Abraham im heutigen **Südirak** geboren, zog in die heutige **Südtürkei**, wo ebenfalls eine Geburtshöhle gezeigt wird, dann zog er durch **Syrien** und nach einem **Ägypten**-Abstecher nach **Israel** und **Palästina** – begraben in Hebron. Weniger geläufig dürfte sein, dass er laut Koran die Bestimmung der heiligen Stätten in **Mekka** erneuert und mit Ismael die Kaaba errichtet hat. Das macht 5000 km in zehn Ländern.

Das ganze ist **kein Pilgerpfad**, sondern eine Art langgezogene kulturelle **Begegnungsstätte**, auf der man pilgern *könnte*. Auch historische Richtigkeit ist nicht das Wichtigste. Die Initiative geht auf den Harvard-**Konfliktforscher** William Ury zurück. Auf https://youtu.be/Hc6yi_FtoNo sagt er nach etwas Anlaufzeit Bemerkenswertes, wie er den alle verbindenden Urvater der Gastfreundschaft auf dem Weg **„vom Terrorismus zum Tourismus"** voranschreiten lassen möchte.

Die Länder unterscheiden sich stark, in Saudi-Arabien sind natürlich keinerlei Wege markiert, der syrische Ansprechpartner ist verschollen. Aber in **Jordanien** helfen einem verschiedene Tourorganisatoren weiter, in **Israel** folgt der Pfad weitgehend den Markierungen des INT – siehe Karten, GPS-Daten, Infos über Guides, Übernachtung, Verpflegung auf **www.abrahampath.org**.

Am besten organisiert ist der Weg in **Palästina**, wo er arabisch *Masar Ibrahim AlKhalil* heißt, www.masaribrahim.ps. Um Sicherheit zu garantieren, sollte man sich lokalen **Guides** anvertrauen und die **Familienunterkünfte** nutzen. Unter den inzwischen zwölf Touranbietern organisiert die NGO **Siraj Center** aus Bet Sahour jedes Wochenende eine mehrstündige Wanderung, aber es gibt auch Termine für mehrtägige Touren, auf Wunsch sicherlich maßgeschneidert, **www.walkpalestine.com**. Die Weltbank fördert das Unternehmen, etwa die Ausbildung der Guides an der Uni Bethlehem, trotzdem wird auf Dorfebene entschieden, wie der Pfad verlaufen soll.

Abraham wurden so viele Nachkommen wie Sterne am Himmel verheißen – wenn alle derzeit **4 Milliarden** mitwandern, wäre der Nahe Osten vielleicht befriedet.

sehenswerten Gebäuden in der Umgebung von Ramallah und Birzeit, im Download: www.riwaq.org/heritage-trails-and-guided-tours-rewalk-palestine Die **Rozana Association** lädt zu drei Exkursionen zur **Sufi-Spiritualität** ein, die sich in Maqamen westlich und nordwestlich von Birzeit manifestiert – schon die Website macht große Lust, die Gegend zu erkunden, www.sufitrails.ps.

Schließlich seien noch **historische Kartenwerke** empfohlen:

• Der *Tübinger Bibelatlas*, Stuttgart 2000, entstammt dem wissenschaftlichen Mammutwerk *Tübinger Atlas des Vorderen Orients* und bietet exzellente, großformatige Karten vom 3. Jahrtausend vC bis 1920. Aus einer Ausstellung des Israel-Museums ging *Das Heilige Land auf Landkarten*, Göttingen 2007, hervor. *Palestine Alive. Let's Remember* von PalMap zeigt die 1948 entvölkerten arabischen Dörfer und Städte, einen zeitlichen Längsschnitt liefert PASSIA mit *The Palestine Question in Maps. 1878-2014*, 2. Aufl. 2014, zwei Drittel des Materials widmen sich der Zeit seit den Oslo-Verhandlungen 1993. Eine andere Perspektive enthalten die Atlanten von Martin Gilbert; außer *Jerusalem* und *Jewish History* lohnt sich der *Routledge Atlas of the Arab-Israeli Conflict.*

Filme

Es müssen nicht immer Bücher sein: auch viele Filme können zur Einstimmung auf eine und/oder Nachbereitung einer Reise durch Israel und Palästina dienen. Hier ein paar Vorschläge:

• *Exodus*, USA 1960, R: O. Preminger; Einwanderungsklassiker nach dem Roman von Leon Uris
• *Jesus Christ Superstar*, USA 1973, R: N. Jewison; Verfilmung des Lloyd Webber-Musicals zum Teil in Bet Guvrin, Bet Shean und am Toten Meer
• *Schindlers Liste*, USA 1993, R: S. Spielberg; 7-Oscar-Welterfolg über den in Jerusalem begrabenen Industriellen Oskar Schindler, der Hunderte Juden vor den Nazis rettete – gehört in Israel zum Schulunterricht
• *Curfew – die Ausgangssperre*, ISR/F/PAL/D/NL 1994, R: R. Masharawi; palästinensischer Alltag in Gaza unter der Besatzung
• *Private*, I 2004, R: S. Costanzo; ein authentischer Fall: Das Haus einer palästinensischen Familie im Niemandsland wird 1992 von der israelischen Armee beansprucht. Da die Familie nicht auszieht, wird das Haus in zwei Sektoren geteilt

• *Knowledge Is the Beginning*, D 2005, R: P. Smaczny; Dokumentation über das West-Eastern Divan Orchestra mit jungen Musikern aus dem Libanon, Syrien, Ägypten, Palästina und Israel und seine Begründer Daniel Barenboim und Edward Said
• *Paradise Now*, PAL/F/D/NL/ISR 2005, R: H. Abu Assad; zwei Palästinenser sollen in Tel Aviv ein Selbstmordattentat ausführen – Oscar-nominiert
• *The Iron Wall,* PAL 2006, R: M. Alatar; Dokumentation über die israelische Trennmauer und das Siedlungsprogramm
• *Das Herz von Jenin*, D 2008, R: L. Geller/M. Vetter; ein palästinensischer Vater besucht die jüdischen Familien, deren Kinder eine Organspende seines Sohnes erhalten haben, der von der israelischen Armee erschossen wurde
• *My First War*, ISR 2008, R: Yariv Mozer; sehr offene, unprätentiöse Doku eines filmemachenden Reserveoffiziers über die Absurditäten des zweiten Libanonfeldzugs 2006
• *Waltz with Bashir*, ISR/D/F/USA 2008, R: A. Folman; animierte Dokumentation der Erinnerungsreise eines israelischen Soldaten zu seinem Einsatz im ersten Libanon-Krieg 1982 – Oscar-nominiert
• *Du sollst nicht lieben*, ISR/D/F 2009, R: H. Tabakmann; zwei ultraorthodoxe Männer wollen in Jerusalems frommem Viertel Mea Shearim sowohl ihre Leidenschaft füreinander leben als auch weiterhin alle Gebote halten
• *Im Haus meines Vaters sind viele Wohnungen*, D/CH 2010, R: H. Schomerus; Dokumentation über das Konfessionswirrwarr in der Jerusalemer Grabeskirche
• *Budrus*, ISR/PAL/USA 2010, R: J. Bacha; Dokumentation über ein Dorf nahe der Sperranlage, dass sich gewaltfrei seiner Besetzung durch das Militär widersetzt
• *Susya*, ISR/PAL 2011, R: Y. Gross/D. Rosenberg; Kurzfilm über einen 60-jährigen Palästinenser und seinen Sohn, die per Eintrittskarte die archäologische Ausgrabung besichtigen, an deren Stelle vor 25 Jahren noch ihr Haus stand
• *Nach der Stille*, D/PAL 2011, R: S. Bürger, J. Ott, M. Abdallah; Dokumentation über den Besuch der Witwe eines israelischen Friedensaktivisten, der 2002 bei einem Selbstmordanschlag umkam, bei der Familie des palästinensischen Attentäters
• *Wir weigern uns Feinde zu sein*. Den Nahost-Konflikt verstehen lernen – Deutsche Jugendliche begegnen Israelis und Palästinensern, D 2011, R: S. Landgraf/J. Gulde; Dokumentation

10

einer erhellenden Begegnungsreise, wahlweise auch mit Unterrichtsmaterialien zu beziehen bei www.terramedia-online.de/aktuelles/filme-palaestina.html

- *The Law in These Parts*, ISR/PAL 2011, R: R. Alexandrowicz; null Action, trotzdem fesselnde Doku: Juristen berichten von der Militärjustiz in den Palästinensergebieten seit 1967

- *Töte zuerst!*, ISR/F/D/B 2012, R: D. Moreh; oskarnominierte Doku, in der sich die Chefs a.D. des Inlandsgeheimdienstes Shin Bet äußern: Die Besetzung Palästinas schadet Israel. Das Buch ist besser, schon durch den englischen Originaltitel *The Gatekeepers*

- *Cinema Jenin – The Story of a Dream*, D/ISR/PAL 2012, R: M. Vetter; Dokumentation über die Herrichtung des großen Kinos von Jenin, die sich aus dem Film *Das Herz von Jenin* (siehe oben) entwickelte

Nahostkonflikt und leichte Muse

Probleme unbeschwert weglachen lassen ist ein schwieriges Unterfangen, Respekt für alle Versuche in der Richtung. Nicht jedem gelingt der Balanceakt wie R. Begnini 1997 in *Das Leben ist schön* beim Thema Holocaust.

Durchaus kurzweilig, aber sicherlich nicht für jede und jeden etwas: *Leg Dich nicht mit Zohan an*, 2008, über einen Top-Mossad-Agenten, dem es nicht gelingt, in New York einfach nur Friseur zu sein, *45 Minuten bis Ramallah*, 2013, über eine Leichenüberführung über die Grüne Linie, und *90 Minuten bei Abpfiff Frieden*, 2016, über ein Fußballspiel zwischen Israel und Palästina, dessen Verlierer sich eine neue Bleibe suchen muss.

Ohne Klamauk funktionieren *Die Band von Nebenan*, 2007, über eine ägyptische Polizeikapelle, die es am Shabbat in die israelische Einöde verschlägt, wo man nun die Einwohner kennenlernen *muss*, sowie *Das Schwein von Gaza*, 2011, das einem Fischer lebend ins Netz ging, der trotz allem von dem *No-Go*-Fang profitieren möchte.

Humor außerhalb aller Kategorien machen jedoch die Israelis selbst: Fragen Sie *youtube* nach *The Jews Are Coming* mit englischen Untertiteln. Die kurzen Episoden israelitisch-jüdischer Geschichte aus dem Staatsfernsehen verschlagen einem den Atem durch die natürlich auch in Israel heiß diskutierte komplett respektlos pfiffige politische Unkorrektheit, die Monty Python's *Das Leben des Brian* locker rechts überholt.

- *Prisoners of War – HaTufim*, ISR 2010 (dt. 2013), R: G. Raff; TV-Serie über israelische Soldaten, die nach 17 Jahren Gefangenschaft im Libanon zurückkehren. Packend erzählte internationale Probleme – erinnert an W. Borcherts *Draußen vor der Tür*, war Vorlage der US-Serie *Homeland*

- *The Green Prince*, D/GB/ISR 2014, R: N. Shirman; der Sohn eines Hamas-Mitbegründers spioniert für den israelischen Inlandsgeheimdienst – Einblick in zwei eher unzugängliche Organisationen

- *Die Siedler der Westbank – Leben in der doppelten Realität*, CAN 2016, R: S. Dotan; TV-Doku über die Geschichte der Siedlerbewegung und die Ansichten der Extremistinnen unter ihnen

- *Eine Geschichte von Liebe und Finsternis*, ISR 2016, R: N. Portman; Amos Oz' Roman unverfilmbarer Roman verfilmt, Portman spielt in ihrer ersten Regiearbeit auch die Hauptrolle der Mutter

- *Ghost Hunting*, PAL/F/CH/QATAR 2017, R: R. Andoni; Doku-Preis der Berlinale 2017. Palästinensische Ex-Häftlinge bauen ihre Zelle nach und zeigen, wie sie behandelt wurden – mit therapeutischem Anspruch, umstritten

- *The Men Behind the Wall*, ISR 2017, R: I. Moldavsky; Kurzfilm-Doku: die israelische Regisseurin besucht per Dating-App und argentinischem Pass Männer in der Westbank– Goldener Bär 2018

Auch **Computerspiele** sind zu empfehlen, allerdings nur auf Englisch:

Zwei Settings der dänischen Firma *Serious Games Interactive* spielen in Palästina:

- In der Reihe *Global Conflicts* lernt man als **Journalist** in einer 3D-Umgebung beide (gut recherchierten) Seiten des Nahostkonflikts und seine alltäglichen Probleme kennen, weiß nicht, wem man trauen kann, und muss sich ein Urteil bilden,

- bei *President for a Day* kann man auf israelischer oder palästinensischer Seite endlich mal durchregieren – oder auch nicht. Nicht nur für Jugendliche ab 13: https://school.seriousgames .net. Das zweite Setting gibt es ähnlich bei us-amerikanischen *Friedensstiftern*, graphisch eher besser und in punkto Gewalt wohl leider näher an der Realität. Aber Frieden stiften geht nur, wenn man auf beiden Seiten Punkte sammelt; www.peacemakergame.com.

Sprachen & Verständigung

Englisch ist die Basis der internationalen Verständigung auch in Israel und Palästina. Grundsätzlich bestehen durchaus Chancen, auf Deutsch zurechtzukommen. Viele Israelis und Palästinenser sprechen auch Französisch. Und: Ein Fünftel der Israelis stammt mittlerweile aus Russland.

Individualreisende sollten auf jeden Fall ein Verständigungsminimum an Englisch beherrschen. Noch besser wären z.B. im Taxi oder auf dem Basar ein paar Worte der Landessprachen, die sich mit den Büchlein aus der Reihe **Kauderwelsch** des Reise Know-How Verlags Peter Rump, Bielefeld, leicht erlernen lassen:

• Hebräisch, ISBN 978-3-89416-002-9
• plus Wörterbuch ISBN 978-3-89416-700-4,
• Palästinensisch- und Syrisch-Arabisch, ISBN 978-3-89416-265-8,
• sowie Jiddisch, ISBN 978-3-89416-248-1.

Bei rund 100 Herkunftsländern der BewohnerInnen Israels können beispielsweise auch die Bände für Armenisch (Jerusalemer Altstadt) oder Amharisch (Schwarze stammen oft aus Äthiopien) zu Reisebekanntschaften führen. Zu allen Bänden gibt es auch einen Aussprachetrainer auf CD bzw. das Buch im pdf-Format, in dem sich die Wörter per Klick vorsprechen lassen. Das Wichtigste steht jedoch auch im **Minilexikon**, im Anhang S. 556, dem Sie darüber hinaus die Aussprachehinweise für dieses Buch entnehmen können.

Wer beim Sprachenlernen **an Bekanntes anknüpfen** möchte, hat vermutlich Spaß an:

• H.P. Althaus, *Kleines Lexikon deutscher Wörter jiddischer Herkunft* oder *Zocker, Zoff & Zores*. Jiddische Wörter im Deutschen, oder
• *Chuzpe, Schmus & Tacheles*. Jiddische Wortgeschichten; sowie an
• N. Osman, *Kleines Lexikon deutscher Wörter arabischer Herkunft* und A. Unger, *Von Algebra bis Zucker*. Arabische Wörter im Deutschen.

Internet & Smartphone

Ressourcen des *World Wide Web* werden in diesem Band an Ort und Stelle aufgeführt, so dass hier nur auf Adressen von allgemeinem Interesse hingewiesen wird. Wenn nicht anders vermerkt, gibt es auf allen genannten hebräischen und arabischen Seiten irgendwo einen *English*-Button.

Der arabische Frühling zeigte, dass die Kommunikation innerhalb Palästinas aber auch Israels besonders lebhaft über **Facebook** und Co läuft: Manche Institutionen vernachlässigen daher ihre Präsenz im WWW oder haben keine mehr.

Deutschsprachige Vertretungen in Israel & Palästina

▸ www.auswaertiges-amt.de/DE/Laenderinformationen/00-SiHi/IsraelSicherheit.html
Reisehinweise des deutschen Auswärtigen Amtes für Israel & Palästina, im Zweifel eher vorsichtig als risikofreudig, ebenso
▸ www.eda.admin.ch/eda/de/home/vertretungen-und-reisehinweise/israel.html
oder …/besetztes-palaestinensisches-gebiet.html – Reisehinweise des eidgenössischen Departements für auswärtige Angelegenheiten
▸ www.tel-aviv.diplo.de – Deutsche Botschaft in Tel Aviv
▸ www.ramallah.diplo.de – Deutsches Vertretungsbüro in Ramallah
▸ www.eda.admin.ch/telaviv – Schweizerische Botschaft in Tel Aviv
▸ www.eda.admin.ch/countries/palestinian-authority/de/home.html
Schweizerisches Vertretungsbüro in Ramallah
▸ www.aussenministerium.at/telaviv – Österreichische Botschaft in Tel Aviv
▸ www.entwicklung.at/laender/palaestinensische_gebiete
in Österreich ist die Vertretung in Palästina der Entwicklungszusammenarbeit zugeordnet

Allgemeine Infos, Nachrichten

▸ www.cia.gov/library/publications/resources/the-world-factbook/geos/is.html – umfassende allgemeine Angaben der CIA zu Israel und mit den Kürzeln *we* und *gz* statt *is*.html auch zur Westbank und zum Gazastreifen
▸ www.ims.gov.il/IMSENG/All_Tahazit – Israels meteorologischer Dienst

10

▶ www.xe.com/ucc – aktuelle Wechselkurse von Euro und Dollar zum Shekel
▶ www.mavensearch.com – thematisch sortiertes Israel-Portal, ähnlich Yahoo
▶ www.yellowpages.com.ps – das palästinensische Branchenbuch;
  wer Arabisch kann, sollte auch www.shobiddak.com versuchen
▶ www.al-monitor.com – englisches Nachrichtenportal für ganz Nahost: erschöpfend-umfassend
▶ www.ynetnews.com – englisches Nachrichtenportal Israels größter Zeitung *Yediot Akhronot*
▶ www.haaretz.com – englische Version der israelischen Tageszeitung mit liberaler Berichterstattung
▶ www.jpost.com – täglich neu: die englischsprachige Ausgabe der *Jerusalem Post*
▶ www.timesofisrael.com– berichtet seit 2012 unaufgeregt über Israel und jüdische Welt, viele Blogs
▶ www.palestinechronicle.com – englischsprachige palästinensische Tageszeitung aus den USA,
  Zeitungen aus Palästina erscheinen nur auf Arabisch
▶ www.maannews.net – Nachrichtenportal aus Bethlehem und Gaza
▶ www.aljazeera.com – die Netzpräsenz des Nachrichtensenders der Arabischen Emirate
▶ https://al-shabaka.org – ausgewogene Hintergrundanalysen zur palästinensischen Politik
▶ www.972mag.com – pfiffig-blogartiges israelisch-arabisches Nachrichtenportal
▶ www.greenprophet.com – das Thema Umweltschutz zwischen Marokko und Iran,
  also auch Israel & Palästina
▶ www.foeme.org – die *Friends of the Earth Middle East* in Israel, Palästina und Jordanien setzen
  beim Umweltschutz auf Information und Jugendarbeit

Reisen in Israel

▶ www.eyeonisrael.com – eine interaktive Karte mit allerhand Informationen
▶ http://embassies.gov.il/berlin – Seiten der israelischen Botschaft (funktioniert auch mit *vienna*
  oder *bern* statt *berlin*), auf der man einen Kultur-Newsletter abonnieren kann
▶ www.israel.org – hier bietet das israelische Außenministerium eine Fülle vornehmlich
  politischer, aber auch kultureller, z.B. archäologischer sowie historischer Informationen. Unter
  Foreign Policy > Peace > Peace Process kann man die Verträge mit den Palästinensern nachlesen
▶ www.goisrael.de und www.goisrael.com – die staatlichen Portale für Touristen, die Israel bereisen möchten, verschmilzt immer mehr, aber .com ist meist ausführlicher
▶ www.cicts.org – das franziskanische *Christian Information Center* pflegt Infos nicht nur für Pilger
▶ http://israel.ahk.de/ueber-israel/ratschlaege-fuer-geschaeftsreisende
  Hinweise für Geschäftsleute der Deutsch-Israelischen Industrie- und Handelskammer
▶ www.ecotourism-israel.com – Portal für umweltverträgliches Reisen in Israel
▶ www.walkinisrael.com & www.walkpalestine.com – Wandertouren aller Art
▶ www.timeout.com/israel – Portal des landesweit erscheinenden Veranstaltungs- und Kulturmagazins
▶ www.iha.org.il – die *Israel Hotel Association* ist merkwürdigerweise nicht am Netz
▶ www.kibbutz.co.il – der Verband der Kibbuz-Hotels lockt mit angenehmen Schlafplätzen
▶ www.hostels-israel.com – hilfreiche Homepage der regen unabhängigen Hostels
▶ www.iyha.org.il – Homepage der Internationalen Jugendherbergen, Englisch besser als Deutsch
▶ www.hostels.com – internationale Hostel-Seite, die auch komplett unabhängige Hostels und
  Gästehäuser führt
▶ www.booking.com – wird vielleicht mal die fünf vorgenannten Sites schlucken, Karte sehr über-
  sichtlich und vollständig, die jährliche Bewertung entscheidet über Wohl und Wehe
▶ www.bnb.co.il – die Bed & Breakfast-Organisation vermittelt Jerusalemer Adressen,
  chancenlos gegen
▶ www.airbnb.de/s/Israel & …/Palestinian-Territories – in letzteren wird nicht zwischen
  palästinensischen und Siedler-Gastgebern (Preis bei diesen meist drei-, bei jenen
  zweistellig) unterschieden, selbst schauen
▶ www.couchsurfing.org – günstig und nett reisen in Israel & Palästina: weitere Info und Portale
  auf S. 577.

Reisen in Palästina

▶ www.palaestina.org – die palästinensische diplomatische Vertretung in Deutschland bietet breit gefächerte Informationen über Land, Leute, Kultur, Tourismus und den politischen Prozess in Dokumenten und Landkarten
▶ www.visitpalestine.ps – gut gemachtes halboffizielles Informationsportal
▶ www.travelpalestine.ps – offizielle Seite des palästinensischen Tourismusministeriums
▶ www.pirt.ps – Zusammenschluss palästinensischer Institutionen für nachhaltigen Tourismus
▶ www.thisweekinpalestine.com – sehr gute Internetpräsenz des monatlich gedruckten Veranstaltungsmagazins mit breitem redaktionellen Teil und Stadtkarten. Kann man auch als pdf-Datei herunterladen, inzwischen meist kostenpflichtig
▶ http://atg.ps– Aktuelles und Hintergründiges zum Reisen in Palästina der *Alternative Tourism Group* aus Bet Sahur
▶ www.sirajcenter.org – NGO ebenfalls aus Bet Sahur, prima Infos und Touren eng verbunden mit dem
▶ www.masaribrahim.ps – der palästinensische Abschnitt des Abrahampfads
▶ www.pace.ps – Information, Touren, Shop der *Palestinian Association for Cultural Exchange* aus Ramallah/AlBireh
▶ www.nepto.ps – Portal des *Network for Experiential Palestinian Tourism* für palästinensische Kultur
▶ www.palestinehotels.ps – etwas altbackene Homepage im Vergleich zu
▶ http://palstays.com – 2016 eröffnetes, informatives Portal für zertifizierte Familienunterkünfte
▶ https://palestineguesthouse.com – Unterkünfte aktueller als im englischen Guide von Bradt
▶ www.beautifulpalestine.com – faszinierende Fotografien von Majdi Hadid
▶ www.greatmirror.com > West Bank – Bilder zur Einstimmung in 22 Kapiteln mit englischem Text, auch 8 Kapitel über Jerusalem
▶ www.madeinpalestine.de – wem noch ein Mitbringsel fehlt, kann in Bonn nachordern

Nahostkonflikt, NGOs

▶ www.ochaopt.org – UN-Abteilung, die ihre Beobachtungen in der Westbank veröffentlicht
▶ www.unrwa.org – die Präsenz der Vereinten Nationen in den besetzten Gebieten
▶ www.gush-shalom.org – die Organisation um Aktivisten-Urgestein Uri Avnery
▶ www.passia.org – der Nahostkonflikt aus wissenschaftlich fundierter, palästinensischer Sicht, gute Landkarten
▶ www.peacenow.org – hebr. *Shalom Akhshav*, einer der Klassiker der israelischen Friedensbewegung
▶ www.alternativenews.org – wochenaktuelle Berichte und Analysen des *Alternative Information Center* zur israelischen Palästinapolitik
▶ www.btselem.org/English – israelischer Informationsdienst zu Menschenrechtsverletzungen von wem auch immer in den besetzten Gebieten, viele weitere Links
▶ www.zochrot.org – engagiert sich gegen Lücken der israelischen Geschichtsschreibung 1948 und für eine Rückkehr der damals geflohenen oder vertriebenen Araber
▶ www.icahd.org – israelische Bürgerinitiative gegen die Zerstörung palästinensischer Häuser durch die israelische Armee, mit weiterführenden Links
▶ www.alhaq.org – „das Recht" besteht auf Gewährung der Menschenrechte gegenüber Palästinensern
▶ www.whoprofits.org – israelisches Informationsportal der *www.coalitionofwomen.org for Peace* zu den wirtschaftlichen Vorteilen für Israel durch die Herrschaft über Westbank und Golan
▶ www.badil.org – Wissenswertes aus Bethlehem über intern vertriebene Palästinenser und paläs- tinensische Flüchtlinge
▶ www.al-awda.org – Informationen zum palästinensischen Recht auf Rückkehr
▶ www.freegaza.org – aktivistische Schiffstouren Richtung Gazastreifen
▶ www.palestineremembered.com – viel Material zum Nahostkonflikt
▶ http://visualizingpalestine.org – der Nahostkonflikt in designten Grafiken und Animationen
▶ www.palestineposterproject.org– historisch orientiert: 12000 Darstellungen aus 500 Jahren
▶ www.bluewhitefuture.org – stark machen für die Zwei-Staaten-Lösung, damit Israel jüdisch *und* demokratisch bleiben kann

10

▶ www.justpeaceforisrael.com – ein Weblog für ein starkes Israel mit Argumenten, warum eigentlich kein Land hergegeben werden darf
▶ www.theisraelproject.org – sammelt Argumente für das Handeln der israelischen Regierung: *Facts For a Better Future*
▶ www.rhr.org.il – die *Rabbis for Human Rights* kümmern sich seit 1988 natürlich aus religiösen Gründen um die Einhaltung der Menschenrechte in Israel, nicht nur gegenüber den Palästinensern
▶ www.phr.org.il – die israelischen Ärzte für Menschenrechte verfolgen ähnliche Ziele aus anderen Gründen mit anderen Methoden wie mobiler medizinischer Schulung und Versorgung

Deutschsprachige Informationsportale
▶ www.alsharq.de – Blog zum Nahen Osten von Christoph Dinkelaker aus Berlin
▶ www.deutsch-israelische-gesellschaft.de – die intuitive Adresse sagt es
▶ www.dpg-netz.de – Angebote und Nachrichten der Deutsch-Palästinensischen Gesellschaft
▶ www.eappi.org – das konfliktdämpfende ehrenamtliche ökumenische Begleitprogramm in Palästina und Israel momentan ohne Deutsch, aber tolle Blogs
▶ www.fairunterwegs.org/laenderinfos/palaestina und /israel – Informationen vom Schweizer Portal für verantwortungsbewusstes Reisen
▶ www.hagalil.com – immer streitbares deutsch-jüdisches Internet-Portal
▶ www.inamo.de/laender/israel-palaestina – Nachrichtenticker des Informationsprojekts Naher und Mittlerer Osten e.V.
▶ www.israelheute.com – früher NAI, Nachrichten Aus Israel; christlich-konservative Berichterstattung eines Familienunternehmens mit großem TV-Teil
▶ www.israelmagazin.de – ziemlich aktuelles christliches Portal mit Schwerpunkt Israel und Judentum
▶ www.judith-bernstein.de – vielfältige Beiträge von Judith & Reiner Bernstein zum Nahostkonflikt, Blick auf ausländische Presse, viele Rezensionen
▶ www.liportal.de/palaestinensische-gebiete – Länderportal der GIZ zu Palästina von Petra Schöning mit vielen Hintergrundinformationen und Links
▶ www.medico.de/projekte/israelpalaestina – ein guter erster Einstieg dazu, was es alles für humanitäre Projekte gibt
▶ www.juedische-allgemeine.de – vom deutschen Zentralrat der Judbene Wochenzeitung
▶ www.ipk-bonn.de – Präsenz des Bonner Instituts für Palästinakunde e.V.
▶ www.palaestina-portal.eu – Portal von Erhard Arendt aus Dortmund, aktuelle Nachrichten und ausführliche Materialhinweise
▶ www.wibilex.de – sehr nützliches wissenschaftliches Lexikon der deutschen Bibelgesellschaft zu biblischen Orten, Namen und Themen

Smartphone-Apps

Für Android-Systeme scheint es die größere Bildschirmhintergrund-Auswahl zu geben, aber auch einige Programm-Perlen. Wir orientieren uns hier jedoch am Angebot des Apple Stores (die meisten Programme sind gratis), schon wegen des bislang nur hier erhältlichen

▸ **Palestine Directory** – wie oben unter Literatur erwähnt: sehr nützlich für Reisende, die Palästina nicht auslassen. Es kostet € 4,99 statt € 18 für das Buch von www.passia.org, wenn man Palästina für die Westentasche möchte. Auch israelische Behörden setzen oft nur auf das iPhone. Weitere Apps alphabetisch sortiert:

▸ @TheKotel – Gebete vom Smartphone direkt in die Westmauer tweeten

▸ Act.IL – Online-Diffamierungen Israels mit ministerialen Stichworten begegnen

▸ All4Palestine – kleines Personenlexikon prominenter PalästinenserInnen mit Kurzbiographien

▸ Amud Anan – Wander-Navigation schon gratis ganz hilfreich, leider nur Hebräisch

▸ APN Map – Landkarte der *Americans for Peace Now* mit Infos über die jüdischen Siedlungen in der Westbank

▸ Arabic Dictionary – kleines Englisch-Arabisch Lexikon

▸ Birds of Israel – für Ornithologie-Fans

▸ Deutsche Spuren – das Goethe-Institut informiert über 27 Stätten deutscher Kultur in Israel

▸ Eatwith – Mitessen bei jemandem zuhause, oft nicht gerade günstig

▸ Egged – Auskunft der größten israelischen Busfirma (Hebräisch)

▸ Flowers of Israel – kostenpflichtige, gut gemachte Bestimmungs-App

▸ Gett – Taxi buchen leicht gemacht, wenn wirklich mal keins kommt

▸ Haaretz – verlässliche israelische Tageszeitung mit Push-Nachrichten

▸ Haifa City Walks – der Name sagt es

▸ Hebrew Dictionary – kleines Englisch-Hebräisch Lexikon

▸ Hebräisch-Deutsch/Deutsch-Hebräisch – in der Gratisversion rund 25000 Wörter

▸ iGaza – Push-Nachrichten aus abgeriegelter Weltgegend

▸ iJew mobile – Devotionalien per Smartphone, ohne Bezahlung stark eingeschränkt

▸ iNakba – eine Karte der israelischen NGO Sokhrot erinnert an arabisches Leid 1948

▸ iSiddur – hebräisches Gebetbuch für Synagogengottesdienste, nervende Werbung

▸ Israel MFA – Informationen des israelischen Außenministeriums

▸ Jerubus – Westjerusalemer Buslinien, gegen Aufpreis mit eigenem Standort

▸ Jerusalem City Walks – der Name sagt es

▸ Jerusalem Old City Audio Tours – prima Angebot der Stadtverwaltung

▸ Jerusalem Visitor Guide – App für Altstadt und Osten von enjoyjerusalem.com

▸ Jpost.com – die englische Jerusalem Post als App

▸ Maps.me – Offline-Karten und Navi, angeblich prima für die Westbank

▸ Mawwal – palästinensisches Radio

▸ Moovit – Info im Nahverkehr-Dickicht, bezog sogar mal arabische Busse ein

▸ Muslim Pro – Gebetszeiten und –richtung sowie eine Feiertagsliste

▸ Next Train – Infos für Eisenbahnfahrten

▸ Ramallah – Info und vor allem Karten zum Durchblick

▸ Palestine – textlastige, aber erstaunlich umfangreiche Infos über Land, Leute, Städte in Groß-Palästina, Politik sowie Folklore: Kleidung, Kochrezepte und Lieder

▸ Palestinian Traditional Costumes – Tracht nach Art und Ort sortiert

▸ Radio Israel – beeindruckende Liste israelischer Sender mit Aufnahmefunktion

▸ Tel Aviv City Walks – der Name sagt es

▸ Telobike – der günstige städtische Fahrradverleih

▸ TLV Airport – Flugauskunft für Ben Gurion

▸ Up by El Al – Infos der israelischen Fluggesellschaft

▸ Waze – Navigation, die auch in Palästina halbwegs funktioniert

▸ XE Currency – der aktuelle Shekel-Kurs

▸ Ynet – App der droßen Tageszeitung Yediot Akhronot

▸ Zionation – einige Infos über Zionismus, mit Quiz

Deutsche Hilfe für Palästina

Die gleichzeitige deutsche Solidarität mit Israel und Palästina ist weniger bekannt. Seit 2002 hat die www.kfw-entwicklungsbank.de über 700 Projekte aufgrund des „Beschäftigungsprogramms armuts-

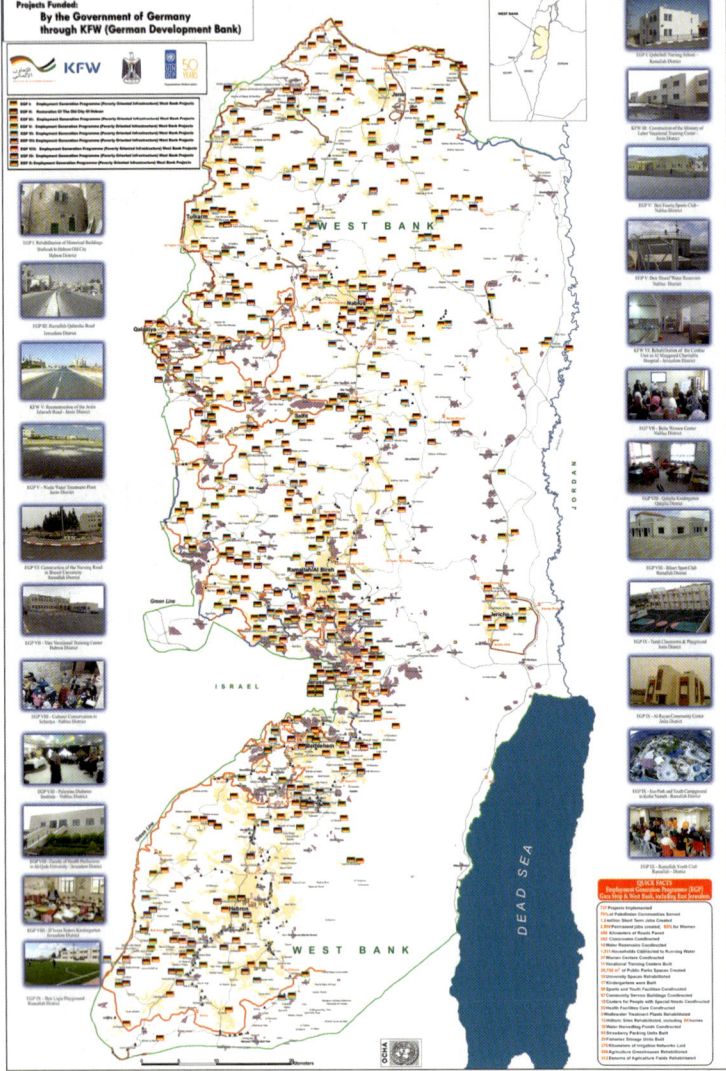

orientierte Infrastruktur" in 70% der palästinensischen Gemeinwesen – auch im Gazastreifen – finanziert, siehe Fähnchen auf dieser stark verkleinerten Karte. Daraus sind 2500 feste Arbeitsplätze und 1,2 Millionen Kurzzeitjobs entstanden. Gut möglich, dass Sie auch deswegen in Palästina willkommen sind. Diese Karte der kfw wird eher zurückhaltend veröffentlicht. Größere Ansicht siehe auf deren Website.

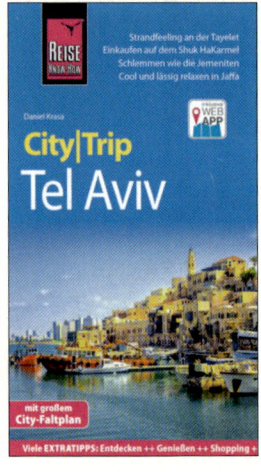

Landkarten aus dem
world mapping project™

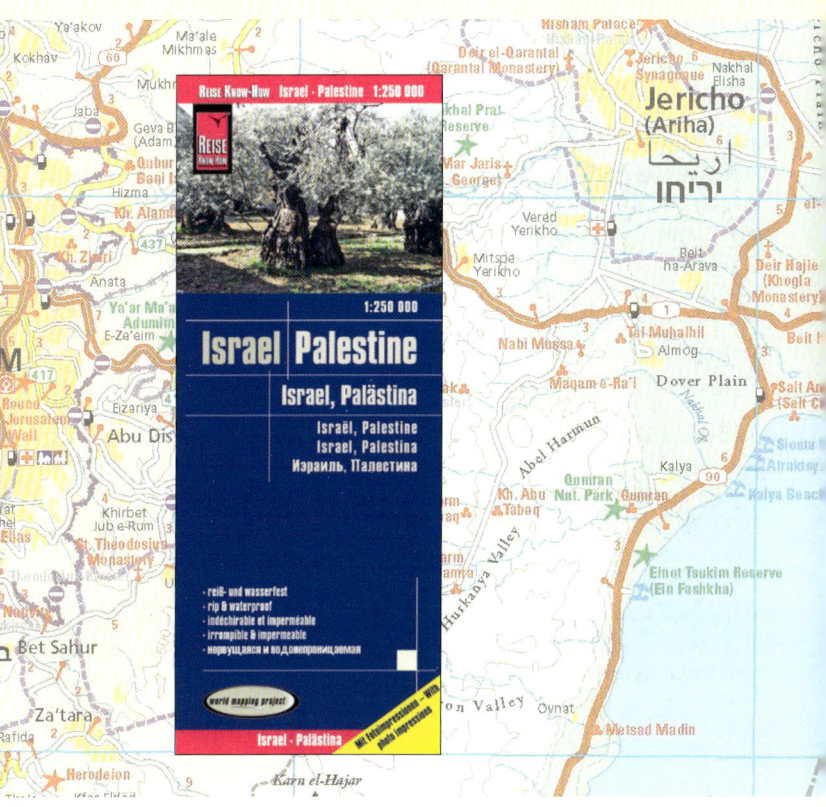

Landkarte Israel, Palästina | 1:250.000 | ISBN 978-3-8317-7268-1

- Aktuell über **190** Titel lieferbar
- Optimale Maßstäbe ▪ 100%ig wasserfest | **€ 9,95 [D]**
- Praktisch unzerreißbar ▪ Beschreibbar wie Papier ▪ GPS-tauglich

Rad- und andere Abenteuer aus aller Welt

Edition Reise Know-How

In der Edition Reise Know-How erscheinen außergewöhnliche Reiseberichte, Reportagen und Abenteuerberichte, landeskundliche Essays und Geschichten. Gemeinsam ist allen Titeln dieser Reihe: Sie unterhalten, sei es unterwegs oder zu Hause – auch als ideale Ergänzung zum jeweiligen Reiseführer.

Afrika – Mit dem Fahrrad in eine andere Welt · ISBN 978-3-89662-522-9 · € 19,90

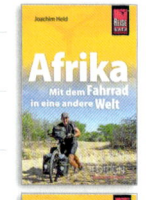

Auf Heiligen Spuren – 1700 km zu Fuß durch Indien
ISBN 3-89662-387-7 · € 17,50

Auf und davon – Auf Motorrädern durch Europa, Asien und Afrika
ISBN 978-3-89662-521-2 · € 19,50

Die Salzkarawane – Mit den Tuareg durch die Ténéré
ISBN 3-89662-380-X · € 17,50

Abenteuer Seidenstraße – Zwei Jahre entlang der antiken Seidenstraße durch die Länder Zentral- und Südostasiensbis zum Indischen Subkontinent
ISBN 3-89662-525-0 · € 16,90

Irgendwann erwischt's dich dann! – Wenn Fernreisen zum Abenteuer werden
ISBN 3-89662-524-3 · € 19,50

Myanmar/Burma – Reisen im Land der Pagoden
ISBN 3-89662-196-3 · € 17,50

Odyssee ins Glück – Als Rad-Nomaden um die Welt 10 Jahre, 160.000 km und 5 Kontinente
ISBN 978-3-89662-520-5 · € 19,90

Panamericana südwärts – Eine Abenteuertour durch Lateinamerika.
als **E-Book** erhältlich: ISBN 978-3-89662-621-9 · € 13,99

Please wait to be seated – Bizzares und Erheiterndes
von Reisen in Amerika. ISBN 3-89662-198-X · € 12,50

Rad ab – 71.000 km mit dem Fahrrad um die Welt. ISBN 3-89662-383-4 · € 17,50

Südwärts – von San Francisco nach Santiago de Chile.
ISBN 3-89662-308-7 · € 17,50

Suerte – 8 Monate auf Motorrädern durch Südamerika. ISBN 978-3-89662-366-9 · € 17,50

Taiga Tour – 40.000 km allein mit dem Motorrad von München durch Russland nach Korea und Japan · ISBN 3-89662-308-7 · € 17,50

USA Unlimited Mileage – Abgefahrene Episoden einer Reise durch Amerika
ISBN 3-89662-189-0 · € 14,90

Völlig losgelöst – Panamericana Mexiko–Feuerland in zwei Jahren
ISBN 978-89662-365-2 · € 14,90

und mehr ...

Edition REISE KNOW-HOW

Walter Odermatt

Abenteuertour Seidenstraße

Zwei Jahre entlang der antiken Seidenstraße durch die Länder Zentral- und Südostasiens bis zum Indischen Subkontinent …

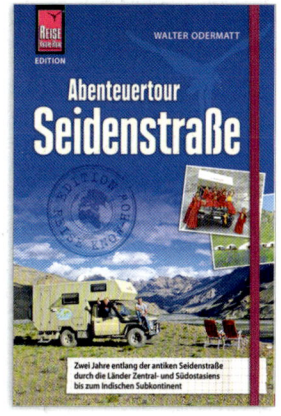

1. Auflage 2018
ISBN 978-3-89662-525-0 · € 16,90 [D]

Die antike Seidenstraße ist keine einzelne spezielle Route, sondern ein Netz geschichtsträchtiger Handelswege, das einst China auf dem Landweg mit dem Mittelmeerraum verband. Auf ihnen wurden die verschiedensten Güter, darunter auch die begehrte Seide, von Ost nach West transportiert.

Walter und Ruth Odermatt aus der Schweiz befuhren mit ihrem Geländewagen auf eigene Faust mehr als ein Dutzend zentral- und südostasiatische Länder entlang der antiken Seidenstraße aus Marco Polos Zeiten und erlebten dabei unzählige Abenteuer sowie überaus interessante Begegnungen. Sie sahen spektakuläre Landschaften, befuhren auf über 5600 Metern die höchsten befahrbaren Straßen der Welt, waren fasziniert von den exotischen Kulturen und erlebten die herzliche Gastfreundschaft der Menschen. Der Autor lässt den Leser diese lange Reise intensiv miterleben, und wer davon träumt, selbst einmal den Mythos der Seidenstraße zu erleben, bekommt viele fundierte Zusatzinformationen zu den befahrenen Ländern und Routen.

Dorothee Krezmar und Kurt Beutler

10 Jahre, 160.000 km und 5 Kontinente

Odyssee ins Glück

Als Rad-Nomaden um die Welt

10 Jahre lang radelten Dorothee Krezmar und Kurt Beutler kreuz und quer über den Globus. Für sie war das Fahrrad das ideale Verkehrsmittel, um sich fremden Menschen und Kulturen zu nähern. Natürlich gab es auch Tiefschläge. Sie berichten von einem Bienenüberfall, in Afrika wurden sie von bewaffneten Buschmännern abgeführt und entkamen in Argentinien nur knapp den Banditen. Trotz allem stand diese Mammut-Reise unter einem Glücksstern. Auf ihrer Odyssee lernten sie eine viel bessere Welt kennen als die von den Medien gezeichnete. Beide erzählen ihre persönliche Geschichte, die gemeinsamen Erlebnisse brachten Dorothee und Kurt immer näher zusammen und sie entdeckten für sich die Langsamkeit, schließlich stand ihre Reise unter dem Motto reduce speed.

Hardcover mit Schutzumschlag, 384 Seiten, 16 Seiten Farbteil, mehr als 70 s/w-Fotos, 10 Karten
Reise Know-How Verlag · ISBN 978-3-89662-520-5 · € 19,90

Klaus Därr

Irgendwann erwischt's dich dann!

Wenn Fernreisen zum Abenteuer werden

In diesem Buch beschreibt Klaus Därr besonders bemerkenswerte Situationen auf all seinen Reisen, die er während fast fünfzig Jahren unternommen hat. Dazu hat er sich jeweils ein geeignetes Fahrzeug erworben, es in den ersten Jahren provisorisch und später professioneller ausgerüstet. Dabei war es zumeist der Plan, auch Regionen und Strecken zu bereisen, für die es bis dahin keine Beschreibungen gab um dann in eigenen Reiseführern wie „TransSahara" oder „Durch Afrika", aber auch seiner Homepage www.daerr.info praktische Reisehinweise und Streckenbeschreibungen zu veröffentlichen.

Heute sind Geländefahrzeuge riesiger Reichweite sowie Mittel der Information, Navigation und Kommunikation auch „Zivilisten" verfügbar. Wenn man sich ihrer bedient um „unbeschriebenes Neuland" zu erleben, so gerät man leicht in Gegenden, in die man nicht hingehört. Rückzugsgebiete von Rebellen und Banditen, Drogenanbaugebiete, Grenzgebiete, verminte ehemalige Kampfgebiete, Sperrgebiete oder kaum befahrbares Terrain sind den Landesbehörden oft bekannt, nicht aber dem Traveller.

Hardcover mit Schutzumschlag, 336 Seiten, 32 Seiten Farbteil,
Reise Know-How Verlag · ISBN 978-3-89662-524-3 · € 19,50

Bestseller 5. Auflage

Peter Smolka

71.000 km mit dem Fahrrad um die Welt:

Rad ab!

Vier Jahre lang radelte der Erlanger Globetrotter Peter Smolka um den Erdball. Zunächst durchquert er den Nahen Osten und Afrika, wo er nur knapp den Angriff eines Elefanten überlebt. In Kapstadt heuert er auf einer Segelyacht an, die nach Brasilien bringt. Nach neun Monaten Südamerika sind die nächsten Stationen Neuseeland und Australien. Bereits seine Fahrt durch Saudi-Arabien hatte in der Reiseszene für Aufsehen gesorgt. In Südostasien erhält Peter Smolka nach zähen Verhandlungen auch die Genehmigung Mynamer (Ex-Birma) auf dem Landweg zu durchqueren. Vor der Rückreise nach Europa wagt er sich schließlich nach Afghanistan hinein … Spannend, detailliert, einfühlsam und humorvoll – ein Buch für jeden, der gern reist.

Hardcover mit Schutzumschlag, 360 Seiten, plus 16 Seiten Farbfototeil
REISE KNOW-HOW Verlag · ISBN 3-89662-383-4 · € 17,50

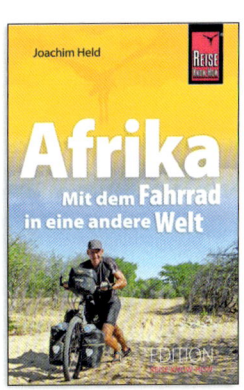

Joachim Held

Afrika

Mit dem Fahrrad in eine andere Welt

Joachim Held bricht im August 2008 nach Afrika auf. Er lässt sich treiben, durchquert die Westsahara, kämpft sich durch den Kongo und weiter bis nach Kapstadt, auf dem Rückweg erklimmt er den Kilimanjaro. Am Ende ist er zwei Jahre auf 33.000 Kilometern unterwegs, fasziniert von der Lebensfreude und Hilfsbereitschaft der Menschen, aber auch tief betroffen von ihren Lebensumständen. In Sierra Leone sieht er hungernde Kinder, in Guinea gerät er in Putschwirren und in Kamerun prophezeit man ihm eine Begegnung mit dem Tod. Einen Abend sitzt er im entlegenen Dschungel Zentralafrikas mit Dorfältesten zusammen und hört Fragen, auf die er keine Antworten hat: „Warum ist Europa so reich und Afrika so arm? Was sollen wir tun? Sag'du es uns, du kommst doch aus Europa!"

Einfühlsam berichtet Joachim Held über seine Begegnungen und Erlebnisse in Afrika. Er beschreibt Höhen und Tiefen seiner Reise, gelegentlich selbst verzweifelt, aber dann auch wieder mit Humor. Angereichert mit vielen Hintergrundinformationen, ist dies ein spannendes Buch zum Mitreisen und Nachdenken.

Hardcover mit Schutzumschlag, 392 Seiten + 32 Seiten Farbteil
Reise Know-How Verlag · ISBN 978-3-89662-522-9 · € 19,90

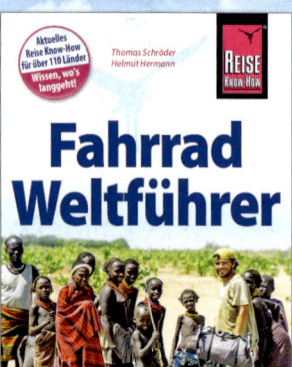

10

10

10

Ortsnamen in arabischer und hebräischer Schrift

Zeigen Sie bei Verständigungsschwierigkeiten
auf das entsprechende Wort *(NP = Nationalpark).*

Stadt/Land	Hebräisch	Arabisch
Israel	ישראל	إسرائيل
Palästina	פלסטין	فلسطين
Ägypten	מצרים	مصر
Jordanien	ירדן	الأردن
Syrien	סוריה	سوريا
Libanon	לבנון	لبنان
Abu Gosh	אבו גוש	ابو غوش
Afula	עפולה	العفولة
Akko	עכו	عكا
AlBireh	אל-בירה	البيرة
Arad	ערד	عراض
Ashdod	אשדוד	إسدود
Ashkelon	אשקלון	مجدل عسقلان
Avdat NP	עבדת	عبدات
Banias NP	בניאס	بنياس
Bar'am NP	ברעם	برعم
Beer Sheva	באר שבע	بئر السبع
Belvoir NP	כוכב הירדן	الكوكب
Bet Alfa	בית אלפא	بيت الفا
Bet Guvrin	בית גוברין	بيت جبرين
Bethlehem	בית לחם	بيت لحم
Bet Shean	בית שאן	بيسان
Bet Shearim NP	בית שערים	بيت شعاريم
Bet Shemesh	בית שמש	بيت شيمش
Caesarea	קיסריה	قيسارية
Daliyat AlKarmel	דלית אל-כרמל	دالية الكرمل
Dimona	דימונה	ديمونة
Elat	אילת	إيلات
En Gedi	עין גדי	عين غدي
En Hod	עין הוד	بيت هود
En Boqeq	עין בוקק	بيت بوقيق
Erez (Grenzübergang zu Gaza)	ארז	إيريز
Gamla	גמלא	جملا
Gaza	עזה	غزة
Haifa	חיפה	حيفا
Hamat Gader	חמת גדר	الحمّة
Hazor NP	חצור	حصور، تلّ القدخ
Hebron	חברון	الخليل
Hermon, Berg	הרמון, הר	حرمون، جبل
Herodion NP	הרודיון	هروديون
Herzliya	הרצליה	هرتسليا
Hisham-Palast	ארמון הישאם	قصر هشام
Jaffa	יפו	يافا
Jenin	ג'נין	جنين
Jericho	יריחו	اريحا
Jerusalem	ירושלים	القدس
Jordan Park	פארק הירדן	منتزه نهر الأردن
Kafr Kana	כפר כנא	كفر كنا

Kapernaum	כפר נחום	كفر ناحوم
Kiryat Shmona	קרית שמונה	قريات شمونه
Korazim NP	כורזים	كورزيم
Latrun	לטרון	اللطرون
Lod	לוד	اللد
Lotan	לוטן	لوطان
Majdal e-Shams	מג׳דל שמס	مجدل شمس
Maktesh	מכתש	مختيش
(Katan, Gadol, Ramon)	(קטן, גדול, רמון)	(الخظيرة، الختيرة، رامون)
Mamshit	ממשית	ممشيت
Mar Saba Kloster	מנזר מרסבא	دير مار سابا
Mas'ada	מסעדה	مسعده
Maskeret Batya	מזכרת בתיה	مسكرت بتية
Massada	מצדה	مسادا
Megiddo	מגידו	مجيدو
Meron, Berg	מירון, הר	ميرون، جبل
Metulla	מטולה	مطوله
Mizpe Ramon	מצפה רמון	متسبه رامون
Montfort NP	מונפורט	مونفورط
Nabi Musa	נבי מוסה	النبي موسى
Nablus	שכם	نابلس
Nahariya	נהריה	نهريا
Nazareth	נצרת	الناصرة
Netanya	נתניה	نتانيا
Neve Ativ	נווה אטי״ב	نواتيف
Neve Shalom	נווה שלום	واحة السلام
Peqi'in	פקיעין	البقيعة
Petakh Tikva	פתח תקווה	بتاح تكفا
Qazrin	קצרין	قتسرين
Qumran NP	קומראן	قمران
Ramallah	רמאללה	رام الله
Ramla	רמלה	الرملة
Rekhovot	רחובות	رحوبوت
Rosh HaNikra	ראש הנקרה	راس الناقورة
Rosh Pina	ראש פינה	روش بينا
Safed	צפת	صفد
Salomos Teiche	בריכות שלמה	برك سليمان
Sde Boqer	שדה בוקר	سده بوك
Sepphoris NP	ציפורי	صفورية
Shivta	שיבטה	سبطا
Sodom	סדום	سدوم
Soreq Höhle NP	מערות שורק	مغارة سوريق
Tabgha	טבחיה	طبخة
Tabor, Berg	תבור, הר	طابور، جبل
Tel Aviv	תל אביב	تل ابيب
Tel Dan NP	תל דן	تل دن، تلّ القاضي
Tiberias	טבריה	طبريا
Timna	תמנע	تمنع
Tzfat	צפת	صفد
Wadi Qelt	ואדי קלט	وادي قلت
Zfat	צפת	صفد
Zikhron Ya'akov	זכרון יעקב	زخرون يعقوب
Zippori	ציפורי	صفورية

Kilometer- & Fahrtzeit-Tafel

Unsere Tafel zu den Straßenverbindungen in Israel und Palästina ist für den Gebrauch mit der Überblickskarte im Umschlag um 90° gekippt. Die Orte sind nach touristischer Bedeutung und geografischer Verteilung ausgewählt, sodass sich auch Ziele in jeweiliger Nähe leicht erschließen lassen.

Die Zeiten sind fast unsinnig genau. Wir sind die Strecken jedoch nicht mit der Stoppuhr abgefahren – die Daten stammen aus unterschiedlichen Quellen, die Fahrtzeiten z.B. vorwiegend aus dem Mapa-Atlas HaSahav 2016, die denen von 2009 gleichen, auch wenn die Straßenverbindung seitdem verbesserte. Die zugrunde liegenden Algorithmen und Annahmen sind uns unbekannt.

Insofern ist davon auszugehen, dass man je nach Fahrzeug, Insassen, Verkehrszeit, (Maut-)Straßenqualität, Checkpoints und Straßenblockaden wohl selten in der angegebenen Zeit ein Ziel erreicht. Extremfall Gaza: Die Kilometerangabe reicht bis Gaza-Stadt, aber die Fahrtzeit nur bis zum Grenzübergang Eres. Nicht einmal Israel, Fatah und Hamas werden die Dauer der letzten 12 km angeben können. Trotzdem finden wir einen ungefähren Anhaltspunkt besser als keinen.

Auto-Fahrzeit in Stunden:Minuten

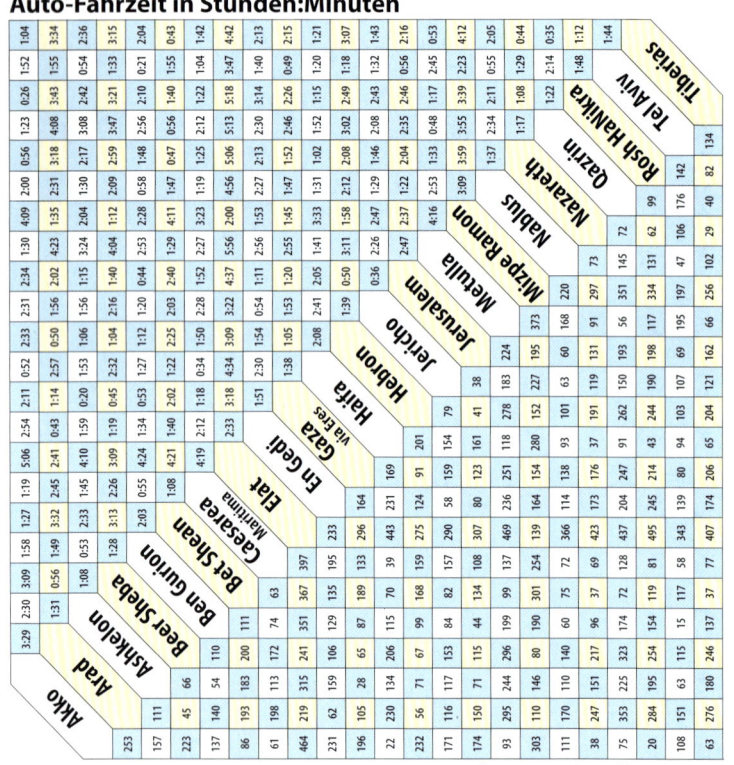

Entfernung in Kilometern